БОЛЬШОЙ ОРФОГРАФИЧЕСКИЙ СЛОВАРЬ РУССКОГО ЯЗЫКА

106 000 слов

МОСКВА

ОНИКС • Альянс-В

1999

ПРЕДИСЛОВИЕ К ТРИНАДЦАТОМУ ИЗДАНИЮ

Реформа русской орфографии 1917—1918 гг., явившаяся актом первостепенного общественного и культурного значения, обновила русское письмо, но не затронула отдельных и частных вопросов русского правописания, в котором еще в XIX веке и начале XX века накопилось значительное количество колебаний и противоречий. С течением времени, особенно в связи с развитием словарного состава русского литературного языка, число таких колебаний и противоречий увеличилось. Разнобой в орфографии вредно отражался на культуре письменной речи, мешал изучению правописания в школе и вносил орфографическую пестроту в печатную продукцию.

К работе по упорядочению русской орфографии с целью устранения разнобоя были привлечены крупнейшие советские языковеды, учителя и работники печати. Результатом этой работы, начавшейся в 30-е годы, явилось издание в 1956 году «Правил русской орфографии и пунктуации», утвержденных Академией наук СССР, Министерством высшего образования СССР и Министерством просвещения РСФСР. В соответствии с «Правилами» сектором культуры речи Института языкознания АН СССР был составлен «Орфографический словарь русского языка», выпущенный Государственным издательством иностранных и национальных словарей в 1956 году. В 1957, 1958, 1959 годах вышли 2-е, 3-е и 4-е издания Словаря, печатавшиеся без изменений с 1-го издания. В 1963 году Институт русского языка АН СССР подготовил 5-е, исправленное и дополненное издание. В этом издании были учтены замечания и предложения, поступившие в Институт русского языка от отдельных лиц и учреждений (в частности от Комитета научно-технической терминологии АН СССР).

С 1963 по 1973 год вышло еще 7 стереотипных изданий словаря.

Подготовка Орфографического словаря под общим руководством академика С. П. Обнорского началась в учреждениях Академии наук СССР до Великой Отечественной войны. При подготовке 1-го издания в организации работы, в выработке типа Орфографического словаря и инструкции по его составлению, а также в первоначальном редактировании некоторых частей Словаря большое участие принимал проф. С. Е. Крючков.

В основу 1-го издания были положены словари русского языка — «Толковый словарь живого великорусского языка» В. И. Даля, «Толковый словарь русского языка» под редакцией Д. Н. Ушакова, а также широко была использована академическая словарная картотека. В последующих изданиях были использованы «Словарь современного русского литературного языка» (в 17-ти томах), «Словарь русского языка» (в 4-х томах), «Словарь русского языка» С. И. Ожегова, словари иностранных слов, «Большая советская энциклопедия».

Орфографический словарь содержит лексику современного русского литературного языка. Однако поскольку Словарь является справочником собственно орфографическим, а не словарем, нормализующим современное словоупотребление, в него включаются слова, хотя и не бытующие широко в общем литературном языке, но встречающиеся в художественной или в специальной литературе и нуждающиеся в орфографической нормализации, а именно: научные и научно-технические термины, просторечные и диалектные (областные) слова, устарелые слова, историзмы и т. п. Как правило, в Словарь включаются производные, сложные и сложносокращенные слова, которые могут вызвать затруднения с точки зрения правильного их написания.

Орфографический словарь дает одно, признанное правильным, написание слова и не допускает орфографических вариантов. Но Словарь включает варианты словообразовательные, стилистические, лексические, произносительные, например *воробышек* и *воробушек*, *туннель* и *тоннель*, которые отражаются в письме. Словарь должен явиться единым руководством для правильного написания слов и форм. Поскольку он является собственно орфографическим словарем, то к нему следует обращаться лишь для того, чтобы справиться о правильном написании уже известного слова. Указание на значение слова обычно дается только в тех случаях, когда при одинаковом произношении двух слов их написание различается, например: *кампания* (поход; деятельность) и *компания* (общество).

При изменяемых словах приводятся грамматические формы. В Словаре указывается ударение слов и их форм; в случаях колебания в Словаре даются обе возможные для литературного языка ударения без указания на предпочтительность или бо́льшую нормативность того или другого ударения.

В 5-м издании сохранилась общая структура Словаря, но был пересмотрен словник: пополнен новыми словами и сокращен за счет исключения малоактуальных и вышедших из употребления научно-технических терминов, а также за счет групп слов с первой частью *авто-*, *авиа-*, *радио-* и др. Было внесено много отдельных, частных исправлений, уточнений (в написании сложных прилагательных, в грамматических пометах, в образовании форм слов, в ударениях и т. д.). По-иному были даны слова с отрицательной частицей *не*: при словах с *не* были сняты звездочки, так как слитное и раздельное написание этих слов регулируется правилами. Подготовка 5-го издания и техническое его оформление велись научным сотрудником сектора современного русского языка и культуры речи Института русского языка АН СССР Б. З. Букчиной.

Подготовка настоящего издания Орфографического словаря вызвана отнюдь не тем, что должны быть пересмотрены написания слов. Цель переиздания Словаря в обновлении словника, в более рациональной подаче грамматической информации, в устранении непоследовательностей, внесении уточнений и отдельных исправлений с учетом замечаний и предложений, поступивших в Институт русского языка АН СССР начиная с 1963 года.

В настоящем издании сохранена общая структура предыдущих изданий Словаря. Так как общий объем Словаря нецелесообразно было увеличивать, то словник одновременно пополнялся и сокращался. Естественно, что беспрерывное появление новых слов и терминов требует постоянного обновления словника Орфографического словаря. В Словарь включены в первую очередь новые слова, вошедшие в язык за последнее десятилетие. Особенное внимание уделено было словам с неустановившимся орфографическим оформлением (например, *фломастер*, *кримплен*, *постижер*, *дзюдо*, *бьеннале*, *офис* и др.). Сокращение же шло за счет исключения редко употребляемых, устарелых, областных слов, не представляющих орфографического интереса; сокращались также словообразовательные гнезда (исключены частично некоторые категории регулярных образований, например существительные на -*ость* в тех случаях, когда имеются соответствующие им прилагательные, некоторые отглагольные именные образования, некоторые существительные, обозначающие профессии, неактуальные для современного языка). Более компактно осуществлена подача слов в Словаре, например возвратные глаголы и причастия объединены с невозвратными формами, хотя не всегда между ними существует прямая грамматическая и семантическая связь. Внесены изменения в подачу грамматической информации: в Словаре приведены те сведения, практическая целесообразность которых очевидна. Поэтому некоторые грамматические формы предыдущих изданий сняты в настоящем издании, например окончания женского и среднего рода при прилагательных на -*ий*, форма творительного падежа ед. ч. существительных, основа которых оканчивается на *ж*, *ш*, *ч*, *щ* и *ц*, формы с беглой гласной у существительных и кратких прилагательных. Форма родительного падежа мн. ч. с беглой гласной приводится только в случаях, связанных с грамматическими и орфографическими сложностями: от существительных на -*ня* с предшествующей согласной или *й*, например *боен*, *читален*, *деревень*, *кухонь*; от существительных, оканчивающихся в ед. ч. на -*ья* и -*ье*, например *шалуний*, *дуэний*, *ожерелий*, *ущелий*. Те грамматические формы, которые в письменном виде могут быть по-разному представлены, вводятся вновь, например при существительных мужского рода — форма второго родительного падежа ед. ч.: *газ*, *газа* и *газу*; *прок*, *прока* и *проку*; форма второго предложного падежа ед. ч.: *спирт, -а* и *-у,* предл. *в спирте* и *в спирту; отпуск, -а,* предл. *в отпуске* и *в отпуску.*

Внесены изменения и в оформление сложных слов, слитное или раздельное написание которых определяется в контексте в зависимости от того, являются ли они термином или словосочетанием, прилагательным или причастным оборотом. Такие слова в Словаре отмечаются звёздочкой, например: *долгоиграющий (долгоиграющая пластинка* и *долго играющая музыка), малоизученный* (малоизученная проблема* и *мало изученная специалистами проблема).* При группах сложных слов, в которых первая часть всегда пишется одинаково слитно или через дефис в составе сложного слова, в Словаре даётся соответствующая «шапка», которая позволяет не приводить с исчерпывающей полнотой образования с выделяемой первой частью.

В настоящем издании изменена также система подачи вариантов: слова, одинаковые по значению, но имеющие разное письменное оформление, разную стилистическую окраску и особенности в употреблении, даются на своих алфавитных местах без сопоставления. Сопоставление делается в редких случаях, например: *гиджра* (устар. к *хиджра).* Параллельно в одной словарной статье даются только варианты слов и форм (словообразовательные, грамматические, акцентологические) в случае их одинакового употребления в современном литературном языке (например, *творо́г, -а* и *тво́рог, -а́, валериана, -ы* и *валерьяна, -ы, гомункул, -а* и *гомункулус, -а, акселерация, -и* и *акцелерация, -и*).

В настоящем издании упорядочена подача личных окончаний глаголов, действительных причастий прошедшего и настоящего времени. Приведены случаи, где имеются вариантные формы образований, например *полощущий(ся)* и *полоскающий(ся),* а также формы причастий, где возможны образования с суффиксом *-ну-* и без него.

В Словаре по возможности систематизирована подача отдельных грамматических и семантических классов слов, в частности субстантивированных прилагательных, названий национальностей. Специальная терминология в Словаре в основном представлена типичными моделями слов и словами, наиболее важными по их лексическому значению и функционированию в языке, а также словами, трудными для написания и особенно имеющими орфографические варианты и колебания.

В настоящем издании **терминологическая** часть Словаря была пересмотрена при непосредственном участии сотрудников Комитета научно-технической терминологии Академии наук СССР. Так как Словарь не ставит своей задачей нормализовать современное употребление терминов, термины, помещённые в Словаре, не следует рассматривать как единственно рекомендуемые. Словарь является справочником орфографическим, поэтому он содержит в отдельных случаях как современные рекомендуемые термины, так и термины, вышедшие из употребления или вариантные, представляющие орфографический интерес. В Словаре, естественно, не приводятся полностью все термины определённых тематических групп — названий денежных единиц, единиц измерения, лекарств, сплавов, тканей, лаков, красок, болезней, минералов и т. п., даны только типовые, хотя в той мере, в какой это возможно для словаря ограниченного объёма, некоторая системность в подаче групп слов и терминов соблюдалась.

В Словаре внесены уточнения, исправления в написание отдельных слов и форм и в ударение слов. Приведено в соответствие с официальными наименованиями, материалами «Правил» и самого Словаря написание слов *амударьинский, гоминьдан, тулий, мороковать, на изготовку, малоросска, монсеньор, не нынче завтра, несолоно хлебавши, середка на половинку, семяочистительный, эмитировать.* Отдельные коррективы в написании слов *(хазары, вибрафон, бефстроганов, домажорный, ре-минорный, серосодержащий, соединительнотканный)* вызваны появлением новых трудов, посвящённых истории и функционированию отдельных слов, а также выходом новых словарей и энциклопедических изданий. Исправления вызваны не изменением действующих правил, а недостаточностью некоторых формулировок «Правил», а также наличием отдельных групп слов, не учтённых «Правилами», что, естественно, вызывает подчас разнобой в написании слов в практике печати. Это относится прежде всего к написанию сложных слов. В настоящем издании изменены по сравнению с 5-м и последующими изданиями написания слов *азотно-туковый, бальнеогрязевой, буровзрывной, буросбоечный, воздушно-десантный, парашютно-десантный, глиносоломенный, рельсобалочный, спиртоводочный, торфоперегнойный, электронно-лучевой.* Перечень сложных слов также несколько изменён. Связано это с тем, что объём настоящего Словаря, для которого написание сложных слов является одной из многочисленных орфографических проблем, не позволяет охватить всю продуктивную группу сложных терминологических образований. Цель Словаря — показать возможные написания в разных группах сложных слов.

Вся работа по переизданию Словаря (пересмотр словника, грамматической информации, содержащейся в Словаре, устранение непоследовательностей, внесение уточнений, отдельных исправлений и др.) могла быть сделана только на основе вновь составленных специальных картотек, собранного большого материала. Источниками для картотеки служили «Словарь современного русского литературного языка» (в 17-ти томах), «Словарь русского языка» (в 4-х томах), Словник 3-го издания «Большой советской энциклопедии», вышедшие тома 3-го издания БСЭ, словарь-справочник «Новые слова и значения», словарь-справочник «Слитно или раздельно?», материалы ГОСТов, современной прессы, художественной и научно-технической литературы, материалы Справочной службы Института русского языка, а также письма отдельных лиц и учреждений.

В подготовке настоящего издания принимали участие сотрудники сектора культуры речи Института русского языка АН СССР: Л. П. Калакуцкая (упорядочение подачи глаголов и причастий), Л. К. Чельцова (унификация написания существительных на *-ие, -ье*), В. И. Ходыкина, а также нештатные сотрудники Н. Г. Бландова и Т. А. Страховская (составление картотек, техническая подготовка рукописи). В Словаре были использованы некоторые материалы по грамматической информации, подготовленные научным сотрудником Института Н. А. Еськовой.

Терминологическая часть Словаря просмотрена научным сотрудником Комитета научно-технической терминологии АН СССР Т. Л. Канделаки.

Ценные замечания и пожелания по Словарю сделаны редакторами и другими работниками издательств Москвы и разных городов Советского Союза.

Редколлегия Словаря благодарна проф. И. А. Василенко и действительному члену Академии педагогических наук СССР А. В. Текучеву, взявшим на себя труд прорецензировать рукопись Словаря.

Все замечания и дополнения к Словарю просьба направлять в Институт русского языка АН СССР (121019, Москва, Г-19, Волхонка, 18/2).

СОСТАВ И СТРУКТУРА СЛОВАРЯ

§1. Слова помещены в алфавитном порядке.

§2. Слова, за исключением собственных имен, пишутся в Словаре со строчной буквы.

§3. Отдельными словами в Словарь включаются уменьшительные и увеличительные существительные, уменьшительные прилагательные, сравнительная степень прилагательных, причастия страдательные прошедшего времени, а также в необходимых случаях и иные причастия. Деепричастия, как правило, в Словаре не даются.

§4. В Словарь включаются широко распространенные сложносокращенные слова.

§5. Собственные имена в Словарь включаются в тех случаях, когда их написание противопоставлено написанию имен нарицательных, например: **западносиби́рский**, но: Западно-Сибирская ни́зменность; **восточноевропе́йский**, но: Восто́чно-Европе́йская равни́на.

§6. В Словарь включаются связанные с различием в написании произносительные, словообразовательные и грамматические варианты слов, например: **бу́дничный** и **бу́днишний**, **кало́ша** и **гало́ша**, **фортепья́но** и **фортепиа́но**, **де́ревце** и **деревцо́**, **воробу́шек** и **воро́бышек**, **лягуша́чий** и **лягу́шечий**, **матра́с** и **матра́ц**, **битумиза́ция** и **битуминиза́ция**.

Варианты слов и форм, неравноправные с точки зрения современного употребления, а также семантически или стилистически неравнозначные, приводятся на своих алфавитных местах без каких-либо ссылок.

§7. Устойчивые сочетания слов вносятся в алфавит по первому слову или по слову, отдельно не употребляющемуся, например: **ариа́днина нить**; **лататы́: зада́ть лататы́**.

§8. Значения слов в Словаре не даются. Только в тех случаях, когда при одинаковом произношении двух слов их написание различается, краткое указание на значение или сферу употребления слова дается в скобках, например: **адапта́ция** (приспосабливание) — **адопта́ция** (усыновление), **компа́ния** (общество) — **кампа́ния** (поход; деятельность), **воскресе́нье** (день недели) — **воскресе́ние** (от воскреснуть), **хлори́д** (хим.) — **хлори́т** (минерал), **маре́на** (бот.) — **море́на** (геол.).

§9. Стилистические пометы в Словаре не даются. Отмечаются только некоторые устарелые варианты слов, например: **бивуа́к** (устар. к бива́к), **брами́н** (устар. к брахма́н).

§10. Как правило, в Словаре даются формы слов, связанные с их морфологической принадлежностью (родительный падеж существительного, личные окончания глаголов).

§11. Слова (кроме односложных) и формы слов снабжаются ударением. Если в словах или их формах возможно двоякое ударение, то это указывается, например: **тво́рог**, -а и **творо́г**, -а́; **и́на́че**; **городи́ть**, -ожу́, -о́ди́т. Буква ё в словаре служит указанием одновременно и на произношение, и на место ударения, поэтому значок ударения над буквой ё не ставится, например: **амёба**, **боксёр**, **вселённый**, кр. ф. -ён, -ена́. В сложных словах типа **четырёхэта́жный** ё отражает произношение слова.

Грамматические разряды и формы слов

§12. Принадлежность слова к той или иной части речи, как правило, указывается в тех случаях, когда необходимо разграничить написание, например: **гла́женный**, прич., **гла́женый**, прил.; **воспи́танный**, кр. ф. прич. -ан, -ана, кр. ф. прил. -ан, -анна; **вдали́**, нареч., но сущ. в дали; **та́кже**, нареч., но: нареч. с частицей та́к же; **зато́**, союз, но местоим. за то; **несмотря́ на**, предлог, но деепр. не смотря ...

§ 13. Формы слов приводятся обычно усечённо, начиная с той буквы основного слова, после которой изменяется начертание слова в данной форме или с которой изменяется в форме ударение в словах с подвижным ударением, например: **ребёнок**, -нка; **китобо́ец**, -ойца; **атрофи́роваться**, -руется; **докорми́ть**, -ормлю́, -о́рмит.

§ 14. Скобки в словарных статьях употребляются в случаях, когда технически возможно объединение в одном слове разных форм, например: **саботи́ровать(ся)**, -рую, -рует(ся); **поезжа́й(те)**; **когда́ б(ы)**.

Имена существительные

§ 15. Имена существительные даются в именительном падеже ед. числа с указанием родительного падежа ед. числа, например: **дра́ма**, -ы, **клевета́**, -ы́, **кора́бль**, -я́, **птене́ц**, -нца́, **боло́то**, -а, **чай**, ча́я и ча́ю.

§ 16. При существительных, употребляющихся только во множественном числе, указывается окончание родительного падежа мн. числа, например: **бели́ла**, -и́л, **са́ни**, -е́й, **обо́и**, обо́ев. Во множественном числе даются также те существительные, которые употребляются преимущественно в этом числе; в таких случаях форма именительного падежа ед. числа даётся после мн. числа, например: **бо́тики**, -ов, *ед.* бо́тик, -а; **бу́рки**, -рок, *ед.* бу́рка, -и (обувь). Единственное число при таких существительных показывает их отличие от существительных, употребляющихся только во множественном числе.

§ 17. Род имён существительных указывается только в тех случаях, когда окончания именительного и родительного падежей недостаточны для определения принадлежности слова к тому или иному роду, а также при словах так называемого общего рода и при несклоняемых словах, например: **доми́на**, -ы, *м.*; **доми́ще**, -а, *м.*; **судья́**, -и́, *м.*; **сирота́**, -ы́, *мн.* -о́ты, -о́т, *м.* и *ж.*; **всезна́йка**, -и, *м.* и *ж.*; **депо́**, *нескл., с.*; **маэ́стро**, *нескл., м.*

§ 18. Если отдельные падежи отличаются от родительного падежа ед. числа по образованию, по месту ударения или затруднительны в орфографическом отношении, то соответствующие формы отмечаются в Словаре.

1. Если формы множественного числа отличаются от форм единственного числа или от формы именительного падежа мн. числа по образованию или по месту ударения, то после формы родительного падежа ед. числа указывается форма именительного и родительного, а также и дательного падежей мн. числа, например: **бе́рег**, -а, *предл.* о бе́реге, на берегу́, *мн.* -а́, -о́в; **плечо́**, -а́, *мн.* пле́чи, плеч, плеча́м; **крестья́нин**, -а, *мн.* -я́не, -я́н; **ко́лос**, -а, *мн.* коло́сья, -ьев; **штéпсель**, -я, *мн.* -я́, -е́й; **свеча́**, -и́, *мн.* све́чи, свеч и свече́й, свеча́м; **долгота́**, -ы́, *мн.* -о́ты, -о́т.

2. Указываются особенности написания и образования следующих отдельных падежей:

а) предложный падеж ед. числа, когда в языке возможны формы с разными окончаниями, например: **тиф**, -а, *предл.* в ти́фе и в тифу́; **луг**, -а, *предл.* о лу́ге, на лугу́; **дом**, -а, *предл.* на до́ме, на дому́ (дома);

б) родительный падеж мн. числа от существительных на -ня с предшествующим согласным или й, от существительных на -ья, -ье, например: **двойня́**, -и, *р. мн.* -о́ен и -не́й; **пе́сня**, -и, *р. мн.* пе́сен; **ба́сня**, -и, *р. мн.* ба́сен; **бо́йня**, -и, *р. мн.* бо́ен; **шалу́нья**, -и, *р. мн.* -ний; **бадья́**, -и́, *р. мн.* -де́й; **копьё**, -я́, *мн.* ко́пья, ко́пий, ко́пьям; **реву́нья**, -и, *р. мн.* -ний;

в) родительный падеж мн. числа даётся в тех случаях, когда в языке наблюдаются колебания (**грамм**, -а, *р. мн.* гра́ммов; **ом**, о́ма, *р. мн.* ом; **грузи́н**, -а, *р. мн.* -и́н; **калмы́к**, -а́ и -а, *мн.* -и́, -о́в и -и, -ов);

г) родительный падеж мн. числа с разными окончаниями, если последние связаны с различиями в значении существительных или в их сочетаемости с другими словами, например: **арши́н**, -а, *р. мн.* арши́н (мера) и арши́нов (мерная линейка); **гуса́р**, -а, *р. мн.* (при собир. знач.) -а́р и (при обознач. отдельных лиц) -ов;

д) если образование падежных форм связано с различием по значению, то это всегда отмечается, например: **учи́тель**, -я, *мн.* -я́, -е́й (преподаватель) и -и, -ей (глава учения); **ко́рпус**, -а, *мн.* -ы, -ов (туловище) и -а́, -о́в (здание; воен.);

е) именительный и родительный мн. числа в тех случаях, когда в употреблении встречаются отступления от литературной нормы или когда в языке существуют варианты, например: **сле́сарь**, -я, *мн.* -и, -ей и -я́, -е́й; **корре́ктор**, -а, *мн.* -а́, -о́в и -ы, -ов; **дя́дя**, -и, *мн.* -и, -ей и -ья́, -ьёв.

Имена прилагательные

§ 19. Имена прилагательные на -ый, -ий и -ой даются в форме именительного падежа ед. числа мужского рода без указания форм женского и среднего рода, например: **сере́бряный**, **техни́ческий**, **золото́й**, **бледноли́цый**.

§ 20. При притяжательных именах прилагательных указываются формы женского и среднего рода, например: **за́ячий**, -ья, -ье; **ма́терин**, -а, -о.

§21. Из пары прилагательного и субстантивированного прилагательного приводится второе в случае его большей распространенности. Прилагательное же, как правило, дается в тех случаях, когда соответствующая ему субстантивированная форма употребительна в женском роде и в некоторых отдельных случаях в мужском роде, например: **бу́лочная**, -ой — **бу́лочный**; **пивна́я**, -ой — **пивно́й**; **рабо́чий**, -его — **рабо́чий**; **часово́й**, -ого — **часово́й**.

§22. Краткие формы прилагательных даются, если они вызывают затруднения в образовании, ударении или написании. Краткая форма среднего рода приводится лишь в том случае, если она отличается от формы женского рода по ударению, например: **больно́й**, *кр. ф.* бо́лен, больна́; **совреме́нный**, *кр. ф.* -е́нен, -е́нна; **бессмы́сленный**, *кр. ф.* -лен, -ленна; **отве́тственный**, *кр. ф.* -вен и -венен, -венна; **ми́лый**, *кр. ф.* мил, мила́, ми́ло; **коро́ткий**, *кр. ф.* ко́роток, коротка́, ко́ротко; **га́дкий**, *кр. ф.* га́док, гадка́, га́дко; **бле́дненький**, *кр. ф.* -е́нек, -е́нька.

§23. Формы сравнительной и превосходной степени даются обычно в тех случаях, когда они образуются не на -ее и не на -ейший, и ставятся на своем алфавитном месте. При формах сравнит. степени в скобках указывается прилагательное и наречие, от которых оно образовано, например: **я́рче**, *сравн. ст.* (*от* я́ркий, я́рко); **твёрже**, *сравн. ст.* (*от* твёрдый, твёрдо); **ме́льче**, *сравн. ст.* (*от* ме́лкий, ме́лко).

§24. При отглагольных прилагательных на -ный ставится помета *прил.* в отличие от пишущихся с двумя н причастий, которые соответственно снабжаются пометой *прич.*, например: **гла́женный**, *прич.*, **гла́женый**, *прил.*; **ва́ренный**, *прич.*, варёный, *прил.*

§25. При совпадении полной формы причастия и образовавшегося из него прилагательного и при различии их кратких форм делается на это указание, например: **воспи́танный**, *кр. ф. прич.* -ан, -ана, *кр. ф. прил.* -ан, -анна.

§26. При сложных именах прилагательных, слитное или раздельное написание которых различается в зависимости от того, является ли данное слово термином или свободным сочетанием, дается звездочка, например: **свободнопа́дающий** *, **мелкоразмо́лотый** *. В тех случаях, когда слитное и раздельное написание вызывает другие орфографические различия, слово приводится два раза, например: **легко́ ра́ненный**, **легкора́неный**, *прил.*; **ме́лко ру́бленный**, **мелкору́бленый**, *прил.*

Имена числительные

§27. Имена числительные даются в именительном падеже с указанием формы родительного падежа, а также других косвенных падежей, если они могут вызывать затруднение в написании или содержат в себе какие-нибудь отличия по образованию или месту ударения, например: **три**, трёх, трём, тремя́, о трёх; **пять**, пяти́, пятью́; **пятьсо́т**, пятисо́т, пятиста́м, пятью́ста́ми, о пятиста́х.

§28. При сложениях с числительными, где это возможно, в скобках приводится вариант с цифровым обозначением первой части, например: **трёхсотле́тие** (300-ле́тие), **девятиэта́жный** (9-эта́жный), **восьмидесятиле́тний** (80-ле́тний).

Местоимения

§29. Местоимения, имеющие особенности в образовании форм, даются с перечислением этих форм, например: **мой**, моего́, **моя́**, мое́й, **моё**, моего́, *мн.* **мои́**, мои́х; **сам**, самого́, самому́, сами́м, о само́м, **сама́**, само́й, самоё и саму́, **само́**, *мн.* **са́ми**, сами́х, сами́м, сами́ми; **ты**, тебя́, тебе́, тобо́й и тобо́ю, о тебе́.

Наречия

§30. Наречия даются на своем алфавитном месте. Помета *нареч.* ставится в следующих случаях:

а) когда слитное написание наречия в Словаре противопоставляется раздельному написанию такого же сочетания, относящегося к другой части речи, например: **насто́лько**, *нареч.* (насто́лько хоро́ш), но *числит.* на сто́лько (на сто́лько часте́й); **вглубь**, *нареч.*, но *сущ.* в глубь (в глубь океа́на);

б) когда слитному написанию наречия может быть противопоставлено раздельное написание такого же сочетания, например: **вразно́с**, *нареч;* **до́верху**, *нареч.*; **напока́з**, *нареч.*;

в) когда наречие совпадает с падежной формой существительного, например: **ле́том**, *нареч.*; **наско́ком**, *нареч.*

§31. Устойчивые сочетания существительного или прилагательного с предлогом, а также различные сочетания наречного значения даются по алфавиту предлога, например: **с хо́ду** (по алфавиту буквы *с*). В более затруднительных случаях они даются дважды — по алфавиту предлога и по алфавиту имени, например: **на попя́тную, на попя́тный** (двор) (по алфавиту буквы *н*) и **попятный** (идти на попятный *или* на попятную) (по алфавиту буквы *п*).

Глаголы

§32. Глаголы возвратной и невозвратной форм объединяются в одной словарной единице. Частица *ся* дается в скобках при неопределенной форме и окончаниях, например: **огради́ть(ся)**, -ажу́(сь), -ади́т(ся).

Если в каком-либо лице глагола возвратная форма неупотребительна, то это находит свое отражение в соответствующем оформлении, например: **выду́мывать(ся)**, -аю, -ает(ся); **запуска́ть(ся)**, -а́ю, -а́ет(ся).

Не объединяются глаголы в случаях, когда в Словаре отмечаются пары переходных и непереходных глаголов, близких по произношению и различных по написанию, например: **беле́ть**, -е́ю, -е́ет (становиться белым), **беле́ться**, -е́ется; **бели́ть, белю́, бе́ли́т** (*что*), **бели́ться**, белю́сь, бе́ли́тся.

§33. Глаголы даются в неопределенной форме, за которой указываются окончания 1 и 3 лица согласно правилам написания форм, изложенным в §13, например: **де́лать(ся)**, -аю(сь), -ает(ся); **отмежева́ть(ся)**, -жу́ю(сь), -жу́ет(ся); **напу́тствовать**, -твую, -твует; **терпе́ть(ся)**, терплю́, те́рпит(ся).

§34. Если другие личные формы глагола отличаются по образованию от 3 лица единственного числа, то приводятся и эти формы,

например: **хоте́ть(ся)**, хочу́, хо́чешь, хо́чет(ся), хоти́м, хоти́те, хотя́т.

§35. Если форма 1 лица неупотребительна, то дается форма 3 лица, например: **победи́ть**, -и́т; для безличных глаголов и глаголов, не употребляющихся в 1 лице, указывается форма 3 лица единственного числа, например: **света́ть**, -а́ет.

Если формы настоящего или будущего времени неупотребительны, то указывается: *наст. вр. не употр., буд. вр. не употр.*, например: **ва́ривать**, *наст. вр. не употр.*

Формы прошедшего времени даются в тех случаях, когда в языке употребительны два варианта (например: кис и ки́снул, ввяз и вви́знул) или же два ударения (например, со́зда́л), или наблюдается переход ударения с одного слога на другой (например: брал, брала́), а также от глаголов на согласные (типа **нести́, грести́, везти́, брести́**), например: **нести́(сь), несу́(сь), несёт(ся)**, *прош.* **нёс(ся), несла́(сь)**.

§36. В отдельных случаях приводятся личные формы глагола, которые хотя и правильны по образованию, но могут вызвать орфографические затруднения, например: **боро́ться**, борю́сь, бо́рется, бо́рются.

§37. При переходных и непереходных глаголах, близких по звучанию, но различающихся по написанию, в скобках дается текст, уточняющий разницу в употреблении этих глаголов, например: **сине́ть**, -е́ю, -е́ет (становиться синим), **сини́ть**, синю́, сини́т (*что*).

§38. Причастия даются в именительном падеже ед. числа и оформляются в соответствии с §§19 и 22.

СПИСОК СОКРАЩЕНИЙ, ИСПОЛЬЗУЕМЫХ В СЛОВАРЕ

авиа — авиация
анат. — анатомия
архит. — архитектура
астр. — астрономия
биол. — биология
бот. — ботаника
буд. — будущее время (глагола)
вводн. сл. — вводное слово
вин. — винительный падеж
воен. — военный термин
вр. — время
геогр. — география
геол. — геология
глаг. — глагол
дат. — дательный падеж
деепр. — деепричастие
ден. ед. — денежная единица
ед. — единственное число
ед. измер. — единица измерения
ж. — женский род
знач. — значение
зоол. — зоология
им. — именительный падеж
ист. — история
косв. п. — косвенный падеж
кр. ф. — краткая форма
кто-н. — кто-нибудь
кулин. — кулинария
л. — лицо (глагола)
ласкат. — ласкательное
лингв. — лингвистика
м. — мужской род
матем. — математика

мед. — медицина
местоим. — местоимение
метео — метеорология
мн. — множественное число
многокр. — многократный вид (глагола)
мор. — морской термин
назв. — название
накл. — наклонение (глагола)
нареч. — наречие
нар.-поэт. — народнопоэтический
наст. — настоящее время (глагола)
неизм. — неизменяемое слово
нескл. — несклоняемое (существительное)
несов. — несовершенный вид (глагола)
однокр. — однократный вид (глагола)
отриц. — отрицание
п. — падеж
перен. — переносное (значение)
пов. — повелительное наклонение
полигр. — полиграфия
полит. — политический термин
превосх. ст. — превосходная степень
предл. — предложный падеж
прил. — прилагательное
прич. — причастие
противоп. — противоположное (по значению)

прош. — прошедшее время (глагола)
р. мн. — родительный падеж множественного числа
род. — родительный падеж
с. — средний род
сказ. — сказуемое
собир. — собирательное (значение)
сов. — совершенный вид (глагола)
спорт. — спортивный термин
сравн. ст. — сравнительная степень
сущ. — существительное
тв. — творительный падеж
тех. — технический термин
увелич. — увеличительное
уменьш. — уменьшительное
употр. — употребляется
устар. — устарелое
филос. — философия
фин. — финансовый термин
фото — фотография
хим. — химия
церк. — церковное
ч. — число
числит. — числительное
что-н. — что-нибудь

* — слово в нетерминологическом значении пишется раздельно

РУССКИЙ АЛФАВИТ

А а	[а]	К к	[к]	Х х	[ха]
Б б	[бэ]	Л л	[эль]	Ц ц	[цэ]
В в	[вэ]	М м	[эм]	Ч ч	[че]
Г г	[гэ]	Н н	[эн]	Ш ш	[ша]
Д д	[дэ]	О о	[о]	Щ щ	[ща]
Е е	[е]	П п	[пэ]	Ъ ъ	[твердый знак]
Ё ё	[ё]	Р р	[эр]	Ы ы	[ы]
Ж ж	[жэ]	С с	[эс]	Ь ь	[мягкий знак]
З з	[зэ]	Т т	[тэ]	Э э	[э оборотное]
И и	[и]	У у	[у]	Ю ю	[ю]
Й й	[и краткое]	Ф ф	[эф]	Я я	[я]

А

абажу́р, -а
абажуродержа́тель, -я
аба́з, -а
абази́н, -а, *р. мн.* -и́н
абази́нец, -нца
абази́нка, -и
абази́нский
аба́к, -а и аба́ка, -и (*архит.*)
абака́, -и́ (пенька)
абба́т, -а
абба́тиса, -ы
абба́тский
абба́тство, -а
аббревиату́ра, -ы
аббревиа́ция, -и
абдика́ция, -и
абдо́мен, -а
абдомина́льный
абду́ктор, -а (отводящая мышца)
абду́кция, -и
аберрацио́нный
абберра́ция, -и
абза́ц, -а
абза́цный
абиети́н, -а
абиети́новый
абиогене́з, -а
абиоге́нный
абисса́льный
абисси́нец, -нца
абисси́нка, -и
абисси́нский
абитурие́нт, -а
абитурие́нтский
аблакти́рование, -я
аблакти́рованный
аблакти́ровать(ся), -рую, -рует(ся)
аблакти́ровка, -и
абляти́в, -а
абля́ут, -а
абляцио́нный
абля́ция, -и
аболициони́зм, -а
аболициони́ст, -а
аболициони́стский
аболи́ция, -и
абонеме́нт, -а
абонеме́нтный
абоне́нт, -а
абоне́нтка, -и
абоне́нтный
абоне́нтский
абони́рование, -я
абони́рованный
абони́ровать(ся), -рую(сь), -рует(ся)
аборда́ж, -а
аборди́рованный
аборди́ровать(ся), -рую, -рует(ся)
абориге́н, -а
абориге́нный

або́рт, -а
аборта́рий, -я
аборти́вный
аборти́рованный
аборти́ровать(ся), -рую, -рует(ся)
абрази́в, -а
абрази́вный
абразио́нный
абра́зия, -и
абракада́бра, -ы
абреже́, *нескл., с.*
абре́к, -а
абрико́с, -а
абрико́сный
абрико́совый
абрикоти́н, -а
а́брис, -а
абру́ццкий (*от* Абру́ццо)
абсе́нт, -а
абсентеи́зм, -а
абсентеи́ст, -а
абсолю́т, -а
абсолюти́вный
абсолютизи́рование, -я
абсолютизи́ровать(ся), -рую, -рует(ся)
абсолюти́зм, -а
абсолюти́ст, -а
абсолюти́стка, -и
абсолюти́стский
абсолю́тно прозра́чный
абсолю́тно сухо́й
абсолю́тный
абсолю́ция, -и
абсорбе́нт, -а
абсо́рбер, -а
абсорби́рованный
абсорби́ровать(ся), -рую, -рует(ся)
абсорбциоме́тр, -а
абсорбцио́нный
абсо́рбция, -и
абстенциони́ст, -а
абстине́нт, -а
абстине́нция, -и
абстраги́рование, -я
абстраги́рованный
абстраги́ровать(ся), -рую(сь), -рует(ся)
абстра́ктно-идеалисти́ческий
абстра́ктно-экономи́ческий
абстра́ктный
абстракциони́зм, -а
абстракциони́ст, -а
абстракциони́стский
абстра́кция, -и
абсу́рд, -а
абсу́рдный
абсце́сс, -а
абсци́сса, -ы
абули́я, -и

абха́з, -а, *р. мн.* -ов
абха́зец, -зца
абха́зка, -и
абха́зский
а́бцуг, -а
а́бшид, -а
а́бштрих, -а
абъюра́ция, -и
ава́ль, -я
аванга́рд, -а
авангарди́зм, -а
авангарди́ст, -а
авангарди́стский
аванга́рдный
аванза́л, -а
аванка́мера, -ы
аванло́жа, -и
аванпо́рт, -а
аванпо́ст, -а
аванпо́стный
аванре́йд, -а
ава́нс, -а
аванси́рование, -я
аванси́рованный
аванси́ровать(ся), -рую(сь), -рует(ся)
ава́нсовый
авансода́тель, -я
авансодержа́тель, -я
ава́нсом, *нареч.*
авансце́на, -ы
аванта́ж, -а
аванта́жный
авантю́ра, -ы
авантюри́зм, -а
авантюри́н, -а
авантюри́новый
авантюри́ст, -а
авантюристи́ческий
авантюри́стка, -и
авантюри́стский
авантю́рный
а́ва-пе́рец, -рца
ава́р, -а, *р. мн.* ава́р и -ов
ава́рец, -рца
авари́йно-сигна́льный
авари́йно-спаса́тельный
авари́йный
авари́йщик, -а
ава́рия, -и
ава́рка, -и
ава́рский
а́вгиевы коню́шни
авги́т, -а
авгу́р, -а
а́вгуст, -а
августе́йший
августи́нец, -нца
а́вгустовский
авдо́тка, -и (птица)
авеню́, *нескл., ж.*

АВЕ

авести́йский
авиа...- первая часть сложных слов, всегда пишется слитно
авиаба́за, -ы
авиабензи́н, -а
авиабиле́т, -а
авиабо́мба, -ы
авиагоризо́нт, -а
авиадвигателестрои́тельный
авиадви́гатель, -я
авиадеса́нт, -а
авиадеса́нтный
авиазаво́д, -а
а́виа- и ракетострое́ние, -я
а́виа- и ракетострои́тельный
авиаконстру́ктор, -а
авиали́ния, -и
авиа́ль, -я
авиама́як, -а́
авиаметеослу́жба, -ы
авиаметеоста́нция, -и
авиамодели́зм, -а
авиамодели́ст, -а
авиамоде́ль, -и
авиамоде́льный
авиамото́р, -а
авиамоторострое́ние, -я
авиано́сец, -сца
авиано́сный
авиаопры́скивание, -я
авиаотря́д, -а
авиапа́рк, -а
авиаподко́рмка, -и
авиапо́чта, -ы
авиаприбо́р, -а
авиапромы́шленность, -и
авиаразве́дка, -и
авиараке́тный
авиаракетострое́ние, -я
авиаракетострои́тельный
авиасвя́зь, -и
авиасекста́нт, -а
авиаспо́рт, -а
авиастрое́ние, -я
авиастрои́тельный
авиастрои́тельство, -а
авиате́хник, -а
авиа́тика, -и
авиа́тор, -а
авиа́торский
авиатра́нспорт, -а
авиатра́сса, -ы
авиахими́ческий
авиацио́нно-косми́ческий
авиацио́нно-раке́тный
авиацио́нно-спорти́вный
авиацио́нно-техни́ческий
авиацио́нно-хими́ческий
авиацио́нный
авиа́ция, -и
авиача́сть, -и, *мн.* -и, -е́й
авиашко́ла, -ы
авиваж, -а
авие́тка, -и
авизе́нт, -а
ави́зи́ровать, -рую, -рует
ави́зный
ави́зо, *нескл., с.*
авитамино́з, -а
авителлино́з, -а
авифа́уна, -ы
авока́до, *нескл., с.*

АВО

аво́сь
аво́сь да небо́сь
аво́ська, -и
аво́сь-ли́бо
авра́л, -а
авра́лить, -лю, -лит
авра́льный
авро́ра, -ы (заря)
австрали́ец, -и́йца
австрали́йка, -и
австрали́йский
австрало́идный
австралопите́к, -а
австри́ец, -и́йца
австри́йка, -и
австри́йский
австри́к, -а
австри́чка, -и
австроазиа́тский
а́встро-венге́рский
а́встро-герма́нский
а́встро-ита́ло-францу́зский
а́встро-италья́нский
автарки́ческий
авта́ркия, -и
авто́, *нескл., с.*
авто... — первая часть сложных слов, пишется всегда слитно
автоаннотирование, -я
автоба́за, -ы
автобиографи́ческий
автобиографи́чный
автобиогра́фия, -и
автоблокиро́вка, -и
автоблокиро́вочный
автобронета́нковый
авто́бус, -а
авто́бусный
автовакци́на, -ы и аутовакци́на, -ы
автовокза́л, -а
автога́мия, -и
автоге́н, -а
автогене́з, -а
автогенера́тор, -а
автогенносва́рочный
автоге́нный (*тех.*)
автоге́нщик, -а
автогидроподъёмник, -а
автогравю́ра, -ы
авто́граф, -а
автографи́ческий
автографи́чный
автогра́фия, -и
автогре́йдер, -а
автогрузово́й
автогужево́й
автоде́ло, -а
автодида́кт, -а
автодиспе́тчер, -а
автодое́ние, -я
автодоро́жный
автодрези́на, -ы
автодро́м, -а
автожи́р, -а
автозаво́д, -а
автозаводско́й и автозаводско́й
автозапра́вочный
автозапра́вщик, -а
автоинспе́ктор, -а
автоинспе́кция, -и
автока́р, -а
автоката́лиз, -а

АВТ

автокефа́лия, -и
автокефа́льный
автокинопередви́жка, -и
автокла́в, -а
автоколеба́ния, -ий
автоколеба́тельный
автоколо́нна, -ы
автокомбина́т, -а
автокорре́кция, -и
автокра́н, -а
автокра́т, -а
автократи́ческий
автокра́тия, -и
автокружо́к, -жка́
авто́л, -а
автола́вка, -и
автолесово́з, -а
авто́лиз, -а и ауто́лиз, -а
автолитогра́фия, -и
автолюби́тель, -я
автомагистра́ль, -и
автома́т, -а
автоматиза́ция, -и
автоматизи́рование, -я
автоматизи́рованный
автоматизи́ровать(ся), -рую, -рует(ся)
автомати́зм, -а
автома́тика, -и
автомати́ческий
автомати́чный
автома́тно-пулемётный
автома́тный
автома́тчик, -а
автома́тчица, -ы
автомаши́на, -ы
автомашини́ст, -а
автометаморфи́зм, -а
автоме́три́я, -и
автомеха́ник, -а
автомехани́ческий
автомобилево́з, -а
автомобилеопроки́дыватель, -я
автомобилеразгру́зчик, -а
автомобилестрое́ние, -я
автомобилестрои́тельный
автомобилетракторострое́ние, -я
автомобилиза́ция, -и
автомобили́зм, -а
автомобили́ст, -а
автомобили́стка, -и
автомоби́ль, -я
автомоби́ль-вы́шка, автомоби́ля-вы́шки
автомоби́льно-доро́жный
автомоби́льно-тра́кторный
автомоби́льный
автомодели́зм, -а
автомоде́льный
автоморфи́зм, -а
автомотоклу́б, -а
автомото́рный
автомотосе́кция, -и
автомотошко́ла, -ы
автомотри́са, -ы
автономиза́ция, -и
автономи́ст, -а
автономи́стский
автономи́ческий
автоно́мия, -и
автоно́мный
автоокисле́ние, -я

автооксидация, -и
автооператор, -а
автопавильон, -а
автопансионат, -а
автопарк, -а
автоперевозка, -и
автопередвижка, -и
автопередвижной
автопилот, -а
автопластика, -и
автоплуг, -а
автопогрузчик, -а
автоподзавод, -а
автоподстройка, -и
автопоезд, -а, *мн.* -а́, -о́в
автопоилка, -и
автопокрышка, -и
автопортрет, -а
автопробег, -а
автопрокладчик, -а
автопромышленность, -и
а́втор, -а, *мн.* -ы, -ов
авторадиограмма, -ы
авторадиография, -и
авторазливочный
автора́лли, *нескл., с.*
авторезина, -ы
авторемонтный
аворессора, -ы
автореферат, -а
авторефрижератор, -а
авторизация, -и
авторизи́ровать, -рую, -рует
авторизованный
авторизова́ть(ся), -зую, -зует(ся)
авторита́рный
авторитет, -а
авторитетный
автороллер, -а
авторота, -ы
авторотация, -и
а́вторский
а́вторство, -а
авторулевой, -ого
авторучка, -и
автосалон, -а
автосамосвал, -а
автосборка, -и
автосборочный
автослесарь, -я, *мн.* -и, -ей
автоспорт, -а
автостанция, -и
автостарт, -а
автостоп, -а
автострада, -ы
автостроение, -я
автостроитель, -я
автосцепка, -и
автотермоцистерна, -ы
автотипический
автотипия, -и
автотипный
автотомия, -и и аутотомия, -и
автотормоз, -а
автотормозной
автотракторный
автотракторостроение, -я
автотранспорт, -а
автотранспортный
автотрансформатор, -а
автотрасса, -ы
автотропизм, -а

автотуризм, -а
автотурист, -а
автотягач, -а́
автоукладчик, -а
автофазировка, -и
автофилия, -и
автофургон, -а
автохозяйство, -а
автохромный
автохтон, -а
автохтонный
автоцементовоз, -а
автоцистерна, -ы
авточас, -а, *мн.* -ы, -о́в
авточасть, -и, *мн.* -и, -е́й
автоштурман, -а
автощеповоз, -а
автощётка, -и
автоэлектронный
авуары, -ов
ага́, -и́, *м.* (восточный титул)
ага́, *неизм.*
ага́ва, -ы
ага́вный
агалит, -а
агальматолит, -а
ага́ма, -ы (ящерица)
ага́ми, *нескл., ж.* (птица)
агамия, -и
ага́мный
агамогония, -и
ага́р-ага́р, -а
ага́рный
ага́ровый
агаря́нин, -а, *мн.* -ря́не, -ря́н
агаря́нка, -и
ага́т, -а
ага́товый
ага́-хан, -а
агглютинабельный
агглютинативный
агглютинация, -и
агглютинин, -а
агглютинирование, -я
агглютинировать(ся), -рует(ся)
агглютинирующий
агграва́ция, -и
аге́нт, -а, *мн.* -ы, -ов
агентирование, -я
аге́нтский
аге́нтство, -а
агентура, -ы
агентурный
агиографический
агиография, -и
агиология, -и
агит... — первая часть сложных слов,
   пишется всегда слитно
агитатор, -а
агитаторский
агитационно-массовый
агитационный
агита́ция, -и
агитбригада, -ы
агитвагон, -а
агити́ровать, -рую, -рует
агитка, -и
агиткампания, -и
агитколлектив, -а
агитмассовый
агитпоезд, -а, *мн.* -а́, -о́в
агитпроп, -а

агитпропотдел, -а
агитпункт, -а
агитфильм, -а
агломерат, -а
агломератчик, -а
агломерационный
агломерация, -и
агломери́ровать(ся), -рую, -рует(ся)
аглопорит, -а
аглофабрика, -и
а́гнец, а́гнца
агнозия, -и
агостик, -а
агностицизм, -а
агностический
агонизи́ровать, -рую, -рует
агонический
агония, -и
агорафобия, -и
аграмант, -а
аграмантный
аграмантовый
агранулоцит, -а
агранулоцитарный
агранулоцитоз, -а
аграрий, -я
аграрник, -а
аграрно-индустриальный
аграрно-промышленный
аграрный
аграф, -а
аграфия, -и
агрегат, -а
агрегатирование, -я
агрегатированный
агрегатировать(ся), -рую, -рует(ся)
агрегатный
агрегация, -и
агреман, -а
агрессивность, -и
агрессивный
агрессия, -и
агрессор, -а
агрикультура, -ы
агро... — первая часть сложных слов,
   пишется всегда слитно
агробаза, -ы
агробиолог, -а
агробиологический
агробиология, -и
агробиоценоз, -а
агроботаника, -и
агроботанический
агрозоотехника, -и
агрозоотехнический
агроклиматология, -и
агрокружок, -жка́
агролесомелиоративный
агролесомелиоратор, -а
агролесомелиорация, -и
агромаксимум, -а
агромелиоратор, -а
агромелиорация, -и
агрометеоролог, -а
агрометеорологический
агрометеорология, -и
агрометр, -а
агроминимум, -а
агроном, -а
агрономический
агрономия, -и
агропочвенный

АГР

агропочвове́дение, -я
агропропага́нда, -ы
агропу́нкт, -а
агрорайо́н, -а
агросе́ть, -и
агроте́хник, -а
агроте́хника, -и
агротехни́ческий
агроуча́сток, -тка
агрофи́зика, -и
агрофизи́ческий
агрофитоцено́з, -а
агрохи́мик, -а
агрохими́ческий
агрохи́мия, -и
агрохимлаборато́рия, -и
агрошко́ла, -ы
агроэкономи́ческий
агу́, неизм.
агу́л, -а, р. мн. -ов
агу́лец, -льца
агу́лка, -и
агу́льский
ад, -а, предл. об а́де, в аду́
ада́жио, неизм. и нескл., с.
адали́н, -а
адама́нт, -а
адами́т, -а
ада́мово я́блоко
адамси́т, -а
ада́мсия, -и
адаптацио́нный
адапта́ция, -и (приспосабливание)
ада́птер, -а
адапти́вный (к адапта́ция)
адапти́рованный (от адапти́ровать)
адапти́ровать(ся), -рую, -рует(ся) (к адапта́ция)
адапто́метр, -а
ада́т, -а
адве́кция, -и
адвенти́вный
адвенти́ст, -а
адвербиализа́ция, -и
адвербиализи́роваться, -руется
адвербиа́льный
адвока́т, -а
адвока́тский
адвока́тство, -а
адвока́тствовать, -твую, -твует
адвокату́ра, -ы
адгезио́нный
адге́зия, -и
адде́нда, -ы
аддисо́нова боле́знь
аддити́вный
адду́ктор, -а (приводящая мышца)
адду́кция, -и
адеква́тный
адени́т, -а
аденови́рус, -а
адено́ид, -а
адено́ма, -ы
аде́пт, -а
адерми́н, -а
адеструкти́вный
аджа́рец, -рца
аджа́рка, -и
аджа́рский
адиаба́та, -ы
адиабати́ческий
адиаба́тный

АДИ

адинами́я, -и
администрати́вно-территориа́льный
администрати́вно-управле́нческий
администрати́вно-хозя́йственный
администрати́вный
администра́тор, -а
администра́торский
администра́торство, -а
администра́ция, -и
администри́рование, -я
администри́ровать, -рую, -рует
адмира́л, -а
адмира́л-инжене́р, адмира́ла-инжене́ра
адмиралте́йский
адмиралте́йств-колле́гия, -и
адмиралте́йство, -а
адмиралте́йств-сове́т, -а
адмира́льский
адмира́льство, -а
адмотде́л, -а
адмтехперсона́л, -а
адмча́сть, -и, мн. -и, -е́й
а́дов, -а, -о
адонизи́д, -а
адониле́н, -а
адо́нис, -а
адопта́ция, -и (усыновление)
адопти́вный (к адопта́ция)
адопти́рованный (от адопти́ровать)
адопти́ровать(ся), -рую, -рует(ся) (к адопта́ция)
адора́ция, -и
адренали́н, -а
адренали́новый
адренерги́ческий
адренокортикотро́пный
а́дрес, -а, мн. -а́, -о́в
адреса́нт, -а (отправитель письма)
адреса́нтка, -и
адреса́т, -а (получатель письма)
а́дрес-календа́рь, -я́
а́дресный
адресова́ние, -я
адресо́ванный
адресова́ть(ся), -су́ю(сь), -су́ет(ся)
адря́с, -а
а́дский
адсорбе́нт, -а
адсо́рбер, -а
адсорби́рованный
адсорби́ровать(ся), -рую, -рует(ся)
адсорбцио́нно-ко́мплексный
адсорбцио́нный
адсо́рбция, -и
адуля́р, -а
адъектива́ция, -и
адъективи́рование, -я
адъективи́рованный
адъективи́роваться, -руется
адъекти́вный
адъю́нкт, -а
адъю́нкта, -ы (матем.)
адъю́нкт-профе́ссор, -а, мн. -а́, -о́в
адъю́нктский
адъю́нктство, -а
адъюнкту́ра, -ы
адъюста́ж, -а
адъюта́нт, -а
адъюта́нтский
адъюта́нтство, -а
адыге́ец, -е́йца
адыге́йка, -и

АДЫ

адыге́йский
адюльте́р, -а
аж, частица
ажго́н, -а
а́жио, нескл., с.
ажиота́ж, -а
ажита́ция, -и
ажу́р, -а
ажу́рный
ажусти́ровать, -рую, -рует
аз, -а́, мн. азы́, -о́в
аза́лия, -и
азари́н, -а
аза́рт, -а
аза́ртничать, -аю, -ает
аза́ртный
аза́т, -а
а́збука, -и
азбуко́вник, -а
а́збучный
азеотро́пный
азербайджа́нец, -нца
азербайджа́нка, -и
азербайджа́нский
азефо́вщина, -ы
азиани́ческий
азиа́т, -а
азиати́ческий
азиа́тка, -и
азиа́тский
азиа́тчина, -ы
ази́д, -а
а́зимут, -а
азимута́льный
а́зимутный
азобензо́л, -а
азо́вский
азогру́ппа, -ы
азо́йский
азокраси́тель, -я
азоксисоедине́ние, -я
азомета́н, -а
азона́льный
азооспермия́, -и
азосоедине́ние, -я
азосочета́ние, -я
азо́т, -а
азотдобыва́ющий
азотеми́я, -и
азотиза́ция, -и
азоти́рование, -я
азоти́ровать(ся), -рую, -рует(ся)
азотистоводоро́дный
азотистоки́слый
азо́тистый
азотнова́тистый
азотнова́тый
азо́тно-кали́йно-фо́сфорный
азо́тно-кали́йный
азотноки́слый
азо́тно-ту́ковый
азо́тно-фо́сфорный
азо́тный
азотоба́ктер, -а
азотобактери́н, -а
азотобакте́рия, -и
азотоге́н, -а
азотоме́тр, -а
азототдаю́щий
азотосодержа́щий
азотусва́ивающий
азотфикса́тор, -а

АЗО

азотфикса́ция, -и
азотфикси́рующий
азофо́ска, -и
азу́р, -а
азури́т, -а
азя́м, -а
азя́мчик, -а
айл, -а
а́ир, -а
а́ист, -а
аистёнок, -нка, *мн.* -тя́та, -тя́т
а́истник, -а
а́истовый
аистообра́зные, -ых
ай-ай-а́й, *неизм.*
айва́, -ы́
айво́вый
айда́, *неизм.*
а́йканье, -я
а́йкать, -аю, -ает
а́йкнуть, -ну, -нет
айла́нт, -а
айма́к, -а́
айма́ковый
айма́чный
айра́н, -а
айро́л, -а
а́йсберг, -а
айсо́р, -а, *р. мн.* -ов
айсо́рка, -и
айсо́рский
академи́зм, -а
акаде́мик, -а
академи́ческий
академи́чный
акаде́мия, -и
акажу́, *нескл., с.*
ака́нт, -а
ака́нтовый
а́канье, -я
а капе́лла, *неизм.*
акариа́зис, -а
акари́ды, -и́д
акарици́д, -а
акароло́гия, -и
а́кать, -аю, -ает
ака́фист, -а
ака́фистный
ака́циевый
ака́ция, -и
а́кающий
аквада́г, -а
аквала́нг, -а
аквалнги́ст, -а
аквамари́н, -а
аквамари́нный
аквамари́новый
акваме́трия, -и
аквана́вт, -а
акванпла́н, -а
акваполисоедине́ние, -я
акваре́лист, -а
акваре́листка, -и
акваре́ль, -и
акваре́льный
аква́риум, -а
аквариуми́ст, -а
аква́риумный
авкасоедине́ние, -я
акавти́нта, -ы
акавти́пия, -и
авкато́рия, -и и авкато́рий, -я

АКВ

аквафо́рте, *нескл., с.*
аквафорти́ст, -а
акведу́к, -а
аквизи́тор, -а
аквиле́гия, -и
аквило́н, -а
аквипа́ры, -ов
акинези́я, -и
акка́дский
акклама́ция, -и
акклиматизацио́нный
акклиматиза́ция, -и
акклиматизи́рование, -я
акклиматизи́рованный
акклиматизи́ровать(ся), -рую(сь), -рует(ся)
акколда́да, -ы
аккомода́нтный
аккомодацио́нный
аккомода́ция, -и
аккомоди́ровать(ся), -рую, -рует(ся)
аккомпанеме́нт, -а
аккомпаниа́тор, -а
аккомпани́рование, -я
аккомпани́ровать, -рую, -рует
аккомпанирова́вка, -и
акко́рд, -а
аккордео́н, -а
аккордеони́ст, -а
аккордеони́стка, -и
акко́рдный
акко́рдовый
аккредити́в, -а
аккредитова́ние, -я
аккредито́ванный
аккредитова́ть(ся), -ту́ю(сь), -ту́ет(ся)
аккузати́в, -а
аккумули́рование, -я
аккумули́ровать(ся), -рую, -рует(ся)
аккумуляти́вный
аккумуля́тор, -а
аккумуля́торно-заря́дный
аккумуля́торный
аккумуляцио́нный
аккумуля́ция, -и
аккурати́ст, -а
аккура́тненький
аккура́тность, -и
аккура́тный
акли́на, -ы
акмеи́зм, -а
акмеи́ст, -а
акмеисти́ческий
акмеи́стка, -и
акмеи́стский
акони́т, -а
акониаи́н, -а
акони́товый
а-ко́нто, *неизм.*
акр, -а, *р. мн.* -ов
акриди́н, -а
акриди́новый
акри́ды, -и́д
акрила́т, -а
акрихи́н, -а
акроба́т, -а
акробати́зм, -а
акроба́тика, -и
акробати́ческий
акробати́чный
акроба́тка, -и
акроба́тничание, -я

АКР

акроба́тничать, -аю, -ает
акроба́тство, -а
акроба́тствовать, -твую, -твует
акролеи́н, -а
акромега́лия, -и
акро́поль, -я
акро́стих, -а
акроцефа́лия, -и
аксака́л, -а
аксами́т, -а
акселера́тор, -а
акселера́ция, -и и акцелера́ция, -и
акселеро́граф, -а
акселеро́метр, -а
аксельба́нт, -а
аксерофто́л, -а
аксессуа́р, -а
аксиа́льно-поршнево́й
аксиа́льный
аксио́ма, -ы
аксиома́тика, -и
аксиомати́ческий
аксиомати́чный
аксио́метр, -а
аксоло́тль, -я
аксонометри́ческий
аксономе́трия, -и
акт, -а
актёр, -а
актёришка, -и, *м.*
актёрка, -и
актёрский
актёрство, -а
актёрствовать, -твую, -твует
акти́в, -а
актива́тор, -а
актива́ция, -и
активиза́ция, -и
активизи́рование, -я
активизи́рованный
активизи́ровать(ся), -рую(сь), -рует(ся)
активи́рование, -я
активи́рованный
активи́ровать(ся), -рую, -рует(ся)
активи́ст, -а
активи́стка, -и
активи́стский
акти́вничать, -аю, -ает
акти́вно-ёмкостный
акти́вно-индукти́вный
акти́вность, -и
акти́вный
акти́н, -а
актини́дия, -и
акти́ниевый
акти́ний, -я (*хим.*)
акти́ния, -и (*зоол.*)
актинобацилёз, -а
актино́граф, -а
актино́ид, -а
актино́метр, -а
актинометри́ческий
актиноме́трия, -и
актиномико́з, -а
актиномице́т, -а
актиномици́н, -а
актинотерапи́я, -и
акти́рование, -я
акти́рованный
акти́ровать(ся), -рую, -рует(ся)
а́ктовый
актомиози́н, -а

АКТ

актри́са, -ы
актуализа́ция, -и
актуализи́рование, -я
актуализи́рованный
актуализи́ровать(ся), -рую, -рует(ся)
актуализо́ванный
актуализова́ть(ся), -зу́ю, -зу́ет(ся)
актуа́льный
актуа́рий, -я
аку́ла, -ы
аку́лий, -ья, -ье
аку́ловые, -ых
аку́стика, -и
аку́стико-пневмати́ческий
акусти́ческий
аку́т, -а
акути́рованный
аку́товый
акушёр, -а
акуше́рка, -и
акуше́рский
акуше́рство, -а
акуше́рствовать, -твую, -твует
акцелера́ция, -и и акселера́ция, -и
акце́нт, -а
акцента́тор, -а
акценти́рование, -я
акценти́рованный
акценти́ровать(ся), -рую, -рует(ся)
акценти́ровка, -и
акце́нтный
акцентова́ть(ся), -ту́ю, -ту́ет(ся)
акцентологи́ческий
акцентоло́гия, -и
акцентуацио́нный
акцентуа́ция, -и
акце́пт, -а
акцепта́нт, -а
акцепта́тор, -а
акцепта́ция, -и
акце́птный
акцептова́ние, -я
акцепто́ванный
акцептова́ть(ся), -ту́ю, -ту́ет(ся)
акце́птор, -а
акце́пция, -и
акцессио́нный
акце́ссия
акцессо́рный
акциде́нтный
акциде́нция, -и
акци́з, -а
акци́зный
акционе́р, -а
акционе́рка, -и
акционе́рный
акционе́рский
акцио́нный
а́кция, -и
акы́н
алали́я, -и
алани́н, -а
алармист, -а
алармистка, -и
алармистский
алата́уский
ала́тырь, -я
алба́нец, -нца
алба́нка, -и
алба́нский
а́лгебра, -ы
алгебраи́ст, -а

АЛГ

алгебраи́ческий
алго́л, -а
алгори́тм, -а
алгоритми́ческий
алеба́рда, -ы
алеба́рдный
алеба́рдовый
алеба́стр, -а
алеба́стровый
алеври́т, -а
алеври́товый
алевроли́т, -а
алейкеми́ческий
алейкеми́я, -и
алейро́метр, -а
алейро́н, -а
алейро́новый
александри́йский
александри́т, -а
алекси́н, -а
алема́ны, -ов
алёнка, -и (жук)
а́ленький
але́ть(ся), -е́ю, -е́ет(ся)
алеу́т, -а, р. мн. -ов
алеу́тка, -и
алеу́тский
алжи́рец, -рца
алжи́рка, -и
алжи́рский
а́либи, нескл., с.
алида́да, -ы
ализари́н, -а
ализари́новый
алимента́рный
алиме́нтный
алиме́нтщик, -а
алиме́нтщица, -ы
алиме́нты, -ов
алинеа́тор, -а
алити́рование, -я
алити́ровать(ся), -рую, -рует(ся)
алкализа́ция, -и
алкалиме́трия, -и
алкало́з, -а
алкало́ид, -а
алка́ние, -я
алка́ть, а́лчу, а́лчет и алка́ю, алка́ет
алки́л, -а
алкили́рование, -я
алкоголиза́ция, -и
алкоголизи́ровать, -рую, -рует
алкоголи́зм, -а
алкоголизова́ть, -зу́ю, -зу́ет
алкого́лик, -а
алкоголиме́трия, -и
алкоголи́ческий
алкоголи́чка, -и
алкого́ль, -я
алкого́льный
алконо́ст, -а
алкора́н, -а
алла́х, -а
аллегори́зм, -а
аллегори́ческий
аллегори́чный
аллего́рия, -и
аллегре́тто, неизм. и нескл., с
алле́гри, нескл., с. (лотерея)
алле́гро, неизм. и нескл., с. (муз.)
алле́йка, -и, р. мн. -е́ек
аллели́зм, -а

АЛЛ

аллеломо́рф, -а
аллеломорфи́зм, -а
алле́ль, -и
аллема́нда, -ы
аллемани́ст, -а
аллерге́н, -а
аллерги́ческий
аллерги́я, -и
аллерго́лог, -а
аллергологи́ческий
аллерголо́гия, -и
алле́я, -и
аллига́тор, -а
аллига́ция, -и
алли́ловый
аллилса́т, -а
аллилу́йный
аллилу́йщик, -а
аллилу́йщина, -ы
аллилу́йя, -и
аллилче́п, -а
аллитерацио́нный
аллитера́ция, -и
аллитери́рование, -я
аллици́н, -а
алло́, неизм.
алло́д, -а
аллодиа́льный
аллока́ция, -и
аллометри́я, -и
алломо́рф, -а и алломо́рфа, -ы
алломо́рфный
алло́нж, -а
аллопа́т, -а
аллопати́ческий
аллопа́тия, -и
аллопла́стика, -и
аллопласти́ческий
аллоско́п, -а
аллотропи́ческий
аллотро́пия, -и
аллофо́н, -а и аллофо́на, -ы
аллохто́н, -а
аллювиа́льный
аллю́вий, -я
аллю́зия, -и
аллю́р, -а
алмаати́нец, -нца
алма́-ати́нский
алма́з, -а
алма́зно-расто́чный
алма́зно-твёрдый
алма́зный
алмазодобыва́ющий
алмазозамени́тель, -я
алоги́зм, -а
алоги́ческий
алоги́чный
ало́йный
а́ло-кра́сный
ало́э, нескл., с.
алоэви́дный
алта́ец, -а́йца
алта́йка, -и
алта́йский
алта́рный
алта́рь, -я́
алте́й, -я
алте́йный
алты́н, -а, р. мн. алты́н
алты́нник, -а
алты́нница, -ы

АЛТ

алты́нничать, -аю, -ает
алты́нный
алуду́р, -а
алуни́т, -а
алфави́т, -а
алфави́тно-цифрово́й
алфави́тный
алхи́мик, -а
алхими́ческий
алхи́мия, -и
а́лча, *деепр. (от* алка́ть)
алчба́, -ы́
а́лчность, -и
а́лчный
а́лчущий
а́лый; *кр. ф.* ал, а́ла
алыча́, -и́
алычо́вый
альбатро́с, -а
альбе́до, *нескл., с.*
альбедо́метр, -а
альбиго́ец, -о́йца
альбиго́йский
альби́дум, -а
альбини́зм, -а
альбино́с, -а
альбино́ска, -и
альби́т, -а
альби́цция, -и
альбо́м, -а
альбора́да, -ы
альбуми́н, -а
альбуми́нный
альбуми́новый
альбумино́ид, -а
альбумину́рия, -и
альбуци́д, -а
альвео́ла, -ы
альвеоля́рный
альгвази́л, -а
альги́н, -а
альголо́гия, -и
альгра́фия, -и
альдеги́д, -а
альдостеро́н, -а
алька́д, -а (*устар. к* алька́льд)
алька́льд, -а
алько́в, -а
альмави́ва, -ы
а́льма-ма́тер, *нескл., ж.*
альмана́х, -а
альмана́шный
альманди́н, -а
альпака́, *нескл., с.* (шерсть) и -и́ (животное)
альпа́ри, *неизм. и нескл., с.*
альпеншто́к, -а
альпи́йский
альпина́рий, -я
альпиниа́да, -ы
альпини́зм, -а
альпини́ст, -а
альпини́стка, -и
альпини́стский
альсе́кко, *неизм.*
альт, -а́, *мн.* -ы́, -о́в
альта́зимут, -а
альтерати́вный (*к* альтера́ция)
альтера́ция, -и
альтери́рованный
альтернанте́ра, -ы
альтерна́т, -а

АЛЬ

альтернати́ва, -ы
альтернати́вный (*к* альтернати́ва)
альтерна́тор, -а
альтернацио́нный
альтерна́ция, -и
альтерни́рующий
альтиме́тр, -а
а́льтинг, -а
альти́ст, -а
альти́стка, -и
альтиту́да, -ы
альто́вый
альтруи́зм, -а
альтруи́ст, -а
альтруисти́ческий
альтруисти́чный
альтруи́стка, -и
а́льфа, -ы
а́льфа-, бе́та- и га́мма-излуче́ние (α-, β- и γ-излуче́ние), -я
а́льфа-желе́зо (α-желе́зо), -а
а́льфа-лучи́ (α-лучи́), -е́й
альфаме́тр, -а
а́льфа-радиоакти́вный (α-радиоакти́вный)
а́льфа-радио́метр (α-радио́метр), -а
а́льфа-распа́д (α-распа́д), -а
а́льфа-спе́ктр (α-спе́ктр), -а
а́льфа-спектро́метр (α-спектро́метр), -а
а́льфа-стабилиза́тор (α-стабилиза́тор), -а
альфатро́н, -а
а́льфа-части́цы (α-части́цы), -и́ц
альфо́ль, -и
альфо́нс, -а
альфре́ско, *неизм.*
алья́нс, -а
алюмина́т, -а
алюми́ниево-ка́лиевый
алюми́ниево-ма́гниевый
алюми́ниевый
алюми́ний, -я
алюминийоргани́ческий
алюмино́н, -а
алюминотерми́я, -и
алюмо... — первая часть сложных слов, пишется всегда слитно
алюмоаммони́йный
алюмока́лиевый
алюмосилика́т, -а
алюмосилика́тный
а-ля́ (вроде, подобно)
аляпова́тый
аляски́т, -а
амазони́т, -а
амазо́нка, -и
амазо́нский
амальга́ма, -ы
амальгама́тор, -а
амальгамацио́нный
амальгама́ция, -и
амальгамирова́льный
амальгами́рование, -я
амальгами́рованный
амальгами́ровать(ся), -рую, -рует(ся)
амальгами́ческий
амальга́мный
амана́т, -а
амана́тский
амара́нт, -а
амари́ллис, -а

АМА

аматёр, -а
аматёрка, -и
а́мба, *неизм.*
амба́р, -а
амба́ришко, -а, *м.*
амба́рище, -а, *м.*
амба́рный
амбару́шка, -и
амбисто́ма, -ы
амбицио́зный
амбицио́нный
амби́ция, -и
а́мбра, -ы
амбразу́ра, -ы
амбре́, *нескл., с.*
а́мбровый
амбро́зия, -и
амбулато́рия, -и
амбулато́рный
амбушю́р, -а
амво́н, -а
амёба, -ы
амёбиа́з, -а
амёбный
амёбови́дный
амёбоноси́тель, -я
амёбоци́т, -а
амелиора́ция, -и
аменоре́я, -и
америка́нец, -нца
американиза́ция, -и
американизи́рованный
американизи́ровать(ся), -рую(сь), -рует(ся)
америка́ни́зм, -а
америка́ни́ст, -а
америка́ни́стика, -и
америка́нка, -и
америка́но-англи́йский
американо́идный
америка́но-кита́йский
америка́но-сове́тский
америка́нский
амери́ций, -я
амети́ст, -а
амети́стовый
аметропи́я, -и
амиа́нт, -а
амиа́нтовый
амидали́н, -а
ами́д, -а
амиди́рование, -я
амидо́л, -а
амидопири́н, -а
амикошо́нский
амикошо́нство, -а
амикошо́нствовать, -твую, -твует
амикро́н, -а
амила́за, -ы
амилацета́т, -а
амиле́н, -а
амилнитри́т, -а
ами́ловый
амилодекстри́н, -а
амило́за, -ы
амило́ид, -а
амилоидо́з, -а
амилопекти́н, -а
ами́н, -а
аминази́н, -а
аминогру́ппа, -ы
аминокислота́, -ы́, *мн.* -о́ты, -о́т

АМИ

аминокисло́тный
аминопла́ст, -а
аминосоедине́ние, -я
аминоспи́рт, -а, *мн.* -ы́, -о́в
ами́нь, *неизм.*
амиста́д, -а (танец)
амита́л-на́трий, -я
амито́з, -а
а́мия, -и
а́мми, *нескл., ж.*
аммиа́к, -а
аммиака́т, -а
аммиачноки́слый
аммиа́чный
аммона́л, -а
аммониа́к, -а
аммо́ниевый
аммониза́ция, -и
аммонизи́рованный
аммонизи́ровать, -рую, -рует
аммо́ний, -я
аммони́йный
аммонийфосфа́т, -а
аммони́т, -а
аммонифика́ция, -и
аммоно́лиз, -а
аммото́л, -а
аммофи́ла, -ы
аммофо́с, -а
амнези́я, -и
амнио́н, -а
амнио́ты, -от
амнисти́рование, -я
амнисти́рованный
амнисти́ровать(ся), -рую, -рует(ся)
амни́стия, -и
аморали́зм, -а
амора́льный
амортиза́тор, -а
амортизацио́нный
амортиза́ция, -и
амортизи́рованный
амортизи́ровать(ся), -рую, -рует(ся)
амортифика́ция, -и
аморфи́зм, -а
амо́рфный
ампелогра́фия, -и
ампеоло́гия, -и
ампело́псис, -а
ампелотерапи́я, -и
а́мпельный
ампе́р, -а, *р. мн.* ампе́р
ампе́р-весы́, -о́в
ампе́р-вито́к, -тка́
ампервольтваттме́тр, -а
ампервольтме́тр, -а
ампервольтомме́тр, -а
амперме́тр, -а
ампе́рный
амперометри́ческий
амперометри́я, -и
ампе́р-секу́нда, -ы
ампе́р-ча́с, -а, *мн.* -часы́, -о́в
ампи́р, -а
ампи́рный
амплиди́н, -а
амплитро́н, -а
амплиту́да, -ы
амплиту́дно-и́мпульсный
амплиту́дно-часто́тный
амплиту́дный
амплифика́ция, -и

АМП

амплуа́, *нескл., с.*
а́мпула, -ы
ампутацио́нный
ампута́ция, -и
ампути́рованный
ампути́ровать(ся), -рую, -рует(ся)
амударьи́нский
амуле́т, -а
амуницио́нный
амуни́ция, -и
амуни́чный
аму́р, -а
аму́риться, -рюсь, -рится
аму́рничать, -аю, -ает
аму́рный
амфиби́йный
амфи́бия, -и
амфибо́л, -а
амфиболи́т, -а
амфиболи́я, -и
амфибра́хий, -я
амфибрахи́ческий
амфипо́д, -а
амфитеа́тр, -а
амфитрио́н, -а
а́мфора, -ы
амфоте́рный
амха́ра, *нескл., м.*
амха́рский
анабази́н, -а
анаба́зис, -а (*бот.*)
анабапти́зм, -а
анабапти́ст, -а
анабапти́стка, -и
анабапти́стский
анабио́з, -а
анабиоти́ческий
анаболи́зм, -а
анаболи́я, -и
анагалакти́ческий
анагра́мма, -ы
анаграмати́ческий
анагра́ммный
анака́рдиевые, -ых
анаколу́ф, -а
анако́нда, -ы
анакрео́нтика, -и
анакреонти́ческий
анакру́за, -ы и анакру́са, -ы
ана́лиз, -а
анализа́тор, -а
анализа́торный
анализа́торский
анализи́рование, -я
анализи́рованный
анализи́ровать(ся), -рую, -рует(ся)
анали́тик, -а
анали́тика, -и
анали́тико-синтети́ческий
аналити́ческий
ана́лог, -а
аналогизи́рование, -я
аналогизи́ровать, -рую, -рует
аналоги́ческий
аналоги́чный
анало́гия, -и
ана́логовый
ана́лого-цифрово́й
анало́й, -я
анало́йный
анальгези́я, -и
анальгети́ческий

АНА

анальги́н, -а
анальги́я, -и
ана́льный
ана́мнез, -а
анамнести́ческий
ана́мнии, -ий
анаморфи́зм, -а
анаморфи́рование, -я
анаморфи́ческий
анаморфо́з, -а
анаморфо́тный
анана́с, -а, *р. мн.* -ов
анана́сный
анана́совый
ана́пест, -а
анапести́ческий
анапла́зия, -и
анапла́зма, -ы
анаплазмо́з, -а
анархи́зм, -а
анархи́ст, -а
анархи́ствующий
анархи́стка, -и
анархи́стский
анархи́ческий
анархи́чный
ана́рхия, -и
ана́рхо-синдикали́зм, -а
ана́рхо-синдикали́ст, -а
ана́рхо-синдикали́стский
анастати́ческий
анастигма́т, -а
анастигмати́зм, -а
анастигмати́ческий
анастомо́з, -а
анатокси́н, -а
ана́том, -а
анатоми́рование, -я
анатоми́рованный
анатоми́ровать(ся), -рую, -рует(ся)
анатоми́ческий
анато́мичка, -и
анато́мия, -и
ана́томо-клини́ческий
ана́томо-физиологи́ческий
анатоци́зм, -а
анафа́за, -ы
ана́фема, -ы
анафема́тствовать, -твую, -твует
ана́фемский
анафилакси́я, -и
анафилакти́ческий
ана́фора, -ы
анафоре́з, -а
анафори́ческий
анахоре́т, -а
анахоре́тский
анахрони́зм, -а
анахрони́ческий
анахрони́чный
анаэро́б, -а
анаэробио́з, -а
анаэро́бный
анаэроста́т, -а
ангажеме́нт, -а
ангажи́рование, -я
ангажи́рованный
ангажи́ровать(ся), -рую(сь), -рует(ся)
ангажиро́вка, -и
анга́р, -а
ангармони́ческий
анга́рный

АНГ

а́нгел, -а, *мн.* -ы, -ов
ангело́чек, -чка
а́нгельский
ангидри́д, -а (*хим.*)
ангидри́дный
ангидри́довый
ангидри́т, -а (минерал)
ангидри́товый
ангина́, -ы
анги́нный
ангино́зный
ангиогра́мма, -ы
ангиогра́фия, -и
ангиоло́гия, -и
ангио́ма, -ы
ангионевро́з, -а
ангиоспа́зм, -а
ангиостоми́я, -и
англе́з, -а
англези́т, -а
англизи́рованный
англизи́ровать(ся), -рую, -рует(ся)
англи́йский
англика́нец, -нца
англика́нский
англици́зм, -а
англича́нин, -а, *мн.* -а́не, -а́н
англича́нка, -и
а́нгло-америка́нский
а́нгло-бу́рский
а́нгло-еги́петский
англома́н, -а
англома́ния, -и
англома́нка, -и
англома́нский
а́нгло-ру́сский
англоса́кс, -а
англоса́кский
англосаксо́нец, -нца
англосаксо́нский
а́нгло-сове́тский
а́нгло-сове́тско-ира́нский
англофи́л, -а
англофи́льский
англофо́б, -а
англофо́бский
анго́б, -а
анго́рский
а́нгстрем, -а
андакси́н, -а
андалузи́т, -а
анда́нте, *неизм. и нескл., с.*
андантино, *неизм. и нескл., с.*
андези́н, -а
андези́т, -а
анди́ец, -и́йца
анди́йка, -и
анди́йский
а́ндо-дидо́йский
а́ндо-це́зский
androге́н, -а, *р. мн.* -ов
андрогене́з, -а
андроги́ния, -и
андрофо́бия, -и
аневри́зм, -а и аневри́зма, -ы
аневри́н, -а
анекдо́т, -а
анекдо́тец, -тца
анекдоти́ческий
анекдоти́чный
анекдо́тчик, -а
анеми́ческий

АНЕ

анеми́чный
анеми́я, -и
анемо́граф, -а
анемоклино́граф, -а
анемо́метр, -а
анемоме́трия, -и
анемо́н, -а и анемо́на, -ы
анемоско́п, -а
анемофили́я, -и
анемохори́я, -и
анерги́я, -и
анеро́ид, -а
анестези́н, -а
анестезио́лог, -а
анестезиологи́ческий
анестезиоло́гия, -и
анестези́рованный
анестези́ровать(ся), -рую, -рует(ся)
анестези́рующий
анестези́я, -и
анесте́тик, -а
анестети́ческий
анети́н, -а
ането́л, -а
анзери́н, -а
ани́д, -а
анизога́мия, -и
анизокори́я, -и
анизо́л, -а
анизомери́я, -и
анизотропи́я, -и
анизотро́пный
анили́н, -а
анили́новый
анилинокра́сочный
анилокраси́тель, -я
анимализа́ция, -и
анимали́зм, -а
анимали́ст, -а
анималисти́ческий
анима́льный
аними́зм, -а
анимисти́ческий
анио́н, -а
анио́нный
анионоакти́вный
анионообме́нный
ани́с, -а
ани́совка, -и
ани́совый
а́нкер, -а, *мн.* -ы, -ов
анкери́т, -а
а́нкерный
анкеро́к, -рка́
анке́та, -ы
анкети́ровать, -рую, -рует
анке́тный
анкило́з, -а
анкилоза́вр, -а
анкилосто́ма, -ы
анкилостоми́да, -ы, *р. мн.* -и́д
анкилостомидо́з, -а
анкилостомо́з, -а
анкла́в, -а
аннали́ст, -а
анна́лы, -ов
анна́мец, -мца
аннами́т, -а
аннами́тский
анна́мский
анна́ты, -а́т
аннексиони́ст, -а

АНН

аннексиони́стский
аннексио́нный
аннекси́рование, -я
аннекси́рованный
аннекси́ровать(ся), -рую, -рует(ся)
анне́ксия, -и
аннели́ды, -и́д, *ед.* аннели́да, -ы
анниба́лова кля́тва
аннигили́ровать, -рует
аннигиля́ция, -и
а́ннинский
анно́на, -ы (*ист.*)
аннота́ция, -и
анноти́рование, -я
анноти́рованный
анноти́ровать(ся), -рую, -рует(ся)
аннуите́т, -а
аннули́рование, -я
аннули́рованный
аннули́ровать(ся), -рую, -рует(ся)
аннуля́ция, -и
ано́д, -а
аноди́рование, -я
ано́дно-и́мпульсный
ано́дно-механи́ческий
ано́дно-хими́ческий
ано́дный
анодо́нта, -ы
аномалисти́ческий
анома́лия, -и
анома́льный
ано́на, -ы (*бот.*)
анони́м, -а
анони́мка, -и
анони́мный
анони́мщик, -а
ано́новые, -ых
ано́нс, -а
анонси́рованный
анонси́ровать(ся), -рую, -рует(ся)
анорма́льный
анорти́т, -а
анортози́т, -а
анортокла́з, -а
аносми́я, -и
анофе́лес, -а
анофта́льм, -а
анса́мблевый
анса́мбль, -я
анта́бка, -и
антаблеме́нт, -а
анта́бус, -а
антагони́зм, -а
антагони́ст, -а
антагонисти́ческий
антагонисти́чный
антагони́стка, -и
анта́нтовский
антаркти́ческий
антаци́дный
антегми́т, -а
антекли́за, -ы
антената́льный
анте́нна, -ы
анте́нно-фи́дерный
анте́нный
антери́дий, -я
антерозо́ид, -а
антефи́кс, -а
анти... — первая часть сложных слов, пишется слитно со всеми словами, кроме имён собственных (Анти-Дюринг)

АНТ

антиалкого́льный
антиамерикани́зм, -а
антиамерика́нский
антиа́пекс, -а
антибактериа́льный
антибарио́н, -а
антибио́тик, -а
антибиоти́ческий
антибольшеви́зм, -а
антивещество́, -а́
антивибра́тор, -а
антиви́рус, -а
антивое́нный
антиге́н, -а
антигигиени́ческий
антигосуда́рственный
антигризу́тный
антида́ктиль, -я
антидарвини́зм, -а
антидемократи́зм, -а
антидемократи́ческий
антидепресса́нт, -а
антидепресси́вный
антидетона́тор, -а
антидетонацио́нный
антидиалекти́ческий
антидо́т, -а
антиимпериалисти́ческий
антиистори́зм, -а
антиистори́ческий
анти́к, -а
антикатализа́тор, -а
антикато́д, -а
анти́ква, -ы
антиква́р, -а
антикварна́т, -а
антиква́рий, -я
антиква́рный
антиклерикали́зм, -а
антиклерика́льный
антиклина́ль, -и
антиклина́льный
антикоагуля́нт, -а
антиколониа́льный
антикоммуни́зм, -а
антикоммунисти́ческий
антикоррози́йный и антикоррозио́нный
антикрепостни́ческий
антилогари́фм, -а
антило́па, -ы
антимагни́тный
антимарксистский
антиматериалисти́ческий
антиметаболи́т, -а
антимикро́бный
антимилитари́зм, -а
антимилитари́ст, -а
антимилитаристи́ческий
антимилитари́стский
антими́нс, -а
антими́р, -а
антимонархи́ческий
антимони́д, -а (соединение сурьмы с металлом)
антимо́ний, -я (сурьма)
антимони́л
антимони́т, -а (минерал; соль сурьмянистой кислоты)
антимо́ния, -и (разводи́ть антимо́нии)
антимора́льный
антимутаге́н, -а

АНТ

антинаро́дный
антинау́чный
антинациона́льный
антинейтри́но, нескл., с.
антинейтро́н, -а
антиноми́ческий
антино́мия, -и
антиобледени́тель, -я
антиобще́ственный; кр. ф. -вен и -венен, -венна
антиокисли́тель, -я
антиоксида́нт, -а
антипарти́йный
антипасса́т, -а
антипати́ческий
антипати́чный
антипа́тия, -и
антипатриоти́ческий
антипатриоти́чный
антипедагоги́ческий
антипедагоги́чный
антипериста́льтика, -и
антипире́н, -а
антипире́тики, -ов
антипири́н, -а
антипо́д, -а
антиправи́тельственный
антипрото́н, -а
антирабо́чий
антираке́та, -ы
антираствори́тель, -я
антирелиги́озный
антирри́нум, -а
антисанита́рный
антисвёртывающий
антисейсми́ческий
антисеми́т, -а
антисемити́зм, -а
антисеми́тский
антисеми́тка, -и
антисеми́тский
антисе́птик, -а
антисе́птика, -и
антисепти́рование, -я
антисепти́ческий
антисклероти́ческий
антисовети́зм, -а
антисове́тский
антисове́тчина, -ы
антиспасти́ческий
антистари́тель, -я
антистрофа́, -ы́, мн. -стро́фы, -стро́ф
антите́за, -ы
антите́зис, -а
антитела́, -е́л, ед. -те́ло, -а
антитети́ческий
антитети́чный
антитокси́н, -а
антитокси́ческий
антифаши́ст, -а
антифаши́стский
антифебри́н, -а
антифеода́льный
антиферме́нт, -а
антифо́н, -а
антифри́з, -а
антифрикцио́нный
антифунги́н, -а
антихло́р, -а
анти́христ, -а
антихудо́жественный; кр. ф. -вен, -венна

АНТ

антицикло́н, -а
антициклона́льный
антициклони́ческий
антицикло́нный
антиципацио́нный
антиципа́ция, -и
антиципи́ровать(ся), -рую, -рует(ся)
античасти́ца, -ы
анти́чность, -и
анти́чный
антиэлектро́н, -а
антологи́ческий
антологи́чный
антоло́гия, -и
анто́ним, -а
анто́новка, -и
анто́нов ого́нь
анто́новские я́блоки
антофилли́т, -а
антохло́р, -а
антоциа́н, -а
антракно́з, -а
антрако́з, -а
антра́кт, -а
антра́ктный
антра́ктовый
антраце́н, -а
антраце́новый
антраци́т, -а
антраци́тный
антраци́товый
антраша́, нескл., с.
антре́, нескл., с.
антреко́т, -а
антрепренёр, -а
антрепренёрский
антрепренёрство, -а
антрепренёрствовать, -твую, -твует
антрепри́за, -ы
антресо́ль, -и
антропоге́н, -а
антропогене́з, -а
антропогене́тика, -и
антропо́ид, -а
антропо́лог, -а
антропологи́зм, -а
антропологи́ческий
антрополо́гия, -и
антропо́метр, -а
антропометри́ческий
антропоме́трия, -и
антропоморфи́зм, -а
антропоморфи́ческий
антропомо́рфный
антропоморфоло́гия, -и
антропони́мика, -и
антропосо́ф, -а
антропосо́фский
антропосо́фия, -и
антропосо́фский
антропофа́г, -а
антропофа́гия, -и
антропоцентри́зм, -а
антура́ж, -а
анту́риум, -а
а́нты, -ов
анури́я, -и
анфа́с, нареч.
анфила́да, -ы
анча́р, -а
анчо́ус, -а
анчо́усный

АНШ

аншеф, -а
аншлаг, -а
аншлюс, -а
аншпуг, -а
анэлектротон, -а
анэнцефалия, -и
аониды, -ид
аорист, -а
аористический
аорта, -ы
аортальный
аортит, -а
аортный
аортовый
апагогический
апартамент, -а
апартеид, -а
апатит, -а
апатитовый
апатито-нефелиновый
апатический
апатичный
апатия, -и
апатрид, -а
апаш, неизм.
апекс, -а
апелла, -ы
апеллент, -а
апеллирование, -я
апеллировать, -рую, -рует
апеллянт, -а
апелляционный
апелляция, -и
апельсин, -а, р. мн. -ов
апельсинный
апельсиновый
апельсинчик, -а
апериодический
аперитив, -а
апертометр, -а
апертура, -ы
апикальный
апилак, -а
апиоид, -а
апитерапия, -и
апитоксин, -а
аплазия, -и
апланат, -а
апланатизм, -а
аплодирование, -я
аплодировать, -рую, -рует
аплодисменты, -ов
апломб, -а
апноэ, нескл., с.
апогамия, -и
апогей, -я
аподиктический
апокалипсис, -а
апокалипсический
апоконин, -а
апокринный
апокриновый
апокриф, -а
апокрифический
апокрифичный
аполитизм, -а
аполитичность, -и
аполитичный
аполог, -а
апологет, -а
апологетика, -и
апологетический

АПО

апологист, -а
апологический
апология, -и
апоморфин, -а
апоневроз, -а
апоплексический
апоплексия, -и
апоплектик, -а
апория, -и
апорт, -а (сорт яблок)
апорт, неизм. (команда)
апортовый
апоселений, -я
апоспория, -и
апостериори, неизм.
апостериорный
апостол, -а
апостольский
апостроф, -а (надстрочный знак)
апострофа, -ы (риторическая фигура)
апофегма, -ы
апофегматический
апофегматы, -ат
апофема, -ы
апофеоз, -а
апофермент, -а
апофиз, -а (анат.)
апофиза, -ы (бот., геол.)
апохромат, -а
апоцентр, -а
аппарат, -а
аппаратная, -ой
аппаратный
аппаратостроение, -я
аппаратура, -ы
аппаратчик, -а
аппаратчица, -ы
аппарель, -и
аппассионато, неизм. (в назв.: Аппассионата, -ы)
аппендикс, -а
аппендицит, -а
апперцептивный
апперцепционный
апперцепция, -и
апперципированный
апперципировать(ся), -рую, -рует(ся)
аппетит, -а
аппетитный
аппликата, -ы
аппликативный
аппликатура, -ы
аппликационный
аппликация, -и
аппликé, нескл., с.
аппозитивный
аппозиционный (к аппозиция)
аппозиция, -и (биол., лингв.)
аппрет, -а
аппретирование, -я
аппретировать(ся), -рую, -рует(ся)
аппретура, -ы
аппретурщик, -а
аппретурщица, -ы
аппроксимация, -и
апраксия, -и
апрель, -я
апрельский
апрессин, -а
априори, неизм.
априоризм, -а
априористический

АПР

априорный
апробация, -и
апробирование, -я
апробированный
апробировать(ся), -рую, -рует(ся)
апроприация, -и
апрош, -а
апсель, -я
апсида, -ы
аптека, -и
аптекарский
аптекарь, -я, мн. -и, -ей
аптечка, -и
аптечный
ар, -а, р. мн. -ов
араб, -а
арабеск, -а и арабеска, -и
арабесковый
арабесочный
арабизм, -а
арабист, -а
арабистика, -и
арабка, -и
арабский
аравийский
аравитянин, -а, мн. -яне, -ян
аравитянка, -и
арагонит, -а
арак, -а
аракчеевец, -вца
аракчеевский
аракчеевщина, -ы
аралиевые, -ых
аралия, -и
арамеец, -ейца
арамейка, -и
арамейский
аранжированный
аранжировать(ся), рую, -рует(ся)
аранжировка, -и
арап, -а (темнокожий человек)
арапка, -и (к арап)
арапник, -а
арапчонок, -нка, мн. -чата, -чат
арат, -а
аратский
араукария, -и
арахидный
арахис, -а
арахисовый
арахноидит, -а
арахнология, -и
арба, -ы
арбалет, -а
арбалетчик, -а
арбитр, -а
арбитраж, -а
арбитражный
арбовирус, -а, мн. -ы, -ов
арбовирусный
арболит, -а
арборицид, -а
арбуз, -а, мн. -ы, -ов
арбузище, -а, м.
арбутин, -а
аргал, -а (сухой помёт)
аргали, нескл., м. (дикий баран)
аргамак, -а
аргентина, -ы (рыба)
аргентинец, -нца
аргентинка, -и
аргентинский

АРГ

аргентит, -а
аргентометрия, -и
аргиллит, -а
аргиназа, -ы
аргинин, -а
аргироид, -а
аргирофан, -а
арго, *нескл., с.*
аргон, -а
аргонавт, -а
аргонный
аргоновый
арготизм, -а
арготический
арготичный
аргумент, -а
аргументация, -и
аргументирование, -я
аргументированный
аргументировать(ся), -рую, -рует(ся)
аргус, -а
ардометр, -а
ареал, -а
аредовы веки
арена, -ы
аренда, -ы
арендатор, -а
арендаторский
арендный
арендование, -я
арендованный
арендовать(ся), -дую, -дует(ся)
ареография, -и
аребла, -ы
ареометр, -а
ареометрия, -и
ареопаг, -а
арест, -а
арестант, -а
арестантка, -и
арестантский
арестный
арестованный
арестовать, -тую, тует
арестовывать(ся), -аю, -ает(ся)
арефлексия, -и
аржанец, -нца
арзамасский
ариаднина нить
арианство, -а
ариетта, -ы
ариец, -ийца
арийка, -и (*уменьш. от* ария)
арийка, -и (*к* ариец)
арийский
арилирование, -я
ариллоид, -а
ариллус, -а
ариозо, *нескл., с.*
аристократ, -а
аристократизм, -а
аристократический
аристократичный
аристократия, -и
аристократка, -и
аристон, -а
аритмический
аритмичный
аритмия, -и
арифметика, -и
арифметический
арифмограф, -а

АРИ

арифмометр, -а
ария, -и
арка, -и
аркада, -ы
аркадский
аркан, -а
арканзас, -а (минерал)
арканить, -ню, -нит
арканный
аркатура, -ы
аркбутан, -а
аркебуз, -а
帰кксеканс, -а
帰кккосинус, -а
帰кккотангенс, -а
аркотрон, -а
арксеканс, -а
арксинус, -а
арктангенс, -а
арктический
арлекин, -а
арлекинада, -ы
армада, -ы
армадилл, -а, *р. мн.* -ов
армата, -ы
арматор, -а
арматура, -ы
арматурно-сварочный
арматурный
арматурщик, -а
арматурщица, -ы
армеец, -ейца
армейский
армениист, -а
арменистика, -и
арменоидный
армиллярный
армирование, -я
армированный
армировать(ся), -рую, -рует(ся)
армировка, -и
армия, -и
армокаменный
армоцементный
армюр, -а
армяк, -а
армянин, -а, *мн.* -яне, -ян
армянка, -и
армяно-григорианский
армяно-турецкий
армянский
армячишко, -а, *м.*
армячный
армячок, -чка
арнаутка, -и
арника, -и
арниковый
аромат, -а
ароматизатор, -а
ароматизация, -и
ароматический
ароматичный
ароматный
ароматобразующий
аронник, -а
аронниковые, -ых
арочный
арпеджио и арпеджо, *неизм.*
арретир, -а
арретирование, -я
аррозия, -и
аррорут, -а

АРС

арсенал, -а
арсенальный
арсенид, -а (соединение мышьяка с металлом)
арсенит, -а (соль мышьяковистой кислоты)
арсенопирит, -а
арсин, -а
арт... — первая часть сложных слов, пишется всегда слитно
арталин, -а
артачиться, -чусь, -чится
артдивизион, -а
артезианский
артель, -и
артельный
артельщик, -а
артельщица, -ы
артериальный
артериит, -а
артерио-венозный
артериола, -ы
артериосклероз, -а
артерия, -и
артефакт, -а
артикль, -я
артикул, -а (тип товара)
артикул, -а (ружейный приём)
артикулировать(ся), -рую, -рует(ся)
артикуляционный
артикуляция, -и
артиллерийский
артиллерийско-технический
артиллерист, -а
артиллерия, -и
артист, -а
артистизм, -а
артистический
артистичный
артистка, -и
артишок, -а
артналёт, -а
артобстрел, -а
артогонь, -гня
артос, -а
артподготовка, -и
артполк, -а
артральгия, -и
артрит, -а
артритизм, -а
артритический
артритный
артроз, -а
артрозоартрит, -а
артрология, -и
артропластика, -и
артротомия, -и
артучилище, -а
арфа, -ы
арфист, -а
арфистка, -и
архаизация, -и
архаизированный
архаизировать(ся), -рую, -рует(ся)
архаизм, -а
архаика, -и
архаист, -а
архаистика, -и
архаистический
архаический
архаичный
архалук, -а

АРХ

архáнгел, -а
архáнгельский
архáнтроп, -а
архáр, -а
архáровец, -вца
архаромеринóс, -а
архéйский
археóграф, -а
археографи́ческий
археогрáфия, -и
археозóйский
археóлог, -а
археологи́ческий
археолóгия, -и
археоптéрикс, -а
археóрнис, -а
археспóрий, -я
архети́п, -а
архи... — первая часть сложных слов, пишется всегда слитно
архибéстия, -и
архи́в, -а
архивáжный
архивáриус, -а
архиви́ст, -а
архи́вный
архивовéдение, -я
архивовéдческий
архивохрани́лище, -а
архидья́кон, -а и архидиáкон, -а
архидья́конский
архиепи́скоп, -а
архиепи́скопский
архиерéй, -я
архиерéйский
архимандри́т, -а
архимандри́тский
архимиллионéр, -а
архимицéт, -а
архипáстырский
архипáстырь, -я
архипелáг, -а
архипелáгский
архиплýт, -а
архиреакциóнный
архитектóника, -и
архитектони́ческий
архитектони́чный
архитéктор, -а, мн. ы, -ов
архитéкторский
архитектýра, -ы
архитектýрно-истори́ческий
архитектýрно-плани́ровочный
архитектýрно-строи́тельный
архитектýрно-худóжественный
архитектýрный
архитрáв, -а
архифонéма, -ы
архозáвр, -а
архóнт, -а
арчá, -и́
арчи́нец, -нца
арчи́нка, -и
арчи́нский
арчóвник, -а
арчóвый
арши́н, -а, р. мн. арши́н (мера) и арши́нов (мерная линейка)
арши́нник, -а
арши́нный
ары́к, -а
ары́чный

АРЬ

арьергáрд, -а
арьергáрдный
арьерсцéна, -ы
ас, -а (лётчик)
асбéст, -а
асбести́т, -а
асбестобетóн, -а
асбестобетóнный
асбестобитýм, -а
асбестобитýмный
асбéстовый
асбестографи́товый
асбестообогати́тельный
асбестотерми́т, -а
асбестотехни́ческий
асбестофанéра, -ы
асбестоцемéнт, -а
асбестоцемéнтный
асбестсодержáщий
асбо... — первая часть сложных слов, пишется всегда слитно
асбоволокни́т, -а
асбогетинáкс, -а
асболи́т, -а
асбопластик, -а
асборези́новый
асбостальнóй
асботекстоли́т, -а
асбофанéра, -ы
асбоцемéнт, -а
асбоцемéнтный
асбоши́фер, -а
асбошлáк, -а
асейсми́ческий
асексуáльный
асéптика, -и
асепти́ческий
асéссор, -а, мн. -ы, -ов
асидóл, -а
асимметри́ческий
асимметри́чный
асимметри́я, -и
асимптóта, -ы
асимптоти́ческий
аси́ндетон, -а
асинерги́я, -и
асинхрóнный
асистоли́я, -и
аскани́т, -а
аскари́да, -ы
аскари́дии, -ий
аскаридиóз, -а
аскаридóз, -а
аскéр, -а
аскéт, -а
аскети́зм, -а
аскети́ческий
асколизáция, -и
асколи́рование, -я
аскомицéт, -а, р. мн. -ов
аскорби́новый
аскорбиномéтрия, -и
асоциáльный
аспарáгус, -а
аспéкт, -а
аспекти́вный
аспéргилл, -а
аспергиллёз, -а
áспид, -а
аспи́диум, -а
áспидно-сéрый

АСП

áспидный
áспидский
аспирáнт, -а
аспирáнтка, -и
аспирáнтский
аспирантýра, -ы
аспирáт, -а и аспирáта, -ы (согласный звук)
аспирáтор, -а
аспирáторный
аспирáция, -и
аспири́н, -а
асс, -а (монета)
ассамблéя, -и
ассамбляж, -а
ассáмец, -мца
ассáмка, -и
ассáмский
ассéльский
ассенизáтор, -а
ассенизациóнный
ассенизáция, -и
ассенизи́ровать, -рую, -рует
ассертори́ческий
ассигнациóнный
ассигнáция, -и
ассигновáние, -я
ассигнóванный
агсигновáть(ся), -нýю, -нýет(ся)
ассигнóвка, -и
ассигнóвывать(ся), -аю, -ает(ся)
ассимили́рование, -я
ассимили́рованный
ассимили́ровать(ся), -рую(сь), -рует(ся)
ассимиляти́вный
ассимиля́тор, -а
ассимиля́торный
ассимиля́торский
ассимиля́торство, -а
ассимиляциóнный
ассимиля́ция, -и
ассири́ец, -и́йца
ассири́йка, -и
ассири́йский
ассириóлог, -а
ассириолóгия, -и
ассири́янин, -а, мн. -яне, -ян
ассири́янка, -и
асси́ро-вавилóнский
ассистéнт, -а
ассистéнтка, -и
ассистéнтский
ассисти́ровать, -рую, -рует
ассонáнс, -а
ассонáнсный
ассортимéнт, -а
ассортимéнтный
ассоциати́вный
ассоциациони́зм, -а
ассоциациóнный
ассоциáция, -и
ассоции́рованный
ассоции́ровать(ся), -рую(сь), -рует(ся)
астáзия, -и
астáт, -а
астати́ческий
астéник, -а
астени́ческий
астени́я, -и
астенопи́я, -и
астеносфéра, -ы

АСТ

астери́зм, -а
асте́рия, -и
астеро́ид, -а
астероксило́н, -а
астеро́метр, -а
астигма́т, -а
астигмати́зм, -а
астигмати́ческий
а́стма, -ы
астма́тик, -а
астмати́ческий
астмати́чный
астмато́л, -а
а́стра, -ы
астрага́л, -а
астрали́н, -а
астрали́т, -а
астра́льный
астраха́нка, -и
астраха́нский
астро... — первая часть сложных слов, пишется всегда слитно
астробиоло́гия, -и
астробота́ника, -и
астрогеогра́фия, -и
астрогеоло́гия, -и
астрогно́зия, -и
астро́граф, -а
астрода́тчик, -а
астродина́мика, -и
астро́ида, -ы
астроколориме́трия, -и
астрокорре́кция, -и
астрола́трия, -и
астро́лог, -а
астрологи́ческий
астроло́гия, -и
астроля́бия, -и
астрометри́ческий
астроме́трия, -и
астронавига́ция, -и
астрона́вт, -а
астрона́втика, -и
астронавти́ческий
астроно́м, -а
астрономи́ческий
астроно́мия, -и
астро́номо-геодези́ческий
астроориента́ция, -и
астроско́п, -а
астроспектро́граф, -а
астроспектроскопи́я, -и
астроспектрофотоме́трия, -и
астросфе́ра, -ы
астротелефото́метр, -а
астрофи́зика, -и
астрофизи́ческий
астрофотогра́фия, -и
астрофото́метр, -а
астрофотоме́трия, -и
астроцито́ма, -ы
асфа́лия, -и
асфа́льт, -а
асфальте́н, -а
асфальти́рование, -я
асфальти́рованный
асфальти́ровать(ся), -рую, -рует(ся)
асфальтиро́вка, -и
асфальти́т, -а
асфа́льтный
асфальтобето́н, -а
асфальтобето́нный

АСФ

асфальтобетоноукла́дчик, -а
асфальтобиту́мный
асфа́льтовый
асфальтоглинобето́н, -а
асфальтозаво́д, -а
асфальтоподо́бный
асфальтосмеси́тель, -я
асфальтоукла́дчик, -а
асфикси́я, -и
асци́дия, -и
асци́т, -а
ась, неизм.
атави́зм, -а
атависти́ческий
атависти́чный
ата́ка, -и
ато́кованный
атакова́ть(ся), -ку́ю, -ку́ет(ся)
атакси́т, -а
атакси́я, -и
атакти́ческий
атама́н, -а
атама́нец, -нца
атама́нить, -ню, -нит
атама́новец, -вца
атама́нский
атама́нство, -а
атама́нствовать, -твую, -твует
атама́нша, -и
атама́нщина, -ы
ата́нде, неизм.
атара́ксия, -и
атеи́зм, -а
атеи́ст, -а
атеисти́ческий
атеи́стка, -и
ателекта́з, -а
ателье́, нескл., с.
атене́й, -я
атеро́ма, -ы
атероматоз, -а
атеросклеро́з, -а
атеросклероти́ческий
атето́з, -а
атипи́ческий
атла́нт, -а (статуя; шейный позвонок)
атланти́ческий
атлантоза́вр, -а
атлантозаты́лочный
атла́нтроп, -а
а́тлас, -а (альбом)
атла́с, -а (ткань)
атла́систый (от атла́с)
а́тласный (от а́тлас)
атла́сный (от атла́с)
атле́т, -а
атле́тика, -и
атлети́ческий
атлети́чески сложённый
атмо́метр, -а
атмосфе́ра, -ы
атмосфе́рический
атмосфе́рный
атмосферосто́йкий
атмосфероусто́йчивый
ато́лл, -а
ато́лловый
а́том, -а
атомиза́тор, -а
атоми́зм, -а
атоми́стика, -и
атомисти́ческий

АТО

атомифика́ция, -и
атоми́ческий
а́томник, -а
а́томно-абсорбцио́нный
а́томно-молекуля́рный
а́томный
атомохо́д, -а
а́томщик, -а
атона́льный
атони́ческий
атони́я, -и
атофа́н, -а
атрепси́я, -и
атрибу́т, -а
атрибути́вный
атрибу́ция, -и
а́трий, -я
а́триум, -а
атропи́н, -а
атрофи́рованный
атрофи́роваться, -руется
атрофи́я, -и
атта́лея, -и
атташе́, нескл., м.
аттента́т, -а
аттенюа́тор, -а
аттеста́т, -а
аттестацио́нный
аттеста́ция, -и
аттесто́ванный
аттестова́ть(ся), -ту́ю, -ту́ет(ся)
а́ттик, -а
а́ттиковый
атти́ческий
атто́рней-генера́л, -а
аттракта́нт, -а
аттракцио́н, -а
аттракцио́нный
аттра́кция, -и
аттри́т, -а
ату́, неизм.
ату́канье, -я
ату́кать, -аю, -ает
ату́кнуть, -ну, -нет
аугмента́ция, -и
аудие́нц-за́л, -а
аудие́нция, -и
аудиовизуа́льный
аудиоме́трия, -и
аудио́метр, -а
аудиоме́трия, -и
ауди́тор, -а
аудито́рия, -и
аудито́рный
ауди́торский
аудифо́н, -а
ау́канье, -я
ау́кать(ся), -аю(сь), -ает(ся)
ау́кнуть(ся), -ну(сь), -нет(ся)
ауксано́граф, -а
ауксано́метр, -а
аукси́н, -а
ауксоспо́ра, -ы
ауксотро́ф, -а
аукцио́н, -а
аукциони́ст, -а
аукцио́нный
ау́л, -а
ау́льный
ау́льский
ауре́лия, -и
ауреомици́н, -а

АУС

аускультация, -и
ауспиции, -ий
аустенит, -а
аустерия, -и
аут, -а
аутбридинг, -а
аутентический
аутентичный
аутовакцина, -ы и автовакцина, -ы
аутогенный (мед.)
аутодафе, нескл., с.
аутолиз, -а и автолиз, -а
аутотомия, -и и автотомия, -и
аутотренинг, -а
аутсайдер, -а
афазия, -и
афганец, -нца
афгани, нескл., ж.
афганка, -и
афганский
афелий, -я
афера, -ы
аферист, -а
аферистка, -и
афинянин, -а, мн. -яне, -ян
афинянка, -и
афиша, -и
афишированный
афишировать(ся), -рую, -рует(ся)
афонический
афония, -и
афонский
афоризм, -а
афористический
афористичный
афотический
африкаанс, -а
африкандер, -а и африканер, -а
африканец, -нца
африканист, -а
африканистика, -и
африканка, -и
африканский
африкантроп, -а
афро-азиатский
афронт, -а
аффект, -а
аффектация, -и
аффективный
аффектированный
аффектировать, -рую, -рует
афферентный
аффикс, -а
аффиксальный
аффинаж, -а
аффинация, -и
аффинерный
аффинирование, -я
аффинированный
аффинировать(ся), -рую, -рует(ся)
аффинный
аффинор, -а
аффирмация, -и
аффриката, -ы
ахалтекинский
аханье, -я
ахать, -аю, -ает
ах-ах-ах, неизм.
ахилия, -и
ахиллесова пята
ахинея, -и
ахнуть, -ну, -нет

АХО

аховый
ахолия, -и
ахондрит, -а
ахондроплазия, -и
ахоньки, -нек и неизм.
ахромат, -а
ахроматизм, -а
ахроматин, -а
ахроматический
ахроматопсия, -и
ахромия, -и
ахтерлюк, -а
ахтерпик, -а
ахтерштевень, -вня
ахти, неизм.
ацетат, -а
ацетатный
ацетил, -а
ацетиленовый
ацетилено-кислородный
ацетилирование, -я
ацетилсалициловый
ацетилхлорид, -а
ацетилцеллюлоза, -ы
ацетильный
ацетометр, -а
ацетон, -а
ацетоновый
ацидиметрия, -и
ацидоз, -а
ацидофилин, -а
ацидофилия, -и
ацидофильный
ацидофобный
ациклический
ацтек, -а
ашуг, -а
аэрарий, -я
аэратор, -а
аэрация, -и
аэренхима, -ы
аэро... — первая часть сложных слов, пишется всегда слитно
аэроб, -а
аэробиоз, -а
аэробный
аэробус, -а
аэровизуальный
аэровокзал, -а
аэрогаммаметод, -а
аэрогаммасъёмка, -и
аэрогенный
аэрогеосъёмка, -и
аэрогеофизический
аэрогидродинамический
аэрограф, -а
аэрографический
аэрография, -и
аэродинамика, -и
аэродинамический
аэродром, -а
аэродромно-строительный
аэродромно-технический
аэродромный
аэрозоль, -я
аэрозольный
аэрозольтерапия, -и
аэроионотерапия, -и
аэроклиматология, -и
аэроклуб, -а
аэрокосмический

АЭР

аэролит, -а
аэролифт, -а
аэролог, -а
аэрологический
аэрология, -и
аэролоция, -и
аэромагнитный
аэромагнитометр, -а
аэрометр, -а
аэрометрический
аэрометрия, -и
аэрон, -а
аэронавигационный
аэронавигация, -и
аэронавт, -а
аэронавтика, -и
аэрономия, -и
аэроплан, -а
аэропланный
аэропоезд, -а, мн. -а, -ов
аэропоника, -и
аэропорт, -а
аэропрофилактика, -и
аэрорадионивелирование, -я
аэросани, -ей
аэросанный
аэросев, -а
аэросиноптик, -а
аэросиноптический
аэроснимок, -мка
аэросолярий, -я
аэростанция, -и
аэростат, -а
аэростатика, -и
аэростатический
аэросъёмка, -и
аэросъёмочный
аэротаксис, -а
аэротенк, -а и аэротанк, -а
аэротерапия, -и
аэротермометр, -а
аэротория, -и
аэротропизм, -а
аэрофагия, -и
аэрофильтр, -а
аэрофит, -а
аэрофлот, -а
аэрофон, -а
аэрофор, -а
аэрофотоаппарат, -а
аэрофотограмметрия, -и
аэрофотография, -и
аэрофоторазведка, -и
аэрофотосъёмка, -и
аэрофототопография, -и
аэроцистит, -а
аэроэлектроразведка, -и

Б

баба, -ы
бабаханье, -я
бабахать, -аю, -ает
бабахнуть(ся), -ну(сь), -нет(ся)
бабашка, -и
баба-яга, бабы-яги
баббит, -а
баббитный
баббитовый
бабёнка, -и
бабенька, -и

БАБ

ба́бий, -ья, -ье
ба́биться, -люсь, -ится
ба́бища, -и
ба́бка, -и
ба́бкин, -а, -о
ба́бник, -а
ба́бничать, -аю, -ает
ба́бонька, -и
ба́бочка, -и
ба́бочница, -ы
бабуви́зм, -а
бабуви́ст, -а
бабуви́стский
бабуи́н, -а
бабу́ля, -и
бабу́ся, -и
бабу́ши, -уш (туфли)
ба́бушка, -и
бабьё, -я́
бава́рец, -рца
бава́рка, -и
бава́рский
бага́ж, -а́
бага́жник, -а
бага́жный
багате́ль, -и
багау́д, -а
багда́дский
ба́гер, -а
багерме́йстер, -а
баге́т, -а
баге́тный
баге́товый
баге́тчик, -а
баго́вник, -а
баго́р, -гра́
баго́рик, -а
баго́рный
багре́ние, -я (от багри́ть)
ба́гренный, прич. (от ба́грить)
багрённый; кр. ф. -ён, -ена́, прич. (от багри́ть)
ба́греный, прил. (от ба́грить)
ба́гренье, -я (от ба́грить)
багре́ть, -е́ю, -е́ет
багре́ц, -а́
багрецо́вый
ба́грить, -рю, -рит (таскать багром)
багри́ть, -рю, -ри́т (окрашивать в багряный цвет)
багри́ще, -а, м.
багрове́ть, -е́ю, -е́ет
багро́вище, -а
багро́во-кра́сный
багро́во-си́ний
багро́вый
багряне́ть, -е́ет (становиться багряным)
багря́нец, -нца
багряни́стый
багряни́ть, -ню́, -ни́т (что)
багряни́ца, -ы
багря́нка, -и
багря́ный
багу́льник, -а
багу́льниковый
бада́н, -а
баде́ечка, -и
баде́ечный
баде́йка, -и
баде́йный
баделе́т, -а

БАД

бадминто́н, -а
бадминтони́ст, -а
бадминто́нный
бадья́, -и́, р. мн. -де́й
бадья́н, -а
баз, -а, предл. о ба́зе, на базу́, мн. -ы́, -о́в
ба́за, -ы
база́льный
база́льт, -а
база́льтовый
замаме́нт, -а
базани́т, -а
база́р, -а
база́рить, -рю, -рит
база́рный
база́ровщина, -ы
базе́дова боле́знь
базедови́зм, -а
базидиомице́т, -а, р. мн. -ов
базили́к, -а (бот.)
бази́лика, -и (архит.)
базили́ковый (от базили́к)
бази́рование, -я
бази́ровать(ся), -рую(сь), -рует(ся)
ба́зис, -а
ба́зисный
базифика́ция, -и
ба́зовый
базофили́я, -и
базу́ка, -и
ба́иньки, неизм.
ба́иньки-баю́, неизм.
бай, -я
бай-ба́й и ба́ю-ба́й, неизм.
байба́к, -а́
байба́чий, -ья, -ье
байда́ра, -ы
байда́рка, -и
байда́рный (от байда́ра)
байда́рочник, -а
байда́рочный (от байда́рка)
ба́йка, -и
байкали́т, -а
ба́йковый
байоне́т, -а
байо́сский
байпа́с, -а
байра́м, -а
байрони́зм, -а
байрони́ст, -а
байрони́ческий
ба́йский
ба́йство, -а
ба́йховый
байцева́ть(ся), -цу́ю, -цу́ет(ся)
байцо́ванный
бак, -а
бакала́вр, -а
бакале́йный
бакале́йщик, -а
бакале́я, -и
ба́кан, -а и ба́кен, -а, мн. -ы, -ов (буй)
бака́н, -а (краска)
бака́новый
бака́ут, -а
бака́утный
бака́утовый
ба́кбо́рт, -а
бакелиза́ция, -и
бакели́т, -а
бакели́товый

БАК

ба́кен, -а и ба́кан, -а, мн. -ы, -ов (буй)
бакенба́рды, -а́рд, ед. бакенба́рда, -ы
ба́кенный
ба́кенщик, -а
ба́кены, -ов, ед. ба́кен, -а (бакенбарды)
ба́ки, бак
баккара́, нескл., с.
бакла́га, -и
баклажа́н, -а, р. мн. -ов
баклажа́нный
бакла́жка, -и
бакла́н, -а
бакла́ний, -ья, -ье
бакла́новый
баклу́ша, -и
баклу́шничать, -аю, -ает
ба́ковый
бактериа́льный
бактериеми́я, -и
бактериза́ция, -и
бактеризо́ванный
бактеризова́ть(ся), -зу́ю, -зу́ет(ся)
бактери́йный
бактерио́з, -а
бактериоли́з, -а
бактериолизи́н, -а
бактерио́лог, -а
бактериологи́ческий
бактериоло́гия, -и
бактериоскопи́я, -и
бактериостати́ческий
бактериоулови́тель, -я
бактериофа́г, -а
бактериофаги́я, -и
бактериохлорофи́лл, -а
бактериоци́н, -а
бактерици́д, -а
бактерици́дный
бакте́рия, -и
бактеро́ид, -а
бактриа́н, -а
бакуни́зм, -а
бакши́ш, -а
бактшта́г, -а
бакште́йн, -а
бакшто́в, -а
бакшто́вый
бал, -а, предл. о ба́ле, на балу́, мн. -ы, -о́в (танцевальный вечер)
балаба́н, -а (муз.)
балабо́лить, -лю, -лит
балабо́лка, -и
балабо́шка, -и
балага́н, -а
балага́нить, -ню, -нит
балага́нничать, -аю, -ает
балага́нный
балага́нчик, -а
балага́нщик, -а
балага́нщина, -ы
балагу́р, -а
балагу́рить, -рю, -рит
балагу́рка, -и
балагу́рный
балагу́рство, -а
бала́канье, -я
бала́кать, -аю, -ает
балала́ечка, -и
балала́ечник, -а
балала́ечный
балала́йка, -и

БАЛ

баламу́т, -а
баламу́тить(ся), -у́чу, -у́чит(ся)
баламу́тица, -ы
баламу́тка, -и
бала́нда, -ы
бала́нс, -а
балансёр, -а (акробат)
балансёрка, -и
баланси́р, -а (рычаг)
баланси́рование, -я
баланси́ровать(ся), -рую, -рует(ся)
балансиро́вка, -и
балансиро́вочный
бала́нсный
бала́нсовый
балансомéр, -а
балахо́н, -а
балбе́с, -а
балбе́сничать, -аю, -ает
балда́, -ы́
балдахи́н, -а
балдахи́нный
балери́на, -ы
бале́т, -а
бале́тки, -ток, ед. бале́тка, -и
балетме́йстер, -а
балетме́йстерский
бале́тный
балетома́н, -а
балетома́ния, -и
балетома́нка, -и
балетома́нский
ба́ливать, наст. вр. не употр.
ба́лка, -и
балкани́стика, -и
балка́рец, -рца
балка́рка, -и
балка́рский
балко́н, -а
балко́нный
балко́нчик, -а
балл, -а (отметка)
балла́да, -ы
балла́дный
балла́ст, -а
балла́стер, -а
балласти́ровать, -рую, -рует
балластиро́вка, -и
балла́стный
балла́стовый
балли́ста, -ы
балли́стика, -и
баллисти́т, -а
баллисти́ческий
баллистокардиогра́мма, -ы
баллистокардиогра́фия, -и
ба́лловый
балло́н, -а
баллоне́т, -а
балло́нный
баллоти́рование, -я
баллоти́рованный
баллоти́ровать(ся), -рую(сь), -рует(ся)
баллотиро́вка, -и
баллотиро́вочный
ба́лльник, -а
ба́лльный (от балл)
бал-маскара́д, ба́ла-маскара́да
балоба́н, -а (сокол)
бало́ванный
балова́ть(ся), балу́ю(сь), балу́ет(ся)
ба́ловень, -вня

БАЛ

баловни́к, -а́
баловни́ца, -ы
баловно́й
баловство́, -а́
бало́к, -лка́
ба́лочный
балти́ец, -и́йца
балти́йский
балхаши́т, -а
балы́к, -а́
балы́ковый
балы́чный
балычо́к, -чка́
бальза́м, -а
бальзами́н, -а
бальзами́нный
бальзами́новый
бальзами́рование, -я
бальзами́рованный
бальзами́ровать(ся), -рую, -рует(ся)
бальзамиро́вка, -и
бальзамиро́вочный
бальзами́ческий
бальза́мный
бальза́мовый
ба́льзовый
бальнеогрязево́й
бальнеогрязелече́бница, -ы
бальнеоло́г, -а
бальнеологи́ческий
бальнеоло́гия, -и
бальнеотерапи́я, -и
ба́льный (от бал)
балюстра́да, -ы
баля́сина, -ы
баля́сник, -а
баля́сничать, -аю, -ает
баля́сы, -я́с, ед. баля́са, -ы
бамбу́к, -а́
бамбу́ковый
ба́мпер, -а
баналите́т, -а
бана́льность, -и
бана́льный
бана́н, -а, р. мн. -ов
бана́нник, -а
бана́новый
бананое́д, -а
ба́нда, -ы
банда́ж, -а́
бандажи́стка, -и
банда́жный
бандеро́ль, -и
бандеро́лька, -и
бандеро́льный
ба́нджо, нескл., с.
банди́т, -а
бандити́зм, -а
банди́тский
банду́ра, -ы
бандури́ст, -а
бандури́стка, -и
ба́нить, ба́ню, ба́нит
банк, -а
ба́нка, -и
банкабро́ш, -а
банкарбро́шница, -ы
банке́т, -а
банке́тный
банки́р, -а
банки́рский
банкно́т, -а

БАН

ба́нковский
ба́нковый
банкоме́т, -а
банкро́т, -а
банкро́титься, -о́чусь, -о́тится
банкро́тство, -а
ба́нник, -а
ба́нно-пра́чечный
ба́нный
ба́ночка, -и
ба́ночный
бант, -а
ба́нтик, -а
бантово́й
ба́нту, неизм. и нескл., м.
ба́нчишко, -а, м.
банчо́к, -чка́
ба́нщик, -а
ба́нщица, -ы
ба́нька, -и
банья́н, -а
ба́ня, -и, р. мн. бань
ба́ня-пра́чечная, ба́ни-пра́чечной
баоба́б, -а
баоба́бовый
бапти́зм, -а
бапти́ст, -а
баптисте́рий, -я
бапти́стка, -и
бапти́стский
бар, -а
бараба́н, -а
бараба́нить, -ню, -нит
бараба́нно-шарово́й
бараба́нный
бараба́нчик, -а
бараба́нщик, -а
бараба́нщица, -ы
барабо́шка, -и
барабу́лька, -и
бара́к, -а
бара́н, -а
бара́нец, -нца
бара́ний, -ья, -ье
бара́нина, -ы
бара́нинка, -и
бара́нка, -и
бара́ночник, -а
бара́ночница, -ы
бара́ночный
баранта́, -ы́
бара́нчик, -а
барахли́ть, -лю́, -ли́т
барахли́шко, -а
барахло́, -а́
барахо́лка, -и
барахо́льный
барахо́льщик, -а
барахо́льщица, -ы
бара́хтанье, -я
бара́хтаться, -аюсь, -ается
бара́чный
бара́шек, -шка
бара́шковый
барбами́л, -а
барбари́с, -а
барбари́сник, -а
барбари́сный
барбари́совый
барбита́л, -а
барбо́с, -а
барботи́н, -а

БАР

барботи́рование, -я
барви́нковый
барви́нок, -нка
барви́ночек, -чка
баргузи́н, -а
бард, -а
барда́, -ы́
ба́рдовый
бардяно́й
баре́ж, -а
баре́жевый
барелье́ф, -а
баре́тки, -ток, *ед.* баре́тка, -и
баре́ттер, -а
ба́ржа, -и, *р. мн.* барж и баржа́, -и́, *р. мн.* барже́й
баржево́й и ба́ржевый
баржестрое́ние, -я
баржо́нка, -и
ба́риевый
ба́рий, -я
ба́ринок, -а, *мн.* ба́ре и ба́ры, бар
барио́н, -а
барисфе́ра, -ы
бари́т, -а
бари́товый
барито́н, -а
баритона́льный
барито́нный
барито́новый
барице́нтр, -а
барицентри́ческий
ба́рич, -а
бари́ческий
барк, -а (парусный корабль)
ба́рка, -и
барка́н, -а
барка́новый
баркаро́ла, -ы
барка́с, -а
ба́рмен, -а
ба́рмы, барм
бароаппара́т, -а
барогра́мма, -ы
баро́граф, -а
бароока́мера, -ы
баро́кко, *нескл., с.*
барокли́нный
баро́метр, -а
барометри́ческий
баро́н, -а
бароне́сса, -ы
бароне́т, -а
баро́нский
баро́нство, -а
бароско́п, -а
бароста́т, -а
баротерапи́я, -и
баротермо́метр, -а
баротра́вма, -ы
ба́рочник, -а
ба́рочный (*от* ба́рка)
баро́чный (*от* баро́кко)
барра́ж, -а
барражи́рование, -я
барражи́ровать, -рую, -рует
барре́ль, -я
барре́мский
баррика́да, -ы
баррикади́ровать(ся), -рую(сь), -рует(ся)
баррика́дный

БАР

барс, -а
барсёнок, -нка, *мн.* -ся́та, -ся́т
ба́рский
ба́рски пренебрежи́тельный
ба́рсовый
ба́рственный
ба́рство, -а
ба́рствовать, -твую, -твует
барсу́к, -а́
барсуко́вый
барсу́чий, -ья, -ье
барсучо́нок, -нка, *мн.* -ча́та, -ча́т
барха́н, -а
барха́нный
ба́рхат, -а, *мн.* -ы, -ов
ба́рхатец, -тца
бархати́стый
ба́рхатка, -и и бархо́тка, -и
ба́рхатный
ба́рхатцы, -цев
бархо́тка, -и и ба́рхатка, -и
барчо́нок, -нка, *мн.* -ча́та, -ча́т
барчу́к, -а́
ба́рщина, -ы
ба́рщинник, -а
ба́рщинный
ба́рынька, -и
ба́рыня, -и, *р. мн.* -ынь
бары́ш, -а́
бары́шник, -а
бары́шничать, -аю, -ает
бары́шнический
бары́шничество, -а
ба́рышня, -и, *р. мн.* -шень
барье́р, -а
барьери́ст, -а
барьери́стка, -и
барье́рный
бас, -а, *мн.* -ы́, -о́в
ба́сенка, -и
ба́сенник, -а
ба́сенный
баси́стый
баси́ть, башу́, баси́т
баск, -а, *р. мн.* -ов
ба́ска, -и (оборка)
баска́к, -а
баскетбо́л, -а
баскетболи́ст, -а
баскетболи́стка, -и
баскетбо́льный
баско́нка, -и (к баск)
ба́скский
ба́сма, -ы (краска)
басма́, -ы́ (пластинка)
басма́ч, -а́
басма́ческий
басма́чество, -а
баснопи́сец, -сца
баснослови́е, -я
баснесло́вный
ба́сня, -и, *р. мн.* ба́сен
басови́тый
басо́вый
басо́к, -ска́
басо́н, -а
басо́нный
ба́сочка, -и
бассе́йн, -а
бассетго́рн, -а
ба́ста, *неизм.*
баста́рд, -а

БАС

бастио́н, -а
бастио́нный
бастова́ть, -ту́ю, -ту́ет
бастона́да, -ы
бастр, -а
басту́ющий
басурма́н, -а
басурма́нка, -и
басурма́нский
батале́р, -а
батали́ст, -а
бата́лия, -и
бата́льный
батальо́н, -а
батальо́нный
бата́н, -а
батаре́ец, -е́йца
батаре́йка, -и
батаре́йный
батаре́я, -и
бата́т, -а
ба́тенька, -и, *м.*
батиа́льный
батигра́мма, -ы
ба́тик, -а
батиметри́ческий
батиме́трия, -и
батипла́н, -а
батиска́ф, -а
бати́ст, -а
бати́стовый
батисфе́ра, -ы
батлачо́к, -чка́
батма́н, -а
ба́тник, -а
бато́г, -а́
батожо́к, -жка́
батожьё, -я́
батоли́т, -а
бато́метр, -а
бато́н, -а
бато́нница, -ы
бато́нчик, -а
батопо́рт, -а
батохро́мный
батра́к, -а́
батра́цкий
батра́ческий
батра́чество, -а
батра́чий, -ья, -ье
батра́чить, -чу, -чит
батра́чка, -и
батра́чный
батрачо́нок, -нка, *мн.* -ча́та, -ча́т
баттерфляи́ст, -а
баттерфля́й, -я
бату́д, -а и бату́т, -а
батуди́ст, -а и батути́ст, -а
баты́рь, -я и баты́р, -а
ба́тька, -и, *м.*
ба́тюшка, -и, *мн.*
ба́тюшки, *неизм.*
ба́тя, -и, *м.*
бау́л, -а
бау́льчик, -а
бах, *неизм.*
баха́нье, -я
ба́хать(ся), -аю(сь), -ает(ся)
бахва́л, -а
бахва́литься, -люсь, -лится
бахва́лка, -и
бахва́льство, -а

БАХ

бахи́лы, -и́л, *ед.* бахи́ла, -ы
ба́хнуть(ся), -ну(сь), -нет(ся)
бахрома́, -ы́
бахро́мка, -и
бахро́мный
бахромокрути́льный
бахро́мчатый
бахтарма́, -ы́
бахча́, -и́, *р. мн.* -че́й
бахче́вник, -а
бахчево́д, -а
бахчево́дство, -а
бахчево́дческий
бахчево́й
бац, *неизм.*
ба́цать, -аю, -ает
бацби́ец, -ийца
бацби́йка, -и
бацби́йский
баци́лла, -ы
бацилли́н, -а
баци́лловый
бациллоноси́тель, -я
бациллоноси́тельство, -а
бацилля́рный
ба́цнуть(ся), -ну(сь), -нет(ся)
ба́чки, -чек
бачо́к, -чка́ (*от* бак)
ба́шенка, -и
ба́шенный
башибузу́к, -а
башибузу́кский
башка́, -и́
башки́р, -а, *р. мн.* -и́р
башки́рка, -и
башки́рский
башкови́тый
башлы́к, -а́
башлычо́к, -чка́
башма́к, -а́
башма́чник, -а
башма́чный
башмачо́к, -чка́
ба́шня, -и, *р. мн.* -шен
башта́н, -а
баю-ба́й и бай-ба́й, *неизм.*
баю-ба́юшки-баю́, *неизм.*
баю́канье, -я
баю́кать, -аю, -ает
ба́юшки-баю́, *неизм.*
баядѐра, -ы
баядѐрка, -и
бая́н, -а
бая́нист, -а
бая́нный
ба́ять, ба́ю, ба́ет
бде́ние, -я
бдеть, бдит
бди́тельность, -и
бди́тельный
бебе́, *нескл., с.*
бебе́шка, -и
бе́би, *нескл., с.*
бе́бут, -а
бег, -а, *предл.* в бе́ге, на бегу́
бега́, -о́в
бе́ганье, -я
бе́гать, -аю, -ает
бегемо́т, -а
бегемо́тик, -а
бегемо́тник, -а
бегле́ц, -а́

БЕГ

беглопопо́вец, -вца
бе́глый
бегля́нка, -и
бегово́й
бего́м
бего́ниевый
бего́ния, -и
беготня́, -и́
бе́гство, -а
бегу́н, -а́
бегунки́, -о́в
бегуно́к, -нка́
бегу́нья, -и, *р. мн.* -ний
бегу́чий, *прил.*
бегу́щий, *прич.*
беда́, -ы́
беде́кер, -а
бедла́м, -а
бе́дленд, -а
бе́дненький
бедне́ть, -е́ю, -е́ет
бе́дность, -и
беднота́, -ы́
бе́дный; *кр. ф.* бе́ден, бедна́, бе́дно, бе́дны́
бедня́га, -и, *м. и ж.*
бедня́жка, -и, *м. и ж.*
бедня́к, -а́
бедня́цкий
бедня́цко-середня́цкий
бедня́чество, -а
бедня́чка, -и
бедова́ть, -ду́ю, -ду́ет
бедо́вый
бедоку́р, -а
бедоку́рить, -рю, -рит
бедоку́рка, -и
бедола́га, -и, *м. и ж.*
бедрене́ц, -нца́
бе́дренный
бедро́, -а́, *мн.* бёдра, бёдер, бёдрам
бе́дственный; *кр. ф.* -вен, -венна
бе́дствие, -я
бе́дствование, -я
бе́дствовать, -твую, -твует
бедуи́н, -а
бедуи́нка, -и
бедуи́нский
беж, *неизм.*
бежа́вший
бежа́ть, бегу́, бежи́т, бегу́т
бе́жевый
бе́женец, -нца
бе́женка, -и
бе́женский
без, безо, *предлог*
безавари́йный
безала́берный
безала́берщина, -ы
безалкало́идный
безалкого́льный
безапелляцио́нный; *кр. ф.* -о́нен, -о́нна
безато́мный
безбанда́жный
безбандеро́льный
безбе́дный
безбиле́тник, -а
безбиле́тница, -ы
безбиле́тный
безбо́жие, -я
безбо́жник, -а

БЕЗ

безбо́жница, -ы
безбо́жный
безболе́зненный; *кр. ф.* -знен, -зненна
безборо́дый
безбоя́зненный; *кр. ф.* -знен, -зненна
безбра́чие, -я
безбра́чный
безбре́жие, -я
безбре́жный
безбро́вый
безбукваный
безбу́рный
без ве́дома
безве́дренный; *кр. ф.* -рен, -ренна
безве́дрие, -я
безверетённый
безве́рие, -я
безве́рный
безве́рхий
безверши́нник, -а
безверши́нный
без ве́сти пропа́вший
безве́стный
безве́тренный; *кр. ф.* -рен, -ренна
безве́трие, -я
безви́зовый
безви́нно пострада́вший
безви́нный; *кр. ф.* -и́нен, -и́нна
безвку́сие, -я
безвку́сица, -ы
безвку́сный
безвла́стие, -я
безвла́стный
безво́дный
безво́дье, -я
безвозбра́нный
безвозвра́тный
безвозду́шный
безвозме́здный
безво́лие, -я
безволо́сый
безво́льный
безвре́дный
безвре́менный
безвре́менье, -я
безвы́годный
безвы́ездный
безвы́лазный
безвы́ходный
безгара́жный
безгла́вый
безглаго́льный
безгла́зый
безгла́сный
безгне́вный
безгнёздный и безгнёздый
бе́з году (неде́ля)
безголо́вый
безголо́сица, -ы
безголо́сный (лингв.)
безголо́сый
безгра́мотный
безграни́чно пре́данный
безграни́чный
безгра́нный; *кр. ф.* -а́нен, -а́нна
безгра́ночный
безгрехо́вный
безгре́шный
безгро́зный
безда́нно-беспо́шлинно
безда́рность, -и
безда́рный

БЕЗ

бе́здарь, -и
безде́йственный; *кр. ф.* -вен, -венна
безде́йствие, -я
безде́йствовать, -твую, -твует
безде́йствующий
безде́лица, -ы
безде́лка, -и
безделу́шка, -и
безде́лье, -я
безде́льник, -а
безде́льница, -ы
безде́льничанье, -я
безде́льничать, -аю, -ает
безде́льничество, -а
безде́льный
безде́нежный
безде́нежье, -я
безде́тный
бездефе́ктный
бездефици́тный
безде́ятельность, -и
безде́ятельный
бе́здна, -ы
бездо́ждье, -я
бездоказа́тельность, -и
бездоказа́тельный
бездо́лье, -я
бездо́льный
бездо́мник, -а
бездо́мница, -ы
бездо́мничать, -аю, -ает
бездо́мный
бездомо́вник, -а
бездомо́вница, -ы
бездо́нный; *кр. ф.* -о́нна
бездоро́жный
бездоро́жье, -я
бездотацио́нный
бездохо́дный
бездрена́жный
безду́мный
безду́мье, -я
без души́
безду́шие, -я
безду́шный
безды́мный
бездыха́нный; *кр. ф.* -а́нен, -а́нна
безе́, *нескл., с.*
безжа́лостный
безжеле́зный
безжелту́шный
безжи́зненный; *кр. ф.* -зенен, -зненна
беззабо́тливый
беззабо́тный
беззаве́тно пре́данный
беззаве́тный
без зазре́ния со́вести
беззако́ние, -я
беззако́нник, -а
беззако́нница, -ы
беззако́нничать, -аю, -ает
беззако́нный
беззапре́тный
без запро́са
беззасте́нчивый
беззащи́тный
беззвёздный
беззву́чие, -я
беззву́чный
бевземе́лье, -я
безземе́льный
беззло́бие, -я

БЕЗ

беззло́бный
беззо́льный
беззу́бка, -и
беззу́бый
без конца́
безлафе́тный
безлёгочный
безлепестно́й
безле́сный
безле́сье, -я
безли́кий
безли́ственный; *кр. ф.* -твен, -твенна
безли́стный и безли́стый
безли́чие, -я
безли́чный
безлопа́стный
безлоша́дник, -а
безлоша́дный
безлу́ние, -я
безлу́нный; *кр. ф.* -у́нен, -у́нна
безлю́дный
безлю́дье, -я
без ма́ла
без ма́лого
безма́терний
безма́ток, -тка
безма́точный
безме́здный
безме́н, -а
безме́нный
безме́рный
безмо́зглый
безмо́лвие, -я
безмо́лвный
безмо́лвствовать, -твую, -твует
безмоло́чный
безморо́зный
безмото́рный
безму́жний
безмяте́жный
безнадёжность, -и
безнадёжный
безнадзо́рный
безнака́занный; *кр. ф.* -ан, -анна
безнали́чный
безнапо́рный
безнача́лие, -я
безнача́льный
безнито́чный
безно́гий
безно́сый
безнра́вственность, -и
безнра́вственный; *кр. ф.* -вен и -венен, -венна
бе́зо, без, *предлог*
безоа́р, -а
безоа́рный
безоа́ровый
безобжи́говый
безоби́дный
без обиняко́в
безо́блачный
безобма́нный
безоборо́тный
безобра́зие, -я
безобра́зить, -а́жу, -а́зит
безобра́зник, -а
безобра́зница, -ы
безобра́зничать, -аю, -ает
безобра́зный (не содержащий образа)
безобра́зный (*к* безобра́зие)
безобро́чный

БЕЗ

без огля́дки
безогля́дный
безогово́рочный
безокисли́тельный
безоко́нный
безопа́сность, -и
безопа́сный
безопи́лочный
безопо́рный
безо́пытный
безору́жный
безоско́лочный
безоснова́тельный
безо́сный (*от* ось)
безостано́вочный
безо́стый (*от* ость)
безотва́льный
безотве́тный
безотве́тственность, -и
безотве́тственный; *кр. ф.* -вен и -венен, -венна
безотвя́зный
без отка́за
безотка́зный
безотка́тный
безотлага́тельный
безотло́жный
безотлу́чный
безотноси́тельный
безотра́дный
безотры́вный
безотхо́дный
безотцо́вщина, -ы
безотчётный
безоши́бочный
без призо́ра
без про́маху и без про́маха
без просве́та
без про́сыпу и без про́сыпа
безрабо́тица, -ы
безрабо́тная, -ой
безрабо́тный, -ого
безра́достный
без разбо́ру и без разбо́ра
безразде́льный
безразли́чие, -я
безразли́чный
безразме́рный
безра́мный
безраспо́рный
безрассве́тный
безрассу́дный
безрассу́дство, -а
безрасчётливый
безрасчётный
безрезульта́тный
безре́льсовый
безремо́нтный
безрессо́рный
безро́гий
безро́дный
безро́потный
безрука́вка, -и
безрука́вный
безру́кий
безру́льный
безры́бица, -ы
безры́бье, -я
без спро́су и без спро́са
бе́з толку и без то́лку
безубы́точный
безуга́рный

БЕЗ

безуглеро́дистый
безугомо́нный
безуда́рный
безуде́ржный
без у́держу
безуе́здный
безуёмный
безузлово́й
безукори́зненный; *кр. ф.* -знен, -зненна
безу́меть, -ею, -еет
безу́мец, -мца
безу́мие, -я
безу́мный
без у́молку
безумо́лчный
безу́мство, -а
безу́мствовать, -твую, -твует
безупре́чный
безуро́чный
безуря́дица, -ы
безуса́дочный
безусло́вный
безуспе́шный
без у́стали
безуста́нный
безу́сый
без ута́йки
безуте́шный
безу́хий
безуча́стие, -я
безуча́стный
безъёмкостный
безъя́дерный
безъязы́кий
безъязы́чный
безы́глый
безыго́льный
безыде́йность, -и
безыде́йный
безызве́стный
безызлуча́тельный
безы́крый
безымённый
безымя́нка, -и
безымя́нный
безынвента́рный
безындукцио́нный
безынерцио́нный
безынициати́вный
безынтегра́льный
безынтере́сный
безыскажённый
безы́скровый
безыску́сный
безыску́сственный; *кр. ф.* -вен, -венна
безысхо́дный
безыто́говый
безэлектро́дный
бей, -я
бейдеви́нд, -а
бейделли́т, -а
бе́йка, -и
бейсбо́л, -а
бейсболи́ст, -а
бейсболи́стка, -и
бек, -а
бека́р, -а
бека́с, -а
бекаси́нник, -а
бекаси́ный
бека́сница, -ы

БЕК

беке́ша, -и
беке́шный
беккро́сс, -а
беко́н, -а
бекониза́ция, -и
беко́нный
бел, -а, *р. мн.* -ов (*ед. измер.*)
беле́вой (*от* бель)
белёк, -лька́
белемни́т, -а
белена́, -ы́
белендря́сы, -ов
беле́ние, -я
беленно́й (*от* белена́)
белённый; *кр. ф.* -ён, -ена́, *прич.*
белёный, *прил.*
бе́ленький; *кр. ф.* -енек, -енька
белесова́тый
белёсый
беле́ть, -ею, -еет (становиться белым)
беле́ться, -еется
белёхонький; *кр. ф.* -нек, -нька
беле́ц, -льца́
белёшенький; *кр. ф.* -нек, -нька
бе́ли, -ей
белиберда́, -ы́
белизна́, -ы́
бели́ла, -и́л
бели́льный
бели́льня, -и, *р. мн.* -лен
бели́тель, -я
бели́ть, белю́, бе́ли́т (*что*)
бели́ться, белю́сь, бе́ли́тся
бели́ца, -ы
бе́личий, -ья, -ье
бе́лка, -и
белкови́на, -ы
белко́во-витами́нный
белковомоло́чность, -и
белковоподо́бный
белко́вый
белладо́нна, -ы
беллетри́ст, -а
беллетри́стика, -а
беллетристи́ческий
белоатла́сный
белобанди́т, -а
белобиле́тник, -а
белобо́кий
белоборо́дый
белобо́чка, -и
белобро́вый
белобры́сый
белобрю́хий
белова́то-голубо́й
белова́то-ро́зовый
белова́тый
беловик, -а́
беловой
беловойлочный
беловоло́сый
белогварде́ец, -е́йца
белогварде́йский
белогварде́йщина, -ы
белогла́зка, -и
белоголо́вый
бе́ло-голубо́й
белогоря́чечный
белогру́дый
белогу́зка, -и
белодере́вец, -вца
белодере́вщик, -а

БЕЛ

белоду́шка, -и
белозёрный (с белым зерном)
белозо́р, -а
белозу́бка, -и
белозу́бый
бело́к, -лка́
белоказа́к, -а, *мн.* -и, -ов
белокали́льный
белока́менный
белокопы́тник, -а
белокоча́нный
бе́ло-кра́сный
белокро́вие, -я
белокры́лый
белокры́льник, -а
белоксодержа́щий
белоку́рый
белоли́ственник, -а
белоли́ственный
белоли́цый
белоли́чка, -и, *м. и ж.*
белоло́бый
беломо́р, -а
беломра́морный
белоподкла́дочник, -а
белоподкла́дочный
бе́ло-ро́зовый
белору́с, -а
белору́ска, -и
белору́сский
белору́чка, -и, *м. и ж.*
белоры́бий, -ья, -ье
белоры́бица, -ы
белосне́жный
белоство́льный
белотёлый
белоу́с, -а
белоу́совые, -ых
белофи́нн, -а
белофи́нский
белохво́стый
бе́лочка, -и
бе́лочный
белошве́йка, -и
белошве́йный
белошёрстный и белошёрстый
белощёкий
белоэмигра́нт, -а
белоэмигра́нтский
белоэмигра́нтщина, -ы
белу́га, -и
белу́дж, -а, *р. мн.* -ей
белу́джский
белу́жий, -ья, -ье (*от* белу́га)
белу́жина, -ы
белу́ха, -ы
белу́ший, -ья, -ье (*от* белу́ха)
бе́лый; *кр. ф.* бел, бела́, бе́ло
бель, -и
бельведе́р, -а
бельги́ец, -и́йца
бельги́йка, -и
бельги́йский
бельдю́га, -и
бельё, -я́
бельева́я, -о́й
бельево́й (*от* бельё)
бельевщи́ца, -ы
бельецо́, -а́
бельи́шко, -а
бе́льище, -а
белька́нто, *нескл., с.*

БЕЛ

бельковый (от белёк)
бельмес, -а: ни бельмеса
бельмо, -а, мн. бельма, бельм
бельмовой
бельморез, -а
бельфлёр, -а
бельфлёр-китайка, -и
бельчатник, -а
бельчонок, -нка, мн. -чата, -чат
бельэтаж, -а
беляк, -а
беляна, -ы
белянка, -и
беляночка, -и
беляши, -ей, ед. беляш, -а
бемоль, -я
бемольный
бемский
бенгалец, -льца
бенгалка, -и
бенгальский
бенедиктин, -а
бенефис, -а
бенефисный
бенефициант, -а
бенефициантка, -и
бенефиций, -я
бензель, -я, мн. -и, -ей
бензилцеллюлоза, -ы
бензин, -а
бензинка, -и
бензинный
бензиновый
бензиноуловитель, -я
бензинохранилище, -а
бензо-... — первая часть сложных слов пишется всегда слитно
бензобак, -а
бензовакуумный
бензовоз, -а
бензозаправка, -и
бензозаправочный
бензозаправщик, -а
бензо- и маслостойкость, -и
бензоин, -а
бензоиновый
бензойный
бензоколонка, -и
бензол, -а
бензоловый
бензомер, -а
бензомоторный
бензонасос, -а
бензонафтол, -а
бензопила, -ы, мн. -илы, -ил
бензопровод, -а
бензораздаточный
бензорез, -а
бензоснабжение, -я
бензосучкорезка, -и
бензоуказатель, -я
бензофильтр, -а
бензохранилище, -а
бензоцистерна, -ы
бензоэлектрический
бентонит, -а
бентос, -а
бенуар, -а
бербер, -а, р. мн. -ов
берберка, -и
берберский
бергамот, -а

БЕР

бергамотный
бергамотовый
берг-коллегия, -и
берг-привилегия, -и
берг-регламент, -а
берданка, -и
бёрдо, -а
бёрдовый
бердыш, -а
берег, -а, предл. о береге, на берегу, мн. -а, -ов
береговой
береговушка, -и
берегоукрепительный
берегущий
берёгший
бередить, -ежу, -едит
бережёный, прил.
бережливый
бережный
бережок, -жка
берёза, -ы
берёзина, -ы
берёзка, -и
березник, -а
березняк, -а
берёзовик, -а
берёзовица, -ы
берёзовка, -и
берёзовый
берёзонька, -и
берейтор, -а
берейторский
беременеть, -ею, -еет
беременная; кр. ф. -нна
беременность, -и
беремя, -мени
берендей, -я
бересклет, -а
бересклетовый
берест, -а (дерево)
береста, -ы
берёстка, -и
берёстовый
берестяник, -а
берестянка, -и
берестяной
берет, -а
беречь(ся), -егу(сь), -ежёт(ся), -егут(ся); прош. -рёг(ся), -регла(сь)
бери-бери, нескл., ж.
берилл, -а (минерал)
бериллиевый (от бериллий)
бериллизация, -и
бериллий, -я (хим. элемент)
берилловый (от берилл)
беркелий, -я и берклий, -я
берклианство, -а
берклий, -я и беркелий, -я
берковец, -вца
беркут, -а, мн. -ы, -ов
беркширский
берлина, -ы
берлога, -и
берложный
бернардинец, -нца
бернштейнианец, -нца
бернштейнианство, -а
берсальер, -а
берсез, -а
бертолетова соль
берущий

БЁР

бёрце, -а и берцо, -а, мн. бёрца, -рец
берцовый
бес, -а
беседа, -ы
беседка, -и
беседовать, -дую, -дует
беседочка, -и
беседочный
беседчик, -а
бесёнок, -нка, мн. -енята, -енят
бесить(ся), бешу(сь), бесит(ся)
бескапительный
баскапсюльный
бескаркасный
бескилевой
бескингстонный
бескислородный
бесклапанный
бесклассовый
бескозырка, -и
бескозырный
бескомпрессорный
бескомпромиссный
бескондукторный
бесконечно большой
бесконечно малый
бесконечность, -и
бесконечно удалённый
бесконечный
бесконтактный
бесконтрольность, -и
бесконтрольный
бесконфликтный
бескормица, -ы
бескоровный
бескорыстие, -я
бескорыстность, -и
бескорыстный
бескостный
бескосточковые, -ых
бескотлованный
бескрайний
бескрановый
бескрасочный
бескризисный
бескровный
бескрыл, -а
бескрылый
бескультурье, -я
бесновение, -я
бесноватый
бесноваться, -нуюсь, -нуется
бесовка, -и
бесовский
бесовщина, -ы
беспалубный
беспалый
беспамятный
беспамятство, -а
беспанцирный
беспардонный
беспартийность, -и
беспартийный
беспарусный
беспаспортный
беспатентный
беспатронный
бесперебойный
бесперемённый
беспересадочный
бесперечь
бесперспективный

беспёрый
беспеча́льный
беспе́чность, -и
беспе́чный
беспило́тный
беспи́сьменный
беспла́менный
беспла́новый
беспла́тный
беспла́цка́ртный
беспло́дие, -я
беспло́дный (от плод)
беспло́тный (от плоть)
бесповоро́тный
бесподва́льный
бесподо́бный
беспозвоно́чный
беспо́исковый
беспоко́ить(ся), -о́ю(сь), -о́ит(ся)
беспоко́йный
беспоко́йство, -а
беспокро́вный
бесполе́зный
бесполо́сный
беспо́лый
беспоме́стный
беспо́мощность, -и
беспо́мощный
беспопо́вец, -вца
беспопо́вщина, -ы
беспоро́дный
беспоро́чный
беспорто́чный
беспоря́док, -дка
беспоря́дочный
беспоса́дочный
беспо́чвенный
беспо́шлинный
беспоща́дность, -и
беспоща́дный
беспра́вие, -я
беспра́вность, -и
беспра́вный
беспреде́льный
беспредло́жный
беспредме́тный
беспрекосло́вный
беспреме́нно
беспрепя́тственный; кр. ф. -вен, -венна
беспреры́вный
беспреста́нный; кр. ф. -а́нен, -а́нна
беспрецеде́нтный
беспри́быльный
беспривязно́й
беспри́данница, -ы
беспризо́рник, -а
беспризо́рница, -ы
беспризо́рничать, -аю, -ает
беспризо́рный
бесприме́рный
беспри́месный
беспринци́пность, -и
беспринци́пный
беспристра́стие, -я
беспристра́стный
беспритяза́тельный
беспричи́нный; кр. ф. -и́нен, -и́нна
бесприю́тный
беспробу́дный
беспрово́лочный
беспрогля́дный
беспрого́нный

беспрогра́ммный
беспрогу́льный
беспрои́грышный
беспросве́тный
беспросы́пный
беспроце́нтно-вы́игрышный
беспроце́нтный
беспу́тица, -ы
беспу́тник, -а
беспу́тница, -ы
беспу́тничать, -аю, -ает
беспу́тный
беспу́тство, -а
беспу́тствовать, -твую, -твует
беспу́тье, -я
бесса́льниковый
бессара́бский
бессвя́зный
бессезо́нье, -я
бессеме́йный
бессеменно́й
бессемерова́ние, -я
бессеме́ровский
бессемя́нка, -и
бессемя́нный
бессерде́чие, -я
бессерде́чность, -и
бессерде́чный
бесси́левой
бессиле́ть, -ею, -еет
бесси́лие, -я
бесси́льный
бесиссте́мный
бессла́вие, -я
бессла́вить(ся), -влю(сь), -вит(ся)
бессла́вный
бессле́дный
бессле́зный
бессли́тковый
бессловéсный
бессме́нный
бессме́ртие, -я
бессме́ртник, -а
бессме́ртный
бессме́тный
бессмы́сленный; кр. ф. -лен, -ленна
бессмы́слие, -я
бессмы́слица, -ы
бессне́жный
бессне́жье, -я
бессо́вестный
бессодержа́тельный
бессозна́тельный
бессолево́й
бессо́лнечный
бессо́нница, -ы
бессо́нный
бессосло́вный
бессою́зие, -я
бессою́зный
бесспо́рный
бессре́бреник, -а
бессре́бреница, -ы
бессро́чноотпускно́й
бессро́чный
бессто́чный
бестра́стие, -я
бестра́стный
бестра́шие, -я
бестра́шный
бесстру́жковый
бесструкту́рный

бесстру́нный
бессступе́нчатый
бессты́дник, -а
бессты́дница, -ы
бессты́дничать, -аю, -ает
бессты́дный
бессты́дство, -а
бессты́жий
бесстыково́й
бессубъе́ктный
бессу́дный
бессучко́вой
бессча́стный
бессчётный
бессюже́тный
бессяжко́вый
беста́ктность, -и
беста́ктный
беста́ланный; кр. ф. -а́нен, -а́нна (несчастливый)
беста́ла́нтный (бездарный)
бестари́фный
беста́рка, -и
беста́рный
бестеле́сный
бестенево́й
бестиали́зм, -а
бе́стия, -и
бестка́невый
бестова́рный
бестова́рье, -я
бестолко́вщина, -ы
бестолко́вый
бе́столочь, -и
бестра́нспортный
бестранше́йный
бестре́петный
бестсе́ллер, -а
бестя́гольный
бесфабу́льный
бесфами́льный
бесфо́рменный; кр. ф. -мен, -менна
бесхара́ктерность, -и
бесхара́ктерный
бесхво́стый
бесхи́тростность, -и
бесхи́тростный
бесхле́бица, -ы
бесхле́бный
бесхле́бье, -я
бесхлопо́тный
бесхо́зный
бесхозя́йный
бесхозя́йственность, -и
бесхозя́йственный; кр. ф. -вен, -венна
бесхребе́тный
бесцветко́вый
бесцве́тный
бесце́льный
бесцеме́нтный
бесцензу́рный
бесце́нный; кр. ф. -е́нен, -е́нна
бесцено́к, -нка: за бесцено́к
бесце́нтрово-тока́рный
бесце́нтрово-шлифова́льный
бесце́нтровый
бесцеремо́нный; кр. ф. -о́нен, -о́нна
бесцехово́й
бесчелно́чный
бесчелове́чие, -я
бесчелове́чность, -и
бесчелове́чный

БЕС

бесчелюстно́й
бесчерепно́й
бесчерешко́вые, -ых
бесче́стить(ся), -е́щу, -е́стит(ся)
бесче́стный
бесче́стье, -я
бесчи́ние, -я
бесчи́нный
бесчи́нство, -а
бесчи́нствовать, -твую, -твует
бесчи́сленный; кр. ф. -лен, -ленна
бесчле́нный
бесчо́керный
бесчу́вственность, -и
бесчу́вственный; кр. ф. -вен, -венна
бесчу́вствие, -я
бесшаба́шный
бесша́жный
бесшарни́рный
бесшёрстный и бесшёрстый
бесшо́вный
бесшпо́ночный
бесшта́нговый
бесшу́мный
бесщелево́й
бе́та-глобули́н (β-глобули́н), -а
бе́та-желе́зо (β-желе́зо), -а
бе́та-излуче́ние (β-излуче́ние), -я
бетаи́н, -а
бе́та-лучи́ (β-лучи́), -е́й
бе́та-распа́д (β-распа́д), -а
бе́та-спектро́метр (β-спектро́метр), -а
бе́та-спектроскопи́я (β-спектроскопи́я), -и
бе́та-терапи́я (β-терапи́я), -и
бетатро́н, -а
бетатро́нный
бе́та-фи́льтр, -а
бе́та-фу́нкция (β-фу́нкция), -и
бе́та-части́цы (β-части́цы), -и́ц
бе́тель, -я
бето́н, -а
бетони́рование, -я
бетони́рованный
бетони́ровать(ся), -рую, -рует(ся)
бетони́ровка, -и
бето́нит, -а
бето́нка, -и
бето́нно-раство́рный
бето́нный
бетоново́з, -а
бетоноло́м, -а
бетономеша́лка, -и
бетононасо́с, -а
бетоносмеси́тель, -я
бетоноукла́дка, -и
бетоноукла́дчик, -а
бето́нщик, -а
бето́нщица, -ы
бетули́н, -а
беф-брезе́, нескл., с.
бефстро́ганов, -а
бечева́, -ы́
бечёвка, -и
бечевни́к, -а́ и бече́вник, -а
бечево́й
бечёвочка, -и
беша́мель, -и
бешбарма́к, -а
бе́шенство, -а
бе́шенствовать, -твую, -твует
бе́шеный

БЕШ

бешме́т, -а
бештауни́т, -а
биа́ндрия, -и
биатло́н, -а
биатлони́ст, -а
бибабо́, нескл., ж.
бибколле́ктор, -а
библе́йский
библио́граф, -а
библиографи́рование, -я
библиографи́ровать, -рую, -рует
библиографи́ческий
библиогра́фия, -и
библио́лог, -а
библиологи́ческий
библиоло́гия, -и
библиома́н, -а
библиома́ния, -я
библиота́ф, -и
библиоте́ка, -и
библиоте́ка-передви́жка, библиоте́ки-передви́жки
библиоте́карский
библиоте́карша, -и
библиоте́карь, -я, мн. -и, -ей
библиотекове́дение, -я
библиотекове́дческий
библиоте́чка, -и
библиоте́чный
библиофи́л, -а
библиофи́льский
библиофи́льство, -а
би́блия, -и
бива́к, -а
бива́ть, наст. вр. не употр.
бива́чный
би́вни, -ей, ед. би́вень, -вня
бивуа́к, -а (устар. к бива́к)
бига́мия, -и
бигара́дия, -и
бигуди́, нескл., с.
биде́, нескл., с.
бидо́н, -а
бидо́нный
бие́ние, -я
бижуте́рия, -и
биза́нь, -и
биза́нь-ва́нты, -ва́нт
биза́нь-ма́чта, -ы
би́знес, -а
бизнесме́н, -а
бизо́н, -а
бизо́ний, -ья, -ье
бизо́новый
бикарби́д, -а
бикарбона́т, -а
бикарми́нт, -а
биквадра́т, -а
бики́ни, нескл., с.
биколлатера́льный
бикфо́рдов шнур
билабиа́льный
билатера́льный
биле́т, -а
билетёр, -а
билетёрша, -и
биле́тно-ка́ссовый
биле́тный
билетопеча́тающий
билингви́зм, -а
билингвисти́ческий
билине́йный

БИЛ

билирубин, -а
билирубинеми́я, -и
биллио́н, -а
биллио́нный
биллон, -а
биллонный
билль, -я
било́, -а
бильбоке́, нескл., с.
бильдаппара́т, -а
билья́рд, -а
билья́рдная, -ой
билья́рдный
бимета́лл, -а
биметалли́зм, -а
биметалли́ческий
бимолекуля́рный
бимс, -а
бина́рный
биндю́жник, -а
бино́клевый
бино́кль, -я
бинокуля́рный
бино́м, -а
биномиа́льный
бинорма́ль, -и
бинт, -а́
би́нтик, -а
бинтова́ние, -я
бинто́ванный
бинтова́ть(ся), -ту́ю, -ту́ет(ся)
бинто́вка, -и
бинтово́й
био... — первая часть сложных слов, пишется всегда слитно
биоаку́стика, -и
биобиблиографи́ческий
биобиблиогра́фия, -и
биогене́з, -а
биогенети́ческий
биоге́нный
биогеографи́ческий
биогеогра́фия, -и
биогеосфе́ра, -ы
биогеохими́ческий
биогеохи́мия, -и
биогеоцено́з, -а
биогеоценоло́гия, -и
биогидроакустика, -и
био́граф, -а
биографи́ческий
биогра́фия, -и
биода́тчик, -а
биодина́мика, -и
биодинами́ческий
биозо́на, -ы
биоиндика́тор, -а
биоинформа́ция, -и
биоката́лиз, -а
биокатализа́тор, -а
биокиберне́тика, -и
биоко́мплекс, -а
биоли́т, -а
био́лог, -а
биологи́ческий
биоло́гия, -и
биолого-по́чвенный
биолока́ция, -и
биолюминесце́нция, -и
биома́сса, -ы
биометри́ческий
биоме́трия, -и

биомеха́ника, -и
биомехани́ческий
биомици́н, -а
био́ник, -а
био́ника, -и
биони́ческий
биономи́я, -и
био́нт, -а
биооргани́ческий
биоориента́ция, -и
биополиме́р, -а
биопотенциа́л, -а
биопрепара́т, -а
биопси́я, -и
биосинте́з, -а
биосисте́матика, -и
биоста́нция, -и
биостимули́рующий
биостимуля́тор, -а
биостратиграфи́ческий
биостратигра́фия, -и
биосфе́ра, -ы
биотелеметри́ческий
биотелеметри́я, -и
биотехни́ческий
биоте́хния, -и
биоти́н, -а
биоти́т, -а
биоти́ческий
биото́к, -а
биото́п, -а
биото́пливо, -а
биотро́н, -а
биоуправле́ние, -я
биоуправля́емый
биофармацевти́ческий
биофарма́ция, -и
биофи́зик, -а
биофи́зика, -и
биофизи́ческий
биофи́льтр, -а
биохи́мик, -а
биохими́ческий
биохи́мия, -и
биоцено́з, -а
биоценологи́ческий
биоценоло́гия, -и
биоцено́метр, -а
биоци́кл, -а
биоэлектри́ческий
биоэнерге́тика, -и
бипатри́д, -а
бипла́н, -а
бипла́нный
биполя́рный
би́ржа, -и
биржеви́к, -а́
биржево́й
би́рка, -и
бирма́нец, -нца
бирма́нка, -и
бирма́нский
биро́новщина, -ы
би́рочный
бирюза́, -ы́
бирюзо́вый
бирю́к, -а́
бирюкова́тый
бирю́лечный
бирю́лька, -и
бирю́ч, -а́
бирю́чий, -ья, -ье

бирючи́на, -ы
бис, *неизм.*
бисексуа́льный
би́сер, -а
би́серина, -ы
би́серинка, -и
би́серник, -а
би́серный
бисирова́ть, -рую, -рует
бискви́т, -а
бискви́тный
бисмути́т, -а и висмути́т, -а (минерал)
биссектри́са, -ы
бистр, -а
бистро́, *нескл., с.*
бисульфа́т, -а
бисульфи́т, -а
бит, -а, *р. мн.* -ов
бита́, -ы́
би́тва, -ы
би́тенг, -а
бити́ния, -и
битко́вый
битко́м, *нареч.*
битл, -а
би́тник, -а
бито́к, -тка́
бито́чек, -чка
биту́м, -а
битумиза́ция, -и и битуминиза́ция, -и
битумини́рованный
битумино́зный
би́ту́мный
битумово́з, -а
би́тый
бить, бью, бьёт
битьё, -я́
би́ться, бьюсь, бьётся
битю́г, -а́
битюго́вый
бифиля́рный
бифурка́ция, -и
бифште́кс, -а
бихевиори́зм, -а
би́цепс, -а
бицилли́н, -а
бич, -а́
бичева́ние, -я
бичева́ть(ся), -чу́ю, -чу́ет(ся)
бишь, *частица* (ка́к бишь, то́ бишь)
бия́, *деепр.*
бла́го, -а
благове́рная, -ой
благове́рный, -ого
бла́говест, -а
бла́говестить, -ещу, -естит
благове́щение, -я
благове́щенский
благови́дный
благоволе́ние, -я
благоволи́ть, -лю́, -ли́т
благово́ние, -я
благово́нный
благовоспи́танность, -и
благовоспи́танный; *кр. ф.* -ан, -анна
благовре́менный
благоглу́пость, -и
благогове́йный
благогове́ние, -я
благогове́ть, -е́ю, -е́ет
благодаре́ние, -я

благодари́ть, -рю́, -ри́т
благода́рность, -и
благода́рный
благода́рственный
благода́рствовать, -твую, -твует
благодаря́ (кому, чему)
благода́тный
благода́ть, -и
благоде́нствие, -я
благоде́нствовать, -твую, -твует
благоде́тель, -я
благоде́тельница, -ы
благоде́тельный
благоде́тельствовать, -твую, -твует
благодея́ние, -я
благоду́шествовать, -твую, -твует
благоду́шие, -я
благоду́шный
благожела́тель, -я
благожела́тельница, -ы
благожела́тельность, -и
благожела́тельный
благожела́тельствовать, -твую, -твует
благозву́чие, -я
благозву́чность, -и
благозву́чный
благо́й
благоле́пие, -я
благоле́пный
благомы́слящий
благонадёжность, -и
благонадёжный
благонаме́ренный; *кр. ф.* -рен, -ренна
благонра́вие, -я
благонра́вный
благообра́зие, -я
благообра́зность, -и
благообра́зный
благополу́чие, -я
благополу́чный
благоприобрете́ние, -я
благоприобре́тенный
благопристо́йность, -и
благопристо́йный
благоприя́тный
благоприя́тствование, -я
благоприя́тствовать, -твую, -твует
благоразу́мие, -я
благоразу́мный
благорасположе́ние, -я
благорасполо́женность, -и
благорасполо́женный
благораствое́ние, -я: благораствое́ние возду́хов
благорастворённый
благоро́дие, -я
благоро́дный
благоро́дство, -а
благоскло́нность, -и
благоскло́нный; *кр. ф.* -о́нен, -о́нна
благослове́ние, -я
благослове́нный; *кр. ф.* -ён, -е́нна, *прил.*
благослови́ть(ся), -влю́(сь), -ви́т(ся)
благословлённый; *кр. ф.* -ён, -ена́, *прич.*
благословля́ть(ся), -я́ю(сь), -я́ет(ся)
благосостоя́ние, -я
бла́гостный
благосты́ня, -и, *р. мн.* -ы́нь
бла́гость, -и
благотворе́ние, -я

БЛА

благотвори́тель, -я
благотвори́тельница, -ы
благотвори́тельность, -и
благотвори́тельный
благотвори́тельствовать, -твую, -твует
благотвори́ть, -рю́, -ри́т
благотво́рный
благоусмотре́ние, -я
благоустра́ивать(ся), -аю, -ает(ся)
благоустро́енный
благоустро́ить, -о́ю, -о́ит
благоустро́йство, -а
благоуха́ние, -я
благоуха́нный; кр. ф. -а́нен, -а́нна
благоуха́ть, -а́ю, -а́ет
благочести́вый
благоче́стие, -я
благочи́ние, -я
благочи́нный
блаже́нненький
блаже́нный; кр. ф. -е́н, -е́нна
блаже́нство, -а
блаже́нствовать, -твую, -твует
блажи́ть, -жу́, -жи́т
блажно́й
блажь, -и
бланк, -а
бланки́зм, -а
бланки́рующий сигна́л
бланки́ст, -а
бланки́стский
бла́нковый
бланманже́, нескл., с.
бла́ночный
бланфи́кс, -а
бланширова́ние, -я
бланширо́ванный
бланширова́ть(ся), -ру́ю, -ру́ет(ся)
бласте́ма, -ы
бластоде́рма, -ы
бласто́ма, -ы
бластомико́з, -а
бластомоге́нный
бла́стула, -ы
блат, -а
блатно́й
блева́ть, блюю́, блюёт
блево́та, -ы
блево́тина, -ы
блево́тный
бле́дненький; кр. ф. -е́нек, -е́нька
бледне́ть, -е́ю, -е́ет (станови́ться бле́дным)
бледнёхонький; кр. ф. -нек, -нька
бледнёшенький; кр. ф. -нек, -нька
бледни́ть, -ню́, -ни́т (кого, что)
бледнова́то-ро́зовый
бледнова́тый
бле́дно-голубо́й
бле́дно-жёлтый
бле́дно-зелёный
бледноли́цый
бле́дно-ро́зовый
бле́дность, -и
бледнота́, -ы́
бле́дный; кр. ф. -ден, -дна́, -дно
блези́р, -а и -у: для блези́ру и для блези́ра
блейве́йс, -а
блёкло-голубо́й
блёкло-зелёный

БЛЁ

блёкло-лило́вый
блёкло-си́ний
блёкло-сире́невый
блёклый
блёкнувший
блёкнуть, -ну, -нет; прош. блёк и блёкнул, блёкла
бле́нда, -ы
бле́нкер, -а
бленноре́йный
бленноре́я, -и
блеск, -а
блесна́, -ы́
блесну́ть, -ну́, -нёт
блесте́ть, блещу́, блести́т и бле́щет
блёстка, -и
блёсточка, -и
блестя́нка, -и
блестя́щий
блеф, -а
блефари́т, -а
блефароспа́зм, -а
бле́щущий
бле́яние, -я
бле́ять, бле́ю, бле́ет
ближа́йший
бли́же, сравн. ст. (от бли́зкий, бли́зко)
ближневосто́чный
бли́жний
близ, предлог
близёхонько
близёшенько
близи́ться, -ится
бли́зкий; кр. ф. -зок, -зка́, -зко
близкоро́дственный
близкостоя́щий *
близлежа́щий
близнецо́вый
близнецы́, -о́в, ед. близне́ц, -а́
близору́кий
близору́кость, -и
бли́зость, -и
близпове́рхностный
близрасту́щий
близсидя́щий
близстоя́щий
блик, -а
бли́ковый
блин, -а́
блинда́ж, -а́
блинда́жный
блиндирова́ние, -я
блиндиро́ванный
блиндирова́ть(ся), -ру́ю, -ру́ет(ся)
блинк-микроско́п, -а
бли́нная, -ой
бли́нник, -а
бли́нный
блино́к, -нка́
блино́чек, -чка
блинт, -а́
блинтова́ние, -я
блинто́ванный
блинтова́ть(ся), -ту́ю, -ту́ет(ся)
бли́нчатый
бли́нчик, -а
блиста́ние, -я
блиста́тельный
блиста́ть, -а́ю, -а́ет и бле́щет
бли́стер, -а
блиц, -а

БЛИ

блицкри́г, -а
блицтурни́р, -а
блок, -а
блока́да, -ы
блока́дный
блок-аппара́т, -а
блокга́уз, -а
блок-диагра́мма, -ы
бло́кинг-генера́тор, -а
блокира́тор, -а
блоки́рование, -я
блоки́рованный
блоки́ровать(ся), -рую(сь), -рует(ся)
блокиро́вка, -и
блокиро́вочный
блок-конта́кт, -а
блок-конта́ктор, -а
блок-механи́зм, -а
блокно́т, -а
блокно́тный
бло́ковый
блокообжи́мный
блокообраба́тывающий
блокпо́ст, -а
блокпо́стный
блок-пу́нкт, -а
блок-сигна́л, -а
блок-сополиме́р, -а
блок-схе́ма, -ы
блок-уча́сток, -тка
бло́кшив, -а
блонди́н, -а
блонди́нистый
блонди́нка, -и
блоха́, -и́, мн. бло́хи, блох, -а́м
бло́чно-секцио́нный
бло́чный
блоши́ный
блоши́стый
бло́шка, -и
блошли́вый
блуд, -а
блуди́ть[1], блужу́, блу́дит (ходить)
блуди́ть[2], блужу́, блуди́т (распутничать)
блудли́вый
блу́дни, -ей
блудни́к, -а́
блудни́ца, -ы
блу́дный
блужда́ние, -я
блужда́ть, -а́ю, -а́ет
блужда́ющий
блу́за, -ы
блу́зка, -и
блу́зник, -а
блу́зочка, -и
блюва́л, -а
блю́дечко, -а
блю́до, -а
блюдоли́з, -а
блюдо́мый
блюду́щий
блю́дце, -а, р. мн. -дец
блю́дший
блюз, -а
блюм, -а
блю́минг, -а
блю́минговый
блюмингострое́ние, -я
блюсти́(сь), блюду́, блюдёт(ся); прош. блю́л(ся), блюла́(сь)

блюститель, -я
блюстительница, -ы
бляха, -и
бляшка, -и
боа, *нескл., с.* (меховой шарф) и *м.* (удав)
боб, -а
бобби, *нескл., м.*
бобёр, бобра
бобина, -ы
бобинный
бобковый
бобовидный
бобовник, -а
бобово-злаковый
бобовый
бобок, -бка
бобр, -а
бобрёнок, -нка, *мн.* -рята, -рят
бобрик, -а
бобриковый
бобриком, *нареч.*
бобриха, -и
бобровина, -ы
бобровник, -а
бобровый
бобслеист, -а
бобслей, -я
бобылиха, -и
бобылка, -и
бобыль, -я
бобыльский
бог, -а, *мн.* -и, -ов
богаделенка, -и
богаделенный
богаделка, -и
богадельный
богадельня, -и, *р. мн.* -лен
богара, -ы
богарный
богатей, -я
богатейка, -и
богатейший
богатенький; *кр. ф.* -енек, -енька
богатеть, -ею, -еет
богато насыщенный
богатство, -а
богатый
богатырка, -и
богатырский
богатырство, -а
богатырь, -я
богач, -а
богаче, *средн. ст.* (от богатый, богато)
богачество, -а
богачка, -и
бог весть
богдыхан, -а
богдыханский
богема, -ы
богемный
богемствующий
богиня, -и, *р. мн.* -инь
богоборец, -рца
богоборческий
богоборчество, -а
богобоязненный; *кр. ф.* -знен, -зненна
боговдохновенный; *кр. ф.* -вен, -венна
богоданный
богоискатель, -я
богоискательство, -а

богомаз, -а
богоматерь, -и
богомерзкий
богомил, -а
богомильский
богомильство, -а
богомол, -а
богомолец, -льца
богомолка, -и
богомолье, -я
богомольный
богоненавистник, -а
богоненавистница, -ы
богоотступник, -а
богоотступница, -ы
богоотступнический
богоотступничество, -а
богоподобный
богопротивный
богородица, -ы
богослов, -а
богословие, -я
богословский
богослужебный
богослужение, -я
богоспасаемый
богостроитель, -я
богостроительство, -а
боготворить, -рю, -рит
богоугодный
богохульник, -а
богохульница, -ы
богохульничать, -аю, -ает
богохульный
богохульство, -а
богохульствовать, -твую, -твует
богхед, -а
бодание, -я
бодать(ся), -аю(сь), -ает(ся)
бодливый
боднуть, -ну, -нёт
бодренький; *кр. ф.* -енек, -енька
бодрёхонький; *кр. ф.* -нек, -нька
бодрёшенький; *кр. ф.* -нек, -нька
бодрить(ся), -рю(сь), -рит(ся)
бодрость, -и
бодрствование, -я
бодрствовать, -твую, -твует
бодрый; *кр. ф.* бодр, бодра, бодро
бодрячок, -чка
бодрящий
бодун, -а
бодунья, -и, *р. мн.* -ний
бодяга, -и
бодяк, -а
бое... — первая часть сложных слов, пишется всегда слитно
боевик, -а
боевитость, -и
боевичка, -и
боевой
боеголовка, -и
боеготовность, -и
боезапас, -а
боёк, бойка
боекомплект, -а
боенский
боепитание, -я
боеподготовка, -и
боеприпасы, -ов
боеспособность, -и
боеспособный

боец, бойца
божба, -ы
божéнька, -и, *м.*
божеский
божественный; *кр. ф.* -вен, -венна
божество, -а
божий, -ья, -ье
божиться, божусь, божится
божница, -ы
божок, -жка
бозе-жидкость, -и
бозе-частица, -ы
бозон, -а
бой, боя, *предл.* о бое, в бою, *мн.* бои, боёв
бой-баба, -ы
бой-девка, -и
бойкий; *кр. ф.* боек, бойка, бойко
бойкот, -а
бойкотированный
бойкотировать(ся), -рую, -рует(ся)
бойлер, -а, *мн.* -ы, -ов
бойница, -ы
бойничный
бойня, -и, *р. мн.* боен
бойскаут, -а
бойскаутский
бойцовый
бойче и бойчее, *сравн. ст.* (от бойкий, бойко)
бок, -а, *предл.* о боке, на боку, *мн.* -а, -ов
бокаж, -а
бокал, -а
бокаловидный
бокальчик, -а
бок о бок
боковина, -ы
боковой
боковушка, -и
боком, *нареч.*
боконервный
бокоплав, -а
бокоход, -а
бокошейный
бокс, -а
боксёр, -а
боксёрский
боксировать, -рую, -рует
боксит, -а
бокситовый
боксовый
болван, -а
болванистый
болванка, -и
болваночный
болванчик, -а
болвашка, -и
болгарин, -а, *мн.* -ары, -ар
болгарка, -и
болгаро-советский
болгаро-турецкий
болгарский
болгарско-русский
болевой
более, *сравн. ст.* (от большой, много)
болезненный; *кр. ф.* -знен, -зненна
болезнетворный
болезнеустойчивый
болезнь, -и
болельщик, -а

БОЛ

больщица, -ы
болеро́, нескл., с.
боле́ть¹, -е́ю, -е́ет (быть больным)
боле́ть², боли́т (испытывать боль)
болеутоля́ющий
боли́вар, -а (ден. ед.)
болива́р, -а (шляпа)
боливи́ец, -и́йца
боливи́йка, -и
боливи́йский
болиголо́в, -а
боли́д, -а
боло́метр, -а
болометри́ческий
боло́на, -ы, мн. бо́лоны, боло́н
боло́нка, -и
боло́нья, -и
боло́тина, -ы
боло́тистый
боло́тник, -а
боло́тница, -ы
боло́тно-лесно́й
боло́тный
боло́то, -а
болотове́дение, -я
болотове́дческий
боло́тце, -а, р. мн. -ев
болт, -а́
болта́ние, -я
болта́нка, -и
бо́лтанный, прич.
бо́лтаный, прил.
болта́ть(ся), -а́ю(сь), -а́ет(ся)
бо́лтик, -а
болтли́вость, -и
болтли́вый
болтну́ть(ся), -ну́, -нёт(ся)
болтовня́, -и́
болтово́й
болтоло́гия, -и
болторе́зный
болторе́зчик, -а
болту́н, -а́
болтуни́шка, -и, м. и ж.
болту́нья, -и, р. мн. -ний
болту́шка, -и
боль, -и
бо́льверк, -а
больнёхонький; кр. ф. -нек, -нька
больне́шенький; кр. ф. -нек, -нька
больни́ца, -ы
больни́чный
бо́льно
больно́й; кр. ф. бо́лен, больна́
больша́к, -а́
бо́льше, сравн. ст. (от большо́й, мно́го)
большеберцо́вый
большеборо́дый
большевиза́ция, -и
большевизи́рованный
большевизи́ровать(ся), -рую, -рует(ся)
большеви́зм, -а
большеви́к, -а́
большеви́стский
большеви́чка, -и
большегла́зый
большеголо́вый
большегру́зный
большело́бый
большено́гий
большено́сый

БОЛ

большепролётный
большеро́гий
большеро́т, -а
большеро́тый
большеру́кий
бо́льший
большинство́, -а́
большо́й
большу́щий
бо́люс, -а
боля́чка, -и
боля́щий
бо́мба, -ы
бомба́рда, -ы
бомбарди́р, -а
бомбардиро́вание, -я
бомбардиро́ванный
бомбардирова́ть(ся), -ру́ю, -ру́ет(ся)
бомбардиро́вка, -и
бомбардиро́вочный
бомбардиро́вщик, -а
бомбарди́рский
бомбёжка, -и
бомби́ть, -блю́, -би́т
бомбово́з, -а
бо́мбовый
бомбодержа́тель, -я
бомболю́к, -а
бомбомёт, -а
бомбомета́ние, -я
бомбомета́тель, -я
бомбомётчик, -а
бомбосбра́сыватель, -я
бомбоубе́жище, -а
бо́мбочка, -и
бом-бра́мсель, -я
бом-брам-сте́ньга, -и
бомо́нд, -а
бон, -а (плавучее заграждение)
бо́на, -ы (денежный документ)
бонапарти́зм, -а
бонапарти́ст, -а
бонапарти́стский
бонбонье́рка, -и
бонбонье́рочный
бонвива́н, -а
бонвива́нка, -и
бонда́рить, -рю, -рит
бонда́рный
бонда́рня, -и, р. мн. -рен
бо́нда́рский
бо́нда́рство, -а
бо́ндарь, -я и бонда́рь, -я́
бо́нза, -ы
бони́стика, -и
бонитё́р, -а
бонитиро́вка, -и
бонитиро́вочный
бонифика́ция, -и
бонмо́, нескл., с.
бо́нна, -ы (гувернантка)
бонто́н, -а
бонто́нный
бор¹, -а, предл. о бо́ре, в бору́, мн. -ы́, -о́в (лес)
бор², -а (хим. элемент; сверло)
бо́ра, -ы и бора́, -ы́
бора́т, -а
бораци́т, -а
бо́ргес, -а
борде́ль, -я
бордеро́, нескл., с.

БОР

бордо́, нескл., с. (вино)
бордо́, неизм. (цвет)
бордо́вый
бордо́ский
бордю́р, -а
бордю́рный
бореа́льный
боре́й, -я
боре́ние, -я
боре́ц, -рца́
боржо́м, -а и боржо́ми, нескл., с.
боржо́мный
борза́я, -о́й
борзовщи́к, -а́
борзо́й (о собаке)
борзописа́ние, -я
борзопи́сец, -сца
бо́рзый (быстрый)
борзя́тник, -а
бори́д, -а
бори́рование, -я
бормаши́на, -ы
бормота́ние, -я
бормота́ть, -очу́, -о́чет
бормоту́н, -а́
бормоту́нья, -и, р. мн. -ний
бормо́чущий
борни́т, -а
бо́рный (хим.)
бо́ров¹, -а, мн. -ы, -о́в (кабан)
бо́ров², -а, мн. -а́, -о́в (часть дымохода)
борови́к, -а́
борови́нка, -и
боровичо́к, -чка́
бороводоро́д, -а
борово́й (от бор¹)
борово́к, -вка́
борода́, -ы́, вин. бо́роду, мн. бо́роды, боро́д
борода́вка, -и
борода́вочка, -и
борода́вочник, -а
борода́вочный
борода́вчатка, -и
борода́вчатый
борода́стый
борода́тенький
борода́тый
борода́ч, -а́
бороде́нка, -и
бороди́ща, -и
боро́дка, -и
боро́душка, -и
борозда́, -ы́, мн. бо́розды, боро́зд, борозда́м
борозди́ть(ся), -зжу́, -зди́т(ся)
боро́здка, -и
боро́здковый
борозди́к, -а́
бороздно́й
бороздова́ние, -я
бороздово́й
бороздоде́л, -а
бороздоде́латель, -я
бороздоме́р, -а
боро́здчатый
боро́к, -рка́ (от бор¹)
бороменто́л, -а
борона́, -ы́, вин. бо́рону, мн. бо́роны, боро́н
боронённый

БОР

боронить, -ню -нит
боронка, -и
боронова́льщик, -а
боронова́ние, -я
борнова́ть(ся), -ну́ю, -ну́ет(ся)
бороньба́, -ы́
бороргани́ческий
боросилика́т, -а
боро́ться, борю́сь, бо́рется, бо́рются
борсодержа́щий
борт, -а́, предл. о бо́рте, на борту́, мн. -а́, -о́в
бортвра́ч, -а́
бортево́й (от борть)
бортжурна́л, -а
бо́ртик, -а
бортинжене́р, -а
бортмеха́ник, -а
бо́ртник, -а
бо́ртничанье, -я
бо́ртничать, -аю, -ает
бо́ртничество, -а
бо́ртный
борто́вка, -и
бортово́й (от борт)
бортовщи́к, -а́
бортпроводни́к, -а́
бортпроводни́ца, -ы
бортради́ст, -а
борть, -и
боршта́нга, -и
борщ, -а́
борщеви́к, -а́
борщо́вник, -а
борщо́вый
борщо́к, -щка́
боры́, -о́в (складки)
борьба́, -ы́
бо́рющийся
босико́м
боске́т, -а
босня́к, -а́
босо́й; кр. ф. бос, боса́ (на бо́су но́гу), бо́со
босоно́гий
босоно́жки, -жек, ед. босоно́жка, -и
босс, -а
босто́н, -а
босто́нный
босто́новый
бося́к, -а́
боса́цкий
боса́чество, -а
бот, -а
бо́тало, -а
ботанизи́рка, -и
ботанизи́ровать, -рую, -рует
бота́ник, -а
бота́ника, -и
бота́нико-географи́ческий
ботани́ческий
бо́тать, -аю, -ает
ботва́, -ы́
ботви́нник, -а
ботви́нья, -и
ботворе́з, -а
ботвоубо́рочный
ботвоудаля́ющий
бо́тик, -а
бо́тики, -ов, ед. бо́тик, -а
боти́нки, -нок, ед. боти́нок, -нка
боти́ночки, -чек, ед. боти́ночек, -чка

БОТ

бо́товый
ботули́зм, -а
ботфо́рты, -ов, ед. ботфо́рт, -а
бо́ты, -ов и бот, ед. бот, -а
бо́цман, -а, мн. -ы, -ов
боцманма́т, -а
бо́цманский
боча́г, -а́
боча́жина, -ы
боча́жный
бочажо́к, -жка́
боча́р, -а́
боча́рить, -рю, -рит
боча́рничать, -аю, -ает
боча́рный
боча́рня, -и, р. мн. -рен
бо́чечка, -и
бо́чечный
бо́чка, -и
бочкова́тый
бочкови́дный
бо́чковый
бочко́м, нареч.
бочкообра́зный
бочкопогру́зчик, -а
бочо́к, -чка́, предл. о бочке́, на бочку́
бочо́нок, -нка
бочо́ночек, -чка
бочо́ночный
боязли́вость, -и
боязли́вый
боя́зно
боя́знь, -и
боя́рин, -а, мн. боя́ре, боя́р
боя́рский
боя́рство, -а
боя́рщина, -ы
боя́рыня, -и, р. мн. -ынь
боя́рышник, -а
боя́рышница, -ы
боя́рышня, -и, р. мн. -шен
боя́ться, бою́сь, бои́тся
бра, нескл., с.
брабансо́н, -а
брава́да, -ы
бравирова́ние, -я
брави́ровать, -рую, -рует
брави́ссимо, неизм.
бра́во, неизм.
браву́рный
бра́вый
бра́га, -и
брадикарди́я, -и
брадобре́й, -я
бра́жка, -и
бра́жник, -а
бра́жничанье, -я
бра́жничать, -аю, -ает
бра́жнический
бра́жничество, -а
бра́жный
бразды́ правле́ния
брази́лец, -льца
брази́льский
брази́льско-сове́тский
бразилья́нка, -и
брак, -а
браке́р, -а
бракера́ж, -а
брако́ванный
бракова́ть, -ку́ю, -ку́ет
брако́вка, -и

БРА

брако́вочный
брако́вщик, -а
брако́вщица, -ы
бракоде́л, -а
бракоде́льский
бракоде́льство, -а
браконье́р, -а
браконье́рский
браконье́рство, -а
бракоразво́дный
бракосочета́ние, -я
брама́н, -а (устар. к бахма́н)
брамани́зм, -а (устар. к брахмани́зм)
брами́н, -а (устар. к брахма́н)
бра́мсель, -я, мн. -и, -ей
бра́мсельный
брам-сте́ньга, -и
брандахлы́ст, -а
брандва́хта, -ы
брандва́хтенный
бра́ндер, -а
брандмайо́р, -а
брандма́уэр, -а
брандма́уэрный
брандме́йстер, -а
брандспо́йт, -а
брани́вать(ся), наст. вр. не употр.
брани́ть(ся), -ню́(сь), -ни́т(ся)
бра́нный (к брань)
бранчли́вый
бра́ный (о скатерти)
брань, -и
брас, -а (корабельная снасть)
брасле́т, -а
брасле́тик, -а
брасле́тка, -и
брасле́тный
брасс, -а (способ плавания)
брасси́ст, -а
брасси́стка, -и
брат, -а, мн. бра́тья, -ьев
брата́н, -а
брата́ние, -я
брата́ться, -а́юсь, -а́ется
братва́, -ы́
брате́льник, -а
бра́тец, -тца
бра́тик, -а
бра́тина, -ы (сосуд)
брати́шка, -и, м.
бра́тия, -и
бра́тний
бра́тнин, -а, -о
брато́к, -тка́
братолюби́вый
братолю́бие, -я
братоненави́стник, -а
братоненави́стнический
братоуби́йственный
братоуби́йство, -а
братоуби́йца, -ы, м. и ж.
бра́тский
бра́тство, -а
брату́шка, -и, м.
бра́тчик, -а
бра́тчина, -ы
бра́ть(ся), беру́(сь), берёт(ся); прош. брал(ся), брала́(сь), бра́ло, брало́сь
бра́унинг, -а
брахимо́рфный
брахиоза́вр, -а
брахиоля́рия, -и

БРА

брахицефа́л, -а
брахицефа́лия, -и
брахма́н, -а
брахмани́зм, -а
брахма́нский
бра́чащиеся, -ихся
бра́чный
бра́шно, -а
бра́шпилевый
бра́шпиль, -я, мн. -и, -ей
бреве́нчатый
бреве́шко, -а и бревёшко, -а
бревно́, -а́, мн. брёвна, брёвен
бревноме́р, -а
бревноспу́ск, -а
бревнота́ска, -и
бревноукла́дчик, -а
брёвнышко, -а
брегет, -а
бред, -а, предл. о бре́де, в бреду́
бре́день, -дня
бреди́на, -ы
бре́дить(ся), -е́жу, -е́дит(ся)
бре́дни, -ей
бредово́й
бреду́щий
бре́дший
брезга́ть, -аю, -ает
брезгли́вец, -вца
брезгли́вица, -ы
брезгли́вость, -и
брезгли́вый
брезгова́ть, -гую, -гует
брезгу́н, -а́
брезгу́нья, -и, р. мн. -ний
брезе́нт, -а
брезе́нтовый
бре́зжить(ся), -ит(ся)
бре́зжущий
брейд-ви́мпел, -а
бреква́тер, -а
бре́кчия, -и
брело́к, -а
брело́чек, -чка
брело́чный
бремени́ть, -ню́, -ни́т
бре́мсберг, -а
бре́мя, -мени
бре́нный; кр. ф. бре́нна, бре́нно
бренча́ние, -я
бренча́ть, -чу́, -чи́т
брести́, бреду́, бредёт; прош. брёл, брела́
брете́ль, -и
брете́лька, -и
бретёр, -а
бретёрский
брето́нец, -нца
брето́нка, -и
брето́нский
брёх, -а
бреха́ть, брешу́, бре́шет
брехну́ть, -ну́, -нёт
брехня́, -и́
бреху́н, -а́
бреху́нья, -и, р. мн. -ний
бре́шущий
брешь, -и
бре́ющий
бриг, -а
брига́да, -ы
бригади́р, -а

БРИ

бригади́рский
бригади́рство, -а
бригади́рствовать, -твую, -твует
бригадми́лец, -льца
брига́дник, -а
брига́дный
бриганти́на, -ы
бридж, -а
бри́джи, -ей (брюки)
бриз, -а
бриза́нтный
бризо́л, -а
брике́т, -а
брикети́рование, -я
брикети́рованный
брикети́ровать(ся), -рую, -рует(ся)
брике́тный
бриллиа́нт, -а и брилья́нт, -а
бриллиа́нтик, -а и брилья́нтик, -а
бриллианти́н, -а и брильянти́н, -а
бриллиа́нтовый и брилья́нтовый
бриллиа́нтщик, -а и брилья́нтщик, -а
бриоли́н, -а
бриоло́гия, -и
брио́ния, -и
брио́шь, -и
бристо́ль, -я
брита́нец, -нца
брита́нка, -и
брита́нский
бри́тва, -ы
бри́твенница, -ы
бри́твенный
бритоголо́вый
бри́тты, -ов
бри́тый
брить, бре́ю, бре́ет
бритьё, -я́
бри́ться, бре́юсь, бре́ется
бри́чка, -и
брова́стый
бро́вка, -и
бро́вный
бровь, -и, мн. -и, -е́й
брод, -а и -у
броди́льный
броди́льня, -и, р. мн. -лен
броди́ть, брожу́, бро́дит
бродя́га, -и, м.
бродя́жество, -а
бродя́жий, -ья, -ье
бродя́жить, -жу, -жит
бродя́жка, -и, м. и ж.
бродя́жничать, -аю, -ает
бродя́жнический
бродя́жничество, -а
бродя́жный
бродя́чий
броже́ние, -я
бро́йлер, -а, мн. -ы, -ов
бро́йлерный
бро́кер, -а
бро́кколи, нескл., ж.
бром, -а
бромацето́н, -а
броми́д, -а
бромизова́л, -а
бромистоводоро́дный
бро́мистый
бро́мный
бро́мовый

БРО

броможелати́на, -ы
бромосере́бряный
бромура́л, -а
бромэта́н, -а
броне... — первая часть сложных слов, пишется всегда слитно
бронеавтомоби́ль, -я
бронеба́шня, -и, р. мн. -шен
бронебо́йка, -и
бронебо́йно-зажига́тельно-трасси́рующий
бронебо́йно-зажига́тельный
бронебо́йно-трасси́рующий
бронебо́йный
бронебо́йщик, -а
броневи́к, -а́
бронево́й
бронедрези́на, -ы
бронека́тер, -а, мн. -а́, -о́в
бронеколпа́к, -а
бронелокомоти́в, -а
бронемаши́на, -ы
броненосец, -сца
броненосный
бронепо́езд, -а, мн. -а́, -о́в
бронеси́лы, -и́л
бронета́нковый
бронетранспортёр, -а
бронеча́сть, -и, мн. -и, -е́й
бро́нза, -ы
бронзи́рование, -я
бронзиро́ванный
бронзирова́ть, -и́рую, -и́рует
бронзиро́вка, -и
бронзи́т, -а
бронзовщи́к, -а́
бро́нзовый
бронзографи́т, -а
бро́нзо-лату́нный
брони́рование, -я
брони́рованный (от брони́ровать)
брониро́ванный (от бронирова́ть)
брони́ровать(ся), -рую, -рует(ся) (закреплять)
бронирова́ть(ся), -ру́ю, -ру́ет(ся) (покрывать бронёй)
брониро́вка, -и
бронтоза́вр, -а
бро́нхи, -ов, ед. бронх, -а
бронхиа́льный
бронхио́ла, -ы
бронхиомико́з, -а
бронхи́т, -а
бронхоадени́т, -а
бронхографи́ческий
бронхогра́фия, -и
бронхопневмони́я, -и
бронхоскопи́ческий
бронхоскопи́я, -и
бронхоэкта́з, -а
бронхоэктази́я, -и
бронхоэктати́ческий
бро́ня, -и (закрепление)
броня́, -и́ (защита)
броса́ние, -я
броса́тельный
броса́ть(ся), -а́ю(сь), -а́ет(ся)
бро́сить(ся), бро́шу(сь), бро́сит(ся)
бро́ский; кр. ф. бро́сок, -ска́, -ско
броско́м, нареч.
бро́совый
бросо́к, -ска́

БРО   БРЫ   БУГ   Б

бро́сче, *сравнит. ст.* (от бро́ский, бро́ско)
бротка́мера, -ы
бро́шенный
бро́шечка, -и
бро́шка, -и
брошь, -и
брошю́ра, -ы
брошю́рка, -и
брошю́рный
брошюрова́льный
брошюрова́ние, -я
брошюро́ванный
брошюрова́ть(ся), -ру́ю, -ру́ет(ся)
брошюро́вка, -и
брошюро́вочный
брошюро́вщик, -а
брошюро́вщица, -ы
брошю́рочный
брр, *неизм.*
бруда́стый
бру́дер, -а
брудера́ция, -и
брудерга́уз, -а
брудерша́фт, -а
брульо́н, -а
брункре́сс, -а
брус, -а́, *мн.* бру́сья, -сьев
бруско́ватый
бруско́вый
брусни́ка, -и
брусни́ца, -ы
брусни́чка, -и
брусни́чник, -а
брусни́чно-кра́сный
брусни́чно-черни́чный
брусни́чный
брусова́л, -а
брусова́ть, -су́ю, -су́ет
бру́со́вка, -и
брусо́к, -ска́
бруса́чек, -чка
бруса́чник, -а
брусо́чный
бру́ствер, -а, *мн.* -ы, -ов и -а́, -о́в
бру́стверный
брусча́тка, -и
брусча́тник, -а
брусча́тый
брусяно́й
бру́тто, *неизм.*
бру́тто-ве́с, -а
бру́тто-ма́сса, -ы
бру́тто-то́нна, -ы
бруцеллёз, -а
бруцеллёзный
брыже́ечный
брыже́йка, -и
брыже́йный
бры́жи, -ей
бры́згалка, -и
бры́згало, -а
бры́згальный
бры́зганье, -я
бры́згать(ся), -аю(сь), -ает(ся) и -зжу(сь), -зжет(ся)
бры́згающий
бры́зги, брызг
бры́зжущий
бры́знуть, -ну, -нет
брыка́ние, -я
брыка́ть(ся), -а́ю(сь), -а́ет(ся)

брыкли́вый
брыкну́ть(ся), -ну́(сь), -нёт(ся)
брыку́н, -а́
брыку́нья, -и, *р. мн.* -ний
брыла́стый
бры́лы, брыл, *ед.* брыла́, -ы́
бры́нза, -ы
бры́нзовый
брысь, *неизм.*
брюзга́, -и́, *м. и ж.*
брюзгли́вец, -вца
брюзгли́вость, -и
брюзгли́вый
брюзгли́вый
брюзглый
брюзгну́ть, -ну, -нет
брюзжа́ние, -я
брюзжа́ть, -зжу́, -зжи́т
брю́ква, -ы
брю́квенница, -ы
брю́квенный
брю́квина, -ы
брю́ки, брюк
брю́ки гольф, брюк гольф
брюкодержа́тель, -я
брюме́р, -а
брюне́т, -а
брюне́тка, -и
брюссе́льский
брюха́н, -а́
брюха́стый
брюха́тить, -а́чу, -а́тит
брюха́тый
брюха́ч, -а́
брю́хо, -а
брюхови́на, -ы
брюхого́рлые, -ых
брюхоно́гие, -их
брюхоресни́чный
брю́чки, -чек
брю́чник, -а
брю́чный
брюши́на, -ы
брюши́нный
брюшко́, -а́, *мн.* -и́, -о́в
брюшно́й
брюшнотифо́зный
брюшня́к, -а́
бря́канье, -я
бря́кать(ся), -аю(сь), -ает(ся)
бря́кнуть(ся), -ну(сь), -нет(ся)
бряца́ние, -я
бряца́тельный
бряца́ть, -а́ю, -а́ет
буба́л, -а
бу́бен, -бна
бубене́ц, -нца́
бубе́нчик, -а
бу́блик, -а
бу́бликовый
бу́бличек, -чка
бу́бличник, -а
бу́бличница, -ы
бу́бличный
бубни́ст, -а
бубни́ть, -ню́, -ни́т
бубно́вка, -и
бубно́вый
бу́бны, бу́бен и бубён, бубна́м (карточная масть)
бубо́н, -а
бубо́нный
буга́й, -я́

бу́гель, -я, *мн.* -и, -ей и -я́, -е́й
бу́ги-ву́ги, *нескл., с.*
буго́р, -гра́
бугоро́к, -рка́
бугоро́чек, -чка
бугорча́тка, -и
буго́рчатый
бугри́стый
бугри́ть, -рю́, -ри́т
бу́дара, -ы
бу́дарка, -и
буддизм, -а
будди́йский
буддист, -а
будди́стка, -и
будёновка, -и
буди́льник, -а
буди́рование, -я
буди́ровать, -рую, -рует
буди́ть, бужу́, будит
бу́дка, -и
бу́дни, -ей
бу́дний
бу́дничный и бу́днишний
будора́жить(ся), -жу(сь), -жит(ся)
бу́дочка, -и
бу́дочник, -а
бу́дочный
бу́дра, -ы
бу́дто
бу́дто бы
будуа́р, -а
будуа́рный
бу́дучи, *деепр.*
бу́дущий
бу́дущность, -и
будь что бу́дет
будя́щий
буёк, буйка́
бу́ер, -а, *мн.* -а́, -о́в
буера́к, -а
буера́чина, -ы
буера́чный
буери́ст, -а
бу́ерный
буж, -а́
бужени́на, -ы
бужени́нный
бужи́ровать(ся), -рую, -рует(ся)
буза́, -ы́
бузила́, -ы, *м. и ж.*
бузина́, -ы́
бузи́нник, -а
бузи́нный
бузи́новый
бузи́ть, -и́т
бузова́ть, -зу́ю, -зу́ет
бузотёр, -а
бузотёрка, -и
бузотёрский
бузотёрство, -а
бузу́н, -а́
буй, -я, *мн.* -и́, -ёв
бу́йвол, -а, *мн.* -ы, -ов
буйволёнок, -нка, *мн.* -ля́та, -ля́т
буйво́лица, -ы
буйво́ловый
бу́йный; *кр. ф.* бу́ен, буйна́, бу́йно
бу́йреп
бу́йственный
бу́йство, -а
бу́йствовать, -твую, -твует

БУК

бук, -а
бу́ка, -и, м. и ж.
бука́н, -а
бука́шечка, -и
бука́шка, -и
бу́ква, -ы
буквали́стский
буква́льный
буква́рик, -а
буква́рный
буква́рь, -я́
бу́квенный
бу́квица, -ы
буквое́д, -а
буквое́дка, -и
буквое́дский
буквое́дство, -а
буквопеча́тающий
буке́т, -а
буке́тец, -тца
буке́тик, -а
букетиро́вка, -и
буке́тный
бу́ки, нескл., с.
букини́ст, -а
букинисти́ческий
бу́ккер, -а
букле́, нескл., с.
букле́т, -а
бу́кли, -ей, ед. бу́кля, -и
букме́кер, -а
букови́нец, -нца
бу́ковка, -и
бу́ковый
буко́лика, -и
буколи́ческий
бу́колька, -и
букс, -а (дерево)
бу́кса, -ы
букси́р, -а
букси́рный
букси́рование, -я
букси́ровать(ся), -ру́ю, -ру́ет(ся)
буксиро́вка, -и
букиро́вочный
букиро́вщик, -а
буксова́ние, -я
буксова́ть, -су́ю, -су́ет
буксо́вка, -и
бу́ксовый
булава́, -ы́
була́вка, -и
була́вница, -ы
була́вочка, -и
була́вочник, -а
була́вочница, -ы
була́вочный
була́вчатый
була́нка, -и
була́ный
була́т, -а
була́тный
булга́чить, -чу, -чит
бу́лка, -я
бу́лла, -ы
бу́лочка, -и
бу́лочная, -ой
бу́лочник, -а
бу́лочница, -ы
бу́лочный
булты́х, неизм.
булты́ха́ть(ся), -а́ю(сь), -а́ет(ся)

БУЛ

булты́хну́ть(ся), -ыхну́(сь), -ыхнёт(ся) и -ыхнёт(ся)
булы́жник, -а
булы́жный
буль-бу́ль, неизм.
бульва́р, -а
бульва́ришко, -а, м.
бульва́рный
бульва́рчик, -а
бульва́рщина, -ы
бульдо́г, -а
бульдо́жий, -ья, -ье
бульдо́зер, -а, мн. -ы, -ов
бульдозери́ст, -а
бульдо́зерный
бу́льканье, -я
бу́лькать, -аю, -ает
бу́лькнуть, -ну, -нет
бульо́н, -а
бульо́нный
бум, -а
бума́га, -и
бумагоде́лательный
бумагодержа́тель, -я
бумагомара́ка, -и, м.
бумагомара́ние, -я
бумагомара́тель, -я
бумагопряде́ние, -я
бумагопряди́льный
бумагопряди́льня, -и, р. мн. -лен
бумагопряди́льщик, -а
бумагопряди́льщица, -ы
бумагоре́зальный
бумагоре́зательный
бумаготка́цкий
бумаже́нция, -и
бума́жечка, -и
бума́жка, -и
бума́жник, -а
бума́жно-бакели́товый
бумажноде́нежный
бума́жный
бума́жонка, -и
бумазе́йка, -и
бумазе́йный
бумазе́я, -и
бумера́нг, -а
бу́на, -ы
бундесве́р, -а
бундесве́ровский
бундеска́нцлер, -а
бундесра́т, -а
бундеста́г, -а
бу́ндовец, -вца
бу́ндовский
бу́нкер, -а, мн. -а́, -о́в
бу́нкерный
бункеро́ванный
бункерова́ть(ся), -ру́ю, -ру́ет(ся)
бункеро́вка, -и
бунт¹, -а (восстание)
бунт², -а́ (связка; штабель)
бунта́рка, -и
бунта́рский
бунта́рство, -а
бунта́рь, -я́
бунтова́ть(ся), -ту́ю(сь), -ту́ет(ся)
бунтово́й (от бунт²)
бунтовско́й (от бунт¹)
бунтовщи́к, -а́
бунтовщи́ца, -ы
бунтовщи́ческий

БУН

бунчу́жный
бунчу́к, -а́
бунчуко́вый
бур, -а
бура́, -ы́
бура́в, -а́
бура́вить(ся), -влю, -вит(ся)
бура́вчатый
бура́вчик, -а
бура́к, -а́
бура́н, -а
бура́нный
бура́чник, -а
бура́чный
бурачо́к, -чка́
бурбо́н, -а
бургра́ф, -а
бургоми́стерский
бургоми́стр, -а
бурго́нское, -ого
бургу́ндский
бургу́нды, -ов
бурда́, -ы́
бурдо́н, -а
бурдю́к, -а́
бурдю́чный
бурдючо́к, -чка́
бурева́л, -а
буреве́стник, -а
бурево́й
бурело́м, -а
буре́ние, -я
бурёнка, -и
бурёнушка, -и
буре́ть, -е́ю, -е́ет
буржуа́, нескл., м.
буржуази́я, -и
буржуа́зно-демократи́ческий
буржуа́зно-либера́льный
буржуа́зно-националисти́ческий
буржуа́зно-поме́щичий, -ья, -ье
буржуа́зно-реформи́стский
буржуа́зный
буржу́й, -я
буржу́йка, -и
буржу́йский
бурида́нов осёл
бури́льный
бури́льщик, -а
бури́льщица, -ы
буриме́, нескл., с.
бури́ть(ся), -рю́, -ри́т(ся)
бу́рка, -и
бу́ркалы, -ал
бу́рканье, -я
бу́ркать, -аю, -ает
бу́рки, -рок, ед. бу́рка, -и (обувь)
бу́ркнуть, -ну, -нет
бурла́к, -а́
бурла́цкий
бурла́чество, -а
бурла́чить, -чу, -чит
бурле́ние, -я
бурле́ск, -а
бурле́скный
бурли́вый
бурли́ть, -лю́, -ли́т
бурми́стр, -а
бурми́стрский
бурну́с, -а
бу́рный; кр. ф. -рен, -рна́, -рно
бурова́то-кори́чневый

БУР

бурова́тый
буровзрывни́к, -а́
буровзрывно́й
burovи́к, -а́
буровой
бу́ро-жёлтый
бу́ро-зелёный
бурозём, -а
бурозу́бка, -и
бу́ро-кра́сный
бу́ро-оли́вковый
бу́ро-подзо́листый
буросбо́ечный
бурошне́ковый
бурре́, нескл., с.
бурре́т, -а
бу́рса, -ы
бурса́к, -а́
бурса́цкий
бурси́т, -а
бу́рский
бурт, -а и -а́, мн. -ы́, -о́в
бу́ртик, -а
буртова́ние, -я
буртоукла́дчик, -а
буру́н, -а и -а́
бурунду́к, -а́
бурундуко́вый
бурунду́чный
бурундучо́к, -чка́
буру́нный
бурха́н, -а
бурча́ние, -я
бурча́ть, -чу́, -чи́т
бурш, -а
бу́рый; кр. ф. бур, бура́, бу́ро
бурья́н, -а
бурья́нный
бу́ря, -и
буря́т, -а, р. мн. -я́т
буря́тка, -и
буря́т-монго́л, -а
буря́т-монго́лка, -и
буря́т-монго́льский
буря́тский
бу́сина, -ы
бу́синка, -и
буссо́ль, -и
буссо́льный
бу́стер, -а
бу́стер-насо́с, -а
бу́сы, бус
бут, -а
бутадие́н, -а (газ)
бутадие́новый
бутадио́н, -а (лекарство)
бута́н, -а
бутафо́р, -а
бутафо́рия, -и
бутафо́рный
бутафо́рский
бутербро́д, -а
бутербро́дец, -дца
бутербро́дик, -а
бутербро́дная, -ой
бутербро́дный
бути́л, -а
бутилацета́т, -а
бутиле́н, -а
бутилкаучу́к, -а
бути́ловый
буриро́метр, -а

БУТ

бути́ть(ся), бучу́, бути́т(ся)
бутобето́н, -а
бутобето́нный
бутовщи́к, -а́
бу́товый
буто́н, -а
бутониза́ция, -и
буто́нчик, -а
бутонье́рка, -и
бу́тсы, бутс, ед. бу́тса, -ы
бутуз, -а
буту́зик, -а
буту́зить, -у́жу, -у́зит
буты́лка, -и
бутылконо́с, -а
бутыломо́ечный
буты́лочка, -и
буты́лочно-зелёный
буты́лочный
буты́ль, -и
буты́льный
бу́фер, -а, мн. -а́, -о́в
бу́ферный
буфе́т, -а
буфе́тец, -тца
буфе́тная, -ой
буфе́тный
буфе́тчик, -а
буфе́тчица, -ы
буфф, -а (в театре)
буффо́н, -а
буффона́да, -ы
буффо́нить, -ню, -нит
буффо́нный
буффо́нский
буффо́нство, -а
бу́фы, буф (сборки)
бух, неизм.
буха́нка, -и
бу́ханье, -я
буха́рец, -рца
буха́рка, -и
буха́рский
бу́хать(ся), -аю(сь), -ает(ся)
бухга́лтер, -а, мн. -ы, -ов
бухгалте́рия, -и
бухга́лтерский
бухга́лтерша, -и
бу́хнувший(ся)
бу́хнуть(ся), -ну(сь), -нет(ся)
бу́хта, -ы
бу́хточка, -и
бу́хты-бара́хты: с бу́хты-бара́хты
буцефа́л, -а
бу́ча, -и
бу́чение, -я (от бу́чить)
буче́ние, -я (от бути́ть)
бучи́ло, -а
бучи́льник, -а
бучи́льный
бу́чить(ся), -чу, -чит(ся)
бушева́ние, -я
бушева́ть, -шу́ю, -шу́ет
бу́шель, -я
бушла́т, -а
бушла́тный
бушме́н, -а
бушме́нка, -и
бушме́нский
бушпри́т, -а
буя́н, -а
буя́нить, -ню, -нит

БУЯ

буя́нство, -а
бы, б, частица (пишется раздельно с предшествующим словом, но в союзах чтобы, кабы, дабы и в слове якобы — слитно)
быва́ло
быва́лый
быва́льщина, -ы
быва́ть, -а́ю, -а́ет
бы́вший
бы́дло, -а
бык, -а́
быкова́тый
была́ не была́
былево́й
были́на, -ы
были́нка, -и
были́нный
были́ночка, -и
были́нушка, -и
были́нщик, -а
было́й
быль, -и
былье́, -я́ (быльём поросло)
бы́льник, -а
бы́стренький; кр. ф. -енек, -енька
быстрёхонький; кр. ф. -нек, -нька
быстрёшенький; кр. ф. -нек, -нька
быстрина́, -ы́
быстрогла́зый
быстрогусте́ющий *
быстроде́йствие, -я
быстроде́йствующий *
быстрозаморо́женный *
быстроизна́шивающийся *
быстроиспаря́ющийся *
быстрокры́лый
быстролетя́щий *
быстроно́гий
быстропа́дающий *
быстроразвива́ющийся *
быстроразъёмный
быстрораствори́мый
быстрораст́ущий *
быстроре́жущий *
быстросме́нный
быстросо́хнущий *
быстросъёмный
быстрота́, -ы́
быстротверде́ющий *
быстротеку́щий *
быстроте́чный
быстрото́к, -а
быстрохо́дность, -и
быстрохо́дный
бы́стрый; кр. ф. быстр, быстра́, бы́стро
быстря́нка, -и
быт, -а, предл. о бы́те, в быту́
бытие́, -я́
бытийный
быткомбина́т, -а
бы́тность, -и
бытова́ние, -я
бытова́ть, -ту́ет
бытови́зм, -а
бытови́к, -а́
бытови́ст, -а
бытови́стский
бытово́й
бытовщи́на, -ы
бытописа́ние, -я

БЫТ

бытописа́тель, -я
быть, есть, суть; *прош.* был, была́, бы́ло; *буд.* бу́ду, бу́дет
бытьё, -я́ (житьё-бытьё)
быть мо́жет
быча́тина, -ы
быча́чий, -ья, -ье
бы́чий, -ья, -ье
бычи́на, -ы, *м.* (*увелич.*) и *ж.* (шкура вола)
бы́чный
бычи́ться, -чу́сь, -чи́тся
бычко́вый
бычо́к, -чка́
бьенна́ле, *нескл., м.* (фестиваль) и *ж.* (выставка)
бьеф, -а
бью́ик, -а
бью́щий
бэр, -а
бюва́р, -а
бюва́рный
бюве́т, -а
бюдже́т, -а
бюдже́тно-фина́нсовый
бюдже́тный
бю́кса, -ы
бюллете́нить, -ню, -нит
бюллете́нщик, -а
бюллете́нщица, -ы
бюллете́нь, -я
бюльбю́ль, -я
бю́ргер, -а
бю́ргерский
бю́ргерство, -а
бю́ргерша, -и
бюре́тка, -и
бюро́, *нескл., с.*
бюрокра́т, -а
бюрократиза́ция, -и
бюрократизи́рованный
бюрократизи́ровать(ся), -рую, -рует(ся)
бюрократи́зм, -а
бюрократи́ческий
бюрократи́чный
бюрокра́тия, -и
бюрокра́тка, -и
бюст, -а
бюстга́льтер, -а, *мн.* -ы, -ов
бю́стик, -а
бю́стовый
бя́зевый
бязь, -и
бя́ка, -и
бя́кать, -аю, -ает
бя́кнуть, -ну, -нет
бя́шка, -и, *р. мн.* -шек

В

в, во, *предлог*
ва-ба́нк, *нареч.*
ва́бик, -а
ва́бить, -блю, -бит
вавило́нский
вавило́ны, -ов
вавило́нянин, -а, *мн.* -яне, -ян
вавило́нянка, -и
ва́га, -и
вагини́зм, -а
вагини́т, -а

ВАГ

ваго́н, -а
вагоне́тка, -и
ваго́н-ле́дник, ваго́на-ле́дника
ваго́нно-парово́зный
ваго́нный
вагоновожа́тый, -ого
вагонооборо́т, -а
вагоноопроки́дыватель, -я
вагоноремо́нтный
вагоностро́ение, -я
вагоностро́ительный
ваго́н-рестора́н, ваго́на-рестора́на
ваго́нчик, -а
вагра́нка, -и
вагра́нковый
вагра́ночный
вагра́нщик, -а
ваде́мекум, -а
ва́женка, -и
ва́жи, -ей, *ед.* важ, -а
ва́живать, *наст. вр. не употр.*
важне́цкий
ва́жничанье, -я
ва́жничать, -аю, -ает
ва́жность, -и
ва́жный; *кр. ф.* ва́жен, важна́, ва́жно
в ажу́ре
ва́за, -ы
вазели́н, -а
вазели́новый
вазомото́р, -а
вазо́н, -а
ва́зопись, -и
вазопресси́н, -а
ва́зочка, -и
ва́йя, -и
вака́нсия, -и
вака́нтный
вака́ции, -ий
вакацио́нный
в аккура́т
ва́кса, -ы
ва́ксить(ся), ва́кшу, ва́ксит(ся)
вакуолиза́ция, -и
вакуо́ль, -и
вакуо́льный
ва́куум, -а
вакуум-... — первая часть сложных слов, пишется всегда через дефис (кроме *вакуумметр*)
ва́куум-аппара́т, -а
вакууми́рование, -я
вакууми́ровать, -рую, -рует
ва́куум-ка́мера, -ы
вакуумме́тр, -а
вакуумме́трия, -и
ва́куум-насо́с, -а
ва́куумно-терми́ческий
ва́куумный
ва́куум-пре́сс, -а
ва́куум-прессова́ние, -я
ва́куум-проце́сс, -а
ва́куум-суши́лка, -и
ва́куум-устано́вка, -и
ва́куум-фи́льтр, -а
ва́куум-экстра́кция, -и
вакха́льный
вакхана́лия, -и
вакха́нка, -и
вакхи́ческий

ВАК

вакци́на, -ы
вакцина́ция, -и
вакцини́ровать(ся), -рую, -рует(ся)
вакци́нный
вакцинотерапи́я, -и
вал, -а, *предл.* о ва́ле, на валу́, *мн.* -ы́, -о́в
вала́амова осли́ца
вала́ндаться, -аюсь, -ается
валансье́н, *неизм.*
валансье́нский
вала́х, -а
вала́шка, -и
вала́шский
вале́жник, -а
валёк, -лька́
ва́ленки, -нок, *ед.* ва́ленок, -нка
ва́леночки, -чек, *ед.* ва́леночек, -чка
вале́нтность, -и
валериа́на, -ы и валерья́на, -ы
валериа́новый и валерья́новый
валерья́нка, -и
вале́т, -а
ва́ливать, *наст. вр. не употр.*
валидо́л, -а
вали́за, -ы
ва́лик, -а
вали́ть, -и́т (о снеге, толпе)
вали́ть(ся), валю́(сь), ва́лит(ся)
вали́ще, -а, *м.*
ва́лка, -и
ва́лкий; *кр. ф.* ва́лок, валка́, ва́лко
валко́вый
ва́лкость, -и
валово́й
вало́к, -лка́
валокорди́н, -а
вало́м вали́ть
валопрово́д, -а
валориза́ция, -и
ва́лочно-погру́зочный
валтаса́ров пир
валто́рна, -ы
валторни́ст, -а
валу́й, -я́
валу́н, -а́
валу́нный
ва́лух, -а и валу́х, -а́
вальва́ция, -и
ва́льдшнеп, -а, *мн.* -ы, -ов
вальки́рия, -и
валько́вый
вальпу́ргиева ночь
вальс, -а
вальс-босто́н, ва́льса-босто́на
вальси́ровать, -рую, -рует
ва́льтер-ско́ттовский
вальтра́п, -а
вальцева́ние, -я
вальцева́ть(ся), -цу́ю, -цу́ет(ся)
вальцо́ванный
вальцо́вка, -и
вальцо́вочный
вальцо́вщик, -а
вальцо́вщица, -ы
вальцо́вый
вальцы́, -о́в
валья́жный
валья́н, -а
валю́та, -ы (*фин.*)
валюти́рование, -я
валю́тно-фина́нсовый

ВАЛ

валю́тный
валю́тчик, -а
валя́льно-во́йлочный
валя́льный
валя́льня, -и, *р. мн.* -лен
валя́ние, -я
ва́лянный, *прич.* (*от* валя́ть)
ва́ляный, *прил.*
валя́ть(ся), -я́ю(сь), -я́ет(ся)
вампи́р, -а
вампу́ка, -и
вана́диевый
вана́дий, -я
ванда́л, -а
вандали́зм, -а
ванда́льский
вандемье́р, -а
ване́сса, -ы
вани́левый
ванили́н, -а
ванили́новый
вани́ль, -и
вани́льный
ва́нна, -ы
ва́нная, -ой
ва́нночка, -и
ва́ннщица, -ы
ва́нный
ванто́з, -а
вант-тро́с, -а
ва́нты, вант, *ед.* ва́нта, -ы
ва́нька-вста́нька, ва́ньки-вста́ньки, *м.*
ва́пор, -а
вапориза́ция, -и
вапори́метр, -а
вар, -а
вара́кушка, -и
вара́н, -а
ва́рвар, -а
варвари́зм, -а
ва́рварка, -и
ва́рварский
ва́рварство, -а
варга́нить, -ню, -нит
ва́рево, -а
ва́режки, -жек, *ед.* ва́режка, -и
варене́ц, -нца́
варе́ние, -я (действие)
варе́ник, -а
варе́ничная, -ой
ва́ренный, *прич.*
варёно-копчёный
варёный, *прил.*
варе́нье, -я (кушанье)
варе́ньице, -а
вариа́бельный
вариа́нт, -а
вариа́нта, -ы
вариа́нтность, -и
вариа́тор, -а
вариацио́нный
вариа́ция, -и
ва́ривать, *наст. вр. не употр.*
варика́п, -а
варико́зный
варико́нд, -а
вариоки́но, *нескл., с.*
вариоля́ция, -и
варио́метр, -а
вариоскопи́ческий
вариоскопи́я, -и
вариофи́льм, -а

ВАР

вариоэкра́н, -а
вари́стор, -а
вари́ть(ся), варю́(сь), ва́рит(ся)
ва́рка, -и
ва́ркий
варна́к, -а́
варна́чка, -и
ва́рница, -ы
ва́рничный
ва́рочный
варра́нт, -а
варфоломе́евская ночь
варшавя́нин, -а
варшавя́нка, -и
варьете́, *нескл., с.*
варьи́рование, -я
варьи́рованный
варьи́ровать(ся), -рую, -рует(ся)
варя́г, -а
варя́жский
василёк, -лька́
василёчек, -чка
васили́ск, -а
васили́стник, -а
василько́вый
васисда́с, -а (форточка)
васса́л, -а
вассалите́т, -а
васса́льный
васса́льский
васса́льство, -а
ва́та, -ы
вата́га, -и
вата́жка, -и
вата́жный
ватажо́к, -жка́
ва́тер, -а
ватержаке́т, -а
ватержаке́тный
ватерклозе́т, -а
ватерклозе́тный
ватерли́ния, -и
ватермаши́на, -ы
ва́терный
ватерпа́с, -а
ватерпа́сный
ватерполи́ст, -а
ватерпо́ло, *нескл., с.*
ватерпо́льный
ватерпру́ф, -а
вати́н, -а
вати́новый
ва́тка, -и
ва́тман, -а
ва́тманский
ва́тник, -а
ва́тный (*от* ва́та)
ва́точный
ватру́шечка, -и
ватру́шечный
ватру́шка, -и
ватт, -а, *р. мн.* ватт
ваттме́тр, -а
ва́ттный (*от* ватт)
ватт-секу́нда, -ы
ватт-ча́с, -а, *мн.* -ы́, -о́в
ва́фельница, -ы
ва́фельный
ва́фля, -и, *р. мн.* ва́фель
вахла́к, -а́
вахла́цкий
вахла́чка, -и

ВАХ

ва́хмистр, -а, *мн.* -ы, -ов
ва́хмистрский и ва́хмистерский
вахня́, -и́
ва́хта, -ы
ва́хтенный
вахтёр, -а, *мн.* -ы, -ов
вахтёрский
вахтёрша, -и
вахтпара́д, -а
ваш, -его, ва́ша, -ей, ва́ше, -его, *мн.* ва́ши, -их
ва́шгерд, -а
вая́льный
вая́ние, -я
вая́тель, -я
вая́тельный
вая́ть, вая́ю, вая́ет
вбега́ть, -а́ю, -а́ет
в бега́х
вбежа́ть, вбегу́, вбежи́т, вбегу́т
вбива́ние, -я
вбива́ть(ся), -а́ю, -а́ет(ся)
вби́вка, -и
вбира́ть(ся), -а́ю, -а́ет(ся)
вби́тый
вбить, вобью́, вобьёт
вблизи́
вбок, *нареч.* (смотре́л вбок), но *сущ.* в бок (уда́рить в бок)
вбра́сывание, -я
вбра́сывать(ся), -аю, -ает(ся)
вброд, *нареч.*
вбро́санный
вброса́ть, -а́ю, -а́ет
вбро́сить(ся), -о́шу, -о́сит(ся)
вбро́шенный
вбу́хать(ся), -аю(сь), -ает(ся)
вва́ленный
вва́ливать(ся), -аю(сь), -ает(ся)
ввали́ть(ся), ввалю́(сь), вва́лит(ся)
введе́ние, -я
введённый; *кр. ф.* -ён, -ена́
вве́дший(ся)
ввезённый; *кр. ф.* -ён, -ена́
ввезти́, -зу́, -зёт; *прош.* ввёз, ввезла́
ввёзший
ввек, *нареч.* (ввек не забу́ду), но *сущ.* в век (в век а́томной эне́ргии)
ввергáть, -áю(сь), -áет(ся)
вве́ргнувший(ся)
вве́ргнутый
вве́ргнуть(ся), -ну(сь), -нет(ся); *прош.* вве́рг(ся) и вве́ргнул(ся), вве́ргла(сь)
вве́ргший(ся)
вве́ренный
вверже́ние, -я
вве́рженный
вве́рить(ся), -рю(сь), -рит(ся)
вве́рнутый
вверну́ть(ся), -ну́, -нёт(ся)
вве́рстанный
вверста́ть, -а́ю, -а́ет
вве́рстка, -и
вве́рстывать, -аю, -ает
вверте́ть, вверчу́, вве́ртит
вве́ртка, -и
вве́ртывание, -я
вве́ртывать(ся), -аю, -ает(ся)
вверх, *нареч.* (поднима́ться вверх; вверх дном, нога́ми, торма́шками), но *сущ.* в верх (в верх стены́)

ВВЕ

вверху́, нареч.
вве́рченный
вве́рчивать(ся), -аю, -ает(ся)
вверя́ть(ся), -я́ю(сь), -я́ет(ся)
ввести́(сь), введу́, введёт(ся); прош. ввёл(ся), ввела́(сь)
ввечеру́
ввива́ть(ся), -а́ю, -а́ет(ся)
в ви́де (чего)
ввиду́, предлог (ввиду́ предстоя́щего отъе́зда), но сущ. в виду́ (в виду́ го́рода, име́ть в виду́)
ввинти́ть(ся), -нчу́, -нти́т(ся)
вви́нченный
вви́нчивание, я
вви́нчивать(ся), -аю, -ает(ся)
вви́тый; кр. ф. ввит, ввита́, ввито́
вви́ть(ся), вовью́, вовьёт(ся); прош. ввил(ся), ввила́(сь), ввило́, ввило́сь
ввод, -а
вводи́ть(ся), ввожу́, вво́дит(ся)
вво́дный
ввоз, -а
ввози́ть(ся), ввожу́, вво́зит(ся)
вво́зка, -и
ввозно́й и ввозны́й
вволаки́вать(ся), -аю, -ает(ся)
вволо́кший
вволочённый; кр. ф. -ён, -ена́
вволо́чь, -оку́, -очёт, -оку́т; прош. -о́к, -окла́
вво́лю, нареч.
вво́люшку, нареч.
ввора́чивать(ся), -аю, -ает(ся)
вворо́тить, вворочу́, вворо́тит
ввосьмеро́
ввосьмеро́м
в-восьмы́х
ввысь, нареч., но сущ. в высь (в высь поднебе́сную)
ввя́занный
ввяза́ть(ся), ввяжу́(сь), ввя́жет(ся)
ввя́зка, -и
ввя́знувший
ввя́знуть, -ну, -нет; прош. ввяз и ввя́знул, ввя́зла
ввя́зший
ввя́зывание, -я
ввя́зывать(ся), -аю(сь), -ает(ся)
вгиб, -а
вгиба́ние, -я
вгиба́ть(ся), -а́ю, -а́ет(ся)
вгладь, нареч.
в глаза́ (сказа́ть)
вглубь, нареч., но сущ. в глубь (в глубь океа́на)
вглуху́ю, нареч.
вгляде́ться, -яжу́сь, -яди́тся
вгля́дывание, -я
вгля́дываться, -аюсь, -ается
вгнезди́ться, -и́тся
в голова́х (лежа́ть)
в го́лос (реве́ть, крича́ть)
вго́нка, -и
вгоня́ть(ся), -я́ю, -я́ет(ся)
в горо́шек (ткань)
в го́ру
вгоряча́х
вгоря́чую, нареч.
вгрыза́ться, -а́юсь, -а́ется
вгры́зться, -зу́сь, -зётся

ВГР

вгры́зшийся
вгусту́ю, нареч.
вдава́ться, вдаю́сь, вдаётся
вдави́ть(ся), -авлю́(сь), -а́вит(ся)
вда́вленный
вда́вливание, -я
вда́вливать(ся), -аю(сь), -ает(ся)
вда́лбливание, -я
вда́лбливать(ся), -аю, -ает(ся)
вдалеке́
вдали́, нареч., но сущ. в дали́ (в дали́ голубо́й)
вдаль, нареч., но сущ. в даль (в даль веко́в)
вда́ться, вда́мся, вда́шься, вда́стся, вдади́мся, вдади́тесь, вдаду́тся; прош. вда́лся, вдала́сь, вдало́сь
вдвига́ть(ся), -а́ю(сь), -а́ет(ся)
вдвижно́й
вдви́нутый
вдви́нуть(ся), -ну(сь), -нет(ся)
вдво́е
вдвоём
вдвойне́
вдева́льный
вдева́ние, -я
вдева́ть(ся), -а́ю, -а́ет(ся)
вдевятеро́
вдевятеро́м
в-девя́тых
вдёжка, -и
вде́ланный
вде́лать(ся), -аю, -ает(ся)
вде́лка, -и
вде́лывание, -я
вде́лывать(ся), -аю, -ает(ся)
вдёргивание, -я
вдёргивать(ся), -аю, -ает(ся)
вдёржка, -и
вдёрнутый
вдёрнуть(ся), -ну, -нет(ся)
вдесятеро́
вдесятеро́м
в-деся́тых
вде́тый
вде́ть(ся), вде́ну, вде́нет(ся)
в дико́винку
в добавле́ние (к чему)
вдоба́вок, нареч.
вдова́, -ы́, мн. вдо́вы, вдов
в доверше́ние (чего)
вдове́ть, -е́ю, -е́ет
вдове́ц, -вца́
вдо́вий, -ья, -ье (к вдова́)
вдови́ца, -ы
вдо́воль
вдовство́, -а́
вдо́вствовать, -твую, -твует
вдо́вушка, -и
вдо́вый
вдога́д
вдого́н
вдого́нку
вдолбёжку, нареч.
вдолби́ть(ся), -блю́, -би́т(ся)
вдолблённый; кр. ф. -ён, -ена́
вдоль
вдоль и поперёк
вдо́сталь
вдо́сыть
вдох, -а
вдохнове́ние, -я

ВДО

вдохнове́нность, -и
вдохнове́нный; кр. ф. -ве́н и -ве́нен, -ве́нна, прил.
вдохнови́тель, -я
вдохнови́тельница, -ы
вдохнови́тельный
вдохнови́ть(ся), -влю́(сь), -ви́т(ся)
вдохновлённый; кр. ф. -ён, -ена́, прич.
вдохновля́ть(ся), -я́ю(сь), -я́ет(ся)
вдохновля́ющий
вдохну́ть(ся), -ну́, -нёт(ся)
вдре́безги
вдруг
вдругоря́дь
вдрызг
вдува́ние, -я
вдува́тель, -я
вдува́ть(ся), -а́ю, -а́ет(ся)
вдувно́й
вду́маться, -аюсь, -ается
вду́мчивость, -и
вду́мчивый
вду́мываться, -аюсь, -ается
вду́нуть, -ну, -нет
вдуть, вду́ю, вду́ет
в ду́хе (чего)
вдыха́ние, -я
вдыха́тельный
вдыха́ть(ся), -а́ю, -а́ет(ся)
ве́верица, -ы
вегетариа́нец, -нца
вегетариа́нка, -и
вегетариа́нский
вегетариа́нство, -а
вегетариа́нствовать, -твую, -твует
вегетати́вный
вегетацио́нный
вегета́ция, -и
вегетоневро́з, -а
ве́дание, -я
веда́нта, -ы
ве́дать(ся), -аю(сь), -ает(ся)
ве́дение, -я (в чьём-н. ве́дении)
веде́ние, -я (веде́ние де́ла)
веде́нный; кр. ф. -ён, -ена́
ведёрко, -а
ведёрница, -ы
ведёрный
ведёрочко, -а
ведёрочный
ведёрце, -а, р. мн. -рец
ведёрышко, -а
ве́ди, нескл., с.
веди́йский
веди́ческий
ведовско́й
ведовство́, -а́
ве́домо
ведомости́чка, -и
ве́домость, -и, мн. -и, -е́й
ве́домственный
ве́домство, -а
ве́домый (от ве́дать)
ведо́мый (от вести́)
ведрене́ть, -е́ет
ве́дренный
ведро́, -а́, мн. вёдра, вёдер
вёдро, -а (я́сная пого́да)
веду́н, -а́
веду́нья, -и, р. мн. -ний
веду́щий(ся)
ве́дший(ся)

ВЕД

ве́ды, вед, *ед.* ве́да, -ы
ве́дывать, *наст. вр. не употр.*
ведь
ве́дьма, -ы
ведьмовско́й и ве́дьмовский
ве́ер, -а, *мн.* -а́, -о́в
ве́ерница, -ы
ве́ерный
ве́еровидный
веерокры́лые, -ых
вееролистный
веерообра́зный
ве́ерочек, -чка
ве́жа, -и
ве́жды, вежд, *ед.* ве́жда, -ы
вежета́ль, -я
ве́жливость, -и
ве́жливый
везде́
вездесу́щий
вездехо́д, -а
везе́ние, -я
везённый; *кр. ф.* -ён, -ена́
вези́кула, -ы
везикули́т, -а
везикуля́рный
везти́(сь), везу́, везёт(ся); *прош.* вёз(ся), везла́(сь)
везувиа́н, -а
везу́чий
вёзший(ся)
ве́йка, -и
век, -а, *предл.* о ве́ке, на веку́, *мн.* -а́, -о́в
ве́ки, век, *ед.* ве́ко, -а
векова́ть, *наст. вр. не употр.*
ackве́чный
вехово́й
вековуха, -и
вехов́уша, -и
векселеда́тель, -я
векселедержа́тель, -я
ве́ксель, -я, *мн.* -я́, -е́й
ве́ксельный
ве́ктор, -а, *мн.* -ы, -ов
виктериа́льный
векторме́тр, -а
ве́кторный
ве́ктор-потенциа́л, -а
ве́ктор-фу́нкция, -и
ве́кша, -и, *р. мн.* векш
велегла́сный
велеле́пный
велему́дрый
веле́невый
веле́ние, -я
велеречи́вость, -и
велеречи́вый
велере́чие, -я
веле́ть, велю́, вели́т
велика́н, -а
велика́нский
велика́нша, -и
вели́кий; *кр. ф.* вели́к, -и́ка, -и́ко (выдающийся) и -ика́, -ико́ (большой)
великобрита́нец, -нца
великобрита́нка, -и
великобрита́нский
великова́тый
великовозра́стный
великодержа́вный
великоду́шествовать, -твую, -твует

ВЕЛ

великоду́шие, -я
великоду́шничать, -аю, -ает
великоду́шный
великокня́жеский
великоле́пие, -я
великоле́пный
великому́ченик, -а
великому́ченица, -ы
великому́ченический
велико́нек, -о́нька, -о́нько
великопо́стный
великоро́дный
великоро́сс, -а
великоросси́йский
великору́с, -а
великору́ска, -и
великору́сский
великосове́тский
велича́вость, -и
велича́вый
велича́йший
велича́льный
велича́ние, -я
велича́ть(ся), -а́ю(сь), -а́ет(ся)
вели́чественный; *кр. ф.* -ствен, -ственна
вели́чие, -я
величина́, -ы́, *мн.* -и́ны, -и́н
веллингто́ния, -и
вело... — первая часть сложных слов, пишется всегда слитно
велобо́л, -а
велого́нка, -и
велого́нщик, -а
велого́нщица, -ы
велодро́м, -а
велозаво́д, -а
велока́мера, -ы
велоколя́ска, -и
велокро́сс, -а
велори́кша, -и, *р. мн.* -ри́кш, *м.*
велосипе́д, -а
велосипеди́ст, -а
велосипеди́стка, -и
велосипе́дный
велоси́т, -а
велоспо́рт, -а
велостоя́нка, -и
велотре́к, -а
велоту́р, -а
велофигури́ст, -а
велофигури́стка, -и
велоэрго́метр, -и
вельбо́т, -а
вельве́т, -а
вельвети́н, -а
вельве́товый
вельми́
вельмо́жа, -и, *м.*
вельмо́жеский
вельмо́жный
велю́р, -а
велю́ровый
веляриза́ция, -и
веля́рный
ве́на, -ы
венге́рец, -рца (*устар.* к венгр)
венге́рка, -и
венге́ро-болга́рский
венге́ро-сове́тский
венге́рский
венге́рско-ру́сский

ВЕН

венгр, -а
венде́тта, -ы
ве́ндский
ве́нды, -ов
вене́ды, -ов
венепу́нкция, -и
венериа́нский
венери́ческий
венеро́лог, -а
венерологи́ческий
венероло́гия, -и
венесе́кция, -и
венесуэ́лец, -льца
венесуэ́лка, -и
венесуэ́льский
вене́ты, -ов
ве́нец, -нца (к Ве́на)
вене́ц, -нца́
венециа́нец, -нца
венециа́нка, -и
венециа́но-туре́цкий
венециа́нский
вене́чный
ве́нзелевый
вензелёк, -лька́
ве́нзель, -я, *мн.* -я́, -е́й
ве́ник, -а
ве́ничек, -чка
ве́нка, -и (к Ве́на)
ве́но, -а (выкуп)
вено́зный
вено́к, -нка́
вено́чек, -чка
вено́чный
ве́нский
ве́нта, -ы
ве́нтерный
ве́нтерь, -я
вентили́рование, -я
вентили́рованный
вентили́ровать(ся), -рую, -рует(ся)
ве́нтиль, -я
вентиля́тор, -а
вентиляцио́нный
вентиля́ция, -и
вентра́льный
венцено́сец, -сца
венцено́сный
венча́льный
венча́ние, -я
ве́нчанный
венча́ть(ся), -а́ю(сь), -а́ет(ся)
ве́нчик, -а
венчикови́дный
ве́нчиковый
венчикообра́зный
вепрь, -я
вепс, -а, *р. мн.* -ов
ве́псский
ве́ра, -ы
вера́нда, -ы
вератри́н, -а
ве́рба, -ы
верба́льный
вербе́йник, -а
вербе́на, -ы
вербе́новый
верблю́д, -а
верблю́дица, -ы
верблю́дка, -и
верблюдово́дство, -а
верблюдово́дческий

верблюдовые, -ых
верблюжий, -ья, -ье
верблюжина, -ы
верблюжо́нок, -нка, мн. -жа́та, -жа́т
ве́рбный
вербня́к, -а́
вербова́ние, -я
вербо́ванный
вербова́ть(ся), -бу́ю(сь), -бу́ет(ся)
вербо́вка, -и
вербо́вочный
вербо́вщик, -а
вербо́вщица, -ы
ве́рбовый
ве́рбочка, -и
ве́рвие, -я
вервь, -и
верди́кт, -а
верёвка, -и
верёвочка, -и
верёвочный
ве́ред, -а
вереди́ть, -ежу́, -еди́т
вережжа́ние, -я
вережжа́ть, -зжу́, -зжи́т
вере́йка, -и
вере́йный
верени́ца, -ы
ве́реск, -а
ве́ресковый
веретени́ца, -ы
веретённик, -а
веретённый
веретено́, -а́, мн. -тёна, -тён
веретенообра́зный
веретёнце, -а, р. мн. -нец
вере́тье, -я
вереща́ние, -я
вереща́тник, -а
вереща́ть, -щу́, -щи́т
верея́, -и́
верже́, нескл., с.
верзи́ла, -ы, м. и ж.
вери́ги, -и́г
вери́зм, -а
вери́тель, -я
вери́тельный
ве́рить(ся), -рю, -рит(ся)
верифика́ция, -и
ве́рки, -ов
верли́бр, -а
ве́рмахт, -а
вермикули́т, -а
вермикулитобето́н, -а
вермильо́н, -а
вермишелёвый
вермише́ль, -и
вермише́льный
ве́рмут, -а
вернёхонько
верниса́ж, -а
верноподданни́ческий
верноподданный -ого
ве́рность, -и
верну́ть(ся), -ну́(сь), -нёт(ся)
ве́рный; кр. ф. -рен, -рна́, -рно
верньер, -а
ве́рование, -я
ве́ровать, -рую, -рует
вероиспове́дание, -я
вероиспове́дный
вероло́мность, -и

вероло́мный
вероло́мство, -а
верона́л, -а
веро́ника, -и
вероотсту́пник, -а
вероотсту́пница, -ы
вероотсту́пнический
вероотсту́пничество, -а
вероподо́бный
веротерпи́мость, -и
веротерпи́мый
вероуче́ние, -я
вероучи́тель, -я
вероя́тие, -я
вероя́тностный
вероя́тность, -и
вероя́тный
верп, -а
версифика́тор, -а
версифика́ция, -и
ве́рсия, -и
верста́, -ы́, мн. вёрсты, вёрст
верста́к, -а́
верста́льщик, -а
верста́льщица, -ы
верста́ние, -я
вёрстанный
верста́тка, -и
верста́ть(ся), -а́ю, -а́ет(ся)
верста́чный
версточо́к, -чка́
вёрстка, -и
вёрстный
верстово́й
ве́ртел, -а, мн. -а́, -о́в
ве́ртельный (от ве́ртел)
верте́льный (к верте́ть)
верте́п, -а
верте́пный
верте́ть(ся), верчу́(сь), ве́ртит(ся)
вертиголо́вка, -и
вертика́л, -а (астр.)
вертика́ль, -и (линия)
вертика́льно взлета́ющий
вертика́льно опу́щенный
вертика́льно-подъёмный
вертика́льно-сверли́льный
вертика́льно-фре́зерный
вертика́льный
вертихво́стка, -и
вертише́йка, -и
ве́рткий; кр. ф. вёрток, вертка́, вёртко
вертлю́г, -а́
вертлю́жный
вертлюжо́к, -жка́
вертля́вость, -и
вертля́вый
вертогра́д, -а
вертодро́м, -а
вертолёт, -а
вертолёт-кра́н, вертолёта-кра́на
вертолётный
вертолётоно́сец, -сца
вертолётостроение, -я
вертолётостроительный
вертолётчик, -а
вертолётчица, -ы
вертопра́х, -а
вертопра́шество, -а
вертопра́шка, -и
вертопра́шный
верту́н, -а́

верту́нья, -и, р. мн. -ний
верту́шка, -и
вертя́чка, -и
вертя́щий(ся)
ве́рующий
ве́рфный
верфь, -и
верфяно́й
верх, -а, предл. о ве́рхе, на верху́ (чего), мн. верхи́, -о́в и верха́, -о́в
верха́ми (е́хали верха́ми)
верхневолжский
верхнегорта́нный
верхнекла́панный
верхнелу́жицкий
верхнемеловой
верхненеме́цкий
верхнечелюстно́й
ве́рхний
верхове́нство, -а
верхове́нствовать, -твую, -твует
верхови́к, -а́
верхо́вный
верхово́д, -а
верхово́дить, -во́жу, -во́дит
верхово́дка, -и
верхово́й, -о́го
верхо́вый
верхо́вье, -я, р. мн. верхо́вьев
верхогля́д, -а
верхогля́дка, -и
верхогля́дничать, -аю, -ает
верхогля́дство, -а
верхола́з, -а
ве́рхом (по верхней части)
верхо́м (е́здить)
верхоту́ра, -ы
верху́шечный
верху́шка, -и
верче́ние, -я
ве́рченный, прич. (от верте́ть)
ве́рченый, прил.
ве́рша, -и
верше́ние, -я
верши́на, -ы
верши́нник, -а
верши́нный
верши́тель, -я
верши́тельница, -ы
верши́ть(ся), -шу́, -ши́т(ся)
вершко́вый
ве́ршник, -а
вершо́к, -шка́
ве́рящий
вес, -а и -у, предл. о ве́се, на весу́
вес бру́тто
весёленький; кр. ф. -енек, -енька
веселе́ть, -е́ю, -е́ет (становиться весёлым)
веселёхонький кр. ф. -нек, -нька
веселёшенький; кр. ф. -нек, -нька
весели́ть, -лю́, -ли́т (кого, что)
весели́ться, -лю́сь, -ли́тся
весёлость, -и
весёлый; кр. ф. ве́сел, весела́, ве́село
весе́лье, -я
весе́льный и вёсельный
весе́льце, -а
весельча́к, -а́
веселя́щий
весе́нне-ле́тний
весе́нне-полево́й

ВЕС

весе́нне-посевно́й
весе́нний
ве́сить, ве́шу, ве́сит
вески́, -о́в (небольшие весы)
ве́ский
весли́ще, -а
весло́, -а́, мн. вёсла, вёсел
веслоно́гие, -их
весна́, -ы́, мн. вёсны, вёсен
вес не́тто
веснова́тый
весновспа́шка, -и
весно́й и весно́ю, нареч.
весну́шечка, -и
весну́шка, -и
веснуща́тый
весня́нка, -и
весово́й
весовщи́к, -а́
весовщи́ца, -ы
весоизмери́тельный
весо́к, -ска́ (отвес)
весо́мый
весо́чки, -ов (к вески́)
вест, -а
веста́лка, -и
вестго́ты, -ов
ве́стерн, -а
вестибуля́рный
вестибю́ль, -я
вести́мо
вести́мый
вест-и́ндский
вести́(сь), веду́, ведёт(ся); прош. вёл(ся), вела́(сь)
ве́стник, -а
ве́стница, -ы
вестово́й, -о́го
ве́стовый (от вест)
ве́сточка, -и
вестфа́льский
весть, -и, мн. -и, -е́й
весы́, -о́в
весь, -и (село)
весь, всё, всего́, всему́, всем, обо всём, вся, всей, мн. все, всех, всем, все́ми, обо всех
весьма́
вет... — первая часть сложных слов, пишется всегда слитно
ветвистоу́сый
ветви́стый
ветви́ться, -и́тся
ветвле́ние, -я
ветвра́ч, -а́
ветвь, -и, мн. -и, -е́й
ветвяно́й
ве́тер, ве́тра, предл. о ве́тре, на ветру́, мн. ве́тры, -ов и ветра́, -о́в
ветера́н, -а
ветерина́р, -а
ветерина́рия, -и
ветерина́рно-зоотехни́ческий
ветерина́рно-лече́бный
ветерина́рно-профилакти́ческий
ветерина́рно-санита́рный
ветерина́рный
ветеро́к, -рка́
ветеро́чек, -чка
ветиве́рия, -и
ве́тка, -и
ветла́, -ы́, мн. вётлы, вётел

ВЕТ

ветлече́бница, -ы
ветло́вый
ветнадзо́р, -а
ве́то, нескл., с.
ве́точка, -и
ве́точный
ве́тошка, -и
вето́шник, -а
вето́шница, -ы
вето́шничество, -а
вето́шный
ве́тошь, -и
ветперсона́л, -а
ветпу́нкт, -а
ветрене́ть, -е́ет
ве́треник, -а
ве́треница, -ы
ве́тренича́ть, -аю, -ает
ве́треность, -и
ве́треный (день, человек)
ветре́ть, -е́ет
ветри́ло, -а
ветри́ще, -а, м.
ветроагрега́т, -а
ветробо́й, -я
ветрова́л, -а
ветрова́льный
ветрово́й
ветрого́н, -а
ветрого́нка, -и
ветрого́нный
ветродви́гатель, -я
ветрозащи́тный
ветроиспо́льзование, -я
ветроколесо́, -а́
ветроло́м, -а
ветроме́р, -а
ветронепроница́емый
ветросилово́й
ветроста́нция, -и
ветроте́хника, -и
ветроуказа́тель, -я
ветроупо́рный
ветроустано́вка, -и
ветроусто́йчивость, -и
ветроусто́йчивый
ветрочёт, -а
ветроэлектри́ческий
ветроэлектроста́нция, -и
ветроэнерге́тика, -и
ветроэнергети́ческий
ветря́к, -а́
ветря́нка, -и
ветряно́й (двигатель, ме́льница)
ве́тряный: ве́тряная о́спа
ветсаннадзо́р, -а
ветсануча́сток, -тка
ветсанэксперти́за, -ы
ветслу́жба, -ы
ветфе́льдшер, -а
ве́тхий; кр. ф. ветх, ветха́, ве́тхо
ветхозаве́тный
ве́тхость, -и
ветчина́, -ы́
ветчи́нка, -и
ветчи́нно-ру́бленый
ветчи́нный
ветша́йший
ветша́ть, -а́ю, -а́ет
ве́тше, сравн. ст. (от ве́тхий)
ве́ха, -и
вехи́ст, -а

ВЕХ

ве́ховец, -вца
ве́че, -а
вечево́й
ве́чер, -а, мн. -а́, -о́в
вечере́ть, -е́ет
вечери́нка, -и
вечёрка, -и
вечерко́м, нареч.
вече́рний
вече́рник, -а
вече́рница, -ы
вече́рня, -и, р. мн. -рен
вечеро́к, -рка́
ве́чером, нареч.
вечеро́чек, -чка
вечёрошний
ве́черя, -и
вече́рять, -яю, -яет (у́жинать)
вечнозелёный
вечномёрзлый
ве́чность, -и
ве́чный
вечо́р, нареч.
ве́шалка, -и
ве́шалочный
ве́шание, -я
ве́шанный
ве́шатель, -я
ве́шать(ся), -аю(сь), -ает(ся)
веше́ние, -я
веши́ть, -шу́, -ши́т (ставить вехи)
ве́шка, -и
ве́шний
вешня́к, -а́ (от ве́шний)
веща́ние, -я
веща́тель, -я
веща́тельница, -ы
веща́тельный
веща́ть(ся), -а́ю, -а́ет(ся)
вещево́й
веще́ственный; кр. ф. -твен, -твенна
вещество́, -а́
ве́щий
вещи́ца, -ы
вещи́чка, -и
вещмешо́к, -шка́
ве́щный
вещу́н, -а́
вещу́нья, -и, р. мн. -ний
вещь, -и, мн. -и, -е́й
ве́ющий
ве́ялка, -и
ве́яльщик, -а
ве́яние, -я
ве́янный, прич.
ве́яный, прил.
ве́ятель, -я
ве́ять(ся), ве́ю, ве́ет(ся)
вжа́тие, -я
вжа́тый
вжа́ть(ся), вожму́(сь), вожмёт(ся)
вжива́ться, -а́юсь, -а́ется
вжи́ве
вживле́ние, -я
вживля́ть(ся), -я́ю, -я́ет(ся)
вжима́ть(ся), -а́ю(сь), -а́ет(ся)
вжи́ться, вживу́сь, вживётся; прош. вжи́лся, вжила́сь
в забро́се
в забытьи́
в заверше́ние (чего)
в зави́симости

ВЗА

взад, *нареч.* (взад и вперёд), но *сущ.* в зад (в зад автомобиля)
взаём, *нареч.* (дать деньги взаём), но *сущ.* в заём (вложить в заём)
взаимно-возвратный
взаимно отталкивающийся
взаимно перпендикулярный
взаимно связанный
взаимность, -и
взаимный
взаимо... — первая часть сложных слов, пишется всегда слитно
взаимовлияние, -я
взаимовыгодный
взаимовыручка, -и
взаимодействие, -я
взаимодействовать, -твую, -твует
взаимодействующий
взаимодоверие, -я
взаимозависимый
взаимозаменяемость, -и
взаимозаменяемый
взаимозамкнутый
взаимоиндукция, -и
взаимоисключающий
взаимоконтроль, -я
взаимообогащение, -я
взаимообусловленность, -и
взаимоотношение, -я
взаимопомощь, -и
взаимопонимание, -я
взаимопревращение, -я
взаимоприемлемый
взаимопроверка, -и
взаимопроникновение, -я
взаимосвязанный
взаимосвязь, -и
взаимоуважение, -я
взаймы
в заключение
взакрут
взалкать, -аю, -ает
взамен
взаперти
взаправдашний
взаправду
взапуски, *нареч.*
взариться, -рюсь, -рится
взасос, *нареч.*
взатяжку, *нареч.*
взахлёб
взахлёст
в зачёт
взашей и взашеи
взбадривание, -я
взбадривать(ся), -аю(сь), -ает(ся)
взбаламутить(ся), -учу(сь), -утит(ся)
взбаламученный
взбалмошный
взбалтывание, -я
взбалтывать(ся), -аю, -ает(ся)
взбегать, -аю, -ает
взбежать, взбегу, взбежит, взбегут
взбелененный; *кр. ф.* -ён, -ена
взбеленить, -ню(сь), -нит(ся)
взбесить(ся), -ешу(сь), -есит(ся)
взбешённый; *кр. ф.* -ён, -ена
взбивание, -я
взбивать(ся), -аю, -ает(ся)
взбивка, -и
взбираться, -аюсь, -ается
взбитый

ВЗБ

взбить(ся), взобью, взобьёт(ся)
взблеск, -а
взблёскивание, -я
взблёскивать, -аю, -ает
взблеснуть, -ну, -нёт
взбодрённый; *кр. ф.* -ён, -ена
взбодрить(ся), -рю(сь), -рит(ся)
взболтанный
взболтать(ся), -аю, -ает(ся)
взболтнуть, -ну, -нёт
взборождённый; *кр. ф.* -ён, -ена
взбороздить, -зжу, -здит
взборонённый; *кр. ф.* -ён, -ена
взборонить, -ню, -нит
взборонованный
взбороновать, -ную, -нует
взбрасывание
взбрасывать(ся), -аю, -ает(ся)
взбредать, -ает
взбредший
взбрести, -едёт; *прош.* -ёл, -ела
взброс, -а
взбросить, -ошу, -осит
взброшенный
взбрызгивать(ся), -аю, -ает(ся)
взбрызнуть(ся), -ну, -нет(ся)
взбрыкивать, -аю, -ает
взбрыкнуть, -ну, -нёт
взбугрённый; *кр. ф.* -ён, -ена
взбугрить(ся), -рю, -рит(ся)
взбудораженный
взбудораживать(ся), -аю(сь), -ает(ся)
взбудоражить(ся), -жу(сь), -жит(ся)
взбунтованный
взбунтовать(ся), -тую(сь), -тует(ся)
взбурлённый; *кр. ф.* -ён, -ена
взбурлить, -лю, -лит
взбутетенить, -ню, -нит
взбухать, -ает
взбухнуть, -нет; *прош.* взбух, взбухла
взбухший
взбучить, -чу, -чит
взбучка, -и
взбушевать(ся), -шую(сь), -шует(ся)
взваленный
взваливать(ся), -аю(сь), -ает(ся)
взвалить(ся), -алю(сь), -алит(ся)
взвар, -а
взварец, -рца
взвевать(ся), -аю, -ает(ся) (*к* взвеять)
взведение, -я
взведённый; *кр. ф.* -ён, -ена
взведший(ся)
взвезти, -зу, -зёт; *прош.* -ёз, -езла
взвёзший
взвеселённый; *кр. ф.* -ён, -ена
взвеселить(ся), -лю(сь), -лит(ся)
взвеселять(ся), -яю(сь), -яет(ся)
взвесить(ся), -ешу(сь), -есит(ся)
взвести(сь), -еду, -едёт(ся); *прош.* -ёл(ся), -ела(сь)
взвесь, -и
взвешенный
взвешивание, -я
взвешивать(ся), -аю(сь), -ает(ся)
взвеянный
взвеять(ся), -ею, -еет(ся)
взвивать(ся), -аю(сь), -ает(ся) (*к* взвить)
взвизг, -а
взвизгивание, -я
взвизгивать, -аю, -ает
взвизгнуть, -ну, -нет

ВЗВ

взвинтить(ся), -нчу(сь), -нтит(ся)
взвинченный
взвинчивание, -я
взвинчивать(ся), -аю(сь), -ает(ся)
взвитый; *кр. ф.* -вит, -вита, -вито
взвить(ся), взовью(сь), взовьёт(ся); *прош.* -ил(ся), -ила(сь), -ило, -ило(сь)
взвихренный и взвихрённый; *кр. ф.* -ён, -ена
взвихрить(ся), -вихрю, -вихрит(ся)
взвод, -а
взводить(ся), -ожу, -одит(ся)
взводной (взводящийся)
взводный, -ого
взвоз, -а
взволакивать(ся), -аю(сь), -ает(ся)
взволнованность, -и
взволнованный; *кр. ф. прич.* -ан, -ана; *кр. ф. прил.* -ан, -анна
взволновать(ся), -ную(сь), -нует(ся)
взволок, -а
взволокший(ся)
взволоченный и взволочённый; *кр. ф.* -ён, -ена
взволочить(ся), -очу(сь), -очит(ся)
взволочь(ся), -оку(сь), -очёт(ся), -окут(ся); *прош.* -ок(ся), -окла(сь)
взворошённый; *кр. ф.* -ён, -ена
взворошить, -шу, -шит
взвывать, -аю, -ает
взвыть, взвою, взвоет
взгадать: ни вздумать ни взгадать
взгляд, -а
взглядывать, -аю, -ает
взглянувший
взглянуть(ся), -яну, -янет(ся)
взгомозить(ся), -можу(сь), -мозит(ся)
взгомонить(ся), -ню(сь), -нит(ся)
взгорбить(ся), -блю, -бит(ся)
взгорок, -рка
взгорочек, -чка
взгорье, -я, *р. мн.* -рий
взгревать, -аю, -ает
взгреметь, -млю, -мит
взгретый
взгреть, -ею, -еет
взгромождать(ся), -аю(сь), -ает(ся)
взгромождённый; *кр. ф.* -ён, -ена
взгромоздить(ся), -зжу(сь), -здит(ся)
взгрустнуть(ся), -ну, -нёт(ся)
вздваивание, -я
вздваивать(ся), -аю, -ает(ся)
вздвоенный (*от* вздвоить)
вздвоённый; *кр. ф.* -ён, -ена (*от* вздвоить)
вздвоить, -ою, -оит (удвоить)
вздвоить, -ою, -оит (вторично вспахать)
вздевание, -я
вздевать(ся), -аю, -ает(ся)
вздёвка, -и
вздёргивание, -я
вздёргивать(ся), -аю, -ает(ся)
вздёржка, -и
вздёрнутый
вздёрнуть(ся), -ну, -нет(ся)
вздетый
вздеть(ся), -ену, -енет(ся)
вздирать(ся), -аю, -ает(ся)
вздор, -а
вздорить, -рю, -рит

ВЗД

вздо́рный
вздорожа́ние, -я
вздорожа́ть, -а́ет
вздох, -а
вздохну́ть(ся), -ну́, -нёт(ся)
вздра́гивание, -я
вздра́гивать, -аю, -ает
вздрема́ть, -емлю, -емлет
вздремну́ть(ся), -ну́, -нёт(ся)
вздро́гнуть, -ну, -нет
вздрю́чить, -чу, -чит
вздрю́чка, -и
вздува́ние, -я
вздува́ть(ся), -а́ю, -а́ет(ся)
вздума́ть(ся), -аю, -ает(ся)
вздури́ть(ся), -рю́(сь), -ри́т(ся)
взду́тие, -я
взду́тость, -и
взду́тый
взду́ть(ся), вздую, вздует(ся)
вздыби́ть(ся), -блю, -бит(ся)
взды́бленный
взды́бливать(ся), -аю, -ает(ся)
вздыма́ть(ся), -а́ю, -а́ет(ся)
вздыха́ние, -я
вздыха́тель, -я
вздыха́тельница, -ы
вздыха́ть(ся), -а́ю, -а́ет(ся)
взима́ние, -я
взима́ть(ся), -а́ю, -а́ет(ся)
взира́ть, -а́ю, -а́ет
взла́мывание, -я
взла́мывать(ся), -аю, -ает(ся)
взлеза́ть, -а́ю, -а́ет
взлезть, -зу, -зет; прош. взлез, взле́зла
взле́зший
взлеле́янный
взлеле́ять, -ею, -еет
взлёт, -а
взлета́ть, -а́ю, -а́ет
взлете́ть, -лечу́, -лети́т
взлётно-поса́дочный
взлётный
взлом, -а
взло́манный
взлома́ть(ся), -а́ю, -а́ет(ся)
взло́мщик, -а
взлохма́тить(ся), -а́чу(сь), -а́тит(ся)
взлохма́ченный
взлохма́чивать(ся), -аю(сь), -ает(ся)
взлупи́ть, -уплю́, -у́пит
взлу́пленный
взлупцева́ть, -цу́ю, -цу́ет
взлупцо́ванный
взлущённый; кр. ф. -ён, -ена́
взлущи́ть, -щу́, -щи́т
взма́ливаться, -аюсь, -ается
взма́нивать(ся), -аю, -ает(ся)
взмани́ть, -ню́, -ни́т
взмах, -а
взма́хивание, -я
взма́хивать(ся), -аю, -ает(ся)
взмахну́ть, -ну́, -нёт
взма́чивать(ся), -аю, -ает(ся)
взма́щивать(ся), -аю(сь), -ает(ся)
взмести́, -ету́, -етёт; прош. -мёл, -мела́
взмёт, -а
взмётанный (от взмета́ть²)
взмета́ть¹, -а́ю, -а́ет, несов. (к взмести́)
взмета́ть², -ечу́, -е́чет, сов. (к взмётывать)

ВЗМ

взметённый; кр. ф. -ён, -ена́ (от взмести́)
взметну́ть(ся), -ну́, -нёт(ся)
взмётший
взмётывать(ся), -аю, -ает(ся)
взмока́ть, -а́ю, -а́ет
взмо́кнуть, -ну, -нет; прош. -ок, -о́кла
взмоли́ться, -олю́сь, -о́лится
взмо́рье, -я, предл. на взмо́рье
взмости́ть(ся), -ощу́(сь), -ости́т(ся)
взмотну́ть, -ну́, -нёт
взмочи́ть(ся), -очу́, -о́чит(ся)
взмути́ть(ся), -учу́, -у́тит(ся)
взму́ченный
взму́чивать(ся), -аю, -ает(ся)
взмыва́ть, -а́ю, -а́ет
взмы́ленный
взмы́ливать(ся), -аю(сь), -ает(ся)
взмы́лить(ся), -лю(сь), -лит(ся)
взмыть, взмо́ю, взмо́ет
взнесённый; кр. ф. -ён, -ена́
взнести́(сь), -су́(сь), -сёт(ся); прош. взнёс(ся), взнесла́(сь)
взнёсший(ся)
взнос, -а
взноси́ть(ся), взношу́(сь), взно́сит(ся)
взну́зданный
взнузда́ть, -а́ю, -а́ет
взну́здывать(ся), -аю, -ает(ся)
взныть, взно́ю, взно́ет
взобра́ться, взберу́сь, взберётся; прош. -а́лся, -ала́сь, -а́лось
взодра́ть, вздеру́, вздерёт; прош. -а́л, -ала́, -а́ло
взойти́, взойду́, взойдёт; прош. взошёл, взошла́
взопре́ть, -е́ю, -е́ет
взор, -а
взо́рванный
взорва́ть(ся), -ву́(сь), -вёт(ся); прош. -а́л(ся), -ала́(сь), -а́ло, -а́ло́сь
взоше́дший
взраста́ть, -а́ю, -а́ет
взрасти́, -ту́, -тёт; прош. взрос, взросла́
взрасти́ть, взращу́, взрасти́т
взращённый; кр. ф. -ён, -ена́
взра́щивание, -я
взра́щивать(ся), -аю, -ает(ся)
взреве́ть, -ву́, -вёт
взревнова́ть, -ну́ю, -ну́ет
взрез, -а
взре́занный
взре́зать, -е́жу, -е́жет, сов.
взреза́ть(ся), -а́ю, -а́ет(ся), несов.
взре́зывание, -я
взре́зывать(ся), -аю, -ает(ся)
взро́иться, -и́тся
взросле́ть, -е́ю, -е́ет (становиться взрослым)
взросли́ть, -и́т (кого, что)
взро́слый
взро́сший
взрыв, -а
взрыва́ние, -я
взрыва́тель, -я
взрыва́ть(ся), -а́ю(сь), -а́ет(ся)
взрывни́к, -а́
взрывно́й
взрывобезопа́сный
взрывогидравли́ческий
взрывозащи́та, -ы

ВЗР

взрывозащищённый
взрывоопа́сный
взрывча́тка, -и
взры́вчатый
взрыда́ть, -а́ю, -а́ет
взры́тие, -я
взры́тый
взрыть, взро́ю, взро́ет
взрыхле́ние, -я
взрыхлённый; кр. ф. -ён, -ена́
взрыхли́ть, -лю́, -ли́т
взрыхля́ть(ся), -я́ю, -я́ет(ся)
взряби́ть(ся), -и́т(ся)
взряблённый; кр. ф. -ён, -ена́
взъеда́ться, -а́юсь, -а́ется
взъезд, -а
взъезжа́ть, -а́ю, -а́ет
взъерепе́ненный
взъерепе́нить(ся), -ню(сь), -нит(ся)
взъеро́шенный
взъеро́шивать(ся), -аю(сь), -ает(ся)
взъеро́шить(ся), -шу(сь), -шит(ся)
взъе́сться, -е́мся, -е́шься, -е́стся, -еди́мся, -еди́тесь, -едя́тся; прош. -е́лся, -е́лась
взъе́хать, -е́ду, -е́дет
взъярённый; кр. ф. -ён, -ена́
взъяри́ться, -рю́сь, -ри́тся
взыва́ние, -я
взыва́ть, -а́ю, -а́ет
взыгра́ть(ся), -а́ю(сь), -а́ет(ся)
взыска́ние, -я
взы́сканный
взыска́тельность, -и
взыска́тельный
взыска́ть(ся), -ыщу́, -ы́щет(ся)
взы́скивание, -я
взы́скивать(ся), -аю, -ает(ся)
взя́тие, -я
взя́тка, -и
взяткода́тель, -я
взяткополуча́тель, -я
взя́ток, -тка
взя́точник, -а
взя́точница, -ы
взя́точничать, -аю, -ает
взя́точнический
взя́точничество, -а
взя́тый; кр. ф. -ят, -ята́
взя́ть(ся), возьму́(сь), возьмёт(ся); прош. взял(ся), взяла́(сь), взя́ло, взя́ло́сь
виаду́к, -а
вианду́т, -а
вибра́то, неизм. и нескл., с.
вибра́тор, -а
вибрафо́н, -а
вибрацио́нный
вибра́ция, -и
вибрио́н, -а
вибри́рование, -я
вибри́ровать, -рую, -рует
ви́бро... — первая часть сложных слов, пишется всегда слитно
виброгаси́тель, -я
виброгидропрессова́ние, -я
виброгра́мма, -ы
вибро́граф, -а
вибродат́чик, -а
виброзо́нд, -а
виброизмери́тельный
виброизоля́ция, -и

ВИБ

виброинструме́нт, -а
виброкато́к, -тка́
вибро́метр, -а
виброме́трия, -и
вибромо́лот, -а
виброплоща́дка, -и
вибропоглоща́ющий
вибропогружа́тель, -я
вибропреобразова́тель, -я
вибропрока́т, -а
вибропрока́тный
вибросито́, -а
виброско́п, -а
виброскопи́я, -и
вибросто́йкость, -и
виброустано́вка, -и
виброусто́йчивый
вива́рий, -я
вива́т, неизм.
виве́р, -а
виве́рра, -ы
виве́рровый
вивиани́т, -а
виви́сектор, -а
вивисекцио́нный
виви́секция, -и
вигва́м, -а
ви́ги, -ов, ед. виг, -а
виги́льность, -и
виго́невый
виго́нь, -и
вид, -а, предл. о ви́де, для ви́ду, мн. ви́ды, -ов
вида́м, -а
ви́данный (от вида́ть)
ви́дано-переви́дано
вида́ть(ся), -а́ю(сь), -а́ет(ся)
виде́ние, -я (действие)
ви́дение, -я (призрак)
ви́денный (от ви́деть)
видео-... — первая часть сложных слов, пишется всегда слитно
видеоза́пись, -и
видеои́мпульс, -а
видеоинформа́ция, -и
видеоконтро́льный
видеомагнитофо́н, -а
видеосигна́л, -а
видеотелефо́н, -а
видеоусили́тель, -я
видеочастота́, -ы́
ви́деть(ся), ви́жу(сь), ви́дит(ся)
ви́дик, -а
видико́н, -а
ви́димо
ви́димо-неви́димо
ви́димость, -и
ви́димый
видне́ться, -е́ется
ви́дный; кр. ф. ви́ден, видна́, ви́дно
видны́м-видне́шенько
видово́й
видоизмене́ние, -я
видоизменённый; кр. ф. -ён, -ена́
видоизмени́ть(ся), -ню́(сь), -ни́т(ся)
видоизменя́емость, -и
видоизменя́ть(ся), -я́ю(сь), -я́ет(ся)
видоиска́тель, -я
видообразова́ние, -я
ви́дывать, наст. вр. не употр.
ви́дящий
ви́за, -ы

ВИЗ

визави́, неизм. и нескл., м. и ж.
византи́ец, -и́йца
византи́йский
византини́зм, -а
византини́ст, -а
византинове́дение, -я
византо́лог, -а
визг, -а
взгли́вый
ви́згнуть, -ну, -нет
визготня́, -и́
визгу́н, -а́
визгу́нья, -и, р. мн. -ний
визжа́ние, -я
визжа́ть, -жу́, -жи́т
визи́га, -и
визионе́р, -а
визи́р, -а (прибор)
визи́рный
визи́рование, -я
визи́рованный
визи́ровать(ся), -рую, -рует(ся)
визиро́вка, -и
визиро́вочный
визи́рь, -я (сановник)
визи́т, -а
визита́ция, -и
визитёр, -а
визити́ровать, -рую, -рует
визи́тка, -и
визи́тный
визуа́льно-двойно́й
визуа́льно наблюда́емый
визуа́льный
ви́ка, -и
викалло́й, -я
викариа́т, -а
вика́рий, -я
вика́рирующий
вика́рный
ви́кинг, -а
ви́ковый
ви́ко-горо́хово-овся́ный
вико́нт, -а
виконте́сса, -ы
ви́ко-овся́ный
виктори́на, -ы
викто́рия, -и
викто́рия-ре́гия, викто́рии-ре́гии
вику́нья, -и, р. мн. -ний
вила́йет, -а
ви́лка, -и
вилко́вый (от вило́к)
ви́лла, -ы
вилла́н, -а
вило́к, -лка́
вилообра́зный
виоро́г, -а
вилохво́стка, -и
вило́чек, -чка
ви́лочка, -и
ви́лочный
ви́лы, вил
вильну́ть, -ну́, -нёт
виля́ние, -я
виля́ть, -я́ю, -я́ет
ви́мперг, -а
вина́, -ы́, мн. ви́ны, вин
ви́ндзейль, -я
виндика́ция, -и
виндро́тор, -а
виндро́уэр, -а

ВИН

винегре́т, -а
ви́ни, -е́й
вини́л, -а
винилацетиле́н, -а
винили́т, -а
вини́ловый
винило́гия, -и
винилхлори́д, -а
винипла́ст, -а
вини́тельный паде́ж
вини́ть(ся), -ню́(сь), -ни́т(ся)
вини́шко, -а
вини́ще, -а
ви́нкель, -я, мн. -я́, -е́й
ви́нница, -ы
винно́вка, -и
ви́нно-во́дочный
винно́вый (от ви́ни)
виннока́менный
виннокислый
ви́нно-конья́чный
ви́нно-ликёрный
ви́нный
вино́, -а́, мн. ви́на, вин
винова́тый
вино́вник, -а
вино́вница, -ы
вино́вность, -и
вино́вный
виногра́д, -а
виногра́дарский
виногра́дарство, -а
виногра́дарь, -я
виногра́дина, -ы
виногра́динка, -и
виногра́дник, -а
виногра́дный
виноде́л, -а
виноде́лие, -я
виноде́льный
виноде́льня, -и, р. мн. -лен
виноде́льческий
виноку́р, -а
винокуре́ние, -я
виноку́ренный
виноку́рный
виноку́рня, -и, р. мн. -рен
вино́л, -а
винопрово́д, -а
виноразли́вочный
виноторго́вец, -вца
виноторго́вля, -и
виноторго́вый
виноче́рпий, -я
винт, -а́
винтёр, -а
ви́нтик, -а
винти́ть, винчу́, винти́т
винтова́льный
винтова́льня, -и, р. мн. -лен
винто́ванный
винтова́ть, -ту́ю, -ту́ет
винто́вка, -и
винтово́й
винто́вочка, -и
винто́вочный
винтокры́л, -а
винтокры́лый
винтомото́рный
винтонака́тный
винтообра́зный
винтореакти́вный

ВИН

винторе́зный
винтотурби́нный
винцо́, -á
винче́стер, -а
винье́тка, -и
вио́ла, -ы
виолончели́ст, -а
виолончели́стка, -и
виолонче́ль, -и
виолонче́льный
ви́ра, -ы (штраф)
ви́ра, *неизм.*
вира́ж¹, -á (поворот)
вира́ж², -а (фото)
виражи́ровать, -рую, -рует
вира́жный
вира́ж-фикса́ж, -а
вирга́ция, -и
вирили́зм, -а
вири́рование, -я
вири́ровать(ся), -рую, -рует(ся)
виртуа́льный
виртуо́з, -а
виртуо́зность, -и
виртуо́зный
вируле́нтность, -и
вируле́нтный
ви́рус, -а, *мн.* -ы, -ов
ви́русный
вирусо́лог, -а
вирусологи́ческий
вирусоло́гия, -и
вирусоскопи́я, -и
вируссодержа́щий
виршепи́сец, -сца
виршепле́т, -а
виршепле́тство, -а
ви́рши, -ей
вис, -а
ви́селица, -ы
ви́селичный
ви́сельник, -а
висе́ть, вишу́, виси́т
ви́ски, *нескл., с.*
виско́за, -ы
вискозиме́тр, -а
вискозиме́трия, -и
вискози́н, -а
виско́зный
вислобрю́хий
вислоза́дый
вислокры́лка, -и
вислопло́дник, -а
вислоу́хий
ви́слый
ви́смут, -а
висмути́д, -а (*хим.*)
висмути́н, -а
висмути́т, -а и бисмути́т, -а (минерал)
ви́смутный
ви́смутовый
висмутсодержа́щий
висмя́ висе́ть
ви́снувший
ви́снуть, -ну, -нет; *прош.* ви́снул и вис, ви́сла
висо́к, -ска́
високо́сный год
висо́чек, -чка
висо́чный
виссо́н, -а
виссо́нный

ВИС

вист, -а
виствова́ть, -ту́ю, -ту́ет
ви́стовый
висцера́льный
висцеромото́рный
висци́н, -а
висю́лька, -и
вися́чий, *прил.*
вися́щий, *прич.*
витали́зм, -а
витали́ст, -а
виталисти́ческий
вита́ллий, -я (сплав)
вита́льный
витами́н, -а
витаминиза́ция, -и
витаминизи́рованный
витаминизи́ровать(ся), -рую, -рует(ся)
витами́нный
витаминоакти́вный
витами́новый
витамино́зный
витаминоло́гия, -и
витаминоноси́тель, -я
витаминоно́сный
витаминоподо́бный
витаминотерапи́я, -и
витаминсодержа́щий
вита́ние, -я
вита́ть, -а́ю, -а́ет
вителли́н, -а
витери́т, -а
вит-желе́зо, -а
витиева́тый
вити́йственный
вити́йство, -а
вити́йствовать, -твую, -твует
вити́я, -и, *р. мн.* -и́й, *м.*
вито́й, *прил.*
вито́к, -тка́
вито́чек, -чка
витра́ж, -á
витражи́ст, -а
витри́на, -ы
витри́нный
витрифика́ция, -и
ви́ттова пля́ска
виту́шка, -и
ви́тый; *кр. ф.* вит, вита́, ви́то, *прич.*
витьё, -я́
вить(ся), вью(сь), вьёт(ся); *прош.* ви́л(ся), вила́(сь), ви́ло, ви́ло́сь
витю́тень, -тня
ви́тязь, -я
вихля́вый
вихля́й, -я
вихля́стый
вихля́ть(ся), -я́ю(сь), -я́ет(ся)
вихо́р, -хра́
вихоро́к, -рка́
вихо́рчик, -а
вихра́стый
вихрево́й
вихрека́мерный
вихрекопирова́льный
вихри́ться, вихри́тся
вихру́н, -а́
вихрь, ви́хря
вице-... — первая часть сложных слов, пишется всегда через дефис
вице-адмира́л, -а

ВИЦ

вице-адмира́л-инжене́р, вице-адмира́ла-инжене́ра
вице-адмира́льский
вице-губерна́тор, -а
вице-губерна́торский
вице-ка́нцлер, -а
вице-ка́нцлерский
вице-ко́нсул, -а
вице-ко́нсульский
вице-коро́ль, -я́
вице-президе́нт, -а
вице-президе́нтский
вицмунди́р, -а
вицмунди́рный
ви́шенка, -и
ви́шенник, -а
ви́шенный
ви́шенье, -я
виши́, *нескл., с.* (минеральная вода)
вишнёвка, -и
вишнёвочка, -и
вишнёвый
ви́шня, -и, *р. мн.* -шен
вишня́к, -á (к ви́шня)
вишь, *частица* (ви́шь как, ви́шь ты)
вка́лывать(ся), -аю, -ает(ся)
вка́панный
вка́пать, -аю, -ает
вка́пнуть, -ну, -нет
вка́пывание, -я
вка́пывать(ся), -аю, -ает(ся)
вкара́бкаться, -аюсь, -ается
вкара́бкиваться, -аюсь, -ается
вка́танный
вката́ть, -а́ю, -а́ет
вкати́ть(ся), вкачу́(сь), вка́тит(ся)
вка́тка, -и
вка́тывание, -я
вка́тывать(ся), -аю(сь), -ает(ся)
вка́чанный (*от* вкача́ть)
вкача́ть(ся), -а́ю, -а́ет(ся)
вка́ченный (*от* вкати́ть)
вка́чивание, -я
вка́чивать(ся), -аю(сь), -ает(ся)
вка́шивание, -я
вка́шиваться, -аюсь, -ается
вкида́ть, -а́ю, -а́ет
вки́дывать(ся), -аю, -ает(ся)
вки́нуть(ся), -ну, -нет(ся)
вклад, -а
вкла́дка, -и
вкладно́й
вкла́дчик, -а
вкла́дчица, -ы
вкла́дывание, -я
вкла́дывать(ся), -аю, -ает(ся)
вкла́дыш, -а
вкле́енный
вкле́ивание, -я
вкле́ивать(ся), -аю, -ает(ся)
вкле́ить(ся), -е́ю, -е́ит(ся)
вкле́йка, -и
вклёпанный
вклепа́ть(ся), -а́ю, -а́ет(ся)
вклёпка, -и
вклёпывание, -я
вклёпывать(ся), -аю, -ает(ся)
вклине́ние, -я
вклинённый; *кр. ф.* -ён, -ена́ и вкли́ненный
вкли́нивание, -я
вкли́нивать(ся), -аю(сь), -ает(ся)

ВКЛ

вклини́ть(ся), -иню́(сь), -ини́т(ся)
включа́тель, -я
включа́ть(ся), -а́ю(сь), -а́ет(ся)
включе́ние, -я
включённый; *кр. ф.* -ён, -ена́
включи́тельно
включи́ть(ся), -чу́(сь), -чи́т(ся)
вко́ванный
вкова́ть(ся), вкую́, вкуёт(ся)
вко́вка, -и
вко́вывание, -я
вко́вывать(ся), -аю, -ает(ся)
вкогти́ться, -и́тся
в ко́и ве́ки
вкола́чивать(ся), -аю, -ает(ся)
вколоти́ть(ся), -очу́, -о́тит(ся)
вколотно́й
вко́лотый
вколо́ть(ся), вколю́, вко́лет(ся)
вколо́ченный
вконе́ц, *нареч.* (вконе́ц изму́чился), но *сущ.* в конец (в конец коридора)
в конце́ концо́в
вко́панный
вкопа́ть(ся), -а́ю, -а́ет(ся)
вкорене́ние, -я
вкоренённый; *кр. ф.* -ён, -ена́
вкорени́ть(ся), -ню́, -ни́т(ся)
в ко́рень
вкореня́ть(ся), -я́ю, -я́ет(ся)
в ко́рне
вкоротке́
вкосу́ю, *нареч.*
вкось
вкра́вшийся
вкра́дчивость, -и
вкра́дчивый
вкра́дываться, -аюсь, -ается
вкра́ивание, -я
вкра́ивать(ся), -аю, -ает(ся)
вкра́пить(ся), -а́плю, -а́пит(ся)
вкрапле́ние, -я
вкра́пленник, -а
вкра́пленно-прожи́лковый
вкра́пленный и вкраплённый; *кр. ф.* -ён, -ена́
вкра́пливание, -я
вкра́пливать(ся), -аю, -ает(ся)
вкрапля́ть(ся), -я́ю, -я́ет(ся)
вкра́сться, -аду́сь, -адёт(ся); *прош.* -а́лся, -а́лась
вкра́тце
в креди́т
вкрепля́ть(ся), -я́ю, -я́ет(ся)
вкривь
вкривь и вкось
вкро́енный
вкрои́ть(ся), вкрою́, вкрои́т(ся)
вкро́йка, -и
вкруг, *нареч.* (вкруг всё но́во), но *сущ.* в круг (вступи́ть в круг)
вкругову́ю, *нареч.*
вкрути́ть(ся), вкручу́, вкру́тит(ся)
вкруту́ю, *нареч.*
вкру́ченный
вкру́чивать(ся), -аю, -ает(ся)
вку́пе, *нареч.*
вкури́ться, вкурю́сь, вку́рится
вкус, -а
вкуси́ть, вкушу́, вку́сит
вку́сный; *кр. ф.* -сен, -сна́, -сно
вкусово́й

ВКУ

вкусовщи́на, -ы
вкуша́ть(ся), -а́ю, -а́ет(ся)
вкуше́ние, -я
вкушённый; *кр. ф.* -ён, -ена́
вла́га, -и
влага́лище, -а
влага́лищный
влага́ть(ся), -а́ю, -а́ет(ся)
влаговпи́тывающий
влагоёмкий
влагоёмкость, -и
влагозаря́дка, -и
влагозаря́дковый
влагозащи́та, -ы
влагозащищённый
влагоизоля́ция, -и
влаголюби́вый
влагоме́р, -а
влагообеспе́ченность, -и
влагоотда́ча, -и
влагооттáлкивающий
влагопоглоти́тель, -я
влагосто́йкий
влагосто́йкость, -и
влада́ть, -а́ю, -а́ет
владе́лец, -льца
владе́лица, -ы
владе́льческий
владе́ние (владе́нная гра́мота)
владе́тель, -я
владе́тельница, -ы
владе́тельный
владе́ть, -е́ю, -е́ет
влади́мирка, -и (ви́шня)
влады́ка, -и, *м.*
влады́чество, -а
влады́чествовать, -твую, -твует
влады́чица, -ы
влажне́ть, -е́ю, -е́ет
вла́жность, -и
вла́жно-теплово́й
влажнотропи́ческий
влажноэкваториа́льный
вла́жный; *кр. ф.* -жен, -жна́, -жно
вла́мываться, -аюсь, -ается
власокры́лые, -ых
вла́ствование, -я
вла́ствовать, -твую, -твует
властели́н, -а
власти́тель, -я
власти́тельница, -ы
власти́тельный
власти́тельский
вла́стность, -и
вла́стный
властолю́бец, -бца
властолюби́вый
властолю́бие, -я
власть, -и, *мн.* -и, -е́й
власяни́ца, -ы
власяно́й
влачи́ть(ся), -чу́(сь), -чи́т(ся)
вле́во
влега́ть, -а́ю, -а́ет
в лёжку
влеза́ть, -а́ю, -а́ет
влезть, -зу, -зет; *прош.* влез, вле́зла
вле́зший
влеко́мый
влеку́щий(ся)
влёкший(ся)

ВЛЕ

влепи́ть(ся), влеплю́, вле́пит(ся)
вле́пленный
вепля́ть(ся), -я́ю, -я́ет(ся)
влёт, -а (действие)
влёт, *нареч.* (стреля́ть влёт)
влета́ть, -а́ю, -а́ет
влете́ть, влечу́, влети́т
влече́ние, -я
влечь, влягу́, вля́жет, вля́гут; *прош.* влёг, влегла́
влечь(ся), влеку́(сь), влечёт(ся), влеку́т(ся); *прош.* влёк(ся), влекла́(сь)
влива́ние, -я
влива́ть(ся), -а́ю, -а́ет(ся)
влипа́ть, -а́ю, -а́ет
вли́пнуть, -ну, -нет; *прош.* влип, вли́пла
вли́пший
вли́тие, -я
вли́тый; *кр. ф.* влит, влита́, вли́то
влить(ся), волью́, вольёт(ся); *прош.* вли́л(ся), влила́(сь), вли́ло, вли́ло́сь
в лице́ (кого)
влия́ние, -я
влия́тельный
влия́ть, -я́ю, -я́ет
вложе́ние, -я
вло́женный
вложи́ть(ся), вложу́, вло́жит(ся)
вломи́ться, вломлю́сь, вло́мится
вло́паться, -аюсь, -ается
вло́пываться, -аюсь, -ается
в лоск
влюбе́: вку́пе и влюбе́
влюби́ть(ся), влюблю́(сь), влю́бит(ся)
влюблённость, -и
влюблённый; *кр. ф.* -ён, -ена́
влюбля́ть(ся), -я́ю(сь), -я́ет(ся)
влю́бчивость, -и
влю́бчивый
вля́пать(ся), -аю(сь), -ает(ся)
вма́занный
вма́зать(ся), вма́жу(сь), вма́жет(ся)
вма́зка, -и
вма́зывание, -я
вма́зывать(ся), -аю(сь), -ает(ся)
вма́ле
в ма́ссе
вма́тывать(ся), -аю, -ает(ся)
вмене́ние, -я
вменённый; *кр. ф.* -ён, -ена́
вмени́ть(ся), -ню́, -ни́т(ся)
вменя́емость, -и
вменя́емый
вменя́ть(ся), -я́ю, -я́ет(ся)
вмерза́ть, -а́ю, -а́ет
вмёрзнуть, -ну, -нет; *прош.* -ёрз, -ёрзла
вмёрзший
вмёртвую, *нареч.*
в ме́ру
вмеси́ть(ся), вмешу́, вме́сит(ся)
вме́сте, *нареч.*
вме́сте с тем
вмести́, вмету́, вметёт; *прош.* вмёл, вмела́
вмести́лище, -а
вмести́мость, -и
вмести́тельность, -и
вмести́тельный
вмести́ть(ся), вмещу́(сь), вмести́т(ся)
вме́сто, *предлог*
вмётанный (*от* вмета́ть)

ВМЕ

вмета́ть(ся), -а́ю, -а́ет(ся)
вметённый; *кр. ф.* -ён, -ена́ (*от* вмести́)
вметну́ть(ся), -ну́, -нёт(ся)
вмётший
вмётывать(ся), -аю, -ает(ся)
вме́шанный (*от* вмеша́ть)
вмеша́тельство, -а
вмеша́ть(ся), -а́ю(сь), -а́ет(ся)
вме́шенный (*от* вмеси́ть)
вме́шивать(ся), -аю(сь), -ает(ся)
вмеща́ть(ся), -а́ю(сь), -а́ет(ся)
вмещённый; *кр. ф.* -ён, -ена́
вмиг, *нареч.* (вмиг исче́з), но *сущ.* в миг (в миг э́тот ...)
вмина́ть(ся), -а́ю, -а́ет(ся)
вмонти́рованный
вмонти́ровать(ся), -рую, -рует(ся)
вмора́живать(ся), -аю, -ает(ся)
вморо́женный
вморо́зить, -о́жу, -о́зит
вмо́танный
вмота́ть(ся), -а́ю, -а́ет(ся)
вмуро́ванный
вмурова́ть(ся), -ру́ю, -ру́ет(ся)
вмуро́вывать(ся), -аю, -ает(ся)
вмя́тина, -ы
вмя́тый
вмя́ть(ся), вомну́, вомнёт(ся)
внабро́с
внаём, *нареч.*
внаймы́
внаки́дку, *нареч.*
внакла́де, *нареч.*
внакла́дку, *нареч.*
в накло́н
внакро́й
в насме́шку
внатя́жку, *нареч.*
внахлёстку, *нареч.*
внача́ле, *нареч.* (внача́ле бы́ло ве́село), но *сущ.* в нача́ле (в нача́ле расска́за)
внеатмосфе́рный
внебра́чный
внебюдже́тный
вневе́домственный
военвойскови́к, -а́
военвойсково́й
временный
внегалакти́ческий
внегородско́й
внедре́ние, -я
внедрённый; *кр. ф.* -ён, -ена́
внедри́ть(ся), -рю́(сь), -ри́т(ся)
внедря́ть(ся), -я́ю(сь), -я́ет(ся)
внеевропе́йский
вне зако́на
внеза́пный
внеземно́й
внекла́ссный
внекла́ссовый
внекле́точный
внеко́нкурсный
внекорнево́й
внема́точный
вне́млющий
внеочередно́й
внепарла́ментский
внепарти́йный
внепла́новый
внеплодни́к, -а
вне себя́
внесели́тебный

ВНЕ

внесе́ние, -я
внесённый; *кр. ф.* -ён, -ена́
внеслуже́бный
внесме́тный
внести́(сь), -су́(сь), -сёт(ся); *прош.* внёс(ся), внесла́(сь)
внестуди́йный
внесуде́бный
внёсший(ся)
в нетя́х
внеу́личный
внеуро́чный
внешко́льный
вне́шне
внешнеполити́ческий
внешнеторго́вый
внешнеэкономи́ческий
вне́шний
вне́шность, -и
внешта́тный
внеэкономи́ческий
внея́русный
вниз, *нареч.* (спуска́ться вниз), но *сущ.* в низ (в низ стены́)
внизу́, *нареч.*
вника́ть, -а́ю, -а́ет
вни́кнувший
вни́кнуть, -ну, -нет; *прош.* вник и вни́кнул, вни́кла
вни́кший
внима́ние, -я
внима́тельность, -и
внима́тельный
внима́ть, -а́ю, -а́ет и вне́млю, -лет
внима́ющий
вничью́, *нареч.*
вно́ве
вновь, *нареч.*
в нога́х
в но́гу
внос, -а
вноси́ть(ся), вношу́(сь), вно́сит(ся)
вно́ска, -и
внук, -а
вну́ка, -и (внучка)
вну́тренне и вну́тренно
вну́тренний
вну́тренностный
вну́тренность, -и
внутри́
внутриа́томный
внутрибрига́дный
внутриве́домственный
внутриве́нный
внутривидово́й
внутригосуда́рственный
внутризаво́дский и внутризаводско́й
внутризёренный
внутрикварта́льный
внутрикварти́рный
внутрикла́ссовый
внутрикле́точный
внутрико́мнатный
внутриконтинента́льный
внутриматерико́вый
внутримолекуля́рный
внутримы́шечный
внутриобластно́й
внутриотраслево́й
внутрипарти́йный
внутриплодни́к, -а
внутриполити́ческий

ВНУ

внутрипорто́вый
внутрипроизво́дственный
внутрипромы́шленный
внутрирайо́нный
внутрискважи́нный
внутрисою́зный
внутристуди́йный
внутрисуставно́й
внутриутро́бный
внутрихозя́йственный
внутрицехово́й
внутрицили́ндровый
внутричерепно́й
внутриэкономи́ческий
внутрия́дерный
внутрь
внуча́та, -а́т
внуча́тный
внуча́тый
вну́чек, -чка
вну́ченька, -и
вну́чка, -и
внучо́нок, -нка, *мн.* внуча́та, -а́т
внуша́емость, -и
внуша́ть(ся), -а́ю, -а́ет(ся)
внуше́ние, -я
внушённый; *кр. ф.* -ён, -ена́
внуши́тельный
внуши́ть, -шу́, -ши́т
внюха́ться, -аюсь, -ается
внюхиваться, -аюсь, -ается
вня́тный
внять, *прош.* внял, вняла́, вня́ло
во, в, *предлог*
во́бла, -ы
в обме́н
в обни́мку
во́бранный
вобра́ть(ся), вберу́, вберёт(ся); *прош.* вобра́л(ся), -ала́(сь), -а́ло, -а́лось
в обре́з
в обтя́жку
в обхва́т
в о́бщем
в о́бщем и це́лом
вове́к
вове́ки
во ве́ки веко́в
во ве́ки ве́чные
во весь опо́р
вовлека́ть(ся), -а́ю(сь), -а́ет(ся)
вовлёкший(ся)
вовлече́ние, -я
вовлечённый; *кр. ф.* -ён, -ена́
вовле́чь(ся), -еку́(сь), -ечёт(ся); *прош.* -ёк(ся), -екла́(сь)
вовне́
вовну́трь
во́время, *нареч.* (во́время прийти́), но *сущ.* во вре́мя (во вре́мя сна)
во́все
во всеору́жии
во всеуслы́шание
вовсю́, *нареч.* (бежа́л вовсю́), но *местоим.* во всю (во всю ива́новскую)
во-вторы́х
во главе́
во́гнанный
вогна́ть, вгоню́, вго́нит; *прош.* -а́л, -ала́, -а́ло
во́гнутость, -и
во́гнутый

ВОГ

вогну́ть(ся), -ну́, -нёт(ся)
вогу́л, -а
вогу́лка, -и
вогу́льский
вода́, -ы́, мн. во́ды, вод, во́дам
водворе́ние, -я
водворённый; кр. ф. -ён, -ена́
водвори́ть(ся), -рю́(сь), -ри́т(ся)
водворя́ть(ся), -я́ю(сь), -я́ет(ся)
водевили́ст, -а
водеви́ль, -я
водеви́льный
водене́ть, -е́ет
в одино́чку
води́тель, -я
води́тельский
води́тельство, -а
води́ть(ся), вожу́(сь), во́дит(ся)
води́ца, -ы
води́чка, -и
во́дка, -и
во́дник, -а
во́дно-возду́шный
воднолы́жник, -а
воднолы́жный
во́дно-мелиорати́вный
во́дно-мото́рный
во́дно-солево́й
во́дно-спиртово́й
водноспорти́вный
во́дность, -и
воднотра́нспортный
водноэнергети́ческий
во́дный
водобо́й, -я
водобо́йный
водобоя́знь, -и
водовмести́лище, -а
водово́д, -а
во́до-водяно́й
водово́з, -а
водовозду́шный
водово́зка, -и
водовозни́чать, -аю, -ает
водово́зный
водоворо́т, -а
водовы́пуск, -а
водовыпускно́й
водогазоёмкий
водогазонепроница́емый
водогазопрово́дный
водого́н, -а
водогре́йка, -и
водогре́йный
водогре́йня, -и, р. мн. -е́ен и водогре́льня, -и, р. мн. -лен
водогрязелече́бница, -ы
водогрязеторфопарафинолече́ние, -я
водоём, -а
водоёмкий
водоёмный
водозабо́р, -а
водозабо́рный
водозащи́тный
водоизмери́тель, -я
водоизмери́тельный
водоизмеще́ние, -я
водокана́л, -а
водокапта́жный
водока́чка, -и
водокольцево́й
водокра́с, -а

ВОД

водола́з, -а
водола́зка, -и
водола́зный
водоле́й, -я
водолече́бница, -ы
водолече́бный
водолече́ние, -я
водоли́в, -а
водолю́б, -а
водолюби́вый
водомаслогре́йка, -и
водомаслозапра́вщик, -а
водомелиорати́вный
водоме́р, -а
водоме́рка, -и
водоме́рный
водомёт, -а
водомётный
водомо́ина, -ы
водомо́йный
водонагрева́тель, -я
водонагрева́тельный
водоналивно́й
водонапо́лненный
водонапо́рный
водонепроница́емый
водоно́с, -а
водоно́ска, -и
водоно́сность, -и
водоно́сный
водообеспе́ченность, -и
водоопресни́тель, -я
водоосвяще́ние, -я
водоотво́д, -а
водоотво́дный
водоотда́ча, -и
водоотдели́тель, -я
водоотли́в, -а
водоотли́вный
водоотсто́йник, -а
водоотта́лкивающий
водоохлажде́ние, -я
водоохра́нный
водоочисти́тель, -я
водоочисти́тельный
водоочи́стка, -и
водопа́д, -а
водопа́дный
водопла́вающий
водопла́вный
водоподводя́щий
водоподгото́вка, -и
водоподогрева́тель, -я
водоподъём, -а
водоподъёмник, -а
водоподъёмный
водопо́й, -я
водопо́йный
водопо́лье, -я
водопо́льзование, -я
водопо́льзователь, -я
водопониже́ние, -я
водоприёмник, -а
водоприёмный
водопрово́д, -а
водопрово́дно-канализацио́нный
водопрово́дный
водопрово́дчик, -а
водопроводя́щий
водопроница́емый
водопропускно́й
водопрото́чный

ВОД

водопро́чный
водоразбо́рный
водоразде́л, -а
водоразде́льный
водораспыли́тель, -я
водораствори́мый
водорегули́рующий
водоре́з, -а
водоро́д, -а
водороддобыва́ющий
водоро́дистый
водоро́дный
водородсодержа́щий
водорослевый
во́доросль, -и
водосбо́р, -а
водосбо́рник, -а
водосбо́рный
водосбро́с, -а
водосбро́сный
водосвя́тие, -я
водоска́т, -а
водоска́тный
водосли́в, -а
водосли́вный
водосло́й, -я
водоснабже́ние, -я
водосодержа́щий
водоспу́ск, -а
водоспу́скный
водосто́йкий
водосто́йкость, -и
водосто́к, -а
водостолбово́й
водосто́чный
водостру́йный
водото́к, -а
водотру́бный
водоудерживающий
водоуказа́тельный
водоупо́рный
водоусто́йчивый
водоустро́йство, -а
водохлёб, -а
водохрани́лище, -а
водохрани́лищный
водочерпа́лка, -и
водочерпа́льный
водочерпа́тельный
во́дочка, -и
во́дочный
водружа́ть(ся), -а́ю(сь), -а́ет(ся)
водруже́ние, -я
водружённый; кр. ф. -ён, -ена́
водрузи́ть(ся), -ужу́(сь), -узи́т(ся)
во́дский (к водь)
водь, -и
водяне́ть, -е́ет
водяни́ка, -и
водяни́стый
водя́нка, -и
водяно́й
водя́ночный
воева́ть, вою́ю, вою́ет
воево́да, -ы, м.
воево́дский
воево́дство, -а
воево́дствовать, -твую, -твует
воеди́но
военача́льник, -а
военвра́ч, -а́
воениза́ция, -и

ВОЕ

военизи́рованный
военизи́ровать(ся), -рую, -рует(ся)
военинжене́р, -а
военко́м, -а
военкома́т, -а
военко́мовский
военко́р, -а
военко́ровский
военмо́р, -а
военно... — первая часть сложных слов, пишется всегда через дефис (кроме военнообя́занный, военнопле́нный, военнослу́жащий)
вое́нно-авиацио́нный
вое́нно-администрати́вный
вое́нно-а́томный
вое́нно-ветерина́рный
вое́нно-возду́шный
вое́нно-враче́бный
вое́нно-геодези́ческий
вое́нно-гражда́нский
вое́нно-дипломати́ческий
вое́нно-доро́жный
вое́нно-инжене́рный
вое́нно-инструкти́вный
вое́нно-истори́ческий
вое́нно-медици́нский
вое́нно-морско́й
вое́нно-мостово́й
военнообя́занный, -ого
вое́нно-окружно́й
вое́нно-охо́тничий, -ья, -ье
вое́нно-патриоти́ческий
военнопле́нный, -ого
вое́нно-полево́й
вое́нно-полити́ческий
вое́нно-полице́йский
вое́нно-почто́вый
вое́нно-продово́льственный
вое́нно-промы́шленный
вое́нно-революцио́нный
вое́нно-ремо́нтный
вое́нно-речно́й
вое́нно-санита́рный
вое́нно-сле́дственный
военнослу́жащий, -его
вое́нно-спорти́вный
вое́нно-стратеги́ческий
вое́нно-строи́тельный
вое́нно-суде́бный
вое́нно-сухопу́тный
вое́нно-техни́ческий
вое́нно-топографи́ческий
вое́нно-тра́нспортный
вое́нно-уголо́вный
вое́нно-уче́бный
вое́нно-хирурги́ческий
вое́нно-хозя́йственный
вое́нно-ше́фский
вое́нно-экономи́ческий
вое́нно-юриди́ческий
вое́нный
военпре́д, -а
военру́к, -а
военте́хник, -а
военфе́льдшер, -а
вое́нщина, -ы
военюри́ст, -а
вожа́к, -а́
вожа́тый, -ого
вожделе́ние, -я
вожделе́нный

ВОЖ

вожделе́ть, -е́ю, -е́ет
вожде́ние, -я
вождь, -я́
вожжа́ться, -а́юсь, -а́ется
вожжево́й
во́жжи, -е́й, ед. вожжа́, -и́
воз, -а, предл. о во́зе, на возу́, мн. -ы́, -о́в
возблагодарённый; кр. ф. -ён, -ена́
возблагодари́ть, -рю́, -ри́т
возблесте́ть, -ещу́, -ести́т и -е́щет
возблиста́ть, -а́ю, -а́ет
возбранённый; кр. ф. -ён, -ена́
возбрани́ть, -ню́, -ни́т
возбраня́ть(ся), -я́ю, -я́ет(ся)
возбуди́мость, -и
возбуди́мый
возбуди́тель, -я
возбуди́ть(ся), -ужу́(сь), -уди́т(ся)
возбужда́емость, -и
возбужда́ть(ся), -а́ю(сь), -а́ет(ся)
возбужда́ющий
возбужде́ние, -я
возбуждённый; кр. ф. -ён, -ена́
возведе́ние, -я
взведённый; кр. ф. -ён, -ена́
возве́дший(ся)
возвеличе́ние, -я
возвели́ченный
возвели́чивание, -я
возвели́чивать(ся), -аю(сь), -ает(ся)
возвели́чить(ся), -чу(сь), -чит(ся)
возвеселённый; кр. ф. -ён, -ена́
возвесели́ть(ся), -лю́(сь), -ли́т(ся)
возвеселя́ть(ся), -я́ю(сь), -я́ет(ся)
возвести́(сь), -еду́, -едёт(ся); прош. -ёл(ся), -ела́(сь)
возвести́ть(ся), -ещу́, -ести́т(ся)
возвеща́ть(ся), -а́ю, -а́ет(ся)
возвеще́ние, -я
возвещённый; кр. ф. -ён, -ена́
возводи́ть(ся), -ожу́, -о́дит(ся)
возвра́т, -а
возврати́ть(ся), -ащу́(сь), -ати́т(ся)
возвра́тно-враща́тельный
возвра́тно-поворо́тный
возвра́тно-поступа́тельный
возвра́тно-сре́дний
возвра́тный
возвраща́ть(ся), -а́ю(сь), -а́ет(ся)
возвраще́ние, -я
возвращённый; кр. ф. -ён, -ена́
возвы́сить(ся), -ы́шу(сь), -ы́сит(ся)
возвыша́ть(ся), -а́ю(сь), -а́ет(ся)
возвыше́ние, -я
возвы́шенность, -и
возвы́шенный; кр. ф. прич. -ен, -ена; кр. ф. прил. -ен, -енна
возгла́вить(ся), -влю, -вит(ся)
возгла́вленный
возглавля́ть(ся), -я́ю, -я́ет(ся)
во́зглас, -а
возгласи́ть, -ашу́, -аси́т
возглаша́ть(ся), -а́ю, -а́ет(ся)
возглаше́ние, -я
возглашённый; кр. ф. -ён, -ена́
во́згнанный
возгна́ть, -гоню́, -го́нит
возго́н, -а
возго́нка, -и
возго́нный
возгоня́ть(ся), -я́ю, -я́ет(ся)

ВОЗ

возгора́емость, -и
возгора́емый
возгора́ние, -я
возгора́ть(ся), -а́ю(сь), -а́ет(ся)
возгорди́ться, -ржу́сь, -рди́т(ся)
возгоре́ться, -рю́сь, -ри́тся
возгреме́ть, -млю́, -ми́т
воздава́ть(ся), -даю́, -даёт(ся)
во́зданный; кр. ф. -ан, -ана́, -ано
возда́ть(ся), -а́м, -а́шь, -а́ст(ся), -ади́м, -ади́те, -аду́т(ся); прош. -а́л(ся), -ала́(сь), -а́ло, -а́лось
воздая́ние, -я
воздвига́ть(ся), -а́ю, -а́ет(ся)
воздви́гнувший(ся)
воздви́гнутый
воздви́гнуть(ся), -ну, -нет(ся); прош. -и́г(ся) и -и́гнул(ся), -и́гла(сь)
воздви́гший(ся)
воздвиже́ние, -я (церк.)
воздвиже́ние, -я (действие)
воздева́ть(ся), -а́ю, -а́ет(ся)
возде́йствие, -я
возде́йствовать, -твую, -твует
возде́ланный
возде́лать(ся), -аю, -ает(ся)
возде́лывание, -я
возде́лыватель, -я
возде́лывать(ся), -аю, -ает(ся)
воздержа́ние, -я
возде́ржанность, -и
возде́ржанный
воздержа́ть(ся), -ержу́(сь), -е́ржит(ся)
возде́рживать(ся), -аю(сь), -ает(ся)
возде́ржность, -и
возде́ржный
возде́тый
возде́ть, -е́ну, -е́нет
во́здух, -а
воздухобо́йный
воздухово́д, -а
во́здухо-возду́шный
воздуходу́в, -а
воздуходу́вка, -и
воздуходу́вный
воздухоёмкость, -и
воздухозабо́рник, -а
воздухолече́ние, -я
воздухоме́р, -а
воздухоме́рный
воздухонагнета́тельный
воздухонагрева́тель, -я
воздухонепроница́емый
воздухоно́сный
воздухообме́н, -а
воздухоотво́дчик, -а
воздухоотводя́щий
воздухоотделе́ние, -я
воздухоотдели́тель, -я
воздухоохлади́тель, -я
воздухоохлади́тельный
воздухоочисти́тель, -я
воздухопла́вание, -я
воздухопла́ватель, -я
воздухопла́вательный
воздухоподгото́вка, -и
воздухоподогре́в, -а
воздухоподогрева́тель, -я
воздухопрово́д, -а
воздухопроница́емый
воздухораздато́чный
воздухораспредели́тель, -я

воздухораспредели́тельный
воздухосбо́рник, -а
воздухоснабже́ние, -я
воздухоула́вливатель, -я
воздухоэквивале́нтный
возду́шник, -а
возду́шно-деса́нтный
возду́шно-ка́пельный
возду́шно-кислоро́дный
возду́шно-конденсацио́нный
возду́шно-косми́ческий
возду́шно-ма́сляный
возду́шно-механи́ческий
возду́шно-морско́й
возду́шно-назе́мный
возду́шно-раке́тный
возду́шно-реакти́вный
возду́шность, -и
возду́шный
воздыма́ть(ся), -а́ю, -а́ет(ся)
воздыха́ние, -я
воздыха́тель, -я
воздыха́тельница, -ы
воздыха́ть, -а́ю, -а́ет
возжа́ждать, -ду, -дет
возжела́ть, -а́ю, -а́ет
возже́чь(ся), -жгу́, -жжёт(ся), жгут-(ся); прош. -жёг(ся), -жгла́(сь)
возжёгший(ся)
возже́ние, -я
возжжённый; кр. ф. -ён, -ена́
возжига́ние, -я
возжига́ть(ся), -а́ю, -а́ет(ся)
воззва́ние, -я
во́ззванный
воззва́ть, воззову́, воззовёт; прош. -а́л, -а́ла, -а́ло
воззре́ние, -я
воззре́ть, -рю́, -ри́т
воззри́ться, -рю́сь, -ри́тся
вози́ть(ся), вожу́(сь), во́зит(ся)
вози́шко, -а, м.
вози́ще, -а, м.
во́зка, -и
возлага́ть(ся), -а́ю, -а́ет(ся)
во́зле
возлега́ть, -а́ю, -а́ет
возлёгший
возлежа́ние, -я
возлежа́ть, -жу́, -жи́т
возле́чь, -ля́гу, -ля́жет, -ля́гут; прош. -лёг, -легла́
возлива́ть, -а́ю, -а́ет
возликова́ть, -ку́ю, -ку́ет
возли́тый; кр. ф. -и́т, -ита́, -и́то
возли́ть, возолью́, возольёт; прош. -и́л, -ила́, -и́ло
возлия́ние, -я
возложе́ние, -я
возло́женный
возложи́ть, -ожу́, -о́жит
возлюби́ть, -люблю́, -лю́бит
возлю́бленный
возме́здие, -я
возмести́тель, -я
возмести́тельница, -ы
возмести́тельный
возмести́ть(ся), -ещу́, -ести́т(ся)
возмечта́ть, -а́ю, -а́ет
возмеща́ть(ся), -а́ю, -а́ет(ся)
возмеще́ние, -я
возмещённый; кр. ф. -ён, -ена́

возмо́гший
возмо́жность, -и
возмо́жный
возмо́чь, -могу́, -мо́жет, -мо́гут; прош. -мо́г, -могла́
возмужа́лость, -и
возмужа́лый
возмужа́ние, -я
возмужа́ть, -а́ю, -а́ет
возмути́тель, -я
возмути́тельница, -ы
возмути́тельный
возмути́ть(ся), -ущу́(сь), -ути́т(ся)
возмуща́ть(ся), -а́ю(сь), -а́ет(ся)
возмуще́ние, -я
возмущённый; кр. ф. -ён, -ена́
вознагради́ть(ся), -ажу́(сь), -ади́т(ся)
вознагражда́ть(ся), -а́ю(сь), -а́ет(ся)
вознагражде́ние, -я
вознаграждённый; кр. ф. -ён, -ена́
вознаме́риваться, -аюсь, -ается
вознаме́риться, -рюсь, -рится
вознегодова́ть, -ду́ю, -ду́ет
возненави́денный
возненави́деть, -и́жу, -и́дит
вознесе́ние, -я
вознесённый; кр. ф. -ён, -ена́
вознести́(сь), -су́(сь), -сёт(ся); прош. -нёс(ся), -несла́(сь)
вознёсший(ся)
возника́ть, -а́ю, -а́ет
возникнове́ние, -я
возни́кнувший
возни́кнуть, -ну, -нет; прош. -ни́к, -ни́кла
возни́кший
возни́ца, -ы, м.
возни́чий, -его
возноси́ть(ся), -ошу́(сь), -о́сит(ся)
возноше́ние, -я
возня́, -и́
возоблада́ние, -я
возобла́да́ть, -а́ю, -а́ет
возобнови́ть(ся), -влю́, -ви́т(ся)
возобновле́ние, -я
возобновлённый; кр. ф. -ён, -ена́
возобновля́ть(ся), -я́ю, -я́ет(ся)
возово́й
возо́к, возка́
возомни́ть, -ню́, -ни́т
возопи́ть, -плю́, -пи́т
возра́доваться, -дуюсь, -дуется
возража́ть, -а́ю, -а́ет
возраже́ние, -я
возрази́ть, -ажу́, -ази́т
во́зраст, -а, мн. -ы, -ов
возраста́ние, -я
возраста́ть, -а́ю, -а́ет
возрасти́, -расту́, -растёт; прош. -ро́с, -росла́
возрасти́ть, -ащу́, -асти́т
возрастно́й
во́зрастно-половой
возраща́ть, -а́ю, -а́ет
возраще́ние, -я
возращённый; кр. ф. -ён, -ена́
возроди́ть(ся), -ожу́(сь), -оди́т(ся)
возрожда́ть(ся), -а́ю(сь), -а́ет(ся)
возрожде́ние, -я
возрождённый; кр. ф. -ён, -ена́
возропта́ть, -опщу́, -о́пщет
возро́сший

возрыда́ть, -а́ю, -а́ет
во́зчик, -а
возыме́ть, -е́ю, -е́ет
во избежа́ние (чего)
во измене́ние (чего)
во́ин, -а
во́инский
во́инственность, -и
во́инственный; кр. ф. -вен, -венна
во́инство, -а
во́инствующий
во исполне́ние (чего)
вои́стину, нареч.
во́итель, -я
во́ительница, -ы
вой, -я
во́йлок, -а
во́йлочный
война́, -ы́, мн. во́йны, войн
во́йско, -а, мн. войска́, войск, -а́м
войсково́й
войт, -а
войти́, войду́, войдёт; прош. вошёл, вошла́
вока́була, -ы
вокабуля́рий, -я
вокали́з, -а
вокализа́ция, -и
вокализи́ровать, -рую, -рует
вокали́зм, -а
вокали́ст, -а
вока́льно-инструмента́льный
вока́льно-симфони́ческий
вока́льно-сцени́ческий
вока́льный
вокати́в, -а
вокза́л, -а
вокза́льный
вокза́льчик, -а
вокру́г
вол, -а́
вола́н, -а
волапю́к, -а
волга́рь, -я́
во́лглый
во́лго-донско́й
волдыри́ще, -а, м.
волды́рник, -а
волды́рь, -я́
волево́й
волеизъявле́ние, -я
волейбо́л, -а
волейболи́ст, -а
волейболи́стка, -и
волейбо́льный
во́лей-нево́лей
во́ленс-но́ленс, неизм.
волжа́нин, -а, мн. -а́не, -а́н
волжа́нка, -и
волисполко́м, -а
волк, -а, мн. во́лки, -о́в
волк-маши́на, -ы
волкода́в, -а
волкозу́б, -а
волколи́с, -а
волна́, -ы́, мн. во́лны, волн, волна́м
волне́ние, -я
волни́стый
волнова́ть(ся), -ну́юсь, -ну́ет(ся)
волново́д, -а
волново́й
волногаси́тель, -я

волногаси́тель, -я
волногра́мма, -ы
волногра́ф, -а
волнозащи́тный
волноло́м, -а
волноме́р, -а
волнообра́зный
волноприбо́йный
волноре́з, -а
волну́ха, -и
волну́шка, -и
волну́ющий
волня́нка, -и
воло́вий, -ья, -ье
волови́к, -а́
воло́вина, -ы
воло́вня, -и, р. мн. -вен
володу́шка, -и
воло́жка, -и
во́лок, -а
воло́ка, -и (матрица)
волоки́та, -ы
волоки́тство, -а
волоки́тчик, -а
волокни́стый
волокни́т, -а
волокно́, -а́, мн. воло́кна, -кон
волокноотдели́тель, -я
волокно-сыре́ц, волокна́-сырца́
волоково́й
во́локом, нареч.
волоко́нце, -а, р. мн. -ев и -нец
волоку́ша, -и
волоку́щий(ся)
воло́кший(ся)
волонтёр, -а
волонтёрка, -и
волонтёрный
волонтёрский
волоо́кий
волопа́с, -а
во́лос, -а, мн. во́лосы, воло́с, волоса́м
волоса́теть, -ею, -еет
волоса́тик, -а
волоса́тость, -и
волоса́тый
волоса́ч, -а́
волосёнки, -нок
воло́сик, -а
воло́синка, -и
волоси́стый
волосне́ц, -а́
волосно́й (от во́лос)
волосови́на, -ы
волосо́к, -ска́
воло́соньки, -нек
волосообра́зный
волосохво́ст, -а
волосо́чек, -чка
воло́стель, -я
волостно́й (от во́лость)
во́лость, -и, мн. -и, -е́й
волося́нка, -и
волося́но́й
волоча́щий(ся)
волоче́ние, -я
воло́ченный и волочённый, прич.
волочёный, прил.
волочи́вший(ся)
волочи́льный
волочи́льня, -и, р. мн. -лен
волочи́ть(ся), -очу́(сь), -о́чит(ся)
волочо́к, -чка́

воло́чь(ся), -оку́(сь), -очёт(ся), -оку́т(ся); прош. -о́к(ся), -окла́(сь)
воло́шский
волхв, -а́
волхвова́ние, -я
волхвова́ть, -хву́ю, -хву́ет
волча́нка, -и
волча́тник, -а
волче́ц, -чца́
волчея́годник, -а
во́лчий, -ья, -ье
волчи́ха, -и
волчи́ца, -ы
волчи́ще, -а, м.
волчо́к, -чка́
волчо́нок, -нка, мн. -ча́та, -ча́т
волше́бник, -а
волше́бница, -ы
волше́бный
волшебство́, -а́
волы́нить(ся), -ню(сь), -нит(ся)
волы́нка, -и
волы́нщик, -а
волы́нянин, -а, мн. -яне, -ян
вольво́кс, -а
вольго́тный
вольер, -а и вольера, -ы
волькаме́рия, -и
во́льница, -ы
во́льничать, -аю, -ает
во́льно, нареч.
вольно́, в знач. сказ. с дат. п.
вольноду́мец, -мца
вольноду́мие, -я
вольноду́мничать, -аю, -ает
вольноду́мный
вольноду́мство, -а
вольноду́мствовать, -твую, -твует
вольнолюби́вый
вольномы́слие, -я
вольномы́слящий
вольнонаёмный
вольноопределя́ющийся, -егося
вольноотпу́щенник, -а
вольноотпу́щенница, -ы
вольноотпу́щенный
вольнопрактику́ющий
вольноприходя́щий
вольнослу́шатель, -я
вольнослу́шательница, -ы
во́льный; кр. ф. во́лен, вольна́, во́льно
вольт, -а, р. мн. вольт
во́льта, -ы (ткань)
вольта́ж, -а́
вольта́метр, -а
вольт-ампе́р, -а
вольтамперме́тр, -а
вольт-ампе́рный
вольтамперомме́тр, -а
вольте́ровский
вольтерья́нец, -нца
вольтерья́нство, -а
вольтижёр, -а
вольтижи́ровать, -рую, -рует
вольтижиро́вка, -и
вольтижиро́вочный
вольтме́тр, -а
вольтомме́тр, -а
вольт-секу́нда, -ы
вольфра́м, -а
вольфрами́т, -а
вольфра́мовый

волю́м, -а
волюмоме́тр, -а
волюмометри́ческий
волюнтари́зм, -а
волюнтари́ст, -а
волюнтаристи́ческий
волюнтари́стский
волю́та, -ы (архит.)
во́люшка, -и
во́ля, -и
во́ля во́льная
во мно́гом
вомча́ть(ся), -чу́(сь), -чи́т(ся)
во́на, -ы (ден. ед.)
во́на, частица
вонза́ть(ся), -а́ю, -а́ет(ся)
вонзённый; кр. ф. -ён, -ена́
вонзи́ть(ся), вонжу́, вонзи́т(ся)
вони́ща, -и
вонь, -и
воню́чий
воню́чка, -и
воня́ть, -я́ю, -я́ет
вообража́емый
вообража́ла, -ы, м. и ж.
вообража́ть(ся), -а́ю, -а́ет(ся)
воображе́ние, -я
воображённый; кр. ф. -ён, -ена́
вообрази́мый
вообрази́ть(ся), -ажу́, -ази́т(ся)
вообще́
воодушеви́ть(ся), -влю́(сь), -ви́т(ся)
воодушевле́ние, -я
воодушевлённый; кр. ф. -ён, -ена́
воодушевля́ть(ся), -я́ю(сь), -я́ет(ся)
вооружа́ть(ся), -а́ю(сь), -а́ет(ся)
вооруже́ние, -я
вооружённость, -и
вооружённый; кр. ф. -ён, -ена́
вооружи́ть(ся), -жу́(сь), -жи́т(ся)
воо́чию
во-пе́рвых
вопи́ть, воплю́, вопи́т
вопию́щий
вопия́ть, -ию́, -иёт
во́пленица, -ы
воплоти́ть(ся), -ощу́, -оти́т(ся)
воплоща́ть(ся), -а́ю, -а́ет(ся)
воплоще́ние, -я
воплощённый; кр. ф. -ён, -ена́
вопль, -я
вопну́ть, -ну́, -нёт
вопреки́ (чему)
вопро́с, -а
вопро́сец, -сца
вопро́сик, -а
вопроси́тельный
вопроси́ть, -ошу́, -оси́т
вопро́сник, -а
вопро́сный
вопро́со-отве́тный
вопроша́тель, -я
вопроша́тельница, -ы
вопроша́ть(ся), -а́ю, -а́ет(ся)
вопроша́ющий
вопрошённый; кр. ф. -ён, -ена́
вор, -а, мн. во́ры, -о́в
во́рванный (от во́рвань)
воркотня́, -и́
ворва́ть(ся), -ву́сь, -вётся; прош. -а́лся, -ала́сь, -а́лось
вори́шка, -и, м.

ВОР

ворище, -а, м.
воркование, -я
ворковать, -кую, -кует
воркотание, -я
воркотать, -кочу, -кочет
воркотня, -и
воркотун, -а
воркотунья, -и, р. мн. -ний
вороба, -ы
воробей, -бья
воробейник, -а
воробейчик, -а
воробка, -и
воробушек, -шка и воробышек, -шка
воробьевит, -а
воробьёнок, -нка, мн. -бьята, -бьят
воробьиный
воробьиха, -и
воробьятник, -а
ворованный
вороватый
воровать(ся), -рую, -рует(ся)
воровка, -и
воровски
воровской
воровство, -а
ворог, -а
ворожба, -ы
ворожей, -я
ворожейка, -и
ворожение, -я
ворожея, -и
ворожить, -жу, -жит
ворон, -а, мн. -ы, -ов
ворона, -ы
воронение, -я
воронённый, прич.
воронёнок, -нка, мн. -нята, -нят
воронёночек, -чка
воронёный, прил.
вороненький
воронец, -нца
вороний, -ья, -ье
воронйка, -и
воронить, -ню, -нит (ротозейничать)
воронить, -ню, -нит (чернить металл)
ворониться, -ится
воронйха, -и
воронка, -и
воронкообразный
воронов, -а, -о
вороновые, -ых
вороной
вороно-пегий
вороно-чалый
вороночка, -и
воронь, -и
вороньё, -я
ворот, -а, мн. -ы, -ов
ворота, -от
воротила, -ы, м. (делец)
воротило, -а (рычаг)
воротить(ся), -очу(сь), -отит(ся)
воротища, -ищ
воротник, -а
воротниковый
воротничок, -чка
воротный (от ворот)
воротный (от ворота)
вороток, -тка
воротца, -тец
ворох, -а, мн. -а, -ов и -и, -ов

ВОР

ворохнуть(ся), -ну(сь), -нёт(ся)
ворочать(ся), -аю(сь), -ает(ся)
ворочать(ся), -аю(сь), -ает(ся)
ворошение, -я
ворошённый; кр. ф. -ён, -ена
ворошить(ся), -шу(сь), -шит(ся)
ворошок, -шка
ворс, -а
ворсильный
ворсильня, -и, р. мн. -лен
ворсина, -ы
ворсинка, -и
ворсинчатый
ворсистый
ворсит, -а
ворсить(ся), воршу, ворсит(ся)
ворсовальный
ворсовальня, -и, р. мн. -лен
ворсование, -я
ворсованный
ворсовать(ся), -сую, -сует(ся)
ворсовка, -и
ворсовой и ворсовый
ворсянка, -и
ворсянковые, -ых
ворсяной
ворчанье, -я
ворчать, -чу, -чит
ворчливость, -и
ворчливый
ворчун, -а
ворчунья, -и, р. мн. -ний
восвояси
восемнадцатиградусный (18-градусный)
восемнадцатилетний (18-летний)
восемнадцатиметровый (18-метровый)
восемнадцатый
восемнадцать, -и, тв. -ью
восемь, восьми, тв. восьмью и восемью
восемьдесят, восьмидесяти, восьмьюдесятью и восемьюдесятью
восемьсот, восьмисот, восьмистам, восьмьюстами и восемьюстами, о восьмистах
восемью (при умножении)
воск, -а
воскликнуть, -ну, -нет
восклицание, -я
восклицательный
восклицать, -аю, -ает
воскобой, -я
воскобойный
воскобойня, -и, р. мн. -бен
восковка, -и
восковниковые, -ых
восковница, -ы
восковой
воскообразный
воскресать, -аю, -ает
воскресение, -я (от воскреснуть)
воскресенье, -я (день недели)
воскресить, -ешу, -есит
воскресник, -а
воскреснувший
воскреснуть, -ну, -нет; прош. -ес, -есла
воскресный
воскресший
воскрешать(ся), -аю, -ает(ся)

ВОС

воскрешение, -я (от воскресить)
воскрешённый; кр. ф. -ён, -ена
воскрылённый; кр. ф. -ён, -ена
воскрылить(ся), -лю, -лит(ся)
воскрылять(ся), -яю, -яет(ся)
воскурение, -я
воскуренный
воскуривать(ся), -аю, -ает(ся)
воскурить(ся), -урю, -урит(ся)
воскурять(ся), -яю, -яет(ся)
вослед, нареч.
воспаление, -я
воспалённый; кр. ф. -ён, -ена
воспалительный
воспалить(ся), -лю(сь), -лит(ся)
воспалять(ся), -яю(сь), -яет(ся)
воспарение, -я
воспарить, -рю, -рит
воспарять, -яю, -яет
воспевание, -я
воспевать(ся), -аю, -ается
воспеть(ся), -пою, -поёт(ся)
воспитание, -я
воспитанник, -а
воспитанница, -ы
воспитанность, -и
воспитанный; кр. ф. прич. -ан, -ана; кр. ф. прил. -ан, -анна
воспитатель, -я
воспитательница, -ы
воспитательный
воспитательский
воспитать(ся), -аю(сь), -ает(ся)
воспитывать(ся), -аю(сь), -ает(ся)
воспламенение, -я
воспламенённый; кр. ф. -ён, -ена
воспламенитель, -я
воспламенить(ся), -ню(сь), -нит(ся)
воспламеняемость, -и
воспламенять(ся), -яю(сь), -яет(ся)
воспоённый; кр. ф. -ён, -ена
воспоить, -пою, -поит
восполнение, -я
восполненный
восполнить(ся), -ню, -нит(ся)
восполнять(ся), -яю, -яет(ся)
воспользоваться, -зуюсь, -зуется
воспоминание, -я
вспоминать(ся), -аю, -ает(ся)
воспоследовать, -дую, -дует
воспрепятствовать, -твую, -твует
воспретительный
воспретить, -рещу -ретит
воспрещать(ся), -аю, -ает(ся)
воспрещение, -я
воспрещённый; кр. ф. -ён, -ена
восприемник, -а
восприемница, -ы
восприимчивость, -и
восприимчивый
воспринимаемость, -и
воспринимать(ся), -аю, -ает(ся)
воспринявший
воспринятый; кр. ф. -инят, -инята, -инято
воспринять, -иму, -имет; прош. -инял, -иняла, -иняло
восприятие, -я
восприять, -иму, -имет
воспроизведение, -я
воспроизведённый; кр. ф. -ён, -ена
воспроизведший(ся)

воспроизвести(сь), -веду́, -ведёт(ся); *прош.* -вёл(ся), -вела́(сь)
воспроизводи́тель, -я
воспроизводи́тельница, -ы
воспроизводи́тельный
воспроизводи́ть(ся), -ожу́, -о́дит(ся)
воспроизво́дство, -а
воспроти́виться, -влюсь, -вит(ся)
воспря́нувший
воспря́нуть, -ну, -нет; *прош.* -я́нул, -я́нула
воспыла́ть, -а́ю, -а́ет
восседа́ть, -а́ю, -а́ет
воссе́сть, -ся́ду, ся́дет; *прош.* -се́л, -се́ла
воссия́ть, -я́ю, -я́ет
воссла́вить(ся), -влю, -вит(ся)
воссла́вленный
восславля́ть(ся), -я́ю, -я́ет(ся)
воссоедине́ние, -я
воссоединённый; *кр. ф.* -ён, -ена́
воссоедини́тельный
воссоедини́ть(ся), -ню́(сь), -ни́т(ся)
воссоединя́ть(ся), -я́ю(сь), -я́ет(ся)
воссоздава́ть(ся), -даю́, -даёт(ся)
воссозда́вший
воссозда́ние, -я
воссо́зданный; *кр. ф.* -со́здан, -со́здана́, -со́здано
воссозда́ть, -а́м, -а́шь, -а́ст, -ади́м, -ади́те, -аду́т; *прош.* -а́л, -ала́, -а́ло
восстава́ть, -таю́, -таёт
восста́вить, -влю, -вит
восста́вленный
восставля́ть, -я́ю, -я́ет
восстана́вливать(ся), -аю(сь), -ает(ся)
восста́ние, -я
восстанови́тель, -я
восстанови́тельный
восстанови́ть(ся), -овлю́(сь), -о́вит(ся)
восстановле́ние, -я
восстано́вленный
восстановля́ть(ся), -я́ю(сь), -я́ет(ся)
восста́ть, -а́ну, -а́нет
восстаю́щий
воссыла́ть(ся), -а́ю, -а́ет(ся)
восто́к, -а
востокове́д, -а
востокове́дение, -я
востокове́дный
востокове́дческий
во сто кра́т и в сто кра́т
восто́рг, -а
восторга́ть(ся), -а́ю(сь), -а́ет(ся)
восто́рженность, -и
восто́рженный; *кр. ф.* -ен, -енна
восторжествова́ть, -тву́ю, -тву́ет
восто́чник, -а
восточноавстрали́йский, но: Восто́чно-Австрали́йские го́ры
восточноазиа́тский
восточноафрика́нский, но: Восто́чно-Африка́нское наго́рье
восточноевропе́йский, но: Восто́чно-Европе́йская равни́на
восточноказахста́нский, но: Восто́чно-Казахста́нская о́бласть
восточнокита́йский, но: Восто́чно-Кита́йское мо́ре
восточносиби́рский, но: Восто́чно-Сиби́рское мо́ре

восточнославя́нский
восто́чный
востре́бование, -я
востре́бованный
востре́бовать(ся), -бую, -бует(ся)
во́стренький; *кр. ф.* -е́нек, -е́нька
вострепета́ть, -пещу́ -пе́щет
вострогла́зый
востроно́гий
востроно́сый
востроу́хий
востру́ха, -и
востру́шка, -и
во́стрый; *кр. ф.* востёр, востра́, востро́
восхвале́ние, -я
восхвалённый; *кр. ф.* -ён, -ена́
восхвали́ть, -алю́, -а́лит
восхваля́ть, -я́ю, -я́ет(ся)
восхити́тельный
восхити́ть(ся), -ищу́(сь), -ити́т(ся)
восхища́ть(ся), -а́ю(сь), -а́ет(ся)
восхище́ние, -я
восхищённый; *кр. ф.* -ён, -ена́
восхо́д, -а
восходи́тель, -я
восходи́ть, -ожу́, -о́дит
восходя́щий
восхожде́ние, -я
восхоте́ть, -хочу́, -хо́чет, хоти́м, хоти́те, -хотя́т
восчу́вствовать, -твую, -твует
восше́ствие, -я
восьмери́к, -а́
восьмерико́вый
восьмери́чный
восьмёрка, -и
восьмерно́й
во́сьмеро, -ы́х
восьмиведёрный
восьмивесе́льный и восьмивёсельный
восьмигра́нник, -а
восьмигра́нный
восьмидесятикопе́ечный (80-копе́ечный)
восьмидесятиле́тие (80-ле́тие), -я
восьмидесятиле́тний (80-ле́тний)
восьмидесятипятиле́тний (85-ле́тний)
восьмидесятирублёвый (80-рублёвый)
восьмидеся́тник, -а
восьмидеся́тый
восьмидне́вный (8-дне́вный)
восьмидо́льный
восьмикла́ссник, -а
восьмикла́ссница, -ы
восьмикла́ссный
восьмикра́тный
восьмиле́тний (8-ле́тний)
восьмиме́сячный (8-ме́сячный)
восьмиметро́вый (8-метро́вый)
восьмино́г, -а
восьмисло́жный
восьмисотле́тие (800-ле́тие), -я
восьмисотле́тний (800-ле́тний)
восьмисо́тый
восьмисти́шие, -я
восьмисто́пный
восьмиструнный
восьмито́мный (8-то́мный)

восьмито́нный (8-то́нный)
восьмиуго́льник, -а
восьмиуго́льный
восьмичасово́й (8-часово́й)
восьмиэта́жный (8-эта́жный)
восьмо́й
восьму́ха, -и
восьму́шечка, -и
восьму́шка, -и
вот-во́т
в отдале́нье и в отдале́нии
воти́рование, -я
воти́рованный
воти́ровать(ся), -рую, -рует(ся)
вотиро́вка, -и
во́тканный
вотка́ть(ся), -ку́, -кёт(ся); *прош.* -а́л(ся), -ала́(сь), -а́ло(сь)
во́ткнутый
воткну́ть(ся), -ну́, -нёт(ся)
в откры́тую
в отли́чие (*от кого, чего*)
в отме́стку
в отры́ве
во́тский (*к* вотя́к)
в отступле́ние (*от чего*)
в отсу́тствие (*кого*)
вот те(бе́) на́
вот те(бе́) ра́з
во́тум, -а
во́тчим, -а
во́тчина, -ы
во́тчинник, -а
во́тчинный
вотще́
вотя́к, -а́
вотя́цкий
вотя́чка, -и
в оха́пку
в охо́тку
воцаре́ние, -я
воцари́ть(ся), -рю́(сь), -ри́т(ся)
воцаря́ться, -я́юсь, -я́ется
вочелове́ченный
во что́ бы то ни ста́ло
воше́дший
во́шка, -и
вошь, вши, *мн.* вши, вше́й
воща́нка, -и
вощано́й
воще́ние, -я
вощённый, *прич.*
вощёный, *прил.*
воще́на, -ы
вощи́нный
вощи́ть(ся), -щу́, -щи́т(ся)
во́ющий
вою́ющий
воя́ж, -а
вояжёр, -а
вояжи́рование, -я
вояжи́ровать, -рую, -рует
вояжиро́вка, -и
воя́ка, -и, *м.*
впа́вший
впада́ть, -а́ю, -а́ет
впаде́ние, -я
впа́дина, -ы
впа́динка, -и
впа́ивание, -я
впа́ивать(ся), -аю, -ает(ся)
впа́йка, -и

ВПА

впа́лзывать, -аю, -ает
впа́лый
в панда́н
впа́рхивать, -аю, -ает
впасть, впаду́, впадёт; *прош.* впал, впа́ла
впа́янный
впая́ть, -я́ю, -я́ет
впека́ть, -а́ю, -а́ет
впервинку
впервой (не впервой)
впервые
вперебежку, *нареч.*
вперебивку, *нареч.*
вперебой, *нареч.*
вперевал, *нареч.*
перевалку, *нареч.*
вперевалочку, *нареч.*
вперевёрт, *нареч.*
вперевёртку, *нареч.*
впереворо́т, *нареч.*
вперегиб, *нареч.*
вперегонки
вперегонку
вперёд
впереди
впередисидя́щий, -его
впередсмотря́щий, -его
вперекидку, *нареч.*
вперекор
вперемежку (перемежаясь)
вперемешку (перемешиваясь)
переменный; *кр. ф.* -ён, -ена́
вперерыв (наперебой)
вперёть(ся), вопру́(сь), вопрёт(ся); *прош.* вперся, вперла́(сь)
перехват, *нареч.*
впери́ть(ся), -рю́(сь), -ри́т(ся)
впёртый
впёрший(ся)
вперя́ть(ся), -я́ю(сь), -я́ет(ся)
впечатление, -я
впечатлительность, -и
впечатлительный
впечатляемость, -и
впечатля́ть, -я́ю, -я́ет
впечатля́ющий
впечь, впеку́, впечёт, впеку́т; *прош.* впёк, впекла́
впиваться(ся), -а́ю(сь), -а́ет(ся)
в пи́ку
впина́ть, -а́ю, -а́ет
впира́ть(ся), -а́ю(сь), -а́ет(ся)
впи́санный
вписа́ть(ся), впишу́(сь), впи́шет(ся)
впи́ска, -и
впи́сывание, -я
впи́сывать(ся), -аю, -ает(ся)
впи́танный
впита́ть(ся), -а́ю, -а́ет(ся)
впи́тывание, -я
впи́тывать(ся), -аю, -ает(ся)
впи́ть(ся), вопью́(сь), вопьёт(ся); *прош.* впи́л(ся), впила́(сь), впи́ло, впи́ло́сь
впи́ханный
впиха́ть(ся), -а́ю, -а́ет(ся)
впи́хивать(ся), -аю(сь), -ает(ся)
впи́хнутый
впихну́ть(ся), -ну́(сь), -нёт(ся)
впла́вить(ся), -влю, -вит(ся)
впла́вленный

ВПЛ

вплавля́ть(ся), -я́ю, -я́ет(ся)
вплавь
вплёскивать(ся), -аю, -ает(ся)
вплёснутый
вплесну́ть(ся), -ну́, -нёт(ся)
вплести́(сь), вплету́, вплетёт(ся); *прош.* вплёл(ся), вплела́(сь)
вплета́ние, -я
вплета́ть(ся), -а́ю, -а́ет(ся)
вплете́ние, -я
вплетённый; *кр. ф.* -ён, -ена́
вплётший(ся)
вплотну́ю
вплоть, *нареч.*, но *сущ.* в плоть (в плоть и кровь)
вплыва́ть, -а́ю, -а́ет
вплы́тие, -я
вплыть, -ыву́, -ывёт; *прош.* -ыл, -ыла́, -ыло
впова́лку
в подбор
в подъём
вполглаза
вполголоса
вполдерева
вполза́ние, -я
вполза́ть, -а́ю, -а́ет
вползти́, -зу́, -зёт; *прош.* вполз, вползла́
впо́лзший
в пол-лица́
вполнакала
вполне́
вполоборо́та, *нареч.*
вполовину, *нареч.*
в полоску
вполоткры́та
вполприщу́р
вполпрямя́
вполпути́
вполпьяна́
вполсилы
вполслу́ха
вполсыта́
вполуоборо́т, *нареч.*
вполу́ха (слушать)
впопа́д
впопыха́х
впоро́жне
в по́ру (во́время)
впо́ру (по мерке)
впорхну́ть, -ну́, -нёт
впосле́дствии, *нареч.*
впота́й
в потёмках
впотьма́х
впра́вду, *нареч.*
впра́ве, *нареч.*
впра́вить(ся), -влю, -вит(ся)
впра́вка, -и
вправле́ние, -я
впра́вленный
вправля́ть(ся), -я́ю, -я́ет(ся)
впра́во
в прах (рассы́паться прах)
впредь
впрессова́ть, -ссу́ю, -ссу́ет
впрессо́вывать(ся), -аю, -ает(ся)
впригля́дку, *нареч.*
в прида́чу
вприку́ску, *нареч.*
вприпры́жку, *нареч.*

ВПР

вприско́чку
в прису́тствии (кого)
вприся́дку, *нареч.*
вприти́рку, *нареч.*
вприту́ску
впритык
впритычку, *нареч.*
вприхва́тку
вприщу́р, *нареч.*
вприщу́рку, *нареч.*
впро́голодь
в продолже́ние (какого-л. времени)
впро́желть, *нареч.*
впро́зелень, *нареч.*
впрок, *нареч.*
впро́резь, *нареч.*
впроса́к: попа́сть впроса́к
впро́синь, *нареч.*
впросо́нках
впросо́нье
в противове́с (чему)
впро́чем, *союз*
впро́чернь
впры́гивание, -я
впры́гивать, -аю, -ает
впры́гнуть, -ну, -нет
впрыск, -а
впры́скивание, -я
впры́скивать(ся), -аю, -ает(ся)
впры́снутый
впры́снуть, -ну, -нет
впряга́ние, -я
впряга́ть(ся), -а́ю(сь), -а́ет(ся)
впря́гший(ся)
впряда́ть(ся), -а́ю, -а́ет(ся)
впряжённый; *кр. ф.* -ён, -ена́
впря́жка, -и
впряму́ю, *нареч.*
впрямь
впря́сть(ся), -яду́, -ядёт(ся); *прош.* -я́л(ся), -яла́(сь)
в пря́тки
впря́чь(ся), -ягу́(сь), -яжёт(ся), -ягу́т(ся); *прош.* -я́г(ся), -ягла́(сь)
впуск, -а
впуска́ние, -я
впуска́ть(ся), -а́ю, -а́ет(ся)
впускной
впу́сте
впусти́ть, впущу́, впу́стит
впустую, *нареч.*
впу́танный
впу́тать(ся), -аю(сь), -ает(ся)
впу́тывание, -я
впу́тывать(ся), -аю(сь), -ает(ся)
в пух (в пух и прах)
впу́щенный
впя́ленный
впя́ливать(ся), -аю(сь), -ает(ся)
впя́лить(ся), -лю(сь), -лит(ся)
впя́теро
впятеро́м
впя́тить(ся), впя́чу, впя́тит(ся)
в-пя́тых
впя́ченный
впя́чивать(ся), -аю, -ает(ся)
враба́тываться, -аюсь, -ается
врабо́таться, -аюсь, -ается
враг, -а́
вражда́, -ы́
вражде́бность, -и
вражде́бный

ВРА

враждовать, -дую, -дует
вражеский
вражий, -ья, -ье
враз
вразбежку, нареч.
вразбивку, нареч.
вразброд, нареч.
вразброс, нареч.
вразброску, нареч.
вразвал, нареч.
вразвалку, нареч.
вразвалочку, нареч.
вразвес, нареч.
враздробь
вразлад, нареч.
вразлёт, нареч.
в разлив и в розлив
вразмах, нареч.
вразмашку, нареч.
вразмёт, нареч.
вразнобой, нареч.
вразнос, нареч.
вразнотык
вразрез (с чем)
вразрядку, нареч.
вразумительный
вразумить(ся), -млю(сь), -мит(ся)
вразумление, -я
вразумлённый; кр. ф. -ён, -ена
вразумлять(ся), -яю(сь), -яет(ся)
враки, врак
враль, -я
врангелевец, -вца
врангелевщина, -ы
враньё, -я
враскачку, нареч.
врасплох
враспор, нареч.
в рассрочку
врассыпку, нареч.
врассыпную, нареч.
врастание, -я
врастать, -аю, -ает
врасти, -ту, -тёт; прош. врос, вросла
враструску, нареч.
врастяжку, нареч.
врата, врат, вратам
вратарь, -я
врать(ся), вру, врёт(ся); прош. врал, врала, врало, врало(сь)
врач, -а
врачебно-консультационный
врачебно-контрольный
врачебно-санитарный
врачебный
врачевание, -я
врачевать(ся), -чую(сь), -чует(ся)
врач-терапевт, врача-терапевта
врачующий
вращательно-колебательный
вращательный
вращать(ся), -аю(сь), -ает(ся)
вращение, -я
вред, -а
вредитель, -я
вредительский
вредительство, -а
вредительствовать, -твую, -твует
вредить, врежу, вредит
вредность, -и
вредный; кр. ф. -ден, -дна, -дно
вредоносный

ВРЕ

врезанный
врезать(ся), врежу(сь), врежет(ся), сов.
врезать(ся), -аю(сь), -ает(ся), несов.
врезка, -и
врезной
врезывать(ся), -аю(сь), -ает(ся)
временами, нареч.
временить, -ню, -нит
временник, -а
временной (относящийся ко времени)
временнообязанный
временно-пространственный
временный (непостоянный)
временщик, -а
времечко, -а
время, времени, мн. времена, -мён, -менам
времязадающий
времяисчисление, -я
времянка, -и
время от времени
времяпрепровождение, -я
времяпровождение, -я
вретище, -а
врид, -а
врио, нескл., м.
вровень
вроде, предлог
врождённый; кр. ф. -ён -ена
в розлив и в разлив
в розницу
врознь, нареч.
врозь
вроссыпь, нареч.
вросший
вруб, -а
врубание, -я
врубать(ся), -аю(сь), -ает(ся)
врубить(ся), врублю(сь), врубит(ся)
врубка, -и
врубленный
врубмашина, -ы
врубмашинист, -а
врубово-отбойный
врубовый
врубок, -бка
врукопашную, нареч.
врун, -а
врунишка, -и, м.
врунья, -и, р. мн. -ний
вручать(ся), -аю, -ает(ся)
вручение, -я
вручённый; кр. ф. -ён, -ена
вручитель, -я
вручить(ся), -чу, -чит(ся)
вручную, нареч.
вруша, -и, м. и ж.
врушка, -и, м. и ж.
врывать(ся), -аю(сь), -ает(ся)
врыть(ся), врою(сь), вроет(ся)
в ряд (выстроиться)
вряд ли
всадить(ся), всажу, всадит(ся)
всадник, -а
всадница, -ы
всаженный
всаживание, -я
всаживать(ся), -аю, -ает(ся)

ВСА

всамделишный
в самом деле
всасываемость, -и
всасывание, -я
всасывательный
всасывать(ся), -аю, -ает(ся)
всачиваться, -ается
в связи (с чем)
все, всех
всё, всего
всеармейский
всевать(ся), -аю, -ает(ся)
всеведение, -я
всеведущий
всевидец, -дца
всевидящий
всевластие, -я
всевластный
всевобуч, -а
всевозможный
всеволновый
всевышний, -его
всегда
всегдашний
всего
всего-навсе
всего-навсего
всего ничего
всего-то
вседержитель, -я
вседневный
в-седьмых
всеединство, -а
всё ж(е)
всё ж таки
всезнайка, -и, м. и ж.
всезнайство, -а
всезнающий
всекитайский
всеконечно
вселение, -я
вселенная, -ой
вселённый; кр. ф. -ён, -ена
вселенский
вселить(ся), -лю(сь), -лит(ся)
вселюбезный
вселять(ся), -яю(сь), -яет(ся)
всемерный
всемеро
всемером
всемилостивейший
всемилостивый
всеминутный
всемирно известный
всемирно-исторический
всемирный
всемогущество, -а
всемогущий
всенародный
всенепременно
всенижайший
всенощная, -ой
всенощный
всеобуч, -а
всеобщий
всеобщность, -и
всеобъемлемость, -и
всеобъемлющий
всеоружие, -я: во всеоружии
всепобеждающий
всепоглощающий
всепогодный

В

ВСЕ

всеподданнейший
всепожирающий
всепокорнейший
всепреодолевающий
всепрощающий
всепрощение, -я
всё равно
в сердцах
всероссийский
всерьёз
всесветный
всесилие, -я
всесильный
всеславянский
всесовершенный
всесожжение, -я
всесокрушающий
всесословный
всесоюзный
всесторонне
всесторонний
всё-таки
всеукраинский
всеуслышание, -я: во всеуслышание
всецело
всечасный
всеядный
всеянный
всеять, всею, всеет
в силах
в силе
в силу
вскакать, вскачу, вскачет
вскакивание, -я
вскакивать, -аю, -ает
вскапывание, -я
вскапывать(ся), -аю, -ает(ся)
вскарабкаться, -аюсь, -ается
вскарабкиваться, -аюсь, -ается
вскармливание, -я
вскармливать(ся), -аю, -ает(ся)
вскачь
вскидка, -и
вскидывание, -я
вскидывать(ся), -аю(сь), -ает(ся)
вскинутый
вскинуть(ся), -ну(сь), -нет(ся)
вскипать, -аю, -ает
вскипеть, -плю, -пит
вскипятить(ся), -ячу, -ятит(ся)
вскипячённый; кр. ф. -ён, -ена
в складчину
всклепать, -еплю, -еплет
всклёпывать, -аю, -ает
всклокотать(ся), -кочу, -кочет(ся)
всклокоченный
всклокочивать(ся), -аю, -ает(ся)
всклокочить(ся), -чу, -чит(ся)
всклоченный
всклочивать(ся), -аю, -ает(ся)
всклочить(ся), -чу, -чит(ся)
всклочка, -и
в скобки (взять)
в скобку (подстричь)
вскок, нареч.
всколебать(ся), -леблю, -леблет(ся)
всколошматить, -ачу, -атит
всколупнуть, -ну, -нёт
всколупывать, -аю, -ает
всколыхать(ся), -ышу, -ышет(ся) и -аю, -ает(ся)
всколыхивать(ся), -аю, -ает(ся)

ВСК

всколыхнуть(ся), -ну(сь), -нёт(ся)
всколызнуть, -ну, -нёт
вскользь
вскопанный
вскопать(ся), -аю, -ает(ся)
вскоре
вскормить(ся), -ормлю, -ормит(ся)
вскормленник, -а
вскормленница, -ы
вскормленный
вскорости, нареч.
вскосматить(ся), -ачу, -атит(ся)
вскосмаченный
вскосмачивать(ся), -аю, -ает(ся)
вскочить, -очу, -очит
вскрик, -а
вскрикивание, -я
вскрикивать, -аю, -ает
вскрикнуть, -ну, -нет
вскричать, -чу, -чит
вскружить(ся), -ужу, -ужит(ся)
вскрывание, -я
вскрывать(ся), -аю, -ает(ся)
вскрытие, -я
вскрыть(ся), вскрою, вскроет(ся)
вскрыша, -и
вскрышной
всласть, нареч.
вслед, нареч.
вследствие (чего)
вслепую, нареч.
вслух, нареч.
в случае
вслушаться, -аюсь, -ается
вслушиваться, -аюсь, -ается
всматриваться, -аюсь, -ается
всмотреться, -отрюсь, -отрится
в смысле (чего)
всмятку
всованный
всовать, всую, всуёт
всовывать(ся), -аю(сь), -ает(ся)
в сопровождении (кого, чего)
всосанный
всосать(ся), -су, -сёт(ся)
всочиться, -ится
вспаивание, -я
вспаивать(ся), -аю, -ает(ся)
вспалзывать, -аю, -ает
вспаренный
вспаривать(ся), -аю, -ает(ся)
вспарить(ся), -рю(сь), -рит(ся)
вспархивать, -аю, -ает
вспарывание, -я
вспарывать(ся), -аю, -ает(ся)
вспаханный
вспахать, вспашу, вспашет
вспахивание, -я
вспахивать(ся), -аю, -ает(ся)
вспашка, -и
вспененный
вспенивать(ся), -аю, -ает(ся)
вспенить(ся), -ню, -нит(ся)
вспетушиться, -шусь, -шится
всплакнуть(ся), -ну, -нёт(ся)
всплеск, -а
всплескивание, -я
всплескивать(ся), -аю, -ает(ся)
всплеснуть(ся), -ну, -нёт(ся)
всплошную, нареч.
всплошь
всплывание, -я

ВСП

всплывать, -аю, -ает
всплытие, -я
всплыть, -ыву, -ывёт; прош. -ыл, -ыла, -ыло
вспоённый; кр. ф. -ён, -ена и вспоенный
вспоить, -ою, -оит
всполаскивать(ся), -аю, -ает(ся)
всползать, -аю, -ает
всползти, -зу, -зёт; прош. -олз, -олзла
всползший
всполоснутый
всполоснуть, -ну, -нёт
всполох, -а
всполохнуть(ся), -ну(сь), -нёт(ся)
всполошённый; кр. ф. -ён, -ена
всполошить(ся), -шу(сь), -шит(ся)
вспольем, -я, р. мн. -ев
вспольный
вспоминание, -я
вспоминать(ся), -аю(сь), -ает(ся)
вспомнить(ся), -ню(сь), -нит(ся)
вспомогательный
вспоможение, -я
вспомоществование, -я
вспомоществовать, -твую, -твует
вспомянутый
вспомянуть(ся), -яну(сь), -янет(ся)
вспоротый
вспороть(ся), -орю, -орет(ся)
вспорхнуть, -ну, -нёт
вспотевший
вспотелый
вспотеть, -ею, -еет
вспрыгивать, -аю, -ает
вспрыгнуть, -ну, -нет
вспрыск, -а
вспрыскивание, -я
вспрыскивать(ся), -аю, -ает(ся)
вспрыснутый
вспрыснуть(ся), -ну, -нет
вспрянуть, -ну, -нет
вспугивать(ся), -аю, -ает(ся)
вспугнутый
вспугнуть, -ну, -нёт
вспухание, -я
вспухать, -аю, -ает
вспухлый
вспухнуть, -ну, -нет; прош. -ух, -ухла
вспухший
вспученный
вспучиваемость, -и
вспучивание, -я
вспучивать(ся), -аю, -ает(ся)
вспучить(ся), -чу, -чит(ся)
вспушить(ся), -шу, -шит(ся)
вспылить, -лю, -лит
вспыльчивость, -и
вспыльчивый
вспыхивать, -аю, -ает
вспыхнуть, -ну, -нет
вспышка, -и
вспять
в сравнении (с чем)
в срок
вставание, -я
вставать, встаю, встаёт
вставить(ся), -влю, -вит(ся)
вставка, -и
вставленный
вставлять(ся), -яю, -яет(ся)
вставной

ВСТ

вста́вочка, -и
вста́вочный
в старину́
встарь
вста́скивать(ся), -аю(сь), -ает(ся)
встать, -а́ну, -а́нет
вста́щенный
встаща́ть(ся), -ащу́(сь), -а́щит(ся)
встаю́щий
в сто крат и во́ сто крат
встопо́рщенный
встопо́рщить(ся), -щу, -щит(ся)
встормоши́ть(ся), -шу́(сь), -ши́т(ся)
в стороне́
в сто́рону
встоскова́ться, -ку́юсь, -ку́ется
встра́ивание, -я
встра́ивать(ся), -аю(сь), -ает(ся)
встрева́ть, -а́ю, -а́ет
встрево́женный
встрево́живать(ся), -аю(сь), -ает(ся)
встрево́жить(ся), -жу(сь), -жит(ся)
встрёпанный
встрепа́ть(ся), -еплю́, -е́плет(ся)
встрепену́ться, -ну́сь, -нётся
встрёпка, -и
встрёпывать(ся), -аю, -ает(ся)
встрепыхну́ться, -ну́сь, -нётся
встре́тить(ся), -ре́чу(сь), -ре́тит(ся)
встре́ча, -и
встреча́ть(ся), -а́ю(сь), -а́ет(ся)
встре́ченный
встре́чно-паралле́льный
встре́чно-после́довательный
встре́чный
встре́чный-попере́чный, встре́чного-попере́чного
встро́енный
встро́ить, -о́ю, -о́ит
встро́йка, -и
в стру́нку
струхну́ть, -ну́ -нёт
встря́ска, -и
встря́хивание, -я
встря́хивать(ся), -аю(сь), -ает(ся)
встря́хнутый
встряхну́ть(ся), -ну́(сь), -нёт(ся)
вступа́ть(ся), -а́ю(сь), -а́ет(ся)
вступи́тельный
вступи́ть(ся), -уплю́, -у́пит(ся)
вступле́ние, -я
встык, нареч.
всу́е, нареч.
всу́нутый
всу́нуть(ся), -ну(сь), -нет(ся)
всухомя́тку, нареч.
всуху́ю, нареч.
всуча́ть(ся), -а́ю, -а́ет(ся)
всу́ченный
всу́чивать(ся), -аю, -ает(ся)
всучи́ть, -учу́, -у́чи́т
всхлип, -а
всхли́пнуть, -ну, -нет
всхли́пывание, -я
всхли́пывать, -аю, -ает
всход, -а
всходи́ть, всхожу́, всхо́дит
всхо́ды, -ов
всходя́щий
всхо́жесть, -и
всхо́жий
всхолмле́ние, -я

ВСХ

всхолмлённый
всхрап, -а
всхрапну́ть, -ну́, -нёт
всхра́пывание, -я
всхра́пывать, -аю, -ает
всыпа́ние, -я
всы́панный
всы́пать(ся), -плю, -плет(ся), сов.
всыпа́ть(ся), -а́ю, -а́ет(ся), несов.
всы́пка, -и
всю́ду
вся, всей
вся́кий
вся́ко
вся́чески
вся́ческий
вся́чина, -ы (вся́кая вся́чина; со вся́чиной)
вся́чинка, -и (со вся́чинкой)
втавр
вта́йне, нареч. (сделать вта́йне), но сущ. в та́йне (сохрани́ть в та́йне)
вта́лкивать(ся), -аю(сь), -ает(ся)
вта́птывать(ся), -аю, -ает(ся)
вта́сканный
втаска́ть, -а́ю, -а́ет
вта́скивать(ся), -аю(сь), -ает(ся)
втасо́ванный
втасова́ть, -су́ю, -су́ет
втасо́вывать(ся), -аю, -ает(ся)
вта́чанный
втача́ть(ся), -а́ю, -а́ет(ся)
вта́чивание, -я
вта́чивать(ся), -аю, -ает(ся)
вта́чка, -и
втачно́й
вта́щенный
втащи́ть(ся), втащу́(сь), вта́щит(ся)
втека́ть, -а́ет
втёкший
втёмную, нареч.
втемя́шенный
втемя́шивать(ся), -аю, -ает(ся)
втемя́шить(ся), -шу, -шит(ся)
в те́ поры
втере́ть(ся), вотру́(сь), вотрёт(ся); прош. втёр(ся), втёрла(сь)
втёртый
втёрший
втеса́ться, втешу́сь, вте́шется
втеснённый; кр. ф. -ён, -ена́
втесни́ть(ся), -ню́(сь), -ни́т(ся)
втесня́ть(ся), -я́ю(сь), -я́ет(ся)
в тече́ние (какого-л. времени)
втечь, втечёт, втеку́т; прош. втёк, втекла́
втира́ние, -я
втира́ть(ся), -а́ю(сь), -а́ет(ся)
втиру́ша, -и, м. и ж.
вти́сканный
вти́скать(ся), -аю(сь), -ает(ся)
вти́скивать(ся), -аю(сь), -ает(ся)
вти́снутый
вти́снуть(ся), -ну(сь), -нет(ся)
втихаря́
втихомо́лку
втихомо́лочку
втиху́ю
в тиши́
вто́лканный
втолка́ть(ся), -а́ю(сь), -а́ет(ся)
втолкну́тый

ВТО

втолкну́ть(ся), -ну́(сь), -нёт(ся)
втолко́ванный
втолкова́ть, -ку́ю, -ку́ет
втолко́вывать(ся), -аю, -ает(ся)
втоло́кший
втоло́чь, втолку́, втолчёт, втолку́т; прош. втоло́к, втолкла́
вто́птанный
втопта́ть(ся), втопчу́, вто́пчет(ся)
вто́ра, -ы
вто́рачивать(ся), -аю, -ает(ся)
вторга́ться, -а́юсь, -а́ется
вто́ргнувшийся
вто́ргнуться, -нусь, -нется; прош. вто́ргся и вто́ргнулся, вто́рглась
вто́ргшийся
вторже́ние, -я
вто́рить, -рю, -рит
вторичноро́тые, -ых
втори́чный
вто́рник, -а
вто́рничный
второбра́чие, -я
второбра́чный
второго́дник, -а
второго́дница, -ы
второго́дничество, -а
второ́е, -о́го
второ́й
второкла́ссник, -а
второкла́ссница, -ы
второкла́ссный
второку́рсник, -а
второку́рсница, -ы
второку́рсный
второочередни́к, -а́
второочередно́й
второпя́х
второразря́дный
второсо́ртный
второстепе́нный; кр. ф. -е́нен, -е́нна
второ́ченный
второчи́ть, -чу́, -чи́т
в то́чности
втрави́ть(ся), -авлю́(сь), -а́вит(ся)
вфа́вленный
втра́вливать(ся), -аю(сь), -ает(ся)
втравля́ть(ся), -я́ю(сь), -я́ет(ся)
втрамбо́ванный
втрамбова́ть(ся), -бу́ю, -бу́ет(ся)
втрамбо́вывать(ся), -аю, -ает(ся)
в-тре́тьих
втри́дешева
втри́дорога
в три поги́бели (согну́ться)
в три ше́и (гнать)
втро́е
втроём
втройне́
втугу́ю, нареч.
втуз, -а
вту́зовец, -вца
вту́зовка, -и
вту́зовский
вту́лка, -и
вту́лочка, -и
вту́лочный
втуне́
в тупи́к
в тупике́
втыка́ние, -я

ВТЫ

втыка́ть(ся), -а́ю, -а́ет(ся)
вты́чка, -и
втэ́ковский
втю́риться, -рюсь, -рится
втя́гивание, -я
втя́гивать(ся), -аю(сь), -ает(ся)
втя́жка, -и
втяжно́й
втя́нутый
втяну́ть(ся), втяну́(сь), втя́нет(ся)
втя́пать(ся), -аю(сь), -ает(ся)
втя́пываться, -аюсь, -ается
вуале́тка, -и
вуалехво́ст, -а
вуали́ровать(ся), -рую(сь), -рует(ся)
вуа́ль, -и
вуа́лька, -и
в убы́ток
в уго́ду
в уголо́к
вуз, -а
ву́зком, -а
ву́зовец, -вца
ву́зовка, -и
ву́зовский
вулка́н, -а
вулканиза́т, -а
вулканиза́тор, -а
вулканизацио́нный
вулканиза́ция, -и
вулканизи́рование, -я
вулканизи́рованный
вулканизи́ровать(ся), -рую, -рует(ся)
вулкани́зм, -а
вулканизо́ванный
вулканизова́ть(ся), -зу́ю, -зу́ет(ся)
вулкани́т, -а
вулкани́ческий
вулкано́лог, -а
вулканологи́ческий
вулканоло́гия, -и
вульгариза́тор, -а
вульгариза́торский
вульгариза́торство, -а
вульгариза́ция, -и
вульгаризи́рованный
вульгаризи́ровать(ся), -рую, -ру́ет(ся)
вульгари́зм, -а
вульга́рно-материалисти́ческий
вульга́рно-социологи́ческий
вульга́рность, -и
вульга́рный
вульфени́т, -а
вундерки́нд, -а
в унисо́н
в упо́р
вурдала́к, -а
в у́ровень
вха́живать, наст. вр. не употр.
вход, -а
в хо́де (чего)
входи́ть, вхожу́, вхо́дит
входно́й
в ходу́
входя́щий
вхожде́ние, -я
вхо́жий
вхолодну́ю, нареч.
вхолосту́ю, нареч.
в це́лом
в це́лях

ВЦЕ

в цене́
вцепи́ть(ся), вцеплю́(сь), вце́пит(ся)
вце́пленный
вцепля́ть(ся), -я́ю(сь), -я́ет(ся)
вци́ковский
в ча́стности
вчера́
вчера́шний
вче́рне
вчерти́ть(ся), вчерчу́, вче́ртит(ся)
вче́рченный
вче́рчивать(ся), -аю, -ает(ся)
вче́тверо
вчетверо́м
в-четвёртых
вчинённый; кр. ф. -ён, -ена́
вчиня́ть(ся), -я́ю, -я́ет(ся)
вчиня́ть(ся), -я́ю, -я́ет(ся)
вчисту́ю
вчита́ться, -а́юсь, -а́ется
вчи́тываться, -аюсь, -ается
вчу́вствоваться, -твуюсь, -твуется
вчу́же
вше́стеро
вшестеро́м
в-шесты́х
вшива́ние, -я
вшива́ть(ся), -а́ю, -а́ет(ся)
вши́веть, -ею, -еет
вши́вка, -и
вшивно́й
вши́вок, -вка
вши́вость, -и
вши́вочный
вши́вый
вширь, нареч. (разда́ться вширь), но сущ. в ширь (в ширь степе́й)
вши́тый
вши́ть(ся), вошью, вошьёт(ся)
в шу́тку
въеда́ться, -а́юсь, -а́ется
въе́дливость, -и
въе́дливый
въе́дчивый
въезд, -а
въездно́й
въезжа́ть, -а́ю, -а́ет
въе́зжий
въе́сться, въе́мся, въе́шься, въе́стся, въеди́мся, въеди́тесь, въедя́тся; прош. въе́лся, въе́лась
въе́хать, въе́ду, въе́дет
въя́ве
въявь
выба́лтывание, -я
выба́лтывать(ся), -аю(сь), -ает(ся)
вы́бег, -а
выбега́ние, -я
вы́бегать, -аю, -ает, сов.
выбега́ть, -а́ю, -а́ет, несов.
вы́бегаться, -аюсь, -ается
вы́бежать, вы́бегу, вы́бежит, вы́бегут
вы́беленный
выбе́ливание, -я
выбе́ливать(ся), -аю(сь), -ает(ся)
вы́белить(ся), -лю(сь), -лит(ся)
вы́белка, -и
выбива́лка, -и
выбива́льный
выбива́ние, -я
выбива́ть(ся), -а́ю(сь), -а́ет(ся)

ВЫБ

вы́бивка, -и
выбивно́й
выбира́ние, -я
выбира́ть(ся), -а́ю(сь), -а́ет(ся)
вы́битый
вы́бить(ся), -бью(сь), -бьет(ся)
вы́бленки, -нок, ед. вы́бленка, -и
вы́бленочный
вы́боина, -ы
вы́бойка, -и
вы́бойчатый
вы́болеть, -ею, -еет
вы́болтанный
вы́болтать(ся), -аю(сь), -ает(ся)
вы́болтнуть, -ну, -нет
вы́бор, -а
вы́борзок, -зка
вы́борка, -и
вы́борность, -и
вы́борный
вы́бороненный
вы́боронить, -ню, -нит
вы́борочный
вы́борщик, -а
вы́борщица, -ы
вы́боры, -ов
выбра́живать, -аю, -ает
вы́браковать, -кую, -кует
вы́браковка, -и
выбрако́вывать(ся), -аю, -ает(ся)
вы́браненный
вы́бранить(ся), -ню(сь), -нит(ся)
вы́бранный
выбра́сывание, -я
выбра́сыватель, -я
выбра́сывать(ся), -аю(сь), -ает(ся)
вы́брать(ся), -беру(сь), -берет(ся)
выбреда́ть, -а́ю, -а́ет
вы́бредший
вы́брести, -еду, -едет; прош. -ел, -ела
выбрива́ть(ся), -а́ю(сь), -а́ет(ся)
вы́бритый
вы́брить(ся), -рею(сь), -реет(ся)
вы́бродить(ся), -ожу, -одит(ся)
вы́бродки, -ов
вы́бронзировать, -рую, -рует
вы́брос, -а, мн. -ы, -ов
вы́бросать, -аю, -ает
вы́бросить(ся), -ошу(сь), -осит(ся)
вы́броска, -и
выбросно́й
вы́брошенный
выбры́згивать(ся), -аю, -ает(ся)
вы́брызнутый
вы́брызнуть, -ну, -нет
выбура́вить, -влю, -вит
выбура́вленный
выбура́вливать(ся), -аю, -яет(ся)
вы́буренный
выбу́ривание, -я
выбу́ривать(ся), -аю, -ает(ся)
вы́бурить, -рю, -рит
выбыва́ние, -я
выбыва́ть, -а́ю, -а́ет
вы́бытие, -я
вы́быть, -буду, -будет
выва́живание, -я
выва́живать(ся), -аю, -ает(ся)
выва́ленный (от вы́валить)
выва́ливание, -я
выва́ливать(ся), -аю(сь), -ает(ся)

вы́валить(ся), -лю(сь), -лит(ся)
вы́валка, -и
вы́валянный (от вы́валять)
вы́валять(ся), -яю(сь), -яет(ся)
вы́варенный
выва́ривание, -я
выва́ривать, -аю, -ает(ся)
вы́варить(ся), -рю, -рит(ся)
вы́варка, -и
вы́варки, -ов
выварно́й
вы́варочный
выва́щивать(ся), -аю, -ает(ся)
вывева́ние, -я
вывева́ть, -а́ю, -а́ет(ся) (к ве́ять)
вы́вевки, -вок
вы́ведать, -аю, -ает
выведе́ние, -я
вы́веденный
вы́веденыш, -а
вы́ведрить, -ит
вы́ведший(ся)
выве́дывать(ся), -аю, -ает(ся)
вы́везенный
вы́везти, -зу, -зет
вы́везший
выве́ивание, -я
выве́ивать(ся), -аю, -ает(ся)
вы́веренный
вы́верить, -рю, -рит
вы́верка, -и
вы́вернутый
вы́вернуть(ся), -ну(сь), -нет(ся)
вы́верт, -а
вы́вертеть, -рчу, -ртит
выве́ртывать(ся), -аю(сь), -ает(ся)
вы́верченный
выве́рчивать(ся), -аю, -ает(ся)
вы́вершить, -шу, -ит
выверя́ть(ся), -я́ю, -я́ет(ся)
вы́вес, -а
вы́весить(ся), -ешу, -есит(ся)
вы́веска, -и
вы́весочный
вы́вести(сь), -еду, -едет(ся)
вы́ветренность, -и
вы́ветренный
вы́ветреть, -еет (измениться под действием ветра)
выве́тривание, -я
выве́тривать(ся), -аю, -ает(ся)
вы́ветрить, -рю, -рит (что)
вы́ветриться, -ится
вы́вешенный
выве́шивание, -я
выве́шивать(ся), -аю, -ает(ся)
вы́вешить, -шу, -шит (от ве́ха)
вы́веянный
вы́веять(ся), -ею, -еет(ся)
вывива́ть(ся), -а́ю, -а́ет(ся) (к вить)
вы́винтить(ся), -нчу, -нтит(ся)
вы́винченный
выви́нчивание, -я
выви́нчивать(ся), -аю, -ает(ся)
вы́витый
вы́вить, -вью, -вьет
вы́вих, -а
выви́хивать(ся), -аю, -ает(ся)
вы́вихнутый
вы́вихнуть(ся), -ну, -нет(ся)
вы́вод, -а
выводи́ть, -ожу, -одит, сов.

выводи́ть(ся), -ожу́, -о́дит(ся), несов.
вы́водка, -и
вы́водковый
выводно́й
вы́водок, -дка
вы́воженный
вы́воз, -а
вы́возить(ся), -ожу(сь), -озит(ся), сов.
вывози́ть(ся), -ожу́, -о́зит(ся), несов.
вы́возка, -и
вывозно́й
вывола́кивание, -я
вывола́кивать(ся), -аю, -ает(ся)
вы́волокший
вы́волоченный
вы́волочить, -чу, -чит
вы́волочка, -и
вы́волочный
вы́волочь, -оку, -очет, -окут; прош. -ок, -окла
вывора́чивание, -я
вывора́чивать(ся), -аю(сь), -ает(ся)
вы́ворот, -а
вы́воротить(ся), -рочу, -ротит(ся)
вы́воротный
вы́вороченный
вы́вязанный
вы́вязать, -яжу, -яжет
вы́вязка, -и
вывя́зывание, -я
вывя́зывать(ся), -аю, -ает(ся)
выва́ливать(ся), -аю, -ает(ся)
вы́вялить(ся), -лю, -лит(ся)
вы́гаданный
вы́гадать, -аю, -ает
выга́дывание, -я
выга́дывать(ся), -аю, -ает(ся)
вы́гар, -а
вы́гарки, -ов
вы́гатить, -ачу, -атит
вы́гаченный
выга́чивать(ся), -аю, -ает(ся)
вы́гиб, -а
выгиба́ние, -я
выгиба́ть(ся), -а́ю(сь), -а́ет(ся)
вы́гибка, -и
вы́гладить(ся), -ажу, -адит(ся)
выгла́дывать(ся), -аю, -ает(ся)
вы́глаженный
выгла́живать(ся), -аю, -ает(ся)
вы́глоданный
вы́глодать, -ожу, -ожет и -аю, -ает
вы́глядеть, -яжу, -ядит
выгля́дывать, -аю, -ает
вы́глянуть, -ну, -нет
вы́гнанный
вы́гнать, вы́гоню, вы́гонит
выгнива́ть, -а́ет
вы́гнить, -нет
вы́гнутый
вы́гнуть(ся), -ну(сь), -нет(ся)
выгова́ривание, -я
выгова́ривать(ся), -аю(сь), -ает(ся)
вы́говор, -а, мн. -ы, -ов
вы́говоренный
вы́говорить(ся), -рю(сь), -рит(ся)
вы́года, -ы
вы́годный
вы́гон, -а, мн. -ы, -ов
вы́гонка, -и
вы́гонный

вы́гонщик, -а
вы́гонять(ся), -яю, -яет(ся)
выгора́живание, -я
выгора́живать(ся), -аю(сь), -ает(ся)
выгора́ние, -я
выгора́ть, -а́ет
вы́гореть, -рит
вы́городить(ся), -ожу(сь), -одит(ся)
вы́гороженный
выгравиро́ванный
выгравирова́ть, -рую, -рует
вы́граненный
выгра́нивать(ся), -аю, -ает(ся)
вы́гранить, -ню, -нит
вы́греб, -а
выгреба́ние, -я
выгреба́ть(ся), -а́ю(сь), -а́ет(ся)
вы́гребенный
вы́гребка, -и
вы́гребки, -ов
выгребно́й
вы́гребший(ся)
вы́грести(сь), -гребу(сь), -гребет(ся); прош. -греб(ся), -гребла(сь)
выгружа́ть(ся), -а́ю(сь), -а́ет(ся)
вы́груженный
вы́грузить(ся), -ужу(сь), -узит(ся)
вы́грузка, -и
выгрузно́й
выгрыза́ть(ся), -а́ю, -а́ет(ся)
вы́грызенный
вы́грызть, -зу, -зет; прош. -ыз, -ызла
вы́грызший
вы́гул, -а
выгу́ливать(ся), -аю, -ает(ся)
вы́гульный
вы́гулять(ся), -яю, -яет(ся)
выдава́ть(ся), -даю́(сь), -даёт(ся)
вы́давить(ся), -влю, -вит(ся)
вы́давленный
выда́вливать(ся), -аю, -ает(ся)
выда́ивание, -я
выда́ивать(ся), -аю, -ает(ся)
выда́лбливать(ся), -аю, -ает(ся)
вы́данный
вы́данье, -я: на вы́данье
вы́дать(ся), -ам(ся), -ашь(ся), -аст(ся), -адим(ся), -адите(сь), -адут(ся)
вы́дача, -и
выдаю́щийся
выдвига́ние, -я
выдвига́ть(ся), -а́ю(сь), -а́ет(ся)
выдвиже́нец, -нца
выдвиже́ние, -я
выдвиже́нка, -и
выдвиже́нческий
выдвиже́нчество, -а
выдвижно́й
вы́двинутый
вы́двинуть(ся), -ну(сь), -нет(ся)
выдворе́ние, -я
вы́дворенный
вы́дворить(ся), -рю(сь), -рит(ся)
выдворя́ть(ся), -я́ю(сь), -я́ет(ся)
вы́дел, -а
вы́деланный
вы́делать(ся), -аю, -ает(ся)
выделе́ние, -я
вы́деленный
выдели́тельный
вы́делить(ся), -лю(сь), -лит(ся)
вы́делка, -и

ВЫД

вьщёлывание, -я
вьщёлывать(ся), -аю, -ает(ся)
выделять(ся), -яю(сь), -яет(ся)
вы́дерганный
вы́дергать(ся), -аю, -ает(ся)
выдёргивание, -я
выдёргивать(ся), -аю -ает(ся)
вы́держанность, -и
вы́держанный
вы́держать(ся), -жу, -жит(ся)
выдёрживание, -я
выдёрживать(ся), -аю, -ает(ся)
вы́держка, -и
вы́дернутый
вы́дернуть(ся), -ну, -нет(ся)
выдирание, -я
выдирать(ся), -аю(сь), -ает(ся)
вы́дирка, -и
вы́доенный
вы́доить(ся), -ою, -оит(ся)
вы́дойка, -и
вы́долбить(ся), -блю, -бит(ся)
вы́долбленный
вы́дох, -а
вы́дохнутый
вы́дохнуть(ся), -ну(сь), -нет(ся); прош. -дох(ся), -дохла(сь)
вы́дохшийся
вы́дра, -ы
вы́драенный
выдра́ивать, -аю, -ает
вы́драить, -аю, -аит
вы́дранный
вы́драть(ся), -деру(сь), -дерет(ся)
выдрёнок, -нка, мн. -ря́та, -ря́т
вы́дрессированный
вы́дрессировать(ся), -рую(сь), -рует(ся)
вы́дрий, -яя, -ее
вы́дровый
вы́дубить(ся), -блю, -бит(ся)
вы́дубленный
выдува́ние, -я
выдува́ть(ся), -а́ю, -а́ет(ся)
вы́дувка, -и
выдувно́й
вы́думанный
вы́думать(ся), -аю, -ает(ся)
вы́думка, -и
вы́думщик, -а
вы́думщица, -ы
выду́мывание, -я
выду́мывать(ся), -аю, -ает(ся)
вы́дутый
вы́дуть(ся), -дую, -дует(ся)
выдыха́ние, -я
выдыха́тельный
выдыха́ть(ся), -а́ю(сь), -а́ет(ся)
вы́дюжить, -жу, -жит
выеда́ть(ся), -а́ю, -а́ет(ся)
вы́еденный
вы́езд, -а
вы́ездить(ся), -зжу, -здит(ся)
вы́ездка, -и
выездно́й
выезжа́ть, -а́ю, -а́ет
вы́езженный
вы́езживать(ся), -аю, -ает(ся)
вы́ем, -а
вы́емка, -и
вы́емочный
вы́емчато-зубча́тый

ВЫЕ

вы́емчатый
вы́есть(ся), -ем, -ешь, -ест(ся), -едим, -едите, -едят(ся)
вы́ехать, -еду, -едет
вы́жаренный
выжа́ривать(ся), -аю, -ает(ся)
вы́жарить(ся), -рю, -рит(ся)
вы́жарки, -ов
вы́жатый
вы́жать¹, -жму, -жмет
вы́жать², -жну, -жнет
вы́жаться, -жмется
выжда́ть, -жду, -ждет
вы́жегший
вы́желтить(ся), -лчу(сь), -лтит(ся)
вы́желченный
вы́жереб, -а
вы́жечь, -жгу, -жжет, -жгут; прош. -жег, -жгла
вы́жженный
выжива́ть, -а́ю, -а́ет
вы́живший
вы́жиг, -а
вы́жига, -и, м. и ж. (пройдоха)
выжига́ние, -я
выжига́ть(ся), -а́ю, -а́ет(ся)
выжида́ние, -я
выжида́тельный
выжида́ть(ся), -а́ю, -а́ет
вы́жим, -а
выжима́ние, -я
выжима́ть(ся), -а́ю, -а́ет(ся)
вы́жимка, -и
вы́жимки, -ов
вы́жимочный
выжина́ть(ся), -а́ю, -а́ет(ся)
выжира́ть, -а́ю, -а́ет
вы́жить, -иву, -ивет
вы́жлец, -а
вы́жлица, -ы
вы́жловка, -и
выжля́та, -ля́т, ед. выжлёнок, -нка
выжля́тник, -а
вы́жранный
вы́жрать, -ру, -рет
вызва́нивание, -я
вызва́нивать(ся), -аю, -ает(ся)
вы́званный
вы́звать(ся), -зову(сь), -зовет(ся)
вы́вездить, -ит
вы́зволенный
вы́зволить(ся), -лю(сь), -лит(ся)
вызволя́ть(ся), -я́ю(сь), -я́ет(ся)
вы́звонить, -ню, -нит
выздора́вливание, -я
выздора́вливать, -аю, -ает
выздора́вливающий, -его
вы́здоровевший
вы́здороветь, -ею, -еет
выздоровле́ние, -я
вы́зелененный
вы́зеленить(ся), -ню(сь), -нит(ся)
вы́зимовать, -мую, -мует
вызнава́ть, -на́ю, -наёт
вы́знать, -аю, -ает
вы́зов, -а, мн. -ы, -ов
вы́зол, -а
вызола́чивать(ся), -аю, -ает(ся)
вы́золенный
вы́золить(ся), -лю, -лит(ся)
вы́золотить(ся), -очу, -отит(ся)
вы́золоченный

ВЫЗ

вызрева́ние, -я
вызрева́ть, -а́ет
вы́зреть, -еет
вы́зубренный
вы́зубривать(ся), -аю, -ает(ся)
вы́зубрина, -ы
вы́зубрить, -рю, -рит
вы́зудить, -ужу, -удит
вы́зуженный
вызыва́ть(ся), -а́ю(сь), -а́ет(ся)
вызыва́ющий
вызывно́й
вы́зябнуть, -ну, -нет; прош. -зяб, -зябла
вы́зябший
вы́игранный
вы́играть, -аю, -ает
вы́игрывание, -я
выи́грывать(ся), -аю, -ает(ся)
вы́игрыш, -а
вы́игрышный
вы́исканный
вы́искать(ся), -ищу, -ищет(ся)
выи́скивание, -я
выи́скивать(ся), -аю, -ает(ся)
вы́йти, вы́йду, вы́йдет; прош. вы́шел, вы́шла
вы́казанный
вы́казать(ся), -ажу(сь), -ажет(ся)
выка́зывать(ся), -аю(сь), -ает(ся)
выка́ливание, -я
выка́ливать(ся), -аю, -ает(ся)
выка́лить(ся), -лю, -лит(ся)
вы́калка, -и (от выкалить)
выка́лывание, -я
выка́лывать(ся), -аю, -ает(ся)
выкама́ривать, -аю, -ает
вы́канье, -я
выканю́чивать(ся), -аю, -ает(ся)
вы́канючить, -чу, -чит
выка́пчивать(ся), -аю(сь), -ает(ся)
выка́пывание, -я
выка́пывать(ся), -аю, -ает(ся)
выкара́бкаться, -аюсь, -ается
выкара́бкиваться, -аюсь, -ается
выка́рмливание, -я
выка́рмливать(ся), -аю(сь), -ает(ся)
вы́кат, -а
вы́катанный
выка́тать(ся), -аю, -ает(ся)
вы́катить(ся), -ачу(сь), -атит(ся)
вы́катка, -и
выкатно́й
выка́тывание, -я
выка́тывать(ся), -аю(сь), -ает(ся)
вы́кать, -аю, -ает
вы́качанный (от вы́качать)
вы́качать(ся), -аю, -ает(ся)
вы́каченный (от вы́катить)
выка́чивание, -я
выка́чивать(ся), -аю, -ает(ся)
вы́качка, -и
выка́шивание, -я
выка́шивать(ся), -аю(сь), -ает(ся)
выка́шливать(ся), -аю(сь), -ает(ся)
вы́кашлянный
вы́кашлянуть, -ну, -нет
вы́кашлять(ся), -яю(сь), -яет(ся)
вы́квасить(ся), -ашу, -асит(ся)
вы́кваска, -и
выква́шивать(ся), -аю, -ает(ся)
вы́киданный

вы́кидать, -аю, -ает
вы́кидка, -и
выкидно́й
вы́кидывание, -я
выки́дывать(ся), -аю(сь), -ает(ся)
вы́кидыш, -а
вы́кинутый
вы́кинуть(ся), -ну(сь), -нет(ся)
выкипа́ние, -я
выкипа́ть, -а́ет
вы́кипеть, -пит
вы́кипятить(ся), -ячу, -ятит(ся)
вы́кипяченный
выкиса́ние, -я
выкиса́ть, -а́ет
вы́киснуть, -нет; прош. -ис, -исла
вы́кисший
вы́кладка, -и
выкладно́й
вы́кладывание, -я
выкла́дывать(ся), -аю(сь), -ает(ся)
вы́клеванный
вы́клевать(ся), -люю, -люет(ся)
выклёвывать(ся), -аю, -ает(ся)
вы́клеенный
выкле́ивание, -я
выкле́ивать(ся), -аю, -ает(ся)
вы́клеить(ся), -ею, -еит(ся)
вы́клеймить, -млю, -мит
вы́клепать(ся), -аю, -ает(ся)
вы́клепка, -и
выклёпывание, -я
выклёпывать(ся), -аю, -ает(ся)
вы́клик, -а
выклика́ние, -я
выклика́ть(ся), -а́ю, -а́ет(ся)
выкли́кивание, -я
выкли́кивать(ся), -аю, -ает(ся)
вы́кликнутый
вы́кликнуть, -ну, -нет
выкли́нивать(ся), -аю, -ает(ся)
вы́клинить(ся), -ню, -нит(ся)
вы́клюнутый
вы́клюнуть(ся), -ну, -нет(ся)
выключа́тель, -я
выключа́ть(ся), -а́ю, -а́ет(ся)
выключе́ние, -я
вы́ключенный
вы́ключить(ся), -чу, -чит(ся)
вы́ключка, -и
вы́клянченный
выкля́нчивать(ся), -аю, -ает(ся)
вы́клянчить, -чу, -чит
вы́кованный
вы́ковать(ся), -кую, -кует(ся)
вы́ковка, -и
выко́вывание, -я
выко́вывать(ся), -аю, -ает(ся)
выковы́ривать(ся), -аю, -ает(ся)
вы́ковырнутый
вы́ковырнуть(ся), -ну, -нет(ся)
вы́ковырянный
вы́ковырять, -яю, -яет
выкола́чивание, -я
выкола́чивать(ся), -аю, -ает(ся)
выкола́шивание, -я
выкола́шиваться, -ается
вы́колка, -и (от вы́колоть)
вы́колоситься, -ится
вы́колотить(ся), -очу, -отит(ся)
вы́колотка, -и
вы́колотый

вы́колоть(ся), -лю, -лет(ся)
вы́колоченный
вы́колупанный
вы́колупать(ся), -аю, -ает(ся)
вы́колупнуть, -ну, -нет
выколу́пывать(ся), -аю, -ает(ся)
вы́копанный
вы́копать(ся), -аю, -ает(ся)
вы́копка, -и
вы́коптить(ся), -пчу(сь), -птит(ся)
вы́копченный
вы́корм, -а
вы́кормить(ся), -млю(сь), -мит(ся)
вы́кормка, -и
вы́кормленный
вы́кормок, -мка
вы́кормыш, -а
вы́корпеть, -плю, -пит
вы́корчеванный
вы́корчевать(ся), -чую, -чует(ся)
вы́корчёвка, -и
вы́корчёвывание, -я
вы́корчёвывать(ся), -аю, -ает(ся)
вы́кос, -а
вы́косить(ся), -ошу(сь), -осит(ся)
вы́кошенный
вы́краденный
выкра́дывать(ся), -аю(сь), -ает(ся)
выкра́ивание, -я
выкра́ивать(ся), -аю, -ает(ся)
вы́красить(ся), -ашу(сь), -асит(ся)
вы́красть(ся), -аду(сь), -адет(ся); прош. -ал(ся), -ала(сь)
выкрахма́ливать, -аю, -ает
вы́крахмалить, -лю, -лит
вы́крашенный
выкра́шивать(ся), -аю(сь), -ает(ся)
вы́крест, -а
вы́крестить(ся), -ещу(сь), -естит(ся)
вы́крестка, -и
вы́крещенный
выкре́щивать(ся), -аю(сь), -ает(ся)
вы́крик, -а
выкри́кивание, -я
выкри́кивать, -аю, -ает
вы́крикнуть, -ну, -нет
выкристаллизо́ванный
выкристаллизова́ть(ся), -зую, -зует(ся)
выкристаллизо́вывать(ся), -аю, -ает(ся)
вы́кричать(ся), -чу(сь), -чит(ся)
вы́кроенный
вы́кроить(ся), -ою, -оит(ся)
вы́кройка, -и
вы́крошенный
вы́крошить(ся), -шу, -шит(ся)
вы́круглить(ся), -лю, -лит(ся)
выкругля́ть(ся), -я́ю, -я́ет(ся)
выкружа́льник, -а
выкру́живать(ся), -аю, -ает(ся)
вы́кружить, -жу, -жит
вы́кружка, -и
выкрута́сы, -ов
вы́крутить(ся), -учу(сь), -утит(ся)
вы́крутка, -и
вы́крученный
выкру́чивание, -я
выкру́чивать(ся), -аю(сь), -ает(ся)
выкувы́ркивать(ся), -аю(сь), -ает(ся)
вы́кувырнуть(ся), -ну(сь), -нет(ся)
вы́куп, -а

вы́купанный
вы́купать(ся), -аю(сь), -ает(ся), сов.
выкупа́ть(ся), -а́ю(сь), -а́ет(ся), несов.
вы́купить(ся), -плю(сь), -пит(ся)
вы́купленный
выкупно́й
вы́купщик, -а
вы́куренный
выку́ривание, -я
выку́ривать(ся), -аю, -ает(ся)
вы́курить(ся), -рю, -рит(ся)
вы́курка, -и
вы́курки, -ов
вы́кус, -а
вы́кусать, -аю, -ает
вы́кусить, -ушу, -усит
выку́сывать(ся), -аю, -ает(ся)
вы́кушанный (от вы́кушать)
вы́кушать, -аю, -ает
вы́кушенный (от вы́кусить)
выла́вливание, -я
выла́вливать(ся), -аю, -ает(ся)
вы́лазка, -и
выла́кать, -аю, -ает
выла́мывание, -я
выла́мывать(ся), -аю(сь), -ает(ся)
выла́щивать(ся), -аю, -ает(ся)
вы́лежать(ся), -жу(сь), -жит(ся)
вылёживание, -я
вылёживать(ся), -аю(сь), -ает(ся)
вы́лежка, -и
вылеза́ть, -а́ю, -а́ет
вы́лезть и вы́лезти, -зу, -зет; прош. -лез, -лезла
вы́лезший
вы́лепить(ся), -плю, -пит(ся)
вы́лепленный
вылепля́ть(ся), -я́ю, -я́ет(ся)
вы́лет, -а
вылета́ние, -я
вылета́ть, -а́ю, -а́ет
вы́лететь, -лечу, -летит
вы́леченный
выле́чивать(ся), -аю(сь), -ает(ся)
вы́лечить(ся), -чу(сь), -чит(ся)
вылива́ние, -я
вылива́ть(ся), -а́ю, -а́ет(ся)
вы́ливка, -и
вы́лизанный
вы́лизать(ся), -ижу, -ижет(ся)
выли́зывание, -я
выли́зывать(ся), -аю, -ает(ся)
вы́линявший
вы́линялый
вы́линять, -яю, -яет
вы́литый
вы́лить(ся), -лью, -льет(ся)
вы́лов, -а
вы́ловить(ся), -влю, -вит(ся)
вы́ловленный
вы́ложенный
вы́ложить(ся), -жу(сь), -жит(ся)
вы́лом, -а
вы́ломанный (от вы́ломать)
вы́ломать(ся), -аю, -ает(ся)
вы́ломить(ся), -млю, -мит(ся)
вы́ломка, -и
вы́ломленный (от вы́ломить)
вы́лощенный
вы́лощить(ся), -ощу, -ощит(ся)

ВЫЛ

вы́лудить(ся), -ужу, -удит(ся)
вы́луженный
вылу́живать(ся), -аю, -ает(ся)
вы́лупить(ся), -плю(сь), -пит(ся)
вы́лупленный
вылу́пливать(ся), -аю(сь), -ает(ся)
вылупля́ть(ся), -я́ю(сь), -я́ет(ся)
вы́лущенный
вы́лущивание, -я
вы́лущивать(ся), -аю, -ает(ся)
вы́лущить(ся), -щу, -щит(ся)
вы́мазанный
вы́мазать(ся), -ажу(сь), -ажет(ся)
вы́мазка, -и
вы́мазывание, -я
вы́мазывать(ся), -аю(сь), -ает(ся)
вы́маканный
вы́макать, -аю, -ает
вы́малеванный
вы́малевать(ся), -люю, -люет(ся)
вымалёвывать(ся), -аю, -ает(ся)
вы́маливание, -я
вы́маливать(ся), -аю, -ает(ся)
вы́маненный
выма́нивание, -я
выма́нивать(ся), -аю, -ает(ся)
вы́манить, -ню, -нит
вы́маранный
вы́марать(ся), -аю(сь), -ает(ся)
выма́ривать(ся), -аю(сь), -ает(ся)
вы́марка, -и
выма́рывание, -я
выма́рывать(ся), -аю, -ает(ся)
выма́тывание, -я
выма́тывать(ся), -аю(сь), -ает(ся)
вы́махать(ся), -аю, -ает(ся)
выма́хивать(ся), -аю, -ает(ся)
вы́махнуть, -ну, -нет
выма́чивание, -я
выма́чивать(ся), -аю(сь), -ает(ся)
выма́щивать(ся), -аю, -ает(ся)
вымбо́вка, -и
вы́межевать(ся), -жую(сь), -жует(ся)
вымежёвывание, -я
вымежёвывать(ся), -аю(сь), -ает(ся)
вы́меленный
вы́мелить(ся), -лю(сь), -лит(ся)
вы́менивание, -я
вы́менивать(ся), -аю, -ает(ся)
вы́менянный
вы́менять, -яю, -яет
вы́меренный
вы́мереть, вы́мрет; прош. вы́мер, вы́мерла
вымерза́ние, -я
вымерза́ть, -а́ет
вы́мерзнуть, -нет; прош. -ерз, -ерзла
вы́мерзший
вымеря́ть(ся), -аю, -ает(ся)
вы́мерить, -рю, -рит и -ряю, -ряет
вы́мерок, -рка
вы́мерший
вымеря́ть(ся), -я́ю, -я́ет(ся)
вы́месить(ся), -ешу, -есит(ся)
вы́мести(сь), -мету(сь), -метет(ся); прош. -мел(ся), -мела(сь)
вы́местить(ся), -ещу, -естит(ся)
вы́метанный (от вымета́ть)
вы́метать¹, -аю, -ает, сов. (о шитье)
вы́метать², -мечу, -мечет, сов.
вымета́ть(ся), -а́ю(сь), -а́ет(ся), несов.

ВЫМ

вы́метенный (от вы́мести)
вы́метить, -мечу, -метит
вы́метной
вы́метнуть(ся), -ну(сь), -нет(ся)
вы́метший(ся)
вымётывать(ся), -аю, -ает(ся)
вымеча́ть(ся), -а́ю, -а́ет(ся)
вы́меченный (от вы́метить)
вы́мечко, -а
вы́мешанный (от вымеша́ть)
вымеша́ть(ся), -аю, -ает(ся)
вы́мешенный (от вы́месить)
выме́шивание, -я
выме́шивать(ся), -аю, -ает(ся)
выеща́ть(ся), -а́ю, -а́ет(ся)
выеще́ние, -я
вы́мещенный (от вы́местить)
вымина́ть(ся), -а́ю, -а́ет(ся)
вымира́ние, -я
вымира́ть, -а́ет
вымога́ние, -я
вымога́тель, -я
вымога́тельница, -ы
вымога́тельский
вымога́тельство, -а
вымога́ть(ся), -а́ю, -а́ет(ся)
вы́моина, -ы
вымока́ние, -я
вымока́ть, -а́ю, -а́ет
вы́мокнуть, -ну, -нет; прош. -мок, -мокла
вы́мокший
вымола́чивание, -я
вымола́чивать(ся), -аю, -ает(ся)
вы́молвить, -влю, -вит
вы́молвленный
вы́моленный
вы́молить, -лю, -лит
вы́молот, -а
вы́молотить(ся), -очу, -отит(ся)
вы́молотка, -и
вы́молотый (от вы́молоть)
вы́молоть, -мелю, -мелет
вы́молоченный (от вы́молотить)
вымора́живание, -я
вымора́живать(ся), -аю, -ает(ся)
вы́моренный
вы́морить(ся), -рю, -рит(ся)
вы́мороженный
вы́морозить(ся), -ожу, -озит(ся)
вы́морозка, -и
вы́морозки, -ов
вы́морочный
вы́мостить(ся), -ощу, -остит(ся)
вы́мотанный
вы́мотать(ся), -аю(сь), -ает(ся)
вы́моченный
вы́мочить(ся), -чу(сь), -чит(ся)
вы́мочка, -и
вы́мощенный
вы́мпел, -а, мн. -ы, -ов и -а́, -о́в
вымпелфа́л, -а
вы́мпельный
вы́муравить, -влю, -вит
вымура́вливать, -аю, -ает
вы́мученный
выму́чивать(ся), -аю, -ает(ся)
вы́мучить, -чу, -чит и -аю, -ает
вы́муштрованный
вы́муштровать(ся), -рую(сь), -рует(ся)
вымча́ть(ся), -чу(сь), -чит(ся)

ВЫМ

вымыва́ние, -я
вымыва́ть(ся), -а́ю(сь), -а́ет(ся)
вымывно́й
вымы́ливать(ся), -аю(сь), -ает(ся)
вы́мылить(ся), -лю(сь), -лит(ся)
вы́мылки, -ов и -лок
вы́мысел, -сла
вы́мыслить, -лю, -лит
вы́мытый
вы́мыть(ся), вы́мою(сь), вы́моет(ся)
вы́мышленный
вымышля́ть(ся), -я́ю, -я́ет(ся)
вы́мя, вы́мени
вы́мятый
вы́мять, -мну, -мнет
вына́шивание, -я
вына́шивать(ся), -аю, -ает(ся)
вынесе́ние, -я
вы́несенный
вы́нести(сь), -су(сь), -сет(ся); прош. -ес(ся), -есла(сь)
вы́несший(ся)
вы́низанный
вынизать, -ижу, -ижет
выни́зывать(ся), -аю, -ает(ся)
вынима́ть(ся), -а́ю, -а́ет(ся)
вы́нос, -а
вы́носить(ся), -ошу, -осит(ся), сов.
выноси́ть(ся), -ошу́(сь), -о́сит(ся), несов.
вы́носка, -и
выно́сливость, -и
выно́сливый
выносно́й
вы́ношенный
вы́нудить, -ужу, -удит
вынужда́ть(ся), -а́ю(сь), -а́ет(ся)
вынужде́ние, -я
вы́нужденный
вы́нутый
вы́нуть(ся), -ну, -нет(ся)
выны́ривать, -аю, -ает
вы́нырнуть, -ну, -нет
вы́нюхать, -аю, -ает
выню́хивать, -аю, -ает
вы́нянченный
выня́нчивать, -аю, -ает
вы́нянчить, -чу, -чит
вы́острить(ся), -рю, -рит(ся)
вы́павший
вы́пад, -а
выпада́ние, -я
выпада́ть, -а́ю, -а́ет
выпаде́ние, -я
выпа́ивание, -я
выпа́ивать(ся), -аю, -ает(ся)
вы́паленный
выпа́ливать(ся), -аю, -ает(ся)
вы́палить, -лю, -лит
выпа́лывание, -я
выпа́лывать(ся), -аю, -ает(ся)
вы́паренный
выпа́ривание, -я
выпа́ривать(ся), -аю(сь), -ает(ся)
выпари́тельный
вы́парить(ся), -рю(сь), -рит(ся)
вы́парка, -и (от вы́парить)
вы́парки, -ов и -рок
выпарно́й
выпа́рхивать, -аю, -ает
выпа́рывание, -я
выпа́рывать(ся), -аю, -ает(ся)

ВЫП

вы́пас, -а
вы́паска, -и
выпасно́й
вы́пасти, -су, -сет; *прош.* -пас, -пасла
вы́пасть, -аду, -адет; *прош.* -ал, -ала
вы́паханный
вы́пахать(ся), -пашу, -пашет(ся)
выпа́хивание, -я
выпа́хивать(ся), -аю, -ает(ся)
вы́пачканный
вы́пачкать(ся), -аю(сь), -ает(ся)
вы́пашка, -и
вы́паянный
вы́паять, -яю, -яет
выпева́ть, -а́ю, -а́ет (*к* петь)
вы́пек, -а
выпека́ние, -я
выпека́ть(ся), -а́ю, -а́ет(ся)
вы́пекший(ся)
вы́переть(ся), -пру(сь), -прет(ся); *прош.* -пер(ся), -перла(сь)
вы́пертый
вы́перший(ся)
вы́пестованный
вы́пестовать, -тую, -тует
вы́петый
вы́петь, -пою, -поет (*от* петь)
вы́печенный
вы́печка, -и
вы́печь(ся), -еку, -ечет(ся), -екут(ся); *прош.* -ек(ся), -екла(сь)
выпива́ла, -ы, *м.*
выпива́ть(ся), -а́ю, -а́ет(ся) (*к* пить)
вы́пивка, -и
выпиво́ха, -и, *м. и ж.*
вы́пивши
вы́пиленный
выпи́ливание, -я
выпи́ливать(ся), -аю, -ает(ся)
вы́пилить(ся), -лю, -лит(ся)
вы́пилка, -и
вы́пило́вка, -и
вы́пило́вочный
выпира́ние, -я
выпира́ть(ся), -а́ю, -а́ет(ся)
вы́писанный
вы́писать(ся), -ишу(сь), -ишет(ся)
вы́писка, -и
выписно́й
выпи́сывание, -я
выпи́сывать(ся), -аю(сь), -ает(ся)
вы́пись, -и
вы́питый
вы́пить, -пью, -пьет
вы́пиханный
вы́пихать, -аю, -ает
выпи́хивать(ся), -аю, -ает(ся)
вы́пихнутый
вы́пихнуть, -ну, -нет
вы́плавить(ся), -влю, -вит(ся)
вы́плавка, -и
вы́плавленный
выпла́вливание, -я
выпла́влять(ся), -я́ю, -я́ет(ся)
выплавно́й
вы́плавок, -вка
вы́плаканный
вы́плакать(ся), -ачу(сь), -ачет(ся)
выпла́кивать(ся), -аю(сь), -ает(ся)
вы́плата, -ы
вы́платить, -ачу, -атит
выплатно́й

ВЫП

вы́плаченный
выпла́чивание, -я
выпла́чивать(ся), -аю, -ает(ся)
выплева́ть, -люю, -люет
вы́плеск, -а
вы́плесканный
вы́плескать(ся), -ещу, -ещет(ся)
выплёскивание, -я
выплёскивать(ся), -аю, -ает(ся)
вы́плеснутый
вы́плеснуть(ся), -ну, -нет(ся)
вы́плести(сь), -лету, -летет(ся)
выплета́ть(ся), -а́ю, -а́ет(ся)
вы́плетенный
вы́плетший(ся)
вы́плыв, -а
выплыва́ть, -а́ю, -а́ет
вы́плывок, -вка
вы́плыть, -ыву, -ывет
вы́плюнутый
вы́плюнуть(ся), -ну, -нет(ся)
вы́плясаться, -яшусь, -яшет(ся)
выпля́сывать(ся), -аю(сь), -ает(ся)
вы́поенный
вы́поить(ся), -ою, -оит(ся)
выпола́скивать(ся), -аю, -ает(ся)
выполза́ть, -а́ю, -а́ет
вы́ползень, -зня
вы́ползок, -зка
вы́ползти, -зу, -зет; *прош.* -олз, -олзла
вы́ползший
вы́полированный
вы́полировать(ся), -рую, -рует(ся)
выполне́ние, -я
вы́полненный
выполни́мый
вы́полнить(ся), -ню, -нит(ся)
выполня́ть(ся), -я́ю, -я́ет(ся)
вы́полосканный
вы́полоскать(ся), -ощу, -ощет(ся) и -аю, -ает(ся)
вы́полоснутый
вы́полоснуть, -ну, -нет
вы́полотый
вы́полоть, -лю, -лет
вы́пользовать, -зую, -зует
вы́понтировать, -рую, -рует
вы́пор, -а
выпора́жнивать(ся), -аю, -ает(ся)
вы́порка, -и (*от* выпороть)
вы́порожненный
вы́порожнить, -ню, -нит
вы́порок, -рка
вы́поротковый
вы́пороток, -тка
вы́поротый
вы́пороть(ся), -рю, -рет(ся)
вы́порхнуть, -ну, -нет
вы́пот, -а
выпотева́ние, -я
вы́потеть, -ею, -еет
вы́потрошенный
вы́потрошить(ся), -шу, -шит(ся)
вы́правительный
вы́править(ся), -влю(сь), -вит(ся)
вы́правка, -и
выправле́ние, -я
вы́правленный
выправля́ть(ся), -я́ю(сь), -я́ет(ся)
выпра́стывание, -я
выпра́стывать(ся), -аю(сь), -ает(ся)

ВЫП

выпра́шивание, -я
выпра́шивать(ся), -аю(сь), -ает(ся)
выпрева́ть, -а́ет
вы́преть, -еет
выпрова́живание, -я
выпрова́живать(ся), -аю, -ает(ся)
вы́проводить, -вожу, -водит
вы́провоженный
выпроки́дывать(ся), -аю(сь), -ает(ся)
вы́прокинуть(ся), -ну(сь), -нет(ся)
вы́просить(ся), -ошу(сь), -осит(ся)
вы́простанный
вы́простать(ся), -аю(сь), -ает(ся)
вы́прошенный
вы́прудить, -ужу, -удит
выпры́гивать, -аю, -ает
вы́прыгнуть, -ну, -нет
вы́прыскать, -аю, -ает
выпры́скивать(ся), -аю, -ает(ся)
вы́прыснуть, -ну, -нет
выпряга́ние, -я
выпряга́ть(ся), -а́ю, -а́ет(ся)
вы́прягший(ся)
выпряда́ть(ся), -а́ю, -а́ет(ся)
вы́пряденный (*от* выпрясть)
вы́прядка, -и
вы́пряженный (*от* выпрячь)
вы́пряжка, -и
выпрями́тель, -я
выпрями́тельный
вы́прямить(ся), -млю(сь), -мит(ся)
выпрямле́ние, -я
вы́прямленный
выпрямля́ть(ся), -я́ю(сь), -я́ет(ся)
вы́прясть(ся), -яду, -ядет(ся)
вы́прячь(ся), -ягу, -яжет(ся), -ягут(ся); *прош.* -яг(ся), -ягла(сь)
выпу́гивать(ся), -аю, -ает(ся)
вы́пугнуть, -ну, -нет
вы́пукло-во́гнутый
вы́пуклость, -и
вы́пуклый
вы́пуск, -а, *мн.* -и, -ов
выпуска́ние, -я
выпуска́ть(ся), -а́ю, -а́ет(ся)
выпуска́ющий
выпускни́к, -а́
выпускни́ца, -ы
выпускно́й
вы́пустить(ся), -ущу, -устит(ся)
вы́путанный
вы́путать(ся), -аю(сь), -ает(ся)
вы́путывать(ся), -аю(сь), -ает(ся)
вы́пученный
выпу́чивание, -я
выпу́чивать(ся), -аю, -ает(ся)
вы́пучить(ся), -чу, -чит(ся)
вы́пушенный
вы́пушить, -шу, -шит
вы́пушка, -и
выпушно́й
вы́пущенный
вы́пытанный
вы́пытать, -аю, -ает
выпы́тывать(ся), -аю, -ает(ся)
выпь, -и
вы́пяленный
выпя́ливать(ся), -аю(сь), -ает(ся)
вы́пялить(ся), -лю(сь), -лит(ся)
вы́пятить(ся), -пячу(сь), -пятит(ся)
вы́пяченный
выпя́чивание, -я

ВЫП

выпя́чивать(ся), -аю(сь), -ает(ся)
выраба́тывание, -я
выраба́тывать(ся), -аю(сь), -ает(ся)
вы́работанный
вы́работать(ся), -аю(сь), -ает(ся)
вы́работка, -и
вы́равненный (от вы́равнять)
выра́внивание, -я
выра́вниватель, -я
выра́внивать(ся), -аю(сь), -ает(ся)
вы́равнять, -яю, -яет (к ра́вный)
выража́ть(ся), -а́ю(сь), -а́ет(ся)
выраже́ние, -я
вы́раженный
выраже́ньице, -а
вырази́тель, -я
вырази́тельница, -ы
вырази́тельность, -и
вырази́тельный
вы́разить(ся), -ажу(сь), -азит(ся)
выраста́ние, -я
выраста́ть, -а́ю, -а́ет
вы́расти, -ту, -тет; прош. -рос, -росла
вы́растить, -ащу, -астит
вы́ращенный
выра́щивание, -я
выра́щивать(ся), -аю, -ает(ся)
вы́рванный
вы́рвать(ся), -ву(сь), -вет(ся)
вы́рез, -а
выреза́ние, -я
вы́резанный
вы́резать(ся), -ежу, -ежет(ся), сов.
выреза́ть(ся), -а́ю, -а́ет(ся), несов.
вы́резка, -и
вырезно́й
вы́резуб, -а
выре́зывание, -я
выре́зывать(ся), -аю, -ает(ся)
выреша́ть(ся), -а́ю, -а́ет(ся)
вы́решенный
вы́решить(ся), -шу, -шит(ся)
вы́рисовать(ся), -сую, -сует(ся)
вырисо́вка, -и
вырисо́вывание, -я
вырисо́вывать(ся), -аю, -ает(ся)
вы́ровненный (от вы́ровнять)
вы́ровнять(ся), -яю(сь), -яет(ся) (к ро́вный)
вы́родиться, -ится
вы́родок, -дка
вырожда́емость, -и
вырожда́ться, -а́юсь, -а́ется
вырожде́нец, -нца
вырожде́ние, -я
вырожде́нка, -и
вырожде́нческий
вы́роиться, -оится
вы́роненный
вы́ронить, -ню, -нит
вы́рост, -а
вы́ростковый
выростно́й
вы́росток, -тка
вы́росточек, -чка
вы́росший
вы́руб, -а
выруба́ние, -я
выруба́ть(ся), -а́ю, -а́ет(ся)
вы́рубить(ся), -блю(сь), -бит(ся)
вы́рубка, -и
вы́рубленный

ВЫР

вырубно́й
вы́рубок, -бка
вы́руганный
вы́ругать(ся), -аю(сь), -ает(ся)
выру́ливать, -аю, -ает
вы́рулить, -лю, -лит
выруча́лочка, -и (па́лочка-выруча́лочка)
выруча́тель, -я
выруча́ть(ся), -а́ю(сь), -а́ет(ся)
выруче́ние, -я
вы́рученный
вы́ручить(ся), -чу(сь), -чит(ся)
вы́ручка, -и
вырыва́ть(ся), -а́ю(сь), -а́ет(ся)
вы́рытый
вы́рыть(ся), -рою, -роет(ся)
вы́рядить(ся), -яжу(сь), -ядит(ся)
выряжа́ться, -а́ю(сь), -а́ет(ся)
вы́ряженный
выря́живать(ся), -аю(сь), -ает(ся)
вы́садить(ся), -ажу(сь), -адит(ся)
вы́садка, -и
вы́садок, -дка, р. мн. -дков
вы́садочный
вы́саженный
выса́живание, -я
выса́живать(ся), -аю(сь), -ает(ся)
выса́сывание, -я
выса́сыватель, -я
выса́сывать(ся), -аю, -ает
выса́чивать(ся), -аю, -ает(ся)
вы́сватать, -аю, -ает
высва́тывать(ся), -аю, -ает(ся)
вы́сверленный
высве́рливание, -я
высве́рливать(ся), -аю, -ает(ся)
вы́сверлить(ся), -лю, -лит(ся)
вы́свист, -а
вы́свистать(ся), -ищу(сь), -ищет(ся)
вы́свистеть(ся), -ищу(сь), -истит(ся)
высви́стывание, -я
высви́стывать(ся), -аю, -ает(ся)
высвободи́ть(ся), -ожу(сь), -оди́т(ся)
высвобожда́ть(ся), -а́ю(сь), -а́ет(ся)
высвобожде́ние, -я
высвобожде́нный
вы́сев, -а
высева́ние, -я
высева́ть(ся), -а́ю, -а́ет(ся)
вы́севка, -и
вы́севки, -вок и -ов
высевно́й
высе́ивание, -я
высе́ивать(ся), -аю, -ает(ся)
высека́ние, -я
высека́ть(ся), -а́ю, -а́ет(ся)
вы́секший(ся)
вы́селенец, -нца
выселе́ние, -я
высе́ленка, -и
вы́селенный
вы́селить(ся), -лю(сь), -лит(ся)
вы́селки, -ов
вы́селок, -лка
выселя́ть(ся), -я́ю(сь), -я́ет(ся)
высемени́ться, -ится
вы́серебренный
вы́серебрить(ся), -рю, -рит(ся)
вы́сеченный
вы́сечка, -и
вы́сечь(ся), -еку, -ечет(ся), -екут(ся)

ВЫС

вы́сеянный
вы́сеять(ся), -ею, -еет(ся)
вы́сидеть(ся), -ижу(сь), -идит(ся)
вы́сидка, -и
вы́сиженный
выси́живание, -я
выси́живать(ся), -аю(сь), -ает(ся)
вы́синенный
выси́нивать(ся), -аю, -ает(ся)
вы́синить, -ню, -нит
вы́ситься, вы́сится
выска́бливание, -я
выска́бливать(ся), -аю, -ает(ся)
вы́сказанный
вы́сказать(ся), -ажу(сь), -ажет(ся)
выска́зывание, -я
выска́зывать(ся), -аю(сь), -ает(ся)
вы́скакать, -скачу, -скачет
выска́кивать, -аю, -ает
вы́скакнуть, -ну, -нет
выска́льзывать, -аю, -ает
вы́скобленный
вы́скоблить(ся), -лю, -лит(ся)
выскольза́ть, -а́ю, -а́ет
выско́льзнуть, -ну, -нет
вы́скочить, -чу, -чит
вы́скочка, -и, м. и ж.
выскреба́ние, -я
выскреба́ть(ся), -а́ю, -а́ет(ся)
вы́скребенный
вы́скребки, -ов
вы́скребший
выскрёбывать, -аю, -ает
вы́скрести, -ребу, -ребет; прош. -реб, -ребла
вы́сланный
вы́слать, вы́шлю, вы́шлет
вы́следить, -ежу, -едит
вы́слеженный
выслёживание, -я
выслёживать(ся), -аю, -ает(ся)
вы́слуга, -и
вы́служенный
выслу́живание, -я
выслу́живать(ся), -аю(сь), -ает(ся)
вы́служить(ся), -жу(сь), -жит(ся)
вы́слушанный
вы́слушать, -аю, -ает
выслу́шивание, -я
выслу́шивать(ся), -аю, -ает(ся)
высма́ливать(ся), -аю, -ает(ся)
высма́тривание, -я
высма́тривать(ся), -аю, -ает(ся)
высме́ивание, -я
высме́ивать(ся), -аю, -ает(ся)
вы́смеянный
вы́смеять(ся), -ею(сь), -еет(ся)
вы́смоленный
вы́смолить(ся), -лю(сь), -лит(ся)
вы́сморканный
вы́сморкать(ся), -аю(сь), -ает(ся)
вы́сморкнуть(ся), -ну(сь), -нет(ся)
вы́смотренный
вы́смотреть, -рю, -рит
высо́вывать(ся), -аю(сь), -ает(ся)
высо́кий; кр. ф. -о́к, -ока́, -о́ко
высокоавтоматизи́рованный
высокоавторите́тный
высокоакти́вный
высокоампе́рный
высокобелко́вый
высокоблагоро́дие, -я

ВЫС

высокобо́ртный
высокова́куумный
высокова́тый
высоковзры́вчатый
высоковируле́нтный
высоковолокни́стый
высоково́льтный
высокой́зкий
высокого́рный
высокого́рье, -я
высокогума́нный
высокодохо́дный
высокоиде́йный
высокоинтеллектуа́льный
высокоинтеллиге́нтный
высокоинтенси́вный
высококалори́йный
высокока́чественный
высококвалифици́рованный
высококонцентри́рованный
высококульту́рный
высоколеги́рованный
высоколетя́щий *
высоколо́бый
высокома́сличный
высокоме́рие, -я
высокоме́рничать, -аю, -ает
высокоме́рность, -и
высокоме́рный
высокомеханизи́рованный
высокомолекуля́рный
высоконадёжный
высокона́порный
высокоучёный
высоконра́вственный
высо́конький; кр. ф. -онек, -онька
высокообразо́ванный
высокообъёмный
высокоогнеупо́рный
высокоодарённый
высокоокта́новый
высокоопла́чиваемый
высокоорбита́льный
высокоорганизо́ванный
высокопа́рный
высокопатриоти́ческий
высокоподви́жный
высокополиме́рный
высокопоста́вленный
высокопревосходи́тельство, -а
высокопреосвяще́нство, -а
высокопреподо́бие, -я
высокопринципиа́льный
высокопро́бный
высокопродукти́вный
высокопроизводи́тельный
высокопроце́нтный
высокопро́чный
высокорадиоакти́вный
высокора́звитый
высокоразрежённый
высокорасту́щий *
высокоро́дие, -я
высокоро́дный
высокоро́слый
высокоскоростно́й
высокосо́ртный
высокостаби́льный
высокотала́нтливый
высокотемперату́рный
высокотехни́чный
высокоторже́ственный

ВЫС

высокото́чный
высокотра́вье, -я
высокоуважа́емый
высокоу́мный
высокоурожа́йный
высокохудо́жественный
высокоце́нный
высокочасто́тный
высокочти́мый
высокочувстви́тельный
высоко́шенький; кр. ф. -нек, -нька
высокоширо́тный
высокоэкономи́чный
высокоэффекти́вный
вы́соленный
вы́солить(ся), -лю, -лит(ся)
вы́солодить, -ожу, -одит
вы́соложенный
вы́сосанный
вы́сосать(ся), -осу, -осет(ся)
высота́, -ы́, мн. -о́ты, -о́т
высо́тка, -и
высо́тник, -а
высо́тно-компенси́рующий
высо́тный
высотоме́р, -а
высотопи́сец, -сца
вы́сохнуть, -ну, -нет; прош. -ох, -охла
вы́сохший
высоча́йший
высоче́нный
высо́чество, -а
высо́чить(ся), -чу, -чит(ся)
выспа́ривать, -аю, -ает
вы́спаться, -плюсь, -пится
выспева́ние, -я
выспева́ть, -а́ет
вы́спеть, -еет
вы́споренный
вы́спорить, -рю, -рит
выспра́шивание, -я
выспра́шивать(ся), -аю, -ает(ся)
вы́спренний; кр. ф. -ен, -ення
вы́спренность, -и
вы́спросить(ся), -ошу, -осит(ся)
вы́спрошенный
вы́ставить(ся), -влю(сь), -вит(ся)
вы́ставка, -и
вы́ставка-прода́жа, вы́ставки-прода́жи
выставко́м, -а
выставле́ние, -я
вы́ставленный
выставля́ть(ся), -я́ю(сь), -я́ет(ся)
выставно́й
вы́ставочно-демонстрацио́нный
вы́ставочный
выста́ивание, -я
выста́ивать(ся), -аю, -ает(ся)
вы́стеганный
вы́стегать, -аю, -ает
выстёгивать(ся), -аю, -ает(ся)
вы́стегнуться, -нется
вы́стеленный и вы́стланный
вы́стелить и вы́стлать, -стелю, -стелет; прош. -стелил, -стелила и -стлал, -стлала
выстила́ние, -я
выстила́ть(ся), -а́ю, -а́ет(ся)
вы́стилка, -и
вы́стилочный

ВЫС

вы́стиранный
вы́стирать(ся), -аю, -ает(ся)
выстира́тывать, -аю, -ает
вы́стланный и вы́стеленный
вы́стлать и вы́стелить, -стелю, -стелет; прош. -стлал, -стлала и -стелил, -стелила
вы́стоять(ся), -ою, -оит(ся)
выстра́гивать(ся), -аю, -ает(ся)
вы́страданный
вы́страдать(ся), -аю(сь), -ает(ся)
выстра́ивание, -я
выстра́ивать(ся), -аю(сь), -ает(ся)
выстра́чивать(ся), -аю, -ает(ся)
вы́стрел, -а, мн. -ы, -ов
выстре́ливать(ся), -аю, -ает(ся)
вы́стрелить(ся), -лю, -лит(ся) (произвести выстрел)
вы́стрелять, -яю, -яет (израсходовать стреляя)
выстрига́ть(ся), -а́ю, -а́ет(ся)
вы́стригший(ся)
вы́стриженный
вы́стрижка, -и
вы́стричь(ся), -игу, -ижет(ся), -игут(ся)
вы́строганный
вы́строгать, -аю, -ает
вы́строенный
вы́строить(ся), -ою(сь), -оит(ся)
вы́строченный
вы́строчить(ся), -чу, -чит(ся)
вы́струганный
вы́стругать, -аю, -ает
выстру́гивать(ся), -аю, -ает(ся)
вы́студить(ся), -стужу, -студит(ся)
выстужа́ть(ся), -а́ю, -а́ет(ся)
вы́стуженный
выстужи́вание, -я
выстужи́вать(ся), -аю, -ает(ся)
вы́стуканный
вы́стукать, -аю, -ает
выстуки́вание, -я
выстуки́вать(ся), -аю, -ает(ся)
вы́ступ, -а, мн. -ы, -ов
выступа́ть, -а́ю, -а́ет
вы́ступить, -плю, -пит
выступле́ние, -я
выстыва́ть, -а́ет
вы́стывший
вы́стыть, -ынет
вы́судить, -ужу, -удит
вы́суженный
высу́живать(ся), -аю, -ает(ся)
вы́сунутый
вы́сунуть(ся), -ну(сь), -нет(ся)
вы́сученный
высу́чивать(ся), -аю, -ает(ся)
вы́сучить(ся), -чу, -чит(ся)
вы́сушенный
высу́шивание, -я
высу́шивать(ся), -аю(сь), -ает(ся)
вы́сушить(ся), -шу(сь), -шит(ся)
вы́сушка, -и
вы́считанный
вы́считать, -аю, -ает
высчи́тывание, -я
высчи́тывать(ся), -аю, -ает(ся)
вы́сший
высыла́ть(ся), -а́ю, -а́ет(ся)
вы́сылка, -и
высыпа́ние, -я

ВЫС

вы́сыпанный
вы́сыпать(ся), -плю, -плет(ся), сов.
высыпа́ть(ся), -а́ю(сь), -а́ет(ся), несов.
вы́сыпка, -и
высыпно́й
высыха́ние, -я
высыха́ть, -а́ю, -а́ет
высь, -и
выта́ивать(ся), -аю, -ает(ся)
выта́лкиватель, -я
выта́лкивать(ся), -аю, -ает(ся)
вы́танцевать(ся), -цую, -цует(ся)
вытанцо́вывать(ся), -аю, -ает(ся)
выта́пливать, -аю, -ает
выта́птывать(ся), -аю, -ает(ся)
вы́таращенный
выта́ращивать(ся), -аю(сь), -ает(ся)
вы́таращить(ся), -щу(сь), -щит(ся)
вы́тасканный
вы́таскать, -аю, -ает
выта́скивать(ся), -аю, -ает(ся)
вы́тачанный
вы́тачать, -аю, -ает
выта́чивание, -я
выта́чивать(ся), -аю, -ает(ся)
вы́тачка, -и (от вы́тачать)
вы́тащенный
вы́тащить(ся), -щу, -щит(ся)
вы́таять, -ает
вы́твердить(ся), -ржу, -рдит(ся)
вы́тверженный
вытве́рживать(ся), -аю, -ает(ся)
вы́творенный
вы́творить, -рю, -рит
вытворя́ть(ся), -я́ю, -я́ет(ся)
вытека́ние, -я
вытека́ть, -а́ет
вы́текший
вы́теребить(ся), -блю, -бит(ся)
вы́теребленный
вы́тереть(ся), -тру(сь), -трет(ся); прош. вы́тер(ся), вы́терла(сь)
вы́терпеть, -плю, -пит
вы́тертый
вы́терший
вы́тесанный
вы́тесать, -ешу, -ешет
вы́теска, -и
вытесне́ние, -я (от вы́теснить)
вы́тесненный (от вы́теснить)
вытесни́тель, -я
вы́теснить(ся), -ню, -нит(ся)
вытесня́ть(ся), -я́ю, -я́ет(ся) (к вы́теснить)
вытёсывание, -я
вытёсывать(ся), -аю, -ает(ся)
вы́течка, -и
вы́течь, -ечет, -екут; прош. -ек, -екла
вытира́ние, -я
вытира́ть(ся), -а́ю(сь), -а́ет(ся)
вы́тиск, -а
вытисне́ние, -я (от вы́тиснить)
вы́тисненный (от вы́тиснить)
вы́тиснить, -ню, -нит (сделать тиснением)
вы́тиснутый
вы́тиснуть(ся), -ну, -нет(ся)
вытисня́ть(ся), -я́ю, -я́ет(ся) (к вы́тиснить)
вы́тканный
вы́ткать(ся), -тку, -ткет(ся)

ВЫТ

вы́толканный
вы́толкать, -аю, -ает
вы́толкнутый
вы́толкнуть, -ну, -нет
вы́топить(ся), -плю, -пит(ся)
вы́топка, -и
вы́топки, -пок и -ов
вы́топленный
вы́топтанный
вы́топтать(ся), -пчу, -пчет(ся)
вы́торгованный
вы́торговать, -гую, -гует
вытрго́вывать(ся), -аю, -ает(ся)
вы́точенный
вы́точить(ся), -чу, -чит(ся)
вы́точка, -и (от вы́точить)
вы́травить(ся), -влю, -вит(ся)
вы́травка, -и
вытравле́ние, -я
вы́травленный
вытра́вливание, -я
вытра́вливать(ся), -аю, -ает(ся)
вытравля́ть(ся), -я́ю, -я́ет(ся)
вытравно́й
вы́траленный
вытра́ливать(ся), -аю, -ает(ся)
вы́тралить, -лю, -лит
вы́требованный
вы́требовать, -бую, -бует
вытрезви́тель, -я
вытрезви́тельный
вы́трезвить(ся), -влю(сь), -вит(ся)
вытрезвле́ние, -я
вы́трезвленный
вытрезвля́ть(ся), -я́ю(сь), -я́ет(ся)
вы́трепать, -плю, -плет
вытрёпывать(ся), -аю, -ает(ся)
вы́трусить(ся), -ушу, -усит(ся)
вы́труска, -и
вы́трушенный
вытряса́ть(ся), -а́ю, -а́ет(ся)
вы́трясенный
вы́тряска, -и
вы́трясти(сь), -су, -сет(ся)
вы́трясший
вытряха́ть(ся), -а́ю, -а́ет(ся)
вытря́хивание, -я
вытря́хивать(ся), -аю, -ает(ся)
вы́тряхнутый
вы́тряхнуть(ся), -ну, -нет(ся)
вы́туренный
выту́ривать(ся), -аю, -ает(ся)
вы́турить, -рю, -рит
вы́тчик, -а
выть, во́ю, во́ет
вытьё, -я́
вытя́гать, -аю, -ает
вытя́гивание, -я
вытя́гивать(ся), -аю(сь), -ает(ся)
вытяже́ние, -я
вы́тяжка, -и
вытяжно́й
вы́тянутый
вы́тянуть(ся), -ну(сь), -нет(ся)
вы́удить, -ужу, -удит
вы́уженный
выжива́ние, -я
выу́живать(ся), -аю, -ает(ся)
вы́утюженный
вы́утюжить(ся), -жу, -жит(ся)
вы́ученик, -а
вы́ученица, -ы

ВЫУ

вы́ученный
выу́чивание, -я
выу́чивать(ся), -аю(сь), -ает(ся)
вы́учить(ся), -чу(сь), -чит(ся)
вы́учка, -и
вы́франтиться, -нчусь, -нтится
выха́живание, -я
выха́живать(ся), -аю, -ает(ся)
вы́харканный
вы́харкать(ся), -аю(сь), -ает(ся)
выха́ркивать(ся), -аю(сь), -ает(ся)
вы́харкнуть(ся), -ну(сь), -нет(ся)
вы́хваленный
выхва́ливать(ся), -аю(сь), -ает(ся)
вы́хвалить(ся), -лю(сь), -лит(ся)
выхваля́ть(ся), -я́ю(сь), -я́ет(ся)
вы́хватить, -ачу, -атит
выхва́тывать(ся), -аю, -ает(ся)
вы́хваченный
вы́хлебанный
вы́хлебать, -аю, -ает
вы́хлебнуть, -ну, -нет
выхлёбывать(ся), -аю, -ает(ся)
вы́хлестанный
вы́хлестать(ся), -ещу, -ещет(ся)
вы́хлестнутый
вы́хлестнуть(ся), -ну, -нет(ся)
выхлёстывать(ся), -аю, -ает(ся)
вы́хлоп, -а, мн. -ы, -ов
выхлопа́тывать(ся), -аю, -ает(ся)
вы́хлопать, -аю, -ает
выхлопно́й
вы́хлопнуть, -ну, -нет
вы́хлопотанный
вы́хлопотать, -очу, -очет
выхло́пывать(ся), -аю, -ает(ся)
вы́ход, -а, мн. -ы, -ов
вы́ходец, -дца
выходи́ть, -ожу́, -о́дит, несов.
вы́ходить(ся), -ожу, -одит(ся), сов.
вы́ходка, -и
выходно́й
выходо-де́нь, -дня́
выходя́щий
вы́хождение, -я
вы́хоженный
выхола́живание, -я
выхола́живать(ся), -аю, -ает(ся)
выхола́щивание, -я
выхола́щивать(ся), -аю, -ает(ся)
вы́холенный
вы́холить, -лю, -лит
вы́холодить(ся), -ожу, -одит(ся)
вы́холоженный
вы́холостить(ся), -ощу, -остит(ся)
вы́холощенный
выхухо́левый
вы́хухолий, -ья -ье
вы́хухоль, -я
выхухо́льный
вы́царапанный
выцара́пать(ся), -аю(сь), -ает(ся)
выцара́пывать(ся), -аю(сь), -ает(ся)
вы́цвести, -ветет; прош. -вел, -вела
выцвета́ние, -я
выцвета́ть, -а́ет
вы́цветший
вы́цедить(ся), -ежу, -едит(ся)
вы́цеженный
выце́живание, -я
выце́живать(ся), -аю, -ает(ся)
вы́цыганить, -ню, -нит

ВЫЧ

вы́чеканенный
вычека́нивать(ся), -аю, -ает(ся)
вы́чеканить(ся), -ню, -нит(ся)
вычёркивание, -я
вычёркивать(ся), -аю, -ает(ся)
вы́черкнутый
вы́черкнуть(ся), -ну, -нет(ся)
вы́черненный
вы́чернить(ся), -ню, -нит(ся)
вы́черпанный
вы́черпать(ся), -аю, -ает(ся)
вы́черпнуть(ся), -ну, -нет(ся)
выче́рпывание, -я
выче́рпывать(ся), -аю, -ает(ся)
вы́чертить(ся), -рчу, -ртит(ся)
вы́черченный
выче́рчивание, -я
выче́рчивать(ся), -аю, -ает(ся)
вы́чесанный
вы́чесать(ся), -ешу(сь), -ешет(ся)
вы́ческа, -и
вы́чески, -сок и -ов
вы́честь, -чту, -чтет, прош. -чел, -чла
вычёсывание, -я
вычёсывать(ся), -аю(сь), -ает(ся)
вы́чет, -а
вы́чиненный
вычи́нивать(ся), -аю, -ает(ся)
вы́чинить, -ню, -нит
вы́чинка, -и
вычисле́ние, -я
вы́численный
вычисли́тель, -я
вычисли́тельный
вы́числить, -лю, -лит
вычисля́ть(ся), -я́ю, -я́ет(ся)
вы́чистить(ся), -чищу(сь), -чистит(ся)
вы́чистка, -и
вычита́емое, -ого
вычита́ние, -я
вы́читанный
вы́читать, -аю, -ает, сов.
вычита́ть(ся), -а́ю, -а́ет(ся), несов.
вы́читка, -и
вычи́тывание, -я
вычи́тывать(ся), -аю, -ает(ся)
вы́чихать(ся), -аю(сь), -ает(ся)
вычи́хивать(ся), -аю(сь), -ает(ся)
вы́чихнуть(ся), -ну, -нет(ся)
вычища́ть(ся), -а́ю, -а́ет(ся)
вычище́ние, -я
вы́чищенный
вычлене́ние, -я
вы́члененный
вы́членить(ся), -ню, -нит(ся)
вычленя́ть(ся), -я́ю, -я́ет(ся)
вы́чтенный
вы́чурный
вы́чуры, -ур
вы́шагать, -аю, -ает
выша́гивать, -аю, -ает
выша́ривать(ся), -аю, -ает(ся)
вы́шарить, -рю, -рит
вы́шарканный
вы́шаркать, -аю, -ает
выша́ркивать(ся), -аю, -ает(ся)
вышвы́ривать(ся), -аю, -ает(ся)
вы́швырнутый
вы́швырнуть, -ну, -нет
вы́швырять, -яю, -яет
вы́ше, сравн. ст. (от высо́кий, высо́ко)

ВЫШ

вы́шедший
вышеизло́женный
вышележа́щий
вышелу́шенный
вышелу́шивать(ся), -аю, -ает(ся)
вы́шелушить(ся), -шу, -шит(ся)
вышена́званный
вышеобъя́вленный
вышеозна́ченный
вышеопи́санный
вышеотме́ченный
вышеперечи́сленный
вышепоимено́ванный
вышепока́занный
вышеприведённый
вышере́ченный
вышеска́занный
вышестоя́щий
вышеука́занный
вышеупомя́нутый
вышиба́ла, -ы, м.
вышиба́ние, -я
вышиба́ть(ся), -а́ю, -а́ет(ся)
вы́шибить, -бу, -бет
вы́шибленный
вышива́льный
вышива́льщица, -ы
вышива́ние, -я
вышива́ть(ся), -а́ю, -а́ет(ся)
вы́шивка, -и
вышивно́й
вы́шивочный
вышина́, -ы́, мн. -и́ны, -и́н
вы́шитый
вы́шить, -шью, -шьет
вы́шка, -и
вы́школенный
вы́школить, -лю, -лит
вышкомонта́жный
вы́шлифовать(ся), -фую, -фует(ся)
вышлифо́вывать(ся), -аю, -ает(ся)
вы́шмыгнуть, -ну, -нет
вы́шний
вышны́ривать, -аю, -ает
вы́шнырнуть, -ну, -нет
вы́шпаренный
вышпа́ривать(ся), -аю, -ает(ся)
вы́шпарить, -рю, -рит
вышта́мповать, -пую, -пует
выштампо́вывать(ся), -аю, -ает(ся)
вы́штукатуренный
выштукату́ривать(ся), -аю, -ает(ся)
вы́штукатурить, -рю, -рит
вы́шутить, -учу, -утит
вы́шученный
выу́чивание, -я
выу́чивать(ся), -аю, -ает(ся)
выщела́чивание, -я
выщела́чивать(ся), -аю, -ает(ся)
вы́щелк, -а
выщёлкивание, -я
выщёлкивать(ся), -аю, -ает
вы́щелоченный
вы́щелочить(ся), -чу, -чит(ся)
вы́щербить(ся), -блю, -бит(ся)
вы́щербленный
выщербля́ть(ся), -я́ю, -я́ет(ся)
вы́щипанный
вы́щипать(ся), -плю, -плет(ся) и -аю, -ает(ся)
вы́щипнуть, -ну, -нет
вы́щипывание, -я

ВЫЩ

выщи́пывать(ся), -аю, -ает(ся)
вы́щупанный
вы́щупать, -аю, -ает
выщу́пывать(ся), -аю, -ает(ся)
вы́я, -и
вы́явить(ся), -влю, -вит(ся)
выявле́ние, -я
вы́явленный
выявля́ть(ся), -я́ю, -я́ет(ся)
выясне́ние, -я
вы́ясненный
вы́яснить(ся), -ню, -нит(ся)
выясня́ть(ся), -я́ю, -я́ет(ся)
вьетна́мец, -мца
вьетна́мка, -и
вьетна́мо-сове́тский
вьетна́мский
вьетна́мско-ру́сский
вью́га, -и
вью́жистый
вью́жить, -ит
вью́жливый
вью́жный
вьюк, -а, мн. вью́ки, -ов и вьюки́, -о́в
вьюн, -а́
вьюнко́вый
вьюно́вый
вьюно́к, -нка́
вьюно́чек, -чка
вью́нчик, -а
вьюрко́вый
вьюро́к, -рка́
вью́чение, -я
вью́чить(ся), -чу, -чит(ся)
вью́чно-тра́нспортный
вью́чный
вью́шечный
вью́шка, -и
вью́щий(ся)
вя́жечка, -и
вя́жущий
вяз, -а
вяза́льно-трикота́жный
вяза́льный
вяза́льщица, -ы
вяза́ние, -я (действие)
вяза́нка, -и (вязаная вещь)
вя́занка, -и (связка дров, хвороста)
вя́занный, прич.
вяза́ночка, -и
вя́заный, прил.
вяза́нье, -я (то, что вяжут)
вяза́ть(ся), вяжу́, вя́жет(ся)
вя́зель, -я
вя́зка, -и
вя́зкий; кр. ф. вя́зок, вязка́, вя́зко
вязкова́тый
вязкожи́дкий
вя́зкостный
вя́зкость, -и
вя́знувший
вя́знуть, -ну, -нет; прош. вяз и вя́знул, вя́зла
вязови́на, -ы
вя́зовый
вя́зче, сравн. ст. (от вя́зкий)
вя́зывать, наст. вр. не употр.
вязь, -и
вя́канье, -я
вя́кать, -аю, -ает
вя́кнуть, -ну, -нет

ВЯЛ

вя́ление, -я
вя́ленный, *прич.*
вя́леный, *прил.*
вя́лить(ся), -лю, -лит(ся)
вя́лость, -и
вя́лый
вя́нувший
вя́нуть, -ну, -нет; *прош.* вял и вя́нул, вя́ла
вя́тич, -а
вя́тка, -и
вя́тский
вя́хирь, -я
вя́щий

Г

га, *нескл., м.*
гаа́гский (*от* Гаа́га)
габарди́н, -а
габарди́новый
габари́т, -а
габари́тный
га́ббро, *нескл., с.*
габио́н, -а
габио́нный
га́битус, -а
гава́ец, -а́йца
гава́на, -ы (сорт сигар)
гава́нский (*от* га́вань)
гава́нский (*от* Гава́на)
га́вань, -и
га́вканье, -я
га́вкать, -аю, -ает
га́вкнуть, -ну, -нет
гаво́т, -а
га́га, -и
гага́ра, -ы
гага́рий, -ья, -ье
гагари́нит, -а
гага́рка, -и
гага́т, -а
гага́товый
гагау́з, -а, *р. мн.* -ов
гагау́зка, -и
гагау́зский
гага́чий, -ья, -ье
гад, -а
гада́лка, -и
гада́льный
гада́льщик, -а
гада́льщица, -ы
гада́ние, -я
га́данный, *прич.*
га́даный, *прил.*
гада́тель, -я
гада́тельница, -ы
гада́тельный
гада́ть, -а́ю, -а́ет
гадёныш, -а
га́денький
га́дина, -ы
га́дить(ся), га́жу, га́дит(ся)
га́дкий; *кр. ф.* га́док, гадка́, га́дко
гадли́вость, -и
гадли́вый
гадоли́ний, -я
га́достный
га́дость, -и
гадю́ка, -и
гадю́чий, -ья, -ье

ГАЕ

га́ер, -а
га́ерничать, -аю, -ает
га́ерский
га́ерство, -а
га́ерствовать, -твую, -твует
га́ечка, -и (*от* га́йка)
га́ечный
га́же, *сравн. ст.* (*от* га́дкий, га́дко)
газ, -а и -у, *предл.* о га́зе, на га́зе и на газу́
газава́т, -а
газану́ть, -ну́, -нёт
газа́ция, -и
газго́льдер, -а
газе́лий, -ья, -ье
газе́лла, -ы
газе́ль, -и
газе́та, -ы
газетёнка, -и
газе́тно-журна́льный
газе́тно-ротацио́нный
газе́тный
газе́тчик, -а
газе́тчица, -ы
га́зик, -а
гази́рование, -я
газиро́ванный
гази́ровать(ся), -рую, -рует(ся)
гази́ровка, -и
газифика́тор, -а
газифика́ция, -и
газифици́рованный
газифици́ровать(ся), -рую, -рует(ся)
газли́фт, -а
газоанализа́тор, -а
газоаппарату́ра, -ы
газобалла́стный
газобалло́нный
газобензи́новый
газобето́н, -а
газова́ть, -зу́ю, -зу́ет
газови́к, -а́
газовоздуходу́вка, -и
газовозду́шный
га́зово-пылево́й
газовщи́к, -а́
га́зовый
газовыхлопно́й
га́зо-га́зовый
газогенера́тор, -а
газогенера́торный
газоди́зель, -я
газодинами́ческий
газожи́дкостный
га́зо- и энергообме́н, -а
газо́йль, -я
газокали́льный
газока́мера, -ы
газокарота́жный
газокислоро́дный
газоли́н, -а
газоли́новый
газоме́р, -а
газомёт, -а
газо́метр, -а
газо́н, -а
газонапо́лненный
газонапо́рный
газонепроница́емость, -и
газонепроница́емый
газонефтепроводны́й
газонефтяно́й

ГАЗ

газонокоси́лка, -и
газоно́сный
газообме́н, -а
газообору́дование, -я
газообме́н, -а
газообра́зный
газообразова́ние, -я
газообразу́ющий
газоку́ривание, -я
газоотво́дный
газоочи́стка, -и
газоочи́стный
газопаровозду́шный
газопарово́й
газопла́менный
газопре́ссовый
газопрово́д, -а
газопрово́дный
газопроница́емость, -и
газопроница́емый
газопылево́й
газоразря́дный
газораспределе́ние, -я
газораспредели́тельный
газоре́зательный
газоре́зка, -и
газоре́зчик, -а
газосва́рка, -и
газосва́рочный
газосва́рщик, -а
газосве́тный
газосилика́т, -а
газоснабже́ние, -я
газотро́н, -а
газотурби́на, -ы
газотурби́нный
газотурбово́з, -а
газотурбострое́ние, -я
газотурбохо́д, -а
газоубе́жище, -а
газоусто́йчивый
газохо́д, -а
газохрани́лище, -а
газоэлектри́ческий
газоэлектросва́рка, -и
газыри́, -е́й
гаитя́нин, -а, *мн.* -я́не, -я́н
гаитя́нка, -и
га́ичка, -и (птица)
гайдама́к, -а
гайдама́тчина, -ы
гайдама́цкий
гайдро́п, -а
гайду́к, -а́
гайду́цкий
га́йка, -и
гайковёрт, -а
гайконарезно́й
гаймори́т, -а
га́йморова по́лость
гайта́н, -а
гак, -а
гакабо́рт, -а
га́кблок, -а
гала́, *неизм.*
галага́н, -а
гала́ктика, -и
галакти́ческий
галакто́за, -ы
галакто́метр, -а
галали́т, -а
галоли́товый
галантере́йный

ГАЛ

галантерея, -и
галантир, -а
галантность, -и
галантный
галдёж, -ежа́
галде́ть, -дит
галени́т, -а
галенофармацевти́ческий
гале́ра, -ы
галере́я, -и
галёрка, -и
галёрный
галета, -ы
галечник, -а
галечный
галиматья́, -и́
галифе́, нескл., мн.
га́лка, -и
галл, -а, р. мн. -ов
га́ллий, -я
галликанство, -а
галлицизм, -а
га́лловый
галлома́н, -а
галлома́ния, -и
галло́н, -а
галлуази́т, -а
га́ллы, -ов
га́лльский
галлюцинато́рный
галлюцина́ция, -и
галлюцини́ровать, -рую, -рует
галлюциноге́н, -а
гало́, нескл., с.
галоге́н, -а
галогени́рование, -я
галогенопроизво́дный
гало́ид, -а
галоиди́рование, -я
гало́идный
гало́п, -а
галопи́ровать, -рую, -рует
га́лочий, -ья, -ье
га́лочка, -и
гало́ша, -и и кало́ша, -и
гало́шница, -ы и кало́шница, -ы
гало́шный и кало́шный
галс, -а
га́лстук, -а
га́лстучный
га́лтель, -я
галто́вка, -и
галу́н, -а́
галу́нный
галу́ргия, -и
галу́шки, -шек, ед. -шка, -и
га́лфвинд, -а
галчо́нок, -нка, мн. -ча́та, -ча́т
гальванёр, -а
гальваниза́ция, -и
гальванизи́рованный
гальванизи́ровать(ся), -рую, -рует(ся)
гальвани́зм, -а
гальванизо́ванный
гальванизова́ть(ся), -зу́ю, -зу́ет(ся)
гальвани́ческий
гальванока́устика, -и
гальваномагни́тный
гальваноме́тр, -а
гальванометри́ческий
гальванопла́стика, -и
гальваноско́п, -а

ГАЛ

гальваностеги́я, -и
гальваностереоти́п, -а
гальваностереоти́пия, -и
гальванотерапи́я, -и
гальванотехника, -и
га́лька, -и
галью́н, -а
гам, -а и -у
гамадри́л, -а
гама́к, -а́
гама́ши, -а́ш, ед. гама́ша, -и
гамби́т, -а
гамбу́зия, -и
га́млетовский
га́мма, -ы
га́мма-астроно́мия (γ-астроно́мия), -и
га́мма-глобули́н (γ-глобули́н), -а
га́мма-дефектоско́п (γ-дефектоско́п), -а
га́мма-дефектоскопи́я (γ-дефектоскопи́я), -и
га́мма-желе́зо (γ-желе́зо), -а
га́мма-излуче́ние (γ-излуче́ние), -я
га́мма-карота́ж (γ-карота́ж), -а
га́мма-лучи́ (γ-лучи́), -е́й
га́мма-сни́мок (γ-сни́мок), -мка
га́мма-спектро́метр (γ-спектро́метр), -а
га́мма-спектроскопи́я (γ-спектроскопи́я), -и
га́мма-терапевти́ческий (γ-терапевти́ческий)
га́мма-терапи́я (γ-терапи́я), -и
га́мма-устано́вка (γ-устано́вка), -и
га́мма-фу́нкция (γ-фу́нкция), -и
га́нглиевый
га́нглий, -я
гангре́на, -ы
гангрено́зный
га́нгстер, -а
га́нгстеризм, -а
га́нгстерский
га́нгстерство, -а
гандбо́л, -а
гандболи́ст, -а
гандболи́стка, -и
ганди́зм, -а
гандика́п, -а
га́нец, -нца
ганзе́йский
га́нка, -и
гано́ид, -а
гано́идный
га́нский
ганте́ли, -ей, ед. гантель, -и
гаоля́н, -а
гаоля́новый
гапло́ид, -а
гаплоло́гия, -и
гапо́новщина, -ы
гара́ж, -а́
гара́жный
гара́нт, -а
гаранти́йный
гаранти́рованный
гаранти́ровать(ся), -рую, -рует(ся)
гара́нтия, -и
гардемари́н, -а, р. мн. (при собир. знач.) -и́н и (при обознач. отдельных лиц) -ов
гардемари́нский

ГАР

гарде́ния, -и
гардеро́б, -а
гардеро́бная, -ой
гардеро́бный
гардеро́бщик, -а
гардеро́бщица, -ы
гарди́на, -ы
гарди́нно-кружевно́й
гарди́нно-тю́левый
гарди́нный
гаревой и га́ревый
гаре́м, -а
гаре́мный
гарибальди́ец, -и́йца
га́ркать, -аю, -ает
га́ркнуть, -ну, -нет
гармониза́ция, -и
гармонизи́рованный
гармонизи́ровать(ся), -рую, -рует(ся)
гармонизо́ванный
гармонизова́ть(ся), -зу́ю, -зу́ет(ся)
гармо́ника, -и
гармони́ровать, -рую, -рует
гармони́ст, -а
гармони́ческий
гармони́чность, -и
гармони́чный
гармо́ния, -и
гармо́нный (от гармо́нь)
гармо́нь, -и
гармо́шка, -и
га́рнец, -нца
гарниери́т, -а
гарнизо́н, -а
гарнизо́нный
гарни́р, -а
гарни́ровать(ся), -рую, -рует(ся)
гарниту́р, -а
гарниту́ра, -ы (шрифты)
гарниту́рный
га́рнцевый
га́рный
га́рпиус, -а
га́рпия, -и
гарпу́н, -а́
гарпунёр, -а
гарпу́нить, -ню, -нит
гарпу́нный
гарпу́нщик, -а
гарсо́н, -а
гарт, -а
га́ртовый
га́рус, -а
га́русный
гарцева́ть, -цу́ю, -цу́ет
га́ршнеп, -а
гарь, -и
гаси́льник, -а
гаси́тель, -я
гаси́ть(ся), гашу́, га́сит(ся)
гасну́вший
га́снуть, -нет; прош. гас и га́снул, га́сла
гастеромице́т, -а, р. мн. -ов
гастралги́я, -и
гастри́т, -а
гастри́ческий
гастролёр, -а
гастролёрша, -и
гастроли́ровать, -рую, -рует
гастро́ль, -и
гастро́льный

ГАС

гастроно́м, -а
гастрономи́ческий
гастрономи́я, -и
гастроско́п, -а
гастроскопи́я, -и
гастроэнтери́т, -а
гастроэнтерологи́ческий
гастроэнтероло́гия, -и
га́сший
гати́ть(ся), гачу́, гати́т(ся)
гать, -и
га́убица, -ы
га́убичный
гауптва́хта, -ы
га́усс, -а
га́уч-пре́сс, -а
га́фель, -я
га́фний, -я
гаше́ние, -я
га́шенный, прич.
гашёный, прил.
гашётка, -и
гаши́ш, -а
га́шник, -а
га́щивать, наст. вр. не употр.
гвалт, -а
гвардеец, -ейца
гварде́йский
гва́рдия, -и
гвая́ю́ла, -ы
гвая́ковый
гваяко́л, -а
гве́льфы, -ов
гверилья́сы, -ов
гвине́ец, -ейца
гвине́йка, -и
гвине́йский
гвозда́рный
гвозда́рня, -и, р. мн. -рен
гвоздево́й
гво́здик, -а
гвозди́ка, -и
гвозди́льный
гвозди́льня, -и, р. мн. -лен
гвозди́ть, гвозжу́, гвозди́т
гвозди́чка, -и
гвозди́чный
гвозди́ще, -а, м.
гвоздодёр, -а
гвоздь, -я, мн. гво́зди, -е́й
гвоздяно́й
где бы то ни́ было
где́ ж(е)
где́-либо
где́-нибудь и где-нибу́дь
где́-то
гебраи́зм, -а
гебраи́ст, -а
гебраи́стика, -и
гегелья́нец, -нца
гегелья́нский
гегелья́нство, -а
гегемо́н, -а
гегемо́ния, -и
гедони́зм, -а
гедонисти́ческий
гедони́ческий
гее́нна, -ы: гее́нна о́гненная
ге́енский
гезе́нк, -а
гей, неизм.
ге́йзер, -а

ГЕЙ

гейзери́т, -а
гейм, -а
ге́йша, -и
гекато́мба, -ы
гекза́метр, -а
гексагона́льный
гекса́н, -а
гексахлора́н, -а
гексахлорбензо́л, -а
гексахо́рд, -а
гекса́эдр, -а
гексоге́н, -а
гексо́д, -а
гекта́р, -а
гектова́тт, -а, р. мн. -ватт
гектова́тт-ча́с, -а, мн. -ы́, -о́в
гекто́граф, -а
гектографи́рованный
гектографи́ровать(ся), -рую, -рует(ся)
гектографи́ческий
гектоли́тр, -а
гектоме́тр, -а
гектопье́за, -ы
геле́ртер, -а
геле́ртерский
геле́ртерство, -а
ге́лиево-нео́новый
ге́лиевый
ге́лий, -я
гелийсодержа́щий
гелико́ид, -а
геликон, -а
геликоптер, -а
гелио... — первая часть сложных слов, пишется всегда слитно
гелиобиоло́гия, -и
гелиогеофи́зика, -и
гелиогравю́ра, -ы
гелио́граф, -а
гелиографи́ческий
гелиогра́фия, -и
гелиоконцентра́тор, -а
гелио́метр, -а
гелиоско́п, -а
гелиоста́т, -а
гелиотерапи́я, -и
гелиоте́хника, -и
гелиотехни́ческий
гелиотро́п, -а
гелиотропи́зм, -а
гелиотропи́н, -а
гелиоустано́вка, -и
гелиофи́зика, -и
гелиофи́льный
гелиофи́т, -а
гелиофо́бный
гелиохи́мия, -и
гелиоцентри́зм, -а
гелиоцентри́ческий
ге́ллер, -а
гелофи́т, -а
гельми́нт, -а
гельминто́з, -а
гельминто́лог, -а
гельминтологи́ческий
гельминтоло́гия, -и
гемагглютина́ция, -и
гемангио́ма, -ы
гемати́т, -а
гематоге́н, -а
гематоге́нный

ГЕМ

гемато́лог, -а
гематологи́ческий
гематоло́гия, -и
гемато́ма, -ы
гематомиели́я, -и
гемипаре́з, -а
ге́мма, -ы
гемоглоби́н, -а
гемоглоби́нный
гемоглобиноме́тр, -а
гемо́лиз, -а
гемолити́ческий
гемо́метр, -а
геморраги́ческий
геморраги́я, -и
геморроида́льный
геморро́й, -я
геморро́йный
гемотерапи́я, -и
гемото́ракс, -а
гемотрансфузиоло́гия, -и
гемотрансфу́зия, -и
гемофили́я, -и
гемоцитобла́ст, -а
ген, -а, р. мн. -ов
генеалоги́ческий
генеало́гия, -и
ге́незис, -а
генера́л, -а
генера́л-адмира́л, -а
генера́л-адъюта́нт, -а
генера́л-анше́ф, -а
генера́л-ба́с, -а
генера́л-губерна́тор, -а
генера́л-губерна́торский
генера́л-губерна́торство, -а
генера́л-дире́ктор, -а
генерализа́ция, -и
генерализи́ровать(ся), -рую, -рует(ся)
генерали́ссимус, -а
генералите́т, -а
генера́л-квартирме́йстер, -а
генера́л-лейтена́нт, -а
генера́л-лейтена́нт-инжене́р, генера́л-лейтена́нта-инжене́ра
генера́л-майо́р, -а
генера́л-майо́р-инжене́р, генера́л-майо́ра-инжене́ра
генера́л от артилле́рии, генера́ла от артилле́рии
генера́л от инфанте́рии, генера́ла от инфанте́рии
генера́л от кавале́рии, генера́ла от кавале́рии
генера́л-полко́вник, -а
генера́л-полко́вник-инжене́р, генера́л-полко́вника-инжене́ра
генера́л-прокуро́р, -а
генера́л-фельдма́ршал, -а
генера́льный
генера́льский
генера́льство, -а
генера́льствовать, -твую, -твует
генера́льша, -и
генерати́вный
генера́тор, -а
генера́торный
генератри́са, -ы
генера́ция, -и
генери́рованный
генери́ровать, -рую, -рует
гене́тик, -а

ГЕН

генетика, -и
генетико-автоматический
генетический
гениальность, -и
гениальный
гений, -я
генный
генотип, -а
геноцид, -а
генплан, -а
генсовет, -а
генуэзский
генштаб, -а
генштабист, -а
гео... — первая часть сложных слов, пишется всегда слитно
геоантиклиналь, -и
геоботаник, -а
геоботаника, -и
геоботанический
географ, -а
географический
география, -и
геодезист, -а
геодезический
геодезия, -и
геодиметр, -а
геоид, -а
геокриология, -и
геолог, -а
геологический
геология, -и
геолого-географический
геологоразведка, -и
геологоразведочный
геологоразведчик, -а
геомагнетизм, -а
геомагнитный
геомагнитофон, -а
геомерида, -ы
геометр, -а
геометрический
геометрия, -и
геоморфолог, -а
геоморфологический
геоморфология, -и
геополитика, -и
георгиевский
георгин, -а и георгина, -ы
геосинклиналь, -и
геосинклинальный
геосфера, -ы
геотектоника, -и
геотектонический
геотермальный
геотермика, -и
геотермический
геотермия, -и
геотехнология, -и
геотропизм, -а
геофизик, -а
геофизика, -и
геофизический
геофон, -а
геохимик, -а
геохимический
геохимия, -и
геохронологический
геохронология, -и
геоцентризм, -а
геоцентрический
гепард, -а

ГЕП

гепарин, -а
гепатит, -а
гептаметр, -а
гептахлор, -а
гептахорд, -а
гептаэдр, -а
геральдика, -и
геральдический
гераниевый
герань, -и
герб, -а́, мн. -ы́ -о́в
гербаризация, -и
гербаризированный
гербаризировать(ся), -рую, -рует(ся)
гербарий, -я
гербицид, -а
гербоведение, -я
гербовник, -а
гербовый
гериатрия, -и
геркулес, -а (силач; крупа)
геркулесовский
геркулесовый
геркулесовы столпы (столбы)
герма, -ы
германец, -нца
германиевый
германизация, -и
германизированный
германизировать(ся), -рую(сь), -рует(ся)
германизм, -а
германий, -я
германийорганический
германист, -а
германистика, -и
германка, -и
германо-советский
германофил, -а
германофильский
германофильство, -а
германофоб, -а
германофобский
германофобство, -а
германский
гермафродит, -а
гермафродитизм, -а
герменевтика, -и
герменевтический
герметизация, -и
герметизировать, -рую, -рует
герметик, -а
герметический
герметичность, -и
герметичный
герминативный
гермошлем, -а
героизм, -а
героика, -и
героикомический
героико-романтический
героин, -а
героиня, -и, р. мн. -и́нь
героический
герой, -я
геройский
геройство, -а
геройствовать, -твую, -твует
герольд, -а
герольдия, -и
герольдмейстер, -а

ГЕР

геронтология, -и
геронтоморфоз, -а
геронтопсихология, -и
герпетология, -и
герундив, -а
герундий, -я
герц, -а, р. мн. герц
герцог, -а
герцогиня, -и, р. мн. -инь
герцогский
герцогство, -а
гессенская муха
гестапо, нескл., с.
гестаповец, -вца
гестаповский
гетера, -ы
гетерия, -и
гетероаллелизм, -а
гетероауксин, -а
гетерогамия, -и
гетерогенез, -а и гетерогенезис, -а
гетерогенный
гетерогония, -и
гетеродин, -а
гетеродинный
гетерозиготность, -и
гетерозис, -а
гетероморфизм, -а
гетероморфоз, -а
гетеронимный
гетерономный
гетерополярный
гетеросексуализм, -а
гетероталлизм, -а
гетеротрофный
гетерофиллия, -и
гетерохромный
гетерохрония, -и
гетероциклический
гетинакс, -а
гетман, -а, мн. -ы, -ов
гетманский
гетманство, -а
гетманщина, -ы
гетры, гетр, ед. гетра, -ы
геттер, -а
гетто, нескл., с.
гешефт, -а
гешефтмахер, -а
гиалит, -а
гиацинт, -а
гиббереллин, -а
гиббон, -а
гиббсит, -а
гибеллины, -ов
гибель, -и
гибельный
гибка, -и
гибкий; кр. ф. гибок, гибка́, гибко
гибкость, -и
гиблый
гибнувший
гибнуть, -ну, -нет; прош. гиб и гибнул, гибла
гибочно-профилировочный
гибочно-штамповочный
гибочный
гибрид, -а
гибридизатор, -а
гибридизационный
гибридизация, -и
гибридный

ГИБ

гибридологи́ческий
ги́бче, *сравн. ст.* (*от* ги́бкий, ги́бко)
гига́нт, -а
гиганти́зм, -а
гигантоза́вр, -а
гигантома́ния, -и
гига́нтский
гигие́на, -ы
гигиени́ст, -а
гигиени́ческий
гигиени́чный
гигро́граф, -а
гигро́метр, -а
гигрометри́ческий
гигроме́трия, -и
гигроморфи́зм, -а
гигромо́рфный
гигроскопи́ческий
гигроскопи́чность, -и
гигроскопи́чный
гигроста́т, -а
гигрофи́л, -а
гигрофи́льный
гигрофи́т, -а
гид, -а
гида́льго, *нескл., м.* (*устар. к* ида́льго)
гиджа́к, -а
ги́джра, -ы (*устар. к* хи́джра)
ги́дра, -ы
гидра́влика, -и
гидравли́ческий
гидродени́т, -а
гидрази́н, -а
гидра́нт, -а (водоразборная колонка)
гидраргилли́т, -а
гидра́т, -а (*хим.*)
гидрата́ция, -и
гидратцеллюло́за, -ы
гидратцеллюло́зный
гидри́д, -а
гидри́рование, -я
гидри́рованный
гидри́ровать, -рую, -рует
гидро... — первая часть сложных слов, пишется всегда слитно
гидроавиацио́нный
гидроавиа́ция, -и
гидроагрега́т, -а
гидроаккумули́рующий
гидроаку́стика, -и
гидроакусти́ческий
гидроаэродро́м, -а
гидроаэроиониза́ция, -и
гидроаэромеха́ника, -и
гидробио́лог, -а
гидробиологи́ческий
гидробиоло́гия, -и
гидробу́р, -а
гидрогенера́тор, -а
гидрогениза́ция, -и
гидрогео́лог, -а
гидрогеологи́ческий
гидрогеоло́гия, -и
гидрогеохи́мия, -и
гидро́граф, -а
гидрографи́ческий
гидрогра́фия, -и
гидродина́мика, -и
гидродинами́ческий
гидрозолоудале́ние, -я
гидро́ид, -а

ГИД

гидро́идные, -ых
гидроизоляцио́нный
гидроизоля́ция, -и
гидрокарбона́т, -а
гидрокортизо́н, -а
гидрокостю́м, -а
гидрокси́д, -а
гидролакколи́т, -а
гидро́лиз, -а
гидроли́зный
гидролизо́ванный
гидролизова́ть(ся), -зу́ю, -зу́ет(ся)
гидролити́ческий
гидро́лог, -а
гидрологи́ческий
гидроло́гия, -и
гидролока́тор, -а
гидролокацио́нный
гидролока́ция, -и
гидромеду́за, -ы
гидромелиорати́вный
гидромелиора́тор, -а
гидромелиора́ция, -и
гидрометаллурги́ческий
гидрометаллу́ргия, -и
гидрометеоро́лог, -а
гидрометеорологи́ческий
гидрометеороло́гия, -и
гидрометеослу́жба, -ы
гидрометри́ческий
гидроме́трия, -и
гидромеханиза́тор, -а
гидромеханиза́ция, -и
гидромеха́ника, -и
гидромехани́ческий
гидромо́дуль, -я
гидромонито́р, -а
гидрому́фта, -ы
гидрона́вт, -а
гидронефро́з, -а
гидрооки́сел, -сла
гидрооки́сный
гидрооки́сь, -и
гидропереда́ча, -и
гидропла́н, -а
гидропо́ника, -и
гидропо́нный
гидропри́во́д, -а
гидропу́льт, -а
гидросамолёт, -а
гидроста́нция, -и
гидроста́т, -а
гидроста́тика, -и
гидростати́ческий
гидросульфа́т, -а
гидросульфи́д, -а (соль сероводородной кислоты)
гидросульфи́т, -а (соль сернистой кислоты)
гидросфе́ра, -ы
гидрота́ксис, -а
гидротерапевти́ческий
гидротерапи́я, -и
гидротермообрабо́тка, -и
гидроте́хник, -а
гидроте́хника, -и
гидротехни́ческий
гидротипи́я, -и
гидрото́ракс, -а
гидрото́рф, -а
гидротрансформа́тор, -а
гидротропи́зм, -а

ГИД

гидротурби́на, -ы
гидротурби́нный
гидротурбострое́ние, -я
гидроу́зел, -зла́
гидрофи́зика, -и
гидрофизи́ческий
гидрофили́я, -и
гидрофи́льный
гидрофи́т, -а
гидрофици́рованный
гидрофобиза́ция, -и
гидрофоби́я, -и
гидрофо́бный
гидрофо́н, -а
гидрохими́ческий
гидрохи́мия, -и
гидрохино́н, -а
гидроцентра́ль, -и
гидроцефа́лия, -и
гидроцикло́н, -а
гидроэкстру́зия, -и
гидроэлева́тор, -а
гидроэлектри́ческий
гидроэлектроста́нция, -и
гидроэнерге́тика, -и
гидроэнергети́ческий
гие́на, -ы
гие́новый
гик, -а
ги́канье, -я
ги́кать, -аю, -ает
ги́кнуть, -ну, -нет
гиле́я, -и
гильде́йский
ги́льдия, -и
ги́льза, -ы
ги́льзовый
гильоти́на, -ы
гильотини́рованный
гильотини́ровать(ся), -рую, -рует(ся)
гильоти́нный
гильоши́рный
гильоши́рование, -я
гиля́к, -а́, *р. мн.* -о́в
гиля́цкий
гиля́чка, -и
гимн, -а
гимнази́ст, -а
гимнази́стка, -и
гимнази́ческий
гимна́зия, -и
гимна́ст, -а
гимнастёрка, -и
гимна́стика, -и
гимнасти́ческий
гимна́стка, -и
гинеко́лог, -а
гинекологи́ческий
гинеколо́гия, -и
гинеце́й, -я
гине́я, -и
гипер... — первая часть сложных слов, пишется всегда слитно
гипербази́т, -а
гипе́рбола, -ы
гиперболиза́ция, -и
гиперболизи́рованный
гиперболи́ческий
гиперболи́чный
гиперболо́ид, -а
гиперборе́ец, -е́йца
гиперборе́йский

гипергенный
гипергеометрический
гипергликемия, -и
гипердактилический
гиперемия, -и
гиперестезия, -и
гиперзвук, -а
гиперзвуковой
гиперкинез, -а
гиперкомплексный
гиперморфоз, -а
гипернефрома, -ы
гиперон, -а
гиперплазия, -и
гиперсол, -а
гиперсорбция, -и
гипертермия, -и
гипертиреоз, -а
гипертоник, -а
гипертонический
гипертония, -и
гипертрофированный
гипертрофировать(ся), -руется
гипертрофический
гипертрофия, -и
гиперфункция, -и
гиперэллиптический
гиперъядро, -а
гипноз, -а
гипнолог, -а
гипнопедия, -и
гипнотерапия, -и
гипнотизёр, -а
гипнотизировать(ся), -рую, -рует(ся)
гипнотизм, -а
гипнотический
гипо... — первая часть сложных слов, пишется всегда слитно
гиповитаминоз, -а
гипогенный
гипогликемия, -и
гиподерматоз, -а
гипоидный
гипоксия, -и
гипостаз, -а
гипостазировать(ся), -рую, -рует(ся)
гипосульфит, -а
гипотаксис, -а
гипотактический
гипотеза, -ы
гипотензивный
гипотенуза, -ы
гипотермия, -и
гипотетический
гипотетичный
гипотонический
гипотония, -и
гипотрофия, -и
гипофиз, -а
гипофосфат, -а
гипофосфит, -а
гипофункция, -и
гипоцентр, -а
гиппарион, -а
гиппологический
гиппология, -и
гиппопотам, -а
гипс, -а
гипсобетон, -а
гипсобетонный
гипсование, -я

гипсованный
гипсовать(ся), -сую, -сует(ся)
гипсоволокнистый
гипсовый
гипсографический
гипсолюбка, -и
гипсометр, -а
гипсометрический
гипсометрия, -и
гипсотермометр, -а
гипсохромный
гипсошлакобетон, -а
гипсошлакобетонный
гипюр, -а
гипюровый
гиревик, -а
гиревой
гирло, -а
гирлянда, -ы
гировертикаль, -и
гировоз, -а
гирогоризонт, -а
гирокомпас, -а
гиромагнитный
гиромаятник, -а
гироориентатор, -а
гирорулевой, -ого
гироскоп, -а
гироскопический
гиростабилизатор, -а
гиротахометр, -а
гиротеодолит, -а
гирудин, -а
гирька, -и
гиря, -и, *р. мн.* гирь
гистерезис, -а
гистерезисный
гистероскоп, -а
гистогенез, -а
гистогенный
гистограмма, -ы
гистолог, -а
гистологический
гистология, -и
гистопатологический
гистопатология, -и
гистохимический
гистохимия, -и
гит, -а
гитана, -ы
гитара, -ы
гитарист, -а
гитаристка, -и
гитарный
гитлеризм, -а
гитлеровец, -вца
гичка, -и
глава, -ы, *мн.* главы, глав, главам
главарь, -я
главбух, -а
главврач, -а
главенство, -а
главенствовать, -твую, -твует
главк, -а
главковерх, -а
главком, -а
главнокомандование, -я
главнокомандующий, -его
главноуправляющий, -его
главный
глагол, -а
глаголет (*3 л. ед.*)

глаголица, -ы
глаголический
глаголь, -я
глагольный
гладенький; *кр. ф.* -енек, -енька
гладиатор, -а
гладиаторский
гладилка, -и
гладильный
гладильня, -и, *р. мн.* -лен
гладиолус, -а
гладить(ся), глажу, гладит(ся)
гладкий; *кр. ф.* гладок, -дка, -дко
гладкокожий
гладкокрашеный
гладкоствольный
гладкостеклянный
гладкошёрстный и гладкошёрстый
гладыш, -а
гладь, -и
глаже, *сравн. ст.* (*от* гладкий, гладко)
глаженный, *прич.*
глаженый, *прил.*
глаженье, -я
глаз, -а и -у, *предл.* о глазе, в глазу, *мн.* глаза, глаз, глазам
глазастый
глазёнки, -нок
глазет, -а
глазетовый
глазеть, -ею, -еет
глазик, -а
глазирование, -я
глазированный (глазированные фрукты, сырки)
глазировать(ся), -рую, -рует(ся)
глазировка, -и
глазник, -а
глазница, -ы
глазничный
глазной
глазодвигательный
глазок, -зка, *мн.* глазки, -зок (*уменьш.*) и глазки, -ов (отверстия)
глазомер, -а
глазомерный
глазоньки, -нек
глазочек, -чка
глазунья, -и, *р. мн.* -ний
глазурный
глазурованный (глазурованная керамика)
глазуровать(ся), -рую, -рует(ся)
глазуровка, -и
глазурь, -и
глазчатый
гланды, гланд, *ед.* гланда, -ы
глас, -а
гласис, -а
гласить, глашу, гласит
гласная, -ой (буква)
гласность, -и
гласный, -ого
глауберова соль
глаукома, -ы
глауконит, -а
глашатай, -я
гледичия, -и
глезер, -а
глейкометр, -а
глёт, -а

ГЛЕ

глетчер, -а
гликемия, -и
гликоген, -а
гликокол, -а
гликоль, -я
глина, -ы
глинистый
глинище, -а
глинобитный
глинозём, -а
глиноземистый
глинозёмный
глинолечение, -я
глиномешалка, -и
глиномялка, -и
глиномятный
глиносолома, -ы
глиносоломенный
глинощебёночный
глинтщебень, -бня
глинтвейн, -а
глиняный
глиома, -ы
глиптика, -и
глиптотека, -и
глиссада, -ы
глиссандо, неизм. и нескл., с.
глиссер, -а, мн. -ы, -ов
глиссирование, -я
глиссировать, -рует
глиссирующий
глист, -а и глиста, -ы
глистный
глистогонный
глифталевый
глицерин, -а
глицериновый
глицеринофосфорный
глицерофосфат, -а
глицин, -а
глициния, -и
глобальный
глобин, -а
глобоид, -а
глобоидальный
глобулин, -а
глобулярный
глобус, -а, мн. -ы, -ов
глобусный
глоданный, прич.
глоданый, прил.
глодать, гложу, гложет и -аю, -ает
глоксиния, -и
глосса, -ы
глоссарий, -я
глоссатор, -а
глоссематика, -и
глоссит, -а
глоссолалия, -и
глот, -а
глотание, -я
глотательный
глотать(ся), -аю, -ает(ся)
глотка, -и
глотнуть, -ну, -нёт
глоток, -тка
глоточек, -чка
глоточный
глоттогонический
глоттогония, -и
глоттохронология, -и

ГЛО

глохнувший
глохнуть, -ну, -нет; прош. глох и глохнул, глохла
глубже, сравн. ст. (от глубокий, глубоко)
глубина, -ы, мн. -ины, -ин
глубинка, -и
глубиннонасосный
глубинный
глубиномер, -а
глубокий; кр. ф. -ок, -ока, -око
глубоководный
глубоковыемчатый
глубоколежащий *
глубокомысленный; кр. ф. -ен, -енна
глубокомыслие, -я
глубоконький; кр. ф. -конек, -конька
глубокорыхлитель, -я
глубокоуважаемый
глубоко человечный
глубокочтимый
глубокоэшелонированный *
глубочайший
глубь, -и, предл. в глуби
глумиться, -млюсь, -мится
глумление, -я
глумливый
глупенький; кр. ф. -енек, -енька
глупеть, -ею, -еет (становиться глупым)
глупец, -пца
глупить, -плю, -пит (поступать глупо)
глуповатый
глупость, -и
глупый
глупыш, -а
глухарёнок, -нка, мн. -рята, -рят
глухариный
глухарь, -я
глуховатый
глухозаземлённый
глухой; кр. ф. глух, глуха, глухо
глухомань, -и
глухонемой
глухонемота, -ы
глухота, -ы
глуше, сравн. ст. (от глухой, глухо)
глушитель, -я
глушить(ся), глушу, глушит(ся)
глушняк, -а
глушь, -и
глыба, -ы
глыбообразный
глюкоза, -ы
глюкозофосфат, -а
глютамин, -а
глютаминовый
глядеть(ся), гляжу(сь), глядит(ся)
глядь, неизм.
глядя, деепр.
глянец, -нца
глянуть, -ну, -нет
глянцевание, -я
глянцевать, -цую, -цует
глянцевитый
глянцевый
глянцованный
глянцовка, -и
глясе, нескл., с. и неизм. (кофе глясе)
гляциолог, -а
гляциологический

ГЛЯ

гляциология, -и
гмина, -ы
гминный
гнать(ся), гоню(сь), гонит(ся); прош. гнал(ся), гнала(сь), гнало, гналось
гнев, -а
гневаться, -аюсь, -ается
гневить, -влю, -вит
гневливый
гневный; кр. ф. -вен, -вна, -вно
гнедой
гнездарь, -я
гнездиться, -ится
гнездо, -а, мн. гнёзда, гнёзд
гнездование, -я
гнездовать(ся), -дую, -дует(ся)
гнездовище, -а
гнездовка, -и
гнездовой
гнездовье, -я, р. мн. -вий
гнёздышко, -а
гнейс, -а
гнейсовый
гнейсогранит, -а
гнести, гнету, гнетёт
гнёт, -а
гнетущий
гнида, -ы
гниение, -я
гнилец, -льца
гниловатый
гнилой; кр. ф. гнил, гнила, гнило
гнилостный
гнилушка, -и
гниль, -и
гнильё, -я
гнильца, -ы (с гнильцой)
гнить, гнию, гниёт; прош. гнил, гнила, гнило
гниющий
гноекровие, -я
гноеотделение, -я
гноеотделительный
гноеродный
гноетечение, -я
гноеточивый
гноить(ся), гною, гноит(ся)
гноище, -а
гной, -я и -ю, предл. о гное, в гное и в гною
гнойник, -а
гнойничковый
гнойничок, -чка
гнойно-воспалительный
гнойно-гнилостный
гнойный
гном, -а (карлик)
гнома, -ы (изречение)
гномик, -а
гномический
гномон, -а
гносеологический
гносеология, -и
гностик, -а
гностицизм, -а
гностический
гнотобиология, -и
гнотобиотика, -и
гну, нескл., м.
гнус, -а
гнусавить, -влю, -вит
гнусавый

гнусить, гнушу́, гнуси́т
гнусли́вый
гну́сность, -и
гну́сный; кр. ф. -сен, -сна́, -сно
гнусь, -и
гну́тый
гнуть, гну, гнёт
гнутьё, -я
гну́ться, гнусь, гнётся
гнуша́ться, -а́юсь -а́ется
гобеле́н, -а
гобеле́новый
гобои́ст, -а
гобо́й, -я
гова́ривать, наст. вр. не употр.
гове́нье, -я
гове́ть, -е́ю, -е́ет
го́вор, -а, мн. -ы, -ов
говоре́ние, -я
говори́льный
говори́льня, -и, р. мн. -лен
говори́ть(ся), -рю́, -ри́т(ся)
говорли́вость, -и
говорли́вый
говоро́к, -рка́
говору́н, -а́
говору́нья, -и, р. мн. -ний
говоря́щий
говя́дина, -ы
говя́жий, -ьжя, -ьже
гоголи́ный
го́голь, -я
го́голь-мо́голь, -я
го́гот, -а
гогота́нье, -я
гогота́ть, -очу́, -о́чет
гого́чущий
год, -а и -у, предл. о го́де, в году́, мн. го́ды и года́, -о́в
годе́ция, -и
год за го́дом
го́дик, -а
годи́на, -ы
годи́ть(ся), гожу́(сь), годи́т(ся)
годи́чный
го́дность, -и
го́дный; кр. ф. го́ден, годна́, го́дно
годова́лый
годови́к, -а́
годовичо́к, -чка́
годово́й
годовщи́на, -ы
годо́граф, -а
годо́к, годка́
год от го́да и год о́т году
годо́чек, -чка
гой, неизм.
го́кко, нескл., м.
гол, -а, мн. -ы́, -о́в
гола́влевый
гола́вль, -я́
голаркти́ческий
голго́фа, -ы
голена́стый
голени́ще, -а
голеносто́пный
го́лень, -и
го́ленький
голе́ц, гольца́
голиа́ф, -а (жук)
голизна́, -ы́
голи́к, -а́

голи́цы, -и́ц, ед. голи́ца, -ы
голичо́к, -чка́
голки́пер, -а
голла́ндец, -дца
голла́ндка, -и
голла́ндский
голобрю́хий
голова́, -ы́, вин. го́лову, мн. го́ловы, -о́в, -а́м
голова́н, -а
голова́стик, -а
голова́стый
голова́ч, -а́
головёнка, -и
голове́шка, -и
голови́зна, -ы
голови́ща, -и
голо́вка, -и
головнёвый
головно́й
головня́, -и́, р. мн. -не́й
головогру́дь, -и
головокруже́ние, -я
головокружи́тельный
головоло́мка, -и
головоло́мный
головомо́йка, -и
головоно́гий
головоно́ька, -и
головоре́з, -а
головотя́п, -а
головотя́пский
головотя́пство, -а
головохо́рдовые, -ых
голо́вушка, -и
гологе́ния, -и
гологене́з, -а
гологла́з, -а
гологра́мма, -ы
гологра́фия, -и
го́лод, -а и -у
голода́ние, -я
голода́ть, -а́ю, -а́ет
голода́ющий
голо́дный; кр. ф. го́лоден, голодна́, го́лодно
голодова́ть, -ду́ю, -ду́ет
голодо́вка, -и
голодра́нец, -нца
голодра́нка, -и
голоду́ха, -и (с голоду́хи)
голожа́берный
голокри́новый
гололёд, -а
гололе́дица, -ы
гололе́дь, -и
голомя́нка, -и
голоно́гий
голопу́зый
го́лос, -а, мн. голоса́, -о́в
голосеменны́е, -ы́х и голосемя́нные, -ых
голоси́на, -ы, м.
голоси́стый
голоси́ть, -ошу́, -оси́т
голоси́шко, -а, м.
голоси́ще, -а, м.
голосло́вный
голосни́к, -а́
голосну́ть, -ну́, -нёт
голосова́ние, -я
голосова́ть(ся), -су́ю, -су́ет(ся)

голосоведе́ние, -я
голосово́й
голосо́к, -ска́
голоту́рия, -и
голоце́н, -а
голоше́ий, -ше́яя, -ше́ее
голошта́нник, -а
голошта́нный
голу́ба, -ы, м. и ж.
голубево́д, -а
голубево́дство, -а
голубево́дческий
голубёнок, -нка, мн. -бя́та, -бя́т
голу́бенький
голубе́ть, -е́ет
голубеобра́зные, -ых
голубизна́, -ы́
голуби́ка, -и
голуби́ный
голу́бить, -блю, -бит
голуби́ца, -ы
голу́бка, -и
голубова́то-бе́лый
голубова́то-се́рый
голубова́тый
голубогла́зый
голубо́й
голубо́к, -бка́
голубо́нька, -и
голубо́окий
голубо́чек, -чка
голубу́шка, -и
голубцы́, -о́в, ед. голубе́ц, -бца́
голу́бчик, -а
го́лубь, -я, мн. го́луби, -е́й
голубя́тина, -ы
голубя́тник, -а
голубя́тня, -и, р. мн. -тен
го́лый; кр. ф. гол, гола́, го́ло
голытьба́, -ы́
го́лыш, -а́
голы́шка, -и
голышо́м, нареч.
голь, -и
гольд, -а, р. мн. -ов
го́льдка, -и
го́льдский
голье́, -я́
гольево́й
гольём, нареч.
го́льмий, -я
гольтепа́, -ы́
гольф, -а
голья́н, -а
го́лядь, -и
голя́к, -а́
гомео́зис, -а
гомеоморфи́зм, -а
гомеомо́рфия, -и
гомеопа́т, -а
гомеопати́ческий
гомеопа́тия, -и
гомеополя́рный
гомеоста́т, -а
гомери́ческий (смех)
гоминьда́н, -а
гоминьда́новец, -вца
гоминьда́новский
гоммо́з, -а
гомоаллели́зм, -а
гомога́мия, -и
гомогениза́тор, -а

85

ГОМ

гомогениза́ция, -и
гомогенизи́ровать(ся), -рую, -рует(ся)
гомоге́нный
гомозиго́тность, -и
гомози́ть(ся), -ожу́(сь), -ози́т(ся)
гомойоло́гия, -и
гомологи́ческий
гомологи́чный
гомоло́гия, -и
гомологрaфи́ческий
гомоморфи́зм, -а
го́мон, -а
гомони́ть, -ню́, -ни́т
гомоно́мия, -и
гомопла́стика, -и
гомосексуали́зм, -а
гомосексуали́ст, -а
гомосексуали́стка, -и
гомосексуа́льный
гомофо́ния, -и
гомофо́нный
гомоцентри́ческий
го́мруль, -я
гому́нкул, -а и гому́нкулус, -а
гон, -а
гонве́д, -а
гонг, -а
гондо́ла, -ы
гондольéр, -а (гребец)
гондольéра, -ы (песня)
гонéние, -я
гонéц, -нца́
гони́мый
гонио́метр, -а
гониомéтрия, -и
гони́тель, -я
гони́тельница, -ы
го́нка, -и
го́нкий; кр. ф. го́нок, гонка́, го́нко
го́нный
гонобо́бель, -я
гоно́к, -нка́
гоноко́кк, -а
гоноко́кковый
го́нор, -а
гонора́р, -а
гонора́рный
гонорéйный
гонорéя, -и
го́ночный
гоноши́ть(ся), -шу́(сь), -ши́т(ся)
гонт, -а
гонча́р, -а́
гонча́рничать, -аю, -ает
гонча́рный
гонча́рня, -и, р. мн. -рен
гонча́рский
гонча́рство, -а
го́нчая, -ей
го́нчий
го́нщик, -а
гоньба́, -ы́
гоня́ть(ся), -я́ю(сь), -я́ет(ся)
гоня́щий
гоп, неизм.
гопа́к, -а́
гопкали́т, -а
гопля́, неизм.
гора́, -ы́, вин. го́ру, мн. го́ры, гор, гора́м
гора́зд, -а, -о
гора́л, -а

ГОР

горб, -а́, предл. о горбé, на горбу́
горба́тенький
горба́теть, -ею, -еет (становиться горбатым)
горба́тить, -а́чу, -а́тит (что)
горба́титься, -а́чусь, -а́тится
горба́тка, -и
горба́тый
горба́ч, -а́
го́рбик, -а
горби́на, -ы
горби́нка, -и
го́рбить(ся), -блю(сь), -бит(ся)
горбо́к, -бка́
горбоно́сый
горбу́н, -а́
горбу́нья, -и, р. мн. -ний
горбу́ша, -и
горбу́шка, -и
горбы́ль, -я́
горделивость, -и
горделивый
го́рдень, -я
гордéц, -а́
го́рдиев у́зел
горди́ться, горжу́сь, горди́тся
гордо́вина, -ы
гордо́н, -а
го́рдость, -и
го́рдый; кр. ф. горд, горда́, го́рдо
гордыня, -и
гордя́чка, -и
го́ре, -я
горé, нареч. (кверху)
горевáние, -я
горевáть, -рю́ю, -рю́ет
го́ре-горевáньице, го́ря-горевáньица
го́ре го́рькое
го́ре-злосчáстие, го́ря-злосчáстия
горéлка, -и
горéлки, -лок (игра)
горéлый
горельéф, -а
горельéфный
горемы́ка, -и, м. и ж.
горемы́чный
горéние, -я
го́ренка, -и
го́ре-охо́тник, -а
го́ре-руководи́тель, -я
го́ре-рыболо́в, -а
го́рестный
го́ресть, -и
горéть, -рю́, -ри́т
го́рец, -рца
горéц, -рца́ (бот.)
горечáвка, -и
горечáвковый
го́речь, -и
горжéтка, -и
горизо́нт, -а
горизонтáль, -и
горизонтáльно-вертикáльный
горизонтáльно-ко́вочный
горизонтáльно летя́щий
горизонтáльно-продо́льный
горизонтáльно-расто́чный
горизонтáльно-сверли́льный
горизонтáльно-фрéзерный
горизонтáльный
гори́лка, -и
гори́лла, -ы

ГОР

горисполко́м, -а
гори́стый
горихво́стка, -и
горицвéт, -а
го́рка, -и
го́ркнувший
го́ркнуть, -нет; прош. го́ркнул и горк, го́ркла
горко́м, -а
горко́мовский
горла́н, -а
горла́нить, -ню, -нит
горла́стый
горла́тка, -и
горла́тный
горла́ч, -а́
го́рлинка, -и
го́рлица, -ы
го́рло, -а
горлови́к, -а́
горлови́на, -ы
горлово́й
горлодéр, -а
горлопáн, -а
го́рлышко, -а
горля́нка, -и
гормо́н, -а
гормонáльный
гормонотерапи́я, -и
горн, -а
горнбленди́т, -а
го́рний
горни́ло, -а
горни́ст, -а
го́рница, -ы
го́рничная, -ой
горноартиллерийский
го́рно-буровой
горново́й
горнодобывающий
го́рно-доли́нный
горнозаво́дский
горнозаво́дчик, -а
горноклимати́ческий
го́рно-леси́стый
горнолы́жник, -а
горнолы́жница, -ы
горнолы́жный
го́рно-металлурги́ческий
го́рно-морско́й
го́рно-обогати́тельный
горнопересечённый
горнопромы́шленник, -а
горнопромы́шленный
горнопрохо́дческий
го́рно-пусты́нный
горнорабо́чий, -его
горнору́дный
горноспасáтель, -я
горноспасáтельный
горностáевый
горностáй, -я
горнострелко́вый
горнотехни́ческий
горнотрáнспортный
го́рный
горня́к, -а́
горня́цкий
горовосходи́тель, -я
го́род, -а, мн. -а́, -о́в
го́род-герой, го́рода-геро́я, мн. города́-геро́и, городо́в-геро́ев

городи́ть, -ожу́, -о́дит
городи́шко, -а, м.
городи́ще, -а, м. (увелич.) и с. (ист.)
городки́, -о́в (игра)
городни́чество, -а
городни́чий, -его
городово́й, -о́го
городо́к, -дка́
городо́шник, -а
городо́шный
городско́й
городьба́, -ы́
горожа́нин, -а, мн. -а́не, -а́н
горожа́нка, -и
горообра́зный
горообразова́ние, -я
гороско́п, -а
горо́х, -а
горохови́дный
горо́ховик, -а
горо́ховый
го́рочный
горо́шек, -шка
горо́шина, -ы
горо́шинка, -и
го́рский
горсове́т, -а
горст, -а
го́рстка, -и
го́рсточка, -и
горсть, -и, мн. -и, -е́й
горта́нный
горта́нь, -и
горте́нзия, -и
горча́йший
горча́к, -а́
го́рче, сравн. ст. (от го́рький, го́рько)
горчи́нка, -и: с горчи́нкой
горчи́ть, -и́т
горчи́ца, -ы
горчи́чник, -а
горчи́чница, -ы
горчи́чный
го́рше, сравн. ст. (от го́рький, го́рько — горестный)
горше́ня, -и, р. мн. -ей, м.
горше́чник, -а
горше́чный
го́рший
горшо́к, -шка́
горшо́чек, -чка
го́рькая, -ой
го́рький; кр. ф. го́рек, горька́, го́рько
горькова́то-сла́дкий
горькова́тый
горькоминда́льный
го́рько-сла́дкий
го́рько-солёный
горьку́шка, -и
горючево́з, -а
горю́чее, -его
горю́че-сма́зочный
горю́чий
го́рюшко, -а
горя́нка, -и
горячека́таный
горячеоцинко́ванный
горячепрессо́ванный
горя́чечный
горя́чий; кр. ф. горя́ч, горяча́, горячо́
горячи́тельный

горячи́ть(ся), -чу́(сь), -чи́т(ся)
горя́чка, -и
горя́чность, -и
госаппара́т, -а
госарбитра́ж, -а
госба́нк, -а
госбезопа́сность, -и
госбюдже́т, -а
госдепарта́мент, -а
госконтро́ль, -я
госкреди́т, -а
госпитализа́ция, -и
госпитализи́рованный
госпитализи́ровать(ся), -рую, -рует(ся)
го́спиталь, -я, мн. -и, -е́й
госпитальёр, -а
госпита́льный
госплемрасса́дник, -а
госплемхо́з, -а
господа́рство, -а
господа́рь, -я
госпо́день, -дня, -дне
го́споди, неизм.
господи́н, -а, мн. господа́, -о́д, -ода́м
госпо́дский
госпо́дство, -а
госпо́дствовать, -твую, -твует
госпо́дствующий
госпо́дчик, -а
госпо́дь, го́спода
госпожа́, -и́
госсортуча́сток, -тка
гост, -а
гостево́й
гостеприи́мный
гостеприи́мство, -а
гости́ная, -ой
гости́нец, -нца
гости́ница, -ы
гости́ничный
гостинодво́рец, -рца
гостинодво́рский
гости́нчик, -а
гости́ный
гости́ть, гощу́, гости́т
гость, -я, мн. -и, -е́й
го́стьюшка, -и, ж.
го́стья, -и, р. мн. -тий
го́стюшка, -и, м.
госуда́рев, -а, -о
госуда́рственно-колхо́зный
госуда́рственно-монополисти́ческий
госуда́рственность, -и
госуда́рственный
госуда́рство, -а
государствове́дение, -я
госуда́рыня, -и, р. мн. -ынь
госуда́рь, -я
госучрежде́ние, -я
госхо́з, -а
госэкза́мен, -а
го́тика, -и
готи́ческий
гото́ва́льня, -и, р. мн. -лен
гото́венький
гото́вить(ся), -влю(сь), -вит(ся)
гото́вка, -и
гото́вность, -и
гото́вый
го́тский
готтенто́т, -а

готтенто́тка, -и
готтенто́тский
го́ты, -ов
гофма́ршал, -а
гофма́ршальский
гофме́йстер, -а
гофме́йстерский
гофр, -а
гофрирова́льный
гофрирова́ние, -я
гофриро́ванный
гофрирова́ть(ся), -ру́ю, -ру́ет(ся)
гофриро́вка, -и
гофри́ть(ся), -рю, -ри́т(ся)
го́фры, гофр
граб, -а
граба́рка, -и
граба́рный
граба́рский
граба́рь, -я́ и гра́барь, -я
грабёж, -ежа́
гра́бельки, -лек
гра́бен, -а
граби́ловка, -и
граби́нник, -а
граби́нный
граби́тель, -я
граби́тельница, -ы
граби́тельский
граби́тельство, -а
гра́бить, -блю, -бит
гра́бленный, прич.
гра́бленый, прил.
граблеобра́зный
гра́бли, -бель и -блей
гра́бовый
грабья́рмия, -и
гра́ве, неизм. и нескл., с.
гравели́т, -а
гра́вер, -а (жук)
гравёр, -а
гравёрный
гравиемо́йка, -и
гра́вий, -я
грави́йно-песча́ный
грави́йный
гравила́т, -а
гравиме́тр, -а
гравиметри́ческий
гравиме́рия, -и
гравирова́льный
гравирова́ние, -я
гравиро́ванный
гравирова́ть(ся), -ру́ю, -ру́ет(ся)
гравиро́вка, -и
гравиро́вщик, -а
гра́вис, -а
гравитацио́нный
гравита́ция, -и
гравю́ра, -ы
град, -а
града́ция, -и
градие́нт, -а
градие́нтный
градиентоме́тр, -а
гра́дина, -ы
гра́динка, -и
гради́рный
гради́рня, -и, р. мн. -рен
гради́рование, -я
гради́рованный
гради́ровать(ся), -рую, -рует(ся)

ГРА

градиро́вка, -и
градиро́вочный
градоби́тие, -я
градово́й
гра́дом, *нареч.*
градонача́льник, -а
градонача́льство, -а
градоно́сный
градообразу́ющий
градоправи́тель, -я
градострои́тель, -я
градострои́тельный
градострои́тельство, -а
гра́дский
градуи́рование, -я
градуи́рованный
градуи́ровать(ся), -рую, -рует(ся)
градуиро́вка, -и
гра́дус, -а
гра́дусник, -а
гра́дусный
граждани́н, -а, *мн.* гра́ждане, -ан
гражда́нка, -и
гражда́ночка, -и
гражда́нский
гражда́нско-правово́й
гражда́нственность, -и
гражда́нство, -а
грай, -я
грамза́пись, -и
грамициди́н, -а
грамм, -а, *р. мн.* гра́ммов
грамма́тик, -а
грамма́тика, -и
грамматикализа́ция, -и
граммати́ст, -а
граммати́ческий
грамм-а́том, -а
грамм-ве́с, -а
грамм-ма́сса, -ы
грамм-моле́кула, -ы
грамм-молекуля́рный
грамм-мо́ль, -я
граммо́вый
граммоме́тр, -а
граммофо́н, -а
граммофо́нный
грамм-си́ла, -ы
грамм-эквивале́нт, -а
гра́мота, -ы
грамоте́й, -я
гра́мотка, -и
гра́мотность, -и
гра́мотный
грампласти́нка, -и
гран, -а
грана́т, -а, *р. мн.* -а́тов
грана́та, -ы, *р. мн.* -а́т
грана́тина, -ы
грана́тник, -а
грана́тный
грана́товый
гранатомёт, -а
гранатомета́ние, -я
гранатомётчик, -а
гранд, -а
гранд-да́ма, -ы
грандио́зный
гране́ние, -я
гранённый, *прич.*
гранёный, *прил.*
грани́льник, -а

ГРА

грани́льный
грани́льня, -и, *р. мн.* -лен
грани́льщик, -а
грани́льщица, -ы
грани́т, -а
гранитиза́ция, -и
грани́тный
гранитогне́йс, -а
гранито́ид, -а
гранито́левый
гранито́ль, -я
грани́тчик, -а
грани́ть(ся), -ню́, -ни́т(ся)
грани́ца, -ы (за грани́цу, за грани́цей, из-за грани́цы)
грани́чить, -чит
гра́нка, -и
грановитый
гра́нула, -ы
гранулёзный
гранулёма, -ы
гранули́рованный
гранули́ровать(ся), -рую, -рует(ся)
гранулометри́ческий
гранулометри́я, -и
гранулоци́т, -а
грануля́рный
грануляцио́нный
грануля́ция, -и
грань, -и
грасси́рование, -я
грасси́ровать, -рую, -рует
гратта́ж, -а
гратуа́р, -а
граф, -а
графа́, -ы́
графеко́н, -а
графе́ма, -ы
гра́фик, -а
гра́фика, -и
графи́н, -а
графи́нный
графи́нчик, -а
графи́ня, -и, *р. мн.* -и́нь
графи́т, -а
графи́тный
графи́то-во́дный
графи́товый
графитопла́ст, -а
графи́ть, -флю́, -фи́т
графи́ческий
графлённый, *прич.*
графлёный, *прил.*
графо́лог, -а
графологи́ческий
графоло́гия, -и
графома́н, -а
графома́ния, -и
графопострои́тель, -я
гра́фский
гра́фство, -а
граффи́ти, *нескл., мн.* (надписи)
граффи́то, *неизм.* (живопись)
грацио́зность, -и
грацио́зный
гра́ция, -и
грач, -а́
грачи́ный
грачо́вник, -а
грачо́нок, -нка, *мн.* -ча́та, -ча́т
гребёнка, -и
гребённик, -а

ГРЕ

гребенно́й
гребенско́й
гребе́нчатый
гребенщи́к, -а́
гребенщико́вые, -ых
гре́бень, -бня
гребе́ц, -бца́
гребешко́вый
гребешо́к, -шка́
гребешо́чек, -чка
гре́бля, -и
гребневи́дный
гребневи́к, -а́
гребнево́й
гребнезу́бый
гребнеобра́зный
гребнечеса́льный
гребни́стый
гребно́й
гребо́к, -бка́
гребу́щий
грёбший
грёза, -ы
гре́зить(ся), -грёжу, -грёзит(ся)
гре́йдер, -а
грейдери́ст, -а
гре́йдерный
грейди́рованный
грейди́ровать, -рую, -рует
гре́йзен, -а
гре́йпфрут, -а
гре́йфер, -а
гре́йферный
грек, -а
гре́ко-лати́нский
гре́ко-перси́дский
гре́ко-росси́йский
гре́лка, -и
греме́ть, -млю́, -ми́т
грему́чий
грему́чник, -а
грему́шка, -и
гре́на, -ы
гренаде́р, -а, *р. мн.* (при собир. знач.) -е́р и (при обознач. отдельных лиц) -ов
гренаде́рский
гренади́н, -а
гренаж, -а
гренажный
гренки́, -о́в, *ед.* грено́к, -нка́
гренла́ндский
грести́, гребу́, гребёт; *прош.* грёб, гребла́
гре́ть(ся), гре́ю(сь), гре́ет(ся)
грех, -а́
грехо́вный
грехово́дник, -а
грехово́дница, -ы
грехово́дничать, -аю, -ает
грехопаде́ние, -я
греци́зм, -а
гре́цкий (орех)
гре́ча, -и
греча́нка, -и
гре́ческий
гречи́ха, -и
гречи́шник, -а
гречи́шный
гре́чка, -и
гречневи́к, -а
гре́чневый

ГРЕ ГРО ГРУ Г

гре́чник, -а
греши́ть, -шу́, -ши́т
гре́шник, -а
гре́шница, -ы
гре́шный; *кр. ф.* гре́шен, грешна́, гре́шно
грешо́к, -шка́
гриб, -а́
гриб-зо́нтик, гриба́-зо́нтика
грибко́вый
грибни́к, -а́
грибни́ца, -ы
грибно́й
грибова́р, -а
грибова́рный
грибова́рня, -и, *р. мн.* -рен
грибова́рочный
грибове́дение, -я
грибое́д, -а
грибо́к, -бка́
гри́ва, -ы
грива́стый
гри́венник, -а
гри́вистый
гри́вна, -ы, *р. мн.* гри́вен
гриву́азный
григориа́нский
гри́длик, -а
гри́дница, -ы
гри́дня, -и, *мн.* -ден
гридь, -и
гриза́йль, -я
гризе́тка, -и
гри́зли, *нескл., м.*
грилья́ж, -а
грим, -а
грима́са, -ы
грима́ска, -и
грима́сничать, -аю, -ает
гримёр, -а
гримёрский
гримёрша, -и
гримирова́льный
гримирова́ние, -я
гримиро́ванный
гримирова́ть(ся), -ру́ю(сь), -ру́ет(ся)
гримиро́вка, -и
гри́нвичский
грипп, -а
гриппова́ть, -пу́ю, -пу́ет
гриппо́зный
гриппоподо́бный
гриф, -а
гри́фель, -я, *мн.* -и, -ей
гри́фельный
грифо́н, -а
гроб, -а, *предл.* о гро́бе, в гробу́, *мн.* -ы́, -о́в
гро́бик, -а
гро́бить, -блю, -бит
гробни́ца, -ы
гробово́й
гробовщи́к, -а́
гробокопа́тель, -я
грог, -а
гро́гги, *неизм.* (состоя́ние гро́гги)
гроза́, -ы́, *мн.* гро́зы, гроз
гроздево́й и гро́здовый
гроздь, -и, *мн.* гро́зди, гро́здей и гро́здья, гро́здьев
грози́ть(ся), грожу́(сь), грози́т(ся)
гро́зный; *кр. ф.* -зен, -зна́, -зно

грозово́й
грозозащи́та, -ы
грозоотме́тчик, -а
грозоупо́рный
гром, -а, *мн.* гро́мы, -о́в
грома́да, -ы
грома́дина, -ы
грома́дный
громи́ла, -ы, *м.*
громи́ть, -млю́, -ми́т
гро́мкий; *кр. ф.* гро́мок, громка́, гро́мко
громкоговори́тель, -я
громкоговоря́щий *
громкоголо́сый
громове́ржец, -жца
громово́й
громогла́сный
громозву́чный
громозди́ть(ся), -зжу́(сь), -зди́т(ся)
громо́здкий
громокипя́щий
громоотво́д, -а
громоподо́бный
гро́мче, *сравн. ст. (от* гро́мкий, гро́мко)
громыха́ние, -я
громыха́ть, -а́ю, -а́ет
громыхну́ть, -ну́ -нёт
гросс, -а, *р. мн.* -ов
гроссба́уэр, -а
гроссбу́х, -а
гроссме́йстер, -а
гроссме́йстерский
гросфа́тер, -а
грот, -а
гро́та-га́лс, -а
грот-ва́нты, -ва́нт
гроте́ск, -а
гроте́скный
гроте́сковый
грот-ма́рсель, -я
грот-ма́чта, -ы
гро́хать(ся), -аю(сь), -ает(ся)
гро́хнуть(ся), -ну(сь), -нет(ся)
гро́хот, -а
грохота́нье, -я
грохота́ть, -очу́, -о́чет
грохоти́ть, -очу́, -оти́т
грохоче́ние, -я
грош, -а́
гро́шик, -а
грошо́вый
гру́ббер, -а
грубе́ть, -е́ю, -е́ет (становиться гру́бым)
груби́ть, -блю́, -би́т (говорить гру́бости)
грубия́н, -а
грубия́нить, -ню, -нит
грубия́нка, -и
грубова́тый
грубодроблёный
грубозерни́стый
грубоизмельчённый
грубообло́мочный
грубоочи́щенный
грубопровокацио́нный
грубостебе́льчатый
гру́бость, -и
грубосуко́нный
грубошёрстный

гру́бый; *кр. ф.* груб, груба́, гру́бо
гру́да, -ы
груда́стый
груди́на, -ы
груди́нка, -и
груди́но-рёберный
груди́ться, -у́дится
гру́дка, -и
грудни́ца, -ы
грудно́й
грудобрю́шный
грудь, -и и -и́, *мн.* -и, -е́й
гру́женный и гружённый; *кр. ф.* -ён, ена́, *прич.*
гружёный, *прил.*
груз, -а
груздёвый
груздо́чек, -чка
груздь, -я́, *мн.* гру́зди, -е́й
грузи́ло, -а
грузи́н, -а, *р. мн.* -и́н
грузи́нка, -и
грузи́нский
грузи́ть(ся), гружу́(сь), гру́зи́т(ся)
грузне́ть, -е́ю, -е́ет
гру́знуть, -ну, -нет; *прош.* груз и гру́знул
гру́зный; *кр. ф.* -зен, -зна́, -зно
грузови́к, -а́
грузовичо́к, -чка́
грузовладе́лец, -льца
грузовмести́мость, -и
грузово́й
грузозахва́тный
грузонапряжённость, -и
грузооборо́т, -а
грузоотправи́тель, -я
гру́зо-пассажи́рский
грузоперево́зка, -и
грузоподъёмность, -и
грузоподъёмный
грузополуча́тель, -я
грузопото́к, -а
грузосортиро́вочный
гру́зчик, -а
грум, -а
грунт, -а, *предл.* в гру́нте, на гру́нте и на грунту́, *мн.* -ы, -ов и -ы́, -о́в
грунтла́к, -а
грунтобето́н, -а
грунтобето́нный
грунтова́льный
грунтова́ние, -я
грунто́ванный
грунтова́ть(ся), -ту́ю, -ту́ет(ся)
грунтове́д, -а
грунтове́дение, -я
грунто́вка, -и
грунтово́й
грунто́вочный
грунтоматериа́лы, -ов
грунтоно́с, -а
грунтосмеси́тельный
грунтоцеме́нтный
групко́м, -а
групко́мовский
групкомсо́рг, -а
групо́рг, -а
гру́ппа, -ы
группе́тто, *нескл., с.*
группирова́ние, -я
группиро́ванный

ГРУ

группирова́ть(ся), -ру́ю, -ру́ет(ся)
группиро́вка, -и
гру́ппка, -и
группово́д, -а
группово́й
группо́вщина, -ы
грусти́нка, -и (с грусти́нкой)
грусти́ть, грущу́, грусти́т
гру́стный; *кр. ф.* -тен, -тна́, -тно
грусть, -и
гру́ша, -и
гру́ша́нка, -и
грушеви́дный
гру́шевый
грушо́вка, -и
грушо́вник, -а
гры́жа, -и
грыжево́й и гры́жевый
грыжесече́ние, -я
гры́жник, -а
грызе́ние, -я
гры́зло, -а
грызня́, -и́
грызово́й
грызо́мый
грызть(ся), -зу́(сь), -зёт(ся); *прош.* грыз(ся), гры́зла(сь)
грызу́н, -а́
гры́зший
гры́мза, -ы
грю́ндер, -а
грю́ндерский
грю́ндерство, -а
гряда́, -ы́, *мн.* гря́ды, гряд, гряда́м
грядёт (*3 л. ед.*)
гря́диль, -я
гря́дка, -и
гря́дковый
грядно́й
грядово́й и гря́довый
грядоде́латель, -я
гряду́щий
грязеви́к, -а́ (*тех.*)
грязеводолече́бница, -ы
грязеводолече́бный
грязево́й
грязеглиноторфолече́ние, -я
гря́зе-ка́менный
грязелече́бница, -ы
грязелече́бный
грязелече́ние, -я
грязеочисти́тель, -я
грязеспу́ск, -а
грязеулови́тель, -я
гря́зи, -ей
грязи́ща, -и
гря́зненький; *кр. ф.* -енек, -енька
грязне́ть, -е́ю, -е́ет (становиться грязным)
грязни́ть, -ню́, -ни́т (*кого, что*)
грязни́ться, -ню́сь, -ни́тся
грязнова́то-се́рый
грязнова́тый
гря́зно-зелёный
гря́зно-се́рый
грязну́вший
грязну́ля, -и, *м.* и *ж.*
гря́знуть, -ну, -нет; *прош.* гряз и гря́знул
грязну́ха, -и, *м.* и *ж.*
грязну́шка, -и, *м.* и *ж.*
гря́зный; *кр. ф.* -зен, -зна́, -зно
грязови́к, -а́ (*птица*)

ГРЯ

грязца́, -ы́
грязь, -и
гря́нуть(ся), -ну(сь), -нет(ся)
грясти́, гряду́, грядёт
гуани́н, -а
гуа́но, *нескл., с.*
гуа́шь, -и
губа́, -ы́, *мн.* гу́бы, губ, губа́м
губа́н, -а
губа́стый
губерна́тор, -а
губерна́торский
губерна́торство, -а
губерна́торша, -и
губе́рния, -и
губе́рнский
губи́тель, -я
губи́тельница, -ы
губи́тельный
губи́ть(ся), гублю́, гу́бит(ся)
гу́бка, -и
гу́бно-губно́й
гу́бно-зубно́й
губно́й
губоцве́тные, -ых
гу́бочка, -и
губошлёп, -а
гу́бчатый
гуверна́нтка, -и
гуверне́р, -а
гугено́т, -а
гугено́тский
гугни́вый
гугу́: ни гугу́
гуд, -а
гуде́ние, -я
гудёт (*3 л. ед.*)
гуде́ть, гужу́, гуди́т
гудо́к, -дка́
гудо́чник, -а
гудо́чный
гудро́н, -а
гудрона́тор, -а
гудрони́рованный
гудрони́ровать(ся), -рую, -рует(ся)
гудро́нный
гуж, -а́
гужево́й
гужо́вка, -и
гужо́м, *нареч.*
гу́зка, -и
гук, -а
гу́канье, -я
гу́кать, -аю, -ает
гу́кнуть, -ну, -нет
гул, -а
гулёна, -ы, *м.* и *ж.*
гу́ленька, -и
гу́ливать, *наст. вр. не употр.*
гу́лкий; *кр. ф.* -лок, -лка́, -лко
гулли́вый
гульба́, -ы́
гу́льбище, -а
гуль-гуль-гуль, *неизм.*
гу́льден, -а
гу́лькин: с гу́лькин нос
гульну́ть, -ну́, -нёт
гу́ля, -и
гуля́й-го́род, -а
гуля́ка, -и, *м.* и *ж.*
гуля́нка, -и
гуля́нье, -я

ГУЛ

гуля́ть, -я́ю, -я́ет
гуля́ш, -а́
гуля́щий
гумани́зм, -а
гумани́ст, -а
гуманисти́ческий
гумани́стка, -и
гуманита́рный
гума́нность, -и
гума́нный; *кр. ф.* -нен, -нна
гуме́нник, -а
гуме́нный
гумифика́ция, -и
гу́мма, -ы
гу́мми, *нескл., с.*
гуммиара́бик, -а
гуммигу́т, -а
гуммигу́товые, -ых
гуммикопа́л, -а
гуммила́стик, -а
гумми́рование, -я
гумми́рованный
гумми́ровать(ся), -рую, -рует(ся)
гумми́ровка, -и
гумми́т, -а
гуммо́з, -а
гуммо́зный
гумно́, -а́, *мн.* гу́мна, гу́мен и гумён, гу́мнам
гумора́льный
гу́мус, -а
гу́мусовый
гундо́сить, -о́шу, -о́сит
гунн, -а
гу́ннский
гу́нтер, -а
гу́ппи, *нескл., ж.*
гури́ец, -и́йца
гури́йка, -и
гури́йский
гу́рия, -и
гурма́н, -а
гурма́нка, -и
гурма́нский
гурма́нство, -а
гурт, -а́ (*стадо*)
гуртово́й
гуртовщи́к, -а́
гурто́м, *нареч.*
гуртопра́в, -а
гурьба́, -ы́
гу́рьевская ка́ша
гуса́к, -а́
гуса́р, -а, *р. мн.* (при собир. знач.) -а́р и (при обознач. отдельных лиц) -ов
гуса́рский
гусачо́к, -чка́
гусево́д, -а
гусево́дство, -а
гусево́дческий
гусёк, -ська́
гу́сельный
гу́сем, *нареч.*
гу́сеница, -ы
гу́сеничка, -и
гу́сеничный
гусёнок, -нка, *мн.* -ся́та, -ся́т
гуси́ный
гуси́т, -а
гуси́тский

гу́сли, -ей
гуся́р, -а и -а́, мн. -ы́, -о́в
густе́ть, -е́ет (становиться густым)
густи́ть, гущу́, густи́т (что)
густоволо́сый
гу́сто-зелёный
густо́й; кр. ф. густ, густа́, гу́сто
густоли́ственный
густоли́стый
густонаселённый
густонасы́щенный *
густоокра́шенный *
гу́сто поса́женный
густопсо́вый
густорасту́щий *
густота́, -ы́
густотеку́чий
густотёртый
густоцве́тный
гу́сто-чёрный
густошёрстный и густошёрстый
гусы́ня, -и, р. мн. -ы́нь
гусь, -я, мн. -и, -е́й
гусько́м, нареч.
гуся́тина, -ы
гуся́тник, -а
гуся́тница, -ы
гутали́н, -а
гуто́рить, -рю, -рит
гуттапе́рча, -и
гуттапе́рчевый
гуттаперчено́сный
гутта́ция, -и
гуттура́льный
гуцу́л, -а
гуцу́лка, -и
гуцу́льский
гу́ща, -и
гу́ще, сравн. ст. (от густо́й, гу́сто)
гущина́, -ы́
гюйс, -а
гюрза́, -ы́
гяу́р, -а

Д

да́бы
дава́лец, -льца
дава́льческий
давану́ть, -ну́, -нёт
дава́ть(ся), даю́(сь), даёт(ся)
да́веча
да́вешний
дави́ло, -а
дави́льник, -а
дави́льный
дави́льня, -и, р. мн. -лен
дави́ть(ся), давлю́(сь), да́вит(ся)
да́вка, -и
давле́ние, -я
да́вленный, прич.
да́вленый, прил.
давне́нько
да́вний
давни́шний
давно́
давнопроше́дший *
да́вность, -и
давну́ть, -ну́, -нёт
давны́м-давно́
давоќ, -вка́

да́вший
да́вывать, наст. вр. не употр.
давя́щий
дагерроти́п, -а
дагерроти́пия, -и
дагеста́нец, -нца
дагеста́нка, -и
дагеста́нский
дадаи́зм, -а
да́же
да здра́вствует
да́ивать, наст. вр. не употр.
дака́нье, -я
да́кать, -аю, -ает
да́кнуть, -ну, -нет
дакриодени́т, -а
дакриоцисти́т, -а
дакро́н
дакро́новый
дактили́ческий
дактилографи́ческий
дактилогра́фия, -и
дактилозо́ид, -а
дактилологи́ческий
дактилоло́гия, -и
дактилоскопи́ческий
дактилоскопи́я, -и
да́ктило-хореи́ческий
да́ктиль, -я
далай-ла́ма, -ы, м.
да́ле (устар. к да́лее)
да́лее, сравн. ст. (от далёкий, далеко́)
далёкий; кр. ф. далёк, далека́, далеко́ и далёко
далеко́-далеко́ и далёко-далёко
далеко́ не ...
далеко́нько
дале́че
да́лия, -и (бот.)
да́ллия, -и (рыба)
далмати́нец, -нца
далмати́нка, -и
далмати́нский
далма́тский
даль, -и
дальнебомбардиро́вочный
дальневосто́чник, -а
дальневосто́чный
дальне́йший
дальнестру́йный
да́льний
дальнобо́йность, -и
дальнобо́йный
дальнови́дный
дальнозе́мелье, -я
дальнозо́ркий
дальнозо́ркость, -и
дальноме́р, -а
да́льность, -и
дальтони́зм, -а
дальто́ник, -а
да́льтон-пла́н, -а
да́льше, сравн. ст. (от далёкий, далеко́)
да́ма, -ы
дама́сский
дама́ст, -а
да́мба, -ы
да́мка, -и
дамма́ра, -ы
дамнифика́ция, -и

дамо́клов меч
да́мочка, -и
да́мский
дана́ец, -а́йца
дана́йский
да́нник, -а
дани́ческий
да́нность, -и
да́нные, -ых
да́нный; кр. ф. дан, дана́
да́нсинг, -а
да́нсинг-хо́лл, -а
данти́ст, -а
данти́стка, -и
данти́стский
дань, -и
даоси́зм, -а
дао́сский
дар, -а, мн. -ы́, -о́в
дарвини́зм, -а
дарвини́ст, -а
дарвини́стка, -и
да́рвиновский
дарги́нец, -нца
дарги́нка, -и
дарги́нский
дарданелльский
даре́ние, -я
дарёный
дари́тель, -я
дари́тельница, -ы
дари́ть(ся), дарю́, да́рит(ся)
дарлингто́ния, -и
дарма́
дармово́й
дармовщи́на, -ы
дармое́д, -а
дармое́дка, -и
дармое́дничать, -аю, -ает
дармое́дский
дармое́дство, -а
дарова́ние, -я
даро́ванный
дарова́ть(ся), -ру́ю, -ру́ет(ся)
дарови́тость, -и
дарови́тый
дарово́й
даровщи́на, -ы (на даровщи́ну)
даровщи́нка, -и: на даровщи́нку
да́ром
дароно́сица, -ы
дарохрани́тельница, -ы
дарсонвализа́ция, -и
да́рственный
да-с
да́та, -ы
да́тельный паде́ж
дати́рование, -я
дати́рованный
дати́ровать(ся), -рую, -рует(ся)
дати́ровка, -и
да́тский
да́тско-сове́тский
да́тско-шве́дский
датча́нин, -а, мн. -а́не, -а́н
датча́нка, -и
да́тчик, -а
дать(ся), дам(ся), дашь(ся), даст(ся), дади́м(ся), дади́те(сь), даду́т(ся); прош. дал(ся), дала́(сь), да́ло́(сь)
дауэсиза́ция, -и
да́фния, -и

ДАЧ

да́ча, -и
дачевладе́лец, -льца
дачевладе́лица, -ы
да́чка, -и
да́чник, -а
да́чница, -ы
да́чно-строи́тельный
да́чный
дашна́к, -а
дашнакцутю́н, -а
даю́щий
дая́ние, -я
два, двух, двум, двумя́, о двух
двадцатигра́дусный (20-гра́дусный)
двадцатигра́нник, -а
двадцатигра́нный
двадцатидвухле́тний (22-ле́тний)
двадцатикопе́ечный (20-копе́ечный)
двадцатиле́тие (20-ле́тие), -я
двадцатиле́тний (20-ле́тний)
двадцатимину́тка, -и
двадцатипятиле́тие (25-ле́тие), -я
двадцатипятиле́тний (25-ле́тний)
двадцатипятипроце́нтный (25-проце́нтный)
двадцатипятирублёвый (25-рублёвый)
двадцатипятиты́сячник, -а
двадцатипятиты́сячный (25-ты́сячный)
двадцатирублёвый (20-рублёвый)
двадцатито́нный (20-то́нный)
двадцатиуго́льник, -а
двадцатиуго́льный
двадцатичетырёхгра́нник, -а
двадцатичетырёхгра́нный
двадцатиэта́жный (20-эта́жный)
двадца́тый
два́дцать, -и́, тв. -ью
два́дцатью (при умножении)
два́жды
два́жды два
двана́деся́тый и двуна́деся́тый
двенадцатери́чный
двенадцатигра́нник, -а
двенадцатигра́нный
двенадцатидне́вный (12-дне́вный)
двенадцатидюймо́вый (12-дюймо́вый)
двенадцатиле́тний (12-ле́тний)
двенадцатипе́рстная кишка́
двенадцатирублёвый (12-рублёвый)
двенадцатиря́дный
двенадцатисло́жный
двенадцатиуго́льник, -а
двенадцатиуго́льный
двенадцатичасово́й (12-часово́й)
двена́дцатый
двена́дцать, -и, тв. -ью
две́рка, -и
дверно́й
две́рца, -ы
дверь, -и, мн. -и, -е́й, -я́м, -я́ми и -рьми́
две́сти, двухсо́т, двумста́м, двумяста́ми, о двухста́х
дви́гатель, -я, мн. -и, -ей
дви́гательный
дви́гать(ся), -аю(сь), -ает(ся) и дви́жу(сь), дви́жет(ся)
дви́гающий(ся)
движе́ние, -я
дви́жимость, -и

ДВИ

дви́жимый
дви́житель, -я
движко́вый
движо́к, -жка́
дви́жущий(ся)
двинозавр, -а
дви́нуть(ся), -ну(сь), -нет(ся)
дво́е, двои́х, двои́м, двумя́ и двои́ми, о двои́х
двоебо́рец, -рца
двоебо́рье, -я
двоебра́чие, -я
двоеве́рец, -рца
двоеве́рие, -я
двоевла́стие, -я
двоеду́шие, -я
двоеду́шный
двоежёнец, -нца
двоежёнство, -а
двоему́жие, -я
двоемы́слие, -я
двое́ние, -я
двоетёс, -а
двоето́чие, -я
дво́ечка, -и
дво́ечник, -а
дво́ечница, -ы
двоешка, -и
двои́ть(ся), двою́(сь), двои́т(ся)
дво́ица, -ы
двои́чный
дво́йка, -и
двойни́к, -а́
двойнико́вый
двойни́чный
двойничо́к, -чка́
двойно́й
двойня́, -и, р. мн. -бен и -ней
двойня́шки, -и
дво́йственность, -и
дво́йственный
двойча́тка, -и
двор, -а́
дворе́ц, -рца́
дворе́цкий, -ого
дво́рик, -а
двори́шко, -а, м.
двори́ще, -а, м. (увелич.) и с. (ист.)
дво́рник, -а
дво́рницкая, -ой
дво́рницкий
дворничи́ха, -и
дво́рня, -и
дворня́га, -и
дворня́жка, -и
дворо́вый
дворцо́вый
дворяни́н, -а, мн. -я́не, -я́н
дворя́нка, -и
дворя́ночка, -и
дворя́нский
дворя́нство, -а
дворя́нчик, -а
двою́родный
двоя́кий
двояково́гнутый
двояковы́пуклый
двоякодыша́щие, -их и двудыша́щие, -их
двоякопреломля́ющий
двоя́шка, -и

ДВУ

двубо́ртный
двугла́вый
двугла́зый
двугла́сный
двуголо́сный и двухголо́сный
двуго́рбый
двугра́нный
двугри́венник, -а
двугри́венный, -ого
двудо́льный
двудо́мный
двудо́нный и двухдо́нный
двудыша́щие, -их и двоякодыша́щие, -их
двуеди́ный
двужи́льный
двузерня́нка, -и
двузна́чный
двузу́бец, -бца
двузу́бчатый
двузу́бый
двукла́ссный и двухкла́ссный
двуко́лка, -и
двуко́нный
двукопы́тный
двукра́тный
двукры́лый
двулепе́стный
двуле́тний (двуле́тнее расте́ние)
двуле́тник, -а
двули́кий
двули́стный
двули́чие, -я
двули́чничать, -аю, -ает
двули́чность, -и
двули́чный
двунадеся́тый и дванадеся́тый
двуни́ток, -тка
двуно́гий
двуо́кись, -и
двупа́лый
двупарноно́гие, -их
двупарнорезцо́вые, -ых
двупе́рстие, -я
двупе́рстный (от двупе́рстие)
двупе́рстый (двупа́лый)
двупла́нный
двупле́чий
двупло́стный
двупо́лый
двупо́лье, -я
двупо́льный и двухпо́льный
двуро́гий
двуру́кий
двуру́чка, -и
двуру́чный
двуру́шник, -а
двуру́шница, -ы
двуру́шничать, -аю, -ает
двуру́шнический
двуру́шничество, -а
двусве́тный и двухсве́тный
двусемядо́льный
двусемя́нка, -и
двусемя́нный
двуска́тный и двухска́тный
двуслогово́й
двусло́жный и двухсло́жный
двусмы́сленность, -и
двусмы́сленный; кр. ф. -лен, -ленна
двусмы́слица, -ы

ДВУ

двусоста́вный
двуспа́льный и двухспа́льный
двуство́лка, -и и двухство́лка, -и
двуство́льный и двухство́льный
двуство́рчатый
двусти́шие, -я
двусто́пный
двусторо́нний
двусторо́нность, -и
двутавро́вый
двууглеки́слый
двуу́стка, -и
двуутро́бка, -и
двуха́ктный
двухарши́нный
двуха́томный
двухба́лльный
двухбатальо́нный
двухба́шенный
двухвале́нтный
двухвалко́вый
двухведёрный
двухвеково́й
двухвёрстка, -и
двухвёрстный
двухверши́нный
двухвесе́льный и двухвёсельный
двухвинто́вой
двухво́стка, -и
двухво́стый
двухгоди́чный
двухгодова́лый
двухгодово́й
двухголо́вый
двухголо́сный и двуголо́сный
двухди́сковый
двухдне́вный
двухдо́нный и двудо́нный
двухдюймо́вка, -и
двухдюймо́вый
двухжи́льный
двухза́льный
двухзвеньево́й
двухзона́льный
двухиго́льный
двух- и трёхдне́вный
двухка́мерный
двухкаска́дный
двухкварти́рный
двухкилогра́ммовый
двухкиломе́тро́вка, -и
двухкилометро́вый
двухкла́ссный и двукла́ссный
двухколе́йный
двухколе́нный
двухколе́нчатый
двухколёсный
двухколо́нный
двухко́мнатный
двухкомпле́ктный
двухкомпоне́нтный
двухко́нтурный
двухкопе́ечный
двухко́рпусный
двухкра́сочный
двухкулачко́вый
двухла́мповый
двухлеме́шный
двухле́тие, -я
двухле́тний (двухле́тний ребёнок, двухле́тний пери́од)
двухлитро́вый

ДВУ

двухло́пастный
двухло́ристый
двухма́чтовый
двухме́рный
двухме́стный
двухме́сячный
двухметро́вый
двухмиллиа́рдный
двухмиллио́нный
двухмото́рный
двухнеде́льный
двухо́дка, -и
двухо́лмие, -я
двухоко́нный
двухоруди́йный
двухосно́вный
двухо́сный
двухотва́льный
двухпала́тный
двухпа́лубный
двухпарти́йный
двухпо́льный и двупо́льный
двухпо́люсник, -а
двухпо́люсный
двухпроводно́й
двухпрогра́ммный
двухпроце́нтный
двухпудо́вый
двухпу́тный
двухра́зовый
двухромовоки́слый
двухрублёвый
двухря́дка, -и
двухря́дный
двухсажённый
двухсве́тный и двусве́тный
двухсекцио́нный
двухска́тный и двуска́тный
двухсло́жный и двусло́жный
двухсло́йный
двухсме́нный
двухсо́тенный
двухсоткилогра́ммовый (200-килогра́ммовый)
двухсотле́тие (200-ле́тие), -я
двухсотле́тний (200-ле́тний)
двухсотпятидесятиле́тие (250-ле́тие), -я
двухсотпятидесятиле́тний (250-ле́тний)
двухсотты́сячный (200-ты́сячный)
двухсо́тый
двухспа́льный и двуспа́льный
двухсполови́нный
двухство́лка, -и и двуство́лка, -и
двухство́льный и двуство́льный
двухстепе́нный
двухсторо́нний
двухсторо́нность, -и
двухстро́чный
двухстру́нный
двухступе́нчатый
двухсу́точный
двухта́ктный
двухто́мник, -а
двухто́мный
двух-трёхнеде́льный
двухтру́бный
двухты́сячный
двухур́овневый
двухфа́зный
двухфунто́вый

ДВУ Д

двухходо́вка, -и
двухходо́вый
двухцветко́вый
двухцве́тный
двухцили́ндровый
двухчасово́й
двухшёрстный и двушёрстный
двухъя́русный
двухэлеме́нтный
двухэта́жный
двучле́н, -а
двучле́нный
двушёрстный и двухшёрстный
двуязы́чие, -я
двуязы́чный
деавтоматиза́ция, -и
деаэра́тор, -а
деаэра́ция, -и
дебарка́дер, -а
дебати́ровать(ся), -рую, -рует(ся)
деба́ты, -ов
дебе́лый
де́бет, -а (счёт)
дебето́ванный
дебетова́ть(ся), -ту́ю, -ту́ет(ся)
дебето́вый (от де́бет)
деби́льный
дебе́т, -а (объём)
дебито́р, -а
дебито́рский
деблока́да, -ы
деблоки́рование, -я
деблоки́рованный
деблоки́ровать, -рую, -рует
дебо́ш, -а
дебоши́р, -а
дебоши́рить, -рю, -рит
дебоши́рничать, -аю, -ает
дебоши́рство, -а
де́бри, -ей
дебю́т, -а
дебюта́нт, -а
дебюта́нтка, -и
дебюти́ровать, -рую, -рует
дебю́тный
де́ва, -ы
девальва́ция, -и
девальви́рованный
девальви́ровать(ся), -рую, -рует(ся)
девана́гари, нескл., с.
деваста́ция, -и
дева́ть(ся), -а́ю(сь), -а́ет(ся)
де́верь, -я, мн. -рья́, -рьёв и -ре́й
девиа́ция, -и
деви́з, -а
деви́за, -ы (вексель)
деви́зный
деви́ца, -ы и (в нек-рых сочетаниях) де́вица, -ы
деви́ческий
деви́чество, -а
деви́чий, -ья, -ье и (в нек-рых сочетаниях) де́вичий, -ья, -ье
деви́чник, -а
де́вичья, -ьей
де́вка, -и
дево́н, -а
дево́нский
де́вонька, -и
де́вочка, -и
де́вственник, -а
де́вственница, -ы

ДЕВ

де́вственность, -и
де́вственный
де́вство, -а
де́вушка, -и
девча́та, -а́т
девчо́нка, -и
девчо́ночка, -и
девчу́рка, -и
девчу́шка -и
девяно́сто, -а
девяностоле́тие (90-ле́тие), -я
девяностоле́тний (90-ле́тний)
девяностопятиле́тний (95-ле́тний)
девяно́стый
девяси́л, -а
девятери́к, -а́
девятерико́вый
девятерно́й
де́вятеро, -ы́х
девятидеся́тый
девятидне́вный (9-дне́вный)
девятикла́ссник, -а
девятикла́ссница, -ы
девятикра́тный
девятиле́тка, -и
девятиле́тний (9-ле́тний)
девятиме́сячный (9-ме́сячный)
девятисо́тый
девятиэта́жный (9-эта́жный)
девя́тка, -и
девятнадцатиле́тний (19-ле́тний)
девятна́дцатый
девятна́дцать, -и
девя́тый
де́вять, -и́, тв. -ью
девятьсо́т, девятисо́т, девятиста́м,
    девятьюста́ми, о девятиста́х
де́вятью (при умножении)
дегаза́тор, -а
дегазацио́нный
дегаза́ция, -и
дегази́рованный
дегази́ровать(ся), -рую, -рует(ся)
дегази́рующий(ся)
дегельминтиза́ция, -и
дегенера́т, -а
дегенерати́вность, -и
дегенерати́вный
дегенера́ция, -и
дегенери́ровать, -рую, -рует
дегероиза́ция, -и
дегидрата́ция, -и
дегидри́рование, -я
дегидрогениза́ция, -и
дёготь, дёгтя и дёгтю
деграда́ция, -и
дегради́ровать, -рую, -рует
дёгтебето́н, -а
дегтево́й и дёгтевый
дегти́шко, -а, м.
дегтя́рник, -а
дегтя́рница, -ы
дегтя́рный
дегтя́рня, -и, р. мн. -рен
дегуста́тор, -а
дегустацио́нный
дегуста́ция, -и
дегусти́рованный
дегусти́ровать(ся), -рую, -рует(ся)
дед, -а
де́двейт, -а
дедеро́н, -а

ДЕД

дедеро́новый
дедика́ция, -и
де́дина, -ы
де́дка, -и, м. (от дед)
дед-моро́з, де́да-моро́за (игрушка)
де́дов, -а, -о
де́довский
дедраматиза́ция, -и
дедукти́вный
деду́кция, -и
дедуци́ровать(ся), -рую, -рует(ся)
де́душка, -и, м.
деепри́частие, -я
деепри́частный
дееспосо́бность, -и
дееспосо́бный
дежа́, -и́, мн. дёжи, дежей
дёжка, -и
дежу́рить, -рю, -рит
дежу́рка, -и
дежу́рный
дежу́рство, -а
дезабилье́, нескл., с. и неизм.
дезавуи́рование, -я
дезавуи́рованный
дезавуи́ровать(ся), -рую, -рует(ся)
дезакти́вация, -и
дезактиви́рованный
дезактиви́ровать(ся), -рую -рует(ся)
дезактиви́рующий(ся)
дезамини́рование, -я
дезамини́рованный
дезамини́ровать(ся), -рую, -рует(ся)
дезерти́р, -а
дезерти́ровать, -рую, -рует(ся)
дезерти́рский
дезерти́рство, -а
дезидера́ты, -а́т
дезинсекцио́нный
дезинсе́кция, -и
дезинтегра́тор, -а
дезинтегра́ция, -и
дезинфе́ктор, -а
дезинфекцио́нный
дезинфе́кция, -и
дезинфици́рование, -я
дезинфици́рованный
дезинфици́ровать(ся), -рую, -рует(ся)
дезинфици́рующий(ся)
дезинформацио́нный
дезинформа́ция, -и
дезинформи́ровать(ся), -рую, -ру-
    ет(ся)
дезка́мера, -ы
дезодора́тор, -а
дезодора́ция, -и
дезодори́рованный
дезодори́ровать(ся), -рую, -рует(ся)
дезоксида́ция, -и
дезоксирибонуклеи́новый
дезорганиза́тор, -а
дезорганиза́торский
дезорганиза́ция, -и
дезорганизо́ванный
дезорганизова́ть(ся), -зу́ю, -зу́ет(ся)
дезорганизо́вывать(ся), -аю, -ает(ся)
дезориента́ция, -и
дезориенти́рованный
дезориенти́ровать(ся), -рую(сь), -ру-
    ет(ся)
дезурбаниза́ция, -и
дезурбани́зм, -а

ДЕИ

деи́зм, -а
деиониза́ция, -и
деи́ст, -а
деисти́ческий
де́йдвуд, -а
де́йственность, -и
де́йственный; кр. ф. -вен, -венна
де́йствие, -я
действи́тельность, -и
действи́тельный
де́йство, -а
де́йствовать, -твую, -твует
де́йствующий
дейте́рий, -я
дейтопла́зма, -ы
дейтро́н, -а
дейтро́нный
дек, -а
де́ка, -и
декабри́ст, -а
декабри́стский
дека́брь, -я́
дека́брьский
декагра́мм, -а
дека́да, -ы
декада́нс, -а
декаде́нт, -а
декаде́нтка, -и
декаде́нтский
декаде́нтство, -а
дека́дный
декали́н, -а
декали́тр, -а
декальки́рованный
декальки́ровать(ся), -рую, -рует(ся)
декалькома́ния, -и
декальцина́ция, -и
декаме́тр, -а
дека́н, -а
декана́т, -а
дека́нский
дека́нство, -а
деканта́ция, -и
деканцерогениза́ция, -и
декапи́рование, -я
декапо́ды, -ов
декарбониза́ция, -и
декартелиза́ция, -и
декати́рованный
декатирова́ть(ся), -ру́ю, -ру́ет(ся)
декатиро́вка, -и
декато́нна, -ы
декатро́н, -а
дека́эдр, -а
деквалифика́ция, -и
деквалифици́ровать(ся), -рую(сь),
    -рует(ся)
де́кель, -я
деклама́тор, -а
деклама́торский
декламацио́нный
деклама́ция, -и
деклами́рованный
деклами́ровать(ся), -рую, -рует(ся)
декларати́вный
декларацио́нный
деклара́ция, -и
деклари́рование, -я
деклари́рованный
деклари́ровать(ся), -рую, -рует(ся)
декласси́рованный
декласси́роваться, -руюсь, -руется

ДЕК   ДЕЛ   ДЕМ   Д

деклина́тор, -а
деклина́ция, -и
декови́лька, -и
де́ковый
декоди́рование, -я
декоди́рованный
декоди́ровать, -рую, -рует
декоди́рующий
деко́кт, -а
деколониза́ция, -и
деколора́ция, -и
декольте́, *нескл., с. и неизм.*
декольти́рованный
декольтирова́ться, -ру́юсь, -ру́ется
декомпенса́ция, -и
декомпрессио́нный
декомпре́ссия, -и
декомпре́ссор, -а
деко́р, -а
декорати́вно-прикладно́й
декорати́вный
декора́тор, -а
декорацио́нный
декора́ция, -и
декори́рование, -я
декори́рованный
декори́ровать(ся), -рую, -рует(ся)
деко́рт, -а
декортика́тор, -а
декортика́ция, -и
деко́рум, -а
декреме́нт, -а
декре́т, -а
декрети́рование, -я
декрети́рованный
декрети́ровать(ся), -рую, -рует(ся)
декре́тный
декреще́ндо и декреше́ндо, *неизм.*
декстри́н, -а
декстриниза́ция, -и
декстри́нный
декстри́новый
декстрокарди́я, -и
делабиализа́ция, -и
де́лание, -я
де́ланность, -и
де́ланный
де́латель, -я
де́лать(ся), -аю(сь), -ает(ся)
делега́т, -а
делега́тка, -и
делега́тский
делега́ция, -и
делеги́рование, -я
делеги́рованный
делеги́ровать(ся), -рую, -рует(ся)
делёж, -а́
делёжка, -и
деле́ние, -я
делённый; *кр. ф.* -ён, -ена́
деле́ц, -льца́
делиба́ш, -а
дели́йский
деликате́с, -а
деликате́сный
делика́тничание, -я
делика́тничать, -аю, -ает
делика́тность, -и
делика́тный
дели́кт, -а
делимита́ция, -и
дели́мое, -ого

дели́мость, -и
дели́мый
дели́тель, -я
дели́тельный
дели́ть(ся), делю́(сь), де́лит(ся)
дели́шки, -шек
де́ло, -а, *мн.* дела́, дел, -а́м
делови́тость, -и
делови́тый
делово́й
делопроизводи́тель, -я
делопроизво́дственный
делопроизво́дство, -а
де́лывать, *наст. вр. не употр.*
делькре́дере, *нескл., с.*
де́льный
де́льта, -ы
де́льта-древеси́на (δ-древеси́на), -ы
де́льта-желе́зо (δ-желе́зо), -а
де́льта-лучи́ (δ-лучи́), -е́й
дельтапла́н, -а
де́льтапланери́зм, -а
де́льта-фу́нкция (δ-фу́нкция), -и
де́льта-электро́н (δ-электро́н), -а
де́льта-эффе́кт (δ-эффе́кт), -а
дельтови́дный
де́льтовый
дельтообра́зный
дельфи́йский
дельфи́н, -а
дельфина́рий, -я
дельфи́ний, -ья, -ье
дельфи́ниум, -а
дельфи́новые, -ых
де́льце, -а, *р. мн.* -ев
делювиа́льный
делю́вий, -я
деля́га, -и, *м.*
деля́на, -ы
деля́нка, -и
деля́ческий
деля́чество, -а
деля́щий(ся)
демаго́г, -а
демагоги́ческий
демагоги́чный
демаго́гия, -и
демаркацио́нный
демарка́ция, -и
дема́рш, -а
демаски́рование, -я
демаски́рованный
демаски́ровать(ся), -рую(сь), -ру́ет(ся)
демаскиро́вка, -и
деме́нция, -и
демикото́н, -а
демикото́нный
демикото́новый
милитариза́ция, -и
демилитаризо́ванный
демилитаризова́ть(ся), -зу́ю, -зу́ет(ся)
демимо́нд, -а
демимонде́нка, -и
демисезо́нный
демиу́рг, -а
демобилизацио́нный
демобилиза́ция, -и
демобилизо́ванный
демобилизова́ть(ся), -зу́ю(сь), -зу́ет(ся)

демографи́ческий
демогра́фия, -и
демодеко́з, -а
демодуля́ция, -и
демокра́т, -а
демократиза́ция, -и
демократизи́рованный
демократизи́ровать(ся), -рую(сь), -рует(ся)
демократи́зм, -а
демократи́ческий
демократи́чный
демокра́тия, -и
демокра́тка, -и
де́мон, -а
демонетиза́ция, -и
демони́ческий
демонологи́ческий
демоноло́гия, -и
де́монский
демонстра́нт, -а
демонстра́нтка, -и
демонстрати́вный
демонстра́тор, -а
демонстрацио́нный
демонстра́ция, -и
демонстри́рование, -я
демонстри́рованный
демонстри́ровать(ся), -рую, -ру́ет(ся)
демонта́ж, -а
демонти́рованный
демонти́ровать(ся), -рую, -рует(ся)
деморализа́ция, -и
деморализо́ванный
деморализова́ть(ся), -зу́ю(сь), -зу́ет(ся)
де́мос, -а
демоти́ческий
де́мпинг, -а
де́мпинговый
де́мпфер, -а
де́мпферный
демпфи́рование, -я
демультиплика́тор, -а
демуниципализа́ция, -и
демуниципализи́рованный
демуниципализи́ровать(ся), -рую, -рует(ся)
денатурализа́ция, -и
денатурализо́ванный
денатурализова́ть(ся), -зу́ю(сь), -зу́ет(ся)
денатура́т, -а
денатура́ция, -и
денатури́рованный
денатури́ровать(ся), -рую, -рует(ся)
денационализа́ция, -и
денационализи́рованный
денационализи́ровать(ся), -рую, -рует(ся)
денацификацио́нный
денацифика́ция, -и
денацифици́рованный
денацифици́ровать(ся), -рую, -ру́ет(ся)
де́нди, *нескл., м.*
дендра́рий, -я
дендри́т, -а
дендрити́ческий
дендри́тный
дендро́идный

ДЕН

дендрологи́ческий
дендроло́гия, -и
дендро́метр, -а
дендрометри́ческий
дендроме́трия, -и
де́нежка, -и
де́нежно-креди́тный
де́нежный
денёк, -нька́
денёчек, -чка
дензна́к, -а
денивеля́ция, -и
дени́кинщина, -ы
денитрифика́ция, -и
денитрифици́рующий
денни́к, -а́
денни́ца, -ы
де́нно и но́щно
денно́й
деномина́тивный
деномина́ция, -и
денонса́ция, -и
денонси́рование, -я
денонси́рованный
денонси́ровать(ся), -рую, -рует(ся)
денсиме́трия, -и
денсито́метр, -а
денситоме́трия, -и
дента́льный
денти́н, -а
денудацио́нный
денуда́ция, -и
денщи́к, -а́
денщи́цкий
день, дня, мн. дни, дней
день в день
деньга́, -и́
де́ньги, де́нег, деньга́м
день-деньско́й
день-друго́й
деньжа́та, -а́т
деньжи́щи, -и́щ
деньжо́нки, -нок
день за́ день
день ото дня́
деонтоло́гия, -и
депалатализа́ция, -и
депарафиниза́ция, -и
департа́мент, -а
департа́ментский
деперсонализа́ция, -и
депе́ша, -и
депигмента́ция, -и
депиля́ция, -и
деплана́ция, -и
деплани́ровать, -рую, -рует
депо́, нескл., с.
депо́вский
депози́т, -а
депозита́рий, -я
депози́тный
депози́тор, -а
деполимериза́ция, -и
деполяриза́тор, -а
деполяриза́ция, -и
депоне́нт, -а
депоне́нтский
депони́рование, -я
депони́рованный
депони́ровать(ся), -рую, -рует(ся)
депо́рт, -а
депресса́нт, -а

ДЕП

депресси́вный
депре́ссия, -и
депре́ссорный
深прива́ция, -и
депута́т, -а
депута́тка, -и
депута́тский
депута́ция, -и
дератиза́ция, -и
дербе́нник, -а
дербе́нниковые, -ых
де́рби, нескл., с.
дерби́ст, -а
де́рвиш, -а
дёрганный, прич.
дёрганый, прил.
дёрганье, -я
дёргать(ся), -аю(сь), -ает(ся)
дерга́ч, -а́
дереализа́ция, -и
деревене́ть, -е́ю, -е́ет
дереве́нский
дереве́нщина, -ы
деревенька, -и
дере́вня, -и, р. мн. -ве́нь
де́рево, -а, мн. дере́вья, -ьев
деревобето́н, -а
деревобето́нный
деревова́л, -а
деревообде́лочный
деревообраба́тывающий
деревообрабо́тка, -и
деревоперераба́тывающий
деревопererабо́тка, -и
дереворе́жущий
деревушка, -и
де́ревце, -а и деревцо́, -а́ р. мн. -ев, -о́в и -ве́ц
деревяни́стый
деревя́нный
дереви́шка, -и
дереза́, -ы́
дерезня́к, -а́
дёрен, -а (растение)
дёренные, -ых
дёреновые, -ых
держа́ва, -ы
держа́вка, -и
держа́вный
держа́ние, -я
де́ржанный, прич.
де́ржаный, прил.
держа́тель, -я
держа́ть(ся), держу́(сь), де́ржит(ся)
держа́щий(ся)
держиде́рево, -а
держимо́рда, -ы, м.
дерза́ние, -я
дерза́ть, -а́ю, -а́ет
дерзи́ть, -и́т
де́рзкий
дерзнове́ние, -я
дерзнове́нность, -и
дерзнове́нный; кр. ф. -ве́н и -ве́нен, -ве́нна
дерзну́ть, -ну́, -нёт
де́рзостный
де́рзость, -и
дерива́т, -а
дериваицио́нный
дерива́ция, -и
де́рма, -ы

ДЕР

дермати́н, -а
дермати́новый
дермати́т, -а
дерматоге́н, -а
дермато́з, -а
дермато́л, -а
дермато́лог, -а
дерматологи́ческий
дерматоло́гия, -и
дерматомико́з, -а
дерматомице́т, -а, р. мн. -ов
дермографи́зм, -а
дермо́ид, -а
дёрн, -а (слой почвы с травой)
дерне́ть, -е́ет (превращаться в дёрн)
дерни́на, -ы
дерни́стый
дерни́ть, -ню́, -ни́т (что)
дернова́ть, -ну́ю, -ну́ет
дернови́на, -ы
дерно́во-подзо́листый
дерно́вый
дёрнуть(ся), -ну(сь), -нет(ся)
де́ррик, -а
дерть, -и
дёру: зада́ть дёру
дерьмо́, -а́
дерю́га, -и
дерю́жка, -и
дерю́жный
деря́ба, -ы
деса́нт, -а
десанти́рование, -я
десанти́ровать(ся), -рую, -рует(ся)
деса́нтник, -а
деса́нтный
десегрега́ция, -и
деселеро́метр, -а
дёсенный
десенсибилиза́тор, -а
десенсибилиза́ция, -и
десенсибилизи́рованный
десенсибилизи́ровать(ся), -рую, -рует(ся)
десенсибилизи́рующий
десе́рт, -а
десе́ртный
десигна́т, -а
десика́нт, -а
десика́ция, -и
де́скать, частица
дескрипти́вный
дескри́птор, -а
дескри́пция, -и
десмотропи́я, -и
десмурги́я, -и
десна́, -ы́, мн. дёсны, дёсен, дёснам
дени́ца, -ы
десо́рбция, -и
де́спот, -а
деспоти́зм, -а
деспоти́ческий
деспоти́чный
деспоти́я, -и
дессина́тор, -а
деструкцио́нный
деструкция, -и
десть, -и, мн. -и, -е́й
десятери́к, -а́
десятерико́вый
десятери́чный
десятерно́й

ДЕС   ДЕТ   ДЕЦ   Д

десятеро, -ых
десятибалльный
десятиборец, -рца
десятиборье, -я
десятивёрстка, -и
десятиградусный (10-градусный)
десятигранник, -а
десятигранный
десятидневка, -и
десятидневный (10-дневный)
десятикилометровка, -и
десятикилометровый (10-километровый)
десятиклассник, -а
десятиклассница, -ы
десятиклассный
десятикопеечный (10-копеечный)
десятикратный
десятилетие (10-летие), -я
десятилетка, -и
десятилетний (10-летний)
десятимесячный (10-месячный)
десятина, -ы
десятинный
десятирублёвка, -и
десятирублёвый (10-рублёвый)
десятирядный
десятитомный
десятитонный (10-тонный)
десятиугольник, -а
десятиугольный
десятичный
десятиэтажный (10-этажный)
десятка, -и
десятник, -а
десяток, -тка
десяточек, -чка
десятский
десятый
десять, -и, тв. -ью
десятью (при умножении)
деталесмена, -ы
детализация, -и
детализированный
детализировать(ся), -рую, -рует(ся)
деталировка, -и
деталировщик, -а
деталь, -и
детальный
детандер, -а
детва, -ы
детвора, -ы
детдом, -а, мн. -а, -ов
детдомовец, -вца
детдомовский
детектив, -а
детективный
детектирование, -я
детектор, -а
детекторный
детёныш, -а
детергент, -а
детерминант, -а
детерминатив, -а
детерминация, -и
детерминизм, -а
детерминированный
детерминировать(ся), -рую, -рует(ся)
детерминист, -а
детерминистический
детерминистский
детерминологизация, -и

дети, детей, детям, детьми, о детях
детина, -ы, м.
детинец, -нца
детинушка, -и, м.
детишки, -шек
детище, -а
детка, -и
детонатор, -а
детонационный
детонация, -и
детонирование, -я
детонировать, -рую, -рует
детонометр, -а
детородный
деторождение, -я
детоубийство, -а
детоубийца, -ы, м. и ж.
деточка, -и
детплощадка, -и
детрит, -а
детсад, -а, мн. -ы, -ов
детский
детство, -а
детушки, -шек
деть(ся), дену(сь), денет(ся)
детясли, -ей
де-факто, неизм.
дефекатор, -а
дефекация, -и
дефект, -а
дефективный
дефектный
дефектологический
дефектология, -и
дефектоскоп, -а
дефектоскопический
дефектоскопия, -и
дефензива, -ы
деферент, -а (астр.)
дефферизация, -и
дефибратор, -а
дефибрёр, -а
дефибриллятор, -а
дефибрилляция, -и
дефибрировать(ся), -рую, -рует(ся)
дефиле, нескл., с.
дефилировать, -рую, -рует
дефинитив, -а
дефинитивный
дефиниция, -и
дефис, -а
дефицит, -а
дефицитный
дефлегматор, -а
дефлегмация, -и
дефлектор, -а
дефлорация, -и
дефляция, -и
дефолиант, -а
дефолиация, -и
деформация, -и
деформирование, -я
деформированный
деформировать(ся), -рую, -рует(ся)
дехканин, -а, мн. -ане, -ан
дехканка, -и
дехканский
дехлорация, -и
дехлорирование, -я
дехлорировать(ся), -рую, -рует(ся)
децемвир, -а
децемвират, -а

децентрализация, -и
децентрализованный
децентрализовать(ся), -зую, -зует(ся)
децибел, -а, р. мн. -ов
дециграмм, -а, р. мн. -ов
децилитр, -а
децима, -ы
децимальный
дециметр, -а
дечный (от дек)
дешевенький
дешеветь, -еет
дешевизна, -ы
дешевить, -влю, -вит
дешёвка, -и
дешевле, сравн. ст. (от дешёвый, дёшево)
дешёвый
дешифратор, -а
дешифрирование, -я
дешифрированный
дешифрировать(ся), -рую, -рует(ся)
дешифрованный
дешифровать(ся), -рую, -рует(ся)
дешифровка, -и
деэмульгатор, -а
деэмульгирование, -я
деэскалация, -и
деэтимологизация, -и
деэтимологизироваться, -руется
де-юре, неизм.
деяние, -я
деятель, -я
деятельница, -ы
деятельность, -и
деятельный
деяться, деется
джаз, -а
джаз-банд, -а
джазовый
джаз-оркестр, -а
джайнизм, -а
джамбулский (от Джамбул)
джейран, -а
джем, -а
джемпер, -а
джентльмен, -а
джентльменский
джентльменство, -а
джентри, нескл., с.
джерси, нескл., с.
джерсовый
джеспилит, -а
джиггер, -а
джигит, -а
джигитовать, -тую, -тует
джигитовка, -и
джин, -а (напиток)
джингоизм, -а
джинн, -а (дух)
джинсовый
джинсы, -ов
джип, -а
джиу-джитсу, нескл., с.
джокер, -а
джонка, -и
джоуль, -я
джугара, -ы
джунгли, -ей
джут, -а
джутовый

ДЗЕ

дзе́канье, -я
дзе́кать, -аю, -ает
дзе́та, -ы
дзе́та-фу́нкция (ζ-фу́нкция), -и
дзинь, неизм.
дзи́růканье, -я
дзи́нькать, -аю, -ает
дзот, -а
дзюдо́, нескл., с.
дзюдои́ст, -а
диаба́з, -а
диаба́зовый
диабе́т, -а
диабе́тик, -а
диагене́з, -а
диа́гноз, -а
диагно́ст, -а
диагно́стика, -и
диагности́ровать, -рую, -рует
диагности́ческий
диагона́левый
диагона́ль, -и
диагона́льно-перекрёстный
диагона́льно-ре́зательный
диагона́льный
диагра́мма, -ы
диагра́ммный
диаде́ма, -ы
диазокопи́рование, -я
диазокраси́тель, -я
диазосоедине́ние, -я
диазоти́пия, -и
диа́кон, -а, мн. -ы, -ов и дья́кон, -а, мн. -а́, -о́в
диакони́са, -ы
диакрити́ческий
диале́кт, -а
диалекти́зм, -а
диале́ктик, -а
диале́ктика, -и
диале́ктико-материалисти́ческий
диалекти́ческий
диале́ктный
диалектографи́ческий
диалектогра́фия, -и
диалекто́лог, -а
диалектологи́ческий
диалектоло́гия, -и
диа́лиз, -а
диализа́тор, -а
диало́г, -а
диалоги́ческий
диамагнети́зм, -а
диамагне́тик, -а
диамагни́тный
диама́нт, -а
диама́т, -а
диа́метр, -а
диаметра́льно противополо́жный
диаметра́льный
диами́н, -а
диаминокапро́новый
диаммофо́с, -а
диапазо́н, -а
диапозити́в, -а
диапозити́вный
диапрое́ктор, -а
диаре́я, -и
диартро́з, -а
диаско́п, -а
диаскопи́ческий
диаскопи́я, -и

ДИА

диаста́за, -ы
диа́стола, -ы
диастрофи́зм, -а
диате́з, -а
диатерми́ческий
диатерми́я, -и
диатермокоагуля́ция, -и
диатоми́т, -а
диато́ника, -и
диатони́ческий
диатропи́зм, -а
диафа́н, -а
диафано́метр, -а
диафаноско́п, -а
диафаноскопи́я, -и
диафи́з, -а
диафи́льм, -а
диафо́н, -а
диафра́гма, -ы
диафрагми́ровать, -рую, -рует
диахрони́я, -и
дибазо́л, -а
дивакци́на, -ы
дива́н, -а
дива́н-крова́ть, дива́на-крова́ти
дива́нный
дива́нчик, -а
диверге́нт, -а
диверге́нтный
диверге́нция, -и
диверса́нт, -а
диверса́нтка, -и
диверса́нтский
диверсио́нный
диверсифика́ция, -и
диве́рсия, -и
диверти́кул, -а
дивертисме́нт, -а
дивертисме́нтный
дивиде́нд, -а
дивиде́ндный
дивизио́н, -а
дивизиони́зм, -а
дивизио́нный
диви́зия, -и
дивини́л, -а
диви́ть(ся), -влю́(сь), -ви́т(ся)
ди́вный
ди́во, -а
дивова́ться, дивлю́сь, диву́ется
ди́во ди́вное
дивчи́на, -ы
дигале́н, -а
дига́мма, -ы
диге́стия, -и
дигита́лис, -а
дигресси́вный
дигре́ссия, -и
дидакти́зм, -а
дида́ктик, -а
дида́ктика, -и
дидакти́ческий
дидакти́чный
дидодека́эдр, -а
дие́з, -а
дие́зный
дие́н, -а
дие́новый
дие́та, -ы
диетвра́ч, -а́
диете́тика, -и
диетети́ческий (от диете́тика)

ДИЕ

дие́тик, -а
диети́ческий (от дие́та)
дие́тный
дието́лог, -а
диетологи́ческий
диетотерапи́я, -и
диетпита́ние, -я
диетпроду́кт, -а
диетсестра́, -ы́, мн. -сёстры, -сестёр
диетстоло́вая, -ой
дижа́жио, нескл., с.
диза́йн, -а
диза́йнер, -а
дизартри́я, -и
дизассоциа́ция, -и
дизелево́з, -а
дизелестрое́ние, -я
дизелестрои́тельный
дизели́ст, -а
ди́зель, -я, мн. -и, -ей
ди́зель-... — первая часть сложных слов, пишется всегда через дефис
ди́зель-мо́лот, -а
ди́зель-мото́р, -а
ди́зель-мото́рный
ди́зельный
ди́зель-по́езд, -а, мн. -а́, -о́в
ди́зель-электри́ческий
ди́зель-электрохо́д, -а
ди́зель-электрохо́дный
дизентери́йный
дизентери́я, -и
дизрупти́вный
дизури́я, -и
дизъюнкти́вный
дизъю́нкция, -и
дика́рка, -и
дика́рский
дика́рство, -а
дика́рь, -я́
ди́кий; кр. ф. дик, дика́, ди́ко
дикобра́з, -а
икова́тый
дико́вина, -ы
дико́винка, -и
дико́винный
дикоплодо́вый
дикорасту́щий
ди́кость, -и
диксикра́т, -а
ди́ксиленд, -а
дикта́нт, -а
дикта́т, -а
дикта́тор, -а
дикта́торский
дикта́торство, -а
дикта́торствовать, -твую, -твует
диктату́ра, -ы
дикто́ванный
диктова́ть(ся), дикту́ю, дикту́ет(ся)
дикто́вка, -и
ди́ктор, -а, мн. -ы, -ов
ди́кторский
диктофо́н, -а
диктофо́нный
дику́ша, -и
ди́кция, -и
дилато́граф, -а
дилато́метр, -а
дилатометри́ческий
дилатоме́трия, -и
диле́мма, -ы

ДИЛ

дилеммный
дилетант, -а
дилетантизм, -а
дилетантка, -и
дилетантский
дилетантство, -я
дилижанс, -а
дилижансовый
дилогический
дилогия, -и
димедрол, -а
диметиламин, -а
диминуэндо, неизм.
диморфизм, -а
диморфный
дина, -ы
динамизм, -а
динамик, -а
динамика, -и
динамит, -а
динамитный
динамитчик, -а
динамический
динамичность, -и
динамичный
динамка, -и
динамный
динамо, нескл., с. и ж.
динамограмма, -ы
динамограф, -а
динамокардиография, -и
динамо-машина, -ы
динамометаморфизм, -а
динамометр, -а
динамометрический
динамометрия, -и
динамоскопический
динар, -а
динарий, -я
динас, -а
династический
династия, -и
динатрон, -а
динго, нескл., м.
динитробензол, -а
динозавр, -а
динотерий, -я
динь-динь-динь, неизм.
диод, -а
дионин, -а
дионисии, -ий
диоптр, -а
диоптренный
диоптрийный
диоптрика, -и
диоптриметр, -а
диоптрический
диоптрия, -и
диорама, -ы
диорит, -а
диоскорея, -и
дипкорпус, -а
дипкурьер, -а
диплоид, -а
диплоидный
диплококк, -а
диплом, -а
дипломант, -а
дипломантка, -и
дипломат, -а
дипломатика, -и
дипломатический

ДИП

дипломатичный
дипломатия, -и
дипломатка, -и
дипломированный
дипломник, -а
дипломница, -ы
дипломный
диподия, -и
диполь, -я
дипольный
дипсомания, -и
диптих, -а
директива, -ы
директивный
директор, -а, мн. -а, -ов
директорат, -а
директория, -и
директорский
директорство, -а
директорствовать, -твую, -твует
директорша, -и
директриса, -ы
дирекция, -и
дирижабельный
дирижаблестроение, -я
дирижаблестроительный
дирижабль, -я
дирижёр, -а
дирижёрский
дирижёрство, -а
дирижирование, -я
дирижировать, -рую, -рует
дирхем, -а
дисбаланс, -а
дисгармонировать, -рует
дисгармонирующий
дисгармонический
дисгармоничный
дисгармония, -и
диск, -а
дискант, -а, мн. -ы, -ов
дискантный
дискантовый
дисквалификация, -и
дисквалифицированный
дисквалифицировать(ся), -рую(сь), -рует(ся)
дискобол, -а
дискоболка, -и
дискование, -я
дискованный
дисковать(ся), -кую, -кует(ся)
дисковый
дискомедуза, -ы
дискомицет, -а, р. мн. -ов
дискомфорт, -а
дисконт, -а (учёт векселя)
дисконтёр, -а
дисконтирование, -я
дисконтировать(ся), -рую, -рует(ся)
дисконтный
дискотека, -и
дискофрезерный
дискредитация, -и
дискредитирование, -я
дискредитированный
дискредитировать(ся), -рую, -рует(ся)
дискретность, -и
дискретный
дискреционный
дискриминант, -а

ДИС

дискриминатор, -а
дискриминационный
дискриминация, -и
дискриминировать(ся), -рую, -рует(ся)
дискурсивный
дискуссионный
дискуссировать, -рую, -рует
дискуссия, -и
дискутировать, -рую, -рует
дислокационный
дислокация, -и
дислоцированный
дислоцировать(ся), -рую, -рует(ся)
дисменорея, -и
диспансер, -а
диспансеризация, -и
диспансерный
диспаратный
диспач, -а
диспепсический
диспепсия, -и
дисперсионный
дисперсия, -и
дисперсность, -и
дисперсный
диспетчер, -а, мн. -ы, -ов
диспетчеризация, -и
диспетчерская, -ой
диспетчерский
диспозитивный
диспозиционный
диспозиция, -и
диспонент, -а
диспонировать, -рую, -рует
диспрозий, -я
диспропорциональный
диспропорционирование, -я
диспропорция, -и
диспут, -а
диспутант, -а
диспутировать, -рую, -рует
диссектор, -а
диссеминация, -и
диссертабельный
диссертант, -а
диссертантка, -и
диссертантский
диссертационный
диссертация, -и
диссидент, -а
диссидентка, -и
диссидентский
диссимилятивный
диссимиляция, -и
диссимулировать, -рую, -рует
диссимуляция, -и
диссипация, -и
диссонанс, -а
диссонировать, -рует
диссонирующий
диссоциация, -и
дистанционный
дистанция, -и
дистиллированный
дистиллировать(ся), -рую, -рует(ся)
дистиллят, -а
дистиллятный
дистиллятор, -а
дистилляционный
дистилляция, -и

ДИС

дистимия, -и
дистих, -а
дисторзия, -и (мед.)
дисторсия, -и (в оптике)
дистрибутивность, -и
дистрибутивный
дистрикт, -а
дистрофик, -а
дистрофический
дистрофия, -и
дисульфид, -а
дисциплина, -ы
дисциплинарный
дисциплинированность, -и
дисциплинированный; *кр. ф.* -ан, -анна
дисциплинировать(ся), -рую(сь), -рует(ся)
дитя, *род. и дат.* дитяти, *тв.* дитятею, *предл.* о дитяти
дитятко, -а
диурез, -а
диуретин, -а
диуретический
дифениламин, -а
дифениловый
дифирамб, -а
дифирамбический
дифлектор, -а
дифманометр, -а
дифосген, -а
дифракционный
дифракция, -и
дифтерийный
дифтерит, -а
дифтеритный
дифтерия, -и
дифтонг, -а
дифтонгизация, -и
дифтонгический
дифтонгоид, -а
диффамация, -и
дифферент, -а (наклон судна)
дифферентометр, -а
дифференциал, -а
дифференциально-разностный
дифференциальный
дифференциация, -и
дифференцирование, -я
дифференцированный
дифференцировать(ся), -рую, -рует(ся)
дифференцирующий(ся)
диффузионный
диффузия, -и
диффузно рассеянный
диффузный
диффузор, -а
диффундировать, -рую, -рует
дихогамия, -и
дихотомический
дихотомия, -и
дихроизм, -а
дихроматический
дичать, -аю, -ает
дичина, -ы
дичиться, -чусь, -чится
дичковый
дичок, -чка
дичь, -и
диэлектрик, -а
диэлектрический

ДЛИ

длань, -и
длина, -ы
длинненький; *кр. ф.* -енек, -енька
длиннеть, -еет
длиннобородый
длинноватый
длинноволновый
длинноволокнистый
длинноволосый
длинноголовый
длиннколосый
длиннокрылый
длиннолицый
длинноногий
длинноносый
длиннополый
длиннорогий
длиннорукий
длиннорылые, -ых
длинноствольный
длиннота, -ы, *мн.* -оты, -от
длинноусый
длинноухий
длиннохвост, -а
длиннохвостый
длинночерешковый
длинношеий, -шеяя, -шеее
длинношёрстный и длинношёрстый
длиннющий и длинющий
длинный; *кр. ф.* длинен, длинна, длинно
длиннющий и длинющий
длительность, -и
длительный
длить(ся), длю, длит(ся)
дневалить, -лю, -лит
дневальный, -ого
дневальство, -а
дневать, днюю, днюет
днёвка, -и
дневник, -а
дневничок, -чка
дневной
днём, *нареч.*
днепровский
днестровский
днище, -а
дно, дна, *мн.* донья, -ьев
дноочистительный
дноуглубительный
добавить(ся), -влю, -вит(ся)
добавка, -и
добавление, -я
добавленный
добавлять(ся), -яю, -яет(ся)
добавок, -вка
добавочный
добаловаться, -луюсь, -луется
добалтываться, -аюсь, -ается
добегать, -аю, -ает
добегаться, -аюсь, -ается
добежать, -бегу, -бежит, -бегут
добела
добелённый; *кр. ф.* -ён, -ена
добеливать(ся), -аю, -ает(ся)
добелить(ся), -елю, -елит(ся)
доберман, -а
доберман-пинчер, добермана-пинчера
добивать(ся), -аю(сь), -ает(ся)
добирать(ся), -аю(сь), -ает(ся)
добитый

ДОБ

добить(ся), -бью(сь), -бьёт(ся)
доблестный
доблесть, -и
доболтаться, -аюсь, -ается
добранный
добрасывать(ся), -аю, -ает(ся)
добрать(ся), -беру(сь), -берёт(ся); *прош.* -ал(ся), -ала(сь), -ало, -алось
добрачный
добредать, -аю, -ает
добредший
добренький; *кр. ф.* -енек, -енька
добрести, -еду, -едёт; *прош.* -ёл, -ела
добреть, -ею, -еет
добривать(ся), -аю(сь), -ает(ся)
добрить(ся), -рею(сь), -реет(ся)
добро, -а
доброволец, -льца
добровольный
добровольческий
добровольчество, -а
добродетель, -и
добродетельный
добродушие, -я
добродушный
доброезжий
доброжелатель, -я
доброжелательница, -ы
доброжелательность, -и
доброжелательный
доброжелательство, -а
доброкачественный; *кр. ф.* -вен, -венна
добром, *нареч.*
добронравие, -я
добронравный
добропорядочность, -и
добропорядочный
добросердечие, -я
добросердечность, -и
добросердечный
добросить, -ошу, -осит
добросовестность, -и
добросовестный
добрососедский
доброта, -ы
добротность, -и
добротный
доброхот, -а
доброхотный
доброхотство, -а
доброхотствовать, -твую, -твует
доброшенный
добрый, *кр. ф.* добр, добра, добро, добры
добряк, -а
добрячка, -и
добрячок, -чка
добудиться, -ужусь, -удится
добывание, -я
добывать(ся), -аю, -ает(ся)
добыток, -тка
добытчик, -а
добытчица, -ы
добытый; *кр. ф.* добыт, добыта, добыто
добыть, -буду, -будет; *прош.* добыл, добыла, добыло
добыча, -и
добычливый
доваренный

ДОВ   ДОВ   ДОД

дова́ривать(ся), -аю, -ает(ся)
дова́рить(ся), -арю́, -а́рит(ся)
довева́ть, -а́ю, -а́ет (к ве́ять)
доведа́ться, -а́юсь, -а́ется
доведе́ние, -я
доведённый; *кр. ф.* -ён, -ена́
доведший
довезённый; *кр. ф.* -ён, -ена́
довезти́, -зу́, -зёт; *прош.* -ёз, -езла́
дове́зший
дове́ивать(ся), -аю, -ает(ся)
до́веку, *нареч.*
дове́ренность, -и
дове́ренный
дове́рие, -я
довери́тель, -я
довери́тельница, -ы
довери́тельный
дове́рить(ся), -рю(сь), -рит(ся)
довёрнутый
довверну́ть(ся), -ну́, -нёт(ся)
доверте́ть(ся), -ерчу́(сь), -е́ртит(ся)
довёртывать(ся), -аю -ает(ся)
до́верху, *нареч.* (сни́зу до́верху)
дове́рченный
дове́рчивость, -и
дове́рчивый
доверша́ть(ся), -а́ю, -а́ет(ся)
доверше́ние, -я
доверша́нный; *кр. ф.* -ён, -ена́
доверши́ть(ся), -шу́, -ши́т(ся)
доверя́ть(ся), -я́ю(сь), -я́ет(ся)
дове́сить, -е́шу, -е́сит
дове́сок, -ска
довести́(сь), -веду́, -ведёт(ся); *прош.* -вёл, -вела́, -вело́(сь)
дове́шанный (*от* дове́шать)
дове́шать, -аю, -ает
дове́шенный (*от* дове́сить)
дове́шивать(ся), -аю, -ает(ся)
дове́ять, -е́ю, -е́ет
довзы́сканный
довзыска́ть, -ыщу́, -ы́щет
довзы́скивать(ся), -аю, -ает(ся)
довива́ть, -а́ю, -а́ет (к вить)
довинти́ть, -нчу́, -нти́т
дови́нченный
дови́нчивать(ся), -аю, -ает(ся)
дови́тый; *кр. ф.* -и́т, -ита́, -и́то
дови́ть(ся), -вью́, -вьёт(ся); *прош.* -и́л(ся), -ила́(сь), -и́ло, -и́лось
довле́ть, -е́ет
до́вод, -а
доводи́ть(ся), -ожу́(сь), -о́дит(ся)
дово́дка, -и
дово́дочный
дово́дчик, -а
довоева́ться, -вою́юсь, -вою́ется
довое́нный
довози́ть(ся), -ожу́(сь), -о́зит(ся)
дова́лакивать(ся), -аю(сь), -ает(ся)
доволо́кший(ся)
доволо́ченный и доволочённый; *кр. ф.* -ён, -ена́
доволочи́ть(ся), -очу́(сь), -о́чит(ся)
доволо́чь(ся), -оку́(сь), -очёт(ся), -оку́т(ся); *прош.* -о́к(ся), -окла́(сь)
дово́льный
дово́льствие, -я
дово́льство, -а
дово́льствовать(ся), -твую(сь), -твует(ся)

довооружа́ть(ся), -а́ю(сь), -а́ет(ся)
довооружённый; *кр. ф.* -ён, -ена́
довооружи́ть(ся), -жу́(сь), -жи́т(ся)
до востре́бования
довра́ться, -ру́сь, -рётся; *прош.* -а́лся, -ала́сь, -а́лось
довы́боры, -ов
довы́полненный
довы́полнить, -ню, -нит
довыполня́ть(ся), -я́ю, -я́ет(ся)
довяза́ть, -яжу́, -я́жет
довя́зывать, -аю, -ает
дог, -а
догада́ться, -а́юсь, -а́ется
дога́дка, -и
дога́дливость, -и
дога́дливый
дога́дываться, -аюсь, -ается
догаре́сса, -ы
догла́дить, -а́жу, -а́дит
догла́дывать, -аю, -ает
догла́женный
догла́живать(ся), -аю, -ает(ся)
догло́данный
доглода́ть, -ожу́, -о́жет и -а́ю, -а́ет
догляде́ть, -яжу́, -яди́т
догля́дывать, -аю, -ает
до́гма, -ы
до́гмат, -а
догматиза́ция, -и
догматизи́ровать, -рую, -рует
догмати́зм, -а
догма́тик, -а
догма́тика, -и
догмати́ческий
догмати́чный
до́гнанный
догна́ть, -гоню́, -го́нит
догнива́ть, -а́ю, -а́ет
догни́ть, -ию́, -иёт
догова́ривать(ся), -аю(сь), -ает(ся)
догова́ривающий(ся)
догово́р, -а, *мн.* догово́ры, -ов и до́говор, -а, *мн.* договора́, -о́в
договорённость, -и
договорённый; *кр. ф.* -ён, -ена́
договори́ть(ся), -рю́(сь), -ри́т(ся)
догово́рный
догола́
догоня́лки, -лок
догоня́ть, -я́ю, -я́ет
догора́ть, -а́ет
догоре́ть, -ри́т
догреба́ть(ся), -а́ю, -а́ет(ся)
догребённый; *кр. ф.* -ён, -ена́
догрёбший
догрести́, -ребу́, -ребёт; *прош.* -рёб, -ребла́
догружа́ть(ся), -а́ю, -а́ет(ся)
догру́женный и догружённый; *кр. ф.* -ён, -ена́
догрузи́ть(ся), -ужу́(сь), -у́зит(ся)
догру́зка, -и
догрыза́ть(ся), -а́ю, -а́ет(ся)
догры́зенный
догры́зть, -зу́, -зёт; *прош.* -ы́з, -ы́зла
догры́зший
догу́ливать, -аю, -ает
догуля́ть(ся), -я́ю(сь), -я́ет(ся)
додава́ть(ся), -даю́, -даёт(ся)
до́данный; *кр. ф.* -ан, -ана́

дода́ть, -а́м, -а́шь, -а́ст, -ади́м, -ади́те, -аду́т; *прош.* до́дал, додала́, до́дало
дода́ча, -и
додекафони́ческий
додекафо́ния, -и
додека́эдр, -а
доде́ланный
доде́лать, -аю, -ает
доделённый; *кр. ф.* -ён, -ена́
додели́ть, -елю́, -е́лит
доде́лка, -и
доде́лочный
доде́лывать(ся), -аю, -ает(ся)
доде́ржанный
додержа́ть(ся), -ержу́(сь), -е́ржит(ся)
доде́рживать(ся), -аю(сь), -ает(ся)
до дие́з, до дие́за
доднесь, *нареч.*
доду́мать(ся), -аю(сь), -ает(ся)
доду́мывать(ся), -аю(сь), -ает(ся)
доеда́ть(ся), -а́ю, -а́ет(ся)
дое́денный
дое́здить(ся), -е́зжу(сь), -е́здит(ся)
дое́здка, -и
доезжа́ть, -а́ю, -а́ет
доезжа́чий, -его
дое́зженный
дое́ние, -я
до́енный, *прич.*
доёный, *прил.*
дое́сть, -е́м, -е́шь, -е́ст, -еди́м, -еди́те, -едя́т, *прош.* -е́л, -е́ла
дое́хать, -е́ду, -е́дет
дож, -а, *мн.* до́жи, -ей
дожа́ренный
дожа́ривать(ся), -аю, -ает(ся)
дожа́рить(ся), -рю, -рит(ся)
дожа́тый
дожа́ть[1], -жму́, -жмёт
дожа́ть[2], -жну́, -жнёт
дожда́ться, -ду́сь, -дётся; *прош.* -а́лся, -ала́сь, -а́лось
дождева́льный
дождева́ние, -я
дождеви́к, -а́
дождево́й
дождеме́р, -а
дождеприёмник, -а
до́ждик, -а
дождина́, -ы́, *м.*
дожди́ть, -и́т
до́ждичек, -чка
дожди́ще, -а, *м.*
дождли́вый
дождь, -я́
дожёванный
дожева́ть, -жую́, -жуёт
дожёвывать(ся), -аю, -ает(ся)
доже́гший
доже́чь, -жгу́, -жжёт, -жгу́т; *прош.* -жёг, -жгла́
дожжённый; *кр. ф.* -ён, -ена́
дожива́ть, -а́ю, -а́ет(ся)
дожида́ть(ся), -а́ю(сь), -а́ет(ся)
дожида́ться, -а́ю(сь), -а́ет(ся)
дожима́ть(ся), -а́ю, -а́ет(ся)
дожина́ть(ся), -а́ю, -а́ет(ся)
дожи́нки, -нок
дожи́ночный
дожи́тие, -я

ДОЖ

до́житый; *кр. ф.* до́жит, дожита́, до́жито
дожи́ть, -иву́, -иве́т; *прош.* дожи́л, дожила́, дожи́ло
до́за, -ы
до за́втра
дозапра́вить(ся), -влю(сь), -вит(ся)
дозапра́вка, -и
до заре́зу
доза́ривание, -я
доза́тор, -а
дозва́ниваться, -аюсь, -ает(ся)
дозва́ться, -зову́сь, -зовётся; *прош.* -а́лся, -ала́сь, -а́ло́сь
дозволе́ние, -я
дозво́ленный
дозволи́тельный
дозво́лить, -лю, -лит
дозволя́ть(ся), -я́ю, -я́ет(ся)
дозвони́ться, -ню́сь, -ни́тся
дозвуково́й
дозиме́тр, -а
дозиметри́ческий
дозиме́трия, -и
дозимова́ть, -му́ю, -му́ет
дози́рованный
дози́ровать(ся), -рую, -рует(ся)
дозиро́вка, -и
дозиро́вочный
дознава́ться, -наю́сь, -наётся
дозна́ние, -я
до́знанный
дозна́ть(ся), -а́ю(сь), -а́ет(ся)
дозо́р, -а
дозо́рный
дозрева́ние, -я
дозрева́ть, -а́ет
дозре́лый
дозре́ть, -е́ет
дои́гранный
доигра́ть(ся), -а́ю(сь), -а́ет(ся)
дои́грывание, -я
дои́грывать(ся), -аю(сь), -ает(ся)
дои́льник, -а
дои́льный
доимпериалисти́ческий
доиска́ться, -ищу́сь, -и́щется
доиски́ваться, -аюсь, -ается
доистори́ческий
доисто́рия, -и
дои́ть(ся), дою́, до́ит(ся)
до́йка, -и
до́йна, -ы
дойни́к, -а́
дойни́ца, -ы
до́йный
дойти́, дойду́, дойдёт; *прош.* дошёл, дошла́
док, -а
до́ка, -и, *м.*
дока́занный
доказа́тельный
доказа́тельственный
доказа́тельство, -а
доказа́ть, -ажу́, -а́жет
доказу́емый
дока́зчик, -а
дока́зчица, -ы
дока́зывать(ся), -аю, -ает(ся)
докалённый; *кр. ф.* -ён, -ена́
дока́ливать(ся), -аю, -ает(ся)
докали́ть(ся), -лю́, -ли́т(ся)

ДОК

дока́лывать(ся), -аю, -ает(ся)
дока́нчивать(ся), -аю, -ает(ся)
дока́пать, -аю, -ает
докапиталисти́ческий
дока́пчивать(ся), -аю, -ает(ся)
дока́пывать(ся), -аю(сь), -ает(ся)
дока́рабкаться, -аюсь, -ает(ся)
дока́рмливать(ся), -аю, -ает(ся)
дока́танный
доката́ть(ся), -а́ю(сь), -а́ет(ся)
докати́ть(ся), -ачу́(сь), -а́тит(ся)
дока́тывать(ся), -аю(сь), -ает(ся)
дока́чанный (*от* докача́ть)
докача́ть(ся), -а́ю(сь), -а́ет(ся)
дока́ченный (*от* докати́ть)
дока́чивать(ся), -аю, -ает(ся)
доква́сить(ся), -а́шу, -а́сит(ся)
доква́шенный
доква́шивать(ся), -аю, -ает(ся)
докембри́йский
до́кер, -а
доки́данный
докида́ть(ся), -а́ю(сь), -а́ет(ся)
доки́дывать(ся), -аю, -ает(ся)
доки́нутый
доки́нуть, -ну, -нет
докипа́ть, -а́ет
докипе́ть, -пи́т
докиса́ть, -а́ет
доки́снуть, -нет; *прош.* -ис, -и́сла
докла́д, -а
докладна́я, -о́й
докладно́й
докла́дчик, -а
докла́дчица, -ы
докла́дывать(ся), -аю(сь), -ает(ся)
докла́ссовый
доклёванный
доклева́ть, -люю́, -люёт
доклёвывать(ся), -аю, -ает(ся)
доклее́нный
докле́ивать(ся), -аю, -ает(ся)
докле́ить, -е́ю, -е́ит
докле́точный
доклика́ться, -и́чусь, -и́чется
доко́ванный
докова́ть, -кую́, -куёт
доко́вывать(ся), -аю, -ает(ся)
до́ковый
доковыля́ть, -я́ю, -я́ет
докола́чивать(ся), -аю, -ает(ся)
доко́ле и доко́ль
доколоти́ть, -лочу́ -ло́тит
доко́лотый
доколо́ть, -олю́, -о́лет
доколо́ченный
доко́ль и доко́ле
докона́ть, -а́ю, -а́ет
доко́нченный
доко́нчить, -чу, -чит
доко́панный
докопа́ть(ся), -а́ю(сь), -а́ет(ся)
докопти́ть, -пчу́, -пти́т
докопчённый; *кр. ф.* -ён, -ена́
докорми́ть, -ормлю́, -о́рмит
доко́рмленный
докро́ить, -ою́, -ои́т
доко́шенный
докра́ивать(ся), -аю, -ает(ся)
до кра́йности
докра́сить, -а́шу, -а́сит

ДОК

докрасна́
докра́шенный
докра́шивать(ся), -аю, -ает(ся)
докрича́ться, -чу́сь, -чи́тся
докро́енный
докро́ить, -ою́, -ои́т
докружи́ться, -ужу́сь, -у́жит(ся)
докрути́ть(ся), -учу́(сь), -у́тит(ся)
докру́ченный
докру́чивать(ся), -аю(сь), -ает(ся)
до́ктор, -а, *мн.* -а́, -о́в
докторальный
доктора́нт, -а
доктора́нтка, -и
доктора́нтский
докторанту́ра, -ы
доктора́т, -а
до́кторский
до́кторша, -и
доктри́на, -ы
доктринёр, -а
доктринёрский
доктринёрство, -а
доку́да
доку́ка, -и
докуме́нт, -а
документа́льно-хроника́льный
документа́льный
документа́ция, -и
докуме́нтик, -а
документи́рование, -я
документи́рованный
документи́ровать(ся), -рую, -рует(ся)
доку́панный
докупа́ть(ся), -а́ю(сь), -а́ет(ся)
докупи́ть, -уплю́, -у́пит
доку́пленный
доку́ренный
доку́ривать(ся), -аю, -ает(ся)
докури́ть(ся), -урю́(сь), -у́рит(ся)
докуча́ть, -а́ю, -а́ет
доку́чливый
доку́чный
доку́шать, -аю, -ает
дол, -а
дола́вливать, -аю, -ает
дола́мывать(ся), -аю(сь), -ает(ся)
долбану́ть, -ну́, -нёт
долбёж, -а́
долбёжка, -и (действие)
долбёжный
долби́ть(ся), -блю́, -би́т(ся)
долбле́ние, -я
долблёнка, -и
долблённый; *кр. ф.* -ён, -ена́, *прич.*
долблёный, *прил.*
долбня́, -и́
долби́к, -а́
долг, -а, *предл.* о до́лге, в долгу́, *мн.* -и́, -о́в
до́лгий; *кр. ф.* до́лог, долга́, до́лго
долгове́чность, -и
долгове́чный
долгово́й
долговоло́сый
долговре́менный
долговя́зый
долгогри́вый
долгоде́нствие, -я
долгожда́нный
долгоживу́щий *

ДОЛ ДОЛ ДОМ Д

долгожи́тель, -я
долгоигра́ющий *
долголе́тие, -я
долголе́тний
долгоно́г, -а
долгоно́гий
долгоно́жка, -и
долгоно́сик, -а
долгоно́сый
долго́нько
долгопериоди́ческий
долгополы́й
долгору́кий
долгосро́чный
долгота́, -ы́, мн. -о́ты, -о́т
долготерпели́вый
долготерпе́ние, -я
долго́тный
долгоу́хий
долгохво́стка, -и
долгохво́стый
долгоше́ий, -ше́яя, -ше́ее
долгошёрстный и долгошёрстый
долгоязы́чие, -я
долгуне́ц, -нца́
долгу́ша, -и
долдо́нить, -ню, -нит
до́ле (устар. к до́лее)
долево́й
доледнико́вый
до́лее, сравн. ст. (от до́лгий, до́лго)
долежа́ть(ся), -жу́(сь), -жи́т(ся)
долёживать(ся), -аю(сь), -ает(ся)
долеза́ть, -а́ю, -а́ет (к лезть)
доле́зть, -зу, -зет; прош. -ле́з, -ле́зла
долепи́ть, -леплю́, -ле́пит
доле́пленный
долета́ть, -а́ю, -а́ет
долете́ть, -лечу́, -лети́т
доле́ченный
доле́чивать(ся), -аю(сь), -ает(ся)
долечи́ть(ся), -ечу́(сь), -е́чит(ся)
должа́ть, -а́ю, -а́ет
до́лжен, -жна́, -жно́
долженствова́ние, -я
долженствова́ть, -тву́ю, -тву́ет
долженству́ющий
должи́шко, -а, м.
должни́к, -а́
должни́ца, -ы
до́лжно, в знач. сказ.
должно́ быть
должностно́й
до́лжность, -и, мн. -и, -е́й
до́лжный
должо́к, -жка́
долива́ние, -я
долива́ть(ся), -а́ю, -а́ет(ся)
доли́вка, -и
доли́занный
долиза́ть, -ижу́, -и́жет (к лиза́ть)
доли́зывать(ся), -аю, -ает(ся)
доли́на, -ы
доли́нно-ба́лочный
доли́нный
доли́тый; кр. ф. до́лит, долита́, до́лито
доли́ть(ся), -лью́, -льёт(ся); прош. до́лил, доли́лся, долила́(сь), до́лило, доли́лось
долихомо́рфный
долихоцефа́л, -а
долихоцефа́лия, -и

до́ллар, -а
до́лларовый
долови́ть, -овлю́, -о́вит
доло́вленный
доло́женный
доложи́ть, -ожу́, -о́жит
доло́й, неизм.
долома́н, -а
доло́манный
долома́ть(ся), -а́ю(сь), -а́ет(ся)
доломи́т, -а
доломитиза́ция, -и
доломи́тный
доломи́товый
доломи́ть, -омлю́, -о́мит
доло́мленный
долото́, -а́, мн. -о́та, -о́т
долотцо́, -а́ и доло́тце, -а
долотча́тый
до́лу, нареч.
до́лька, -и
дольме́н, -а
до́льний и до́льный
до́льчатый
до́льше, сравн. ст. (от до́лгий, до́лго)
до́льщик, -а
до́люшка, -и
до́ля, -и, мн. -и, -е́й
дом, -а, предл. на до́ме, на дому́ (до́ма), мн. дома́, -о́в
до́ма, нареч.
до мажо́р, до мажо́ра, предл. в до мажо́ре
до-мажо́рный
дома́зать(ся), -ма́жу(сь), -ма́жет(ся)
дома́зывать(ся), -аю, -ает(ся)
дома́лывать(ся), -аю, -ает(ся)
домаркси́стский
дома́рксов, -а, -о
дома́тывать(ся), -аю, -ает(ся)
дома́чивать(ся), -аю, -ает(ся)
дома́шний
дома́шность, -и
дома́щивать(ся), -аю, -ает(ся)
домбра́, -ы́
доме́н, -а
до́менный
до́менщик, -а
доме́ренный
доме́ривать(ся), -аю, -ает(ся)
доме́рить, -рю, -рит и -ряю, -ряет
домеря́ть, -я́ю, -я́ет
домеси́ть, -ешу́, -е́сит
домести́, -мету́, -метёт; прош. -мёл, -мела́
доме́стик, -а
доместика́ция, -и
доме́танный
домета́ть[1], -а́ю, -а́ет, сов. (о шитье)
домета́ть[2], -мечу́, -ме́чет, сов.
домета́ть(ся), -а́ю, -а́ет(ся), несов. (к домести́)
домётенный; кр. ф. -ён, -ена́
доме́тить, -мечу, -метит
доме́тнуть, -ну́, -нёт
доме́тший
домётывать(ся), -аю, -ает(ся)
доме́ченный
доме́шанный (от домеша́ть)
домеша́ть, -а́ю, -а́ет
доме́шенный (от домеси́ть)

доме́шивать(ся), -аю, -ает(ся)
до́мик, -а
доми́на, -ы, м.
домина́нта, -ы
домина́нтный
домина́нтовый
доминантсептакко́рд, -а
домина́ть(ся), -а́ю, -а́ет(ся)
доминика́нец, -нца
доминика́нка, -и
доминика́нский
доминио́н, -а
домини́рование, -я
домини́ровать, -рую, -рует
домини́рующий
домино́, нескл., с.
доми́шко, -а, мн. -шки, -шек, м.
доми́ще, -а, м.
домко́м, -а
домкра́т, -а
до́мна, -ы
домови́на, -ы
домови́тость, -и
домови́тый
домовладе́лец, -льца
домовладе́лица, -ы
домовладе́льческий
домовладе́ние, -я
домовнича́ть, -аю, -ает
домово́д, -а
домово́дка, -и
домово́дство, -а
домово́й, -о́го
домо́вый
домога́тельство, -а
домога́ться, -а́юсь, -а́ется
домоде́льный
домоде́льщина, -ы
домо́й
домо́к, -мка́
домо́кнуть, -ну, -нет; прош. -о́к, -о́кла
домо́кший
домола́чивать(ся), -аю, -ает(ся)
домолоти́ть, -очу́, -о́тит
домоло́тый
домоло́ть, -мелю́, -ме́лет
домоло́ченный
домонополисти́ческий
домоправи́тель, -я
домоправи́тельница, -ы
доморо́щенный
домосе́д, -а
домосе́дка, -и
домости́ть, -ощу́, -ости́т
домостро́евский
домостроє́ние, -я
домострои́тель, -я
домострои́тельный
домострои́тельство, -а
домостро́й, -я
домо́танный
домота́ть(ся), -а́ю(сь), -а́ет(ся)
домотка́нина, -ы
домотка́ный
домоуправле́ние, -я
домохозя́ин, -а, мн. -я́ева, -я́ев
домохозя́йка, -и
домохозя́йство, -а
домоча́дец, -дца
домочи́ть(ся), -мочу́, -мо́чит(ся)
до́мра, -ы
домрабо́тница, -ы

ДОМ

домрачей, -я
домрист, -а
домристка, -и
домучивать(ся), -аю(сь), -ает(ся)
домучить(ся), -чу(сь), -чит(ся) и -аю(сь), -ает(ся)
домчать(ся), -чу(сь), -чит(ся)
домывать(ся), -аю(сь), -ает(ся)
домысел, -сла
домытый
домыть(ся), -мою(сь), -моет(ся)
домятый
домять, -мну́, -мнёт
донага́
дона́шивать(ся), -аю, -ает(ся)
донба́сский
донг, -а (ден. ед.)
донельзя́
донесе́ние, -я
донесённый; кр. ф. -ён, -ена́
донести́(сь), -су́(сь), -сёт(ся); прош. -нёс(ся), -несла́(сь)
донёсший(ся)
до неузнава́емости
доне́ц, -нца́
доне́цкий
донжо́н, -а
донжуа́н, -а
донжуа́нский
донжуа́нство, -а
дони́занный
дониза́ть, -ижу́, -и́жет
до́низу, нареч. (све́рху до́низу)
дони́зывать(ся), -аю, -ает(ся)
донима́ть(ся), -а́ю, -а́ет(ся)
до́нка, -и
донкерма́н, -а
донкихо́т
донкихо́тский
донкихо́тство, -а
донкихо́тствовать, -твую, -твует
до́нна, -ы (в Италии)
до́нник, -а
до́нный
до́нор, -а
до́норский
до́норство, -а
доно́с, -а
доноси́тель, -я
доноси́тельство, -а
доноси́ть(ся), -ошу́, -о́сит(ся)
доно́счик, -а
доно́счица, -ы
доно́шенный
донско́й
до́нце, -а, р. мн. -ев и -нец
донча́к, -а́
доны́не
донырну́ть, -ну́, -нёт
до́нышко, -а
до́нья, -и (в Испании)
до́нятый; кр. ф. -ят, -ята́, -ято
доня́ть, дойму́, доймёт; прош. доня́л, доняла́, доня́ло
дообе́денный
дообору́дованный
дообору́довать(ся), -дую, -дует(ся)
доокта́брьский
до отва́ла
до отка́за
допа́ивать(ся), -аю, -ает(ся)
допа́лзывать, -аю, -ает

ДОП

допа́лывать(ся), -аю, -ает(ся)
допа́ренный
допа́ривать(ся), -аю(сь), -ает(ся)
допа́рить(ся), -рю(сь), -рит(ся)
допа́рывать(ся), -аю, -ает(ся)
допасти́, -су́, -сёт; прош. -а́с, -асла́
допа́ханный
допаха́ть, -пашу́, -па́шет
допа́хивать(ся), -аю, -ает(ся)
допа́янный
допая́ть, -я́ю, -я́ет
допева́ть(ся), -а́ю(сь), -а́ет(ся) (к петь)
допека́ть(ся), -а́ю(сь), -а́ет(ся)
допёкший(ся)
доперéть(ся), -пру́(сь), -прёт(ся); прош. -пёр(ся), -пёрла(сь)
допёртый
допёрший(ся)
допетро́вский
допе́тый
допе́ть(ся), -пою́(сь), -поёт(ся)
допеча́танный
допеча́тать, -аю, -ает
допеча́тка, -и
допеча́тывание, -я
допеча́тывать(ся), -аю, -ает(ся)
допечённый; кр. ф. -ён, -ена́
допе́чь(ся), -еку́, -ечёт(ся), -еку́т(ся); прош. -ёк(ся), -екла́(сь)
допива́ть(ся), -а́ю(сь), -а́ет(ся) (к пить)
допи́ленный
допи́ливать(ся), -аю, -ает(ся)
допили́ть, -илю́, -и́лит
до́пинг, -а
до́пинговый
допи́санный
дописа́ть(ся), -ишу́(сь), -и́шет(ся)
допи́ска, -и
допи́сывать(ся), -аю(сь), -ает(ся)
до́питый; кр. ф. до́пит, допита́, до́пито
допи́ть(ся), -пью́(сь), -пьёт(ся); прош. допи́л, -и́лся, -ила́сь, до́пило, -и́лось
допла́та, -ы
доплати́ть, -ачу́, -а́тит
доплатно́й
допла́ченный
допла́чивать(ся), -аю, -ает(ся)
доплёскивать(ся), -аю, -ает(ся)
доплёснутый
доплесну́ть(ся), -ну́, -нёт(ся)
доплести́(сь), -лету́(сь), -летёт(ся); прош. -ёл(ся), -ела́(сь)
доплета́ть(ся), -а́ю(сь), -а́ет(ся)
доплетённый; кр. ф. -ён, -ена́
доплётший(ся)
доплыва́ть, -а́ю, -а́ет
доплы́ть, -ыву́, -ывёт: прош. -ы́л, -ыла́, -ы́ло
доплю́нуть, -ну, -нет
допля́санный
допляса́ть(ся), -яшу́(сь), -я́шет(ся)
допля́сывать(ся), -аю(сь), -ает(ся)
допо́длинный
допо́енный
поздна́
допо́йть, -пою́, -по́ит
допола́скивать, -аю, -ает
доползти́, -зу́, -зёт; прош. -о́лз, -олзла́

ДОП

допо́лзший
дополна́
дополне́ние, -я
допо́лненный
дополни́тельный
допо́лнить(ся), -ню, -нит(ся)
дополня́ть(ся), -я́ю, -я́ет(ся)
дополо́сканный
дополоска́ть(ся), -ощу́(сь), -о́щет(ся) и -а́ю(сь), -а́ет(ся)
допо́лотый
дополо́ть, -полю́, -по́лет
до полу́ночи
до полусме́рти
дополуча́ть(ся), -а́ю, -а́ет(ся)
дополуче́ние, -я
дополу́ченный
дополучи́ть, -учу́, -у́чит
допо́лучка, -и
допо́ротый
допоро́ть, -орю́, -о́рет
допото́пный
до́ппель-кю́ммель, -я
допра́шиваемый
допра́шивать(ся), -аю(сь), -ает(ся)
допрева́ть, -а́ет
допре́жь
допре́ть, -е́ет
допризы́вник, -а
допризы́вный
допродава́ть(ся), -даю́, -даёт(ся)
допро́данный
допрода́ть, -а́м, -а́шь, -а́ст, -ади́м, -адите, -аду́т; прош. -о́дал, -одала́, -о́дало
допро́с, -а
допроси́ть(ся), -ошу́(сь), -о́сит(ся)
допро́сный
допро́счик, -а
допро́счица, -ы
допро́шенный
допры́гать(ся), -аю(сь), -ает(ся)
допры́гивать(ся), -аю(сь), -ает(ся)
допры́гнуть, -ну, -нет
допрядённый; кр. ф. -ён, -ена́
допря́ма
допря́сть, -яду́, -ядёт; прош. -я́л, -яла́, -я́ло
до́пуск, -а, мн. -и, -ов
допуска́ть(ся), -а́ю(сь), -а́ет(ся)
допусти́мый
допусти́ть, -ущу́, -у́стит
допу́шкинский
допуще́ние, -я
допу́щенный
допыта́ться, -а́юсь, -а́ется
допы́тывать(ся), -аю(сь), -ает(ся)
до́пьяна́
дораба́тывать(ся), -аю(сь), -ает(ся)
дорабо́танный
дорабо́тать(ся), -аю(сь), -ает(ся)
дорабо́тка, -и
дорассве́тный
дораста́ть, -а́ю, -а́ет
дорасти́, -ту́, -тёт; прош. -ро́с, -росла́
дорасти́ть, -ащу́, -асти́т
дора́щивание, -я
дора́щивать, -аю, -ает
дорва́ть(ся), -рву́(сь), -рвёт(ся); прош. -а́л(ся), -ала́(сь), -а́ло, -а́ло́сь
дореволюцио́нный
доре́занный

ДОР

дорéзать, -éжу, -éжет, *сов.*
дорезáть, -áю, -áет, *несов.*
дорéзывать(ся), -аю, -ает(ся)
дореформенный
дорийский
дорисованный
дорисовáть, -сую, -сует
дорисóвка, -и
дорисóвывание, -я
дорисóвывать(ся), -аю, -ает(ся)
дорический
дормéз, -а
дорóга, -и
дороговáтый
дороговизнá, -ы
дорогóй, *нареч.*
дорогóй; *кр. ф.* дóрог, дорогá, дóрого
дорогóнько
дорогостóящий
дорóдность, -и
дорóдный
дорóдовый
дорóдство, -а
дорожáть, -áет
дорóже, *сравн. ст.* (*от* дорогóй, дóрого)
дорóженька, -и
дорожить(ся), -жу(сь), -жит(ся)
дорóжка, -и
дорóжник, -а
дорóжно-мостовóй
дорóжно-строительный
дорóжно-технический
дорóжно-транспортный
дорóжно-эксплуатациóнный
дорóжный
дорóсший
дорсáльный
дортуáр, -а
дорубáть, -áю, -áет
дорубить, -ублю, -ýбит
дорýбленный
доругáть(ся), -áю(сь), -áет(ся)
дорывáть(ся), -áю(сь), -áет(ся)
дорыть(ся), -рóю(сь), -рóет(ся)
досаáфовец, -вца
досаáфовский
досáда, -ы
досадить[1], -ажý, -адит (причинить досаду)
досадить[2], -ажý, -áдит (кончить посадку)
досáдливый
досáдный
досáдовать, -дую, -дует
досаждáть, -áю, -áет
досáженный
досáживать(ся), -аю, -ает(ся)
досáливание, -я
досáливать(ся), -аю, -ает(ся)
досáсывать, -аю, -ает
досверлённый; *кр. ф.* -ён, -енá
досвéрливать(ся), -аю, -ает(ся)
досверлить(ся), -лю, -лит(ся)
до свидáния и до свидáнья
досевáть(ся), -áю, -áет(ся)
досéивать(ся), -аю, -ает(ся)
досéле и досéль
досéять, -éю, -éет
досидéть(ся), -ижý(сь), -идит(ся)
досиживать(ся), -аю(сь), -ает(ся)
дóсиня

ДОС

до сих пор
доскá, -и, *вин.* дóску. *мн.* дóски, досóк, доскáм
доскáбливать(ся), -аю, -ает(ся)
досказанный
досказáть, -ажý, -áжет
доскáзывать(ся), -аю, -ает(ся)
доскакáть, -ачý, -áчет
доскáкивать, -аю, -ает
доскóбленный
доскоблить(ся), -облю(сь), -óблит(ся)
доскональный
доскопогрýзочный
доскоуклáдочный
доскочить, -очý, -óчит
доскребáть(ся), -áю(сь), -áет(ся)
доскрёбший(ся)
доскрёбывать(ся), -аю(сь), -ает(ся)
доскрести(сь), -ребý(сь), -ребёт(ся); *прош.* -рёб(ся), -реблá(сь)
дóсланный (*от* дослáть)
дослáть, дошлю, дошлёт; *прош.* -áл, -áла
доследование, -я
доследовать, -дую, -дует
дослóвный
дослýженный
дослýживать(ся), -аю(сь), -ает(ся)
дослужить(ся), -ужý(сь), -ýжит(ся)
дослýшать(ся), -аю(сь), -ает(ся)
дослýшивать(ся), -аю(сь), -ает(ся)
досмáливать, -аю, -ает
досмáтривать(ся), -аю, -ает(ся)
до смéрти
досмеяться, -еюсь, -еётся
досмолённый; *кр. ф.* -ён, -енá
досмолить, -лю, -лит
досмóтр, -а
досмóтренный
досмотрéть, -отрю, -óтрит
досмóтрщик, -а
досмóтрщица, -ы
досовéтский
досóл, -а
досóленный
досолить(ся), -олю, -óлит(ся)
досóлка, -и
досóсанный
дососáть, -сосý, -сосёт
досóхнуть, -ну, -нет; *прош.* -ох, -óхла
досóхший
досоциалистический
досочинённый; *кр. ф.* -ён, -енá
досочинить, -ню, -нит
досочиняться(ся), -яю, -яет(ся)
доспáть, -плю, -пит, *прош.* -áл, -алá, -áло
доспевáть, -áет
доспéть, -éет
доспéхи, -ов
досплéтничаться, -аюсь, -ает(ся)
доспóрить(ся), -рю(сь), -рит(ся)
доспрáшивать(ся), -аю(сь), -ает(ся)
доспросить(ся), -ошý(сь), -óсит(ся)
доспрóшенный
досрóчный
доссóриться, -рюсь, -рится
доставáла, -ы, *м. и ж.*
доставáть(ся), -стаю(сь), -стаёт(ся)
достáвить, -влю, -вит
достáвка, -и

ДОС

доставлéние, -я
достáвленный
доставлять(ся), -яю, -яет(ся)
достáвщик, -а
достáвщица, -ы
достáивать(ся), -аю(сь), -ает(ся)
достáток, -тка
достáточный
достáть(ся), -ну(сь), -нет(ся)
достающий(ся)
достёганный
достегáть, -áю, -áет (к стегáть)
достёгивать(ся), -аю, -ает(ся)
достелить и достлáть, -стелю, -стéлет; *прош.* -стелил, -стелила и -стлáл, -стлáла
достигáтельное наклонéние
достигáть(ся), -áю, -áет(ся) (к достичь)
достигнувший
достигнутый
достигнуть и достичь, -игну, -игнет; *прош.* -иг и -игнул, -игла
достигший
достижéние, -я
достижимый
достилáть, -áю, -áет
достиранный
достирáть(ся), -áю, -áет(ся)
достирывать(ся), -аю, -ает(ся)
достичь и достигнуть, -игну, -игнет; *прош.* -иг и -игнул, -игла
дóстланный (*от* достлáть)
достлáть и достелить, -стелю, -стéлет; *прош.* -стлáл, -стлáла и -стелил, -стелила
достовéрность, -и
достовéрный
достодóлжный
достóинство, -а
достóйный; *кр. ф.* -óин, -óйна
достопáмятный
достопочтéнный; *кр. ф.* -éнен, -éнна
достопримечáтельность, -и
достопримечáтельный
достослáвный
достоуважáемый
досточтимый
достояние, -я
достоять(ся), -ою(сь), -оит(ся)
достраивание, -я
достраивать(ся), -аю(сь), -ает(ся)
дострéленный (*от* дострелить)
дострéливать(ся), -аю, -ает(ся)
дострелить, -елю, -éлит
дострéлянный (*от* достреля́ть)
достреля́ть, -я́ю, -я́ет
достригáть(ся), -áю, -áет(ся)
достригший(ся)
достриженный
достричь(ся), -игу́(сь), -ижёт(ся), -игу́т(ся); *прош.* -иг(ся), -игла(сь)
дострóенный
дострóить(ся), -óю(сь), -óит(ся)
дострóйка, -и
дострóченный
дострочить, -очý, -óчит
достýкаться, -аюсь, -ается
дóступ, -а
достýпность, -и
достýпный
достучáться, -чýсь, -чится

ДОС

досу́г, -а
досу́жий
до́суха
досу́шенный
досу́шивать(ся), -аю, -ает(ся)
досуши́ть(ся), -ушу́, -у́шит(ся)
досчи́танный
досчита́ть(ся), -а́ю(сь), -а́ет(ся)
досчи́тывать(ся), -аю(сь), -ает(ся)
досыла́ть(ся), -а́ю, -а́ет(ся)
досы́лка, -и
досы́панный
досы́пать(ся), -плю, -плет(ся), сов.
досыпа́ть(ся), -а́ю, -а́ет(ся), несов.
до́сыта
досыха́ть, -а́ю, -а́ет
досье́, нескл., с.
досю́да
досяга́емый
досяга́ть, -а́ю, -а́ет
досягну́ть, -ну́, -нёт
дот, -а
дота́ивать, -ает
дотанцева́ть(ся), -цу́ю(сь), -цу́ет(ся)
дотанцо́вывать(ся), -аю(сь), -ает(ся)
дота́пливать(ся), -аю, -ает(ся)
дота́сканный
дота́скать(ся), -а́ю(сь), -а́ет(ся)
дота́скивать(ся), -аю(сь), -ает(ся)
дотацио́нный
дота́ция, -и
дота́чанный
дотача́ть, -а́ю, -а́ет
дота́чивать(ся), -аю, -ает(ся)
дота́щенный
дотащи́ть(ся), -ащу́(сь), -а́щит(ся)
дота́ять, -а́ет
дотека́ть, -а́ет
дотёкший
дотемна́
дотере́ть(ся), -тру́, -трёт(ся); прош. -тёр(ся), -тёрла(сь)
дотерпе́ть, -ерплю́, -е́рпит
дотёртый
дотёрший(ся)
до тех пор
доте́чь, -течёт, -теку́т; прош. -тёк, -текла́
дотира́ть(ся), -а́ю, -а́ет(ся)
до́тканный
дотка́ть, -тку́, -ткёт; прош. -а́л, -ала́, -а́ло
дотла́
дотлева́ть, -а́ет
дотле́ть, -е́ет
дото́ле и дото́ль
дотопи́ть(ся), -оплю́, -о́пит(ся)
дото́пленный
доторгова́ть(ся), -гу́ю(сь), -гу́ет(ся)
дото́ченный
доточи́ть, -очу́, -о́чит
дото́шность, -и
дото́шный
дотра́гиваться, -аюсь, -ается
дотро́нуться, -нусь, -нется
доту́да
дотушёванный
дотушева́ть, -шу́ю, -шу́ет
дотушёвывать(ся), -аю, -ает(ся)
дотя́гивать(ся), -аю, -ает(ся)
дотя́нутый
дотяну́ть(ся), -яну́(сь), -я́нет(ся)

ДОУ

доукомплекто́ванный
доукомплектова́ть(ся), -ту́ю, -ту́ет(ся)
доукомплекто́вывать(ся), -аю, -ает(ся)
до упа́ду
доу́ченный
доу́чивать(ся), -аю(сь), -ает(ся)
доучи́ть(ся), -учу́(сь), -у́чит(ся)
дофеода́льный
дофилосо́фствоваться, -твуюсь, -твуется
дофи́н, -а
доха́, -и́, мн. до́хи, дох
доха́живать, -аю, -ает
дохлёбанный
дохлеба́ть, -а́ю, -а́ет
дохлёбывать(ся), -аю, -ает(ся)
дохлестну́ть, -ну́, -нёт
до́хлый
дохля́к, -а́
дохля́тина, -ы
до́хнувший
до́хнуть, -нет; прош. дох и до́хнул, до́хла
дохну́ть, -ну́, -нёт
дохо́д, -а
дохо́дец, -дца
доходи́ть, -ожу́, -о́дит
дохо́дишко, -а, м.
дохо́дность, -и
дохо́дный
дохо́дчивость, -и
дохо́дчивый
доходя́га, -и, м. и ж.
доходя́щий
дохозя́йничаться, -аюсь, -ается
дохристиа́нский
доцвести́, -ветёт; прош. -вёл, -вела́
доцвета́ть, -а́ет
доцве́тший
доце́нт, -а
доце́нтский
доценту́ра, -ы
до́ченька, -и
до́черин, -а, -о
до́черна
доче́рний
доче́рпанный
доче́рпать(ся), -аю(сь), -ает(ся)
доче́рпывать(ся), -аю(сь), -ает(ся)
дочерти́ть, -ерчу́, -е́ртит
доче́рченный
доче́рчивать(ся), -аю, -ает(ся)
дочёсанный
дочеса́ть(ся), -ешу́(сь), -е́шет(ся)
доче́сть, -чту́, -чтёт; прош. -чёл, -чла́
дочёсывать(ся), -аю(сь), -ает(ся)
до́чечка, -и
дочи́ненный
дочи́нивать(ся), -аю, -ает(ся)
дочини́ть, -иню́, -и́нит
до́чиста
дочи́стить(ся), -и́щу(сь), -и́стит(ся)
дочи́танный
дочита́ть(ся), -а́ю(сь), -а́ет(ся)
дочи́тывать(ся), -аю(сь), -ает(ся)
дочища́ть(ся), -а́ю(сь), -а́ет(ся)
дочи́щенный
до́чка, -и
до́чкин, -а, -о
дочтённый, кр. ф. -ён, -ена́

ДОЧ

дочу́рка, -и
до́чушка, -и
дочь, до́чери, до́черью, мн. до́чери, дочере́й, дочеря́м, дочерьми́, о дочеря́х
дошага́ть, -а́ю, -а́ет
дошагну́ть, -ну́, -нёт
дошали́ться, -лю́сь, -ли́тся
дошва́ривать(ся), -аю, -ает(ся)
дошвырну́тый
дошвырну́ть, -ну́, -нёт
дошвы́рянный
дошвыря́ть(ся), -я́ю(сь), -я́ет(ся)
доше́дший
дошива́ть(ся), -а́ю, -а́ет(ся)
доши́тый
доши́ть, -шью́, -шьёт
дошко́льник, -а
дошко́льница, -ы
дошко́льный
дошколя́та, -я́т, ед. дошколёнок, -нка
до́шлый
дошни́к, -а́
дошути́ться, -учу́сь, -у́тится
доща́ник, -а
дощано́й
доща́тый
доще́чка, -и
дощи́панный
дощипа́ть, -иплю́, -и́плет и -а́ю, -а́ет
дощи́пывать(ся), -аю, -ает(ся)
доя́р, -а
доя́рка, -и
драба́нт, -а
дравиди́йский
драви́ды, -ов
дра́га, -и
дра́гер, -а
драги́рованный
драги́ровать(ся), -рую, -рует(ся)
дра́глайн, -а
драгома́н, -а
драгома́нский
драгоце́нность, -и
драгоце́нный; кр. ф. -е́нен, -е́нна
драгу́н, -а, р. мн. (при собир. знач.) драгу́н и (при обознач. отдельных лиц) драгу́нов
драгу́нский
дра́ение, -я
дража́йший
драже́, нескл., с.
дражира́тор, -а
дражи́рование, -я
дражиро́вка, -и
дражиро́вочный
дра́жный
дразни́лка, -и
дразни́ть(ся), дразню́(сь), дра́знит(ся)
дразня́щий(ся)
дра́ить, дра́ю, дра́ит
драйв, -а
дра́ка, -и
драко́н, -а
драко́новский
дра́ма, -ы
драматиза́ция, -и
драматизи́рованный
драматизи́ровать(ся), -рую, -рует(ся)
драмати́зм, -а

ДРА

драмати́ческий
драмати́чный
драмату́рг, -а
драматурги́ческий
драматурги́я, -и
драмкружо́к, -жка́
драндуле́т, -а
драни́ца, -ы
дра́нка, -и
дра́ночный
дра́ный
драпь, -и
драньё, -я́
драп, -а
дра́пать, -аю, -ает
драп-велю́р, дра́па-велю́ра
драпиро́ванный
драпирова́ть(ся), -ру́ю(сь), -ру́ет(ся)
драпиро́вка, -и
драпиро́вочный
драпиро́вщик, -а
драпиро́вщица, -ы
дра́повый
драпри́, нескл., с.
дра́тва, -ы
дра́твенный
драть(ся), деру́(сь), дерёт(ся); прош. дра́л(ся), драла́(сь), дра́ло, дра́лось
дра́хма, -ы
драце́на, -ы
драч, -а́
дра́чка, -и
драчли́вый
драчо́вка, -и
драчо́вый
драчу́н, -а́
драчу́нья, -и, р. мн. -ний
дребеде́нь, -и
дре́безг, -а (с дре́безгом)
дребезжа́ние, -я
дребезжа́ть, -зжи́т
древеси́на, -ы
древеси́нный
древесинове́дение, -я
древе́сница, -ы
древесноволокни́стый
древе́сно-куста́рниковый
древескома́ссный
древеснослои́стый
древесностру́жечный
древе́сный
дре́вко, -а, мн. -и, -ов
дре́вле, нареч.
древлехрани́лище, -а
дре́влий
древля́не, -я́н
древнеболга́рский
древневерхненеме́цкий
древнегре́ческий
древнееврейский
древнеинди́йский
древнеперси́дский
древнеру́сский
древнетю́ркский
древнецерковнославя́нский
древнеюжноарави́йский
дре́вний
дре́вность, -и
дре́во, -а, мн. древеса́, -ве́с, -веса́м
древова́л, -а
древови́дный
древогры́з, -а

ДРЕ

древола́з, -а
древонасажде́ние, -я
древообра́зный
древосто́й, -я
древото́чец, -чца
дрегови́чи, -е́й
дредно́ут, -а
дрези́на, -ы
дрейф, -а
дре́йфить, -флю, -фит
дрейфова́ть, -фу́ю, -фу́ет
дре́йфовый
дрек, -а
дреко́лье, -я
дрель, -и
дрема́, -ы́ и дрёма¹, -ы (дремота)
дрёма², -ы (растение)
дрема́ть(ся), дремлю́, дре́млет(ся)
дре́млющий
дремо́та, -ы
дремо́тный
дрему́чий
дрёна, -ы
дрена́ж, -а
дренажи́ровать(ся), -рую, -рует(ся)
дрена́жный
дрени́рование, -я
дрени́ровать(ся), -рую, -рует(ся)
дреноукла́дчик, -а
дре́нчер, -а
дресва́, -ы́
дресвя́ник, -а
дресвя́ный
дресси́рованный
дрессирова́ть(ся), -ру́ю, -ру́ет(ся)
дрессиро́вка, -и
дрессиро́вочный
дрессиро́вщик, -а
дрессиро́вщица, -ы
дрессу́ра, -ы
дриа́да, -ы
дри́блинг, -а
дри́фтер, -а
дри́фтерный
дробемётный
дробестру́йный
дроби́лка, -и
дроби́льно-сортиро́вочный
дроби́льный
дроби́на, -ы
дроби́нка, -и
дроби́тельный
дроби́ть(ся), -блю́, -би́т(ся)
дробле́ние, -я
дроблённый, прич.
дроблёный, прил.
дробни́ца, -ы
дро́бный
дробови́к, -а́
дробово́й
дроболите́йный
дроболи́тчик, -а
дробь, -и, мн. дро́би, -е́й
дробя́нка, -и
дрова́, дров, -а́м
дрове́ц (р. мн.)
дрови́шки, -шек
дро́вни, дровне́й
дровозагото́вки, -вок
дровоко́л, -а
дровоко́льный
дровопи́льный

ДРО

дроворе́зный
дроворуб, -а
дровосе́к, -а
дровосе́ка, -и (лесосека)
дровосу́шка, -и
дровяни́к, -а́
дровяно́й
дрога́, -и́, вин. дро́гу, мн. дро́ги, дрог (брус в повозке)
дро́ги, дрог (повозка)
дроги́ст, -а
дро́гнувший
дро́гнуть¹, -ну, -нет; прош. дрог и дро́гнул, дро́гла, несов. (зябнуть)
дро́гнуть², -ну, -нет; прош. -нул, -ну́ла, сов.
дрожа́ние, -я
дрожа́тельный
дрожа́ть, -жу́, -жи́т
дро́жечный
дрожжева́ние, -я
дрожжёванный
дрожжева́ть, -жжу́ю, -жжу́ет
дрожжево́й
дрожжерасти́льный
дрожжеформо́вочный
дро́жжи, -е́й
дро́жки, -жек, -жкам
дрожмя́ дрожа́ть
дрожь, -и
дрозд, -а́
дроздо́вый
дрок, -а
дро́ковый
дромаде́р, -а и дромеда́р, -а
дросс, -а
дросселирование, -я
дросселированный
дросселировать, -рую, -рует
дро́ссель, -я
дро́ссельный
дро́тик, -а
дрофа́, -ы́, мн. дро́фы, дроф
дрофи́ный
дрочёна, -ы
друг, -а, мн. друзья́, -зе́й
друг дру́га
друг за дру́гом
друг к дру́гу
друг на дру́жку
друго́й
друг-прия́тель, дру́га-прия́теля
друг с дру́гом
дру́жба, -ы
дружелю́бие, -я
дружелю́бный
дру́жеский
дру́жественный; кр. ф. -вен, -венна
дру́жество, -а
дружи́на, -ы
дружи́нник, -а
дружи́нница, -ы
дружи́нный
дружи́ть(ся), -жу́(сь), -у́жи́т(ся)
дружи́ще, -а, м.
дру́жка, -и, м.
дру́жный
дру́жни, дро́вней
дружо́к, -жка́
дружо́чек, -чка
друза, -ы
друи́д, -а
друиди́зм, -а

ДРУ

друиди́ческий
дры́гать(ся), -аю(сь), -ает(ся)
дры́гнуть, -ну, -нет
дры́згать(ся), -аю(сь), -ает(ся)
дрызготня́, -и́
дры́хать, -аю, -ает
дры́хнувший
дры́хнуть, -ну, -нет; *прош.* дрых и дры́хнул, дры́хла
дрюк, -а́, *мн.* дрю́чья, -ев
дрючо́к, -чка́
дря́блый; *кр. ф.* дрябл, дрябла́, дря́бло
дря́бнувший
дря́бнуть, -ну, -нет; *прош.* дряб и дря́бнул, дря́бла
дряги́ль, -я
дря́зги, дрязг
дря́нненький
дрянно́й; *кр. ф.* дря́нен, дрянна́, дря́нно
дрянцо́, -а́
дрянь, -и
дряхле́ть, -е́ю, -е́ет
дря́хлость, -и
дря́хлый; *кр. ф.* дряхл, дряхла́, дря́хло
дря́хнувший
дря́хнуть, -ну, -нет; *прош.* дрях и дря́хнул, дря́хла
дуайе́н, -а
дуали́зм, -а
дуали́ст, -а
дуалисти́ческий
дуб, -а, *предл.* о ду́бе, на ду́бе и на дубу́, *мн.* -ы́, -о́в
дуба́сить, -а́шу, -а́сит
дуби́льный
дуби́льня, -и, *р. мн.* -лен
дуби́на, -ы
дуби́нка, -и
дубинноголо́вый
дуби́нный
дуби́нушка, -и
дуби́тель, -я
дуби́ть(ся), -блю́, -би́т(ся)
ду́бка, -и
дубле́ние, -я
дублёнка, -и
дублённый, *прич.*
дублёный, *прил.*
дублёр, -а
дублёрский
дублёрша, -и
дубле́т, -а
дубле́тный
дублика́т, -а
дублика́тный
дубли́рование, -я
дубли́рованный
дубли́ровать(ся), -рую, -рует(ся)
дубло́н, -а
дубль-бека́р, -а
дубль-бемо́ль, -я
дубль-дие́з, -а
дубля́ж, -а
дубня́к, -а́
дубнячо́к, -чка́
дубова́тый
дубови́к, -а́
ду́бовый
дубо́к, -бка́

ДУБ

дубоно́с, -а
дубо́чек, -чка
дубра́ва, -ы
дубра́вный
дубра́вушка, -и
дубро́ва, -ы
дубро́вка, -и
дубро́вник, -а
дубро́вный
дубро́вушка, -и
дубьё, -я́
дубя́щий
дуга́, -и́, *мн.* ду́ги, дуг
дугови́дный
дугово́й
дугогаси́тельный
дугообра́зный
дуда́, -ы́
дуда́рь, -я́
дуде́ть, дуди́т
ду́дка, -и
ду́дки, *неизм.*
ду́дник, -а
ду́дочка, -и
ду́дчатый
ду́жка, -и (*от* дуга́)
дука́т, -а
дуле́бы, -ов
ду́ло, -а
ду́льный
ду́льце, -а, *р. мн.* -лец
дульцине́я, -и
ду́ля, -и
ду́ма, -ы
ду́мать(ся), -аю, -ает(ся)
дум-ду́м, *неизм.*
ду́мец, -мца
ду́мка, -и
ду́мный
ду́мпер, -а
ду́мпкар, -а
ду́мский
ду́мушка, -и
дуна́йский
дунга́нин, *мн.* дунга́не, -а́н
дунга́нка, -и
дунга́нский
дунове́ние, -я
ду́нуть, ду́ну, ду́нет
дуодена́льный
дуоде́цима, -ы
дупели́ный
ду́пель, -я, *мн.* -я́, -е́й
ду́плекс, -а
ду́плекс-автоти́пия, -и
ду́плексный
ду́плекс-проце́сс, -а
дупле́т, -а
дуплика́ция, -и
дупли́стый
дупло́, -а́, *мн.* ду́пла, ду́пел
дупля́нка, -и
дупляно́й
ду́ра, -ы
дура́к, -а́
дура́к дурако́м
дуракова́тый
дурале́й, -я
дуралю́мин, -а
дура́нда, -ы
дура́цкий
дура́чество, -а

ДУР

дурачи́на, -ы, *м.*
дура́чить(ся), -чу(сь), -чит(ся)
дурачи́ще, -а, *м.*
дурачо́к, -чка́
дурачьё, -я́
дура́шка, -и, *м. и ж.*
дура́шливость, -и
дура́шливый
дура́шный
ду́рень, -рня
дуре́ть, -е́ю, -е́ет
дурёха, -и
дури́ть, -рю́, -ри́т
ду́рища, -и
дурма́н, -а
дурма́нить(ся), -ню, -нит(ся)
дурма́нный
дурне́ть, -е́ю, -е́ет
дурни́шник, -а
дурно́й; *кр. ф.* ду́рен и дурён, дурна́, ду́рно
дурнота́, -ы́
дурну́шка, -и
ду́рость, -и
ду́рочка, -и
ду́рра, -ы (*бот.*)
дуршла́г, -а
дуры́нда, -ы, *м. и ж.*
дурь, -и
ду́рья голова́
дуст, -а
ду́тик, -а
ду́тый
ду́тыш, -а
дуть, ду́ю, ду́ет
дутьё, -я́
дутьево́й
ду́ться, ду́юсь, ду́ется
дуумви́р, -а
дуумвира́т, -а
дух[1], -а и -у, *предл.* в ду́хе, на духу́ (на исповеди)
дух[2], -а, *мн.* ду́хи, -ов (сверхъестественное существо)
духа́н, -а
духа́нщик, -а
духа́нщица, -ы
духи́, -о́в
духобо́р, -а
духобо́рец, -рца
духобо́рка, -и
духобо́рство, -а
духобо́рческий
духобо́рчество, -а
духове́нство, -а
духови́дец, -дца
духови́дица, -ы
духови́тый
духо́вка, -и
духо́вник, -а
духо́вно-ры́царский
духо́вный
духово́й
духота́, -ы́
ду́че, *нескл., м.*
душ, -а
душа́, -и́, вин. ду́шу, тв. душо́й, *мн.* ду́ши, душ, душа́м
ду́щащий(ся)
душева́я, -о́й
душевнобольна́я, -о́й
душевнобольно́й, -о́го

ДУШ

душе́вность, -и
душе́вный
душево́й
душегре́йка, -и
душегу́б, -а
душегу́бец, -бца
душегу́бка, -и
душегу́бство, -а
ду́шенный, *прич.*
ду́шеный, *прил.*
ду́шенька, -и
душеполе́зный
душеприка́зчик, -а
душеприка́зчица, -ы
душераздира́ющий
душеспаси́тельный
ду́шечка, -и
душещипа́тельный
души́стый
души́тель, -я
души́ть(ся), душу́(сь), ду́шит(ся)
души́ца, -ы
ду́шка, -и (*от* душа́)
душни́к, -а
ду́шный
душо́к, -шка́
душо́нка, -и
дуэли́ст, -а
дуэ́ль, -и
дуэ́льный
дуэля́нт, -а
ду́нья, -и, *р. мн.* -ний
дуэ́т, -а
дщерь, -и
ды́ба, -ы
ды́бить(ся), -блю, -бит(ся)
дыбки́: встать на дыбки́
ды́бом
дыбы́: встать на дыбы́
ды́лда, -ы, *м. и ж.*
дым, -а и -у, *предл.* о ды́ме, в дыму́, *мн.* -ы́, -о́в
дыми́ть(ся), -млю́, -ми́т(ся)
ды́мка, -и
ды́мный
дымово́й
дымога́рный
дымо́к, -мка́
дымоку́р, -а
дымообразу́ющий
дымоотво́д, -а
дымопрово́д, -а
дымосо́с, -а
дымохо́д, -а
ды́мчатый
дымя́нка, -и
ды́нный
ды́нька, -и
ды́ня, -и, *р. мн.* дынь
дыра́, -ы́, *мн.* ды́ры, дыр
ды́рка, -и
дыроко́л, -а
дыропробивно́й
ды́рочка, -и
ды́рочный
ды́рчатый
дыря́вить, -влю, -вит
дыря́вый
ды́хальце, -а, *р. мн.* -лец
дыха́ние, -я
дыха́тельный
дыхну́ть, -ну́, -нёт

ДЫШ

дыша́ть(ся), дышу́, ды́шит(ся)
ды́шащий
ды́шло, -а
дышлово́й
дья́вол, -а, *мн.* -ы, -ов
дьяволёнок, -нка, *мн.* -ля́та, -ля́т
дья́волица, -ы
дья́вольский
дья́вольщина, -ы
дьяк, -а́
дья́кон, -а, *мн.* -а́, -о́в и диа́кон, -а, *мн.* -ы, -ов
дья́коница, -ы
дья́конский
дья́конство, -а
дьячи́ха, -и
дьячко́вский
дьячо́к, -чка́
дюбе́к, -а
дю́бель, -я, *мн.* -я́, -е́й
дю́жий; *кр. ф.* дюж, дюжа́, дю́же
дю́жина, -ы
дю́жинный
дюйм, -а
дюймо́вка, -и
дюймо́вый
дю́кер, -а
дю́нный
дю́ны, дюн, *ед.* дю́на, -ы
дюра́левый
дюра́ль, -я
дюралюми́ниевый
дюралюми́ний, -я
дюро́метр, -а
дюше́с, -а
дя́гиль, -я
дя́денька, -и, *м.*
дя́дечка, -и, *м.*
дя́дин, -а, -о
дя́дька, -и, *м.*
дя́дюшка, -и, *м.*
дя́дя, -и, *мн.* -и, -ей и -ья́, -ьёв, *м.*
дя́тел, -тла
дя́тловый

Е

ева́нгелие, -я
евангели́ст, -а
евангели́ческий
ева́нгельский
евге́ника, -и
евгени́ческий
е́внух, -а
еврази́йский
евре́й, -я
евре́йка, -и
евре́йский
европе́ец, -е́йца
европеиза́ция, -и
европеизи́рованный
европеизи́ровать(ся), -рую(сь), -рует(ся)
европеи́зм, -а
европе́йка, -и
европе́йский
европеоби́дный
евро́пий, -я
евста́хиева труба́
евхари́стия, -и
егерме́йстер, -а

ЕГЕ

егерме́йстерский
е́герский
е́герь, -я, *мн.* -я́, -е́й
еги́петский
египто́лог, -а
египтоло́гия, -и
египтя́нин, -а, *мн.* -я́не, -я́н
египтя́нка, -и
егоза́, -ы́, *м. и ж.*
егози́ть, -ожу́, -ози́т
егозли́вый
еда́, -ы́
еда́ть, *наст. вр. не употр.*
едва́
едва́-едва́
едва́ ли
едине́ние, -я
едини́ца, -ы
едини́чка, -и
едини́чный
единобо́жие, -я
единобо́рство, -а
единобо́рствовать, -твую, -твует
единобра́чие, -я
единове́рец, -рца
единове́рие, -я
единове́рка, -и
единове́рный
единове́рческий
единовла́ствовать, -твую, -твует
единовла́стие, -я
единовла́стный
единовре́менный
единогла́сие, -я
единогла́сный
единодержа́вие, -я
единодержа́вный
единоду́шие, -я
единоду́шный
еди́ножды
единокро́вный
единоли́чник, -а
единоли́чница, -ы
единоли́чный
единомы́слие, -я
единомы́шленник, -а
единомы́шленница, -ы
единомы́шленный
единонасле́дие, -я
единонача́лие, -я
единонача́льник, -а
единообра́зие, -я
единообра́зный
единопле́менник, -а
единопле́менница, -ы
единопле́менный
единоро́г, -а
единоро́дный
единосу́щный
единоутро́бный
еди́нственно возмо́жный
еди́нственный; *кр. ф.* -вен, -венна
еди́нство, -а
еди́ный
е́дкий; *кр. ф.* е́док, едка́, е́дко
е́дкость, -и
едо́к, -а́
еду́н, -а́
е́дче, *сравн. ст.* (*от* е́дкий, е́дко)
ёж, ежа́
ежевече́рний
ежеви́ка, -и

Е

109

ЕЖЕ

ежеви́чник, -а
ежеви́чный
ежего́дник, -а
ежего́дный
ежеголо́вник, -а
ежедека́дный
ежедне́вный
ежекварта́льный
е́жели
ежеме́сячник, -а
ежеме́сячный
ежемину́тный
еженеде́льник, -а
еженеде́льный
ежено́щный
ежесеку́ндный
ежесу́точный
ежеча́сный
ёжик, -а
ёжиком, нареч.
ёжистый
ёжить(ся), ёжу(сь), ёжит(ся)
ежи́ха, -и
ежо́вник, -а
ежо́вый
ежо́м, нареч.
ежо́нок, -нка, мн. ежа́та, -а́т
ёж-ры́ба, ежа́-ры́бы
езда́, -ы́
е́здить, е́зжу, е́здит
е́здка, -и
ездово́й
ездо́к, -а́
езжа́й(те), пов. (к е́хать)
езжа́лый
е́зжено-перее́зжено
е́зженый, прил.
е́зживать, наст. вр. не употр.
ей-бо́гу
ей-е́й
ей-же-е́й
е́канье, -я
ёканье, -я
екатери́нинский
е́кать, -аю, -ает
ёкать, -аю, -ает
ёкнуть, -ну, -нет
ектенья́, -и́, р. мн. -ни́й
е́ле
е́ле-е́ле
еле́й, -я
еле́йность, -и
еле́йный
елеосвяще́ние, -я
еле́ц, ельца́
елизаве́тинский
ели́ко возмо́жно
ёлка, -и
ело́вый
ело́зить, -о́жу, -о́зит
ёлочка, -и
ёлочный
ель, -и
е́льник, -а
е́льнинский (от Е́льня)
е́льничек, -чка
ёмкий; кр. ф. ёмок, ёмка
ёмкостный
ёмкость, -и
ёмче, сравн. ст. (от ёмкий)
ендова́, -ы́

ЕНО

ено́т, -а
енотови́дный
ено́товый
епанча́, -и́
епанчо́вый
епархиа́льный
епа́рхия, -и
епи́скоп, -а
епископа́льный
епископа́т, -а
епи́скопский
епи́скопство, -а
епитими́йный
епитимья́, -и́, р. мн. -ми́й
епитрахи́ль, -и
ер, -а, мн. еры́, -о́в (буква ъ)
ерала́ш, -а
ерепе́ниться, -нюсь, -нится
ересиа́рх, -а
е́ресь, -и
ерети́к, -а́
ерети́ческий
ерети́чка, -и
ёрзать, -аю, -ает
е́рик, -а
ермо́лка, -и
ёрник, -а
ёрничать, -аю, -ает
ерофе́ич, -а и -у (водка)
еро́шить(ся), -шу, -шит(ся)
ерунда́, -ы́
ерунди́стика, -и
ерунди́ть, -и́т
ерундо́вский
ерундо́вый
ёрш, ерша́
ёршик, -а
ерши́стый
ерши́ться, -шу́сь, -ши́тся
ершо́вый
ершо́м, нареч.
еры́, нескл., с. (буква ы)
ерь, -я, мн. ери́, -е́й (буква ь)
есау́л, -а
есау́льский
е́сли
е́сли б(ы)
есмь, 1 л. ед. ч. от глаг. быть
ессентуки́, -о́в (вода)
есте́ственник, -а
есте́ственница, -ы
есте́ственно
естественноистори́ческий
естественнонау́чный
есте́ственно-органи́ческий
есте́ственно-радиоакти́вный
есте́ственность, -и
есте́ственный; кр. ф. -вен, -венна
естество́, -а́
естествове́д, -а
естествове́дение, -я
естествове́дческий
естествозна́ние, -я
естествоиспыта́тель, -я
есть, ем, ешь, ест, еди́м, еди́те, едя́т; прош. ел, е́ла; пов. е́шь(те)
ефи́мок, -мка
ефре́йтор, -а, мн. -ы, -ов
ефре́йторский
е́хавший
е́хать, е́ду, е́дет; пов. поезжа́й(те)
ехи́да, -ы, ж.

ЕХИ

ехи́дина, -ы, ж.
ехи́дна, -ы
ехи́дничать, -аю, -ает
ехи́дность, -и
ехи́дный
ехи́дство, -а
ехи́дствовать, -твую, -твует
ещё
ещё бы

Ж

жа́ба, -ы
жа́берный
жа́бий, -ья, -ье
жа́бка, -и
жа́бник, -а
жабо́, нескл., с.
жабови́дный
жабообра́зный
жабре́й, -я
жабродыша́щие, -их
жаброно́гие, -их
жаброхво́стые, -ых
жа́бры, жабр, ед. жа́бра, -ы
жаве́левый
жа́воронок, -нка
жадеи́т, -а
жа́дина, -ы, м. и ж.
жадне́ть, -е́ю, -е́ет
жа́дничать, -аю, -ает
жа́дность, -и
жа́дный; кр. ф. -ден, -дна́, -дно
жадо́ба, -ы, м. и ж.
жадю́га, -и, м. и ж.
жа́жда, -ы
жа́ждать, -ду, -дет
жа́ждущий
жака́н, -а
жаке́рия, -и
жаке́т, -а
жаке́тка, -и
жакка́рдовый
жако́, нескл., м.
жако́б, неизм.
жале́йка, -и
жале́ть, -е́ю, -е́ет
жа́лить(ся), -лю(сь), -лит(ся)
жа́лкий; кр. ф. -лок, -лка́, -лко
жа́ло, -а
жа́лоба, -ы
жа́лобный
жа́лобщик, -а
жа́лобщица, -ы
жа́лование, -я (действие)
жа́лованный
жа́лованье, -я (заработная плата)
жа́лованьишко, -а
жа́ловать(ся), -лую(сь), -лует(ся)
жалонёр, -а
жалоно́сный
жа́лостливость, -и
жа́лостливый
жа́лостный
жа́лость, -и
жалча́йший
жаль, неизм.
жа́льник, -а
жа́льце, -а
жа́льче, сравн. ст. (от жа́лкий, жа́лко)

ЖАЛ

жалюзи́, *нескл., с.*
жа́лящий(ся)
жанда́рм, -а
жандарме́рия, -и
жанда́рмский
жанр, -а
жанри́ст, -а
жа́нровый
жанти́льный
жар, -а и -у, *предл.* о жа́ре, в жару́
жара́, -ы́
жарго́н, -а
жаргони́зм, -а
жарго́нный
жардинье́рка, -и
жа́ренный, *прич.*
жа́реный, *прил.*
жа́ренье, -я
жа́рить(ся), -рю(сь), -рит(ся)
жари́ша, -и
жа́ркий; *кр. ф.* -рок, -рка́, -рко
жарко́е, -о́го
жаро́венка, -и
жаро́вня, -и, *р. мн.* -вен
жарово́й
жаровыно́сливость, -и
жаровыно́сливый
жаро́к, -рка́
жаропонижа́ющий
жаропро́чность, -и
жаропро́чный
жаросто́йкий
жаросто́йкость, -и
жаротру́бный
жароупо́рность, -и
жароупо́рный
жароусто́йчивый
жар-пти́ца, -ы
жар-пти́цын, -а, -о
жарча́йший
жа́рче, *сравн. ст.* (*от* жа́ркий, жа́рко)
жары́нь, -и
жасми́н, -а
жасми́нный
жасми́новый
жа́тва, -ы
жа́твенный
жа́тка, -и
жа́тый
жа́ть(ся)¹, жму(сь), жмёт(ся)
жа́ть(ся)², -жну, жнёт(ся)
жа́хнуть, -ну, -нет
жбан, -а
жба́нчик, -а
жва́лы, жвал, *ед.* жва́ло, -а
жва́чка, -и
жва́чный
жгут, -а́
жгу́тик, -а
жгу́тиковые, -ых
жгутоно́гие, -их
жгу́честь, -и
жгу́чий
жгу́щий(ся)
ждать, жду, ждёт; *прош.* ждал, ждала́, жда́ло
же, ж, *частица* (пишется раздельно с предшествующим словом, но в нареч. та́кже, то́же — слитно)
жева́ние, -я
жёванный, *прич.*

ЖЁВ

жёваный, *прил.*
жева́тельный
жева́ть(ся), жую́, жуёт(ся)
жевело́, -а́
жёгший(ся)
жезл, -а́
жезлово́й
жела́ние, -я
жела́нный
жела́ньице, -а
жела́тельный
желати́н, -а и желати́на, -ы
желатиниза́ция, -и
желатинизи́ровать(ся), -рую, -рует(ся)
желатини́рование, -я
желати́нный
желати́новый
жела́ть(ся), -а́ю, -а́ет(ся)
жела́ющий
желва́к, -а́
желвачо́к, -чка́
желе́, *нескл., с.*
железа́, -ы́, *мн.* же́лезы, желёз, железа́м
желе́зина, -ы
железистосинеро́дистый
желе́зистый
желе́зка, -и (*от* желе́зо)
желёзка, -и (*от* железа́)
желе́зко, -а, *мн.* -и, -зок (в рубанке)
железне́ние, -я
железнодоро́жник, -а
железнодоро́жница, -ы
железнодоро́жный
желе́зный
железня́к, -а́
желе́зо, -а
железобакте́рия, -и
железобето́н, -а
железобето́нный
железоде́лательный
железокера́мика, -и
железокерами́ческий
железооруде́ние, -я
железоплави́льный
железопрока́тный
железопрока́тчик, -а
железору́дный
железосинеро́дистый
железосодержа́щий
железоуглеро́дистый
железя́ка, -и
желе́йный
желеобра́зный
желна́, -ы́
жёлоб, -а, *мн.* желоба́, -о́в
желобобрю́хие, -их
желобово́й
желобо́к, -бка́
жело́бчатый
жело́нка, -и
жело́нщик, -а
жёлтенький
желте́ть, -е́ю, -е́ет (становиться жёлтым)
желте́ться, -е́ется
желтизна́, -ы́
желти́нка, -и
желти́нник, -а
желти́ть, -лчу́, -лти́т (*что*)
желти́ться, -и́тся

ЖЕЛ

желтко́вый
желтобо́кий
желтобрю́х, -а
желтобрю́хий
желтова́то-кра́сный
желтова́тый
желтоволо́сый
желтогла́зка, -и
желтогла́зый
желтоголо́вый
желтогру́дый
жёлто-зелёный
желтозём, -а
желто́к, -тка́
желтоко́жий
желтоко́рень, -рня
жёлто-кра́сный
желтокры́лка, -и
желтокры́лый
желтоли́цый
желтоло́зник, -а
желтоно́сый
желтопёрый
желтопу́зик, -а
желторо́тый
желтофио́ль, -и
желтоцве́т, -а
желто́чный
желтошёк, -а
желту́ха, -и
желту́шка, -и
желту́шник, -а
желту́шный
жёлтый; *кр. ф.* жёлт, желта́, жёлто и желто́
желть, -и
желтя́к, -а́
желтя́нка, -и
желу́док, -дка
желу́дочек, -чка
желу́дочно-кише́чный
желу́дочный
жёлудь, -я, *мн.* -и, -е́й
желчевыводя́щий
желчего́нный
желче́ние, -я
желчеотделе́ние, -я
желчнока́менная боле́знь
жёлчность, -и
жёлчный
жёлчь, -и
жема́ниться, -нюсь, -нится
жема́нница, -ы
жема́нничанье, -я
жема́нничать, -аю, -ает
жема́нность, -и
жема́нный; *кр. ф.* -а́нен, -а́нна
жема́нство, -а
же́мчуг, -а, *мн.* -а́, -о́в
жемчугоно́сный
жемчу́жина, -ы
жемчу́жница, -ы
жемчу́жно-бе́лый
жемчу́жный
жемчу́жок, -жка́
жена́, -ы́, *мн.* жёны, жён
жена́тый
жене́вский
же́нин, -а, -о (*от* жена́)
жени́ть, женю́, же́нит
жени́тьба, -ы

ЖЕН

жени́ться, женю́сь, же́нится
жени́х, -а́
жениха́ться, -а́юсь, -а́ется
женихо́вский
женихо́вство, -а
женишо́к, -шка́
жёнка, -и (*от* жена́)
женолю́б, -а
женолю́бец, -бца
женолюби́вый
женолю́бие, -я
женоненави́стник, -а
женоненави́стнический
женоненави́стничество, -а
женоподо́бный
женотде́л, -а
женоуби́йство, -а
женоуби́йца, -ы
жён-премье́р, -а
же́нский
женсове́т, -а
же́нственность, -и
же́нственный; *кр. ф.* -вен, -венна
жёнушка, -и
же́нщина, -ы
же́нщина-врач, же́нщины-врача́
женьше́нь, -я
жео́да, -ы
жердево́й
жерди́на, -ы
жерди́нник, -а
жердня́к, -а́
жёрдочка, -и
жердь, -и, *мн.* же́рди, -е́й
жердяно́й
жерёбая
жереб́ейка, -и
жеребёнок, -нка, *мн.* -бя́та, -бя́т
жеребе́ц, -бца́
жереби́ться, -и́тся
жеребко́вый
жеребо́к, -бка́
жеребцо́вый
жере́бчик, -а
жеребьёвка, -и
жереб́ятина, -ы
жереб́ячий, -ья, -ье
же́рех, -а
жерли́ца, -ы
жерло́, -а́, *мн.* жёрла, жерл
жерля́нка, -и
жермина́ль, -я
жёрнов, -а, *мн.* жернова́, -о́в
жерново́й
же́ртва, -ы
же́ртвенник, -а
же́ртвенность, -и
же́ртвенный
же́ртвователь, -я
же́ртвовать(ся), -твую, -твует(ся)
жертвоприноше́ние, -я
жеру́ха, -и
жеру́шник, -а
жест, -а
жестикули́ровать, -рую, -рует
жестикуля́ция, -и
жёсткий; *кр. ф.* -ток, -тка́, -тко
жесткова́тый
жестковоло́сый
жёсткозаде́ланный *
жёсткозакреплённый *
жесткоко́жий

ЖЕС

жесткокры́лый
жестколи́ственный
жестколи́стный и жестколи́стый
жёсткость, -и
жесткошёрстный и жесткошёрстый
жесто́кий; *кр. ф.* -о́к, -ока́, -о́ко
жестокосе́рдие, -я
жестокосе́рдный
жестокосе́рдый
жесто́кость, -и
жесточа́йший
жесто́че, *сравн. ст.* (*от* жесто́кий, жесто́ко)
жёстче, *сравн. ст.* (*от* жёсткий, жёстко)
жесть, -и
жестя́ник, -а
жестя́ницкий
жестя́ничный
жестя́нка, -и
жестяноба́ночный
жестяно́й
жестя́ночный
жестя́нщик, -а
жето́н, -а
жето́нный
жето́нчик, -а
же́чь(ся), жгу(сь), жжёт(ся), жгу́т(ся); *прош.* жёг(ся), жгла(сь)
жже́ние, -я
жжёнка, -и (напиток)
жжённый, *прич.*
жжёный, *прил.*
жива́ть, *наст. вр. не употр.*
живе́те, *нескл., с.* (буква)
живе́те-мо́жете
живёхонек, -нька, -нько
живе́ц, -вца́
жив-здоро́в
живи́нка, -и
живи́тельный
живи́ть(ся), -влю́(сь), -ви́т(ся)
живи́ца, -ы
жи́вность, -и
живогло́т, -а
живодёр, -а
живодёрка, -и
живодёрничать, -аю, -ает
живодёрня, -и, *р. мн.* -рен
живодёрство, -а
живо́й; *кр. ф.* жив, жива́, жи́во
живоко́сть, -и
живоно́сный
живописа́ние, -я
живописа́ть, -су́ю, -су́ет
живопи́сец, -сца
живопи́сный
живопису́ющий
жи́вопись, -и
живоро́дка, -и
живородя́щий
живорожде́ние, -я
живорождённый
живоры́бный
живосече́ние, -я
жи́вость, -и
живо́т, -а́
животвори́ть, -рю́, -ри́т
животво́рный
животворя́щий
живо́тик, -а
животи́на, -ы

ЖИВ

животи́шко, -а, *м.*
животново́д, -а
животново́дство, -а
животново́дческий
живо́тное, -ого
живо́тный
животрепе́щущий
живу́честь, -и
живу́чий, *прил.*
живу́чка, -и
живу́щий, *прич.*
жи́вчик, -а
живьём
жи́га, -и
жига́лка, -и
жигану́ть, -ну́, -нёт
жиде́ль, -и
жи́денький; *кр. ф.* -енек, -енька
жи́дкий; *кр. ф.* -док, -дка́, -дко
жидкова́тый
жидководоро́дный
жидковоло́сый
жидкоко́стный
жидкокристалли́ческий
жидкометалли́ческий
жидкомоло́чный
жидконо́гий
жи́дкостно-абрази́вный
жи́дкостно-раке́тный
жи́дкостно-реакти́вный
жи́дкостный
жи́дкость, -и
жидкофа́зный
жи́жа, -и
жи́же, *сравн. ст.* (*от* жи́дкий, жи́дко)
жижеразбра́сыватель, -я
жижесбо́рник, -а
жи́жица, -ы
жи́здринский (*от* Жи́здра)
жизнедея́тельность, -и
жизнедея́тельный
жизнелю́б, -а
жизнелю́бец, -бца
жизнелюби́вый
жизнелю́бие, -я
жи́зненно ва́жный
жи́зненно необходи́мый
жи́зненно правди́вый
жи́зненность, -и
жи́зненный; *кр. ф.* -знен, -зненна
жизнеобеспе́чение, -я
жизнеописа́ние, -я
жизнеощуще́ние, -я
жизнера́достность, -и
жизнера́достный
жизнеспосо́бность, -и
жизнеспосо́бный
жизнесто́йкий
жизнесто́йкость, -и
жизнеутвержда́ющий
жизнь, -и
жиклёр, -а
жи́ла, -ы
жил-бы́л, жила́-была́, жи́ло-бы́ло
жиле́т, -а
жиле́тка, -и
жиле́тный
жиле́точный
жиле́ц, -льца́
жи́листый
жи́лить(ся), -лю(сь), -лит(ся)

ЖИЛ ЖИТ ЖУЛ Ж

жили́ца, -ы
жили́цын, -а, -о
жили́чка, -и
жили́ща, -и (от жи́ла)
жили́ще, -а
жили́щно-бытово́й
жили́щно-гражда́нский
жили́щно-коммуна́льный
жили́щно-коопера́тивный
жили́щно-строи́тельный
жили́щно-эксплуатацио́нный
жили́щный
жи́лка, -и
жилкова́ние, -я
жилкова́тый
жилкоопера́ти́в, -а
жилова́тый
жило́й
жилотде́л, -а
жи́лочка, -и
жилпло́щадь, -и
жилуправле́ние, -я
жилфо́нд, -а
жильё, -я
жи́льный
жим, -а́
жи́молостный
жи́молость, -и
жир, -а и -у, предл. о жи́ре, в жиру́, мн. -ы́, -о́в
жирандо́ль, -я
жира́ф, -а и жира́фа, -ы
жира́фовый
жире́ть, -е́ю, -е́ет
жи́рник, -а
жирномоло́чность, -и
жирномоло́чный
жи́рность, -и
жирнохво́стый
жи́рный; кр. ф. -рен, -рна́, -рно
жи́ро, нескл., с.
жироба́нк, -а
жирова́ние, -я
жирова́ть, -ру́ю, -ру́ет
жирови́к, -а́
жиро́вка, -и
жирово́й
жирозамени́тель, -я
жиро́к, -рка́
жироко́мпас, -а (устар. к гироко́мпас)
жироло́вка, -и
жирома́сса, -ы
жиромучно́й
жиронди́ст, -а
жиронди́стский
жирооборо́т, -а
жирообразова́ние, -я
жироотложе́ние, -я
жироперераба́тывающий
жиропо́т, -а
жиропри́ка́з, -а
жирорасчёт, -а
жирорасщепля́ющий
жироско́п, -а (устар. к гироско́п)
жиротопле́ние, -я
жирото́пный
жиря́к, -а́
жиря́нка, -и
жите́йский
жи́тель, -я
жи́тельница, -ы

жи́тельство, -а
жи́тельствовать, -твую, -твует
житие́, -я́, предл. о житии́, мн. жития́, жити́й
жити́йный
жи́тница, -ы
жи́тный
житня́к, -а́
жи́то
жить, живу́, живёт
житьё, -я́
житьё-бытьё, житья́-бытья́
житьи́шко, -а
жи́ться, живётся
жмёня, -и
жмот, -а
жму́дский
жмудь, -и
жму́рить(ся), -рю(сь), -рит(ся)
жму́рки, -рок
жму́щий(ся)
жмыхи́, -о́в, ед. жмых, -а́
жмы́ховый
жмыходроби́лка, -и
жне́йка, -и
жнец, -а́
жнея́, -и́
жни́во, -а
жнивьё, -я́
жнитво́, -а́
жни́ца, -ы
жни́цын, -а, -о
жок, -а (танец)
жоке́й, -я
жоке́йка, -и
жоке́й-клу́б, -а
жоке́йский
жо́лкнуть, -нет
жолнёр, -а
жолнёрский
жом, -а
жонглёр, -а
жонглёрский
жонглёрство, -а
жонгли́рование, -я
жонгли́ровать, -рую, -рует
жонки́ль, -и
жор, -а
жо́стер, -а
жох, -а (пройдоха)
жраньё, -я́
жра́тва, -ы́
жрать, жру, жрёт; прош. жрал, жрала́, жра́ло
жре́бий, -я
жрец, -а́
жре́ческий
жре́чество, -а
жри́ца, -ы
жу́желица, -ы
жужжа́ло, -а, мн. жужжа́ла, -а́л
жужжа́льца, -лец
жужжа́ние, -я
жужжа́ть, -жжу́, -жжи́т
жуи́р, -а
жуи́ровать, -рую, -рует
жук, -а́
жук-носоро́г, жука́-носоро́га
жук-оле́нь, жука́-оле́ня
жук-плавуне́ц, жука́-плавунца́
жула́н, -а
жу́лик, -а

жуликова́тый
жульё, -я́
жулье́н, -а
жу́льничать, -аю, -ает
жу́льнический
жу́льничество, -а
жуля́бия, -и, м. и ж.
жупа́н, -а
жу́пел, -а
жура́вель, -вля́
жура́вельник, -а
журавлёнок, -нка, мн. -ля́та, -ля́т
журави́ный
журави́ха, -и
жура́вль, -я́
жури́ть(ся), -рю́(сь), -ри́т(ся)
журна́л, -а
журнали́ст, -а
журнали́стика, -и
журнали́стка, -и
журнали́стский
журна́льно-газе́тный
журна́льно-о́рдерный
журна́льный
журна́льчик, -а
журфи́кс, -а
журча́лки, -лок
журча́ние, -я
журча́ть, -чи́т
журьба́, -ы́
жу́ткий; кр. ф. жу́ток, жутка́, жу́тко
жуткова́то
жу́тче, сравн. ст. (от жу́ткий, жу́тко)
жуть, -и
жу́хлый
жу́хнувший
жу́хнуть, -нет; прош. жух и жу́хнул, жу́хла
жу́чить, -чу, -чит
жу́чка, -и
жучо́к, -чка́
жюри́, нескл., с.

З

зааванси́рованный
зааванси́ровать, -рую, -рует
заакти́рованный
заакти́ровать, -рую, -рует
заале́ть(ся), -е́ю(сь), -е́ет(ся)
заамударьи́нский
зааплоди́ровать, -рую, -рует
заарендо́ванный
заарендова́ть, -ду́ю, -ду́ет
заарендо́вывать, -аю, -ает
заресто́ванный
заарестова́ть, -ту́ю, -ту́ет
заарестовывать, -аю, -ает
заарка́ненный
заарка́нивать, -аю, -ает
заарта́чить, -ню, -нит
заарта́читься, -чусь, -чится
заасфальти́рованный
заасфальти́ровать, -рую, -рует
заатланти́ческий
заатмосфе́рный
заа́хать, -аю, -ает
заба́ва, -ы
заба́вить, -влю, -вит
забавля́ть(ся), -я́ю(сь), -я́ет(ся)
заба́вник, -а

ЗАБ

забáвница, -ы
забáвный
забáгренный
забáгривать(ся), -аю, -ает(ся)
забáгрить, -рю, -рит
забайкáлец, -льца
забайкáльский
забалáнсовый
забалкáнский
забалластированный
забалластировать, -рую, -рует
забаллотированный
забаллотировать, -рую, -рует
забаловáть(ся), -лую(сь), -лует(ся)
забáлтывать(ся), -аю(сь), -ает(ся)
забарабáнить, -ню, -нит
забаррикадированный
забаррикадировать(ся), -рую(сь), -рует(ся)
забасить, -ашу, -асит
забастовáть, -тую, -тует
забастóвка, -и
забастóвочный
забастóвщик, -а
забастóвщица, -ы
забаюкать, -аю, -ает
забвéние, -я
забвéнный
забéг, -а
забегáловка, -и
забегáть, -áю, -áет, несов.
забегáть(ся), -аю(сь), -ает(ся), сов.
забежáть, -егу, -ежит, -егут
забелённый; кр. ф. -ён, -енá
забелéть, -éет (начать белеть)
забелéться, -éется
забéливание, -я
забéливать(ся), -аю, -ает(ся)
забелить, -елю, -éлит (что)
забéлка, -и
забелять(ся), -яю, -яет(ся)
зáберег, -а и зáберега, -и
заберéменеть, -ею, -еет
забесéдоваться, -дуюсь, -дуется
забеспокóиться, -óюсь, -óит(ся)
за бесцéнок
забетонированный
забетонировать(ся), -рую, -рует(ся)
забивáние, -я
забивáть(ся), -áю(сь), -áет(ся)
забивка, -и
забивнóй
забинтóванный
забинтовáть(ся), -тую(сь), -тует(ся)
забинтóвывать(ся), -аю(сь), -ает(ся)
забирáть(ся), -áю(сь), -áет(ся)
забитость, -и
забитый
забить(ся), -бью(сь), -бьёт(ся)
забияка, -и, м. и ж.
заблаговéстить, -ещу, -естит
заблаговрéменный
заблагорассудить(ся), -ужу, -удит(ся)
заблагоухáть, -áю, -áет
заблажить, -жу, -жит
заблестéть, -ещу, -естит и -éщет
заблеять, -ею, -еет
заблистáть, -áю, -áет
заблокированный
заблокировать, -рую, -рует
заблудившийся
заблудиться, -ужусь, -удит(ся)

ЗАБ

заблудший
заблудящий
заблуждáться, -áюсь, -áется
заблуждéние, -я
заболáть, -áю, -áет
забóй, -я
забóйка, -и
забóйный
забóйщик, -а
забóйщицкий
забáливаемость, -и
забáливание, -я
забáливать(ся), -аю, -ает(ся)
заболевáемость, -и
заболевáние, -я
заболевáть, -áю, -áет
заболéть[1], -ею, -éет (к болéть[1])
заболéть[2], -лит, (к болéть[2])
заболóнник, -а
забóлонный
забóлонь, -и
заболотить(ся), -óчу, -óтит(ся)
заболóченный
заболтанный
заболтáть(ся), -áю(сь), -áет(ся)
забóр, -а
забóристый
забóришко, -а, м.
забóрище, -а, м.
забормотáть, -очу, -óчет
забóрный
заборонённый; кр. ф. -ён, -енá
заборонить, -ню, -нит
заборонóванный
заборонóвать, -нýю, -нýет
забóртный
забóрчик, -а
забóта, -ы
забóтить(ся), -óчу(сь), -óтит(ся)
забóтливость, -и
забóтливый
забрáкованный
забраковáть, -кую, -кует
забракóвывать(ся), -аю, -ает(ся)
забрáло, -а
забранить(ся), -ню(сь), -нит(ся)
забрáсываемый
забрáсывание, -я
забрáсывать(ся), -аю, -ает(ся)
забрáть(ся), -беру(сь), -берёт(ся); прош. -áл(ся), -алá(сь), -áло, -алóсь
забредáть, -áю, -áет
забрéдить, -рéжу, -рéдит
забрéдший
забрéзжить, -ит
забренчáть, -чу, -чит
забрести, -еду, -едёт; прош. -ёл, -елá
забривáть(ся), -áю, -áет(ся)
забритый
забрить, -рéю, -рéет
забродить, -ожу, -óдит
забронированный (от забронировать)
забронированный (от забронировáть)
забронировáть, -рую, -рует (закрепить)
забронировáть(ся), -рую(сь), -рует(ся) (покрыть бронёй)
забрóс, -а
забрóсанный (от забросáть)

ЗАБ

забросáть, -áю, -áет
забрóсить, -óшу, -óсит
забрóска, -и
забрóшенность, -и
забрóшенный (от забрóсить)
забрызганный
забрызгать(ся), -аю(сь), -ает(ся) и -зжу(сь), -зжет(ся)
забрызгивать(ся), -аю(сь), -ает(ся)
забрыкáться, -áюсь, -áется
забряцáть, -áю, -áет
забубённый
забуксировать, -рую, -рует
забуксовáть, -сую, -сует
забулдыга, -и, м.
забулдыжный
забулькать, -аю, -ает
забунтовáть, -тую, -тует
забурéть, -ею, -ет
забуривать(ся), -аю(сь), -ает(ся)
забурить(ся), -рю(сь), -рит(ся)
забурлить, -ит
забуртóванный
забуртовáть, -тую, -тует
забурчáть, -чу, -чит
забутить, -учу, -утит
забутка, -и
забутóвка, -и
забухать, -аю, -ает, сов.
забухáть, -áет, несов.
забухнуть, -нет, прош. -ух, -ухла
забухший
забучивать, -аю, -ает
забушевáть, -шую, -шует
забуянить, -ню, -нит
забывáть(ся), -áю(сь), -áет(ся)
забывчивость, -и
забывчивый
забытый
забыть(ся), -буду(сь), -будет(ся)
забытьё, -я, предл. о забытьé, в забытьи
зав, -а
завáжживать, -аю, -ает
завáжничать, -аю, -ает
завáл, -а
завáленный (от завалить)
завáливание, -я
завáливать(ся), -аю(сь), -ает(ся)
завáлина, -ы
завáлинка, -и
завалить(ся), -алю(сь), -áлит(ся)
завáлка, -и
завáлочный
зáваль, -и
завáлянный (от заваля́ть)
заваля́ть(ся), -я́ю, -я́ет(ся)
завáлящий
заваренный
завáривание, -я
завáривать(ся), -аю, -ает(ся)
заварить(ся), -арю, -áрит(ся)
завáрка, -и
заварнóй
заварочный
заварýха, -и
заварýшка, -и
завевáть(ся), -áю, -áет(ся) (к вéять)
заведéние, -я
заведённый; кр. ф. -ён, -ена́
заведéньице, -а
заведование, -я

заве́довать, -дую, -дует
заве́домый
заве́дующая, -ей
заве́дующий, -его
заве́дший(ся)
завезённый; кр. ф. -ён, -ена́
завезти́, -зу́, -зёт; прош. -ёз, -езла́
завёзший
завербо́ванный
завербова́ть(ся), -бу́ю(сь), -бу́ет(ся)
завербо́вывать(ся), -аю(сь), -ает(ся)
заверезжа́ть, -жу́, -жи́т
заверéние, -я
заве́ренный
заверeща́ть, -щу́, -щи́т
завери́тель, -я
завери́тельница, -ы
заве́рить, -рю, -рит
заве́рка, -и
завёрнутый
заверну́ть(ся), -ну́(сь), -нёт(ся)
завёрстанный
заверста́ть(ся), -а́ю, -а́ет(ся)
завёрстывать(ся), -аю, -ает(ся)
заверте́ть(ся), -ерчу́(сь), -е́ртит(ся)
завёртка, -и
завёрточный
завёртчица, -ы
завёртывание, -я
завёртывать(ся), -аю(сь), -ает(ся)
заве́рченный
заверша́ть(ся), -а́ю, -а́ет(ся)
заверше́ние, -я
завершённый; кр. ф. -ён, -ена́
заверши́ть(ся), -шу́, -ши́т(ся)
заверя́ть(ся), -я́ю, -я́ет(ся)
заве́са, -ы
заве́сить(ся), -е́шу(сь), -е́сит(ся)
завести́(сь), -еду́(сь), -едёт(ся); прош. -вёл(ся), -вела́(сь)
заве́т, -а
заве́тный
заве́тренный
завечере́ть, -е́ет
заве́шанный (от заве́шать)
заве́шать(ся), -аю(сь), -ает(ся)
заве́шенный (от заве́сить)
заве́шивание, -я
заве́шивать(ся), -аю(сь), -ает(ся)
завеща́ние, -я
завеща́нный
завеща́тель, -я
завеща́тельница, -ы
завеща́тельный
завеща́ть(ся), -а́ю, -а́ет(ся)
заве́ять, -е́ю, -е́ет
завзя́тый
завибри́ровать, -рую, -рует
завива́ние, -я
завива́ть(ся), -а́ю(сь), -а́ет(ся) (к вить)
зави́вка, -и
зави́вочный
зави́деть, -и́жу, -и́дит
зави́дки, -ок (зави́дки беру́т)
завидне́ться, -е́ется
зави́дный
зави́довать, -дую, -дует
зави́дущий
завизжа́ть, -жу́, -жи́т
визи́рованный
завизи́ровать, -рую, -рует

завиля́ть, -я́ю, -я́ет
завинти́ть(ся), -нчу́, -нти́т(ся)
зави́нченный
зави́нчивание, -я
зави́нчивать(ся), -аю, -ает(ся)
завира́льный
завира́ться, -а́юсь, -а́ется
завиру́ха, -и
завиру́шка, -и
зависа́ть, -а́ю, -а́ет
зави́сеть, -и́шу, -и́сит
зави́симость, -и
зави́симый
зави́стливый
зави́стник, -а
зави́стница, -ы
зави́стный
за́висть, -и
зави́сящий
завито́й, прил.
завито́к, -тка́
завито́чек, -чка
завиту́шка, -и
зави́тый; кр. ф. за́вит, -вита́, за́вито, прич.
зави́ть(ся), -вью́(сь), -вьёт(ся); прош. -и́л(ся), -ила́(сь), -и́ло, -и́ло́сь
завихля́ться, -я́юсь, -я́ется
завихре́ние, -я
завихри́ться, -и́хрится
завка́драми, нескл., м. и ж.
завклу́бом, нескл., м. и ж.
завко́м, -а
завко́мовский
завладева́ть, -а́ю, -а́ет
завладе́ть, -е́ю, -е́ет
завлека́тельный
завлека́ть(ся), -а́ю(сь), -а́ет(ся)
завлёкший(ся)
завлечённый; кр. ф. -ён, -ена́
завле́чь(ся), -еку́(сь), -ечёт(ся), -еку́т(ся); прош. -ёк(ся), -екла́(сь)
завли́т, -а
завма́г, -а
заво́д, -а
заводи́ла, -ы, м. и ж.
заводи́ловка, -и
заводи́ть(ся), -ожу́(сь), -о́дит(ся)
заводи́шко, -а, м.
заводи́ще, -а, м.
заво́дка, -и
заводне́ние, -я
заводнённый; кр. ф. -ён, -ена́
заводни́ть, -ню́, -ни́т
заводно́й
заводня́ть(ся), -я́ю, -я́ет(ся)
заводоуправле́ние, -я
заво́дский и заводско́й
заводча́нин, -а, мн. -а́не, -а́н
заво́дчик, -а
заво́дчица, -ы
за́водь, -и
завоева́ние, -я
завоёванный
завоева́тель, -я
завоева́тельница, -ы
завоева́тельный
завоева́ть(ся), -вою́ю(сь), -вою́ет(ся)
завоёвывать(ся), -аю(сь), -ает(ся)
заво́женный
завожжа́ть, -а́ю, -а́ет
заво́з, -а

завози́ть(ся), -ожу́(сь), -о́зит(ся)
заво́зка, -и
заво́зный
заво́зня, -и, р. мн. -зен
завола́кивать(ся), -аю, -ает(ся)
заво́лжский
заволнова́ть(ся), -ну́ю(сь), -ну́ет(ся)
за́волока, -и
заволо́кший(ся)
заволочённый; кр. ф. -ён, -ена́
заволо́чь(ся), -оку́, -очёт(ся), -оку́т(ся); прош. -о́к(ся), -окла́(сь)
завоня́ть, -я́ю, -я́ет
завопи́ть, -плю́, -пи́т
завора́живать(ся), -аю, -ает(ся)
завора́чивать(ся), -аю(сь), -ает(ся)
заворкова́ть, -ку́ю, -ку́ет
заворожённый; кр. ф. -ён, -ена́
заворожи́ть, -жу́, -жи́т
за́ворот, -а (кишо́к)
заворо́т, -а (поворо́т)
завороти́ть(ся), -очу́(сь), -о́тит(ся)
заворо́чать(ся), -аю(сь), -ает(ся)
заворо́ченный (к завороти́ть)
заворо́шить(ся), -шу́(сь), -ши́т(ся)
заворо́шка, -и
заворча́ть, -чу́, -чи́т
завра́ться, -ру́сь, -рётся; прош. -а́лся, -ала́сь, -а́ло́сь
завсегда́
завсегда́тай, -я
завсегда́шний
за́втра
за́втрак, -а
за́втракать, -аю, -ает
за́втрашний
завуали́рованный
завуали́ровать, -рую, -рует
за́вуч, -а
завхо́з, -а
завхо́зовский
завшиве́ть, -е́ю, -е́ет
завыва́ние, -я
завыва́ть, -а́ю, -а́ет
завы́сить, -ы́шу, -ы́сит
завы́ть, -во́ю, -во́ет
завыша́ть(ся), -а́ю, -а́ет(ся)
завыше́ние, -я
завы́шенный
завью́жить, -ит
завью́ченный
завью́чивать, -аю, -ает
завью́чить, -чу, -чит
завя́дший
завя́занный
завяза́ть, -а́ю, -а́ет
завяза́ть(ся), -яжу́, -я́жет(ся)
завязи́ть, -и́т
завя́зка, -и
завя́знувший
завя́знуть, -ну, -нет; прош. -я́з, -я́зла
завя́зший
завя́зывание, -я
завя́зывать(ся), -аю, -ает(ся)
за́вязь, -и
завя́ленный
завя́ливать(ся), -аю, -ает(ся)
завя́лить(ся), -лю, -лит(ся)
завя́нувший
завя́нуть, -ну, -нет; прош. -я́л, -я́ла
зага́данный
загада́ть, -а́ю, -а́ет

ЗАГ

загáдить, -áжу, -áдит
загáдка, -и
загáдочность, -и
загáдочный
загáдчик, -а
загáдывать(ся), -аю, -ает(ся)
загáженный
загáживать(ся), -аю, -ает(ся)
загазóванность, -и
загалдéть, -дит
загáр, -а
загарпýненный
загарпýнивать, -аю, -ает
загарпýнить, -ню, -нит
загасúть(ся), -ашý, -áсит(ся)
загáснувший
загáснуть, -нет; прош. -гáс, -гáсла
загáсший
загатúть, -ачý, -атит
загáченный
загáчивать(ся), -аю, -ает(ся)
загáшенный
загáшиваться, -аюсь, -ается
загвóздка, -и
загúб, -а
загибáние, -я
загибáть(ся), -áю(сь), -áет(ся)
загúбка, -и
загúбочный
загúбщик, -а
загипнотизúрованный
загипнотизúровать, -рую, -рует
загипсóванный
загипсовáть, -сýю, -сýет
заглáвие, -я
заглáвный
заглáдить(ся), -áжу, -áдит(ся)
заглáженный
заглáживать(ся), -аю, -ает(ся)
за глазá
заглáзный
заглáтывать(ся), -аю, -ает(ся)
заглóтанный
заглотáть, -áю, -áет
заглотнýть, -нý, -нёт
заглóхнувший
заглóхнуть, -ну, -нет; прош. -óх, -óхла
заглóхший
заглубúть, -блю, -бúт
заглублённый; кр. ф. -ён, -енá
заглублять(ся), -яю, -яет(ся)
заглушáть(ся), -áю, -áет(ся)
заглушённый; кр. ф. -ён, -енá
заглушúть(ся), -шý, -шúт(ся)
заглýшка, -и
заглýшье, -я, р. мн. -ший
заглядéнье, -я
загляд́еться, -яжýсь, -ядится
загля́дывать(ся), -аю(сь), -ает(ся)
заглянýть, -янý, -янет
заглянцевéть, -éет
загнаивать(ся), -аю, -ает(ся)
загнáнный
загнáть, -гоню, -гóнит; прош. -áл, -алá, -áло
загнéтка, -и
загнивáть, -áю, -áет
загнúть, -гнию, -гниёт; прош. -úл, -илá, -úло
загноённый; кр. ф. -ён, -енá
загноúть(ся), -ою, -оúт(ся)
зáгнутый

ЗАГ

загнýть(ся), -нý(сь), -нёт(ся)
загов́аривать(ся), -аю(сь), -ает(ся)
зáговенье, -я и зáговены, -вен
загов́еться, -éюсь, -éется
загов́ляться, -я́юсь, -я́ется
зáговор, -а
заговорённый; кр. ф. -ён, -енá
заговорúть(ся), -рю́(сь), -рúт(ся)
заговóрщик, -а
заговóрщица, -ы
заговóрщицкий
заговóрщический
загоготáть, -очý, -óчет
загогýлина, -ы
загогýлинка, -и
зáгодя
заголённый; кр. ф. -ён, -енá
заголúть(ся), -лю́(сь), -лúт(ся)
заголóвок, -вка
заголóвочный
заголосúть, -ошý -осúт
заголубéть, -éет
заголя́ть(ся), -я́ю(сь), -я́ет(ся)
загомонúть, -ню́, -нúт
загóн, -а
загóнный
загóнщик, -а
загоня́ть(ся), -я́ю, -я́ет(ся)
загорáживать(ся), -аю(сь), -ает(ся)
загорáние, -я
загорáть(ся), -áю(сь), -áет(ся)
загóрбок, -бка
загордúться, -ржýсь, -рдúтся
загоревáть, -рюю, -рюет
загорéлый
загорéть(ся), -рю́(сь), -рúт(ся)
загорлáнить, -ню, -нит
загорóда, -ы
загородúть(ся), -ожý(сь), -óдит(ся)
загорóдка, -и
зáгородный
загорóженный
загорячúться, -чýсь, -чúтся
загостúться, -ощýсь, -остúтся
заготáвливание, -я
заготáвливать(ся), -аю, -ает(ся)
заготкон́тора, -ы
заготовúтель, -я
заготовúтельница, -ы
заготовúтельный
загот́овить, -влю, -вит
загот́овка, -и
загот́овление, -я
загот́овленный
заготовля́ть(ся), -я́ю, -я́ет(ся)
загот́овочный
загот́овщик, -а
загот́овщица, -ы
заготпýнкт, -а
заготценá, -ы́
заграбáстанный
заграбáстать, -аю, -ает
заграбáстывать(ся), -аю, -ает(ся)
заградúтель, -я
заградúтельный
заградúть, -ажý, -адúт
заграждáть(ся), -áю, -áет(ся)
заграждéние, -я
заграждённый; кр. ф. -ён, -енá
заграницá, -ы (торгóвля с заграницей)

ЗАГ

за гранúцей (жить за гранúцей)
за гранúцу (éхать за гранúцу)
заграни́чный
загребáть, -áю, -áет
загребённый; кр. ф. -ён, -енá
загрéбистый
загребнóй, -óго
загребýщий
загрёбший
загремéть, -млю, -мúт
загрестú, -ребý, -ребёт; прош. -рёб, -реблá
загрúвок, -вка
загримирóванный
загримировáть(ся), -рýю(сь), -рýет(ся)
загримирóвывать(ся), -аю(сь), -ает(ся)
загрóбный
загромождáть(ся), -áю, -áет(ся)
загромождéние, -я
загромождённый; кр. ф. -ён, -енá
загромоздúть, -зжý, -здúт
загромыхáть, -áю, -áет
загрóхать, -аю, -ает
загрохотáть, -очý, -óчет
загрубéлый
загрубéть, -éю, -éет
загружáть(ся), -áю, -áет(ся)
загрýженный и загружённый; кр. ф. -ён, -енá
загрузúть(ся), -ужý(сь), -ýзит(ся)
загрýзка, -и
загрýзнувший
загрýзнуть, -ну, -нет; прош. -ýз, -ýзла
загрýзочный
загрýзчик, -а
загрýзший
загрунт́ованный
загрунтовáть, -тýю, -тýет
загрунтóвывать(ся), -аю, -ает(ся)
загрустúть(ся), -ущý, -устúт(ся)
загрызенный
загрызть(ся), -зý, -зёт(ся); прош. -ы́з(ся), -ы́зла(сь)
загрызший(ся)
загрязнéние, -я
загрязнённый; кр. ф. -ён, -енá
загрязнúть(ся), -ню́(сь), -нúт(ся)
загря́знуть, -ну, -нет; прош. -я́з, -я́зла
загрязня́ть(ся), -я́ю(сь), -я́ет(ся)
загря́зший
загс, -а
загубúть(ся), -ублю, -ýбит(ся)
загýбленный
загудéть, -ужý, -удúт
загудронúрованный
загудронúровать, -рую, -рует
загýл, -а
загýливать(ся), -аю(сь), -ает(ся)
загуля́ть(ся), -я́ю(сь), -я́ет(ся)
загумéнный
загустéлый
загустéть, -éет (стать густым)
загустúтель, -я
загустúть, -ущý, -устúт (что)
загустúться, -úтся
загуторúть, -рю, -рит
загущённый; кр. ф. -ён, -енá

ЗАД

зад, -а, *предл.* о за́де, на заду́, *мн.* -ы́, -о́в
задабривать(ся), -аю, -ает(ся)
задава́ка, -и, *м. и ж.*
за́данный; *кр. ф.* -ан, за́ёт(ся)
задави́ть(ся), -авлю́(сь), -а́вит(ся)
зада́вленный
зада́вливать(ся), -аю(сь), -ает(ся)
зада́вший(ся)
зада́лбливать(ся), -аю, -ает(ся)
зада́ние, -я
за́данный; *кр. ф.* -ан, задана́, -ано
зада́ренный
зада́ривать(ся), -аю, -ает(ся)
задари́ть, -арю́, -а́рит
задарма́
зада́ром, *нареч.*
зада́ток, -тка
зада́ть(ся), -а́м(ся), -а́шь(ся), -а́ст(ся), -ади́м(ся), -ади́те(сь), -аду́т(ся); *прош.* за́дал, задался́, задала́(сь), за́дало, задало́сь
зада́ча, -и
зада́чник, -а
задаю́щий(ся)
задвига́ть(ся), -аю(сь), -ает(ся) и -дви́жу(сь), -дви́жет(ся), *сов.*
задвига́ть(ся), -а́ю, -а́ет(ся), *несов.*
задви́жка, -и
задвижно́й
задви́нутый
задви́нуть(ся), -ну, -нет(ся)
задвои́ться, -ою́сь, -ои́тся
задво́рки, -рок
задева́ть(ся), -а́ю(сь), -а́ет(ся)
заде́л, -а
заде́лать(ся), -аю(сь), -ает(ся)
заде́лка, -и
заде́лывание, -я
заде́лывать(ся), -аю(сь), -ает(ся)
задёрганный
задёргать(ся), -аю(сь), -ает(ся)
задёргивать(ся), -аю(сь), -ает(ся)
задеревене́лый
задеревене́ть, -е́ю, -е́ет
задержа́ние, -я
заде́ржанный
задержа́ть(ся), -ержу́(сь), -е́ржит(ся)
заде́рживание, -я
заде́рживать(ся), -аю(сь), -ает(ся)
заде́ржка, -и
задернёванный
задернова́ть, -ну́ю, -ну́ет
задернёвывать, -аю, -ает
задёрнутый
задёрнуть(ся), -ну(сь), -нет(ся)
заде́тый
заде́ть, -е́ну, -е́нет
за́дешево
задира, -ы, *м. и ж.*
задира́ть(ся), -а́ю(сь), -а́ет(ся)
задири́стый
задича́ть, -а́ю, -а́ет
заднежа́берный
задненёбный
заднепроходно́й
заднеязы́чный
за́дний
за́дник, -а
задо́бренный
задо́брить, -рю, -рит

ЗАД

задожди́ть, -и́т
задо́к, -дка́
задолби́ть, -блю́, -би́т
задо́лбленный
задо́лго
задолжа́ть(ся), -а́ю(сь), -а́ет(ся)
задо́лженность, -и
задо́лжник, -а
за́дом, *нареч.*
задо́р, -а
задо́рина, -ы
задо́ринка, -и
задо́риться, -рюсь, -рится
задо́рный
задо́рого
задохну́вшийся
задохну́ться, -ну́сь, -нётся; *прош.* -ну́лся, -ну́лась и -о́хся, -о́хлась
задо́хшийся
задра́енный
задразнённый; *кр. ф.* -ён, -ена́
задра́знивать, -аю, -ает
задразни́ть, -азню́, -а́знит
задра́ивать(ся), -аю, -ает(ся)
задра́ить, -а́ю, -а́ит
задра́йка, -и
за́дранный
задрапиро́ванный
задрапирова́ть(ся), -ру́ю(сь), -ру́ет(ся)
задрапиро́вывать(ся), -аю(сь), -ает(ся)
задра́ть(ся), -деру́(сь), -дерёт(ся); *прош.* -а́л(ся), -ала́(сь), -а́ло, -а́ло́сь
задребезжа́ть, -жи́т
задрема́ть, -емлю́, -е́млет(ся)
задрёмывать, -аю, -ает
задри́панный
задрожа́ть, -жу́, -жи́т
за́друга, -и
задры́гать, -аю, -ает
задубе́лый
задубене́ть, -е́ю, -е́ет
задубе́ть, -е́ю, -е́ет
задубли́рованный
задубли́ровать, -рую, -рует
задува́ние, -я
задува́ть(ся), -а́ю, -а́ет(ся)
заду́вка, -и
задуде́ть, -и́т
заду́манный
заду́мать(ся), -аю(сь), -ает(ся)
заду́мчивость, -и
заду́мчивый
заду́мывать(ся), -аю(сь), -ает(ся)
задуна́йский
задура́читься, -чусь, -чится
задури́ть, -рю́, -ри́т
задурма́ненный
задурма́нивать(ся), -аю(сь), -ает(ся)
задурма́нить(ся), -ню(сь), -нит(ся)
заду́тый
заду́ть, -ду́ю, -ду́ет
задуше́вность, -и
задуше́вный
заду́шенный
задуши́ть(ся), -ушу́(сь), -у́шит(ся)
задыми́ть(ся), -млю́, -и́т(ся)
задымлённый; *кр. ф.* -ён, -ена́
задыха́ние, -я
задыха́ться, -а́юсь, -а́ется
задыша́ть(ся), -ышу́, -ы́шит(ся)

ЗАЕ

заегози́ть, -ожу́, -ози́т
заеда́ть(ся), -а́ю(сь), -а́ет(ся)
зае́денный
заедино́
заёдки, -док
заёжиться, -жусь, -жится
зае́зд, -а
зае́здить(ся), -е́зжу(сь), -е́здит(ся)
зае́здка, -и
зае́здом, *нареч.*
заезжа́ть, -а́ю, -а́ет
зае́зженный
зае́зживать, -аю, -ает
зае́зжий
заёкать, -аю, -ает
заелози́ть, -о́жу, -о́зит
заём, за́йма
заёмный
заерепе́ниться, -нюсь, -нится
заёрзать, -аю, -ает
зае́сть(ся), -е́м(ся), -е́шь(ся), -е́ст(ся), -еди́м(ся), -еди́те(сь), -едя́т(ся); *прош.* зае́л(ся), зае́ла(сь)
зае́хать, -е́ду, -е́дет
зажа́ренный
зажа́ривать(ся), -аю, -ает(ся)
зажа́рить(ся), -рю, -рит(ся)
зажа́тие, -я
зажа́тый
зажа́ть(ся), -жму́, -жмёт(ся)
зажда́ться, -ду́сь, -дётся; *прош.* -а́лся, -ала́сь, -а́ло́сь
зажева́ть, -жую́, -жуёт
зажёгший(ся)
зажелте́ть, -е́ет (начать желтеть)
зажелте́ться, -е́ется
зажелти́ть, -лчу́, -лти́т (*что*)
зажелти́ться, -и́тся
зажелчённый; *кр. ф.* -ён, -ена́
зажестикули́ровать, -рую, -рует
заже́чь(ся), -жгу́(сь), -жжёт(ся), -жгу́т(ся); *прош.* -жёг(ся), -жгла́(сь)
зажже́ние, -я
зажжённый; *кр. ф.* -ён, -ена́
зажива́ть, -а́ет
зажива́ться, -а́юсь, -а́ется
зажи́ть(ся), -влю́, -ви́т(ся)
заживле́ние, -я
заживлённый; *кр. ф.* -ён, -ена́
заживля́ть(ся), -я́ю, -я́ет(ся)
за́живо
зажи́вший(ся)
зажига́лка, -и
зажига́ние, -я
зажига́тельный
зажига́ть(ся), -а́ю(сь), -а́ет(ся)
зажи́ленный
зажи́ливать(ся), -аю, -ает(ся)
зажи́лить, -лю, -лит
зажи́м, -а
зажима́ние, -я
зажима́ть(ся), -а́ю, -а́ет(ся)
зажи́мистый
зажи́мка, -и
зажи́мный
зажи́мщик, -а
зажи́мщица, -ы
зажи́н, -а
зажина́ть, -а́ю, -а́ет
зажи́нки, -нок
зажире́лый

ЗАЖ

зажире́ть, -е́ю, -е́ет
зажито́й
зажи́точный
зажи́ть(ся), -иву́(сь), -ивёт(ся); *прош.* за́жил, зажи́лся, зажила́(сь), за́жило, зажило́сь
зажму́ренный
зажму́ривать(ся), -аю(сь), -ает(ся)
зажму́рить(ся), -рю(сь), -рит(ся)
зажо́лкнуть, -нет
зажо́р, -а
зажо́ра, -ы
зажра́ться, -ру́сь, -рётся; *прош.* -а́лся, -ала́сь, -а́лось
зажужжа́ть, -жжу́, -жжи́т
зажу́ливать(ся), -аю, -ает(ся)
зажу́лить, -лю, -лит
зажури́ть(ся), -рю́(сь), -ри́т(ся)
зажурча́ть, -чи́т
зажу́хнувший
зажу́хнуть, -нет; *прош.* -жух, -жу́хла
зажу́хший
за́званный
зазва́ть, -зову́, -зовёт; *прош.* -а́л, -ала́, -а́ло
зазвене́ть, -еню́, -ени́т
зазвони́ть, -ню́, -ни́т
зазвуча́ть, -чи́т
завзя́кать, -аю, -ает
за здра́вие
здра́вный
зазева́ть(ся), -а́ю(сь), -а́ет(ся)
зазеленённый; *кр. ф.* -ён, -ена́
зазелене́ть, -е́ет (начать зеленеть)
зазелене́ться, -е́ется
зазелени́ть, -ню́, -ни́т (*что*)
зазелени́ться, -ню́сь, -ни́тся
заземле́ние, -я
заземлённый; *кр. ф.* -ён, -ена́
заземли́ть(ся), -лю́, -ли́т(ся)
заземля́ть(ся), -я́ю, -я́ет(ся)
зазимова́ть, -му́ю, -му́ет
зази́мье, -я
зазнава́ться, -наю́сь, -наётся
зазна́йка, -и, *м. и ж.*
зазна́йство, -а
зазна́ться, -а́юсь, -а́ется
зазнаю́щийся
зазно́ба, -ы
зазноби́ть, -блю́, -би́т
зазно́бушка, -и
зазолоти́ть(ся), -очу́, -оти́т(ся)
зазо́р, -а
зазо́рный
зазре́ние, -я: без зазре́ния со́вести
за́зрить, -ит
зазря́
зазу́бный
зазу́бренный
зазу́бривать(ся), -аю, -ает(ся)
зазу́брина, -ы
зазубри́ть(ся), -убрю́(сь), -у́брит(ся)
зазу́ммерить, -зу́ммерит
зазы́в, -а
зазыва́ла, -ы, *м. и ж.*
зазыва́ние, -я
зазыва́ть(ся), -а́ю, -а́ет(ся)
зазывно́й и зазы́вный
зазя́бнуть, -ну, -нет; *прош.* -зя́б, -зя́бла
зазя́бший
заи́гранный

ЗАИ

заигра́ть(ся), -а́ю(сь), -а́ет(ся)
заи́грывать(ся), -аю(сь), -ает(ся)
заизвестко́ванный
заизвесткова́ть, -ку́ю, -ку́ет
за́йка, -и, *м. и ж.*
заика́ние, -я
заика́ться, -а́юсь, -а́ется
заикну́ться, -ну́сь, -нётся
заиле́ние, -я
заи́ленный
заи́ливание, -я
заи́ливаться, -ается
заи́литься, -лится
за́ймка, -и
заимода́вец, -вца
заимода́тель, -я
заимообра́зно
за́имствование, -я
за́имствованный
за́имствовать(ся), -твую(сь), -твует(ся)
заинвентаризо́ванный
заинвентаризова́ть, -зу́ю, -зу́ет
заиндеве́вший
заи́ндевелый
заиндеве́ть, -ве́ю, -ве́ет
заинтересо́ванность, -и
заинтересо́ванный
заинтересова́ть(ся), -су́ю(сь), -су́ет(ся)
заинтересо́вывать(ся), -аю(сь), -ает(ся)
заинтриго́ванный
заинтригова́ть, -гу́ю, -гу́ет
заинтриго́вывать(ся), -аю, -ает(ся)
заи́нька, -и, *м.*
заи́скивание, -я
заи́скивать, -аю, -ает
заи́скивающий
заискри́ться, -и́скрится
заиссыкку́льский
за́йка, -и, *м.*
за́ймище, -а
за́ймовый
займодержа́тель, -я
зайти́(сь), зайду́(сь), зайдёт(ся); *прош.* зашёл(ся), зашла́(сь)
зайцеобра́зные, -ых
зайча́тина, -ы
за́йчик, -а
зайчи́ха, -и
зайчи́шка, -и, *м.*
за́йчище, -а, *м.*
зайчо́нок, -нка, *мн.* -ча́та, -ча́т
закабалённый; *кр. ф.* -ён, -ена́
закабали́ть(ся), -лю́(сь), -ли́т(ся)
закабаля́ть(ся), -я́ю(сь), -я́ет(ся)
закавка́зский
закавы́ка, -и
закавы́ченный
закавы́чить, -чу, -чит
закавы́чка, -и
зака́дровый
закады́чный
зака́з, -а
зака́занный
заказа́ть, -ажу́, -а́жет
зака́зник, -а
заказно́й
зака́зчик, -а
зака́зчица, -ы
зака́зывать(ся), -аю, -ает(ся)

ЗАК

зака́иваться, -аюсь, -ается
зака́л, -а
закалённость, -и
закалённый; *кр. ф.* -ён, -ена́
зака́ливаемость, -и
зака́ливание, -я
зака́ливать(ся), -аю(сь), -ает(ся)
закали́ть(ся), -лю́(сь), -ли́т(ся)
зака́лка, -и
зака́лочный
зака́лывание, -я
зака́лывать(ся), -аю(сь), -ает(ся)
закаля́каться, -аюсь, -ается
закаля́ть(ся), -я́ю(сь), -я́ет(ся)
закамене́лый
закамене́ть, -е́ю, -е́ет
закамуфли́рованный
закамуфли́ровать, -рую, -рует
зака́нчивать(ся), -аю, -ает(ся)
зака́панный
зака́пать(ся), -аю(сь), -ает(ся)
закапри́зничать, -аю, -ает
зака́пывать(ся), -аю(сь), -ает(ся)
зака́ркать, -аю, -ает
зака́рмливать, -аю, -ает(ся)
закарпа́тский
закарта́вить, -влю, -вит
закаспи́йский
зака́т, -а
зака́танный
заката́ть(ся), -а́ю(сь), -а́ет(ся)
зака́тистый
закати́ть(ся), -ачу́(сь), -а́тит(ся)
зака́тка, -и
зака́тный
зака́точный
зака́тывание, -я
зака́тывать(ся), -аю(сь), -ает(ся)
зака́чанный (*от* закача́ть)
закача́ть(ся), -а́ю(сь), -а́ет(ся)
зака́ченный (*от* закати́ть)
зака́чивать(ся), -аю(сь), -ает(ся)
зака́шливать(ся), -аю, -ает(ся)
зака́шлять(ся), -яю(сь), -яет(ся)
зака́явшийся
зака́яться, -а́юсь, -а́ется
заква́кать, -аю, -ает
заква́сить(ся), -а́шу, -а́сит(ся)
заква́ска, -и
заква́шенный
заква́шивание, -я
заква́шивать(ся), -аю, -ает(ся)
заки́вать, -а́ю, -а́ет
заки́данный
закида́ть(ся), -а́ю(сь), -а́ет(ся)
закиду́шка, -и
заки́дывать(ся), -аю, -ает(ся)
заки́нутый
заки́нуть(ся), -ну, -нет(ся)
закипа́ть, -а́ю, -а́ет
закипе́ть, -пи́т
закипяти́ться, -ячу́сь, -яти́т(ся)
закиса́ть, -а́ю, -а́ет
закислённый; *кр. ф.* -ён, -ена́
закисли́ть, -лю́, -ли́т
закисну́вший
заки́снуть, -ну, -нет; *прош.* -и́с, -и́сла
заки́сший
за́кись, -и
закичи́ться, -чу́сь, -чи́тся
закише́ть, -ши́т
закла́д, -а

закладка, -и
закладная, -ой
закладничество, -а
закладной
закладочный
закладчик, -а
закладчица, -ы
закладывание, -я
закладывать(ся), -аю, -ает(ся)
заклание, -я
заклёванный
заклевать, -люю, -люёт
заклёвывать(ся), -аю, -ает(ся)
заклеенный
заклеивание, -я
заклеивать(ся), -аю, -ает(ся)
заклеить(ся), -ею, -еит(ся)
заклейка, -и
заклеймённый; *кр. ф.* -ён, -ена
заклеймить, -млю, -мит
заклёпанный
заклепать, -аю, -ает
заклёпка, -и
заклёпочно-сварной
заклёпочный
заклёпывание, -я
заклёпывать(ся), -аю, -ает(ся)
заклинание, -я
заклинатель, -я
заклинательница, -ы
заклинать, -аю, -ает
заклинённый; *кр. ф.* -ён, -ена и заклиненный
заклинивать(ся), -аю, -ает(ся)
заклинить(ся), -иню, -инит(ся)
заклокотать, -кочет
заклубить(ся), -ит(ся)
заключать(ся), -аю(сь), -ает(ся)
заключение, -я
заключённый; *кр. ф.* -ён, -ена
заключительный
заключить(ся), -чу(сь), -чит(ся)
заклявший(ся)
заклясть(ся), -яну(сь), -янёт(ся); *прош.* -ял(ся), -яла(сь), -яло, -ялось
заклятие, -я
заклятый
закованный
заковать, -кую, -куёт
заковка, -и
заковывать(ся), -аю, -ает(ся)
заковылять, -яю, -яет
заковыристый
заковырка, -и
заковырять(ся), -яю(сь), -яет(ся)
закодированный
закодировать, -рую, -рует
закол, -а
заколачивать(ся), -аю, -ает(ся)
заколдованный
заколдовать, -дую, -дует
заколдовывать(ся), -аю, -ает(ся)
заколебать(ся), -леблю(сь), -леблет(ся)
заколка, -и
заколоситься, -ится
заколотить(ся), -очу(сь), -отит(ся)
заколотый
заколоть(ся), -олю(сь), -олет(ся)
заколоченный
заколыхать(ся), -ышу, -ышет(ся) и -аю, -ает(ся)

закольцевать, -цую, -цует
закольцованный
закольцовывать(ся), -аю, -ает(ся)
закомара, -ы
закомпостированный
закомпостировать, -рую, -рует
закон, -а
законник, -а
законница, -ы
законнорождённый
законность, -и
законный; *кр. ф.* -онен, -онна
законовед, -а
законоведение, -я
законодатель, -я
законодательница, -ы
законодательный
законодательство, -а
законодательствовать, -твую, -твует
закономерность, -и
закономерный
законопатить, -ачу, -атит
законопаченный
законопачивать(ся), -аю, -ает(ся)
законоположение, -я
законопроект, -а
законосовещательный
законосообразный
законоучение, -я
законоучитель, -я
законсервированный
законсервировать(ся), -рую, -рует(ся)
законспектированный
законспектировать, -рую, -рует
законспирированный
законспирировать(ся), -рую(сь), -рует(ся)
законтрактованный
законтрактовать(ся), -тую(сь), -тует(ся)
законтрактовывать(ся), -аю, -ает(ся)
законтурный
законфузиться, -ужусь, -узится
законченность, -и
законченный
закончить(ся), -чу, -чит(ся)
закопанный
закопать(ся), -аю(сь), -ает(ся)
закопёрщик, -а
закопёрщица, -ы
закопошиться, -шусь, -шится
закопелый
закоптеть, -еет (покрыться копотью)
закоптить¹, -пчу, -птит (*что*)
закоптить², -птит (начать коптить)
закоптиться, -пчусь, -птится
закопчённый; *кр. ф.* -ён, -ена
закоренелый
закоренеть, -ею, -еет
закорки, -рок: на закорки, на закорках
закормить, -ормлю, -ормит
закормленный
закоробить(ся), -бит(ся)
закорюка, -и
закорючина, -ы
закорючка, -и
закосить¹, -ошу, -осит (*к* косить¹)
закосить², -ошу, -осит (*к* косить²)
закоснелый

закоснеть, -ею, -еет
закостенелый
закостенеть, -ею, -еет
закоулок, -лка
закочевряжиться, -жусь, -жится
закоченелый
закоченеть, -ею, -еет
закошенный
закрадываться, -ается
закраек, -айка
закраивать(ся), -аю, -ает(ся)
закраина, -ы
закрапать, -плю, -плет и -аю, -ает
закрапывать, -аю, -ает
закрасить(ся), -ашу, -асит(ся)
закраска, -и
закраснеть(ся), -ею(сь), -еет(ся)
закрасться, -адётся; *прош.* -ался, -алась
закрашенный
закрашивание, -я
закрашивать(ся), -аю, -ает(ся)
закрепа, -ы
закрепитель, -я
закрепительный
закрепить(ся), -плю(сь), -пит(ся)
закрепка, -и
закрепление, -я
закреплённый; *кр. ф.* -ён, -ена
закреплять(ся), -яю(сь), -яет(ся)
закрепостить(ся), -ощу(сь), -остит(ся)
закрепочный
закрепощать(ся), -аю(сь), -ает(ся)
закрепощение, -я
закрепощённый; *кр. ф.* -ён, -ена
закрестить(ся), -ещу(сь), -естит(ся)
закривить(ся), -влю, -вит(ся)
закривление, -я
закривлять(ся), -яю(сь), -яет(ся)
закристаллизованный
закристаллизовать(ся), -зую, -зует(ся)
закричать, -чу, -чит
закровенить(ся), -ню(сь), -нит(ся)
закроенный
закроечный
закроить, -ою, -оит
закрой, -я
закройка, -и
закройный
закройщик, -а
закройщица, -ы
закром, -а, *мн.* -а, -ов
закругление, -я
закруглённый; *кр. ф. прич.* -ён, -ена; *кр. ф. прил.* -ён, -ённа
закруглить(ся), -лю(сь), -лит(ся)
закруглять(ся), -яю(сь), -яет(ся)
закружённый; *кр. ф.* -ён, -ена и закруженный
закружить(ся), -ужу(сь), -ужит(ся)
закрутасы, -ов
закрутить(ся), -учу(сь), -утит(ся)
закрутка, -и
закрученный
закручивание, -я
закручивать(ся), -аю, -ает(ся)
закручинить(ся), -ню(сь), -нит(ся)
закрывание, -я
закрывать(ся), -аю(сь), -ает(ся)
закрылок, -лка

119

ЗАК

закры́тие, -я
закрытогнездя́щийся
закры́тый
закры́ть(ся), -ро́ю(сь), -ро́ет(ся)
закря́кать, -аю, -ает
закряхте́ть, -хчу́, -хти́т
закуда́хтать, -хчу, -хчет
закукаре́кать, -аю, -ает
закукова́ть, -куку́ю, -куку́ет
закули́сный
за́куп, -а
закупа́ть(ся), -а́ю(сь), -а́ет(ся)
закупи́ть, -уплю́, -у́пит
заку́пка, -и
заку́пленный
закупно́й
заку́поренный
заку́поривание, -я
заку́поривать(ся), -аю(сь), -ает(ся)
заку́порить(ся), -рю(сь), -рит(ся)
заку́порка, -и
заку́почный
заку́пщик, -а
заку́ренный
заку́ривать(ся), -аю, -ает(ся)
закури́ть(ся), -урю́, -у́рит(ся)
заку́рка, -и
закурлы́кать, -аю, -ает
закуроле́сить, -е́шу, -е́сит
закурча́виться, -влюсь, -вится
заку́санный
закуса́ть(ся), -а́ю(сь), -а́ет(ся)
закуси́ть, -ушу́, -у́сит
заку́ска, -и
заку́сочка, -и
заку́сочная, -ой
заку́сочный
закуста́ренный
заку́сывать, -аю, -ает
заку́т, -а и заку́та, -ы
заку́танный
заку́тать(ся), -аю(сь), -ает(ся)
закути́ть, -учу́, -у́тит
заку́тка, -и
заку́ток, -тка
заку́тывать(ся), -аю(сь), -ает(ся)
заку́шенный (от закуси́ть)
зал, -а
зала́вок, -вка
зала́дить(ся), -а́жу, -а́дит(ся)
залакиро́ванный
залакирова́ть, -ру́ю, -ру́ет
залакиро́вывать, -аю, -ает
зала́мывать(ся), -аю, -ает(ся)
зала́панный
зала́пать, -аю, -ает
зала́сканный
заласка́ть, -а́ю, -а́ет
зала́танный
залата́ть, -а́ю, -а́ет
зала́ять, -а́ю, -а́ет
залга́ться, -лгу́сь, -лжётся, лгу́тся; прош. -а́лся, -ала́сь, -а́ло́сь
залега́ние, -я
залега́ть, -а́ю, -а́ет
залёгший
заледене́вший
заледене́лый
заледене́ть, -е́ю, -е́ет (покрыться льдом)
заледени́ть, -ню́, -ни́т (кого, что)
залежа́лый

ЗАЛ

залежа́ться, -жу́сь, -жи́тся
залёживаться, -аюсь, -ается
за́лежный
за́лежь, -и
залеза́ть, -а́ю, -а́ет
зале́зть, -зу, -зет; прош. -ле́з, -ле́зла
зале́зший
залени́ться, -еню́сь, -е́нится
залепета́ть, -ечу́, -е́чет
залепи́ть, -леплю́, -ле́пит
зале́пленный
залепля́ть(ся), -я́ю, -я́ет(ся)
залесённый
зале́сье, -я
залёт, -а
залета́ть, -а́ю, -а́ет
залете́ть, -лечу́, -лети́т
залётный
зале́ченный
зале́чивать(ся), -аю(сь), -ает(ся)
залечи́ть(ся), -ечу́(сь), -е́чит(ся)
зале́чь, -ля́гу, -ля́жет, -ля́гут; прош. -лёг, -легла́
зали́в, -а
залива́ние, -я
залива́ть(ся), -а́ю(сь), -а́ет(ся)
залива́стый
зали́вка, -и
заливно́е, -о́го
заливно́й (луг, като́к)
заливочный
зали́вчатый
зали́вчик, -а
зали́вщик, -а
зали́з, -а
зали́занный
близа́ть, -ижу́, -и́жет
зали́зы, зали́з, ед. зали́за, -ы
зали́зывать(ся), -аю, -ает(ся)
за́ли́тый; кр. ф. за́ли́т, залита́, за́ли́то
зали́ть(ся), -лью́(сь), -льёт(ся); прош. за́ли́л, зали́лся, залила́(сь), за́ли́ло, залило́сь
залихва́тский
залихора́дить, -а́жу, -а́дит
зало́г, -а
зало́говый
залогода́тель, -я
залогода́тельница, -ы
залогодержа́тель, -я
залогодержа́тельница, -ы
заложе́ние, -я
заложенный
заложи́ть, -ожу́, -о́жит
зало́жник, -а
зало́жница, -ы
зало́м, -а
заломи́ть, -омлю́, -о́мит
заломленный
залоснённый; кр. ф. -ён, -ена́
залосни́ть(ся), -ню́, -ни́т(ся)
залп, -а
за́лповый
за́лпом, нареч.
залубене́ть, -е́ет
залу́женный
залужи́ть, -жу́, -жи́т
залупа́ть(ся), -а́ю, -а́ет(ся)
залупи́ть(ся), -уплю́, -у́пит(ся)
залу́пленный
залупля́ть(ся), -я́ю, -я́ет(ся)

ЗАЛ

залуча́ть(ся), -а́ю, -а́ет(ся)
залучённый; кр. ф. -ён, -ена́
залучи́ть, -чу́, -чи́т
залы́сина, -ы
за́льный
за́льце, -а, р. мн. -лец
залюбова́ться, -бу́юсь, -бу́ет(ся)
заляга́ть(ся), -а́ю(сь), -а́ет(ся)
заля́згать, -аю, -ает
заля́панный
заля́пать(ся), -аю(сь), -ает(ся)
зам, -а
зама́занный
зама́зать(ся), -а́жу(сь), -а́жет(ся)
зама́зка, -и
зама́зывание, -я
зама́зывать(ся), -аю(сь), -ает(ся)
замалёванный
замалева́ть, -лю́ю, -лю́ет
замалёвывать, -аю, -ает
зама́ливание, -я
зама́ливать, -аю, -ает
зама́лчивание, -я
зама́лчивать(ся), -аю, -ает(ся)
заманенный и заманённый; кр. ф. -ён, -ена́
зама́нивать(ся), -аю, -ает(ся)
замани́ть, -аню́, -а́нит
замани́ха, -и
зама́нчивый
зама́ранный
замара́ть(ся), -а́ю(сь), -а́ет(ся)
замара́шка, -и, м. и ж.
замарино́ванный
замаринова́ть(ся), -ну́ю, -ну́ет(ся)
замарино́вывать(ся), -аю, -ает(ся)
замарки́рованный
замаркирова́ть, -ру́ю, -ру́ет
замарширова́ть, -ру́ю, -ру́ет
замаскиро́ванный
замаскирова́ть(ся), -ру́ю(сь), -ру́ет(ся)
замаскиро́вывать(ся), -аю, -ает(ся)
зама́сленный
зама́сливать(ся), -аю(сь), -ает(ся)
зама́слить(ся), -лю(сь), -лит(ся)
заматере́лый
заматере́ть, -е́ю, -е́ет
замато́ванный
заматова́ть, -мату́ю, -мату́ет
зама́тывать(ся), -аю(сь), -ает(ся)
зама́х, -а
замаха́ть, -машу́, -ма́шет и -а́ю, -а́ет
зама́хиваться, -аюсь, -ается
замахну́ть(ся), -ну́(сь), -нёт(ся)
зама́чивание, -я
зама́чивать(ся), -аю, -ает(ся)
зама́шка, -и
зама́щивать(ся), -аю, -ает(ся)
замая́ть(ся), -а́ю(сь), -а́ет(ся)
зама́ячить, -чу, -чит
замдекана, нескл., м.
замдире́ктора, нескл., м.
замедле́ние, -я
заме́дленный
замедли́тель, -я
заме́длить(ся), -лю, -лит(ся)
замедля́ть(ся), -я́ю, -я́ет(ся)
замежёванный
замежева́ть, -жу́ю, -жу́ет
замелённый; кр. ф. -ён, -ена́
замели́ть, -лю́, -ли́т

замелькать, -ает
замельтешить, -шит
замена, -ы
заменённый; *кр. ф.* -ён, -ена
заменимый
заменитель, -я
заменить(ся), -еню, -енит(ся)
заменять(ся), -яю(сь), -яет(ся)
замер, -а (*к* замерить)
замеренный
замереть, -мру, -мрёт; *прош.* замер, замерла, замерло
замерзать, -аю, -ает
замёрзлый
замёрзнуть, -ну, -нет; *прош.* -ёрз, -ёрзла
замёрзший
замеривать(ся), -аю, -ает(ся)
замерить, -рю, -рит и -ряю, -ряет
замертво
замерцать, -ает
замёрший
замерять(ся), -яю, -яет(ся)
замес, -а
замесить(ся), -ешу, -есит(ся)
замести, -мету, -метёт; *прош.* мёл, -мела
заместитель, -я
заместительница, -ы
заместительство, -а
заместить, -ещу, -естит
заместо
замёт, -а
замета, -ы
заметанный
заметать, -аю, -ает, *сов.* (о шитье)
заметать(ся)¹, -аю, -ает(ся), *несов.* (*к* мести)
заметать(ся)², -мечу(сь), -мечет(ся), *сов.* (*к* метаться)
заметённый; *кр. ф.* -ён, -ена
заметить, -мечу, -метит
заметка, -и (*к* заметить)
заметка, -и (*к* заметать)
заметливый
заметный
замётший
замётывание, -я
замётывать(ся), -аю, -ает(ся)
замечание, -я
замечательный
замечать(ся), -аю, -ает(ся)
замеченный
замечтаться, -аюсь, -ается
замешанный (*от* замешать)
замешательство, -а
замешать(ся), -аю(сь), -ает(ся)
замешенный (*от* замесить)
замешивать(ся), -аю(сь), -ает(ся)
замешкаться, -аюсь, -ается
замещать(ся), -аю, -ает(ся)
замещение, -я
замещённый; *кр. ф.* -ён, -ена
замигать, -аю, -ает
заминать(ся), -аю, -ает(ся)
заминированный
заминировать, -рую, -рует
заминка, -и
замирание, -я
замирать, -аю, -ает
замирение, -я
замирённый; *кр. ф.* -ён, -ена

замирить(ся), -рю(сь), -рит(ся)
замирять(ся), -яю(сь), -яет(ся)
замкнутость, -и
замкнутый
замкнуть(ся), -ну(сь), -нёт(ся)
замковый (*от* замок)
замковый (*от* замок)
замлеть, -ею, -еет
замовский
замогильный
замок, -мка
замок, -мка
замокать, -ает
замокнуть, -нет; *прош.* -ок, -окла
замокший
замолвить, -влю, -вит
замолённый; *кр. ф.* -ён, -ена
замолить, -олю, -олит
замолкать, -аю, -ает
замолкнувший
замолкнуть, -ну, -нет; *прош.* -олк, -олкла
замолкший
замолоть, -мелю, -мелет
замолчать, -чу, -чит
замонолитить, -ичу, -итит
замоноличенный
замонолйчивать, -аю, -ает
замор, -а
замораживание, -а
замораживать(ся), -аю, -ает(ся)
заморгать, -аю, -ает
замордованный
замордовать, -дую, -дует
заморённый; *кр. ф.* -ён, -ена
заморить(ся), -рю(сь), -рит(ся)
замороженный
заморозить, -ожу, -озит
заморозка, -и
заморозки, -ов
заморось, -и
заморосить, -сит
замороченный
заморочить, -чу, -чит
заморский
заморыш, -а
замостить, -ощу, -остит
замотанный
замотать(ся), -аю(сь), -ает(ся)
замочек, -чка
замоченный
замочить(ся), -очу(сь), -очит(ся)
замочка, -и
замочный
замощённый; *кр. ф.* -ён, -ена
зампол́ит, -а
зампред, -а
замудрить, -рю, -рит
замуж
замужем
замужество, -а
замужний
замуравить, -влю, -вит
замуравленный
замурлыкать, -ычу, -ычет и -аю, -ает
замурованный
замуровать(ся), -рую(сь), -рует(ся)
замуровывать(ся), -аю(сь), -ает(ся)
замусленный
замусливать(ся), -аю(сь), -ает(ся)
замуслить(ся), -лю(сь), -лит(ся)

замусоленный
замусоливать(ся), -аю(сь), -ает(ся)
замусолить(ся), -лю(сь), -лит(ся)
замусоренный
замусоривать(ся), -аю, -ает(ся)
замусорить(ся), -рю, -рит(ся)
замутить(ся), -учу, -утит(ся)
замутнеть, -еет
замухрышка, -и, *м. и ж.*
замученный
замучивать(ся), -аю(сь), -ает(ся)
замучить(ся), -чу(сь), -чит(ся) и -чаю(сь), -чает(ся)
замша, -и
замшевый
замшелый
замшеть, -еет
замывание, -я
замывать(ся), -аю, -ает(ся)
замывка, -и
замызганный
замызгать(ся), -аю(сь), -ает(ся)
замызгивать(ся), -аю(сь), -ает(ся)
замыкание, -я
замыкать(ся), -аю(сь), -ает(ся)
замыкающий, -его
замысел, -сла
замыслить, -лю, -лит
замысловатость, -и
замысловатый
замытаренный
замытарить(ся), -рю(сь), -рит(ся)
замыть, -мою, -моет
замычать, -чу, -чит
замышленный
замышлять(ся), -яю, -яет(ся)
замямлить, -лю, -лит
замятый
замять(ся), -мну(сь), -мнёт(ся)
замяукать, -аю, -ает
занаваживать(ся), -аю, -ает(ся)
занавес, -а (в театре)
занавесить(ся), -ешу(сь), -есит(ся)
занавеска, -и
занавесочный
занавесь, -и (занавеска)
занавешенный
занавешивать(ся), -аю(сь), -ает(ся)
занавоженный
занавозить, -ожу, -озит
занарядить, -яжу, -ядит
занарядка, -и
занаряжать(ся), -аю, -ает(ся)
занаряженный и занаряжённый; *кр. ф.* -ён, -ена
занаряживание, -я
занаряживать(ся), -аю, -ает(ся)
занашивать(ся), -аю, -ает(ся)
зане, *союз*
заневеститься, -ещусь, -естит(ся)
занедужить(ся), -жу(сь), -жит(ся)
занездоровиться, -ится
занемевший
занемелый
занеметь, -ею, -еет
занемогший
занемочь, -огу, -ожет, -огут; *прош.* -ог, -огла
зененаститься, -ится
занервничать, -аю, -ает
занесение, -я
занесённый; *кр. ф.* -ён, -ена

ЗАН

занести́(сь), -су́(сь), -есёт(ся); *прош.* -ёс(ся), -есла́(сь)
занёсший(ся)
занижа́ть, -а́ю, -а́ет(ся)
заниже́ние, -я
зани́женный
зани́зить, -и́жу, -и́зит
занима́тельность, -и
занима́тельный
занима́ть(ся), -а́ю(сь), -а́ет(ся)
за́ново
зано́за, -ы
зано́зистый
занози́ть, -ожу́, -ози́т
зано́зища, -и
зано́с, -а
заноси́ть(ся), -ошу́(сь), -о́сит(ся)
зано́сный
зано́счивость, -и
зано́счивый
заночева́ть, -чу́ю, -чу́ет
заночёвывать, -аю, -ает
зано́шенный
зану́зданный
заузда́ть, -а́ю, -а́ет
зану́здывать, -аю, -ает
занумеро́ванный
занумерова́ть, -ру́ю, -ру́ет
занумеро́вывать(ся), -аю, -ает(ся)
заны́ть, -но́ю, -но́ет
заня́тие, -я
заня́тный
занято́й, *прил.*
за́нятость, -и
за́нятый; *кр. ф.* за́нят, занята́, за́нято, *прич.*
заня́ть(ся), займу́(сь), займёт(ся); *прош.* за́нял, заня́лся, -яла́(сь), за́няло, -яло́сь
заоблачный
заодно́
заозёрный
заозёрье, -я
заокеа́нский
заора́ть, -ру́, -рёт
заостре́ние, -я
заострённый; *кр. ф.* -ён, -ена́
заостри́ть(ся), -рю́, -ри́т(ся)
заостря́ть(ся), -я́ю, -я́ет(ся)
зао́хать, -аю, -ает
зао́чник, -а
зао́чница, -ы
зао́чный
запа́вший
за́пад, -а
запада́ть, -ает (начать падать)
запада́ть, -а́ет (*к* запа́сть)
запа́дина, -ы
за́падник, -а
за́паднический
за́падничество, -а
западноавстрали́йский, но: За́падно-Австрали́йское тече́ние
западнобелору́сский
западноберли́нский
западногерма́нский
западноевропе́йский
западносиби́рский, но: За́падно-Сиби́рская ни́зменность
западнославя́нский
западноукраи́нский
за́падный

ЗАП

западня́, -и́, *р. мн.* -не́й
запа́здывание, -я
запа́здывать, -аю, -ает
за па́зухой
запа́ивание, -я
запа́ивать(ся), -аю, -ает(ся)
запа́йка, -и
запако́ванный
запакова́ть(ся), -ку́ю(сь), -ку́ет(ся)
запако́вывать(ся), -аю(сь), -ает(ся)
запа́костить(ся), -ощу, -остит(ся)
запа́кощенный
запа́л, -а
запалённый; *кр. ф.* -ён, -ена́
запа́лзывать, -аю, -ает
запа́ливать(ся), -аю, -ает(ся)
запали́ть, -лю́, -ли́т
запа́льник, -а
запа́льный
запа́льчивость, -и
запа́льчивый
запа́мятовать, -тую, -тует
запанибра́та
запанибра́тский
запанибра́тство, -а
запаникова́ть, -ку́ю, -ку́ет
за́пань, -и
запа́ренный
запа́ривание, -я
запа́ривать(ся), -аю(сь), -ает(ся)
запа́рить(ся), -рю(сь), -рит(ся)
запа́рка, -и
запа́рник, -а
запарно́й и запа́рный
запа́рхивать, -аю, -ает
запа́рхиветь, -ею, -еет
запа́рывать(ся), -аю, -ает(ся)
запа́с, -а
запаса́ть(ся), -а́ю(сь), -а́ет(ся)
запасённый; *кр. ф.* -ён, -ена́
запа́сец, -сца
запа́сливый
запа́сник, -а
запасно́й и запа́сный
запасти́(сь), -су́(сь), -сёт(ся); *прош.* -а́с(ся), -асла́(сь)
запа́сть, -адёт; *прош.* -па́л, -па́ла
запа́сший(ся)
запатенто́ванный
запатентова́ть, -ту́ю, -ту́ет
запатенто́вывать, -аю, -ает
запатова́ть, -пату́ю, -пату́ет
запаути́ненный
за́пах, -а, *мн.* -и, -ов
запа́х, -а (*к* запахну́ть)
запа́ханный
запаха́ть, -ашу́, -а́шет
запа́хивание, -я
запа́хивать(ся), -аю(сь), -ает(ся)
запа́хнувший
запахну́вший(ся)
запа́хнутый
запахну́ть, -ну, -нет; *прош.* -а́х, -а́хла
запахну́ть(ся), -ну́(сь), -нёт(ся)
запа́хший
запа́чканный
запа́чкать(ся), -аю, -ает(ся)
запа́шка, -и
запа́шник, -а
запашо́к, -шка́
запа́янный
запая́ть(ся), -я́ю, -я́ет(ся)

ЗАП

запе́в, -а
запева́ла, -ы, *м. и ж.*
запева́ние, -я (*от* запева́ть)
запева́ть, -а́ю, -а́ет (*к* петь)
запе́вка, -и
запека́нка, -и
запека́ть(ся), -а́ю, -а́ет(ся)
запёкший(ся)
запелёнатый и запелёнутый
запелена́ть, -а́ю, -а́ет
запеленго́ванный
запеленгова́ть, -гу́ю, -гу́ет
запе́ненный
запе́нить(ся), -ню, -нит(ся)
запере́ть(ся), -пру́(сь), -прёт(ся); *прош.* за́пер, заперся́, заперла́(сь), за́перло, заперло́сь
за́пертый; *кр. ф.* -ерт, -ерта́, -ерто
запёрший(ся) и запёрший(ся)
заперши́ть, -и́т
запестре́ть, -е́ет
запестри́ть, -ри́т (замелькать)
запетля́ть, -я́ю, -я́ет
запетуши́ться, -шу́сь, -ши́тся
запе́тый
запе́ть, -пою́, -поёт
запеча́литься, -люсь, -лится
запеча́танный
запеча́тать(ся), -аю, -ает(ся)
запечатлева́ть(ся), -а́ю(сь), -а́ет(ся)
запечатлённый; *кр. ф.* -ён, -ена́
запечатле́ть(ся), -е́ю(сь), -е́ет(ся)
запеча́тывать(ся), -аю, -ает(ся)
запе́чек, -чка
запечённый; *кр. ф.* -ён, -ена́
запе́чный
запе́чь(ся), -еку́, -ечёт(ся), -еку́т(ся); *прош.* -ёк(ся), -екла́(сь)
запе́чье, -я, *р. мн.* -чий
запива́ние, -я (*от* запива́ть)
запива́ть(ся), -а́ю, -а́ет(ся) (*к* пить)
запиво́ха, -и, *м. и ж.*
запи́ливать(ся), -аю, -ает(ся)
запили́кать, -аю, -ает
запили́ть, -илю́, -и́лит
запина́ться, -а́юсь, -а́ется
запи́нка, -и
запира́тельство, -а
запира́ть(ся), -а́ю(сь), -а́ет(ся)
запирова́ть, -ру́ю, -ру́ет
запи́санный
записа́ть(ся), -ишу́(сь), -и́шет(ся)
запи́ска, -и
записно́й
запи́сочка, -и
запи́сывание, -я
запи́сывать(ся), -аю(сь), -ает(ся)
за́пись, -и
запи́тый; *кр. ф.* -и́т, -ита́, -и́то
запи́ть, -пью, -пьёт; *прош.* запи́л, запила́, запи́ло и (запья́нствовать) за́пил, запила́, за́пило
запи́ханный
запиха́ть, -а́ю, -а́ет
запи́хивание, -я
запи́хивать(ся), -аю, -ает(ся)
запи́хнутый
запихну́ть, -ну́, -нёт
запи́чкать, -аю, -ает
запища́ть, -щу́, -щи́т
запла́канный
запла́кать, -а́чу, -а́чет

запламене́ть, -е́ю, -е́ет
заплани́рованный
заплани́ровать, -рую, -рует
запла́та, -ы
запла́танный
заплата́ть, -а́ю, -а́ет
заплати́ть, -ачу́, -а́тит
запла́тка, -и
запла́ченный
заплёванный
заплева́ть(ся), -лю́ю(сь), -лю́ёт(ся)
заплёвывать(ся), -аю, -ает(ся)
заплёсканный
заплеска́ть(ся), -ещу́(сь), -е́щет(ся) и -а́ю(сь), -а́ет(ся)
заплёскивать(ся), -аю, -ает(ся)
заплесневе́лый
заплесневе́ть, -е́ю, -е́ет
заплёснутый
заплесну́ть(ся), -ну́, -нёт(ся)
заплести́(сь), -лету́(сь), -летёт(ся); прош. -ёл(ся), -ела́(сь)
заплета́ть(ся), -а́ю, -а́ет(ся)
заплетённый; кр. ф. -ён, -ена́
заплётший(ся)
запле́чики, -ов
запле́чный
запле́чье, -я, р. мн. -чий
запломбиро́ванный
запломбирова́ть, -ру́ю, -ру́ет
запломбиро́вывать(ся), -аю, -ает(ся)
запло́т, -а
заплута́ться, -а́юсь, -а́ется
заплы́в, -а
заплыва́ть, -а́ю, -а́ет
заплы́ть, -ыву́, -ывёт; прош. -ы́л, -ыла́, -ы́ло
запляса́ть, -яшу́, -я́шет
запну́ться, -ну́сь, -нётся
запове́данный
запове́дать, -аю, -ает
запове́дник, -а
запове́дный
запове́довать(ся), -дую, -дует(ся)
за́поведь, -и
запога́ненный
запога́нивать, -аю, -ает
запога́нить, -ню, -нит
запода́зривать(ся), -аю, -ает(ся) и заподо́зривать(ся), -аю, -ает(ся)
заподлицо́
заподо́зренный
заподо́зрить, -рю, -рит
запое́м, нареч.
запозда́лый
запозда́ние, -я
запозда́ть, -а́ю, -а́ет
за́поздно
запо́й, -я
запо́йный
запола́скивать(ся), -аю, -ает(ся)
за́ полдень
заполёванный
заполева́ть, -лю́ю, -лю́ет
заползать, -аю, -ает (начать ползать)
заползти́, -у́, -ёт (к заползти́)
заползти́, -зу́, -зёт; прош. -о́лз, -олзла́
запо́лненный
заполни́тель, -я
запо́лнить(ся), -ню, -нит(ся)
за́ полночь
заполня́ть(ся), -я́ю, -я́ет(ся)

заполонённый; кр. ф. -ён, -ена́
заполони́ть, -ню́, -ни́т
заполоня́ть(ся), -я́ю, -я́ет(ся)
заполо́сканный
заполоска́ть(ся), -ощу́(сь), -о́щет(ся) и -а́ю(сь), -а́ет(ся)
заполу́ченный
заполучи́ть, -учу́, -у́чит
заполыха́ть, -а́ет
запо́лье, -я
запо́льный
заполю́сный
заполя́рный
запомина́ние, -я
запомина́ть(ся), -а́ю(сь), -а́ет(ся)
запомина́ющий(ся)
запо́мненный
запо́мнить(ся), -ню(сь), -нит(ся)
за́понка, -и
запо́р, -а
запора́шивать(ся), -ает(ся)
запо́рный
запоро́жец, -жца
запоро́жский
запо́ротый
запоро́ть, -орю́, -о́рет
запорошённый, кр. ф. -ён, -ена́
запороши́ть(ся), -и́т(ся)
запорха́ть, -а́ю, -а́ет
запорхну́ть, -ну́, -нёт
запотева́ть, -а́ю, -а́ет
запоте́лый
запоте́ть, -е́ю, -е́ет
запо́тчевать, -чую, -чует
започива́ть, -а́ю, -а́ет
запра́вдашний
запра́вила, -ы, м.
запра́вить(ся), -влю(сь), -вит(ся)
запра́вка, -и
запра́вленный
заправля́ть(ся), -я́ю(сь), -я́ет(ся)
запра́вочный
запра́вский
запра́вщик, -а
запра́вщица, -ы
запра́здновать, -ную, -нует
запра́шивать(ся), -аю, -ает(ся)
запрева́ть, -а́ет
запреде́льный
запрессо́ванный
запрессова́ть, -ссу́ю, -ссу́ет
запрессо́вка, -и
запрессо́вывать(ся), -аю, -ает(ся)
запресто́льный
запре́т, -а
запрети́тельный
запрети́ть, -рещу́, -рети́т
запре́тный
запреща́ть(ся), -а́ю, -а́ет(ся)
запреще́ние, -я
запрещённый; кр. ф. -ён, -ена́
запримéтить, -ме́чу, -ме́тит
приме́ченный
заприходо́ванный
заприходова́ть, -дую, -дует
запричита́ть, -а́ю, -а́ет
запрограмми́рованный
запрограмми́ровать, -рую, -рует
запродава́ть(ся), -да́ю, -даёт(ся)
запрода́жа, -и
запрода́жный
запро́данный

запрода́ть, -а́м, -а́шь, -а́ст, -ади́м, -ади́те, -аду́т; прош. -о́дал, -одала́, -о́дало
запроекти́рованный
запроекти́ровать, -рую, -рует
запроки́дывать(ся), -аю(сь), -ает(ся)
запроки́нутый
запроки́нуть(ся), -ну(сь), -нет(ся)
запропа́вший
запропасти́ть(ся), -ащу́(сь), -асти́т(ся)
запропа́сть, -аду́, -адёт; прош. -а́л, -а́ла
запро́с, -а
запроси́ть(ся), -ошу́(сь), -о́сит(ся)
за́просто
запротестова́ть, -ту́ю, -ту́ет
запротоколи́рованный
запротоколи́ровать, -рую, -рует
запро́шенный
запро́шлый
запру́да, -ы
запруди́ть, -ужу́, -у́дит
запружа́ть(ся), -а́ю, -а́ет(ся)
запру́женный и запружённый; кр. ф. -ён, -ена́
запру́живать(ся), -аю, -ает(ся)
запры́гать(ся), -аю(сь), -ает(ся)
запры́гивать, -аю, -ает
запры́гнуть, -ну, -нет
запряга́ть(ся), -а́ю(сь), -а́ет(ся)
запря́гший(ся)
запряжённый; кр. ф. -ён, -ена́
запря́жка, -и
запряжно́й
запря́сть, -яду́, -ядёт; прош. -я́л, -яла́, -я́ло
запря́танный
запря́тать(ся), -я́чу(сь), -я́чет(ся)
запря́тывать(ся), -аю(сь), -ает(ся)
запря́чь(ся), -ягу́(сь), -яжёт(ся), -ягу́т(ся); прош. -я́г(ся), -ягла́(сь)
запу́ганный
запуга́ть, -а́ю, -а́ет
запу́гивать(ся), -аю(сь), -ает(ся)
запу́дренный
запу́дривать(ся), -аю(сь), -ает(ся)
запу́дрить, -рю, -рит
за́пуск, -а
запуска́ние, -я
запуска́ть(ся), -а́ю, -а́ет(ся)
запусте́лый
запусте́ние, -я
запусте́ть, -е́ет
запусти́ть, -ущу́, -у́стит
запу́танный
запу́тать(ся), -аю(сь), -ает(ся)
запу́тывать(ся), -аю(сь), -ает(ся)
запу́хнуть, -ну, -нет; прош. -у́х, -у́хла
запу́хший
запушённый; кр. ф. -ён, -ена́
запуши́ть(ся), -шу́, -ши́т(ся)
запу́щенность, -и
запу́щенный
запча́сти, -ей
запы́женный
запы́жить, -жу, -жит
запыла́ть, -а́ю, -а́ет
запылённость, -и
запылённый; кр. ф. -ён, -ена́
запыли́ть(ся), -лю́(сь), -ли́т(ся)
запыха́ться, -а́юсь, -а́ется

ЗАП

запыхте́ть, -хчу́, -хти́т
запьяне́ть, -е́ю, -е́ет
запья́нствовать, -твую, -твует
запьянцо́вский
запя́стный
запя́стье, -я, *р. мн.* -тий
запята́я, -о́й
запя́тки, -ток
запя́тнанный
запятна́ть, -а́ю, -а́ет
зараба́тывать(ся), -аю(сь), -ает(ся)
зарабо́танный
зарабо́тать(ся), -аю(сь), -ает(ся)
за́работный
за́работок, -тка
зара́внивание, -я
зара́вниватель, -я
зара́внивать(ся), -аю, -ает(ся)
заража́ть(ся), -а́ю(сь), -а́ет(ся)
зараже́ние, -я
заражённый; *кр. ф.* -ён, -ена́
зара́з, *нареч.*
зара́за, -ы
зарази́тельный
зарази́ть(ся), -ажу́(сь), -ази́т(ся)
зарази́ха, -и
зара́зный
зара́нее
зарапортова́ться, -ту́юсь, -ту́ется
зараста́ние, -я
зараста́ть, -а́ю, -а́ет
зарасти́, -ту́, -тёт; *прош.* -ро́с, -росла́
зарасти́ть, -ращу́, -расти́т
заращённый; *кр. ф.* -ён, -ена́
зара́щивать, -аю, -ает
зарва́ться, -ву́сь, -вётся; *прош.* -а́лся, -ала́сь, -а́лось
зарде́ть(ся), -е́ю(сь), -е́ет(ся)
зареве́ть, -ву́, -вёт
за́рево, -а
зарево́й
зарегистри́рованный
зарегистри́ровать(ся), -рую(сь), -рует(ся)
зарегули́рование, -я
зарегули́рованный
зарегули́ровать, -рую, -рует
заре́з, -а
заре́занный
заре́зать(ся), -е́жу(сь), -е́жет(ся)
зарезви́ться, -влю́сь, -ви́тся
зарезерви́рованный
зарезерви́ровать, -рую, -рует
зарека́ться, -а́юсь, -а́ется
зарекомендо́ванный
зарекомендова́ть, -ду́ю, -ду́ет
зарекомендо́вывать, -аю, -ает
зарёкшийся
заретуши́рованный
заретуши́ровать, -рую, -рует
заре́чный
заре́чье, -я
заре́чься, -еку́сь, -ечётся, -еку́тся; *прош.* -ёкся, -екла́сь
зареше́ченный
заре́ять, -е́ет
заржаве́ть, -еет
заржа́вленный
заржа́ть, -жу́, -жёт
зарисо́ванный
зарисова́ть(ся), -су́ю(сь), -су́ет(ся)
зарисо́вка, -и

ЗАР

зарисо́вывание, -я
зарисо́вывать(ся), -аю, -ает(ся)
за́риться, -рюсь, -рится
зари́фить, -флю, -фит
зари́фленный
зарифля́ть, -я́ю, -я́ет
зарифмо́ванный
зарифмова́ть, -му́ю, -му́ет
зарифмо́вывать(ся), -аю, -ает(ся)
зарни́ца, -ы
заробе́ть, -е́ю, -е́ет
заро́вненный
заровня́ть(ся), -я́ю, -я́ет(ся) (*к* ро́вный)
заро́д, -а
зароди́ть(ся), -ожу́, -оди́т(ся)
заро́дыш, -а
заро́дышевый
зарожда́ть(ся), -а́ю, -а́ет(ся)
зарожде́ние, -я
зарождённый; *кр. ф.* -ён, -ена́
зарозове́ть, -е́ю, -е́ет
заро́ить(ся), -и́т(ся)
зарок, -а
зарокота́ть, -о́чет
заро́ненный
зарони́ть, -оню́, -о́нит
заропта́ть, -опщу́, -о́пщет
за́росль, -и
заро́сток, -тка
заро́сший
зарпла́та, -ы
зару́б, -а
заруба́ть, -а́ю, -а́ет
зарубе́жный
зару́бина, -ы
заруби́ть(ся), -ублю́(сь), -у́бит(ся)
зару́бка, -и
зару́бленный
зарубцева́ться, -цу́ется
зарубцо́ванный
зарубцо́вываться, -ается
зару́бщик, -а
зару́ганный
заруга́ть(ся), -а́ю(сь), -а́ет(ся)
зару́ка, -и
зарука́вье, -я, *р. мн.* -вий
зарукоплеска́ть, -ещу́, -е́щет
зарумя́ненный
зарумя́нивать(ся), -аю(сь), -ает(ся)
зарумя́нить(ся), -ню(сь), -нит(ся)
заруча́ться, -а́юсь, -а́ется
заручи́ться, -чу́сь, -чи́тся
зару́чка, -и
зары́бить, -блю, -бит
зарыбле́ние, -я
зары́бленный
зарыбля́ть, -я́ю, -я́ет
зарыва́ть(ся), -а́ю(сь), -а́ет(ся)
зары́даю, -а́ю, -а́ет
зары́сить, -и́т
зары́тый
зары́ть(ся), -ро́ю(сь), -ро́ет(ся)
зарыча́ть, -чу́, -чи́т
заря́, -и́, *вин.* зарю́ и зо́рю, *мн.* зо́ри, зорь, заря́м и зо́рям
заряби́ть(ся), -и́т(ся)
заря́д, -а
заряди́ть(ся), -яжу́(сь), -я́ди́т(ся)
заря́дка, -и
заря́дный

ЗАР

заряжа́ние, -я
заряжа́ть(ся), -а́ю(сь), -а́ет(ся)
заря́женный и заряжённый; *кр. ф.* -ён, -ена́
заря́нка, -и
заса́да, -ы
засади́ть, -ажу́, -а́дит
заса́дка, -и
засадни́ть, -и́т
заса́женный
заса́живание, -я
заса́живать(ся), -аю(сь), -ает(ся)
заса́ленный
заса́ливание, -я
заса́ливать(ся), -аю(сь), -ает(ся)
заса́лить(ся), -лю(сь), -лит(ся)
заса́ривать(ся), -аю, -ает(ся)
заса́сывание, -я
заса́сывать(ся), -аю(сь), -ает(ся)
заса́харенный
заса́харивание, -я
заса́харивать(ся), -аю, -ает(ся)
заса́харить(ся), -рю, -рит(ся)
засва́танный
засва́тать, -аю, -ает
засвеже́ть, -е́ет
засверка́ть, -а́ю, -а́ет
засвети́ть(ся), -вечу́, -ве́тит(ся)
засветле́ть(ся), -е́ет(ся)
за́светло
засве́ченный
засвиде́тельствование, -я
засвиде́тельствованный
засвиде́тельствовать, -твую, -твует
засвиста́ть, -ищу́, -и́щет
засвисте́ть, -ищу́, -исти́т
засда́ться, -а́мся, -а́шься, -а́стся, -ади́мся, -ади́тесь, -аду́тся; *прош.* -а́лся, -ала́сь
засе́в, -а
засева́ние, -я
засева́ть(ся), -а́ю, -а́ет(ся)
заседа́ние, -я
заседа́тель, -я
заседа́тельский
заседа́ть, -а́ю, -а́ет
засёдланный
заседла́ть, -а́ю, -а́ет
засёдлывать, -аю, -ает
засе́ивать(ся), -аю, -ает(ся)
засе́ка, -и
засека́ть(ся), -а́ю, -а́ет(ся)
засекре́тить, -ре́чу, -ре́тит
засекре́ченный
засекре́чивание, -я
засекре́чивать(ся), -аю, -ает(ся)
засе́кший(ся)
заселе́ние, -я
заселённость, -и
заселённый; *кр. ф.* -ён, -ена́
засели́ть(ся), -елю́, -ели́т(ся)
заселя́ть(ся), -я́ю, -я́ет(ся)
засемени́ть, -ню́, -ни́т
засеребрённый; *кр. ф.* -ён, -ена́
засеребри́ть(ся), -рю́(сь), -ри́т(ся)
засере́ть, -е́ет
засе́сть, -ся́ду, -ся́дет; *прош.* -се́л, -се́ла
засечённый; *кр. ф.* -ён, -ена́ и засе́ченный (наказанный поркой)
засе́чка, -и
засе́чный

ЗАС

засе́чь(ся), -еку́, -ечёт(ся), -еку́т(ся); *прош.* -ёк(ся), -екла́(сь)
засе́янный
засе́ять, -е́ю, -е́ет
засигна́лить, -лю, -лит
засиде́ть, -ди́т
засиде́ться, -ижу́сь, -иди́тся
заси́женный
заси́живать(ся), -аю(сь), -ает(ся)
засилосо́ванный
засилосова́ть, -су́ю, -су́ет
заси́лье, -я
заси́м, *нареч.*
засинённый; *кр. ф.* -ён, -ена́
засине́ть, -е́ю, -е́ет (начать синеть)
засине́ться, -е́ется
заси́нивать(ся), -аю, -ает(ся)
засини́ть, -ню́, -ни́т *(что)*
засини́ться, -и́тся
засипе́ть, -плю́, -пи́т
заси́ять, -я́ю, -я́ет
заскака́ть, -скачу́, -ска́чет
заска́кивать, -аю, -ает
засканда́лить, -лю, -лит
засквози́ть
заскирдо́ванный
заскирдова́ть, -ду́ю, -ду́ет
заско́к, -а
заскользи́ть, -льжу́, -льзи́т
заскору́злый
заскору́знувший
заскору́знуть, -ну, -нет; *прош.* -у́з, -у́зла
заскочи́ть, -очу́, -о́чит
заскрёбший(ся)
заскрежета́ть, -ещу́, -е́щет
заскрести́(сь), -ребу́(сь), -ребёт(ся); *прош.* -рёб(ся), -ребла́(сь)
заскрипе́ть, -плю́, -пи́т
заскули́ть, -лю́, -ли́т
заскуча́ть, -а́ю, -а́ет
за́сланный (*от* засла́ть)
засласти́ть, -ащу́, -асти́т
засла́ть, зашлю́, зашлёт
заслащённый; *кр. ф.* -ён, -ена́
засла́щивать(ся), -аю, -ает(ся)
заследи́ть, -ежу́, -еди́т
засле́женный
засле́живать(ся), -аю, -ает(ся)
заслези́ться, -и́тся
заслепи́ть, -плю́, -пи́т
заслеплённый; *кр. ф.* -ён, -ена́
заслепля́ть, -я́ю, -я́ет
заслон, -а
заслонённый; *кр. ф.* -ён, -ена́
заслони́ть(ся), -оню́(сь), -о́нит(ся)
засло́нка, -и
засло́ночный
заслоня́ть(ся), -я́ю(сь), -я́ет(ся)
заслу́га, -и
заслу́женный
заслу́живать(ся), -аю, -ает(ся)
заслужи́ть(ся), -ужу́(сь), -у́жит(ся)
заслу́шанный
заслу́шать(ся), -аю(сь), -ает(ся)
заслу́шивать(ся), -аю(сь), -ает(ся)
заслы́шать(ся), -шу, -шит(ся)
заслюнённый; *кр. ф.* -ён, -ена́
заслю́нивать(ся), -аю(сь), -ает(ся)
заслюни́ть(ся), -ню́(сь), -ни́т(ся)
заслюня́вить(ся), -влю(сь), -вит(ся)

ЗАС

заслюня́вленный
засма́ливать(ся), -аю(сь), -ает(ся)
засма́тривать(ся), -аю(сь), -ает(ся)
засме́янный
засмея́ть(ся), -ею́(сь), -еёт(ся)
засмолённый; *кр. ф.* -ён, -ена́
засмоли́ть(ся), -лю́(сь), -ли́т(ся)
засмо́рканный
засморка́ть(ся), -а́ю(сь), -а́ет(ся)
засмотре́ться, -отрю́сь, -о́трится
засмуща́ться, -а́юсь, -а́ется
заснежённый; *кр. ф.* -ён, -ена́ и засне́женный
занима́ть, -а́ю, -а́ет
заснова́ть, -ну́ю, -нуёт
засну́ть, -ну́, -нёт
засня́тый; *кр. ф.* -я́т, -ята́, -я́то
засня́ть, -ниму́, -ни́мет; *прош.* -я́л, -яла́, -я́ло
засо́в, -а
засо́ванный
засова́ть, -су́ю, -суёт
засо́веститься, -ещусь, -естится
засо́вывать(ся), -аю, -ает(ся)
засо́л, -а
засоле́ние, -я
засо́ленный
засолённый (о почве)
засоли́ть(ся), -олю́, -о́лит(ся)
засо́лка, -и
засо́лочный
засо́льный
засопе́ть, -плю́, -пи́т
засо́р, -а
засоре́ние, -я
засорённость, -и
засорённый; *кр. ф.* -ён, -ена́
засори́ть(ся), -рю́, -ри́т(ся)
засоря́ть(ся), -я́ю, -я́ет(ся)
засо́с, -а
засо́санный
засоса́ть, -осу́, -осёт
засо́хлый
засо́хнувший
засо́хнуть, -ну, -нет; *прош.* -о́х, -о́хла
засо́хший
засочи́ться, -и́тся
за́спанный
заспа́ть(ся), -плю́(сь), -пи́т(ся); *прош.* -а́л(ся), -ала́(сь), -а́ло, -а́ло́сь
заспеси́виться, -влюсь, -вится
заспеши́ть, -шу́, -ши́т
заспирто́ванный
заспиртова́ть, -ту́ю, -ту́ет
заспиртовывать(ся), -аю, -ает(ся)
заспо́рить(ся), -рю(сь), -рит(ся)
засрами́ть, -млю́, -ми́т
засрамлённый; *кр. ф.* -ён, -ена́
заста́ва, -ы
застава́ть, -таю́, -таёт
заста́вить(ся), -влю(сь), -вит(ся)
заста́вка, -и
заста́вленный
заставля́ть(ся), -я́ю(сь), -я́ет(ся)
заста́вочный
заста́иваться, -аюсь, -ается
застаре́лый
застаре́ть, -е́ет
заста́ть, -а́ну, -а́нет
заста́ющий
застега́ть, -а́ю, -а́ет

ЗАС

застёгивать(ся), -аю(сь), -ает(ся)
застёгнутый
застегну́ть(ся), -ну́(сь), -нёт(ся)
застёжка, -и
застеклённый; *кр. ф.* -ён, -ена́
застекли́ть, -лю́, -ли́т
застекля́ть(ся), -я́ю, -я́ет(ся)
застеленный и за́стланный
застели́ть и застла́ть, -стелю́, -сте́лет; *прош.* -стели́л, -стели́ла и -стла́л, -стла́ла
застенографи́рованный
застенографи́ровать, -рую, -рует
засте́нок, -нка
засте́нчивость, -и
засте́нчивый
застесня́ться, -я́юсь, -я́ется
застига́ть(ся), -а́ю, -а́ет(ся)
засти́гнувший
засти́гнутый
засти́гнуть и засти́чь, -и́гну, -и́гнет; *прош.* -и́г и -и́гнул, -и́гла
засти́гший
застила́ть(ся), -а́ю, -а́ет(ся)
засти́лка, -и
засти́лочный
засти́ранный
застира́ть, -а́ю, -а́ет
засти́рывать(ся), -аю, -ает(ся)
засти́ть, за́щу, за́стит
засти́чь и засти́гнуть, -и́гну, -и́гнет; *прош.* -и́г и -и́гнул, -и́гла
за́стланный и засте́ленный
застла́ть и застели́ть, -стелю́, -сте́лет; *прош.* -стла́л, -стла́ла и -стели́л, -стели́ла
застла́ться, -сте́лется; *прош.* -стла́лся, -стла́лась
застого́ванный
застогова́ть, -гу́ю, -гу́ет
засто́й, -я
засто́йный
застолби́ть, -блю́, -би́т
застолблённый; *кр. ф.* -ён, -ена́
засто́льная, -ой
засто́льный
застона́ть, -ону́, -о́нет и -а́ю, -а́ет
засто́поренный
засто́поривать(ся), -аю, -ает(ся)
засто́порить(ся), -рю, -рит(ся)
застоя́лый
застоя́ться, -ою́сь, -ои́тся
застра́гивать(ся), -аю, -ает(ся)
застра́ивание, -я
застра́ивать(ся), -аю, -ает(ся)
застрахо́ванный
застрахова́ть(ся), -страху́ю(сь), -страху́ет(ся)
застрахо́вывать(ся), -аю(сь), -ает(ся)
застра́чивать(ся), -аю, -ает(ся)
застра́щанный
застраща́ть, -а́ю, -а́ет
застрева́ть, -а́ю, -а́ет
застрекота́ть, -очу́, -о́чет
застре́ленный
застре́ливать(ся), -аю(сь), -ает(ся)
застрели́ть(ся), -елю́(сь), -е́лит(ся)
застре́льщик, -а
застре́льщица, -ы
застреля́ть, -я́ю, -я́ет
застре́ха, -и
застрига́ть(ся), -а́ю, -а́ет(ся)

застри́гший
застри́женный
застри́чь, -игу́, -ижёт, -игу́т; *прош.* -и́г, -и́гла
застро́ганный
застрога́ть, -а́ю, -а́ет
застро́енный
застро́ить(ся), -о́ю, -о́ит(ся)
застро́йка, -и
застро́йщик, -а
застро́йщица, -ы
застро́ченный
застрочи́ть, -очу́, -о́чит
застру́ганный
заструга́ть, -а́ю, -а́ет
застру́иться, -и́тся
застря́ть, -я́ну, -я́нет
застуди́ть(ся), -ужу́(сь), -у́дит(ся)
застуднева́ние, -я
застуднева́ть, -а́ет
засту́женный
засту́живать(ся), -аю(сь), -ает(ся)
засту́кать, -аю, -ает
за́ступ, -а, *мн.* -ы, -ов
засту́па, -ы
заступа́ть(ся), -а́ю(сь), -а́ет(ся)
заступи́ться, -уплю́(сь), -у́пит(ся)
засту́пник, -а
засту́пница, -ы
засту́пнический
засту́пничество, -а
застуча́ть, -чу́(сь), -чи́т(ся)
застыва́ть, -а́ю, -а́ет
засты́вший
застыди́ть(ся), -ыжу́(сь), -ыди́т(ся)
застыжённый; *кр. ф.* -ён, -ена́
засты́лый
засты́ть и засты́нуть, -ы́ну, -ы́нет; *прош.* -сты́л, -сты́ла
засуди́ть, -ужу́, -у́дит
засуети́ться, -суечу́сь, -суети́тся
засу́женный
засу́живать(ся), -аю, -ает(ся)
засу́нутый
засу́нуть, -ну, -нет
засупо́ненный
засупо́нивать(ся), -аю, -ает(ся)
засупо́нить, -ню, -нит
засу́сленный
засу́сливать(ся), -аю, -ает(ся)
засу́слить(ся), -лю(сь), -лит(ся)
засусо́ленный
засусо́лить(ся), -лю(сь), -лит(ся)
за́суха, -и
засухоусто́йчивость, -и
засухоусто́йчивый
засу́ченный
засу́чивать(ся), -аю, -ает(ся)
засучи́ть(ся), -учу́, -у́чит(ся)
засу́шенный
засу́шивание, -я
засу́шивать(ся), -аю, -ает(ся)
засуши́ть(ся), -ушу́, -у́шит(ся)
засу́шка, -и
засу́шливый
за счёт (*кого, чего*)
засчи́танный
засчита́ть, -а́ю, -а́ет
засчи́тывать(ся), -аю, -ает(ся)
засъёмка, -и
засыла́ние, -я
засыла́ть(ся), -а́ю, -а́ет(ся)

засы́лка, -и
засыпа́ние, -я
засы́панный
засы́пать(ся), -плю(сь), -плет(ся), *сов.*
засыпа́ть(ся), -а́ю(сь), -а́ет(ся), *несов.*
засы́пка, -и
засыпно́й
засыха́ть, -а́ю, -а́ет
засюсю́кать, -аю, -ает
затаврённый; *кр. ф.* -ён, -ена́
затаври́ть, -рю́, -ри́т
зата́ённый; *кр. ф.* -ён, -ена́
зата́ивать(ся), -аю(сь), -ает(ся)
затаи́ть(ся), -аю(сь), -аи́т(ся)
зата́кт, -а
зата́ктный
зата́лкивать(ся), -аю, -ает(ся)
затанцева́ть(ся), -цу́ю(сь), -цу́ет(ся)
зата́пливание, -я
зата́пливать(ся), -аю, -ает(ся)
зата́птывать(ся), -аю, -ает(ся)
затарато́рить, -рю, -рит
затарахте́ть, -хчу́, -хти́т
зата́сканный
затаска́ть(ся), -а́ю(сь), -а́ет(ся)
зата́скивать(ся), -аю, -ает(ся)
зата́чанный
затача́ть, -а́ю, -а́ет
зата́чивание, -я
зата́чивать(ся), -аю, -ает(ся)
зата́щенный
затащи́ть(ся), -ащу́(сь), -а́щит(ся)
зата́ять, -а́ет
затвердева́ние, -я
затвердева́ть, -а́ет
затверде́лость, -и
затверде́лый
затверде́ние, -я
затверде́ть, -е́ет
затверди́ть, -ржу́, -рди́т
затверждённый; *кр. ф.* -ён, -ена́ и затве́рженный
затве́рживать(ся), -аю, -ает(ся)
затво́р, -а
затво́ренный (*от* затвори́ть¹)
затворённый; *кр. ф.* -ён, -ена́ (*от* затвори́ть²)
затвори́ть¹, -орю́, -о́рит (закрыть)
затвори́ть², -орю́, -ори́т (тесто)
затвори́ться, -орю́сь, -о́рится
затво́рка, -и
затво́рник, -а
затво́рница, -ы
затво́рнический
затво́рничество, -а
затво́рный
затворя́ть(ся), -я́ю(сь), -я́ет(ся)
затева́ть(ся), -а́ю, -а́ет(ся)
зате́йливость, -и
зате́йливый
зате́йник, -а
зате́йница, -ы
зате́йничать, -аю, -ает
зате́йничество, -а
зате́йный
зате́йщик, -а
зате́йщица, -ы
зате́к, -а
затека́ние, -я
затека́ть, -а́ет
зате́кший

зате́м, *нареч.* (поспо́рили, а зате́м помири́лись)
затемне́ние, -я
затемнённый; *кр. ф.* -ён, -ена́
затемне́ть, -е́ет (начать темнеть)
затемни́ть, -ню́, -ни́т (*что*)
затемни́ться, -ни́тся
за́темно
затемня́ть(ся), -я́ю, -я́ет(ся)
зате́м что(бы)
затене́ние, -я
затенённый; *кр. ф.* -ён, -ена́
затени́ть, -ню́, -ни́т
затеня́ть(ся), -я́ю, -я́ет(ся)
зате́пленный
зате́пливать(ся), -аю, -ает(ся)
зате́плить(ся), -лю, -лит(ся)
за́тепло
затереби́ть, -блю́, -би́т
затереблённый; *кр. ф.* -ён, -ена́
затере́ть(ся), -тру́(сь), -трёт(ся); *прош.* -тёр, -тёрла(сь)
затерза́ть, -а́ю, -а́ет
зате́ривать(ся), -аю(сь), -ает(ся)
зате́ртый
затёрший(ся)
затёрянный
затеря́ть(ся), -я́ю(сь), -я́ет(ся)
затёс, -а
затёсанный
затеса́ть(ся), -ешу́(сь), -е́шет(ся)
затёска, -и
затеснённый; *кр. ф.* -ён, -ена́
затесни́ть, -ню́, -ни́т(ся)
затёсывать(ся), -аю(сь), -ает(ся)
зате́чь, -ечёт, -еку́т; *прош.* -ёк, -екла́
зате́я, -и
зате́явший
зате́янный
зате́ять(ся), -е́ю, -е́ет(ся)
затира́ненный
затира́нить, -ню, -нит
затира́ть(ся), -а́ю(сь), -а́ет(ся)
зати́рка, -и
зати́сканный
зати́скать(ся), -аю(сь), -ает(ся)
зати́скивать(ся), -аю(сь), -ает(ся)
зати́снутый
затисну́ть(ся), -ну(сь), -нет(ся)
затиха́ть, -а́ю, -а́ет
затихну́вший
зати́хнуть, -ну, -нет; *прош.* -и́х, -и́хла
зати́хший
зати́шек, -шка
зати́шный
за́тишь, -и
зати́шье, -я
за́тканный
затка́ть, -тку́, -ткёт; *прош.* -а́л, -ала́, -а́ло
за́ткнутый
заткну́ть(ся), -ну́(сь), -нёт(ся)
затмева́ть(ся), -а́ю, -а́ет(ся)
затме́ние, -я
затме́нный
затми́ть(ся), -и́т(ся)
зато́, *союз*, но *местоим.* за то (за то пальто́ заплати́ли доро́же, зато́ оно́ и лу́чше)
затова́ренность, -и
затова́ренный
затова́ривание, -я

затоваривать(ся), -аю(сь), -ает(ся)
затоварить(ся), -рю(сь), -рит(ся)
затон, -а
затоковать, -кует
затолканный
затолкать(ся), -аю(сь), -ает(ся)
затолкнутый
затолкнуть, -ну, -нёт
затолковаться, -куюсь, -куется
затолокший
затолочь, -лку, -лчёт, -лкут; прош. -лок, -лкла
затолпиться, -ится
затомиться, -млюсь, -мится
затон, -а
затонный
затонуть, -ону, -онет
затопать, -аю, -ает
затопить(ся), -оплю, -опит(ся)
затопка, -и
затопление, -я
затопленный
затопляемость, -и
затоплять(ся), -яю, -яет(ся)
затопорщиться, -щится
затопотать, -почу, -почет
затоптанный
затоптать(ся), -опчу(сь), -опчет(ся)
затор, -а
заторговать(ся), -гую(сь), -гует(ся)
заторжествовать, -твую, -твует
заторканный
заторкать, -аю, -ает
затормаживать(ся), -аю, -ает(ся)
заторможённый; кр. ф. -ён, -ена
затормозить(ся), -ожу, -озит(ся)
затормошённый; кр. ф. -ён, -ена
затормошить(ся), -шу(сь), -шит(ся)
заторный
заторопить(ся), -оплю, -опит(ся)
заторцевать, -цую, -цует
заторцованный
заторцовывать(ся), -аю, -ает(ся)
затосковать, -кую, -кует
заточать(ся), -аю, -ает(ся)
заточение, -я
заточенный (от заточиться)
заточённый; кр. ф. -ён, -ена (от заточить)
заточить, -чу, -чит (подвергнуть заключению)
заточить(ся), -очу, -очит(ся) (заострить)
заточка, -и
заточный
затошнить, -ит
затравенеть, -еет
затравить, -авлю, -авит
затравка, -и
затравленный
затравливать(ся), -аю, -ает(ся)
затравочный
затрагивать(ся), -аю, -ает(ся)
затрамбованный
затрамбовать, -бую, -бует
затрамбовывать(ся), -аю, -ает(ся)
затрапезный
затрата, -ы
затратить, -ачу, -атит
затраченный
затрачивать(ся), -аю, -ает(ся)
затребование, -я

затребованный
затребовать, -бую, -бует
затревожиться, -жусь, -жит(ся)
затрезвонить, -ню -нит
затренькать, -аю, -ает
затрёпанный
затрепать(ся), -еплю(сь), -еплет(ся)
затрепетать, -пещу, -пещет
затрепыхаться, -ается
затрещать, -щу, -щит
затрещина, -ы
за тридевять земель
затронутый
затронуть, -ну, -нет
затрубить, -ублю, -убит
затруднение, -я
затруднённый; кр. ф. -ён, -ена
затруднительный
затруднить(ся), -ню(сь), -нит(ся)
затруднять(ся), -яю(сь), -яет(ся)
затрусить, -трушу, -трусит
затрясти(сь), -су(сь), -сёт(ся); прош. -яс(сь), -ясла(сь)
затрясший(ся)
затужить, -ужу, -ужит
затуманенный
затуманивать(ся), -аю(сь), -ает(ся)
затуманить(ся), -ню(сь), -нит(ся)
затупить(ся), -уплю, -упит(ся)
затупленный
затуплять(ся), -яю, -яет(ся)
затурканный
затуркать, -аю, -ает
затухание, -я
затухать, -ает
затухающий
затухнувший
затухнуть, -нет; прош. -ух, -ухла
затухший
затушёванный
затушевать(ся), -шую, -шует(ся)
затушёвка, -и
затушёвывание, -я
затушёвывать(ся), -аю, -ает(ся)
затушенный
затушить, -ушу, -ушит
затхлость, -и
затхлый
затыкание, -я
затыкать(ся), -аю, -ает(ся)
затыловочный
затылок, -лка
затылочный
затыльник, -а
затычка, -и
затюканный
затюкать, -аю, -ает
затюкованный
затюковать, -кую, -кует
затюковывать(ся), -аю, -ает(ся)
затявкать, -аю, -ает
затягивание, -я
затягивать(ся), -аю(сь), -ает(ся)
затяжелеть, -ею, -еет
затяжка, -и
затяжной
затяжчик, -а
затянутый
затянуть(ся), -яну(сь), -янет(ся)
заулок, -лка
заулыбаться, -аюсь, -ается
заумничать, -аю, -ает

заумный
заумь, -и
заунывный
за упокой
заупокойный
заупрямиться, -млюсь, -мится
зауральский
зауропод, -а
заурчать, -чу, -чит
зауряд-врач, -а
заурядный
зауряд-офицер, -а
зауряд-прапорщик, -а
заусенец, -нца и заусеница, -ы
заутра, нареч.
заутренний
заутреня, -и, р. мн. -ень
заутюженный
заутюживать(ся), -аю, -ает(ся)
заутюжить(ся), -жу, -жит(ся)
заухать, -аю, -ает
заученный
заучивать(ся), -аю(сь), -ает(ся)
заучить(ся), -учу(сь), -учит(ся)
заушательский
заушательство, -а
заушать, -аю, -ает
заушение, -я
заушить, -шу, -шит
заушница, -ы
заушный
зафальшивить, -влю, -вит
зафантазировать(ся), -рую(сь), -рует(ся)
зафаршированный
зафаршировать, -рую, -рует
зафиксированный
зафиксировать, -рую, -рует
зафилософствовать(ся), -твую(сь), -твует(ся)
зафлаженный
зафлажить, -жу, -жит
зафонтанировать, -рует
зафорсить, -ршу, -рсит
зафрантить, -нчу, -нтит
зафрахтованный
зафрахтовать, -тую, -тует
зафрахтовывать(ся), -аю, -ает(ся)
зафыркать, -аю, -ает
зафырчать, -чу, -чит
захаживать, -аю, -ает
захаивать(ся), -аю, -ает(ся)
захандрить, -рю, -рит
захапанный
захапать, -аю, -ает
захапывать(ся), -аю, -ает(ся)
захарканный
захаркать, -аю, -ает
захаркивать(ся), -аю, -ает(ся)
захаянный
захаять, -аю, -ает
захваленный
захваливать(ся), -аю, -ает(ся)
захвалить(ся), -алю(сь), -алит(ся)
захвастаться, -аюсь, -ается
захват, -а
захватанный (от захватать)
захватать, -аю, -ает
захватить, -ачу, -атит
захватнический
захватный
захватчик, -а

ЗАХ

захва́тывание, -я
захва́тывать(ся), -аю, -ает(ся)
захва́тывающий
захва́ченный (*от* захвати́ть)
захвора́ть, -а́ю, -а́ет
захиле́ть, -е́ю, -е́ет
захире́лый
захире́ть, -е́ю, -е́ет
захи́кать, -аю, -ает
захлами́ть, -млю́, -ми́т
захламлённый; *кр. ф.* -ён, -ена́
захламля́ть(ся), -я́ю, -я́ет(ся)
захлебну́ть(ся), -ну́(сь), -нёт(ся)
захлёбывать(ся), -аю(сь), -ает(ся)
захлёстанный
захлеста́ть(ся), -ещу́(сь), -е́щет(ся)
захлёстнутый
захлестну́ть(ся), -ну́, -нёт(ся)
захлёстывать(ся), -аю, -ает(ся)
захли́пать, -аю, -ает
захло́пать, -аю, -ает
захло́пнутый
захло́пнуть(ся), -ну, -нет(ся)
захлопота́ть(ся), -очу́(сь), -о́чет(ся)
захло́пывать(ся), -аю, -ает(ся)
захлю́пать, -аю, -ает
захмеле́ть, -е́ю, -е́ет
захны́кать, -ы́чу, -ы́чет
захо́д, -а
заходи́ть(ся), -ожу́(сь), -о́дит(ся)
заходя́щий(ся)
захожде́ние, -я
захо́жий
захозя́йничать(ся), -аю(сь), -ает(ся)
захолода́ть, -а́ет
захолоде́ть, -е́ет
захолону́ть, -нёт
захолу́стный
захолу́стье, -я, *р. мн.* -тий
захому́танный
захомута́ть, -а́ю, -а́ет
захора́нивать(ся), -аю, -ает(ся)
захорово́дить(ся), -о́жу(сь), -о́дит(ся)
захороне́ние, -я
захоро́ненный
захорони́ть, -оню́, -о́нит
захорохо́риться, -рю́сь, -ри́т(ся)
захоте́ть(ся), -хочу́, -хо́чешь, -хо́чет(ся), -хоти́м, -хоти́те, -хотя́т
захохота́ть, -очу́, -о́чет
захрапе́ть, -плю́, -пи́т
захребе́тник, -а
захребе́тница, -ы
захрипе́ть, -плю́, -пи́т
захрома́ть, -а́ю, -а́ет
захронометри́рованный
захронометри́ровать, -рую, -рует
захрусте́ть, -ущу́, -усти́т
захрю́кать, -аю, -ает
захуда́лый
захулига́нить, -ню, -нит
заца́панный
заца́пать, -аю, -ает
заца́пывать, -аю, -ает
зацара́пать(ся), -аю(сь), -ает(ся)
зацвести́, -вету́, -ветёт; *прош.* -вёл, -вела́
зацвета́ние, -я
зацвета́ть, -а́ет
зацве́тший
зацело́ванный
зацелова́ть(ся), -лу́ю(сь), -лу́ет(ся)

ЗАЦ

зацементи́рованный
зацементи́ровать(ся), -рую, -рует(ся)
зацентро́ванный
зацентрова́ть, -ру́ю, -ру́ет
зацентро́вка, -и
заце́п, -а
заце́па, -ы
зацепи́ть(ся), -еплю́(сь), -е́пит(ся)
заце́пка, -и
зацепле́ние, -я
заце́пленный
зацепля́ть(ся), -я́ю(сь), -я́ет(ся)
зацепно́й
зацо́кать, -аю, -ает
зацы́кать, -аю, -ает
зача́вкать, -аю, -ает
зачади́ть, -ажу́, -ади́т
зача́ленный
зача́ливать(ся), -аю, -ает(ся)
зача́лить, -лю, -лит
зачаро́ванный
зачарова́ть, -ру́ю, -ру́ет
зачаро́вывать(ся), -аю, -ает(ся)
зачасти́ть, -ащу́, -асти́т
зачасту́ю
зача́тие, -я
зача́тковый
зача́ток, -тка
зача́точный
зача́тый; *кр. ф.* -а́т, -ата́, -а́то
зача́ть(ся), -чну́, -чнёт(ся); *прош.* -а́л(ся), -ала́(сь), -а́ло, -а́лось (зародить) и за́чал, -алcя, -ала́(сь), за́чало, -а́лось (начать)
зача́хнувший
зача́хнуть, -ну, -нет; *прош.* -ча́х, -ча́хла
зача́хший
зачва́ниться, -нюсь, -нится
зачека́нить, -ню, -нит
зачéм, *нареч.* (зачем спра́шивать?)
зачéм-то
зачерви́веть, -еет
зачёркивать(ся), -аю, -ает(ся)
зачёркнутый
зачеркну́ть, -ну́, -нёт
зачернённый; *кр. ф.* -ён, -ена́
зачерне́ть, -е́ет (начать чернеть)
зачерне́ться, -е́ется
зачерни́ть, -ню́, -ни́т (*кого, что*)
зачерня́ть(ся), -я́ю, -я́ет(ся)
заче́рпать, -аю, -ает
заче́рпнутый
зачерпну́ть(ся), -ну́, -нёт(ся)
заче́рпывать(ся), -аю, -ает(ся)
зачерстве́лый
зачерстве́ть, -е́ю, -е́ет
зачерти́ть(ся), -ерчу́(сь), -е́ртит(ся)
зачертыха́ться, -а́юсь, -а́ется
заче́рченный
заче́рчивать(ся), -аю, -ает(ся)
зачёс, -а
зачёсанный
зачеса́ть(ся), -ешу́(сь), -е́шет(ся)
заче́сть(ся), -чту́, -чтёт(ся); *прош.* -чёл(ся), -чла́(сь)
зачёсывать(ся), -аю, -ает(ся)
зачёт, -а
зачётка, -и
зачётный
зачехлённый; *кр. ф.* -ён, -ена́
зачехли́ть, -лю́, -ли́т

ЗАЧ

зачи́н, -а
зачина́тель, -я
зачина́тельница, -ы
зачина́ть(ся), -а́ю, -а́ет(ся)
зачи́ненный
зачини́ть, -иню́, -и́нит
зачи́нщик, -а
зачи́нщица, -ы
зачири́кать, -аю, -ает
зачи́ркать, -аю, -ает
зачисле́ние, -я
зачи́сленный
зачи́слить(ся), -лю(сь), -лит(ся)
зачисля́ть(ся), -я́ю(сь), -я́ет(ся)
зачи́стить(ся), -и́щу, -и́стит(ся)
зачи́стка, -и
зачи́танный
зачита́ть(ся), -а́ю, -а́ет(ся)
зачи́тывать(ся), -аю(сь), -ает(ся)
зачиха́ть, -а́ю, -а́ет
зачища́ть(ся), -а́ю, -а́ет(ся)
зачи́щенный
зачиха́ть, -а́ю, -а́ет
зачо́каться, -аюсь, -ается
зачтённый; *кр. ф.* -ён, -ена́
за что́
зачумлённый; *кр. ф.* -ён, -ена́
зачура́ться, -а́юсь, -а́ется
зачуя́ть, -чу́ю, -чу́ет
зашаба́шить, -шу, -шит
зашага́ть, -а́ю, -а́ет
зашали́ть, -лю́, -ли́т
заша́мкать, -аю, -ает
зашанта́жить, -рю, -рит
заша́рканный
заша́ркать, -аю, -ает
заша́рпанный
заша́рпать, -аю, -ает
зашата́ть(ся), -а́ю(сь), -а́ет(ся)
зашварто́ванный
зашвартова́ть, -ту́ю, -ту́ет
зашварто́вывать(ся), -аю, -ает(ся)
зашвы́ривать(ся), -аю, -ает(ся)
зашвы́рнутый
зашвырну́ть, -ну́, -нёт
зашвыря́ть(ся), -я́ю(сь), -я́ет(ся)
зашевели́ть(ся), -елю́(сь), -е́ли́т(ся)
заше́дший(ся)
заше́ек, -е́йка
заше́ина, -ы
заше́йный
зашелесте́ть, -ещу́, -ести́т
зашелуди́веть, -ею, -еет
зашелуши́ться, -ши́тся
зашепеля́вить, -влю, -вит
зашепта́ть(ся), -шепчу́(сь), -ше́пчет(ся)
зашёптывать(ся), -аю, -ает(ся)
зашиба́ть(ся), -а́ю(сь), -а́ет(ся)
зашиби́ть(ся), -бу́(сь), -бёт(ся); *прош.* -ши́б(ся), -ши́бла(сь)
заши́бленный
зашива́ние, -я
зашива́ть(ся), -а́ю(сь), -а́ет(ся)
заши́вка, -и
заши́вочный
заши́кать, -аю, -ает
зашипе́ть, -плю́, -пи́т
заши́тый
заши́ть(ся), -шью́(сь), -шьёт(ся)
зашифро́ванный
зашифрова́ть, -ру́ю, -ру́ет

ЗАШ

зашифро́вка, -и
зашифро́вывание, -я
зашифро́вывать(ся), -аю, -ает(ся)
зашлёпанный
зашлёпать, -аю, -ает
зашлифо́ванный
зашлифова́ть, -фу́ю, -фу́ет
зашлифо́вка, -и
зашлифо́вывание, -я
зашлифо́вывать(ся), -аю, -ает(ся)
зашмы́гать, -аю, -ает
зашнуро́ванный
зашнурова́ть(ся), -ру́ю(сь), -ру́ет(ся)
зашнуро́вывать(ся), -аю(сь), -ает(ся)
зашныря́ть, -я́ю, -я́ет
зашпаклёванный
зашпаклева́ть, -лю́ю, -лю́ет
зашпаклёвывать(ся), -аю, -ает(ся)
зашпандо́ривать, -аю, -ает
зашпиго́ванный
зашпигова́ть, -гу́ю, -гу́ет
зашпи́ленный
зашпи́ливать(ся), -аю(сь), -ает(ся)
зашпи́лить(ся), -лю(сь), -лит(ся)
зашпунто́ванный
зашпунтова́ть, -ту́ю, -ту́ет
зашпунто́вывать(ся), -аю, -ает(ся)
заштампо́ванный
заштампова́ть, -пу́ю, -пу́ет
заштампо́вывать(ся), -аю, -ает(ся)
ташта́тный
заштемпелёванный
заштемпелева́ть, -лю́ю, -лю́ет
заштемпелёвывать(ся), -аю, -ает(ся)
заштиле́ть, -е́ет
зашто́панный
зашто́пать, -аю, -ает
зашто́пывать(ся), -аю, -ает(ся)
зашто́ренный
зашто́ривать(ся), -аю, -ает(ся)
зашто́рить, -рю, -рит
заштрихо́ванный
заштрихова́ть, -штриху́ю, -штриху́ет
заштрихо́вка, -и
заштрихо́вывание, -я
заштрихо́вывать(ся), -аю, -ает(ся)
заштукату́ренный
заштукату́ривать(ся), -аю, -ает(ся)
заштукату́рить, -рю, -рит
заштуко́ванный
заштукова́ть, -ку́ю, -ку́ет
заштуко́вывать(ся), -аю, -ает(ся)
зашуме́ть, -млю́, -ми́т
зашурша́ть, -шу́, -ши́т
зашушу́каться, -аюсь, -ается
защебенённый; *кр. ф.* -ён, -ена́
защебе́нивать(ся), -аю, -ает(ся)
защебени́ть, -ню́, -ни́т
защебета́ть, -ечу́, -е́чет
защеголя́ть, -я́ю, -я́ет
защекота́ть, -очу́, -о́чет
защёлка, -и
защёлкать, -аю, -ает
защёлкивать(ся), -аю, -ает(ся)
защёлкнутый
защёлкнуть(ся), -ну, -нет(ся)
защеми́ть(ся), -млю́, -ми́т(ся)
защемле́ние, -я
защемлённый; *кр. ф.* -ён, -ена́
защемля́ть(ся), -я́ю, -я́ет(ся)

ЗАЩ

защепи́ть, -плю́, -пи́т
защеплённый; *кр. ф.* -ён, -ена́
защепля́ть, -я́ю, -я́ет
защёчный
защи́панный
защипа́ть, -иплю́, -и́плет и -а́ю, -а́ет
защи́пнутый
защипну́ть, -ну́, -нёт
защи́пывать(ся), -аю, -ает(ся)
защи́та, -ы
защити́тельный
защити́ть(ся), -ищу́(сь), -ити́т(ся)
защи́тник, -а
защи́тница, -ы
защи́тно-герметический
защи́тно-оборонительный
защи́тный
защища́ть(ся), -а́ю(сь), -а́ет(ся)
защищённый; *кр. ф.* -ён, -ена́
защу́ривать(ся), -аю(сь), -ает(ся)
защу́рить(ся), -рю(сь), -рит(ся)
заюли́ть, -лю́, -ли́т
заяви́тель, -я
заяви́тельница, -ы
заяви́ть(ся), -явлю́(сь), -я́вит(ся)
зая́вка, -и
заявле́ние, -я
зая́вленный
заявля́ть(ся), -я́ю(сь), -я́ет(ся)
зая́вочный
зая́вщик, -а
зая́вщица, -ы
зая́длый
зая́ривать, -аю, -ает
за́яц, за́йца
зая́чий, -ья, -ье
зва́ние, -я
зва́нный; *кр. ф.* зван, звана́, зва́но, *прич.*
зва́ный, *прил.*
зва́тельный
зва́ть(ся), зову́(сь), зовёт(ся); *прош.* зва́л(ся), звала́(сь), зва́ло, зва́ло́сь
звезда́, -ы́, *мн.* звёзды, звёзд
звезда́нуть, -ну́, -нёт
звезди́стый
звёздный
звездолётчик, -а
звездообра́зный
звездопа́д, -а
звездопла́вание, -я
звездопла́ватель, -я
звездопокло́нник, -а
звездопокло́нство, -а
звездоры́л, -а
звездочёт, -а
звёздочка, -и
звездча́тка, -и
звёздчатый
звене́ть, -ню́, -ни́т
звено́, -а́, *мн.* зве́нья, -ьев
звеново́й
звеносбо́рочный
звеньева́я, -о́й
звеньево́д, -а
звеньево́й, -о́го
звеня́щий
зверёк, -рька́ и зверо́к, -рка́
зверёнок, -нка, *мн.* -ря́та, -ря́т
зверёныш, -а
звере́ть, -е́ю, -е́ет
звери́на, -ы, *м.*

ЗВЕ

звери́нец, -нца
звери́ный
зверобо́й, -я
зверобо́йный
зверова́ть, -ру́ю, -ру́ет
зверово́д, -а
зверово́дство, -а
зверово́дческий
зверово́й
зверовщи́к, -а́
зверозу́бые, -ых
зверо́к, -рка́ и зверёк, -рька́
зверо́лов, -а
зверо́ловство, -а
звероо́бразный
звероподо́бие, -я
звероподо́бный
зверопромы́шленник, -а
зверосовхо́з, -а
зверофе́рма, -ы
зве́рский
зве́рство, -а
зве́рствовать, -твую, -твует
зверу́шка, -и
зверь, -я, *мн.* -и, -е́й
зверьё, -я́
зверю́га, -и, *м. и ж.*
зверю́шка, -и и веру́шка, -и
звон, -а
звона́рь, -я́
звоне́ц, -нца́
звони́ть(ся), -ню́(сь), -ни́т(ся)
зво́нкий; *кр. ф.* -нок, -нка́, -нко
звонко́вый
звонкоголо́сый
звонни́ца, -ы
звоно́к, -нка́
звоно́чек, -чка
звонча́тый
зво́нче, *сравн. ст. (от* зво́нкий, зво́нко)
звук, -а
зву́ко-бу́квенный
звукови́дение, -я
звукови́к, -а́
звуково́й
звуковоспроизведе́ние, -я
звуковоспроизводя́щий
звукозапи́сывающий
звукоза́пись, -и
звукоизоли́рующий
звукоизоляцио́нный
звукоизоля́ция, -и
звукомаскиро́вка, -и
звукоме́рный
звукометри́ческий
звукоме́трия, -и
звуконепроница́емость, -и
звуконепроница́емый
звуконоси́тель, -я
звукообразова́ние, -я
звукоопера́тор, -а
звукоопера́торский
зву́копись, -и
звукопоглоща́ющий
звукопоглоще́ние, -я
звукоподража́ние, -я
звукоподража́тель, -я
звукоподража́тельный
звукоприёмник, -а
звукопроводи́мость, -и
звукопрово́дность, -и

ЗВУ

звукопроводя́щий
звукопроница́емость, -и
звукопроница́емый
звукорежиссёр, -а
звукорежиссу́ра, -ы
звукоря́д, -а
звукосветометри́ческий
звукосигна́льный
звукосни́матель, -я
звукосочета́ние, -я
звукоула́вливатель, -я
звукоула́вливающий
звукоусиле́ние, -я
звукоуси́ливающий
звукоусили́тель, -я
звуча́ние, -я
звуча́ть, -чи́т
звуча́щий
зву́чность, -и
зву́чный
звя́канье, -я
звя́кать, -аю, -ает
звя́кнуть, -ну, -нет
зда́ние, -я
зда́ньице, -а
здесь
зде́шний
здоро́ваться, -аюсь, -ается
здорове́нный
здорове́ть, -е́ю, -е́ет
здорове́хонький; кр. ф. -нек, -нька
здорове́шенький; кр. ф. -нек, -нька
здорови́ла, -ы, м. и ж.
здо́рово (хорошо; очень)
здоро́во (здравствуй)
здоро́вый
здоро́вье, -я
здоро́вьице, -а
здоро́вьишко, -а
здоровя́к, -а́
здоровя́чка, -и
здра́вие, -я
здра́вица, -ы
здра́вница, -ы
здравомы́слие, -я
здравомы́слящий
здравоохране́ние, -я
здравоохрани́тельный
здра́вость, -и
здравотде́л, -а
здравпу́нкт, -а
здра́вствовать, -твую, -твует
здра́вствуй(те)
здра́вствующий
здра́вый
зе́бра, -ы
зе́бровый
зебро́ид, -а
зе́бу, нескл., м.
зебуви́дный
зев, -а
зева́ка, -и, м. и ж.
зева́нье, -я
зева́тельный
зева́ть(ся), -а́ю, -а́ет(ся)
зевну́ть, -ну́, -нёт
зево́к, зевка́
зевообразова́ние, -я
зево́та, -ы
зейгерова́ние, -я
зела́ндский
зеле́ненький

ЗЕЛ

зелене́ть, -е́ю, -е́ет (становиться зелёным)
зелене́ться, -е́ется
зелене́ц, -нца́
зелени́ть, -ню́, -ни́т (что)
зелёнка, -и
зеленно́й (от зе́лень)
зелёно-бу́рый
зелёнова́тый
зеленогла́зка, -и
зеленогла́зый
зеленока́менный
зеленоли́ственный
зелёно-се́рый
зелену́шка, -и
зеленчу́к, -а́
зеленщи́к, -а́
зеленщи́ца, -ы
зелёный; кр. ф. зе́лен, зелена́, зе́лено
зе́лень, -и
зеленя́, -е́й
зело́
зе́лье, -я, р. мн. -лий
зельц, -а
земе́лька, -и
земе́льно-во́дный
земе́льно-мелиорати́вный
земе́льный
зе́мец, -мца
земкарава́н, -а
землеве́д, -а
землеве́дение, -я
землевладе́лец, -льца
землевладе́ние, -ы
землевладе́льческий
землевладе́ние, -я
землево́льческий
земледе́лец, -льца
земледе́лие, -я
земледе́лка, -и
земледе́льческий
землеко́п, -а
землеко́пный
землеме́р, -а
землеме́рный
землепа́шество, -а
землепа́шец, -шца
землепо́льзование, -я
землепо́льзователь, -я
землепрохо́дец, -дца
землеро́б, -а
землеро́йка, -а
землеро́йно-тра́нспортный
землеро́йно-фре́зерный
землеро́йный
землесо́с, -а
землесо́сный
землетрясе́ние, -я
землеудобри́тельный
землеустрои́тель, -я
землеустро́йство, -а
землечерпа́лка, -и
землечерпа́тельный
земли́сто-чёрный
земли́стый
земли́ца, -ы
земли́шка, -и
земля́, -и́, вин. зе́млю, мн. зе́мли, земе́ль, зе́млям
земля́к, -а́
земляни́ка, -и
земляни́н, -а, мн. -я́не, -я́н

ЗЕМ

земляни́чина, -ы
земляни́чка, -и
земляни́чный
земля́нка, -и
земляно́й
земля́ночный
земляче́ский
земля́чество, -а
земля́чка, -и
землячо́к, -чка́
зе́мно (кла́няться)
земново́дный
земно́й
земотде́л, -а
зе́мский
земсн(а)ря́д, -а
зе́мство, -а
земфо́нд, -а
зе́мщина, -ы
зензу́бель, -я
зени́т, -а
зени́тка, -и
зени́тно-артиллери́йский
зени́тно-пулемётный
зени́тно-раке́тный
зени́тный
зени́т-телеско́п, -а
зени́тчик, -а
зени́тчица, -ы
зени́ца, -ы
зе́нкер, -а
зенкерова́ние, -я
зе́нки, -нок
зенкова́ние, -я
зенкова́ть, -ку́ю, -ку́ет
зенко́вка, -и
зе́ркало, -а, мн. -ала́, -а́л, -ала́м
зерка́льно-ли́нзовый
зерка́льный
зерка́льце, -а, р. мн. -лец
зернённый, прич.
зернёный, прил.
зерни́стый
зерни́ть, -ню́, -ни́т
зерно́, -а́, мн. зёрна, зёрен
зерноаспира́тор, -а
зернобобо́вый
зернови́дный
зерно́вка, -и
зерново́з, -а
зерново́зка, -и
зерново́й
зерновы́е, -ы́х
зернодроби́лка, -и
зернодроби́льный
зернокомба́йн, -а
зерномета́тель, -я
зерномо́ечный
зернообра́зный
зерноочисти́тельный
зерноочи́стка, -и
зерноплющи́лка, -и
зернопогру́зчик, -а
зернопоста́вки, -вок
зернопрово́д, -а
зернопу́льт, -а
зерноскла́д, -а
зерносовхо́з, -а
зерносортирова́льный
зерносуши́лка, -и
зернотёрка, -и
зерноубо́рочный

зерноувлажнитель, -я
зерноуловитель, -я
зернофуражный
зернохранилище, -а
зерноядный
зёрнышко, -а
зернь, -и
зеро, нескл., с.
зерцало, -а
зет, -а
зефир, -а
зефирный
зефировый
зиг, -а
зигзаг, -а
зигзаг-машина, -ы
зигзагообразный
зиг-машина, -ы
зигогамия, -и
зигомицет, -а, р. мн. -ов
зигоморфный
зигоспора, -ы
зигота, -ы
зиждившийся
зиждитель, -я
зиждиться, -дется, -дутся
зиждущийся
зизания, -и
зизифора, -ы
зильбергрош, -а
зима, -ы, мн. зимы, зим
зимне-весенний
зимнезелёный
зимний
зимник, -а
зимовальный
зимование, -я
зимовать, -мую, -мует
зимовка, -и
зимовник, -а
зимовочный
зимовщик, -а
зимовье, -я, р. мн. -вий
зимогор, -а
зимой и зимою, нареч.
зимородок, -дка
зимостойкий
зимостойкость, -и
зимушка, -и
зипун, -а
зипунишко, -а, м.
зипунный
зияние, -я
зиять, -яет
зияющий
злак, -а
злаковый
златка, -и
злато, -а
златоверхий
златовласый
златоглавый
златоглазик, -а
златоглазка, -и
златогривый
златогузка, -и
златой
златокованый
златокудрый
златорунный
златострунный
златотканый

златоуст, -а
злачный
злеть, злею, злеет (становиться злым)
злить, злю, злит (кого)
злиться, злюсь, злится
зло, -а
злоба, -ы
злобить(ся), -блю(сь), -бит(ся)
злобность, -и
злобный
злободневность, -и
злободневный
злобствование, -я
злобствовать, -твую, -твует
зловещий
зловоние, -я
зловонный
зловредность, -и
зловредный
злодей, -я
злодейка, -и
злодейский
злодейство, -а
злодействовать, -твую, -твует
злодеяние, -я
злоехидный
зложелатель, -я
злой
злокачественный
злоключение, -я
злокозненный
злонамеренность, -и
злонамеренный
злонравие, -я
злонравный
злопамятность, -и
злопамятный
злопамятство, -а
злополучный
злопыхатель, -я
злопыхательский
злопыхательство, -а
злорадный
злорадство, -а
злорадствовать, -твую, -твует
злоречивый
злоречие, -я
злословие, -я
злословить, -влю, -вит
злостный
злость, -и
злосчастие, -я
злосчастный
злотый, -ого
злоумышленник, -а
злоумышленница, -ы
злоумышленный
злоумышлять, -яю, -яет
злоупотребить, -блю, -бит
злоупотребление, -я
злоупотреблять, -яю, -яет
злоязычие, -я
злоязычник, -а
злоязычница, -ы
злоязычный
злыдень, -дня (злой человек)
злыдни, -ей (нужда, горе)
злюка, -и, м. и ж.
злючка, -и, м. и ж.
злющий
змееборец, -рца

змееборство, -а
змеевидный
змеевик, -а
змеевичок, -чка
змеёвка, -и
змееголов, -а
змееголовка, -и
змееголовник, -а
змеелов, -а
змеёныш, -а
змееобразный
змеепоклонство, -а
змеерыбка, -и
змеехвостка, -и
змеешейка, -и
змееяд, -а
змееящерица, -ы
змеиный
змеистый
змеиться, -ится
змей, змея
змей-горыныч, змея-горыныча
змейка, -и
змейковый
змея, -и, мн. змеи, змей
змий, змия
знавать, наст. вр. не употр.
знаемый
знак, -а
знаковый
знакомец, -мца
знакомить(ся), -млю(сь), -мит(ся)
знакомка, -и
знакомство, -а
знакомый
знакопеременный
знакопечатающий
знакочередующийся
знаменатель, -я
знаменательный
знамение, -я
знаменитость, -и
знаменитый
знаменный (распев)
знамённый (от знамя)
знаменовать(ся), -ную, -нует(ся)
знаменосец, -сца
знамёнщик, -а
знамя, -мени, мн. -мёна, -мён
знание, -я
знатность, -и
знатный; кр. ф. -тен, -тна, -тно
знаток, -а
знаточество, -а
знать, -и
знать(ся), знаю(сь), знает(ся)
знахарка, -и
знахарский
знахарство, -а
знахарь, -я, мн. -и, -ей
значащий(ся)
значение, -я
значимость, -и
значимый
значительность, -и
значительный
значить(ся), -чу(сь), -чит(ся)
значкист, -а
значкистка, -и
значок, -чка
знающий(ся)
знобить, -ит

зно́бкий; *кр. ф.* -бок, -бка́, -бко
зной, -я
зно́йный; *кр. ф.* зно́ен, зно́йна
зоб, -а, *предл.* о зо́бе, в зобу́, *мн.* -ы́, -о́в
зоба́стый
зоба́тый
зо́бный
зов, -а
зово́мый
зову́щий(ся)
зодиа́к, -а
зодиака́льный
зо́дческий
зо́дчество, -а
зо́дчий, -его
зозу́ля, -и
зо́йл, -а
зола́, -ы́
золе́ние, -я
золёный
золи́льный
золи́стый
золи́ть(ся), -лю́, -ли́т(ся)
зо́лка, -и
золо́вка, -и
золообразова́ние, -я
золоотва́л, -а
золота́рник, -а
золота́рь, -я́
золоте́ть, -е́ет (становиться золотым)
золоти́льный
золоти́сто-жёлтый
золоти́сто-кра́сный
золоти́стый
золоти́ть, -очу́, -оти́т (*что*)
золоти́ться, -и́тся
зо́лотко, -а
золотни́к, -а́
золотнико́вый
зо́лото, -а
золотовалю́тный
золотове́рхий
золотовла́сый
золотоволо́сый
золотогла́вый
золотогри́вый
золотодеви́зный
золотодобыва́ющий
золотодо́бытчик, -а
золотоиска́тель, -я
золотоиска́тельский
золото́й
золотоку́дрый
золотомоне́тный
золотоно́сный
золотообре́зный
зо́лото-пла́тиновый
золотопого́нник, -а
золотопромы́шленник, -а
золотопромы́шленность, -и
золотопромы́шленный
золоторо́гий
золоторо́тец, -тца
золотосли́тковый
золотосодержа́щий
золототка́ный
золототы́сячник, -а
золотоцве́тный
золотошве́йка, -и
золотошве́йный
золотошве́йня, -и, *р. мн.* -е́ен

золоту́ха, -и
золоту́шный
золотце́, -а
золо́тчик, -а
золоудале́ние, -я
золоула́вливание, -я
золоулови́тель, -я
золоче́ние, -я
золочённый, *прич.*
золочёный, *прил.*
зо́лушка, -и
зо́льник, -а
зо́льность, -и
зо́льный
зома́н, -а
зо́на, -ы
зона́льность, -и
зона́льный
зонд, -а
зонда́ж, -а
зонди́рование, -я
зонди́рованный
зонди́ровать(ся), -рую, -рует(ся)
зони́рование, -я
зо́нный
зонт, -а́
зо́нтик, -а
зонтикови́дный
зонтикообра́зный
зонтикоцве́тный
зо́нтичный
зонтообра́зный
зооба́за, -ы
зооветерина́рный
зооветпу́нкт, -а
зооветуча́сток, -тка
зоогео́граф, -а
зоогеографи́ческий
зоогеогра́фия, -и
зоогигие́на, -ы
зоола́трия, -и
зооло́г, -а
зоологи́ческий
зооло́гия, -и
зооле́чебница, -ы
зоомагази́н, -а
зооморфи́зм, -а
зообъедине́ние, -я
зоопалеонтоло́гия, -и
зоопа́рк, -а
зоопатоло́гия, -и
зоопланкто́н, -а
зоопсихоло́гия, -и
зооса́д, -а, *мн.* -ы́, -о́в
зооспо́ра, -ы
зооспора́лгий, -я
зооте́хник, -а
зооте́хника, -и
зоотехни́ческий
зооте́хния, -и
зоото́мия, -и
зоофе́рма, -ы
зоохи́мия, -и
зооцено́з, -а
зооце́нтр, -а
зорева́ть, -рю́ю, -рю́ет
зорево́й
зо́ренька, -и
зори́лла, -ы
зо́ркий; *кр. ф.* зо́рок, зорка́, зо́рко
зо́ркость, -и
зороастри́зм, -а
зо́рче, *сравн. ст.* (*от* зо́ркий, зо́рко)

зо́рька, -и
зо́рюшка, -и
зра́зы, зраз, *ед.* зра́за, -ы
зрачко́вый
зрачо́к, -чка́
зре́лище, -а
зре́лищно-спорти́вный
зре́лищный
зре́лость, -и
зре́лый; *кр. ф.* зрел, зрела́, зре́ло
зре́ние, -я
зреть¹, зрю, зрит (смотреть)
зреть², зре́ю, зре́ет (созревать)
зри́мый
зри́тель, -я
зри́тельница, -ы
зри́тельный
зри́тельский
зря
зря́чий, *прил.*
зря́шный
зря́щий, *прич.*
зуа́в, -а
зуб, -а, *мн.* зу́бы, -о́в (у человека, животных) и зу́бья, -ьев (у орудия)
зуба́стость, -и
зуба́стый
зуба́тка, -и
зуба́товщина, -ы
зуба́тый
зубе́ц, -бца́
зу́бик, -а
зуби́ло, -а
зуби́льный
зубно́й
зубови́дный
зубови́к, -а́
зубово́й
зубовраче́бный
зубодёр, -а
зубоизмери́тельный
зубо́к, -бка́, *мн.* зу́бки, -бок (*ласкат.*) и зубки́, -о́в (*тех.*)
зуболе́чебница, -ы
зуболе́чебный
зубонреза́ние, -я
зубоно́жка, -и
зубообраба́тывающий
зубопроте́зный
зуборе́зный
зуборе́зчик, -а
зубоска́л, -а
зубоска́лить, -лю, -лит
зубоска́лка, -и
зубоска́льство, -а
зубострога́льный
зуботы́чина, -ы
зубочи́стка, -и
зубошлифова́льный
зубр, -а
зубрёжка, -и
зубре́ние, -я
зубрёнок, -нка, *мн.* -ря́та, -ря́т
зубри́ла, -ы, *м. и ж.*
зубри́лка, -и, *м. и ж.*
зубри́стика, -и
зубри́ть(ся), зубрю́, зу́бри́т(ся)
зубробизо́н, -а
зубро́вка, -и
зу́бровый
зубча́тка, -и
зубчатоклю́вый

ЗУБ

зубча́то-ре́ечный
зубча́тый
зу́бчик, -а
зубя́нка, -и
зуд, -а
зуда́, -ы́, м. и ж.
зуде́ние, -я
зу́день, -дня
зуде́ть, зужу́, зуди́т
зуди́ть, зужу́, зуди́т
зуёк, зуйка́
зу́лу, нескл., мн. (народ) и м. (язык)
зулу́с, -а
зулу́ска, -и
зулу́сский
зу́ммер, -а
зу́ммерить, зу́ммерит
зумпф, -а
зурна́, -ы́
зурна́ч, -а́
зурни́ст, -а
зы́бить(ся), зы́блет(ся)
зы́бка, -и
зы́бкий; кр. ф. -бок, -бка́, -бко
зы́блемый
зы́блющий(ся)
зыбу́н, -а́
зыбу́чий
зы́бче, сравн. ст. (от зы́бкий, зы́бко)
зыбь, -и
зык, -а
зы́кать, -аю, -ает
зы́кнуть, -ну, -нет
зыря́нин, -а, мн. -я́не, -я́н
зыря́нка, -и
зыря́нский
зы́чный
зю́зя, -и, м. и ж.
зюйд, -а
зюйд-ве́ст, -а
зюйдве́стка, -и
зюйд-ве́стовый
зюйд-зюйд-ве́ст, -а
зюйд-зюйд-ве́стовый
зюйд-зюйд-о́ст, -а
зюйд-зюйд-о́стовый
зю́йдовый
зюйд-о́ст, -а
зюйд-о́стовый
зя́бкий; кр. ф. -бок, -бка́, -бко
зя́блевый
зя́блик, -а
зя́блый
зя́бнувший
зя́бнуть, -ну, -нет; прош. зяб и зя́бнул, зя́бла
зябь, -и
зятёк, -тька́
зять, -я, мн. зятья́, -ьёв
зя́тюшка, -и, м.

И

ибери́йский
ибе́ры, -ов
ибико́н, -а
и́бис, -а
и́бо
и́ва, -ы
ива́н-да-ма́рья, -и
ива́н-ча́й, -я

ИВА

иваси́ный
иваси́, нескл., ж.
и́вина, -ы
и́вишень, -шня
ивня́к, -а́
ивняко́вый
ивнячо́к, -чка́
и́вовый
и́волга, -и
игла́, -ы́, мн. и́глы, игл
игла́-ры́ба, иглы́-ры́бы, мн. и́глы-ры́бы, игл-рыб
и́глистый
и́глица, -ы
иглицеобра́зные, -ых
иглобрю́х, -а
иглова́тый
иглови́дный
иглодержа́тель, -я
иглоко́жие, -их
иглообра́зный
иглоро́т, -а
иглотерапи́я, -и
иглоука́лывание, -я
иглофи́льтр, -а
иглошёрст, -а
игля́нка, -и
игнитро́н, -а
игни́рованный
игнори́рование, -я
игнори́рованный
игнори́ровать(ся), -рую, -рует(ся)
и́го, -а
иго́лка, -и
иго́лочка, -и
иго́лочный
иго́льник, -а
иго́льный
иго́льчатый
иго́рный
игра́, -ы́, мн. и́гры, игр
игра́лище, -а
игра́льный
и́гранный, прич.
и́граный, прил.
игра́ть(ся), -а́ю, -а́ет(ся)
игра́ючи
игра́ющий
и́грек, -а
и́греневый
игре́ний, -яя, -ее
игре́ц, -а́
игре́цкий
игри́вость, -и
игри́вый
игри́стый
и́грище, -а
игрово́й
игро́к, -а́
игроте́ка, -и
игру́н, -а́
игру́нка, -и
игрунко́вый
игру́нья, -и, р. мн. -ний
игру́шечка, -и
игру́шечный
игру́шка, -и
и́грывать, наст. вр. не употр.
игуа́на, -ы
игуанодо́нт, -а
игу́мен, -а
игу́менский

ИГУ

игу́менство, -а
игу́менья, -и, р. мн. -ний
ида́льго, нескл., м.
идеа́л, -а
идеализа́тор, -а
идеализа́ция, -и
идеализи́рование, -я
идеализи́рованный
идеализи́ровать(ся), -рую, -рует(ся)
идеали́зм, -а
идеали́ст, -а
идеалисти́ческий
идеалисти́чный
идеали́стка, -и
идеа́льно пра́вильный
идеа́льный
иде́йка, -и
иде́йно вы́держанный
иде́йно-организацио́нный
иде́йно-полити́ческий
иде́йность, -и
иде́йно-теорети́ческий
иде́йно-худо́жественный
иде́йно-эстети́ческий
иде́йный
идентифика́ция, -и
идентифици́рованный
идентифици́ровать(ся), -рую, -рует(ся)
иденти́чность, -и
иденти́чный
идеогра́мма, -ы
идеографи́ческий
идеогра́фия, -и
идео́лог, -а
идеологи́ческий
идеоло́гия, -и
идеомото́рный
идефи́кс, -а
иде́я, -и
идилли́ческий
иди́ллия, -и
идиоадапта́ция, -и
идиобла́ст, -а
идиоле́кт, -а
идио́ма, -ы
идиома́тика, -и
идиомати́ческий
идиоморфи́зм, -а
идиомо́рфный
идиопла́зма, -ы
идиосинкрази́ческий
идиосинкрази́я, -и
идиосо́ма, -ы
идио́т, -а
идиоти́зм, -а
идиоти́ческий
идиоти́я, -и
идио́тка, -и
идио́тский
идио́тство, -а
идиохромати́ческий
и́диш, -а
идокра́з, -а
и́дол, -а, мн. -ы, -ов
и́долище, -а
идолопокло́нник, -а
идолопокло́ннический
идолопокло́нство, -а
и́дольский
идти́, иду́, идёт; прош. шёл, шла

ИДУ

идучи, *деепр.*
идущий
иды, ид
иеговист, -а
иеговистский
иезуит, -а
иезуитизм, -а
иезуитский
иезуитство, -а
иезуитствовать, -твую, -твует
иена, -ы
иерарх, -а
иерархический
иерархия, -и
иератизм, -а
иератический
иерей, -я
иерейский
иерейство, -а
иерействовать, -твую, -твует
иеремиада, -ы
иерихонский
иероглиф, -а
иероглифический
иеродьякон, -а и иеродиакон, -а
иеродьяконский
иеромонах, -а
иеромонашеский
иеромонашество, -а
иждивенец, -нца
иждивение, -я
иждивенка, -и
иждивенский
иждивенство, -а
иждивенческий
иждивенчество, -а
иже
ижица, -ы
ижицеобразный
из, изо, *предлог*
изабелла, -ы (сорт винограда)
изабелловый
изаллобара, -ы
изаллотерма, -ы
изатин, -а
изафет, -а
изба, -ы, *мн.* избы, изб
избавитель, -я
избавительница, -ы
избавительный
избавить(ся), -влю(сь), -вит(ся)
избавление, -я
избавленный
избавлять(ся), -яю(сь), -яет(ся)
избалованность, -и
избалованный
избаловать(ся), -лую(сь), -лует(ся)
избаловывать(ся), -аю(сь), -ает(ся)
избач, -а
изба-читальня, избы-читальни, *р. мн.* изб-читален
избегать(ся), -аю(сь), -ает(ся), *сов.*
избегать(ся), -аю, -ает(ся), *несов.*
избегнувший
избегнутый
избегнуть, -ну, -нет; *прош.* -ёг и -ёгнул, -егла
избегший
избежание, -я (во избежание *чего*)
избежать, -егу, -ежит, -егут
избёнка, -и
избивать(ся), -аю, -ает(ся)

ИЗБ

избиение, -я
избиратель, -я
избирательница, -ы
избирательность, -и
избирательный
избирательский
избирать(ся), -аю(сь), -ает(ся)
избитый
избить(ся), изобью, изобьёт(ся)
избища, -и
ублизи
избодать, -ает
избоина, -ы
изболеть(ся)¹, -ею(сь), -еет(ся)
изболеть(ся)², -лит(ся) (душа, сердце)
изболтанный
изболтать(ся), -аю(сь), -ает(ся)
изборождённый; *кр. ф.* -ён, -ена
избороздить(ся), -зжу, -здит(ся)
избочениваться, -аюсь, -ается
избочениться, -нюсь, -нится
избочиться, -чусь, -чится
избранный; *кр. ф.* -ён, -ена
избрание, -я
избранить, -ню, -нит
избранник, -а
избранница, -ы
избранный
избрать, -беру, -берёт; *прош.* -ал, -ала, -ало
избродить, -ожу, -одит
избура-жёлтый
избура-красный
избушечка, -и
избушечный
избушка, -и
избывать(ся), -аю, -ает(ся)
избыток, -тка
избыточность, -и
избыточный
избыть(ся), -буду, -будет(ся); *прош.* -ыл, -ыла, -ыло
избяной
извалянный
извалять(ся), -яю(сь), -яет(ся)
изваяние, -я
изваянный
изваять, -яю, -яет
изведанный
изведать, -аю, -ает
изведённый; *кр. ф.* -ён, -ена
изведший(ся)
изведывать, -аю, -ает
извека, *нареч.*
изверг, -а
извергать(ся), -аю(сь), -ает(ся)
извергнувший(ся)
извергнутый
извергнуть(ся), -ну(сь), -нет(ся); *прош.* -ерг(ся) и -ергнул(ся), -ергла(сь)
извергший(ся)
извержение, -я
изверженный
извериться, -рюсь, -рится
извернуться, -нусь, -нётся
извертеть(ся), -ерчу(сь), -ертит(ся)
изверченный
известегасильный
извести, -еду, -едёт; *прош.* -ёл, -ела
известие, -я
известинец, -нца

ИЗВ

известись, -едусь, -едётся; *прош.* -ёлся, -елась
известить(ся), -ещу(сь), -естит(ся)
извёстка, -и
известкование, -я
известкованный
известковать(ся), -кую, -кует(ся)
известково-белый
известково-песчаный
известково-пуццолановый
известково-шлаковый
известковый
известность, -и
известный
известняк, -а
известняковый
известь, -и
извет, -а
изветчик, -а
изветшалый
изветшать, -ает
извечный
извещать(ся), -аю(сь), -ает(ся)
извещение, -я
извещённый; *кр. ф.* -ён, -ена
извеять, -ею, -еет
извив, -а
извивать(ся), -аю(сь), -ает(ся)
извивистый
извилина, -ы
извилистый
извинение, -я
извинённый; *кр. ф.* -ён, -ена
извинительный
извинить(ся), -ню(сь), -нит(ся)
извинять(ся), -яю(сь), -яет(ся)
извиняющий(ся)
извитый; *кр. ф.* -ит, -ита, -ито
извить(ся), изовью(сь), изовьёт(ся); *прош.* -ил(ся), -ила(сь), -ило, -илось
извлекать(ся), -аю, -ает(ся)
извлёкший(ся)
извлечение, -я
извлечённый; *кр. ф.* -ён, -ена
извлечь(ся), -еку, -ечёт(ся), -екут(ся); *прош.* -ёк(ся), -екла(сь)
извне
извод, -а
изводить(ся), -ожу(сь), -одит(ся)
извоженный
извоз, -а
извозить(ся), -ожу(сь), -озит(ся)
извозничать, -аю, -ает
извозничество, -а
извозный
извозопромышленник, -а
извозчик, -а
извозчицкий
извозчичий, -ья, -ье
изволение, -я
изволить, -лю, -лит
изволноваться, -нуюсь, -нуется
изволок, -а
изволоченный
изволочить(ся), -очу, -очит(ся)
изволь(те)
извольничаться, -аюсь, -ается
извораиваться, -аюсь, -ается
извороваться, -руюсь, -руется
изворот, -а
изворотливость, -и

ИЗВ

изворо́тливый
изврати́ть(ся), -ащу́, -ати́т(ся)
извраща́ть(ся), -а́ю(сь), -а́ет(ся)
извраще́ние, -я
извращённость, -и
извращённый; кр. ф. -ён, -ена́
извя́занный
извяза́ть, -яжу́, -я́жет
извя́зывать(ся), -аю, -ает(ся)
изга́дить(ся), -а́жу(сь), -а́дит(ся)
изга́женный
и́згарь, -и
изги́б, -а
изгиба́ние, -я
изгиба́ть(ся), -а́ю(сь), -а́ет(ся)
изги́бистый
изгла́дить(ся), -а́жу, -а́дит(ся)
изгла́дывать(ся), -аю, -ает(ся)
изгла́женный
изгла́живать(ся), -аю, -ает(ся)
изгло́данный
изглода́ть, -ожу́, -о́жет и -а́ю, -а́ет
изгна́ние, -я
изгна́нник, -а
изгна́нница, -ы
изгна́ннический
и́згнанный
изгна́ть, -гоню́, -го́нит; прош. -а́л, -ала́, -а́ло
изгнива́ть, -а́ет
изгни́ть, -иёт
изго́й, -я
изголо́вье, -я, р. мн. -вий
изголо́вьице, -а
изголода́ться, -а́юсь, -а́ется
и́зголуба-бе́лый
и́зголуба-си́ний
изгоня́ть(ся), -я́ю, -я́ет(ся)
изгора́ть, -а́ет
изгоре́ть, -ри́т
и́згородь, -и
изгота́вливать(ся), -аю(сь), -ает(ся)
изготови́тель, -я
изгото́вить(ся), -влю(сь), -вит(ся)
изгото́вка, -и
изготовле́ние, -я
изгото́вленный
изготовля́ть(ся), -я́ю(сь), -я́ет(ся)
изграфи́ть, -флю́, -фи́т
изграфлённый; кр. ф. -ён, -ена́
изгрыза́ть(ся), -а́ю, -а́ет(ся)
изгры́зенный
изгры́зть, -зу́, -зёт; прош. -ы́з, -ы́зла
изгры́зший
изгрязнённый; кр. ф. -ён, -ена́
изгрязни́ть(ся), -ню́(сь), -ни́т(ся)
изгрязня́ть(ся), -я́ю(сь), -я́ет(ся)
изгуби́ть, -ублю́, -у́бит
изгу́бленный
издава́ть(ся), -даю́, -даёт(ся)
и́здавна
изда́ивать(ся), -аю, -ает(ся)
изда́лбливать(ся), -аю, -ает(ся)
издалека́ и издалёка
издале́че и издалёча
изда́ли
изда́ние, -я
и́зданный; кр. ф. -ан, издана́, -ано
изда́ньице, -а
изда́тель, -я
изда́тельский
изда́тельство, -а

ИЗД

изда́ть, -а́м, -а́шь, -а́ст, -ади́м, -ади́те, -аду́т; прош. -а́л, ала́, -а́ло
издева́тельский
издева́тельство, -а
издева́ться, -а́юсь, -а́ется
издёвка, -и
изде́лие, -я
издёрганность, -и
издёрганный
издёргать(ся), -аю(сь), -ает(ся)
издёргивать(ся), -аю(сь), -ает(ся)
изде́ржанный
издержа́ть(ся), -ержу́(сь), -е́ржит(ся)
изде́рживать(ся), -аю(сь), -ает(ся)
изде́ржки, -жек, ед. изде́ржка, -и
изде́тства, нареч.
издира́ть(ся), -а́ю(сь), -а́ет(ся)
издо́бенный
издои́ть(ся), -ою́, -о́ит(ся)
издолби́ть(ся), -блю́, -би́т(ся)
издо́лбленный
издо́льщик, -а
издо́льщина, -ы
издо́хнуть, -ну, -нет; прош. -о́х, -о́хла
издо́хший
издре́вле
издро́гнувший
издро́гнуть, -ну, -нет; прош. -о́г, -о́гла
издро́гший
издыря́вить(ся), -влю, -вит(ся)
издыря́вленный
издыха́ние, -я
издыха́ть, -а́ю, -а́ет
изжа́ленный
изжа́лить, -лит
изжа́ренный
изжа́рить(ся), -рю(сь), -рит(ся)
изжёванный
изжева́ть, -жую́, -жуёт
изжёвывать(ся), -аю, -ает(ся)
изжёгший(ся)
и́зжелта-зелёный
и́зжелта-кра́сный
изжелти́ть, -лчу́, -лти́т
изжелчённый; кр. ф. -ён, -ена́
изже́чь(ся), изожгу́(сь), изожжёт(ся), изожгу́т(ся); прош. изжёг(ся), изожгла́(сь)
изжива́ние, -я
изжива́ть(ся), -а́ю, -а́ет(ся)
изжига́ть(ся), -а́ю(сь), -а́ет(ся)
изжи́тие, -я
изжи́тый; кр. ф. -и́т, -и́та, -и́то
изжи́ть(ся), -иву́, -ивёт(ся); прош. -и́л(ся), -ила́(сь), -и́ло, -и́ло́сь
изжо́га, -и
из-за, предлог
из-за грани́цы
и́ззелена-голубо́й
и́ззелена-си́ний
иззеленённый; кр. ф. -ён, -ена́
иззелени́ть(ся), -ню́(сь), -ни́т(ся)
иззу́бренный
иззу́бривать(ся), -аю, -ает(ся)
иззубри́ть(ся), -убрю́, -убри́т(ся)
иззя́бнуть, -ну, -нет; прош. -зя́б, -зя́бла
иззя́бший
изла́вливать, -аю, -ает
излага́ть(ся), -а́ю, -а́ет(ся)
изла́дить(ся), -а́жу(сь), -а́дит(ся)
изла́живать(ся), -аю, -ает(ся)

ИЗЛ

изла́занный
изла́зать, -аю, -ает
изла́зить, -а́жу, -а́зит
изла́мывать(ся), -аю(сь), -ает(ся)
изла́танный
излата́ть, -а́ю, -а́ет
излата́ть, -а́ю, -а́ет
излени́ться, -еню́сь, -е́нится
излёт, -а
излета́ть, -а́ю, -а́ет
излече́ние, -я
изле́ченный
изле́чивать(ся), -аю(сь), -ает(ся)
излечи́мый
излечи́ть(ся), -лечу́(сь), -ле́чит(ся)
излива́ть(ся), -а́ю(сь), -а́ет(ся)
изли́занный
излиза́ть, -ижу́, -и́жет
излино́ванный
излинова́ть, -ну́ю, -ну́ет
изли́тый; кр. ф. -и́т, -ита́, -и́то
изли́ть(ся), изолью́(сь), изольёт(ся); прош. -и́л(ся), -ила́(сь), -и́ло, -и́ло́сь
изли́шек, -шка
изли́шество, -а
изли́шествовать, -твую, -твует
изли́шне
изли́шний
излия́ние, -я
излови́ть, -овлю́, -о́вит
изло́вленный
излови́ться, -а́юсь, -а́ется
изловчи́ться, -чу́сь, -чи́тся
изложе́ние, -я
изло́женный
изложи́ть, -ожу́, -о́жит
изло́жница, -ы
изло́м, -а
изло́манность, -и
изло́манный (от излома́ть)
излома́ть(ся), -а́ю(сь), -а́ет(ся)
изломи́ть, -омлю́, -о́мит
изло́мленный (от изломи́ть)
излохма́тить, -а́чу, -а́тит(ся)
излохма́ченный
излупи́ть, -уплю́, -у́пит
излу́пленный
излуча́тель, -я
излуча́ть(ся), -а́ю, -а́ет(ся)
излуче́ние, -я
излучённый; кр. ф. -ён, -ена́
излу́чина, -ы
излу́чистый
излучи́ть(ся), -чу́, -чи́т(ся)
излю́бленный
изма́занный
изма́зать(ся), -а́жу(сь), -а́жет(ся)
изма́зывать(ся), -аю(сь), -ает(ся)
измалёванный
измалева́ть, -люю́, -люет
измалёвывать(ся), -аю, -ает(ся)
изма́лывать(ся), -аю, -ает(ся)
изма́ранный
измара́ть(ся), -а́ю(сь), -а́ет(ся)
изма́сливать(ся), -аю(сь), -ает(ся)
изма́слить(ся), -лю(сь), -лит(ся)
изма́тывать(ся), -аю(сь), -ает(ся)
изма́чивать(ся), -аю(сь), -ает(ся)
измая́нный
измая́ть(ся), -а́ю(сь), -а́ет(ся)
измельчённый; кр. ф. -ён, -ена́

135

ИЗМ

измели́ть(ся), -лю́(сь), -ли́т(ся)
измельча́ние, -я
измельча́ть(ся), -а́ю, -а́ет(ся)
измельче́ние, -я
измельчённый; *кр. ф.* -ён, -ена́
измельчи́тель, -я
измельчи́ть(ся), -чу́, -чи́т(ся)
измéна, -ы
изменéние, -я
изменённый; *кр. ф.* -ён, -ена́
измени́ть(ся), -еню́(сь), -éнит(ся)
измéнник, -а
измéнница, -ы
измéннический
измéнничество, -а
измéнчивость, -и
измéнчивый
изменя́емый
изменя́ть(ся), -я́ю(сь), -я́ет(ся)
измерéние, -я
измéренный
измёрзнуть, -ну, -нет; *прош.* -ёрз, -ёрзла
измёрзший
измери́мый
измери́тель, -я
измери́тельно-информацио́нный
измери́тельный
измеря́ть, -рю, -рит и -ряю, -ряет
измеря́ть(ся), -я́ю, -я́ет(ся)
измождéние, -я
измождённость, -и
измождённый; *кр. ф.* -ён, -ена́
измока́ть, -а́ю, -а́ет
измо́кнуть, -ну, -нет; *прош.* -о́к, -о́кла
измо́кший
измола́чивать(ся), -аю, -ает(ся)
измолоти́ть, -очу́, -о́тит
измоло́тый
измоло́ть(ся), -мелю́, -ме́лет(ся)
измоло́ченный
измо́р, -а
изморённый; *кр. ф.* -ён, -ена́
измори́ть(ся), -рю́(сь), -ри́т(ся)
и́зморозь, -и (иней)
и́зморось, -и (моросящий дождь)
измо́танный
измота́ть(ся), -а́ю(сь), -а́ет(ся)
измоча́ленный
измоча́ливать(ся), -аю(сь), -ает(ся)
измоча́лить(ся), -лю(сь), -лит(ся)
измо́ченный
измочи́ть(ся), -очу́(сь), -о́чит(ся)
изму́сленный
изму́сливать(ся), -аю(сь), -ает(ся)
изму́слить(ся), -лю(сь), -лит(ся)
измусо́ленный
измусо́ливать(ся), -аю(сь), -ает(ся)
измусо́лить(ся), -лю(сь), -лит(ся)
изму́ченный
изму́чивать(ся), -аю(сь), -ает(ся)
изму́чить(ся), -чу(сь), -чит(ся) и -аю(сь), -ает(ся)
измыва́тельский
измыва́тельство, -а
измыва́ться, -а́юсь, -а́ется
измы́зганный
измы́згать(ся), -аю(сь), -ает(ся)
измы́згивать(ся), -аю(сь), -ает(ся)
измы́ленный
измы́ливать(ся), -аю, -ает(ся)
измы́лить(ся), -лю, -лит(ся)

ИЗМ

измы́слить, -лю, -лит
измыта́ренный
измыта́рить(ся), -рю(сь), -рит(ся)
измышлéние, -я
измы́шленный
измышля́ть(ся), -я́ю, -я́ет(ся)
измя́тый
измя́ть(ся), изомну́, изомнёт(ся)
изна́нка, -и
изна́ночный
изнаси́лование, -я
изнаси́лованный
изнаси́ловать, -лую, -лует
изнача́ла, *нареч.*
изнача́льный
изна́шиваемость, -и
изна́шивание, -я
изна́шивать(ся), -аю(сь), -ает(ся)
изнéженность, -и
изнéженный
изнéживать(ся), -аю(сь), -ает(ся)
изнéжить(ся), -жу(сь), -жит(ся)
изнемога́ть, -а́ю, -а́ет
изнемога́ющий
изнеможéние, -я
изнеможённый; *кр. ф.* -ён, -ена́
изнемо́чь, -огу́, -о́жет, -о́гут; *прош.* -о́г, -огла́
изнéрвничаться, -аюсь, -ается
изни́занный
изниза́ть -ижу́, -и́жет
и́знизу, *нареч.*
изни́зывать(ся), -аю, -ает(ся)
изничтожа́ть(ся), -а́ю, -а́ет(ся)
изничто́женный
изничто́жить(ся), -жу, -жит(ся)
изнища́ть, -а́ю, -а́ет
изно́жье, -я, *р. мн.* -жий
изно́с, -а и -у
носи́ть(ся), -ошу́(сь), -о́сит(ся)
износостойкий
износостойкость, -и
износоустойчивость, -и
износоустойчивый
изно́шенность, -и
изно́шенный
изнурéние, -я
изнурённость, -и
изнурённый; *кр. ф.* -ён, -ена́
изнури́тельный
изнури́ть(ся), -рю́(сь), -ри́т(ся)
изнуря́ть(ся), -я́ю(сь), -я́ет(ся)
изнуря́ющий
изнутри́
изныва́ть, -а́ю, -а́ет
изныря́ть, -я́ю, -я́ет
изны́ть, -но́ю, -но́ет
изо, из, *предлог*
изо... — первая часть сложных слов пишется всегда слитно
изоами́ловый
изоба́ра, -ы
изобари́ческий
изоба́рный
изоба́та, -ы
изоби́деть(ся), -и́жу(сь), -и́дит(ся)
изоби́женный
изоби́лие, -я
изоби́ловать, -лует
изоби́льный
изобли́чать(ся), -а́ю, -а́ет(ся)
изобличéние, -я

ИЗО

изобличённый; *кр. ф.* -ён, -ена́
изобличи́тель, -я
изобличи́тельный
изобличи́ть, -чу́, -чи́т
изобража́ть(ся), -а́ю, -а́ет(ся)
изображéние, -я
изображённый; *кр. ф.* -ён, -ена́
изобрази́тельный
изобрази́ть(ся), -ажу́, -ази́т(ся)
изобрéвший
изобрести́, -ету́, -етёт; *прош.* -ёл, -ела́
изобрета́тель, -я
изобрета́тельница, -ы
изобрета́тельность, -и
изобрета́тельный
изобрета́тельский
изобрета́тельство, -а
изобрета́ть(ся), -а́ю, -а́ет(ся)
изобретéние, -я
изобретённый; *кр. ф.* -ён, -ена́
изобрéтший
изобутилéн, -а
изовра́ться, -ру́сь, -рётся; *прош.* -а́лся, -ала́сь, -ало́сь
изо всéх сил
изога́мия, -и
изоги́пса, -ы
изогло́сса, -ы
изо́гнуто-ова́льный
изо́гнутый
изогну́ть(ся), -ну́(сь), -нёт(ся)
изого́на, -ы
изогона́льный
изогра́фия, -и
изодина́мия, -и
изо дня́ в дéнь
изо́дранный
изодра́ть(ся), издеру́(сь), издерёт(ся); *прош.* -а́л(ся), -ала́(сь), -а́ло, -а́ло́сь
изожжённый; *кр. ф.* -ён, -ена́
изозо́ма, -ы
изоиони́я, -и
изойти́, изойду́, изойдёт; *прош.* изошёл, изошла́
изокли́на, -ы
изоклина́ль, -и
изоклина́льный
изоколо́н, -а
изолга́ться, -лгу́сь, -лжётся, -лгу́тся; *прош.* -а́лся, -ала́сь, -ало́сь
изолейци́н, -а
изоли́ния, -и
изоли́рованность, -и
изоли́рованный
изоли́ровать(ся), -рую(сь), -рует(ся)
изолиро́вочный
изоли́рующий
изоля́тор, -а
изоляциони́зм, -а
изоляциони́ст, -а
изоляциони́стский
изоляцио́нный
изоля́ция, -и
изомéр, -а
изомериза́ция, -и
изомери́я, -и
изометри́ческий
изомéтрия, -и
изоморфи́зм, -а
изомо́рфный
изоортохромати́ческий

ИЗО

изопо́д, -а
изопре́н, -а
изопропи́ловый
изо́рванный
изорва́ть(ся), -рву́, -рвёт(ся); *прош.* -а́л(ся), -ала́(сь), -а́ло, -а́ло́сь
изосиллаби́зм, -а
изостла́ть и исстели́ть, исстелю́, исстелет; *прош.* изостла́л, изостла́ла и исстели́л, исстели́ла
изосту́дия, -и
изоте́рма, -ы
изотерми́ческий
изотерми́я, -и
изо́тканный
изотка́ть, -ку́, -кёт; *прош.* -а́л, -ала́, -а́ло
изотони́ческий
изотони́я, -и
изото́п, -а
изото́пный
изотропи́я, -и
изотро́пность, -и
изохромати́ческий
изохро́нный
изоцикли́ческий
изоше́дший
изощре́ние, -я
изощрённость, -и
изощрённый; *кр. ф.* -ён, -ена́
изощри́ть(ся), -рю́(сь), -ри́т(ся)
изощря́ть(ся), -я́ю(сь), -я́ет(ся)
изоэ́тес, -а
изоэ́товые, -ых
из-под, из-подо, *предлог*
из-под мы́шек
из-под спу́да
изразе́ц, -зца́
изразцо́вый
изра́ильский
израильтя́нин, -а, *мн.* -я́не, -я́н
изра́ненный
изра́нить(ся), -ню(сь), -нит(ся)
израста́ние, -я
изра́сходованный
израсхо́довать(ся), -дую(сь), -дует(ся)
изреди́ть, -режу́, -реди́т
и́зредка
изрежённый; *кр. ф.* -ён, -ена́
изре́занный
изре́зать(ся), -ре́жу(сь), -ре́жет(ся)
изрека́ть, -а́ю, -а́ет
изре́кший
изрече́ние, -я
изречённый; *кр. ф.* -ён, -ена́
изре́чь, -еку́, -ечёт, -еку́т; *прош.* -ёк, -екла́
изрешети́ть(ся), -шечу́, -шети́т(ся)
изрешечённый; *кр. ф.* -ён, -ена́ и изреше́ченный
изреше́чивать(ся), -аю, -ает(ся)
изри́нутый
изри́нуть, -ну, -нет
изрисо́ванный
изрисова́ть, -су́ю, -су́ет
изрисо́вывать, -аю, -ает(ся)
изруба́ть(ся), -а́ю, -а́ет(ся)
изруби́ть, -ублю́, -у́бит
изру́бленный
изрубцева́ть, -цу́ю, -цу́ет

ИЗР

изрубцо́ванный
изру́ганный
изруга́ть(ся), -а́ю(сь), -а́ет(ся)
изрыва́ть(ся), -а́ю(сь), -а́ет(ся)
изрыга́ть(ся), -а́ю, -а́ет(ся)
изрыгну́ть(ся), -ну́, -нёт(ся)
изры́скать, -ы́щу, -ы́щет и -аю, -ает
изры́тый
изры́ть, -ро́ю, -ро́ет
из ря́да вон
изря́дный
изуве́р, -а
изуве́рка, -и
изуве́рский
изуве́рство, -а
изуве́рствовать, -твую, -твует
изуве́ченный
изуве́чивать(ся), -аю(сь), -ает(ся)
изуве́чить(ся), -чу(сь), -чит(ся)
изукра́сить(ся), -а́шу(сь), -а́сит(ся)
изукра́шенный
изукра́шивать(ся), -аю(сь), -ает(ся)
изуми́тельный
изуми́ть(ся), -млю́(сь), -ми́т(ся)
изумле́ние, -я
изумлённый; *кр. ф.* -ён, -ена́
изумля́ть(ся), -я́ю(сь), -я́ет(ся)
изумру́д, -а
изумру́дно-зелёный
изумру́дный
изуро́дованный
изуро́довать(ся), -дую(сь), -дует(ся)
изу́стный
изуча́ть(ся), -а́ю, -а́ет(ся)
изу́ченный
изучи́ть, -учу́, -у́чит
изъеда́ть, -а́ет
изъе́денный
изъе́здить(ся), -е́зжу, -е́здит(ся)
изъе́зженный
изъело́зить, -о́жу, -о́зит
изъёрзанный
изъёрзать(ся), -аю(сь), -ает(ся)
изъёрзывать, -аю, -ает
изъе́сть, -е́ст, -едя́т; *прош.* -е́л, -е́ла
изъяви́тельное наклоне́ние
изъяви́ть, -явлю́, -я́вит
изъявле́ние, -я
изъя́вленный
изъявля́ть(ся), -я́ю, -я́ет(ся)
изъязви́ть, -влю́, -ви́т
изъязвле́ние, -я
изъязвлённый; *кр. ф.* -ён, -ена́
изъязвля́ть(ся), -я́ю, -я́ет(ся)
изъя́н, -а
изъя́нец, -нца
изъясне́ние, -я
изъяснённый; *кр. ф.* -ён, -ена́
изъясни́тельный
изъясни́ть(ся), -ню́(сь), -ни́т(ся)
изъясня́ть(ся), -я́ю(сь), -я́ет(ся)
изъя́тие, -я
изъя́тый
изъя́ть, изыму́, изы́мет
изыма́ть(ся), -а́ю, -а́ет(ся)
изыска́ние, -я
изы́сканность, -и
изы́сканный
изыска́тель, -я
изыска́тельный
изыска́тельский
изыска́ть, -ыщу́, -ы́щет

ИЗЫ

изы́скивать(ся), -аю, -ает(ся)
изю́бр, -а и изю́брь, -я
изю́бровый и изю́бревый
изю́м, -а
изю́минка, -и
изю́мный
изя́щество, -а
изя́щный
ика́ние, -я (*от* ика́ть)
и́канье, -я (*от* и́кать)
ика́риец, -и́йца
ика́ри́йский
и́кать, -аю, -ает (о произношении)
ика́ть(ся), -а́ю, -а́ет(ся) (*к* ико́та)
икеба́на, -ы
икну́ть(ся), -ну́, -нёт(ся)
ико́на, -ы
ико́нный
иконобо́рец, -рца
иконобо́рческий
иконобо́рчество, -а
иконографи́ческий
иконогра́фия, -и
иконопи́сец, -сца
иконопи́сный
и́конопись, -и
иконоско́п, -а
иконоста́с, -а
иконоста́сный
ико́рка, -и
ико́рный
икоса́эдр, -а
ико́та, -ы
ико́тник, -а
икра́, -ы́
икри́нка, -и
икри́стый
икромёт, -а
икромета́ние, -я
икроно́жный
и́кры, икр, *ед.* икра́, -ы́
икря́ник, -а
икряно́й
икс, -а
икс-едини́ца, -ы
ил, а и -у
и́ли, иль, *союз*
и́листый
иллири́ец, -и́йца
иллири́зм, -а
иллири́йский
иллювиа́льный
иллю́вий, -я
иллюзио́н, -а
иллюзиони́зм, -а
иллюзиони́ст, -а
иллюзионисти́ческий
иллюзиони́стка, -и
иллюзиони́стский
иллю́зия, -и
иллюзо́рный
иллюмина́т, -а
иллюмина́тор, -а
иллюмина́ция, -и
иллюмини́рованный
иллюмини́ровать(ся), -рую, -рует(ся)
иллюмино́ванный
иллюминова́ть(ся), -ну́ю, -ну́ет(ся)
иллюстрати́вный
иллюстра́тор, -а
иллюстра́ция, -и

ИЛЛ

иллюстри́рование, -я
иллюстри́рованный
иллюстри́ровать(ся), -рую, -рует(ся)
илова́тый
и́ловый
ило́н, -а
ило́т, -а
иль, и́ли, *союз*
ильчо́вка, -и
и́лька, -и
и́льковый
ильм, -а
ильмени́т, -а
ильме́нь, -и
и́льмовый
и́льница, -ы
и́льный
имажини́зм, -а
имажини́ст, -а
имажини́стский
има́м, -а
имама́т, -а
имбеци́льность, -и
имби́рный
имби́рь, -я́
име́ние, -я
имени́нник, -а
имени́нница, -ы
имени́нный
имени́ны, -и́н
имени́тельный паде́ж
имени́тость, -и
имени́тый
и́менно
именно́й
имено́ванный
именова́ть(ся), -ну́ю(сь), -ну́ет(ся)
именосло́в, -а
имену́емый
име́ньице, -а
име́ньишко, -а
имерети́н, -а, *р. мн.* -и́н
имерети́нец, -нца
имерети́нка, -и
имерети́нский
име́ть(ся), -е́ю, -е́ет(ся)
и́мечко, -а
имита́тор, -а
имита́торский
имитацио́нный
имита́ция, -и
имити́рованный
имити́ровать(ся), -рую, -рует(ся)
имма́нентный
имматрикуля́ция, -и
иммельма́н, -а
иммерсио́нный
имме́рсия, -и
иммигра́нт, -а
иммигра́нтка, -и
иммигра́нтский
иммиграцио́нный
иммигра́ция, -и
иммигри́ровать -рую, -рует (въезжать)
иммобилиза́ция, -и
иммобилизи́, -и
иммобилизо́ванный
иммобилизова́ть, -зу́ю, -зу́ет
иммоби́льный
иммора́лизм, -а
иммора́льный

ИММ

иммортéль, -и
иммунизацио́нный
иммуниза́ция, -и
иммунизи́рованный
иммунизи́ровать(ся), -рую, -рует(ся)
иммуните́т, -а
имму́нный
иммунобиологи́ческий
иммунобиоло́гия, -и
иммуногене́тика, -и
иммунодиагно́стика, -и
иммунодиагности́ческий
иммуно́лог, -а
иммунологи́ческий
иммуноло́гия, -и
иммунопатоло́гия, -и
иммунопрофила́ктика, -и
иммунопрофилакти́ческий
иммунотерапи́я, -и
иммунохи́мия, -и
императи́в, -а
императи́вный
импера́тор, -а
импера́торский
импера́торство, -а
императри́ца, -ы
империа́л, -а
империали́зм, -а
империали́ст, -а
империалисти́ческий
империали́стский
импе́рия, -и
импе́рский
персона́льный
имперфе́кт, -а
импети́го, *нескл., с.*
импланта́ция, -и
имплика́ция, -и
имплози́вный
импло́зия, -и
импоза́нтность, -и
импоза́нтный
импони́ровать, -рую, -рует
импони́рующий
и́мпорт, -а
импортёр, -а
импорти́рованный
импорти́ровать(ся), -рую, -рует(ся)
и́мпортный
импо́ст, -а
импоте́нт, -а
импоте́нтный
импоте́нция, -и
импреса́рио, *нескл., м.*
импрессиони́зм, -а
импрессиони́ст, -а
импрессионисти́ческий
импрессиони́стка, -и
импрессиони́стский
импровиза́тор, -а
импровиза́торский
импровизацио́нный
импровиза́ция, -и
импровизи́рованный
импровизи́ровать(ся), -рую, -рует(ся)
и́мпульс, -а
импульси́вный
и́мпульсно-дальноме́рный
и́мпульсно-ко́довый
и́мпульсный

ИМП

импульстерапи́я, -и
иму́щественный
иму́щество, -а
иму́щий
и́мя, и́мени, *мн.* имена́, имён, имена́м
имяре́к, -а
инавгура́ция, -и и инаугура́ция, -и
инакомы́слие, -я
инакомы́слящий
инаугура́ция, -и и инавгура́ция, -и
и́наче
инбри́динг, -а
инвазио́нный
инва́зия, -и
инвали́д, -а
инвали́дка, -и
инвали́дность, -и
инвали́дный
инвариа́нт, -а
инвариа́нтность, -и
инвариа́нтный
инвекти́ва, -ы
инвентариза́тор, -а
инвентаризацио́нный
инвентариза́ция, -и
инвентаризи́рованный
инвентаризи́ровать(ся), -рую, -рует(ся)
инвентаризо́ванный
инвентаризова́ть(ся), -зу́ю, -зу́ет(ся)
инвента́рный
инвента́рь, -я́
инверсио́нный
инверси́рованный
инве́рсия, -и
инве́рсор, -а
инверти́рование, -я
инверти́рованный
инверти́ровать(ся), -рую, -рует(ся)
инве́ртор, -а
инвести́рованный
инвести́ровать(ся), -рую, -рует(ся)
инвести́тор, -а
инвеститу́ра, -ы
инвестицио́нный
инвести́ция, -и
инве́стор, -а
инволю́та, -ы (*матем.*)
инволюцио́нный
инволю́ция, -и
ингаля́тор, -а
ингалято́рий, -я
ингаляцио́нный
ингаля́ция, -и
ингиби́рование, -я
ингиби́рованный
ингиби́ровать, -рую, -рует
ингиби́тор, -а
ингредие́нт, -а
ингре́ссия, -и
ингу́ш, -а́, *мн.* ингуши́, -е́й
ингу́шка, -и
ингу́шский
и́нда, *неизм.*
инда́у, *нескл., ж.*
и́ндеветь, -ею, -еет
инде́ец, -е́йца
инде́ечий, -ья, -ье (*к* инде́йка)
инде́йка, -и
индейково́дство, -а
инде́йский
и́ндекс, -а

ИНД

индекса́ция, -и
индекси́рование, -я
и́ндексный
индемните́т
индетермини́зм -а
индетермини́ст, -а
индетерминисти́ческий
индиа́нка, -и
индиви́д, -а
индивидуализи́рованный
индивидуализи́ровать(ся), -рую, -рует(ся)
индивидуали́зм, -а
индивидуали́ст, -а
индивидуалисти́ческий
индивидуалисти́чный
индивидуали́стка, -и
индивидуали́стский
индивидуа́льно-брига́дный
индивидуа́льно-психологи́ческий
индивидуа́льность, -и
индивидуа́льный
индиви́дуум, -а
инди́го, нескл., с.
инди́говый
индиго́идный
индигокарми́н, -а
индигоно́сный
индигофе́ра, -ы
и́ндиевый
инди́ец, -и́йца
и́ндий, -я
инди́йский
индикати́в, -а
индика́тор, -а
индика́торный
индикатри́са, -ы
индикацио́нный
индика́ция, -и
индифференти́зм, -а
индифере́нтность, -и
индифере́нтный
и́ндо-африка́нский
индогерма́нский (лингв.)
индоевропеи́стика, -и
индоевропе́йский (лингв.)
индоира́нский (лингв.)
индокита́йский (от Индокита́й)
индокси́л, -а
индо́л, -а
индо́лог, -а
индоло́гия, -и
и́ндо-мала́йский
индонези́ец, -и́йца
индонези́йка, -и
индонези́йский
индоссаме́нт, -а
индосса́нт, -а (кто передает вексель)
индосса́т, -а (кто получает вексель)
индуи́зм, -а
индуи́стский
индукти́вность, -и
индукти́вный
инду́ктор, -а
инду́кторный
индукцио́нный
инду́кция, -и
индульге́нция, -и
инду́с, -а
инду́ска, -и
инду́сский
индустриализа́ция, -и

ИНД

индустриализи́рованный
индустриализи́ровать(ся), -рую, -рует(ся)
индустриа́льно-колхо́зный
индустриа́льно развито́й
индустриа́льный
индустри́я, -и
индуци́рованный
индуци́ровать, -рую, -рует
индю́к, -а́
индюша́тник, -а
индюша́чий и индю́шечий, -ья, -ье
индюши́ный
индю́шка, -и
индюшо́нок, -нка, мн. -ша́та, -ша́т
и́ней, -я
ине́ртность, -и
ине́ртный
инерциа́льный
инерцио́нный
ине́рция, -и
инже́ктор, -а
инжекцио́нный
инже́кция, -и
инжене́р, -а, мн. -ы, -ов
инжене́р-вице-адмира́л, -а
инжене́р-генера́л-майо́р, -а
инжене́р-генера́л-полко́вник, -а
инжене́р-капита́н, -а
инжене́р-майо́р, -а
инжене́р-меха́ник, инжене́ра-меха́ника
инжене́рно-авиацио́нный
инжене́рно-механи́ческий
инжене́рно-строи́тельный
инжене́рно-техни́ческий
инжене́рно-физи́ческий
инжене́рно-экономи́ческий
инжене́рный
инжене́р-подполко́вник, -а
инжене́р-полко́вник, -а
инжене́рский
инжене́рство, -а
инжене́р-экономи́ст, инжене́ра-экономи́ста
инженю́, нескл. ж.
инжи́р, -а
инжи́рный
и́нистый
инициа́лы, -ов, ед. инициа́л, -а
инициа́льно-цифрово́й
инициа́льный
инициати́ва, -ы
инициати́вный
инициа́тор, -а
иниции́ровать, -рует
иниции́рующий
инкапсуля́ция, -и
инкасса́тор, -а
инкасса́торский
инкасса́ция, -и
инкасси́рованный
инкасси́ровать, -рую, -рует
инка́ссо, нескл., с.
инка́ссовый
инкварта́та, -ы
ин-ква́рто, неизм.
инквизи́тор, -а
инквизи́торский
инквизи́торство, -а
инквизицио́нный
инквизи́ция, -и

ИНК

и́нки, -ов
инклина́тор, -а
инклино́метр, -а
инклиноме́трия, -и
инклюзи́в, -а
инко́гнито, неизм. и нескл., с. и м.
инко́р, -а
инкорпора́ция, -и
инкорпори́рованный
инкорпори́ровать(ся), -рую, -рует(ся)
инкорпори́рующий
инкрето́рный
инкре́ция, -и
инкрими́ни́рование, -я
инкрими́ни́рованный
инкрими́ни́ровать(ся), -рую, -рует(ся)
инкруста́ция, -и
инкрусти́рованный
инкрусти́ровать(ся), -рую, -рует(ся)
инкуба́тор, -а
инкубато́рий, -я
инкуба́торно-птицево́дческий
инкуба́торный
инкубацио́нный
инкуба́ция, -и
инкуби́ровать(ся), -рую, -рует(ся)
инкуна́була, -ы, р. мн. -ул
иннерва́ция, -и
инобытие́, -я́
инове́рец, -рца
инове́рка, -и
инове́рный
инове́рческий
иногда́
иногоро́дний
иноземе́ц, -мца
иноземка, -и
инозе́мный
инозе́мщина, -ы
инози́н, -а
инози́новый
инози́т, -а
ино́й
и́нок, -а
и́нокиня, -и, р. мн. -инь
ин-окта́во, неизм.
инокуля́ция, -и
иномы́слие, -я
инонациона́льный
инопера́бельный
инопланетный
инопланетя́нин, -а, мн. -я́не, -я́н
иноплеме́нник, -а
иноплеме́нница, -ы
иноплеме́нный
иноро́дец, -дца
иноро́дный
иноро́дческий
иносказа́ние, -я
иносказа́тельный
иностра́нец, -нца
иностра́нка, -и
иностра́нный
иностра́нщина, -ы
иноходе́ц, -дца
и́ноходь, -и
и́ноческий
и́ночество, -а
иноязы́чный
инса́йд, -а
инсекта́рий, -я

ИНС

инсектици́д, -а
инсектофунгици́д, -а
инсинуа́тор, -а
инсинуа́ция, -и
инсинуи́рованный
инсинуи́ровать(ся), -рую, -рует(ся)
инсоля́ция, -и
инспекти́рование, -я
инспекти́рованный
инспекти́ровать(ся), -рую, -рует(ся)
инспе́ктор, -а, мн. -а́, -о́в
инспе́кторский
инспе́кторство, -а
инспе́кторствовать, -твую, -твует
инспектри́са, -ы
инспекту́ра, -ы
инспекцио́нный
инспе́кция, -и
инспира́тор, -а
инспира́ция, -и
инспири́рование, -я
инспири́рованный
инспири́ровать(ся), -рую, -рует(ся)
инсталля́ция, -и
инста́нция, -и
инстилля́ция, -и
инсти́нкт, -а
инстинкти́вный
институ́т, -а
институ́тка, -и
институ́тский
инструкта́ж, -а
инструкти́вный
инструкти́рование, -я
инструкти́рованный
инструкти́ровать(ся), -рую, -рует(ся)
инстру́ктор, -а, мн. -ы, -ов и -а́, -о́в
инстру́кторский
инструкцио́нный
инстру́кция, -и
инструме́нт, -а
инструментали́зм, -а
инструментали́ст, -а
инструментали́стка, -и
инструмента́льный
инструмента́льщик, -а
инструмента́рий -я
инструменто́ванный
инструментова́ть, -ту́ю, -ту́ет
инструменто́вка, -и
инсули́н, -а
инсу́льт, -а
инсурге́нт, -а
инсурге́нтский
инсцени́рованный
инсцени́ровать(ся), -рую, -рует(ся)
инсцениро́вка, -и
инсцениро́вщик, -а
инта́лия, -и
инта́рсия, -и
интегра́л, -а
интегра́льный
интегра́тор, -а
интегра́ф, -а
интегра́ция, -и
интегри́рование, -я
интегри́рованный
интегри́ровать(ся), -рую, -рует(ся)
интегри́рующий(ся)
интелле́кт, -а
интеллектуа́л, -а

ИНТ

интеллектуали́зм, -а
интеллектуа́льность, -и
интеллектуа́льный
интеллиге́нт, -а
интеллиге́нтка, -и
интеллиге́нтный
интеллиге́нтский
интеллиге́нтство, -а
интеллиге́нщина, -ы
интеллиге́нция, -и
интеллиги́бельный
интенда́нт, -а
интенда́нтский
интенда́нтство, -а
интенси́вность, -и
интенси́вный
интенсифика́ция, -и
интенсифици́рованный
интенсифици́ровать(ся), -рую, -рует(ся)
интерва́л, -а
интерве́нт, -а
интерве́нтский
интервенциони́стский
интервенцио́нный
интерве́нция, -и
интервока́льный
интервью́, нескл., с.
интервьюе́р, -а
интервьюи́рование, -я
интервьюи́ровать(ся), -рую, -рует(ся)
интердента́льный
интерди́кт, -а
интере́с, -а
интере́сный
интересова́ть(ся), -су́ю(сь), -су́ет(ся)
интерклу́б, -а
интерлингви́стика, -и
интерлингвисти́ческий
интерлю́дия, -и
интерме́дия, -и
интерметалли́ческий
интерме́ццо, нескл., с.
интерн, -а
интерна́т, -а
интерна́тский
интернату́ра, -ы
интернациона́л, -а
интернационализа́ция, -и
интернационализи́рованный
интернационализи́ровать(ся), -рую, -рует(ся)
интернационали́зм, -а
интернационали́ст, -а
интернационалисти́ческий
интернационали́стка, -и
интернационали́стский
интернациона́льный
интерни́рование, -я
интерни́рованный
интерни́ровать(ся), -рую, -рует(ся)
интерорецепти́вный
интерореце́птор, -а
интерореце́пция, -и
интерпелли́ровать, -рую, -рует (к интерпелля́ция)
интерпелля́нт, -а
интерпелля́ция, -и (запрос)
интерполи́рование, -я
интерполи́рованный

ИНТ

интерполи́ровать(ся), -рую, -рует(ся) (к интерполя́ция)
интерполя́тор, -а
интерполя́ция, -и (матем.; вставка)
интерпрета́тор, -а
интерпрета́ция, -и
интерпрети́рованный
интерпрети́ровать(ся), -рую, -рует(ся)
интерсексуа́льность, -и
интерференцио́нный
интерфере́нция, -и
интерфери́ровать, -рует
интерферо́метр, -а
интерферо́н, -а
интерье́р, -а
и́нтима, -ы
инти́мность, -и
инти́мный
интоксикацио́нный
интоксика́ция, -и
интонацио́нный
интона́ция, -и
интони́рование, -я
интони́рованный
интони́ровать(ся), -рую, -рует(ся)
интразона́льный
интрамолекуля́рный
интри́га, -и
интрига́н, -а
интрига́нка, -и
интрига́нский
интрига́нство, -а
интригова́ть, -гу́ю, -гу́ет
интри́жка, -и
интроду́кция, -и
интрониза́ция, -и
интроскопи́я, -и
интроспекти́вный
интроспе́кция, -и
интрузи́вный
интру́зия, -и
интуба́ция, -и
интуитиви́зм, -а
интуитиви́стский
интуити́вный
интуи́ция, -и
интури́ст, -а
интури́стский
инули́н, -а
инфа́нт, -а
инфа́нта, -ы
инфанте́рия, -и
инфантили́зм, -а
инфанти́льность, -и
инфанти́льный
инфа́ркт, -а
инфекцио́нный
инфе́кция, -и
и́нфикс, -а
инфильтра́т, -а
инфильтра́ция, -и
инфильтри́ровать, -рую, -рует
инфинити́в, -а
инфинити́вный
инфици́рованный
инфици́ровать, -рую, -рует
инфлюэ́нца, -ы
инфля́ция, -и
ин-фо́лио, неизм.
информа́нт, -а
информати́вность, -и
информати́вный

ИНФ

информа́тика, -и
информа́тор, -а
информацио́нно-вычисли́тельный
информацио́нно-измери́тельный
информацио́нно-логи́ческий
информацио́нно-по́и́ско́вый
информацио́нно-разве́дывательный
информацио́нно-рекла́мный
информацио́нный
информа́ция, -и
информи́рованный
информи́ровать(ся), -рую(сь), -рует(ся)
информосо́ма, -ы
инфразву́к, -а
инфракра́сный
инфраструкту́ра, -ы
инфрахромати́ческий
инфузо́рия, -и
инфузо́рный
инциде́нт, -а
инцу́хт, -а
инъе́кция, -и
инъеци́рованный
инъеци́ровать, -рую, -рует
инъюнкти́в, -а
иоанни́т, -а (рыцарь)
ио́л, -а
ио́н, -а
иони́ец, -и́йца
иониза́тор, -а
ионизацио́нный
иониза́ция, -и
ионизи́рованный
ионизи́ровать(ся), -рую, -рует(ся)
ионизи́рующий(ся)
ионизо́ванный
ионизова́ть(ся), -зу́ю, -зу́ет(ся)
ионизу́ющий(ся)
ио́ний, -я
иони́йский
иони́т, -а (хим.)
иони́ческий
ио́нно-электро́нный
ио́нный
ионогальваниза́ция, -и
ионоге́н, -а
ионолюминесце́нция, -и
ионообме́нный
ионообразова́ние, -я
ионосфе́ра, -ы
ионосфе́рный
ионотерапи́я, -и
ионтофоре́з, -а
иорда́нь, -и
ипа́тка, -и
ипекакуа́на, -ы
иподья́кон, -а и иподиа́кон, -а
иподья́конский
ипоме́я, -и
ипоста́сь, -и
ипоте́ка, -и
ипоте́чный
ипохо́ндрик, -а
ипохондри́ческий
ипохо́ндрия, -и
ипподро́м, -а
иппологи́я, -и
ипри́т, -а
и́псилон, -а
ира́кец, -кца
ира́кский

ИРА

ира́нец, -нца
ирани́ст, -а
ирани́стика, -и
ира́нка, -и
ира́но-туре́цкий
ира́нский
и́рбис, -а
ири́дий, -я
и́рис, -а (растение; нитки)
ири́с, -а (конфета)
ири́ска, -и
и́рисовый (от и́рис)
ири́совый (от ири́с)
ирла́ндец, -дца
ирла́ндка, -и
ирла́ндский
и́рмос, -а
и́род, -а
ироке́з, -а
ироке́зка, -и
ироке́зский
иронизи́ровать, -рую, -рует
ирони́ческий
ирони́чный
иро́ния, -и
иррадиа́ция, -и
иррадии́ровать, -рует
иррационали́зм, -а
иррациона́льный
иppeáльный
иррегуля́рный
ирреденти́зм, -а
ирреденти́ст, -а
иррига́тор, -а
ирригацио́нный
иррига́ция, -и
иск, -а
искажа́ть(ся), -а́ю, -а́ет(ся)
искаже́ние, -я
искажённый; кр. ф. -ён, -ена́
искази́ть(ся), -ажу́, -ази́т(ся)
искале́ченный
искале́чивать(ся), -аю(сь), -ает(ся)
искале́чить(ся), -чу(сь), -чит(ся)
иска́лывать(ся), -аю(сь), -ает(ся)
иска́ние, -я
и́сканный
иска́панный
иска́пать, -аю, -ает
иска́пывать(ся), -аю, -ает(ся)
искарио́т, -а
иска́рмливать(ся), -аю, -ает(ся)
иска́тель, -я
иска́тельница, -ы
иска́тельный
иска́тельский
иска́тельство, -а
иска́ть(ся), ищу́(сь), и́щет(ся)
исклёванный
исклева́ть, -люю́, -люёт
исклёвывать(ся), -аю, -ает(ся)
исключа́ть(ся), -а́ю, -а́ет(ся)
исключа́я, деепр. и предлог
исключе́ние, -я
исключённый; кр. ф. -ён, -ена́
исключи́тельно
исключи́тельность, -и
исключи́тельный
исключи́ть, -чу́, -чи́т
искове́рканный
искове́ркать(ся), -аю(сь), -ает(ся)
исково́й

ИСК

исковы́ривать(ся), -аю, -ает(ся)
исковы́рянный
исковыря́ть, -я́ю, -я́ет
иска́лчивать, -аю, -ает
исколеси́ть, -ешу́, -еси́т
исколеше́нный; кр. ф. -ён, -ена́
исколоти́ть(ся), -очу́, -о́тит(ся)
исколо́тый
исколо́ть(ся), -олю́(сь), -о́лет(ся)
исколо́ченный
исколу́панный
исколупа́ть, -а́ю, -а́ет
иско́мканный
иско́мкать(ся), -аю, -ает(ся)
иско́мый
искони́
иско́нно ру́сский
иско́нный; кр. ф. -о́нен, -о́нна
ископа́емый
иско́панный
ископа́ть, -а́ю, -а́ет
искорёженный
искорёживать(ся), -аю, -ает(ся)
искорёжить(ся), -жу, -жит(ся)
искорене́ние, -я
искоренённый; кр. ф. -ён, -ена́
искорени́ть(ся), -ню́, -ни́т(ся)
искореня́ть(ся), -я́ю, -я́ет(ся)
и́скорка, -и
искорми́ть, -ормлю́, -о́рмит
иско́рмленный
искоро́бить(ся), -блю, -бит(ся)
искоро́бленный
и́скоса
искоси́ть, -ошу́, -о́сит (срезать косой)
искоси́ть(ся), -ошу́, -оси́т(ся) (сделать косым)
иско́шенный
и́скра, -ы
искра́сить(ся), -а́шу, -а́сит(ся)
и́скрасна-бу́рый
и́скрасна-жёлтый
искра́шенный
искра́шивать(ся), -аю, -ает(ся)
искре́ние, -я
и́скренне и и́скренно
и́скренний; кр. ф. -енен, -енна
и́скренность, -и
искриви́ть(ся), -влю́(сь), -ви́т(ся)
искривле́ние, -я
искривлённость, -и
искривлённый; кр. ф. -ён, -ена́
искривля́ть(ся), -я́ю(сь), -я́ет(ся)
искри́стый
искри́ть, -и́т
и́скриться, -ится и искри́ться, -и́тся
искрова́вить, -влю, -вит
искрова́вленный
искровенённый; кр. ф. -ён, -ена́
искровени́ть(ся), -ню́(сь), -ни́т(ся)
и́скровец, -вца
искрово́й
искрогаси́тель, -я
искро́енный
искрозащищённый
искрои́ть, -ою́, -ои́т
искромётный
искро́мсанный
искромса́ть, -а́ю, -а́ет
искроулови́тель, -я
искрошённый
искроши́ть(ся), -ошу́, -о́шит(ся)

искрути́ть(ся), -учу́(сь), -у́тит(ся)
искру́ченный
иску́панный
искупа́ть(ся), -а́ю(сь), -а́ет(ся)
искупи́тельный
искупи́ть(ся), -уплю́, -у́пит(ся)
искупле́ние, -я
иску́пленный
иску́ренный
иску́ривать(ся), -аю, -ает(ся)
искури́ть(ся), -урю́, -у́рит(ся)
иску́с, -а
иску́санный
искуса́ть, -а́ю, -а́ет
искуси́тель, -я
искуси́тельница, -ы
искуси́ть(ся), -ушу́(сь), -уси́т(ся)
иску́сник, -а
иску́сница, -ы
иску́сный
иску́сственный
иску́сство, -а
искусствове́д, -а
искусствове́дение, -я
искусствове́дческий
искусствозна́ние, -я
иску́сывать(ся), -аю, -ает(ся)
искуша́ть(ся), -а́ю(сь), -а́ет(ся)
искуше́ние, -я
искушённый; кр. ф. -ён, -ена́
исла́м, -а
ислами́стский
исла́ндец, -дца
исла́ндка, -и
исла́ндский
испа́костить(ся), -ощу(сь), -остит(ся)
испа́кощенный
испа́нец, -нца
испани́ст, -а
испани́стка, -и
испа́нка, -и
испа́но-америка́нский
испа́но-португа́льский
испа́нский
испа́нско-ру́сский
испаре́ние, -я
испарённый; кр. ф. -ён, -ена́
испа́рина, -ы
испари́тель, -я
испари́тельный
испари́ть(ся), -рю́(сь), -ри́т(ся)
испаря́емость, -и
испаря́ть(ся), -я́ю(сь), -я́ет(ся)
испа́ханный
испаха́ть, -ашу́, -а́шет
испа́хивать(ся), -аю, -ает(ся)
испа́чканный
испа́чкать(ся), -аю(сь), -ает(ся)
испёкший(ся)
испепелённый; кр. ф. -ён, -ена́
испепели́ть(ся), -лю́, -ли́т(ся)
испепеля́ть(ся), -я́ю, -я́ет(ся)
испестрённый; кр. ф. -ён, -ена́
испестри́ть, -рю́, -ри́т
испестря́ть, -я́ю, -я́ет(ся)
испечённый; кр. ф. -ён, -ена́
испе́чь(ся), -еку́(сь), -ечёт(ся), -еку́т(ся); прош. -ёк(ся), -екла́(сь)
испещрённый; кр. ф. -ён, -ена́
испещри́ть, -рю́, -ри́т
испещря́ть(ся), -я́ю, -я́ет(ся)
испива́ть(ся), -а́ю, -а́ет(ся)

испи́ленный
испили́ть, -илю́, -и́лит
испи́санный
исписа́ть(ся), -ишу́(сь), -и́шет(ся)
испи́сывать(ся), -аю(сь), -ает(ся)
испито́й, прил.
испи́тый; кр. ф. -и́т, -ита́, -и́то, прич.
испи́ть; изопью́, изопьёт; прош. -и́л, -ила́, -и́ло
исплёванный
исплева́ть, -люю́, -люёт
исповеда́льня, -и, р. мн. -лен
испове́дание, -я
испове́данный
испове́довать(ся), -аю(сь), -ает(ся)
испове́дник, -а
испове́дница, -ы
испове́дный
испове́довать(ся), -дую(сь), -дует(ся)
испове́дующий(ся)
и́споведь, -и
испога́ненный
испога́нивать(ся), -аю(сь), -ает(ся)
испога́нить(ся), -ню(сь), -нит(ся)
испо́д, -а
и́сподволь
испо́дличаться, -аюсь, -ается
исподло́бья
исподни́зу
испо́дний
испо́дники, -ов
испо́дница, -ы
исподти́ха
исподтишка́
испоко́н ве́ку (веко́в)
испола́ть тебе́ (вам)
испо́лзать, -аю -ает
исполи́н, -а
исполи́нский
исполко́м, -а
исполко́мовский
исполне́ние, -я
испо́лненный
исполни́мый
исполни́тель, -я
исполни́тельница, -ы
исполни́тельность, -и
исполни́тельный
исполни́тельский
испо́лнить(ся), -ню(сь), -нит(ся)
исполня́ть(ся), -я́ю(сь), -я́ет(ся)
исполосо́ванный
исполосова́ть, -су́ю, -су́ет
исполосо́вывать(ся), -аю, -ает(ся)
и́сполу
испо́льзование, -я
испо́льзованный
испо́льзовать(ся), -зую(сь), -зует(ся)
испо́льзуемый
испо́льный
испо́льщик, -а
испо́льщина, -ы
испо́ротый
испоро́ть, -орю́, -о́рет
испо́ртить(ся), -рчу(сь), -ртит(ся)
испо́рченность, -и
испо́рченный
испоха́бить(ся), -блю(сь), -бит(ся)
испоха́бленный
испо́шленный
испо́шлить(ся), -лю, -лит(ся)
исправи́мый

исправи́тельно-трудово́й
исправи́тельный
испра́вить(ся), -влю(сь), -вит(ся)
исправле́ние, -я
испра́вленный
исправля́ть(ся), -я́ю(сь), -я́ет(ся)
испра́вник, -а
испра́вница, -ы
испра́внический
испра́вничий, -ья, -ье
испра́вность, -и
испра́вный
испражне́ние, -я
испражни́ться, -ню́сь, -ни́тся
испражня́ться, -я́юсь, -я́ется
испра́шивать(ся), -аю, -ает(ся)
испро́бованный
испро́бовать, -бую, -бует
испроси́ть, -ошу́, -о́сит
испро́шенный
испры́сканный
испры́скать, -аю, -ает
испры́скивать(ся), -аю, -ает(ся)
испрями́ть(ся), -млю́, -ми́т(ся)
испрямлённый; кр. ф. -ён, -ена́
испрямля́ть(ся), -я́ю, -я́ет(ся)
испу́г, -а
испу́ганный
испуга́ть(ся), -а́ю(сь), -а́ет(ся)
испуска́ть(ся), -а́ю, -а́ет(ся)
испусти́ть, -ущу́, -у́стит
испу́щенный
испыта́ние, -я
испы́танный
испыта́тель, -я
испыта́тельный
испыта́ть, -а́ю, -а́ет
испыту́емый
испыту́ющий
испы́тывать(ся), -аю, -ает(ся)
испя́тнанный
испятна́ть, -а́ю, -а́ет
исса́ленный
исса́ливать(ся), -аю(сь), -ает(ся)
исса́лить(ся), -лю(сь), -лит(ся)
иссверлённый; кр. ф. -ён, -ена́
иссве́рливать(ся), -аю, -ает(ся)
иссверли́ть, -лю́, -ли́т
иссека́ть(ся), -а́ю, -а́ет(ся)
иссе́кший
и́ссера-голубо́й
иссече́ние, -я
иссечённый; кр. ф. -ён, -ена́ и иссе́ченный (наказанный поркой)
иссе́чь, -секу́, -сечёт, -секу́т; прош. -сёк, -секла́
и́ссиза-голубо́й
иссини́ть, -ню́, -ни́т
и́ссиня-чёрный
иссле́дить, -ежу́, -еди́т
иссле́дование, -я
иссле́дованный
иссле́дователь, -я
иссле́довательница, -ы
иссле́довательский
иссле́довать(ся), -дую, -дует(ся)
иссле́дуемый
исслежённый
исслёживать, -аю, -ает
исслюни́ть(ся), -ню́(сь), -ни́т(ся)
исслюня́вить(ся), -влю(сь), -вит(ся)
иссо́п, -а

ИСС ИСТ ИСТ И

иссо́санный
иссоса́ть, -осу́, -осёт
иссо́хнуть, -ну, -нет; *прош.* -о́х, -о́хла
иссо́хший
и́сстари
исстёганный
исстега́ть(ся), -а́ю, -а́ет(ся)
исстёгивать(ся), -аю, -ает(ся)
исстели́ть и изостла́ть, исстелю́, исстелет; *прош.* исстели́л, исстели́ла и изостла́л, изостла́ла
исстила́ть, -а́ю, -а́ет
исстра́гивать(ся), -аю, -ает(ся)
исстрада́ться, -а́юсь, -а́ется
исстра́чивать, -аю, -ает (*к* исстрочи́ть)
исстре́ливать, -аю, -ает
исстре́лянный
исстреля́ть, -я́ю, -я́ет
исстро́ганный
исстрога́ть(ся), -а́ю, -а́ет(ся)
исстро́ченный
исстрочи́ть, -очу́, -о́чит
исстру́ганный
исструга́ть(ся), -а́ю, -а́ет(ся)
исстру́гивать(ся), -аю, -ает(ся)
исступле́ние, -я (в исступле́нии)
исступлённость, -и
исступлённый
иссуша́ть(ся), -а́ю, -а́ется
иссу́шенный
иссуши́ть(ся), -ушу́, -у́шит(ся)
иссыха́ть, -а́ю, -а́ет
иссяка́ть, -а́ет
исся́кнувший
исся́кнуть, -нет; *прош.* -я́к, -я́кла
исся́кший
иста́ивать, -аю, -ает
иста́пливать(ся), -аю, -ает(ся)
иста́птывать(ся), -аю, -ает(ся)
иста́сканный
истаска́ть(ся), -а́ю(сь), -а́ет(ся)
иста́скивать(ся), -аю(сь), -ает(ся)
иста́чивать(ся), -аю, -ает(ся)
иста́ять, -а́ю, -а́ет
истека́ть, -а́ю, -а́ет
исте́кший, *прил.* (прошедший)
исте́кший, *прич.* (*от* исте́чь)
истере́ть(ся), изотру́, изотрёт(ся); *прош.* -тёр(ся), -тёрла(сь)
исте́рзанный
истерза́ть(ся), -а́ю(сь), -а́ет(ся)
исте́рик, -а
исте́рика, -и
истери́ческий
истери́чка, -и
истери́чный
истери́я, -и
истёртый
исте́рший(ся)
истёсанный
истеса́ть(ся), -ешу́, -е́шет(ся)
истёсывать(ся), -аю, -ает(ся)
исте́ц, истца́
истече́ние, -я
исте́чь, -еку́, -ечёт, -еку́т; *прош.* -ёк, -екла́
и́стина, -ы
и́стинно революцио́нный
и́стинно ру́сский
и́стинностный
и́стинный
истира́емость, -и

истира́ненный
истира́ние, -я
истира́нить, -ню, -нит
истира́ть(ся), -а́ю, -а́ет(ся)
исти́ца, -ы
истлева́ть, -а́ю, -а́ет
истле́ть, -е́ю, -е́ет
истма́т, -а
и́стовый
исто́к, -а
истолкова́ние, -я
истолко́ванный
истолкова́тель, -я
истолкова́ть, -ку́ю, -ку́ет
истолко́вывать(ся), -аю, -ает(ся)
истоло́кший(ся)
истоло́чь(ся), -лку́, -лчёт(ся), -лку́т(ся); *прош.* -ло́к(ся), -лкла́(сь)
истолчённый; *кр. ф.* -ён, -ена́
исто́ма, -ы
истоми́ть(ся), -млю́(сь), -ми́т(ся)
истомлённый; *кр. ф.* -ён, -ена́
истомля́ть(ся), -я́ю(сь), -я́ет(ся)
истонча́ние, -я
истонча́ть(ся), -а́ю, -а́ет(ся)
истончённый; *кр. ф.* -ён, -ена́
истончи́ть(ся), -чу́, -чи́т(ся)
истопи́ть(ся), -оплю́, -о́пит(ся)
исто́пленный
исто́пник, -а́
исто́пница, -ы
исто́птанный
истопта́ть(ся), -опчу́, -о́пчет(ся)
исторга́ть(ся), -а́ю, -а́ет(ся)
исто́ргнувший(ся)
исто́ргнутый
исто́ргнуть(ся), -ну, -нет(ся); *прош.* -то́рг(ся) и -то́ргнул(ся), -то́ргла(сь)
исто́ргший(ся)
исторже́ние, -я
исто́рженный
истори́зм, -а
истори́йка, -и
исто́рик, -а
исто́рико-археологи́ческий
исто́рико-архи́вный
исто́рико-бытово́й
исто́рико-литерату́рный
исто́рико-материалисти́ческий
исто́рико-парти́йный
исто́рико-революцио́нный
исто́рико-филологи́ческий
исто́рико-филосо́фский
историо́граф, -а
историографи́ческий
историогра́фия, -и
истори́чески ва́жный
истори́ческий
истори́чный
исто́рия, -и
истоскова́ться, -ку́юсь, -ку́ется
источа́ть(ся), -а́ю, -а́ет(ся)
исто́ченный (*от* источи́ть¹)
источённый; *кр. ф.* -ён, -ена́ (*от* источи́ть²)
источи́ть¹, -очу́, -о́чит (*к* точи́ть)
источи́ть², -очу́, -очи́т (*к* источа́ть)
источи́ться, -о́чится
исто́чник, -а
источникове́дение, -я
исто́шный

истоща́ть(ся), -а́ю(сь), -а́ет(ся)
истоще́ние, -я
истощённость, -и
истощённый; *кр. ф.* -ён, -ена́
истощи́ть(ся), -щу́(сь), -щи́т(ся)
истра́тить(ся), -а́чу(сь), -а́тит(ся)
истра́ченный
истра́чивать(ся), -аю(сь), -ает(ся) (*к* истра́тить)
истреби́тель, -я
истреби́тельно-противота́нковый
истреби́тельный
истреби́ть, -блю́, -би́т
истребле́ние, -я
истреблённый; *кр. ф.* -ён, -ена́
истребля́ть(ся), -я́ю, -я́ет(ся)
истре́бованный
истре́бовать, -бую, -бует
истрёпанный
истрепа́ть(ся), -треплю́(сь), -тре́плет(ся)
истрёпывать(ся), -аю, -ает(ся)
истреска́ться, -ается
иструхля́веть, -еет (стать трухля́вым)
иструхля́вить, -влю, -вит (*что*)
истука́н, -а
иступи́ть(ся), -уплю́, -у́пит(ся)
исту́пленный
истцо́вый
и́стый
исты́канный
исты́кать(ся), -аю(сь), -ает(ся)
исты́кивать(ся), -аю(сь), -ает(ся)
истяза́ние, -я
истяза́тель, -я
истяза́тельница, -ы
истяза́ть(ся), -а́ю, -а́ет(ся)
истяза́ющий
истязу́емый
истязу́ющий
исхитри́ться, -рю́сь, -ри́тся
исхитря́ться, -я́юсь, -я́ется
исхлёстанный
исхлеста́ть(ся), -ещу́(сь), -е́щет(ся)
исхлёстывать(ся), -аю(сь), -ает(ся)
исхлопа́тывать(ся), -аю, -ает(ся)
исхлопо́танный
исхлопота́ть(ся), -очу́(сь), -о́чет(ся)
исхо́д, -а
исхода́тайствованный
исхода́тайствовать, -твую, -твует
исходи́ть, -ожу́, -о́дит
исхо́дный
исходя́щий
исхо́женный
исхуда́лый
исхуда́ние, -я
исхуда́ть, -а́ю, -а́ет
исцара́панный
исцара́пать(ся), -аю(сь), -ает(ся)
исцара́пывать(ся), -аю(сь), -ает(ся)
исцеле́ние, -я
исцелённый; *кр. ф.* -ён, -ена́
исцели́тель, -я
исцели́ть(ся), -лю́(сь), -ли́т(ся)
исцеля́ть(ся), -я́ю(сь), -я́ет(ся)
исча́дие, -я (исча́дие а́да)
исча́хнуть, -ну, -нет; *прош.* -а́х, -а́хла
исча́хший
исчеза́ть, -а́ю, -а́ет
исчезнове́ние, -я

ИСЧ

исчезнувший
исчезнуть, -ну, -нет; *прош.* -ез, -езла
исчёрканный
исчеркать, -аю, -ает и исчёркать, -аю, -ает
исчёркивать(ся), -аю, -ает(ся)
исчерна-лиловый
исчерна-синий
исчернённый
исчернить, -ню, -нит
исчерпанный
исчерпать(ся), -аю, -ает(ся)
исчерпывать(ся), -аю, -ает(ся)
исчерпывающий(ся)
исчертить(ся), -ерчу, -ертит(ся)
исчерченный
исчерчивать(ся), -аю, -ает(ся)
исчирканный
исчиркать, -аю, -ает
исчисление, -я
исчисленный
исчислить, -лю, -лит
исчислять(ся), -яю, -яет(ся)
исшаренный
исшарить, -рю, -рит
исшарканный
исшаркать(ся), -аю, -ает(ся)
исшедший
исштопанный
исштопать, -аю, -ает
исщипанный
исщипать, -иплю, -иплет и -аю, -ает
итак, *вводн. сл.*
и так далее (и т. д.)
и так и сяк
итальянский
италики, -ов
итало-австрийский
итало-германский
итальянец, -нца
итальянка, -и
итальянский
ительмен, -а
ительменка, -и
ительменский
итератив, -а
итеративный
итерация, -и
итог, -а
итого, *нареч.*
итоговый
итожить(ся), -жу, -жит(ся)
иттербий, -я
иттриевый
иттрий, -я
иуда, -ы
иудаизм, -а
иудей, -я
иудейка, -и
иудейский
иудейство, -а
иудушка, -и
ихневмон, -а
ихтиоз, -а
ихтиозавр, -а
ихтиол, -а
ихтиоловый
ихтиолог, -а
ихтиологический
ихтиология, -и
ихтиофауна, -ы
ичиги, -ов, *ед.* ичиг, -а

ИША

ишак, -а
ишачий, -ья, -ье
ишачок, -чка
ишемия, -и
ишиас, -а
ишиатический
ишь, *частица*
ищейка, -и
ищущий(ся)
июль, -я
июльский
июнь, -я
июньский

Й

йеменец, -нца
йеменка, -и
йеменский
йог, -а
йогурт, -а
йод, -а
йодид, -а
йодистоводородный
йодистый
йодноватый
йодный
йодоформ, -а
йомен, -а
йоркшир, -а
йоркширский
йот, -а
йота, -ы
йотация, -и
йотирование, -я
йотированный
йотировать(ся), -рую, -рует(ся)
йотованный
йошкар-олинский

К

к, ко, *предлог*
-ка, *частица* (с предшествующим словом соединяется с помощью дефиса: *пойди-ка, ну-ка*)
кабак, -а
кабала, -ы
кабалистика, -и
кабалистический
кабальеро, *нескл., м.*
кабальный
кабан, -а
кабаний, -ья, -ье
кабанина, -ы
кабаниха, -и
кабанчик, -а
кабарга, -и, *р. мн.* -рог
кабарговый
кабардинец, -нца
кабардинка, -и
кабардинский
кабаре, *нескл., с.*
кабатчик, -а
кабатчица, -ы
кабацкий
кабачок, -чка
кабелеукладчик, -а
кабель, -я, *мн.* -и, -ей
кабель-кран, -а

КАБ

кабельный
кабельтов, -а, *мн.* -ы, -ых
каберне, *нескл., с.*
кабестан, -а
кабестанный
кабина, -ы
кабинет, -а
кабинетный
кабинетский
кабинка, -и
каблограмма, -ы
каблук, -а
каблучище, -а, *м.*
каблучный
каблучок, -чка
каботаж, -а
каботажник, -а
каботажный
кабошон, -а
кабриолет, -а
кабрирование, -я
кабульский
кабы, *союз*
кавалер, -а
кавалергард, -а
кавалергардский
кавалерийский
кавалерист, -а
кавалерия, -и
кавалерский
кавальер, -а (земляной вал)
кавалькада, -ы
кавардак, -а
кавасаки, *нескл., м.*
каватина, -ы
каверза, -ы
каверзник, -а
каверзница, -ы
каверзничать, -аю, -ает
каверзный
каверна, -ы
кавернозный
кавернометр, -а
кавернометрия, -и
кавернотомия, -и
кавитация, -и
кавказец, -зца
кавказка, -и
кавказский
кавун, -а
кавыка, -и
кавычки, -чек, *ед.* кавычка, -и
кагал, -а
каган, -а
каганат, -а
каганец, -нца
кагат, -а
кагатный
кагор, -а
кагуляр, -а
каданс, -а
кадансированный
кадансировать, -рую, -рует
кадастр, -а
кадастровый
каденцевый
каденция, -и
кадет, -а
кадетский
кади, *нескл., м.*
кадий, -я (*устар. к* кади)
кадило, -а

КАД

кади́льница, -ы
кади́льный
кади́ть, кажу́, кади́т
ка́дка, -и
ка́дмиевый
ка́дмий, -я
кадми́рование, -я
ка́дочка, -и
ка́дочный
кадр, -а
кадри́ль, -и
кадри́рование, -я
кадрови́к, -а́
кадро́вка, -и
ка́дровый
ка́дры, -ов
каду́шечный
каду́шка, -и
кады́к, -а́
каёмка, -и
каёмочка, -и
каёмчатый
кажде́ние, -я
каждого́дно
каждодне́вный
ка́ждый
ка́жущийся
каза́к, -а́, мн. -и́, -о́в и -и, -ов
казаки́н, -а
каза́н, -а
казано́к, -нка́ (от каза́н)
каза́нский
каза́рка, -и
каза́рма, -ы
каза́рменный
каза́тчина, -ы
каза́ть(ся), кажу́(сь), ка́жет(ся)
каза́х, -а
каза́хский (от каза́х)
каза́цкий (от каза́к)
каза́чество, -а
каза́чий, -ья, -ье
казачи́на, -ы, м.
каза́чка, -и (к каза́к)
казачо́к, -чка́
казачо́нок, -нка
каза́шка, -и (к каза́х)
казеи́н, -а
казеи́новый
казеиноге́н, -а
казема́т, -а
каземати́рованный
каземати́ный
казённик, -а
казённокоштный
казённый
казёнщина, -ы
казими́р, -а (ткань)
казими́ровый
казине́т, -а
казине́товый
казино́, нескл., с.
казна́, -ы́
казначе́й, -я
казначе́йский
казначе́йство, -а
казначе́йша, -и
казнённый; кр. ф. -ён, -ена́
казни́ть(ся), -ню́(сь), -ни́т(ся)
казнокра́д, -а
казнокра́дство, -а
казнохрани́лище, -а

КАЗ

казнохрани́тель, -я
казнь, -и
казуа́льный
казуа́р, -а
казуи́ст, -а
казуи́стика, -и
казуисти́ческий
казуи́стка, -и
ка́зус, -а
ка́зус бе́лли, нескл., м.
ка́зусный
кайк, -а́
кайе́нский
ка́йзер, -а
ка́йзеровский
кайла́, -ы́ и кайло́, -а́
кайли́ть, -лю́, -ли́т
кайло́, -а́ и кайла́, -ы́
кайма́, -ы́, мн. ка́ймы, каём
кайма́к, -а́
кайма́н, -а
кайми́ть, -млю́, -ми́т
кайнозо́й, -я
кайнозо́йский
ка́йра, -ы
какаве́лла, -ы
какаду́, нескл., м.
кака́о, нескл., с.
кака́овый
как бу́дто (бы)
ка́к бы
ка́к бы не (ка́к бы не упа́сть)
ка́к бы не та́к
ка́к бы ни (ка́к бы ни стара́лся он, ему́ э́то не уда́стся)
ка́к бы то ни́ бы́ло
как же
как же-с
как когда́
как кому́
ка́к-либо и как-ли́бо
ка́к не (ка́к не хоте́ть!)
как не быва́ло
как ни (как ни тру́дно, как ни ху́до — не сдава́й, вперёд гляди́)
ка́к-нибудь и как-нибу́дь, нареч., но: как ни бу́дь (как ни бу́дь он рассе́ржен, он всегда́ сде́ржится)
как ни в чём не быва́ло
как-ника́к
ка́ко, нескл., с.
како́в, какова́, каково́
како́в бы ни́ (како́в бы ни́ был...)
каково́й
како́вский
како́й, кака́я, како́е
како́й бы ни (како́й бы ни́ был...)
како́й бы то ни́ был
како́й же
како́й-либо
како́й ни (како́й ни есть)
како́й-нибудь, местоим., но: како́й ни бу́дь (како́й ни бу́дь дождь, мы придём)
како́й ни на е́сть
како́й тако́й
како́й-то
какофони́ческий
какофони́чный
какофо́ния, -и
как попа́ло
как по пи́саному

КАК

как ра́з
ка́к так
ка́к-то
как то́лько
ка́ктус, -а, мн. -ы, -ов
ка́ктусовый
кал, -а
кала́-аза́р, -а
каламбу́р, -а
каламбури́ст, -а
каламбу́рить, -рю, -рит
каламбу́рный
калами́н, -а
калами́т, -а
каламя́нка, -и
каламя́нковый
кала́ндр, -а
каландри́рование, -я
каландри́рованный
каландри́ровать(ся), -рую, -рует(ся)
кала́ндровый
каланча́, -и́
кала́ч, -а́
кала́чик, -а
кала́чиком, нареч.
кала́чный
калга́н, -а
калга́нный
калёванный
калева́ть(ся), -лю́ю, -лю́ет(ся)
калёвка, -и
калёвочный
калейдоско́п, -а
калейдоскопи́ческий
кале́ка, -и, м. и ж.
календа́рный
календа́рь, -я́
кале́ндула, -ы
кале́нды, -е́нд
кале́ние, -я
калёный, прич.
калёный, прил.
кале́ченный, прич.
кале́ченый, прил.
кале́чить(ся), -чу(сь), -чит(ся)
ка́ли, нескл., с.
кали́бр, -а
калибро́вание, -я
калибро́ванный
калиброва́ть(ся), -ру́ю, -ру́ет(ся)
калибро́вка, -и
калибро́вочный
калибро́вщик, -а
калибро́вщица, -ы
калиброме́р, -а
калибро́метр, -а
ка́лиевый
ка́лий, -я
кали́йно-фо́сфорный
кали́йный
кали́ка, -и, м. и ж.
калика́нтовые, -ых
кали́льный
кали́льня, -и, р. мн. -лен
кали́льщик, -а
кали́льщица, -ы
кали́на, -ы
кали́нник, -а
кали́новый
калита́, -ы́
кали́тка, -и
кали́ть(ся), -лю́, -ли́т(ся)

калиф, -а (устар. к халиф)
калифо́рний, -я
калифорни́йский
калка́н, -а
калка́ш, -а
калла́ит, -а
каллёза, -ы
каллигра́ф, -а
каллиграфи́ческий
каллигра́фия, -и
калли́мико, нескл., м.
ка́ллус, -а
калмы́к, -а́ и -а, мн. -и́, -о́в и -и, -ов
калмы́цкий
калмы́чка, -и
ка́ловый
ка́ломель, -и
каломе́льный
кало́нг, -а
калориза́тор, -а
калориза́ция, -и
калори́йность, -и
калори́йный
калори́метр, -а (прибор для измерения количества теплоты)
калориметри́ческий
калориме́трия, -и
калори́фер, -а
калори́ферный
кало́рия, -и
кало́ша, -и и гало́ша, -и
кало́шница, -ы и гало́шница, -ы
кало́шный и гало́шный
калу́га, -и (рыба)
калу́фер, -а и кану́фер, -а
калы́м, -а
калы́мщик, -а
кальви́ль, -я
кальвини́зм, -а
кальвини́ст, -а
кальвини́стка, -и
кальвини́стский
кальде́ра, -ы
ка́лька, -и
кальки́рование, -я
кальки́рованный
кальки́ровать(ся), -рую, -рует(ся)
калькули́рованный
калькули́ровать(ся), -рую, -рует(ся)
калькуля́тор, -а
калькуляцио́нный
калькуля́ция, -и
кальку́ттец, -ттца
кальку́ттский
кальма́р, -а
кальсо́ны, -о́н
ка́льцекс, -а
кальцеоля́рия, -и
кальцефи́льный
кальцефо́бный
ка́льциевый
ка́льций, -я
кальци́на, -ы
кальцина́ция, -и
кальцини́рование, -я
кальцини́рованный
кальцини́ровать, -рую, -рует
кальци́т, -а
кальциферо́л, -а
кальян, -а
каля́канье, -я
каля́кать, -аю, -ает

камамбе́р, -а
камари́лья, -и
кама́ринский
ка́мбала, -ы
камбиа́льный (от ка́мбий)
ка́мбий, -я
ка́мбио, нескл., с.
камби́ст, -а
камбоджи́ец, -и́йца
камбоджи́йка, -и
камбоджи́йский
ка́мбуз, -а
камво́льно-суко́нный
камво́льный
камедетече́ние, -я
каме́дистый
каме́дный
каме́дь, -и
камелёк, -лька́ (камин, очаг)
каме́лия, -и
камене́ть, -е́ю, -е́ет
камени́стый
ка́менка, -и
каменноуго́льный
ка́менно-щебёночный
ка́менный
каменобо́ец, -о́йца
каменоло́мный
каменоло́мня, -и, р. мн. -мен
каменотёс, -а
ка́менщик, -а
ка́менщичий, -ья, -ье
ка́мень, ка́мня, мн. ка́мни, -е́й и ка́менья, -ьев
ка́мера, -ы
камерали́стика, -и
камера́льный
ка́мера-обску́ра, ка́меры-обску́ры и ка́мер-обску́ра, -ы
камерге́р, -а
камерге́рский
камерди́нер, -а
камери́стка, -и
ка́мер-колле́гия, -и
ка́мер-колле́жский
ка́мер-лаке́й, -я
ка́мерный
ка́мер-обску́ра, -ы и ка́мера-обску́ра, ка́меры-обску́ры
ка́мер-па́ж, -а́
камерто́н, -а
камерто́нный
ка́мер-фра́у, нескл., ж.
ка́мер-фре́йлина, -ы
ка́мер-ю́нкер, -а
ка́мер-ю́нкерский
ка́мешек, -шка и ка́мушек, -шка
каме́я, -и
камзо́л, -а
камзо́льный
камила́вка, -и
ками́н, -а
ками́нный
камка́, -и́
камко́вый
камло́т, -а
камло́товый
камнебето́н, -а
камнебето́нный
камнеби́тный
камнедроби́лка, -и
камнедроби́льный

камнедробле́ние, -я
камнелите́йный
камнело́мка, -и
камнемёт, -а
камнемётный
камнеобраба́тывающий
камнеобрабо́тка, -и
камнепа́д, -а
камнере́з, -а
камнере́зный
камнесече́ние, -я
камнетёсный
камнеубо́рочный
камнешлифова́льный
камнещебёночный
ка́мора, -ы (помещение; часть канала ствола в орудиях)
камо́ра, -ы (помещение; надстрочный знак)
камо́рка, -и
камо́рра, -ы (тайное общество)
кампане́йский (от кампа́ния)
кампане́йщина, -ы
кампане́лла, -ы
кампа́ния, -и (поход; деятельность)
кампе́ш, -а
кампе́шевый
камса́, -ы́
камуфле́т, -а
камуфли́рование, -я
камуфли́рованный
камуфли́ровать(ся), -рую, -рует(ся)
камуфля́ж, -а
ка́мушек, -шка и ка́мешек, -шка
камфара́, -ы́ и ка́мфора, -ы,
камфа́рный и ка́мфорный
камфороно́сный
камчада́л, -а
камчада́лка, -и
камчада́льский
камча́тка, -и (ткань)
камча́тный
камча́тский
камча́тый
камы́ш, -а́
камы́шевка, -и
камышекоси́лка, -и
камыши́на, -ы
камыши́нка, -и
камыши́т, -а
камыши́товый
камы́шница, -ы
камышо́вый
кана́ва, -ы
кана́вка, -и
канавокопа́тель, -я
канавокопа́тельный
кана́дец, -дца
кана́дка, -и
кана́дский
кана́дско-сове́тский
кана́л, -а
канализа́тор, -а
канализацио́нный
канализа́ция, -и
канализи́рованный
канализи́ровать(ся), -рую, -рует(ся)
кана́льство, -а
кана́лья, и, р. мн. -лий
канапе́, нескл., с.
канаре́ечка, -и
канаре́ечник, -а

канаре́ечный
канаре́йка, -и
кана́т, -а
кана́тник, -а
кана́тно-верёвочный
кана́тно-подвесно́й
кана́тный
канатохо́дец, -дца
кана́тчик, -а
кана́ус, -а
кана́усовый
канва́, -ы́
канво́вый
кандалы́, -о́в
канда́льник, -а
канда́льный
канделя́бр, -а
кандибо́бер, -а: с кандибо́бером
кандидамико́з, -а
кандида́т, -а
кандида́тка, -и
кандида́тский
кандидату́ра, -ы
канди́ль, -я
канды́м, -а
кани́кулы, -ул
каникуля́рный
кани́стра, -ы
каните́лить(ся), -лю(сь), -лит(ся)
каните́ль, -и
каните́льный
каните́льщик, -а
каните́льщица, -ы
канифа́с, -а
канифа́сный
канифа́совый
канифо́лить, -лю, -лит
канифо́ль, -и
канифо́льный
канка́н, -а
канкани́ровать, -рую, -рует
канка́нный
канкро́ид, -а
ка́нна, -ы
каннелю́ра, -ы
канниба́л, -а
каннибали́зм, -а
канниба́льский
канниба́льство, -а
каное́ст, -а
кано́н, -а
канона́да, -ы
каноне́рка, -и
каноне́рский
канониза́ция, -и
канонизи́рованный
канонизи́ровать(ся), -рую, -рует(ся)
кано́ник, -а (католический священник)
канони́р, -а
канони́рский
канони́ческий
канони́чный
кано́нник, -а (церк. книга; чтец канонов)
кано́нница, -ы
канотье́, нескл., с.
каноэ́, нескл., с.
кант, -а, мн. -ы, -ов
канта́биле, неизм. и нескл., с.
кантало́упа, -ы

кантариди́н, -а
кантарофи́лия, -и
канта́та, -ы
ка́нтеле, нескл., с.
кантиа́нец, -нца
кантиа́нский
кантиа́нство, -а
ка́нтик, -а
кантиле́на, -ы
кантиле́нный
кантова́ние, -я
канто́ванный
кантова́тель, -я
кантова́ть(ся), -ту́ю, -ту́ет(ся)
канто́вка, -и
канто́н, -а
кантона́льный
кантони́ст, -а
кантони́стский
кантопла́стика, -и
ка́нтор, -а
кану́н, -а
кану́нный
ка́нуть, -ну, -нет
кану́фер, -а и калу́фер, -а
канцеляри́ст, -а
канцеляри́стка, -и
канцеля́рия, -и
канцеля́рский
канцеля́рско-бюрократи́ческий
канцеля́рщина, -ы
ка́нцер, -а
канцерогене́з, -а
канцероге́нный
ка́нцлер, -а
ка́нцлерский
канцо́на, -ы
канцоне́тта, -ы
канцтова́ры, -ов
каньо́н, -а
каню́к, -а́
каню́ля, -и
каню́чить, -чу, -чит
каоли́н, -а
каолиниза́ция, -и
каолини́т, -а
каоли́новый
ка́пать, -аю, -ает и (падать каплями) ка́плет
капели́рование, -я и купели́рование, -я
капели́ровать, -рую, -рует и купели́ровать, -рую, -рует
капе́лла, -ы
капелла́н, -а
капе́ль, -и
капельди́нер, -а
ка́пелька, -и
капельме́йстер, -а
капельме́йстерский
ка́пельница, -ы
ка́пельный
капелю́ш, -а
ка́пер, -а
ка́перский (от ка́пер)
ка́персовый (от ка́персы)
ка́перство, -а
ка́персы, -ов, ед. ка́перс, -а
капилли́ций, -я
капилля́р, -а
капилля́рность, -и
капилля́рный

капиллярографи́ческий
капиллярогра́фия, -и
капилляроскопи́я, -и
капита́л, -а
капита́лец, -льца
капитализа́ция, -и
капитализи́ровать(ся), -рую, -рует(ся)
капитали́зм, -а
капитали́ст, -а
капиталисти́ческий
капитали́стка, -и
капиталовложе́ние, -я
капиталоёмкий
капиталоёмкость, -и
капита́льно отремонти́рованный
капита́льный
капита́н, -а
капита́н-дире́ктор, -а
капита́н-инжене́р, капита́на-инжене́ра
капита́н-испра́вник, -а
капита́н-лейтена́нт, -а
капита́н-лейтена́нт-инжене́р, капита́н-лейтена́нта-инжене́ра
капита́н 1 (пе́рвого) ра́нга-инжене́р, капита́на 1 ра́нга-инжене́ра
капита́нский
капите́ль, -и (архит.)
капите́льный
капитони́рованный
капиту́л, -а
капитули́ровать, -рую, -рует
капитуля́нт, -а
капитуля́нтский
капитуля́нтство, -а
капитуля́рий, -я
капитуля́ция, -и
ка́пище, -а
капка́н, -а
капка́нный
капка́нчик, -а
капле́видный
каплеобра́зный
каплеотдели́тель, -я
каплеуказа́тель, -я
капли́ца, -ы
каплу́н, -а́
ка́пля, -и, р. мн. ка́пель
ка́пнуть, -ну, -нет
капо́к, -пка́
капони́р, -а
ка́пор, -а
капо́т, -а
капота́ж, -а
капоти́рование, -я
капоти́ровать, -рую, -рует
капра́л, -а
капра́льский
капра́льство, -а
капремо́нт, -а
капри́з, -а (прихоть)
капри́зник, -а
капри́зница, -ы
капри́зничать, -аю, -ает
капри́зный
капризу́ля, -и, м. и ж.
капризу́нья, -и, р. мн. -ний
капри́с, -а (муз.)
каприфо́ль, -и
каприччио и каприччо, нескл., с.
капролакта́м, -а

КАП

капро́н, -а
капро́новый
ка́псель, -я (огнеупорная форма)
ка́псула, -ы (оболочка)
ка́псюль, -я (пистон, взрыватель)
ка́псюльный
капта́ж, -а
капта́л, -а
каптена́рмус, -а
каптёр, -а
каптёрка, -и
капти́ровать(ся), -рую, -рует(ся) (заключать в трубы)
капу́ста, -ы
капу́стник, -а
капу́стница, -ы
капу́стный
капустоубо́рочный
капу́т, неизм.
капуци́н, -а
капюшо́н, -а
ка́ра, -ы
караба́хский
караби́н, -а
карабине́р, -а
карабине́рный
карабине́рский
караби́нчик, -а
кара́бкаться -аюсь, -ается
карава́й, -я
карава́н, -а
карава́нный
карава́н-сара́й, -я
карава́нщик, -а
караве́лла, -ы
карага́ч, -а́
карага́чевый
караи́м, -а
караи́мка, -и
караи́мский
карака́л, -а
каракалпа́к, -а
каракалпа́кский
каракалпа́чка, -и
карака́тица, -ы
кара́ковый
каракулево́д, -а
каракулево́дство, -а
каракулево́дческий
кара́кулевый
кара́кули, -ей, ед. кара́куля, -и
кара́куль, -я
караку́льский
каракульча́, -и́
карамболи́на, -ы
карамбо́ль, -я
карамелева́рочный
карамелеформу́ющий
караме́ль, -и
караме́лька, -и
караме́льный
кара́мора, -ы
каранда́ш, -а́
каранда́шик, -а
каранда́шный
каранти́н, -а
каранти́нный
карапу́з, -а
карапу́зик, -а
карасёвый
кара́сий, -ья, -ье
кара́сик, -а

КАР

караси́ный
кара́сь, -я
кара́т, -а, р. мн. -ов и -а́т
кара́тель, -я
кара́тельный
кара́ть(ся), -а́ю, -а́ет(ся)
карата́, нескл., с.
карау́л, -а
карау́л, неизм.
карау́лить, -лю, -лит
карау́лка, -и
карау́льный
карау́льня, -и, р. мн. -лен
карау́льщик, -а
карача́евец, -вца
карача́евка, -и
карача́евский
кара́чки, -чек: на кара́чки, на кара́чках
карачу́н, -а́
карбами́д, -я
карбами́дный
ка́рбас, -а
карби́д, -а
карби́дный
карбидообразу́ющий
карбино́л, -а
карбо́ванец, -нца
карбокси́л, -а
карбоксила́за, -ы
карбокси́льный
карболе́н, -а
карболи́т, -а
карбо́лка, -и
карбо́ловый
карбо́н, -а
карбона́д, -а (свинина)
карбона́рий, -я
карбона́т, -а (хим.)
карбона́тный
карбониза́ция, -и
карбонизи́ровать, -рую, -рует
карбони́л, -а
карбони́льный
карбони́т, -а
карбору́нд, -а
карбору́ндовый
карбофо́с, -а
карбоцикли́ческий
карбу́нкул, -а
карбункулёзный
карбюра́тор, -а
карбюра́торный
карбюра́ция, -и
карбюриза́тор, -а
карбюри́рованный
карбюри́ровать, -рую, -рует
карга́, -и́
ка́рго, нескл., с.
ка́рда, -ы
кардамо́н, -а
кардамо́нный
кардамо́новый
карда́н, -а
карда́нный
кардина́л, -а
кардина́льный
кардина́льский
кардиогра́мма, -ы
кардио́граф, -а
кардиогра́фия, -и
кардио́ида, -ы

КАР

кардиологи́ческий
кардиомонито́р, -а
кардиоревматологи́ческий
кардиосклеро́з, -а
кардиоспа́зм, -а
кардиохирурги́я, -и
ка́рдный
кардоле́нта, -ы
кардочеса́льный
кардочеса́ние, -я
каре́, нескл., с.
карегла́зый
каре́л, -а
каре́лка, -и
каре́льский
каре́та, -ы
каре́тка, -и
каре́тник, -а
каре́тный
кариати́да, -ы
ка́риес, -а
ка́рий
карийо́н, -а
карикату́ра, -ы
карикатури́ст, -а
карикату́рный
кариога́мия, -и
карио́зный
кариокине́з, -а
карио́логия, -и
кариопла́зма, -ы
ка́рканье, -я
карка́с, -а
карка́сно-пане́льный
карка́сный
ка́ркать, -аю, -ает
ка́ркнуть, -ну, -нет
ка́рлик, -а
ка́рликовый
ка́рлица, -ы
кармази́н, -а
кармази́нный
карма́н, -а
карма́нник, -а
карма́нный
карма́нчик, -а
карманьо́ла, -ы
карма́шек, -шка
кармели́т, -а
кармели́тка, -и
кармели́тский
карми́н, -а
карми́нный
карми́новый
карнава́л, -а
карнава́льный
карналли́т, -а
карни́з, -а
карноти́т, -а
кароли́нгский
карона́да, -ы
карота́ж, -а
карота́жный
кароте́ль, -и (сорт моркови)
кароти́н, -а
карп, -а
ка́рповый
карполо́гия, -и
карраге́н, -а
карра́рский
карст, -а
ка́рстовый

карт, -а
ка́рта, -ы
карта́вить, -влю, -вит
карта́вость, -и
карта́вый
карт-бла́нш, -а
картве́л, -а
картве́лка, -и
картве́льский
картёж, -ежа́
картёжник, -а
картёжница, -ы
картёжничать, -аю, -ает
картёжный
картезиа́нец, -нца
картезиа́нский
картезиа́нство, -а
картели́рованный
картели́ровать(ся), -рую, -рует(ся)
карте́ль, -я
карте́льный
ка́ртер, -а
карте́чина, -ы
карте́чный
карте́чь, -и
карти́на, -ы
ка́ртинг, -а
картинги́ст, -а
карти́нка, -и
карти́нный; кр. ф. -и́нен, -и́нна
карти́шки, -шек
картове́дение, -я
картогра́мма, -ы
карто́граф, -а
картографи́рование, -я
картографи́рованный
картографи́ровать(ся), -рую, -рует(ся)
картографи́ческий
картогра́фия, -и
картодиагра́мма, -ы
картоме́трия, -и
карто́н, -а
картона́ж, -а
картона́жный
карто́нка, -и
карто́нный
картоноде́лательный
картосхе́ма, -ы
картоте́ка, -и
картоте́тчик, -а
картоте́тчица, -ы
картоте́чный
картофелево́д, -а
картофелево́дство, -а
картофелекопа́тель, -я
картофелемо́йка, -и
карто́феле-овощно́й
картофелепоса́дочный
картофелесажа́лка, -и
картофелесортиро́вка, -и
картофелетёрка, -и
картофелеубо́рочный
картофелехрани́лище, -а
картофелечи́стка, -и
карто́фелина, -ы
карто́фель, -я
карто́фельно-овощно́й
карто́фельный
ка́рточка, -и
ка́рточный
карто́шечка, -и
карто́шка, -и

карту́з, -а́
карту́зный
картуля́рий, -я
карту́ш, -а
карту́шка, -и
карусе́ль, -и
карусе́льно-тока́рный
карусе́льный
карусе́льщик, -а
карфаге́нский
карфагеня́нин, -а, мн. -я́не, -я́н
карфаге́нянка, -и
ка́рцер, -а
карциноге́нный
карцинологи́я, -и
карцино́ма, -ы
карча́, -и́ и карч, -а
карчеподъёмник, -а
карчеподъёмный
каршу́ни, нескл., с.
карье́р, -а
карье́ра, -ы
карьери́зм, -а
карьери́ст, -а
карьери́стка, -и
карьери́стский
карье́рный
каса́ние, -я
каса́тельная, -ой
каса́тельно (чего)
каса́тельство, -а
каса́тик, -а
каса́тка, -и
каса́ться, -а́юсь, -а́ется
каси́да, -ы
ка́ска, -и
каска́д, -а
каска́дный
каске́тка, -и
ка́ско, нескл., с.
ка́слинский
каспи́йский
ка́сса, -ы
касса́ндра, -ы (бот.)
касса́тор, -а
кассацио́нный
касса́ция, -и
кассе́та, -ы
касси́р, -а
касси́рованный
касси́ровать(ся), -рую, -рует(ся)
касси́рша, -и
касситери́т, -а
ка́ссовый
ка́ста, -ы
кастанье́ты, -е́т, ед. кастанье́та, -ы
кастеля́нша, -и
кастéт, -а
ка́стово за́мкнутый
ка́стовость, -и
ка́стовый
касто́р, -а
касто́рка, -и
касто́ровый
кастра́т, -а
кастра́ция, -и
кастри́рованный
кастри́ровать(ся), -рую, -рует(ся)
кастрю́лька, -и
кастрю́ля, -и
кат, -а
катаболи́зм, -а

катава́сия, -и
катакли́зм, -а
катако́мбный
катако́мбы, -о́мб, ед. катако́мба, -ы
катала́жка, -и
катале́ктика, -и
каталекти́ческий
катале́псия, -и
каталепти́ческий
ката́лиз, -а
катализа́тор, -а
катализи́ровать(ся), -рую, -рует(ся)
каталити́ческий
катало́г, -а
каталогиза́тор, -а
каталогиза́ция, -и
каталогизи́рованный
каталогизи́ровать(ся), -рую, -рует(ся)
катало́жный
катало́нец, -нца
катало́нка, -и
катало́нский
ка́таль, -я
ка́тальный
ка́тальня, -и, р. мн. -лен
катамара́н, -а
ката́ние, -я
ка́танка, -и (проволока)
ка́танки, -нок, ед. ка́танок, -нка (валенки)
ка́танный, прич.
ка́таный, прил.
ката́нье, -я (не мытьём, так ка́таньем)
катаплазмати́ческий
катапу́льта, -ы
катапульти́рование, -я
катапульти́ровать(ся), -рую(сь), -рует(ся)
катапульти́руемый
катапульти́рующий(ся)
катапу́льтный
ката́р, -а
катара́кт, -а (устройство; водопад)
катара́кта, -ы (болезнь глаз)
катара́льный
катастро́фа, -ы
катастрофи́ческий
кататермо́метр, -а
кататермометри́ческий
кататермоме́рия, -и
ката́ть(ся), -а́ю(сь), -а́ет(ся)
катафа́лк, -а
катафоре́з, -а
катафорети́ческий
катафо́т, -а
катафро́нт, -а
катахре́за, -ы
категориа́льный
категори́ческий
категори́чный
катего́рия, -и
кате́дер-социали́зм, -а
кате́дер-социали́ст, -а
катено́ид, -а
ка́тер, -а, мн. -а́, -о́в
ка́терна, -ы
ка́терный
катеростро́ение, -я
ка́тет, -а
кате́тер, -а
катетериза́ция, -и

КАТ

катетеризи́ровать(ся), -рую, -рует(ся)
катето́метр, -а
катехи́зис, -а
катехизи́ческий
кате́ху, нескл., с.
катио́н, -а
катиони́рование, -я
катиони́т, -а
катиони́товый
катионоакти́вный
кати́ть(ся), качу́(сь), ка́тит(ся)
катну́ть, -ну́, -нёт
като́д, -а
като́дно-лучево́й
като́дный
катодолюминесце́нция, -и
като́к, -тка́
като́лик, -а
католико́с, -а
католици́зм, -а
католи́ческий
католи́чество, -а
католи́чка, -и
като́птрика, -и
катоптри́ческий
ка́торга, -и
каторжа́нин, -а, мн. -а́не, -а́н
каторжа́нка, -и
ка́торжник, -а
ка́торжница, -ы
ка́торжный
катра́н, -а
катра́ний, -ья, -ье
катра́нный
катре́н, -а
кату́шечка, -и
кату́шечно-челно́чный
кату́шечный
кату́шка, -и
ка́тыш, -а
ка́тышек, -шка
катэлектрото́н, -а
катю́ша, -и (оружие)
катя́щий(ся) (от кати́ть)
каузальги́я, -и
кауза́льность, -и
кауза́льный
каузати́вный
каулифло́рия, -и
ка́упер, -а
ка́уперный
кау́рка, -и
кау́рый
ка́устик, -а (хим.)
ка́устика, -и (физ.)
каусти́ческий
каутскиа́нец, -нца
каутскиа́нский
каутскиа́нство, -а
каучу́к, -а
каучуково́дство, -а
каучуково́дческий
каучу́ковый
каучуконо́с, -а
каучуконо́сный
кафе́, нескл., с.
ка́федра, -ы
кафедра́льный
кафе́-заку́сочная, -ой
ка́фель, -я
ка́фельный

КАФ

кафе́-моло́чная, -ой
кафе́-моро́женое, нескл., с.
кафете́рий, -я
кафешанта́н, -а
кафешанта́нный
кафи́зма, -и
кафоли́ческий
кафр, -а
кафта́н, -а
кафтани́шко, -а, м.
кафта́нный
кафта́нчик, -а
кахекси́я, -и
кахети́нец, -нца
кахети́нка, -и
кахети́нский
кацаве́йка, -и
каца́п, -а
кача́лка, -и
кача́ние, -я
кача́ть(ся), -а́ю(сь), -а́ет(ся)
каче́ли, -ей
каче́льный
каче́ние, -я
ка́чественный
ка́чество, -а
ка́чка, -и
качну́ть(ся), -ну́(сь), -нёт(ся)
качу́ча, -и
ка́ша, -и
кашало́т, -а
кашева́р, -а
кашева́рить, -рю, -рит
кашее́д, -а
ка́шель, -шля
кашеми́р, -а
кашеми́ровый
кашеобра́зный
ка́шица, -ы
кашицеобра́зный
ка́шка, -и
ка́шлянуть, -ну, -нет
ка́шлять, -яю, -яет
кашмило́н, -а
кашми́рец, -рца
кашми́ри, нескл., м.
кашми́рка, -и
кашми́рский
кашне́, нескл., с.
кашпо́, нескл., с.
кашта́н, -а
кашта́ново-бу́рый
кашта́новый
кашта́нчик, -а
кашу́б, -а
кашу́бка, -и
кашу́бский
каю́к, -а́ (лодка)
каю́к, неизм.
каю́р, -а
каю́та, -ы
каю́та люкс, каю́ты люкс
каю́т-компа́ния, -и
ка́ющийся
ка́явшийся
кая́к, -а́
ка́яться, ка́юсь, ка́ется
квадра́нт, -а
квадра́нтный
квадра́т, -а
квадра́тик, -а
квадрати́чный

КВА

квадра́тно-гнездово́й
квадра́тный
квадратри́са, -ы
квадрату́ра, -ы
квадрату́рный
квадри́га, -и
квадриллио́н, -а и квадрильо́н, -а
кваза́р, -а, р. мн. -ов
квазиакти́вный
квазизвезда́, -ы́
квазизвёздный
квазимо́до, нескл., с.
квазинау́чный
квазиобъекти́вный
квазипериоди́ческий
квазиспециали́ст, -а
квазиупру́гий
квазиусто́йчивый
квазиучёный
ква́канье, -я
ква́кать, -аю, -ает
ква́ква, -ы
ква-ква́, неизм.
ква́кер, -а
ква́керский
ква́кнуть, -ну, -нет
ква́куша, -и
ква́кушка, -и
ква́кша, -и
квалитати́вный
квалификацио́нный
квалифика́ция, -и
квалифици́рованный; кр. ф. прич. -ан, -ана; кр. ф. прил. -ан, -анна
квалифици́ровать(ся), -ру(сь), -рует(ся)
квант, -а
квантитати́вный
квантова́ние, -я
квантовомехани́ческий
ква́нтовый
квантоме́тр, -а
кварк, -а, р. мн. -ов
ква́рта, -ы
кварта́л, -а
кварта́льный
квартерде́к, -а
квартеро́н, -а
квартеро́нка, -и
кварте́т, -а
кварте́тный
кварти́ра, -ы
квартира́нт, -а
квартира́нтка, -и
кварти́рка, -и
квартирме́йстер, -а
кварти́рный
квартирова́ть, -ру́ю, -ру́ет
квартиросъёмщик, -а
квартирье́р, -а
квартова́ние, -я
квартпла́та, -ы
квартсекстакко́рд, -а
кварц, -а
ква́рцевый
кварцеду́в, -а
кварци́т, -а
квас, -а и -у, мн. -ы́, -о́в
ква́сить(ся), ква́шу, ква́сит(ся)
квасно́й
квасова́р, -а
квасоваре́ние, -я

КВА   КЕЛ   КЕТ   К

квасова́рный
квасо́к, -ска́
ква́ссия, -и
квасцева́ть(ся), -цу́ю, -цу́ет(ся)
квасцо́ванный
квасцо́вый
квасцы́, -о́в
кватернио́н, -а
кватроче́нто, *нескл., с.*
ква́шение, -я
квашени́на, -ы
квашени́нный
ква́шенный, *прич.*
ква́шеный, *прил.*
квашня́, -и́, *р. мн.* -не́й
квашо́нка, -и
квебра́хо, *нескл., с.*
квёлый
кве́рху, *нареч.* (подня́ться кве́рху)
кверцети́н, -а
квершла́г, -а
кве́стор, -а
квесту́ра, -ы
квиети́зм, -а
квиети́ст, -а
квиети́ческий
квиксте́п, -а
кви́нта, -ы
квинта́л, -а
квинте́т, -а
квинтиллио́н, -а и квинтильо́н, -а
кви́нтовый
квинтсекстакко́рд, -а
квинтэссе́нция, -и
квипрокво́, *нескл., с.*
квири́т, -а
кви́слинговец, -вца
квит, *неизм.*
квитанцио́нный
квита́нция, -и
квита́ться, -а́юсь, -а́ется
квито́к, -тка́
кви́ты, *неизм.*
кво́рум, -а
кво́та, -ы
квохта́нье, -я
квохта́ть, кво́хчет
кво́хчущий
кеб, -а
ке́гель, ке́гля и кегль, -я (шрифт)
кегельба́н, -а
ке́гельный
ке́гли, -ей, *ед.* ке́гля, -и (игра)
кегль, -я и ке́гель, ке́гля (шрифт)
кедр, -а
кедра́ч, -а́
кедро́вка, -и
кедро́вник, -а
кедро́вый
ке́ды, ке́дов и кед
кейф, -а
кейфова́ть, -фу́ю, -фу́ет
кекс, -а
кекубо́к, -бка́
ке́кур, -а
кела́рня, -и, *р. мн.* -рен
ке́ларский
ке́ларь, -я
келе́йка, -и
келе́йник, -а
келе́йница, -ы
келе́йничать, -аю, -ает

келе́йный
кело́ид, -а
ке́льма, -ы
ке́льнер, -а
ке́льнерша, -и
кельт, -а, *р. мн.* -ов
ке́льтский
ке́лья, -и, *р. мн.* ке́лий
ке́мпинг, -а
ке́нар, -а
кена́ф, -а
кенафоубо́рочный
кенгурёнок, -нка, *мн.* -ря́та, -ря́т
кенгуро́вый
кенгуру́, *нескл., м.*
кенды́рь, -я́
кени́ец, -и́йца
кени́йка, -и
кени́йский
кенота́ф, -а
кенотро́н, -а
кенотро́нный
кента́вр, -а
ке́ньги, кеньг, *ед.* ке́ньга, -и
ке́пи, *нескл., с.*
ке́пка, -и
ке́почный
керамзи́т, -а
керамзитобето́н, -а
керамзитобето́нный
керамзи́товый
кера́мик, -а
кера́мика, -и
кера́мико-металли́ческий
керами́ческий
кераргири́т, -а
керати́н, -а
керати́т, -а
керато́з, -а
кератопла́стика, -и
кератофи́р, -а
ке́рвель, -я
ке́ренщина, -ы
кержа́к, -а́
кержа́цкий
керме́к, -а
керме́с, -а
керн, -а
ке́рнер, -а
керога́з, -а
кероси́н, -а
кероси́нка, -и
кероси́нный
кероси́новый
керосинокали́льный
кероси́нщик, -а
керсанти́т, -а
керчени́т, -а
ке́рченский
ке́сарево сече́ние
ке́сарский
ке́сарь, -я
кессо́н, -а
кессо́нный
кессо́нщик, -а
ке́та, -ы и кета́, -ы́
кетгу́т, -а
кетме́нный
кетме́нь, -я́
ке́тмия, -и
ке́товый
кетоге́нный

кетокислота́, -ы́, *мн.* -о́ты, -о́т
кето́н, -а
кето́новый
кетонокислота́, -ы́, *мн.* -о́ты, -о́т
ке́тский
кетч, -а (борьба)
кетчи́ст, -а
ке́ты, -ов
кефа́левый
кефа́лий, -ья, -ье
кефа́ль, -и
кефа́льный
кефи́р, -а
кефи́рный
ке́чуа, *нескл., м.*
кза́ди
киа́нг, -а
киани́т, -а
кибернетиза́ция, -и
кибернете́тик, -а
кибернете́тика, -и
кибернети́ческий
киби́тка, -и
киби́точный
кива́ть, -а́ю, -а́ет
ки́вер, -а, *мн.* -а́, -о́в
ки́ви-ки́ви, *нескл., ж.*
кивну́ть, -ну́, -нёт
киво́к, кивка́
киво́рий, -я
кигелия, -и
ки́данный
ки́дас, -а
кида́ть(ся), -а́ю(сь), -а́ет(ся)
киевля́нин, -а, *мн.* -я́не, -я́н
киевля́нка, -и
киёк, кийка́
кизельгу́р, -а
кизери́т, -а
кизи́л, -а и кизи́ль, -я́
кизи́ловый и кизи́левый
кизи́льник, -а
кизи́льный
кизя́к, -а́
кизяко́вый
кизя́чный
кий, кия́, *мн.* кии́, киёв
ки́ка, -и
кики́мора, -ы
кикс, -а
киксова́ть, -су́ю, -су́ет
кикста́ртер, -а
кил, -а
кила́, -ы́
килева́тость, -и
килева́ть, -лю́ю, -лю́ет
килево́й
килегру́дый
киле́ктор, -а
килено́гий
ки́лечка, -и
ки́лечный
кили́м, -а
кило́, *нескл., с.*
килова́тт, -а, *р. мн.* -ва́тт
килова́ттный
килова́тт-ча́с, -а, *мн.* -ы́, -о́в
килово́льт, -а
килово́льт-ампе́р, -а
киловольтме́тр, -а
килоге́рц, -а
килогра́мм, -а, *р. мн.* -ов

151

КИЛ

килогра́мм-моле́кула, -ы
килогра́ммовый
килограммоме́тр, -а
килогра́мм-си́ла, -ы
килоджо́уль, -я
киломе́тр, -а
километра́ж, -а
километро́вка, -и
километро́вый
килото́нна, -ы
киль, -я
кильбло́к, -а
кильва́тер, -а
кильва́терный
ки́лька, -и
кимва́л, -а
киммери́йский
киммери́йцы, -ев
кимо́граф, -а
кимоно́, нескл., с.
кинамо́н, -а
кингсто́н, -а
киндя́к, -а́
кинезигра́фия, -и
кине́ма, -ы
кинема́тика, -и
кинемати́ческий
кинемато́граф, -а
кинематографи́ст, -а
кинематографи́ческий
кинематографи́чный
кинематогра́фия, -и
кинеско́п, -а
кинестези́я, -и
кинестети́ческий
кине́тика, -и
кинети́ческий
кинетоско́п, -а
кинетоста́тика, -и
кинжа́л, -а
кинжа́льный
ки́ник, -а
кини́ческий
кино́, нескл., с.
кино... — первая часть сложных слов, пишется всегда слитно
киноактёр, -а
киноактри́са, -ы
киноаппара́т, -а
киноаппара́тная -ой
киноаппарату́ра, -ы
киноарти́ст, -а
киноарти́стка, -и
киноателье́, нескл., с.
кинобу́дка, -и
кинова́рный
ки́новарь, -и
кинове́д, -а
кинове́дение, -я
кинове́дческий
киновы́пуск, -а
киногра́мма, -ы
кинодокуме́нт, -а
кинодокументали́ст, -а
кинодрамату́рг, -а
кинодраматурги́я, -и
киножурна́л, -а
кинозвезда́, -ы́, мн. -звёзды, -звёзд
кинозри́тель, -я
киноиску́сство, -а
кино- и фотоплёнка, -и

КИН

кинока́мера, -ы
кинокарти́на, -ы
кинокоме́дия, -и
кинокомпа́ния, -и
киноконце́рт, -а
киноконце́ртный
кинокопирова́льный
кинолекто́рий, -я
кинолениниа́на, -ы
киноле́нта, -ы
кино́лог, -а
киноло́гия, -и
кинолюби́тель, -я
киномеха́ник, -а
киномонта́ж, -а
кинообозре́ние, -я
кинообъекти́в, -а
киноопера́тор, -а
киноо́птика, -и
киноо́черк, -а
кинопавильо́н, -а
кинопанора́ма, -ы
кинопередви́жка, -и
киноплёнка, -и
киноплёночный
киноплоща́дка, -и
кинопрое́ктор, -а
кинопрое́кция, -и
кинопрожёктор, -а
кинопроизведе́ние, -я
кинопроизво́дство, -а
кинопрока́т, -а
кинопрока́тный
кинопрока́тчик, -а
кинопромы́шленность, -и
кинорежиссёр, -а
кинорекла́ма, -ы
кинорепорта́ж, -а
киносеа́нс, -а
киносе́ть, -и
киносту́дия, -и
киносцена́рий, -я
киносценари́ст, -а
киносъёмка, -и
киносъёмочный
кинотеа́тр, -а
кинотека, -и
киноте́хника, -и
киноустано́вка, -и
кинофа́брика, -и
кинофестива́ль, -я
кинофика́ция, -и
кинофи́льм, -а
кинофици́рованный
кинофици́ровать(ся), -рую, -рует(ся)
кинофотоплёнка, -и
кинохро́ника, -и
кинохроникёр, -а
кино́шник, -а
киноэкра́н, -а
ки́нуть(ся), -ну(сь), -нет(ся)
кио́ск, -а
киоскёр, -а
киоскёрша, -и
кио́т, -а
ки́па, -ы
кипари́с, -а
кипари́сный
кипари́совый
кипе́ние, -я
ки́пенно-бе́лый
ки́пенный

КИП

ки́пень, -и
кипе́ть, -плю́, -пи́т
кипре́гель, -я
кипре́й, -я
кипре́йный
киприо́т, -а
киприо́тка, -и
кипсе́й, -я и кипсе́йка, -и
ки́пу, нескл., с.
кипу́честь, -и
кипу́чий
кипяти́лка, -и
кипяти́льник, -а
кипяти́льный
кипяти́льня, -и, р. мн. -лен
кипяти́ть(ся), -ячу́(сь), -яти́т(ся)
кипято́к, -тка́ и -тку́
кипяче́ние, -я
кипячённый, прич.
кипячёный, прил.
кира́са, -ы
кираси́р, -а, р. мн. (при собир. знач.) кираси́р и (при обознач. отдельных лиц) кираси́ров
кираси́рский
кирги́з, -а
кирги́зка, -и
кирги́з-кайса́цкий
кирги́зский
ки́рза, -ы и кирза́, -ы́
ки́рзо́вый
кири́ллица, -ы
ки́рка, -и, р. мн. ки́рок (церковь)
кирка́, -и́, р. мн. ки́рок (орудие)
киркомоты́га, -и
кирпи́ч, -а́
кирпичеде́лательный
кирпи́чик, -а
кирпичи́на, -ы, ж. (один кирпич)
кирпичи́на, -ы, м. (большой кирпич)
кирпи́чник, -а
кирпи́чно-кра́сный
кирпи́чно-черепи́чный
кирпи́чный
кисе́йный
киселёк, -лька́ и -льку́
киселеобра́зный
кисе́лик, -а и -у
кисе́ль, -я
кисе́льный
кисе́т, -а
кисея́, -и́
кис-ки́с, неизм.
ки́сленький, кр. ф. -ёнек, -ёнька
кислеца́, -ы́ (с кислецо́й)
кисли́нка, -и
кисли́ть, -лю́, -ли́т
кисли́ца, -ы (растение)
кисли́чник, -а
кисли́чные, -ых
кислова́тый
кисломоло́чный
кислоро́д, -а
кислородда́ющий
кислороддобыва́ющий
кислоро́дистый
кислоро́дно-ацетиле́новый
кислоро́дно-водоро́дный
кислоро́дно-сва́рочный
кислоро́дный
кислородсодержа́щий
ки́сло-сла́дкий

кислота́, -ы́, мн. -о́ты, -о́т
кисло́тность, -и
кисло́тно-щелочно́й
кисло́тный
кислотоме́р, -а
кислотообразу́ющий
кислотосто́йкий
кислотоупо́рный
кислотоусто́йчивый
ки́слый; кр. ф. -сел, -сла́, -сло
кисля́й, -я
кисля́тина, -ы
ки́снувший
ки́снуть, -ну, -нет; прош. кис и ки́снул, ки́сла
ки́сонька, -и
киста́, -ы́
кистеви́дный
кистево́й
кисте́нь, -я́
кистепёрые, -ых
кисто́ма, -ы
ки́сточка, -и
кисть, -и, мн. -и, -е́й
кит, -а́
китаеве́д, -а
китаеве́дение, -я
кита́ец, -а́йца
китаи́ст, -а
кита́йка, -и (ткань; яблоня)
кита́йский
кита́йско-америка́нский
кита́йско-сове́тский
кита́йско-япо́нский
кита́йчатый (к кита́йка)
китайчо́нок, -нка, мн. -ча́та, -ча́т
китая́нка, -и (к кита́ец)
ки́тель, -я, мн. -и, -ей, и -я́, -е́й
китёныш, -а
китоба́за, -ы
китобо́ец, -о́йца
китобо́й, -я
китобо́йно-промысло́вый
китобо́йный
китови́дный
кито́вина, -ы
ки́товый
китогла́в, -а
китокомбина́т, -а
китоло́в, -а
китоло́вный
китоло́вство, -а
китообра́зный
кифа́ра, -ы
кифо́з, -а
кифосколио́з, -а
кичи́ться, -чу́сь, -чи́тся
ки́чка, -и
кичли́вость, -и
кичли́вый
кише́ть, -ши́т
кише́чник, -а
кишечноды́шащие, -их
кишечнополостны́е, -ы́х
кишечнососу́дистый
кише́чный
кишка́, -и́
кишкообра́зный
кишла́к, -а́
кишла́чный
кишми́ш, -а и -а́
кишмя́ кише́ть

кия́нка, -и
клавеси́н, -а
клавеси́нный
клавиату́ра, -ы
клавико́рды, -ов
клави́р, -а
клави́раусцуг, -а
клавицимба́л, -а
кла́виш, -а, р. мн. -ей и кла́виша, -и, р. мн. -иш
кла́вишный
клад, -а
кла́дбище, -а
кладби́щенский
кла́дезь, -я
кладене́ц, -нца́ (меч-кладене́ц)
кла́деный, прил.
кла́дка, -и
кладова́я, -о́й
кладо́вка, -и
кладову́шка, -и
кладовщи́к, -а́
кладовщи́ца, -ы
кладо́дий, -я
кладоиска́тель, -я
кладо́ния, -и
кладо́фора, -ы
кла́дочный
кла́дчик, -а
кладь, -и
кла́ка, -и
клакёр, -а
кла́ксон, -а
клан, -а
кла́няться, -яюсь, -яется
кла́пан, -а, мн. -ы, -ов
кла́панный
клапшто́с, -а
кларе́т, -а
кларне́т, -а
кларнети́ст, -а
класс, -а
кла́ссик, -а
кла́ссика, -и
кла́ссико-романти́ческий
классифика́тор, -а
классификацио́нный
классифика́ция, -и
классифици́рованный
классифици́ровать, -рую, -рует
классици́зм, -а
классицисти́ческий
класси́ческий
класси́чески стро́гий
кла́ссно-уро́чный
кла́ссный
кла́ссово враждебный
кла́ссово-эксплуата́торский
кла́ссово созна́тельный
кла́ссовый
класть(ся), кладу́, кладёт(ся); прош. кла́л(ся), кла́ла(сь)
кла́узула, -ы
клаустрофо́бия, -и
клёв, -а
клёванный, прич.
клёваный, прил.
клева́ть(ся), клюю́(сь), клюёт(ся)
клеве́йт, -а
кле́вер, -а, мн. -а́, -о́в
клевери́ще, -а, с.

кле́верный
клеверосе́яние, -я
клеверотёрка, -и
клеверотёрочный
клевета́, -ы́
клевета́ть, -ещу́, -е́щет
клеветни́к, -а́
клеветни́ца, -ы
клеветни́ческий
клеве́щущий
клево́к, -вка́
клевре́т, -а
клеева́р, -а
клееваре́ние, -я
клееваре́нный
клееварка, -и
клееварня, -и, р. мн. -рен
клеево́й
клеежелати́новый
клее́ние, -я
клеёнка, -и
клеёный, прич.
клеёночный
клеёнчатый
клеёный, прил.
клееобра́зный
клеесварно́й
клеи́льный
кле́ить(ся), кле́ю, кле́ит(ся)
клей, кле́я и клею́, предл. о кле́е, на клею́
кле́йка, -и
кле́йкий
клейкови́на, -ы
клейме́ние, -я
клеймённый, прич.
клеймёный, прил.
клейми́ть(ся), -млю́, -ми́т(ся)
клейме́ние, -я
клеймо́, -а́, мн. кле́йма, клейм
кле́йстер, -а
клейстога́мия, -и
клёкот, -а
клекота́ние, -я
клекота́ть, -очу́, -о́чет
клеко́чущий
кле́мма, -ы
кле́ммник, -а
кле́ммный
клён, -а
клёновый
клено́к, -нка́ (к клён)
кленоли́стный
клено́чек, -чка (к клён)
клепа́ло, -а (орудие)
клепа́льный
клепа́льщик, -а
клепа́ние, -я
клёпанный, прич.
клёпаный, прил.
клепа́нь, -и
клепа́ть[1], -а́ю, -а́ет (соединять)
клепа́ть[2], клеплю́, кле́плет (клеветать)
клепа́ющий (от клепа́ть[1])
клёпка, -и
кле́плющий (от клепа́ть[2])
клёпочный
кле́ппер, -а
клепси́дра, -ы
клептома́н, -а
клептома́ния, -и
клептома́нка, -и

КЛЕ

клерика́л, -а
клерикали́зм, -а
клерика́льный
клерк, -а
клерова́льный
клерова́ние, -я
клерова́ть, -ру́ю, -ру́ет
клеро́вка, -и
клёст, клеста́
клёстовый
кле́тка, -и
кле́точка, -и
кле́точный
клету́шечка, -и
клету́шка, -и
клетча́тка, -и
кле́тчатый
клеть, -и, мн. -и, -е́й
клёцки, -цек, ед. клёцка, -и
клёш, -а
клешневи́дный
клешнеобра́зный
клешня́, -и́, р. мн. -е́й
клещ, -а́
клещеви́дный
клещеви́на, -ы
клещеви́нник, -а
клещеви́нный
клещево́й
клещи́, -е́й
клея́нка, -и
кле́ящий(ся)
клива́ж, -а
кли́вер, -а, мн. -ы, -ов и -а́, -о́в
клидоно́граф, -а
клие́нт, -а
клие́нтка, -и
клие́нтский
клиенту́ра, -ы
кли́зма, -ы
кли́змочка, -и
клик, -а
кли́ка, -и
кли́кать, кли́чу, кли́чет
кли́кнуть, -ну, -нет
клику́ша, -и
клику́шеский
клику́шество, -а
клику́шествовать, -твую, -твует
клику́шествующий
кли́макс, -а
климакте́рий, -я
климактери́ческий
кли́мат, -а
climати́ческий
климатографи́ческий
климатогра́фия, -и
климато́лог, -а
климатологи́ческий
климатоло́гия, -и
климатотерапи́я, -и
климатро́н, -а
климогра́мма, -ы
климографи́ческий
клин, -а, мн. кли́нья, -ьев
кли́ника, -и
кли́нико-биохими́ческий
кли́нико-диагности́ческий
клиници́ст, -а
клини́ческий
кли́нкер, -а, мн. -а́, -о́в
кли́нкерный

КЛИ

клинкеро́ванный
клинкерова́ть(ся), -ру́ю, -ру́ет(ся)
клинке́т, -а
клинови́дный
клиново́й
клино́к, -нка́
клиноли́стный
клино́метр, -а
клинообра́зный
клинопи́сный
кли́нопись, -и
клиноремённый
клиноста́т, -а
клинч, -а
кли́нчатый
кли́нышек, -шка
кли́пер, -а, мн. -а́, -о́в
кли́псы, кли́пс, ед. кли́пса, -ы
клир, -а
кли́рик, -а
кли́ринг, -а
кли́ринговый
кли́рос, -а
клироша́нин, -а, мн. -а́не, -а́н
клисти́р, -а
клисти́рный
клистро́н, -а
кли́тор, -а
ключ, -а́
кли́чка, -и
кли́чущий
клише́, нескл., с.
клоа́ка, -и
клоака́льный
клоа́чный
клобу́к, -а́
клобучо́к, -чка́
клозе́т, -и
клозе́тный
клок, -а́, мн. кло́чья, -ьев и клоки́, -о́в
клока́стый
клокота́ние, -я
клокота́ть, -очу́, -о́чет
клони́ть(ся), клоню́(сь), кло́нит(ся)
клоп, -а́
клопи́ный
клопо́вник, -а
клопо́вый
клопомо́р, -а
кло́пфер, -а
клото́ида, -ы
кло́ун, -а, мн. -ы, -ов
клоуна́да, -ы
кло́унский
клохта́нье, -я
клохта́ть, кло́хчет
кло́хчущий
клочкова́тый
клочо́к, -чка́
клочо́чек, -чка
клуб¹, -а, мн. -ы́, -о́в (облако)
клуб², -а, мн. -ы, -ов (организация)
клубенёк, -нька́
клу́бень, -бня, р. мн. -бней
клубенько́вый
клуби́ть(ся), -и́т(ся)
клубневи́дный
клубнево́й
клубнелу́ковица, -ы
клубнено́сный
клубнепло́д, -а

КЛУ

клубни́ка, -и
клубни́чка, -и
клубни́чный
клу́бный
клубо́к, -бка́
клубо́чек, -чка
клубо́чный
клу́мба, -ы
клу́мбочка, -и
клу́ня, -и
клупп, -а
клу́ша, -и
клык, -а́
клыка́стый
клычо́к, -чка́
клюв, -а
клювови́дный
клювоголо́вые, -ых
клювоно́с, -а
клюворы́л, -а
клюз, -а
клюка́, -и́
клю́ква, -ы
клю́квенный
клю́квина, -ы
клю́кнуть, -ну, -нет
клю́ковка, -и
клю́нуть, -ну, -нет
ключ, -а́
ключа́рь, -я́
ключеви́на, -ы
ключево́й
клю́чик, -а
ключи́ца, -ы
ключи́чный
клю́чник, -а
клю́чница, -ы
ключ-трава́, -ы́
клю́шка, -и
кля́вший(ся)
кля́кса, -ы
клякспапи́р, -а
кля́ммера, -ы
кля́нченье, -я
кля́нчить, -чу, -чит
кляп, -а
кля́ссер, -а
кля́сть(ся), кляну́(сь), клянёт(ся); прош. клял(ся), кляла́(сь), кля́ло, кляло́сь
кля́тва, -ы
кля́твенный
клятвопреступле́ние, -я
клятвопресту́пник, -а
клятвопресту́пница, -ы
кля́тый; кр. ф. клят, клята́, кля́то
кля́уза, -ы
кля́узник, -а
кля́узница, -ы
кля́узничать, -аю, -ает
кля́узнический
кля́узничество, -а
кля́узный
кля́ча, -и
кля́чонка, -и
к ме́сту (уме́стно)
кнаружи́
кне́ли, -ей, ед. кнель, -и
кне́ссет, -а
кнехт, -а
кни́га, -и
книгове́д, -а

КНИ КОБ КОГ К

книгове́дение, -я
книговеде́ние, -я (в бухгалтерии)
книгове́дческий
книгодержа́тель, -я
книгое́д, -а
книгоизда́тель, -я
книгоизда́тельский
книгоизда́тельство, -а
книголю́б, -а
книгоно́ша, -и, *м. и ж.*
книгопеча́тание, -я
книгопеча́тный
книгопеча́тня, -и, *р. мн.* -тен
книгопродаве́ц, -вца
книготорг, -а
книготорго́вец, -вца
книготорго́вля, -и
книготорго́вый
книготоргу́ющий
книгохрани́лище, -а
книгоче́й, -я
кни́жечка, -и
кни́жица, -ы
кни́жища, -и
кни́жка, -и
кни́жник, -а
кни́жница, -ы
кни́жно-журна́льный
кни́жно-иллюстрати́вный
кни́жный
книжо́нка, -и
кни́зу, *нареч.* (опусти́ть го́лову кни́зу)
кни́ксен, -а
кни́ппель, -я
кни́ца, -ы
кноп, -а
кно́пка, -и
кно́почка, -и
кно́почный
кнут, -а́
кнутобо́й, -я
кнутобо́йничать, -аю, -ает
кнутови́ще, -а
кнутри́
княги́ня, -и, *р. мн.* -и́нь
княже́ние, -я
княжени́ка, -и
кня́жеский
кня́жество, -а
кня́жий, -ья, -ье
княжи́ть, -жу́, -жи́т
княжи́ч, -а
княжна́, -ы́
княжо́й
князёк, -зька́
князь, -я, *мн.* князья́, -зе́й
ко, к, *предлог*
коагули́рование, -я
коагули́рованный
коагули́ровать(ся), -рую, -рует(ся)
коагуля́нт, -а
коагуля́т, -а
коагуля́тор, -а
коагуля́ция, -и
коаксиа́льный
коалесце́нция, -и
коалесци́ровать, -рует
коалицио́нный
коали́ция, -и
кобалами́н, -а
коба́льт, -а (металл; краска)

кобальти́н, -а
ко́бальтовый
кобелёк, -лька́
кобели́ный
кобе́ль, -я́
кобе́ниться, -нюсь, -нится
ко́бза, -ы и кобза́, -ы́
кобза́рский
кобза́рь, -я́
ко́ббольд, -а (в мифологии)
ко́бра, -ы
кобура́, -ы́
ко́бчик, -а (птица)
кобы́ла, -ы
кобы́лий, -ья, -ье
кобы́лица, -ы
кобы́лицын, -а, -о
кобы́лка, -и
кова́ль, -я́
ко́ванный, *прич.*
ко́ваный, *прил.*
ковариа́нтный
кова́рный
кова́рство, -а
кова́ть(ся), кую́, куёт(ся)
ковбо́й, -я
ковбо́йка, -и
ковбо́йский
ковёр, ковра́
коверка́нье, -я
коверка́ть(ся), -аю, -ает(ся)
коверко́т, -а
коверко́товый
ковёрный
ковёр-самолёт, ковра́-самолёта
ко́вка, -и
ко́вкий; *кр. ф.* ко́вок, ковка́, ко́вко
ко́вкость, -и
ковнутри́, *нареч.*
ко́вочно-штампо́вочный
ко́вочный
коври́га, -и
коври́жка, -и
ко́врик, -а
ковро́вщик -а
ковро́вщица, -ы
ковро́вый
коврodéл, -а
ковроде́лие, -я
ковротка́цкий
ковротка́чество, -а
ковче́г, -а
ковче́жец, -жца
ковче́жный
ковш, -а́
ко́вшик, -а
ковшо́вый
ко́вы, ков
ковы́листый
ковы́ль, -я́
ковы́льный
ковыля́ть, -я́ю, -я́ет
ковырну́ть(ся), -ну́(сь), -нёт(ся)
ковыря́ть(ся), -я́ю(сь), -я́ет(ся)
когда́
когда́ б(ы)
когда́ б(ы) ни (в придаточных предложениях, не заключающих отрицательного смысла)
когда́ бы то ни́ было
когда́ как
когда́ како́й

когда́-либо
когда́-нибудь и когда-нибу́дь
когда́-никогда́
когда́-то
когезио́нный
коге́зия, -и
когере́нтность, -а
когере́нтный
когере́р, -а
когна́т, -а
когнати́ческий
когна́тский
когóрта, -ы
коготóк, -тка́
ко́готь, ко́гтя, *мн.* -и, -е́й
когредие́нтный
когти́стый
когти́ть, -и́т
когти́ще, -а, *мн.* когти́щи, -ей, *м.*
код, -а
ко́да, -ы (*муз.*)
кода́к, -а́
кодеи́н, -а
ко́декс, -а
коди́рование, -я
коди́ровать(ся), -рую, -рует(ся)
кодиро́вщик, -а
кодификацио́нный
кодифика́ция, -и
кодифици́рованный
кодифици́ровать(ся), -рую, -рует(ся)
ко́дово-и́мпульсный
ко́довый
кое-, *частица* (с последующим словом соединяется с помощью дефиса)
ко́е-где́ и кой-где́
ко́е-ка́к и кой-ка́к
ко́е-како́й и кой-како́й
ко́е-когда́ и кой-когда́
ко́е-кто́, ко́е-кого́ и кой-кто́, кой-кого́: ко́е от кого́, ко́е у кого́, ко́е к кому́, ко́е с ке́м, ко́е о ко́м и кой от кого́ и т. п.
ко́е-куда́ и кой-куда́
ко́ечка, -и
ко́ечный
ко́е-что́, ко́е-чего́ и кой-что́, кой-чего́; ко́е к чему́, ко́е на что́, ко́е над че́м, ко́е с че́м, ко́е в чём, ко́е о чём и кой к чему́ и т. п.
ко́жа, -и
кожа́н, -а́
ко́жанка, -и
ко́жаный
кожгалантере́я, -и
коже́венник, -а
коже́венно-обувно́й
коже́венный
коже́вник, -а
коже́вня, -и, *р. мн.* -вен
кожедёр, -а
кожее́д, -а
кожемя́ка, -и, *м.*
кожеподо́бный
кожзамени́тель, -я
кожими́т, -а
кожими́тный
кожими́товый
кожистокры́лые, -ых
ко́жистый

155

КОЖ

ко́жица, -ы
ко́жник, -а
ко́жно-венери́ческий
ко́жно-гальвани́ческий
ко́жно-му́скульный
ко́жно-нарывно́й
ко́жный
кожсырьё, -я́
кожура́, -ы́
кожу́х, -а́
кожушо́к, -шка́
коза́, -ы́, мн. ко́зы, коз
козёл, -зла́
козелки́, -о́в, ед. козело́к, -лка́
козеро́г, -а
козе́тка, -и
ко́зий, -ья, -ье
козлёнок, -нка, мн. -ля́та, -ля́т
козлёночек, -чка
козлето́н, -а
ко́злик, -а
козли́ный
козли́ще, -а, м.
козлоборо́дник, -а
козлово́дство, -а
козлово́й (кран)
козло́вый (из шкуры козла)
козлоно́гий
ко́злы, ко́зел (сиденье; подставка)
козля́к, -а́
козля́тина, -ы
козля́тки, -ток
козля́тник, -а
козля́тушки, -шек
ко́зни, -ей
козово́д, -а
козово́дство, -а
козово́дческий
козодо́й, -я
ко́зон, -зна, мн. -ы, -ов
козоно́к, -нка́ (кость для игры)
ко́зонька, -и
ко́зочка, -и
козу́ля, -и
козырёк, -рька́
козырно́й
козырну́ть, -ну́ -нёт
козы́рный
ко́зырь, -я, мн. -и, -е́й
козыря́ть, -я́ю, -я́ет
ко́зье-ове́чий, -ья, -ье
козю́лька, -и
козю́ля, -и
козя́вка, -и
кой-где́ и ко́е-где́
ко́йка, -и, р. мн. ко́ек
кой-ка́к и ко́е-ка́к
кой-како́й и ко́е-како́й
кой-когда́ и ко́е-когда́
ко́йко-ме́сто, -а
кой-кто́ и ко́е-кто́, кой у кого́, кой с ке́м и т. д.
кой-куда́ и ко́е-куда́
койне́, нескл., с.
кой-что́ и ко́е-что́, кой на что́, кой с че́м и т. д.
кок -а
ко́ка, -и
кокаи́н, -а
кокаини́зм, -а
кокаини́ст, -а
кокаини́стка, -и

КОК

кокаи́новый
ко́ка-ко́ла, -ы
кока́рда, -ы
ко́кать(ся), -аю(сь), -ает(ся)
коке́тка, -и
коке́тливость, -и
коке́тливый
коке́тничанье, -я
коке́тничать, -аю, -ает
коке́тство, -а
коки́ль, -я, мн. -я́, -е́й
коки́льный
кокк, -а (биол.)
коккобаци́лла, -ы
ко́кковый
коклю́ш, -а
коклю́шечный
коклю́шка, -и
коклю́шный
ко́кнуть(ся), -ну(сь), -нет(ся)
ко́кон, -а, мн. -ы, -ов
око́нник, -а
ко́конный
кокономота́ние, -я
коконопря́д, -а
коконосуши́лка, -и
коко́ра, -ы
коко́с, -а
коко́совый
коко́тка, -и
коко́точный
коко́шник, -а
ко́кпит, -а
кокс, -а
кок-сагы́з, -а
кокси́т, -а
коксобатаре́я, -и
коксобензо́л, -а
коксобензо́льный
коксова́льный
коксова́ние, -я
коксова́ть(ся), -су́ю, -су́ет(ся)
ко́ксовый
коксога́зовый
коксогенера́торный
коксодо́менный
коксохими́ческий
коксохи́мия, -и
коксу́емость, -и
коксу́ющий(ся)
кокте́йль, -я
кокте́йль-хо́лл, -а
кокцидио́з, -а
кол, -а́, предл. о коле́, на колу́, мн. -ы́, -о́в и ко́лья, -ев
ко́лба, -ы
колбаса́, -ы́, мн. -а́сы, -а́с
колба́ска, -и
колба́сник, -а
колба́сный
колбасоре́зка, -и
ко́лбочка, -и
колго́тки, -ток
колдоби́на, -ы
колдоби́нка, -и
колдова́ть, -ду́ю, -ду́ет
колдовско́й
колдовство́, -а́
колдогово́р, -а
колдогово́рный
колду́н, -а́
колду́нья, -и, р. мн. -ний

КОЛ

колеба́ние, -я
колеба́тельный
колеба́ть(ся), -ле́блю(сь), -ле́блет(ся)
коле́блемый
коле́бленный
коле́блющий(ся)
колебну́ть(ся), -ну́(сь), -нёт(ся)
коле́йстый
коле́нка, -и
коленко́р, -а
коленко́ровый
коле́нный
коле́но, -а, мн. коле́ни, -ей (сустав), колена́, -ён (в пении, танцах) и коле́нья, -ьев (звено, сочленение)
коленопреклоне́ние, -я
коленопреклонённый
коле́ночка, -и
коле́нце, -а, р. мн. -ев и -нец
коле́нчатый
колео́птер, -а
ко́лер, -а
колерова́ть, -ру́ю, -ру́ет (к ко́лер)
колёсико, -а
колеси́ть, -ешу́, -еси́т
коле́сник, -а и колёсник, -а
колесни́ца, -ы
колесни́чный
колёсно-гу́сеничный
колёсный
колесо́, -а́, мн. -лёса, -лёс
колесова́ние, -я
колесо́ванный
колесова́ть(ся), -су́ю, -су́ет(ся)
колёсопрока́тный
колёсотока́рный
коле́т, -а
коле́чко, -а
колея́, -и́
ко́ли и коль
коли́бри, нескл., м. и ж.
ко́лики, -ик, ед. ко́лика, -и
колиро́ванный
колирова́ть, -ру́ю, -ру́ет (прививать)
колиро́вка, -и
коли́т, -а
коли́чественный
коли́чество, -а
ко́лка, -и
ко́лкий; кр. ф. -лок, -лка́, -лко
ко́лкость, -и
коллаборациони́зм, -а
коллаборациони́ст, -а
коллаборациони́стка, -и
коллаборациони́стский
коллаге́н, -а
колла́пс, -а
коллярго́л, -а
коллатера́льный
колле́га, -и, м. и ж.
коллегиа́льность, -и
коллегиа́льный
колле́гия, -и
ко́лледж, -а (в Англии и США)
колле́ж, -а (во Франции)
колле́жский
коллекти́в, -а
коллективиза́ция, -и
коллективизи́рованный
коллективизи́ровать(ся), -рую, -рует(ся)
коллективи́зм, -а

коллективи́ст, -а
коллективи́стка, -и
коллективи́стский
коллекти́вность, -и
коллекти́вный
колле́ктор, -а
колле́кторный
коллекционе́р, -а
коллекциони́рование, -я
коллекциони́ровать(ся), -рую, -рует(ся)
коллекцио́нный
колле́кция, -и
колленхи́ма, -ы
ко́лли, нескл., м.
коллизио́нный
колли́зия, -и
коллима́тор, -а
коллимацио́нный
коллима́ция, -и
коллинеа́рный
коллоди́й, -я
коллоди́йный
колло́ид, -а
коллоида́льный
колло́идный
коллоидообразова́ние, -я
колло́квиум, -а
коллоксили́н, -а
колломо́рфный
коллю́вий, -я
ко́ло, нескл., с.
ко́лоб, -а, мн. -а́, -о́в
колобо́к, -бка́
колобро́дить, -о́жу, -о́дит
коловоро́т, -а
коловра́тка, -и
коловра́тный
коловраще́ние, -я
коло́да, -ы
коло́дезный
коло́дезь, -я
коло́дец, -дца
коло́дка, -и
коло́дник, -а
коло́дница, -ы
коло́дный
коло́дочка, -и
коло́дочный
коло́к, -лка́
коло́квинт, -а
ко́локол, -а, мн. -а́, -о́в
колоко́ленка, -и
колоко́лец, -льца
колоко́льный
колоко́льня, -и, р. мн. -лен
колоко́льчатый
колоко́льчик, -а
колоко́льчиковые, -ых
ко́ломазь, -и
коло́менка, -и
коло́менский
коломы́йка, -и
ко́лон, -а (размер)
коло́н, -а (земледелец)
колона́т, -а
колониали́зм, -а
колониали́ст, -а
колониа́льный
колониза́тор, -а
колониза́торский
колониза́торство, -а

колонизацио́нный
колониза́ция, -и
колонизи́рованный
колонизи́ровать(ся), -рую, -рует(ся)
колонизо́ванный
колонизова́ть(ся), -зу́ю, зу́ет(ся)
колони́ст, -а
колони́стка, -и
колони́стский
коло́ния, -и
коло́нка, -и
коло́нковый (от коло́нка)
коло́нковый (от колоно́к)
колонлине́йка, -и
коло́нна, -ы
коллона́да, -ы
коло́нный
колоно́к, -нка́
колонообра́зный
коло́ночный (от коло́нка)
колонти́тул, -а
колону́ть, -ну́, -нёт
колонци́фра, -ы
колора́дский
колорату́ра, -ы
колорату́рный
колориза́ция, -и
колори́метр, -а (прибор для измерения интенсивности цвета)
колориметри́ческий
колориме́трия, -и
ко́лор-и́ндекс, -а
колори́ст, -а
колористи́ческий
колори́т, -а
колори́тность, -и
колори́тный
ко́лос, -а, мн. коло́сья, -ьев
колоси́стый
колоси́ться, -и́тся
колоско́вый
коло́сник, -а́
колоснико́вый
колосови́дный
колосово́й
колосовы́е, -ы́х
колосо́к, -ска́
колосо́чек, -чка
коло́сс, -а (великан)
колосса́льный
колоти́ть(ся), -очу́(сь), -о́тит(ся)
колото́вка, -и
колоту́шка, -и
ко́лотый
коло́ть, колю́, ко́лет, ко́лют
коло́тье, -я и колотьё, -я́
коло́ться, ко́лется, ко́лются
ко́лоченный, прич.
ко́лоченый, прил.
коло́ша, -и (тех.)
колоше́ние, -я
колошма́тить, -а́чу, -а́тит
коло́шник, -а́
колошнико́вый
колпа́к, -а́
колпа́чный
колпачо́к, -чка́
колту́н, -а́
колумба́рий, -я
колумби́т, -а
колу́н, -а́
колупа́ть(ся), -а́ю(сь), -а́ет(ся)

колупну́ть, -ну́, -нёт
колхици́н, -а
колхо́з, -а
колхо́зник, -а
колхо́зница, -ы
колхо́зно-кооперати́вный
колхо́зно-совхо́зный
колхо́зный
колча́ковец, -вца
колча́ковщина, -ы
колча́н, -а
колча́нный
колчеда́н, -а
колчеда́нный
колчено́гий
колыбе́ль, -и
колыбе́льный
колыма́га, -и
колыма́жка, -и
колыха́ние, -я
колыха́ть(ся), -ы́шу, -ы́шет(ся) и -а́ю, -а́ет(ся)
колыхну́ть(ся), -ну́, -нёт(ся)
ко́лышек, -шка
колы́шущий(ся)
коль и ко́ли
кольдкре́м, -а
колье́, нескл., с.
кольмата́ж, -а
кольмати́рование, -я
кольмати́ровать(ся), -рую, -рует(ся)
кольну́ть, -ну́, -нёт
кольра́би, нескл., ж.
коль ско́ро
кольт, -а
кольцева́ние, -я
кольцева́ть(ся), -цу́ю, -цу́ет(ся)
кольцеви́дный
кольцево́й
кольцеобра́зный
кольцепрока́тный
кольцо́, -а́, мн. ко́льца, коле́ц, ко́льцам
кольцо́ванный
ко́льчатый
кольчу́га, -и
кольчугалюми́ниевый
кольчугалю́миний, -я
кольчу́жный
колю́р, -а
колючели́стник, -а
колючепёрые, -ых
колю́чий
колю́чка, -и
ко́лющий(ся)
коляда́, -ы
коля́дка, -и
колядова́ть, -ду́ю, -ду́ет
коля́ска, -и
коля́сочка, -и
коля́сочный
ком, -а, мн. ко́мья, -ьев
ко́ма, -ы (мед.)
кома́нда, -ы
команда́рм, -а
команди́р, а
командирова́ние, -я
командиро́ванный, -ого
командирова́ть(ся), -ру́ю, -ру́ет(ся)
командиро́вка, -и
командиро́вочный
команди́рский

КОМ

кома́ндно-контро́льный
кома́ндно-ли́чный
кома́ндно-наблюда́тельный
кома́ндный
командоаппара́т, -а
кома́ндование, -я
кома́ндовать, -дую, -дует
командоконтро́ллер, -а
командо́р, -а
командо́рский
кома́ндующий, -его
кома́р, -а́
кома́рик, -а
комари́ный
комарьё, -я́
комато́зный
комба́йн, -а
комба́йнер, -а, мн. -ы, -ов
комба́йнерка, -и
комба́йнирование, -я
комба́йновый
комба́йностроéние, -я
комба́йностроитель, -я
комба́йно-час, -а, мн. -ы́, -о́в
комба́т, -а
комбе́д, -а
комбижи́р, -а
комбико́рм, -а, мн. -а́, -о́в
комбико́рмовый
комбина́т, -а
комбина́тор, -а
комбинато́рный
комбинацио́нный
комбина́ция, -и
комбинезо́н, -а
комбини́рование, -я
комбини́рованный
комбини́ровать(ся), -рую, -рует(ся)
комбри́г, -а
комвзво́да, нескл., м. и комвзво́д, -а
комву́з, -а
комди́в, -а
комедиа́нт, -а
комедиа́нтка, -и
комедиа́нтский
комедиа́нтство, -а
комеди́йный
комедио́граф, -а
комедиогра́фия, -и
коме́дия, -и
коме́дия-бу́фф, коме́дии-бу́фф
коме́дия дель а́рте, коме́дии дель а́рте
комелёк, -лька́ (от ко́мель)
ко́мель, -мля
комендант, -а
коменда́нтский
комендату́ра, -ы
командо́р, -а
коме́та, -ы
коме́тный
кометоиска́тель, -я
кометообра́зный
ко́ми, нескл., м. и ж. и неизм.
коми́зм, -а
ко́ми-зыря́нин, -а, мн. -я́не, -я́н
ко́ми-зыря́нка, -и
ко́ми-зыря́нский
ко́мик, -а
комикова́ть, -ку́ю, -ку́ет
ко́микс, -а

КОМ

комильфо́, неизм. и нескл., м.
комильфо́тный
ко́мингс, -а
ко́ми-пермя́к, -а́
ко́ми-пермя́цкий
ко́ми-пермя́чка, -и
комисса́р, -а
комиссариа́т, -а
комиссариа́тский
комисса́рский
комисса́рство, -а
комиссионе́р, -а
комиссионе́рский
комиссионе́рство, -а
комиссионе́рствовать, -твую, -твует
комиссио́нный
коми́ссия, -и
комиссова́ть(ся), -ссу́ю, -ссу́ет(ся)
комита́т, -а
комите́нт, -а
комите́нтский
комите́т, -а
комите́тский
комите́тчик, -а
коми́ческий
коми́чный
ко́мканный, прич.
ко́мканый, прил.
ко́мкать, -аю, -ает
комкова́тый
комко́р, -а
ко́млевый
комли́стый
ко́мма, -ы (муз.)
комма́ндос, -а
коммендация, -и
комменсали́зм, -а
коммента́рий, -я
коммента́тор, -а
коммента́торский
комменти́рованный
комменти́ровать(ся), -рую, -рует(ся)
коммерса́нт, -а
коммерса́нтка, -и
коммерса́нтский
комме́рция, -и
комме́рц-колле́гия, -и
комме́рческий
комми́, нескл., м.
коммивояжёр, -а
коммивояжёрский
коммодо́р, -а
комму́на, -ы
коммуна́льно-бытово́й
коммуна́льно-жили́щный
коммуна́льный
коммуна́р, -а
коммуни́зм, -а
коммуникати́вный
коммуникацио́нный
коммуника́ция, -и
коммуни́ст, -а
коммунисти́ческий
коммуни́стка, -и
коммутати́вный
коммута́тор, -а
коммута́торный
коммутацио́нный
коммута́ция, -и
коммути́ровать(ся), -рую, -рует(ся)
коммюнике́, нескл., с.
ко́мната, -ы

КОМ

ко́мнатный
комнату́шка, -и
комово́й
комо́д, -а
комо́к, -мка́
комо́лый
комо́чек, -чка
компа́ктность, -и
компа́ктный
компане́йский (от компа́ния)
компа́нийка, -и
компа́ния, -и (общество)
компаньо́н, -а
компаньона́ж, -а
компаньо́нка, -и
компаративи́зм, -а
компаративи́ст, -а
компаративи́стка, -и
компаративи́стский
компарати́вный
компара́тор, -а
компа́ртия, -и
ко́мпас, -а
компатрио́т, -а
компатрио́тка, -и
компа́унд, -а
компа́унд жи́р, -а
компаунди́рование, -я
компа́унд-маши́на, -ы
компа́ундный
компе́ндий, -я и компе́ндиум, -а
компенса́тор, -а
компенсацио́нный
компенса́ция, -и
компенси́рованный
компенси́ровать(ся), -рую, -рует(ся)
компете́нтность, -и
компете́нтный
компете́нция, -и
компили́рование, -я
компили́рованный
компили́ровать(ся), -рую, -рует(ся)
компиляти́вный
компиля́тор, -а
компиля́ция, -и
ко́мплекс, -а
ко́мплексно-механизи́рованный
ко́мплексность, -и
ко́мплексный
комплексообразу́ющий
компле́кт, -а
комплекта́ция, -и
компле́ктность, -и
компле́ктный
комплектова́ние, -я
комплекто́ванный
комплектова́ть(ся), -ту́ю, -ту́ет(ся)
компле́кция, -и
комплеме́нт, -а (биол.)
компликáция, -и
комплиме́нт, -а (похвала)
компло́т, -а
компози́тный
компози́тор, -а
композиторский
композицио́нный
компози́ция, -и
комполка́, нескл., м.
компоне́нт, -а
компоно́ванный
компонова́ть(ся), -ну́ю, -ну́ет(ся)
компоно́вка, -и

компоновочный
компост, -а
компостер, -а
компостерный
компостирование, -я
компостированный
компостировать(ся), -рую, -рует(ся)
компостный
компот, -а
компрадор, -а
компрадорский
компрачикос, -а
компресс, -а
компрессионный
компрессия, -и
компрессный
компрессор, -а, мн. -ы, -ов
компрессорный
компрессоростроение, -я
компрометация, -и
компрометированный
компрометировать(ся), -рую, -рует(ся)
компромисс, -а
компромиссный
комптометр, -а
комптометристка, -и
компьютер, -а
комроты, нескл., м.
комсод, -а
комсомол, -а
комсомолец, -льца
комсомолия, -и
комсомолка, -и
комсомольский
комсомольско-молодёжный
комсорг, -а
комсостав, -а
комуз, -а
комузист, -а
кому как
кому какой
кому куда
комфорт, -а
комфортабельный
комфортный
комфракция, -и
комячейка, -и
кон, -а, предл. о коне, на кону, мн. коны, -ов
конармеец, -ейца
конармейский
конармия, -и
конвейер, -а, мн. -ы, -ов
конвейеризация, -и
конвейеризированный
конвейеризировать(ся), -рую, -рует(ся)
конвейеризованный
конвейеризовать(ся), -зую, -зует(ся)
конвейерный
конвектор, -а
конвекционный
конвекция, -и
конвент, -а
конвенционализм, -а
конвенциональный
конвенционный
конвенция, -и
конвергентный
конвергенты, -ов
конвергенция, -и

конверсионный
конверсия, -и
конверт, -а
конвертер, -а
конвертерный
конвертирование, -я
конвертированный
конвертировать(ся), -рую, -рует(ся)
конвертный
конвертование, -я
конвертованный
конвертовать, -тую, -тует
конвертовка, -и
конвоир, -а
конвоирование, -я
конвоировать(ся), -рую, -рует(ся)
конвой, -я
конвойный
конвульсивный
конвульсия, -и
конгениальный
конгломерат, -а
конгломерация, -и
конголезец, -зца
конголезка, -и
конголезский
конгрев, -а
конгрегация, -и
конгресс, -а
конгрессист, -а
конгрессистский
конгрессмен, -а
конгруэнтность, -и
конгруэнтный
конгруэнция, -и
кондак, -а
кондачок, -чка: с кондачка
конденсат, -а
конденсатор, -а
конденсаторный
конденсационный
конденсация, -и
конденсированный
конденсировать(ся), -рую, -рует(ся)
конденсор, -а
кондилома, -ы
кондитер, -а, мн. -ы, -ов
кондитерская, -ой
кондитерский
кондиционер, -а
кондиционированный
кондиционировать, -рую, -рует
кондиционный
кондиция, -и
кондовый
кондоминиум, -а
кондор, -а
кондотьер, -а
кондрашка, -и (апоплексический удар)
кондуит, -а
кондуктометр, -а
кондуктометрический
кондуктометрия, -и
кондуктор, -а, мн. -ы, -ов и -а, -ов
кондукторный
кондукторский
коневод, -а
коневодство, -а
коневодческий
коневой (в шахматах)
конезавод, -а

конёк, -нька
конесовхоз, -а
конеферма, -ы
конец, -нца
конечно
конечность, -и
конечный
конидия, -и
коник, -а (уменьш.)
конина, -ы
конический
конка, -и
конкистадор, -а и (устар.) конквистадор, -а
конклав, -а
конкордат, -а
конкретизация, -и
конкретизированный
конкретизировать(ся), -рую, -рует(ся)
конкретно-исторический
конкретность, -и
конкретный
конкреция, -и
конкубинат, -а
конкурент, -а
конкурентка, -и
конкурентный
конкурентоспособный
конкуренция, -и
конкур-иппик, -а
конкурировать, -рую, -рует
конкурс, -а
конкурсант, -а
конкурсный
коннетабль, -я
конник, -а (кавалерист)
конница, -ы
конноартиллерийский
конногвардеец, -ейца
конногвардейский
коннозаводский
коннозаводство, -а
коннозаводчик, -а
конноспортивный
конный
коновал, -а
коновод, -а
коноводить, -ожу, -одит
коновый
коновязь, -и
коногон, -а
конокрад, -а
конокрадство, -а
конопатить(ся), -ачу, -атит(ся)
конопатка, -и
конопатчик, -а
конопатый
конопачение, -я
конопаченный, прич.
конопаченый, прил.
конопель, -и
коноплевод, -а
коноплеводство, -а
коноплеводческий
коноплезавод, -а
коноплеобрабатывающий
коноплерасстилочный
коноплесноповязалка, -и
коноплеуборочный
конопля, -и
коноплянник, -а

КОН

конопля́нка, -и
конопля́ный
коносаме́нт, -а
ко́ночный
консекве́нтный
консерва́нт, -а
консервати́вный
консервати́зм, -а
консерва́тор, -а, *мн.* -ы, -ов
консервато́рия, -и
консервато́рский (*от* консерва́тор)
консервато́рский (*от* консервато́рия)
консерва́ция, -и
консерви́рование, -я
консерви́рованный
консерви́ровать(ся), -рую, -рует(ся)
консе́рвный
консе́рвы, -ов
консигна́нт, -а
консигна́тор, -а
консигнацио́нный
консигна́ция, -и
консили́ум, -а
консисте́нтный
консисте́нция, -и
консисто́метр, -а
консисто́рия, -и
консисто́рский
ко́нский
консолида́ция, -и
консолиди́рованный
консолиди́ровать(ся), -рую, -рует(ся)
консо́ль, -и
консо́льно-козлово́й
консо́льно-фре́зерный
консо́льный
консоля́ция, -и
консоме́, *нескл., с.*
консона́нс, -а
консона́нт, -а
консонанти́зм, -а
консо́рциум, -а
конспе́кт, -а
конспекти́вный
конспекти́рование, -я
конспекти́рованный
конспекти́ровать(ся), -рую, -рует(ся)
конспирати́вный
конспира́тор, -а
конспира́торский
конспира́ция, -и
конспири́ровать(ся), -ри́рую(сь), -ри́рует(ся)
конста́нта, -ы
константа́н, -а
конста́нтный
конста́нцский (*от* Конста́нца)
конста́тация, -и
констати́рование, -я
констати́рованный
констати́ровать(ся), -рую, -рует(ся)
консте́бль, -я
констелля́ция, -и
конституа́нта, -ы
конституи́рование, -я
конституи́рованный
конституи́ровать(ся), -рую, -рует(ся)
конститути́вный
конституционали́зм, -а
конституционали́ст, -а

КОН

конституционалисти́ческий
конституционали́стский
конституцио́нно-демократи́ческий
конституцио́нный
конститу́ция, -и
констри́ктор, -а
констру́ирование, -я
констру́ированный
констру́ировать(ся), -рую, -рует(ся)
конструктиви́зм, -а
конструктиви́ст, -а
конструктиви́стка, -и
конструктиви́стский
конструкти́вность, -и
конструкти́вный
констру́ктор, -а, *мн.* -ы, -ов
констру́кторский
конструкцио́нный
констру́кция, -и
ко́нсул, -а, *мн.* -ы, -ов
консула́т, -а
ко́нсульский
ко́нсульство, -а
ко́нсульствовать, -твую, -твует
консульта́нт, -а
консульта́нтка, -и
консульта́нтский
консультати́вный
консультацио́нный
консульта́ция, -и
консульти́рование, -я
консульти́ровать(ся), -рую(сь), -рует(ся)
консье́рж, -а
консье́ржка, -и
конта́гий, -я
контагио́зный
конта́кт, -а
конта́ктно-стыково́й
конта́ктный
конта́ктор, -а
контамина́ция, -и
конте́йнер, -а
контейнериза́ция, -и
конте́йнерный
контейнерово́з, -а
конте́кст, -а
конте́кстовый
континге́нт, -а
контингенти́рованный
контингенти́ровать(ся), -рую, -рует(ся)
континге́нтный
контине́нт, -а
континента́льный
конти́нуум, -а
конти́ровать, -рую, -рует
контиро́вка, -и
ко́нто, *нескл., с.*
контокорре́нт, -а
контокорре́нтный
конто́ра, -ы
конто́рка, -и
конто́рский
конто́рщик, -а
контраба́нда, -ы
контрабанди́ст, -а
контрабанди́стка, -и
контрабанди́стский
контраба́ндный
контраба́с, -а
контрабаси́ст, -а

КОН

контраба́сный
контраба́совый
контравариа́нтный
контраге́нт, -а
контраге́нтский
контрагредие́нтный
контрадикто́рный
контради́кция, -и
контр-адмира́л, -а
контр-адмира́л-инжене́р, контр-адмира́ла-инжене́ра
контр-адмира́льский
контражу́р, -а
контра́кт, -а
контракта́нт, -а
контрактацио́нный
контракта́ция, -и
контра́ктный
контракто́ванный
контрактова́ть(ся), -ту́ю(сь), -ту́ет(ся)
контра́ктовый
контракту́ра, -ы
контра́кция, -и
конта́льто, *нескл., с.*
контра́льтовый
контрама́рка, -и
контрама́рочный
контрапо́ст, -а
контрапу́нкт, -а
контрапункти́рованный
контрапункти́ровать, -рую, -рует
контрапункти́ст, -а
контрапункти́ческий
контрапу́нктный
контрапункто́ванный
контрапунктова́ть, -ту́ю, -ту́ет
контрассигна́ция, -и
контрассигни́рованный
контрассигни́ровать(ся), -рую, -рует(ся)
контрассигно́ванный
контрассигнова́ть(ся), -ну́ю, -ну́ет(ся)
контрассигно́вка, -и
контрассигно́вочный
контра́ст, -а
контрасти́ровать, -рую, -рует
контра́стность, -и
контра́стный
контрата́ка, -и
контратако́ванный
контратакова́ть, -ку́ю, -ку́ет
контрати́п, -а
контрафаго́т, -а
контрафа́кция, -и
контрбала́нс, -а
контрвизи́т, -а
контргайка, -и
контргруз, -а
контрданс, -а
контрибуцио́нный
контрибу́ция, -и
контригра́, -ы́
ко́нтрить, -рю, -рит
контрманёвр, -а
контрме́ра, -ы
контрми́на, -ы
контрми́нный
контрминоно́сец, -сца
контрнаступле́ние, -я
контрове́рза, -ы
контро́вка, -и

контроктáва, -ы
контролёр, -а (должностное лицо)
контролёрский
контроли́рованный
контроли́ровать(ся), -рую, -рует(ся)
контрóллер, -а (аппарат)
контрóль, -я
контрóльно-зачётный
контрóльно-измери́тельный
контрóльно-испыта́тельный
контрóльно-ка́ссовый
контрóльно-прове́рочный
контрóльно-пропускнóй
контрóльно-ревизиóнный
контрóльно-сда́точный
контрóльно-семеннóй
контрóльно-та́бельный
контрóльно-учётный
контрóльно-фина́нсовый
контрóльный
контрпа́р, -а
контрподготóвка, -а
контрпредложе́ние, -я
контрпри́вод, -а
контрприём, -а
контрразве́дка, -и
контрразве́дчик, -а
контрреволюционе́р, -а
контрреволюционе́рка, -и
контрреволюциóнный
контрреволю́ция, -и
контрре́льс, -а
контрреформа́ция, -и
контругрóза, -ы
контруда́р, -а
контрфóрс, -а
контрфóрсный
контрша́нсы, -ов
контръя́рус, -а, мн. -ы, -ов
кóнтры, контр (в кóнтрах)
контрэска́рп, -а
конту́женный, прич.
конту́женый, прил.
конту́зить, -у́жу, -у́зит
конту́зия, -и
кóнтур, -а, мн. -ы, -ов
кóнтурный
кóнунг, -а
конура́, -ы́
конурба́ция, -и
кону́рка, -и
кóнус, -а
кóнусный
конусови́дный
конусообра́зный
конфедера́т, -а
конфедерати́вный
конфедера́тка, -и
конфедера́ция, -и
конфекциóн, -а
конфекциóнный
конфе́кция, -и
конфера́нс, -а
конферансье́, нескл., м.
конфере́нц-за́л, -а
конфере́нция, -и
конфери́ровать, -рую, -рует
конфессиона́льный
конфе́та, -ы
конфе́тина, -ы
конфе́тка, -и
конфе́тный

конфетоотли́вочный
конфеторе́зательный
конфетти́, нескл., с.
конфе́тчица, -ы
конфигура́ция, -и
конфиде́нт, -а
конфиде́нтка, -и
конфиденциа́льный
конфирмациóнный
конфирма́ция, -и
конфирмóванный
конфирмова́ть(ся), -му́ю(сь), -му́ет(ся)
конфиска́ция, -и
конфискóванный
конфискова́ть(ся), -ку́ю, -ку́ет(ся)
конфитю́р, -а
конфли́кт, -а
конфли́ктный
конфликтова́ть, -ту́ю, -ту́ет
конфока́льный
конфóрка, -и
конформа́ция, -и
конформи́зм, -а
конфóрмно-дифференциа́льный
конфóрмный
конфóрочный
конфронта́ция, -и
конфу́з, -а
конфу́зить(ся), -у́жу(сь), -у́зит(ся)
конфу́зливость, -и
конфу́зливый
конфу́зный
конфуциа́нство, -а
конхилиолóгия, -и и конхиолóгия, -и
конхóида, -ы
концевóй
конце́нтр, -а
концентра́т, -а
концентрациóнный
концентра́ция, -и
концентри́зм, -а
концентри́рование, -я
концентри́рованный
концентри́ровать(ся), -рую, -рует(ся)
концентри́ческий
концентри́чный
конце́пт, -а
концептуали́зм, -а
концептуали́ст, -а
концептуалисти́ческий
концептуали́стский
концептуа́льный
конце́пция, -и
конце́рн, -а
конце́рт, -а
концерта́нт, -а
концерта́нтка, -и
концерти́но, нескл., с.
концерти́ровать, -рую, -рует
концертме́йстер, -а
конце́ртно-театра́льный
конце́ртно-эстра́дный
конце́ртный
концессионе́р, -а
концессионе́рский
концессиóнный
конце́ссия, -и
конципи́ровать, -рую, -рует
концла́герь, -я, мн. -я́, -е́й
концóвка, -и
конча́ть(ся), -а́ю(сь), -а́ет(ся)

кóнченный, прич.
кóнченый, прил.
кóнчик, -а
кончи́на, -ы
кóнчить(ся), -чу(сь), -чит(ся)
конъекту́ра, -ы (исправление)
конъекту́рный
конъюга́ты, -а́т
конъюгациóнный
конъюга́ция, -и
конъюнкти́в, -а (лингв.)
конъюнкти́ва, -ы (слизистая оболочка глаза)
конъюнктиви́т, -а
конъюнкту́ра, -ы (обстановка)
конъюнкту́рный
конъюнкту́рщик, -а
конъюнкту́рщица, -ы
конь, -я́, мн. -и, -éй
конь-кача́лка, коня́-кача́лки
коньки́, -óв. ед. конёк, -нька́
конькобе́жец, -жца
конькобе́жка, -и
конькобе́жный
коньяк, -а́ и -у́
конья́чный
коньячóк, -чка́ и -чку́
кóнюх, -а, мн. -и, -ов
конюше́нный
коню́ший, -его
коню́шня, -и, р. мн. -шен
коня́га, -и, м. и ж.
кооперати́в, -а
кооперати́вно-колхóзный
кооперати́вно-строи́тельный
кооперати́вный
коопера́тор, -а
коопера́ция, -и
коопери́рование, -я
коопери́рованный
коопери́ровать(ся), -рую(сь), -рует(ся)
коопта́ция, -и
коопти́рованный
коопти́ровать(ся), -рую, -рует(ся) (включить)
координа́та, -ы
координа́тно-расточный
координа́тный
координа́тограф, -а
координатоме́р, -а
координа́тор, -а
координациóнный
координа́ция, -и
координи́рование, -я
координи́рованный
координи́ровать(ся), -рую, -рует(ся)
копа́, -ы́
копа́л, -а (смола)
копа́ловый
копа́ние, -я
кóпанный, прич.
копану́ть, -ну́, -нёт
кóпаный, прил.
копа́тель, -я
копа́ть(ся), -а́ю(сь), -а́ет(ся)
копа́ч, -а́
копевладе́лец, -льца
копе́ечка, -и
копе́ечник, -а
копе́ечный
копе́йка, -и
копе́йный (от копьё)

КОП

копе́йщик, -а
копёнка, -и
копённый
копёр, копра́
ко́пи, -ей
копиго́льдер, -а
копии́ст, -а
ко́пийка, -и (уменьш. от ко́пия)
копи́лка, -и
копи́рка, -и
копирова́льно-мно́жительный
копирова́льно-фре́зерный
копирова́льный
копирова́льщик, -а
копирова́льщица, -ы
копи́рование, -я
копи́рованный
копи́ровать(ся), -рую, -рует(ся)
копиро́вка, -и
копиро́вочный
копиро́вщик, -а
копиро́вщица, -ы
копиручёт, -а
копи́ть(ся), коплю́, ко́пит(ся)
ко́пия, -и
ко́пка, -и
ко́пленный, прич.
ко́пленый, прил.
копна́, -ы́, мн. ко́пны, копён
копне́ние, -я
копни́тель, -я
копни́ть, -ню́, -ни́т
копни́ща, -и
копново́з, -а
копну́ть, -ну́, -нёт
ко́поткий
копотли́вый
ко́потный
копотня́, -и́
копоту́н, -а́
копоту́нья, -и, р. мн. -ний
ко́поть, -и
копоши́ть(ся), -шу́(сь), -ши́т(ся)
ко́пра, -ы и копра́, -ы́
копро́вый и копрово́й (от копёр)
коптёть¹, -е́ет (покрываться копотью)
коптёть², -пчу́, -пти́т (корпеть; испускать копоть)
копти́лка, -и
копти́льный
копти́льня, -и, р. мн. -лен
копти́тель, -я (неба)
копти́ть, -пчу́, -пти́т (что; испускать копоть)
копти́ться, -пти́тся
ко́птский
ко́пты, -ов, ед. копт, -а
копули́рованный
копули́ровать(ся), -рую, -рует(ся)
копулиро́вка, -и
копуля́ция, -и
копу́н, -а́
копу́нья, -и, р. мн. -ний
копу́ша, -и, м. и ж.
копче́ние, -я (действие)
копчёный, прич.
копчёно-варёный
копчёно-запечённый
копчёности, -ей, ед. копчёность, -и
копчёный, прил.
копче́нье, -я (копчёность)
ко́пчик, -а (косточка)

КОП

ко́пчиковый
копчу́шка, -и
копы́л, -а́, мн. копы́лья, -ьев
копы́тень, -тня
копы́тный
копы́то, -а
копы́тце, -а, р. мн. -ев
копы́тчатый
копьё, -я́, мн. ко́пья, ко́пий, ко́пьям
копьеви́дный
копьели́стный
копьемета́лка, -и
копьемета́тель, -я
копьемета́тельница, -ы
копьено́сец, -сца
копьеобра́зный
копьецо́, -а́
кора́, -ы́
корабе́л, -а
корабе́льный
корабе́льщик, -а
кораблевожде́ние, -я
кораблекруше́ние, -я
кораблестрое́ние, -я
кораблестрои́тель, -я
кораблестрои́тельный
кораблестрои́тельство, -а
кора́блик, -а
кора́бль, -я́
кора́лл, -а
коралловидный
кора́лловый
коралькѝ, -о́в (ожерелье)
кора́н, -а
корвало́л, -а
корве́т, -а
корвола́нт, -а
корд, -а (ткань)
ко́рда, -ы (верёвка)
кордебале́т, -а
кордега́рдия, -и
кордельéр, -а (ист.)
кордиами́н, -а
кордилье́ра, -ы (геол.)
корди́т, -а
ко́рдный
ко́рдовый
кордодро́м, -а
кордо́н, -а
кордо́нный
коревидный
корево́й (от корь)
коре́ец, -е́йца
корёжить(ся), -жу(сь), -жит(ся)
коре́йка, -и (грудинка)
коре́йский
корена́стый
корени́ться, -и́тся
коренни́к, -а́
коренно́й
корёнщина, -ы
ко́рень, ко́рня, предл. в ко́рне, на ко́рне, на корню́, мн. ко́рни, -е́й
коре́нья, -ьев
корео́псис, -а
коре́ц, -рца́
корешко́вый
корешо́к, -шка́
корея́нка, -и (к коре́ец)
корж, -а́
ко́ржик, -а
корзи́на, -ы

КОР

корзи́нка, -и
корзи́нный
корзи́ночка, -и
корзи́ночный
корзи́нщик, -а
кориа́ндр, -а
кориа́ндровый
коридо́р, -а
коридо́рный
коридо́рчик, -а
кори́нка, -и (сорт изюма)
кори́нфский
кори́ть(ся), -рю́(сь), -ри́т(ся)
корифе́й, -я
кори́ца, -ы
кори́чневатый
кори́чнево-кра́сный
кори́чневый
кори́чный (от кори́ца)
ко́рка, -и
корковидный
ко́рковый
корм, -а, предл. на ко́рме и на корму́, мн. -а́, -о́в
корма́, -ы́
кормёжка, -и
корми́лец, -льца
корми́лица, -ы
корми́ло, -а
корми́ть(ся), кормлю́(сь), ко́рмит(ся)
кормле́ние, -я
ко́рмленный, прич.
кормле́нщик, -а
ко́рмленый, прил.
кормово́й
кормодобыва́ние, -я
кормодобыва́ющий
кормодоза́тор, -а
кормозаво́д, -а
кормозаготови́тельный
кормозапа́рник, -а
кормозапа́рочный
кормоизмельчи́тель, -я
кормоку́хня, -и, р. мн. -хонь
кормоприготови́тельный
кормоприготовле́ние, -я
кормопроизво́дство, -а
корморазда́точный
корморазда́тчик, -а
корморе́зка, -и
кормосмеси́тель, -я
кормофи́ты, -ов
кормоце́х, -а, мн. -це́хи, -ов
корму́шка, -и
ко́рмчий, -его
ко́рмщик, -а
корн, -а
корна́ть, -а́ю, -а́ет
корневи́ще, -а
корневи́щевый
корневи́щный
корнево́й
корнеголо́вые, -ых
корнее́д, -а
корнеклубнемо́йка, -и
корнеклубнеплоды́, -ов
корнено́жка, -и
корнеотпры́сковый
корнепло́д, -а
корнепло́дный
ко́рнер, -а, мн. -ы, -ов и -а́, -о́в

корнере́зка, -и
корнесло́в, -а
корне́т, -а
корне́т-а-писто́н, -а
корнети́ст, -а
корни́ловец, -вца
корни́ловщина, -ы
корни́стый
корнишо́н, -а
корноу́хий
корнпапи́р, -а
ко́рнцанг, -а
ко́роб, -а, мн. -а́, -о́в
коробе́йник, -а
коробе́йничать, -аю, -ает
коро́бить(ся), -блю, -бит(ся)
коро́бка, -и
коро́бление, -я
коро́бленный, прич.
коро́бленый, прил.
коробо́к, -бка́
коро́бочек, -чка
коро́бочка, -и
коро́бочный
коро́бчатый
коро́ва, -ы
коровёнка, -и
коро́вий, -ья, -ье
коро́вища, -и
коро́вка, -и
коро́вник, -а
коро́вница, -ы
коро́вонька, -и
коро́вушка, -и
корови́к, -а́
короед́, -а
короле́ва, -ы
короле́вич, -а
короле́вна, -ы
короле́вский
короле́вство, -а
королёк, -лька́
коро́ль, -я́
королько́вый
коромы́сло, -а
коро́на, -ы
корона́льный
корона́рный
коронароскле́роз, -а
коронароспа́зм, -а
коронацио́нный
корона́ция, -и
коро́нка, -и
коро́нный
коронова́ние, -я
коронова́нный
коронова́ть(ся), -ну́ю(сь), -ну́ет(ся)
короно́граф, -а
коро́нчатый
коробди́рка, -и
коробди́рочный
короочисти́тельный
коро́ста, -ы
коростав́ник, -а
коросте́ль, -я
корота́ть(ся), -а́ю, -а́ет(ся)
коро́тенький; кр. ф. -енек, -енька
коро́ткий; кр. ф. ко́роток, коротка́, ко́ротко
короткова́тый
коротковолнови́к, -а́
коротково́лновый

короткволо́сый
короткоголо́в, -а
короткоголо́вый
короткоде́йствующий
короткоживу́щий
короткоза́мкнутый
короткометра́жка, -и
короткометра́жный
короткконо́гий
короткконо́жка, -и
короткопа́лый
короткопла́менный
короткпо́лый
короткору́кий
коро́ткость, -и
короткофо́кусный
короткохво́ст, -а
короткохво́стый
короткоше́ий, -ше́яя, -ше́ее
короткошёрстный и короткошёрстый
короты́ш, -а́
короты́шка, -и, м. и ж.
коро́че, сравн. ст. (от коро́ткий, ко́ротко)
ко́рочка, -и
корпе́ть, -плю́, -пи́т
ко́рпия, -и
корпора́нт, -а
корпора́нтский
корпорати́вный
корпора́ция, -и
корпу́нкт, -а
ко́рпус, -а, мн. -ы, -ов (туловище) и -а́, -о́в (здание; воен.)
корпу́скула, -ы
корпускуля́рный
корпусно́й и ко́рпусный
корпусообразу́ющий
корради́ровать, -рую, -рует (к корра́зия)
корра́зия, -и
корреа́льный
ко́ррекс, -а
корректи́в, -а
корректи́рование, -я
корректи́рованный
корректи́ровать(ся), -рую, -рует(ся)
корректиро́вка, -и
корректиро́вочно-разве́дывательный
корректиро́вочный
корректиро́вщик, -а
корре́ктность, -и
корре́ктный
корре́ктор, -а, мн. -а́, -о́в и -ы, -ов
корре́кторская, -ой
корре́кторский
корректу́ра, -ы
корректу́рный
корре́кция, -и
корреломе́тр, -а
корреля́т, -а
корреляти́вный
корреляцио́нный
корреля́ция, -и
корреспонде́нт, -а
корреспонде́нтка, -и
корреспонде́нтский
корреспонде́нция, -и
корреспонди́ровать, -рую, -рует
коррехидо́р, -а
корриги́рование, -я

корриги́ровать(ся), -рую, -рует(ся)
корри́да, -ы
корроди́рованный
корроди́ровать, -рует (к коро́зия)
коррозиесто́йкий
коррози́йный
коррозио́нный
корро́зия, -и
коррумпи́рованный
коррумпи́ровать, -рую, -рует
корру́пция, -и
корса́ж, -а
корса́к, -а́
корса́р, -а
корса́рский
корсе́т, -а
корсе́тный
корсика́нец, -нца
корсика́нка, -и
корсика́нский
корт, -а
корте́ж, -а
корте́жный
корте́сы, -ов
кортизо́н, -а
ко́ртик, -а
кортикостеро́н, -а
ко́рточки, -чек (на ко́рточки, на ко́рточках)
кору́нд, -а
кору́ндовый
ко́рча, -и, мн. -и, -ей
корча́га, -и
корча́жка, -и
корча́жный
корчева́лка, -и
корчева́льный
корчева́ние, -я
корчёванный
корчева́тель, -я
корчева́тый
корчева́ть(ся), -чу́ю, -чу́ет(ся)
корчёвка, -и
корчёвье, -я, р. мн. -ьев
корче́мник, -а
корче́мница, -ы
корче́мный
корче́мство, -а
ко́рченный, прич.
ко́рченый, прил.
ко́рчить(ся), -чу(сь), -чит(ся)
корчма́, -ы́, р. мн. корче́м
корчма́рка, -и
корчма́рский
корчма́рь, -я́
ко́ршун, -а, мн. -ы, -ов
коры́стный
корыстолю́бец, -бца
корыстолюби́вый
корыстолю́бие, -я
коры́сть, -и
коры́то, -а
корытообра́зный
коры́тце, -а, р. мн. -ев
коры́тчатый
корь, -и
корьё, -я́
корьево́й (от корьё)
корьедроби́лка, -и
корьере́зка, -и
ко́рюшка, -и
кори́вый

КОР

коря́га, -и
коря́жина, -ы
коря́жистый
коря́жник, -а
коря́к, -а, *р. мн.* -ов
коря́кский
коря́чить(ся), -чу(сь), -чит(ся)
коря́чка, -и
коса́, -ы́, *мн.* ко́сы, кос
коса́рь, -я
коса́ч, -а́
ко́свенный
косе́канс, -а
косёнка, -и
ко́сенький
косе́ть, -е́ю, -е́ет
косе́ц, -сца́
коси́лка, -и
коси́нка, -и (глаза́ с коси́нкой)
ко́синус, -а
коси́ть(ся)¹, кошу́, ко́сит(ся) (*к* коса́)
коси́ть(ся)², кошу́(сь), ко́сит(ся)(*к* косо́й)
коси́ца, -ы
коси́чка, -и
космате́ть, -е́ю, -е́ет (становиться косматым)
косма́тить, -а́чу, -а́тит (*что*)
косма́титься, -а́чусь, -а́тится
косма́тый
косма́ч, -а́
косме́тика, -и
космети́ческий
космети́чка, -и
косметоло́гия, -и
косми́ческий
космови́дение, -я
космогони́ческий
космого́ния, -и
космографи́ческий
космогра́фия, -и
космодро́м, -а
космолёт, -а
космологи́ческий
космоло́гия, -и
космона́вт, -а
космона́втика, -и
космопла́вание, -я
космопла́н, -а
космополи́т, -а
космополити́зм, -а
космополити́ческий
космополи́тка, -и
космополи́тский
ко́смос, -а
космофи́зик, -а
космофи́зика, -и
космофизи́ческий
космохи́мик, -а
космохими́ческий
космохи́мия, -и
ко́смы, косм
косне́ть, -е́ю, -е́ет
ко́сность, -и
косноязы́чие, -я
косноязы́чный
косну́ться, -ну́сь, -нётся
ко́сный (отсталый)
кособо́кий
кособо́читься, -чусь, -чится
косови́ца, -ы
косови́чник, -а

КОС

косови́чный
косови́ще, -а
косоволни́стый
косоворо́тка, -и
косогла́зие, -я
косогла́зый
косого́р, -а
косо́й; *кр. ф.* кос, коса́, ко́со
косо́к, -ска́
косола́пость, -и
косола́пый
косонапра́вленный *
ко́сонька, -и
косоплéчий
косопопере́чный
косоприце́льный
косоро́тый
косору́кий
кососимметри́ческий
косослой, -я
кососло́йный
косоуго́льник, -а
косоуго́льный
костарика́нец, -нца
ко́ста-рика́нский
костево́й
костедроби́льный
костёл, -а
костёльный
костене́ть, -е́ю, -е́ет
костеобраба́тывающий
костёр, костра́
костеязы́чные, -ых
кости́стый
кости́ть, кощу́, кости́т
кости́ща, -и
костля́вый
костномозгово́й
ко́стно-суставно́й
костнотуберкулёзный
ко́стно-хрящево́й
ко́стный (*от* кость)
костое́да, -ы
костопра́в, -а
косторе́з, -а
косторе́зный
ко́сточка, -и
ко́сточковые, -ых
костра́, -ы́
костре́ц, -а́
костре́цовый
костри́ка, -и
костри́чный
костри́ще, -а, *м.* (*увеличит.*) *и с.* (место)
кострово́й, -о́го
костро́вый
костыледёр, -а
костылезаби́вщик, -а
косты́лик, -а
костыль, -я́
костыля́ть, -я́ю, -я́ет
кость, -и, *мн.* ко́сти, -е́й, *тв.* -я́ми (но: лечь костьми́)
костьути́ль, -я
костю́м, -а
костюме́р, -а
костюме́рный
костюме́рша, -и
костюми́рованный
костюмирова́ть(ся), -ру́ю(сь), -ру́ет(ся)

КОС

костюмиро́вка, -и
костю́мный
костю́мчик, -а
костя́к, -а́
костяни́ка, -и
костяни́чный
костя́нка, -и
костяно́й
костя́шка, -и
косу́ля, -и
косу́шка, -и
косхалва́, -ы́
косы́нка, -и
косы́ночка, -и
косьба́, -ы́
коса́к, -а́
коса́чный
косачо́к, -чка́
коса́щатый
кот, -а́
кота́нгенс, -а
котёл, -тла́
котело́к, -лка́
коте́льная, -ой
коте́льный
котёнок, -нка, *мн.* -тя́та, -тя́т
котёночек, -чка
ко́тик, -а
ко́тиковый
котиледо́н, -а
котилоза́вр, -а
котильо́н, -а
коти́рованный
коти́ровать(ся), -рую(сь), -рует(ся)
котиро́вка, -и
котиро́вочный
коти́ться, -ти́тся (рожать — о кошке, овце)
коти́ще, -а, *м.*
ко́тласский (*от* Ко́тлас)
котлéта, -ы
котлéтка, -и
котлéтная, -ой
котлéтный
котлетоде́лательный
котли́ще, -а, *м.*
котлова́н, -а
котлова́нный
котлови́на, -ы
котлови́нный
котловинообра́зный
котло́вый
котлонадзо́р, -а
котлообра́зный
котлоочи́стка, -и
котлопу́нкт, -а
котлостро́ение, -я
котлострои́тель, -я
котлострои́тельный
котлотурби́нный
кото́мка, -и
котониза́тор, -а
котониза́ция, -и
котонизи́рованный
котонизи́ровать(ся), -рую, -рует(ся)
котони́н, -а
котони́нный
ко́тонный
кото́рый
кото́рый-нибудь
котте́дж, -а
коту́рны, -ов, *ед.* коту́рн, -а

коты́, -о́в (обувь)
ко́фе, *нескл., м.* (зерно и напиток)
кофева́рка, -и
кофеёк, -ейку́ и -ейка́
кофеи́н, -а
кофеи́новый
кофе́йник, -а
кофе́йница, -ы
кофе́йный
кофе́йня, -и, *р. мн.* кофе́ен
кофемо́лка, -и
кофр, -а
кофрокарти́ст, -а
ко́фта, -ы
кофтёнка, -и
ко́фточка, -и
коффердам, -а
кохинхи́нка, -и
ко́хия, -и
коча́н, -чана́ и -чна́
коча́нный
кочева́ть, -чу́ю, -чу́ет
кочёвка, -и
коче́вник, -а
коче́вница, -ы
коче́внический
кочево́й
кочевря́житься, -жусь, -жится
коче́вье, -я, *р. мн.* -вий
кочега́р, -а
кочега́рка, -и
кочега́рный
кочега́рня, -и, *р. мн.* -рен
кочеды́жник, -а
кочеды́к, -а
кочене́ть, -е́ю, -е́ет
ко́чень, -чня и -чня́, *мн.* ко́чни, -е́й и -ей (кочан)
кочерга́, -и́, *р. мн.* -рёг
кочерёжка, -и
кочеры́жка, -и
ко́чет, -а, *мн.* -ы, -ов и -а́, -о́в
кочето́к, -тка́
ко́чечный
кочешо́к, -шка́
ко́чка, -и
кочка́рник, -а
кочкова́тый
кочкоре́з, -а
кочма́ра, -ы
кош, -а
коша́ра, -ы
коша́тник, -а
коша́тница, -ы
коша́чий и ко́шечий, -ья, -ье
кошева́, -ы́
кошёвка, -и
кошево́й, -о́го
кошелёк, -лька́
коше́лька, -и
коше́лочка, -и
коше́ль, -я́
кошелько́вый
коше́ние, -я
кошени́левый
кошени́ль, -и
кошени́льный
ко́шенный, *прич.*
ко́шеный, *прил.*
коше́рный
ко́шечий и коша́чий, -ья, -ье
ко́шечка, -и

ко́шка, -и
кошкодёр, -а
кошма́, -ы́, *мн.* ко́шмы, кошм
кошма́р, -а
кошма́рный
кошмова́л, -а
кошмова́льный
кошмо́вый
ко́шница, -ы
кошо́мный
кошт, -а
коще́й, -я
кощу́нственный
кощу́нство, -а
кощу́нствовать, -твую, -твует
коэнзи́м, -а
коэрцити́вный
коэффицие́нт, -а
кпе́реди
кра́аль, -я
краб, -а
крабова́рка, -и
крабоконсе́рвный
крабо́лов, -а
крабо́ловный
крабообрабо́тка, -и
крабразде́лочный
кра́вчий, -его
кра́вчик, -а
кра́ги, краг, *ед.* кра́га, -и
кра́денный, *прич.*
кра́деный, *прил.*
кра́дучись, *дееп.*
краду́щий
краду́щийся
краеве́д, -а
краеве́дение, -я
краеве́дческий
краево́й
краеуго́льный
кра́ешек, -шка
кра́жа, -и
край, -я и -ю, *предл.* в кра́е и в краю́, на краю́, *мн.* края́, краёв
крайисполко́м, -а
крайко́м, -а
кра́йне, *нареч.*
кра́йний
кра́йность, -и
краковя́к, -а
кра́лечка, -и
кра́ля, -и
крамо́ла, -ы
крамо́льник, -а
крамо́льничать, -аю, -ает
крамо́льный
крампо́ванный
крампова́ть, -пу́ю, -пу́ет
кран, -а
кра́н-ба́лка, -и
кра́нец, -нца
краниа́льный
краниогра́фия, -и
краниологи́ческий
краниоло́гия, -и
краниоме́тр, -а
краниометри́ческий
краниоме́трия, -и
краниотоми́я, -и
кра́нный
крановщи́к, -а́
крановщи́ца, -ы

кра́новый
крап, -а и -у (крапинки)
кра́пать, -плю, -плет и -аю, -ает
крапи́ва, -ы
крапи́вник, -а
крапи́вница, -ы
крапи́вный
крапи́нка, -и
крапла́к, -а
крапле́ние, -я (от кра́пать)
кра́пленный, *прич.*
краплёный, *прил.* (к крап)
крапи́, -а (*бот.*)
кра́пчатый
краса́, -ы́
краса́вец, -вца
краса́вица, -ы
краса́вка, -и
краса́вчик, -а
краси́вее и краси́вей, *сравн. ст.* (от краси́вый, краси́во)
краси́венький
краси́вость, -и
краси́вый
краси́льно-аппрету́рный
краси́льно-набивно́й
краси́льно-отде́лочный
краси́льный
краси́льня, -и, *р. мн.* -лен
краси́льщик, -а
краси́тель, -я
кра́сить(ся), кра́шу(сь), кра́сит(ся)
кра́ска, -и
краскова́рный
краскова́рня, -и, *р. мн.* -рен
краскомеша́лка, -и
краскопу́льт, -я
краскораспыли́тель, -я
краскотёрка, -и
кра́сненький; *кр. ф.* -енек, -енька
красне́ть(ся), -е́ю, -е́ет(ся)
красно́, *нареч.*
красноарме́ец, -е́йца
красноарме́йский
краснобай, -я
краснобайство, -а
кра́сно-бу́рый
красновато-бурый
краснова́то-жёлтый
краснова́то-лило́вый
краснова́тый
красногварде́ец, -е́йца
красногварде́йский
красногла́зый
красногли́нистый
красноголо́вый
красногру́дый
красногу́бый
краснодере́вец, -вца
краснодере́вщик, -а
краснодо́нец, -нца
кра́сно-жёлтый
краснозвёздный
краснозём, -а
краснозёмный
краснознамёнец, -нца
краснознамённый
краснозо́бик, -а
краснокожий
кра́сно-кори́чневый
краснокрылый
краснолесье, -я

КРА

краноли́цый
красноло́мкость, -и
красномо́рдый
красноно́жка, -и
красноно́сый
краснопёрка, -и
краснопёрый
красноречи́вый
красноре́чие, -я
краснора́дец, -дца
краснора́дский
кра́сно-си́ний
краснота́, -ы́
краснота́л, -а
краснофло́тец, -тца
краснофло́тский
краснохво́ст, -а
красноцве́тный
красноше́йка, -и
краснощёкий
красну́ха, -и
кра́сный; кр. ф. -сен, -сна́, -сно
красова́ться, -су́юсь, -су́ется
красота́, -ы́, мн. -о́ты, -о́т
красоте́л, -а
красо́тка, -и
кра́сочность, -и
кра́сочный
кра́сть(ся), краду́(сь), краде́т(ся); прош. кра́л(ся), кра́ла(сь)
кра́сящий(ся)
кра́тенький
кра́тер, -а
кра́ткий; кр. ф. -ток, -тка́, -тко
кратковре́менный
краткосро́чник, -а
краткосро́чный
кра́ткость, -и
кра́тность, -и
кра́тный
кратча́йший
крах, -а
крахма́л, -а
крахма́ление, -я
крахма́ленный, прич.
крахма́леный, прил.
крахма́листый
крахма́лить(ся), -лю, -лит(ся)
крахма́ло-па́точный
крахма́льный
кра́чка, -и
кра́ше, сравн. ст. (от краси́вый, краси́во)
кра́шение, -я
крашени́на, -ы
крашени́нный
кра́шенный, прич.
кра́шеный, прил.
краю́ха, -и
краю́шка, -и
креати́н, -а
креату́ра, -ы
креве́тка, -и
кре́дит, -а (правая сторона счёта)
креди́т, -а (ссуда)
креди́тка, -и
креди́тно-де́нежный
креди́тный
кредитова́ние, -я
кредито́ванный
кредитова́ть(ся), -ту́ю(сь), -ту́ет(ся)
кре́дитовый (от кре́дит)

КРЕ

кредито́р, -а
кредито́рский
кредитоспосо́бный
кре́до, нескл., с.
крез, -а
крезо́л, -а
кре́йсер, -а, мн. -ы, -ов и -а́, -о́в
кре́йсерский
кре́йсерство, -а
крейси́рование, -я
крейси́ровать, -рую, -рует
кре́йцер, -а
кре́кер, -а
кре́кинг, -а
кре́кинг-бензи́н, -а
кре́кинг-насо́с, -а
кре́кинговый
кре́кинг-проце́сс, -а
кре́кинг-устано́вка, -и
креки́рование, -я
креки́ровать, -рую, -рует
крем, -а
кремалье́ра, -ы
кремато́рий, -я
кремацио́нный
крема́ция, -и
крем-брюле́, нескл., с.
креме́нь, -мня́
кремешо́к, -шка́
креми́ровать(ся), -рую, -рует(ся)
кремлёвский
кремлено́лог, -а
кремль, -я́ (но имя собственное: Кремль)
кремнёвка, -и
кремневодоро́д, -а
кремнёвый
кремнежгу́тиковые, -ых
кремнезём, -а
кремнезёмистый
кремнезёмный
кремнекислота́, -ы́
кремнеки́слый
кремнефтори́д, -а
кремнефтористоводоро́дный
кремнефто́ристый
кре́мниевый
кре́мний, -я
кремнийоргани́ческий
кремни́стый
кре́мовый
крем-со́да, -ы
крен, -а
кре́нгельс, -а
кренделёк, -лька́
кре́ндель, -я, мн. -и, -е́й
кре́ндельный
крени́ть(ся), -ню́, -ни́т(ся)
крено́метр, -а
креодо́нт, -а
креозо́т, -а
креозо́товый
крео́л, -а
крео́лка, -и
крео́льский
креп, -а
крепдеши́н, -а
крепдеши́новый
крепёж, -ежа́
крепёжный
креп-жорже́т, -а

КРЕ

креп-жорже́товый
крепи́льщик, -а
крепирова́льный
крепиро́ванный
крепирова́ть(ся), -ру́ю, -ру́ет(ся)
крепита́ция, -и
крепи́тель, -я
крепи́тельный
крепи́ть(ся), -плю́(сь), -пи́т(ся)
кре́пки, -пок: игра́ть в кре́пки
кре́пкий; кр. ф. -пок, -пка́, -пко
крепкоголо́вый
крепколо́бый
кре́пко-на́крепко
крепле́ние, -я
креплённый; кр. ф. -ён, -ена́, прич.
креплёный, прил.
креп-мароке́н, -а
креп-мароке́новый
кре́пнувший
кре́пнуть, -ну, -нет; прош. креп и кре́пнул, кре́пла
кре́повый
крепостни́к, -а́
крепостни́ца, -ы
крепостни́ческий
крепостни́чество, -а
крепостно́й
крепостца́, -ы́
кре́пость, -и, мн. -и, -е́й
креп-сати́н, -а
креп-сати́новый
креп-фа́евый
креп-фа́й, -я
крепча́йший
крепча́ть, -а́ет
кре́пче, сравн. ст. (от кре́пкий, кре́пко)
креп-шифо́н, -а
крепы́ш, -а́
крепь, -и
креса́ло, -а
креса́ть, -а́ю, -а́ет
кре́сельный
кре́слице, -а
кре́сло, -а
кре́сло-крова́ть, кре́сла-крова́ти
кресс-сала́т, -а
крест, -а́
крестец́, -тца́
кре́стик, -а
крести́льный
крести́нный
крести́ны, -и́н
крести́ть(ся), крещу́(сь), кре́стит(ся)
крест-на́крест
крёстная, -ой
крёстник, -а
крёстница, -ы
крёстничек, -чка
крёстный (к крест)
крёстный, -ого
крестови́дный
крестови́к, -а́
крестови́на, -ы
кресто́вка, -и
кресто́вник, -а
кресто́вый
крестоно́сец, -сца
крестоно́сный
крестообра́зный
крестопокло́нный

КРЕ

крестоцве́тный
крестцо́вый
крестья́нин, -а, мн. -я́не, -я́н
крестья́нка, -и
крестья́нский
крестья́нство, -а
крестья́нствовать, -твую, -твует
крети́н, -а
ретини́зм, -а
крето́н, -а
крето́нный
крето́новый
кре́чет, -а
кречётка, -и
кре́четовый
кре́шер, -а
креще́ндо и крешéндо, неизм.
креще́ние, -я
крещённый; кр. ф. -ён, -ена́, прич.
крещёный, прил.
крива́я, -о́й
кри́вда, -ы
криве́ть, -е́ю, -е́ет (становиться кривым)
кривизна́, -ы́
криви́ть, -влю́, -ви́т (что)
криви́ться, -влю́сь, -ви́тся
кривичи́, -е́й
кривля́нка, -и, м. и ж.
кривля́нье, -я
кривля́ться, -я́юсь, -я́ется
кривобо́кий
криводу́шие, -я
криводу́шничать, -аю, -ает
криводу́шный
криво́й
кривола́пый
криволине́йно-поступа́тельный
криволине́йный
кривоно́гий
кривоно́жка, -и
кривоно́сый
криворо́гий
криворо́жий
криворо́тый
криворýкий
кривото́лки, -ов
кривоше́ий, -ше́яя, -ше́ее
кривоше́я, -и
кривоши́п, -а
кривоши́пно-рыча́жный
кривоши́пно-шату́нный
кривоши́пный
криву́лина, -ы
криву́ля, -и
криз, -а
кри́зис, -а
кри́зисный
крик, -а
кри́кет, -а (игра в мяч)
крикли́вый
кри́кнуть, -ну, -нет
кри́кса, -ы, м. и ж.
крику́н, -а́
крику́нья, -и, р. мн. -ний
крикýха, -и
крикýша, -и, м. и ж.
кримина́л, -а
криминали́ст, -а
криминали́стика, -и
криминалисти́ческий

КРИ

криминали́стка, -и
кримина́льный
кримино́лог, -а
криминологи́ческий
криминоло́гия, -и
кримпле́н, -а
кримпле́новый
крини́ца, -ы
кри́нка, -и и кры́нка, -и
кринoли́н, -а
кри́ночный и кры́ночный
кри́нум, -а
криоге́нный
криогидра́т, -а
криоли́т, -а
криоло́гия, -и
криоскопи́я, -и
криоста́т, -а
кри́пта, -ы
криптогра́мма, -ы
криптографи́ческий
криптогра́фия, -и
криптодепре́ссия, -и
криптокристалли́ческий
криптоме́рия, -и
крипто́н, -а
крипто́новый
криптофи́т, -а
криста́лл, -а
кристаллиза́тор, -а
кристаллизацио́нный
кристаллиза́ция, -и
кристаллизо́ванный
кристаллизова́ть(ся), -зу́ю, -зу́ет(ся)
криста́ллик, -а
кристалли́т, -а
кристалли́ческий
кристалловидный
кристаллогидра́т, -а
кристалло́граф, -а
кристаллографи́ческий
кристаллогра́фия, -и
кристалло́ид, -а
кристаллокера́мика, -и
кристаллолюминесце́нция, -и
кристаллообразова́ние, -я
кристаллоо́птика, -и
кристаллофи́зика, -и
кристаллохи́мия, -и
криста́льность, -и
криста́льный
кристобали́т, -а
крите́рий, -я
крите́риум, -а
кри́тик, -а
кри́тика, -и
критика́н, -а
критика́нка, -и
критика́нский
критика́нство, -а
критика́нствовать, -твую, -твует
крити́ко-библиографи́ческий
критикова́ть(ся), -ку́ю, -ку́ет(ся)
крити́ко-публицисти́ческий
критици́зм, -а
крити́ческий
крити́чность, -и
крити́чный
кри́ца, -ы
крича́ть, -чу́, -чи́т
крича́щий
кричмя́ крича́ть

КРИ

кри́чный
кров, -а
крове́веть, -ею, -еет (становиться кровавым)
крова́вить, -влю, -вит (что)
крова́во-кра́сный
крова́вый
крова́тишка, -и
крова́тища, -и
крова́тка, -и
крова́тный
крова́ть, -и
кровезамени́тель, -я
кровезамеща́ющий
кро́велька, -и
кро́вельный
кро́вельщик, -а
кровенаполне́ние, -я
кровене́ть, -еет (делаться кровавым)
кровени́ть, -ню́, -ни́т (что)
кровено́сный
кровепарази́т, -а
кроветворе́ние, -я
кроветво́рный
крови́нка, -и
крови́ща, -и
кро́вля, -и, р. мн. -вель
кро́вник, -а
кровнородственный
кро́вный
кровожа́дность, -и
кровожа́дный
кровоизлия́ние, -я
кровообразова́ние, -я
кровообраще́ние, -я
кровоостана́вливающий
кровоочисти́тельный
кровоочище́ние, -я
кровопи́йство, -а
кровопи́йца, -ы, р. мн. -и́йц, м. и ж.
кровоподтёк, -а
кровопоте́ря, -и
кровопроли́тие, -я
кровопроли́тный
кровопуска́ние, -я
кровопуска́тельный
кровосмеси́тель, -я
кровосмеси́тельный
кровосмеси́тельство, -а
кровосмеше́ние, -я
кровоснабже́ние, -я
кровосо́с, -а
кровосо́ска, -и
кровосо́сный
кровосос́ущий
кровотече́ние, -я
кровоточи́вый
кровоточи́ть, -и́т
кровоха́рканье, -я
кровохлёбка, -и
кро́вушка, -и
кровь, -и, мн. -и, -е́й
кровяни́стый
кровяно́й
кро́ение, -я
кро́енный, прич.
кро́ёный, прил.
кро́йльный
крои́ть(ся), крою́, кро́ит(ся)
кро́йка, -и
кроке́т, -а (игра в шары)
кроке́тный

КРО

кроки́, *нескл., с.*
кроки́рованный (*от* кроки́ровать)
крокиро́ванный (*от* крокирова́ть)
кроки́ровать, -рую, -рует (делать кроки)
крокирова́ть, -ру́ю, -ру́ет (в крокете)
крокиро́вка, -и
крокоди́л, -а
крокоди́лий, -ья, -ье
крокоди́лов, -а, -о
крокоди́ловый
кро́кус, -а
кро́лик, -а
кроликово́д, -а
кроликово́дство, -а
кроликово́дческий
кро́ликовый
кроликома́тка, -и
кроли́ст, -а
кроли́стка, -и
кро́личий, -ья, -ье
кроль, -я
крольча́тник, -а
крольчи́ха, -и
крольчо́нок, -нка, *мн.* -ча́та, -ча́т
кроманьо́нец, -нца
кроманьо́нский
кро́ме
кроме́шный
кро́мка, -и
кромкозави́вочный
кромкострога́льный
кромкофугова́льный
кро́млех, -а
кро́мочка, -и
кро́мочный
кромса́ть, -а́ю, -а́ет
крон, -а (краска)
кро́на, -ы
кро́нверк, -а
кронгла́с, -а
кронгла́совый
кро́нистый
кро́новый
кронпри́нц, -а
кронпринце́сса, -ы
кронци́ркуль, -я
кро́ншнеп, -а
кронште́йн, -а
кропа́тель, -я
кропа́ть, -а́ю, -а́ет
кропи́ло, -а
кропи́льница, -ы
кропи́льце, -а
кропи́ть(ся), -плю́, -пи́т(ся)
кропле́ние, -я (*от* кропи́ть)
кроплённый; *кр. ф.* -ён, -ена́, *прич.*
кроплёный, *прил.* (*от* кропи́ть)
кропотли́вость, -и
кропотли́вый
кропоту́н, -а́
кропоту́нья, -и, *р. мн.* -ний
кро́сна, -сен и кро́сно, -а
кросс, -а
кроссбри́динг, -а
кроссво́рд, -а
кро́ссинг, -а
кроссме́н, -а
кросс-модуля́ция, -и
кроссчайнво́рд, -а
крот, -а́
кротёнок, -нка, *мн.* -тя́та, -тя́т

КРО

кро́ткий; *кр. ф.* -ток, -тка́, -тко
крото́вий, -ья, -ье
крото́вина, -ы
крото́вый
кротодрена́жный
кротоло́вка, -и
крото́н, -а
кро́тость, -и
кротча́йший (*от* кро́ткий)
кро́тче, *сравн. ст.* (*от* кро́ткий, кро́тко)
кро́ха, -и (маленький ребёнок)
кроха́, -и́, *вин.* кро́ху, *мн.* кро́хи, кроха́м (крошка)
кроха́ль, -я́
крохобо́р, -а
крохобо́рка, -и
крохобо́рский
крохобо́рство, -а
крохобо́рствовать, -твую, -твует
крохобо́рческий
кро́хотный
кро́шево, -а
кро́шенный, *прич.*
кро́шеный, *прил.*
кро́шечка, -и
кро́шечный
кроши́ть(ся), крошу́, кро́шит(ся)
кро́шка, -и
кро́ющий (*от* крыть)
крои́щий (*от* крои́ть)
круг, -а, *предл.* в кру́ге, в кругу́, *мн.* -и́, -о́в
кру́гленький
кругле́ть, -е́ю, -е́ет (становиться круглым)
кругли́ть, -лю́, -ли́т (*что*)
кругли́ться, -и́тся
круглобо́кий
кругло́ватый
кругловогну́тый
кругловяза́льный
круглоги́бочный
круглогоди́чный
круглогодово́й
круглоголо́вка, -и
круглоголо́вый
круглогу́бцы, -цев
круглоли́цый
круглопи́льный
круглопле́чий
круглоремённый
круглоро́тые, -ых
круглосу́точный
круглота́, -ы́
круглотка́цкий
круглочуло́чный
круглошлифова́льный
круглощёкий
круглоязы́чные, -ых
кру́глый; *кр. ф.* кругл, кругла́, кру́гло
кругля́к, -а́
круглячо́к, -чка́
кругля́ш, -а́
кругляшо́к, -шка́
кругове́рть, -и
кругово́й
круговоро́т, -а
круговраща́тельный
круговраще́ние, -я
кругозо́р, -а

КРУ

кру́гом: голова́ идёт кру́гом
круго́м
кругооборо́т, -а
кругообра́зный
кругообраще́ние, -я
кругора́ма, -ы
кругора́мный
кругосве́тка, -и
кругосве́тный
кружа́ло, -а
кружа́щий(ся)
кружевни́ца, -ы
кружевно́й
кру́жево, -а, *мн.* кружева́, кру́жев
кружевоплете́ние, -я
кру́жевце, -а, *р. мн.* -ев
круже́ние, -я
кру́жечный
кру́жечка, -и
кружи́ть(ся), кружу́(сь), кру́жит(ся)
кружи́ща, -и
кру́жка, -и
кружко́вец, -вца
кружково́й
кружко́вщина, -ы
кружо́к, -жка́
кружо́чек, -чка
крузе́йро, *нескл., м.*
круи́з, -а
крумци́ркуль, -я
круп, -а
крупа́, -ы́
крупени́к, -а́
крупи́нка, -и
крупи́тчатый
крупи́ца, -ы
кру́пка, -и
крупне́ть, -е́ю, -е́ет
крупноби́тый
крупнобло́чный
крупногабари́тный
крупноголо́вый
крупнозерни́стый
крупнокали́берный
крупноколо́сый
крупнокусково́й
крупноли́стый
крупномасшта́бный
крупноме́рный
крупномо́лотый
крупнообло́мочный
крупнопане́льный
крупнопло́дный
крупнопо́ристый
крупноразме́рный
крупносери́йный
крупнотонна́жный
крупноузо́рчатый
крупнофо́рматный
крупноцве́тный
кру́пный; *кр. ф.* -пен, -пна́, -пно
крупове́йка, -и
круподёрка, -и
крупозаво́д, -а
крупо́зный
крупоотдели́тельный
крупоплющи́льный
крупоре́зательный
крупору́шка, -и
крупосортиро́вка, -и
крупошлифова́льный
крупча́тка, -и

КРУ

крупча́тый
крупье́, нескл., м.
крупяно́й
крутану́ть, -ну́, -нёт
крутёнек, -нька
крутизна́, -ы́
крути́льный
крути́льщица, -ы
крути́ть(ся), кручу́(сь), кру́тит(ся)
кру́тка, -и
крутобере́жный
крутобо́кий
крутого́р, -а
круто́й; кр. ф. крут, крута́, кру́то
крутоло́бый
крутопа́дающий *
крутоповёрнутый
круторо́гий
крутоя́р, -а
круть-ве́рть, неизм.
круча́, -и́
кру́че, сравн. ст. (от круто́й, кру́то)
круче́ние, -я
кручёнка, -и
кру́ченный прич.
кручёный, прил.
кручи́на, -ы
кручи́ниться, -нюсь, -нится
кручи́нный
кручи́нушка, -и
круше́ние, -я
круши́на, -ы
круши́нник, -а
круши́нный
круши́ть(ся), -шу́(сь), ши́т(ся)
крыж, -а́
крыжачо́к, -чка́
крыжо́венный
крыжо́вник, -а
крыла́н, -а
крыла́тка, -и
крыла́тый
крыла́ч, -а́
крыле́чко, -а, мн. -и, -чек
крыло́, -а́, мн. кры́лья, -ьев
крылоно́гие, -их
кры́лышко, -а
крыльцо́, -а́, мн. кры́льца, -ле́ц
крыльцо́вый
крыльча́тка, -и
крым-сагы́з, -а
крымча́к, -а́
кры́нка, -и и кри́нка, -и
кры́ночный и кри́ночный
кры́са, -ы
крысёнок, -нка, мн. -ся́та, -ся́т
крыси́д, -а
кры́сий, -ья, -ье
кры́синый
крысоло́вка, -и
кры́тый
кры́ть(ся), кро́ю, кро́ет(ся)
кры́ша, -и
кры́шечка, -и
кры́шечный
кры́шка, -и
крышкодела́тельный
крюйс-пе́ленг, -а
крюйт-ка́мера, -ы
крюк, -а́, предл. на крюке́ и на крюку́, мн. крюки́, -о́в и крю́чья, -ьев
крюково́й

КРЮ

крю́чить(ся), -чусь, -чит(ся)
крючи́ще, -а, м.
крючкова́тый
крючкотво́р, -а
крючкотво́рство, -а
крю́чник, -а
крючнича́ть, -аю, -ает
крючо́к, -чка́
крючо́чек, -чка
крючо́чник, -а
крюшо́н, -а
кря́ду, нареч. (два дня кря́ду)
кряж, -а
кря́жевый
кря́жистый
кря́канье, -я
кря́кать, -аю, -ает
кря́ква, -ы
кря́кнуть, -ну, -нет
кря́ковый
кряку́ша, -и
кряхте́нье, -я
кряхте́ть, -хчу́, -хти́т
кряхту́н, -а́
кряхту́нья, -и, р. мн. -ний
ксанторре́я, -и
ксантофи́лл, -а
ксёндз, ксендза́
ксе́нии, -ий
ксеноли́т, -а
ксено́н, -а
ксено́новый
ксерогра́фия, -и
ксероморфи́зм, -а
ксерофи́т, -а
ксеро́форм, -а
ксероформный
ксиле́ма, -ы
ксилогра́фия, -и
ксило́л, -а
ксилоли́т, -а
ксилоли́товый
ксило́метр, -а
ксилофо́н, -а
ксилофони́ст, -а
кста́ти
кти́тор, -а
кто, кого́, кому́, кем, о ком
кто́ бы не (кто́ бы не пожела́л э́того!)
кто́ бы ни (кто́ бы ни говори́л, всех выслушай)
кто́ бы то ни́ был
кто́ ж(е)
кто как
кто́-кто
кто куда́
кто́-либо, кого́-либо
к тому́, к тому́ ж(е)
кто не (кто не рабо́тает, тот не ест)
кто ни (кто ни придёт, он вся́кому рад)
кто́-нибудь, кого́-нибудь, местоим., но: кто ни бу́дь (кто ни бу́дь — любо́му скажу́)
кто́ ни на е́сть
кто попа́ло
кто́-то, кого́-то
куафёр, -а
куафю́ра, -ы
куб, -а, мн. -ы́, -о́в
куба́нец, -нца
куба́нка, -и

КУБ

куба́нский
ку́барем, нареч.
куба́рь, -я́
кубату́ра, -ы
куби́зм, -а
ку́бик, -а
куби́нец, -нца
куби́нка, -и
куби́нский
куби́нско-сове́тский
куби́ст, -а
куби́стка, -и
куби́стский
куби́ческий
ку́бковый
кубова́я, -о́й
кубови́дный
кубово́й (от куб)
ку́бовый (я́рко-си́ний)
ку́бок, -бка
кубоме́тр, -а
кубоме́тровый
ку́брик, -а
куба́шечка, -и
куба́шка, -и
кува́лда, -ы
куве́з, -а
куве́рт, -а
кувши́н, -а
кувши́нка, -и
кувши́нковые, -ых
кувши́нный
кувши́нчик, -а
кувы́рк, неизм.
кувырка́ть(ся), -а́ю(сь), -а́ет(ся)
кувыркну́ть(ся), -ну́(сь), -нёт(ся)
кувырко́м, нареч.
кувырну́ть(ся), -ну́(сь), -нёт(ся)
кувыро́к, -рка́
куга́, -и́
кугуа́р, -а
куда́
куда́ б(ы) ни (в прида́точных предложе́ниях, не заключа́ющих отрица́тельного смы́сла)
куда́ как
куда́-либо
куда́ не (куда́ то́лько не заезжа́л он!)
куда́ ни (куда́ ни кинь, везде́ клин)
куда́-нибудь и куда́-нибу́дь
куда́ ни шло́
куда́ там
куда́-то
куда́ тут
куда́хтанье, -я
куда́хтать, -хчу́, -хчет
куда́хчущий
куде́ль, -и
куде́лька, -и
куделю́шка, -и
куде́сник, -а
кудла́тый
кудрева́тый
ку́дри, -е́й
кудря́виться, -ится
кудря́вый
кудря́ш, -а́
кудря́шка, -и
кузе́н, -а
кузи́на, -ы
кузне́ц, -а́
кузне́цкий

КУЗ

кузне́чик, -а
кузне́чно-пре́ссовый
кузне́чно-сва́рочный
кузне́чно-штампо́вочный
кузне́чный (*от* кузне́ц)
ку́зница, -ы
ку́зничный (*от* ку́зница)
ку́зня, -и, *р. мн.* -зен
ку́зов, -а, *мн.* -а́, -о́в
кузовно́й
кузово́к, -вка́
ку́зька, -и (жук)
кукаре́кать, -аю, -ает
кукаре́кнуть, -ну, -нет
кукареку́, *неизм.*
кукельва́н, -а
ку́керси́т, -а
ку́киш, -а
ку́кла, -ы
кукловод, -а
ку-клукс-кла́н, -а
куклускла́новец, -вца
ку-клукс-кла́новский
кукова́ние, -я
кукова́ть, куку́ю, куку́ет
ку́колка, -и
ку́коль, -я
ку́кольник, -а
ку́кольный
ку́кситься, ку́кшусь, ку́ксится
ку-ку́, *неизм.*
кукуру́за, -ы
кукуру́зник, -а
кукуру́зный
кукурузово́д, -а
кукурузодроби́лка, -и
кукурузосилоубо́рочный
кукурузоубо́рочный
кукурузохрани́лище, -а
куку́шечий, -ья, -ье
куку́шечка, -и
куку́шка, -и
куку́шкин, -а, -о
кукушкообра́зные, -ых
кукушо́нок, -нка, *мн.* -ша́та, -ша́т
кула́ж, -а
кула́к, -а́
кула́н, -а
кула́цкий
кула́ческий
кула́чество, -а
кулачи́ще, -а, *м.*
кула́чка, -и
кула́чки, -чек: би́ться на кула́чках
кулачко́вый
кула́чный
кулачо́к, -чка́
кулачьё, -ья́
кулеби́ка, -и
кулево́й
кулёк, -лька́
кулёр, -а
кулетка́цкий
кулёчек, -чка
кулёчный
кулёш, -а́
ку́ли, *нескл.*, *м.*
кули́га, -и
кули́к, -а́
кулина́р, -а
кулина́ри́я, -и
кулина́рка, -и

КУЛ

кулина́рный
кули́са, -ы
кули́сный
кули́ч, -а́
кули́чки, -а
кули́чки, -чек: на кули́чки, на кули́чках
кули́чный
куличо́к, -чка́
куличо́нок, -нка, *мн.* -ча́та, -ча́т
куло́н, -а, *р. мн.* -ов
кулуа́рный
кулуа́ры, -ов
куль, -я́
кульба́ба, -ы
кульби́т, -а
ку́льман, -а
кульминацио́нный
кульмина́ция, -и
кульмини́ровать, -рую, -рует
культ, -а
культива́тор, -а
культива́ция, -и
культиви́рование, -я
культиви́рованный
культиви́ровать(ся), -рую, -рует(ся)
культинвента́рь, -я́
культкоми́ссия, -и
культма́ссовый
культовый
культотде́л, -а
культпохо́д, -а
культпросве́т, -а
культпросветрабо́та, -ы
культрабо́та, -ы
культрабо́тник, -а
культсе́ктор, -а
культтова́ры, -ов
культу́ра, -ы
культури́зм, -а
культури́ст, -а
культу́рник, -а
культу́рнический
культу́рничество, -а
культу́рно-бытово́й
культу́рно-воспита́тельный
культу́рно-истори́ческий
культу́рно-ма́ссовый
культу́рно-поливно́й
культу́рно-полити́ческий
культу́рно-просвети́тельный
культу́рность, -и
культу́рный
культтехни́ческий
культтре́гер, -а
культтре́герский
культтре́герство, -а
культфро́нт, -а
культя́, -и́
культя́пка, -и
культячейка, -и
кум, -а, *мн.* кумовья́, -ьёв
кума́, -ы́
куманёк, -нька́
кумани́ка, -и
кумари́н, -а
кума́ч, -а́
кума́чный
кумачо́вый
куме́кать, -аю, -ает
куми́р, -а

КУМ

куми́рня, -и, *р. мн.* -рен
куми́ться, -млю́сь, -ми́тся
кумминтгони́т, -а
кумовско́й
кумовство́, -а́
кумуляти́вный
кумуля́ция, -и
ку́мушка, -и
кумы́к, -а
кумы́кский
кумы́с, -а
кумы́сный
кумысолече́бница, -ы
кумысолече́бный
кумысолече́ние, -я
кумы́чка, -и
куна́к, -а́
куна́цкий
куна́чество, -а
кунга́с, -а
кунжу́т, -а
кунжу́тный
ку́ний, -ья, -ье
куни́ца, -ы
кункта́тор, -а
кунстка́мера, -ы
кунту́ш, -а
кунштю́к, -а
ку́па, -ы
купа́ва, -ы
купа́вка, -и
купа́ж, -а
купажи́рование, -я
купа́ленка, -и
купа́льник, -а
купа́льница, -ы
купа́льный
купа́льня, -и, *р. мн.* -лен
купа́льщик, -а
купа́льщица, -ы
купа́ние, -я
ку́панный, *прич.*
ку́паный, *прил.*
купа́ть(ся), -а́ю(сь), -а́ет(ся)
купе́, *нескл., с.*
купе́йность, -и
купе́йный
купели́рование, -я и капели́рование, -я
купели́ровать, -рую, -рует и капели́ровать, -рую, -рует
купе́ль, -и
купеля́ция, -и
купе́ц, -пца́
купе́цкий
купе́ческий
купе́чество, -а
купидо́н, -а
купидо́нчик, -а
купина́, -ы́ (неопали́мая купина́)
купи́рованный
купи́ть, куплю́, ку́пит
ку́пленный
купле́т, -а
куплети́ст, -а
куплети́стка, -и
купле́тный
ку́пля, -и
ку́пля-прода́жа, ку́пли-прода́жи
ку́пно, *нареч.*
ку́пол, -а, *мн.* -а́, -о́в
куполообра́зный

КУП

ку́польный
купо́й, -а
купо́нный
купо́нчик, -а
купоро́с, -а
купоро́сный
купоро́совый
купри́т, -а
купферште́йн, -а
купцо́вский
ку́пчая, -ей
ку́пчий
ку́пчик, -а
купчи́на, -ы, *м.*
купчи́ха, -и
купю́ра, -ы
кур, -а: как ку́р во́ щи
курага́, -и́
кура́ж, -а́
кура́житься, -жусь, -жится
куракоубо́рочный
кура́нт, -а (пестик)
кура́нта, -ы (танец)
кура́нты, -ов (часы)
кура́ре, *нескл., с.*
курариза́ция, -и
курари́зо́ванный
кура́тор, -а
курба́н-байра́м, -а
курбе́т, -а
курви́ме́тр, -а
курга́н, -а
курга́нный
курга́нчик, -а
кургу́зый
курд, -а
ку́рдский
курдю́к, -а́
курдю́чный
курдючо́к, -чка́
курдя́нка, -и
ку́рево, -а
куре́ние, -я
куренно́й
курёнок, -нка, *мн.* -ря́та, -ря́т
куре́нь, -я́
курза́л, -а
куриа́льный
ку́ривать, *наст. вр. не употр.*
ку́рий, -ья, -ье
кури́лка, -и
кури́льница, -ы
кури́льня, -и, *р. мн.* -лен
кури́льщик, -а
кури́льщица, -ы
кури́ный
кури́ровать, -рую, -рует
кури́тельная, -ой
кури́тельный
кури́ть(ся), курю́, ку́рит(ся)
ку́рица, -ы, *мн.* ку́ры, кур
ку́рицын, -а, -о
ку́ричий, -ья, -ье
ку́рия, -и
ку́рка, -и
курко́вый
куркуль́, -я́
куркума́, -ы
курлыка́нье, -я
курлы́кать, -чу, -чет и -аю, -ает
курлы́кающий и курлы́чущий
ку́рник, -а

КУР

курно́й
курно́сый
курну́ть, -ну́, -нёт
курово́д, -а
курово́дство, -а
курово́дческий
куро́к, -рка́
куроле́сить, -е́шу, -е́сит
куропа́тка, -и
куропа́точий, -ья, -ье
куропа́точка, -и
куро́рт, -а
куро́ртник, -а
куро́ртница, -ы
куро́ртно-санато́рный
куро́ртный
куроро́тлог, -а
курортологи́ческий
курортоло́гия, -и
курослёп, -а
ку́рочка, -и
ку́рочный
курс, -а
курса́нт, -а
курса́нтка, -и
курса́нтский
курси́в, -а
курси́вить(ся), -влю, -вит(ся)
курси́вный
курси́ровать, -рую, -рует
курси́ст, -а
курси́стка, -и
курсо́вка, -и
курсово́й
курсо́граф, -а
курсопрокла́дчик, -а
курсо́рный
ку́рсы, -ов
курта́ж, -а
курта́жный
куртиза́нка, -и
курти́на, -ы
курти́нный
ку́ртка, -и
ку́рточка, -и
куртуа́зный
курулта́й, -я
курфю́рст, -а
курцгало́п, -а
курча́веть, -ею, -еет
курча́винка, -и
курча́виться, -ится
курчавоволо́сый
курча́вый
курчато́вий, -я
курчо́нок, -нка, *мн.* -ча́та, -ча́т
курье́з, -а
курьёзный
курье́р, -а
курье́рский
куря́тина, -ы
куря́тник, -а
куря́щий, -его
кус, -а
куса́ние, -я
ку́санный, *прич.*
ку́саный, *прил.*
куса́ть(ся), -а́ю(сь), -а́ет(ся)
куса́чки, -чек
куси́ще, -а, *м.*
кусково́й

КУС

кусну́ть, -ну́, -нёт
кусо́к, -ска́
кусо́чек, -чка
куст, -а́
куста́рник, -а
куста́рниковый
куста́рничать, -аю, -ает
куста́рничек, -чка
куста́рничество, -а
куста́рно-промысло́вый
куста́рный
куста́рщина, -ы
куста́рь, -я́
ку́стик, -а
кусти́стый
кусти́ться, -и́тся
кустово́й
кустообра́зный
кусторе́з, -а
кусторе́зный
кусто́чек, -чка
ку́танный, *прич.*
ку́таный, *прил.*
ку́тать(ся), -аю(сь), -ает(ся)
кута́фья, -и, *р. мн.* -фий
кутёж, -ежа́
куте́йник, -а
куте́йный
кутёнок, -нка, *мн.* -тя́та, -тя́т
кутерьма́, -ы́
кути́кула, -ы
кути́ла, -ы, *м. и ж.*
кути́ть, кучу́, ку́тит
кутну́ть, -ну́, -нёт
куто́к, -тка́
кату́зка, -и
куту́м, -а
кутья́, -и́, *р. мн.* -те́й
куфи́ческий
куха́рка, -и
куха́ркин, -а, -о
куха́рничать, -аю, -ает
кухля́нка, -и
кухми́стер, -а
кухми́стерская, -ой
ку́хня, -и, *р. мн.* ку́хонь
ку́хонный
ку́хонька, -и
куцехво́стый
ку́цый
ку́ча, -и
ку́чево-дождево́й
кучево́й
ку́чер, -а, *мн.* -а́, -о́в
кучерско́й
кучеря́виться, -ится
кучеря́вый
ку́чить(ся), -чу, -чит(ся)
ку́чность, -и
ку́чный
куш, -а
куш, *неизм.*
куша́к, -а́
ку́шанье, -я, *р. мн.* -ний
ку́шать, -аю, -ает
кушачо́к, -чка́
куше́тка, -и
ку́ща, -и, *р. мн.* кущ и ку́щей
куще́ние, -я
кувя́к, -а
кхмер, -а
кхме́рка, -и

КХМ

кхме́рский
к чему́
кья́нти, *нескл., с.*
кьят, -а
кювеля́ж, -а
кювеля́ция, -и
кюве́т, -а
кюве́та, -ы
кюве́тка, -и
кю́ммель, -я
кюрасо́, *нескл., с.*
кюре́, *нескл., м.*
кюри́, *нескл., с.*
кю́рий, -я
кюритерапи́я, -и
кяманча́, -и́
кяри́з, -а

Л

лаба́з, -а
лаба́зник, -а
лаба́зный
лабарда́н, -а
лабиализа́ция, -и
лабиализо́ванный
лабиализова́ть(ся), -зу́ю, -зу́ет(ся)
лабиа́льный
лаби́льность, -и
лаби́льный
ла́био-дента́льный
лабири́нт, -а
лабири́нтный
лабири́нтовый
лабора́нт, -а
лабора́нтка, -и
лабора́нтский
лаборато́рия, -и
лаборато́рный
лабрадо́р, -а
лабрадори́т, -а
ла́ва, -ы
лава́нда, -ы
лава́ндовый
лава́ш, -а
лави́на, -ы
лави́нный
лавиноопа́сный
лави́рование, -я
лави́ровать, -рую, -рует
ла́вка, -и
ла́вовый
ла́вочка, -и
ла́вочник, -а
ла́вочница, -ы
ла́вочный
лавр, -а (*бот.*)
ла́вра, -ы (*монастырь*)
лавровенча́нный
лаврови́шневый
лаврови́шня, -и, *р. мн.* -шен
лавро́вый и (*бот.*) ла́вровый
лавроли́стный
ла́врский
лавса́н, -а
лавса́новый
лавчо́нка, -и
лавчу́шка, -и
лаг, -а
лагга́р, -а

ЛАГ

ла́герник, -а
ла́герный
ла́герь, -я, *мн.* -я́, -е́й (вое́нный, пионе́рский) и -и, -ей (группиро́вки)
лагли́нь, -я
ла́гтинг, -а
лагу́н, -а́ (*бочо́нок*)
лагу́на, -ы (*залив*)
лагу́нный
лад, -а и -у, *предл.* о ла́де, в ладу́, *мн.* -ы́, -о́в
ла́да, -ы, *м. и ж.*
ла́дан, -а
ла́данка, -и
ла́данник, -а
ла́данный
ладе́йный
ла́дить(ся), ла́жу, ла́дит(ся)
ладко́м, *нареч.*
ла́дно
ла́дный; *кр. ф.* -ден, -дна́, -дно
ла́до, -а, *м. и с.*
ла́довый
ладо́нка, -и
ладо́нный
ладо́нь, -и
ладотона́льность, -и
ладо́ши, -о́ш, *ед.* ладо́ша, -и
ладо́шки, -шек, *ед.* ладо́шка, -и
ла́душки, -шек
ладьеви́дный
ладьеобра́зный
ладья́, -и́, *р. мн.* ладе́й
лаж, -а
ла́женный (*от* ла́дить)
ла́жный
лаз, -а, *мн.* -ы, -ов
ла́занье, -я
лазаре́т, -а
лазаре́тный
ла́зать, -аю, -ает
ла́зающий
лазе́ечка, -и
лазе́йка, -и
ла́зер, -а
ла́зерный
ла́зить, ла́жу, ла́зит
ла́зка, -и (*к* лаз)
лазо́ревка, -и
лазо́ревый
лазо́рник, -а
ла́зский
лазури́т, -а
лазу́рник, -а
лазу́рный
лазу́рь, -и
лазу́тчик, -а
ла́зящий
лай, ла́я
ла́йба, -ы
ла́йда, -ы
лайда́к, -а́
ла́йка, -и
ла́йковый
ла́йнер, -а, *мн.* -ы, -ов
лак, -а, *мн.* ла́ки, -ов
лака́ть, -а́ю, -а́ет
лаке́й, -я
лаке́йский
лаке́йство, -а
лаке́йствовать, -твую, -твует
лакирова́ние, -я

ЛАК

лакиро́ванный
лакирова́ть(ся), -ру́ю, -ру́ет(ся)
лакиро́вка, -и
лакиро́вочный
лакиро́вщик, -а
лакколи́т, -а
ла́кмус, -а
ла́кмусовый
ла́ковый
лакокра́сочный
ла́комить(ся), -млю(сь), -мит(ся)
ла́комка, -и, *м. и ж.*
ла́комство, -а
ла́комый
лакони́зм, -а
лакони́ческий
лакони́чность, -и
лакони́чный
лако́нос, -а
лакотка́нь, -и
лакочуло́к, -лка́
лакри́ца, -ы
лакри́чник, -а
лакри́чный
ла́кский
лактацио́нный
лакта́ция, -и
лактобацилли́н, -а
лакто́за, -ы
лакто́метр, -а
лактоско́п, -а
лаку́на, -ы
лакуна́рный
лакфио́ль, -и
лал, -а
ла́ма[1], -ы, *ж.* (*зоол.*)
ла́ма[2], -ы, *м.* (*мона́х*)
ламаи́зм, -а
ламаи́ст, -а
ламаи́стский
ламанти́н, -а
ламарки́зм, -а
ламарки́стский
ламбе́рт, -а
ламбреке́н, -а
ламента́ция, -и
ламина́риевый
ламина́рия, -и
ламина́рный
ламина́ция, -и
ламини́рование, -я
ламини́рованный
ла́мпа, -ы
ла́мпа-вспы́шка, ла́мпы-вспы́шки
лампа́да, -ы
лампа́дка, -и
лампа́дный
лампа́с, -а, *р. мн.* -ов
лампио́н, -а
ла́мповый
ла́мпочка, -и
ламу́т, -а, *р. мн.* -ов
ламу́тка, -и
ламу́тский
ла́мывать, *наст. вр. не употр.*
ланге́т, -а (*кулин.*)
лангоба́рдский
лангоба́рды, -ов
лангу́ст, -а
ландве́р, -а
ландгра́ф, -а
ландка́рта, -ы

ЛАН   ЛАР   ЛАТ   Л

ландо́, *нескл., с.*
ландри́н, -а
ландскне́хт, -а
ла́ндстинг, -а
ла́ндта́г, -а
ландша́фт, -а
ландша́фтный
ландшту́рм, -а
ландштурми́ст, -а
ла́ндыш, -а
ланды́шевый
лани́ты, -и́т, *ед.* лани́та, -ы
ла́нка, -и
ланка́стерский
ланко́рд, -а
ланоли́н, -а
ланоли́новый
лансада́, -ы
лансье́, *нескл., с.*
ланта́н, -а
лантано́ид, -а
ланце́т, -а
ланце́тник, -а
ланцетови́дный
лань, -и
лао́сец, -сца
лао́ска, -и
лао́сский
лаотя́нин, -а, *мн.* -я́не, -я́н
лаотя́нка, -и
ла́па, -ы
лапароскопи́я, -и
лапаротоми́я, -и
ла́пать, -аю, -ает
лапида́рный
лапи́лли, *нескл., мн.*
ла́пища, -и
ла́пка, -и
лапла́ндец, -дца
лапла́ндка, -и
лапла́ндский
ла́пник, -а
ла́повый
лапоно́идный
лапообра́зный
ла́потник, -а
ла́потница, -ы
ла́потный
лапото́к, -тка́
лапо́точек, -чка
ла́поть, ла́птя, *мн.* ла́пти, -е́й
ла́почка, -и
лапсерда́к, -а
лапта́, -ы́
ла́пушка, -и
лапча́тка, -и
лапчатоно́г, -а
ла́пчатый
лапша́, -и́
лапшано́й
лапша́-ры́ба, лапши́-ры́бы
лапше́вник, -а
лапшере́зка, -и
лапшо́вый
ларге́тто, *неизм. и нескл., с.*
ла́рго, *неизм. и нескл., с.*
ларёк, -рька́
ларе́ц, -рца́
ларе́чник, -а
ларе́чница, -ы
ларе́чный
ларинги́т, -а

ларинго́лог, -а
ларингологи́ческий
ларинголо́гия, -и
ларингоско́п, -а
ларингоскопи́я, -и
ларингоспа́зм, -а
ларинготрахеи́т, -а
ларингофо́н, -а
ла́рчик, -а
ла́ры, -ов и лар, *ед.* лар, -а
ларь, -я́
ла́са, -ы
ла́сина, -ы
ла́ска¹, -и, *р. мн.* ласк (нежность)
ла́ска², -и, *р. мн.* ла́сок (зоол.)
ласка́тельный
ласка́ть(ся), -а́ю(сь), -а́ет(ся)
ла́сковость, -и
ла́сковый
ла́сочка, -и
лассалья́нец, -нца
лассалья́нский
лассалья́нство, -а
лассо́, *нескл., с.*
ласт, -а, *р. мн.* -ов
ла́стик, -а
ла́стиковый
ла́ститься, ла́щусь, ла́стится
ласти́чный
ла́стовица, -ы
ла́стовка, -и
ластоно́гие, -их
ластохво́ст, -а
ла́сточка, -и
ла́сточкин, -а, -о
лата́ния, -и
ла́танный, *прич.*
ла́таный, *прил.*
лататы́: зада́ть лататы́
лата́ть, -а́ю, -а́ет
латви́йский
латга́лец, -льца
латга́лка, -и
латга́льский
ла́текс, -а
лате́нтный
латера́льный
латери́т, -а
латеритиза́ция, -и
латиниза́ция, -и
латинизи́рованный
латинизи́ровать(ся), -рую, -рует(ся)
латини́зм, -а
латини́ст, -а
лати́ница, -ы
латиноамерика́нский
лати́нский
лати́нщина, -ы
лати́нянин, -а, *мн.* -я́не, -я́н и лати́ны, -ов
латифунди́ст, -а
латифу́ндия, -и
ла́тка, -и
ла́тник, -а
лату́к, -а
лату́ковый
лату́к-сала́т, -а
латуни́рование, -я
латуни́ровать(ся), -рую, -рует(ся)
лату́нный
лату́нь, -и
ла́ты, лат

латы́нщик, -а
латы́нь, -и
латы́ш, -а́
латы́шка, -и
латы́шский
ла́ун-те́ннис, -а
лауреа́т, -а
лауреа́тка, -и
лауреа́тский
лафа́, *нескл., ж.*
лафе́т, -а
лафе́тный
лафи́т, -а (вино)
лафи́тник, -а
ла́цкан, -а, *мн.* -ы, -ов
лаццаро́ни, *нескл., м.*
ла́чка, -и (к лак)
лачо́к, -чка́
лачу́га, -и
лачу́жка, -и
ла́ющий(ся)
ла́ять(ся), ла́ю(сь), ла́ет(ся)
лби́шко, -а, *м.*
лби́ще, -а, *м.*
лганьё, -я́
лгать, лгу, лжёт, лгут; *прош.* лгал, лгала́, лга́ло
лгун, -а́
лгуни́шка, -и, *м. и ж.*
лгуни́ще, -а, *м.*
лгу́нья, -и, *р. мн.* -ний
лебеда́, -ы́
лебедёнок, -нка, *мн.* -дя́та, -дя́т
лебеди́ный
лебёдка, -и
лебедо́вые, -ых
лебёдушка, -и
лебёдчик, -а
ле́бедь, -я, *мн.* -и, -е́й
лебези́ть, -ежу́, -ези́т
лебя́жий, -ья, -ье
лев¹, льва (животное)
лев², ле́ва (ден. ед.)
лева́да, -ы
лева́к, -а́
леванти́н, -а (ткань)
леванти́нец, -нца
лева́цкий
лева́цко-оппортунисти́ческий
лева́чество, -а
ле́веллеры, -ов
леве́ть, -е́ю, -е́ет
левиафа́н, -а
левизна́, -ы́
левира́т, -а
леви́т, -а
леви́тский
левка́с, -а
левко́евый
левко́й, -я
лавобере́жный
левобере́жье, -я
левозавёрнутый
левомицети́н, -а
левооппортунисти́ческий
левори́н, -а
левосторо́нний
левофланго́вый
левоцентри́зм, -а
левоцентри́стский
левоэсе́ровский
левре́тка, -и

ЛЕВ

лев-толсто́вский
левулёза, -ы
левша́, -и́, м. и ж.
ле́вый
лега́вый
легализа́ция, -и
легализи́рованный
легализи́ровать(ся), -рую(сь), -рует(ся)
легали́зм, -а
легализо́ванный
легализова́ть(ся), -зу́ю(сь), -зу́ет(ся)
легали́стский
лега́льность, -и
лега́льный
лега́т, -а
легати́ссимо, неизм. и нескл., с.
лега́то, неизм. и нескл., с.
лега́ция, -и
лега́ш, -а́
легго́рн, -а
леге́нда, -ы
легенда́рный
ле́генький и лёгонький; кр. ф. легонек, -онька
легио́н, -а
легионе́р, -а
леги́рование, -я
леги́рованный
леги́ровать(ся), -рую, -рует(ся)
легислату́ра, -ы
легитимацио́нный
легитима́ция, -и
легитими́зм, -а
легитими́рованный
легитими́ровать, -рую, -рует
легитими́ст, -а
легитими́стка, -и
легитими́стский
лёгкий; кр. ф. лёгок, легка́, легко́, легки́ и лёгки
легкоатле́т, -а
легкоатлети́ческий
легкоатле́тка, -и
легкобето́нный
легкобольно́й, -о́го
легкобомбардиро́вочный
легкоброниро́ванный
легкове́рие, -я
легкове́рность, -и
легкове́рный
легкове́с, -а
легкове́сность, -и
легкове́сный
легководола́з, -а
легководола́зный
легково́й
легковооружённый
легковоспламеня́ющийся *
легкову́шка, -и
легко́ гружённый
легкогружёный, прил.
легкодоро́жный
легкодосту́пный
лёгкое, -ого
легкозаменя́емый *
легкоиспаря́ющийся *
легкокипя́щий
легкокры́лый
легкомото́рный
легкомы́сленность, -и
легкомы́сленный; кр. ф. -лен, -ленна

ЛЕГ

легкомы́слие, -я
легконо́гий
легкообраба́тываемый *
легко́ оде́тый
легкоперепра́вочный
легкопла́вкий
легкопла́вкость, -и
легкоподви́жный
легкопоражённый *
легкопроходи́мый
легкоразреши́мый *
легкоразъёмный
легко́ ра́ненный
легкора́неный, прил.
легкораствори́мый *
лёгкость, -и
легкосъёмный
легкоуправля́емый *
легкоусвоя́емый *
легкоустрани́мый *
лего́нечко
лёгонький; кр. ф. лего́нек, -о́нька и лёгенький
лего́нько
лёгость, -и
легохо́нько
лёгочный
легча́йший
легча́ть, -а́ет
ле́гче, сравн. ст. (от лёгкий, легко́)
ле́гший
лёд, льда
леда́щий
ледебури́т, -а
ледене́ть, -е́ю, -е́ет (становиться ледяным)
ледене́ц, -нца́
ледене́чный
леденя́щий
ледени́ть, -и́т (что)
леденцо́вый
леде́нчик, -и
леденя́щий
ледери́н, -а
ле́ди, нескл., ж.
ле́дник, -а (погреб)
ледни́к, -а́ (глетчер)
леднико́вый
ледобу́р, -а
ледови́тый
ледо́вый
ледозащи́та, -ы
ледо́к, -дка́
ледоко́л, -а
ледоко́льный
ледоло́м, -а
ледопа́д, -а
ледоре́з, -а
ледоре́зный
ледору́б, -а
ледосбро́с, -а
ледосоляно́й
ледоспу́ск, -а
ледоста́в, -а
ледофо́рма, -ы
ледохо́д, -а
ледохо́дный
ледохрани́лище, -а
ледо́чек, -чка
леды́шка, -и
леда́нка, -и
ледяно́й

ЛЕД

ледя́шка, -и
ле́ер, -а, мн. -а́, -о́в
ле́ечка, -и
ле́ечный
лёжа, нареч.
лежа́к, -а́
лежа́лый
лежа́ние, -я
лежа́нка, -и
лежа́ть, -жу́, -жи́т
лежа́чий, прил.
лежачо́к, -чка́
лежа́щий, прич.
ле́жбище, -а
ле́жбищный
лежебо́ка, -и, м. и ж.
ле́жень, -жня
лёживать, наст. вр. не употр.
лёжка, -и
лежмя́ лежа́ть
ле́звие, -я
лезги́н, -а, р. мн. -и́н
лезги́нка, -и
лезги́нский
лезть, ле́зу, ле́зет; прош. лез, ле́зла
ле́зший
ле́и, лей, ед. ле́я, ле́и (нашивки)
лей, -я (ден. ед.)
лейб-... — первая часть сложных слов, пишется всегда через дефис
лейб-гварде́йский
лейб-гва́рдия, -и
лейб-гуса́р, -а
лейб-гуса́рский
лейб-драгу́н, -а
лейб-драгу́нский
лейб-кампа́ния, -и
лейб-ме́дик, -а
лейбори́зм, -а
лейбори́ст, -а
лейбори́стский
лейб-эскадро́н, -а
ле́йденский
ле́йка, -и
лейкеми́я, -и
лейко́з, -а
лейко́ма, -ы
лейкопени́я, -и
лейкопла́ст, -а
лейкопла́стырь, -я
лейкосоедине́ние, -я
лейкоци́т, -а
лейкоцита́рный
лейкоцито́з, -а
лейтена́нт, -а
лейтена́нт-инжене́р, лейтена́нта-инжене́ра
лейтена́нтский
лейтмоти́в, -а
лейци́н, -а
лейци́т, -а
лек, -а
лека́ж, -а
лека́ло, -а
лека́льщик, -а
лека́рка, -и
ле́карский
лека́рственный
лека́рство, -а
ле́карь, -я, мн. -и́, -е́й
лекпо́м, -а
лексе́ма, -ы

ЛЕК

лексика, -и
лексикализация, -и
лексикограф, -а
лексикографический
лексикография, -и
лексиколог, -а
лексикологический
лексикология, -и
лексикон, -а
лексический
лектор, -а, *мн.* -ы, -ов
лекторий, -я
лекторский
лекторство, -а
лектура, -ы
лекционный
лекция, -и
лелеянный
лелеять(ся), -ею, -еет(ся)
лемех, -а и лемех, -а, *мн.* -а, -ов
лемешный
лемма, -ы
лемминг, -а
лемниската, -ы
лемур, -а
лен, -а
лён, льна
ленд-лиз, -а
лендлорд, -а
лён-долгунец, льна-долгунца
лендровер, -а
лениветь, -ею, -еет
ленивец, -вца
леница, -ы
ленивый
ленинградец, -дца
ленинградка, -и
ленинградский
ленинец, -нца
лениниана, -ы
ленинизм, -а
ленинский
лениться, ленюсь, ленится
лён-кудряш, льна-кудряша
ленник, -а
ленный (*от* лен)
ленок, ленка и ленку
леность, -и
ленсман, -а
лента, -ы
ленто, *неизм. и нескл., с.*
лентовидный
лентообразный
лентосварочный
лентоткацкий
лентофрезерный
ленточка, -и
ленточник, -а
ленточнопильный
ленточно-шлифовальный
ленточный
лентяй, -я
лентяйка, -и
лентяйничать, -аю, -ает
ленца, -ы (с ленцой)
ленч, -а
ленчик, -а
лень, -и
ленящийся
леопард, -а
леопардовый
лепестковый

ЛЕП

лепесток, -тка
лепесточек, -чка
лепет, -а
лепетание, -я
лепетать, -ечу, -ечет
лепёха, -и
лепечущий
лепёшечка, -и
лепёшка, -и
лепёшкообразный
лепидодендрон, -а
лепидолит, -а
лепидосирен, -а
лепить(ся), леплю, лепит(ся)
лепка, -и
лепнина, -ы
лепной
лепота, -ы
лепра, -ы
лепрозорий, -я
лепта, -ы
лепщик, -а
лес, -а, *предл.* о лесе, в лесу, *мн.* -а, -ов
леса, -ы и леса, -ы, *мн.* лёсы, лёс
леса, -ов (подмости)
лесбийский
лесбиянка, -и
лесбосский
лесенка, -и
лесина, -ы
лесистый
лесишко, -а, *м.*
лесище, -а, *м.*
леска, -и
лесник, -а
лесничество, -а
лесничий, -его
лесной
лесобумажный
лесоведение, -я
лесовик, -а
лесовод, -а
лесоводственный
лесоводство, -а
лесоводческий
лесовоз, -а
лесовозный
лесовозобновление, -я
лесовосстановительный
лесогон, -а
лесозавод, -а
лесозаготовительный
лесозаготовки, -вок
лесозащитный
лесоинженерный
лесок, -ска
лесокомбинат, -а
лесокультура, -ы
лесолуговой
лесоматериал, -а
лесомелиоратор, -а
лесомелиорация, -и
лесонасаждение, -я
лесообрабатывающий
лесоосушительный
лесоохранение, -я
лесопарк, -а
лесопарковый
лесоперевалочный
лесопиление, -я
лесопилка, -и

ЛЕС

лесопильно-строгальный
лесопильный
лесопильня, -и, *р. мн.* -лен
лесопитомник, -а
лесоповал, -а
лесопогрузочный
лесополоса, -ы, *мн.* -полосы, -полос, -полосам
лесопосадка, -и
лесопосадочный
лесопромысловый
лесопромышленник, -а
лесопромышленный
лесопропускной
лесопункт, -а
лесоразведение, -я
лесоразгрузочный
лесоразработки, -ток
лесорасчистка, -и
лесоруб, -а
лесорубный
лесорубочный
лесосад, -а, *мн.* -ы, -ов
лесосека, -и
лесосеменной
лесосечный
лесосплав, -а
лесосплавный
лесоспуск, -а
лесостепной
лесостепь, -и
лесосушильный
лесосырьевой
лесотаска, -и
лесотехнический
лесоторговец, -вца
лесоторговля, -и
лесоторговый
лесотундра, -ы
лесотундровый
лесоукладчик, -а
лесоустроительный
лесоустройство, -а
лесоучасток, -тка
лесохимик, -а
лесохимический
лесохимия, -и
лесохозяйственный
лесочек, -чка
лесоэкономический
лесоэксплуатационный
лесоэксплуатация, -и
лесоэкспорт, -а
леспромхоз, -а
леспромхозовский
лёсс, -а
лессированный
лессировать(ся), -рую, -рует(ся)
лессировка, -и
лёссовидный
лёссовый
лестница, -ы
лестничка, -и
лестничный
лестный
лестовка, -и (чётки)
лесть, -и
лесхоз, -а
лесхозовец, -вца
лесхозовский
лёт, -а
лета, лет, летам

ЛЕТ

лета́льный
лета́ние, -я
летарги́ческий
летарги́я, -и
лета́тельный
лета́ть, -а́ю, -а́ет
лете́ть, лечу́, лети́т
летила́н, -а
лётка, -и
лётка-ёнка, лётки-ёнки
летнезелёный
ле́тне-осе́нний
ле́тний
ле́тник, -а
лётно-боево́й
лётно-такти́ческий
лётно-техни́ческий
лётный
ле́то, -а
летόк, -тка́
ле́том, нареч.
лётом, нареч.
летописа́ние, -я
летопи́сец, -сца
летопи́сный
ле́топись, -и
летосчисле́ние, -я
лётошный
лету́н, -а́
лету́нья, -и, р. мн. -ний
лету́честь, -и
лету́чий
лету́чка, -и
лётчик, -а
лётчик-космона́вт, лётчика-космона́вта
лётчица, -ы
летя́га, -и
лецити́н, -а
ле́чащий(ся)
лече́бник, -а
лече́бница, -ы
лече́бно-гимнасти́ческий
лече́бно-оздорови́тельный
лече́бно-профилакти́ческий
лече́бно-трудово́й
лече́бные
лече́ние, -я
ле́ченный, прич.
ле́ченый, прил.
лечи́ть(ся), лечу́(сь), ле́чит(ся)
ле́чо, нескл., с.
лечь, ля́гу, ля́жет, ля́гут; прош. лёг, легла́
леша́к, -а́
леша́чий, -ья, -ье
ле́ший, -его
лещ, -а́
леща́дь, -и
ле́щик, -а
лещи́на, -ы
лещи́нный
лещи́новый
лещо́вый
лжеака́ция, -и
лжекласси́ческий
лжекорое́д, -а
лжели́ственница, -ы
лженау́ка, -и
лженау́чный
лжеплόд, -а́
лжеприся́га, -и

ЛЖЕ

лжепроро́к, -а
лжесвиде́тель, -я
лжесвиде́тельница, -ы
лжесвиде́тельский
лжесвиде́тельство, -а
лжесвиде́тельствовать, -твую, -твует
лжесоциали́ст, -а
лжесоциалисти́ческий
лжетео́рия, -и
лжеуче́ние, -я
лжеучёный, -ого
лжехристиа́нский
лжец, -а́
лжи́вость, -и
лжи́вый
ли и ль, частица (пишется всегда отдельно от предшествующего слова)
лиа́на, -ы
лиа́новый
либера́л, -а
либерали́зм, -а
либера́лка, -и
либера́льничать, -аю, -ает
либера́льно-буржуа́зный
либера́льно-демократи́ческий
либера́льность, -и
либера́льный
либерти́, нескл., с. и неизм.
ли́бо, союз (ли́бо он, ли́бо я)
-либо, частица (с предшествующим словом соединяется с помощью дефиса: что́-либо, како́й-либо, куда́-либо)
либра́ция, -и
либретти́ст, -а
либретти́стка, -и
либре́тто, нескл., с.
лива́нец, -нца
лива́нка, -и
лива́нский
ли́вень, -вня
ли́вер, -а
ли́верный
ливмя́ ли́ть(ся)
ли́вневый
ливнеотводя́щий
ливнеспу́ск, -а
ливр, -а
ливре́йный
ливре́я, -и
ли́га, -и
лигату́ра, -ы
лигату́рный
лигни́н, -а
лигни́т, -а
лигносто́н
лигрои́н, -а
лидди́т, -а
ли́дер, -а
ли́дерский
ли́дерство, -а
лиди́йский
лиди́рование, -я
лиди́ровать, -рую, -рует
лидиро́вщик, -а
ли́жущий(ся)
ли́занный, прич.
ли́заный, прил.
лиза́ть(ся), лижу́(сь), ли́жет(ся)
лизго́льдер, -а
лизиге́нный (бот.)

ЛИЗ

лизи́метр, -а
лизиметри́ческий
лизи́н, -а
ли́зис, -а
лизну́ть, -ну́, -нёт
лизоблю́д, -а
лизоблю́дничать, -аю, -ает
лизоблю́дство, -а
лизогениза́ция, -и
лизогени́я, -и
лизоге́нный
лизо́л, -а
лизофо́рм, -а
лизоци́м, -а
лизу́н, -а́
лизу́нья, -и, р. мн. -ний
лик, -а
ликбе́з, -а
ликбе́зный
ликва́ция, -и
ликвида́тор, -а
ликвида́торский
ликвида́торство, -а
ликвидацио́нный
ликвида́ция, -и
ликвиди́рованный
ликвиди́ровать(ся), -рую, -рует(ся)
ликви́дный
ликви́дус, -а
ликёр, -а
ликёрный
ликёро-во́дочный
ликова́ние, -я
ликова́ть, -ку́ю, -ку́ет
ликопо́дий, -я
ли́ктор, -а
ликтро́с, -а
лиле́йный
лилиецве́тные, -ых
лилипу́т, -а
лилипу́тка, -и
лилипу́тский
ли́лия, -и
лилове́ть, -е́ет
лило́во-голубо́й
лило́во-си́ний
лило́вый
лима́н, -а
лима́нный
лимб, -а
лими́т, -а
лимита́ция, -и
лимити́рованный
лимити́ровать(ся), -рую, -рует(ся)
лими́тный
лимитро́ф, -а
лимитро́фный
лимни́граф, -а
лимно́лог, -а
лимнологи́ческий
лимноло́гия, -и
лимо́н, -а
лимона́д, -а
лимона́рий, -я
лимо́нка, -и
лимо́нник, -а
лимо́нница, -ы
лимо́нно-жёлтый
лимоннокислый
лимо́нный
лимо́нчик, -а
лимузи́н, -а

ЛИМ

ли́мфа, -ы
лимфадени́т, -а
лимфангио́ма, -ы
лимфанги́т, -а и лимфангои́т, -а
лимфати́ческий
лимфогранулемато́з, -а
лимфосарко́ма, -ы
лимфоци́т, -а
лимфоцито́з, -а
лингафо́н, -а
лингафо́нный
лингви́ст, -а
лингви́стика, -и
лингвисти́ческий
лингви́стка, -и
лингвостили́стика, -и
лингвостранове́дение, -я
лингвофилосо́фия, -и
линеари́зм, -а
линеа́рный
лине́ечка, -и
лине́ечный
лине́йка, -и
лине́йно-аппара́тный
лине́йно-ка́бельный
линейноли́стный
лине́йно-путево́й
лине́йный
лине́йчатый
линёк, -нька́
ли́нза, -ы
ли́нзовый
лини́йка, -и
линиме́нт, -а
ли́ния, -и
линко́р, -а
линкру́ст, -а
ли́нный
лино́, нескл., с.
линобати́ст, -а
линова́льный
линова́ние, -я
лино́ванный
линова́ть(ся), -ну́ю, -ну́ет(ся)
лино́вка, -и
линогравю́ра, -ы
линолеа́т, -а
линоле́ум, -а
линоти́п, -а
линотипи́ст, -а
линоти́пный
линчева́ние, -я
линчёванный
линчева́ть(ся), -чу́ю, -чу́ет(ся)
линь, -я́
ли́нька, -и
линю́чий
линя́лый
линя́ние, -я
линя́ть, -я́ю, -я́ет
лионе́з, -а
ли́па, -ы
липа́за, -ы
липари́т, -а
ли́пка, -и
ли́пкий; кр. ф. -пок, -пка́, -пко
ли́пнувший
ли́пнуть, -ну, -нет; прош. лип и ли́пнул, ли́пла
липня́к, -а́
ли́повый
липо́ид, -а

ЛИП

липо́ма, -ы
ли́понька, -и
липофусци́н, -а
ли́пси, нескл., с.
липу́чий
липу́чка, -и
ли́ра, -ы
лири́зм, -а
ли́рик, -а
ли́рика, -и
ли́рико-драмати́ческий
ли́рико-эпи́ческий
ли́рико-юмористи́ческий
лири́ческий
лири́чность, -и
лири́чный
ли́рник, -а
ли́рный
лирообра́зный
лирохво́ст, -а
ли́ро-эпи́ческий
лис, -а
лиса́, -ы́
ли́сель, -я, мн. -я́, -е́й
ли́сель-ре́й, -я
ли́сель-спи́рт, -а
лисёнок, -нка, мн. -ся́та, -ся́т
ли́сий, -ья, -ье
лиси́ный
лиси́ца, -ы
лиси́цын, -а, -о
лиси́чка, -и
ли́сонька, -и
лисохво́ст, -а
лиссабо́нский
лист, -а́, мн. листы́, -о́в и (у растений) ли́стья, -ьев
листа́ж, -а́
листа́ть(ся), -а́ю, -а́ет(ся)
листва́, -ы́
ли́ственница, -ы
ли́ственничный
ли́ственно-декорати́вный
ли́ственный
ли́стик, -а
листобло́шка, -и
листовёртка, -и
листови́дный
листо́вка, -и
листово́й
листоги́бочный
листое́д, -а
листо́к, -тка́
листообра́зный
листопа́д, -а
листоподбо́рочный
листоправи́льный
листопрока́тный
листопрока́тчик, -а
листорасположе́ние, -я
листоре́з, -а
листоре́зальный
листостебе́льный
листо́чек, -чка
листоштампо́вочный
литаври́ст, -а
лита́врщик, -а
лита́вры, -а́вр, ед. лита́вра, -ы
литакиноско́п, -а
лита́ния, -и
литаско́п, -а
литви́н, -а

ЛИТ

литви́нка, -и
лите́йно-механи́ческий
лите́йный
лите́йщик, -а
ли́тер, -а (документ)
ли́тера, -ы (буква)
литера́тор, -а
литера́торский
литера́торство, -а
литера́торствовать, -твую, -твует
литерату́ра, -ы
литерату́рно-крити́ческий
литерату́рно-музыка́льный
литерату́рно-худо́жественный
литерату́рный
литературове́д, -а
литературове́дение, -я
литературове́дный
литературове́дческий
литерату́рщина, -ы
ли́терный
ли́тиевый
ли́тий, -я
литийоргани́ческий
лити́я, -и́ (церк.)
ли́тка, -и
литкружо́к, -жка́
литмонта́ж, -а́
ли́тник, -а
литобъедине́ние, -я
лито́вец, -вца
лито́вка, -и
лито́вский
лито́вско-ру́сский
литогене́з, -а
литогли́фика, -и
лито́граф, -а
литографи́рованный
литографи́ровать(ся), -рую, -рует(ся)
литографи́ческий
литогра́фия, -и
литогра́фский
лито́й, прил.
литоло́гия, -и
литопо́н, -а
литора́ль, -и
литора́льный
литоре́я, -и
литосфе́ра, -ы
лито́та, -ы
литофа́ния, -и
литр, -а
литра́ж, -а́
литро́вка, -и
литро́вый
литурги́йный
литурги́ческий
литурги́я, -и
литфа́к, -а
ли́тый; кр. ф. лит, лита́, ли́то, прич.
лить, лью, льёт; прош. лил, лила́, ли́ло
литьё, -я́
ли́ться, льётся; прош. ли́лся, лила́сь, ли́ло́сь
лиф, -а
лифт, -а
лифтёр, -а
лифтёрша, -и
лифтово́й
ли́фчик, -а
лиха́ч, -а́

ЛИХ

лиха́ческий
лиха́чество, -а
лихва́, -ы́; с лихво́й
лихеноло́гия, -и
ли́хо, -а
лиходе́й, -я
лиходе́йка, -и
лиходе́йский
лиходе́йство, -а
лихо́имец, -мца
лихо́имство, -а
лихо́й; кр. ф. лих, лиха́, ли́хо
лихоле́тье, -я
лихома́нка, -и
лихора́дить, -а́жу, -а́дит
лихора́дка, -и
лихора́дочный
ли́хость, -и
ли́хтер, -а
лицева́ть(ся), -цу́ю, -цу́ет(ся)
лицево́й
лицеде́й, -я
лицеде́йка, -и
лицеде́йство, -а
лицеде́йствовать, -твую, -твует
лицезре́ние, -я
лицезре́ть, -рю́, -ри́т
лицеи́ст, -а
лице́й, -я
лице́йский
лицеме́р, -а
лицеме́рие, -я
лицеме́рить, -рю, -рит
лицеме́рка, -и
лицеме́рный
лицензио́нный
лице́нзия, -и
лиценциа́т, -а
лице́нция, -и
лицеприя́тие, -я
лицеприя́тный
лицеприя́тствовать, -твую, -твует
лицо́, -а́, мн. ли́ца, лиц
лицо́ванный
лицо́вка, -и
ли́чико, -а, мн. -и, -ов
личи́на, -ы
личи́нка, -и
личи́ночный
ли́чно
ли́чно́й
ли́чно-кома́ндный
ли́чностный
ли́чность, -и
ли́чный
лишаеви́дный
лиша́й, -я
лиша́йник, -а
лиша́йниковый
лиша́йница, -ы
лиша́йный
лиша́ть(ся), -а́ю(сь), -а́ет(ся)
ли́ше, сравн. ст. (от лихо́й, ли́хо)
ли́шек, -шка
лише́нец, -нца
лише́ние, -я
лише́нка, -и
лишённый; кр. ф. -ён, -ена́
лише́нческий
лиши́ть(ся), -шу́(сь), -ши́т(ся)
ли́шний
лишь

ЛИШ

лишь бы
лоб, лба
лоба́н, -а
лоба́нчик, -а
лоба́стый
ло́бби, нескл., с. (полит.)
лобби́зм, -а
лобби́ст, -а
лобби́стский
лобе́лия, -и
лобза́ние, -я
лобза́ть(ся), -а́ю(сь), -а́ет(ся)
ло́бзик, -а
ло́бик, -а
ло́ббио, нескл., с. (кулин.)
ло́ббия, -и (бот.)
лобко́вый
ло́бно-верхнечелюстно́й
ло́бно-дента́льный
ло́бный
лобово́й
лобогре́йка, -и
лобо́к, -бка́
лобото́карный
лоботря́с, -а
лоботря́сничать, -аю, -ает
лобыза́ть(ся), -а́ю(сь), -а́ет(ся)
лов, -а
ловела́с, -а
ловела́сничать, -аю, -ает
лове́ц, -вца́
лове́цкий
лови́ть(ся), ловлю́, ло́вит(ся)
ловка́ч, -а́
ловка́чка, -и
ло́вкий; кр. ф. ло́вок, ловка́, ло́вко
ло́вкость, -и
ло́вля, -и
лову́шка, -и
ло́вче и ловче́е, сравн. ст. (от ло́вкий, ло́вко)
ло́вчий, -его
ловчи́ла, -ы, м. и ж.
ловчи́ть(ся), -чу́(сь), -чи́т(ся)
лог, -а, предл. в ло́ге и в логу́, мн. -а́, -о́в
логари́фм, -а
логарифми́рование, -я
логарифми́рованный
логарифми́ровать(ся), -рую, -рует(ся)
логарифми́ческий
ло́гик, -а
ло́гика, -и
ло́гико-математи́ческий
логисмогра́фия, -и
логи́ст, -а
логи́стика, -и
логици́зм, -а
логи́ческий
логи́чность, -и
логи́чный
ло́говище, -а
ло́гово, -а
логогра́ф, -а
логогри́ф, -а
лого́метр, -а
логопати́ческий
логопа́тия, -и
логопе́д, -а
логопеди́ческий
логопе́дия, -и

ЛОГ

ло́гос, -а
ло́джия, -и
ло́дка, -и
ло́дочка, -и
ло́дочник, -а
лодочнопрока́тный
ло́дочный
лодчо́нка, -и
лоды́га, -и
лоды́жка, -и
лоды́рничанье, -я
лоды́рничать, -аю, -ает
лоды́рничество, -а
ло́дырь, -я
ло́жа, -и (в театре; у ружья)
ложби́на, -ы
ложби́нка, -и
ложби́нный
ло́же, -а (постель; русло)
ложево́й
ложеме́нт, -а
ло́жечка, -и
ло́жечник, -а
ло́жечный
ложи́ться, -жу́сь, -жи́тся
ло́жка, -и
ложка́рный
ложка́рь, -я́
ложноклассици́зм, -а
ложноклассици́ческий
ложноли́ственница, -ы
ложноно́гие, -их
ложноно́жка, -и
ложнору́сский
ложносетчатокры́лые, -ых
ло́жный
ложо́к, -жка́
ложь, лжи
лоза́, -ы́, мн. ло́зы, лоз
лози́на, -ы
лози́нка, -и
ло́зный
лозня́к, -а́
лозняко́вый
лозня́чок, -чка́
лозоплете́ние, -я
ло́зунг, -а, мн. -и, -ов
ло́зунго́вый
локализа́ция, -и
локализи́рованный
локализи́ровать(ся), -зи́рую, -зи́рует(ся)
локализо́ванный
локализова́ть(ся), -зу́ю, -зу́ет(ся)
лока́льный
локати́в, -а
лока́тор, -а
лока́торщик, -а
лока́ут, -а
локаути́рованный
локаути́ровать(ся), -рую, -рует(ся)
локацио́нный
лока́ция, -и
локомоби́ль, -я
локомоби́льный
локомоти́в, -а
локомоти́вный
локомото́рный
ло́кон, -а, мн. -ы, -ов
локотни́к, -а́
локото́к, -тка́
локото́чек, -чка

ЛОК

ло́коть, -ктя, *мн.* ло́кти, -е́й
локсодро́ма, -ы и локсодро́мия, -и
локтево́й
лом, -а, *мн.* -ы́, -о́в
лома́ка, -и, *м. и ж.*
ло́манный, *прич.*
ло́маный, *прил.*
лома́ть(ся), -а́ю(сь), -а́ет(ся)
ломба́рд, -а
ломба́рдный
ло́мбер, -а
ло́мберный
ло́мик, -а
ломи́ть(ся), ломлю́(сь), ло́мит(ся)
ло́мка, -и
ло́мкий; *кр. ф.* ло́мок, ломка́, ло́мко
ломови́к, -а́
ломово́й
ломоно́с, -а
ломоперераба́тывающий
ломосда́тчик, -а
ломота́, -ы́
ломо́тный
ломо́ть, ломтя́, *мн.* ломти́, -е́й
ло́мтик, -а
ло́мче, *сравн. ст. (от* ло́мкий*)*
лонге́т, -а *(мед.)*
лонге́тка, -и
лонгше́з, -а
ло́нжа, -и
лонжеро́н, -а
ло́нный
ло́но, -а
лопа́рка, -и
ло́парный *(от* ло́парь*)*
лопа́рский *(от* лопа́рь*)*
ло́парь, -я (трос)
лопа́рь, -я (саами)
ло́пастный
ло́пасть, -и, *мн.* -и, -е́й
лопа́та, -ы
лопа́тка, -и
лопатоно́гий
лопатоно́с, -а
лопатообра́зный
лопа́точка, -и
лопа́точный
лопа́тчатый
ло́пать, -аю, -ает
ло́паться, -аюсь, -ается
ло́пнуть, -ну, -нет
лопота́ть, -очу́, -о́чет
лопоу́хий
лопочу́щий
лопу́х, -а́
лопуши́стый
лопу́шник, -а
лопушо́к, -шка́
лорд, -а
лорд-ка́нцлер, -а
лорд-мэ́р, -а
лоре́тка, -и
лорне́т, -а
лорне́тка, -и
лорни́рованный
лорни́ровать(ся), -рую, -рует(ся)
лос-а́нджелесский
лосёвый
лосёнок, -нка, *мн.* лося́та, -я́т
лосеферма́, -ы
лоси́на, -ы
лоси́нный *(от* лоси́на*)*

ЛОС

лоси́ный *(от* лось*)*
лоси́ха, -и
лоск, -а
лоску́т, -а, *собир.*
лоску́т, -а́, *мн.* -ы́, -о́в и лоску́тья, -ьев
лоску́тик, -а
лоску́тный
лоскуто́к, -тка́
лоскуто́чек, -чка
лосни́ться, -ню́сь, ни́тся
лососёвый
лосо́сий, -ья, -ье
лососи́на, -ы
лососи́нный *(от* лососи́на*)*
лосо́ска, -и
лосо́сь, -я, *мн.* лосо́си, -ей
лось, -я, *мн.* -и, -е́й
лосьо́н, -а
лося́тина, -ы
лот, -а
лотере́йный
лотере́я, -и
лотере́я-алле́гри, лотере́и-алле́гри
лотко́вый
ло́тлинь, -я
лото́, *нескл., с.*
лото́к, -тка́
ло́тос, -а
лото́чек, -чка
лото́чник, -а *(от* лото́к*)*
лото́чница, -ы *(от* лото́к*)*
лото́чный *(от* лото́к*)*
лото́шник, -а *(от* лото́*)*
лото́шница, -ы *(от* лото́*)*
лото́шный *(от* лото́*)*
лоуре́нсий, -я
лох, -а
лоха́нка, -и
лоха́нный
лоха́ночный
лоха́нь, -и
лохма́тить(ся), -а́чу(сь), -а́тит(ся)
лохма́тый
лохма́ч, -а́
лохмо́тья, -ьев
ло́хмы, лохм
лохови́на, -ы
ло́ховый
ло́ция, -и
ло́цман, -а, *мн.* -ы, -ов
ло́цманский
лоцме́йстер, -а
лошадёнка, -и
лошади́ный
лоша́дка, -и
лоша́дник, -а
лоша́душка, -и
ло́шадь, -и, *мн.* -и, -е́й, -я́м, -ьми́ и -я́ми, -я́х
лоша́к, -а́
лоша́чий, -ья, -ье
лошачо́к, -чка́
лошо́нок, -нка, *мн.* лоша́та, лоша́т
лоще́ние, -я
лощёнка, -и
лощённый; *кр. ф.* -ён, -ена́, *прич.*
лощёный, *прил.*
лощи́льный
лощи́на, -ы
лощи́нка, -и
лощи́ть(ся), -щу́, -щи́т(ся)
лоя́льность, -и

ЛОЯ

лоя́льный
луб, -а, *мн.* лу́бья, -ьев
лубово́й
лубоволокни́стый
лубое́д, -а
лубо́к, -бка́
лубо́чек, -чка
лубо́чный
лубрика́тор, -а
луба́нка, -и
лубяно́й
луг, -а, *предл.* о лу́ге, на лугу́, *мн.* -а́, -о́в
лугове́дение, -я
лугови́к, -а́
лугови́на, -ы
лугови́нный
лугово́д, -а
лугово́дство, -а
лугово́й
лу́гово-мари́йский
лу́гово-степно́й
лугомелиорати́вный
лугомелиора́тор, -а
лугомелиора́ция, -и
лугопа́стбищный
лу́да, -ы
лудди́т, -а
луди́льный
луди́льщик, -а
луди́ть(ся), лужу́, лу́дит(ся)
лу́жа, -и
лу́жаечка, -и
лужа́йка, -и
луже́ние, -я
лужённый, *прич.*
лужёный, *прил.*
лу́жица, -ы
лу́жицкий
лужича́нин, -а, *мн.* -а́не, -а́н
лужича́нка, -и
лужо́к, -жка́
лужо́чек, -чка
лу́за, -ы
лузга́, -и́
лу́згать, -аю, -ает
лузгове́йка, -и
луидо́р, -а
лук, -а
лука́, -и́, *мн.* лу́ки, лук (изгиб)
лука́вец, -вца
лука́винка, -и
лука́вить, -влю, -вит
лука́вица, -ы
лука́вство, -а
лука́вый
лук-багу́н, лу́ка-батуна́
лу́ковица, -ы
лу́ковичка, -и
лу́ковичный
лу́ковка, -и
лу́ковый
лукомо́рье, -я
луко́шко, -а
лук-поре́й, лу́ка-поре́я
лук-сево́к, лу́ка-севка́
луку́лловский (луку́ллов) пир
лумп, -а
луна́, -ы́, *мн.* лу́ны, лун
лу́на-па́рк, -а
луна́-ры́ба, луны́-ры́бы
лунати́зм, -а

ЛУН

луна́тик, -а
лунати́ческий
лунати́чка, -и
лу́нка, -и
лу́нник, -а
лу́нно-бе́лый
лу́нный
лунодро́м, -а
лунообра́зный
луносеменни́к, -а́
лунохо́д, -а
лу́ночка, -и
лу́ночный
лунь, -я́
луораветла́нский
лу́па, -ы
лупана́рий, -я
лупи́ть(ся), луплю́, лу́пит(ся)
лу́пленный, прич.
лу́пленый, прил.
лупогла́зый
лупули́н, -а
лупцева́ть, -цу́ю, -цу́ет
лупцо́ванный
лупцо́вка, -и
луфа́рь, -я́
луч, -а́, мн. лучи́, -е́й
лучеви́дный
лучево́й
лучеза́пястный
лучеза́рный
лучеиспуска́ние, -я
лучеиспуска́тельный
лучеиспуска́ющий
луче́ние, -я
лучеобра́зный
лучепреломле́ние, -я
лу́чик, -а
лучи́на, -ы
лучи́нка, -и
лучи́нный
лучи́нушка, -и
лучи́стый
лучи́ть(ся), -чу́, -чи́т(ся)
лучко́вый
лу́чник, -а
лу́чница, -ы
лучо́к, -чка́ и -чку́
лу́чше
лу́чший
луще́вка, -и
луще́ние, -я
лущённый, прич.
лущёный, прил.
лущи́льник, -а
лущи́льный
лущи́ть(ся), -щу́, -щи́т(ся)
лы́жа, -и, р. мн. лыж
лыжеро́ллеры, -ов, ед. -ро́лер, -а
лы́жник, -а
лы́жница, -ы
лы́жный
лыжня́, -и́, р. мн. -не́й
лы́ко, -а, мн. лы́ки, лык
лы́ковый
лысе́ть, -е́ю, -е́ет
лы́сина, -ы
лысу́н, -а́
лысу́ха, -и
лы́сый; кр. ф. лыс, лыса́, лы́со
лы́чко, -а, мн. лы́чки, -чек
лы́чный

ЛЬВ

львёнок, -нка, мн. львя́та, -я́т
льви́ный
льви́ца, -ы
львя́тник, -а
льго́та, -ы
льго́тный
льди́на, -ы
льди́нка, -и
льди́стый
льдогенера́тор, -а
льдодроби́лка, -и
льдообразова́ние, -я
льдопроизво́дство, -а
льдохрани́лище, -а
лье, нескл., с.
льново́д, -а
льново́дный
льново́дство, -а
льново́дческий
льноволокно́, -а́
льнозаво́д, -а
льнозаготови́тельный
льнозагото́вки, -вок
льноклеверотёрка, -и
льнокомба́йн, -а
льнокомбина́т, -а
льноконоплемя́лка, -и
льнолавса́новый
льномоло́тилка, -и
льномя́лка, -и
льнообраба́тывающий
льноочисти́тель, -я
льноочисти́тельный
льдопряде́ние, -я
льнопряди́льный
льнопряди́льня, -и, р. мн. -лен
льнорасти́лочный
льносе́мя, -мени, мн. -мена́, -мя́н
льносемяочисти́тельный
льносе́ющий
льносуши́лка, -и
льнотереби́лка, -и
льнотереби́льный
льнотёрка, -и
льнотрепа́лка, -и
льнотрепа́льный
льнотреста́, -ы́
льнотри́ер, -а
льноубо́рка, -и
льноубо́рочный
льночеса́льный
льнуть, льну, льнёт
льня́нка, -и
льняно́й
льстец, -а́
льсти́вый
льстить(ся), льщу(сь), льсти́т(ся)
лья́ло, -а
лья́носы, -ов и лья́нос, -а
лья́чка, -и
люб, -а́, -о
лю́ба, -ы
любвеоби́льный
любе́зник, -а
любе́зничать, -аю, -ает
любе́зность, -и
любе́зный
люби́мец, -мца
люби́мица, -ы
люби́м-трава́, -ы́
люби́мчик, -а
люби́мый

ЛЮБ

люби́тель, -я
люби́тельница, -ы
люби́тельский
люби́тельство, -а
люби́тельщина, -ы
люби́ть, люблю́, лю́бит
лю́бо
любова́ние, -я
любова́ться, любу́юсь, любу́ется
любо́вник, -а
любо́вница, -ы
любо́вный
любо́вь, любви́
лю́бо-до́рого
любозна́тельность, -и
любозна́тельный
любо́й
любому́др, -а
любопы́тничать, -аю, -ает
любопы́тный
любопы́тство, -я
любопы́тствовать, -твую, -твует
лю́бушка, -и
любы́й
лю́бящий
лю́верс, -а
люд, -а
лю́ди, люде́й, лю́дям, людьми́, о лю́дях
люди́шки, -шек
лю́дный
людое́д, -а
людое́дка, -и
людое́дский
людое́дство, -а
людско́й
люизи́т, -а
люк, -а
люкс, -а
люксме́тр, -а
лю́лечка, -и
лю́ли, неизм.
лю́лька, -и
люля́-кеба́б, -а
люмба́го, нескл., с.
лю́мен, -а
люмено́метр, -а
лю́мен-секу́нда, -ы
лю́мен-ча́с, -а, мн. -ы́, -о́в
люмина́л, -а
люминесце́нтный
люминесце́нция, -и
люминесци́ровать, -рует
люминесци́рующий
люминофо́р, -а
лю́мпен-пролетариа́т, -а
лю́мпен-пролета́рский
люне́т, -а
люпи́н, -а
люпозо́рий, -я
лю́пус, -а
люре́кс, -а
лю́стра, -ы
люстри́н, -а
люстри́новый
люте́е, сравн. ст. (от лю́тый)
лютера́нин, -а, мн. -а́не, -а́н
лютера́нка, -и
лютера́нский
лютера́нство, -а
люте́ть, -е́ю, -е́ет
люте́ций, -я

лютик, -а
лютиковые, -ых
лютичи, -ей
лютневый
лютня, -и, *р. мн.* лютен и лютней
лютовать, -тую, -тует
лютый; *кр. ф.* лют, люта, люто
люфа, -ы́
люфт, -а
люфтпауза, -ы
люцерна, -ы
люцерновый
люэс, -а
люэтический
лявониха, -и
лягать(ся), -аю(сь), -ает(ся)
лягнуть, -ну, -нёт
лягушатник, -а
лягушачий и лягушечий, -ья, -ье
лягушечник, -а
лягушиный
лягушка, -и
лягушонок, -нка, *мн.* -шата, -шат
лядина, -ы
ладунка, -и
ляжка, -и
лязг, -а
лязгать, -аю, -ает
лязгнуть, -ну, -нет
лялька, -и
лямбда, -ы
лямблиоз, -а
лямка, -и
лямочка, -и
лямочный
ляпать(ся), -аю(сь), -ает(ся)
ляпис, -а
ляпис-лазурь, -и
ляписный
ляпнуть(ся), -ну(сь), -нет(ся)
ляпсус, -а
лярд, -а
лясничать, -аю, -ает
лясы точить
лях, -а
ляшка, -и (*к* лях)
ляшский

М

мавзолей, -я
мавр, -а
мавританка, -и
мавританский
маврский
маг, -а
магазин, -а
магазинка, -и
магазинный
магазинчик, -а
магазинщик, -а
махараджа, -и, *м.*
магарыч, -а́
магдебургский
магистерский (*от* магистр — глава рыцарского ордена)
магистерский (*от* магистр — учёная степень)
магистерство, -а
магистр, -а
магистраль, -и

магистральный
магистрант, -а
магистрантский
магистрат, -а
магистратский
магистратура, -ы
магический
магия, -и
магма, -ы
магматический
магналий, -я
магнат, -а
магнатский
магнатство, -а
магнезиальный
магнезит, -а
магнезитовый
магнезия, -и
магнетизёр, -а
магнетизированный
магнетизировать(ся), -рую, -рует(ся)
магнетизм, -а
магнетит, -а
магнетический
магнето, *нескл., с.*
магнетон, -а
магнетохимический
магнетохимия, -и
магнетрон, -а
магниево-алюминиевый
магниевый
магний, -я
магнийорганический
магнит, -а
магнитить, -ичу, -итит
магнитно-импульсный
магнитно-сопряжённый
магнитный
магнитобиология, -и
магнитогидродинамика, -и
магнитогидродинамический
магнитограмма, -ы
магнитограф, -а
магнитодвижущий
магнитодиэлектрик, -а
магнитола, -ы
магнитолог, -а
магнитометр, -а
магнитометрический
магнитометрия, -и
магнитомеханический
магнитооптика, -и
магнитооптический
магнитопровод, -а
магниторазведка, -и
магнитоориум, -а
магнитостатика, -и
магнитостатический
магнитострикционный
магнитострикция, -и
магнитоструктурный
магнитосфера, -ы
магнитотепловой
магнитофон, -а
магнитофонный
магнитоэлектрический
магнолиевый
магнолит, -а
магнолия, -и
маго, *нескл., м.* и магот, -а
магометанин, -а, *мн.* -ане, -ан
магометанка, -и

магометанский
магометанство, -а
магот, -а и маго, *нескл., м.*
мадам, *нескл., ж.*
мадаполам, -а
мадаполамовый
мадемуазель, -и
мадера, -ы
мадия, -и
мадонна, -ы
мадригал, -а
мадригальный
мадьяр, -а
мадьярка, -и
мадьярский
маёвка, -и
маета, -ы́
маетный
мажара, -ы
мажор, -а
мажордом, -а
мажоритарный
мажорный
мажороминор, -а
мазанка, -и
мазанковый
мазанный, *прич.*
мазаный, *прил.*
мазанье, -я
мазать(ся), мажу(сь), мажет(ся)
маздаизм, -а и маздеизм, -а
мазевый
мазеобразный
мазер, -а
мазила, -ы, *м. и ж.*
мазилка, -и, *м. и ж.*
мазка, -и
мазкий; *кр. ф.* -зок, -зка, -зко
мазнина, -ы
мазнуть, -ну́, -нёт
мазня, -и́
мазок, -зка́
мазохизм, -а
мазур, -а
мазурик, -а
мазурка, -и
мазурнический
мазурочный
мазурский
мазут, -а
мазутный
мазчик, -а
мазь, -и
мазюкать, -аю, -ает
маис, -а
маисовый
май, мая
майдан, -а
майданный
майданщик, -а
майка, -и
майна, -ы и *неизм.*
майник, -а
майнцский (*от* Майнц)
майолика, -и
майоликовый
майонез, -а
майор, -а
майоран, -а
майорановый
майорат, -а
майоратный

МАЙ

майора́тство, -а
майо́р-инжене́р, майо́ра-инжене́ра
майо́рский
ма́йский
ма́йя¹, -и (ткань)
ма́йя², *нескл., мн.* (народ)
мак, -а
макада́м, -а
мака́ка, -и
ма́каль, -я
мака́льный
мака́льщик, -а
ма́канец, -нца
мака́ние, -я
ма́канный, *прич.*
ма́каный, *прил.*
мака́о, *нескл., с.* (игра) и *м.* (попугай)
макарони́зм, -а
макаро́нина, -ы
макарони́ческий
макаро́нник, -а
макаро́нно-конди́терский
макаро́нный
макаро́нщик, -а
макаро́ны, -о́н
мака́тельный
мака́ть(ся), -а́ю, -а́ет(ся)
ма́квис, -а
македо́нец, -нца
македо́нка, -и
македо́нский
маке́т, -а
макети́рование, -я
макети́рованный
макети́ровать(ся), -рую, -рует(ся)
маке́тный
маке́тчик, -а
маке́тчица, -ы
ма́ки, *нескл., м.* (зоол.)
маки́, *нескл., м.* (партизан)
макиаве́ллевский
макиавелли́зм, -а
макиавелли́ст, -а
макиавеллисти́ческий
макинто́ш, -а
маки́тра, -ы
ма́ккия, -и
макла́к, -а́
макла́ческий
макла́чество, -а
макла́чить, -чу, -чит
макла́чка, -и
ма́клер, -а, *мн.* -ы, -ов
ма́клерский
ма́клерство, -а
ма́клерствовать, -твую, -твует
макну́ть, -ну́, -нёт
ма́ков, -а, -о
ма́ковина, -ы
ма́ковица, -ы
ма́ковичный
ма́ковка, -и
ма́ковник, -а
ма́ковочка, -и
ма́ковый
мако́тра, -ы
макре́левый
макре́ль, -и
макре́льный
макро... — первая часть сложных
   слов, пишется всегда слитно
макрокли́мат, -а

МАК

макроко́см, -а
макрокристалли́ческий
макроли́т, -а
макроми́р, -а
макромоле́кула, -ы
макрообъе́кт, -а
макропо́д, -а
макропо́ристый
макрорайо́н, -а
макрорелье́ф, -а
макроскопи́ческий
макроспо́ра, -ы
макроспора́нгий, -я
макроспорофи́лл, -а
макрострукту́ра, -ы
макрофа́г, -а
макрофотосъёмка, -и
макроцефа́л, -а
макроцефа́лия, -и
макроцито́з, -а
макру́рус, -а
ма́ксвелл, -а
максвеллме́тр, -а
ма́ксима, -ы
максимали́зм, -а
максимали́ст, -а
максимали́стка, -и
максимали́стский
максима́льно то́чный
максима́льный
ма́кси-мо́да, -ы
ма́ксимум, -а
ма́кси-пальто́, *нескл., с.*
ма́кси-ю́бка, -и
макулату́ра, -ы
маку́ха, -и
маку́шечный
маку́шка, -и
мала́, -ы́
мала́га, -и
мала́ец, -а́йца
мала́йка, -и
мала́йский
мала́ккский (*от* Мала́кка)
малакозооло́гия, -и
малаколо́гия, -и
малаха́й, -я
малахи́т, -а
малахи́товый
малахи́тчик, -а
малахо́льный
малева́льный
малёванный
малева́ть(ся), -лю́ю(сь), -лю́ет(ся)
мале́иновый (*хим.*)
мале́йший
малёк, -лька́
мале́нечко
ма́ленький
мале́нько
малёхонький; *кр. ф.* -нек, -нька
ма́лец, -льца и мале́ц, -льца́
малёшенький; *кр. ф.* -нек, -нька
ма́ливать(ся), *наст. вр. не употр.*
мали́ец, -и́йца
мали́йка, -и
мали́йский
мали́на, -ы
мали́нина, -ы
мали́нка, -и
мали́нник, -а
мали́нница, -ы

МАЛ

мали́нный
мали́новка, -и
мали́новый
ма́лица, -ы
ма́личный
маллеи́н, -а (*биол.*)
маллеиниза́ция, -и
мал мала́ ме́ньше
мал-малёхонек
мал-малёшенек
ма́ло
малоавторите́тный
малоазиа́тский
малоази́йский
малоакти́вный
малоалкого́льный
малоарома́тный
малоберцо́вый
малоблагоприя́тный
малова́жный
малова́т, -а, -о
малова́то
малове́р, -а
малове́рие, -я
малове́рка, -и
малове́рный
маловероя́тный
малове́с, -а
малове́ский
малове́сный
малове́треный
маловируле́нтный
маловлия́тельный
маловмести́тельный
малово́дный
маловодопроница́емый
малово́дье, -я
маловразуми́тельный
маловы́годный
маловыдаю́щийся *
маловыно́сливый
маловырази́тельный
малов́язкий
малогабари́тный
малоговоря́щий *
малоголо́вый
малогра́мотность, -и
малогра́мотный
малогру́зный
малодарови́тый
малодеби́тный
малоде́йственный
малодействи́тельный
малоде́ржаный
малодея́тельный
малодифференци́рованный *
малодобы́чливый
малодо́йка, -и
малодо́йный
малодоказа́тельный
малодостове́рный
малодосту́пный
малодохо́дный
малоду́шествовать, -твую, -твует
малоду́шие, -я
малоду́шничать, -аю, -ает
малоду́шный
малое́жка, -и
малое́зженый
малое́зжий
маложе́лезистый
маложи́рный

МАЛ

малозаме́тный
малозаня́тный
малозарази́тельный
малозаселённый *
малозастро́енный *
малоземе́лье, -я
малоземе́льный
малознако́мый
малозна́чащий
малозначи́мый
малозначи́тельный
малозо́льный
малоизве́данный
малоизве́стный
малоизу́ченный *
малоиму́щий
малоинициати́вный
малоинтеллиге́нтный
малоинтере́сный
малоиску́сный
малоискушённый
малоиссле́дованный *
малокали́берный
малокалори́йный
малоквалифици́рованный; кр. ф.
  -ван, -ванна
малокварти́рный
малокомпете́нтный
малоконкре́тный
малокости́стый
малокро́вие, -я
малокро́вный
малокульту́рный
малоле́сный
малоле́сье, -я
малоле́тка, -и, м. и ж.
малоле́тний
малоле́тник, -а
малоле́ток, -тка
малоле́тство, -а
малолитра́жка, -и
малолитра́жный
ма́ло ли что
малолю́дный
малолю́дство, -а
малолю́дье, -я
ма́ло-ма́льски
малома́льский
маломе́рка, -и
маломе́рный
маломе́рок, -рка
маломе́стный
малометра́жный
маломну́щийся *
маломо́чный (бедный)
маломо́щный (малой мощности)
малонаблюда́тельный
малонадёжный
малонае́зженный
малонаселённый
малонасы́щенный
ма́ло но́шенный
малоно́шеный, прил.
малообду́манный
малообеспе́ченный
малообжито́й
малообита́емый
малообла́чный
малообосно́ванный; кр. ф. -ан, -анна
малообрабо́танный *
малообразо́ванный
малообсле́дованный *

МАЛ

малообщи́тельный
малообъёмный
малообъясни́мый
малоодарённый
малооперати́вный
малоо́пытный
малоосво́енный *
малоперспекти́вный
малопита́тельный
малоплóдие, -я
малоплóдный
малоплодорóдный
малоподви́жный
малоподгото́вленный *
малоподе́ржанный
малоподходя́щий
малополе́зный
ма́ло-пома́лу
малопомести́тельный
малопоме́стный
малопоня́тливый
малопоня́тный
малопосеща́емый
малопочётный
малопочте́нный
малопредстави́тельный
малоприбы́льный
малопривлека́тельный
малоприго́дный
малопримени́мый
малоприспосо́бленный *
малопристо́йный
малопритяза́тельный
малоприя́тный
малопродукти́вный
малопроизводи́тельный
малопроница́емый
малопью́щий, -его
малора́звитый
малоразгово́рчивый
малоразме́рный
малораспространённый *
малорассуди́тельный
малораствори́мый
малорастя́гивающийся *
малорента́бельный
малоречи́вый
малоро́слый
малоро́сс, -а
малоросси́йский
малоросся́нин, -а, мн. -я́не, -я́н
малоросси́янка, -и
малоро́сска, -и
малору́с, -а
малору́ска, -и
малору́сский
малосве́дущий
малосеме́йный
малоси́льный
малосимпати́чный
малосло́вный
малосмина́емый
малосмы́сленный; кр. ф. -лен, -ленна
малосне́жный
малосне́жье, -я
малосодержа́тельный
малосозна́тельный
малосолёный
малосо́льный
малосостоя́тельный
малоспосо́бный
малосто́йкий

МАЛ

малостоя́щий
ма́лость, -и
малосуще́ственный; кр. ф. -ствен,
  -ственна
малотала́нтливый
малотеплопрово́дный
малотира́жный
малотонна́жный
малотре́бовательный
малотрениро́ванный
малоубеди́тельный
малоуглеро́дистый
малоуда́чный
малоудо́бный
малоудовлетвори́тельный
малоудо́йный
малоу́мие, -я
малоу́мный
малоупотреби́тельный
малоупру́гий
малоурожа́йный
малоса́дочный
малоси́дчивый
малоуспева́ющий *
малоуспе́шный
малоусто́йчивый
малоусту́пчивый
малоутеши́тельный
малоуязви́мый
малоформа́тный
малохара́ктерный
малохле́бный
малохо́женый
малохудо́жественный; кр. ф. -вен,
  -венна
малоце́нный; кр. ф. -е́нен, -е́нна
малочи́сленный; кр. ф. -лен, -ленна
малочувстви́тельный
малошёрстный
малошумя́щий *
малоэкономи́чный
малоэласти́чный
малоэта́жный
малоэффекти́вный *
ма́лый; кр. ф. мал, мала́, мало́
малы́ш, -а́
малы́шка, -и, м. и ж.
малышо́вый
малышо́к, -шка́
ма́льва, -ы
мальва́зия, -и
ма́львовый
малько́вый
мальпо́ст, -а
мальто́за, -ы
мальтузиа́нец, -нца
мальтузиа́нский
мальтузиа́нство, -а
ма́льчик, -а
ма́льчико́вый
ма́льчик с па́льчик, ма́льчика с па́льчик
мальчи́шеский
мальчи́шество, -а
мальчи́шечий, -ья, -ье
мальчи́шечка, -и, м.
мальчи́шка, -и, м.
мальчи́шник, -а
мальчо́нка, -и, м.
мальчо́нок, -нка
мальчуга́н, -а
мальчуга́шка, -и, м.

МАЛ

малю́сенький
малю́тка, -и, *м. и ж.*
малю́точка, -и, *м. и ж.*
маля́вка, -и
маля́р, -а́
маляри́йный
маляриоло́г, -а
маляриоло́гия, -и
маля́рить, -рю, -рит
маляри́я, -и
маля́рничать, -аю, -ает
маля́рный
ма́ма, -ы
мама́ево побо́ище
мамалы́га, -и
мама́ша, -и
мама́шенька, -и
мамелю́к, -а
ма́менька, -и
ма́менькин, -а, -о
мамзе́ль, -и
ма́мин, -а, -о
ма́мка, -и
мамлю́к, -а
маммалиоло́гия, -и
маммокри́н, -а
маммофизи́н, -а
мамо́на, -ы и мамо́н, -а
ма́монт, -а
ма́монтовый
ма́монька, -и
ма́мочка, -и
маму́ля, -и
маму́ся, -и
ма́мушка, -и
манате́йный
мана́тки, -ток
манатья́, -и́, *р. мн.* -ти́й
манга́л, -а
мангани́н, -а
мангани́новый
мангани́т, -а
ма́нглевый
мангль, -я
ма́нго, *нескл., с.*
ма́нговый
ма́нго́льд, -а
мангоста́н, -а
ма́нгровый
мангу́ст, -а и мангу́ста, -ы
манда́нт, -а
мандари́н, -а, *р. мн.* -ов
мандари́нка, -и
мандари́нник, -а
мандари́нный
мандари́новый
мандари́нчик, -а
манда́т, -а
мандата́рий, -я
манда́тный
мандибу́ла, -ы
мандо́ла, -ы
мандоли́на, -ы
мандраго́ра, -ы
мандри́л, -а
мане́вр, -а
мане́вренность, -и
мане́вренный
маневри́рование, -я
маневри́ровать, -рую, -рует
маневро́вый
мане́вры, -ов

МАН

мане́ж, -а
мане́жик, -а
мане́жить(ся), -жу(сь), -жит(ся)
мане́жный
манеке́н, -а
манеке́нщик, -а
манеке́нщица, -ы
мане́р, -а (на мане́р *чего*)
мане́ра, -ы
мане́рка, -и (фляжка)
мане́рничать, -аю, -ает
мане́рность, -и
мане́рный
манже́та, -ы
манже́тка, -и
манже́тный
маниака́льно-депресси́вный
маниака́льный
ма́ние, -я: ма́нием (по ма́нию) руки́
мани́зм, -а (культ)
маникю́р, -а
маникю́рный
маникю́рша, -и
мани́ловщина, -ы
манио́ка, -и
манипули́ровать, -рую, -рует
манипуля́тор, -а
манипуля́ция, -и
мани́ть, маню́, ма́нит
манифе́ст, -а
манифеста́нт, -а
манифеста́нтка, -и
манифеста́ция, -и
манифести́рованный
манифести́ровать, -рую, -рует
манихе́йзм, -а и манихе́йство, -а
мани́шка, -и
ма́ния, -и
ма́нка, -и (крупа)
манки́рование, -я
манки́рованный
манки́ровать, -рую, -рует
манкиро́вка, -и
ма́нко, *нескл., с.* (недовес, недочёт)
ма́нна, -ы
манна́, -ы
ма́нник, -а
манни́т, -а
ма́нный
мановение, -я (мановением, по мановению руки)
мано́к, -нка́
мано́метр, -а
манометри́ческий
мано́метровый
маноста́т, -а
манса́рда, -ы
манса́рдный
ма́нси, *нескл., м. и ж.*
манси́ец, -и́йца
манси́йка, -и
манси́йский
ма́нтийный
манти́лька, -и
манти́лья, -и, *р. мн.* -лий
манти́сса, -ы
ма́нтия, -и
манто́, *нескл., с.*
ману́л, -а
манускри́пт, -а
мануфакту́ра, -ы
мануфакту́рист, -а

МАН

мануфакту́р-колле́гия, -и
мануфакту́рный
мануфакту́р-сове́тник, -а
мануфакту́рщик, -а
манче́стерский
манче́стерство, -а
маньери́зм, -а
маньери́ст, -а
маньчжу́р, -а
маньчжу́рка, -и
маньчжу́рский
манья́к, -а
манья́ческий
манья́чество, -а
манья́чка, -и
маня́щий
маои́зм, -а
маои́ст, -а
маои́стский
марабу́, *нескл., м.*
марабу́т, -а
мара́зм, -а
мара́л, -а
мара́лий, -ья, -ье
мара́ловод, -а
мара́лово́дство, -а
мара́лово́дческий
мара́льник, -а
мара́н, -а
мара́ние, -я (действие)
ма́ранный, *прич.*
мара́нта, -ы
ма́раный, *прил.*
мара́нье, -я (написанное)
мараски́н, -а
мара́ть(ся), -а́ю(сь), -а́ет(ся)
марафо́нец, -нца
марафо́нский
мара́шка, -и
ма́рганец, -нца
марганецсодержа́щий
ма́рганцевый
марганцо́вка, -и
марганцовоки́слый
марганцо́вый
маргари́н, -а
маргари́новый
маргари́тка, -и
маргина́лия, -и
маргина́льный
ма́рго, *нескл., с.*
ма́рево, -а
ма́ревый
маре́ль, -и
маре́мма, -ы
маре́на, -ы (*бот.*)
маре́нго, *неизм. и нескл., с.*
маре́нный
маре́новый
марео́граф, -а
ма́ржа, -и
марза́н, -а
ма́ри, *нескл., м. и ж.*
мари́ец, -и́йца
мари́йка, -и
мари́йский
мари́мба, -ы
мари́на, -ы (картина)
марина́д, -а
марини́ст, -а
мари́нка, -и (рыба)
маринова́ние, -я

МАР | МАР | МАС | М

маринованный
мариновать(ся), -ную, -нует(ся)
мариновка, -и
марионетка, -и
марионеточный
марихуана, -ы
марка, -и
марказит, -а
маркграф, -а
маркграфский
маркграфство, -а
маркёр, -а
маркёрский
маркёрство, -а
маркетри, нескл., с.
маркиз, -а
маркиза, -ы
маркизет, -а
маркизетовый
маркий
маркировальный
маркирование, -я
маркированный
маркировать(ся), -рую, -рует(ся)
маркировка, -и
маркировщик, -а
маркитант, -а
маркитантка, -и
маркитантский
марксизм, -а
марксизм-ленинизм, марксизма-ленинизма
марксист, -а
марксистка, -и
марксистский
марксистско-ленинский
маркшейдер, -а
маркшейдерия, -и
маркшейдерский
марлевый
марля, -и
мармелад, -а
мармеладный
марморация, -и
марморированный
мармировать(ся), -рую, -рует(ся)
мародёр, -а
мародёрка, -и
мародёрский
мародёрство, -а
мародёрствовать, -твую, -твует
марокен, -а
марокеновый
марокканец, -нца
марокканка, -и
марокканский
марочка, -и
марочница, -ы
марочный
марс, -а (мор.)
марсала, -ы
марса-рей, -я
марсель, -я
марсельеза, -ы
марсианин, -а, мн. -ане, -ан
марсоход, -а
март, -а
мартен, -а
мартеновец, -вца
мартеновский
мартенсит, -а
мартенщик, -а

мартингал, -а
мартинизм, -а
мартинист, -а
мартиролог, -а
мартирологический
мартирология, -и
мартовский
мартын, -а (птица)
мартышечий, -ья, -ье
мартышка, -и
марциальный
марципан, -а
марципанный
марципановый
марш, -а
марш, неизм.
маршал, -а
маршаллизация, -и
маршаллизованный
маршальский
маршальство, -а
маршанция, -и
марш-бросок, -ска
маршевик, -а
маршевый
маршеобразный
марши, -ей (приморье)
маршировать, -рую, -рует
маршировка, -и
маршировочный
марш-манёвр, -а
марш-марш, -а
марш-парад, -а
маршрут, -а
маршрутизация, -и
маршрутный
марь, -и
марьяж, -а
марьяжный
марьянник, -а
маседуан, -а
маска, -и
маскарад, -а
маскарадный
маскированный
маскировать(ся), -рую(сь), -рует(ся)
маскировка, -и
маскировочный
маскообразный
маскулинизация, -и
масхалат, -а
масленая, -ой (масленица)
масленица, -ы
масленичный
маслёнка, -и
масленный, прич.
маслёнок, -нка, мн. -лята, -лят
маслёнщик, -а
масленый (пропитанный, покрытый маслом и перен.), прил.
маслина, -ы
маслинный
маслиновый
маслить(ся), -лю, -лит(ся)
маслице, -а
масличко, -а
масличный (к масло)
маслИчный (к маслина)
масло, -а, мн. (в знач. сорта) масла, масел
маслобак, -а
маслобойка, -и

маслобойно-жировой
маслобойный
маслобойня, -и, р. мн. -бен
маслодел, -а
маслоделие, -я
маслодельный
маслодельня, -и, р. мн. -лен
маслодобывающий
масло-жировой
маслозавод, -а
маслозаправочный
маслоизготовитель, -я
масло какао, масла какао
маслонаполненный
маслоносный
маслоотделитель, -я
маслоохладитель, -я
маслоочистка, -и
маслопровод, -а
маслоразбрызгивающий
маслосемена, -мян
маслосыроваренный
маслосырозавод, -а
маслосыромолочный
маслотопный
маслоуказатель, -я
маслофасовочный
маслофильтр, -а
маслохранилище, -а
маслоэкстракционный
масляник, -а
маслянистый
масляно-инерционный
маслянокислый
масляный (для масла, из масла и т. п.)
масон, -а
масонский
масонство, -а
масса, -ы
масса брутто
массаж, -а
массажировать(ся), -рую(сь), -рует(ся)
массажист, -а
массажистка, -и
массажный
масса нетто
массив, -а
массивность, -и
массивный
массикот, -а
массированный
массировать(ся), -рую(сь), -рует(ся)
массный
массовик, -а
массовка, -и
массово-политический
массово-поточный
массовость, -и
массовый
массообмен, -а
масс-спектр, -а
масс-спектральный
масс-спектрограф, -а
масс-спектрографический
масс-спектрография, -и
масс-спектрометр, -а
масс-спектрометрический
масс-спектрометрия, -и
масс-спектроскопический
масс-спектроскопия, -и

МАС

мастак, -а
мастачить, -чу, -чит
мастер, -а, мн. -а, -ов
мастерить(ся), -рю, -рит(ся)
мастерица, -ы
мастеровой, -ого
мастеровщина, -ы
мастерская, -ой
мастерски, нареч.
мастерский (принадлежащий мастеру)
мастерской (искусный)
мастерство, -а
мастика, -и
мастиковый
мастистый (о лошади)
мастит, -а
маститый (почтенный)
мастихин, -а
мастичный
мастодонт, -а
мастоидит, -а
мастурбация, -и
мастурбировать, -рую, -рует
масть, -и, мн. -и, -ей
масштаб, -а
масштабность, -и
масштабный
мат, -а
матадор, -а
мателот, -а (корабль)
математизация, -и
математик, -а
математика, -и
математико-статистический
математический
математичка, -и
матереть, -ею, -еет
матереубийство, -а
матереубийца, -ы, м. и ж.
материал, -а
материализация, -и
материализм, -а
материализованный
материализовать(ся), -зую, -зует(ся)
материалист, -а
материалистический
материалистичный
материалистка, -и
материаловед, -а
материаловедение, -я
материаловедческий
материалоёмкий
материалоёмкость, -и
материально-бытовой
материально обеспеченный
материально-технический
материальный
материйка, -и
материк, -а
материковый
материн, -а, -о
материнский
материнство, -а
материть(ся), -рю(сь), -рит(ся)
материя, -и
матерка, -и (у конопли)
матерний (материнский)
матерный (бранный)
матерой и матёрый
матерчатый
матерщина, -ы

МАТ

матёрый и матерой
матине, нескл., с.
матированный
матировать, -рую, -рует
матировка, -и
матица, -ы
матичный
матка, -и
матлот, -а (танец)
матовый
маточник, -а
маточный
матрадур, -а
матрас, -а и матрац, -а
матрасик, -а
матрасник, -а и матрацник, -а
матрасный и матрацный
матрац, -а и матрас, -а
матрёшка, -и
матриархальный
матриархат, -а
матрикул, -а
матрилокальный
матримониальный
матрица, -ы
матрицирование, -я
матрицированный
матрицировать(ся), -рую, -рует(ся)
матричный
матрона, -ы
матрос, -а
матроска, -и
матросня, -и
матросский
маттиола, -ы
матушка, -и
матушкин, -а, -о
матч, -а
матчбол, -а
матчевый
матчиш, -а
матч-реванш, матча-реванша
матч-турнир, -а
мать, матери, тв. матерью, мн. матери, -ей
мать-и-мачеха, -и
мать-старуха, матери-старухи
маузер, -а
мафия, -и
мафусаилов век
мах, -а
махальный, -ого
махание, -я
махануть, -ну, -нёт
махаон, -а
махать(ся), машу(сь), машет(ся) и -аю(сь), -ает(ся)
махивать, наст. вр. не употр.
махизм, -а
махина, -ы
махинатор, -а
махинация, -и
махист, -а
махновец, -вца
махновщина, -ы
махнуть, -ну, -нёт
маховик, -а (колесо)
маховиковый
маховичок, -чка (от маховик)
маховой
маховый (спорт.)
махом, нареч.

МАХ

махонький
махорка, -и
махорочный
махорчатый
махотка, -и
махра, -ы (махорка)
махровый
махры, -ов (бахрома)
маца, -ы
мацерация, -и
мацони, нескл., с.
мачете, нескл., с.
мачеха, -и
мачехин, -а, -о
мачта, -ы
мачтовой, -ого
мачтовый
мачтотруба, -ы
машбюро, нескл., с.
машина, -ы
машинальный
машинерия, -и
машинизация, -и
машинизированный
машинизировать(ся), -рую, -рует(ся)
машинист, -а
машинистка, -и
машинка, -и
машинно-дорожный
машинно-информационный
машинно-мелиоративный
машинно-тракторный
машинный
машиновед, -а
машиноведение, -я
машиноиспытательный
машинописный
машинопись, -и
машинопрокатный
машиноремонтный
машино-смена, -ы
машиностроение, -я
машиностроитель, -я
машиностроительный
машиносчётный
машино-час, -а, мн. -ы, -ов
маштак, -а
маштачок, -чка
маэстозо, неизм.
маэстро, нескл., м.
маюскул, -а
маюскульный
маяк, -а
маятник, -а
маятниковый
маятникообразный
маять(ся), маю(сь), мает(ся), маются
маячить, -чу, -чит
маячный
маячок, -чка
мгла, -ы
мглистый
мгновение, -я
мгновеннодействующий *
мгновенный; кр. ф. -енен, -енна
меандр, -а
меандрический
мебелевоз, -а
мебелишка, -и
мебель, -и
мебельно-декоративный

МЕБ

мébельно-обивочный
мébельно-сборочный
мébельный
меблированный
меблировать, -рую, -рует
меблировка, -и
мегаватт, -а, *р. мн.* -ватт
мегаватт-час, -а, *мн.* -ы, -ов
мегагерц, -а, *р. мн.* -герц
мегалит, -а
мегалитический
мегалозавр, -а
мегаломания, -и
меганит, -а
мегаскоп, -а
мегаскопический
мегаспора, -ы
мегатерий, -я
мегатонна, -ы
мегатонный
мегафон, -а
мегаэрг, -а, *р. мн.* -ов
мегера, -ы
мегом, -а, *р. мн.* -ом
мегомметр, -а
мегрел, -а
мегрелка, -и
мегрельский
мёд, -а и -у, *предл.* о мёде, в меду, *мн.* (*в знач.* сорта), меды, -ов
медаленосец, -сца
медалист, -а
медалистка, -и
медаль, -и
медальер, -а
медальерный
медальный
медальон, -а
медальонный
медальончик, -а
медведеобразный
медведица, -ы
медведище, -а, *м.*
медведка, -и
медведь, -я
медвежатина, -ы
медвежатник, -а
медвежеватый
медвежий, -ья, -ье
медвежонок, -нка, *мн.* -жата, -жат
медвежоночек, -чка
медвуз, -а
медвяный
меделянка, -и
меделянский
медеплавильный
меджлис, -а
медиальный
медиана, -ы
медианный
медианта, -ы
медиатизация, -и
медиатор, -а
медиация, -и
медиеваль, -я
медиевист, -а
медиевистика, -и
медик, -а
медикаментозный
медикаменты, -ов, *ед.* -ент, -а
медико-биологический
медико-санитарный

МЕД

медико-хирургический
мединал, -а
мединилла, -ы
мединститут, -а
медистый
медитативный
медитация, -и
медиум, -а
медиумизм, -а
медиумический
медицина, -ы
медицинский
медичка, -и
медкомиссия, -и
медленновращающийся *
медленнодействующий *
медленнорастущий *
медленный; *кр. ф.* -лен, -ленна
медлительность, -и
медлительный
медлить, медлю, медлит
медник, -а
медницкий
медно-аммиачный
меднозакисный
медно-красный
меднолитейный
меднолобый
медно-никелевый
меднокисный
меднопрокатный
меднорудный
медно-цинковый
медный
медоварение, -я
медоваренный
медоварня, -и, *р. мн.* -рен
медовед, -а
медовик, -а
медовый
медогонка, -и
медоед, -а
медок, -дка
медонос, -а
медоносный
медосбор, -а
медосмотр, -а
медосос, -а
медоточивый
медперсонал, -а
медпомощь, -и
медпункт, -а
медработник, -а
медресе, *нескл., с.*
медсанбат, -а
медсанчасть, -и, *мн.* -и, -ей
медсестра, -ы, *мн.* -сёстры, -сестёр, -сёстрам
медуза, -ы
медуллярный
медуница, -ы
медфак, -а
медь, -и
медьсодержащий
медяк, -а
медянистый
медяница, -ы
медянка, -и
медяный
медяшка, -и
меж, *предлог*
межа, -и, *мн.* межи, меж, межам

МЕЖ

межамериканский
межарабский
межатомный
межафриканский
межбиблиотечный
межбригадный
межбровье, -я, *р. мн.* -вий
межведомственный
межвидовой
межвузовский
межгалактический
межгорье, -я, *р. мн.* -рий
межгосударственный
междометие, -я
междометный
междоузлие, -я
междоусобие, -я
междоусобица, -ы
междоусобный
между, *предлог*
междуведомственный
междуглазье, -я, *р. мн.* -зий
междугородный
междугорье, -я, *р. мн.* -рий
международник, -а
международно-правовой
международный
международность, -я
междупалубный
между прочим
междупутье, -я, *р. мн.* -тий
междурейсовый
междуречье, -я, *р. мн.* -чий
междурядный
междурядье, -я, *р. мн.* -дий
междуселённый
междустрочие, -я
междустрочный
между тем
междуцарствие, -я
междуэтажный
межевание, -я
межёванный
межевать(ся), -жую(сь), -жует(ся)
межёвка, -и
межевой
меженный
межень, -и
межеумок, -мка
межеумочный
межеумье, -я
межжаберный
межзаводский и межзаводской
межзвёздный
межзональный
межзубный
межимпериалистический
межинститутский
межирригационный
межквартирный
межклассовый
межклетник, -а
межклетный
межклеточный
межколхозный
межкомнатный
межконтинентальный
межкостный
межкраевой
межкристаллитный
межледниковый
межмерзлотный

МЕЖ

межминистерский
межмолекулярный
межнавигационный
межнациональный
межник, -а
межобластной
межотраслевой
межпарламентский
межпартийный
межпланетный
межплеменной
межплодник, -а
межпозвоночный
межполосный
межполосье, -я, р. мн. -сий
межпородный
межправительственный
межрайонный
межрёберный
межремонтный
межреспубликанский
межродовой
межсезонный
межсезонье, -я, р. мн. -ний
межселенный
межсессионный
межсистемный
межсовхозный
межсортовой
межсословный
межсоюзнический
межсоюзный
меж тем
межуточный
межфакультетский
межхозяйственный
межцеховой
межчелюстной
межшахтный
межъязыковой
межъярусный
мезальянс, -а
мезга, -и
мездра, -ы
мездрильный
мездрить, -рю, -рит
мездровый
мездряной
мезентериальный
мезентерий, -я
мезенхима, -ы
мезогамия, -и
мезогиппус, -а
мезоглея, -и
мезодерма, -ы
мезозавр, -а
мезозой, -я
мезозойский
мезоклимат, -а
мезолит, -а
мезолитический
мезоморфный
мезон, -а
мезонин, -а
мезонный
мезоплазма, -ы
мезорельеф, -а
мезоскаф, -а
мезостих, -а
мезотермальный
мезофилл, -а
мезофит, -а

МЕЗ

мезоцефал, -а
мезоцефалия, -и
мейстерзингер, -а
мексиканец, -нца
мексиканка, -и
мексиканский
мел, -а, предл. о меле, в мелу
меламед, -а
меланезиец, -ийца
меланезийка, -и
меланезийский
меланж, -а
меланжевый
меланжер, -а
меланин, -а
меланоз, -а
меланома, -ы
меланхолик, -а
меланхолический
меланхоличный
меланхолия, -и
меласса, -ы
мелево, -а
меледа, -ы
меленка, -и
мелённый; кр. ф. -ён, -ена, прич.
мелёный, прил.
меленький; кр. ф. -енек, -енька
мелеть, -еет
мелизмы, -изм, ед. мелизма, -ы
мелинит, -а
мелинитовый
мелиоративный
мелиоратор, -а
мелиорационный
мелиорация, -и
мелиорированный
мелиорировать, -рую, -рует
мелис, -а (сахарный песок)
мелисса, -ы (бот.)
мелистый
мелитоза, -ы
мелить, мелю, мелит
мелкий; кр. ф. мелок, мелка, мелко
мелкобитый
мелкобороздчатый
мелкобуржуазный
мелковатый
мелководный
мелководье, -я
мелкодисперсный
мелкодонный
мелкодроблёный
мелкозём, -а
мелкозернёный
мелкозернистый
мелкозубчатый
мелкозубый
мелкокалиберный
мелкокомковатый
мелкокрестьянский
мелкокристаллический
мелкокусковой
мелкокустарниковый
мелколепестник, -а
мелколесье, -я
мелколиственный
мелколистный
мелкочитный
мелкомасштабный
мелкомолотый
мелко-намелко

МЕЛ

мелкооптовый
мелкопишущий *
мелкоплодный
мелкопоместный
мелкораздробленный *
мелкоразмолотый *
мелкорослый
мелко рубленный
мелкорубленый, прил.
мелкосерийный
мелкосидящий *
мелкособственнический
мелкосопочник, -а
мелкота, -ы
мелкотемье, -я
мелкотоварный
мелкотолчёный
мелкоточечный
мелкотравчатый
мелкотравье, -я
мелкоузорчатый
мелкоцветный
мелкочешуйчатый
мелкошёрстный и мелкошёрстый
мелованный
меловой
мелодекламатор, -а
мелодекламация, -и
мелодекламировать, -рую, -рует
мелодика, -и
мелодический
мелодичность, -и
мелодичный
мелодия, -и
мелодрама, -ы
мелодраматизм, -а
мелодраматический
мелодраматичный
мелозавр, -а
мелок, -лка
меломан, -а
меломания, -и
меломанка, -и
мелос, -а
мелотипия, -и
мелочишка, -и
мелочной и мелочный
мелочность, -и
мелочь, -и, мн. -и, -ей
мель, -и, предл. о мели, на мели
мельзавод, -а
мелькать, -аю, -ает
мелькнуть, -ну, -нёт
мельком
мелькомбинат, -а
мельник, -а
мельница, -ы
мельничий, -ья, -ье
мельничиха, -и
мельничный
мельтешить(ся), -шу(сь), -шит(ся)
мельхиор, -а
мельхиоровый
мельчайший
мельчать, -аю, -ает (становиться мелким)
мельче, сравн. ст. (от мелкий, мелко)
мельчить, -чу, -чит (что)
мелюзга, -и
мелющий
мембрана, -ы

мембра́нный
меми́стор, -а
мемора́ндум, -а
мемориа́л, -а
мемориа́льный
мемуари́ст, -а
мемуари́стка, -и
мемуа́рный
мемуа́ры, -ов
ме́на, -ы
менги́р, -а
менделе́вий, -я
менделееви́т, -а
менделизм, -а
ме́неджер, -а
ме́нее, *сравн. ст.* (*от* ма́лый, ма́ло и ма́ленький)
менестре́ль, -я
ме́нзула, -ы
ме́нзульный
мензу́ра, -ы
мензура́льный
мензу́рка, -и
мензу́рочный
ме́нивать, *наст. вр. не употр.*
менинги́т, -а
менингоко́кк, -а
менингомиели́т, -а
менингоэнцефали́т, -а
мени́ск, -а
мени́сковый
меново́й
менони́т, -а
менони́тка, -и
менони́тский
менопа́уза, -ы
менструа́льный
менструа́ция, -и
менструи́ровать, -рую, -рует
ме́нтик, -а
менто́л, -а
менто́ловый
ме́нтор, -а
ме́нторский
менуэ́т, -а
ме́ньше, *сравн. ст.* (*от* ма́лый, ма́ло и ма́ленький)
меньшеви́зм, -а
меньшеви́к, -а́
меньшеви́ствующий
меньшеви́стский
меньшеви́чка, -и
ме́ньшенький
ме́ньший
меньшинство́, -а́, *мн.* меньши́нства, -и́нств
меньшо́й
меню́, *нескл., с.*
меня́ла, -ы, *м.*
меня́льный
ме́нянный
меня́ть(ся), -я́ю(сь), -я́ет(ся)
мепрота́н, -а
ме́ра, -ы
ме́ргель, -я
ме́ргельный
мерёжа, -и
мерёжка, -и
мере́кать, -аю, -ает
мере́нга, -и
ме́ренный, *прич.*
ме́реный, *прил.*

мере́ть, мрёт; *прош.* мёр, мёрла
мере́щиться, -щусь, -щится
мере́я, -и
мерза́вец, -вца
мерза́вка, -и
мерзе́е, *сравн. ст.* (*от* ме́рзкий, ме́рзко)
мерзе́йший
ме́рзкий; *кр. ф.* -зок, -зка́, -зко
мерзлота́, -ы́
мерзло́тный
мерзлотове́д, -а
мерзлотове́дение, -я
мёрзлый
мерзля́к, -а́
мерзля́тина, -ы
мерзля́чка, -и
мёрзнувший
мёрзнуть, -ну, -нет; *прош.* мёрз и мёрзнул, мёрзла
мерзопа́костный
ме́рзостный
ме́рзость, -и
ме́ривать, *наст. вр. не употр.*
меридиа́н, -а
меридиа́нный
меридиона́льный
мери́ло, -а
мери́льный
ме́рин, -а
мерино́к, -нка́
мерино́с, -а
мерино́совый
мериете́ма, -ы
мери́тельный
мерите́рий, -я
ме́рить(ся), -рю(сь), -рит(ся) и -ряю(сь), -ряет(ся)
ме́рка, -и
меркантили́зм, -а
меркантили́ст, -а
меркантилисти́ческий
меркантили́стский
мерканти́льность, -и
мерканти́льный
меркапта́н, -а
ме́ркнувший
ме́ркнуть, -нет; *прош.* мерк и ме́ркнул, ме́ркла
мерла́нг, -а
мерлу́шечий, -ья, -ье
мерлу́шка, -и
мерлу́шковый
ме́рник, -а
ме́рный
мерокри́новый
меромо́рфный
мероопределе́ние, -я
мероприя́тие, -я
меротоми́я, -и
ме́рочка, -и
мерсериза́ция, -и
мерсеризо́ванный
мерсеризова́ть(ся), -зу́ю, -зу́ет(ся)
мерси́, *неизм.*
мёртвенно-бле́дный
мёртвенно-се́рый
мёртвенный; *кр. ф.* -вен, -венна
мертве́ть, -е́ю, -е́ет (становиться безжизненным)
мертве́ц, -а́
мертве́цкая, -ой

мертве́цкий
мертвечи́на, -ы
мертви́ть, -влю́, -ви́т (кого, что)
мертвое́д, -а
мертворождённый
мёртвый; *кр. ф.* мёртв, мертва́, мёртво и мертво́
мертвя́тина, -ы
мерца́ние, -я
мерца́тельный
мерца́ть, -а́ю, -а́ет
ме́ря, -и
ме́рящий и ме́ряющий
ме́сиво, -а
меси́лка, -и
меси́льный
меси́ть(ся), мешу́, ме́сит(ся)
месмери́зм, -а
ме́сса, -ы
мессиани́зм, -а
мессиа́нский
мессидо́р, -а
месси́я, -и, *м.*
месте́чко, -а
месте́чковый
мести́, мету́, метёт; *прош.* мёл, мела́
местко́м, -а
местко́мовец, -вца
местко́мовский
ме́стничать, -аю, -ает
ме́стнический
ме́стничество, -а
ме́стность, -и
ме́стный
ме́сто, -а, *мн.* -а́, мест, -а́м
местоблюсти́тель, -я
местожи́тельство, -а, но: ме́сто жи́тельства
местоиме́ние, -я
местоиме́нный
местонахожде́ние, -я
местообита́ние, -я
местоположе́ние, -я
местопребыва́ние, -я, но: ме́сто пребыва́ния
месторасположе́ние, -я
месторожде́ние, -я, но: ме́сто рожде́ния
месть, -и
месье́, *нескл., м.*
ме́сяц, -а, *мн.* -ы, -ев
месяцесло́в, -а
меся́чина, -ы
меся́чник, -а
меся́чный
ме́та, -ы
метаба́зис, -а
метабио́з, -а
метаболи́зм, -а
метаболи́т, -а
метаболи́ческий
метаболи́я, -и
метагала́ктика, -и
метагене́з, -а
металингви́стика, -и
мета́лл, -а
металлиза́ция, -и
металлизи́рованный
металлизи́ровать(ся), -рую, -рует(ся)
металли́ст, -а
металли́ческий

МЕТ

металлове́д, -а
металлове́дение, -я
металлове́дческий
металлови́дный
металлогени́ческий
металлогени́я, -и
металло́граф, -а
металлографи́ческий
металлогра́фия, -и
металлогра́фский
металлоёмкий
металлоёмкость, -и
металло́ид, -а
металло́идный
металлоизде́лие, -я
металлокера́мика, -и
металлокерами́ческий
металлоконстру́кция, -и
металлоло́м, -а
металлометри́ческий
металлоно́сный
металлообраба́тывающий
металлообрабо́тка, -и
металлообра́зный
металлоо́птика, -и
металлоплави́льный
металлопла́ст, -а
металлопокры́тие, -я
металлопрока́т, -а
металлопрока́тный
металлопромы́шленность, -и
металлопромы́шленный
металлоргани́ческий
металлоре́жущий
металлоремо́нтный
металлотерми́я, -и
металлотка́ный
металлотка́цкий
металлофи́зика, -и
металлофо́н, -а
металлохозя́йственный
металлсвя́зывающий
металлсодержа́щий
металлу́рг, -а
металлурги́ческий
металлу́ргия, -и
метало́гика, -и
метаматема́тика, -и
метаме́рия, -и
метаморфи́зм, -а
метаморфи́ческий
метаморфо́з, -а
метаморфо́за, -ы
мета́н, -а
мета́ние, -я
мета́новый
метанта́нк, -а и метанте́нк, -а
метаплази́я, -и
метасомати́зм, -а
метасомати́ческий
метасомато́з, -а
метастаби́льный
метаста́з, -а
метастати́ческий
метате́за, -ы
мета́тель, -я
мета́тельница, -ы
мета́тельный
метатро́фный
мета́ть, мета́ю, мета́ет (о шитье)
мета́ть(ся), мечу́(сь), ме́чет(ся)
метафи́зик, -а

МЕТ

метафи́зика, -и
метафизи́ческий
метафлоэ́ма, -ы
метафо́ния, -и
мета́фора, -ы
метафори́ческий
метафори́чный
метафо́сфорный
метафра́за, -ы
метаце́нтр, -а
метацентри́ческий
мете́листый
мете́лица, -ы
мете́лка, -и
метёлочка, -и
метёлочный
мете́ль, -и
мете́льный
мете́льчатый
мете́льщик, -а
метённый; *кр. ф.* -ён, -ена́, *прич.*
метёный, *прил.*
метеогра́мма, -ы
метеозени́тный
метеоинформа́ция, -и
метео́р, -а
метеори́зм, -а
метеори́т, -а
метеори́тика, -и
метеори́тный
метеори́ческий
метео́рный
метео́граф, -а
метеоро́лог, -а
метеорологи́ческий
метеороло́гия, -и
метеосво́дка, -и
метеослу́жба, -ы
метеоспу́тник, -а
метеоста́нция, -и
метеоусло́вия, -ий
метеоце́нтр, -а
метиза́ция, -и (скрещивание животных)
мети́зный
мети́зы, -ов
мети́л, -а
метилами́н, -а
метиле́н, -а
метилкаучу́к, -а
мети́ловый
метилцеллюло́за, -ы
метиони́н, -а
мети́с, -а
метиса́ция, -и (смешение рас)
мети́ска, -и
ме́тить(ся), ме́чу(сь), ме́тит(ся)
ме́тка, -и
ме́ткий; *кр. ф.* ме́ток, метка́, ме́тко
ме́ткость, -и
метла́, -ы́, *мн.* мётлы, мётел
метла́хский
метли́ца, -ы
метну́ть, -ну́, -нёт
ме́тод, -а
методи́зм, -а
мето́дика, -и
методи́ст, -а
методи́стка, -и
методи́стский
методи́ческий
методи́чный

МЕТ

методкабине́т, -а
методологи́ческий
методоло́гия, -и
мето́л, -а
метоними́ческий
метоними́чный
метони́мия, -и
мето́п, -а и мето́па, -ы
ме́точный
метр, -а
метра́ж, -а́
метранпа́ж, -а
метрдоте́ль, -я
метре́сса, -ы
ме́трика, -и
метри́т, -а
метри́ческий
метро́, *нескл., с.*
метро́вый
метро́лог, -а
метрологи́ческий
метроло́гия, -и
метромо́ст, -а и -а́
метроно́м, -а
метрополите́н, -а
метрополите́новец, -вца
метропо́лия, -и (государство)
метростро́евец, -вца
метростро́евский
метростро́ение, -я
ме́тче, *сравн. ст. (от* ме́ткий, ме́тко*)*
метчи́к, -а́ (инструмент)
мётший
мефисто́фельский
мех, -а, *предл.* о ме́хе, на меху́, *мн.* меха́, -о́в (пушнина) и мехи́, -о́в (механизм; бурдюк)
механиза́тор, -а
механиза́торский
механиза́ция, -и
механизи́рованный
механизи́ровать(ся), -рую, -рует(ся)
механи́зм, -а
меха́ник, -а
меха́ника, -и
меха́нико-математи́ческий
меха́нико-машинострои́тельный
механи́ст, -а
механисти́ческий
механисти́чный
механици́зм, -а
механи́ческий
механи́чный
механогидравли́ческий
механоламарки́зм, -а
механомонта́жный
механообраба́тывающий
механореце́птор, -а
механосбо́рочный
механотерапи́я, -и
механохи́мия, -и
мехово́й
меховщи́к, -а́
мехое́д, -а
мехообрабо́тка, -и
мецена́т, -а
мецена́тский
мецена́тство, -а
мецена́тствовать, -твую, -твует
ме́ццо пиа́но, *неизм.*
ме́ццо-сопра́но, *нескл., с.* (голос) и *ж.* (певица)

МЕЦ

мéццо-сопрáновый
мéццо-тѝнто, *нескл., с.*
мéццо фóрте, *неизм.*
меч, -á
мечевѝдный
мéченный, *прич.*
меченóсец, -сца
мéченый, *прил.*
мечéтный
мечéть, -и
мечехвóст, -а
меч-кладенéц, мечá-кладенцá
мéчник, -а
меч-рыба, -ы
мечтá, -ы́
мечтáние, -я
мечтáтель, -я
мечтáтельница, -ы
мечтáтельность, -и
мечтáтельный
мечтáть(ся), -áю, -áет(ся)
мéчущий(ся)
мешáлка, -и
мешанѝна, -ы
мéшанка, -и
мéшанный, *прич.* (*от* мешáть)
мéшаный, *прил.*
мешáть(ся), -áю(сь), -áет(ся)
мéшенный, *прич.* (*от* месѝть)
мéшеный, *прил.*
мéшкать, -аю, -ает
мешковáтый
мешковѝна, -ы
мешкожáберные, -ых
мешкотáра, -ы
мéшкотный
мешóк, -шкá
мешóтчатый
мешóчек, -чка
мешóчник, -а
мешóчница, -ы
мешóчничество, -а
мешóчный
мещанѝн, -а, *мн.* -áне, -áн
мещáнка, -и
мещáночка, -и
мещáнский
мещáнство, -а
мещерá, -ы́
мещéрский
мещеря́к, -á
мещеря́цкий
мещеря́чка, -и
мзда, -ы
мздоѝмец, -мца
мздоѝмство, -а
миазматѝческий
миáзмы, миáзм
миальгѝя, -и
миастенѝя, -и
миг, -а
мигáлка, -и
мигáние, -я
мигáтельный
мигáть, -áю, -áет
мигматѝт, -а
мигнýть, -нý, -нёт
мѝгом, *нареч.*
миграциóнный
мигрáция, -и
мигрéнь, -и
мигрѝровать, -рую, -рует

МИД

мѝди-плáтье, -я
мѝди-ю́бка, -и
мѝдия, -и (моллюск)
миелѝн, -а
миелѝт, -а
миелóидный
миелолейкóз, -а
миелóма, -ы
мизансцéна, -ы
мизантрóп, -а
мизантропѝческий
мизантрóпия, -и
мизантрóпка, -и
мизгѝрь, -я́ (паук)
мизерéре, *нескл., с.*
мизéрный
мизѝнец, -нца
мизѝнчик, -а
микáдо, *нескл., м.*
микалéкс, -а
миканѝт, -а
микафóлий, -я
микобактéрия, -и
микодéрма, -ы
микóз, -а
микóлог, -а
микологѝческий
микологѝя, -и
микоплазмóз, -а
микорѝза, -ы
микотрóф, -а
микотрóфный
микро... — первая часть сложных слов, пишется всегда слитно
микроавтóбус, -а
микроампéр, -а, *р. мн.* -ампéр
микроампермéтр, -а
микроанáлиз, -а
микроаналитѝческий
микрóб, -а
микробарóграф, -а
микробиóлог, -а
микробиологѝческий
микробиологѝя, -и
микровáтт, -а, *р. мн.* -вáтт
микровесы́, -óв
микроволновый
микровóльт, -а, *р. мн.* -вóльт
микрогэ́с, *нескл., ж.*
микродвѝгатель, -я
микродиóд, -а
микроканонѝческий
микрокинескóп, -а
микрокиносъёмка, -и
микроклѝмат, -а
микроклѝн, -а
микрокóкк, -а
микрокомпонéнт, -а
микрокóсм, -а
микрокристаллѝческий
микрокристаллоскопѝя, -и
микролѝт, -а
микролитрáжка, -и
микролитрáжный
микрóм, -а
микроманóметр, -а
микромéтр, -а
микрометеорѝт, -а
микрóметр, -а
микрометрѝческий
микромéтрия, -и
микроминиатюризáция, -и

МИК

микромѝр, -а
микромóдуль, -я
микрóн, -а, *р. мн.* микрóн
микрóнный
микроорганѝзм, -а
микропóристый
микроприёмник, -а
микропроéктор, -а
микропроекциóнный
микропроéкция, -и
микрорадиовóлны, -вóлн
микрорайóн, -а
микрорельéф, -а
микросейсмѝческий
микроскóп, -а
микроскопѝческий
микроскопѝчный
микроскопѝя, -и
микроскóпный
микроспóра, -ы
микроспорáнгий, -я
микроспорофѝлл, -а
микрострукту́ра, -ы
микросхéма, -ы
микротелевѝзор, -а
микротелефóн, -а
микротѝпия, -и
микротóм, -а
микротранзѝстор, -а
микротрóн, -а
микроудобрéния, -ий
микрофáг, -а
микрофѝльм, -а
микрофильмѝрование, -я
микрофильмѝровать(ся), -рую, -рует(ся)
микрофлóра, -ы
микрофóн, -а
микрофóнный
микрофотогрáфия, -и
микрофотокопѝрование, -я
микрофотокóпия, -и
микрофотомéтр, -а
микрофотосъёмка, -и
микрохимѝческий
микрохѝмия, -и
микроцефáл, -а
микроцефáлия, -и
микроцѝд, -а
микроцитóз, -а
микрочастѝца, -ы
микроэлектрóд, -а
микроэлектродвѝгатель, -я
микроэлектрóника, -и
микроэлемéнт, -а
микрургѝя, -и
мѝксер, -а
миксобактéрия, -и
миксóма, -ы
микст, -а
микстýра, -ы
милáша, -и, *м. и ж.*
милáшечка, -и, *м. и ж.*
милáшка, -и, *м. и ж.*
мѝлдью, *нескл., ж.*
милéди, *нескл., ж.*
милéйший
мѝленький
милéть, -éю, -éет
милиáрный (*мед.*)
милитаризáция, -и
милитарѝзм, -а

МИЛ

милитаризо́ванный
милитаризова́ть(ся), -зу́ю, -зу́ет(ся)
милитари́ст, -а
милитаристи́ческий
милитари́стский
милице́йский
милиционе́р, -а
милиционе́рский
милицио́нный
мили́ция, -и
ми́лка, -и
миллиампе́р, -а, р. мн. -ампе́р
миллиампермéтр, -а
миллиа́рд, -а
миллиарде́р, -а
миллиарде́рша, -и
миллиа́рдный
миллиба́р, -а, р. мн. -ов
милливáтт, -а, р. мн. -вáтт
милливóльт, -а, р. мн. -вóльт
милливольтме́тр, -а
миллигрáмм, -а, р. мн. -грáммов
миллигра́ммовый
миллиме́тр, -а
миллиметро́вка, -и
миллиметро́вый
миллимикро́н, -а, р. мн. -микро́н
миллио́н, -а
миллионе́р, -а
миллионе́рка, -и
миллионе́рша, -и
миллио́нный
миллио́нщик, -а
ми́ловать(ся), ми́лую, ми́лует(ся) (щадить)
милова́ть(ся), милу́ю(сь), милу́ет(ся) (ласкать)
милови́дный
милокорди́н, -а
мило́рд, -а
милосе́рдие, -я
милосе́рдный и (устар.) милосе́рдый
ми́лостивец, -вца
ми́лостивый
ми́лостынька, -и
ми́лостыня, -и
ми́лость, -и
ми́лочка, -и
ми́лый; кр. ф. мил, мила́, ми́ло
ми́ля, -и
миля́га, -и, м. и ж.
мим, -а
ми мажо́р, -а
ми-мажо́рный
мима́нс, -а
мимео́граф, -а
мимети́зм, -а
ми́мика, -и
мимикри́я, -и
ми мино́р, -а
ми-мино́рный
мими́ст, -а
мими́стка, -и
мими́ческий
ми́мо
мимое́здом
мимое́зжий
мимо́за, -ы
мимо́зовый
мимоиду́щий
мимолётный
мимолётом

МИМ

мимохо́дом
ми́на, -ы
минаре́т, -а
мингре́л, -а, р. мн. -ов и мингре́лец, -льца
мингре́лка, -и
мингре́льский
миндалеви́дный
минда́левый
минда́лина, -ы
минда́ль, -я́
минда́льничать, -аю, -ает
минда́льный
минёр, -а
минера́л, -а
минерализа́тор, -а
минерализа́ция, -и
минералово́з, -а
минерало́г, -а
минералоги́ческий
минерало́гия, -и
минералообразу́ющий
минера́льно-сырьево́й
минера́льный
минёрный
мине́ттовый (геол.)
мине́я, -и
миниатю́ра, -ы
миниатюриза́ция, -и
миниатюри́ст, -а
миниатюри́стка, -и
миниатю́рность, -и
миниатю́рный
миниатю́р-полиго́н, -а
минимали́зм, -а
минимали́ст, -а
минимали́стка, -и
минималисти́ский
минима́льно необходи́мый
минима́льный
миниме́тр, -а
мини-мо́да, -ы
ми́нимум, -а
мини-пла́тье, -я
мини́рованный
мини́ровать, -рую, -рует
министе́рский
министе́рство, -а
министе́рша, -и
мини́стр, -и
мини́стр-президе́нт, мини́стра-президе́нта
минитме́н, -а
ми́ни-ю́бка, -и
миннези́нгер, -а
ми́нно-артиллери́йский
миннозагради́тельный
минноподрывно́й
ми́нный
минова́ние, -я: за минова́нием, по минова́нии (чего)
минова́ть(ся), -ну́ю, -ну́ет(ся)
мино́га, -и
мино́жий, -ья, -ье
моиска́тель, -я
миноло́гий, -я
миноме́т, -а
миноме́тный
миноме́тчик, -а
миноно́сец, -сца
миноно́ска, -и
миноно́сный

МИН

мино́р, -а
минора́т, -а
мино́рный
минота́вр, -а
минта́й, -я
мину́вший
ми́нус, -а, мн. -ы, -ов
мину́скул, -а
мину́скульный
ми́нусовый
мину́та, -ы
мину́та в мину́ту
мину́та-друга́я
мину́тка, -и
мину́тный
мину́точка, -и
мину́ть, ми́нет; прош. ми́нул, ми́нула
мино́н, -а
миоглоби́н, -а
мио́граф, -а
миози́н, -а
миози́т, -а
миока́рд, -а
миокардиодистрофи́я, -и
миокарди́т, -а
миоло́гия, -и
мио́ма, -ы
миопи́я, -и
миофибри́лла, -ы
миоце́н, -а
миоце́новый
мипо́ра, -ы
мир, -а, предл. в ми́ре, на миру́, мн. -ы́, -о́в
мирабе́левый
мирабе́ль, -и
мирабили́т, -а
мира́ж, -а
мира́кль, -я
миранд́оль, -я
мирво́лить, -лю, -лит
мирза́, -ы́, м.
мириа́ды, -а́д
мири́ть(ся), -рю́(сь), -ри́т(ся)
ми́рный
ми́ро, -а (церк.)
мирова́я, -о́й
мировоззре́ние, -я
мировоззре́нческий
мирово́й
мирое́д, -а
мирое́дский
мирое́дство, -а
мирозда́ние, -я
миро́к, -рка́
миролюби́вый
миролю́бие, -я
миро́н, -а (рыба)
мироруши́тель, -я
мироно́сица, -ы
мироощуще́ние, -я
миропома́зание, -я
миропома́занник, -а
миропонима́ние, -я
миросозерца́ние, -я
миросозерца́тельный
миротво́рец, -рца
миротво́рный
миротво́рческий
ми́рра, -ы
ми́рровый
мирско́й

мирт, -а и мирта, -ы
миртовый
мирянин, -а, мн. -яне, -ян
мирянка, -и
миска, -и
мисс, нескл., ж.
миссионер, -а
миссионерка, -и
миссионерский
миссионерство, -а
миссис, нескл., ж.
миссия, -и
мистер, -а
мистерия, -и
мистик, -а
мистика, -и
мистификатор, -а
мистификаторский
мистификация, -и
мистифицированный
мистифицировать(ся), -рую, -рует(ся)
мистицизм, -а
мистический
мистичный
мистраль, -я
мистрис, нескл., ж.
митенки, -нок, ед. митенка, -и
митинг, -а
митинговать, -гую, -гует
митинговый
миткалевый
миткаль, -я
митоз, -а
митра, -ы
митральеза, -ы
митрополит, -а
митрополичий, -ья, -ье
митрополия, -и (епархия митрополита)
миттель, -я
миттельшпиль, -я
миф, -а
мифический
мифичный
мифолог, -а
мифологема, -ы
мифологический
мифология, -и
мицелий, -я (грибница)
мицелла, -ы (хим.)
мицеллярный
мичман, -а, мн. -ы, -ов и (мор.) -а, -ов
мичманка, -и
мичманский
мичуринец, -нца
мичуринский
мишарь, -я
мишенный
мишень, -и
мишка, -и (медведь)
мишура, -ы
мишурный
младенец, -нца
младенческий
младенчество, -а
младогегельянец, -нца
младогегельянство, -а
младограмматик, -а
младограмматический
младой; кр. ф. млад, млада, младо
младописьменный
младость, -и

младотурецкий
младотурки, -рок
младший
млекопитающее, -его
млеть, млею, млеет
млечник, -а
млечный
мнемограмма, -ы
мнемометр, -а
мнемоника, -и
мнемонический
мнемосхема, -ы
мнемотехника, -и
мнение, -я
мнимобольной, -ого
мнимоумерший, -его
мнимый
мнительность, -и
мнительный
мнить(ся), мню, мнит(ся)
многажды
многий
много
многоактный
многоатомный
многобожие, -я
многоборец, -рца
многоборье, -я
многобрачие, -я
многобрачный
многовалентный
многовалковый
многовато
многовековой
многовластие, -я
многоводный
многоводье, -я
многоглаголание, -я
многоглаголивый
многоговорящий *
многоголовый
многоголосие, -я
многоголосный
многоголосый
многогранник, -а
многогранный; кр. ф. -анен, -анна
многогрешный
многодетность, -и
многодетный
многодисковый
многодневный
многодомный
многоженец, -нца
многоженство, -а
многожильный
многозарядный
многоземелье, -я
многоземельный
многознаменательный
многозначащий
многозначительный
многозначность, -и
многозначный
многозуб, -а
многокамерный
многоканальный
многокаскадный
многоквартирный
многокилометровый
многоклеточный
многоклетьевой
многоковшовый

многоколенчатые, -ых
многокомнатный
многокомплектный
многокомпонентный
многокоренник, -а
многокорпусный
многокрасочный
многократный
многоламповый
многолезвийный
многолемешный
многолесный
многолесье, -я
многолетие, -я
многолетний
многолетник, -а
многоликий
многолошадный
многолучевой
многолюбящий
многолюдный
многолюдство, -а
многолюдье, -я
многомачтовый
многомерный
многоместный
многомесячный
многометровый
многомиллионный
много-много
многомолекулярный
многомоторный
многомужество, -а
многомужие, -я
многонаселённый
многонациональный
многоначалие, -я
многоножка, -и
многонько
многообещающий
многообразие, -я
многообразный
многообъемлющий
многооперационный
многоопытный
многоосный
многоотраслевой
многопалубный
многопёр, -а
многоплановый
многоплемённый
многоплодие, -я
многоплодный
многополосный
многополье, -я
многопольный
многополюсник, -а
многопредметность, -и
многопредметный
многопрограммный
многопудовый
многорежимный
многорезцовый
многоречивый
многорядный
многосемейность, -и
многосемейный
многосерийный
многосеточный
многосильный
многословие, -я
многословный

МНО

многосло́жный
многосло́йный
многосме́нный
многосне́жный
многосне́жье, -я
многососта́вный
многосотле́тний
многосо́тенный
многосою́зие, -я
многостади́йный
многостано́чник, -а
многостано́чница, -ы
многостано́чный
многоство́льный
многостепе́нность, -и
многостепе́нный
многосто́пный
многосторо́нний
многосторо́нность, -и
многострада́льный
многостру́нный
многоступе́нчатый
многотира́жка, -и
многотира́жный
многото́мный
многотонна́жный
многото́нный
многото́чие, -я
многотру́дный
многотурби́нный
многоты́сячный
многоуважа́емый
многоуго́льник, -а
многоуго́льный
многоу́стка, -и
многоучёный
многофа́зный
многохо́женый
многоцветко́вый
многоцве́тница, -ы
многоцве́тный
многоцелево́й
многоцили́ндровый
многоце́нный
многочасово́й
многочасто́тный
многочелно́чный
многочи́сленный; *кр. ф.* -лен, -ленна
многочле́н, -а
многочле́нный
многошпи́ндельный
многошу́мный
многощети́нковые, -ых
многоэлектро́дный
многоэта́жный
многоя́дерный
многоязы́чный
многоя́русный
мно́женный
мно́жественный
мно́жество, -а
мно́жимое, -ого
мно́жимый
мно́житель, -я
мно́жительный
мно́жить(ся), -жу, -жит(ся)
мобилизацио́нный
мобилиза́ция, -и
мобилизо́ванный
мобилизова́ть(ся), -зу́ю(сь), -зу́ет(ся)
моби́льный
моветон, -а

МОГ

мога́р, -а
моге́ра, -ы, *м.*
могика́не, -а́н, *ед.* -а́нин, -а
моги́ла, -ы
моги́лка, -и
моги́льник, -а
моги́льный
моги́льщик, -а
могу́тный
могу́чий
могу́щественный; *кр. ф.* -вен, -венна
могу́щество, -а
могу́щий
мо́да, -ы
мода́льность, -и
мода́льный
модели́зм, -а
модели́рование, -я
модели́рованный
модели́ровать(ся), -рую, -рует(ся)
модели́ровка, -и
модели́ст, -а
модели́стка, -и
моде́ль, -и
моделье́р, -а
моде́льно-маке́тный
моде́льный
моде́льщик, -а
модера́то, *неизм. и нескл., с.*
модера́тор, -а
моде́рн, -а *и неизм.*
модерниза́тор, -а
модерниза́ция, -и
модернизи́рованный
модернизи́ровать(ся), -рую, -рует(ся)
модерни́зм, -а
модернизо́ванный
модернизова́ть(ся), -зу́ю, -зу́ет(ся)
модерни́ст, -а
модерни́стка, -и
модерни́стский
моде́рновый
моде́рный
модилье́н, -а
моди́стка, -и
модифика́тор, -а
модифика́ция, -и
модифици́рование, -я
модифици́рованный
модифици́ровать(ся), -рую, -рует(ся)
мо́дник, -а
мо́дница, -ы
мо́дничанье, -я
мо́дничать, -аю, -ает
мо́дный; *кр. ф.* -ден, -дна́, -дно
модули́рование, -я
модули́рованный
модули́ровать(ся), -рую, -рует(ся)
мо́дуль, -я
мо́дульный
модуля́рный
модуля́тор, -а
модуля́торный
модуляцио́нный
модуля́ция, -и
мо́дус, -а
мо́дус виве́нди, *неизм.*
мо́ечно-суши́льный
мо́ечный
можжеве́лина, -ы

МОЖ

можжевёловка, -и
можжевёловый
можжеве́льник, -а
мо́жно
мозаза́вр, -а
моза́ика, -и
мозаи́ст, -а *и* мозаичи́ст, -а
моза́ичный
мозг, -а, *предл.* о мо́зге, в мозгу́, *мн.* -и́, -о́в
мо́зглый
мозгля́вый
мозгля́к, -а́
мозгова́ть, -гу́ю, -гу́ет
мозгови́тый
мозгово́й
мозжечо́к, -чка́
мозжи́ть, -жу́, -жи́т
мозолено́гие, -их
мозо́листый
мозо́лить, -лю, -лит
мозо́лища, -и
мозо́ль, -и
мозо́льный
мой, моего́, моя́, мое́й, моё, моего́, *мн.* мои́, мои́х
мо́йва, -ы
мо́йка, -и
мо́йщик, -а
мо́йщица, -ы
мокаси́ны, -и́н, *ед.* мокаси́н, -а
мо́кко, *неизм. и нескл., с.*
мо́кнувший
мо́кнуть, мо́кну, мо́кнет; *прош.* мок *и* мо́кнул, мо́кла
мо́кренький; *кр. ф.* -енек, -енька
мокрёхонький; *кр. ф.* -нек, -нька
мокре́ц, -а́
мокри́ца, -ы
мокри́чник, -а
мокровозду́шный
мокропого́дица, -ы
мокрота́, -ы́ (слизь)
мокрота́, -ы́ (сырость)
мокрохво́стка, -и
мокрохво́стый
мо́крый; *кр. ф.* мокр, мокра́, мо́кро
мо́крядь, -и (сырая погода)
мо́кша, -и
мокша́нин, -а, *мн.* -а́не, -а́н
мокша́нка, -и
мокша́нский
мол, -а, *предл.* о мо́ле, на молу́, *мн.* -ы, -о́в
мол, *частица* (пишется отдельно)
молва́, -ы́
мо́лвить(ся), мо́лвлю, мо́лвит(ся)
молвь, -и
молдава́нин, -а, *мн.* -а́не, -а́н
молдава́нка, -и
молдава́нский
молда́вский
молдовеня́ска, -и
моле́бен, -бна
моле́бствие, -я
моле́бствовать, -твую, -твует
молево́й (сплав)
молевщи́к, -а́
мо́левый (*от* моль[1])
моле́кула, -ы
молекуля́рно-диспе́рсный
молекуля́рный

МОЛ   МОЛ   МОМ   М

моле́льная, -ой
моле́льный
моле́льня, -и, *р. мн.* -лен
моле́льщик, -а
моле́льщица, -ы
моле́ние, -я
моле́нная, -ой
мо́ленный, *прич.*
мо́ленный (*от* моле́ние)
мо́леный и молёный, *прил.*
молески́н, -а
молески́новый
молибде́н, -а
молибдени́т, -а
молибде́новый
моли́тва, -ы
моли́твенник, -а
моли́твенный
моли́ть(ся), молю́(сь), мо́лит(ся)
мо́лкнувший
мо́лкнуть, -ну, -нет; *прош.* молк и мо́лкнул, мо́лкла
моллю́ск, -а
моллю́сковый
молниеви́дный
молниено́сный
молниеотво́д, -а
мо́лнийка, -и
мо́лнийный
молни́рованный
молни́ровать, -рую, -рует
мо́лния, -и
молода́йка, -и
молодёжно-комсомо́льский
молодёжный
молодёжь, -и
моло́денький; *кр. ф.* -енек, -енька
молоде́ть, -е́ю, -е́ет (становиться молодым)
мо́лодец, -дца (*нар.-поэт.*)
молоде́ц, -дца́
молоде́цкий
молоде́ц молодцо́м
молоде́чество, -а
молодёчи́слый
молоди́ло, -а
молоди́ть, -ожу́, -оди́т (*кого, что*)
молоди́ться, -ожу́сь, -оди́тся
молоди́ца, -ы
моло́дка, -и
молодня́к, -а́
молодняч́ок, -чка́
молодогварде́ец, -е́йца
молодожён, -а
мо́лодо-зе́лено
молодо́й; *кр. ф.* мо́лод, молода́, мо́лодо
мо́лодость, -и
молоду́ха, -и
моло́душка, -и
молодцева́тый
молодча́га, -и, *м. и ж.*
моло́дчик, -а
молодчи́на, -ы, *м. и ж.*
мо́лодь, -и
моложа́вый
моло́же, *сравн. ст. (от* молодо́й, мо́лодо)
моло́зиво, -а
молока́н, -а
молока́нин, -а, *мн.* -а́не, -а́н
молока́нка, -и
молока́нский

моло́ки, -о́к
молоко́, -а́
молоково́з, -а
молокого́нный
молокозаво́д, -а
молокоме́р, -а
молокоохлади́тель, -я
молокоперераба́тывающий
молокопоста́вки, -вок
молокоприёмный
молокопрово́д, -а
молокосо́с, -а
мо́лот, -а
молоти́лка, -и
молоти́ло, -а
молоти́льный
молоти́льня, -и, *р. мн.* -лен
молоти́ть(ся), -очу́, -о́тит(ся)
молотобо́ец, -о́йца
молотови́ще, -а
молотово́й
молото́к, -тка́
молото́чек, -чка
молото́чный
мо́лот-ры́ба, -ы
мо́лотый
моло́ть, мелю́, ме́лет, ме́лют
молотьба́, -ы́
моло́ться, ме́лется, ме́лются
моло́х, -а
моло́чай, -я
моло́чайные, -ых
молоче́ние, -я
моло́ченный, *прич.*
моло́ченый, *прил.*
моло́чишко, -а
молочко́, -а́
моло́чная, -ой
моло́чник, -а
моло́чница, -ы
моло́чно-бе́лый
моло́чно-восково́й
моло́чно-животново́дческий
моло́чноки́слый
молочноконсе́рвный
моло́чно-мясно́й
молочнопромы́шленный
моло́чно-разда́точный
моло́чность, -и
молочнотова́рный
моло́чный
мо́лча, *нареч.*
молчали́вость, -и
молчали́вый
молча́льник, -а
молча́льница, -ы
молча́ние, -я
молча́нка, -и
молча́ть, -чу́, -чи́т
молчко́м, *нареч.*
молчо́к, -чка́
молчу́н, -а́
молчу́нья, -и, *р. мн.* -ний
моль¹, -и (бабочка)
моль², -я (грамм-молекула)
мольба́, -ы́
мольбе́рт, -а
мо́льбище, -а
моля́р, -а (зуб)
моля́рность, -и
моля́рный (*от* моль²)
моме́нт, -а

момента́льный
мона́да, -ы
монадоло́гия, -и
мона́ндрия, -и
мона́рх, -а
монархи́зм, -а
мона́рхиня, -и, *р. мн.* -инь
монархи́ст, -а
монархи́стка, -и
монархи́стский
монархи́ческий
мона́рхия, -и
мона́рший
монасты́рка, -и
монасты́рский
монасты́рь, -я́
мона́х, -а
мона́хиня, -и, *р. мн.* -инь
монаци́т, -а (минерал)
мона́шек, -шка
мона́шенка, -и
мона́шеский
мона́шество, -а
мона́шествовать, -твую, -твует
мона́ший, -ья, -ье
мона́шка, -и
монго́л, -а
монголи́ст, -а
монголи́стика, -и
монго́лка, -и
монголове́д, -а
монголове́дение, -а
монголови́дный
монголо́идный
монго́ло-тата́рский
монго́льский
монгольфье́р, -а
моне́та, -ы
моне́тарный
моне́тный
монеторазме́нный
моне́тчик, -а
мони́зм, -а (*филос.*)
монима́ска, -и
мони́ст, -а (сторонник монизма)
монисти́ческий
монисти́чный
мони́сто, -а
монито́р, -а
моноволокно́, -а́
моногами́ческий
монога́мия, -и
монога́мный
моногени́зм, -а
моноге́нный
моногидра́т, -а
моноги́ния, -и
монограмма, -ы
монографи́ческий
моногра́фия, -и
монокли́нный
моно́кль, -я
моноко́к, -а (авиа)
монокриста́лл, -а
монокульту́ра, -ы
монокульту́рный
монокуля́р, -а
моноли́т, -а
моноли́тность, -и
моноли́тный
моноло́г, -а
монологи́ческий

МОН

мономан, -а
мономания, -и
мономер, -а
монометаллизм, -а
монометаллический
мономолекулярный
моноплан, -а
монополизация, -и
монополизированный
монополизировать(ся), -рую, -рует(ся)
монополизм, -а
монополист, -а
монополистический
монополистский
монополия, -и
монополька, -и
монопольный
монорельс, -а
монорельсовый
моносахарид, -а
моносиллабизм, -а
монотеизм, -а
монотеист, -а
монотеистический
монотип, -а
монотипист, -а
монотипия, -и
монотипный
монотонный
монофтонг, -а
монофтонгизация, -и
монофтонгический
монохорд, -а
монохроматический
монохромия, -и
монохромный
моноцентризм, -а
моноцит, -а (биол.)
моноцитоз, -а
монпансье, нескл., с.
монсеньор, -а
монстр, -а
монтаж, -а
монтажёр, -а
монтажник, -а
монтажница, -ы
монтажно-строительный
монтажный
монтаньяр, -а
монтекристо, нескл., с.
монтёр, -а
монтирование, -я
монтированный
монтировать(ся), -рую, -рует(ся)
монтировка, -и
монтировочный
монтмориллонит, -а
монумент, -а
монументально-декоративный
монументальный
монументщик, -а
мопед, -а
мопс, -а
мор, -а
морализаторство, -а
морализация, -и
морализирование, -я
морализировать(ся), -рую, -рует(ся)
морализм, -а
моралист, -а
моралистка, -и

МОР

моралите, нескл., с.
мораль, -и
морально изношенный
морально-политический
морально устойчивый
морально-этический
моральный
мораторий, -я
морг, -а
морганатический
морганизм, -а
морганист, -а
морганистский
моргать, -аю, -ает
морген, -а
моргнуть, -ну, -нёт
моргун, -а
моргунья, -и, р. мн. -ний
морда, -ы
мордастый
мордасы, -ов
мордашка, -и
мордва, -ы
мордвин, -а, р. мн. -ов
мордвинка, -и
мордент, -а
мордобитие, -я
мордобой, -я
мордовать(ся), -дую, -дует(ся)
мордовец, -вца
мордовка, -и
мордоворот, -а
мордовский
мордочка, -и
море, -я, мн. -я, -ей
морель, -и
морена, -ы (геол.)
моренный (от морена)
морёный
море-океан, моря-океана
мореплавание, -я
мореплаватель, -я
мореплавательный
морепродукт, -а
мореход, -а
мореходец, -дца
мореходность, -и
мореходный
мореходство, -а
морж, -а
моржиха, -и
моржовый
моржонок, -нка, мн. -жата, -жат
морзист, -а
морзянка, -и
морилка, -и
морильня, -и, р. мн. -лен
морина, -ы (растение)
морить(ся), -рю(сь), -рит(ся)
морковина, -ы
морковка, -и
морковник, -а
морковный
морковь, -и
мормон, -а
мормонский
мормонство, -а
мормышка, -и
моровой
мороженица, -ы
мороженный, прич.
мороженщик, -а

МОР

мороженщица, -ы
мороженый, прил.
мороз, -а
морозец, -зца
морозилка, -и
морозильный
морозить(ся), -бжу(сь), -озит(ся)
морозище, -а, м.
морозный
морозобоина, -ы
морозостойкий
морозостойкость, -и
морозоупорный
морозоустойчивость, -и
морозоустойчивый
морока, -и
мороковать, -кую, -кует
моросить, -ит
морось, -и
морочить, -очу, -очит
морошка, -и
морс, -а и -у
морской
мортира, -ы
мортирный
морф, -а и морфа, -ы
морфема, -ы
морфемный
морфий, -я
морфин, -а
морфинизм, -а
морфинист, -а
морфинистка, -и
морфолог, -а
морфологический
морфология, -и
морщина, -ы
морщинистый
морщинить(ся), -ню, -нит(ся)
морщинка, -и
морщить, -ит (об одежде)
морщить(ся), -щу(сь), -щит(ся)
морюшко, -а
моряк, -а
моряна, -ы
морянка, -и
моряцкий
москаль, -я
москательный
москвитянин, -а, мн. -яне, -ян
москвитянка, -и
москвич, -а
москвичка, -и
москворецкий
москит, -а
москитный
московка, -и
московский
мослак, -а
мослачок, -чка
мосол, -сла
мост, -а и -а, предл. о мосте, на мосту, мн. -ы, -ов
мостик, -а
мостить(ся), мощу, мостит(ся)
мостки, -ов
мостовая, -ой
мостовик, -а
мостовина, -ы
мостовой
мостовщик, -а
мостовьё, -я

МОС

мосто́к, -тка́
мостоотря́д, -а
мостопо́езд, -а
мостостро́ение, -я
мостостро́итель, -я
мостострои́тельный
мосто́чек, -чка
мосье́, *нескл., м.*
мо́ська, -и
мот, -а
мота́лка, -и
мота́льный
мота́льщик, -а
мота́льщица, -ы
мота́ние, -я
мо́танный, *прич.*
мо́таный, *прил.*
мота́ть(ся), -а́ю(сь), -а́ет(ся)
моте́ль, -я
моти́в, -а
мотива́ция, -и
мотиви́рованный
мотиви́ровать(ся), -рую, -рует(ся)
мотивиро́вка, -и
мотивиро́вочный
мо́тка, -и
мотну́ть(ся), -ну́(сь), -нёт(ся)
мотня́, -и́, *р. мн.* -не́й
мото... — первая часть сложных слов, пишется всегда слитно
мотобо́л, -а
мотоболи́ст, -а
мотобо́т, -а
мотовелосипе́д, -а
мотовелоспо́рт, -а
мотови́ло, -а
мотови́льце, -а, *р. мн.* -цев
мото́вка, -и
мотово́з, -а
мотовство́, -а́
мотого́нки, -нок
мотого́нщик, -а
мотодиви́зия, -и
мотодрези́на, -ы
мотодро́м, -а
мото́к, -тка́
мотокато́к, -тка́
мотоклу́б, -а
мотоколя́ска, -и
мотокро́сс, -а
мотоло́дка, -и
мотолюби́тель, -я
мотомеханизи́рованный
мотона́рты, -а́рт
мотопехо́та, -ы
мотопробе́г, -а
мото́р, -а
мотора́лли, *нескл., с.*
моторесу́рс, -а
моториза́ция, -и
моторизо́ванный
моторизова́ть(ся), -зу́ю, -зу́ет(ся)
мотори́ст, -а
мотори́стка, -и
мото́рка, -и
мото́рно-па́русный
мото́рно-рыболо́вный
мото́рный
мотоо́ллер, -а
моторемо́нтный
мотосбо́рочный
мотостро́ение, -я

МОТ

моторострои́тельный
мото́рчик, -а
мотострелко́вый
мотоспо́рт, -а
мототерапи́я, -и
мотоци́кл, -а
мотоцикле́т, -а
мотоцикле́тка, -и
мотоцикле́тный
мотоцикли́ст, -а
мотоцикли́стка, -и
моточа́с, -а, *мн.* -ы́, -о́в
мото́чный
мо́тто, *нескл., с.*
моту́шка, -и
моты́га, -и
моты́жение, -я
моты́жить(ся), -жу, -жит(ся)
моты́жный
мотылёк, -лька́
мотылёчек, -чка
моты́ль, -я́
мотылько́вый
мох, мха и мо́ха, *мн.* мха, мхов
мохе́р, -а
мохе́ровый
мохна́теть, -ею, -еет (становиться мохнатым)
мохна́тить, -а́чу, -а́тит (*кого, что*)
мохна́тый
мохна́ч, -а́
мохноно́гий
мохови́дный
охови́к, -а́ (гриб)
мохови́чо́к, -чка́ (*от* мохови́к)
мохово́й (*от* мох)
мохообра́зный
моцио́н, -а
моча́, -и́
моча́га, -и
мочажи́на, -ы
моча́листый
моча́лить(ся), -лю, -лит(ся)
моча́лка, -и
моча́ло, -а
моча́льный
мочеви́на, -ы
мочево́й
мочевыделе́ние, -я
мочего́нный
мочеизнуре́ние, -я
мочеиспуска́ние, -я
мочеиспуска́тельный
мочеки́слый
моче́ние, -я (действие)
мо́ченный, *прич.*
мочёный, *прил.*
моче́нье, -я (продукт)
мо́ченька, -и (мо́ченьки нет)
мочеотделе́ние, -я
мочеотдели́тельный
мочеполово́й
мочето́чник, -а
мо́чечный (*от* мо́чка)
мочи́ло, -а
мочи́льный
мочи́ть(ся), мочу́(сь), мо́чит(ся)
мо́чка, -и
мочкова́тый
мочь, -и (во всю мо́чь, мо́чи нет)
мочь, могу́, мо́жет, мо́гут
моше́нник, -а

МОШ

моше́нница, -ы
моше́нничать, -аю, -ает
моше́ннический
моше́нничество, -а
мо́шка, -и
мошкара́, -ы́
мошна́, -ы́
мошо́нка, -и
мошо́ночный
мощённый, *прич.*
мощёный, *прил.*
мо́щи, -е́й
мощне́е, *сравн. ст.* (*от* мо́щный, мо́щно)
мо́щность, -и
мо́щный; *кр. ф.* мо́щен, мощна́, мо́щно
мощь, -и
мо́ющий
мраз, -а
мразь, -и
мрак, -а
мракобе́с, -а
мракобе́сие, -я
мракобе́ска, -и
мра́мор, -а
мрамори́рованный
мрамори́ровать(ся), -рую, -рует(ся)
мра́морный
мрачне́ть, -е́ю, -е́ет
мра́чный; *кр. ф.* -чен, -чна́, -чно
мсти́тель, -я
мсти́тельница, -ы
мсти́тельный
мсти́ть, мщу, мстит
муа́р, -а
муари́рованный
муари́ровать(ся), -рую, -рует(ся)
муа́ровый
мудрене́е: у́тро ве́чера мудрене́е
мудрене́е, *сравн. ст.* (*от* мудрёный, мудрёно)
мудрено́ и мудрено́
мудрёный; *кр. ф.* -ён, -ена́
мудре́ц, -а́
мудри́ла, -ы, *м. и ж.*
мудри́ть, -рю́, -ри́т
мудрова́ние, -я
мудрова́ть, -ру́ю, -ру́ет
му́дрость, -и
му́дрствование, -я
му́дрствовать, -твую, -твует
му́дрый; *кр. ф.* мудр, мудра́, му́дро
муж, -а, *мн.* мужи́, -е́й (мужчины) и мужья́, -же́й (супруги)
мужа́ть(ся), -а́ю(сь), -а́ет(ся)
мужело́жство, -а
муженёк, -нька́
мужененави́стница, -ы
мужеподо́бный
му́жественный; *кр. ф.* -ствен, -ственна
му́жество, -а
мужеуби́йца, -ы, ж.
мужи́к, -а́
мужикова́тый
мужи́цкий
мужи́чий, -ья, -ье
мужи́чка, -и
мужичо́к, -чка́
мужичо́к с ногото́к
мужичо́нка, -и, м.

МУЖ

мужичьё, -я
мужла́н, -а
му́жний
му́жнин, -а, -о
мужо́ция, -и
мужско́й
мужчи́на, -ы
му́за, -ы
музеве́д, -а
музееве́дение, -я
музееве́дческий
музе́й, -я
музе́йный
музици́ровать, -рую, -рует
му́зыка, -и
музыка́льно-литерату́рный
музыка́льно одарённый
музыка́льно-педагоги́ческий
музыка́льность, -и
музыка́льно-танцева́льный
музыка́льный
музыка́нт, -а
музыка́нтка, -и
музыка́нтский
музыка́нтша, -и
музыкове́д, -а
музыкове́дение, -я
музыкове́дческий
музыкозна́ние, -я
му́ка, -и
мука́, -и́
муково́з, -а
мукое́д, -а
мукомо́л, -а
мукомо́льно-крупяно́й
мукомо́льный
мукомо́льня, -и, р. мн. -лен
мукосе́й, -я
муксу́н, -а
муксу́ний, -ья, -ье
мул, -а
мула́т, -а
мула́тка, -и
мула́тский
мулёк, мулька́
мулёнок, -нка, мн. мули́та, -я́т
мулине́, нескл., с.
мули́ца, -ы
мулла́, -ы́, м.
мулли́т, -а
му́льда, -ы
мультивибра́тор, -а
мультимиллионе́р, -а
мультиплика́тор, -а
мультипликацио́нный
мультиплика́ция, -и
мультипрограмми́рование, -я
мультипрогра́ммный
мультицикло́н, -а
мультфи́льм, -а
му́льча, -и
мульчбума́га, -и
мульчи́рование, -я
мульчи́ровать(ся), -рую, -рует(ся)
мулю́ра, -ы
муля́ж, муляжа́
муляжи́ст, -а
муля́жный
мумиё, нескл., с. (смола)
мумифика́ция, -и
мумифици́рованный
мумифици́ровать(ся), -рую, -рует(ся)

МУМ

му́мия, -и
мунди́р, -а
мунди́рный
мунди́рчик, -а
мундшту́к, -а́
мундшту́чить, -чу, -чит
мундшту́чный
мундштучо́к, -чка́
муниципализа́ция, -и
муниципализи́рованный
муниципализи́ровать(ся), -рую, -рует(ся)
муниципалите́т, -а
муниципа́льный
муници́пия, -и
мунц-мета́лл, -а
мура́, -ы́
мурава́, -ы́
мураве́й, -вья́
мураве́йник, -а
мура́вить, -влю, -вит
мура́вка, -и
мура́вление, -я
мура́вленный, прич.
мура́вленый, прил.
мура́вушка, -и
мура́вчатый
мураве́д, -а
муравьежу́к, -а́
муравьи́ный
мура́ш, -а́
мураше́д, -а
мура́шка, -и
муре́на, -ы (рыба)
мурза́, -ы́, м.
мурла́стый
мурло́, -а́
мурлы́ка, -и, м. и ж.
мурлы́канье, -я
мурлы́кать, -ы́чу, -ы́чет и -аю, -ает
мурлы́кающий и мурлы́чущий
му́рмолка, -и
муро́ванный
мурова́ть(ся), -рую, -рует(ся)
муру́гий
мурцо́вка, -и
мурча́ть, -чу́, -чи́т
мусавати́ст, -а
мусавати́стский
муска́т, -а
мускате́ль, -я
муска́тный
мускови́т, -а
му́скул, -а, мн. -ы, -ов
мускулату́ра, -ы
му́скулистый
му́скульный
му́скус, -а
му́скусный
мусли́н, -а
мусли́новый
му́слить(ся), -лю(сь), -лит(ся)
мусо́ленный, прич.
мусо́леный, прил.
мусо́лить(ся), -лю(сь), -лит(ся)
му́сор, -а
му́сорить, -рю, -рит
му́сорный
мусорво́з, -а
мусородроби́лка, -и
мусоропрово́д, -а
мусоросбо́рник, -а

МУС

мусоросбро́с, -а
мусоросжига́ние, -я
мусоросжига́тельный
мусороубо́рочный
му́сорщик, -а
мусс, -а
муссеро́н, -а
мусси́рование, -я
мусси́рованный
мусси́ровать(ся), -рую, -рует(ся)
муссо́н, -а
муссо́нный
муста́нг, -а
мусульма́нин, -а, мн. -а́не, -а́н
мусульма́нка, -и
мусульма́нский
мусульма́нство, -а
мутаге́н, -а, р. мн. -ов
мутагене́з, -а
мутаге́нный
мута́нтный
мутацио́нный
мута́ция, -и
мути́ть(ся), мучу́, му́ти́т(ся)
мутне́ть, -е́ет
мутни́к, -а́
му́тно-бе́лый
мутнова́тый
му́тно-се́рый
му́тно-си́зый
му́тный; кр. ф. му́тен, мутна́, му́тно
муто́вка, -и
муто́вчатый
муто́н, -а
муто́новый
муто́рный
мутуали́зм, -а
мутузи́ть, -у́жу, -у́зит
муть, -и
му́фель, -я
му́фельный
муфло́н, -а
му́фта, -ы
му́фтий, -я
му́фтовый
муфтонарезно́й
му́фточка, -и
му́ха, -и
мухоло́вка, -и
мухомо́р, -а
мухо́ртый
мухоя́р, -а
мухоя́ровый
муче́ние, -я
му́ченик, -а
му́ченица, -ы
му́ченический
му́ченичество, -а
му́ченный, прич.
му́ченский: му́ка му́ченская
му́ченый, прил.
мучи́тель, -я
мучи́тельница, -ы
мучи́тельный
му́чить(ся), -чу(сь), -чит(ся) и -чаю(сь), -чает(ся)
мучи́ца, -ы
му́чка, -и
мучнеро́сный
мучни́к, -а́
мучни́сто-конди́терский
мучни́стый

МУЧ

мучно́й
муши́ный
му́шка, -и
му́шкель, -я
мушке́т, -а
мушкетёр, -а
мушкето́н, -а
мушмула́, -ы́
мушта́бель, -я
муштра́, -ы́
муштро́ванный
муштрова́ть(ся), -ру́ю, -ру́ет(ся)
муштро́вка, -и
муэдзи́н, -а
мча́ть(ся), мчу(сь), мчи́т(ся)
мша́ник, -а
мша́нка, -и
мша́ный
мши́стый
мши́ть(ся), мшу, мши́т(ся)
мще́ние, -я
мы́за, -ы
мы́згать, -аю, -ает
мы́зник, -а
мы́канный
мы́канье, -я
мы́кать(ся), -аю(сь), -ает(ся)
мы́лить(ся), -лю(сь), -лит(ся)
мы́лкий; кр. ф. -лок, -лка, -лко
мы́ло, -а, мн. (в знач. сорта́) мыла́, мыл, мыла́м
мылова́р, -а
мылова́рение, -я
мылова́ренный
мылова́рня, -и, р. мн. -рен
мылона́фт, -а
мылообра́зный
мы́льница, -ы
мы́льно-ма́сляный
мы́льный
мы́льня, -и, р. мн. -лен
мыльня́нка, -и
мы́льце, -а
мы́льче, сравн. ст. (от мы́лкий)
мы́мра, -ы
мыс, -а, предл. на мысу́ и на мы́се, мн. -ы, -ов и (у обуви) -ы́, -о́в
мы́сик, -а
мы́сленный
мысле́те, нескл., с. (писа́ть, выде́лывать мысле́те)
мы́слимый
мысли́тель, -я
мысли́тельный
мы́слить(ся), -лю, -лит(ся)
мысли́шка, -и
мысль, -и
мысо́к, -ска́, предл. на мыску́ и на мыске́
мыт, -а
мыта́рить(ся), -рю(сь), -рит(ся)
мыта́рство, -а
мы́тарь, -я
мыти́щинский (от Мыти́щи)
мы́тник, -а
мы́тный
мы́то, -а
мы́тый
мыть, мо́ю, мо́ет
мытьё, -я́
мы́ться, мо́юсь, мо́ется
мыча́ние, -я

МЫЧ

мыча́ть, мычу́, мычи́т
мыша́стый
мыша́тник, -а
мышеви́дный
мыше́й, -я
мышело́вка, -и
мышехво́стник, -а
мыше́чный
мы́ший, -ья, -ье
мыши́ный
мы́шка, -и
мышкова́ть, -ку́ет
мышле́ние, -я
мышо́вка, -и
мышо́нок, -нка, мн. -ша́та, -ша́т
мы́шца, -ы
мышь, -и, мн. -и, -е́й
мышья́к, -а́
мышьяко́вый
мышьякоргани́ческий
мышья́чный
мы́щелка, -и и мы́щелок, -лка
мэла́н, -а
мэла́новый
мэр, -а
мэ́рия, -и
мэро́н, -а
мэро́новый
мю́зикл, -а
мю́зик-хо́лл, -а
мю́зик-хо́лльный
мюль-маши́на, -ы
мю-мезо́н, -а
мюо́н, -а
мюри́д, -а
мюриди́зм, -а
мя́генький и мя́гонький
мя́гкий; кр. ф. мя́гок, мягка́, мя́гко
мягководо́сник, -а
мягкоко́жий
мя́гко очерченный
мягкопласти́чный
мягкосерде́чие, -я
мягкосерде́чный
мя́гкость, -и
мягкоте́лость, -и
мягкоте́лый
мягкошёрстный и мягкошёрстый
мя́гонький и мя́генький
мягча́йший
мя́гче, сравн. ст. (от мя́гкий, мя́гко)
мягче́ть, -е́ю, -е́ет (становиться мягким)
мягчи́тель, -я
мягчи́тельный
мягчи́ть, -чу́, -чи́т (что)
мягчи́ться, -и́тся
мя́кенький и мя́конький
мяки́на, -ы
мяки́нник, -а
мяки́нный
мя́киш, -а
мя́кнувший
мя́кнуть, -ну, -нет; прош. мяк и мя́кнул, мя́кла
мя́конький и мя́кенький
мя́коть, -и
мя́лка, -и
мя́льно-трепа́льный
мя́льня, -и, р. мн. мя́лен
мя́млить, -лю, -лит
мя́мля, -и, р. мн. -лей, м. и ж.

МЯС

мяси́стый
мяско́, -а́
мясни́к, -а́
мясно́й
мя́сность, -и
мя́со, -а
мясое́д, -а
мясозаготови́тельный
мясозагото́вки, -вок
мясокомбина́т, -а
мясоконсе́рвный
мя́со-моло́чный
мясопоста́вки, -вок
мясопроду́кты, -ов
мясопу́ст, -а
мясопу́стный
мя́со-расти́тельный
мясоре́зка, -и
мясору́бка, -и
мя́со-ры́бный
мя́со-са́льный
мясосовхо́з, -а
мясохладобо́йня, -и, р. мн. -бен
мя́со-шёрстный
мя́со-яи́чный
мясти́сь, мяту́сь, мятётся
мясцо́, -а́
мя́та, -ы
мяте́ж, -а́
мяте́жник, -а
мяте́жнический
мяте́жный
мя́тие, -я
мя́тлик, -а
мя́тный
мяту́щийся
мя́тый
мять, мну, мнёт
мятьё, -я́
мя́ться, мну́сь, мнётся
мя́уканье, -я
мя́укать, -аю, -ает
мя́у-мя́у, неизм.
мяу́чить, -чу, -чит
мяч, -а́
мя́чик, -а

Н

на аво́сь
на ара́па
наба́вить, -влю, -вит
наба́вка, -и
наба́вленный
набавля́ть(ся), -я́ю, -я́ет(ся)
набаламу́тить, -у́чу, -у́тит
набалда́шник, -а
набало́ванный
набалова́ть(ся), -лу́ю(сь), -лу́ет(ся)
наба́лтывать(ся), -аю, -ает(ся)
набальзами́рованный
набальзами́ровать, -рую, -рует
наба́т, -а
наба́тный
набе́г, -а
набега́ть, -а́ю, -а́ет, несов.
набе́гать(ся), -аю(сь), -ает(ся), сов.
на бегу́
набедокурить, -рю, -рит
набе́дренник, -а
набе́дренный

НАБ

набе́дствоваться, -твуюсь, -твуется
на беду́
набежа́ть, -егу́, -ежи́т, -егу́т
набезобра́зить, -а́жу, -а́зит
набезобра́зничать, -аю, -ает
набекре́нь
набелённый; кр. ф. -ён, -ена́
набели́ть(ся), -елю́(сь), -е́лит(ся)
на́бело
на́бережная, -ой
набесе́доваться, -дуюсь, -дуется
набива́ть(ся), -а́ю(сь), -а́ет(ся)
наби́вка, -и
набивно́й
наби́вочный
набира́ть(ся), -а́ю(сь), -а́ет(ся)
наби́тый
наби́ть(ся), -бью́(сь), -бьёт(ся)
наблуди́ть, -ужу́, -уди́т
наблюда́тель, -я
наблюда́тельница, -ы
наблюда́тельность, -и
наблюда́тельный
наблюда́ть(ся), -а́ю, -а́ет(ся)
наблюде́ние, -я
наблюдённый; кр. ф. -ён, -ена́
наблю́дший
наблюсти́, -юду́, -юдёт; прош. -ю́л, -юла́
набо́б, -а
набо́ечный
на́божность, -и
на́божный
набо́йка, -и
набо́йчатый
на́бок, нареч. (склони́л го́лову на́бок), но сущ. на́ бок (лёг на́ бок)
на боковую
на боку́
наболе́ть, -ли́т и -е́ет
набо́лтанный
наболта́ть(ся), -а́ю(сь), -а́ет(ся)
на́больший, -его
набо́р, -а
набо́рно-печа́тающий
набо́рный
набо́ртный
набо́рщик, -а
набо́рщица, -ы
на бо́су́ но́гу
на́бранный
набра́сывать(ся), -аю(сь), -ает(ся)
набра́ть(ся), -беру́(сь), -берёт(ся); прош. -а́л(ся), -ала́(сь), -а́ло, -а́ло́сь
набреда́ть, -а́ю, -а́ет
набре́дший
набрести́, -еду́, -едёт; прош. -ёл, -ела́
набреха́ть(ся), -ешу́(сь), -е́шет(ся)
наброди́ться, -ожу́сь, -о́дится
набро́санный
наброса́ть, -а́ю, -а́ет
набро́сить(ся), -о́шу(сь), -о́сит(ся)
набро́сок, -ска
набро́шенный
набры́зганный
набры́згать, -аю, -ает
набрюзжа́ть, -зжу́, -зжи́т
набрю́шник, -а
набрю́шный
набря́кнуть, -нет
набунтова́ться, -ту́юсь, -ту́ется

НАБ

набура́вить, -влю, -вит
набура́вленный
набурённый; кр. ф. -ён, -ена́
набури́ть, -рю́, -ри́т
набути́ть, -учу́, -ути́т
набуха́ние, -я
набу́хать, -аю, -ает, сов.
набуха́ть, -а́ет, несов.
набу́хлый
набу́хнуть, -нет; прош. -у́х, -у́хла
набу́хший
набу́ченный
набу́чивать, -аю, -ает
набуя́нить(ся), -ню(сь), -нит(ся)
нава́га, -и
наважде́ние, -я
нава́жий, -ья, -ье
нава́ксить, -кшу, -ксит
нава́кшенный
нава́л, -а
нава́ленный (от навали́ть)
нава́ливание, -я
нава́ливать(ся), -аю(сь), -ает(ся)
навали́ть(ся), -алю́(сь), -а́лит(ся)
нава́лка, -и
нава́лом, нареч.
навалоотбо́йщик, -а
нава́лочный
навалянный (от наваля́ть)
наваля́ть(ся), -я́ю(сь), -я́ет(ся)
нава́р, -а
нава́ренный
нава́ривание, -я
нава́ривать(ся), -аю, -ает(ся)
нава́ристый
навари́ть, -арю́, -а́рит
нава́рка, -и
наварно́й (приваренный)
нава́рный (наваристый)
нава́стривать(ся), -аю(сь), -ает(ся)
нава́ха, -и
нава́щивать(ся), -аю, -ает(ся)
навева́ть(ся), -а́ю, -а́ет(ся) (к ве́ять)
наве́даться, -аюсь, -ается
наведе́ние, -я
наведённый; кр. ф. -ён, -ена́
наве́дший
наве́дываться, -аюсь, -ается
навезённый; кр. ф. -ён, -ена́
навезти́, -зу́, -зёт; прош. -ёз, -езла́
навёзший
наве́ивать(ся), -аю, -ает(ся)
наве́к, нареч.
на века́
наве́ки, нареч.
на ве́ки веко́в
на ве́ки ве́чные
навербо́ванный
навербова́ть, -бу́ю, -бу́ет
навербо́вывать(ся), -аю, -ает(ся)
наве́рно и наве́рное
вернутый
наверну́ть(ся), -ну́, -нёт(ся)
наверняка́
навёрстанный
наверста́ть, -а́ю, -а́ет
навёрстывать(ся), -аю, -ает(ся)
наверте́ть, -ерчу́, -е́ртит
навёртка, -и
навёртывание, -я
навёртывать(ся), -аю, -ает(ся)
на ве́ру

НАВ

наверх, нареч. (подня́ться наве́рх)
наверху́, нареч. (сиде́ть наверху́)
наве́рченный
наве́рчивать(ся), -аю, -ает(ся)
наве́с, -а
на ве́с (продава́ть)
навеселе́
наве́систый
наве́сить, -е́шу, -е́сит
наве́ска, -и
навесно́й (вися́чий)
наве́сный
навести́, -еду́, -едёт; прош. -ёл, -ела́
навести́ть, -ещу́, -ести́т
на весу́
наве́т, -а
на ве́тер (броса́ть)
наве́тренный
на ветру́
наве́чно
наве́шанный (от наве́шать)
наве́шать, -аю, -ает
наве́шенный (от наве́сить)
наве́шивание, -я
наве́шивать(ся), -аю, -ает(ся)
навеща́ть(ся), -а́ю, -а́ет(ся)
навещённый; кр. ф. -ён, -ена́
наве́янный
наве́ять, -е́ю, -е́ет
на взгля́д
на́взничь
навзры́д
навива́льный
навива́ние, -я
навива́ть(ся), -а́ю, -а́ет(ся) (к вить)
нави́вка, -и
навивно́й
навига́тор, -а
навигацио́нный
навига́ция, -и
на ви́д
на виду́
навида́ться, -а́юсь, -а́ется
навинти́ть(ся), -нчу́, -нти́т(ся)
нави́нченный
нави́нчивать(ся), -аю, -ает(ся)
нависа́ть, -а́ет
нави́слый
нави́снуть, -нет; прош. -и́с, -и́сла
нави́сший
нави́тый; кр. ф. -и́т, -ита́, -и́то
нави́ть(ся), -вью́, -вьёт(ся); прош. -и́л(ся), -ила́(сь), -и́ло(сь)
на́вкрест, нареч.
на вку́с
навлека́ть(ся), -а́ю, -а́ет(ся)
навлёкший
навлечённый; кр. ф. -ён, -ена́
навле́чь, -еку́, -ечёт, -еку́т; прош. -ёк, -екла́
наводи́ть(ся), -ожу́, -о́дит(ся)
наво́дка, -и
наводне́ние, -я
наводнённый; кр. ф. -ён, -ена́
наводни́ть(ся), -ню́, -ни́т(ся)
наводно́й
наводня́емость, -и
наводня́ть(ся), -я́ю, -я́ет(ся)
наво́дчик, -а
наво́дчица, -ы
наводя́щий(ся)
навоёванный

НАВ НАВ НАГ Н

навоевать(ся), -воюю(сь), -воюет(ся)
навоженный
навоз, -а
навозить(ся), -ожу, -озит(ся), несов.
навозить(ся), -ожу(сь), -озит(ся), сов.
навозник, -а
навозница, -ы
навозной (к навозить)
навозный
навозопогрузчик, -а
навозоразбрасыватель, -я
навозохранилище, -а
на возрасте
навой, -я
наволакивать(ся), -аю, -ает(ся)
наволок, -а
наволока, -и
наволокший
наволочённый; кр. ф. -ён, -ена
наволочка, -и
наволочный (от наволочка)
наволочь, -оку, -очёт, -окут; прош. -ок, -окла
навонять, -яю, -яет
навораживать, -аю, -ает
наворачивать(ся), -аю, -ает(ся)
наворованный
наворовать, -рую, -рует
наворовывать(ся), -аю, -ает(ся)
наворожённый; кр. ф. -ён, -ена
наворожить, -жу, -жит
наворотить, -очу, -отит
наворочать, -аю, -ает
навороченный
наворошённый; кр. ф. -ён, -ена
наворошить, -шу, -шит
наворсить, -ршу, -рсит
наворсованный
наворсовать, -сую, -сует
наворчать(ся), -чу(сь), -чит(ся)
навостренный; кр. ф. -ён, -ена
навострить(ся), -рю(сь), -рит(ся)
навощённый; кр. ф. -ён, -ена
навощить, -щу, -щит
навранный
наврать, -ру, -рёт; прош. -ал, -ала, -ало
навредить, -ежу, -едит
на время
навряд (ли)
навсегда
навскидку, нареч.
навстречу, нареч. (навстречу друг другу)
на выбор
навыверт, нареч.
навыворот, нареч.
на выданье
навык, -а
навыкат и навыкате, нареч.
навыкать, -аю, -ает
навыкнуть, -ну, -нет; прош. -ык, -ыкла
навыкший
навылет, нареч.
навынос, нареч.
на выплату
навыпуск, нареч.
навырез, нареч.

на выручку
навытяжку, нареч.
на выучку
навьюченный
навьючивать(ся), -аю(сь), -ает(ся)
навьючить(ся), -чу(сь), -чит(ся)
навязанный
навязать(ся), -яжу(сь), -яжет(ся)
навязка, -и
навязнувший
навязнуть, -нет; прош. -яз, -язла
навязчивый
навязший
навязывание, я
навязывать(ся), -аю(сь), -ает(ся)
навяленный
навяливать(ся), -аю, -ает(ся)
навялить, -лю, -лит
нагаданный
нагадать, -аю, -ает
нагадить, -ажу, -адит
нагадывать, -аю, -ает
нагаечка, -и
нагаечный
нагаженный
нагайка, -и (плётка)
наган, -а
наганный
нагар, -а
нагарный
нагатить, -ачу, -атит
нагаченный
нагачивать, -аю, -ает
нагель, -я
нагельный
нагиб, -а
нагибание, -я
нагибать(ся), -аю(сь), -ает(ся)
нагишом
нагладить, -ажу, -адит
наглаженный
наглаживать(ся), -аю, -ает(ся)
на глаз
на глазах
наглазник, -а
наглазный
на глазок
наглеть, -ею, -еет
наглец, -а
наглеца, -ы: с наглецой
нагличать, -аю, -ает
нагловатый
наглодаться, -ожусь, -ожется и -аюсь, -ается
наглость, -и
наглотаться, -аюсь, -ается
наглумиться, -млюсь, -мится
наглупить, -плю, -пит
наглухо
наглушённый; кр. ф. -ён, -ена
наглушить, -ушу, -ушит
наглый; кр. ф. нагл, нагла, нагло
наглядеться, -яжусь, -ядится
наглядность, -и
наглядный
наглянцевать, -цую, -цует
наглянцованный
нагнаиваться, -ается
нагнанный
нагнать, -гоню, -гонит; прош. -ал, -ала, -ало
нагнести, -нету, -нетёт

нагнёт, -а
нагнетатель, -я
нагнетательный
нагнетать(ся), -аю, -ает(ся)
нагнетённый; кр. ф. -ён, -ена
нагнётший
нагнивать, -ает
нагноение, -я
нагноёный; кр. ф. -ён, -ена
нагноить(ся), -ою, -оит(ся)
нагнутый
нагнуть(ся), -ну(сь), -нёт(ся)
наговаривать(ся), -аю(сь), -ает(ся)
наговор, -а
наговорённый; кр. ф. -ён, -ена
наговорить(ся), -рю(сь), -рит(ся)
наговорный
нагой
наголенный
наголо
наголовник, -а
наголовок, -вка
наголову, нареч. (разбить врага наголову)
наголовье, -я, р. мн. -вий
наголодаться, -аюсь, -ается
нагольный
нагон, -а
нагонный
нагоняй, -я
нагонять(ся), -яю(сь), -яет(ся)
на-гора
нагораживать(ся), -аю, -ает(ся)
нагорать, -ает
на горе
нагореваться, -рююсь, -рюет(ся)
нагореть, -рит
нагородить, -ожу, -одит
нагороженный
нагорье, -я, р. мн. -рий
нагоститься, -ощусь, -остится
нагота, -ы
наготавливать(ся), -аю, -ает(ся)
наготове
наготовить(ся), -влю(сь), -вит(ся)
наготовленный
нагофрированный
нагофрировать, -рую, -рует
награбить, -блю, -бит
награбленный
награвированный
награвировать, -рую, -рует
награда, -ы
наградить, -ажу, -адит
наградной
награждать(ся), -аю(сь), -ает(ся)
награждение, -я
награждённый; кр. ф. -ён, -ена
награнённый; кр. ф. -ён, -ена
ागранить, -ню, -нит
награфить, -флю, -фит
награфлённый; кр. ф. -ён, -ена
нагребать(ся), -аю, -ает(ся)
нагребённый; кр. ф. -ён, -ена
нагрёбший
нагрев, -а
нагревание, -я
нагреватель, -я
нагревательный
нагревать(ся), -аю(сь), -ает(ся)

НАГ

нагрести́, -ребу́, -ребёт; *прош.* -рёб, -ребла́
нагре́тый
нагре́ть(ся), -е́ю, -е́ет(ся)
на гре́х
нагреховодничать, -аю, -ает
нагреши́ть, -шу́, -ши́т
нагримиро́ванный
нагримирова́ть(ся), -ру́ю(сь), -ру́ет(ся)
нагромажда́ть(ся), -а́ю, -а́ет(ся)
нагроможде́ние, -я
нагромождённый; *кр. ф.* -ён, -ена́
нагромозди́ть(ся), -зжу́, -зди́т(ся)
нагруби́ть, -блю́, -би́т
нагрубия́нить, -ню, -нит
нагру́дник, -а
нагру́дный
нагружа́ть(ся), -а́ю(сь), -а́ет(ся)
нагру́женный и нагружённый; *кр. ф.* -ён, -ена́
нагрузи́ть(ся), -ужу́(сь), -у́зи́т(ся)
нагру́зка, -и
нагру́зочный
нагрунто́ванный
нагрунтова́ть, -ту́ю, -ту́ет
нагрусти́ться, -ущу́сь, -усти́тся
нагрыза́ть, -а́ю, -а́ет
нагры́зенный
нагры́зть(ся), -зу́(сь), -зёт(ся); *прош.* -ы́з(ся), -ы́зла(сь)
нагры́зший(ся)
нагрязнённый; *кр. ф.* -ён, -ена́
нагрязни́ть, -ню́, -ни́т
нагряну́ть, -ну, -нет
нагу́л, а
нагу́ливать(ся), -аю(сь), -ает(ся)
нагу́льный
нагу́лянный
нагуля́ть(ся), -я́ю(сь), -я́ет(ся)
нагуме́нный
на́густо
над, надо, *предлог*
надава́ть, -даю́, -даёт
надави́ть, -авлю́, -а́вит
нада́вленный
нада́вливать(ся), -аю, -ает(ся)
нада́ивать(ся), -аю, -ает(ся)
нада́лбливать(ся), -аю, -ает(ся)
нада́ренный
нада́ривать, -аю, -ает
надари́ть, -арю́, -а́рит
на даровщи́нку
надба́вить, -влю, -вит
надба́вка, -и
надба́вленный
надбавля́ть(ся), -я́ю, -я́ет(ся)
надба́вочный
надбива́ть(ся), -а́ю, -а́ет
надби́тый
надби́ть, надобью́, надобьёт
надбро́вный
надбро́вье, -я, *р. мн.* -вий
надбрю́шный
надвёрнутый
надверну́ть, -ну́, -нёт
надвива́ть(ся), -а́ю, -а́ет(ся)
надви́г, -а
надвига́ть(ся), -а́ю(сь), -а́ет(ся)
надвижно́й
надви́нутый
надви́нуть(ся), -ну(сь), -нет(ся)

НАД

надви́тый; *кр. ф.* -и́т, -ита́, -и́то
надви́ть, надовью́, надовьёт; *прош.* -и́л, -ила́, -и́ло
надво́дный
на́двое
надво́рный
надво́рье, -я, *р. мн.* -рий
надвя́занный
надвяза́ть, -яжу́, -я́жет
надвя́зка, -и
надвя́зывание, -я
надвя́зывать(ся), -аю, -ает(ся)
надгла́вок, -вка
надгла́вье, -я, *р. мн.* -вий
надглазни́чный
надгла́зный
надгорта́нник, -а
надгорта́нный
надгро́бие, -я, *р. мн.* -бий
надгро́бный
надгрыза́ть, -а́ю, -а́ет
надгры́зенный
надгры́зть, -зу́, -зёт; *прош.* -ы́з, -ы́зла
наддава́ть, -даю́, -даёт
на́дданный; *кр. ф.* -ан, надданá
надда́ть, -а́м, -а́шь, -а́ст, -ади́м, -ади́те, -аду́т; *прош.* -а́л, -ала́, -а́ло
надда́ча, -и
наддве́рный
надду́в, -а
надебоши́рить, -рю, -рит
надёванный
надева́ть(ся), -а́ю, -а́ет(ся)
наде́жа, -и
наде́жда, -ы
надёжный
наде́л, -а
наде́ланный
наде́лать(ся), -аю, -ает(ся)
на де́ле
наделённый; *кр. ф.* -ён, -ена́
надели́ть, -лю́, -ли́т
наде́лка, -и
наде́льный
наделя́ть(ся), -я́ю, -я́ет(ся)
надёргать, -аю, -ает
надёргивать(ся), -аю, -ает(ся)
надерзи́ть, -зи́т
надёрнутый
надёрнуть, -ну, -нет
наде́тый
наде́ть(ся), -е́ну, -е́нет(ся)
наде́яться, -е́юсь, -е́ется
надзвёздный
надзе́мный
надзира́тель, -я
надзира́тельница, -ы
надзира́тельский
надзира́ть, -а́ю, -а́ет
надзо́р, -а
надзо́рный
надиви́ть(ся), -влю́(сь), -ви́т(ся)
на ди́во
надивова́ться, -иву́юсь, -иву́ется
нади́р, -а
надира́ть(ся), -а́ю(сь), -а́ет(ся)
надкали́берный
надка́лывать(ся), -аю, -ает(ся)
надкла́ссовый
надкле́енный
надкле́ивать(ся), -аю, -ает(ся)

НАД

надкле́ить, -е́ю, -е́ит
надкле́йка, -и
надклю́вье, -я, *р. мн.* -вий
надключи́чный
надко́ванный
надкова́ть, -ку́ю, -куёт
надко́вывать(ся), -аю, -ает(ся)
надко́жица, -ы
надко́л, -а
надколе́нник, -а
надколе́нный
надко́лотый
надколо́ть, -олю́, -о́лет
надкопы́тье, -я, *р. мн.* -тий
надко́стница, -ы
надко́стничный
надко́стный
надкрыле́чный
надкры́лья, -лий
надку́с, -а
надку́санный (*от* надкуса́ть)
надкуса́ть, -а́ю, -а́ет
надкуси́ть, -ушу́, -у́сит
надку́сывать(ся), -аю, -ает(ся)
надку́шенный (*от* надкуси́ть)
надла́мывать(ся), -аю(сь), -ает(ся)
надлёдный
надлежа́ть, -жи́т
надлежа́щий
надлобко́вый
надло́бный
надло́бье, -я, *р. мн.* -бий
надло́м, -а
надло́манный (*от* надлома́ть)
надлома́ть, -а́ю, -а́ет
надломи́ть(ся), -омлю́(сь), -о́мит(ся)
надло́мленность, -и
надло́мленный (*от* надломи́ть)
надлопа́точный
надлу́нный
надме́нность, -и
надме́нный; *кр. ф.* -е́нен, -е́нна
надмоги́льный
надмолекуля́рный
наднациона́льный
на дня́х
на́до (нужно)
на́до, над, *предлог*
на́добиться, -бится
надо́блачный
на́добно
на́добность, -и
на́добный
на́до быть
надо́гнутый
надогну́ть, -ну́, -нёт
надоеда́ть, -а́ю, -а́ет
надое́дливость, -и
надое́дливый
надое́дный
надое́нный
надое́сть, -е́м, -е́шь, -е́ст, -еди́м, -еди́те, -едя́т; *прош.* -е́л, -е́ла
надои́ть, -ою́, -о́ит
надо́й, -я
надоко́нный
на́долба, -ы
надолби́ть, -блю́, -би́т
надолблённый; *кр. ф.* -ён, -ена́
надо́лго

НАД НАД НАЕ Н

надолжа́ть, -а́ю, -а́ет
на́ дом
надо́мник, -а
надо́мница, -ы
надо́мный
на дому́
надо́рванность, -и
надо́рванный
надорва́ть(ся), -ву́(сь), -вёт(ся); прош. -а́л(ся), -ала́(сь), -а́ло, -а́лось
надоу́мить, -млю, -мит
надоу́мленный
надоу́мливать, -аю, -ает
надпа́лубный
надпа́рывать(ся), -аю, -ает(ся)
надперено́сье, -я, р. мн. -сий
надпи́л, -а
надпи́ленный
надпи́ливать(ся), -аю, -ает(ся)
надпили́ть, -илю́, -и́лит
надпи́санный
надписа́ть, -ишу́, -и́шет
надпи́ска, -и
надпи́сывать(ся), -аю, -ает(ся)
на́дпись, -и
надпо́йменный
надпо́ротый
надпоро́ть, -орю́, -о́рет
надпо́чвенный
надпо́чечник, -а
надпо́чечный
надпя́точный
надра́енный
надра́ивать, -аю, -ает
надра́ить, -а́ю, -а́ит
на́дранный
надра́ть(ся), -деру́(сь), -дерёт(ся); прош. -а́л(ся), -ала́(сь), -а́ло, -а́лось
надрёберный
надре́з, -а
надре́занный
надреза́ть, -е́жу, -е́жет, сов.
надреза́ть(ся), -а́ю, -а́ет(ся), несов.
надре́зывать(ся), -аю, -ает(ся)
надрессиро́ванный
надрессирова́ть, -ру́ю, -ру́ет
надроби́ть, -блю́, -би́т
надроблённый; кр. ф. -ён, -ена́
надруба́ть, -а́ю, -а́ет
надруби́ть, -ублю́, -у́бит
надру́бка, -и
надру́бленный
надруга́тельство, -а
надруга́ться, -а́юсь, -а́ется
надры́в, -а
надрыва́ть(ся), -а́ю(сь), -а́ет(ся)
надры́вистый
надры́вный
надры́згать(ся), -аю, -ает(ся)
надса́да, -ы
надсади́ть(ся), -ажу́(сь), -а́дит(ся)
надса́дный
надса́женный
надса́живать(ся), -аю, -ает(ся)
надседа́ться, -а́юсь, -а́ется
надсека́ть(ся), -а́ю, -а́ет(ся)
надсе́кший
надсечённый; кр. ф. -ён, -ена́
надсе́чка, -и
надсе́чь, -еку́, -ечёт, -еку́т; прош. -е́к, -екла́

надсма́тривать, -аю, -ает
надсмея́ться, -ею́сь, -еётся
надсмо́тр, -а
надсмо́трщик, -а
надсмо́трщица, -ы
надста́вить, -влю, -вит
надста́вка, -и
надста́вленный
надставля́ть(ся), -я́ю, -я́ет(ся)
надставно́й
надстра́ивать(ся), -аю, -ает(ся)
надстро́енный
надстро́ечный
надстро́ить, -о́ю, -о́ит
надстро́йка, -и
надстро́чный
надтёсанный
надтеса́ть, -ешу́, -е́шет
надтёсывать(ся), -аю, -ает(ся)
надтре́снутый
надтресну́ть, -нет
надуби́ть, -блю́, -би́т
надублённый; кр. ф. -ён, -ена́
надува́ла, -ы, м. и ж.
надува́ние, -я
надува́тельский
надува́тельство, -а
надува́ть(ся), -а́ю(сь), -а́ет(ся)
наду́вка, -и
надувно́й
наду́льник, -а
наду́льный
наду́манный; кр. ф. прич. -ан, -ана; кр. ф. прил. -ан, -анна
наду́мать(ся), -аю(сь), -ает(ся)
наду́мывать(ся), -аю(сь), -ает(ся)
надура́читься, -чусь, -чится
надури́ть(ся), -рю́(сь), -ри́т(ся)
наду́тый
наду́ть(ся), -ду́ю(сь), -ду́ет(ся)
наду́шенный и надушённый; кр. ф. -ён, -ена́
надуши́ть(ся), -ушу́(сь), -у́шит(ся)
на́дфиль, -я
надхво́стье, -я, р. мн. -тий
надхря́щница, -ы
надчелюстно́й
надша́хтный
надшива́ть(ся), -а́ю, -а́ет(ся)
надши́вка, -и
надши́тый
надши́ть, надошью́, надошьёт
надъязы́чный
надъя́рус, -а
на дыбы́
надыми́ть, -млю́, -ми́т
надындивидуа́льный
надынтегра́льный
надыша́ть(ся), -ышу́(сь), -ы́шит(ся)
наеда́ть(ся), -а́ю(сь), -а́ет(ся)
наедине́
нае́зд, -а
нае́здить(ся), -зжу(сь), -здит(ся)
нае́здка, -и
нае́здник, -а
нае́здница, -ы
нае́здничать, -аю, -ает
нае́зднический
нае́здничество, -а
нае́здом, нареч.
наезжа́ть, -а́ю, -а́ет

нае́зженный
нае́зживать, -аю, -ает
нае́зжий
наём, на́йма
наёмка, -и
наёмник, -а
наёмница, -ы
наёмнический
наёмничий, -ья, -ье
наёмный
нае́сть(ся), -е́м(ся), -е́шь(ся), -е́ст(ся), -еди́м(ся), -еди́те(сь), -едя́т(ся); прош. -е́л(ся), -е́ла(сь)
нае́хать, -е́ду, -е́дет
нажа́ловаться, -луюсь, -луется
нажа́ренный
нажа́ривать(ся), -аю(сь), -ает(ся)
нажа́рить(ся), -рю(сь), -рит(ся)
нажа́тие, -я
нажа́ть¹, -жму́, -жмёт
нажа́ть², -жну́, -жнёт
наждáк, -а́
нажда́чный
наждачо́к, -чка́
нажёванный
нажева́ть(ся), -жую́(сь), -жуёт(ся)
нажёвывать(ся), -аю, -ает(ся)
нажёгший(ся)
нажелти́ть, -лчу́, -лти́т
нажелчённый; кр. ф. -ён, -ена́
наже́чь(ся), -жгу́(сь), -жжёт(ся), -жгу́т(ся); прош. жёг(ся), -жгла́(сь)
нажжённый; кр. ф. -ён, -ена́
нажи́ва, -ы
нажива́ть(ся), -а́ю(сь), -а́ет(ся)
нживи́ть, -влю́, -ви́т
нажи́вка, -и
наживлённый; кр. ф. -ён, -ена́
наживля́ть(ся), -я́ю, -я́ет(ся)
наживно́й
нажи́вочный
нажига́ть(ся), -а́ю, -а́ет(ся)
нажи́м, -а
нажима́ть(ся), -а́ю, -а́ет(ся)
нажи́мистый
нажимно́й
нажи́мно-поворо́тный
нажи́мный
нажи́н, -а
нажина́ть(ся), -а́ю, -а́ет(ся)
нажира́ться, -а́юсь, -а́ется
нажито́й, прил.
нажи́тый; кр. ф. нажи́т, нажита́, на́жито, прич.
нажи́ть(ся), -иву́(сь), -ивёт(ся); прош. нажи́л, нажи́лся, нажила́(сь), нажи́ло, нажило́сь
нажра́ться, -русь, -рётся; прош. -а́лся, -ала́сь, -а́лось
нажужжа́ть, -жжу́, -жжи́т
наза́втра, нареч. (наза́втра отпра́вились в путь)
наза́д, нареч.
назади́
назализа́ция, -и
назализи́рованный
назализи́ровать(ся), -рую, -рует(ся)
назализо́ванный
назализова́ть, -зу́ю, -зу́ет
наза́льный
на запя́тках

НАЗ

на запя́тки
назаря́нин, -а, *мн.* -я́не, -я́н
назва́нивать, -аю, -ает
назва́ние, -я
на́званный, *прич.*
назва́ный, *прил.*
назва́ньице, -а
назва́ть(ся), -зову́(сь), -зовёт(ся); *прош.* -а́л(ся), -ала́(сь), -а́ло, -а́ло(сь)
назвони́ть, -ню́, -ни́т
наздра́вствоваться, -твуюсь, -твуется
населённый; *кр. ф.* -ён, -ена́
назели́ть, -ню́, -ни́т
назём, -а
назе́мный (*от* земля́)
на́земь
назида́ние, -я (в назида́ние)
назида́тельный
на́зло, *нареч.*
назнача́ть(ся), -а́ю(сь), -а́ет(ся)
назначе́ние, -я
назна́ченный
назна́чить, -чу, -чит
назо́йливость, -и
назо́йливый
назрева́ние, -я
назрева́ть, -а́ет
назре́ть, -е́ет
назубо́к, *нареч.* (вы́учить назубо́к)
называ́тельный
называ́ть(ся), -а́ю(сь), -а́ет(ся)
назюзю́каться, -аюсь, -ается
назя́бнуть(ся), -ну(сь), -нет(ся); *прош.* -зя́б(ся), -зя́бла(сь)
назя́бший(ся)
наи́б, -а
наибо́лее
наибо́льший
наибыстре́йший
наиважне́йший
наиверне́йший
наивнича́ть, -а́ю, -а́ет
наи́вность, -и
наи́вный
наивы́сший
наи́гранный
наигра́ть(ся), -а́ю(сь), -а́ет(ся)
наи́грывать(ся), -аю, -ает(ся)
наи́грыш, -а
наизволо́к, *нареч.*
наизгото́ве
на изгото́вку
на излёте
на измо́р
наизна́нку, *нареч.*
на изно́с
наизу́сть
наилегча́йший
наилу́чший
наиме́нее
наименова́ние, -я
наимено́ванный
наименова́ть(ся), -ну́ю, -ну́ет(ся)
наимено́вывать(ся), -аю, -ает(ся)
наиме́ньший
наипа́че
наискосо́к
на́искось
на исхо́де
найтие́, -я

НАИ

наиху́дший
наича́ще
на́йденный
найдёныш, -а
найми́т, -а
найми́тка, -и
найми́чка, -и
найти́(сь), найду́(сь), найдёт(ся); *прош.* нашёл(ся), нашла́(сь)
найто́в, -а
найто́вить, -влю, -вит
на́-ка
нака́верзить, -ржу, -рзит
нака́верзничать, -аю, -ает
нака́з, -а
наказа́ние, -я
нака́занный
наказа́ть, -ажу́, -а́жет
наказно́й
наказу́емость, -и
наказу́емый
нака́зывать(ся), -аю, -ает(ся)
нака́л, -а
накалённый; *кр. ф.* -ён, -ена́
нака́ливание, -я
нака́ливать(ся), -аю(сь), -ает(ся)
накали́ть(ся), -лю́(сь), -ли́т(ся)
нака́лка, -и
нака́лывание, -я
нака́лывать(ся), -аю(сь), -ает(ся)
наказя́емость, -и
накаля́ть(ся), -я́ю(сь), -я́ет(ся)
наканифо́ленный
наканифо́лить, -лю, -лит
накану́не
нака́панный
нака́пать, -аю, -ает
нака́пливать(ся), -аю, -ает(ся)
нака́пчивать(ся), -аю, -ает(ся)
нака́пывать, -аю, -ает
на карау́л
на кара́чках
на кара́чки
нака́рканный
нака́ркать, -аю, -ает
нака́рмливать, -аю, -ает
на́-кась, на́-кася
нака́т, -а
нака́танный
наката́ть(ся), -а́ю(сь), -а́ет(ся)
накати́ть(ся), -ачу́(сь), -а́тит(ся)
нака́тка, -и
нака́тный
нака́том, *нареч.*
нака́тчик, -а
нака́тчица, -ы
нака́тывание, -я
нака́тывать(ся), -аю(сь), -ает(ся)
нака́чанный (*от* накача́ть)
накача́ть(ся), -а́ю(сь), -а́ет(ся)
нака́ченный (*от* накати́ть)
нака́чивать(ся), -аю(сь), -ает(ся)
нака́чка, -и
нака́шивать(ся), -аю, -ает(ся)
накваси́ть, -а́шу, -а́сит
накваше́нный
наква́шивать(ся), -аю, -ает(ся)
наки́данный
накида́ть, -а́ю, -а́ет
наки́дка, -и
накидно́й
наки́дывать(ся), -аю(сь), -ает(ся)

НАК

наки́нутый
наки́нуть(ся), -ну(сь), -нет(ся)
накипа́ть, -а́ет
накипеобразова́ние, -я
накипе́ть, -пи́т
на́кипь, -и
накипяти́ть, -ячу́, -яти́т
накипячённый; *кр. ф.* -ён, -ена́
накиса́ть, -а́ет
наки́снуть, -нет; *прош.* -ки́с, -ки́сла
накла́д, -а
накла́дка, -и
накладна́я, -о́й
накла́дно
накладно́й
накла́дывать(ся), -аю, -ает(ся)
накла́сть, -аду́, -адёт; *прош.* -а́л, -а́ла
наклёванный
наклева́ть, -лю́ю, -люёт
наклевётанный
наклевета́ть, -ещу́, -е́щет
наклёвывать(ся), -аю, -ает(ся)
накле́енный
накле́ивать(ся), -аю, -ает(ся)
накле́ить(ся), -е́ю, -е́ит(ся)
накле́йка, -и
наклёпанный
наклепа́ть[1], -а́ю, -а́ет (к клепа́ть[1])
наклепа́ть[2], -еплю́, -е́плет (к клепа́ть[2])
наклёпка, -и
наклёпывать(ся), -аю, -ает(ся)
накли́канный
накли́кать, -и́чу, -и́чет, *сов.*
наклика́ть, -а́ю, -а́ет, *несов.*
накло́н, -а
наклоне́ние, -я
наклонённый; *кр. ф.* -ён, -ена́
наклони́ть(ся), -оню́(сь), -о́нит(ся)
накло́нность, -и
накло́нный
наклономе́р, -а
наклоня́ть(ся), -я́ю(сь), -я́ет(ся)
наклю́каться, -аюсь, -ается
наклю́нутый
наклю́нуть(ся), -нет(ся)
накля́узничать, -аю, -ает
накова́ленка, -и
накова́льня, -и, *р. мн.* -лен
ако́ванный
накова́ть, -кую́, -куёт
нако́вка, -и
нако́вывать(ся), -аю, -ает(ся)
накови́ривать, -аю, -ает
накови́рянный
наковыря́ть(ся), -я́ю(сь), -я́ет(ся)
нако́жник, -а
нако́жный
на ко́й
накоксо́ванный
накоксова́ть, -су́ю, -су́ет
накола́чивать(ся), -аю, -ает(ся)
наколдо́ванный
наколдова́ть, -ду́ю, -ду́ет
коле́нник, -а
наколе́нный
нако́лка, -и
наколобро́дить, -о́жу, -о́дит
наколоти́ть, -очу́, -о́тит
наколо́тый
наколо́ть(ся), -олю́(сь), -о́лет(ся)

наколо́ченный
наколу́панный
наколупа́ть, -а́ю, -а́ет
накома́рник, -а
наконе́ц, нареч. (догада́лся наконе́ц)
наконе́чник, -а
наконе́чный
нако́панный
накопа́ть, -а́ю, -а́ет
накопи́тель, -я
накопи́ть(ся), -оплю́, -о́пит(ся)
накопле́ние, -я
нако́пленный
накопля́ть(ся), -я́ю, -я́ет(ся)
накопти́ть, -пчу́, -пти́т
накопчённый; кр. ф. -ён, -ена́
накопы́льник, -а
накорми́ть, -омлю́, -о́рмит
нако́рмленный
накоротке́
нако́ротко
на ко́рточках
на ко́рточки
накорчёванный
накорчева́ть, -чу́ю, -чу́ет
накорчёвывать(ся), -аю, -ает(ся)
накоси́ть(ся), -ошу́(сь), -о́сит(ся)
на́косо
нако́стница, -ы
нако́стный
на́кось, нареч.
нако́шенный
накра́денный
накра́дывать(ся), -аю, -ает(ся)
накра́ивать(ся), -аю, -ает(ся)
накра́пывать, -ает
накра́сить, -а́шу(сь), -а́сит(ся)
накра́сть, -аду́, -адёт; прош. -кра́л, -кра́ла
накрахма́ленный
накрахма́ливать(ся), -аю, -ает(ся)
накрахма́лить(ся), -лю, -лит(ся)
накра́шенный
накра́шивать(ся), -аю(сь), -ает(ся)
накренённый; кр. ф. -ён, -ена́
накрени́ть(ся), -ню́, -ни́т(ся)
накреня́ть(ся), -я́ю, -я́ет(ся)
на́крепко
на́крест, нареч.
на́криво
накрича́ть(ся), -чу́(сь), -чи́т(ся)
накро́енный
накро́ить, -ою́, -ои́т
накро́мсанный
накромса́ть, -а́ю, -а́ет
накропа́ть, -а́ю, -а́ет
накро́шенный
накроши́ть(ся), -ошу́, -о́шит(ся)
на круг
на́кругло
накружи́ться, -ужу́сь, -у́жится
накрути́ть(ся), -учу́(сь), -у́тит(ся)
накру́ченный
накру́чивать(ся), -аю(сь), -ает(ся)
накрыва́ть(ся), -а́ю(сь), -а́ет(ся)
накры́тие, -я
накры́тый
накры́ть(ся), -ро́ю(сь), -ро́ет(ся)
накто́уз, -а
на кулачка́х
на кулачки́
на кули́чках

на кули́чки
наку́панный
накупа́ть(ся), -а́ю(сь), -а́ет(ся)
накупи́ть, -уплю́, -у́пит
наку́пленный
наку́ренный
наку́ривать(ся), -аю(сь), -ает(ся)
накури́ть(ся), -урю́(сь), -у́рит(ся)
накуроле́сить, -е́шу, -е́сит
наку́санный
накуса́ть, -а́ю, -а́ет
наку́сывать, -аю, -ает
наку́танный
наку́тать(ся), -аю(сь), -ает(ся)
наку́тывать(ся), -аю(сь), -ает(ся)
наку́шать(ся), -аю(сь), -ает(ся)
нала́вливать, -аю, -ает
налага́ть(ся), -а́ю, -а́ет(ся)
на лад
на ла́дан
нала́дить, -а́жу, -а́дит
нала́дка, -и
нала́дочный
нала́дчик, -а
нала́женный
нала́живать(ся), -аю, -ает(ся)
налази́ться, -а́жусь, -а́зится
налака́ться, -а́юсь, -а́ется
налакиро́ванный
налакирова́ть, -ру́ю, -ру́ет
налакиро́вывать(ся), -аю, -ает(ся)
налако́миться, -млюсь, -мится
нала́мывать(ся), -аю, -ает(ся)
на́лганный
налга́ть, -лгу́, -лжёт, -лгу́т; прош. -а́л, -ала́, -а́ло
нале́во
налега́ть, -а́ю, -а́ет
налегке́
налёгший
на́ледь, -и
налёжанный
належа́ть(ся), -жу́(сь), -жи́т(ся)
налёживать(ся), -аю(сь), -ает(ся)
налеза́ть, -а́ю, -а́ет
нале́зть, -зу, -зет; прош. -ле́з, -ле́зла
нале́зший
налепи́ть(ся), -леплю́, -ле́пит(ся)
нале́пленный
налепля́ть(ся), -я́ю, -я́ет(ся)
налёт, -а
налётанный
налета́ть(ся), -а́ю(сь), -а́ет(ся)
налете́ть, -лечу́, -лети́т
на лету́
налётчик, -а
налётывать, -аю, -ает
нале́чь, -ля́гу, -ля́жет, -ля́гут; прош. -лёг, -легла́
нали́в, -а
налива́ть(ся), -а́ю(сь), -а́ет(ся)
нали́вка, -и
наливно́й
нали́вочный
нализа́ться, -ижу́сь, -и́жется
нали́зываться, -аюсь, -ается
нали́м, -а
нали́мий, -ья, -ье
налино́ванный
налинова́ть, -ну́ю, -ну́ет
налипа́ть, -а́ет
нали́пнуть, -нет; прош. -ли́п, -ли́пла

нали́пший
нали́стник, -а
налитографи́рованный
налитографи́ровать, -рую, -рует
налито́й, прил.
на́ли́тый; кр. ф. на́лит, налита́, на́лито, прич.
нали́ть(ся), -лью́(сь), -льёт(ся); прош. на́ли́л, нали́лся, налила́(сь), на́ли́ло, налило́сь
налицо́, нареч. (оказа́ться налицо́)
нали́чествовать, -твую, -твует
нали́чие, -я
нали́чник, -а
нали́чность, -и
нали́чный
нало́бник, -а
нало́бный
налови́ть(ся), -овлю́(сь), -о́вит(ся)
нало́вленный
наловчи́ться, -чу́сь, -чи́тся
нало́г, -а
нало́говый
налогообложе́ние, -я
налогоплате́льщик, -а
налогоспосо́бный
наложе́ние, -я
нало́женный (нало́женным платежо́м)
наложи́ть, -ожу́, -о́жит
нало́жница, -ы
нало́й, -я
налоко́тник, -а
нало́манный
налома́ть(ся), -а́ю(сь), -а́ет(ся)
налома́ться, -а́юсь, -а́ется
налощённый; кр. ф. -ён, -ена́
налощи́ть, -щу́, -щи́т
налу́щенный; кр. ф. -ён, -ена́
налущи́ть, -щу́, -щи́т
налы́гач, -а
налюбова́ться, -бу́юсь, -бу́ется
наля́панный
наля́пать, -аю, -ает
намагни́тить(ся), -и́чу, -и́тит(ся)
намагни́ченность, -и
намагни́ченный
намагни́чивание, -я
намагни́чивать(ся), -аю, -ает(ся)
нама́з, -а
нама́занный
нама́зать(ся), -а́жу(сь), -а́жет(ся)
на мази́
нама́зчик, -а
нама́зывать(ся), -аю(сь), -ает(ся)
намазю́канный
намазю́кать(ся), -аю(сь), -ает(ся)
намалёванный
намалева́ть(ся), -лю́ю(сь), -лю́ет(ся)
намалёвывать(ся), -аю(сь), -ает(ся)
нама́лывать(ся), -аю, -ает(ся)
на мане́р
нама́ранный
намара́ть, -а́ю, -а́ет
намарино́ванный
намаринова́ть, -ну́ю, -ну́ет
намарино́вывать, -аю, -ает
нама́сленный
нама́сливать(ся), -аю, -ает(ся)
нама́слить, -лю, -лит
намасти́ть, -ащу́, -асти́т (намазать)

НАМ

наматра́сник, -а и наматра́цник, -а
нама́тывание, -я
нама́тывать(ся), -аю(сь), -ает(ся)
нама́чивание, -я
нама́чивать(ся), -аю(сь), -ает(ся)
намащённый; *кр. ф.* -ён, -ена́ (*от* намасти́ть)
нама́щивать(ся), -аю, -ает(ся)
нама́яться, -а́юсь, -а́ется
наме́дни
наме́днишний
намежёванный
намежева́ть, -жу́ю, -жу́ет
намежёвывать(ся), -аю, -ает(ся)
намёк, -а
намека́ть, -а́ю, -а́ет
намекну́ть, -ну́, -нёт
намелённый; *кр. ф.* -ён, -ена́
намели́ть, -лю́, -ли́т
намельчённый; *кр. ф.* -ён, -ена́
намельчи́ть, -чу́, -чи́т
наме́нивать(ся), -аю, -ает(ся)
наме́нянный
наменя́ть, -я́ю, -я́ет
намерева́ться, -а́юсь, -а́ется
наме́рение, -я
наме́ренный
намерза́ть, -а́ет
намёрзнувший(ся)
намёрзнуть, -ну́сь, -нет(ся); *прош.* -ёрз(ся), -ёрзла(сь)
намёрзший(ся)
наме́ривать(ся), -аю, -ает(ся) (*к* наме́рить)
наме́рить, -рю, -рит и -ряю, -ряет
на́мертво
наме́рять(ся), -я́ю, -я́ет(ся)
намеси́ть, -ешу́, -е́сят
намести́, -мету́, -метёт; *прош.* -мёл, -мела́
наме́стник, -а
наме́стнический
наме́стничество, -а
наме́стничий, -ья, -ье
наме́сто, *нареч.* (вместо)
намёт, -а
намётанный
намета́ть¹, -а́ю, -а́ет, *сов.* (о шитье)
намета́ть², -мечу́, -мечет, *сов.*
намета́ть(ся), -а́ю, -а́ет(ся) (*к* намести́)
наметённый; *кр. ф.* -ён, -ена́
наме́тить(ся), -ме́чу(сь), -ме́тит(ся)
намётка, -и
намётший
намётывать(ся), -аю, -ает(ся)
намеча́ть(ся), -а́ю, -а́ет(ся)
наме́ченный
намеча́ться, -а́юсь, -а́ется
наме́шанный (*от* намеша́ть)
намеша́ть, -а́ю, -а́ет
наме́шенный (*от* намеси́ть)
наме́шивать(ся), -аю, -ает(ся)
на миг
намина́ть(ся), -а́ю, -а́ет(ся)
нами́нка, -и
намно́го, *нареч.* (намно́го лу́чше), но *числит.* на мно́го (на мно́го лет)
намоги́льный
намозо́ленный
намозо́лить, -лю, -лит
намока́ть, -а́ю, -а́ет

НАМ

намо́кнуть, -ну, -нет; *прош.* -о́к, -о́кла
намо́кший
намо́л, -а
намола́чивание, -я
намола́чивать(ся), -аю, -ает(ся)
намоли́ться, -олю́сь, -о́лится
намоло́т, -а
намолоти́ть, -очу́, -о́тит
намоло́тый
намоло́ть, -мелю́, -ме́лет
намоло́ченный
намора́живать, -аю, -ает
намо́рдник, -а
наморённый; *кр. ф.* -ён, -ена́
намори́ть, -рю́, -ри́т
наморо́женный
наморо́зить, -о́жу, -о́зит
намо́розь, -и
намо́рщенный
намо́рщить(ся), -щу(сь), -щит(ся)
намости́ть, -ощу́, -ости́т (*к* мост)
намо́танный
намота́ть(ся), -а́ю, -а́ет(ся)
намо́тка, -и
намо́точный
намо́тчик, -а
намо́тчица, -ы
намо́ченный
намочи́ть(ся), -очу́(сь), -о́чит(ся)
намощённый; *кр. ф.* -ён, -ена́ (*от* намости́ть)
намудри́ть, -рю́, -ри́т
наму́дрствовать, -твую, -твует
наму́сленный
наму́сливать, -аю, -ает
наму́слить, -лю, -лит
наму́соленный
наму́соливать, -аю, -ает
наму́солить, -лю, -лит
наму́сорить, -рю, -рит
намути́ть, -мучу́, -мути́т
наму́ченный
наму́чить(ся), -чу(сь), -чит(ся) и -чаю(сь), -чает(ся)
намы́в, -а
намыва́ть(ся), -а́ю(сь), -а́ет(ся)
намы́вка, -и
намывно́й
намы́каться, -аюсь, -ается
намы́ленный
намы́ливать(ся), -аю(сь), -ает(ся)
намы́лить(ся), -лю(сь), -лит(ся)
намы́тый
намы́ть(ся), -мо́ю(сь), -мо́ет(ся)
намяка́ть, -а́ет
намя́кнуть, -нет; *прош.* -мя́к, -мя́кла
намя́кший
намя́тый
намя́ть, -мну́, -мнёт
нана́ец, -а́йца
нана́йка, -и
нана́йский
нана́шивать(ся), -аю, -ает(ся)
нанду́, *нескл., м.*
нанесе́ние, -я
нанесённый; *кр. ф.* -ён, -ена́
нанести́, -су́, -сёт; *прош.* -нёс, -несла́
нанёсший
на нет (свести́ на нёт)
нани́занный
наниза́ть, -ижу́, -и́жет

НАН

нани́зка, -и
нани́зм, -а
низу́, *нареч.* (внизу)
нани́зывание, -я
нани́зывать(ся), -аю, -ает(ся)
на́низь, -и
нанима́тель, -я
нанима́ть(ся), -а́ю(сь), -а́ет(ся)
на́нка, -и
на́нковый
на́ново
нано́с, -а
наноси́ть(ся), -ошу́(сь), -о́сит(ся)
нано́сный
на носу́
нано́шенный
нансу́к, -а
наню́ханный
наню́хать(ся), -аю(сь), -ает(ся)
наню́хивать(ся), -аю(сь), -ает(ся)
наня́нчиться, -чусь, -чится
наня́то́й, *прил.*
на́нятый; *кр. ф.* -ят, -ята́, -ято, *прич.*
наня́ть(ся), найму́(сь), наймёт(ся); *прош.* на́нял, наня́лся, наняла́(сь), на́няло, наняло́сь
наобе́щанный
наобеща́ть, -а́ю, -а́ет
наоборо́т, *нареч.*
наобу́м
наодеколо́ниться, -нюсь, -нится
наоко́нный
наора́ть(ся), -ру́(сь), -рёт(ся)
наосо́бицу, *нареч.*
наострённый; *кр. ф.* -ён, -ена́
наостри́ть, -рю́, -ри́т
наотлёт, *нареч.*
на отлёте
на отли́чно
наотма́шь
наотре́з, *нареч.*
на отши́бе
наоха́ться, -аюсь, -ается
наохо́титься, -о́чусь, -о́тится
на о́щупь
напа́вший
напа́дать, -ает, *сов.*
напада́ть, -а́ю, -а́ет, *несов.*
напада́ющий, -его
нападе́ние, -я
напа́дки, -док
напа́ивание, -я
напа́ивать(ся), -аю(сь), -ает(ся)
напа́йка, -и
напа́костить, -ощу, -остит
напа́костничать, -аю, -ает
напа́кощенный
напа́лм, -а
напа́лмовый
напа́льчник, -а
на па́мять
напа́ренный
напа́рить(ся), -рю(сь), -рит(ся)
напа́рник, -а
напа́рница, -ы
напа́рывать(ся), -аю(сь), -ает(ся)
напаса́ть(ся), -а́ю(сь), -а́ет(ся)
напасённый; *кр. ф.* -ён, -ена́
напасти́(сь), -су́(сь), -сёт(ся), *прош.* -па́с(ся), -пасла́(сь)
напа́сть, -аду́, -адёт; *прош.* -а́л, -а́ла
напа́сть, -и

напа́сший(ся)
напа́ханный
напаха́ть(ся), -ашу́(сь), -а́шет(ся)
напа́хивать(ся), -аю, -ает(ся)
напа́хтанный
напа́хтать, -аю, -ает
напа́чканный
напа́чкать(ся), -аю(сь), -ает(ся)
напая́нный
напая́ть(ся), -я́ю, -я́ет(ся)
напе́в, -а
напева́ть(ся), -а́ю, -а́ет(ся)
напе́вность, -и
напе́вный
напека́ть(ся), -а́ю, -а́ет(ся)
напёкший(ся)
на́перво
напереби́й, нареч.
переве́с, нареч.
наперего́нки
наперёд, нареч.
наперекор
наперекоски́
наперекрёст, нареч.
наперере́з, нареч.
наперерыв, нареч.
напере́ть(ся), -пру́(сь), -прёт(ся); прош. -пёр(ся), -пёрла(сь)
наперехва́т, нареч.
напере́чёт, нареч.
напе́рник, -а
напе́рсник, -а
напе́рсница, -ы
напе́рсный (крест)
напёрсток, -стка
напёрсточный
напёрстя́нка, -и
напёртый
напе́рченный
напе́рчивать(ся), -аю, -ает(ся)
напе́рчить, -чу, -чит
напёрший(ся)
напе́тый
напе́ть(ся), -пою́(сь), -поёт(ся)
напеча́танный
напеча́тать(ся), -аю(сь), -ает(ся)
напечатлева́ть(ся), -а́ю, -а́ет(ся)
напечатлённый; кр. ф. -ён, -ена́
напечатле́ть, -е́ю, -е́ет
напечённый; кр. ф. -ён, -ена́
напе́чь(ся), -еку́(сь), -ечёт(ся), -еку́т(ся); прош. -ёк(сь), -екла́(сь)
напива́ться, -а́юсь, -а́ется
напи́ленный
напи́ливать(ся), -аю, -ает(ся)
напили́ть, -илю́, -и́лит
напи́лок, -лка
напи́лочный
напи́льник, -а
напи́льничек, -чка
напира́ть(ся), -а́ю, -а́ет(ся)
написа́ние, -я
напи́санный
написа́ть, -ишу́, -и́шет
напи́танный
напита́ть(ся), -а́ю(сь), -а́ет(ся)
напи́ток, -тка
напи́тывать(ся), -аю, -ает(ся)
напи́ться, -пью́сь, -пьётся; прош. -и́лся, -ила́сь, -и́лось
напи́ханный
напиха́ть, -а́ю, -а́ет

напи́хивать(ся), -аю, -ает(ся)
напи́чканный
напи́чкать(ся), -аю(сь), -ает(ся)
наплава́ть(ся), -аю(сь), -ает(ся)
напла́вить, -влю, -вит
напла́вка, -и
напла́вленный
наплавля́ть(ся), -я́ю, -я́ет(ся)
наплавно́й (мост)
на плаву́
напла́канный
напла́кать(ся), -а́чу(сь), -а́чет(ся)
напла́станный
напласта́ть, -а́ю, -а́ет
напластова́ние, -я
напласто́ванный
напластова́ть(ся), -ту́ю, -ту́ет(ся)
напласто́вывать(ся), -аю, -ает(ся)
наплёванный
наплева́тельский
наплева́ть(ся), -люю́(сь), -люёт(ся)
наплёсканный
наплеска́ть(ся), -ещу́(сь), -е́щет(ся) и -а́ю(сь), -а́ет(ся)
наплёскивать, -аю, -ает
наплести́, -лету́, -летёт; прош. -ёл, -ела́
наплета́ть, -а́ю, -а́ет
наплетённый; кр. ф. -ён, -ена́
наплётший
наплечник, -а
напле́чный
наплоди́ть(ся), -ожу́, -оди́т(ся)
наплоённый; кр. ф. -ён, -ена́
наплóженный; кр. ф. -ён, -ена́
наплои́ть, -ою́, -ои́т
наплоти́ть, -очу́, -оти́т (к плот)
напло́тно
наплочённый; кр. ф. -ён, -ена́
наплута́ться, -а́юсь, -а́ется
наплутова́ть, -ту́ю, -ту́ет
наплы́в, -а
наплыва́ть, -а́ю, -а́ет
наплывно́й (от наплыв)
наплы́ть, -ыву́, -ывёт; прош. -ы́л, -ыла́, -ы́ло
наплю́нуть, -ну, -нет
напляса́ться, -яшу́сь, -я́шется
напну́ться, -ну́сь, -нётся
на побегу́шках
на побегу́шки
напова́л, нареч.
на пове́рку
напога́нить, -ню, -нит
на подбо́р
наподдава́ть, -даю́, -даёт
наподда́ть, -а́м, -а́шь, -а́ст, -ади́м, -ади́те, -аду́т; прош. -а́л, -ала́, -а́ло
на́-поди
наподли́чать, -аю, -ает
наподо́бие (чего)
наподхва́т, нареч.
на подхва́те
напо́енный (от напои́ть¹)
напоённый; кр. ф. -ён, -ена́ (от напои́ть²)
напои́ть¹, -ою́, -о́ит (дать напи́ться)
напои́ть², -ою́, -о́ит (напо́лнить, насы́тить)
напо́й, -я
напока́з, нареч.

наполео́н, -а (пиро́жное)
наполеондо́р, -а
наполео́новский
наполза́ть, -а́ю, -а́ет
наползаться, -а́юсь, -а́ется
наползти́, -зу́, -зёт; прош. -о́лз, -олзла́
наползший
наполиро́ванный
наполирова́ть, -ру́ю, -ру́ет
наполиро́вывать(ся), -аю, -ает(ся)
наполне́ние, -я
напо́лненный
наполни́тель, -я
напо́лнить(ся), -ню, -нит(ся)
на́полно
наполня́ть(ся), -я́ю, -я́ет(ся)
наполови́ну, нареч.
наполо́сканный
наполоска́ть(ся), -ощу́(сь), -о́щет(ся) и -а́ю(сь), -а́ет(ся)
наполосо́ванный
наполосова́ть, -су́ю, -су́ет
наполо́тый
наполо́ть, -олю́, -о́лет
на полпути́
на полсло́ве и на полусло́ве
напо́льный
напома́дить(ся), -а́жу(сь), -а́дит(ся)
напома́женный
напомина́ние, -я
напомина́ть(ся), -а́ю, -а́ет(ся)
напо́мнить, -ню, -нит
на попа́
напополам
на попя́тную
на попя́тный (двор)
напо́р, -а
напо́ристость, -и
напо́ристый
напо́рный
напо́ротый
напоро́ть(ся), -орю́(сь), -о́рет(ся)
напорошённый; кр. ф. -ён, -ена́
напороши́ть, -ши́т
напорта́чить, -чу, -чит
напо́ртить, -рчу, -ртит
на пору́ках
на пору́ки
напо́рченный
напосле́дках, нареч.
напосле́док
напосле́дях
напо́чвенный
напра́вить(ся), -влю(сь), -вит(ся)
направле́ние, -я
напра́вленность, -и
напра́вленный
направля́ть(ся), -я́ю(сь), -я́ет(ся)
направля́ющий
напра́во
напрактикова́ться, -ку́ю(сь), -ку́ется
напра́слина, -ы
напра́сный
напра́шивать(ся), -аю(сь), -ает(ся)
напредки́
напрессо́ванный
напрессова́ть, -ссу́ю, -ссу́ет
напрессо́вка, -и
напрессо́вывать, -аю, -ает
напре́ть, -е́ет
наприме́р, вводн. сл.
наприн́има́ть, -а́ю, -а́ет

НАП

на прице́л
напроказить, -а́жу, -а́зит
напрока́зничать, -аю, -ает
напрока́т, *нареч.*
напролёт, *нареч.*
напроло́м, *нареч.*
напропалу́ю
напроро́ченный
напроро́чить, -чу, -чит
на просве́т
напроси́ть(ся), -ошу́(сь), -о́сит(ся)
напро́тив
напрохо́д, *нареч.*
на́прочь
напру́женный
напру́живать(ся), -аю(сь), -ает(ся)
напру́жить(ся), -жу(сь), -жит(ся)
напры́гаться, -аюсь, -ается
напры́сканный
напры́скать, -аю, -ает
напры́скивать, -аю, -ает
напряга́ть(ся), -а́ю(сь), -а́ет(ся)
напря́гший(ся)
напряда́ть(ся), -а́ю, -а́ет(ся)
напрядённый; *кр. ф.* -ён, -ена́
напряже́ние, -я
напряжённо-арми́рованный
напряжённость, -и
напряжённый; *кр. ф. прич.* -ён, -ена́, *кр. ф. прил.* -ён, -ённа
напрями́к
напрямки́
напряму́ю, *нареч.*
напря́сть, -яду́, -ядёт; *прош.* -ял, -яла́, -я́ло
напря́тать, -я́чу, -я́чет
напря́чь(ся), -ягу́(сь), -яжёт(ся), -ягу́т(ся); *прош.* -я́г(ся), -ягла́(сь)
напу́ганный
напуга́ть(ся), -а́ю(сь), -а́ет(ся)
напу́дренный
напу́дривать(ся), -аю(сь), -ает(ся)
напу́дрить(ся), -рю(сь), -рит(ся)
напу́льсник, -а
на́пуск, -а
напуска́ть(ся), -а́ю(сь), -а́ет(ся)
напускно́й
напусти́ть(ся), -ущу́(сь), -у́стит(ся)
напу́танный
напу́тать, -аю, -ает
напу́тственный
напу́тствие, -я
напу́тствованный
напу́тствовать, -твую, -твует
напу́тывать(ся), -аю, -ает(ся)
напуха́ть, -а́ет
напу́хнуть, -нет; *прош.* -у́х, -у́хла
напу́хший
напу́щенный
на́пханный
напха́ть, -а́ю, -а́ет
напы́житься, -жусь, -жится
напыле́ние, -я
напылённый; *кр. ф.* -ён, -ена́
напыли́ть, -лю́, -ли́т
напы́щенность, -и
напы́щенный
напя́ленный
напя́ливать(ся), -аю, -ает(ся)
напя́лить(ся), -лю, -лит(ся)
нараба́тывать(ся), -аю, -ает(ся)
нарабо́танный

НАР

нарабо́тать(ся), -аю(сь), -ает(ся)
наравне́
нара́доваться, -дуюсь, -дуется
на ра́дость
на ра́достях
нараспа́шку, *нареч.*
нараспе́в, *нареч.*
нараста́ние, -я
нараста́ть, -а́ет
нарасти́, -тёт; *прош.* -ро́с, -росла́
нарасти́ть, -ащу́, -асти́т
нарасхва́т, *нареч.*
нараща́ть(ся), -а́ю, -а́ет(ся)
нараще́ние, -я
наращённый; *кр. ф.* -ён, -ена́
нара́щивание, -я
нара́щивать(ся), -аю, -ает(ся)
нарва́л, -а
на́рванный
нарва́ть(ся), -ву́(сь), -вёт(ся); *прош.* -а́л(ся), -ала́(сь), -а́ло, -а́лось
наргиле́, *нескл., м. и с.*
нард, -а
нарде́к, -а
на́рдовый
наребёрный
нареве́ться, -ву́сь, -вёт(ся)
на ре́дкость
наре́з, -а
нареза́ние, -я
наре́занный
наре́зать(ся), -е́жу(сь), -е́жет(ся), *сов.*
нареза́ть(ся), -а́ю, -а́ет(ся), *несов.*
наре́зка, -и
нарезно́й
наре́зчик, -а
нарека́ние, -я
нарека́ть(ся), -а́ю(сь), -а́ет(ся)
наре́кший(ся)
нарече́ние, -я
наречённый; *кр. ф.* -ён, -ена́
наре́чие, -я
наре́чный
наре́чь(ся), -еку́(сь), -ечёт(ся), -еку́т(ся); *прош.* -ёк(ся), -екла́(сь)
нарза́н, -а
нарза́нный
нарисо́ванный
нарисова́ть, -су́ю, -су́ет
нарица́тельный
нарко́з, -а
нарко́зный
нарко́лог, -а
наркологи́ческий
нарколо́гия, -и
нарко́м, -а
наркома́н, -а
наркома́ния, -и
наркома́нка, -и
наркома́т, -а
нарко́мовский
наркотиза́тор, -а
наркотиза́ция, -и
наркотизи́рованный
наркотизи́ровать(ся), -рую(сь), -рует(ся)
наркоти́зм, -а
нарко́тик, -а
наркоти́н, -а
наркоти́ческий

НАР

наро́д, -а
наро́дец, -дца
народи́ть(ся), -ожу́, -оди́т(ся)
народи́шко, -а, *м.*
народи́ще, -а и -у, *м.*
наро́дник, -а
народни́ческий
наро́дничество, -а
наро́дно-демократи́ческий
наро́дно-освободи́тельный
наро́дно-пе́сенный
народнопоэти́ческий
наро́дно-революцио́нный
наро́дно-республика́нский
наро́дность, -и
народнохозя́йственный
наро́дный
народове́дение, -я
народовла́стие, -я
народово́лец, -льца
народово́льческий
народово́льчество, -а
народонаселе́ние, -я
на роду́ (напи́сано)
нарожа́ть, -а́ю, -а́ет
нарожда́ться, -а́ется
нарожде́ние, -я
нарождённый; *кр. ф.* -ён, -ена́
наро́ст, -а
наро́сший
нарочи́тость, -и
нарочи́тый
наро́чно
на́рочный, -ого
нарсу́д, -а́
на́ртенный
на́рты, нарт и на́рта, -ы
наруба́ть(ся), -а́ю, -а́ет(ся)
наруби́ть, -ублю́, -у́бит
нару́бка, -и
нару́бленный
наруга́ться, -а́юсь, -а́ется
нару́жность, -и
нару́жный
нару́жу
нарука́вник, -а
нарука́вный
на́ руки
на́ руку
наруми́ненный
наруми́нивать(ся), -аю(сь), -ает(ся)
наруми́нить(ся), -ню(сь), -нит(ся)
нару́чни, -ей
нару́чники, -ов
нару́чный
наруша́ть(ся), -а́ю, -а́ет(ся)
наруше́ние, -я
нару́шенный
наруши́тель, -я
наруши́тельница, -ы
нару́шить(ся), -шу, -шит(ся)
нарци́сс, -а
на́ры, нар
нары́в, -а
нарыва́ть(ся), -а́ю(сь), -а́ет(ся)
нары́вник, -а
нарывно́й
нары́вный (нары́вная пове́рхность)
на рыся́х
нары́тый
нары́ть, -ро́ю, -ро́ет
наря́д, -а

нарядить(ся), -яжу(сь), -ядит(ся)
нарядный
наряду, нареч.
нарядчик, -а
нарядчица, -ы
наряжать(ся), -аю(сь), -ает(ся)
наряженный и наряжённый; кр. ф. -ён, -ена
насадитель, -я
насадить, -ажу, -адит
насадка, -и
насадок, -дка
насадочный
насажать, -аю, -ает
насаждать(ся), -аю, -ает(ся)
насаждение, -я
насаждённый; кр. ф. -ён, -ена
насаженный
насаживать(ся), -аю, -ает(ся)
насаленный
насаливать(ся), -аю, -ает(ся)
насалить, -лю, -лит
насандаленный
насандаливать(ся), -аю, -ает(ся)
насандалить(ся), -лю(сь), -лит(ся)
насасывать(ся), -аю, -ает(ся)
насахаренный
насахаривать(ся), -аю, -ает(ся)
насахарить, -рю, -рит
насбирать, -аю, -ает
насверленный; кр. ф. -ён, -ена
насверливать(ся), -аю, -ает(ся)
насверлить, -лю, -лит
насвистанный
насвистать(ся), -ищу(сь), -ищет(ся)
насвистеть(ся), -ищу(сь), -истит(ся)
насвистывать(ся), -аю, -ает(ся)
насдавать, -даю, -даёт
насданный; кр. ф. -ан, -ана
насдать, -ам, -ашь, -аст, -адим, -адите, -адут; прош. -ал, -ала, -ало
насевать(ся), -аю, -ает(ся)
населать, -аю, -ает
наседка, -и
насека, -и
насекать(ся), -аю, -ает(ся)
насекомое, -ого
насекомоопыляемые, -ых
насекомоуловитель, -я
насекомоядный
насекший
население, -я
населённость, -и
населённый; кр. ф. -ён, -ена
населить(ся), -елю, -елит(ся)
насельник, -а
населять(ся), -яю, -яет(ся)
насест, -а
насесть, -сяду, -сядет; прош. -сёл, -села
насечённый; кр. ф. -ён, -ена
насечка, -и
насечь, -еку, -ечёт, -екут; прош. -ёк, -екла
насеянный
насеять, -ею, -еет
насидеть(ся), -ижу(сь), -идит(ся)
насиженный
насиживать(ся), -аю, -ает(ся)
насилие, -я

насиловать, -лую, -лует
насилу, нареч.
насильник, -а
насильничать, -аю, -ает
насильно
насильственный
насинённый; кр. ф. -ён, -ена
насинивать(ся), -аю, -ает(ся)
насинить, -ню, -нит
наскабливать, -аю, -ает
насказанный
насказать, -ажу, -ажет
насказывать, -аю, -ает
наскакать(ся), -ачу(сь), -ачет(ся)
наскакивать, -аю, -ает
на скаку
наскальный
наскандалить, -лю, -лит
насквозь
наскитаться, -аюсь, -ается
наскобленный
наскоблить, -облю, -облит
наскок, -а
наскоком, нареч.
насколько, нареч. (насколько я могу судить, но числит. на сколько (на сколько частей)
наскоро
наскочить, -очу, -очит
наскребать, -аю, -ает
наскребённый; кр. ф. -ён, -ена
наскрёбший
наскрёбывать, -аю, -ает
наскрести, -ребу, -ребёт; прош. -рёб, -ребла
наскучить, -чу, -чит
на славу
насладить(ся), -ажу(сь), -адит(ся)
наслаждать(ся), -аю(сь), -ает(ся)
наслаждение, -я
наслаивание, -я
наслаивать(ся), -аю, -ает(ся)
насланный (от наслать)
насластить, -ащу, -астит
наслать, нашлю, нашлёт; прош. -слал, -слала
наслащённый; кр. ф. -ён, -ена
наслащивать(ся), -аю, -ает(ся)
наслёг, -а
наследие, -я
наследить, -ежу, -едит
наследник, -а
наследница, -ы
наследный
наследование, -я
наследованный
наследовать(ся), -дую, -дует(ся)
наследственность, -и
наследственный
наследство, -а
наслеженный
на словах
на слово
наслоение, -я
наслоённый; кр. ф. -ён, -ена
наслоить(ся), -ою, -оит(ся)
на слом
наслоняться, -яюсь, -яется
наслужиться, -ужусь, -ужит(ся)
на слух
наслушаться, -аюсь, -ается
наслышанный; кр. ф. -ан, -ана

наслышаться, -шусь, -шится
наслышка, -и
наслюнённый; кр. ф. -ён, -ена
наслюнить, -ню, -нит
наслюнявить, -влю, -вит
наслюнявленный
насмаливать(ся), -аю, -ает(ся)
насмарку
насмердеть, -дит
насмерть, нареч. (сражён пулей насмерть)
на смех
насмехаться, -аюсь, -ается
насмешить, -шу, -шит
насмешка, -и
насмешливый
насмешник, -а
насмешница, -ы
насмешничать, -аю, -ает
насмеяться, -еюсь, -еётся
насмолённый; кр. ф. -ён, -ена
насмолить, -лю, -лит
насморк, -а
насморочный
насмотреть(ся), -отрю(сь), -отрит(ся)
снимать, -аю, -ает
на сносях
насобачиться, -чусь, -чится
насобирать, -аю, -ает
насованный
насовать, -сую, -суёт
на совесть
насоветованный
насоветовать(ся), -тую(сь), -тует(ся)
насовсем, нареч.
насовывать(ся), -аю, -ает(ся)
насоленный
насолить, -олю, -олит
насолодить, -ожу, -одит
насоренный
насорить(ся), -орю, -орит(ся)
насортированный
насортировать, -рую, -рует
насортировывать, -аю, -ает
насос, -а
насосанный
насосать(ся), -осу(сь), -осёт(ся)
насосно-компрессорный
насосно-силовой
насосный
насосчик, -а
насохнуть, -нет; прош. -ох, -охла
насохший
насочинённый; кр. ф. -ён, -ена
насочинить, -ню, -нит
насочинять, -яю, -яет
насочиться, -ится
наспанный
наспать(ся), -плю(сь), -пит(ся); прош. -ал(ся), -ала(сь), -ало, -алось
наспех
наспинник, -а
наспинный
наспиртованный
наспиртовать(ся), -тую(сь), -тует(ся)
наспиртовывать(ся), -аю(сь), -ает(ся)
насплетничать(ся), -аю(сь), -ает(ся)
наспориться, -рюсь, -рится
наст, -а

НАС

наставать, -таёт
наставительный
наставить, -влю, -вит
наставка, -и
наставление, -я
наставленный
наставлять(ся), -яю, -яет(ся)
наставник, -а
наставница, -ы
наставнический
наставничество, -а
наставной
настаивать(ся), -аю(сь), -ает(ся)
настать, -анет
настающий
настёганный
настегать, -аю, -ает
настёгивать(ся), -аю, -ает(ся)
настежь
настеленный и настланный
настелить и настлать, -стелю, -стелет; прош. -стелил, -стелила и -стлал, -стлала
настенный
настигать(ся), -аю, -ает(ся)
настигнувший
настигнутый
настигнуть и настичь, -игну, -игнет; прош. -иг, -игла
настигший
настил, -а
настилать(ся), -аю, -ает(ся)
настилка, -и
настилочный
настильный
настиранный
настирать(ся), -аю(сь), -ает(ся)
настирывать(ся), -аю(сь), -ает(ся)
настичь и настигнуть, -игну, -игнет; прош. -иг, -игла
настланный и настеленный
настлать и настелить, -стелю, -стелет; прош. -стлал, -стлала и стелил, -стелила
настовый
настоечный
настой, -я
настойка, -я
настойчивость, -и
настойчивый
настолечко, нареч.
настоль, нареч.
настолько нареч. (настолько хорош), но числит. на столько (на столько частей)
настольный
настораживать(ся), -аю(сь), -ает(ся)
настороже
настороженность, -и и настороженность, -и
насторожённый и настороженный; кр. ф. -ён, -ена
насторожить(ся), -жу(сь), -жит(ся)
на стороне
на сторону
настояние, -я (по настоянию)
настоянный
настоятель, -я
настоятельница, -ы
настоятельный; кр. ф. -лен, -льна
настоять(ся), -ою(сь), -оит(ся)
настоящий

НАС

настрагивать(ся), -аю, -ает(ся)
настрадаться, -аюсь, -ается
на страже
настраивание, -я
настраивать(ся), -аю(сь), -ает(ся)
настранствоваться, -твуюсь, -твуется
на страх
настрачивать(ся), -аю, -ает(ся)
настращать, -аю, -ает
настреливать, -аю, -ает
настрелянный
настрелять(ся), -яю(сь), -яет(ся)
настриг, -а (количество настриженного)
настриг, -а
настригать(ся), -аю, -ает(ся)
настригший
настриженный
настричь, -игу, -ижет, -игут; прош. -стриг, -стригла
настроганный
настрогать, -аю, -ает
настрого
настроение, -я
настроенность, -и
настроенный
настроить(ся), -ою(сь), -оит(ся)
настройка, -и
настройщик, -а
настропалённый; кр. ф. -ён, -ена
настропалить, -лю, -лит
настроченный
настрочить, -очу, -очит
настрочной (карман)
настроганный
настругать, -аю, -ает
настругивать(ся), -аю, -ает(ся)
настряпанный
настряпать(ся), -аю(сь), -ает(ся)
наступить(ся), -ужу, -удит(ся)
настужать(ся), -аю, -ает(ся)
настуженный
настуживать(ся), -аю, -ает(ся)
настуканный
настукать, -аю, -ает
настукивать(ся), -аю, -ает(ся)
наступательный
наступать, -аю, -ает
наступить, -уплю, -упит
наступление, -я
настурциевые, -ых
настурция, -и
настучать(ся), -чу(сь), -чит(ся)
настывать, -аю, -ает
настывший
настынуть и настыть, -ыну, -ынет; прош. -стыл, -стыла
настырный
насулённый; кр. ф. -ён, -ена
насулить, -лю, -лит
насумасбродить, -ожу, -одит
насумасбродничать, -аю, -ает
насунутый
насунуть(ся), -ну, -нет(ся)
насупить(ся), -плю(сь), -пит(ся)
насупленный
насупливать(ся), -аю, -ает(ся)
насупротив
насурьмить(ся), -млю(сь), -мит(ся)
насурьмлённый; кр. ф. -ён, -ена
насухо
насученный

НАС

насучивать(ся), -аю, -ает(ся)
насучить, -учу, -учит
насушенный
насушивать(ся), -аю, -ает(ся)
насушить, -ушу, -ушит
насущный
насчёт, предлог (говорили насчёт отпуска)
на счету
насчитанный
насчитать(ся), -аю, -ает(ся)
насчитывать(ся), -аю, -ает(ся)
насылать(ся), -аю, -ает(ся)
насыпанный
насыпать, -плю, -плет(ся), сов.
насыпать(ся), -аю, -ает(ся), несов.
насыпка, -и
насыпной
насыпь, -и
насыпью, нареч.
насытить(ся), -ыщу(сь), -ытит(ся)
насыхать, -ает
насыщаемость, -и
насыщать(ся), -аю(сь), -ает(ся)
насыщение, -я
насыщенность, -и
насыщенный
натаивать, -аю, -ает
наталкивать(ся), -аю(сь), -ает(ся)
натанцеваться, -цуюсь, -цуется
наплавливать(ся), -аю, -ает(ся)
натаптывать(ся), -аю, -ает(ся)
натараторить(ся), -рю(сь), -рит(ся)
натаска, -и
натасканный
натаскать(ся), -аю(сь), -ает(ся)
натаскивание, -я
натаскивать(ся), -аю, -ает(ся)
натасованный
натасовать, -сую, -сует
натасчик, -а
натачанный
натачать, -аю, -ает
натачивать(ся), -аю, -ает(ся)
натащенный
натащить, -ащу, -ащит
натаянный
натаять, -аю, -ает
натвердо
натворённый; кр. ф. -ён, -ена
натворить, -рю, -рит
нате
нате ж(е)
натёк, -а
нате-ка
нате-кась
натекать, -ает
натёкший
нательный
натеребить, -блю, -бит
натереблённый; кр. ф. -ён, -ена
натереть(ся), -тру(сь), -трёт(ся); прош. -тёр(ся), -тёрла(сь)
натерпеться, -ерплюсь, -ерпится
натёртый
натёрший(ся)
натёсанный
натесать, -ешу, -ешет
натёска, -и
натёсывать(ся), -аю, -ает(ся)
натёчный
натечь, -ечёт, -екут; прош. -ёк, -екла

натешенный
натешить(ся), -шу(сь), -шит(ся)
нативизм, -а
нативистический
натирание, -я
натирать(ся), -аю(сь), -ает(ся)
натирка, -и
натиск, -а
натисканный
натискать(ся), -аю, -ает(ся)
натискивать(ся), -аю, -ает(ся)
на-тка
натканный
на-ткась
наткать, -тку, -ткёт; *прош.* -ал, -ала, -ало
наткнутый
наткнуть(ся), -ну(сь), -нёт(ся)
натолканный
натолкать(ся), -аю(сь), -ает(ся)
натолкнутый
натолкнуть(ся), -ну(сь), -нёт(ся)
натолковаться, -куюсь, -куется
натолокший
натолочь, -лку, -лчёт, -лкут; *прош.* -лок, -лкла
натолчённый; *кр. ф.* -ён, -ена
натонко
натопить(ся), -оплю, -опит(ся)
натопленный
натоптанный
натоптать(ся), -опчу(сь), -опчет(ся)
наторгованный
наторговать(ся), -гую(сь), -гует(ся)
наторговывать(ся), -аю, -ает(ся)
наторелый
наторённый; *кр. ф.* -ён, -ена
наторе́ть, -е́ю, -е́ет (приобрести навык)
наторить, -рю, -рит (сделать торным)
наторканный
наторкать, -аю, -ает
наторосить, -ошу, -осит
натосковаться, -куюсь, -куется
наточенный
наточить, -очу, -очит
наточка, -и
натощак
натр, -а
натравить, -авлю, -авит
натравка, -и
натравленный
натравливание, -я
натравливать(ся), -аю, -ает(ся)
натравлять(ся), -яю, -яет(ся)
натратить, -ачу, -атит
натраченный
натрезвонить, -ню, -нит
натренированный
натренировать(ся), -рую(сь), -рует(ся)
натрёпанный
натрепать(ся), -еплю(сь), -еплет(ся)
натрескаться, -аюсь, -ается
натрещать(ся), -щу(сь), -щит(ся)
натриевый
натрий, -я
натрийорганический
натровый
натрое
на трои́х
натронный

натрубить(ся), -блю(сь), -бит(ся)
натрудить(ся), -ужу(сь), -удит(ся)
натруженный и натружённый; *кр. ф.* -ён, -ена
натруживать(ся), -аю, -ает(ся)
натрусить(ся), -ушу, -усит(ся)
натруска, -и
натрушенный
натрясённый; *кр. ф.* -ён, -ена
натрясти(сь), -су(сь), -сёт(ся); *прош.* -ряс(ся), -рясла(сь)
натрясший(ся)
натуга, -и
натуго
натуженный
натуживать(ся), -аю(сь), -ает(ся)
натужить(ся), -ужу(сь), -ужит(ся)
натужливый
натужный
натура, -ы
натурализация, -и
натурализм, -а
натурализованный
натурализовать(ся), -зую(сь), -зует(ся)
натуралист, -а
натуралистический
натуралистка, -и
натуралистский
натуральный
натурный
натуроплата, -ы
натурфилософия, -и
натурфилософский
натурщик, -а
натурщица, -ы
натыканный
натыкать, -аю, -ает, *сов.*
натыкать(ся), -аю(сь), -ает(ся), *несов.*
натюрморт, -а
натягать, -аю, -ает
натягивание, -я
натягивать(ся), -аю(сь), -ает(ся)
натяжеле
натяжение, -я
натяжка, -и
натяжной
натянутость, -и
натянутый
натянуть(ся), -яну, -янет(ся)
на убой
наугад
науглероживание, -я
наугольник, -а
наугольный
наудалую
наудачу, *нареч.* (сказать наудачу)
наудить(ся), -ужу(сь), -удит(ся)
науженный
науживать, -аю, -ает
наука, -и
науковед, -а
науковедение, -я
науковедческий
наукообразный
на ура
наустить, -ущу, -устит
науськанный
науськать, -аю, -ает
науськивать, -аю, -ает
наутёк

наутофон, -а
наутро, *нареч.* (наутро выступили в поход)
научать(ся), -аю(сь), -ает(ся)
наученный
научить(ся), -учу(сь), -учит(ся)
научно-атеистический
научно доказанный
научно-исследовательский
научно-материалистический
научно-методический
научно обоснованный
научно-познавательный
научно-популярный
научно-просветительный
научность, -и
научно-теоретический
научно-технический
научно-фантастический
научно-художественный
научно-экспериментальный
научный
наушник, -а
наушница, -ы
наушничать, -аю, -ает
наушнический
наушничество, -а
наущать, -аю, -ает
наущение, -я
наущённый; *кр. ф.* -ён, -ена
нафабренный
нафабрикованный
нафабриковать, -кую, -кует
нафабрить(ся), -рю(сь), -рит(ся)
нафаршированный
нафаршировать(ся), -рую, -рует(ся)
нафталан, -а
нафталин, -а
нафталинный
нафталиновый
нафтен, -а
нафтеновый
нафтизин, -а
нафтол, -а
нафтоловый
на фуфу
нахаживать, -аю, -ает
нахал, -а
нахалка, -и
нахальничать, -аю, -ает
нахальность, -и
нахальный
нахальство, -а
нахамить, -млю, -мит
нахапанный
нахапать, -аю, -ает
нахарканный
нахаркать, -аю, -ает
нахваленный
нахваливать(ся), -аю, -ает(ся)
нахвалить(ся), -алю(сь), -алит(ся)
нахвастать(ся), -аю(сь), -ает(ся)
нахватанный
нахватать(ся), -аю(сь), -ает(ся)
нахватывать(ся), -аю(сь), -ает(ся)
нахвостник, -а
нахимовец, -вца
нахимовский
нахлебаться, -аюсь, -ается
нахлебник, -а
нахлебница, -ы
нахлебничать, -аю, -ает

НАХ

нахлёстанный
нахлеста́ть(ся), -ещу́(сь), -е́щет(ся)
нахлёстка, -и
нахлёстнутый
нахлестну́ть, -ну́, -нёт
нахлёстывать(ся), -аю(сь), -ает(ся)
нахлобу́ченный
нахлобу́чивать(ся), -аю, -ает(ся)
нахлобу́чить(ся), -чу, -чит(ся)
нахлобу́чка, -и
нахло́панный
нахло́пать(ся), -аю(сь), -ает(ся)
нахлопота́ться, -очу́сь, -о́чется
нахлы́нуть, -нет
на́хлыст, -а
нахму́ренный
нахму́ривать(ся), -аю(сь), -ает(ся)
нахму́рить(ся), -рю(сь), -рит(ся)
находи́ть(ся), -ожу́(сь), -о́дит(ся)
нахо́дка, -и
на ходу́
нахо́дчивость, -и
нахо́дчивый
находя́щий(ся)
нахожде́ние, -я
нахо́женный
нахозя́йничать(ся), -аю(сь), -ает(ся)
нохола́живать(ся), -аю, -ает(ся)
нахолода́ть(ся), -а́ю(сь), -а́ет(ся)
нахолоде́ть, -е́ю, -е́ет (остыть)
нахолоди́ть, -ожу́, -оди́т (что)
нахоло́женный; кр. ф. -ён, -ена́
на хорошо́
нахо́хленный
нахо́хливать(ся), -аю(сь), -ает(ся)
нахо́хлить(ся), -лю(сь), -лит(ся)
нахохота́ться, -очу́сь, -о́чется
нахра́пистый
на храпо́к (брать, взять)
нахра́пом
нахулига́нить, -ню, -нит
нацара́панный
нацара́пать, -аю, -ает
нацара́пывать(ся), -аю, -ает(ся)
нацеди́ть(ся), -ежу́, -е́дит(ся)
наце́женный
наце́живать(ся), -аю, -ает(ся)
наце́ленный
наце́ливать(ся), -аю(сь), -ает(ся)
наце́лить(ся), -лю(сь), -лит(ся)
на́цело
нацело́ванный
нацелова́ть(ся), -лу́ю(сь), -лу́ет(ся)
наценённый; кр. ф. -ён, -ена́
наце́нивать(ся), -аю, -ает(ся)
нацени́ть, -еню́, -е́нит
наце́нка, -и
нацепи́ть, -еплю́, -е́пит
наце́пленный
нацепля́ть(ся), -я́ю, -я́ет(ся)
на́ци, нескл., м.
наци́зм, -а
национа́л-демокра́т, -а
национа́л-демократи́ческий
национализа́ция, -и
национализи́рованный
национализи́ровать(ся), -рую, -рует(ся)
национали́зм, -а
национали́ст, -а
националисти́ческий
националисти́чный

НАЦ

национали́стка, -и
национали́стский
национа́л-либера́л, -а
национа́л-либера́льный
национа́л-социали́зм, -а
национа́л-социали́ст, -а
национа́л-социали́стский
национа́л-фаши́ст, -а
национа́льно-госуда́рственный
национа́льно-гражда́нский
национа́льно-демократи́ческий
национа́льно-культу́рный
национа́льно-освободи́тельный
национа́льно-революцио́нный
национа́льность, -и
национа́льный
наци́ст, -а
наци́стка, -и
наци́стский
на́ция, -и
нацме́н, -а
нацме́нка, -и
нацменьшинство́, -а́, мн. -и́нства, -и́нств
на цугу́ндер
на цы́почках
на цы́почки
начади́ть, -ажу́, -ади́т
нача́ло, -а
нача́льник, -а
нача́льница, -ы
нача́льнический
нача́льничий, -ья, -ье
нача́льный
нача́льственный; кр. ф. -вен и -венен, -венна
нача́льство, -а
нача́льствовать, -твую, -твует
нача́льствующий
на часа́х
нача́тие, -я
нача́тки, -ов
на́чатый; кр. ф. -ат, -ата́, -ато
нача́ть(ся), -чну́, -чнёт(ся); прош. на́чал, начался́, начала́(сь), на́чало, начало́сь
начди́в, -а
начека́ненный
начека́нивать(ся), -аю, -ает(ся)
начека́нить, -ню, -нит
начеку́, нареч.
начёрканный
начерка́ть, -а́ю, -а́ет и начёркать, -аю, -ает
начернённый; кр. ф. -ён, -ена́
начерни́ть, -ню́, -ни́т
на́черно
наче́рпанный
наче́рпать, -аю, -ает
наче́рпывать(ся), -аю, -ает(ся)
начерта́ние, -я
начёртанный
начерта́тельный
начерта́ть, -а́ю, -а́ет
начерти́ть, -ерчу́, -е́ртит
наче́рченный
наче́рчивать(ся), -аю, -ает(ся)
начёс, -а
начёсанный
начеса́ть(ся), -ешу́(сь), -е́шет(ся)
начёсный
наче́сть, -чту́, -чтёт; прош. -чёл, -чла́

НАЧ

начёсывание, -я
начёсывать(ся), -аю(сь), -ает(ся)
начёт, -а
на четвере́ньках
на четвере́ньки
на́четверо
начётистый
начётнический
начётничество, -а
начётный
начётчик, -а
начётчица, -ы
начи́н, -а
начина́ние, -я
начина́тель, -я
начина́тельница, -ы
начина́тельный
начина́ть(ся), -а́ю, -а́ет(ся)
начина́ющий(ся)
начи́ненный (от начини́ть[1])
начинённый; кр. ф. -ён, -ена́ (от начини́ть[2])
начи́нивать, -аю, -ает
начини́ть[1], -иню́, -и́нит (к чини́ть)
начини́ть[2], -ню́, -ни́т (наполнить)
начи́нка, -и
начи́ночный
начиня́ть(ся), -я́ю, -я́ет(ся)
начи́рканный
начи́ркать, -аю, -ает
начисле́ние, -я
начи́сленный
начи́слить, -лю, -лит
начисля́ть(ся), -я́ю, -я́ет(ся)
начи́стить(ся), -и́щу(сь), -и́стит(ся)
на́чисто
начистоту́, нареч.
начисту́ю
начи́танность, -и
начи́танный; кр. ф. прич. -ан, -ана; кр. ф. прил. -ан, -анна
начита́ть(ся), -а́ю(сь), -а́ет(ся)
начи́тывать(ся), -аю(сь), -ает(ся)
начиха́ть(ся), -а́ю(сь), -а́ет(ся)
начища́ть(ся), -а́ю(сь), -а́ет(ся)
начи́щенный
начсоста́в, -а
начтённый; кр. ф. -ён, -ена́
начуди́ть, -и́т
начха́ть, -а́ю, -а́ет
наш, -его, на́ша, -ей, на́ше, -его, мн. на́ши, -их
наша́лить(ся), -лю(сь), -лит(ся)
на шара́п
наша́ренный
наша́рить, -рю, -рит
наша́рканный
наша́ркать, -аю, -ает
нашармака́
нашаромы́жку
наша́ться, -а́юсь, -а́ется
нашаты́рно-ани́совый
нашаты́рный
нашаты́рь, -я́
нашвы́рянный
нашвыря́ть, -я́ю, -я́ет
наше́дший(ся)
наше́йный
нашелушённый; кр. ф. -ён, -ена́
нашелуши́ть(ся), -шу́, -ши́т(ся)
на́шенский
нашёптанный

НАШ

нашепта́ть(ся), -шепчу́(сь), -шёп-чет(ся)
нашёптывать(ся), -аю, -ает(ся)
нашёст, -а
наше́ствие, -я
на́шивать, *наст. вр. не употр.*
нашива́ть(ся), -а́ю, -а́ет(ся)
наши́вка, -и
нашивно́й
наши́льник, -а
нашинко́ванный
нашинкова́ть, -ку́ю, -ку́ет
наши́тый
наши́ть(ся), -шью, -шьёт(ся)
нашко́дить, -дит
нашлёпанный
нашлёпать, -аю, -ает
нашлёпка, -и
нашля́ться, -я́юсь, -я́ется
нашпа́ренный
нашпа́ривать, -аю, -ает
нашпа́рить, -рю, -рит
нашпиго́ванный
нашпигова́ть, -гу́ю, -гу́ет
нашпиго́вывать(ся), -аю, -ает(ся)
нашпи́ленный
нашпи́ливать(ся), -аю, -ает(ся)
нашпи́лить, -лю, -лит
наштампова́ть, -пу́ю, -пу́ет
наштопанный
наштопать, -аю, -ает
нашуме́ть, -млю, -ми́т
нащёлканный
нащёлкать, -аю, -ает
нащёпанный
нащепа́ть, -щеплю́, -ще́плет и -а́ю, -а́ет (*к* щепа́ть)
нащи́панный
нащипа́ть, -иплю́, -и́плет и -а́ю, -а́ет (*к* щипа́ть)
нащу́панный
нащу́пать, -аю, -ает
нащу́пывать(ся), -аю, -ает(ся)
наэконо́мить, -млю, -мит
наэконо́мленный
наэлектризо́ванный
наэлектризова́ть(ся), -зу́ю(сь), -зу́ет(ся)
наэлектризо́вывать(ся), -аю(сь), -ает(ся)
на юру́
найбе́дничать, -аю, -ает
наяву́
на́яда, -ы
на́ядовые, -ых
ная́н, -а
ная́нливый
ная́ривать, -аю, -ает
на ять
нганаса́нский
нганаса́ны, -ан
неаккура́тный
неакти́вный
неактуа́льный
неандерта́лец, -льца
неандерта́льский
неаполита́нец, -нца
неаполита́нка, -и
неаполита́нский
неаппети́тный
не ахти́
не без (не без успе́ха)

НЕБ

небезгре́шный
небезнадёжный
небезопа́сный
не без основа́ния
небезоснова́тельный
не без причи́ны
не без того́
небезупре́чный
небезызве́стный
небезынтере́сный
небелёный
небеса́, небе́с, -а́м
небескоры́стный
небе́сно-голубо́й
небе́сный
небесполе́зный
неби́тый
неблагови́дный
неблаговоспи́танный
неблагода́рный
неблагожела́тельный
неблагозву́чие, -я
неблагозву́чный
неблагонадёжный
неблагополу́чие, -я
неблагополу́чный
неблагопристо́йный
неблагоприя́тный
неблагоразу́мный
неблагоро́дный
неблагоскло́нный
неблагоустро́енный
небле́стящий
небли́зкий
нёбно-зубно́й
нёбный
не́бо, -а, *мн.* небеса́, небе́с
нёбо, -а (во рту)
небога́тый
небоеспосо́бный
небожи́тель, -я
не бо́лее
не бо́лее и не ме́нее как
неболтли́вый
не бо́льше
не бо́льший
небольшо́й
небосво́д, -а
небоскло́н, -а
небоскрёб, -а
небо́сь
небреже́ние, -я
небре́жничать, -аю, -ает
небре́жность, -и
небре́жный
небре́чь, -регу́, -режёт, -регу́т; *прош.* -рёг, -регла́
небри́тый
небро́ский
небуля́рный
небыва́лый
небыва́льщина, -ы
небы́лица, -ы
не́быль, -и
небытие́, -я́
небы́тность, -и: в небы́тность, за небы́тностью (*кого*)
небью́щийся
неважне́цкий
нева́жно (нева́жно себя́ чу́вствовать)
нева́жный (нева́жное здоро́вье)

НЕВ

невдалеке́
невдога́д
невдомёк
не в ду́хе
неве́данный
неве́дение, -я
неве́домо (кто, какой и т. п.)
неве́домый
неве́жа, -и, *м. и ж.*
неве́жда, -ы, *м. и ж.*
неве́жественный; *кр. ф.* -вен, -вен-на
неве́жество, -а
неве́жливый
невезе́ние, -я
невезу́чий
невели́кий
невели́чка, -и, *м. и ж.*
неве́рие, -я
неве́рный (неве́рная похо́дка)
невероя́тный (невероя́тное происше́ствие)
неве́рующий, -его
невесёлый
невесо́мость, -и
невесо́мый
неве́ста, -ы
неве́ститься, -ещусь, -естится
неве́стка, -и
неве́сть (кто, что, какой, куда и т. п.)
неве́яный
не в зачёт
невзви́деть, -и́жу, -и́дит (невзви́деть све́та)
невзго́да, -ы
невзира́я на, *предлог* (невзира́я на ли́ца), но *деепр.* не взира́я
невзлюби́ть, -люблю́, -лю́бит
невзнача́й
невзно́с, -а
невзра́чный
невзыска́тельный
неви́даль, -и
невида́льщина, -ы
неви́данно, *нареч.*
неви́данный; *кр. ф.* -ан, -анна (следы́ неви́данных звере́й)
не ви́дано
не ви́ден, не видна́, не ви́дно
невиди́мка, -и
невиди́мый
невидный; *кр. ф.* -ден, -дна́, -дно
неви́нность, -и
неви́нный; *кр. ф.* -и́нен, -и́нна
не винова́т, не винова́та, не винова́то
невино́вность, -и
невино́вный
невку́сный
не в лад
не в лада́х
не вла́стен, не вла́стна, не вла́стно
невменя́емость, -и
невменя́емый
не в ме́ру
невме́стно
невмеша́тельство, -а
невмоготу́
невмо́чь
невнесе́ние, -я
невнима́ние, -я
невнима́тельность, -и
невнима́тельный

НЕВ

невня́тица, -ы
невня́тный
не во́время (прийти́)
не́вод, -а, *мн.* -á, -óв
невоеннообя́занный
невое́нный
невозбра́нный
невозврати́мый
невозвра́тный (невозвра́тная поте́ря)
невозвраще́нец, -нца
невозвраще́ние, -я
невозвраще́нчество, -а
невозгора́емость, -и
невозгора́емый
невоздержа́ние, -я
невозде́ржанный
невозде́ржный
невозмо́жный (невозмо́жный хара́ктер)
невозмути́мо споко́йный
невозмути́мость, -и
невозмути́мый
невознагради́мый
нево́лей, *нареч.*
не во́лен, не вольна́ (не могу́)
нево́лить, -лю, -лит
нево́льник, -а
нево́льница, -ы
нево́льнический
нево́льничество, -а
нево́льничий, -ья, -ье
нево́льно (нево́льно вздро́гнул)
нево́льный (нево́льная ложь)
нево́ля, -и
невообрази́мый (невообрази́мый шум)
невооружённый
невоскреси́мый
невоспи́танность, -и
невоспи́танный
невоспламеня́емость, -и
невосполни́мый
невосприи́мчивость, -и
невосприи́мчивый
невосстанови́мый
невостре́бованный
не́ во что
невою́ющий
не вперво́й
не вполне́
невпопа́д
не впо́ру (не по разме́ру)
не в по́ру (несвоевре́менно)
не впра́ве
не в приме́р
невпроворо́т
не впрок
невразуми́тельный
невралги́ческий
невралги́я, -и
неврасте́ник, -а
неврастени́ческий
неврастени́чка, -и
неврастени́чный
невра́стения, -и
невреди́мый
невре́дный
неврилемма, -ы
невринома, -ы
неври́т, -а
невро́з, -а

НЕВ

невро́лог, -а
неврологи́ческий
невроло́гия, -и
невро́ма, -ы
невро́н, -а
невропато́лог, -а
невропатологи́ческий
невропатоло́гия, -и
невроти́ческий
невротоми́я, -и
невруче́ние, -я
не всерьёз
не в си́лах
не в счёт
невтерпёж
не второпя́х
невхо́жий
не́ в чем
невы́вод, -а
невы́года, -ы
невы́годный
невы́дача, -и
невы́держанный
невы́езд, -а
невы́игрышный
невыла́зный
невыноси́мый (невыноси́мая боль)
невы́плата, -ы
невыполне́ние, -я
невы́полненный
невыполни́мый
невырази́мый
невырази́тельный
невысо́кий
невы́ход, -а
невычисли́мый
невя́зка, -и
не́га, -и
негабари́т, -а
негабари́тный
нега́данно
нега́данный
негаси́мый (негаси́мая лампа́да)
негати́в, -а
негативи́зм, -а
негати́вный
негашёный (негашёная и́звесть)
не́где
неги́бкий
негигиени́чный
негла́дкий
негла́сный
неглиже́, *неизм. и нескл., с.*
неглижи́ровать, -рую, -рует
неглубо́кий
неглу́пый
не гля́дя
негно́й-де́рево, -а
него́дник, -а
него́дница, -ы
него́дный
негодова́ние, -я
негодова́ть, -ду́ю, -ду́ет
негоду́ющий
негодя́й, -я
негодя́йка, -и
негодя́йский
негодя́йство, -а
негодя́щий
него́же
него́жий
не гора́зд, не гора́зда

НЕГ

него́рдый
негостеприи́мный
не гото́в, не гото́ва, не гото́во
негоциа́нт, -а
негоциа́нтка, -и
негоциа́нтский
негоциа́ция, -и
него́ция, -и
негр, -а
негра́мотность, -и
негра́мотный
негритёнок, -нка, *мн.* -тя́та, -тя́т
негрито́с, -а
негрито́ска, -и
негритя́нка, -и
негритя́нский
не́гро-австрало́идный
негро́ид, -а
негро́идный
негро́мкий
не́гус, -а
негусто́й
неда́вний
неда́внишний
недалёкий (недалёкий челове́к)
недалёкость, -и
недалёче
недальнови́дный
неда́ром (не без основа́ния), но: не да́ром (не беспла́тно)
недви́жимость, -и (иму́щество)
недви́жимый[1] (недви́жимое иму́щество)
недви́жимый[2] и недвижи́мый (неподви́жный)
недви́жный
недвусмы́сленный
недееспосо́бный
недействи́тельный
неделика́тный
недели́мый
неде́льный
неде́ля, -и
недержа́ние, -я
неде́ржаный (но́вый)
недёшево
недея́тельный
недисциплини́рованный
не́ для чего
недоби́тки, -ов, *ед.* недоби́ток, -тка
недоби́тый
недоби́ть, -бью́, -бьёт
недобо́р, -а
недо́бранный
недобра́ть, -беру́, -берёт; *прош.* -бра́л, -брала́, -бра́ло
недоброжела́тельный
недоброжела́тельство, -а
недоброка́чественный
недобросо́вестный
недо́брый
недова́ренный
недовари́ть(ся), -арю́, -а́рит(ся)
недове́рие, -я
недове́рчивый
недоверше́нный
недове́с, -а
недове́сить, -е́шу, -е́сит
недове́шивать(ся), -аю, -ает(ся)
недово́льный
недово́льство, -а
недовыполне́ние, -я

НЕД

недовы́полненный
недовы́полнить, -ню, -нит
недовыполня́ть(ся), -я́ю, -я́ет(ся)
недовы́работанный
недовы́работать, -аю, -ает
недовы́работка, -и
недовя́занный
недовяза́ть, -яжу́, -я́жет
недога́дливость, -и
недога́дливый
недогляде́ть, -яжу́, -яди́т
недогова́ривать(ся), -аю, -ает(ся)
недоговорённость, -и
недоговори́ть, -рю́, -ри́т
недогружа́ть, -а́ю, -а́ет
недогру́женный и недогружённый; кр. ф. -ён, -ена́
недогру́з, -а
недогрузи́ть, -ужу́, -у́зи́т
недогру́зка, -и
недодава́ть(ся), -даю́, -даёт(ся)
недо́данный; кр. ф. -до́дан, -додана́, -до́дано
недода́ть, -а́м, -а́шь, -а́ст, -ади́м, -ади́те, -аду́т; прош. -до́дал, -додала́, -до́дало
недода́ча, -и
недоде́ланный
недоде́лать, -аю, -ает
недоде́лка, -и
недодержа́ть, -ержу́, -е́ржит
недоде́ржка, -и
недоду́манный
недоду́мать, -аю, -ает
недоеда́ние, -я
недоеда́ть, -а́ю, -а́ет
недое́сть, -е́м, -е́шь, -е́ст, -еди́м, -еди́те, -едя́т; прош. -е́л, -е́ла
недожа́ренный
недожа́рить, -рю, -рит
недожа́тый
недожа́ть¹, -жму́, -жмёт
недожа́ть², -жну́, -жнёт
недоже́чь, -жгу́, -жжёт, -жгу́т; прош. -жёг, -жгла́
недожжённый
недожо́г, -а, но: прош. не дожёг
недозво́ленный
недозре́лый
недозре́ть, -е́ет
недои́мка, -и
недоиспо́льзовать(ся), -зую, -зует(ся)
недока́занный
недоказа́тельный
недоказу́емый
недокомпле́кт, -а
недоко́рм, -а
недокорми́ть, -ормлю́, -о́рмит
недолга́: и вся недолга́
недо́лгий
недолгове́чный
недолговре́менный
недолёт, -а
не до́лжен, не должна́, не до́лжно
недоли́в, -а
недолива́ть, -а́ю, -а́ет
недоли́ть, -лью́, -льёт
недолю́бливать, -аю, -ает
недо́ля, -и
недоме́рить, -рю, -рит и -ряю, -ряет
недоме́рок, -рка

НЕД

недомога́ние, -я
недомога́ть, -а́ю, -а́ет
недомо́л, -а
недомо́лвка, -и
недомо́лот, -а
недомы́слие, -я
недона́шивать, -аю, -ает
недонесе́ние, -я
недоноси́ть, -ошу́, -о́сит
недоно́сок, -ска
недоно́шенный
недо́кись, -и
недооценённый; кр. ф. -ён, -ена́
недооце́нивать(ся), -аю, -ает(ся)
недооце́нить, -еню́, -е́нит
недооце́нка, -и
недопёк, -а
недопека́ть, -а́ю, -а́ет
недопечённый
недопе́чь, -еку́, -ечёт, -еку́т; прош. -ёк, -екла́
недопи́санный
недописа́ть, -ишу́, -и́шет
недопи́тый
недопла́та, -ы
недоплати́ть, -ачу́, -а́тит
недопла́ченный
недопла́чивать, -аю, -ает
недополуча́ть(ся), -а́ю, -а́ет
недополу́ченный
недополучи́ть, -учу́, -у́чит
недопонима́ние, -я
недопонима́ть, -а́ю, -а́ет
недопроизво́дство, -а
недопусти́мый
недопуще́ние, -я
недорабо́танность, -и
недорабо́танный
недорабо́тать, -аю, -ает
недорабо́тка, -и
недоразви́тие, -я
недора́звитый
недоразуме́ние, -я
недоре́занный
недорого́й
недоро́д, -а
недо́росль, -я
недоро́сток, -тка
недосе́в, -а
недоска́занный
недосказа́ть, -ажу́, -а́жет
недослы́шанный
недослы́шать, -шу, -шит
недосмо́тр, -а
недосмотре́ть, -отрю́, -о́трит
недосо́л, -а
недо́спанный
недоспа́ть, -плю́, -пи́т; прош. -а́л, -ала́, -а́ло
недоспе́лый
недостава́ть, -таёт (не хватать), но: не достава́ть (до потолка́)
недоста́вка, -и
недоста́ток, -тка
недоста́точный
недоста́ть, -а́нет (к недостава́ть)
недоста́ча, -и
недостаю́щий
недостижи́мый
недостове́рный
недосто́йный; кр. ф. -о́ин, -о́йна
недостро́енный

НЕД

недосту́пный
недосу́г, -а
недосу́шка, -и
недосчита́ться, -а́юсь, -а́ется
недосчи́тывать(ся), -аю(сь), -ается
недосы́лка, -и
недосы́п, -а
недосыпа́ние, -я
недосыпа́ть, -плю, -плет, сов.
недосыпа́ть, -а́ю, -а́ет, несов.
не до́сыта
недосяга́емый
недотёпа, -ы, м. и ж.
недотро́га, -и, м. и ж.
недоу́здок, -дка
недоукомплекто́ванный
недоукомплектова́ть, -ту́ю, -ту́ет
недоумева́ть, -а́ю, -а́ет
недоуме́ние, -я
недоуме́нный
недоу́мие, -я
недоу́мок, -мка
недоу́ченный
недоу́честь, -чту́, -чтёт; прош. -чёл, -чла́
недоучёт, -а
недоучи́тывать(ся), -аю, -ает(ся)
недоучи́ть(ся), -учу́(сь), -у́чит(ся)
недоу́чка, -и, м. и ж.
недоучтённый; кр. ф. -ён, -ена́
недохва́тка, -и
недочёт, -а
недоши́тый
не́дра, недр
недрема́нный: недрема́нное о́ко
недре́млющий
не́друг, -а
недружелю́бие, -я
недружелю́бный
недру́жный
неду́г, -а
неду́житься, -ится
неду́жный
неду́манно-нега́данно
неду́рно (неду́рно бы отдохну́ть)
недурно́й
неду́рственный; кр. ф. -вен, -венна
недю́жинный
нее́зженный
неесте́ственный
не жа́лко
не жа́ль
нежа́ркий
нежда́нно-нега́данно
нежда́нный
нежела́ние, -я
нежела́тельный
не́жели
не жена́т
нежена́тый
не́женка, -и, м. и ж.
неже́нственный
неживо́й
нежи́зненный
нежизнеспосо́бный
нежиле́ц, -льца́
нежило́й
не́жинский
нежи́рный
не́жить, -и (нечистая сила)
не́жить(ся), -жу(сь), -жит(ся)
не́жничать, -аю, -ает

НЕЖ

нежно-голубой
нежнолицый
нежность, -и
нежный; *кр. ф.* -жен, -жна, -жно
незабвенный; *кр. ф.* -вен и -венен, -венна
незабудка, -и
незабываемый
незавершённый
незавидный
независимость, -и
независимый
независящий
незадача, -и
незадачливый
незадолго
незаживающий
не зазорно
незаинтересованный
незаконнорождённый
незаконный
закономерный
незаконченный
незалечимый
не замай
незамаскированный
незамедлительный
незаменимый
незамерзающий
незаметный
незамеченный
не замужем
незамужний
незамысловатый
незанимательный
незанятый
незапамятный
незапертый
незапечатанный
незаполненный
незаприходованный
незапятнанный
незаразный
незарегистрированный
незаряженный и незаряжённый
незаселённый
незасеянный
незаслуженный
незатейливый
незатухающий
незаурядный
незачем, *нареч.* (незачем спрашивать), но *местоим.* не за чем (не за чем спрятаться)
не за что
незваный
незваный-непрошеный
нездешний
нездоровиться, -ится
нездоровый
нездоровье, -я
неземной
незлобивый
незлой
незлопамятный
незнаемый
незнайка, -и
незнакомец, -мца
незнакомка, -и
незнакомый
незнамо (как, что и т. п.)
незнание, -я

НЕЗ

незнатный
незначащий
незначительный
незрелый
незримый
незрячий
незыблемость, -и
незыблемый
не идёт (но: нейдёт)
неизбалованный
неизбежность, -и
неизбежный
неизбывный
неизведанный
неизвестность, -и
неизвестный
неизгладимый
неизданный
неизжитый
неизлечимый
неизменный
неизменяемый
неизмеримый
неизрасходованный
неизречённый
неизученный
не из чего
неизъяснимый
неимение, -я (за неимением)
неимоверный
неимущий, -его
не иначе
не иной
неинтеллигентный
неинтересный
неискоренимый
неискренний
неискренность, -и
неискупимый
неискусный
неискушённый
неисповедимый
неисполнение, -я
неисполнимый
неисполнительный
неиспользованный
неиспорченный
неисправимый
неисправность, -и
неисправный
неиспытанный
неисследованный
неиссякаемый
неистовство, -а
неистовствовать, -твую, -твует
неистовый
неистощимый
неистребимый
неисходный (безысходный)
неисхоженный
неисцелимый
неисчерпаемый
неисчислимый
нейдёт (но: не идёт)
нейзильбер, -а
нейлон, -а
нейлоновый
неймёт(ся)
нейрит, -а
нейровирусный
нейрогуморальный
нейрон, -а

НЕЙ

нейропсихический
нейропсихология, -и
нейрофибрилла, -ы
нейрофиброма, -ы
нейрофиброматоз, -а
нейрофизиолог, -а
нейрофизиологический
нейрофизиология, -и
нейрохирург, -а
нейрохирургический
нейрохирургия, -и
нейроэндокринный
нейти, нейду, нейдёт
нейтрализатор, -а
нейтрализация, -и
нейтрализованный
нейтрализовать(ся), -зую, -зует(ся)
нейтралитет, -а
нейтрально-серый
нейтральный
нейтринный
нейтрино, *нескл., с.*
нейтродинный
нейтрон, -а
нейтронный
нейтронографический
нейтронография, -и
неказистый
не как ... , а ...
не какой-нибудь
некапиталистический
некачественный
неквалифицированный
не к добру
некем
некий, некая, некое
не к кому
неклен, -а
неклеточный
не к лицу
некованый
некогда
некого
не ко двору
неколебимый
некоммуникабельность, -и
некоммунистический
некомпенсированный
некомпетентный
некомплект, -а
некомплектный
не кому другому, как ..., но: никому другому
некондиционный
неконкретный
неконституционный
неконтактный
некормленый
некоронованный
некорректный
некоторый
некошеный
некрасивый
некрашеный
некредитоспособный
некрепкий
некрещёный
некритический
некритичный
некробиоз, -а
некроз, -а
некролог, -а

некро́поль, -я
не к спе́ху
некста́ти
некта́р, -а
некта́рник, -а
нектароно́с, -а
не́кто
не кто ино́й (друго́й), как .., но: никто́ ино́й
некто́н, -а
не́куда
некульту́рный
некуря́щий, -его
не́ к чему
нела́дно
нела́дный
нелады́, -о́в
нела́сковый
нелега́льный
нелега́льщина, -ы
нелёгкая несёт (принесла́)
нелёгкий
неле́пица, -ы
неле́пость, -и
неле́пый
неле́стный
нелётный
неликви́д, -а
неликви́дный
нелине́йный
нелино́ванный
нелицеме́рный
нелицеприя́тие, -я
нелицеприя́тный
нели́шне
нели́шний
нело́вкий
нело́вкость, -и
нелоги́чный
нелоя́льный
нельзя́
не́льма, -ы
нелюбе́зный
нелюби́мый
нелюбо́вь, -бви́
нелюбопы́тный
нелю́бый; кр. ф. нелю́б, нелюба́, нелю́бо
не́люди, -ей
нелюди́м, -а
нелюди́мка, -и
нелюди́мый
немагни́тный
нема́заный
нема́ло, нареч. (он потруди́лся нема́ло), но: не ма́ло (друзе́й у него́ не ма́ло)
немаловажный
нема́лый
нема́ркий
немаркси́ст, -а
нематериа́льный
нематодоло́гия, -и
немато́ды, -о́д, ед. немато́да, -ы
нембута́л, -а
неме́дленно
неме́дленный
немедля́, нареч. (отве́тить немедля́), но деепр. не ме́для (не ме́для с отве́том)
не ме́нее
не ме́ньше

не ме́ньший
неме́реный
неме́ркнущий
немета́лл, -а
неметалли́ческий
неме́тчина, -ы
неме́ть, -е́ю, -е́ет
не́мец, не́мца
неме́цкий
неме́цко-фаши́стский
немига́ющий (немига́ющий взгляд)
немилосе́рдный
неми́лостивый
неми́лость, -и
неми́лый
немину́емый
немину́чий
неми́рный
не́мка, -и
немно́гие, -их
немно́го, нареч. (голова́ немно́го боли́т)
немноголю́дный
немногосло́вный
немногосло́жный
немногочи́сленный
немно́жечко
немно́жко
немогузна́йка, -и, м. и ж.
нем́ожется
немо́й; кр. ф. нем, нема́, не́мо
немолодо́й
немо́лчный
немота́, -ы́
немотиви́рованный
не́мочь, -и (бле́дная не́мочь)
немощёный
не́мощность, -и
не́мощный
не́мощь, -и
немудрено́
немудрёный
не му́дрствуя лука́во
нему́дрый
нему́дрящий
немчура́, -ы́, м. и ж.
немы́слимо
немы́слимый
немы́тый
не наве́к
ненави́деть, -и́жу, -и́дит
ненави́димый
ненави́дящий
ненави́стник, -а
ненави́стница, -ы
ненави́стнический
ненави́стничество, -а
ненави́стный
не́нависть, -и
не навсегда́
ненагля́дный
ненадёванный
ненадёжный
не на́до
не на́добно
на́добность, -и
ненадобный
ненадо́лго, нареч. (ушёл ненадо́лго), но: не надо́лго (не надо́лго, то́лько на́ пять мину́т)
неназуе́мый
не наме́рен, не наме́рена

ненаме́ренный
ненамно́го, нареч. (опозда́л ненамно́го), но: не намно́го (не намно́го, а чуть-чуть лу́чше)
ненападе́ние, -я
не напра́сно
нена́роком
не наро́чно
ненаруши́мый
нена́стный
ненастоя́щий
нена́стье, -я
ненасы́тный
ненасы́щенный
ненатура́льный
ненау́чный
ненахо́дчивый
не́ на что
не на шу́тку
не́нец, -нца
не́нецкий
не́нка, -и
ненорма́льность, -и
ненорма́льный
ненорми́рованный
не ну́жен, не нужна́, не ну́жно
ненужность, -и
ненужный
ненумеро́ванный
не ны́нче за́втра
необду́манный
необеспе́ченный
не обессу́дь(те)
необжито́й и необжи́тый
не обину́ясь
необита́емый
необожжённый
необозри́мый
необори́мый
необосно́ванный
необрабо́танный
необразо́ванность, -и
необразо́ванный
необрати́мый
необремени́тельный
необстре́лянный
необтёсанный
необу́зданный
необходи́мость, -и
необходи́мый
необщи́тельный
необъе́зженный
необъекти́вный
необъясни́мый
необъя́тный
необыкнове́нный
необыча́йный
необы́чный
не обя́зан, не обя́зана, не обя́зано
необяза́тельный
неогегелья́нец, -нца
неогегелья́нский
неогегелья́нство, -а
неоге́н, -а
неоге́новый
неогля́дный
неограни́ченный
неодарвини́зм, -а
неодарвини́ст, -а
неодарвини́стский
неоде́тый
неоди́м, -а

неодинáковый
неоднокрáтный
неоднорóдный
неодобрéние, -я
неодобрительный
неодолимый
неодушевлённость, -и
неодушевлённый
неожидáнно
неожидáнность, -и
неожидáнный
неоимпрессионизм, -а
неоимпрессионист, -а
неоимпрессионистский
неоказáние, -я (неоказáние пóмощи)
неокантиáнец, -нца
неокантиáнский
неокантиáнство, -а
неоклассицизм, -а
неоколониализм, -а
неоколониалистский
неоколонизáтор, -а
нé о ком
неокончáтельный
неокóнченный
неокрéпший
неоламаркизм, -а
неоламаркист, -а
неоламаркистский
неолингвистика, -и
неолит, -а
неолитический
неологизм, -а
неомальтузиáнец, -нца
неомальтузиáнский
неомальтузиáнство, -а
неомеркантилизм, -а
неóн, -а
неонацизм, -а
неонацист, -а
неонацистский
неоницшеáнство, -а
неóновый
неопалимый: неопалимая купинá
неопáсный
неоперáбельный
неоперившийся
неописýемый
неоплазия, -и
неоплáзма, -ы
неоплáтный
неоплатонизм, -а
неоплатóник, -а
неоплáченный
неопозитивизм, -а
неопозитивист, -а
неопозитивистский
неопрáвданный
неопределённо-личный
неопределённость, -и
неопределённый
неопределимый
неопровержимость, -и
неопровержимый
неопрятный
неопубликóванный
неóпытный
неорганизóванный
неорганический
неореализм, -а
неореалист, -а
неореалистический

неоромантизм, -а
неоромáнтик, -а
неоромантический
неослабевáющий
неослáбный
неосмотрительный
неосновáтельный
неоспоримый
неосторóжность, -и
неосторóжный
неосуществимый
неосхолáстика, -и
неосязáемый
неотвратимый
неотвязный
неотвязчивый
неотделимо
неотделимый
неотектóника, -и
неотёсанный
нéоткуда
неотлагáтельный
неотличимый
неотлóжка, -и
неотлóжный
неотлýчный
неотомизм, -а
неотразимый
неотрывный
неотступный
неотчётливый
неотчуждáемый
неотъéмлемый
неофашизм, -а
неофашист, -а
неофашистский
неофит, -а
неофициáльный
неофóрмленный
неохвáтный
неохóта, -ы
неоценéнный (неоценéнный друг)
неоценённый (неоценённая посылка)
неоценимый
неоцератóд, -а
нé о чем
не о чём инóм, как ... но: ни о чём
  инóм не могý говорить
не óчень
неощутимый
неощутительный
непáлец, -льца
непáлка, -и
непáльский
непарнокопытные, -ых
непáрный
непартийный
нéпер, -а
непереводимый
непередавáемый
переносимый
непереходность, -и
непереходный
неперспективный
неписаный (неписаный закóн)
неплáновый
неплатёж, -á
неплатёжеспосóбный
неплатéльщик, -а
неплодорóдный
неплохóй
не по áдресу

непобедимость, -и
непобедимый
неборимый
неповáдно
неповинный
неповиновéние, -я
не по вкýсу
неповорóтливый
неповторимый
непогóда, -ы
нéпогодь, -и
негóжий
непогрешимый
неподалёку
неподáтливый
неподáча, -и
неподвéдомственный
неподвижность, -и
неподвижный
неподвлáстный
неподготóвленный
неподдéльный
неподкóванный
неподкýпный
не под лáд
неподобáюще (вести себя)
неподобáющий
неподóбный (неподóбные словá)
неподражáемый
не под силу
не под стáть
неподступный
неподсýдный
неподходящий
неподчинéние, -я
непозволительный
не поздорóвится
непознавáемый
непóзнанный
не по зубáм
не по кармáну
не покладáя рук
непокóйный
непоколебимость, -и
непоколебимый
непокорённый
непокóрный
непокóрство, -а
непокрытый
неполáдки, -док
неполнозýбые, -ых
неполноправный
не пóлностью
неполнотá, -ы
неполноцéнный
непóлный
непомéрный
непонимáние, -я
не по нрáву
не по нутрý
непонятливый
непонятный
непопадáние, -я
не по плечý
непоправимый
не по прáву
непорóчный
непорядок -дка
непорядочный
непосвящённый
не по себé
непосéда, -ы, м. и ж.

непоседливый
непосещаемость, -и
непосещение, -я
непосильный
непоследовательность, -и
непоследовательный
непослушание, -я
непослушный
не по средствам
непосредственность, -и
непосредственный
непостижимый
непостоянный
непостоянство, -а
непотизм, -а
непотопляемость, -и
непотребный
непотребство, -а
непохожий
непочатый
не по чем
не по чему
непочтение, -я
непочтительный
не прав, не права, не правы
неправда, -ы
не правда ли?
неправдоподобие, -я
неправдоподобный
неправедный
неправильный
неправомерный
неправомочный
неправоспособный
неправота, -ы
неправый
непрактичный
непревзойдённый
непредвиденный
непреднамеренный
непредубеждённый
непредумышленный
непредусмотренный
непредусмотрительный
непрезентабельный
непреклонность, -и
непреклонный
непреложный
непременный
непреоборимый
непреодолимый
непререкаемый
непрерывка, -и
непрерывно движущийся
непрерывно действующий *
непрерывно-импульсный
непрерывность, -и
непрерывный
непрестанный
неприбранный
неприбытие, -я
неприветливый
непривилегированный
непривлекательный
непривычка, -и
непривычный
неприглядный
непригодный
непригоже
неприготовленный
неприемлемый
непризнанный

неприкаянность, -и
неприкаянный
неприкосновенность, -и
неприкосновенный
неприкрашенный
неприкрытый
неприличие, -я
неприличный
неприменимый
неприметный
непримиримость, -и
непримиримый
непринуждённый
непринятие, -я
неприсоединение, -я
неприсоединившийся
неприспособленный
непристойный
неприступность, -и
неприступный
неприсутственный
непритворный
непритязательный
неприхотливый
непричастность, -и
непричастный
неприютный
неприязненность, -и
неприязненный
неприязнь, -и
неприятель, -я
неприятельский
неприятие, -я
неприятность, -и
неприятный
непробудный
непроверенный
непроводимость, -и
непроводник, -а
непроглядный
непродолжительный
непродуктивный
непродуманный
непроезжий
непрозрачный
непроизводительный
непроизвольный
непроизносимый
не про кого
непролазный
непроливайка, -и
непромокаемый
непроницаемость, -и
непроницаемый
непроницательный
непропорциональность, -и
непропорциональный
непросвещённый
непростительный
непростой
непротивленец, -нца
непротивление, -я (непротивление злу насилием)
непротивленческий
непротивленчество, -а
непроточный
непрофилирующий
непрофильный
непроходимый
непрочный
не прочь
непрошеный

непрямой
нептуний, -я
непуганый
непутёвый
непутём, *нареч.*
непьющий
неработоспособный
нерабочий
неравенство, -а
неравно (вдруг)
неравнодушие, -я
неравнодушный
неравномерный
неравноправие, -я
неравноправность, -и
неравноправный
неравноценный
неравный
не рад, не рада, не радо
нерадение, -я
нерадивость, -и
нерадивый
нерадостный
не раз
неразбериха, -и
неразборчивый
неразвитость, -и
неразвитый
неразгаданный
неразговорчивый
неразделённый
неразделимый
нераздельнокипящий
нераздельный
неразличимый
неразложимый
неразлучники, -ов
неразлучный
неразменный
неразрешённый
неразрешимый
неразрывный
неразумение, -я
неразумие, -я
неразумный
неразъёмный
нераскаянный
нераскрывшийся
нераскрытый
нераспечатанный
не расположен, не расположена, не расположено
нерасположение, -я
не расположенный (*к чему*)
нераспространение, -я
нераспустившийся
нерассудительный
нерастворимый
нерасторжимый
нерасторопный
нерастраченный
не расчёт
нерасчётливость, -и
нерасчётливый
нерасчленимый
нерациональный
нерачительный
нерв, -а, *р. мн.* -ов
нервация, -и
нервировать(ся), -рую, -рует(ся)
нервический
нервничать, -аю, -ает

НЕР

нервнобольна́я, -о́й
нервнобольно́й, -о́го
не́рвно-кише́чный
не́рвно-мы́шечный
не́рвно-психиатри́ческий
не́рвно-психи́ческий
не́рвно-сосу́дистый
нервнотрофи́ческий
не́рвный; *кр. ф.* -вен, нервна́, -вно
нерво́зность, -и
нерво́зный
нервю́ра, -ы
нереализо́ванный
нереа́льный
нерегули́руемый
нерегуля́рный
不ре́дкий
不ре́дко
не ре́дкость
наре́занный
нере́йда, -ы
нерента́бельный
не́рест, -а
нерести́лище, -а
нерести́ться, -и́тся
нерестова́ть, -ту́ет
не́рестово-выростно́й
не́рестовый
нерешённый
нереши́мость, -и
нереши́тельность, -и
нереши́тельный
нержаве́ющий
неритми́чный
нери́товый
не́рка, -и
неро́бкий (неро́бкого деся́тка)
не ро́вен (ровён) час
неро́вность, -и
неро́вный
неро́вня, -и, *м. и ж.*
неродно́й
неро́л, -а
неро́лиевый
не́рпа, -ы
не́рповый
неру́дный
нерукотво́рный
неру́сский
неруши́мый
неря́ха, -и, *м. и ж.*
неря́шество, -а
неря́шливость, -и
неря́шливый
несамостоя́тельный
несбы́точный
несваре́ние, -я (желу́дка)
несве́дущий
несве́жий
несвобо́дный
несводи́мый
несвоевре́менный
несвя́зный
несгиба́емый
несгово́рчивый
несгора́емый
несде́ржанный
несдоброва́ть (*кому*)
не сего́дня за́втра
несе́ние, -я
несённый; *кр. ф.* -ён, -ена́
несерьёзный

НЕС

несессе́р, -а
несжа́тый
неси́льный
несимметри́чный
несимпати́чный
несказа́нный
не́ с кем
нескладёха, -и, *м. и ж.*
несклади́ца, -ы
нескла́дный
не скло́нен, не склонна́, не скло́нно
не скло́нный (*к чему*)
несклоня́емый
не́ с кого
не́сколько, не́скольких
несконча́емый
не ско́ро
нескро́мность, -и
нескро́мный
нескрыва́емый
несла́дкий
не сли́шком
неслогово́й
несло́жный
не́слух, -а
не случа́йно
неслуча́йный
неслы́ханно, *нареч.*
неслы́ханный
не слы́хано (давно́ не слы́хано)
не слы́шен, не слышна́, не слы́шно
неслы́шный
несме́лый
несменя́емость, -и
несменя́емый
несме́тный (неисчисли́мый)
несмея́на, -ы (несмея́на-царе́вна)
несмина́емый
несмолка́емый
несмолка́ющий
несмотря́ на, *предлог* (несмотря́ ни на что́), но *деепр.* не смотря́ (не смотря́ по сторона́м)
несмыва́емый
несмышлёный
несмышлёныш, -а
несно́сный
несоблюде́ние, -я
несовершенноле́тие, -я
несовершенноле́тний
несоверше́нный
несоверше́нство, -а
несовмести́мость, -и
несовмести́мый
несовпаде́ние, -я
несовреме́нный
не совсе́м, *нареч.* (не совсе́м гото́в), но *местоим.* не со всём (не со всём согла́сен)
не согла́сен, не согла́сна, не согла́сны
несогла́сие, -я
несогла́сный
несозна́тельность, -и
несозна́тельный
неизмери́мый
несократи́мый
несокруши́мый
несолёный
несоли́дный
несо́лоно хлеба́вши
несомне́нный; *кр. ф.* -енен, -енна
несо́мый

НЕС

несообрази́тельный
несообра́зный
несоотве́тственный
несоотве́тствие, -я
несоразме́рный
несо́ртный
несостоя́тельный
неспециали́ст, -а
не спеша́
неспе́шный
неподру́чный
неспоко́йный
неспо́рый
неспосо́бный
несправедли́вость, -и
несправедли́вый
непроста́
несраба́тывание, -я
несрабо́танность, -и
несравнённый; *кр. ф.* -енен, -енна
несравни́мый
не сра́зу
не с руки́
нестаби́льность, -и
нестанда́ртный
нестерпи́мый
нести́(сь), -су́(сь), -сёт(ся); *прош.* нёс(ся), несла́(сь)
несто́йкий
нестоя́щий (плохо́й)
не стра́шно
нестра́шный
нестроеви́к, -а́
нестроево́й
нестро́йный
не сты́дно
несть: несть конца́ (*чему*), несть числа́ (*кому, чему*)
несуди́мость, -и
несудохо́дный
несура́зица, -ы
несура́зность, -и
несура́зный
несусве́тный
несу́шка, -и
несуще́ственный
несу́щий(ся)
несхо́дный
несхо́жий
несчастли́вец, -вца
несчастли́вый
несча́стный
несча́стье, -я, *р. мн.* -тий
не́ с чего
не́ с чем
несчётный (бесчи́сленный)
нёсший(ся)
несъедо́бный
несъёмный
несы́тный (о еде)
несы́тый
нет
не та́к
не тако́й
неакти́чный
нетвёрдый
не́тель, -и
нетерпёж, -ежа́
нетерпели́вый
нетерпе́ние, -я
нетерпи́мость, -и
нетерпи́мый

нетёсаный
нети: в нетях
нетканый
нетленный
нёт-нёт да и ...
не то
не только
нетопленый
нетопырь, -я
неторёный
неторопливый
не торопясь
неточность, -и
неточный
не то что(бы) не ...
нетребовательный
нетрезвый
нетронутый
не-тронь-меня, нескл., с. (растение)
нетрудный
нетрудовой
нетрудоспособность, -и
нетрудоспособный
нетрудящийся
нетто, неизм.
нетто-баланс, -а
нетто-вес, -а
нетто-масса, -ы
нету
нетчик, -а
неубедительный
неубранный
неуважение, -я
неуважительный
неуверенность, -и
неуверенный
неувядаемый
неувязка, -и
неугасаемый
неугасимый
неугодный
неугомонный; кр. ф. -бнен, -бнна
неуд, -а
неудавшийся
неударенный
неударный
неударяемый
неудача, -и
неудачливый
неудачник, -а
неудачница, -ы
неудачный
не у дел
неудержимый
неудивительно
неудобный
неудобоваримый
неудобоисполнимый
неудобопонятный
неудобопроизносимый
неудобопроходимый
неудобочитаемый
неудобство, -а
неудобь сказуемый
неудовлетворённость, -и
неудовлетворённый
неудовлетворительный
неудовольствие, -я
неуёмный
неужели
неуживчивый
неужто

неузнаваемый
неук, -а
неуказанный (недозволенный)
неуклонный; кр. ф. -бнен, -бнна
неуклюжесть, -и
неуклюжий
не у кого
неукомплектованный
неукоснительный
неукротимый
неуловимый
неумелый
неумение, -я
неумеренный
не у места
неуместный
неумёха, -и, м. и ж.
неумный
неумолимый
неумолкаемый
неумолчный
неумытый
неумышленный
неунывающий
неуплата, -ы
неупорядоченный
неупотребительный
неуправляемый
неуравновешенный
неурожай, -я
неурожайный
неурочный
неурядица, -ы
неусидчивый
неуспеваемость, -и
неуспевающий
неуспех, -а
неустанный
неустойка, -и
неустойчивый
неустранимый
неустрашимый
неустроенность, -и
неустроенный
неустройство, -а
неуступчивый
неусыпный
неутешительный
неутешный
неутолённый
неутолимый
неутомимость, -и
неутомимый
неуч, -а
неучастие, -я
не у чего
неучёный
неучтивый
неуютный
неуязвимый
неф, -а
нефелин, -а
нефелиновый
нефелометр, -а
нефелометрия, -и
нефондируемый
нефоскоп, -а
нефрит, -а
нефрозонефрит, -а
нефрология, -и
нефросклероз, -а
нефрэктомия, -и

нефтебаза, -ы
нефтебитум, -а
нефтебуровой
нефтевоз, -а
нефтегазовый
нефтегазодобывающий
нефтегазоносность, -и
нефтегазоносный
нефтегазопровод, -а
нефтедобывающий
нефтедобытчик, -а
нефтедобыча, -и
нефтезавод, -а
нефтеналивной
нефтеносность, -и
нефтеносный
нефтеочистка, -и
нефтеперегонный
нефтеперекачивающий
нефтеперерабатывающий
нефтепереработка, -и
нефтепереработчик, -а
нефтепровод, -а
нефтепродукт, -а
нефтепромысел, -сла
нефтепромысловый
нефтепромышленник, -а
нефтепромышленность, -и
нефтепромышленный
нефтеразведчик, -а
нефтескважина, -ы
нефтесклад, -а
нефтехимический
нефтехимия, -и
нефтехранилище, -а
нефть, -и
нефтяник, -а
нефтянка, -и
нефтяной
не хватать, не хватает; прош. не хватало
не хватить, не хватит; прош. не хватило
нехватка, -и
нехворощь, -и
нехитрый
неходовой
нехоженый
нехозяйственный
нехороший
нехотя
нехристь, -я
не худо (не худо бы отдохнуть)
нехудожественный
нецелесообразный
нецензурный
нечаянно
нечаянность, -и
нечаянный
нечего
нечеловеческий
нечему
нечернозёмный
нечёсаный
нечестивец, -вца
нечестивица, -ы
нечестивый
нечестный
нечет, -а (чёт и нечет)
не чета (кому)
нечёткий
нечётный

НЕЧ

нечи́сто
нечистопло́тный
нечистота́, -ы́
нечисто́ты, -о́т
нечи́стый
не́чисть, -и
нечита́бельный
нечи́щенный
нечленоrazде́льный
не́что, *местоим.*
не́что ино́е
не что ино́е, как ... , но: ничто́ ино́е его́ не интересу́ет
не что́-либо (-нибудь) ино́е
нечувстви́тельный
нечу́ткий
неширо́кий
нешта́тный
не́што, *частица* (разве)
нешу́точный
неща́дный
нещечко́, -а
неэквивале́нтный
неэкономи́чный
неэконо́мный
неэти́чный
не я, но *филос.* не-я
нея́вка, -и
нея́дерный
нея́сный
нея́сыть, -и
ни бельме́са
ни бе ни ме
ни бо́льше ни ме́ньше
-нибу́дь, *частица* (с предшествующим словом соединяется с помощью дефиса: что́-нибудь, где́-нибудь)
ни́ва, -ы
нивели́р, -а
нивели́рование, -я
нивели́рованный
нивели́ровать(ся), -рую, -рует(ся)
нивелиро́вка, -и
ни в зуб
ни в каку́ю
ни в кого́
ни в ко́ем слу́чае
ни в ко́м
ниво́з, -а
ни во что́
нивх, -а
ни́вхка, -и
ни́вхский
ни в чём
нивя́ник, -а
нигде́
нигери́ец, -и́йца
нигери́йка, -и
нигери́йский
нигили́зм, -а
нигили́ст, -а
нигилисти́ческий
нигили́стка, -и
нигили́стский
нигрози́н, -а
нигро́л, -а
ни гугу́
ни да́ ни не́т
ни да́ть ни взя́ть
нидерла́ндец, -дца
нидерла́ндка, -и

НИД

нидерла́ндский
ни для кого́
ни для чего́
ни до чего́
нижа́йший
ни́же, *сравн. ст.* (*от* ни́зкий, ни́зко)
нижегоро́дский
нижеизло́женный
нижеозна́ченный
нижеопи́санный
нижеопла́чиваемый
нижеподписа́вшийся
нижепоимено́ванный
нижеприведённый
нижеска́занный
нижесле́дующий
нижестоя́щий
нижеука́занный
нижеупомя́нутый
ни жив ни мёртв
нижнево́лжский
нижнедево́нский
нижнелу́жицкий
нижнеме́цкий
нижнечелюстно́й
нижнечетверти́чный
ни́жний
низ, -а, *предл.* о ни́зе, на низу́, *мн.* -ы́, -о́в
ни за ке́м
ни за кого́
низа́ть(ся), нижу́, ни́жет(ся)
ни за чём
ни за что́
ни за что́ ни про что́ и ни за что́ ни про́ что
низведённый; *кр. ф.* -ён, -ена́
низве́дший
низверга́ть(ся), -а́ю(сь), -а́ет(ся)
низве́ргнувший(ся)
низве́ргнутый
низве́ргнуть(ся), -ну(сь), -нет(ся); *прош.* -е́рг(ся) и -е́ргнул(ся), -е́ргла(сь)
низве́ргший(ся)
низверже́ние, -я
низве́рженный
низвести́, -еду́, -едёт; *прош.* -ёл, -ела́
низводи́ть(ся), -ожу́, -о́дит(ся)
ни зги́
ни́зенький
низёхонько
низи́на, -ы (низкое место)
низина́, -ы́ (малая высота)
низи́нный
ни́зка, -и
ни́зкий; *кр. ф.* -зок, -зка́, -зко
низкобо́ртный
низково́льтный
низкоза́дый
низкозамерза́ющий
низкокипя́щий
низколеги́рованный
низколетя́щий *
низколо́бый
ни́зко-ни́зко
низкоопла́чиваемый
низкоорбита́льный
низкопокло́нник, -а
низкопокло́нничать, -аю, -ает
низкопокло́ннический
низкопокло́нничество, -а

НИЗ

низкопокло́нство, -а
ни́зко-прени́зко
низкопро́бный
низкопроце́нтный
низкорасполо́женный *
низкоро́слый
низкосо́ртный
низкотемперату́рный
низкоуглеро́дистый
низкоурожа́йный
низкочасто́тный
низлага́ть(ся), -а́ю, -а́ет(ся)
низложе́ние, -я
низло́женный
низложи́ть, -ожу́, -о́жит
ни́зменность, -и
ни́зменный; *кр. ф.* -мен, -менна
низо́вка, -и
низово́й
низо́вский
низо́вье, -я, *р. мн.* -вьев
низойти́, низойду́, низойдёт; *прош.* нисшёл, низошла́
низо́к, -зка́
ни́зом, *нареч.*
ни́зость, -и
низри́нутый
низри́нуть(ся), -ну(сь), -нет(ся)
ни́зший
ника́к
ника́к нет
никако́й
ни́келевый
никели́н, -а
никели́новый
никелирова́ние, -я
никелиро́ванный
никелирова́ть(ся), -ру́ю, -ру́ет(ся)
никелиро́вка, -и
никелиро́вочный
ни́кель, -я
нике́м
ни к кому́
ни́клый
ни́кнувший
ни́кнуть, -ну, -нет; *прош.* ни́кнул и ник, ни́кла
никогда́
никого́
ники́м о́бразом
никому́
никоти́н, -а
никоти́нный
никоти́новый
никото́рый
никто́, никого́, никому́, нике́м, ни о ко́м
никто́ ино́й, но: не кто́ ино́й как ...
никуда́
никуды́шный
никчёмный
ни к чему́
нима́ло (ниско́лько), но: ни ма́ло ни мно́го
нимб, -а
ни́мфа, -ы
нимфе́я, -и
нимфома́ния, -и
нимфома́нка, -и
ни на́ волос
ни на́ грош
ни на е́сть (кто, какой ни на е́сть)

ни на йо́ту
ни на что́ (не ну́жный)
ни-ни́
ни-ни-ни́
нио́биевый
нио́бий, -я
ни оди́н не ...
ни о ко́м
ниотко́ле и ниотко́ль
ниотку́да
ни о чём
ни по ко́м
нипочём, *нареч.*
ни́ппель, -я, *мн.* -я́, -е́й
ни́ппельный
ни при ко́м
ни при чём (мы тут ни при чём)
ни ра́зу
нирва́на, -ы
ни ры́ба ни мя́со
ни свет ни заря́
ни с ке́м
ниско́лечко
ниско́лько
ни сло́ва
ни слу́ху ни ду́ху
ни с ме́ста
ниспада́ть, -а́ет
ниспа́сть, -адёт; *прош.* -а́л, -а́ла
ниспосла́ние, -я
ниспо́сланный
ниспосла́ть, -ошлю́, -ошлёт; *прош.* -сла́л, -сла́ла
ниспыла́ть(ся), -а́ю, -а́ет(ся)
ниспроверга́ть(ся), -а́ю, -а́ет(ся)
ниспрове́ргнувший
ниспрове́ргнутый
ниспрове́ргнуть, -ну, -нет; *прош.* -е́рг и -е́ргнул, -е́ргла
ниспрове́ргший
ниспроверже́ние, -я
ниспрове́рженный
ниспуска́ть(ся), -а́ю(сь), -а́ет(ся)
ниспусти́ть(ся), -ущу́(сь), -у́стит(ся)
ниспу́щенный
ниста́гм, -а
ниста́тин, -а
ни с того́ ни с сего́
нисходи́ть, -ожу́, -о́дит
нисходя́щий
нисхожде́ние, -я
ни с чего́
ни с чем
нисше́дший
нисше́ствие, -я
ни та́к ни ся́к
ни та́м ни са́м
нитеви́дный
нитеобра́зный
ни́тка, -и
нито́н, -а
ни то́ ни друго́е
ни то́ ни сё
ни то́т ни друго́й
ни́точка, -и
ни́точный
ни тпру́ ни ну́
нитраги́н, -а
нитра́т, -а
нитра́тный
нитра́ция, -и
нитри́д, -а (соль азотистой кислоты)

нитри́л, -а
нитри́рование, -я
нитри́ровать, -рую, -рует
нитри́т, -а (соединение с азотом)
нитри́тный
нитрифика́ция, -и
нитрифици́ровать(ся), -рую, -рует(ся)
нитробакте́рия, -и
нитробензо́л, -а
нитрова́ние, -я
нитро́ванный
нитрова́ть(ся), -ру́ю, -ру́ет(ся)
нитроглицери́н, -а
нитроглицери́новый
нитро́за, -ы
нитроклетча́тка, -и
нитрокраси́тель, -я
нитрокра́ска, -и
нитрола́к, -а
нитро́метр, -а
нитроме́трия, -и
нитро́н, -а
нитро́новый
нитросоедине́ние, -я
нитротолуо́л, -а
нитрофено́л, -а
нитроцеллюло́за, -ы
нитрошёлк, -а
нитроэма́ль, -и
ни туда́ ни сюда́
нитча́тка, -и
ни́тчатый
ни́тченка, -и (петля)
нить, -и
ни́тянки, -ок, *ед.* ни́тянка, -и
ни́тяный
ни у кого́
ни у чьего́
нихро́м, -а
ниц (па́дать)
ни́ццкий (*от* Ни́цца)
ницшеа́нец, -нца
ницшеа́нский
ницшеа́нство, -а
ничево́ки, -ов
ничего́
ничегонеде́лание, -я
ничего́шеньки
ниче́й, ничьего́
ниче́йный
ниче́м
ничто́, ничего́, ничему́, ниче́м, ни о чём
ничто́жество, -а
ничто́же сумня́шеся (сумня́ся)
ничто́жность, -и
ничто́жный
ничто́ ино́е, но: не что ино́е, как ...
ничу́ть
ничьё, ничьего́
ничья́, ничье́й
ни́ша, -и
ни ша́гу
нишкну́ть, -ну́, -нёт
нища́ть, -а́ю, -а́ет
ни́щенка, -и
ни́щенский
ни́щенство, -а
ни́щенствовать, -твую, -твует
нищета́, -ы́

ни́щий, -его
но́белий, -я
но́били, -ей, *ед.* но́биль, -я
нобилите́т, -а
новарсено́л, -а
нова́тор, -а
нова́торский
нова́торство, -а
нова́ция, -и
нове́йший
нове́лла, -ы
новелле́тта, -ы
новелли́ст, -а
новеллисти́ческий
нове́ллка, -и
нове́ть, -е́ет
новёхонький; *кр. ф.* -нек, -нька
нове́шенький; *кр. ф.* -нек, -нька
новизна́, -ы́
нови́к, -а́
новина́, -ы́
нови́нка, -и
новичо́к, -чка́
новобиоци́н, -а
новобра́нец, -нца
новобра́чная, -ой
новобра́чный, -ого
нововведе́ние, -я
нововведённый
нового́дний
новогре́ческий
новозаве́тный
новозела́ндец, -дца
новозела́ндка, -и
новозела́ндский
новои́збранный
новоизда́нный
новоизобретённый
новоиспечённый
новокаи́н, -а
новолу́ние, -я
новомо́дный
новона́бранный
новонаречённый
новонаселённый
новообразова́ние, -я
новообразо́ванный
новообращённый
новооткрыва́тель, -я
новоотркы́тый
новопоселе́нец, -нца
новопоселе́нка, -и
новопреста́вленный
новоприбы́вший
новоприе́зжий
новоприобретённый
новопроизведённый
новорождённый
новосёл, -а
новосёлка, -и
новосе́лье, -я, *р. мн.* -лий
новостро́йка, -и
но́вость, -и, *мн.* -и, -е́й
новоте́л, -а
новоте́льный
новоя́вленный
но́вшество, -а
но́вый; *кр. ф.* нов, нова́, но́во
но́вь, -и
нога́, -и́, *вин.* но́гу, *мн.* но́ги, ног, нога́м
нога́ в но́гу

НОГ

ногаец, -айца
ногайка, -и (к ногаец)
ногайский
ноговицы, -иц, ед. ноговица, -ы
ноготки, -ов (цветы)
ноготок, -тка
ноготь, ногтя, мн. -и, -ей
ногохвостка, -и
ногтевой
ногтистый
ногтоеда, -ы
нож, -а
ножевище, -а
ножевой
ноженки, -нок (от ножницы)
ноженька, -и, мн. ноженьки, -нек
ножик, -а
ножичек, -чка
ножища, -и, мн. -ищи, -ищ (от нога)
ножище, -а, мн. -ищи, -ищ, м. (от нож)
ножка, -и
ножницы, -ниц
ножнички, -чек
ножничный
ножной
ножны, ножен и ножны, ножон
ножовка, -и
ножовочный
ножовый
ножонка, -и
ноздреватый
ноздревина, -ы
ноздревой
ноздря, -и, мн. ноздри, -ей
ноземато́з, -а
нозографический
нозография, -и
нозологический
нозология, -и
нойон, -а
нокаут, -а
нокаутированный
нокаутировать, -рую, -рует
нокдаун, -а
ноктюрн, -а
нолевой и нулевой
нолик, -а и нулик, -а
ноль, -я и нуль, -я
ноль-ноль (в пять ноль-ноль)
номад, -а
номадизм, -а
номенклатура, -ы
номенклатурный
номер, -а, мн. номера, -ов
номерной
номерок, -рка
номеронабиратель, -я
номерочек, -чка
номинал, -а
номинализм, -а
номиналист, -а
номиналистический
номинальный
номинатив, -а
номинативный
номинация, -и
номогенез, -а
номограмма, -ы
номографический
номография, -и
номоканон, -а

НОН

нона, -ы
нонаккорд, -а
нонет, -а
нонешний
нониус, -а
нонпарель, -и
нонсенс, -а
ноосфера, -ы
нора, -ы, мн. норы, нор, норам
норвежец, -жца
норвежка, -и
норвежский
норвежско-советский
норд, -а
норд-вест, -а
норд-вестовый
норд-норд-вест, -а
норд-норд-вестовый
норд-норд-ост, -а
норд-норд-остовый
нордовый
норд-ост, -а
норд-остовый
норичник, -а
норичниковые, -ых
норка, -и
норковый
норма, -ы
нормализация, -и
нормализованный
нормализовать(ся), -зую, -зует(ся)
нормаль, -и
нормальный
нормандец, -дца
нормандка, -и
нормандский (от Нормандия)
норманнский (от норманны)
норманны, -ов, ед. норманн, -а
норматив, -а
нормативизм, -а
нормативный
нормирование, -я
нормированный
нормировать(ся), -рую, -рует(ся)
нормировка, -и
нормировочный
нормировщик, -а
нормировщица, -ы
норов, -а
норовистый
норовить, -влю, -вит
норсульфазол, -а
нос, -а и -у, предл. о носе, на носу, мн. -ы, -ов
носарь, -я
носастый
носатый
носач, -а
носик, -а
носилки, -лок
носилочный
носильный
носильщик, -а
носитель, -я
носительница, -ы
носить(ся), ношу(сь), носит(ся)
носишко, -а, м.
носище, -а, м.
носка, -и
носки, -ов, ед. носок, -ска
носки гольф
ноский

НОС

носовой
носоглотка, -и
носоглоточный
носогрейка, -и
носопырка, -и
носорог, -а
носо-слёзный
носочек, -чка
носочный
ностальгический
ностальгия, -и
носуха, -и
нота, -ы
нотабена, -ы и нотабене, нескл., с.
нотабль, -я
нотариальный
нотариат, -а
нотариус, -а
нотация, -и
нотис, -а
нотификация, -и
нотифицированный
нотифицировать, -рую, -рует
нотка, -и
нотница, -ы
нотный
нотография, -и
нотоносец, -сца
нотопечатание, -я
нотопечатный
нотопечатня, -и, р. мн. -тен
ноумен, -а
ночевать, -чую, -чует
ночёвка, -и
ноченька, -и
ночесветка, -и
ночка, -и
ночлег, -а
ночлежка, -и
ночлежник, -а
ночлежница, -ы
ночлежничать, -аю, -ает
ночлежный
ночник, -а
ночница, -ы
ночничок, -чка
ночное, -ого
ночной
ночь, -и, предл. о ночи, в ночи, мн. -и, -ей
ночью, нареч.
ноша, -и
ношение, -я
ношенный, прич.
ношеный, прил.
нощно: денно и нощно
нощь, -и (устар. к ночь)
ноющий
ноябрь, -я
ноябрьский
нрав, -а
нравиться, -влюсь, -вится
нравный
нравоописание, -я
нравоописательный
нравоучение, -я
нравоучительный
нравственность, -и
нравственный; кр. ф. -вен, -венна
нубиец, -ийца
нубийка, -и
нубийский

НУВ

нувори́ш, -а
нуга́, -и́
нуда́, -ы́
ну́дить(ся), ну́жу(сь), ну́дит(ся)
ну́дный; кр. ф. -ден, -дна́, -дно
нужда́, -ы́, мн. ну́жды, нужд
нужда́емость, -и
нужда́ться, -а́юсь, -а́ется
нужда́ющийся
ну́ же
ну́жно
ну́жный; кр. ф. -жен, -жна́, -жно
ну́-ка
ну́-кась и ну́-кася
ну́кать, -аю, -ает
ну́кер, -а
нуклеи́н, -а
нуклеи́новый
ну́клеус, -а
нукло́н, -а
нулево́й и нолево́й
ну́лик, -а и но́лик, -а
нуллифика́ция, -и
нуллифици́рованный
нуллифици́ровать(ся), -рую, -рует(ся)
нуль, -я́ и ноль, -я́
нуль-индика́тор, -а
нуль-указа́тель, -я
ну́мер, -а (устар. к но́мер)
нумера́тор, -а
нумерацио́нный
нумера́ция, -и
нумерова́льный
нумеро́ванный
нумерова́ть(ся), -ру́ю, -ру́ет(ся)
нумеро́вка, -и
нумизма́т, -а
нумизма́тика, -и
нумизмати́ческий
нуммули́т, -а
ну-ну́
нунциату́ра, -ы
ну́нций, -я
ну-с
нут, -а
нутацио́нный
нута́ция, -и
ну́те
ну́те-ка
ну́те-с
ну́-тка
ну́-ткась
нутре́ц, -а́
ну́триевый
ну́трия, -и
нутро́, -а́
нутроме́р, -а
нутряно́й
ны́не
ны́нешний
ны́нче
нырну́ть, -ну́, -нёт
ныро́к, -рка́
ныря́ло, -а (плунжер)
ныря́льщик, -а
ныря́льщица, -ы
ныря́ние, -я
ныря́ть, -я́ю, -я́ет
ны́тик, -а
ныть, но́ю, но́ет
нытьё, -я́
нью-йо́ркский

НЬЮ

ньюто́н, -а, р. мн. -ов
ньюфаундле́нд, -а
нэп, -а
нэ́пман, -а
нэ́пманский
нэ́пманша, -и
нэ́повский
нюа́нс, -а
нюанси́рованный
нюанси́ровать(ся), -рую, -рует(ся)
нюансиро́вка, -и
ню́ни распусти́ть
ню́нить, ню́ню, ню́нит
ню́ня, -и, м. и ж.
нюрнбе́ргский
нюх, -а
ню́хальщик, -а
ню́хальщица, -ы
ню́ханье, -я
ню́хательный
ню́хать, -аю, -ает
нюхну́ть, -ну́, -нёт
ня́нечка, -и
ня́нченье, -я
ня́нчить(ся), -чу(сь), -чит(ся)
ня́нька, -и
ня́нюшка, -и
ня́ня, -и

О

оа́зис, -а
об, обо, предлог
о́ба, обо́их
оба́биться, -блюсь, -бится
оба́бок, -бка
обагрённый; кр. ф. -ён, -ена́
обагри́ть(ся), -рю́(сь), -ри́т(ся)
обагря́ть(ся), -я́ю(сь), -я́ет(ся)
обалдева́ть, -а́ю, -а́ет
обалде́лый
обалде́ние, -я
обалде́ть, -е́ю, -е́ет
обалду́й, -я
оба́лтывать(ся), -аю, -ает(ся)
обандеро́ленный
обандеро́ливать(ся), -аю, -ает(ся)
обандеро́лить, -лю, -лит
обанкро́титься, -о́чусь, -о́тится
обасурма́ненный
обасурма́нить(ся), -ню(сь), -нит(ся)
обая́ние, -я
обая́тельность, -и
обая́тельный
оббива́ть(ся), -а́ю, -а́ет(ся)
обби́вка, -и
обби́ть(ся), обобью́, обобьёт(ся)
обва́л, -а
обва́ленный (от обвали́ть)
обва́ливание, -я
обва́ливать(ся), -аю(сь), -ает(ся)
обва́листый
обвали́ть(ся), -алю́, -а́лит(ся)
обва́лка, -и
обвалова́ние, -я
обвало́ванный
обвалова́ть, -лу́ю, -лу́ет
обвало́вывать(ся), -аю, -ает(ся)
обва́льный
обва́лянный (от обваля́ть)

ОБВ

обваля́ть(ся), -я́ю(сь), -я́ет(ся)
обва́ренный
обва́ривание, -я
обва́ривать(ся), -аю(сь), -ает(ся)
обвари́ть(ся), -арю́(сь), -а́рит(ся)
обва́рка, -и
обварно́й
обвева́ть(ся), -а́ю, -а́ет(ся) (к обве́ять)
обведе́ние, -я
обведённый; кр. ф. -ён, -ена́
обве́дший
обвезённый; кр. ф. -ён, -ена́
обвезти́, -зу́, -зёт; прош. -ёз, -езла́
обвёзший
обве́ивать(ся), -аю, -ает(ся)
обвенча́нный
обвенча́ть(ся), -а́ю(сь), -а́ет(ся)
обвёрнутый
обверну́ть(ся), -ну́(сь), -нёт(ся)
обверте́ть(ся), -ерчу́, -е́ртит(ся)
обвёртка, -и
обвёртывание, -я
обвёртывать(ся), -аю(сь), -ает(ся)
обве́рченный
обве́ршенный
обве́ршивать(ся), -аю, -ает(ся)
обверши́ть, -шу́, -ши́т
обве́с, -а
обве́сить(ся), -е́шу(сь), -е́сит(ся)
обвести́, -еду́, -едёт; прош. -ёл, -ела́
обве́тренный
обве́треть, -еет (огрубеть от ветра)
обве́тривать(ся), -ает(ся)
обве́трить, -рит (что)
обве́триться, -рится
обветша́лый
обветша́ть, -а́ю, -а́ет
обве́шанный (от обве́шать)
обве́шать(ся), -аю(сь), -ает(ся)
обве́шенный (от обве́сить)
обвешённый; кр. ф. -ён, -ена́ (от обвеши́ть)
обве́шивание, -я
обве́шивать(ся), -аю(сь), -ает(ся)
обвеши́ть, -шу́, -ши́т
обве́янный
обве́ять, -е́ю, -е́ет
обвива́ть(ся), -а́ю(сь), -а́ет(ся) (к обви́ть)
обвине́ние, -я
обвинённый; кр. ф. -ён, -ена́
обвини́тель, -я
обвини́тельный
обвини́ть, -ню́, -ни́т
обвиня́емый
обвиня́ть(ся), -я́ю(сь), -я́ет(ся)
обвиса́ть, -а́ю, -а́ет
обви́слый
обви́снуть, -ну, -нет; прош. -ви́с, -ви́сла
обви́сший
обви́тый; кр. ф. о́бви́т, обвита́, о́бви́то
обви́ть(ся), обовью́(сь), обовьёт(ся); прош. обви́л(ся), обвила́(сь), о́бви́ло, обви́ло́сь
обво́д, -а
обводи́ть(ся), -ожу́, -о́дит(ся)
обво́дка, -и
обводне́ние, -я
обводнённый; кр. ф. -ён, -ена́
обводни́тельный

ОБВ

обводни́ть, -ню́, -ни́т
обводно́й и обво́дный
обводня́ть(ся), -я́ю, -я́ет(ся)
обво́дчик, -а
обво́з, -а
обвози́ть(ся), -ожу́, -о́зит(ся)
обво́йник, -а
обвола́кивать(ся), -аю, -ает(ся)
обвола́кивающий(ся)
обволо́кший(ся)
обволоса́теть, -ею, -еет
обволочённый; кр. ф. -ён, -ена́
обволо́чь(ся), -оку́, -очёт(ся), -оку́т(ся); прош. -о́к(ся), -окла́(сь)
обвора́живать(ся), -аю, -ает(ся)
обворо́ванный
обворова́ть, -ру́ю, -ру́ет
обворо́вывать(ся), -аю, -ает(ся)
обворожённый; кр. ф. -ён, -ена́
обворожи́тельный
обворожи́ть, -жу́, -жи́т
обвыка́ть(ся), -а́ю(сь), -а́ет(ся)
обвы́кнуть(ся), -ну(сь), -нет(ся); прош. -ы́к(ся), -ы́кла(сь)
обвы́кший(ся)
обвя́занный
обвяза́ть(ся), -яжу́(сь), -я́жет(ся)
обвя́зка, -и
обвя́зочный
обвя́зывание, -я
обвя́зывать(ся), -аю(сь), -ает(ся)
обвя́ленный
обвя́ливать(ся), -аю, -ает(ся)
обвя́лить(ся), -лю, -лит(ся)
обгла́дывать(ся), -аю, -ает(ся)
обгло́данный
обглода́ть, -ожу́, -о́жет и -а́ю, -а́ет
обгло́док, -дка
обгляде́ть(ся), -яжу́(сь), -яди́т(ся)
обгля́дывать(ся), -аю(сь), -ает(ся)
обговорённый; кр. ф. -ён, -ена́
обговори́ть, -рю́, -ри́т
обго́н, -а
обгоня́ть(ся), -я́ю, -я́ет(ся)
обгора́живать(ся), -аю(сь), -ает(ся)
обгора́ть, -а́ю, -а́ет
обгоре́лый
обгоре́ть, -рю́, -ри́т
обгороди́ть(ся), -ожу́(сь), -о́дит(ся)
обгоро́женный
обгрыза́ть(ся), -а́ю, -а́ет(ся)
обгры́зенный
обгры́зть, -зу́, -зёт; прош. -ы́з, -ы́зла
обгры́зший
обдава́ть(ся), -даю́(сь), -даёт(ся)
о́бданный; кр. ф. о́бдан, о́бдана́, о́бдано
обдарённый; кр. ф. -ён, -ена́
обда́ривать(ся), -аю, -ает(ся)
обдари́ть, -арю́, -а́рит
обда́ть(ся), -а́м(ся), -а́шь(ся), -а́ст(ся), -ади́м(ся), -ади́те(сь), -аду́т(ся), прош. о́бдал, -а́лся, -ала́(сь), о́бдало, -а́лось
обде́ланный
обде́лать(ся), -аю(сь), -ает(ся)
обделённый; кр. ф. -ён, -ена́
обдели́ть, -елю́, -е́лит
обде́лка, -и
обде́лочный
обде́лывание, -я
обде́лывать(ся), -аю(сь), -ает(ся)

ОБД

обделя́ть(ся), -я́ю, -я́ет(ся)
обдёрганный
обдёргать(ся), -аю, -ает(ся)
обдёргивать(ся), -аю(сь), -ает(ся)
обдернённый; кр. ф. -ён, -ена́
обдерни́ть, -ню́, -ни́т
обдёрнутый
обдёрнуть(ся), -ну(сь), -нет(ся)
обдёрнять(ся), -я́ю, -я́ет(ся)
обди́р, -а
обдира́ла, -ы, м. и ж.
обдира́ловка, -и
обдира́ние, -я
обдира́тельство, -а
обдира́ть(ся), -а́ю(сь), -а́ет(ся)
обди́рка, -и
обди́рный
обди́рочно-шлифова́льный
обди́рочный
обду́в, -а
обдува́ла, -ы, м. и ж.
обдува́ние, -я
обдува́ть(ся), -а́ю(сь), -а́ет(ся)
обду́вка, -и
обду́манный
обду́мать, -аю, -ает
обду́мывание, -я
обду́мывать(ся), -аю, -ает(ся)
обдурённый; кр. ф. -ён, -ена́
обду́ривать, -аю, -ает
обдури́ть, -рю́, -ри́т
обдуря́ть, -я́ю, -я́ет
обду́тый
обду́ть(ся), -у́ю(сь), -у́ет(ся)
о́бе, обе́их
обе́ганный
обе́гать, -аю, -ает, сов.
обега́ть(ся), -а́ю, -а́ет(ся), несов.
обе́д, -а
обе́дать, -аю, -ает
обе́денка, -и
обе́денный
обедне́лый
обедне́ние, -я
обеднённый; кр. ф. -ён, -ена́
обедне́ть, -е́ю, -е́ет (стать бедным)
обедни́ть, -ню́, -ни́т (кого, что)
обе́дня, -и, р. мн. -ден
обедня́ть(ся), -я́ю, -я́ет(ся)
обежа́ть, -егу́, -ежи́т, -егу́т
обезбо́ленный
обезбо́ливание, -я
обезбо́ливать(ся), -аю, -ает(ся)
обезбо́ливающий
обезбо́лить, -лю, -лит
обезво́деть, -еет (стать безводным)
обезво́дить, -о́жу, -о́дит (что)
обезво́диться, -ится
обезво́женный
обезво́живание, -я
обезво́живать(ся), -аю, -ает(ся)
обезво́ленный
обезво́леть, -ею, -еет (стать безвольным)
обезво́ливать, -аю, -ает
обезво́лить, -о́лю, -о́лит (кого, что)
обезвре́дить, -е́жу, -е́дит
обезвре́женный
обезвре́живание, -я
обезвре́живать(ся), -аю, -ает(ся)
обезга́живание, -я
обезга́живать(ся), -аю, -ает(ся)

ОБЕ

обезга́зить, -а́жу, -а́зит
обезгла́веть, -ею, -еет (лишиться головы)
обезгла́вить, -злю, -вит (кого, что)
обезгла́вленный
обезгла́вливание, -я
обезгла́вливать(ся), -аю, -ает(ся)
обезголо́сеть, -ею, -еет (лишиться голоса)
обездви́женный
обездви́живать, -аю, -ает
обездви́жить, -и́жу, -и́жит
обезде́нежеть, -ею, -еет (остаться без денег)
обезде́нежить, -жу, -жит (кого, что)
обездо́ленный
обездо́ливать(ся), -аю, -ает(ся)
обездо́лить, -лю, -лит
обездо́меть, -ею, -еет (лишиться дома, крова)
обездо́мить, -млю, -мит (кого, что)
обездо́мленный
обезду́шенный
обезду́шеть, -ею, -еет (стать бездушным)
обезду́шивать, -аю, -ает
обезду́шить, -шу, -шит (кого, что)
обезжеле́зивание, -я
обезжи́ренный
обезжи́ривание, -я
обезжи́ривать(ся), -аю, -ает(ся)
обезжи́рить(ся), -рю, -рит(ся)
обеззара́женный
обеззара́живание, -я
обеззара́живать(ся), -аю, -ает(ся)
обеззара́зить, -а́жу, -а́зит
обеззву́чить, -чу, -чит
обезземе́ление, -я
обезземе́ленный
обезземе́леть, -ею, -еет (лишиться земли)
обезземе́ливание, -я
обезземе́ливать, -аю, -ает
обезземе́лить, -лю, -лит (кого, что)
обеззо́ливание, -я
обеззу́беть, -ею, -еет
обезле́сение, -я
обезле́сенный
обезле́сеть, -еет (лишиться лесов)
обезле́сить, -е́шу, -е́сит (что)
обезли́ствение, -я
обезли́стветь, -еет (лишиться листьев)
обезли́ствить, -влю, -вит (что)
обезли́чение, -я
обезли́ченный
обезли́чивание, -я
обезли́чивать(ся), -аю(сь), -ает(ся)
обезли́чить(ся), -чу(сь), -чит(ся)
обезли́чка, -и
обезлоша́деть, -ею, -еет (лишиться лошади)
обезлоша́дить, -а́дит (кого, что)
обезлю́дение, -я
обезлю́деть, -еет (стать безлюдным)
обезлю́дить, -ит (что)
обезма́сливание, -я
обезма́точеть, -еет
обезмо́лветь, -еет (стать безмолвным)
обезмо́лвить, -влю, -вит (кого, что)
обезнадёженный

обезнадёживать, -аю, -ает
обезнадёжить, -жу, -жит
обезноженный
обезножеть, -ею, -еет (остаться без ног)
обезножить, -жу, -жит (кого)
обезображение, -я
обезображенный
обезображивание, -я
обезображивать(ся), -аю(сь), -ает(ся)
обезобразить(ся), -ажу(сь), -азит(ся)
обезопасить(ся), -ашу(сь), -асит(ся)
обезопашенный
обезоруженный
обезоруживание, -я
обезоруживать(ся), -аю, -ает(ся)
обезоружить, -жу, -жит
обезручеть, -ею, -еет
обезрыбеть, -еет (стать безрыбным)
обезрыбить, -блю, -бит (что)
обезрыбленный
обезуглеродить, -ожу, -одит
обезуглероженный
обезуглероживание, -я
обезуглероживать(ся), -аю, -ает(ся)
обезумевший
обезуметь, -ею, -еет (лишиться рассудка)
образумить, -млю, -мит (кого, что)
обезумленный
обезыгленный
обезызвествление, -я
обезызвествлённый; кр. ф. -ён, -ена
обезьяна, -ы
обезьяний, -ья, -ье
обезьянка, -и
обезьянник, -а
обезьянничание, -я
обезьянничать, -аю, -ает
обезьяноед, -а
обезьянолюди, -ей
обезьяноподобие, -я
обезьяноподобный
обезьяночеловек, -а
обезьянство, -а
обеление, -я
обелённый; кр. ф. -ён, -ена
обелиск, -а
обелить(ся), -лю(сь), -лит(ся)
обельный
обелять(ся), -яю(сь), -яет(ся)
обер, -а
обер-... — первая часть сложных слов, пишется всегда через дефис
обер-аудитор, -а
обер-бургомистр, -а
обер-враль, -я
оберег, -а
оберегать(ся), -аю(сь), -ает(ся)
оберёгший(ся)
обережённый; кр. ф. -ён, -ена
обережь, -и
оберек, -а (танец)
оберечь(ся), -егу(сь), -ежёт(ся), -егут(ся); прош. -рёг(ся), -регла(сь)
обер-интендант, -а
обер-кельнер, -а
обер-кондуктор, -а
обер-мастер, -а

обёрнутый
обернуть(ся), -ну(сь), -нёт(ся)
обер-офицер, -а
обер-офицерский
обер-плут, -а
обер-полицмейстер, -а
обер-прокурор, -а
обёртка, -и
обертон, -а, мн. -ы, -ов
обёрточница, -ы
обёрточный
обёртчица, -ы
обёртывание, -я
обёртывать(ся), -аю(сь), -ает(ся)
обескислородить(ся), -ожу, -одит(ся)
обескислороженный
обескремнивание, -я
обескроветь, -ею, -еет (стать бескровным)
обескровить, -влю, -вит (кого, что)
обескровиться, -вится
обескровление, -я
обескровленный
обескровливание, -я
обескровливать(ся), -аю, -ает(ся)
обескрыленный
обескрыливание, -я
обескрыливатель, -я
обескрыливать, -аю, -ает
обескрылить, -лю, -лит
обескураженный
обескураживать, -аю, -ает
обескуражить, -жу, -жит
обеспамятеть, -ею, -еет
обеспечение, -я
обеспеченность, -и
обеспеченный
обеспечивать(ся), -аю(сь), -ает(ся)
обеспечить(ся), -чу(сь), -чит(ся)
обесплодеть, -ею, -еет (стать бесплодным)
обесплодить, -ожу, -одит (кого, что)
обесплодиться, -одится
обеспложенный
обеспложивание, -я
обеспложивать(ся), -аю, -ает(ся)
обеспокоенный
обеспокоивать(ся), -аю(сь), -ает(ся)
обеспокоить(ся), -ою(сь), -оит(ся)
обеспыливание, -я
обеспыливать(ся), -аю, -ает(ся)
обеспылить, -лю, -лит
обессахаренный
обессахаривание, -я
обессахаривать(ся), -аю, -ает(ся)
обессахарить, -рю, -рит
обессеривание, -я
обессиленный
обессилевший (от обессилеть)
обессилеть, -ею, -еет (стать бессильным)
обессиливать, -аю, -ает
обессиливший (от обессилить)
обессилить, -лю, -лит (кого, что)
обесславить(ся), -влю, -вит(ся)
обесславленный
обесславливать(ся), -аю, -ает(ся)
обессмертить(ся), -рчу(сь), -ртит(ся)
обессмерченный

обессмоливание, -я
обессмысление, -я
обессмысленный
обессмыслеть, -ею, -еет (лишиться способности мыслить)
обессмысливание, -я
обессмысливать(ся), -аю, -ает(ся)
обессмыслить, -лю, -лит (что)
обессмыслиться, -лится
обессоливание, -я
обессоливать(ся), -аю, -ает(ся)
обессолить, -лю, -лит
обессудить, -сужу -судит (не обессудь, не обессудьте)
обесточивание, -я
обесточивать(ся), -аю, -ает(ся)
обесточить, -чу, -чит
обесформить, -млю, -мит
обесформленный
обесфосфоривание, -я
обесфторивание, -я
обесцветить(ся), -ечу(сь), -етит(ся)
обесвечение, -я
обесцвеченный
обесцвечивание, -я
обесцвечивать(ся), -аю(сь), -ает(ся)
обесценение, -я
обесцененный
обесценивание, -я
обесценивать(ся), -аю, -ает(ся)
обесценить(ся), -ню, -нит(ся)
обесчеловечить, -чу, -чит
обесчестить, -ещу, -естит
обесчещение, -я
обесчещенный
обесчещивать(ся), -аю, -ает(ся)
обет, -а
обетование, -я
обетованный
обечайка, -и
обещание, -я
обещанный
обещать(ся), -аю(сь), -ает(ся)
обжа, -и и обжа, -и, мн. обжи, обжей
обжалование, -я
обжалованный
обжаловать, -лую, -лует
обжаренный
обжаривание, -я
обжаривать(ся), -аю, -ает(ся)
обжарить(ся), -рю, -рит(ся)
обжарка, -и
обжатие, -я
обжатый
обжать¹, обожму, обожмёт
обжать², обожну, обожнёт
обжёванный
обжевать, -жую, -жуёт (к жевать)
обжёвывать(ся), -аю, -ает(ся)
обжёгший
обжечь(ся), обожгу(сь), обожжёт(ся), обожгут(ся); прош. обжёг(ся), обожгла(сь)
обживать(ся), -аю(сь), -ает(ся) (к жить)
обжиг, -а
обжигала, -ы, м.
обжигальный
обжигальщик, -а
обжигальщица, -ы
обжигание, -я
обжигательный

ОБЖ

обжига́ть(ся), -а́ю(сь), -а́ет(ся)
о́бжиговый
обжи́м, -а
обжима́ние, -я
обжима́ть(ся), -а́ю, -а́ет(ся)
обжи́мка, -и
обжи́мный
обжи́мок, -мка
обжи́мочный
обжи́н, -а
обжина́ть(ся), -а́ю, -а́ет(ся)
обжи́нка, -и
обжи́нок, -нка
обжира́ться, -а́юсь, -а́ется
обжито́й, прил.
о́бжи́тый; кр. ф. о́бжит, обжита́, о́бжито, прич.
обжи́ть(ся), -иву́(сь), -ивёт(ся); прош. о́бжи́л, -и́лся, -ила́(сь), о́бжи́ло, -и́лось
обжо́г, -а, но: прош. обжёг
обжо́ра, -ы, м. и ж.
обжо́рка, -и
обжо́рливый
обжо́рный
обжо́рство, -а
обжу́ленный
обжу́ливать, -аю, -ает
обжу́лить, -лю, -лит
обзаведе́ние, -я
обзаве́дшийся
обзавести́сь, -еду́сь, -едётся; прош. -ёлся, -ела́сь
обзаводи́ться, -ожу́сь, -о́дится
об закла́д (би́ться)
обзва́нивать, -аю, -ает
обзвони́ть, -ню́, -ни́т
обзелене́ть, -е́ю, -е́ет (стать зелёным)
обзелени́ть, -ню́, -ни́т (что)
обзо́л, -а
обзо́р, -а
обзо́рность, -и
обзо́рный
обзыва́ть(ся), -а́ю(сь), -а́ет(ся)
обива́ть(ся), -а́ю, -а́ет(ся)
оби́вка, -и
обивно́й
оби́вочный
оби́да, -ы
оби́деть(ся), -и́жу(сь), -и́дит(ся)
оби́дный
оби́дчивость, -и
оби́дчивый
оби́дчик, -а
оби́дчица, -ы
обижа́ть(ся), -а́ю(сь), -а́ет(ся)
оби́женный
оби́лие, -я
оби́ловать, -лует
оби́льный
обину́ясь: не обину́ясь
обиня́к, -а́
обиняко́м, нареч.
обира́ла, -ы, м. и ж.
обира́ловка, -и
обира́ть(ся), -а́ю(сь), -а́ет(ся)
обита́емость, -и
обита́емый
обита́лище, -а
обита́ние, -я
обита́тель, -я
обита́тельница, -ы

ОБИ

обита́ть, -а́ю, -а́ет
оби́тель, -и
оби́тельский
оби́тый
оби́ть(ся), обобью́, обобьёт(ся)
обиха́живать(ся), -аю(сь), -ает(ся)
обихо́д, -а
обихо́дить(ся), -о́жу(сь), -о́дит(ся)
обихо́дно-разгово́рный
обихо́дный
обкалённый; кр. ф. -ён, -ена́
обка́ливание, -я
обка́ливать(ся), -аю, -ает(ся)
обкали́ть(ся), -лю́, -ли́т(ся)
обка́лка, -и
обка́лывание, -я
обка́лывать(ся), -аю, -ает(ся)
обка́панный
обка́пать(ся), -аю, -ает(ся)
обка́пывать(ся), -аю(сь), -ает(ся)
обка́рмливать(ся), -аю, -ает(ся)
обка́т, -а
обка́танный (от обката́ть)
обката́ть, -а́ю, -а́ет(ся)
обкати́ть(ся), -ачу́(сь), -а́тит(ся)
обка́тка, -и
обкатно́й и обка́тный
обка́точный
обка́тчик, -а
обка́тчица, -ы
обка́тывание, -я
обка́тывать(ся), -аю, -ает(ся)
обка́ченный (от обкати́ть)
обка́шивать(ся), -аю, -ает(ся)
обки́данный
обкида́ть, -а́ю, -а́ет
обки́дывать(ся), -аю, -ает(ся)
обки́нуть, -ну, -нет
обкла́дка, -и
обкла́дчик, -а
обкла́дывание, -я
обкла́дывать(ся), -аю(сь), -ает(ся)
обклёванный
обклева́ть, -люю́, -люёт
обклёвывать(ся), -аю, -ает(ся)
обкле́енный
обкле́ивание, -я
обкле́ивать(ся), -аю, -ает(ся)
обкле́ить, -е́ю, -е́ит
обкле́йка, -и
обковы́ривать(ся), -аю, -ает(ся)
обковы́рянный
обковыря́ть, -я́ю, -я́ет
обкола́чивать(ся), -аю, -ает(ся)
обко́лка, -и
обколоти́ть(ся), -лочу́, -ло́тит(ся)
обко́лотый
обколо́ть(ся), -олю́, -о́лет(ся)
обколо́ченный
обко́м, -а
обко́мовец, -вца
обко́мовский
обко́панный
обкопа́ть(ся), -а́ю(сь), -а́ет(ся)
обкорми́ть, -ормлю́, -о́рмит
обко́рмленный
обко́рнанный
обкорна́ть(ся), -а́ю, -а́ет(ся)
обко́с, -а
обкоси́ть(ся), -ошу́, -о́сит(ся)
обко́шенный
обкра́денный

ОБК

обкра́дывание, -я
обкра́дывать(ся), -аю, -ает(ся)
обкра́ивать(ся), -аю, -ает(ся)
обкро́енный
обкрои́ть(ся), -ою́(сь), -ои́т(ся)
обкрути́ть(ся), -учу́(сь), -у́тит(ся)
обкру́ченный
обкру́чивать(ся), -аю(сь), -ает(ся)
обку́ренный
обку́ривание, -я
обку́ривать(ся), -аю(сь), -ает(ся)
обкури́ть(ся), -урю́(сь), -у́рит(ся)
обку́санный
обкуса́ть, -а́ю, -а́ет
обку́сывать(ся), -аю, -ает(ся)
обла́ва, -ы
обла́вный
обла́вщик, -а
облага́ние, -я
облага́ть(ся), -а́ю, -а́ет(ся)
облагоде́тельствованный
облагоде́тельствовать, -твую, -твует
облагозву́ченный
облагозву́чить, -чу, -чит
облагообра́женный
облагообра́зить(ся), -а́жу(сь), -а́зит(ся)
облагора́живание, -я
облагора́живать(ся), -аю(сь), -ает(ся)
облагоразу́мить(ся), -млю(сь), -мит(ся)
облагоро́дить(ся), -о́жу(сь), -о́дит(ся)
облагоро́жение, -я
облагоро́женный
облада́ние, -я
облада́тель, -я
облада́тельница, -ы
облада́ть, -а́ю, -а́ет
обла́дить(ся), -а́жу, -а́дит(ся)
обла́женный
обла́живать(ся), -аю, -ает(ся)
обла́занный
обла́зать, -аю, -ает
обла́зить, -а́жу, -а́зит
обла́ивать(ся), -аю, -ает(ся)
о́блако, -а, мн. -а́, -о́в
облакоме́р, -а
обла́мывание, -я
обла́мывать(ся), -аю, -ает(ся)
обла́пить, -плю, -пит
обла́пленный
обла́пливать, -аю, -ает
облапо́шенный
облапо́шивать(ся), -аю, -ает(ся)
облапо́шить, -шу, -шит
обла́сканный
обласка́ть, -а́ю, -а́ет
обласо́к, -ска́
областко́м, -а
областни́к, -а́
областни́ческий
областни́чество, -а
областно́й
о́бласть, -и, мн. -и, -е́й
обла́тка, -и
обла́точный
облача́ть(ся), -а́ю(сь), -а́ет(ся)
облачённый; кр. ф. -ён, -ена́

облачи́ть(ся), -чу́(сь), -чи́т(ся)
о́блачко, -а, мн. -а́, -о́в
о́блачность, -и
о́блачный
обла́янный
обла́ять, -а́ю, -а́ет
облега́ть, -а́ет
облегча́ть(ся), -а́ю(сь), -а́ет(ся)
облегче́ние, -я
облегчённый; кр. ф. -ён, -ена́
облегчи́ть(ся), -чу́(сь), -чи́т(ся)
облёгший
обледенева́ть, -а́ю, -а́ет
обледене́лый
обледене́ние, -я
обледенённый; кр. ф. -ён, -ена́
обледене́ть, -е́ю, -е́ет (покрыться льдом)
обледени́ть, -ню́, -ни́т (что)
облеза́ть, -а́ю, -а́ет
обле́злый
обле́зть, -зу, -зет; прош. -ле́з, -ле́зла
обле́зший
облека́ть(ся), -а́ю(сь), -а́ет(ся)
облёкший(ся)
облени́ваться, -аюсь, -ается
облени́ть(ся), -еню́(сь), -е́нит(ся)
облепи́ть(ся), -леплю́(сь), -ле́пит(ся)
облепи́ха, -и
обле́пленный
облепля́ть(ся), -я́ю(сь), -я́ет(ся)
облесе́ние, -я
облесённый; кр. ф. -ён, -ена́
облеси́тельный
облеси́ть, -ешу́, -еси́т
облёт, -а
облета́ние, -я
облётанный
облета́ть(ся), -а́ю, -а́ет(ся)
облете́ть, -лечу́, -лети́т
облётывание, -я
облётывать, -аю, -ает
облече́ние, -я (от обле́чь — облека́ть)
облечённый; кр. ф. -ён, -ена́ (от обле́чь — облека́ть)
обле́чь, -ля́жет, -ля́гут; прош. -лёг, -легла́
обле́чь(ся), -еку́(сь), -ечёт(ся), -еку́т(ся); прош. -ёк(ся), -екла́(сь)
облива́ние, -я
облива́ть(ся), -а́ю(сь), -а́ет(ся)
обли́вка, -и
обливно́й
облигацио́нный
облига́ция, -и
обли́занный
облиза́ть(ся), -ижу́(сь), -и́жет(ся)
облизну́ть(ся), -ну́(сь), -нёт(ся)
обли́зывать(ся), -аю(сь), -ает(ся)
о́блик, -а
облиня́лый
облиня́ть, -я́ю, -я́ет
облипа́ть, -а́ю, -а́ет
обли́пнуть, -ну, -нет; прош. -ли́п, -ли́пла
обли́пший
облисполко́м, -а
облиствене́ть, -е́ет
обли́ственность, -и
обли́ственный

облистве́ть, -е́ет (покрыться листьями)
облистви́ть, -влю́, -ви́т (что)
облитера́ция, -и
о́блитый; кр. ф. о́блит, облита́, о́блито
обли́ть(ся), оболью́(сь), обольёт(ся); прош. о́бли́л, обли́лся, облила́(сь), о́бли́ло, обли́ло́сь
облицева́ть, -цу́ю, -цу́ет
облицо́ванный
облицо́вка, -и
облицо́вочный
облицо́вщик, -а
облицо́вщица, -ы
облицо́вывать(ся), -аю, -ает(ся)
облича́ть(ся), -а́ю, -а́ет(ся)
обличе́ние, -я (от обличи́ть)
обличённый; кр. ф. -ён, -ена́ (от обличи́ть)
обличи́тель, -я
обличи́тельница, -ы
обличи́тельно-сатири́ческий
обличи́тельный
обличи́ть, -чу́, -чи́т
обли́чье, -я, р. мн. -чий
облобыза́ть(ся), -а́ю(сь), -а́ет(ся)
обло́в, -а
обло́г, -а и обло́га, -и
обложе́ние, -я
обло́женный
обло́жечный
обложи́ть(ся), -ожу́(сь), -о́жит(ся)
обло́жка, -и
обложно́й
облока́чивать(ся), -аю(сь), -ает(ся)
облокоти́ть(ся), -очу́(сь), -оти́т(ся)
облоко́ченный
обло́м, -а
обло́манный (от облома́ть)
облома́ть(ся), -а́ю, -а́ет(ся)
обломи́ть(ся), -омлю́, -о́мит(ся)
обло́мленный (от обломи́ть)
обло́мовский
обло́мовщина, -ы
обло́мок, -мка
обло́мочный
облопа́ть(ся), -аюсь, -ается
облупи́ть(ся), -уплю́, -у́пит(ся)
облу́пленный
облу́пливать(ся), -аю, -ает(ся)
облуча́тель, -я
облуча́ть(ся), -а́ю(сь), -а́ет(ся)
облуче́ние, -я
облучённый; кр. ф. -ён, -ена́
облучи́ть(ся), -чу́(сь), -чи́т(ся)
облучо́к, -чка́
облущённый; кр. ф. -ён, -ена́
облу́щивать(ся), -а́ю, -а́ет(ся)
облущи́ть(ся), -щу́, -щи́т(ся)
облы́жный
облысе́лый
облысе́ние, -я
облысе́ть, -е́ю, -е́ет
облюбо́ванный
облюбова́ть, -бу́ю, -бу́ет
облюбо́вывать(ся), -аю, -ает(ся)
обля́панный
обля́пать(ся), -аю(сь), -ает(ся)
обля́пывать(ся), -аю(сь), -ает(ся)
обма́занный

обма́зать(ся), -а́жу(сь), -а́жет(ся)
обма́зка, -и
обма́зочный
обма́зчик, -а
обма́зывание, -я
обма́зывать(ся), -аю(сь), -ает(ся)
обма́кивать(ся), -аю, -ает(ся)
обмакну́тый
обмакну́ть(ся), -ну́, -нёт(ся)
обма́лывать(ся), -аю, -ает(ся)
обма́н, -а
обма́нка, -и
обма́нный
обма́нутый
обману́ть(ся), -ану́(сь), -а́нет(ся)
обма́нчивый
обма́нщик, -а
обма́нщица, -ы
обма́нывать(ся), -аю(сь), -ает(ся)
обма́ранный
обмара́ть(ся), -а́ю(сь), -а́ет(ся)
обма́сленный
обма́сливать(ся), -аю(сь), -ает(ся)
обма́слить(ся), -лю(сь), -лит(ся)
обматере́ть, -е́ю, -е́ет
обма́тывание, -я
обма́тывать(ся), -аю(сь), -ает(ся)
обмаха́ть, -а́ю, -а́ет
обма́хивать(ся), -аю(сь), -ает(ся)
обмахну́ть(ся), -ну́(сь), -нёт(ся)
обма́чивать(ся), -аю(сь), -ает(ся)
обмеблиро́ванный
обмеблирова́ть(ся), -ру́ю(сь), -ру́ет(ся)
обмеблиро́вывать(ся), -аю(сь), -ает(ся)
обмежева́ние, -я
обмежёванный
обмежева́ть, -жу́ю, -жу́ет
обмежёвка, -и
обмежёвывать(ся), -аю(сь), -ает(ся)
обмеле́ние, -я
обмелённый; кр. ф. -ён, -ена́
обмеле́ть, -е́ю, -е́ет
обмели́ть(ся), -лю́(сь), -ли́т(ся)
обмельча́ть, -а́ет
обмеля́ть, -я́ю, -я́ет
обме́н, -а
обменённый; кр. ф. -ён, -ена́
обме́нивать(ся), -аю(сь), -ает(ся)
обмени́ть, -еню́(сь), -е́нит(ся)
обме́нный
обменя́ть(ся), -я́ю(сь), -я́ет(ся)
обме́р, -а
обме́ренный
обмере́ть, обомру́, обомрёт; прош. о́бмер, обмерла́, о́бмерло
обмерза́ть, -а́ю, -а́ет
обмёрзлый
обмёрзнуть, -ну, -нет; прош. -мёрз, -мёрзла
обмёрзший
обме́ривание, -я
обме́ривать(ся), -аю(сь), -ает(ся)
обме́рить(ся), -рю(сь), -рит(ся) и -ряю(сь), -ряет(ся)
обме́рка, -и
обме́рок, -рка
обме́рший
обмеря́ть(ся), -я́ю(сь), -я́ет(ся)
обмести́, -мету́, -метёт; прош. -мёл, -мела́

обмёт, -а
обметание, -я
обметанный (от обметать)
обметать, -аю, -ает и -мечу, -мечет, сов.
обметать(ся), -аю, -ает(ся), несов. (к обмести)
обметённый; кр. ф. -ён, -ена (от обмести)
обмётка, -и
обмёточный
обметший
обмётывание, -я
обмётывать(ся), -аю, -ает(ся)
обмин, -а
обминать(ся), -аю, -ает(ся)
обминка, -и
обмирание, -я
обмирать, -аю, -ает
обмирщать(ся), -аю(сь), -ает(ся)
обмирщение, -я
обмирщить(ся), -щу(сь), -щит(ся)
обмишуленный
обмишулить(ся), -лю(сь), -лит(ся)
обмишуренный
обмишурить(ся), -рю(сь), -рит(ся)
обмозгованный
обмозговать, -гую, -гует
обмозговывать(ся), -аю, -ает(ся)
обмокать, -аю, -ает
обмокнуть, -ну, -нет; прош. -мок, -мокла
обмокший
обмол, -а
обмолачивать(ся), -аю(сь), -ает(ся)
обмолвиться, -влюсь, -вится
обмолвка, -и
обмолот, -а
обмолотить(ся), -очу(сь), -отит(ся)
обмолоток, -тка
обмолоточный
обмолотый
обмолоть(ся), -мелю, -мелет(ся)
обмолоченный
обмораживание, -я
обмораживать(ся), -аю(сь), -ает(ся)
обморачивать, -аю, -ает
обморожение, -я
обмороженный
обморозить(ся), -ожу(сь), -озит(ся)
обморок, -а
обморочение, -я
обмороченный
обморочить, -чу, -чит
обморочный
обмотанный
обмотать(ся), -аю(сь), -ает(ся)
обмотка, -и
обмоточный
обмотчик, -а
обмотчица, -ы
обмоченный
обмочить(ся), -очу(сь), -очит(ся)
обмундирование, -я
обмундированный
обмундировать(ся), -рую(сь), -рует(ся)
обмундировка, -и
обмундировочный
обмундировывать(ся), -аю(сь), -ает(ся)
обмурованный

обмуровать, -рую, -рует
обмуровка, -и
обмуровывать(ся), -аю, -ает(ся)
обмусленный
обмусливать(ся), -аю(сь), -ает(ся)
обмуслить(ся), -лю(сь), -лит(ся)
обмусоленный
обмусоливать(ся), -аю(сь), -ает(ся)
обмусолить(ся), -лю(сь), -лит(ся)
обмыв, -а
обмывание, -я
обмывать(ся), -аю(сь), -ает(ся)
обмывка, -и
обмывочный
обмызганный
обмызгать(ся), -аю(сь), -ает(ся)
обмыленный
обмыливать(ся), -аю(сь), -ает(ся)
обмылить(ся), -лю(сь), -лит(ся)
обмылок, -лка, р. мн. -лков
обмытый
обмыть(ся), -мою(сь), -моет(ся)
обмякать, -аю, -ает
обмяклый
обмякнуть, -ну, -нет; прош. -як, -якла
обмякший
обмятый
обмять(ся), обомну, обомнёт(ся)
обнаглеть, -ею, -еет
обнадёженный
обнадёживание, -я
обнадёживать(ся), -аю, -ает(ся)
обнадёжить, -жу, -жит
обнажать(ся), -аю(сь), -ает(ся)
обнажение, -я
обнажённый; кр. ф. -ён, -ена
обнажить(ся), -жу(сь), -жит(ся)
обнайтовить, -влю, -вит
обнайтовленный
обнародование, -я
обнародованный
обнародовать(ся), -дую, -дует(ся)
обнаружение, -я
обнаруженный
обнаруживать(ся), -аю, -ает(ся)
обнаружить(ся), -жу, -жит(ся)
обнашивать(ся), -аю(сь), -ает(ся)
обнесение, -я
обнесённый; кр. ф. -ён, -ена
обнести, -су, -сёт; прош. -нёс, -несла
обнёсший
обнизанный
обнизать, -ижу, -ижет
обнизить, -ижу, -изит
обнизывать(ся), -аю, -ает(ся)
обнимание, -я
обнимать(ся), -аю(сь), -ает(ся) и (устар.) объемлю(сь), объемлет(ся)
обнимка, -и: в обнимку
обнищалый
обнищание, -я
обнищать, -аю, -ает
обнова, -ы
обновитель, -я
обновительный
обновить(ся), -влю(сь), -вит(ся)
обновка, -и
обновленец, -нца
обновление, -я

обновлённый; кр. ф. -ён, -ена
обновленчество, -а
обновлять(ся), -яю(сь), -яет(ся)
обножка, -и
обнос, -а
обносить(ся), -ошу(сь), -осит(ся)
обноски, -ов, ед. обносок, -ска
обносчик, -а
обношенный
обнюханный
обнюхать(ся), -аю(сь), -ает(ся)
обнюхивание, -я
обнюхивать(ся), -аю(сь), -ает(ся)
обнятый; кр. ф. -ят, -ята, -ято
обнять(ся), обниму(сь), обнимет(ся); прош. обнял, обнялся, обняла(сь), обняло, обнялось
обо, об, предлог
обобранный
обобрать(ся), оберу(сь), оберёт(ся); прош. -ал(ся), -ала(сь), -ало(сь)
обобщать(ся), -аю, -ает(ся)
обобщение, -я
обобщённый; кр. ф. -ён, -ена
обобществить(ся), -влю, -вит(ся)
обобществление, -я
обобществлённый; кр. ф. -ён, -ена
обобществлять(ся), -яю, -яет(ся)
обобщить(ся), -щу, -щит(ся)
обовшиветь, -ею, -еет
обогатеть, -ею, -еет (стать богатым)
обогатитель, -я
обогатительный
обогатить, -ащу, -атит (кого, что)
обогатиться, -ащусь, -атится
обогащать(ся), -аю(сь), -ает(ся)
обогащение, -я
обогащённый; кр. ф. -ён, -ена
обогнанный
обогнать, обгоню, обгонит; прош. -ал, -ала, -ало
обогнутый
обогнуть, -ну, -нёт
обоготворение, -я
обоготворённый; кр. ф. -ён, -ена
обоготворить, -рю, -рит
обоготворять(ся), -яю, -яет(ся)
обогрев, -а
обогревалка, -и
обогревание, -я
обогреватель, -я
обогревать(ся), -аю(сь), -ает(ся)
обогретый
обогреть(ся), -ею(сь), -еет(ся)
обод, -а, мн. ободья, -ьев
ободневать, -ает
ободнять(ся), -яет(ся)
ободок, -дка
ободочек, -чка
ободочный
ободранец, -нца
ободранка, -и
ободранный
ободрать(ся), обдеру(сь), обдерёт(ся); прош. -ал(ся), -ала(сь), -ало, -алось
ободрение, -я
ободрённый; кр. ф. -ён, -ена
ободрительный
ободрить(ся), -рю(сь), -рит(ся)
ободрять(ся), -яю(сь), -яет(ся)
обоеполый

обоесторо́нний
обо́ечный
обожа́ние, -я
обожа́тель, -я
обожа́тельница, -ы
обожа́ть(ся), -а́ю, -а́ет(ся)
обожда́ть, -ду́, -дёт; *прош.* -а́л, -ала́, -а́ло
обожестви́ть, -влю́, -ви́т
обожествле́ние, -я
обожествлённый; *кр. ф.* -ён, -ена́
обожествля́ть(ся), -я́ю, -я́ет(ся)
обожжённый; *кр. ф.* -ён, -ена́
обожра́ть(ся), -жру́(сь), -жрёт(ся); *прош.* -а́л(ся), -ала́(сь), -а́ло, -а́лось
обо́з, -а
обо́званный
обозва́ть(ся), обзову́(сь), обзовёт(ся); *прош.* -а́л(ся), -ала́(сь), -а́ло, -а́лось
обозлённый; *кр. ф.* -ён, -ена́
обозли́ть(ся), -лю́(сь), -ли́т(ся)
обознава́ться, -наю́сь, -наётся
обозна́ться, -а́юсь, -а́ется
обознача́ть(ся), -а́ю, -а́ет(ся)
обозначе́ние, -я
обозна́ченный
обозна́чить(ся), -чу, -чит(ся)
обо́зник, -а
обо́зный
обозрева́ние, -я
обозрева́тель, -я
обозрева́ть(ся), -а́ю, -а́ет(ся)
обозре́ние, -я
обозре́ть, -рю́, -ри́т
обозри́мый
обо́зчик, -а
обо́и, обо́ев
обойдённый; *кр. ф.* -ён, -ена́
обо́йка, -и
обо́йма, -ы
обо́йный
обойти́(сь), обойду́(сь), обойдёт(ся); *прош.* обошёл(ся), обошла́(сь)
обо́йщик, -а
о́бок, *нареч.* (шага́ть о́бок), но *сущ.* о́ бок (бок о́ бок)
обокра́денный
обокра́сть, обкраду́, обкрадёт; *прош.* обокра́л, обокра́ла
обо́л, -а
оболва́ненный
оболва́неть, -ею, -еет (поглупеть)
оболва́нивание, -я
оболва́нивать(ся), -аю(сь), -ает(ся)
оболва́нить, -ню, -нит (*кого, что*)
оболва́ниться, -нюсь, -нится
оболга́нный
оболга́ть, -лгу́, -лжёт, -лгу́т; *прош.* -а́л, -ала́, -а́ло
о́болонь, -и
оболо́чка, -и
оболо́чковый
оболо́чник, -а
оболо́чный
оболта́нный
оболта́ть, -а́ю, -а́ет
оболту́с, -а
обольсти́тель, -я
обольсти́тельница, -ы
обольсти́тельный

обольсти́ть(ся), -льщу́(сь), -льсти́т(ся)
обольща́ть(ся), -а́ю(сь), -а́ет(ся)
обольще́ние, -я
обольщённый; *кр. ф.* -ён, -ена́
обомлева́ть, -а́ю, -а́ет
обомле́ть, -е́ю, -е́ет
обомше́лый
обомше́ть, -е́ю, -е́ет
обоня́ние, -я
обоня́тельный
обоня́ть, -я́ю, -я́ет
обо́ра, -ы
обора́чиваемость, -и
обора́чивать(ся), -аю(сь), -ает(ся)
оборва́нец, -нца
оборва́нка, -и
обо́рванный
оборва́ть(ся), -ву́(сь), -вёт(ся); *прош.* -а́л(ся), -ала́(сь), -а́ло, -а́лось
оборва́шка, -и, *м. и ж.*
обо́рвыш, -а
оборжа́веть, -еет
обо́рина, -ы
обо́рка, -и
обормо́т, -а
обормо́тка, -и
обороде́ть, -е́ю, -е́ет
оборо́на, -ы
оборонённый; *кр. ф.* -ён, -ена́
оборо́нец, -нца
оборони́тельный
оборони́ть(ся), -ню́(сь), -ни́т(ся)
оборо́нный
обороноспосо́бность, -и
обороноспосо́бный
оборо́нческий
оборо́нчество, -а
обороня́ть(ся), -я́ю(сь), -я́ет(ся)
оборо́т, -а
оборо́тень, -тня
оборо́тистость, -и
оборо́тистый
обороти́ть(ся), -очу́(сь), -о́тит(ся)
оборо́тливость, -и
оборо́тливый
оборо́тность, -и
оборо́тный
оборо́ченный
обо́рочка, -и
обору́дование, -я
обору́дованный
обору́довать(ся), -дую, -дует(ся)
обо́рчатый
обо́рыши, -ей, *ед.* обо́рыш, -а
обоса́бливать(ся), -аю(сь), -ает(ся)
обоснова́ние, -я
обосно́ванность, -и
обосно́ванный; *кр. ф. прич.* -ан, -ана; *кр. ф. прил.* -ан, -анна
обоснова́ть(ся), -ну́ю(сь), -ну́ет(ся)
обосно́вывать(ся), -аю(сь), -ает(ся)
обосо́бить(ся), -блю(сь), -бит(ся)
обособле́ние, -я
обосо́бленность, -и
обосо́бленный; *кр. ф. прич.* -ен, -ена; *кр. ф. прил.* -ен, -енна
обособля́ть(ся), -я́ю(сь), -я́ет(ся)
обостре́ние, -я
обострённый; *кр. ф.* -ён, -ена́
обостри́ть(ся), -рю́, -ри́т(ся)
обостря́ть(ся), -я́ю, -я́ет(ся)
обо́чина, -ы

о́бочь, *нареч.*
обоше́дший(ся)
обою́дный
обоюдовы́годный
обоюдоо́стрый
обоюдосторо́нний
обпа́чканный
обпа́чкать(ся), -аю(сь), -ает(ся)
обполза́ть, -аю, -ает
обраба́тываемость, -и
обраба́тывание, -я
обраба́тывать(ся), -аю, -ает(ся)
обраба́тывающий(ся)
обрабо́танный
обрабо́тать(ся), -аю, -ает(ся)
обрабо́тка, -и
обрабо́точный
обрабо́тчик, -а
обра́внивание, -я
обра́внивать(ся), -аю, -ает(ся)
обра́дованный
обра́довать(ся), -дую(сь), -дует(ся)
о́браз[1], -а, *мн.* -ы, -ов (представление)
о́браз[2], -а, *мн.* -а́, -о́в (икона)
образе́ц, -зца́
образи́на, -ы
образно́й (*от* о́браз[2])
о́бразно-поэти́ческий
о́бразно-символи́ческий
о́бразность, -и
о́бразно-экспресси́вный
о́бразный (*от* о́браз[1])
образова́ние, -я
образо́ванность, -и
образо́ванный; *кр. ф. прич.* -ан, -ана; *кр. ф. прил.* -ан, -анна
образова́тельный
образова́ть(ся), -зу́ю(сь), -зу́ет(ся)
образо́вывать(ся), -аю(сь), -ает(ся)
образо́к, -зка́
образо́чек, -чка
образу́мить(ся), -млю(сь), -мит(ся)
образу́мленный
образу́ющий(ся)
образцо́во-показа́тельный
образцо́вый
обра́зчик, -а
обрако́ванный
обракова́ть, -ку́ю, -ку́ет
обра́мить, -млю, -мит
обрамле́ние, -я
обрамлённый; *кр. ф.* -ён, -ена́
обрамля́ть(ся), -я́ю, -я́ет(ся)
обраста́ние, -я
обраста́ть, -а́ю, -а́ет
обрасти́, -ту́, -тёт; *прош.* -ро́с, -росла́
обра́т, -а
обрати́мость, -и
обрати́мый
обрати́ть(ся), -ащу́(сь), -ати́т(ся)
обратнозави́симый
обра́тно пропорциона́льный
обратноходово́й
обра́тный
обраща́емость, -и
обраща́ть(ся), -а́ю(сь), -а́ет(ся)
обраще́ние, -я
обращённый; *кр. ф.* -ён, -ена́
обреве́ться, -ву́сь, -вётся
обревизо́ванный
обревизова́ть, -зу́ю, -зу́ет

ОБР

обре́з, -а
обре́зание, -я (обряд)
обреза́ние, -я (действие)
обре́занный
обре́зать(ся), -е́жу(сь), -е́жет(ся), сов.
обреза́ть(ся), -а́ю(сь), -а́ет(ся), несов.
обрези́ненный
обрези́нивание, -я
обрези́нивать(ся), -аю, -ает(ся)
обрези́нить, -ню, -нит
обре́зка, -и
обре́зковый
обрезно́й
обре́зок, -зка
обре́зочный
обре́зчик, -а
обре́зывание, -я
обре́зывать(ся), -аю(сь), -ает(ся)
обрека́ть(ся), -а́ю(сь), -а́ет(ся)
обрёкший(ся)
обременéние, -я
обременённый; кр. ф. -ён, -ена́
обремени́тельный
обремени́ть(ся), -ню́(сь), -ни́т(ся)
обременя́ть(ся), -я́ю(сь), -я́ет(ся)
обреми́зенный
обреми́зить(ся), -и́жу(сь), -и́зит(ся)
обрести́(сь), -ету́(сь), -етёт(ся); прош. -ёл(ся), -ела́(сь)
обрета́ть(ся), -а́ю(сь), -а́ет(ся)
обрете́ние, -я
обретённый; кр. ф. -ён, -ена́
обре́тший(ся)
обрече́ние, -я
обречённость, -и
обречённый; кр. ф. -ён, -ена́
обре́чь(ся), -еку́(сь), -ечёт(ся), -еку́т(ся); прош. -ёк(ся), -екла́(сь)
обреше́тина, -ы
обреше́тить, -ше́чу, -ше́тит
обрешётка, -и
обрешёточный
обрешёченный
обреше́чивать(ся), -аю, -ает(ся)
обрива́ть(ся), -а́ю(сь), -а́ет(ся)
обрисо́ванный
обрисова́ть(ся), -су́ю, -су́ет(ся)
обрисо́вка, -и
обрисо́вывать(ся), -аю, -ает(ся)
обри́тый
обри́ть(ся), -ре́ю(сь), -ре́ет(ся)
обровне́ние, -я
обровня́ть(ся), -я́ю, -я́ет(ся)
обро́к, -а
обро́ненный
оброни́ть, -оню́, -о́нит
обро́сший
оброта́ть, -а́ю, -а́ет
о́броть, -и
обро́чник, -а
обро́чный
обру́б, -а
обруба́ть(ся), -а́ю, -а́ет(ся)
обруби́ть(ся), -ублю́, -у́бит(ся)
обру́бка, -и
обру́бленный
обрубно́й
обру́бок, -бка
обру́бочный
обру́ганный
обруга́ть(ся), -а́ю(сь), -а́ет(ся)

ОБР

о́б руку: рука́ о́б руку
обрусе́лый
обрусе́ние, -я
обрусе́ть, -е́ю, -е́ет (стать русским)
обруси́ть, -и́т (кого)
о́бруч, -а, мн. -и, -е́й
обруча́льный
обруча́ть(ся), -а́ю(сь), -а́ет(ся)
обруче́ние, -я
обручённый; кр. ф. -ён, -ена́
обручи́ть(ся), -чу́(сь), -чи́т(ся)
о́бручный
обруше́ние, -я
обру́шенный
обру́шивать(ся), -аю(сь), -ает(ся)
обру́шить(ся), -шу(сь), -шит(ся)
о́бры, -ов
обры́в, -а
обрыва́ть(ся), -а́ю(сь), -а́ет(ся)
обры́вистый
обры́вность, -и
обры́вок, -вка
обры́вочек, -чка
обры́вочный
обры́вчатый
обры́зганный
обры́згать(ся), -аю(сь), -ает(ся)
обры́згиватель, -я
обры́згивать(ся), -аю(сь), -ает(ся)
обры́згнуть(ся), -ну(сь), -нет(ся)
обры́сканный
обры́скать, -ы́щу, -ы́щет и -аю, -ает
обры́тый
обры́ть(ся), -ро́ю(сь), -ро́ет(ся)
обрыхле́ть, -е́ет
обрю́зглый
обрю́згнуть, -ну, -нет; прош. -юзг, -юзгла
обрю́згший
обря́д, -а
обряди́ть(ся), -яжу́(сь), -я́ди́т(ся)
обря́дность, -и
обря́дный
обря́довый
обряжа́ть(ся), -а́ю(сь), -а́ет(ся)
обряже́ние, -я
обря́женный
обсади́ть, -ажу́, -а́дит
обса́дка, -и
обса́дный
обса́женный
обса́живание, -я
обса́живать(ся), -аю, -ает(ся)
обса́ленный
обса́ливать(ся), -аю(сь), -ает(ся)
обса́лить(ся), -лю(сь), -лит(ся)
обса́сывать(ся), -аю, -ает(ся)
обса́харенный
обса́харивать(ся), -аю, -ает(ся)
обса́харить(ся), -рю, -рит(ся)
обсви́станный
обсвиста́ть, -а́ю, -а́ет
обсви́стывать, -аю, -ает
обсе́в, -а
обсева́ть(ся), -а́ю(сь), -а́ет(ся)
обсе́вки, -ов и -вок
обсе́вок, -вка
обседа́ть, -а́ет
обсека́ние, -я
обсека́ть(ся), -а́ю, -а́ет(ся)
обсе́кший(ся)
обсеменéние, -я

ОБС

обсеменённый; кр. ф. -ён, -ена́
обсемени́ть(ся), -ню́, -ни́т(ся)
обсемени́ть(ся), -я́ю, -я́ет(ся)
обсервато́рия, -и
обсервато́рский
обсервацио́нный
обсерва́ция, -и
обсе́сть, -ся́дет; прош. -се́л, -се́ла
обсече́ние, -я
обсечённый; кр. ф. -ён, -ена́
обсе́чка, -и
обсе́чки, -чек
обсе́чь(ся), -еку́(сь), -ечёт(ся), -еку́т(ся); прош. -е́к(ся), -екла́(сь)
обсе́янный
обсе́ять(ся), -е́ю(сь), -е́ет(ся)
обсиде́ться, -ижу́сь, -иди́тся
обсидиа́н, -а
обсидиа́новый
обси́женный
обси́живать(ся), -аю(сь), -ает(ся)
обска́бливать(ся), -аю, -ает(ся)
обска́канный
обскака́ть, -скачу́, -ска́чет
обска́кивать, -аю, -ает
обско́бленный
обскобли́ть, -лю́, -ли́т
обскура́нт, -а
обскуранти́зм, -а
обскуранти́стский
обскура́нтка, -и
обскура́нтский
обсле́дование, -я
обсле́дованный
обсле́дователь, -я
обсле́довательский
обсле́довать(ся), -дую, -дует(ся)
обслу́женный
обслу́живание, -я
обслу́живать(ся), -аю, -ает(ся)
обслу́живающий(ся)
обслужи́ть, -ужу́, -у́жит
обслюнённый; кр. ф. -ён, -ена́
обслюни́ть(ся), -ню́(сь), -ни́т(ся)
обслюня́вить(ся), -влю(сь), -вит(ся)
обслюня́вленный
обсме́ивать(ся), -аю, -ает(ся)
обсме́янный
обсмея́ть, -ею́, -еёт
обсоли́ть, -олю́, -о́лит
обсо́санный
обсоса́ть(ся), -осу́, -осёт(ся)
обсо́хнуть, -ну, -нет; прош. -о́х, -о́хла
обсо́хший
обсою́женный
обсою́зить, -ю́жу, -ю́зит
обста́вить(ся), -влю(сь), -вит(ся)
обста́вленный
обставля́ть(ся), -я́ю(сь), -я́ет(ся)
останóвка, -и
обстано́вочный
обсти́ранный
обстира́ть(ся), -а́ю(сь), -а́ет(ся)
обсти́рывать(ся), -аю(сь), -ает(ся)
обстоя́тельность, -и
обстоя́тельный
обстоя́тельственный
обстоя́тельство, -а
обстоя́ть, -ои́т
обстра́гивать(ся), -аю, -ает(ся)

ОБС

обстра́ивание, -я
обстра́ивать(ся), -аю(сь), -ает(ся)
обстра́чивать(ся), -аю, -ает(ся)
обстре́л, -а
обстре́ливание, -я
обстре́ливать(ся), -аю(сь), -ает(ся)
обстре́лянный
обстреля́ть(ся), -я́ю(сь), -я́ет(ся)
обстрига́ть(ся), -а́ю(сь), -а́ет(ся)
обстри́гший(ся)
обстри́женный
обстри́жка, -и
обстри́чь(ся), -игу́(сь), -ижёт(ся), -игу́т(ся); прош. -и́г(ся), -и́гла(сь)
обстро́ганный
обстрога́ть, -а́ю, -а́ет
обстро́енный
обстро́ить(ся), -о́ю(сь), -о́ит(ся)
обстро́йка, -и
обстро́ченный
обстрочи́ть, -очу́, -о́чит
обстру́ганный
обструга́ть, -а́ю, -а́ет
обстру́гивать(ся), -аю, -ает(ся)
обстру́жка, -и
обструкциони́зм, -а
обструкциони́ст, -а
обструкциони́стка, -и
обструкциони́стский
обструкцио́нный
обстру́кция, -и
обстря́панный
обстря́пать, -аю, -ает
обстря́пывать(ся), -аю, -ает(ся)
обсту́канный
обсту́кать, -аю, -ает
обсту́кивать(ся), -аю, -ает(ся)
обступа́ть, -а́ет
обступи́ть, -у́пит
обсту́пленный
обстуча́ть, -чу́, -чи́т
обсуди́ть, -ужу́, -у́дит
обсужда́ть(ся), -а́ю, -а́ет(ся)
обсужде́ние, -я
обсуждённый; кр. ф. -ён, -ена́
обсу́женный
обсу́живать(ся), -аю, -ает(ся)
обсу́сленный
обсу́сливать(ся), -аю(сь), -ает(ся)
обсу́слить(ся), -лю(сь), -лит(ся)
обсусо́ленный
обсусо́ливать(ся), -аю(сь), -ает(ся)
обсусо́лить(ся), -лю(сь), -лит(ся)
обсу́шенный
обсу́шивание, -я
обсу́шивать(ся), -аю(сь), -ает(ся)
обсуши́ть(ся), -ушу́(сь), -у́шит(ся)
обсу́шка, -и
обсчёт, -а
обсчи́танный
обсчита́ть(ся), -а́ю(сь), -а́ет(ся)
обсчи́тывание, -я
обсчи́тывать(ся), -аю(сь), -ает(ся)
обсыпа́ние, -я
обсы́панный
обсы́пать(ся), -плю(сь), -плет(ся), сов.
обсыпа́ть(ся), -а́ю(сь), -а́ет(ся), несов.
обсы́пка, -и
обсыпно́й
обсыха́ть, -а́ю, -а́ет
обта́ивать, -ает

ОБТ

обта́пливать(ся), -аю, -ает(ся)
обта́птывать(ся), -аю, -ает(ся)
обта́сканный
обта́чанный
обтача́ть, -а́ю, -а́ет
обта́чивание, -я
обта́чивать(ся), -аю, -ает(ся)
обта́чка, -и
обтачно́й
обта́ять, -а́ет
обтека́емость, -и
обтека́емый
обтека́ние, -я
обтека́ть, -а́ет
обтёкший
обтере́ть(ся), оботру́(сь), оботрёт(ся); прош. обтёр(ся), обтёрла(сь)
обтерпе́ться, -ерплю́сь, -е́рпится
обтёртый
обтёрший(ся)
обтёсанный
обтеса́ть(ся), -ешу́(сь), -е́шет(ся)
обтёска, -и
обтёсывание, -я
обтёсывать(ся), -аю(сь), -ает(ся)
обте́чь, -ечёт, -еку́т; прош. -ёк, -екла́
обтира́ние, -я
обтира́ть(ся), -а́ю(сь), -а́ет(ся)
обти́рка, -и
обти́рочный
обти́сканный
обти́скать, -аю, -ает
обти́скивать, -аю, -ает
обтолкова́ть, -ку́ю, -ку́ет
обтолко́вывать, -аю, -ает
обтопи́ть, -оплю́, -о́пит
обто́пленный
обто́птанный
обтопта́ть, -опчу́, -о́пчет
обто́ченный
обточи́ть, -очу́, -о́чит
обто́чка, -и
обто́чный
обтрёпанный
обтрепа́ть(ся), -еплю́(сь), -е́плет(ся)
обтрёпывать(ся), -аю, -ает(ся)
обтре́скаться, -ается
обтряса́ть(ся), -а́ю, -а́ет(ся)
обтрясённый; кр. ф. -ён, -ена́
обтрясти́, -су́, -сёт; прош. -я́с, -ясла́
обтря́сший
обтура́тор, -а (мед.)
обты́канный
обты́кать, -аю, -ает, сов.
обтыка́ть(ся), -а́ю, -а́ет(ся), несов.
обтюра́тор, -а (тех.)
обтюра́ция, -и
обтя́гивание, -я
обтя́гивать(ся), -аю(сь), -ает(ся)
обтя́жечный
обтя́жка, -и
обтяжно́й
обтя́жчик, -а
обтя́жчица, -ы
обтя́нутый
обтяну́ть(ся), -яну́(сь), -я́нет(ся)
обтя́панный
обтя́пать, -аю, -ает
обтя́пывать(ся), -аю, -ает(ся)
обува́ние, -я
обува́ть(ся), -а́ю(сь), -а́ет(ся)

ОБУ

обу́вки, -вок, ед. обу́вка, -и
обувно́й
обувщи́к, -а́
о́бувь, -и
обу́гленный
обуглеро́живание, -я
обуглеро́живать(ся), -аю, -ает(ся)
обу́гливание, -я
обу́гливать(ся), -аю, -ает(ся)
обу́глить(ся), -лю, -лит(ся)
обу́женный
обу́живать(ся), -аю, -ает(ся)
обу́за, -ы
обузда́ние, -я
обу́зданный
обузда́ть, -а́ю, -а́ет
обу́здывание, -я
обу́здывать(ся), -аю, -ает(ся)
обу́зить, -у́жу, -у́зит
обурева́емый
обурева́ть, -а́ет
обурённый; кр. ф. -ён, -ена́
обуржуа́зить(ся), -а́жу(сь), -а́зит(ся)
обу́ривать(ся), -аю, -ает(ся)
обури́ть, -рю́, -ри́т
обусла́вливать(ся), -аю, -ает(ся)
обусло́вить, -влю, -вит
обусло́вленность, -и
обусло́вленный
обусло́вливать(ся), -аю, -ает(ся)
обустра́ивать, -аю, -ает
обустро́ить, -о́ю, -о́ит
обустро́йство, -а
обу́тки, -ток, ед. обу́тка, -и
обу́треть, -еет
обу́тый
обу́ть(ся), -у́ю(сь), -у́ет(ся)
о́бух, -а и обу́х, -а́
обуча́ть(ся), -а́ю(сь), -а́ет(ся)
обуче́ние, -я
обу́ченный
обучи́ть(ся), -учу́(сь), -у́чит(ся)
обушко́вый
обу́шный
обушо́к, -шка́
обуя́нный
обуя́ть, -я́ет
обха́живать, -аю, -ает
обха́ивать(ся), -аю, -ает(ся)
обха́янный
обха́ять, -а́ю, -а́ет
обхва́т, -а
обхва́танный (от обхвата́ть)
обхвати́ть, -а́ю, -а́ет
обхва́тывать(ся), -аю(сь), -а́тит(ся)
обхва́тывать(ся), -аю(сь), -ает(ся)
обхва́ченный (от обхвати́ть)
обхитри́ть, -рю́, -ри́т
обхло́панный
обхло́пать, -аю, -ает
обхло́пывать, -аю, -ает
обхо́д, -а
обходи́тельность, -и
обходи́тельный
обходи́ть(ся), -ожу́(сь), -о́дит(ся)
обходно́й
обхо́дный
обхо́дчик, -а
обходя́щий(ся)
обхожде́ние, -я
обхо́женный

ОБХ

обхохота́ться, -очу́сь, -о́чет(ся)
обцара́панный
обцара́пать(ся), -аю(сь), -ает(ся)
обцара́пывать(ся), -аю(сь), -ает(ся)
обцелова́ть, -лу́ю, -лу́ет
обчекры́женный
обчекры́жить(ся), -жу(сь), -жит(ся)
обчёсанный
обчеса́ть(ся), -ешу́(сь), -е́шет(ся)
обчёска, -и
обче́сть(ся), обочту́(сь), обочтёт(ся); прош. обчёл(ся), обочла́(сь)
обчёсывать(ся), -аю(сь), -ает(ся)
обчи́ненный
обчи́нивать(ся), -аю(сь), -ает(ся)
обчини́ть(ся), -иню́(сь), -и́нит(ся)
обчи́стить(ся), -и́щу(сь), -и́стит(ся)
обчи́стка, -и
обчища́ть(ся), -а́ю(сь), -а́ет(ся)
обчи́щенный
обша́ренный
обша́ривать(ся), -аю, -ает(ся)
обша́рить, -рю, -рит
обша́рканный
обша́ркать(ся), -аю, -ает(ся)
обша́ркивать(ся), -аю, -ает(ся)
обша́рпанный
обша́рпать(ся), -аю, -ает(ся)
обша́рпывать(ся), -аю, -ает(ся)
обша́станный
обша́стать, -аю, -ает
о́бшевни, -ей
обшиба́ть, -а́ю, -а́ет
обшиби́ть, -бу́, -бёт; прош. -ши́б, -ши́бла
обши́бленный
обшива́ть(ся), -а́ю(сь), -а́ет(ся)
обши́вка, -и
обшивно́й
обши́вочный
обши́канный
обши́кать, -аю, -ает
обши́рность, -и
обши́рный
обши́тый
обши́ть(ся), обошью́(сь), обошьёт(ся)
обшла́г, -а́, мн. -а́, -о́в
обшла́жный
обшлажо́к, -жка́
обшлёпанный
обшлёпать(ся), -аю, -ает(ся)
обшмы́ганный
обшмы́гать(ся), -аю, -ает(ся)
обшмы́гивать(ся), -аю, -ает(ся)
обшны́ренный (от обшны́рить)
обшны́ривать, -аю, -ает
обшны́рить, -рю, -рит
обшны́рянный (от обшныря́ть)
обшныря́ть, -я́ю, -я́ет
обща́ться, -а́юсь, -а́ется
обще... — первая часть сложных слов, пишется всегда слитно
общеарме́йский
общебиологи́ческий
общевойсково́й
общеву́зовский
общегалакти́ческий
общегигиени́ческий
общегородско́й
общегосуда́рственный

ОБЩ

общеграждани́ский
общедемократи́ческий
общедосту́пный
общеевропе́йский
общежите́йский
общежи́тельный
общежи́тие, -я
общезаво́дский и общезаводско́й
общезначи́мый
общеизве́стный
общеинститу́тский
общекла́ссовый
общеколхо́зный
общекома́ндный
общелитерату́рный
общёлкать, -аю, -ает
общёлкивать(ся), -аю, -ает(ся)
общёлкнутый
общемашинострои́тельный
общеминисте́рский
общенаро́дный
общенациона́льный
обще́ние, -я
общеобразова́тельный
общеобяза́тельный
общепарти́йный
общепи́т, -а
общеполе́зный
общеполити́ческий
общепоня́тный
общепри́знанный; кр. ф. -ан, -ана
общепри́нятый
общепромы́шленный
общераспространённый
общерекурси́вный
общереспублика́нский
общеру́сский
общесеме́йный
общеславя́нский
общесою́зный
общесплавно́й
обще́ственник, -а
обще́ственница, -ы
обще́ственно зна́чимый
обще́ственно-истори́ческий
обще́ственно необходи́мый
обще́ственно опа́сный
обще́ственно-педагоги́ческий
обще́ственно-передово́й
обще́ственно поле́зный
обще́ственно-полити́ческий
обще́ственно-произво́дственный
обще́ственность, -и
обще́ственно-трудово́й
обще́ственно-экономи́ческий
обще́ственный
о́бщество, -а
обществове́д, -а
обществове́дение, -я
обществове́дческий
общетеорети́ческий
общетехни́ческий
общеуниверсите́тский
общеупотреби́тельный
общеустано́вленный
общефабри́чный
общефизи́ческий
общефилосо́фский
общехозя́йственный
общечелове́ческий
общешко́льный
общеэкономи́ческий

ОБЩ

о́бщий; кр. ф. общ, обща́, о́бще
о́бщина, -ы
общи́нник, -а
общи́нно-родово́й
общи́нный
общи́панный
общипа́ть, -иплю́, -и́плет и -а́ю, -а́ет
общи́пка, -и
общи́пывание, -я
общи́пывать(ся), -аю, -ает(ся)
общи́тельность, -и
общи́тельный
о́бщность, -и
о́бщо, нареч.
объего́ренный
объего́ривать(ся), -аю, -ает(ся)
объего́рить, -рю, -рит
объеда́ла, -ы, м. и ж.
объеда́ние, -я
объеда́ть(ся), -а́ю(сь), -а́ет(ся)
объеде́ние, -я
объе́денный
объедине́ние, -я
объединённый; кр. ф. -ён, -ена́
объедини́тельный
объедини́ть(ся), -ню́(сь), -ни́т(ся)
объединя́ть(ся), -я́ю(сь), -я́ет(ся)
объе́дки, -ов, ед. объе́док, -дка
объе́дья, -ьев
объе́зд, -а
объе́здить(ся), -зжу, -здит(ся)
объе́здка, -и
объездно́й
объе́здчик, -а
объезжа́ть(ся), -а́ю, -а́ет(ся)
объе́зженный
объе́зжий
объе́кт, -а
объекти́в, -а
объектива́ция, -и
объективиза́ция, -и
объективи́зм, -а
объективи́рованный
объективи́ровать(ся), -рую, -рует(ся)
объективи́ст, -а
объективи́стский
объекти́вно необходи́мый
объекти́вно обусло́вленный
объекти́вность, -и
объекти́вный
объе́ктный
объе́ктовый
объём, -а
объёмистый
объе́млемый
объе́млющий
объёмно-враща́тельный
объёмно-опти́ческий
объёмно-планиро́вочный
объёмно-простра́нственный
объёмность, -и
объёмный
объёрзать, -аю, -ает
объе́сть(ся), -е́м(ся), -е́шь(ся), -е́ст(ся), -еди́м(ся), -еди́те(сь), -едя́т(ся); прош. -е́л(ся), -е́ла(сь)
объе́хать, -е́ду, -е́дет
объяви́ть(ся), -явлю́(сь), -я́вит(ся)
объявле́ние, -я
объя́вленный
объявля́ть(ся), -я́ю(сь), -я́ет(ся)

ОБЪ

объягни́ться, -и́тся
объясне́ние, -я
объяснённый; *кр. ф.* -ён, -ена́
объясни́мый
объясни́тельный
объясни́ть(ся), -ню́(сь), -ни́т(ся)
объясня́ть(ся), -я́ю(сь), -я́ет(ся)
объя́тие, -я
объя́тый
объя́ть(ся), обойму́(сь), обоймёт(ся) и обыму́(сь), обы́мет(ся)
обыва́тель, -я
обыва́тельница, -ы
обыва́тельский
обыва́тельщина, -ы
обы́гранный
обыгра́ть(ся), -а́ю(сь), -а́ет(ся)
обы́грывать(ся), -аю, -ает(ся)
обыдёнкой
обы́денность, -и
обы́денный
обыдёнщина, -ы
обызвести́ть(ся), -влю́, -ви́т(ся)
обызвествле́ние, -я
обызвествлённый: *кр. ф.* -ён, -ена́
обызвествля́ть(ся), -я́ю, -я́ет(ся)
обыка́ть, -а́ю, -а́ет
обыкнове́ние, -я
обыкнове́нный; *кр. ф.* -е́нен, -е́нна
обы́кнуть, -ну, -нет; *прош.* -ык, -ы́кла
обы́кший
обыма́ть(ся), -а́ю(сь), -а́ет(ся)
обындеве́лый
обы́ндеветь, -ею, -еет
обыностра́ниться, -нюсь, -нится
обынтеллиге́нтиться, -нчусь, -нтится
о́быск, -а
обы́сканный
обыска́ть(ся), -ыщу́(сь), -ы́щет(ся)
обы́скивать(ся), -аю, -ает(ся)
обы́чай, -я
обы́чный
обюрокра́тить(ся), -а́чу(сь), -а́тит(ся)
обюрокра́ченный
обюрокра́чивать(ся), -аю(сь), -ает(ся)
обя́занность, -и
обя́занный
обяза́тельность, -и
обяза́тельный
обяза́тельственный
обяза́тельство, -а
обяза́ть(ся), -яжу́(сь), -я́жет(ся)
обя́зывать(ся), -аю(сь), -ает(ся) и -зу́ю(сь), -зу́ет(ся)
ова́л, -а
овалогу́бцы, -ев
овалотока́рный
ова́льно-кони́ческий
ова́льно-продолгова́тый
ова́льный
ова́мо: се́мо и ова́мо
ова́ция, -и
овдове́ть, -е́ю, -е́ет
овева́ть(ся), -а́ю, -а́ет(ся) (*к ве́ять*)
ове́ивать, -аю, -ает
оверло́к, -а
оверло́чница, -ы
овершта́г, -а
овёс, овса́
ове́чий, -ья, -ье

ОВЕ

ове́чка, -и
овеществи́ть(ся), -влю́, -ви́т(ся)
овеществле́ние, -я
овеществлённый; *кр. ф.* -ён, -ена́
овеществля́ть(ся), -я́ю, -я́ет(ся)
ове́янный
ове́ять, -е́ю, -е́ет
овива́ть(ся), -а́ю(сь), -а́ет(ся) (*к вить*)
ови́н, -а
ови́нный
ови́тый; *кр. ф.* -и́т, -ита́, -и́то
ови́ть(ся), -вью́(сь), -вьёт(ся); *прош.* -и́л(ся), -ила́(сь), -и́ло(сь)
овладева́ть(ся), -а́ю, -а́ет(ся)
овладе́ние, -я
овладе́ть, -е́ю, -е́ет
овогене́з, -а
о́вод, -а, *мн.* -ы, -ов и -а́, -о́в
ово́довый
овоско́п, -а
о́воще-бахчево́й
овощево́д, -а
овощево́дство, -а
овощево́дческий
овощекартофелево́дческий
овощекартофелехрани́лище, -а
овощеконсе́рвный
овощемо́ечный
о́воще-моло́чный
овощеперераба́тывающий
овощеприготови́тельный
овощере́зательный
овощере́зка, -и
овощесуши́лка, -и
овощесуши́льный
овощехрани́лище, -а
о́вощи, -е́й, *ед.* о́вощ, -а
овощно́й
овра́г, -а
оврагоукрепи́тельный
овра́жек, -жка
овра́жистый
овра́жный
овсе́ц, -а́
овси́нка, -и
овсоруша́льный
овсору́шка, -и
овсосуши́лка, -и
овсошелуши́тель, -я
овсю́г, -а́
овся́ник, -а
овся́ница, -ы
овся́нка, -и
овсяно́й и овся́ный
овуля́ция, -и
овца́, -ы́, *мн.* о́вцы, ове́ц, о́вцам
овцебы́к, -а́
овцево́д, -а
овцево́дство, -а
овцево́дческий
овцема́тка, -и
овцесовхо́з, -а
овцефе́рма, -ы
овча́р, -а
овча́рка, -и
овча́рня, -и, *р. мн.* -рен
овчи́на, -ы
овчи́нка, -и
овчи́нник, -а
овчи́нно-шу́бный
овчи́нный

ОГА

ога́рок, -рка
ога́рочек, -чка
ога́рочный
ога́рыш, -а
ога́рышек, -шка
огиба́ть(ся), -а́ю, -а́ет(ся)
оглавле́ние, -я
огла́дить(ся), -а́жу(сь), -а́дит(ся)
огла́дывать(ся), -аю, -ает(ся)
огла́женный
огла́живать(ся), -аю(сь), -ает(ся)
огласи́ть(ся), -ашу́, -аси́т(ся)
огла́ска, -и
огласо́вка, -и
оглаша́ть(ся), -а́ю, -а́ет(ся)
оглаше́ние, -я
оглашённый, *прил.*
оглашённый; *кр. ф.* -ён, -ена́, *прич.*
огло́бельный
огло́бля, -и, *р. мн.* -бель и -блей
оглода́нный
оглода́ть, -ожу́, -о́жет и -а́ю, -а́ет
огло́док, -дка
оглое́д, -а
оглоу́шенный
оглоу́шивать, -аю, -ает
оглоу́шить, -шу, -шит
огло́хнувший
огло́хнуть, -ну, -нет; *прош.* -о́х, -о́хла
огло́хший
оглупе́ние, -я (*от* оглупе́ть)
оглупе́ть, -е́ю, -е́ет (*стать глупым*)
оглупи́ть, -плю́, -пи́т (*кого, что*)
оглупле́ние, -я (*от* оглупи́ть)
оглуплённый; *кр. ф.* -ён, -ена́
оглупля́ть, -я́ю, -я́ет
оглуша́ть, -а́ю, -а́ет
оглушённый; *кр. ф.* -ён, -ена́
оглуши́тельный
оглуши́ть, -шу́, -ши́т
огляде́ть(ся), -яжу́(сь), -яди́т(ся)
огля́дка, -и
огля́дывать(ся), -аю(сь), -ает(ся)
огляну́ть(ся), -яну́(сь), -я́нет(ся)
огневи́к, -а́
огневи́ца, -ы
огнёвка, -и
огнево́й
огнеды́шащий
огнезащи́та, -ы
огнезащи́тный
огнеземе́лец, -льца
огнемёт, -а
огнемета́ние, -я
огнемётный
о́гненно-кра́сный
о́гненно-фиоле́товый
о́гненный
огнеопа́сный
огнепокло́нник, -а
огнепокло́ннический
огнепокло́нничество, -а
огнепокло́нство, -а
огнеприпа́сы, -ов
огнепрово́дный
огнесто́йкий
огнесто́йкость, -и
огнестре́льный
огнетуши́тель, -я
огнеупо́рность, -и
огнеупо́рный

ОГН

огнеупо́ры, -ов
огнеусто́йчивый
огнецве́т, -а
огни́во, -а
огни́стый
огнища́нин, -а, мн. -а́не, -а́н
огни́ще, -а
огнь, м., только им. и вин.
ого́, неизм.
огова́ривать(ся), -аю(сь), -ает(ся)
огово́р, -а
оговорённый; кр. ф. -ён, -ена́
оговори́ть(ся), -рю́(сь), -ри́т(ся)
огово́рка, -и
огово́рочный
огово́рщик, -а
о-го-го́, неизм.
оголе́ние, -я
оголённый; кр. ф. -ён, -ена́
оголе́ть, -е́ю, -е́ет (лиши́ться покрова)
оголе́ц, -льца́
оголи́ть, -лю́, -ли́т (кого, что)
оголи́ться, -лю́сь, -ли́тся
оголо́вник, -а
оголо́вок, -вка
оголо́вье, -я, р. мн. -вий
оголода́ть, -а́ю, -а́ет
оголте́лый
оголя́ть(ся), -я́ю(сь), -я́ет(ся)
огонёк, -нька́
огонёчек, -чка
ого́нь, огня́
огора́живание, -я
огора́живать(ся), -аю(сь), -ает(ся)
огоро́д, -а
огороди́ть(ся), -ожу́(сь), -о́дит(ся)
огоро́дник, -а
огоро́дница, -ы
огоро́дничать, -аю, -ает
огоро́днический
огоро́дничество, -а
огоро́дничий, -ья, -ье
огоро́дный
огоро́жа, -и
огоро́женный
огоро́шенный
огоро́шивать, -аю, -ает
огоро́шить, -шу, -шит
огорча́ть(ся), -а́ю(сь), -а́ет(ся)
огорче́ние, -я
огорчённый; кр. ф. -ён, -ена́
огорчи́тельный
огорчи́ть(ся), -чу́(сь), -чи́т(ся)
огра́бить, -блю, -бит
ограбле́ние, -я
огра́бленный
огребля́ть(ся), -я́ю, -я́ет(ся)
огра́да, -ы
огради́тельный
огради́ть(ся), -ажу́(сь), -ади́т(ся)
огра́дка, -и
огражда́ть(ся), -а́ю(сь), -а́ет(ся)
огражде́ние, -я
ограждённый; кр. ф. -ён, -ена́
огранённый; кр. ф. -ён, -ена́
огра́нивать(ся), -аю(сь), -ает(ся)
огра́нить(ся), -ню́, -ни́т(ся)
ограниче́ние, -я
ограни́ченно го́дный
ограни́ченно-рекурси́вный
ограни́ченность, -и

ОГР

ограни́ченный; кр. ф. прич. -ен, -ена́; кр. ф. прил. -ен, -енна
ограни́чивание, -я
ограни́чивать(ся), -аю(сь), -ает(ся)
ограничи́тель, -я
ограничи́тельный
ограни́чить(ся), -чу(сь), -чит(ся)
огра́нка, -и
огреба́ть(ся), -а́ю(сь), -а́ет(ся)
огребённый; кр. ф. -ён, -ена́
огрёбки, -ов
огребно́й
огрёбший(ся)
огрёбье, -я
огрева́ть(ся), -а́ю, -а́ет(ся)
огрести́(сь), -ребу́(сь), -ребёт(ся); прош. -рёб(ся), -ребла́(сь)
огре́тый
огре́ть, -е́ю, -е́ет
огре́х, -а
огро́мный
огрубева́ть, -а́ю, -а́ет
огрубе́лый
огрубе́ние, -я (от огрубе́ть)
огрубе́ть, -е́ю, -е́ет (стать грубым)
огруби́ть, -блю́, -би́т (кого, что)
огрубле́ние, -я (от огруби́ть)
огрубля́ть(ся), -я́ю, -я́ет(ся)
огрузне́ть, -е́ю, -е́ет
огру́знувший
огру́знуть, -ну, -нет; прош. -у́знул и -у́з, -у́зла
огру́зший
огрыза́ть(ся), -а́ю(сь), -а́ет(ся)
огры́зенный
огрызну́ться, -ну́сь, -нётся
огры́зок, -зка, р. мн. -зков
огры́зть, -зу́, -зёт; прош. -ы́з, -ы́зла
огры́зший
огублённый звук
огу́зок, -зка
огу́лом
огу́льный
огуре́ц, -рца́
огуре́чник, -а
огуре́чный
огу́рчик, -а
о́да, -ы
ода́лживать(ся), -аю(сь), -ает(ся)
одали́ска, -и
о́даль, нареч.
одарённость, -и
одарённый; кр. ф. прич. -ён, -ена́; кр. ф. прил. -ён, -ённа
ода́ривать(ся), -аю, -ает(ся)
одари́ть, -рю́, -ри́т
одаря́ть, -я́ю, -я́ет
одева́ние, -я
одева́ть(ся), -а́ю(сь), -а́ет(ся)
одёжа, -и
оде́жда, -ы
одёжина, -ы
одёжка, -и
одёжный
одежо́нка, -и
одеколо́н, -а
одеколо́нить(ся), -ню(сь), -нит(ся)
одеколо́нный
оделённый; кр. ф. -ён, -ена́
одели́ть, -лю́, -ли́т
о́дельстинг, -а
оделя́ть(ся), -я́ю, -я́ет(ся)

ОДЁ

одёр, одра́ (кляча)
одёрганный
одёргать, -аю, -ает
одёргивать(ся), -аю(сь), -ает(ся)
одеревене́лость, -и
одеревене́лый
одеревене́ние, -я
одеревене́ть, -е́ю, -е́ет
оде́ржанный
одержа́ть, -ержу́, -е́ржит
оде́рживать, -аю, -ает
одержи́мость, -и
одержи́мый
одёрнутый
одёрнуть(ся), -ну(сь), -нет(ся)
одесну́ю (справа)
одесси́т, -а
одесси́тка, -и
оде́сский
оде́тый
оде́ть(ся), -е́ну(сь), -е́нет(ся)
одея́лишко, -а
одея́ло, -а
одея́льце, -а, р. мн. -лец
одея́ние, -я
оди́н, одна́, одно́
одина́ковый
одина́рный (не двойной)
оди́н в оди́н, оди́н в одного́
оди́н-еди́нственный, одного́-еди́нственного
одинёхонек и одинёшенек
оди́н за други́м
оди́н к одному́
одиннадцатиле́тний (11-ле́тний)
оди́ннадцатый
оди́ннадцать, -и, тв. -ью
оди́н на оди́н
оди́н-одинёхонек и оди́н-одинёшенек
оди́ножды
одино́кий
одинокорасту́щий *
одино́чество, -а
одино́чка, -и, м. и ж.
одино́чник, -а
одино́чница, -ы
одино́чный
одио́зный
одича́лый
одича́ние, -я
одича́ть, -а́ю, -а́ет
оди́ческий
одна́жды
одна́ко
одна́ко ж(е)
одна́-одна́
одни́м-оди́н, одни́м-одна́
одноа́ктный
одноа́томный
однобо́кий
однобо́ртный
однобра́чие, -я
однобра́чный
однова́, нареч.
одновале́нтный
однови́нтово́й
одново́зрастный
одновре́менность, -и
одновре́менный
одногла́вый
одногла́зка, -и

одноглазый
одногодичный
одногодка, -и, р. мн. -док
одногодок, -дка, р. мн. -дков
одноголосие, -я
одноголосный
одноголосый
одногорбый
однодворец, -рца
однодворка, -и
однодворческий
одно-, двух- и трёхфазный
однодерёвка, -и
однодиапазонный
однодневка, -и
однодневный
однодольный
однодомный
однодум, -а
одноженец, -нца
одножильный
однозарядный
однозвучный
однозернянка, -и
однозначащий
однозначный
однозубый
одно- и двухэтажный
одноимённый: кр. ф. -ёнен, -ённа
одно и то же
однокалиберный
однокамерный
однокашник, -а
одноквартирный
однокилевой
одноклассник, -а
одноклассница, -ы
одноклеточный
одноклетьевой
одноклубник, -а
одноклубница, -ы
одноковшовый
одно к одному
одноколейка, -и
одноколейный
одноколённый
одноколёсный
одноколка, -и
однокомнатный
однокомплектный
однокомпонентный
одноконный
однокопытный
однократный
однокурсник, -а
однокурсница, -ы
одноламповый
однолемешный
однолетка, -и, р. мн. -ток
однолетний
однолетник, -а
однолеток, -тка, р. мн. -тков
однолинейный
однолошадный
однолюб, -а
однолюбка, -и
одномастный
одномачтовый
одноместный
одномоторный
однонаправленный
одноногий

однообразие, -я
однообразность, -и
однообразный
одноосновный
одноосный
однопалатный
однопалубный
однопалый
однопартийный
одноплеменник, -а
одноплеменный
одноплечий
одноплунжерный
однопокровные, -ых
однополосный (от полоса)
однополостный (от полость)
однополчанин, -а, мн. -ане, -ан
однополчанка, -и
однополый
однополюсный
однопомётник, -а
однопроходные, -ых
однопутка, -и
однопутный
одноразовый
однорельсовый
однорогий
однородность, -и
однородный
одноруки
одноручный
однорядка, -и
однорядный
односельчанин, -а, мн. -ане, -ан
односельчанка, -и
односеменодольный и односемядольный
односемянный
носильный
носкатный
нословный
носложный
нослойный
носменка, -и
носменный
носоставный
носпальный
постаничник, -а
ностволка, -и
ностворчатый
ностопный
носторонний
носторонность, -и
нострунный
ноступенчатый
нотипный
нотомник, -а
нотомный
нотонный; кр. ф. -онен, -онна
нотрубный
ноутробный
ноухий
нофазный
нофамилец, -льца
нофамилица, -ы
ноцветный
ноцилиндровый
ночастный
ночасье, -я
ночлен, -а
ночленный

одношёрстный
одношпиндельный
одноэтажный
одноякорный
одноярусный
одобрение, -я
одобренный
одобрительный
одобрить, -рю, -рит
одобрять(ся), -яю, -яет(ся)
одограф, -а
одолевать(ся), -аю, -ает(ся)
одоление, -я
одолеть, -ею, -еет
одолжать(ся), -аю(сь), -ает(ся)
одолжение, -я
одолженный
одолжить(ся), -жу(сь), -жит(ся)
одомашнение, -я
одомашненный
одомашнивание, -я
одомашнивать(ся), -аю, -ает(ся)
одомашнить(ся), -ню, -нит(ся)
одометр, -а
одонтолит, -а
одонтолог, -а
одонтологический
одонтология, -и
одонтома, -ы
одонье, -я
одописец, -сца
одоризировать(ся), -рую, -рует(ся)
одр, одра (постель)
одревеснение, -я
одревеснеть, -еет
одряблеть, -ею, -еет
одрябнувший
одрябнуть, -ну, -нет; прош. -яб, -ябла
одрябший
одряхлевший
одряхлелый
одряхление, -я
одряхлеть, -ею, -еет
одряхнувший
одряхнуть, -ну, -нет; прош. -ях, -яхла
одряхший
одубеть, -ею, -еет
одуванчик, -а
одул, -а, р. мн. -ов
одульский
одуматься, -аюсь, -ается
одумываться, -аюсь, -ается
одурачение, -я
одураченный
одурачивание, -я
одурачивать(ся), -аю, -ает(ся)
одурачить, -чу, -чит
одурелый
одурение, -я
одуреть, -ею, -еет
одурманенный
одурманивание, -я
одурманивать(ся), -аю, -ает(ся)
одурманить(ся), -ню(сь), -нит(ся)
одурь, -и
одурять, -яю, -яет
одуряющий
одутловатость, -и
одутловатый
одутлый
одухотворение, -я
одухотворённость, -и

ОДУ

одухотворённый; *кр. ф. прич.* -ён, -ена; *кр. ф. прил.* -ён, -ённа
одухотворить(ся), -рю(сь), -рит(ся)
одухотворять(ся), -яю(сь), -яет(ся)
одушевить(ся), -влю(сь), -вит(ся)
одушевление, -я
одушевлённость, -и
одушевлённый; *кр. ф. прич.* -ён, -ена; *кр. ф. прил.* -ён, -ённа
одушевлять(ся), -яю(сь), -яет(ся)
одышка, -и
оевропеивать(ся), -аю(сь), -ает(ся)
оевропеить(ся), -ею(сь), -еит(ся)
оевропение, -я
ожёгший(ся)
оже́ледь, -и
ожененный
оженить(ся), -еню(сь), -енит(ся)
ожеребиться, -ится
ожерелье, -я, *р. мн.* -лий
ожерельице, -а
ожесточать(ся), -аю(сь), -ает(ся)
ожесточение, -я
ожесточённость, -и
ожесточённый; *кр. ф. прич.* -ён, -ена; *кр. ф. прил.* -ён, -ённа
ожесточить(ся), -чу(сь), -чит(ся)
оже́чь(ся), ожгу(сь), ожжёт(ся), ожгут(ся); *прош.* ожёг(ся), ожгла(сь)
ожжённый; *кр. ф.* -ён, -ена
оживание, -я
оживать, -аю, -ает
оживить(ся), -влю(сь), -вит(ся)
оживка, -и
оживление, -я
оживлённость, -и
оживлённый; *кр. ф. прич.* -ён, -ена; *кр. ф. прил.* -ён, -ённа
оживлять(ся), -яю(сь), -яет(ся)
оживотворённый; *кр. ф.* -ён, -ена
оживотворить, -рю, -рит
оживший
ожигать(ся), -аю(сь), -ает(ся)
ожидалка, -и
ожидальня, -и, *р. мн.* -лен
ожидание, -я
ожидать(ся), -аю, -ает(ся)
ожижение, -я
ожижитель, -я
ожимок, -мка
ожинок, -нка
ожирение, -я
ожиреть, -ею, -еет
ожить, -иву, -ивёт; *прош.* ожил, ожила, ожило
ожог, -а, но: *прош.* ожёг
ожоговый
озабо́тить(ся), -о́чу(сь), -о́тит(ся)
озабо́ченность, -и
озабо́ченный
озагла́вить, -влю, -вит
озагла́вленный
озагла́вливать(ся), -аю, -ает(ся)
озада́ченный
озада́чивать(ся), -аю(сь), -ает(ся)
озада́чить(ся), -чу(сь), -чит(ся)
озаре́ние, -я
озарённый; *кр. ф.* -ён, -ена
озарить(ся), -рю(сь), -рит(ся)
озарять(ся), -яю(сь), -яет(ся)
озвере́лый

ОЗВ

озвере́ние, -я
озвере́ть, -е́ю, -е́ет
озву́чение, -я
озву́ченный
озву́чивание, -я
озву́чивать(ся), -аю, -ает(ся)
озву́чить, -чу, -чит
оздорове́ть, -е́ю, -е́ет (стать здоровым)
оздорови́тельный
оздорови́ть, -влю, -вит (*кого, что*)
оздорови́ться, -вится
оздоровле́ние, -я
оздоровлённый; *кр. ф.* -ён, -ена
оздоровля́ть(ся), -я́ю, -я́ет(ся)
озелене́ние, -я
озеленённый; *кр. ф.* -ён, -ена
озелени́тель, -я
озелени́тельный
озелени́ть, -ню, -нит
озеленя́ть(ся), -я́ю, -я́ет(ся)
о́земь, *нареч.*
озерко́, -а́, *мн.* -и́, -о́в
озёрно-боло́тный
озёрно-лесно́й
озёрный
о́зеро, -а, *мн.* озёра, озёр
озерове́дение, -я
озерови́дный
озерцо́, -а́, *мн.* озёрца, -рец
озимиза́ция, -и
озимизи́рованный
озимизи́ровать(ся), -рую, -рует(ся)
озимопшени́чный
ози́мый
о́зимь, -и
озира́ть(ся), -а́ю(сь), -а́ет(ся)
озлённый; *кр. ф.* -ён, -ена́
озле́ть, -е́ю, -е́ет (стать злым)
озли́ть, -лю́, -ли́т (*кого, что*)
озли́ться, -лю́сь, -ли́тся
озло́бить(ся), -блю(сь), -бит(ся)
озлобле́ние, -я
озлобленность, -и
озлобленный
озлобля́ть(ся), -я́ю(сь), -я́ет(ся)
ознако́мить(ся), -млю(сь), -мит(ся)
ознакомле́ние, -я
ознако́мленный
ознаменова́ть(ся), -я́ю(сь), -я́ет(ся)
ознаменова́ние, -я
ознаменова́нный
ознаменова́ть(ся), -ну́ю, -ну́ет(ся)
ознамено́вывать(ся), -аю, -ает(ся)
означа́ть(ся), -а́ю, -а́ет(ся)
означенный
означить(ся), -чу, -чит(ся)
озно́б, -а
ознобить, -блю, -бит
ознобле́ние, -я
ознобле́нный; *кр. ф.* -ён, -ена́
ознобля́ть, -я́ю, -я́ет
озокери́т, -а
озокери́тный
озокери́товый
озокеритотерапи́я, -и
озолоти́ть(ся), -очу́, -оти́т(ся)
озоло́ченный
озо́н, -а
озона́тор, -а
озониза́ция, -и
озони́рование, -я

ОЗО

озони́рованный
озони́ровать(ся), -рую, -рует(ся)
озоносто́йкий
озо́рник, -а́
озо́рница, -ы
озорнича́ть, -а́ю, -а́ет
озорно́й
озорова́ть, -рую, -рует
озо́рство, -а
озя́бнуть, -ну, -нет; *прош.* озя́б, озя́бла
озя́бший
о́идиум, -а
о́йкать, -аю, -ает
ойкуме́на, -ы
ой ли
ой-о́й, *неизм.*
ой-о́й-о́й, *неизм.*
ойро́т, -а, *р. мн.* -ов
ойро́тка, -и
ойро́тский
оказа́ние, -я
оказанный
оказа́ть(ся), -ажу́(сь), -а́жет(ся)
оказёненный
оказёнивать(ся), -аю, -ает(ся)
оказёнить(ся), -ню, -нит(ся)
ока́зия, -и
ока́зывать(ся), -аю(сь), -ает(ся)
окайми́ть, -млю, -мит
окаймле́ние, -я
окаймлённый; *кр. ф.* -ён, -ена́
окаймля́ть(ся), -я́ю, -я́ет(ся)
ока́лина, -ы
ока́лывание, -я
окамене́лость, -и
окамене́лый
окамене́ние, -я
окамене́ть, -е́ю, -е́ет
оканто́ванный
окантова́ть, -ту́ю, -ту́ет
оканто́вка, -и
оканто́вывать(ся), -аю, -ает(ся)
ока́нчивать(ся), -аю, -ает(ся)
о́канье, -я
ока́панный
ока́пать(ся), -аю(сь), -ает(ся)
ока́пывание, -я
ока́пывать(ся), -аю(сь), -ает(ся)
окари́на, -ы
ока́рмливать(ся), -аю, -ает(ся)
окати́ть(ся), -ачу́(сь), -а́тит(ся) (водой)
ока́тывать(ся), -аю(сь), -ает(ся)
ока́тыш, -а
о́кать, -аю, -ает
ока́ченный
ока́чивать(ся), -аю(сь), -ает(ся)
ока́шивать(ся), -аю, -ает(ся)
окая́нный
окая́нство, -а
окварцо́ванный
океа́н, -а
океана́вт, -а
океана́рий, -я
океана́риум, -а
океани́ческий
океано́граф, -а
океанографи́ческий
океаногра́фия, -и
океано́лог, -а
океанологи́ческий

океанология, -и
океанский
окидывать(ся), -аю, -ает(ся)
окинутый
окинуть(ся), -ну, -нет(ся)
окиркованный
окирковать, -кую, -кует
окирковка, -и
окирковывать(ся), -аю, -ает(ся)
окисать, -ает
окисел, -сла
окисление, -я
окислённый; кр. ф. -ён, -ена
окислитель, -я
окислительно-восстановительный
окислительный
окислить(ся), -лю, -лит(ся)
окислять(ся), -яю, -яет(ся)
окисный
окись, -и
окказионализм, -а
окказионалист, -а
окказиональный
окклюдирование, -я
окклюдированный
окклюдировать(ся), -рую, -рует(ся)
окклюзия, -и
оккультизм, -а
оккультный
оккупант, -а
оккупантский
оккупационный
оккупация, -и
оккупированный
оккупировать(ся), -рую, -рует(ся)
оклад, -а
окладистый
окладной
окладчик, -а
оклёванный
оклевать, -люю, -люёт
оклеветанный
оклеветать, -ещу, -ещет
оклёвывать, -аю, -ает
оклеенный
оклеивание, -я
оклеивать(ся), -аю, -ает(ся)
оклеить, -ею, -еит
оклейка, -и
оклеймённый
оклеймить, -млю, -мит
оклейщик, -а
оклематься, -аюсь, -ается
оклик, -а
окликать(ся), -аю, -ает(ся)
окликнутый
окликнуть, -ну, -нет
окнище, -а
окно, -а, мн. окна, окон
око, ока, мн. очи, очей
оковалок, -лка
окованный
оковать, окую, окуёт
оковка, -и
оковы, оков
оковывать(ся), -аю, -ает(ся)
окоём, -а
око за око
окола́чивать(ся), -аю(сь), -ает(ся)
околдо́ванный
околдова́ть, -ду́ю, -ду́ет
околдо́вывать(ся), -аю, -ает(ся)

околевать, -аю, -ает
околесина, -ы
околесить, -ешу, -есит
околесица, -ы
околёсная, -ой
околеть, -ею, -еет
околица, -ы
околичность, -и
околия, -и
околка, -и
около
окологлоточный
околозвёздный
околозвуковой
околоземной и околоземный
окололитературный
окололунный
околопланетный
околоплодник, -а
околоплодный
околополюсный
околосердечный
околосолнечный
околотиться, -отится
околоток, -тка
околоточный, -ого
околоустье, -я, р. мн. -ьев
околоушный
околоцветник, -а
околошейный
околощитовидный
околпаченный
околпачивать(ся), -аю, -ает(ся)
околпачить, -чу, -чит
околыш, -а
околышек, -шка
окольничество, -а
окольничий, -его
окольный
окольцевать, -цую, -цует
окольцованный
окольцовывание, -я
окольцовывать(ся), -аю, -ает(ся)
окомкование, -я
оконечность, -и
оконечный
оконница, -ы
оконный
оконопатить, -ачу, -атит
оконопаченный
оконопачивать(ся), -аю, -ает(ся)
оконтуренный
оконтуривать(ся), -аю, -ает(ся)
оконтурить, -рю, -рит
оконфуженный
оконфузить(ся), -ужу(сь), -узит(ся)
оконце, -а, р. мн. -цев
окончание, -я
окончательный
оконченный
окончить(ся), -чу, -чит(ся)
окоп, -а
окопанный
окопать(ся), -аю(сь), -ает(ся)
окопка, -и
окопник, -а
окопный
окопчик, -а
окорачивать(ся), -аю, -ает(ся)
окорёнок, -нка
окорить, -рю, -рит
окорка, -и

окормить, окормлю, окормит
окормленный
окорнать(ся), -аю(сь), -ает(ся)
окорок, -а, мн. -а, -ов
окороковый
окоротить, -очу, -отит
окороченный
окорочный (к окорка)
окорщик, -а
окорять, -яю, -яет
окосеть, -ею, -еет
окосить, -ошу, -осит
окосматеть, -ею, -еет
окостеневать, -аю, -ает
окостенелый
окостенение, -я
окостенеть, -ею, -еет (превратиться в кость; отвердеть)
окостенить, -ню, -нит (кого, что)
окосье, -я, р. мн. -сьев
окот, -а
окотиться, -ится (к окот)
окоченевать, -аю, -ает
окоченелый
окоченеть, -ею, -еет
окочуриться, -рюсь, -рится
окошенный
окошечко, -а
окошко, -а
окраина, -ы
окраинный
окрас, -а
окрасить(ся), -ашу(сь), -асит(ся)
окраска, -и
окрасочный
окрашенный
окрашивание, -я
окрашивать(ся), -аю(сь), -ает(ся)
окрепнуть, -ну, -нет; прош. -еп, -епла
окрепший
окрест, нареч.
окрестить(ся), -ещу(сь), -естит(ся)
окрест лежащий
окрестность, -и
окрестный
окрещённый; кр. ф. -ён, -ена
окриветь, -ею, -еет (стать кривым)
окривить, -влю, -вит (кого)
окрик, -а
окрикивать, -аю, -ает
окрикнутый
окрикнуть, -ну, -нет
окристаллизованный
окристаллизовать(ся), -зую, -зует(ся)
окровавить(ся), -влю(сь), -вит(ся)
окровавленный
окровавливать(ся), -аю(сь), -ает(ся)
окровенённый
окровенеть, -ею, -еет (покрыться кровью)
окровенить, -ню, -нит (что)
окровениться, -нюсь, -нится
окрол, -а
окромсать, -аю, -ает
окромя
окропить(ся), -плю(сь), -пит(ся)
окроплённый; кр. ф. -ён, -ена
окроплять(ся), -яю(сь), -яет(ся)
окрошечный
окрошка, -и

ОКР

о́круг, -а, *мн.* -а́, -о́в
окру́г, *нареч.*
окру́га, -и
округле́ние, -я
округлённо-во́гнутый
округлённость, -и
округлённый; *кр. ф.* -ён, -ена́
округле́ть, -е́ю, -е́ет (стать круглым)
округли́ть, -лю́, -ли́т (*что*)
округли́ться, -лю́сь, -ли́тся
окру́глость, -и
окру́глый
округля́ть(ся), -я́ю(сь), -я́ет(ся)
окружа́ть(ся), -а́ю, -а́ет(ся)
окружа́ющий
окруже́нец, -нца
окруже́ние, -я
окружённый; *кр. ф.* -ён, -ена́
окружи́ть, -жу́, -жи́т
окружко́м, -а
окружно́й (*от* о́круг)
окру́жность, -и
окру́жный (окрестный)
окрути́ть(ся), -учу́(сь), -у́тит(ся)
окру́ченный
окру́чивать(ся), -аю(сь), -ает(ся)
окрылённый; *кр. ф.* -ён, -ена́
окрыли́ть(ся), -лю́(сь), -ли́т(ся)
окрыля́ть(ся), -я́ю(сь), -я́ет(ся)
окры́ситься, -ится
оксала́т, -а
оксигемоглоби́н, -а
оксигена́тор, -а
оксигенотерапи́я, -и
окси́д, -а
оксида́ция, -и
оксидиметри́ческий
оксидиме́трия, -и
оксиди́рование, -я
оксиди́рованный
оксиди́ровать(ся), -рую, -рует(ся)
оксидиро́вка, -и
окси́дный
оксикислота́, -ы́, *мн.* -о́ты, -о́т
оксили́т, -а
оксима́сляный
окситетрацикли́н, -а
окситоци́н, -а
оксюморо́н, -а
окта́ва, -ы
окта́н, -а
окта́новый
окта́нт, -а
окта́эдр, -а
октаэдри́т, -а
окте́т, -а
окто́д, -а
окто́их, -а
октрои́рование, -я
октрои́рованный
октрои́ровать(ся), -рую, -рует(ся)
октябрёнок, -нка, *мн.* -ря́та, -ря́т
октябри́ны, -и́н
октябри́ст, -а
октябри́стский
октя́брь, -я́ (месяц, но праздник Октября́)
октя́брьский
оку́кливаться, -ается
оку́клиться, -ится
окули́рование, -я
окули́рованный

ОКУ

окули́ровать(ся), -рую, -рует(ся)
окулиро́вка, -и
окулиро́вочный
окули́ст, -а
окули́стка, -и
окультиви́рованный
окультиви́ровать(ся), -рую(сь), -рует(ся)
окульту́ренный
окульту́ривание, -я
окульту́ривать(ся), -аю(сь), -ает(ся)
окульту́рить(ся), -рю(сь), -рит(ся)
окуля́р, -а (линза)
окуля́рный
окуля́ры, -ов (очки)
окуна́ть(ся), -а́ю(сь), -а́ет(ся)
окунёвый
окунёк, -нька́
окунеобра́зные, -ых
оку́нутый
окуну́ть(ся), -ну́(сь), -нёт(ся)
о́кунь, -я, *мн.* -и, -е́й
окупа́емость, -и
окупа́ть(ся), -а́ю, -а́ет(ся)
окупи́ть(ся), -уплю́, -у́пит(ся)
оку́пленный
окургу́женный
окургу́зить, -у́жу, -у́зит
оку́ренный
оку́ривание, -я
оку́ривать(ся), -аю, -ает(ся)
окури́ть, -урю́, -у́рит
оку́рок, -рка
оку́танный
оку́тать(ся), -аю(сь), -ает(ся)
оку́тывать(ся), -аю(сь), -ает(ся)
оку́ченный
оку́чивание, -я
оку́чивать(ся), -аю, -ает(ся)
оку́чить, -чу, -чит
оку́чка, -и
оку́чник, -а
ола́душек, -шка и ола́дышек, -шка
ола́дья, *р. мн.* -дий
олеандомици́н, -а
олеа́ндр, -а
олеа́ндровый
олеа́т, -а
оледеневать, -а́ю, -а́ет
оледене́лый
оледене́ние, -я
оледенённый; *кр. ф.* -ён, -ена́
оледене́ть, -е́ю, -е́ет (покрыться льдом)
оледени́ть, -ню́, -ни́т (*что*)
оле́ин, -а
оле́иновый
оленебы́к, -а́
оленево́д, -а
оленево́дство, -а
оленево́дческий
оленего́нный
оленёнок, -нка, *мн.* оленя́та, -ня́т
оленесовхо́з, -а
оле́ний, -ья, -ье
оле́нина, -ы
олену́ха, -и
оле́нь, -я
олеографи́ческий
олеогра́фия, -и
олеото́ракс, -а

ОЛЕ

олеофи́льный
олеофо́бный
о́леум, -а
олефи́ны, -ов
оле́шник, -а и олешня́к, -а́
оли́ва, -ы
оливи́н, -а
оли́вка, -и
оли́вковый
оливомици́н, -а
олига́рх, -а
олигархи́ческий
олига́рхия, -и
олигеми́я, -и
олигодинами́ческий
олигофре́н, -а
олигофрени́я, -и
олигофренопедаго́гика, -и
олигоце́н, -а
олигоце́новый
олигури́я, -и
олимпиа́да, -ы
олимпи́ец, -и́йца
олимпи́йский
олитерату́ренный
олитерату́ривать(ся), -аю, -ает(ся)
олитерату́рить, -рю, -рит
оли́фа, -ы
олицетворе́ние, -я
олицетворённый; *кр. ф.* -ён, -ена́
олицетвори́ть, -рю́, -ри́т
олицетворя́ть(ся), -я́ю, -я́ет(ся)
о́лово, -а
оловоорган́ический
оловору́дный
оловяни́стый
оловя́нно-вольфра́мовый
оловя́нно-се́рый
оловя́нно-фо́сфористый
оловя́нный
оловя́шка, -и
о́лух, -а, *мн.* -и, -ов
ольфакто́метр, -а
ольха́, -и́, *мн.* о́льхи, ольх, о́льхам
ольхо́вник, -а
ольхо́вый
ольша́ник, -а
ольшня́к, -а́
ом, о́ма, *р. мн.* ом
ома́р, -а
ома́чивать, -аю, -ает
омбро́граф, -а
омбро́метр, -а
омброфи́л, -а
омброфо́б, -а
омеблиро́ванный
омеблирова́ть(ся), -ру́ю(сь), -ру́ет(ся)
омеблиро́вка, -и
омеблиро́вывать(ся), -аю(сь), -ает(ся)
оме́г, -а (*бот.*)
оме́га, -и (буква)
омедне́ние, -я
оме́жник, -а
оме́ла, -ы
омеле́ть, -е́ет
омерзе́ние, -я
омерзе́ть, -е́ю, -е́ет
омерзи́тельность, -и
омерзи́тельный
омертвева́ть, -а́ю, -а́ет

омертве́лый
омертве́ние, -я
омертве́ть, -е́ю, -е́ет (сделаться неподвижным)
омертви́ть, -влю́, -ви́т (что)
омертвле́ние, -я
омертвлённый; кр. ф. -ён, -ена́
омертвля́ть(ся), -я́ю, -я́ет(ся)
омёт, -а
омеща́ненный
омеща́нивать(ся), -аю(сь), -ает(ся)
омеща́нить(ся), -ню(сь), -нит(ся)
оми́ческий
омле́т, -а
омме́тр, -а
о́мнибус, -а
омове́ние, -я
омо́граф, -а
омола́живание, -я
омола́живать(ся), -аю(сь), -ает(ся)
омолоди́ть(ся), -ожу́(сь), -оди́т(ся)
омоложа́ть(ся), -а́ю(сь), -а́ет(ся)
омоложе́ние, -я
омоложённый; кр. ф. -ён, -ена́
омоморфе́ма, -ы
омо́ним, -а
омони́мика, -и
омоними́ческий
омоними́чный
омоними́я, -и
омофо́н, -а
омофо́ния, -и
омофо́нный
омофо́р, -а
омофо́рма, -ы
омофо́рмия, -и
омо́ченный
омочи́ть(ся), -очу́, -о́чит(ся)
омрача́ть(ся), -а́ю, -а́ет(ся)
омрачённый; кр. ф. -ён, -ена́
омрачи́ть(ся), -чу́, -чи́т(ся)
омулёвый
о́муль, -я, мн. -и, -ей
о́мут, -а, мн. -ы, -ов и -а́, -о́в
омути́стый
омуто́чек, -чка
омша́ник, -а
омыва́ть(ся), -а́ю(сь), -а́ет(ся)
омыле́ние, -я
омы́тый
омы́ть(ся), омо́ю(сь), омо́ет(ся)
он, его́, ему́, его́, им, о нём
она́, её, ей, её, ей и е́ю, о ней
она́гр, -а (зоол.)
она́гра, -ы (бот.)
онани́зм, -а
онани́ровать, -рую, -рует
онани́ст, -а
онаре́чивание, -я
онда́тра, -ы
онда́тровый
ондо́граф, -а
ондуля́тор, -а
онемева́ть, -а́ю, -а́ет
онеме́лый
онеме́ние, -я
онеме́ть, -е́ю, -е́ет
онеме́чение, -я
онеме́ченный
онеме́чивать(ся), -аю(сь), -ает(ся)
онеме́чить(ся), -чу(сь), -чит(ся)

онёр, -а
они́, -их, им, их, и́ми, о них
о́никс, -а
о́никсовый
онихи́я, -и
онкоге́нный
онко́лог, -а
онкологи́ческий
онколо́гия, -и
онко́ль, -я
онко́льный
оно́, его́, ему́, его́, им, о нём
онома́стика, -и
ономатологи́ческий
ономатоло́гия, -и
ономатопе́я, -и
онтогене́з, -а
онтогенети́ческий
онтологи́ческий
онтоло́гия, -и
ону́ча, -и
о́ный
оога́мия, -и
оогене́з, -а
ого́ний, -я
ооли́т, -а
ооли́товый
оологи́ческий
ооло́гия, -и
оомице́т, -а, р. мн. -ов
оспо́ра, -ы
оофори́т, -а
опа́вший
опада́ть, -а́ет
опаде́ние, -я
опа́здывание, -я
опа́здывать, -аю, -ает
опа́ивание, -я
опа́ивать(ся), -аю, -ает(ся)
опа́к, -а
опа́ковый
опа́л, -а (камень)
опа́ла, -ы (немилость)
опалённый; кр. ф. -ён, -ена́
опалесце́нция, -и
опа́ливание, -я
опа́ливать(ся), -аю(сь), -ает(ся)
опа́лина, -ы
опали́ть(ся), -лю́(сь), -ли́т(ся)
опа́лка, -и
опа́ловый (от опа́л)
опа́лубить, -блю, -бит
опа́лубка, -и
опа́лубленный
опа́лубочный
опа́лубщик, -а
опа́лый (к опа́сть)
опа́льный (от опа́ла)
опаля́ть(ся), -я́ю(сь), -я́ет(ся)
опа́мятоваться, -туюсь, -туется
опа́ра, -ы
опа́рник, -а
опарши́веть, -ею, -еет (покрыться паршой)
опарши́вить, -влю, -вит (кого, что)
опарши́вленный
опа́рыш, -а
опаса́ться, -а́юсь, -а́ется
опасе́ние, -я
опа́ска, -и
опаску́деть, -ею, -еет (стать паскудным)

опаску́дить, -у́жу, -у́дит (что)
опаску́женный
опа́сливый
опа́сность, -и
опа́сный
опа́сть, -адёт; прош. опа́л, опа́ла
опаха́ло, -а
опа́ханный
опаха́ть, опашу́, опа́шет
опа́хивать(ся), -аю, -ает(ся)
опа́хнутый
опахну́ть(ся), -ну́(сь), -нёт(ся)
опа́чкать, -аю, -ает
о́пашень, -шня
опа́шка, -и
опе́ка, -и
опека́ть(ся), -а́ю, -а́ет(ся)
опеку́н, -а́
опеку́нский
опеку́нство, -а
опеку́нствовать, -твую, -твует
опеку́нша, -и
опёнок, -нка, мн. опёнки, -ов и опя́та, -я́т
о́пера, -ы
опера́бельный
о́пера-бу́фф, о́перы-бу́фф
операти́вка, -и
операти́вник, -а
операти́вно-контро́льный
операти́вно-произво́дственный
операти́вно-стратеги́ческий
операти́вность, -и
операти́вно-такти́ческий
операти́вно-хирурги́ческий
операти́вный
опера́тор, -а
опера́торский
операциони́ст, -а
операциони́стка, -и
операцио́нная, -ой
операцио́нный
опера́ция, -и
опереди́ть, -ежу́, -еди́т
опережа́ть(ся), -а́ю, -а́ет(ся)
опереже́ние, -я
опережённый; кр. ф. -ён, -ена́
опере́ние, -я
оперённый; кр. ф. -ён, -ена́
опере́тка, -и
опере́точный
опере́тта, -ы
опере́ть(ся), обопру́(сь), обопрёт(ся); прош. опёр(ся), оперла́(сь) и опёрла(сь), оперло́, оперло́сь и опёрлось
опери́рованный
опери́ровать(ся), -рую, -рует(ся)
опери́ть(ся), -рю́(сь), -ри́т(ся)
о́перный
опёртый; кр. ф. опёрт, оперта́ и опёрта, опёрто
оперуполномо́ченный, -ого
опёрший(ся)
оперя́ть(ся), -я́ю(сь), -я́ет(ся)
опеча́ленный
опеча́лить(ся), -лю(сь), -лит(ся)
опеча́танный
опеча́тать, -аю, -ает
опеча́тка, -и
опеча́тывание, -я
опеча́тывать(ся), -аю, -ает(ся)
опе́шить, -шу, -шит

ОПИ

опива́ть(ся), -а́ю(сь), -а́ет(ся)
опи́вки, -вок
опиекури́льня, -и, *р. мн.* -лен
о́пий, -я
о́пийный
опи́ленный
опи́ливание, -я
опи́ливать(ся), -аю, -ает(ся)
опили́ть, -илю́, -и́лит
опи́лка, -и (*действие*)
опи́лки, -лок
опило́вка, -и
опило́вочный
опи́лочный
опиофа́гия, -и
опира́ть(ся), -а́ю(сь), -а́ет(ся)
описа́ние, -я
опи́санный
описа́тельный
описа́тельство, -а
описа́ть(ся), -ишу́(сь), -и́шет(ся)
опи́ска, -и
описно́й
опи́сывать(ся), -аю(сь), -ает(ся)
о́пись, -и
опи́ть(ся), обопью́(сь), обопьёт(ся); *прош.* опи́л(ся), опила́(сь), опи́ло, опи́лось
о́пиум, -а
о́пиумный
опла́вить(ся), -влю, -вит(ся)
опла́вленный
оплавля́ть(ся), -я́ю, -я́ет(ся)
опла́канный
опла́кать, -а́чу, -а́чет
опла́кивание, -я
опла́кивать(ся), -аю, -ает(ся)
опла́та, -ы
оплати́ть, -ачу́, -а́тит
опла́ченный
опла́чивать(ся), -аю, -ает(ся)
оплёванный
оплева́ть, -люю́, -люёт
оплёвывать(ся), -аю, -ает(ся)
оплёсканный
оплеска́ть, -а́ю, -а́ет
оплёскивать(ся), -аю, -ает(ся)
оплёснутый
оплесну́ть, -ну́, -нёт
оплести́, -лету́, -летёт; *прош.* -лёл, -лела́
оплета́ть(ся), -а́ю, -а́ет(ся)
оплетённый; *кр. ф.* -ён, -ена́
оплётка, -и
оплёточный
оплётчик, -а
оплётший
оплеу́ха, -и
оплеу́шина, -ы
опле́чь, *нареч.*
опле́чье, -я, *р. мн.* -чий
оплеши́веть, -ею, -еет (*стать плешивым*)
оплеши́вить, -влю, -вит (*кого, что*)
оплодотворе́ние, -я
оплодотворённый; *кр. ф.* -ён, -ена́
оплодотвори́ть(ся), -рю́, -ри́т(ся)
оплодотворя́емость, -и
оплодотворя́ть(ся), -я́ю, -я́ет(ся)
опломбирова́ние, -я
опломбиро́ванный
опломбирова́ть, -ру́ю, -ру́ет

ОПЛ

опломбиро́вка, -и
опломбиро́вывать(ся), -аю, -ает(ся)
опло́т, -а
оплотне́ть, -е́ет
оплоша́ть, -а́ю, -а́ет
опло́шка, -и
опло́шность, -и
опло́шный
оплы́в, -а
оплыва́ние, -я
оплыва́ть, -а́ю, -а́ет
оплы́вина, -ы
оплы́ть, -ыву́, -ывёт; *прош.* оплы́л, оплыла́, оплы́ло
опля́, *неизм.*
оповести́ть, -ещу́, -ести́т
оповеща́тель, -я
оповеща́ть(ся), -а́ю, -а́ет(ся)
оповеще́ние, -я
оповещённый; *кр. ф.* -ён, -ена́
опога́ненный
опога́нивать(ся), -аю(сь), -ает(ся)
опога́нить(ся), -ню(сь), -нит(ся)
оподельдо́к, -а
оподле́ние, -я
оподле́нный
оподле́ть, -е́ю, -е́ет (стать подлым)
оподли́ть, -лю́, -ли́т (*что*)
оподли́ться, -лю́сь, -ли́тся
оподля́ть(ся), -я́ю, -я́ет(ся)
опое́к, опо́йка
опое́нный и опоённый; *кр. ф.* -ён, -ена́
опо́ечный
опозда́ние, -я
опозда́ть, -а́ю, -а́ет
опознава́ние, -я
опознава́тельный
опознава́ть(ся), -наю́(сь), -наёт(ся)
опозна́ние, -я
опо́знанный
опозна́ть(ся), -а́ю(сь), -а́ет(ся)
опозо́рение, -я
опозо́ренный
опозо́рить(ся), -рю(сь), -рит(ся)
опои́ть, опою́, опои́т
опо́й, -я
опо́йковый
опо́йчатый
опо́ка, -и
опо́ковый
ополаскивание, -я
опола́скивать(ся), -аю(сь), -ает(ся)
оползать, -аю, -ает, *сов.*
ополза́ть, -а́ю, -а́ет, *несов.*
о́ползень, -зня
о́ползневый
оползти́, -зу́, -зёт; *прош.* опо́лз, оползла́
опо́лзший
ополо́сканный
ополоска́ть, -лощу́, -ло́щет и -а́ю, -а́ет
опо́лоски, -ов
ополо́снутый
ополосну́ть(ся), -ну́(сь), -нёт(ся)
ополоу́меть, -ею, -еет
ополча́ть(ся), -а́ю(сь), -а́ет(ся)
ополче́нец, -нца
ополче́ние, -я
ополчённый; *кр. ф.* -ён, -ена́
ополче́нский

ОПО

ополчи́ть(ся), -чу́(сь), -чи́т(ся)
опола́ченный
опола́чивать(ся), -аю(сь), -ает(ся)
опола́чить(ся), -чу(сь), -чит(ся)
опомина́ться, -а́юсь, -а́ется
опо́мниться, -нюсь, -нится
опопана́кс, -а
опо́р: во весь опо́р
опо́ра, -ы
опора́жнивать(ся), -аю(сь), -ает(ся)
опо́рки, -ов, *ед.* опо́рок, -рка
опо́рно-дви́гательный
опо́рно-осево́й
опо́рно-показа́тельный
опо́рный
опорожне́ние, -я
опорожнённый; *кр. ф.* -ён, -ена́ и опоро́жненный
опорожни́ть(ся), -жню́(сь), -жни́т(ся)
опорожня́ть(ся), -я́ю(сь), -я́ет(ся)
опоромонта́жный
опоро́с, -а
опороси́ться, -и́тся
опоро́чение, -я
опоро́ченный
опоро́чивать(ся), -аю, -ает(ся)
опоро́чить, -чу, -чит
опосля́
опосре́дование, -я
опосре́дованный
опосре́довать, -дую, -дует
опосре́дствование, -я
опосре́дствованный
опосре́дствовать(ся), -твую, -твует(ся)
опо́ссум, -а
опосты́леть, -ею, -еет
опохмели́ть(ся), -лю́сь, -ли́тся
опохмеля́ться, -я́юсь, -я́ется
опочива́льня, -и, *р. мн.* -лен
опочива́ть, -а́ю, -а́ет
опочи́ть, -и́ю, -и́ет
опошле́ние, -я
опо́шленный
опошле́ть, -е́ю, -е́ет (стать пошлым)
опо́шлить, -лю, -лит (*кого, что*)
опо́шлиться, -люсь, -лится
опошля́ть(ся), -я́ю(сь), -я́ет(ся)
опоэтизи́рованный
опоэтизи́ровать, -рую, -рует
опоя́санный
опоя́сать(ся), -я́шу(сь), -я́шет(ся)
опоя́ска, -и
опоя́сывать(ся), -аю(сь), -ает(ся)
оппозиционе́р, -а
оппозиционе́рка, -и
оппозицио́нный
оппози́ция, -и (*полит., астр.*)
оппоне́нт, -а
оппоне́нтка, -и
оппони́ровать, -рую, -рует
оппортуни́зм, -а
оппортуни́ст, -а
оппортунисти́ческий
оппортуни́стка, -и
оппортуни́стский
опра́ва, -ы
оправда́ние, -я
опра́вданный
оправда́тельный

оправда́ть(ся), -а́ю(сь), -а́ет(ся)
опра́вдывать(ся), -аю(сь), -ает(ся)
опра́вить(ся), -влю(сь), -вит(ся)
опра́вка, -и
оправле́ние, -я
опра́вленный
оправля́ть(ся), -я́ю(сь), -я́ет(ся)
опра́вочный
опра́стывать(ся), -аю(сь), -ает(ся)
опра́шивание, -я
опра́шивать(ся), -аю, -ает(ся)
определе́ние, -я
определённость, -и
определённый; кр. ф. прич. -ён, -ена́; кр. ф. прил. -ёнен, -ённа
определи́мый
определи́тель, -я
определи́тельный
определи́ть(ся), -лю́(сь), -ли́т(ся)
определя́ть(ся), -я́ю(сь), -я́ет(ся)
опредме́тить, -е́чу, -е́тит
опредме́ченный
опредме́чивать, -аю, -ает
опре́лость, -и
опресне́ние, -я
опреснённый; кр. ф. -ён, -ена́
опресни́тель, -я
опресни́тельный
опресни́ть(ся), -ню́, -ни́т(ся)
опре́сноки, -ов, ед. опре́снок, -а
опресня́ть(ся), -я́ю, -я́ет(ся)
опрессо́ванный
опрессова́ть, -ссу́ю, -ссу́ет
опрессо́вка, -и
опрессо́вочный
опрессо́вывать(ся), -аю, -ает(ся)
оприхо́дование, -я
оприхо́дованный
оприхо́довать, -дую, -дует
опри́чина, -ы
опри́чник, -а
опри́чнина, -ы
опри́чный
опри́чь, предлог
опробкове́ние, -я
опро́бование, -я
опро́бованный
опро́бовать(ся), -бую, -бует(ся)
опроверга́тель, -я
опроверга́ть(ся), -а́ю, -а́ет(ся)
опрове́ргнувший
опрове́ргнутый
опрове́ргнуть, -ну, -нет; прош. -е́рг и -е́ргнул, -е́ргла
опрове́ргший
опроверже́ние, -я
опрове́рженный
опрове́ржимый
опрокидно́й
опроки́дывание, -я
опроки́дыватель, -я
опроки́дывать(ся), -аю(сь), -ает(ся)
опроки́нутый
опроки́нуть(ся), -ну(сь), -нет(ся)
опроме́тчивость, -и
опроме́тчивый
о́прометью
опро́с, -а
опроси́ть, -ошу́, -о́сит
опро́сный
опро́станный
опроста́ть(ся), -а́ю(сь), -а́ет(ся)

опросте́лый
опросте́ть, -е́ю, -е́ет (стать простым)
опрости́ть, -ощу́, -ости́т (что)
опрости́ться, -ощу́сь, -ости́т(ся)
опростоволо́ситься, -о́шусь, -о́сится
опростофи́литься, -люсь, -лится
опро́счик, -а
опротесто́ванный
опротестова́ть, -ту́ю, -ту́ет
опротесто́вывать(ся), -аю, -ает(ся)
опроти́веть, -ею, -еет
опро́шенный
опроща́ть(ся), -а́ю(сь), -а́ет(ся)
опро́щенец, -нца
опроще́ние, -я (лингв.)
опроще́ние, -я
опрощённый
опроще́нство, -а
опры́сканный
опры́скать(ся), -аю(сь), -ает(ся)
опры́скивание, -я
опры́скиватель, -я
опры́скивать(ся), -аю(сь), -ает(ся)
опры́снутый
опры́снуть(ся), -ну(сь), -нет(ся)
опрыща́веть, -ею, -еет
опря́тность, -я
опря́тный
опсо́веть, -еет
опсони́н, -а
опсони́ческий
опта́нт, -а
опта́нтка, -и
оптати́в, -а
опта́ция, -и
о́птик, -а
о́птика, -и
о́птико-акусти́ческий
оптикомеха́ник, -а
о́птико-механи́ческий
оптима́льный
оптима́т, -а
оптиме́тр, -а
оптимиза́тор, -а
оптимиза́ция, -и
оптими́зм, -а
оптими́ст, -а
оптимисти́ческий
оптимисти́чный
оптими́стка, -и
о́птимум, -а
опти́рованный
опти́ровать(ся), -рую(сь), -рует(ся)
опти́ческий
оптови́к, -а́
опто́вый
опто́м
оптоте́хника, -и
оптоэлектро́ника, -и
оптоэлектро́нный
опубликова́ние, -я
опубликова́нный
опубликова́ть, -ку́ю, -ку́ет
опублико́вывать(ся), -аю, -ает(ся)
опу́нция, -и
о́пус, -а
опуска́ние, -я
опуска́ть(ся), -а́ю(сь), -а́ет(ся)
опускно́й
опусте́лый
опусте́ние, -я
опусте́ть, -е́ет

опусти́ть(ся), -ущу́(сь), -у́стит(ся)
опустоша́ть(ся), -а́ю, -а́ет(ся)
опустоше́ние, -я
опустошённый; кр. ф. -ён, -ена́
опустоши́тельный
опустоши́ть(ся), -шу́, -ши́т(ся)
опу́танный
опу́тать(ся), -аю(сь), -ает(ся)
опу́тывать(ся), -аю(сь), -ает(ся)
опуха́ние, -я
опуха́ть, -а́ю, -а́ет
опу́хлость, -и
опу́хлый
опу́хнуть, -ну, -нет; прош. -у́х, -у́хла
опухолеви́дный
о́пухолевый
опухолеро́дный
о́пухоль, -и
опу́хший
опуша́ть(ся), -а́ю, -а́ет(ся)
опуше́ние, -я
опушённый; кр. ф. -ён, -ена́
опу́шечка, -и
опу́шечный
опуши́ть(ся), -шу́, -ши́т(ся)
опу́шка, -и
опуще́ние, -я
опу́щенный
опцио́н, -а
опыле́ние, -я
опылённый; кр. ф. -ён, -ена́
опы́ливание, -я
опы́ливатель, -я
опы́ливать(ся), -аю, -ает(ся)
опыли́тель, -я
опыли́ть(ся), -лю́, -ли́т(ся)
опыля́ть(ся), -я́ю, -я́ет(ся)
о́пыт, -а
о́пытник, -а
о́пытница, -ы
о́пытнический
о́пытничество, -а
о́пытно-констру́кторский
о́пытно-показа́тельный
о́пытно-произво́дственный
о́пытно-статисти́ческий
о́пытность, -и
о́пытно-эксперимента́льный
о́пытный
опьяне́лый
опьяне́ние, -я
опьянённый; кр. ф. -ён, -ена́
опьяне́ть, -е́ю, -е́ет (стать пьяным)
опьяни́ть, -ню́, -ни́т (кого, что)
опьяня́ть(ся), -я́ю(сь), -я́ет(ся)
опя́ть
опя́ть же
опя́ть-таки
ораба́чение, -я
ораба́ченный
ораба́чивать(ся), -аю(сь), -ает(ся)
ораба́чить(ся), -чу(сь), -чит(ся)
ора́ва, -ы
равноду́шеть, наст. вр. не употр.
ора́кул, -а
ора́ла, -ы, м. и ж. (крикун, крикунья)
ора́ло, -а (соха)
орангута́н, -а и орангута́нг, -а
ора́нжево-жёлтый
ора́нжево-кра́сный
ора́нжевый
оранжере́йный

ОРА

оранжере́я, -и
о́ранный
ора́нье, -я
ора́рь, -я
ора́тай, -я
ора́тор, -а, *мн.* -ы, -ов
орато́рия, -и
ора́торский
ора́торство, -а
ора́торствовать, -твую, -твует
ора́ть¹, ору́, орёт, ору́т (кричать)
ора́ть², ору́, орёт и орю́, о́рет (пахать)
орби́та, -ы
орбита́льный
орга́зм, -а
о́рган, -а
орга́н, -а
органе́ллы, -е́лл, *ед.* органе́лла, -ы
организа́тор, -а
организа́торский
организацио́нно офо́рмленный
организацио́нно-педагоги́ческий
организацио́нно-техни́ческий
организацио́нно-хозя́йственный
организацио́нно-экономи́ческий
организацио́нный
организа́ция, -и
органи́зм, -а
организо́ванность, -и
организо́ванный; *кр. ф. прич.* -ан, -ана; *кр. ф. прил.* -ан, -анна
организова́ть(ся), -зу́ю(сь), -зу́ет(ся)
организо́вывать(ся), -аю(сь), -ает(ся)
орга́ник, -а
орга́ника, -и
органи́ст, -а
органи́стка, -и
органи́ческий
органи́чный
орга́нный (*от* орга́н)
органоге́н, -а
органогене́з, -а
органоге́нный
орга́ноиды, -ов, *ед.* орга́ноид, -а
органолепти́ческий
орга́но-минера́льный
органо́н, -а
орга́но-органи́ческий
органопла́стика, -и
органопрепара́т, -а
органотерапевти́ческий
органотерапи́я, -и
орга́нчик, -а
орга́нщик, -а
оргбюро́, нескл., с.
оргвы́воды, -ов
о́ргия, -и
оргкомите́т, -а
оргнабо́р, -а
оргтеде́л, -а
огрргаабо́та, -ы
оргсвя́зь, -и
оргстекло́, -а́
оргте́хника, -и
оргтехосна́стка, -и
орда́, -ы́, *мн.* о́рды, орд
орда́лия, -и
о́рден¹, -а, *мн.* -а́, -о́в (знак отличия)
о́рден², -а, *мн.* -ы, -ов и -а́, -о́в (организация и *архит.*)
орденоно́сец, -сца
орденоно́сный

ОРД

о́рденский
о́рдер¹, -а, *мн.* -а́, -о́в (документ)
о́рдер², -а, *мн.* -ы, -ов и -а́, -о́в (архит.)
ордина́льный (*матем.*)
ордина́р, -а
ордина́рец, -рца
ордина́рный (обыкновенный)
ордина́та, -ы
ордина́тор, -а
ордина́торская, -ой
ординату́ра, -ы
ордона́нс, -а
орды́нец, -нца
орды́нский
ореа́да, -ы
орёл, орла́
орео́л, -а
оре́х, -а
оре́ховка, -и
ореховодство, -а
оре́хово-зу́евский
оре́ховый
орехопло́дный
орехотво́рка, -и
оре́шек, -шка
оре́шина, -ы
оре́шник, -а
оре́шниковый
оригина́л, -а
оригина́льничать, -аю, -ает
оригина́льность, -и
оригина́льный
ориентали́зм, -а
ориентали́ст, -а
ориентали́стика, -и
ориента́льный
ориента́ция, -и
ориенти́р, -а
ориенти́рование, -я
ориенти́рованный
ориенти́ровать(ся), -рую(сь), -рует(ся)
ориентиро́вка, -и
ориентиро́вочный
орифла́мма, -ы
орка́н, -а (*метео*)
орке́стр, -а
оркестра́нт, -а
оркестра́нтка, -и
оркестра́нтский
оркестрио́н, -а
оркестро́ванный
оркестрова́ть(ся), -ру́ю, -ру́ет(ся)
оркестро́вка, -и
оркестро́вый
оркестроте́ка, -и
орла́н, -а
орлеани́ст, -а
орлёнок, -нка, *мн.* орля́та, орля́т
орле́ц, -а́
орли́ный
орли́ца, -ы
орло́вец, -вца
орло́вский
орля́к, -а́
орля́нка, -и
орна́мент, -а
орнамента́льный
орнамента́ция, -и
орна́ментика, -и
орнаменти́рование, -я

ОРН

орнаменти́рованный
орнаменти́ровать(ся), -рую, -рует(ся)
орнаментиро́вка, -и
орнаменти́ст, -а
орнаменто́ванный
орнаментова́ть(ся), -ту́ю, -ту́ет(ся)
орнаменто́вка, -и
орна́ментщик, -а
орнито́з, -а
орнито́лог, -а
орнитологи́ческий
орнитоло́гия, -и
орнитопте́р, -а
орнитофа́уна, -ы
орнитофили́я, -и
оробе́лый
оробе́ть, -е́ю, -е́ет
орогене́з, -а
орогене́зис, -а
орогени́ческий
орогове́лый
орогове́ние, -я
орогове́ть, -е́ет
орографи́ческий
орогра́фия, -и
о́роки, -ов, *ед.* о́рок, -а
о́рокский
ороси́тель, -я
ороси́тельно-обводни́тельный
ороси́тельный
ороси́ть(ся), -ошу́, -оси́т(ся)
о́рочи, -ей, *ед.* о́роч, -а
орочо́нский
орочо́ны, -чо́н, *ед.* орочо́н, -а
о́рочский
ороша́емый
ороша́ть(ся), -а́ю, -а́ет(ся)
ороше́ние, -я
орошённый; *кр. ф.* -ён, -ена́
орпингто́н, -а
орс, -а
орт, -а
орти́т, -а
ортоводоро́д, -а
ортоге́лий, -я
ортогене́з, -а
ортогона́льный
ортодо́кс, -а
ортодокса́льный
ортодо́ксия, -и
ортодо́нт, -а
ортодонти́я, -и
ортодро́мия, -и
ортокла́з, -а
ортопе́д, -а
ортопеди́ческий
ортопе́дия, -и
ортосилика́т, -а
ортофо́сфорный
ортохромати́ческий
ортоце́тр, -а
оруде́лый
оруде́ние, -я
оруде́ть, -е́ет
ору́дие, -я
оруди́йный
ору́дный
ору́довать, -дую, -дует
ору́довец, -вца
ору́довский
оруже́йник, -а

ОРУ

оруже́йный
оружено́сец, -сца
ору́жие, -я
оружиеве́дение, -я
ору́щий
орфогра́мма, -ы
орфографи́ческий
орфогра́фия, -и
орфоэпи́ческий
орфоэ́пия, -и
орхе́стра, -ы (площадка)
орхиде́я, -и
орхи́дные, -ых
орша́д, -а
оря́сина, -ы
оса́, -ы́, *мн.* о́сы, ос
оса́да, -ы
осади́ть, -ажу́, -а́дит
оса́дка, -и
осадкоме́р, -а
осадконакопле́ние, -я
осадкообразова́ние, -я
оса́дный
оса́док, -дка
оса́дочный
осажда́ть(ся), -а́ю, -а́ет(ся)
осажде́ние, -я
осаждённый; *кр. ф.* -ён, -ена́
оса́женный
оса́живание, -я
оса́живать(ся), -аю, -ает(ся)
оса́ленный
оса́лить, -лю, -лит
оса́нистый
оса́нка, -и
оса́нна, -ы
осатане́лый
осатане́ть, -е́ю, -е́ет
оса́харивание, -я
оса́хариватель, -я
оса́харивать(ся), -аю, -ает(ся)
оса́харить(ся), -рю, -рит(ся)
осва́ивание, -я
осва́ивать(ся), -аю(сь), -ает(ся)
осведоми́тель, -я
осведоми́тельница, -ы
осведоми́тельный
осве́домить(ся), -млю(сь), -мит(ся)
осведомле́ние, -я
осведомлённость, -и
осведомлённый; *кр. ф.* -ён, -ена́
осведомля́ть(ся), -я́ю(сь), -я́ет(ся)
освежа́ть(ся), -а́ю(сь), -а́ет(ся)
освежа́ющий
освежёванный
освежева́ть, -жу́ю, -жу́ет
освеже́ние, -я
освежённый; *кр. ф.* -ён, -ена́
освежи́тельный
освежи́ть(ся), -жу́(сь), -жи́т(ся)
освети́тельный
освети́ть(ся), -вещу́, -ве́тит(ся) (*к* свет)
осветлённый; *кр. ф.* -ён, -ена́
осветли́тель, -я
осветли́ть, -лю́, -ли́т
осветля́ть(ся), -я́ю, -я́ет(ся)
освеща́ть(ся), -а́ю, -а́ет(ся) (*к* свет)
освеще́ние, -я (*от* освети́ть)
освещённость, -и
освещённый; *кр. ф.* -ён, -ена́ (*от* освети́ть)

ОСВ

освиде́тельствование, -я
освиде́тельствованный
освиде́тельствовать(ся), -твую(сь), -твует(ся)
освинцева́ть, -цу́ю, -цу́ет
освинцо́ванный
освинцо́вывать(ся), -аю, -ает(ся)
освирепе́ть, -е́ю, -е́ет
осви́станный
освиста́ть, -ищу́, -и́щет
осви́стывать(ся), -аю, -ает(ся)
освободи́тель, -я
освободи́тельница, -ы
освободи́тельный
освободи́ть(ся), -ожу́(сь), -оди́т(ся)
освобожда́ть(ся), -а́ю, -а́ет(ся)
освобожде́ние, -я
освобождённый; *кр. ф.* -ён, -ена́
освое́ние, -я
осво́енный
осво́ить(ся), -о́ю(сь), -о́ит(ся)
освяти́ть, -ящу́, -яти́т (*к* святой)
освяща́ть(ся), -а́ю, -а́ет(ся) (*к* святой)
освяще́ние, -я (*от* освяти́ть)
освящённый; *кр. ф.* -ён, -ена́ (*от* освяти́ть)
осе́вки, -ов и -вок
осево́й
осе́вший
оседа́ние, -я
оседа́ть, -а́ю, -а́ет
осёдланный
оседла́ть, -а́ю, -а́ет
осёдлость, -и
осёдлывать(ся), -аю, -ает(ся)
осёдлый
осека́ть(ся), -а́ю(сь), -а́ет(ся)
осе́кший(ся)
осёл, осла́
оселе́дец, -дца
осело́к, -лка́
осемена́тор, -а (те́хник-осемена́тор)
осемене́ние, -я
осеменённый; *кр. ф.* -ён, -ена́
осемени́ть, -ню́, -ни́т
осеменя́ть(ся), -я́ю, -я́ет(ся)
осенённый; *кр. ф.* -ён, -ена́
осени́ть(ся), -ню́(сь), -ни́т(ся)
осе́нне-зи́мний
осе́нний
о́сень, -и
о́сенью, *нареч.*
осеня́ть(ся), -я́ю(сь), -я́ет(ся)
осерди́ть(ся), -ержу́(сь), -е́рдит(ся)
осеребрённый; *кр. ф.* -ён, -ена́
осеребри́ть, -рю́, -ри́т
осередня́ченный
осередня́чить(ся), -чу(сь), -чит(ся)
осерча́ть, -а́ю, -а́ет
осесимметри́чный
осе́сть, ося́ду, ося́дет; *прош.* осе́л, осе́ла
осети́н, -а, *р. мн.* осети́н
осети́нка, -и
осети́нский
осётр, осетра́
осетри́на, -ы
осетри́нный
осетрово́дство, -а
осетро́вый
осе́чка, -и

ОСЕ

осе́чь(ся), -еку́(сь), -ечёт(ся), -еку́т(ся); *прош.* -ёк(ся), -е́кла(сь)
оси́ленный
оси́ливать(ся), -аю(сь), -ает(ся)
оси́лить(ся), -лю(сь), -лит(ся)
оси́на, -ы
оси́нник, -а
оси́нничек, -чка
оси́новик, -а
оси́новый (*от* оси́на)
оси́ный (*от* оса́)
оси́плый
оси́пнуть, -ну, -нет; *прош.* -и́п, -и́пла
оси́пший
осироте́лый
осироте́ть, -е́ю, -е́ет (стать сиротой)
осироти́ть, -очу́, -оти́т (*кого, что*)
оси́янный
осия́ть, -я́ет
оска́бливать(ся), -аю, -ает(ся)
оска́л, -а
оска́ленный
оска́ливать(ся), -аю(сь), -ает(ся)
оска́лить(ся), -лю(сь), -лит(ся)
оскальпи́рованный
оскальпи́ровать, -рую, -рует
оскандаленный
оскандалить(ся), -лю, -лит(ся)
оскверне́ние, -я
осквернённый; *кр. ф.* -ён, -ена́
оскверни́тель, -я
оскверни́ть(ся), -ню́(сь), -ни́т(ся)
оскверня́ть(ся), -я́ю(сь), -я́ет(ся)
оскла́бить(ся), -блю(сь), -бит(ся)
оскла́бленный
осклабля́ть(ся), -я́ю(сь), -я́ет(ся)
оскли́злый
оскли́знувший
оскли́знуть, -нет; *прош.* -ли́з, -ли́зла
оскли́зший
оскобли́ть, -облю́, -обли́т
оско́лок, -лка
оско́лочек, -чка
оско́лочно-фуга́сный
оско́лочный
оско́ма, -ы
оско́мина, -ы
оско́минный
оско́мистый
оскопи́ть(ся), -плю́(сь), -пи́т(ся)
оскопле́ние, -я
оскоплённый; *кр. ф.* -ён, -ена́
оскопля́ть(ся), -я́ю(сь), -я́ет(ся)
оскорби́тель, -я
оскорби́тельница, -ы
оскорби́тельный
оскорби́ть(ся), -блю́(сь), -би́т(ся)
оскорбле́ние, -я
оскорблённый; *кр. ф.* -ён, -ена́
оскорбля́ть(ся), -я́ю(сь), -я́ет(ся)
оскоро́мить(ся), -млю(сь), -мит(ся)
оскоро́мленный
оскоти́ниться, -нюсь, -нится
оскреба́ть, -а́ю, -а́ет
оскрёбки, -ов, *ед.* оскрёбок, -бка
оскрёбший
оскрёбыш, -а
оскрести́, -ребу́, -ребёт; *прош.* -рёб, -ребла́
о́скский

ОСК

оскудева́ть, -а́ю, -а́ет
оскуде́лый
оскуде́ние, -я
оскуде́ть, -е́ю, -е́ет
ослабева́ние, -я
ослабева́ть, -а́ю, -а́ет
ослабе́лый
ослабе́ть, -е́ю, -е́ет (стать слабым)
ослаби́тель, -я
осла́бить, -блю, -бит (кого, что)
ослабле́ние, -я
осла́бленный
ослабля́ть(ся), -я́ю, -я́ет(ся)
осла́бнувший
осла́бнуть, -ну, -нет; прош. -а́б, -а́бла
осла́бший
осла́вить(ся), -влю(сь), -вит(ся)
осла́вленный
ославля́ть(ся), -я́ю(сь), -я́ет(ся)
ославя́нивать(ся), -аю(сь), -ает(ся)
ославя́ниться, -нюсь, -нится
осланцева́ние, -я
осле́дина, -ы
ослёнок, -нка, мн. осля́та, -ля́т
ослепи́тельно бе́лый
ослепи́тельно сверка́ющий
ослепи́тельный
ослепи́ть(ся), -плю́(сь), -пи́т(ся)
ослепле́ние, -я
ослеплённый; кр. ф. -ён, -ена́
ослепля́ть(ся), -я́ю(сь), -я́ет(ся)
осле́пнувший
осле́пнуть, -ну, -нет; прош. -ле́п, -ле́пла
осле́пший
осли́злый
осли́знувший
осли́знуть, -нет; прош. -ли́з, -ли́зла
осли́зший
о́слик, -а
осли́нник, -а
осли́ный
осли́ца, -ы
ословодство, -а
ословодческий
осложне́ние, -я
осложнённый; кр. ф. -ён, -ена́
осложни́ть(ся), -ню́, -ни́т(ся)
осложня́ть(ся), -я́ю, -я́ет(ся)
ослуша́ние, -я
ослу́шаться, -аюсь, -ается
ослу́шиваться, -аюсь, -ается
ослу́шник, -а
ослу́шница, -ы
ослы́шаться, -шусь, -шится
ослы́шка, -и
осля́к, -а́
осля́тина, -ы
осма́ливать(ся), -аю, -ает(ся)
осма́н, -а
осма́нец, -нца
осма́нка, -и
осма́нский
осма́тривание, -я
осма́тривать(ся), -аю(сь), -ает(ся)
осме́ивание, -я
осме́ивать(ся), -аю, -ает(ся)
осмеле́ть, -е́ю, -е́ет
осме́ливаться, -аюсь, -ается
осме́литься, -люсь, -лится
осмея́ние, -я

ОСМ

осме́янный
осмея́ть, -ею́, -еёт
о́смиевый
о́смий, -я
осмирне́ть, -е́ю, -е́ет
осмогла́сие, -я
осмо́л, -а
осмолённый; кр. ф. -ён, -ена́
осмоли́ть, -лю́, -ли́т
осмо́лка, -и
осмо́метр, -а
о́смос, -а
осмоти́ческий
осмо́тр, -а
осмо́тренный
осмотре́ть(ся), -отрю́(сь), -о́трит(ся)
осмотри́тельность, -и
осмотри́тельный
осмо́трщик, -а
осмуглённый; кр. ф. -ён, -ена́
осмугли́ть, -ли́т
осмысле́ние, -я
осмы́сленный; кр. ф. прич. -ен, -ена; кр. ф. прил. -ен, -енна
осмы́сливание, -я
осмы́сливать(ся), -аю, -ает(ся)
осмы́слить, -лю, -лит
осмысля́ть(ся), -я́ю, -я́ет(ся)
оснасти́ть, -ащу́, -асти́т
осна́стка, -и
осна́стчик, -а
оснаща́ть(ся), -а́ю, -а́ет(ся)
оснаще́ние, -я
оснащённость, -и
оснащённый; кр. ф. -ён, -ена́
осна́щивать(ся), -аю, -ает(ся)
оснежа́ть(ся), -а́ю, -а́ет(ся)
оснежённый; кр. ф. -ён, -ена́ и осне́женный
оснежи́ть(ся), -жу́, -жи́т(ся)
осно́ва, -ы
основа́ние, -я
осно́ванный
основа́тель, -я
основа́тельница, -ы
основа́тельность, -и
основа́тельный
основа́ть(ся), -ную́(сь), -нуёт(ся)
основно́й (главный)
осно́вный (хим., тех.)
основовяза́льный
основополага́ющий
основоположе́ние, -я
основополо́жник, -а
осно́вывать(ся), -аю(сь), -ает(ся)
осоавиахи́мовский
осо́ба, -ы
осо́бенно
осо́бенность, -и
осо́бенный
осо́бица, -ы: в осо́бицу, на осо́бицу
особли́вый
особня́к, -а́
особняко́м, нареч.
особнячо́к, -чка́
осо́бо ва́жный
особогля́нцевый
особоуполномо́ченный, -ого
осо́бо це́нный
осо́бый
о́собь, -и
о́собь статья́

ОСО

осове́лый
осове́ть, -е́ю, -е́ет
осовреме́ненный
осовреме́нивание, -я
осовреме́нивать(ся), -аю(сь), -ает(ся)
осовреме́нить(ся), -ню(сь), -нит(ся)
осое́д, -а
осознава́ть(ся), -наю́, -наёт(ся)
осозна́ние, -я
осо́знанный
осозна́ть, -а́ю, -а́ет
осо́ка, -и
осо́ковый
осоко́ревый
осоко́рник, -а
осоко́рь, -я
ослола́живание, -я
ослола́живать(ся), -аю, -ает(ся)
осолове́лый
осолове́ть, -е́ю, -е́ет
осолоде́лый
осолоде́ть, -е́ет
осолоди́ть(ся), -ложу́, -лоди́т(ся)
осоложённый; кр. ф. -ён, -ена́
осолонце́ние, -я
осолонцева́ть, -цу́ю, -цу́ет
осолонцо́ванный
осопли́веть, -ею, -еет
осо́т, -а
осо́товый
о́спа, -ы
оспа́ривать(ся), -аю, -ает(ся)
о́спенный
о́спина, -ы
о́спинка, -и
оспоприва́ние, -я
оспоприва́тельный
оспо́ренный
оспо́рить, -рю, -рит
оспяно́й
осрами́ть(ся), -млю́(сь), -ми́т(ся)
осрамлённый; кр. ф. -ён, -ена́
оссе́йн, -а
ост, -а (восток)
остава́ться, -таю́сь, -таётся
оста́вить, -влю, -вит
оставле́ние, -я
оста́вленный
оставля́ть(ся), -я́ю, -я́ет(ся)
остально́й
остана́вливать(ся), -аю(сь), -ает(ся)
оста́нки, -ов
остано́в, -а
останови́ть(ся), -овлю́(сь), -о́вит(ся)
остано́вка, -и
остано́вленный
остано́вочный
оста́тний
оста́ток, -тка
оста́точный
оста́ться, -а́нусь, -а́нется
оста́ши, -е́й
остго́тский
остго́ты, -ов
остебели́ться, -и́тся
остебеля́ться, -я́ется
остево́й
осте́ит, -а
остеклене́ть, -е́ет
остекле́ние, -я

остеклённый; *кр. ф.* -ён, -ена́
остекли́ть, -лю́, -ли́т
остеклова́нный
остеклова́ть, -лу́ю, -лу́ет
остекля́ть(ся), -я́ю, -я́ет(ся)
остеобла́сты, -ов
остеографи́ческий
остеогра́фия, -и
остеодистрофи́я, -и
остеокла́сты, -ов
остео́лог, -а
остеологи́ческий
остеоло́гия, -и
остео́ма, -ы
остеомаля́ция, -и
остеомиели́т, -а
остеопла́стика, -и
остесарко́ма, -ы
остеосклеро́з, -а
остеотоми́я, -и
остеофи́т, -а
остепенённый; *кр. ф.* -ён, -ена́
остепени́ть(ся), -ню́(сь), -ни́т(ся)
остепеня́ть(ся), -я́ю(сь), -я́ет(ся)
остервене́лый
остервене́ние, -я
остервенённый; *кр. ф.* -ён, -ена́
остервене́ть, -е́ю, -е́ет (прийти в ярость)
остервени́ть, -ню́, -ни́т (*кого*)
остервени́ться, -ню́сь, -ни́тся
остерега́ть(ся), -а́ю(сь), -а́ет(ся)
остерёгший(ся)
остережённый; *кр. ф.* -ён, -ена́
остере́чь(ся), -егу́(сь), -ежёт(ся), -егу́т(ся); *прош.* -рёг(ся), -регла́(сь)
остзе́ец, -е́йца
остзе́йка, -и
остзе́йский
ост-и́ндский
ости́стый
ости́т, -а
о́стов, -а
осто́йчивость, -и
осто́йчивый
остолбене́лый
остолбене́ние, -я
остолбене́ть, -е́ю, -е́ет
остоло́п, -а
осторо́жничать, -аю, -ает
осторо́жность, -и
осторо́жный
осточерте́ть, -е́ю, -е́ет
остра́гивать(ся), -аю, -ает(ся)
остраки́зм, -а
остра́стка, -и
острека́вить(ся), -влю(сь), -вит(ся)
острека́ть(ся), -а́ю(сь), -а́ет(ся)
о́стренький
остре́ц, -а́
острига́ть(ся), -а́ю(сь), -а́ет(ся)
остри́гший(ся)
остриё, -я́
остри́женный
остри́льный
остри́ть, -рю́, -ри́т
остри́ца, -ы
остри́чь(ся), -игу́(сь), -ижёт(ся), -игу́т(ся); *прош.* -и́г(ся), -и́гла(сь)
о́стров, -а, *мн.* -а́, -о́в
островерхий

острови́на, -ы
островитя́нин, -а, *мн.* -я́не, -я́н
островитя́нка, -и
островно́й
острово́к, -вка́
островоспали́тельный
островско́й
островырази́тельный
остро́г, -а
острога́, -а́
остро́ганный
острога́ть, -а́ю, -а́ет
острогла́зый
острогно́йный
острого́вый (*от* острога́)
острогра́нный
острогра́нный
острогру́дый
острогу́бцы, -цев
вдодефици́тный
остро́жек, -жка
острожи́ть, -жу́, -жи́т
остро́жка, -и
остро́жник, -а
остро́жный (*от* остро́г)
острозара́зный
острозу́бцы, -цев
острозу́бый
остроинфекцио́нный
острокисло́клый
остроклю́вый
острокомбинацио́нный
остроконе́чник, -а
остроконе́чный
острокры́лый
остроли́ст, -а
остроли́стный и остроли́стый
остроли́цый
остроло́дочник, -а
остромо́рдый
остронапра́вленный
остроно́с, -а
остроно́сик, -а
остроно́сый
о́стро нужда́ющийся
остропёстр, -а и остропестро́, *нескл., с.*
остропи́ленный
остропи́ливать(ся), -аю, -ает(ся)
остропи́лить, -лю, -лит
остропря́ный
остроребрый
острорылый
остросатири́ческий
остроску́лый
острослов, -а
острословие, -я
острослови́ть, -влю, -вит
остросовреме́нный
остросоциа́льный
остросюже́тный
остро́та, -ы (остроумное выражение)
острота́, -ы́, *мн. не употр.* (свойство острого)
остроуго́льник, -а
остроуго́льный
остроу́м, -а
остроу́мец, -мца
остроу́мие, -я
остроу́мничанье, -я
остроу́мничать, -аю, -ает

остроу́мный
остроу́хий
острохаракте́рный
острохво́стый
острояэы́чный
остру́ганный
оструга́ть, -а́ю, -а́ет
остру́гивать(ся), -аю, -ает(ся)
о́стрый; *кр. ф.* остр и остёр, остра́, остро́
остря́к, -а́
остря́чка, -и
осту́да, -ы
остуди́ть(ся), -ужу́(сь), -у́дит(ся)
остужа́ть(ся), -а́ю(сь), -а́ет(ся)
осту́женный
осту́живать(ся), -аю, -ает(ся)
оступа́ться, -а́юсь, -а́ется
оступи́ться, -уплю́сь, -у́пится
остфри́зский
остыва́ть, -а́ю, -а́ет
осты́вший
осты́лый
осты́нуть и осты́ть, -ы́ну, -ы́нет; *прош.* -ы́л, -ы́ла
ость, -и, *мн.* -и, -е́й
остя́к, -а́
остя́цкий
остя́чка, -и
осуди́ть, -ужу́, -у́дит
осужда́ть(ся), -а́ю, -а́ет(ся)
осужде́ние, -я
осуждённый; *кр. ф.* -ён, -ена́
осу́нуться, -нусь, -нется
осуша́ть(ся), -а́ю, -а́ет(ся)
осуше́ние, -я
осу́шенный
осуши́тель, -я
осуши́тельный
осуши́ть(ся), -ушу́, -у́шит(ся)
осу́шка, -и
осуществи́мый
осуществи́ть(ся), -влю́, -ви́т(ся)
осуществле́ние, -я
осуществлённый; *кр. ф.* -ён, -ена́
осуществля́ть(ся), -я́ю, -я́ет(ся)
осциллогра́мма, -ы
осцилло́граф, -а
осциллографи́ческий
осциллогра́фия, -и
осцилломе́три́я, -и
осциллоско́п, -а
осцилля́тор, -а
осцилля́ция, -и
осчастли́вить, -влю, -вит
осчастли́вленный
осчастли́вливать, -аю, -ает
осыпа́емость, -и
осыпа́ние, -я
осы́панный
осы́пать(ся), -плю(сь), -плет(ся), *сов.*
осыпа́ть(ся), -а́ю(сь), -а́ет(ся), *несов.*
осы́пка, -и
о́сыпь, -и
ось, -и, *мн.* -и, -е́й
осьмизу́бые, -ых
осьми́на, -ы
осьми́нник, -а
осьмино́г, -а
осьмо́й
осьму́ха, -и

ОСЬ

осьму́шечка, -и
осьму́шка, -и
осяза́емый
осяза́ние, -я
осяза́тельный
осяза́ть(ся), -а́ю, -а́ет(ся)
от, о́то, *предлог*
ота́ва, -ы
ота́вный
отакела́женный
отакела́живать(ся), -аю, -ает(ся)
отакела́жить, -жу, -жит
ота́пливать(ся), -аю, -ает(ся)
ота́птывать(ся), -аю, -ает(ся)
ота́ра, -ы
ота́рщик, -а
отба́вить, -влю, -вит
отба́вка, -и
отба́вленный
отбавля́ть(ся), -я́ю, -я́ет(ся)
отбаланси́ровать, -рую, -рует
отба́ливать, -аю, -ает
отбараба́ненный
отбараба́нить, -ню, -нит
отбега́ть, -аю, -ает, *несов.*
отбе́гать(ся), -аю(сь), -ает(ся), *сов.*
отбежа́ть, -егу́, -ежи́т, -егу́т
отбелённый; *кр. ф.* -ён, -ена́
отбе́ливание, -я
отбе́ливать(ся), -аю, -ает(ся)
отбели́ть, -елю́, -е́ли́т
отбе́лка, -и
отбе́льно-краси́льный
отбе́льный
отбензи́нивание, -я
отбесе́довать, -дую, -дует
отбеси́ться, -е́шусь, -е́сится
отби́в, -а
отбива́ние, -я
отбива́ть(ся), -а́ю(сь), -а́ет(ся)
отби́вка, -и
отбивна́я, -о́й
отбивно́й
отбира́ть(ся), -а́ю, -а́ет(ся)
отби́тие, -я
отби́тый
отби́ть(ся), отобью́(сь), отобьёт(ся)
отбла́говестить, -ещу, -естит
отблагодарённый; *кр. ф.* -ён, -ена́
отблагодари́ть, -рю́, -ри́т
о́тблеск, -а
отбле́скивать, -аю, -ает
отблесте́ть, -ещу́, -ести́т
отблиста́ть, -а́ю, -а́ет
отбо́й, -я
отбо́йка, -и
отбо́йный
отбо́йщик, -а
отболе́ть, -е́ю, -е́ет
отбомби́ть(ся), -блю́(сь), -би́т(ся)
отбо́р, -а
отбо́рка, -и
отбо́рник, -а
отбо́рный
отбо́рочный
отбортова́ть, -ту́ю, -ту́ет
отборто́вка, -и
отборто́вывать(ся), -аю, -ает(ся)
отбоя́риваться, -аюсь, -ается
отбоя́риться, -рюсь, -рится
отбрако́ванный
отбракова́ть, -ку́ю, -ку́ет

ОТБ

отбрако́вка, -и
отбрако́вывать(ся), -аю, -ает(ся)
отбра́сывание, -я
отбра́сывать(ся), -аю, -ает(ся)
отбрести́, -еду́, -едёт; *прош.* -ёл, -ела́
отбрива́ть, -а́ю, -а́ет
отбри́тый
отбри́ть(ся), -ре́ю, -ре́ет(ся)
отброди́ть, -ожу́, -о́дит
отброса́ть, -а́ю, -а́ет
отбро́сить, -о́шу, -о́сит
отбро́ска, -и
отбро́сный
отбро́сы, -ов
отбро́шенный
отбрыка́ться, -а́юсь, -а́ется
отбры́киваться, -аюсь, -ается
отбузова́ть, -зу́ю, -зу́ет
отбукси́рованный
отбукси́ровать(ся), -рую, -рует(ся)
отбукси́ровка, -и
отбукси́ровывать(ся), -аю, -ает(ся)
отбурзи́ть, -рю́, -ри́т
отбурли́ть, -лю́, -ли́т
отбу́ченный
отбу́чивать(ся), -аю, -ает(ся)
отбу́чить, -чу, -чит
отбушева́ть, -шу́ю, -шу́ет
отбыва́ние, -я
отбыва́ть, -а́ю, -а́ет
отбы́вка, -и
отбы́тие, -я
отбы́ть, -бу́ду, -бу́дет; *прош.* о́тбыл, отбыла́, о́тбыло
отва́га, -и
отва́дить(ся), -а́жу(сь), -а́дит(ся)
отва́женный
отва́живание, -я
отва́живать(ся), -аю(сь), -ает(ся)
отва́житься, -жусь, -жится
отва́жность, -и
отва́жный
отва́л, -а
отва́ленный (*от* отвали́ть)
отва́ливание, -я
отва́ливать(ся), -аю(сь), -ает(ся)
отвали́ть(ся), -алю́(сь), -а́лит(ся)
отва́лка, -и
отвалообразова́ние, -я
отвалообразова́тель, -я
отва́льно-погру́зочный
отва́льный
отва́лянный (*от* отваля́ть)
отваля́ть, -я́ю, -я́ет
отва́р, -а
отва́ренный
отва́ривание, -я
отва́ривать(ся), -аю, -ает(ся)
отвари́ть(ся), -арю́, -а́рит(ся)
отва́рка, -и
отварно́й
отвева́ть(ся), -а́ю, -а́ет(ся) (*к* отве́ять)
отве́данный
отве́дать, -аю, -ает
отведе́ние, -я
отведённый; *кр. ф.* -ён, -ена́
отве́дший
отве́дывать(ся), -аю, -ает(ся)
отвезённый; *кр. ф.* -ён, -ена́

ОТВ

отвезти́, -зу́, -зёт; *прош.* -ёз, -езла́
отвёзший
отве́ивать(ся), -аю, -ает(ся)
отвекова́ть, -ку́ю, -ку́ет
отверга́ть(ся), -а́ю, -а́ет(ся)
отве́ргнувший
отве́ргнутый
отве́ргнуть, -ну, -нет; *прош.* -е́рг и -е́ргнул, -е́ргла
отве́ргший
отвердева́ние, -я
отвердева́ть, -а́ет
отверде́лый
отверде́ние, -я (*от* отверде́ть)
отверде́ть, -е́ет (стать твёрдым)
отверди́тель, -я
отверди́ть, -ржу́, -рди́т (*что*)
отвержда́ть, -а́ю, -а́ет
отвержде́ние, -я (*от* отверди́ть)
отверждённый
отве́рженец, -нца
отверже́ние, -я (*от* отве́ргнуть)
отве́рженность, -и
отве́рженный
отверза́ть(ся), -а́ю, -а́ет(ся)
отве́рзть, -зу, -зет; *прош.* -е́рз, -е́рзла
отвёрнутый
отверну́ть(ся), -ну́(сь), -нёт(ся)
отве́рстие, -я
отве́рстый
отверте́ть(ся), -ерчу́(сь), -е́ртит(ся)
отвёртка, -и
отвёртывать(ся), -аю(сь), -ает(ся)
отве́рченный
отве́с, -а
отве́сить, -е́шу, -е́сит
отве́сный
отвести́, -веду́, -ведёт; *прош.* -вёл, -вела́
отве́т, -а
отве́тить(ся), -влю, -вит(ся)
ответвле́ние, -я
ответвлённый; *кр. ф.* -ён, -ена́
ответвля́ть(ся), -я́ю, -я́ет
отве́тить, -ве́чу, -ве́тит
отве́тный
отве́тственность, -и
отве́тственный; *кр. ф.* -вен и -венен, -венна
отве́тствовать, -твую, -твует
отве́тчик, -а
отве́тчица, -ы
отвеча́ть, -а́ю, -а́ет
отве́ченный
отве́шенный
отве́шивание, -я
отве́шивать(ся), -аю, -ает(ся)
отве́янный
отве́ять, -е́ю, -е́ет
отвива́ть(ся), -а́ю, -а́ет(ся) (*к* отви́ть)
отви́ливание, -я
отви́ливать, -аю, -ает
отвильну́ть, -ну́, -нёт
отвинти́ть(ся), -нчу́, -нти́т(ся)
отви́нченный
отви́нчивать(ся), -аю, -ает(ся)
отвиса́ние, -я
отвиса́ть, -а́ет
отвисе́ться, -си́тся
отви́слый
отви́снувший
отви́снуть, -нет; *прош.* -ви́с, -ви́сла

ОТВ

отви́сший
отви́тый; *кр. ф.* -и́т, -ита́, -и́то
отви́ть, отовью́, отовьёт; *прош.* -и́л, -ила́, -и́ло
отвлека́ть(ся), -а́ю(сь), -а́ет(ся)
отвлёкший(ся)
отвлече́ние, -я
отвлечённость, -и
отвлечённый; *кр. ф. прич.* -ён, -ена́, *кр. ф. прил.* -ён, -ённа
отвле́чь(ся), -еку́(сь), -ечёт(ся), -еку́т(ся); *прош.* -ёк(ся), -екла́(сь)
отво́д, -а
отводи́ть(ся), -ожу́, -о́дит(ся)
отво́дка, -и
отводно́й и отво́дный
отво́док, -дка
отвоёванный
отвоева́ть(ся), -вою́ю(сь), -вою́ет(ся)
отвоёвывать(ся), -аю(сь), -ает(ся)
отво́з, -а
отвози́ть(ся), -ожу́(сь), -о́зит(ся)
отво́зка, -и
отво́зчик, -а
отво́зчица, -ы
отвола́живать(ся), -аю, -ает(ся)
отвола́кивать(ся), -аю, -ает(ся)
отволо́женный
отволо́жить, -о́жу, -о́жит
отволо́ка, -и
отволо́кший
отволо́ченный и отволочённый; *кр. ф.* -ён, -ена́
отволочи́ть, -очу́, -о́чит
отволо́чка, -и
отволо́чь, -оку́, -очёт, -оку́т; *прош.* -о́к, -окла́
отвора́чивать(ся), -аю(сь), -ает(ся)
отво́ренный
отвори́ть(ся), -орю́, -о́рит(ся)
отворо́т, -а
отвороти́ть(ся), -рочу́(сь), -ро́тит(ся)
отворо́тный
отворо́чать, -аю, -ает
отворо́ченный
отворя́ть(ся), -я́ю, -я́ет(ся)
отврати́тельный
отврати́ть(ся), -ащу́(сь), -ати́т(ся)
отвра́тный
отвраща́ть(ся), -а́ю(сь), -а́ет(ся)
отвраще́ние, -я
отвращённый; *кр. ф.* -ён, -ена́
отвыка́ть, -а́ю, -а́ет
отвы́кнуть, -ну, -нет; *прош.* -ы́к, -ы́кла
отвы́кший
отвы́чка, -и
отвя́занный
отвяза́ть(ся), -яжу́(сь), -я́жет(ся)
отвя́зка, -и
отвя́зывание, -я
отвя́зывать(ся), -аю(сь), -ает(ся)
отга́данный
отгада́ть, -а́ю, -а́ет
отга́дка, -и
отга́дчик, -а
отга́дчица, -ы
отга́дывание, -я
отга́дывать, -аю, -ает
отги́б, -а
отгиба́ть(ся), -а́ю, -а́ет(ся)

ОТГ

отглаго́льный
отгла́дить(ся), -а́жу(сь), -а́дит(ся)
отгла́дывать, -аю, -ает
отгла́женный
отгла́живать(ся), -аю(сь), -ает(ся)
отгла́тывать, -аю, -ает
отгло́данный
отглода́ть, -ожу́, -о́жет и -а́ю, -а́ет
отглотну́ть, -ну́, -нёт
отгнива́ть, -а́ет
отгни́ть, -иёт; *прош.* -гни́л, -гнила́, -гни́ло
отгова́ривать(ся), -аю(сь), -ает(ся)
отговёть(ся), -е́ю(сь), -е́ет(ся)
отговорённый; *кр. ф.* -ён, -ена́
отговори́ть(ся), -рю́(сь), -ри́т(ся)
отгово́рка, -и
отголо́сок, -ска
отго́н, -а
отго́нка, -и
отго́нный
отгоня́ть, -я́ю, -я́ет
отгора́живать(ся), -аю(сь), -ает(ся)
отгора́ть, -а́ю, -а́ет
отгорева́ть, -рю́ю, -рю́ет
отгоре́ть, -рю́, -ри́т
отгороди́ть(ся), -ожу́(сь), -о́дит(ся)
отгоро́женный
отгости́ть(ся), -ошу́(сь), -ости́т(ся)
отгранённый; *кр. ф.* -ён, -ена́
отграни́ть, -ню́, -ни́т
отграниче́ние, -я
отграни́ченный
отграни́чивать(ся), -аю, -ает(ся)
отграни́чить, -чу, -чит
отграфи́ть, -флю́, -фи́т
отграфлённый; *кр. ф.* -ён, -ена́
отграфля́ть, -я́ю, -я́ет
отгреба́ние, -я
отгреба́ть(ся), -а́ю, -а́ет(ся)
отгребённый; *кр. ф.* -ён, -ена́
отгрёбка, -и
отгрёбший
отгреме́ть, -ми́т
отгрести́(сь), -ребу́(сь), -ребёт(ся); *прош.* -рёб(ся), -ребла́(сь)
отгро́хать, -аю, -ает
отгрохота́ть, -хо́чет
отгружа́ть(ся), -а́ю, -а́ет(ся)
отгру́женный и отгружённый; *кр. ф.* -ён, -ена́
отгрузи́ть(ся), -ужу́(сь), -у́зит(ся)
отгру́зка, -и
отгрусти́ть, -ущу́, -усти́т
отгрыза́ть(ся), -а́ю(сь), -а́ет(ся)
отгры́зенный
отгры́зть(ся), -зу́(сь), -зёт(ся); *прош.* -ы́з(ся), -ы́зла(сь)
отгры́зший(ся)
отгуде́ть, -ди́т
отгу́л, -а
отгу́ливать(ся), -аю(сь), -ает(ся)
отгу́льный
отгу́лянный
отгуля́ть(ся), -я́ю(сь), -я́ет(ся)
отдава́ть(ся), -даю́(сь), -даёт(ся)
отдави́ть, -авлю́, -а́вит
отда́вленный
отда́вливать(ся), -аю(сь), -ает(ся)
отда́ивание, -я
отда́ивать(ся), -аю, -ает(ся)
отдале́ние, -я

ОТД

отдалённость, -и
отдалённый; *кр. ф. прич.* -ён, -ена́, *кр. ф. прил.* -ён, -ённа
отдали́ть(ся), -лю́(сь), -ли́т(ся)
отдаля́ть(ся), -я́ю(сь), -я́ет(ся)
отда́ние, -я
о́тданный; *кр. ф.* о́тдан, отдана́, о́тдано
отдарённый; *кр. ф.* -ён, -ена́
отда́ривать(ся), -аю(сь), -ает(ся)
отдари́ть(ся), -рю́(сь), -ри́т(ся)
отда́тчик, -а
отда́ть(ся), -а́м(ся), -а́шь(ся), -а́ст(ся), -ади́м(ся), -ади́те(сь,), -аду́т(ся); *прош.* о́тдал, -а́лся, -ала́(сь), о́тдало, отдало́сь
отда́ча, -и
отдвига́ть, -аю, -ает, *сов.*
отдвига́ть(ся), -а́ю(сь), -а́ет(ся), *несов.*
отдвижно́й
отдви́нутый
отдви́нуть(ся), -ну(сь), -нет(ся)
отдежу́ренный
отдежу́ривать, -аю, -ает
отдежу́рить, -рю, -рит
отде́л, -а
отде́ланный
отде́лать(ся), -аю(сь), -ает(ся)
отделе́ние, -я
отделённый[1]; *кр. ф.* -ён, -ена́
отделённый[2], -ого
отделе́нский
отделе́нческий
отдели́мый
отдели́тель, -я
отдели́тельный
отдели́ть(ся), -елю́(сь), -е́лит(ся)
отде́лка, -и
отде́лочник, -а
отде́лочница, -ы
отде́лочно-расто́чный
отде́лочный
отде́лывать(ся), -аю(сь), -ает(ся)
отде́льность, -и
отде́льный
отделя́ть(ся), -я́ю(сь), -я́ет(ся)
отдёргать, -аю, -ает
отдёргивание, -я
отдёргивать(ся), -аю, -ает(ся)
отдёрнутый
отдёрнуть(ся), -ну, -нет(ся)
отдира́ть(ся), -а́ю, -а́ет(ся)
отдо́енный
отдои́ть(ся), -ою́, -о́ит(ся)
отдохнове́ние, -я
отдохну́ть, -ну́, -нёт
отдра́енный
отдра́ивать(ся), -аю, -ает(ся)
отдра́ить, -а́ю, -а́ит
отдуба́сить, -а́шу, -а́сит
отдува́ть(ся), -а́ю(сь), -а́ет(ся)
отду́мать, -аю, -ает
отду́мывать, -аю, -ает
отду́тый
отду́ть, -ду́ю, -ду́ет
о́тдух, -а
отду́шина, -ы
отду́шка, -и
отду́шник, -а
о́тдых, -а
отдыха́ть, -а́ю, -а́ет

ОТД

отдыха́ющий
отдыша́ться, -ышу́сь, -ы́шится
отды́шка, -и
отёк, -а
отека́ние, -я
отека́ть, -а́ю, -а́ет
отёкший
отёл, -а
отели́ться, -е́лится
отёлочный
оте́ль, -я
оте́льный
отемнённый; кр. ф. -ён, -ена́
отемни́ть, -ню́, -ни́т
отемня́ть(ся), -я́ю, -я́ет(ся)
отенённый; кр. ф. -ён, -ена́
отени́ть, -ню́, -ни́т
отеня́ть(ся), -я́ю, -я́ет(ся)
отепле́ние, -я
отеплённые; кр. ф. -ён, -ена́
отепли́тель, -я
отепли́тельный
отепли́ть, -лю́, -ли́т
отепля́ть(ся), -я́ю, -я́ет(ся)
отере́ть(ся), отру́(сь), отрёт(ся); прош. отёр(ся), отёрла(сь)
отёртый
отёрший
отёсанный
отеса́ть, -ешу́, -е́шет
отёска, -и
отёсывание, -я
отёсывать(ся), -аю(сь), -ает(ся)
оте́ц, отца́
оте́цкий
оте́ческий
оте́чественный
оте́чество, -а
отечествове́дение, -я
отёчность, -и
отёчный
оте́чь, -еку́, -ечёт, -еку́т; прош. -ёк, -екла́
отжа́ренный
отжа́ривать, -аю, -ает
отжа́рить, -рю, -рит
отжа́тый
отжа́ть¹, отожму́, отожмёт
отжа́ть², отожну́, отожнёт
отжёванный
отжева́ть, -жую́, -жуёт
отжёвывать, -аю, -ает
отжёгший
отже́чь, отожгу́, отожжёт, отожгу́т; прош. отжёг, отожгла́
отжива́ть, -а́ю, -а́ет
отжи́ть, -влю́, -ви́т
отживлённый; кр. ф. -ён, -ена́
отживля́ть(ся), -я́ю, -я́ет(ся)
отжи́вший
о́тжиг, -а
отжига́тельный
отжига́ть(ся), -а́ю, -а́ет(ся)
отжи́ленный
отжи́ливать, -аю, -ает
отжи́лить, -лю, -лит
отжи́лок, -лка
отжи́м, -а
отжима́ние, -я
отжима́ть(ся), -а́ю, -а́ет(ся)
отжи́мка, -и
отжи́мный

ОТЖ

отжи́мок, -мка
отжина́ть, -а́ю, -а́ет
о́тжитый; кр. ф. о́тжит, отжита́, о́тжито
отжи́ть, -иву́, -ивёт; прош. о́тжил, отжила́, о́тжило
отжо́г, -а, но: прош. отжёг
отза́втракать, -аю, -ает
отзанима́ться, -а́юсь, -а́ется
отза́нивать, -аю, -ает
отзвене́ть, -ни́т
отзвони́ть, -ню́, -ни́т
о́тзвук, -а
отзвуча́ть, -чи́т
отзву́чие, -я
отзимова́ть, -му́ю, -му́ет
отзови́зм, -а
отзови́ст, -а
отзови́стский
отзо́л, -а
отзолённый; кр. ф. -ён, -ена́
отзоли́ть, -лю́, -ли́т
отзо́лка, -и
отзо́льный
отзубри́ть, -зубрю́, -зу́брит
о́тзыв, а (мнение)
отзы́в, -а (действие)
отзыва́ть(ся), -а́ю(сь), -а́ет(ся)
отзывно́й
отзы́вчивость, -и
отзы́вчивый
отиа́тр, -а
отиатри́я, -и
отира́ть(ся), -а́ю(сь), -а́ет(ся)
оти́т, -а
отка́з, -а
отка́занный
отказа́ть(ся), -ажу́(сь), -а́жет(ся)
отка́зывать(ся), -аю(сь), -ает(ся)
отка́лывание, -я
отка́лывать(ся), -аю(сь), -ает(ся)
отка́панный (от отка́пать)
отка́пать, -аю, -ает
отка́пывание, -я
отка́пывать(ся), -аю(сь), -ает(ся)
отка́рмливание, -я
отка́рмливать(ся), -аю(сь), -ает(ся)
отка́т, -а
отка́танный
отката́ть(ся), -а́ю(сь), -а́ет(ся)
откати́ть(ся), -ачу́(сь), -а́тит(ся)
отка́тка, -и
отка́точный
отка́тчик, -а
отка́тчица, -ы
отка́тывание, -я
отка́тывать(ся), -аю(сь), -ает(ся)
отка́чанный (от откача́ть)
откача́ть, -а́ю, -а́ет
отка́ченный (от откати́ть)
отка́чивание, -я
отка́чивать(ся), -аю, -ает(ся)
отка́чка, -и
отка́чнутый
откачну́ть(ся), -ну́(сь), -нёт(ся)
отка́шивать, -аю, -ает
отка́шливание, -я
отка́шливать(ся), -аю(сь), -ает(ся)
отка́шлянуть(ся), -ну(сь), -нет(ся)
отка́шлять(ся), -яю(сь), -яет(ся)
откви́танный
отквита́ть(ся), -а́ю(сь), -а́ет(ся)

ОТК

отквитывать(ся), -аю(сь), -ает(ся)
отки́данный
откида́ть, -а́ю, -а́ет
откидно́й
отки́дывать(ся), -аю(сь), -ает(ся)
отки́нутый
отки́нуть(ся), -ну(сь), -нет(ся)
откипа́ть, -а́ет
откипе́ть, -пи́т
откла́дывание, -я
откла́дывать(ся), -аю, -ает(ся)
откла́ниваться, -аюсь, -ается
откла́няться, -яюсь, -яется
отклёванный
отклева́ть, -люёт
отклёвывать(ся), -ает(ся)
откле́енный
откле́ивание, -я
откле́ивать(ся), -аю, -ает(ся)
откле́ить(ся), -е́ю, -е́ит(ся)
откле́йка, -и
отклёпанный
отклепа́ть(ся), -а́ю(сь), -а́ет(ся)
отклёпка, -и
отклёпывать(ся), -аю, -ает(ся)
о́тклик, -а
откликаться, -а́юсь, -а́ется
откли́кнуться, -нусь, -нется
отклоне́ние, -я
отклонённый; кр. ф. -ён, -ена́
отклони́ть(ся), -оню́(сь), -о́нит(ся)
отклоня́ть(ся), -я́ю(сь), -я́ет(ся)
отключа́ть(ся), -а́ю(сь), -а́ет(ся)
отключе́ние, -я
отключённый; кр. ф. -ён, -ена́
отключи́ть(ся), -чу́(сь), -чи́т(ся)
отко́ванный
откова́ть(ся), -кую́, -куёт(ся)
отко́вка, -и
отко́вывать(ся), -аю, -ает(ся)
откови́ривать(ся), -аю, -ает(ся)
отковы́рнутый
отковырну́ть, -ну́, -нёт
отковы́рянный
отковыря́ть, -я́ю, -я́ет
откозырну́ть, -ну́, -нёт
откозыря́ть, -я́ю, -я́ет
отко́л, -а
откола́чивать, -аю, -ает
отколдова́ть, -ду́ю, -ду́ет
отко́ле
отко́лка, -и
отколоти́ть, -очу́, -о́тит
отко́лотый
отколо́ть(ся), -олю́(сь), -о́лет(ся)
отколо́ченный
отколошма́тить, -а́чу, -а́тит
отколошма́ченный
отколу́панный
отколупа́ть, -а́ю, -а́ет
отколу́пнутый
отколупну́ть, -ну́, -нёт
отколу́пывать(ся), -аю, -ает(ся)
отко́ль
откомандирова́ние, -я
откомандиро́ванный
откомандирова́ть, -ру́ю, -ру́ет
откомандиро́вывать(ся), -аю, -ает(ся)
откома́ндовать, -дую, -дует
отконопа́тить, -а́чу, -а́тит
отконопа́ченный

отконопа́чивать(ся), -аю, -ает(ся)
отко́панный
откопа́ть(ся), -а́ю(сь), -а́ет(ся)
отко́пка, -и
отко́рм, -а
откорми́ть(ся), -ормлю́(сь), -о́рмит(ся)
отко́рмка, -и
отко́рмленный
отко́рмок, -мка
отко́рмочный
отко́рмыш, -а
откорректи́рованный
откорректи́ровать, -рую, -рует
отко́с, -а
откоси́ть(ся), -ошу́(сь), -о́сит(ся)
отко́сный
откочева́ть, -чу́ю, -чу́ет
откочёвка, -и
откочёвывание, -я
откочёвывать, -аю, -ает
отко́шенный
окра́ивать(ся), -аю, -ает(ся)
окра́сить, -а́шу, -а́сит
окрахма́ленный
окрахма́ливать(ся), -аю, -ает(ся)
окрахма́лить, -лю, -лит
окра́шенный
окра́шивать(ся), аю, -ает(ся)
открепи́тельный
открепи́ть(ся), -плю́(сь), -пи́т(ся)
открепле́ние, -я
открепле́нный; кр. ф. -ён, -ена́
открепля́ть(ся), -я́ю(сь), -я́ет(ся)
открести́ться, -ещу́сь, -е́стится
откре́щиваться, -аюсь, -ается
откристаллизова́ться, -зу́ется
открове́ние, -я
открове́нничание, -я
открове́нничать, -аю, -ает
открове́нность, -и
открове́нный; кр. ф. -е́нен, -е́нна
откро́енный
откро́ить, -о́ю, -о́ит
откро́мсанный
откромса́ть, -а́ю, -а́ет
открути́ть(ся), -учу́(сь), -у́тит(ся)
откру́ченный
откру́чивать(ся), -аю(сь), -ает(ся)
открыва́лка, -и
открыва́тель, -я
открыва́ть(ся), -а́ю(сь), -а́ет(ся)
откры́тие, -я
откры́тка, -и
открытогнездя́щийся
откры́тый
откры́ть(ся), -ро́ю(сь), -ро́ет(ся)
отку́да
отку́да-либо
отку́да-нибудь, но: отку́да ни бу́дь э́тот челове́к ...
отку́да ни возьми́сь
отку́да-то
откукова́ть, -куку́ю, -куку́ет
о́ткуп, -а, мн. -а́, -о́в
откупа́ть(ся), -а́ю(сь), -а́ет(ся)
откупи́ть(ся), -уплю́(сь), -у́пит(ся)
отку́пленный
откупно́й
отку́поренный
отку́поривание, -я
отку́поривать(ся), -аю, -ает(ся)

отку́порить(ся), -рю, -рит(ся)
отку́порка, -и
отку́пщи́к, -а́
отку́с, -а
отку́санный
откуса́ть, -а́ю, -а́ет
откуси́ть, -ушу́, -у́сит
отку́сывание, -я
отку́сывать(ся), -аю, -ает(ся)
отку́шать, -аю, -ает
отку́шенный (от откуси́ть)
отлави́ровать, -рую, -рует
отла́вливание, -я
отла́вливать(ся), -аю(сь), -ает(ся)
отлага́тельство, -а
отлага́ть(ся), -а́ю, -а́ет(ся)
отла́дить, -а́жу, -а́дит
отла́дка, -и
отла́женный
отла́живать(ся), -аю, -ает(ся)
отла́зать, -аю, -ает
отла́зить, -а́жу, -а́зит
отлакиро́ванный
отлакирова́ть, -ру́ю, -ру́ет
отла́мывать(ся), -аю, -ает(ся)
отла́ять, -а́ю, -а́ет
отлега́ть, -а́ет
отле́гший
отлежа́ть(ся), -жу́(сь), -жи́т(ся)
отлёживать(ся), -аю(сь), -ает(ся)
отлеза́ть, -а́ю, -а́ет
отле́зть, -зу, -зет; прош. -ле́з, -ле́зла
отле́зший
отлепи́ть(ся), -леплю́, -ле́пит(ся)
отле́пленный
отлепля́ть(ся), -я́ю, -я́ет(ся)
отлёт, -а
отлета́ть(ся), -а́ю(сь), -а́ет(ся)
отлете́ть, -лечу́, -лети́т
отле́чь, -ля́жет, -ля́гут; прош. -лёг, -легла́
отли́в, -а
отлива́ть(ся), -а́ю, -а́ет(ся)
отли́вка, -и
отливно́й (служащий для отливания)
отли́вный (относящийся к морскому отливу)
отлиза́ть, -ижу́, -и́жет
отли́зывать, -аю, -ает
отлина́ть, -я́ет
отлипа́ть, -а́ю, -а́ет
отли́пнуть, -ну, -нет; прош. -ли́п, -ли́пла
отли́пший
отли́тие, -я
отлитографи́рованный
отлитографи́ровать, -рую, -рует
о́тлитый; кр. ф. отли́т, отлита́, о́тлито
отли́ть(ся), отолью́, отольёт(ся); прош. о́тли́л, отли́лся, отлила́(сь), о́тли́ло, отли́ло́сь
отлича́ть(ся), -а́ю(сь), -а́ет(ся)
отличённый; кр. ф. -ён, -ена́
отли́чие, -я
отличи́тельный
отличи́ть(ся), -чу́(сь), -чи́т(ся)
отли́чник, -а
отли́чница, -ы
отли́чный
отло́в, -а

отлови́ть, -овлю́, -о́вит
отло́вленный
отло́гий
отло́гость, -и
отло́же, сравн. ст. (от отло́гий)
отложе́ние, -я
отло́женный
отло́жистый
отложи́ть(ся), -ожу́(сь), -о́жит(ся)
отложно́й
отло́манный (от отлома́ть)
отлома́ть(ся), -а́ю(сь), -а́ет(ся)
отломи́ть(ся), -омлю́, -о́мит(ся)
отло́мленный (от отломи́ть)
отло́мок, -мка
отлуди́ть, -ужу́, -у́дит
отлу́женный
отлу́п, -а
отлупи́ть(ся), -уплю́, -у́пит(ся)
отлу́пленный
отлу́пливать(ся), -аю, -ает(ся)
отлупля́ть(ся), -я́ю, -я́ет(ся)
отлупцева́ть, -цу́ю, -цу́ет
отлупцо́ванный
отлуча́ть(ся), -а́ю(сь), -а́ет(ся)
отлуче́ние, -я
отлучённый; кр. ф. -ён, -ена́
отлучи́ть(ся), -чу́(сь), -чи́т(ся)
отлу́чка, -и
отлы́нивание, -я
отлы́нивать, -аю, -ает
отлюби́ть, -люблю́, -лю́бит
отма́занный
отма́зать, -а́жу, -а́жет
отма́зывать(ся), -аю, -ает(ся)
от ма́ла до вели́ка
отмалева́ть, -лю́ю, -лю́ет
отмалёвывать, -аю, -ает
отма́ливать(ся), -аю(сь), -ает(ся)
отма́лчиваться, -аюсь, -ается
отма́лывать(ся), -аю, -ает(ся)
отма́нивать(ся), -аю, -ает(ся)
отмани́ть, -аню́, -а́нит
отмарширова́ть, -ру́ю, -ру́ет
отма́стка, -и
отма́тывание, -я
отма́тывать(ся), -аю(сь), -ает(ся)
отма́ханный
отмаха́ть¹, -а́ю, -а́ет (пройти́)
отмаха́ть², -ашу́, -а́шет и -а́ю, -а́ет (ко́нчить маха́ть)
отма́хивать(ся), -аю(сь), -ает(ся)
отмахну́ть(ся), -ну́(сь), -нёт(ся)
отма́чивание, -я
отма́чивать(ся), -аю, -ает(ся)
отма́шка, -и
отма́яться, -а́юсь, -а́ется
отмежева́ние, -я
отмежёванный
отмежева́ть(ся), -жу́ю(сь), -жу́ет(ся)
отмежёвка, -и
отмежёвывание, -я
отмежёвывать(ся), -аю(сь), -ает(ся)
о́тмель, -и
отмена́, -ы
отменённый; кр. ф. -ён, -ена́
отмени́ть(ся), -еню́, -е́нит(ся)
отме́нный; кр. ф. -е́нен, -е́нна
отменя́ть(ся), -я́ю, -я́ет(ся)
отме́ренный

отмере́ть, отомрёт; *прош.* о́тмер, отмерла́, о́тмерло
отмерза́ть, -а́ет
отмёрзнуть, -нет; *прош.* -мёрз, -мёрзла
отмёрзший
отме́ривание, -я
отме́ривать(ся), -аю, -ает(ся)
отме́рить, -рю, -рит и -ряю, -ряет
отме́рший
отмеря́ть(ся), -я́ю, -я́ет(ся)
отмеси́ть, -ешу́, -е́сит
отмести́, -мету́, -метёт; *прош.* -мёл, -мела́
отме́стка, -и
отмётанный (*от* отмета́ть)
отмета́ть, -мечу́, -ме́чет, *сов.*
отмета́ть(ся), -а́ю, -а́ет(ся), *несов.* (*к* отмести́)
отметённый; *кр. ф.* -ён, -ена́ (*от* отмести́)
отме́тина, -ы
отме́тить(ся), -ме́чу(сь), -ме́тит(ся)
отме́тка, -и
отме́точный
отме́тчик, -а
отме́тший
отмеча́ть(ся), -а́ю(сь), -а́ет(ся)
отме́ченный
отмина́ть(ся), -а́ю, -а́ет(ся)
отмира́ние, -я
отмира́ть, -а́ет
отмобилизо́ванный
отмобилизова́ть(ся), -зу́ю, -зу́ет(ся)
отмока́ние, -я
отмока́ть, -а́ет
отмо́кнуть, -нет; *прош.* -о́к, -о́кла
отмо́кший
отмола́чивать(ся), -аю, -ает(ся)
отмо́ленный
отмоли́ть(ся), -олю́(сь), -о́лит(ся)
отмолоти́ть, -очу́, -о́тит
отмо́лотый
отмоло́ть, -мелю́, -ме́лет
отмоло́ченный
отмолча́ться, -чу́сь, -чи́тся
отмора́живание, -я
отмора́живать(ся), -аю, -ает(ся)
отморо́жение, -я
отморо́женный
отморо́зить, -о́жу, -о́зит
отмо́стка, -и
отмо́танный
отмота́ть(ся), -а́ю(сь), -а́ет(ся)
отмо́тка, -и
отмо́ченный
отмочи́ть, -очу́, -о́чит
отмо́чка, -и
отмо́чный
отмсти́ть, -мщу́, -мсти́т
отмути́ть, -учу́, -у́тит
отму́тка, -и
отму́ченный
отму́чивание, -я
отму́чивать(ся), -аю, -ает(ся)
отму́чить(ся), -чу(сь), -чит(ся) и -чаю(сь), -чает(ся)
отмща́ть, -а́ю, -а́ет
отмще́ние, -я
отмщённый; *кр. ф.* -ён, -ена́
отмыва́ние, -я
отмыва́ть(ся), -а́ю(сь), -а́ет(ся)

отмы́вка, -и
отмыка́ть(ся), -а́ю(сь), -а́ет(ся)
отмы́тый
отмы́ть(ся), -мо́ю(сь), -мо́ет(ся)
отмы́чка, -и
отмякá́ть, -а́ет
отмя́кнуть, -нет; *прош.* -я́к, -я́кла
отмя́кший
отмя́тый
отмя́ть, отомну́, отомнёт
отна́шивать(ся), -аю, -ает(ся)
отнёкиваться, -аюсь, -ается
отнерести́ться, -и́тся
отнерестова́ть(ся), -ту́ет(ся)
отнесе́ние, -я
отнесённый; *кр. ф.* -ён, -ена́
отнести́(сь), -су́(сь), -сёт(ся); *прош.* -ёс(ся), -есла́(сь)
отнёсший(ся)
от не́чего де́лать
отни́занный
отниза́ть, -ижу́, -и́жет
отни́зывать(ся), -аю, -ает(ся)
отникелиро́ванный
отникелирова́ть(ся), -ру́ю, -ру́ет(ся)
отнима́ть(ся), -а́ю, -а́ет(ся) и (*устар.*) отъе́млю, -лет(ся)
отно́с, -а
относи́тельно
относи́тельность, -и
относи́тельный
относи́ть(ся), -ошу́(сь), -о́сит(ся)
отно́ска, -и
отноше́ние, -я
отно́шенный
отны́не
отню́дь
отня́тие, -я
о́тнятый; *кр. ф.* о́тнят, отнята́, о́тнято
отня́ть(ся), -ниму́, -ни́мет(ся); *прош.* о́тнял, отня́лся, отняла́(сь), о́тняло, отняло́сь
ото, от, *предлог*
отобе́дать, -аю, -ает
отобража́тель, -я
отобража́ть(ся), -а́ю, -а́ет(ся)
отображе́ние, -я
отображённый; *кр. ф.* -ён, -ена́
отобрази́ть(ся), -ажу́, -ази́т(ся)
отобра́ние, -я
отобра́нный
отобра́ть, отберу́, отберёт; *прош.* -а́л, -ала́, -а́ло
отова́ренный
отова́ривание, -я
отова́ривать(ся), -аю(сь), -ает(ся)
отова́рить(ся), -рю(сь), -рит(ся)
отобра́ться, -ру́сь, -рётся
отовсю́ду
ото́гнанный
отогна́ть, отгоню́, отго́нит; *прош.* -а́л, -ала́, -а́ло
ото́гнутый
отогну́ть(ся), -ну́, -нёт(ся)
отогре́в, -а
отогрева́ние, -я
отогрева́ть(ся), -а́ю(сь), -а́ет(ся)
отогре́тый
отогре́ть(ся), -е́ю(сь), -е́ет(ся)
отодвига́ть(ся), -а́ю(сь), -а́ет(ся)

отодви́нутый
отодви́нуть(ся), -ну(сь), -нет(ся)
ото́дранный
отодра́ть(ся), отдеру́, отдерёт(ся); *прош.* -а́л(ся), -ала́(сь), -а́ло, -а́лось
отождестви́ть(ся) и отожестви́ть(ся), -влю́, -ви́т(ся)
отождествле́ние, -я и отожествле́ние, -я
отождествлённый и отожествлённый; *кр. ф.* -ён, -ена́
отождествля́ть(ся) и отожествля́ть(ся), -я́ю, -я́ет(ся)
отожжённый; *кр. ф.* -ён, -ена́
отозва́ние, -я
ото́званный
отозва́ть(ся), отзову́(сь), отзовёт(ся); *прош.* -а́л(ся), -ала́(сь), -а́ло, -а́лось
отойти́, отойду́, отойдёт; *прош.* отошёл, отошла́
отоларинго́лог, -а
отоларингологи́ческий
отоларинголо́гия, -и
отолга́ться, -лгу́сь, -лжётся, -лгу́тся; *прош.* -а́лся, -ала́сь, -а́лось
отоли́т, -а
отомико́з, -а
ото́мкнутый
отомкну́ть(ся), -ну́(сь), -нёт(ся)
отомсти́ть, -мщу́, -мсти́т
отомщённый; *кр. ф.* -ён, -ена́
отоневрологи́ческий
отоневроло́гия, -и
отопи́тельно-вентиляцио́нный
отопи́тельный
отопи́ть, -оплю́, -о́пит
отопле́нец, -нца
отопле́ние, -я
ото́пленный
отопле́нческий
отопля́емый
отопля́ть(ся), -я́ю, -я́ет(ся)
отопрева́ть, -а́ет
отопре́ть, -е́ет
ото́птанный
отопта́ть, -опчу́, -о́пчет
ора́чивать(ся), -аю, -ает(ся)
ото́рванность, -и
ото́рванный
оторва́ть(ся), -ву́(сь), -вёт(ся); *прош.* -а́л(ся), -ала́(сь), -а́ло, -а́лось
оторвиголова́, -ы́, *м. и ж.*
оториноларинго́лог, -а
оториноларингологи́ческий
оториноларинголо́гия, -и
оторопе́лый
оторопе́ть, -е́ю, -е́ет
о́торопь, -и
оторо́ченный
оторочи́ть, -чу́, -чи́т
оторо́чка, -и
оторцо́вка, -и
отосклеро́з, -а
отосклероти́ческий
отоско́п, -а
отоскопи́ческий
отоскопи́я, -и
ото́сланный
отосла́ть, -ошлю́, -ошлёт

отоспа́ть(ся), -плю́(сь), пи́т(ся); прош. -а́л(ся), -ала́(сь), -а́ло, -а́ло́сь
ото́ткнутый
ототкну́ть, -ну́, -нёт
отофо́н, -а
отохо́тить, -о́чу, -о́тит
отоше́дший
отоща́лый
отоща́ть, -а́ю, -а́ет
отпа́вший
отпа́д, -а
отпада́ть, -а́ю, -а́ет
отпаде́ние, -я
отпа́занченный
отпа́занчить, -чу, -чит
отпа́ивание, -я
отпа́ивать(ся), -аю, -ает(ся)
отпа́йка, -и
отпа́ренный
отпа́ривать(ся), -аю, -ает(ся)
отпари́рованный
отпари́ровать, -рую, -рует
отпа́рить(ся), -рю(сь), -рит(ся)
отпа́рывать(ся), -аю, -ает(ся)
отпасова́ть, -су́ю, -су́ет
отпасти́, -су́, -сёт; прош. -па́с, -пасла́
отпа́сть, -аду́, -адёт; прош. -а́л, -а́ла
отпа́сший
отпа́ханный
отпаха́ть(ся), -ашу́(сь), -а́шет(ся)
отпа́хивать(ся), -аю, -ает(ся)
отпа́хнутый
отпахну́ть, -ну́, -нёт(ся)
отпа́янный
отпая́ть(ся), -я́ю, -я́ет(ся)
отпева́ние, -я (от отпева́ть)
отпева́ть(ся), -а́ет(ся) (к отпе́ть)
отпека́ть, -а́ю, -а́ет
отпёкший
отпере́ть(ся), отопру́(сь), отопрёт(ся); прош. -о́тпер, отпе́рся, отперла́(сь), о́тперло, отперло́сь
о́тпертый; кр. ф. -ерт, -ерта́, -ерто́
о́тперший(ся) и отпёрший(ся)
отпе́тый
отпе́ть, -пою́, -поёт
отпеча́танный
отпеча́тать(ся), -аю, -ает(ся)
отпечатлева́ть(ся), -а́ю, -а́ет(ся)
отпечатле́ть(ся), -е́ю, -е́ет(ся)
отпеча́ток, -тка
отпеча́тывать(ся), -аю, -ает(ся)
отпечённый; кр. ф. -ён, -ена́
отпе́чь, -еку́, -ечёт, -еку́т; прош. -ёк, -екла́
отпива́ние, -я (от отпива́ть)
отпива́ть(ся), -а́ю, -а́ет(ся) (к отпи́ть)
отпи́ленный
отпи́ливание, -я
отпи́ливать(ся), -аю, -ает(ся)
отпили́ть, -илю́, -и́лит
отпи́лка, -и
отпи́лок, -лка
отпира́ние, -я
отпира́тельство, -а
отпира́ть(ся), -а́ю(сь), -а́ет(ся)
отпи́санный
отписа́ть(ся), -ишу́(сь), -и́шет(ся)
отпи́ска, -и
отпи́сывать(ся), -аю(сь), -ает(ся)

о́тпи́тый; кр. ф. о́тпи́т, отпита́, о́тпи́то
отпи́ть, отопью́, отопьёт; прош. о́тпи́л, отпила́, о́тпи́ло
отпиха́ться, -а́юсь, -а́ется
отпи́хивать(ся), -аю(сь), -ает(ся)
отпи́хнутый
отпихну́ть(ся), -ну́(сь), -нёт(ся)
отпла́та, -ы
отплати́ть, -ачу́, -а́тит
отпла́ченный
отпла́чивать(ся), -аю, -ает(ся)
отплева́ть(ся), -люю́(сь), -люёт(ся)
отплёвывать(ся), -аю(сь), -ает(ся)
о́тплеск, -а
отплеска́ть, -ещу́, -е́щет и -а́ю, -а́ет
отплёскивать, -аю, -ает
отплёснутый
отплесну́ть, -ну́, -нёт
отплести́(сь), -лету́, -летёт(ся); прош. -лёл(ся), -лела́(сь)
отплета́ть(ся), -а́ю, -а́ет(ся)
отплетённый; кр. ф. -ён, -ена́
отплётший
отплоённый; кр. ф. -ён, -ена́
отплои́ть, -ою́, -ои́т
отплыва́ть, -а́ю, -а́ет
отплы́тие, -я
отплы́ть, -ыву́, -ывёт; прош. -ы́л, -ыла́, -ы́ло
отплю́нутый
отплю́нуть(ся), -ну(сь), -нет(ся)
отпля́санный
отпляса́ть(ся), -яшу́(сь), -я́шет(ся)
отпля́сывать(ся), -аю, -ает(ся)
о́тповедь, -и
отпо́енный
отпои́ть, -ою́, -ои́т
отпола́скивать(ся), -аю, -ает(ся)
отполза́ть, -а́ю, -а́ет
отползти́, -зу́, -зёт; прош. -о́лз, -олзла́
отпо́лзший
отполиро́ванный
отполирова́ть(ся), -ру́ю, -ру́ет(ся)
отполиро́вывать(ся), -аю, -ает(ся)
отполо́сканный
отполоска́ть, -ощу́, -о́щет и -а́ю, -а́ет
отполосо́ванный
отполосова́ть, -су́ю, -су́ет
отпо́лотый
отполо́ть, -олю́, -о́лет
отпо́р, -а
отпо́рный
отпо́ротый
отпоро́ть(ся), -орю́, -о́рет(ся)
отпотева́ние, -я
отпотева́ть, -а́ет
отпоте́ть, -е́ет
отпо́тчевать, -чую, -чует
отпочкова́ние, -я
отпочкова́ться, -ку́ется
отпочко́вываться, -ается
отправи́тель, -я
отправи́тельница, -ы
отправи́тельский
отпра́вить(ся), -влю(сь), -вит(ся)
отпра́вка, -и
отправле́ние, -я
отпра́вленный
отправля́ть(ся), -я́ю(сь), -я́ет(ся)
отправно́й

отпра́вочный
отпра́зднованный
отпра́здновать, -ную, -нует
отпра́шивать(ся), -аю(сь), -ает(ся)
отпрессо́ванный
отпрессова́ть(ся), -ссу́ю, -ссу́ет(ся)
отпроси́ть(ся), -ошу́(сь), -о́сит(ся)
отпры́гать(ся), -аю(сь), -ает(ся)
отпры́гивать, -аю, -ает
отпры́гнуть, -ну, -нет
о́тпрыск, -а
отпряга́ть(ся), -а́ю, -а́ет(ся)
отпря́гший(ся)
отпрядённый
отпря́дывать, -аю, -ает
отпряжённый; кр. ф. -ён, -ена́
отпря́жка, -и
отпряжно́й
отпря́нуть, -ну, -нет
отпря́сть, -яду́, -ядёт; прош. -пря́л, -пря́ла́, -пря́ло
отпря́чь(ся), -ягу́, -яжёт(ся), -ягу́т(ся); прош. -я́г(ся), -ягла́(сь)
отпу́ганный
отпуга́ть, -а́ю, -а́ет
отпу́гивать(ся), -аю, -ает(ся)
отпу́гнутый
отпугну́ть, -ну́, -нёт
о́тпуск, -а, предл. в о́тпуске и в отпуску́, мн. -а́, -о́в
отпуска́ние, -я
отпуска́ть(ся), -а́ю, -а́ет(ся)
отпускни́к, -а́
отпускни́ца, -ы
отпускно́й
отпусти́ть(ся), -ущу́, -у́стит(ся)
отпу́танный
отпу́тать(ся), -аю(сь), -ает(ся)
отпутеше́ствовать, -твую, -твует
отпу́тывать(ся), -аю(сь), -ает(ся)
отпуще́ние, -я
отпу́щенник, -а
отпу́щенница, -ы
отпу́щенный
отпыло́вка, -и
отпы́ленный
отпы́ливать, -аю, -ает
отпыли́ть, -лю, -лит
отпя́лить(ся), -ячу(сь), -я́тит(ся)
отпя́ченный
отпя́чивать(ся), -аю, -ает(ся)
отраба́тывание, -я
отраба́тывать(ся), -аю, -ает(ся)
отрабо́тавший(ся)
отрабо́танный
отрабо́тать(ся), -аю(сь), -ает(ся)
отрабо́тка, -и
отрабо́точный
отра́ва, -ы
отрави́тель, -я
отрави́тельница, -ы
отрави́тельный
отрави́ть(ся), -авлю́(сь), -а́вит(ся)
отравле́ние, -я
отра́вленный
отравля́ть(ся), -я́ю(сь), -я́ет(ся)
отра́вный
отра́да, -ы
отра́дный
отража́емость, -и
отража́тель, -я
отража́тельный

отража́ть(ся), -а́ю(сь), -а́ет(ся)
отраже́ние, -я
отражённо-преломлённый
отражённый; кр. ф. -ён, -ена́
отрази́тель, -я
отрази́ть(ся), -ажу́(сь), -ази́т(ся)
отрапорто́ванный
отрапортова́ть, -ту́ю, -ту́ет
отраслево́й
о́трасль, -и
отраста́ние, -я
отраста́ть, -а́ет
отрасти́, -тёт; прош. -ро́с, -росла́
отрасти́ть, -ащу́, -асти́т
отращённый; кр. ф. -ён, -ена́
отра́щивание, -я
отра́щивать(ся), -аю, -ает(ся)
отреаги́ровать, -рую, -рует
отре́бье, -я (отбросы)
отреве́ть(ся), -ву́(сь), -вёт(ся)
отрегули́рованный
отрегули́ровать(ся), -рую, -рует(ся)
отредакти́рованный
отредакти́ровать(ся), -рую, -рует(ся)
отре́з, -а
отреза́ние, -я
отре́занный
отре́зать(ся), -е́жу, -е́жет(ся), сов.
отреза́ть(ся), -а́ю, -а́ет(ся), несов.
отрезве́ть, -е́ю, -е́ет (стать трезвым)
отрезви́тельный
отрезви́ть, -влю́, -ви́т (кого, что)
отрезви́ть(ся), -влю́сь, -ви́тся
отрезвле́ние, -я
отрезвлённый; кр. ф. -ён, -ена́
отрезвля́ть(ся), -я́ю(сь), -я́ет(ся)
отрезвля́ющий(ся)
отре́зка, -и
отрезно́й
отре́зок, -зка
отре́зочек, -чка
отре́зывать(ся), -аю, -ает(ся)
отрека́ться, -а́юсь, -а́ет(ся)
отрекомендо́ванный
отрекомендова́ть(ся), -ду́ю(сь), -ду́ет(ся)
отрекомендо́вывать(ся), -аю(сь), -ает(ся)
отре́кшийся
отремонти́рованный
отремонти́ровать, -рую, -рует
отрёпанный
отрепа́ть(ся), -еплю́(сь), -е́плет(ся)
отрепети́ровать, -рую, -рует
отрепето́ванный
отрепетова́ть, -ту́ю, -ту́ет
отрёпки, -ов
отрёпыш, -а
отре́пье, -я и отре́пья, -пьев (лохмотья)
отретирова́ться, -ру́юсь, -ру́ется
отретуши́рованный
отретуши́ровать, -рую, -рует
отрецензи́рованный
отрецензи́ровать, -рую, -рует
отрече́ние, -я
отречённый
отре́чься, -еку́сь, -ечётся, -еку́тся; прош. -ёкся, -екла́сь
отреша́ть(ся), -а́ю(сь), -а́ет(ся)
отреше́ние, -я

отрешённость, -и
отрешённый; кр. ф. -ён, -ена́
отреши́ть(ся), -шу́(сь), -ши́т(ся)
отри́нутый
отри́нуть, -ну, -нет
отрица́ние, -я
отрица́тель, -я
отрица́тельный
отрица́ть(ся), -а́ю, -а́ет(ся)
отро́г, -а
отроди́ться, -и́тся
о́троду, нареч. (о́троду не ви́дел), но сущ. от роду (пяти́ лет от роду)
отро́дье, -я, р. мн. -дий
отродя́сь
отро́ек, -о́йка
отроённый; кр. ф. -ён, -ена́
отро́жина, -ы
отрои́ть(ся), -ою́, -ои́т(ся)
о́трок, -а, мн. -и, -ов
отрокови́ца, -ы
отро́сток, -тка
отро́стчатый
отро́сший
о́троческий
о́трочество, -а
о́труб, -а, мн. -а́, -о́в (участок земли)
отру́б, -а, мн. -ы, -ов (место разру́ба)
отруба́ть(ся), -а́ю, -а́ет(ся)
о́труби, -ей
отруби́ть, -ублю́, -у́бит
отру́бленный
отрубно́й (к о́труб и отру́б)
о́трубный (к о́труби)
отру́ганный
отруга́ть, -а́ю, -а́ет
отру́гиваться, -аюсь, -ается
отрули́ть, -лю́, -ли́т
отрухля́веть, -еет
отрыба́чить, -чу, -чит
отры́в, -а
отрыва́ть(ся), -а́ю(сь), -а́ет(ся)
отры́вистый
отрывно́й
отры́вок, -вка
отры́вочный
отрыга́ть, -а́ю, -а́ет
отры́гивать(ся), -аю, -ает(ся)
отры́гнутый
отрыгну́ть(ся), -ну́, -нёт(ся)
отры́жка, -и
отры́скать, -аю, -ает
отры́тый
отры́ть(ся), -ро́ю(сь), -ро́ет(ся)
отря́д, -а
отряди́ть, -ряжу́, -ряди́т
отря́дник, -а
отря́дный
отряжа́ть(ся), -а́ю, -а́ет(ся)
отряжённый; кр. ф. -ён, -ена́
отряса́ть(ся), -а́ю, -а́ет(ся)
отрясённый; кр. ф. -ён, -ена́
отрясти́, -су́, -сёт; прош. -я́с, -ясла́
отря́сший
отряха́ть(ся), -а́ю(сь), -а́ет(ся)
отря́хивать(ся), -аю(сь), -ает(ся)
отря́хнутый
отряхну́ть(ся), -ну́(сь), -нёт(ся)
отсади́ть, -ажу́, -а́дит
отса́дка, -и
отса́док, -дка

отса́дочный
отса́женный
отса́живание, -я
отса́живать(ся), -аю(сь), -ает(ся)
отсалютова́ть, -ту́ю, -ту́ет
отса́сывание, -я
отса́сывать(ся), -аю, -ает(ся)
отсверка́ть, -а́ю, -а́ет
о́тсвет, -а
отсве́чивание, -я
отсве́чивать(ся), -ает(ся)
отсвиста́ть, -ищу́, -и́щет
отсвисте́ть, -ищу́, -исти́т
отсебя́тина, -ы
отсе́в, -а
отсева́ть(ся), -а́ю(сь), -а́ет(ся)
отсе́вки, -ов
отседа́ть, -а́ет
отсе́ивание, -я
отсе́ивать(ся), -аю(сь), -ает(ся)
отсе́к, -а
отсека́ние, -я
отсека́ть(ся), -а́ю, -а́ет(ся)
отсе́кший
отсе́ле
отселе́ние, -я
отселённый; кр. ф. -ён, -ена́
отсели́ть(ся), -лю́(сь), -ли́т(ся)
отсе́ль
отселя́ть(ся), -я́ю(сь), -я́ет(ся)
отсе́сть, -ся́ду, -ся́дет; прош. -се́л, -се́ла
отсече́ние, -я
отсечённый; кр. ф. -ён, -ена́
отсе́чка, -и
отсе́чный
отсе́чь, -еку́, -ечёт, -еку́т; прош. -е́к, -екла́
отсе́янный
отсе́ять(ся), -е́ю(сь), -е́ет(ся)
отсиде́ть(ся), -ижу́(сь), -иди́т(ся)
отси́дка, -и
отси́женный
отси́живание, -я
отси́живать(ся), -аю(сь), -ает(ся)
от си́лы
отска́бливание, -я
отска́бливать(ся), -аю, -ает(ся)
отскака́ть, -ачу́, -а́чет
отска́кивать, -аю, -ает
отскакну́ть, -ну́, -нёт
отско́бленный
отскобли́ть(ся), -облю́, -обли́т(ся)
отско́к, -а
отскочи́ть, -очу́, -о́чит
отскреба́ть(ся), -а́ю, -а́ет(ся)
отскребённый; кр. ф. -ён, -ена́
отскрёбший
отскрёбывать(ся), -аю, -ает(ся)
отскрести́, -ребу́, -ребёт; прош. -рёб, -ребла́
отсла́ивание, -я
отсла́ивать(ся), -аю, -ает(ся)
отслое́ние, -я
отслоённый; кр. ф. -ён, -ена́
отслои́ть(ся), -ою́, -ои́т(ся)
отсло́йка, -и
отслонённый; кр. ф. -ён, -ена́
отслони́ть(ся), -оню́(сь), -они́т(ся)
отслоня́ть(ся), -я́ю(сь), -я́ет(ся)
отслу́женный
отслу́живать(ся), -аю(сь), -ает(ся)

отслужи́ть(ся), -ужу́(сь), -у́жит(ся)
отслу́шанный
отслу́шать, -аю, -ает
отсма́ркиваться, -аюсь, -ается
отсморка́ться, -а́юсь, -а́ется
отсмо́тренный
отсмотре́ть, -отрю́, -о́трит
отсня́тый
отсня́ть(ся), -ниму́(сь), -ни́мет(ся)
отсове́тованный
отсове́товать, -тую, -тует
отсоедине́ние, -я
отсоединённый; кр. ф. -ён, -ена́
отсоедини́ть(ся), -ню́(сь), -ни́т(ся)
отсоединя́ть(ся), -я́ю(сь), -я́ет(ся)
отсортиро́ванный
отсортирова́ть(ся), -ру́ю, -ру́ет(ся)
отсортиро́вка, -и
отсортиро́вывать(ся), -аю, -ает(ся)
отсо́с, -а
отсо́санный
отсоса́ть, -осу́, -осёт
отсо́сный
отсо́хнуть, -нет; прош. -о́х, -о́хла
отсо́хший
отсро́ченный
отсро́чивать(ся), -аю, -ает(ся)
отсро́чить, -чу, -чит
отсро́чка, -и
отстава́ние, -я
отстава́ть, -таю́, -таёт
отста́вить, -влю, -вит
отста́вка, -и
отста́вленный
отставля́ть(ся), -я́ю, -я́ет(ся)
отставни́к, -а́
отставно́й
отста́ивание, -я
отста́ивать(ся), -аю(сь), -ает(ся)
отста́лость, -и
отста́лый
отста́ть, -а́ну, -а́нет
отстаю́щий
отстёганный
отстега́ть, -а́ю, -а́ет
отстёгивание, -я
отстёгивать(ся), -аю, -ает(ся)
отстёгнутый
отстегну́ть(ся), -ну́, -нёт(ся)
отстёжка, -и
отстежно́й
отсти́ранный
отстира́ть(ся), -а́ю, -а́ет(ся)
отсти́рка, -и
отсти́рывание, -я
отсти́рывать(ся), -аю, -ает(ся)
отсто́й, -я
отсто́йник, -а
отсто́йный
отсто́янный
отстоя́ть(ся), -ою́, -ои́т(ся)
отстра́гивать(ся), -аю, -ает(ся)
отстрада́ть, -а́ю, -а́ет
отстра́ивание, -я
отстра́ивать(ся), -аю(сь), -ает(ся)
отстране́ние, -я
отстранённый; кр. ф. -ён, -ена́
отстрани́ть(ся), -ню́(сь), -ни́т(ся)
отстраня́ть(ся), -я́ю(сь), -я́ет(ся)
отстра́чивать(ся), -аю, -ает(ся)
отстре́л, -а
отстре́ленный (от отстрели́ть)

отстре́ливать(ся), -аю(сь), -ает(ся)
отстрели́ть, -елю́, -е́лит
отстре́лянный (от отстреля́ть)
отстреля́ть(ся), -я́ю(сь), -я́ет(ся)
отстрига́ть, -а́ю, -а́ет
отстри́гший
отстри́женный
отстри́чь, -игу́, -ижёт, -игу́т; прош. -стри́г, -стри́гла
отстро́ганный
отстрога́ть, -а́ю, -а́ет
отстро́енный
отстро́ить(ся), -о́ю(сь), -о́ит(ся)
отстро́йка, -и
отстро́ченный
отстрочи́ть, -очу́, -о́чит
отстру́ганный
отструга́ть, -а́ю, -а́ет
отстру́гивать(ся), -аю, -ает(ся)
отстря́панный
отстря́пать(ся), -аю(сь), -ает(ся)
отсту́канный
отстука́ть, -аю, -ает
отсту́кивать(ся), -аю, -ает(ся)
о́тступ, -а
отступа́тельный
отступа́ть(ся), -а́ю(сь), -а́ет(ся)
отступи́ть(ся), -уплю́(сь), -у́пит(ся)
отступле́ние, -я
отсту́пник, -а
отсту́пница, -ы
отсту́пнический
отсту́пничество, -а
отступно́й
отступя́, нареч.
отстуча́ть, -чу́, -чи́т
отстыкова́ть(ся), -ку́ю(сь), -ку́ет(ся)
отсуди́ть, -ужу́, -у́дит
отсу́женный
отсу́живать, -аю, -ает
отсу́тствие, -я
отсу́тствовать, -твую, -твует
отсу́тствующий
отсу́ченный
отсу́чивать(ся), -аю, -ает(ся)
отсучи́ть(ся), -учу́, -у́чит(ся)
отсчёт, -а
отсчи́танный
отсчита́ть, -а́ю, -а́ет
отсчи́тывать(ся), -аю, -ает(ся)
отсыла́ть(ся), -а́ю, -а́ет(ся)
отсы́лка, -и
отсы́лочный
отсыпа́ние, -я
отсы́панный
отсы́пать(ся), -плю, -плет(ся), сов.
отсыпа́ть(ся), -а́ю(сь), -а́ет(ся), несов.
отсы́пка, -и
отсыпно́й
о́тсыпь, -и
отсыре́ва́ть, -а́ет
отсыре́лый
отсыре́ть, -е́ет
отсыха́ть, -а́ет
отсю́да
отсю́дова
отта́ивание, -я
отта́ивать, -аю, -ает
отта́лина, -ы
оттáлкивание, -я
отта́лкивать(ся), -аю(сь), -ает(ся)

отта́лкивающий(ся)
оттанцева́ть, -цу́ю, -цу́ет
оттанцо́вывать, -аю, -ает
отта́пливать(ся), -аю, -ает(ся)
отта́птывать(ся), -аю, -ает(ся)
отта́сканный
оттаска́ть(ся), -а́ю(сь), -а́ет(ся)
отта́скивать(ся), -аю, -ает(ся)
отта́чивание, -я
отта́чивать(ся), -аю, -ает(ся)
отта́щенный
оттащи́ть(ся), -ащу́, -а́щит(ся)
отта́ять, -а́ю, -а́ет
оттёк, -а (от оттека́ть)
оттека́ть, -а́ет
оттёкший
от темна́ до темна́
оттенённый; кр. ф. -ён, -ена́
оттени́ть(ся), -ню́, -ни́т(ся)
отте́нок, -нка
оттеня́ть(ся), -я́ю, -я́ет(ся)
о́ттепель, -и
оттереби́ть, -блю́, -би́т
оттереблённый; кр. ф. -ён, -ена́
оттере́ть(ся), оттру́, оттрёт(ся); прош. оттёр(ся), оттёрла(сь)
оттёртый
оттёрший(ся)
оттёсанный
оттеса́ть, -ешу́, -е́шет
оттёска, -и
оттесне́ние, -я
оттеснённый; кр. ф. -ён, -ена́
оттесни́ть, -ню́, -ни́т
оттесня́ть(ся), -я́ю, -я́ет(ся)
оттёсывание, -я
оттёсывать(ся), -аю, -ает(ся)
отте́чь, -ечёт, -еку́т; прош. -ёк, -екла́
оттиха́ние, -я
оттира́ть(ся), -а́ю, -а́ет(ся)
отти́рка, -я
о́ттиск, -а, мн. -и, -ов
отти́скивать(ся), -аю, -ает(ся)
отти́снутый
оттисну́ть(ся), -ну́, -нет(ся)
оттого́, нареч. (оттого́ мне ве́село)
оттого́ что, союз
отто́к, -а
отто́ле
отто́лкнутый
оттолкну́ть(ся), -ну́(сь), -нёт(ся)
оттолкова́ть, -ку́ю, -ку́ет
отто́ль
оттома́нка, -и
отто́панный
отто́пать, -аю, -ает
оттопи́ть(ся), -оплю́, -о́пит(ся)
отто́пленный
отто́птанный
оттопта́ть, -опчу́, -о́пчет
оттопы́ренный
оттопы́ривать(ся), -аю, -ает(ся)
оттопы́рить(ся), -рю, -рит(ся)
оттopra´ть(ся), -а́ю(сь), -а́ет(ся)
отто́ргнувший(ся)
отто́ргнутый
отто́ргнуть(ся), -ну(сь), -нет(ся); прош. -о́рг(ся) и -о́ргнул(ся), -о́ргла(сь)
отторгова́ть, -гу́ю, -гу́ет
отто́ргший(ся)
отторже́ние, -я

ОТТ

отто́рженный
отто́ченный
отто́чие, -я
отточи́ть(ся), -очу́, -о́чит(ся)
отто́чка, -и
оттрезво́нить, -ню, -нит
оттрёпанный
оттрепа́ть(ся), -еплю́(сь), -е́плет(ся)
оттруби́ть, -блю́, -би́т
оттруди́ться, -ужу́сь, -у́дится
оттряса́ть, -а́ю, -а́ет
оттрясённый; кр. ф. -ён, -ена́
оттрясти́, -су́, -сёт; прош. -я́с, -ясла́
оттря́сший
оттря́хивать, -аю, -ает
оттряхну́ть, -ну́, -нёт
отту́да
оттужи́ть, -ужу́, -у́жит
оттузи́ть, -ужу́, -узи́т
оттушёванный
оттушева́ть, -шу́ю, -шу́ет
оттушёвка, -и
оттушёвывание, -я
оттушёвывать(ся), -аю, -ает(ся)
оттыка́ть(ся), -а́ю, -а́ет(ся)
оттяга́ть, -а́ю, -а́ет
оття́гивание, -я
оття́гивать(ся), -аю, -ает(ся)
оття́жка, -и
оттяжно́й
оття́нутый
оттяну́ть(ся), -яну́, -я́нет(ся)
оття́панный
оття́пать, -аю, -ает
оття́пывать(ся), -аю, -ает(ся)
оту́жинать, -аю, -ает
отума́ненный
отума́нивать(ся), -аю(сь), -ает(ся)
отума́нить(ся), -ню(сь), -нит(ся)
отупе́лый
отупе́ние, -я
отупе́ть, -е́ю, -е́ет
отупля́ть, -я́ю, -я́ет
отуре́ченный
отуре́чивать(ся), -аю(сь), -ает(ся)
отуре́чить(ся), -чу(сь), -чит(ся)
отутю́женный
отутю́живать(ся), -аю, -ает(ся)
отутю́жить, -жу, -жит
отуча́ть(ся), -а́ю(сь), -а́ет(ся)
оту́ченный
оту́чивать(ся), -аю(сь), -ает(ся)
оту́чить(ся), -учу́(сь), -у́чит(ся)
отучне́ть, -е́ю, -е́ет
отфильтро́ванный
отфильтрова́ть, -ру́ю, -ру́ет
отфильтро́вывать(ся), -аю, -ает(ся)
отформо́ванный
отформова́ть, -му́ю, -му́ет
отформо́вывать(ся), -аю, -ает(ся)
отфрезеро́ванный
отфрезерова́ть, -ру́ю, -ру́ет
отфутбо́лить, -лю, -лит
отха́живать, -аю, -ает
отха́рканный
отха́ркать(ся), -аю(сь), -ает(ся)
отха́ркивание, -я
отха́ркивать(ся), -аю(сь), -ает(ся)
отха́ркивающий(ся)
отха́ркнутый
отха́ркнуть(ся), -ну(сь), -нет(ся)

ОТХ

отхвати́ть, -ачу́, -а́тит
отхва́тывать(ся), -аю, -ает(ся)
отхва́ченный
отхвора́ть, -а́ю, -а́ет
отхлеба́ть, -а́ю, -а́ет
отхлебну́ть
отхлебну́ть, -ну́, -нёт
отхлёбывать, -аю, -ает
отхлёстанный
отхлеста́ть, -ещу́, -е́щет
отхлёстывать, -аю, -ает
отхло́панный
отхло́пать, -аю, -ает
отхлопота́ть, -очу́, -о́чет
отхло́пывать(ся), -аю, -ает(ся)
отхлы́нуть, -нет
отхлы́станный
отхлыста́ть, -щу́, -щет
отхлы́стывать, -аю, -ает
отхо́д, -а
отходи́ть(ся), -ожу́(сь), -о́дит(ся)
отхо́дная, -ой
отхо́дник, -а
отхо́дничество, -а
отхо́дный
отхо́дчивость, -и
отхо́дчивый
отходя́щий
отхо́жий
отхоте́ть(ся), -очу́, -о́чет(ся)
отца́рствовать, -твую, -твует
отцвести́, -вету́, -ветёт; прош. -вёл, -вела́
отцвета́ть, -а́ю, -а́ет
отцве́тший
отцеди́ть, -ежу́, -е́дит
отце́женный
отце́живать(ся), -аю, -ает(ся)
отце́п, -а
отцепи́ть(ся), -цеплю́(сь), -це́пит(ся)
отце́пка, -и
отцепле́ние, -я
отце́пленный
отцепля́ть(ся), -я́ю(сь), -я́ет(ся)
отцепно́й
отцеуби́йство, -а
отцеуби́йца, -ы, м. и ж.
отцо́в, -а, -о
отцо́вский
отцо́вство, -а
отчаёвничать, -аю, -ает
отча́иваться, -аюсь, -ается
отча́ленный
отча́ливать(ся), -аю, -ает(ся)
отча́лить(ся), -лю, -лит(ся)
отча́сти, нареч. (отча́сти я сам вино́ват)
отча́явшийся
отча́яние, -я
отча́янность, -и
отча́янный; кр. ф. -ян, -янна
отча́яться, -а́юсь, -а́ется
о́тче (обращение от оте́ц)
отчего́, нареч. и союз (отчего́ ты не ешь?), но местоим. от чего́ (от чего́ э́то зави́сит?)
отчего́-либо
отчего́-нибудь
отчего́-то
отчека́ненный
отчека́нивать(ся), -аю, -ает(ся)

ОТЧ

отчека́нить(ся), -ню, -нит(ся)
отчекры́женный
отчекры́жить, -жу, -жит
отчеренко́ванный
отчеренкова́ть, -ку́ю, -ку́ет
отчёркивать(ся), -аю, -ает(ся)
отчёркнутый
отчеркну́ть, -ну́, -нёт
отче́рпанный
отчерпа́ть, -аю, -ает
отче́рпнутый
отчерпну́ть(ся), -ну́, -нёт(ся)
отче́рпывать(ся), -аю, -ает(ся)
отчерти́ть, -ерчу́, -е́ртит
отче́рченный
отче́рчивать(ся), -аю, -ает(ся)
отчёсанный
отчеса́ть(ся), -ешу́, -е́шет(ся)
о́теческий
о́течество, -а
отчёсывать(ся), -аю, -ает(ся)
отчёт, -а
отчётистый
отчётливость, -и
отчётливый
отчётно-вы́борный
отчётно-перевы́борный
отчётность, -и
отчётный
отчи́зна, -ы
о́тчий
о́тчим, -а
о́тчина, -ы
о́тчинный
отчири́кать, -аю, -ает
отчи́рканный
отчи́ркать, -аю, -ает
отчисле́ние, -я
отчи́сленный
отчи́слить(ся), -лю(сь), -лит(ся)
отчисля́ть(ся), -я́ю(сь), -я́ет(ся)
отчи́стить(ся), -и́щу(сь), -и́стит(ся)
отчи́стка, -и
отчи́танный
отчита́ть(ся), -а́ю(сь), -а́ет(ся)
отчи́тывать(ся), -аю(сь), -ает(ся)
отчиха́ться, -а́юсь, -а́ется
отчихво́стить, -ощу, -о́стит
отчихво́щенный
отчища́ть(ся), -а́ю(сь), -а́ет(ся)
отчи́щенный
отчуди́ть, -уди́т
отчужда́ть(ся), -а́ю, -а́ет(ся)
отчужде́ние, -я
отчужда́емость, -и
отчуждённый; кр. ф. -ён, -ена́
отшага́ть, -а́ю, -а́ет
отша́гивать, -аю, -ает
отшатну́ть, -ну́, -нёт
отшатну́ть(ся), -ну́(сь), -нёт(ся)
отша́тываться, -аюсь, -ается
отшвартова́ться, -ту́ется
отшвы́ривать(ся), -аю, -ает(ся)
отшвы́рнутый
отшвырну́ть, -ну́, -нёт
отшвыря́ть, -я́ю, -я́ет
отшелушённый; кр. ф. -ён, -ена́
отшелуши́ть(ся), -шу́, -ши́т(ся)
отше́льник, -а
отше́льница, -ы
отше́льнический
отше́льничество, -а

отше́ствие, -я
отши́б, -а: на отши́бе
отшиба́ть(ся), -а́ю, -а́ет(ся)
отшиби́ть, -бу́, -бёт; *прош.* -ши́б, -ши́бла
отши́бленный
отшива́ть(ся), -а́ю, -а́ет(ся)
отши́тый
отши́ть, отошью́, отошьёт
отшлёпанный
отшлёпать, -аю, -ает
отшлёпывать, -аю, -ает
отшлифо́ванный
отшлифова́ть(ся), -фу́ю(сь), -фу́ет(ся)
отшлифо́вка, -и
отшлифо́вывать(ся), -аю(сь), -ает(ся)
отшпи́ленный
отшпи́ливать(ся), -аю, -ает(ся)
отшпи́лить(ся), -лю, -лит(ся)
отштампо́ванный
отштампова́ть(ся), -пу́ю, -пу́ет(ся)
отштампо́вывать(ся), -аю, -ает(ся)
отшто́панный
отшто́пать, -аю, -ает
отштукату́ренный
отштукату́ривать(ся), -аю, -ает(ся)
отштукату́рить, -рю, -рит
отшуме́ть, -млю́, -ми́т
отшути́ться, -учу́сь, -у́тится
отшу́чиваться, -аюсь, -ается
отщебета́ть, -ечу́, -е́чет
отщёлканный
отщёлкать, -аю, -ает
отщёлкивать(ся), -аю, -ает(ся)
отщёлкнутый
отщёлкнуть, -ну, -нет
отщеми́ть, -млю́, -ми́т
отщемлённый; *кр. ф.* -ён, -ена́
отщемля́ть(ся), -я́ю, -я́ет(ся)
отще́п, -а
отщепа́ть, -щеплю́, -ще́плет и -а́ю, -а́ет (*к* щепа́ть)
отщепе́нец, -нца
отщепе́нка, -и
отщепе́нство, -а
отщепе́нческий
отщепи́ть(ся), -плю́, -пи́т(ся)
отщепле́ние, -я
отщеплённый; *кр. ф.* -ён, -ена́
отщепля́ть(ся), -я́ю, -я́ет(ся)
отщи́панный
отщипа́ть, и́плю, и́плет, и -а́ю, -а́ет (*к* щипа́ть)
отщи́пнутый
отщипну́ть, -ну́, -нёт
отщи́пывать(ся), -аю, -ает(ся)
отъеда́ть(ся), -а́ю(сь), -а́ет(ся)
отъе́денный
отъедине́ние, -я
отъединённый; *кр. ф.* -ён, -ена́
отъедини́ть(ся), -ню́(сь), -ни́т(ся)
отъединя́ть(ся), -я́ю(сь), -я́ет(ся)
отъе́зд, -а
отъе́здить(ся), -е́зжу(сь), -е́здит(ся)
отъезжа́ть, -а́ю, -а́ет
отъезжа́ющий
отъе́зжий
отъём, -а
отъёмка, -и
отъёмный

отъёмыш, -а
отъе́сть(ся), -е́м(ся), -е́шь(ся), -е́ст(ся), -еди́м(ся), -еди́те(сь), -едя́т(ся); *прош.* -е́л(ся), -е́ла(сь)
отъе́хать, -е́ду, -е́дет
отъюли́ть, -лю, -ли́т
отъюсти́рованный
отъя́вленный
отъя́тый
отъя́ть, отыму́, оты́мет
оты́гранный
отыгра́ть(ся), -а́ю(сь), -а́ет(ся)
оты́грывать(ся), -аю(сь), -ает(ся)
о́тыгрыш, -а
оты́ди, *пов.* (*устар.*)
отыма́лка, -и, *р. мн.* -лок
отыма́ть(ся), -а́ю, -а́ет(ся)
отымённый
оты́сканный
отыска́ть(ся), -ыщу́(сь), -ы́щет(ся)
оты́скивать(ся), -аю(сь), -ает(ся)
отэкзамено́ванный
отэкзаменова́ть(ся), -ну́ю(сь), -ну́ет(ся)
отяготе́ть, -е́ю, -е́ет (стать тяжёлым)
отяготи́тельный
отяготи́ть, -ощу́, -оти́т (*кого, что*)
отяготи́ться, -ощу́сь, -оти́тся
отягоща́ть(ся), -а́ю(сь), -а́ет(ся)
отягоще́ние, -я
отягощённый; *кр. ф.* -ён, -ена́
отягча́ть(ся), -а́ю(сь), -а́ет(ся)
отягче́ние, -я
отягчённый; *кр. ф.* -ён, -ена́
отягчи́ть(ся), -чу́(сь), -чи́т(ся)
отяжеле́лый
отяжелённый; *кр. ф.* -ён, -ена́
отяжеле́ть, -е́ю, -е́ет (стать тяжёлым)
отяжели́ть, -лю́, -ли́т (*кого, что*)
отяжеля́ть(ся), -я́ю, -я́ет(ся)
оуэни́зм, -а
офе́нский
офе́ня, -и, *м.*
офе́рта, -ы
офикальци́т, -а
о́фис, -а
офи́т, -а
офи́товый
офице́р, -а
офице́рский
офице́рство, -а
офице́рша, -и
офицерьё, -я́
официа́льничать, -аю, -ает
официа́льность, -и
официа́льный
официа́нт, -а
официа́нтка, -и
официа́нтский
официо́з, -а
официо́зный
офо́рмитель, -я
офо́рмительница, -ы
офо́рмительский
офо́рмительство, -а
офо́рмить(ся), -млю(сь), -мит(ся)
оформле́ние, -я
офо́рмленный
оформля́ть(ся), -я́ю(сь), -я́ет(ся)
офо́рт, -а
офорти́ст, -а

офранцу́женный
офранцу́живать(ся), -аю(сь), -ает(ся)
офранцу́зить(ся), -у́жу(сь), -у́зит(ся)
офса́йд, -а
офсе́т, -а
офсе́тный
офсе́тчик, -а
офтальми́я, -и
офтальмо́лог, -а
офтальмологи́ческий
офтальмоло́гия, -и
офтальмо́метр, -а
офтальмометри́ческий
офтальмоме́трия, -и
офтальмоневроло́гия, -и
офтальмоплеги́я, -и
офтальмоско́п, -а
офтальмоскопи́ческий
офтальмоскопи́я, -и
офутеро́ванный
офутерова́ть, -ру́ю, -ру́ет
о́хабень, -бня
оха́живать, -аю, -ает
оха́ивание, -я
оха́ивать(ся), -аю, -ает(ся)
о́хала, -ы, *м. и ж.*
оха́льник, -а
оха́льница, -ы
оха́льничать, аю, -ает
оха́льный
охаме́ть, -е́ю, -е́ет
оха́нье, -я
оха́пка, -и
охарактеризо́ванный
охарактеризова́ть(ся), -зу́ю, -зу́ет(ся)
о́хать, -аю, -ает
оха́янный
оха́ять, оха́ю, оха́ет
охва́т, -а
охвати́ть, -ачу́, -а́тит
охва́тный
охва́тывать(ся), -аю, -ает(ся)
охва́ченный
охво́стье, -я
о́хи, -ов
охладева́ть, -а́ю, -а́ет
охладе́лый
охладе́ть, -е́ю, -е́ет (стать холодным, равнодушным)
охлади́тель, -я
охлади́тельный
охлади́ть, -ажу́, -ади́т (*кого, что*)
охлади́ться, -ажу́сь, -ади́тся
охлажда́ть(ся), -а́ю(сь), -а́ет(ся)
охлажде́ние, -я
охлаждённый; *кр. ф.* -ён, -ена́
охламо́н, -а
охлократи́ческий
охлокра́тия, -и
охло́пать, -аю, -ает
охло́пок, -пка, *р. мн.* -пков
охло́пывать, -аю, -ает
охло́пье, -я, *р. мн.* -ьев
охмеле́ние, -я
охмелённый; *кр. ф.* -ён, -ена́
охмеле́ть, -е́ю, -е́ет (стать пьяным)
охмели́ть, -лю́, -ли́т (*кого*)
охмеля́ть(ся), -я́ю(сь), -я́ет(ся)
охмури́ть, -рю́, -ри́т
охмуря́ть, -я́ю, -я́ет
о́хнуть, -ну, -нет

ОХО

охола́щивать(ся), -аю, -ает(ся)
охолоде́лый
охолоде́ть, -е́ю, -е́ет (стать холодным)
охолоди́ть, -ожу́, -оди́т (кого, что)
охоло́женный
охолости́ть, -ощу́, -ости́т
охолощённый; кр. ф. -ён, -ена́
охора́шивание, -я
охора́шивать(ся), -аю(сь), -ает(ся)
охо́та, -ы
охо́титься, охо́чусь, охо́тится
охо́тка, -и: в охо́тку
охо́тник, -а
охо́тница, -ы
охо́тничий, -ья, -ье
охо́тно
охотноря́дец, -дца
охотноря́дческий
охотове́д, -а
охотове́дение, -я
охотове́дческий
ох-ох-о́х, неизм.
охохо́хоньки, охохо́нюшки и охохо́шеньки, неизм.
охо́чий
о́хра, -ы
охра́на, -ы
охране́ние, -я
охранённый; кр. ф. -ён, -ена́
охрани́тель, -я
охрани́тельница, -ы
охрани́тельный
охрани́ть, -ню́, -ни́т
охра́нка, -и
охра́нник, -а
охра́нный
охраня́ть(ся), -я́ю(сь), -я́ет(ся)
о́хренный, прич.
охри́плый
охри́пнуть, -ну, -нет; прош. -и́п, -и́пла
охри́пший
о́христый
о́хрить(ся), -рю, -рит(ся)
о́хровый
охроме́ть, -е́ю, -е́ет
охря́нка, -и
охря́ный, прил.
о́хти, неизм.
о́хтинский (от Охта)
охули́ть, -лю́, -ли́т
оху́лка, -и
оцара́панный
оцара́пать(ся), -аю(сь), -ает(ся)
оцара́пнутый
оцара́пнуть, -ну, -нет
оцеди́ть, -ежу́, -е́дит
оце́женный
оце́живать(ся), -аю, -ает(ся)
оцело́т, -а
оценённый; кр. ф. -ён, -ена́
оце́нивать(ся), -аю, -ает(ся)
оцени́ть, -еню́, -е́нит
оце́нка, -и
оце́ночно-прогно́зный
оце́ночный
оце́нщик, -а
оце́нщица, -ы
оцепене́лый
оцепене́ние, -я
оцепенённый

ОЦЕ

оцепене́ть, -е́ю, -е́ет (стать неподвижным)
оцепени́ть, -ню́, -ни́т (кого, что)
оцепеня́ть, -я́ю, -я́ет
оцепи́ть, оцеплю́, оце́пит
оцепле́ние, -я
оцепленный
оцепля́ть(ся), -я́ю, -я́ет(ся)
о́цет, о́цта
оцинко́ванный
оцинкова́ть, -ку́ю, -ку́ет
оцинко́вка, -и
оцинко́вочный
оцинко́вывание, -я
оцинко́вывать(ся), -аю, -ает(ся)
оча́г, -а
очаго́вый
очажо́к, -жка́
оча́нка, -и
очарова́ние, -я
очаро́ванный
очарова́тельный
очарова́ть(ся), -ру́ю(сь), -ру́ет(ся)
очаро́вывать(ся), -аю(сь), -ает(ся)
очеви́дец, -дца
очеви́дица, -ы
очеви́дность, -и
очеви́дный
очелове́чение, -я
очелове́ченный
очелове́чивать(ся), -аю(сь), -ает(ся)
очелове́чить(ся), -чу(сь), -чит(ся)
оче́лье, -я
о́чень
очерви́веть, -еет
очере́дник, -а
очере́дница, -ы
очередно́й
очерёдность, -и
о́чередь, -и, мн. -и, -е́й
очере́т, -а
очере́тник, -а
очере́тный
очере́товый
очеретя́ный
о́черк, -а, мн. -и, -ов
очёркивать(ся), -аю, -ает(ся)
очерки́ст, -а
очерки́стка, -и
очерки́стский
очёркнутый
очеркну́ть, -ну́, -нёт
очерко́вый
очернённый; кр. ф. -ён, -ена́
очерни́ть(ся), -ню́, -ни́т(ся)
очерня́ть(ся), -я́ю, -я́ет(ся)
очерстве́лый
очерстве́ть, -е́ю, -е́ет
очерта́ние, -я
очерте́ть, -е́ю, -е́ет
очерти́ть, -ерчу́, -е́ртит
оче́рченный
оче́рчивать(ся), -аю, -ает(ся)
очёс, -а
очёсанный
очеса́ть, -ешу́, -е́шет
очёска, -и
очёски, -ов, ед. очёсок, -ска
очёсочный
очёсывание, -я
очёсывать(ся), -аю, -ает(ся)
оче́чник, -а

ОЧЕ

оче́чный
очи́ненный
очи́нивать(ся), -аю, -ает(ся)
очини́ть(ся), -иню́, -и́нит(ся)
очи́нка, -и
очиня́ть(ся), -я́ю, -я́ет(ся)
очисти́тель, -я
очисти́тельный
очи́стить(ся), -и́щу(сь), -и́стит(ся)
очи́стка, -и
очи́стки, -ов
очи́стный и очистно́й
очи́ток, -тка
очища́ть(ся), -а́ю(сь), -а́ет(ся)
очище́ние, -я
очи́щенный
очка́рик, -а
очка́стый
очка́тый
очки́, -о́в
очко́, -а́
очкова́ние, -я
очкова́ть, -ку́ю, -ку́ет
очковтира́тель, -я
очковтира́тельский
очковтира́тельство, -а
очко́вый
очку́р, -а
очну́ться, -ну́сь, -нётся
о́чный
очу́вствоваться, -твуюсь, -твуется
очуме́лый
очуме́ть, -е́ю, -е́ет
очути́ться, очу́тится
очу́хаться, -аюсь, -ается
ошалева́ть, -а́ю, -а́ет
ошале́лый
ошале́ть, -е́ю, -е́ет
ошара́шенный
ошара́шивать, -аю, -ает
ошара́шить, -шу, -шит
о́шва, -ы
ошварто́ванный
ошвартова́ть(ся), -ту́ю(сь), -ту́ет(ся)
ошварто́вить, -влю, -вит
ошварто́вленный
оше́ек, оше́йка
оше́йник, -а
ошеломи́тельный
ошеломи́ть, -млю́, -ми́т
ошеломле́ние, -я
ошеломлённый; кр. ф. -ён, -ена́
ошеломля́ть(ся), -я́ю, -я́ет
ошеломля́ющий
ошелуди́веть, -ею, еет
ошелушённый; кр. ф. -ён, -ена́
ошелуши́ть, -шу́, -ши́т
ошельмо́ванный
ошельмова́ть, -му́ю, -му́ет
ошиба́ться, -а́юсь, -а́ется
ошиби́ться, -бу́сь, -бётся; прош. оши́бся, оши́блась
оши́бка, -и
оши́бочный
оши́канный
оши́кать, -аю, -ает
оши́ненный
оши́нить, -ню, -нит
ошино́ванный
ошинова́ть, -ну́ю, -ну́ет
ошино́вка, -и
ошку́й, -я

ошлакованный
ошлаковать, -кую, -кует
ошлифованный
ошлифовать(ся), -фую, -фует(ся)
ошлифовывать(ся), -аю, -ает(ся)
ошлихтованный
ошлихтовать, -тую, -тует
ошлюзованный
ошлюзовать, -зую, -зует
ошмётки, -ов, ед. ошмёток, -тка
ошпаренный
ошпаривать(ся), -аю(сь), -ает(ся)
ошпарить(ся), -рю(сь), -рит(ся)
оштрафованный
оштрафовать, -фую, -фует
оштукатуренный
оштукатуривать(ся), -аю, -ает(ся)
оштукатурить, -рю, -рит
ошурки, -ов
ошуюю (слева)
ощенить(ся), -ит(ся)
още́ренный
ощеривать(ся), -аю(сь), -ает(ся)
ощерить(ся), -рю(сь), -рит(ся)
ощерять(ся), -яю(сь), -яет(ся)
ощетиненный
ощетинивать(ся), -аю(сь), -ает(ся)
ощетинить(ся), -ню(сь), -нит(ся)
ощипанный
ощипать(ся), -иплю, -иплет(ся) и -аю, -ает(ся)
ощипка, -и
ощипывание, -я
ощипывать(ся), -аю, -ает(ся)
ощупанный
ощупать(ся), -аю(сь), -ает(ся)
ощупывание, -я
ощупывать(ся), -аю(сь), -ает(ся)
ощупь, -и: на ощупь
ощупью, нареч.
ощутимый
ощутительный
ощутить, ощущу, ощутит
ощущать(ся), -аю, -ает(ся)
ощущение, -я
ощущённый; кр. ф. -ён, -ена
оягниться, -ится
ояловеть, -еет

П

па, нескл., с.
паблисити, нескл., с.
пава, -ы
павиан, -а
павий, -ья, -ье
павильон, -а
павильонный
павильончик, -а
павинол, -а
павлин, -а
павлиний, -ья, -ье
павлиноглазка, -и
паводковый
паводок, -дка
павой, -я
паволока, -и
павушка, -и
павший
пагамент, -а
пагинация, -и

пагода, -ы (буддийский храм)
паголенок, -нка, р. мн. -нков
пагуба, -ы
пагубный
падалица, -ы
падаль, -и
паданец, -нца
падание, -я
паданка, -и
падать, -аю, -ает
падающий
падевый
падеграс, -а
па-де-де, нескл., с.
падёж, -ежа (в грамматике)
падёж, -ежа (о скоте)
падёжный (от падёж)
падёжный (от падёж)
падекатр
падение, -я
падепатинер, -а
падеспань, -и
па-де-труа, нескл., с.
падина, -ы
падишах, -а
падишахский
падкий
падуб, -а
падубовый
падуга, -и
падун, -а
падучая, -ей
падучий
падушка, -и (небольшая падь)
падчерица, -ы
падший
падь, -и
паевой
паёк, пайка
паенакопление, -я
паж, -а
пажеский
пажитник, -а
пажитный
пажить, -и
паз, -а, предл. о пазе, в пазу, мн. пазы, -ов
пазанка, -и и пазанок, -нка
пазиграфия, -и
пазовальный
пазовый
пазуха, -и
пазушина, -ы
пазушка, -и
пазушный
паинька, -и, м. и ж.
паинька-мальчик, паиньки-мальчика
пай, пая, предл. о пае, в паю и в пае, мн. пай, паёв
пайза, -ы
пайка, -и
пайковый
пай-мальчик, -а
пайщик, -а
пайшица, -ы
пак, -а
паргауз, -а
паргаузный
пакет, -а
пакетбот, -а
пакетботный

пакетик, -а
пакетный
пакетоделательный
пакетоукладчик, -а
пакистанец, -нца
пакистанка, -и
пакистанский
паккамера, -ы
паккард, -а
паклен, -а
паклить, -лю, -лит
пакля, -и
ākляный
пакованный
паковать, -кую, -кует
паковка, -и
паковочный
паковый
пакостить, -ощу, -остит
пакостливый
пакостник, -а
пакостница, -ы
пакостничать, -аю, -ает
пакостный
пакость, -и
пакотильный
пакт, -а
паладин, -а
паланка, -и
паланкин, -а (носилки)
палантин, -а (накидка)
палас, -а
палата, -ы
палатализация, -и
палатализированный
палатализировать(ся), -рую, -рует(ся)
палатализованный
палатализовать(ся), -зую, -зует(ся)
палатальный
палатка, -и
палатный
палаточный
палаццо, нескл., с.
палач, -а
палаческий
палачество, -а
палачествовать, -твую, -твует
палаш, -а
палеарктический
палево-дымчатый
палево-пёстрый
палевый
паление, -я
палённый; кр. ф. -ён, -ена, прич.
палёный, прил.
палеоазиатский
палеоазиаты, -ов, ед. палеоазиат, -а
палеоантрополог, -а
палеоантропологический
палеоантропология, -и
палеобиогеохимия, -и
палеобиоценоз, -а
палеоботаник, -а
палеоботаника, -и
палеоботанический
палеоген, -а
палеогеновый
палеогеограф, -а
палеогеографический
палеогеография, -и

ПАЛ

палеогра́ф, -а
палеографи́ческий
палеогра́фия, -и
палеоза́вр, -а
палеозо́й, -я
палеозо́йский
палеозоо́лог, -а
палеозоологи́ческий
палеозооло́гия, -и
палеоклиматоло́гия, -и
палеоли́т, -а
палеолити́ческий
палеомагнети́зм, -а
палеонто́лог, -а
палеонтологи́ческий
палеонтоло́гия, -и
палеопатоло́гия, -и
палеопите́к, -а
палеоте́рий, -я
палеотропи́ческий
палеофитоло́гия, -и
палеоце́н, -а
палеоце́новый
палести́ны, -и́н и палести́на, -ы
пале́стра, -ы
пале́тка, -и
па́лехский
па́лец, па́льца
па́лец (па́льцем) о па́лец (не уда́рит)
палеша́нин, -а, мн. -а́не, -а́н
пале́я, -и
па́ли, нескл., м. (язык)
пали́льный
палимпсе́ст, -а
палингене́з, -а и палинге́незис, -а
палингенети́ческий
палиндро́м, -а
палиногра́мма, -ы
палино́дия, -и
палино́лог, -а
палинологи́ческий
палиноло́гия, -и
писа́д, -а
палиса́дник, -а
палиса́дничек, -чка
палиса́ндр, -а
палиса́ндровый
пали́тельный
пали́тра, -ы
пали́ть, -лю́, -ли́т
па́лица, -ы
па́лия, -и
па́лка, -и
палкообра́зный
палла́диевый
палла́дий, -я (металл)
палла́диум, -а (опора, оплот)
палласи́т, -а
паллиати́в, -а
паллиати́вный
палло́граф, -а
пало́ло, нескл., м.
пало́мник, -а
пало́мница, -ы
пало́мничать, -аю, -ает
пало́мнический
пало́мничество, -а
па́лочка, -и
па́лочка-выруча́лочка, па́лочки-выруча́лочки
палочкови́дный

ПАЛ

палочкообра́зный
па́лочник, -а
па́лочный
па́лтус, -а
па́лтусовый
па́луба, -ы
па́лубить, -блю, -бит
па́лубленный
па́лубник, -а
па́лубный
па́лый
пальба́, -ы́
па́льма, -ы
пальмаро́за, -ы
пальме́тта, -ы
пальми́ра, -ы
пальмити́н, -а
пальмити́новый
пальмови́дный
па́льмовый
пальмообра́зный
пальну́ть, -ну́, -нёт
пальпа́ция, -и
пальпи́ровать, -рую, -рует
пальпита́ция, -и
пальтецо́, -а́
пальти́шко, -а
пальто́, нескл., с.
пальто́вый
пальту́шка, -и
пальцеви́дный
пальцево́й
пальцекры́лый
пальцеобра́зный
пальцеходя́щий
пальчатоло́пастный
пальчаторазде́льный
пальчаторассечённый
пальчатосло́жный
па́льчатый
па́льчик, -а
па́ля, -и, р. мн. паль
паляни́ца, -ы (хлеб)
паля́щий
па́мпа, -ы
пампа́сный
пампа́совый
пампа́сский
па́мпасы, -ов
пампе́ро, нескл., м.
пампу́шечка, -и
пампу́ши, -у́ш, ед. пампу́ша, -и
пампу́шка, -и
памфле́т, -а
памфлети́ст, -а
памфлети́стка, -и
памфле́тный
па́мятка, -и
па́мятливый
па́мятник, -а
па́мятный
па́мятование, -я
па́мятовать, -тую, -тует
па́мять, -и
пан, -а, мн. -ы́, -о́в
пан... — первая часть сложных слов, пишется слитно со всеми словами, кроме имен собственных (пан-Евро́па)
пана́гия, -и
пана́ма, -ы
панамериканизм, -а

ПАН

панамерика́нский
пана́мка, -и
панараби́зм, -а
панари́ций, -я
панафрикани́зм, -а
панафрика́нский
панаце́я, -и
панба́рхат, -а
пангене́зис, -а
пангермани́зм, -а
пангермани́ст, -а
пангерма́нский
панголи́н, -а
па́нда, -ы
панда́н, -а
панда́новые, -ых
панда́нус, -а
панде́ктный
панде́кты, -ов
пандеми́ческий
пандеми́я, -и
па́ндус, -з
пан-Евро́па, -ы, но: панъевропе́йский
панеги́рик, -а
панегири́ст, -а
панегири́стка, -и
панегири́ческий
панелево́з, -а
пане́ль, -и
пане́льно-фре́зерный
пане́льный
пане́нка, -и
панзоо́тия, -и
па́ни, нескл., ж.
панибра́тство, -а
па́ника, -и
паникади́ло, -а
паникёр, -а
паникёрский
паникёрство, -а
паникёрствовать, -твую, -твует
паникёрша, -и
паникова́ть, -ку́ю, -ку́ет
панирани́зм, -а
паниро́вка, -и
паниро́вочный
панислами́зм, -а
панислами́стский
панихи́да, -ы
панихи́дный
пани́ческий
па́нкреас, -а
панкреати́н, -а
панкреати́т, -а
панкреати́ческий
панлоги́зм, -а
па́нна, -ы
панно́, нескл., с.
па́нночка, -и
па́ннус, -а
панова́ть, -ну́ю, -ну́ет
пано́птикум, -а
панора́ма, -ы
панорами́рование, -я
панорами́ровать, -рую, -рует
панора́мный
паносмани́зм, -а
панпсихи́зм, -а
панпсихи́ческий
пансио́н, -а
пансиона́т, -а

ПАН

пансионе́р, -а
пансионе́рка, -и
пансио́нный
пансио́нский
па́нский
панслави́зм, а
панслави́ст, -а
панслави́стский
пансперми́я, -и
па́нство, -а
пантало́нчики, -ов
пантало́ны, -он
панталы́к: сби́ть(ся) с панталы́ку
панта́ч, -а́
пантеи́зм, -а
пантеи́ст, -а
пантеисти́ческий
пантеи́стка, -и
пантеллери́т, -а
пантео́н, -а
панте́ра, -ы
па́нтовый
панто́граф, -а
пантокри́н, -а
пантокри́новый
пантоле́ты, -ет, *ед.* пантоле́та, -ы
панто́метр, -а
пантоми́ма, -ы
пантоми́мика, -и
пантомими́ческий
пантоми́мный
пантопо́н, -а
пантор́езный
пантори́фма, -ы
пантоста́т, -а
па́нты, -ов
пантюрки́зм, -а
пану́ргово ста́до
панхромати́ческий
панцирноще́кие, -их
па́нцирный
па́нцирь, -я
панча́т, -а
па́нчен-ла́ма, -ы, *м.*
па́нщина, -ы
панъевропе́йский
паны́ч, -а́
панэллини́зм, -а
па́па, -ы, *м.*
папаве́ри́н, -а
папа́йя, -и
папа́ня, -и, *м.*
папа́ха, -и
папа́ша, -и, *м.*
папа́шка, -и, *м.*
па́пенька, -и, *м.*
па́пертный
па́перть, -и
папи́зм, -а
папилли́т, -а
папилло́ма, -ы
папилля́рный
папильо́тка, -и
папироло́гия, -и
папиро́са, -ы
папиро́ска, -и
папиро́сник, -а
папиро́сница, -ы
папиро́сный
папиросонабивно́й
папи́рус, -а
папи́ст, -а

ПАП

папи́стский
па́пка¹, -и, *ж.* (обложка)
па́пка², -и, *м.* (отец)
па́поротник, -а
папоротникови́дный
па́поротниковый
папоротникообра́зный
па́почка¹, -и, *м.* (отец)
па́почка², -и, *ж.* (обложка)
па́почный
па́прика, -и
па́пский
па́пство, -а
папуа́с, -а
папуа́ска, -и
папуа́сский
па́пула, -ы
папу́ша, -и
папуше́вка, -и
папуше́вочный
папу́шить, -шу, -шит
папу́шный
папье́-маше́, *нескл., с.*
пар, -а и -у, *предл.* о па́ре, в пару́,
    мн. -ы́, -о́в
па́ра, -ы
парабе́ллум, -а
парабио́з, -а
пара́бола, -ы
параболи́ческий
параболо́ид, -а
парава́н, -а
парага́нглий, -я
парагва́ец, -а́йца
парагва́йка, -и
парагва́йский
параге́лий, -я
параге́незис, -а
парагне́йс, -а
парагра́мма, -ы
пара́граф, -а
парагриппо́зный
пара́д, -а
пара́д-алле́, пара́да-алле́, *м.*
паради́гма, -ы
парадигмати́ческий
паради́з, -а
паради́рование, -я (*от* паради́ровать)
паради́ровать, -ру́ю, -ру́ет (к пара́д)
пара́дное, -ого
пара́дность, -и
пара́дный
парадо́кс, -а
парадокса́льность, -и
парадокса́льный
парадома́ния, -и
парази́т, -а
паразита́рный
паразити́зм, -а
паразити́ровать, -рую, -рует
паразити́ческий
парази́тка, -и
парази́тный
паразито́лог, -а
паразитологи́ческий
паразитоло́гия, -и
паразитоцено́з, -а
парази́тство, -а
паракаучу́к, -а
паракли́т, -а
паракоклю́ш, -а
парализа́тор, -а

ПАР

парализа́ция, -и
парализо́ванный
парализова́ть(ся), -зу́ю, -зу́ет(ся)
паралингви́стика, -и
парали́тик, -а
паралити́ческий
парали́ч, -а́
парали́чный
паралла́кс, -а
параллакти́ческий
параллелепи́пед, -а
параллели́зм, -а
параллелогра́мм, -а
параллелотро́пный
паралле́ль, -и
паралле́льно включённый
паралле́льно-пло́ский
паралле́льно-после́довательный
паралле́льный
паралоги́зм, -а
паралоги́ческий
парамагнети́зм, -а
парамагне́тик, -а
парамагни́тный
пара́метр, -а
параметри́т, -а
параметри́ческий
параме́ция, -и
парамнези́я, -и
параморфо́за, -ы
паранго́н, -а
паранджа́, -и́
паранефри́т, -а
парано́ик, -а
паранои́ческий
парано́йя, -и
парано́мия, -и
паранте́з, -а
пара́нтроп, -а
парапе́т, -а
парапе́тный
параплеги́я, -и
парапроце́сс, -а
парапсихоло́гия, -и
парасимпати́ческий
парасо́ль, -я
парата́ксис, -а
паратакти́ческий
парати́п, -а
парати́ф, -а
паратифо́зный
паратони́ческий
паратуберкулёз, -а
паратуберкулёзный
пара́тый
пара́ф, -а
парафази́я, -и
парафимо́з, -а
парафи́н, -а
парафини́рование, -я
парафини́рованный
парафини́ровать, -рую, -рует
парафи́нистый
парафи́новый
парафинолече́ние, -я
парафинотерапи́я, -и
парафи́рование, -я
парафи́рованный
парафи́ровать(ся), -рую, -рует(ся)
параформальдеги́д, -а
парафра́з, -а и парафра́за, -ы
парафрази́рованный

парафразировать(ся), -рую, -рует(ся)
парафрастический
парахронизм, -а
парацентез, -а
параша, -и
парашют, -а
парашютизм, -а
парашютирование, -я
парашютировать, -рую, -рует
парашютист, -а
парашютистка, -и
парашютно-десантный
парашютно-посадочный
парашютный
паращитовидный
парвеню, нескл., м.
паргелий, -я (ложное солнце)
пардон, -а и -у и неизм.
парез, -а (паралич)
парейазавр, -а
паремейник, -а
паремия, -и
паренёк, -нька
парение, -я (к парить)
парение, -я (к парить)
паренный, прич.
парентеральный
паренхима, -ы
паренхиматозный
паренхимула, -ы
пареный, прил.
парень, -рня, мн. парни, -ей
парестезия, -и
пари, нескл., с.
париетальный
парижанин, -а, мн. -ане, -ан
парижанка, -и
парижский
парик, -а
парикмахер, -а, мн. -ы, -ов
парикмахерская, -ой
парикмахерский
парикмахерша, -и
париковый
парилка, -и
парильный
парильня, -и, р. мн. -лен
парирование, -я
парированный
парировать(ся), -рую, -рует(ся)
паритель, -я
паритет, -а
паритетный
парить, -рю, -рит (летать)
парить(ся), -рю(сь), -рит(ся)
паричок, -чка
пария, -и, м. и ж.
парк, -а
парка, -и
паркет, -а
паркетина, -ы
паркетник, -а
паркетный
паркетчик, -а
паркий
паркинсонизм, -а
парковый
парламент, -а
парламентаризм, -а
парламентарий, -я
парламентарный
парламентёр, -а

парламентёрский
парламентёрство, -а
парламентский
пармезан, -а
парнасец, -сца
парнасский
парная, -ой
парник, -а
парниковод, -а
парниководство, -а
парниковый
парничок, -чка
парнишка, -и, м.
парнище, -а, м.
парной
парнокопытные, -ых
парнолистниковые, -ых
парноперистосложный
парноперистый
парнорезцовые, -ых
парный
парнюга, -и, м.
пароаммиачный
парование, -я
ароварка, -и
паровать, -рую, -рует
паровик, -а
паровичок, -чка
пароводонепроницаемый
пароводяной
паровоз, -а
паровоздушный
паровозник, -а
паровозный
паровозовагоноремонтный
паровозоремонтный
паровозосборочный
паровозостроение, -я
паровозостроительный
паровой
паровпускной
паровыпускной
паровыхлопной
парогазовый
парогазогенератор, -а
парогазогенизатор, -а
парогенератор, -а
парогидравлический
парод, -а
пародийный
пародинамо, нескл., с.
пародинамомашина, -ы
пародирование, -я (от парадировать)
пародированный
парадировать(ся), -рую, -рует(ся) (от пародия)
пародист, -а
пародия, -и
пародонтоз, -а
парожидкостный
пароизмеритель, -я
пароизмерительный
пароизолирующий
пароизоляция, -и
парокислородный
пароконный
пароксизм, -а
пароли, нескл., с.
пароль, -я
парольный
паром, -а
паромасляный

паромер, -а
паромный
паромотор, -а
паромщик, -а
паронепроницаемый
пароним, -а
парономазия, -и
парообразный
парообразование, -я
парообразователь, -я
пароотборный
пароотводный
пароохладитель, -я
пароперегрев, -а
пароперегреватель, -я
пароподводящий
паропреобразователь, -я
паропровод, -а
паропроизводительность, -и
парораспределение, -я
парораспределитель, -я
парораспределительный
паросборник, -а
паросиловой
пароструйный
паротеплоход, -а
паротит, -а
паротрубный
паротурбина, -ы
паротурбинный
паротурбовоз, -а
пароход, -а
пароходик, -а
пароходный
пароходостроение, -я
пароходство, -а
пароходчик, -а
парочка, -и
парсек, -а
парсизм, -а
парта, -ы
партактив, -а
партбилет, -а
партбюро, нескл., с.
партвзносы, -ов
партвзыскание, -я
партгрупорг, -а
партгруппа, -ы
партдисциплина, -ы
партеногенез, -а
партер, -а
партерный
партесный
партиец, -ийца
партизан, -а
партизанить, -ню, -нит
партизанка, -и
партизанский
партизанство, -а
партизанствовать, -твую, -твует
партизанщина, -ы
партийка, -и (к партия)
партийка, -и (к партиец)
партийно-государственный
партийно-комсомольский
партийно-организационный
партийно-политический
партийно-правительственный
партийно-профсоюзный
партийность, -и
партийный
партикуляризация, -и

партикуляризм, -а
партикулярный
партионный
парт- и профактив, -а
партитура, -ы
партитурный
партия, -и
парткабинет, -а
партколлегия, -и
партколлектив, -а
партком, -а
парткомиссия, -и
парткомовский
партконференция, -и
партмаксимум, -а
партминимум, -а
партнагрузка, -и
партнёр, -а
партнёрша, -и
парторг, -а
парторган, -а
парторганизация, -и
партпоручение, -я
партпросвещение, -я
партработа, -ы
партработник, -а
партсобрание, -я
партстаж, -а
партсъезд, -а
партучёба, -ы
партучёт, -а
партшкола, -ы
партячейка, -и
парубок, -бка
парус, -а, мн. -а́, -о́в
парусина, -ы
парусинный
парусиновый
парусить, -ит
парусник, -а
парусно-гребной
парусно-моторный
парусность, -и
парусный
парусок, -ска́
парфорс, -а
парфорсный
парфюмер, -а
парфюмерия, -и
парфюмерно-косметический
парфюмерный
парфянин, -а, мн. -яне, -ян
парфянский
парцелла, -ы
парцеллированный
парцеллировать, -рую, -рует
парцелльный
парцеллярный
парцелляция, -и
парциальный
парча, -и
парчовый
парша, -и
паршиветь, -ею, -еет
паршивец, -вца
паршивка, -и
паршивый
парывать, наст. вр. не употр.
парюра, -ы
паря, -и, м.
пас, -а и неизм. (к пасова́ть)
пасека, -и

пасённый; кр. ф. -ён, -ена́
пасечник, -а
пасечный
пасквиль, -я
пасквильный
пасквилянт, -а
пасквилянтский
паскуда, -ы
паскудить, -ужу, -удит
паскудничать, -аю, -ает
паскудный
паскудство, -а
паслён, -а
паслёновый
пасмо, -а
пасмурный
пасмурь, -и
паснуть, -ну, -нёт
пасовать(ся), -сую(сь), -сует(ся)
пасовка, -и
пасодобль, -я
пасока, -и
пасочница, -ы
пасочный
паспарту, нескл., с.
паспорт, -а, мн. -а́, -о́в
паспортизация, -и
паспортизованный
паспортизовать, -зую, -зует
паспортист, -а
паспортистка, -и
паспортный
пасс, -а (движение рукой)
пассаж, -а
пассажир, -а
пассажирка, -и
пассажировместимость, -и
пассажиро-километр, -а
пассажиропоток, -а
пассажирский
пассажный
пассакалия, -и и пассакалья, -и
пассат, -а
пассатижи, -ей
пассатный
пассеизм, -а
пассеист, -а
пассеистский
пассерование, -я
пассерованный
пассеровать, -рую, -рует (кулин.)
пассеровка, -и (от пассерова́ть)
пассив, -а
пассиватор, -а
пассивирование, -я
пассивированный
пассивировать, -рую, -рует
пассивность, -и
пассивный
пассиметр, -а
пассировать, -рую, -рует (в цирке)
пассировка, -и (от пассировать)
пассифлора, -ы
пассия, -и
паста, -ы
пастбище, -а
пастбищеоборот, -а
пастбищный
паства, -ы
пастель, -и (вид живописи)
пастельный (от пастель)
пастеризатор, -а

пастеризационный
пастеризация, -и
пастеризованный
пастеризовать(ся), -зую, -зует(ся)
пастернак, -а
пастеровский
пасти, пасу́, пасёт; прош. пас, пасла́
пастила, -ы́, мн. -и́лы, -и́л
пастилаж, -а
пастилка, -и (от пастила́)
пастилочный (от пастила́)
пастиччо, нескл., с.
пасти́сь, пасётся; прош. па́сся, пасла́сь
пастозность, -и
пастозный
пастообразный
пастор, -а
пастораль, -и
пасторальный
пасторат, -а
пасторский
пасторство, -а
пасторша, -и
пастриги, -ов
пастрижки, -жек
пастух, -а
пастушеский
пастуший, -ья, -ье
пастушка, -и
пастушковый
пастушок, -шка
пастушонок, -нка, мн. -шата, -шат
пастырский
пастырь, -я
пасть, -и
пасть, паду́, падёт; прош. пал, пала
пастьба, -ы́
пасха, -и
пасхалия, -и
пасхальный
пасший(ся)
пасынкование, -я
пасынкованный
пасынковать, -кую, -кует
пасынковый
пасынок, -нка
пасьянс, -а
пасьянсный
пасюк, -а́
пат, -а
патент, -а
патентика, -и
патентный
патентование, -я
патентованный
патентовать, -тую, -тует
патентоведение, -я
патентообладатель, -я
патентоспособный
патер, -а
патерик, -а́
патернализм, -а
патерностер, -а
патетика, -и
патетический
патетичность, -и
патетичный
патефон, -а
патефонный
патина, -ы

ПАТ

патини́рование, -я
патини́рованный
патини́ровать(ся), -рую, -рует(ся)
патиссо́н, -а
патла́тый
па́тлы, патл, *ед.* па́тла, -ы
патова́ть, -ту́ю, -ту́ет
патогене́з, -а
патогенети́ческий
патоге́нный
патогности́ческий
па́тока, -и
пато́лог, -а
патологи́ческий
патоло́гия, -и
патологоанато́м, -а
патологоанатоми́ческий
патопсихоло́гия, -и
патофизио́лог, -а
патофизиологи́ческий
патофизиоло́гия, -и
па́точный
патриа́рх, -а
патриарха́льно-родово́й
патриарха́льность, -и
патриарха́льный
патриарха́льщина, -ы
патриарха́т, -а
патриа́рхия, -и
патриа́ршеский
патриа́ршество, -а
патриа́ршествовать, -твую, -твует
патриа́рший
патримониа́льный
патримо́ний, -я и патримо́ниум, -а
патрио́т, -а
патриоти́зм, -а
патриоти́ческий
патриоти́чность, -и
патриоти́чный
патрио́тка, -и
патри́стика, -и
па́трица, -ы
патрициа́нка, -и
патрициа́нский
патрициа́т, -а
патри́ций, -я
патро́лог, -а
патроло́гия, -и
патро́н, -а
патрона́ж, -а
патрона́жный
патрона́т, -а
патроне́сса, -ы
патроними́ческий
патрони́мия, -и
патрони́рование, -я
патрони́ровать, -рую, -рует
патро́нник, -а
патро́нный
патронта́ш, -а
патро́нша, -и
па́трубок, -бка
патрули́рование, -я
патрули́ровать(ся), -рую, -рует(ся)
патру́ль, -я
патру́льный
па́ужин, -а и па́ужина, -ы
па́ужинать, -аю, -ает
па́уза, -ы
па́узить, -ужу, -узит
па́узка, -и

ПАУ

па́узник, -а
па́узный
па́узок, -зка
пау́к, -а́
паукообра́зный
па́упер, -а
паупериза́ция, -и
паупери́зм, -а
паути́на, -ы
паути́нка, -и
паути́нный
пау́чий, -ья, -ье
паучо́к, -чка́
пауша́льный
паф, *неизм.*
па́фос, -а
пах, -а, *предл.* о па́хе, в паху́
па́ханный, *прич.*
па́ханый, *прил.*
па́харь, -я
паха́ть(ся), пашу́, па́шет(ся)
пахидерми́я, -и
пахименинги́т, -а
пахи́т, -а
пахито́са, -ы
пахито́ска, -и
пахлава́, -ы́
па́хнувший (*от* па́хнуть)
пахну́вший (*от* пахну́ть)
па́хнуть, -ну, -нет; *прош.* пах и па́хнул, па́хла (издавать запах)
пахну́ть, -нёт; *прош.* -у́л, -у́ла (повеять)
пахово́й и па́ховый
па́хота, -ы
пахотноприго́дный
пахотноспосо́бный
па́хотный
па́хта, -ы (сыворотка)
пахта́, -ы́ (хлопок)
па́хталка, -и
па́хтальный
па́хтанный
па́хтанье, -я
па́хтать, -аю, -ает
паху́честь, -и
паху́чий
паху́чка, -и
паца́н, -а́
пацие́нт, -а
пацие́нтка, -и
пацифи́зм, -а
пацифика́ция, -и
пацифи́ст, -а
пацифи́стка, -и
пацифи́стский
па́че (па́че ча́яния, тем па́че)
па́чеси, -ей
па́чечный
па́чка, -и
па́чканный, *прич.*
па́чканый, *прил.*
па́чканье, -я
па́чкать(ся), -аю(сь), -ает(ся)
пачковяза́льный
пачкотня́, -и́
пачку́н, -а́
пачку́нья, -и, *р. мн.* -ний
пачу́левый
пачу́ли, -ей
паша́, -и́, *р. мн.* -шей
пашалы́к, -а

ПАШ

па́шенка, -и
па́шенный
паши́на, -ы
паши́нка, -и
паши́нный
па́шня, -и, *р. мн.* па́шен
паште́т, -а
паште́тный
па́шущий
па́щенок, -нка
па́юс, -а
па́юсный
пая́льник, -а
пая́льный
пая́льщик, -а
пая́ние, -я
па́янный, *прич.*
па́яный, *прил.*
пая́сничанье, -я
пая́сничать, -аю, -ает
пая́сничество, -а
пая́ть, -я́ю, -я́ет
пая́ц, -а
пеа́н, -а (гимн; стихотворный размер)
пебри́на, -ы
пева́ть, *наст. вр. не употр.*
певе́ц, -вца́
певи́ца, -ы
певи́чка, -и
певу́н, -а́
певу́нья, -и, *р. мн.* -ний
певу́чий
пе́вческий
пе́вчий
пега́нка, -и
пега́шка, -и
пе́генький и пе́гонький
пе́гий
пегмати́т, -а
пегмати́товый
пе́гонький и пе́генький
педаго́г, -а
педаго́гика, -и
педагоги́ческий
педагоги́чный
педализа́ция, -и
педализи́рованный
педализи́ровать, -рую, -рует
педа́ль, -и
педа́льный
педа́нт, -а
педанти́зм, -а
педанти́ческий
педанти́чность, -и
педанти́чный
педа́нтка, -и
педа́нтский
педа́нтство, -а
педву́з, -а
педву́зовский
пе́дель, -я, *мн.* -и, -ей
педера́ст, -а
педерасти́ческий
педера́стия, -и
педиа́тр, -а
педиатри́ческий
педиатри́я, -и
педикю́б, -а
педикулёз, -а
педикю́р, -а
педикю́рша, -и

ПЕД | ПЕД | ПЕН | П

пединститу́т, -а
педогене́з, -а
педо́лог, -а
педологи́ческий
педоло́гия, -и
педо́метр, -а
педоцентри́зм, -а
педпра́ктика, -и
педсове́т, -а
педте́хникум, -а
педучи́лище, -а
педфа́к, -а
пе́жина, -ы
пейза́ж, -а
пейзажи́ст, -а
пейзажи́стка, -и
пейза́жный
пейза́н, -а, мн. -а́не, -а́н
пейза́нка, -и
пейза́нский
пейсахо́вка, -и
пе́йсы, -ов, ед. пейс, -а
пек, -а
пека́н, -а
пека́рный
пека́рня, -и, р. мн. -рен
пе́карский
пе́карь, -я, мн. -я́, -е́й и -и, -ей
пеки́нец, -нца
пеки́нский
пеклева́нка, -и
пеклева́нник, -а
пеклева́нный, прил.
пеклёванный, прич.
пеклева́ть, -лю́ю, -лю́ет
пеклёвка, -и
пе́кло, -а
пекти́н, -а
пекти́новый
пеку́лий, -я
пекуля́рный
пеку́щий(ся)
пёкший(ся)
пелаги́ческий
пелами́да, -ы
пеларго́ния, -и
пела́сги, -ов
пелена́, -ы́, мн. -ы́, -ён
пелена́ние, -я
пелена́ть(ся), -а́ю, -а́ет(ся)
пе́ленг, -а
пеленга́тор, -а
пеленга́ция, -и
пеленги́рование, -я
пеленги́рованный
пеленги́ровать, -рую, -рует
пеленгова́ние, -я
пеленго́ванный
пеленгова́ть, -гу́ю, -гу́ет
пелёнка, -и
пелёночный
пелери́на, -ы
пелери́нка, -и
пеле́сина, -ы
пелика́н, -а
пеликоза́вр, -а
пели́товый
пели́ты, -ов, ед. пели́т, -а
пелла́гра, -ы
пелли́кула, -ы
пелоидотерапи́я, -и
пеломеду́за, -ы

педопоннесский
пелотерапи́я, -и
пельме́ни, -ей, ед. -е́нь, -я
пельме́нная, -ой
пельме́нный
пельменоде́лательный
пельме́шек, -шка
пе́лядь, -и
пе́мза, -ы
пемзобето́н, -а
пемзобето́нный
пемзо́ванный
пемзова́ть(ся), -зу́ю, -зу́ет(ся)
пемзо́вка, -и
пе́мзовый
пе́мфигус, -а
пе́на, -ы
пена́л, -а
пена́льти, нескл., м.
пена́ты, -ов
пе́ндель, -я
пенджа́бский
пенди́нка, -и
пенёк, пенька́
пенепле́н, -а
пенетра́ция, -и
пенетро́метр, -а
пенетроме́трия, -и
пене́чек, -чка
пе́нзенский (от Пе́нза)
пе́ни, -ей (штраф)
пе́ние, -я
пе́нистый
пенитенциа́рий, -я
пенитенциа́рный
пени́ть(ся), -ню, -нит(ся)
пеници́лл, -а
пеницилли́н, -а
пенициллинотерапи́я, -и
пенициллиночувстви́тельный
пе́нка, -и
пе́нковый
пенкосни́ма́ние, -я
пенкосни́ма́тель, -я
пенкосни́ма́тельство, -а
пе́нни, нескл., с. (монета)
пе́нник, -а и -у
пенни́н, -а
пе́нный
пенобето́н, -а
пенобето́нный
пенобетономеша́лка, -и
пеноги́пс, -а
пеножи́дкостный
пенозолобето́н, -а
пенокера́мика, -и
пенокерами́т, -а
пенообразова́тель, -я
пенопла́ст, -а
пенополистиро́л, -а
пеносилика́т, -а
пеносилика́тный
пеностекло́, -а́
пенотуше́ние, -я
пе́ночка, -и
пеношлакобето́н, -а
пеношлакозолобето́н, -а
пенс, -а
пенсио́н, -а (пенсия)
пенсионе́р, -а
пенсионе́рка, -и
пенсионе́рский

пенсио́нный
пе́нсия, -и
пенсне́, нескл., с.
пентаго́н, -а
пентагона́льный
пентагра́мма, -ы
пента́метр, -а
пентато́ника, -и
пентахо́рд, -а
пента́эдр, -а
пенто́д, -а
пе́нтюх, -а
пенчингбо́л, -а
пень, пня, мн. пни, пней
пенька́, -и́
пеньковолокно́, -а́
пенько́вый
пе́нько-джу́товый
пенькозаво́д, -а
пенькопряде́ние, -я
пенькопряди́льный
пенькотрепа́льный
пенькотрепа́ние, -я
пенькочеса́льный
пенью́ар, -а
пе́ня, -и
пеня́ть, -я́ю, -я́ет
пе́нящийся
пео́н[1], -а (стихотворный размер)
пео́н[2], -а (батрак)
пеона́ж, -а
пе́пел, пе́пла
пепели́ще, -а
пе́пельница, -ы
пепельноволо́сый
пе́пельно-се́рый
пе́пельный
пепинье́рка, -и
пеплобето́н, -а
пеплообра́зный
пе́плум, -а
пепси́н, -а
пепси́нный
пепси́новый
пепсиноге́н, -а
септо́н, -а
перва́ч, -а́
перве́йший
пе́рвенец, -нца
пе́рвенство, -а
пе́рвенствова́ть, пе́рвенствую, пе́рвенствует
пе́рвенствующий
пе́рве́нький
перве́рсия, -и
перве́ющий
перви́нка, -и
первичнопокро́вные, -ых
первичнополостно́й
первичноро́тые, -ых
первичнотрахе́йные, -ых
перви́чный
первоапре́льский
первобытнообщи́нный
первобы́тный
первовосходи́тель, -я
первовосхожде́ние, -я
первого́док, -дка
первозда́нный
первози́мье, -я
первоисто́чник, -а
первокатего́рник, -а

первокатегорница, -ы
первоклассник, -а
первоклассница, -ы
первоклассный
первокурсник, -а
первокурсница, -ы
перволетье, -я
первомайский
пе́рво-на́перво
первоначало, -а
первоначальный
первообраз, -а
первообразный
первооснова, -ы
первооснователь, -я
первооткрыватель, -я
первоочередной и первоочерёдный
первопечатник, -а
первопечатный
первоплановый
первопрестольный
первопричина, -ы
первопроходец, -дца
первопроходчик, -а
первопуток, -тка
первопутье, -я
перворазрядник, -а
перворазрядница, -ы
перворазрядный
первородный
первородство, -а
первородящая, -ей
первородждённый
первосвященник, -а
первоснежье, -я
первосортный
первостатейный
первостепенный; кр. ф. -енен, -енна
первотёл, -а
первотёлка, -и
первотельный
первоучитель, -я
первоцвет, -а
первоцветный
первоэкранный
первоэлемент, -а
первоя́щер, -а
пе́рвый
перга́, -и́
перга́мен, -а (кожа; древняя рукопись)
перга́менный (от перга́мен)
перга́мент, -а (сорт бумаги; кожа; древняя рукопись)
перга́ментный (от перга́мент)
пергами́н, -а
пергами́нный
пергидро́ль, -я
пе́ргола, -ы
переадминистри́ровать, -рую, -рует
переадресо́ванный
переадресова́ть, -су́ю, -су́ет
переадресо́вка, -и
переадресо́вывать(ся), -аю, -ает(ся)
переаранжи́ровать, -рую, -рует
переарестова́ть, -ту́ю, -ту́ет
переассигно́ванный
переассигнова́ть, -ну́ю, -ну́ет
переассигно́вывать(ся), -аю, -ает(ся)
переаттеста́ция, -и
переаттесто́ванный
переаттестова́ть(ся), -ту́(сь), -ту́ет(ся)

переаттесто́вывать(ся), -аю(сь), -ает(ся)
перебази́рование, -я
перебази́рованный
перебази́ровать(ся), -рую(сь), -рует(ся)
перебазиро́вка, -и
перебаллоти́рованный
перебаллоти́ровать(ся), -рую(сь), -рует(ся)
перебаллотиро́вка, -и
перебаллотиро́вывать(ся), -аю, -ает(ся)
переба́лтывать(ся), -аю, -ает(ся)
переба́рщивать, -аю, -ает
переба́рывать, -аю, -ает
перебе́г, -а
перебега́ть, -а́ю, -а́ет
перебежа́ть, -егу́, -ежи́т, -егу́т
перебе́жка, -и
перебе́жчик, -а
перебе́жчица, -ы
перебелённый; кр. ф. -ён, -ена́
перебе́ливание, -я
перебе́ливать(ся), -аю, -ает(ся)
перебели́ть, -елю́, -е́лит
перебе́лка, -и
перебели́ть(ся), -я́ю, -я́ет(ся)
перебеси́ться, -ешу́сь, -е́сится
перебива́ние, -я
перебива́ть(ся), -а́ю(сь), -а́ет(ся)
переби́вка, -и
перебинто́ванный
перебинтова́ть(ся), -ту́ю(сь), -ту́ет(ся)
перебинто́вывать(ся), -аю(сь), -ает(ся)
перебира́ние, -я
перебира́ть(ся), -а́ю(сь), -а́ет(ся)
переби́тый
переби́ть(ся), -бью́(сь), -бьёт(ся)
перебода́ть(ся), -а́ю, -а́ет
перебо́й, -я
перебо́йный
переболе́ть[1], -е́ю, -е́ет (к боле́ть[1])
переболе́ть[2], -ли́т (к боле́ть[2])
перебо́лтанный
переболта́ть(ся), -а́ю, -а́ет
перебо́р, -а
перебо́рка, -и
перебороздить, -зжу́, -зди́т
переборонённый; кр. ф. -ён, -ена́
переборони́ть, -ню́, -ни́т
переборо́нованный
переборонова́ть, -ну́ю, -ну́ет
переборо́ть, -орю́, -о́рет
перебо́рочный
переборщи́ть, -щу́, -щи́т
перебрако́ванный
перебракова́ть, -ку́ю, -ку́ет
перебрако́вывать(ся), -аю, -ает(ся)
перебра́ниваться, -аюсь, -ается
перебрани́ть(ся), -ню́(сь), -ни́т(ся)
перебра́нка, -и
пере́бранный
перебра́сывание, -я
перебра́сывать(ся), -аю(сь), -ает(ся)
перебра́ть(ся), -беру́(сь), -берёт(ся); прош. -а́л(ся), -ала́(сь), -а́ло, -а́лось
перебре́дший
перебрести́, -еду́, -едёт; прош. -ёл, -ела́

переброди́ть, -ожу́, -о́дит
перебро́с, -а
перебро́санный
переброса́ть, -а́ю, -а́ет
перебро́сить(ся), -о́шу(сь), -о́сит(ся)
перебро́ска, -и
перебро́шенный
перебуди́ть, -ужу́, -у́дит
перебу́женный
перебунто́ванный
перебунтова́ть, -ту́ю, -ту́ет
перебыва́ть, -а́ю, -а́ет
перева́л, -а
перева́ленный (от перевали́ть)
перева́лец, -льца: с перева́льцем
перева́ливание, -я
перева́ливать(ся), -аю(сь), -ает(ся)
перевали́ть(ся), -алю́(сь), -а́лит(ся)
перева́лка, -и
перева́лочный
перева́льный
перева́лянный (от переваля́ть)
переваля́ть(ся), -я́ю(сь), -я́ет(ся)
перева́р, -а
перева́ренный
перева́ривание, -я
перева́ривать(ся), -аю, -ает(ся)
перевари́мый
перевари́ть(ся), -арю́, -а́рит(ся)
перева́рка, -и
перевева́ть(ся), -а́ю, -а́ет(ся)
переве́даться, -аюсь, -ается
переведённый; кр. ф. -ён, -ена́
переве́дший(ся)
переве́даваться, -аюсь, -ается
перевезённый; кр. ф. -ён, -ена́
перевезти́, -зу́, -зёт; прош. -ёз, -езла́
перевёзший
переве́ивать(ся), -аю, -ает(ся)
перевенчанный
перевенча́ть(ся), -а́ю(сь), -а́ет(ся)
перевёрнутый
переверну́ться, -ну́(сь), -нёт(ся)
перевёрстанный
переверста́ть, -а́ю, -а́ет
перевёрстка, -и
перевёрстывать(ся), -аю, -ает(ся)
переверт, -а
переверте́нь, -тня
переверте́ть(ся), -ерчу́, -е́ртит(ся)
перевёртывать(ся), -аю, -ает(ся)
переве́рченный
переве́рчивать(ся), -аю, -ает(ся)
переве́с, -а
переве́сить(ся), -е́шу(сь), -е́сит(ся)
перевести́(сь), -еду́(сь), -едёт(ся); прош. -ёл(ся), -ела́(сь)
переве́шанный (от переве́шать)
переве́шать(ся), -аю, -ает(ся)
переве́шенный (от переве́сить)
переве́шивать(ся), -аю, -ает(ся)
переве́янный
переве́ять, -е́ю, -е́ет
переви́в, -а
перевива́ть(ся), -а́ю, -а́ет(ся)
переви́вка, -и
переви́данный
перевида́ть, -а́ю, -а́ет
переви́денный
переви́деть, -и́жу, -и́дит
перевинти́ть, -нчу́, -нти́т

перевинченный
перевинчивать(ся), -аю, -ает(ся)
перевирание, -я
перевирать(ся), -аю, -ает(ся)
перевисать, -аю, -ает
перевиснуть, -ну, -нет; *прош.* -ис, -исла
перевисший
перевитый; *кр. ф.* -ит, -ита, -ито
перевить(ся), -вью, -вьёт(ся); *прош.* -ил(ся), -ила(сь), -ило, -илось
перевод, -а
переводина, -ы
переводить(ся), -ожу(сь), -одит(ся)
переводка, -и
переводной и переводный
переводческий
переводчик, -а
переводчица, -ы
перевоз, -а
перевозить(ся), -ожу(сь), -озит(ся)
перевозка, -и
перевозный
перевозочный
перевозчик, -и
перевозчица, -ы
перевозчицкий
переволакивать(ся), -аю(сь), -ает(ся)
переволновать(ся), -ную(сь), -нует(ся)
переволокший(ся)
переволоченный и переволочённый; *кр. ф.* -ён, -ена
переволочить(ся), -очу(сь), -очит(ся)
переволочь(ся), -оку(сь), -очёт(ся), -окут(ся); *прош.* -ок(ся), -окла(сь)
перевооружать(ся), -аю(сь), -ает(ся)
перевооружение, -я
перевооружённый; *кр. ф.* -ён, -ена
перевооружить(ся), -жу(сь), -жит(ся)
перевоплотить(ся), -ощу(сь), -отит(ся)
перевоплощать(ся), -аю, -ает(ся)
перевоплощение, -я
перевоплощённый; *кр. ф.* -ён, -ена
переворачивать(ся), -аю, -ает(ся)
переворашивать(ся), -аю, -ает(ся)
переворот, -а
переворотить(ся), -очу(сь), -отит(ся)
переворочанный (*от* переворочать)
переворочать, -аю, -ает
переворочённый (*от* переворотить)
переворошённый; *кр. ф.* -ён, -ена
переворошить, -шу, -шит
перевоспитание, -я
перевоспитанный
перевоспитать(ся), -аю(сь), -ает(ся)
перевоспитывать(ся), -аю(сь), -ает(ся)
перевранный
перевратъ, -ру, -рёт; *прош.* -ал, -ала, -ало
перевыбирать(ся), -аю, -ает(ся)
перевыборный
перевыборы, -ов
перевыбранный
перевыбрать, -беру, -берет
перевыполнение, -я
перевыполненный

перевыполнить, -ню, -нит
перевыполнять(ся), -яю, -яет(ся)
перевьюченный
перевьючивать(ся), -аю, -ает(ся)
перевьючить, -чу, -чит
перевязанный
перевязать(ся), -яжу(сь), -яжет(ся)
перевязка, -и
перевязочная, -ой
перевязочный
перевязывание, -я
перевязывать(ся), -аю(сь), -ает(ся)
перевязь, -и
перевяленный
перевяливать(ся), -аю, -ает(ся)
перевялить, -лю, -лит
перегребать, -аю, -лит
перегадить, -ажу, -адит
перегаженный
перегар, -а
перегасить, -ашу, -асит
перегаснувший
перегаснуть, -нет
перегасший
перегашенный
перегиб, -а
перегибание, -я
перегибать(ся), -аю(сь), -ает(ся)
перегибщик, -а
перегладить, -ажу, -адит
переглаженный
переглаживать(ся), -аю, -ает(ся)
перегласовка, -и
переглоданный
переглодать, -ожу, -ожет и -аю, -ает
переглотанный
переглотать, -аю, -ает
переглушённый; *кр. ф.* -ён, -ена
переглушить, -ушу, -ушит
переглядеть, -яжу, -ядит
переглядывание, -я
переглядывать(ся), -аю(сь), -ает(ся)
переглянуться, -янусь, -янется
перегнаивать(ся), -аю, -ает(ся)
перегнанный
перегнать, -гоню, -гонит; *прош.* -ал, -ала, -ало
перегнивать, -ает
перегнить, -нёт; *прош.* -ил, -ила, -ило
перегноённый; *кр. ф.* -ён, -ена
перегноить, -ою, -оит
перегной, -я
перегнойный
перегнутый
перегнуть(ся), -ну(сь), -нёт(ся)
переговаривать(ся), -аю(сь), -ает(ся)
переговорённый; *кр. ф.* -ён, -ена
переговорить, -рю, -рит
переговорный
переговоры, -ов
перегон, -а
перегонка, -и
перегонный
перегоночный
перегонщик, -а
перегонять(ся), -яю(сь), -яет(ся)
перегораживать(ся), -аю(сь), -ает(ся)
перегорание, -я

перегорать, -аю, -ает
перегорелый
перегореть, -рю, -рит
перегоркнуть, -нет; *прош.* -горк, -горкла
перегородить(ся), -ожу(сь), -одит(ся)
перегородка, -и
перегородочный
перегородчатый
перегороженный
перегорчённый; *кр. ф.* -ён, -ена
перегорчить, -чу, -чит
переграфить, -флю, -фит
переграфлённый; *кр. ф.* -ён, -ена
перегребать(ся), -аю, -ает(ся)
перегрёбший
перегрев, -а
перегревание, -я
перегревать(ся), -аю(сь), -ает(ся)
перегрести, -ребу, -ребёт; *прош.* -рёб, -ребла
перегретый
перегреть(ся), -ею(сь), -еет(ся)
перегружатель, -я
перегружать(ся), -аю(сь), -ает(ся)
перегруженный и перегружённый; *кр. ф.* -ён, -ена
перегруз, -а
перегрузить(ся), -ужу(сь), -узит(ся)
перегрузка, -и
перегрузочный
перегрунтованный
перегрунтовать, -тую, -тует
перегрунтовка, -и
перегрунтовывать(ся), -аю, -ает(ся)
перегруппированный
перегруппировать(ся), -рую(сь), -рует(ся)
перегруппировка, -и
перегруппировывать(ся), -аю(сь), -ает(ся)
перегрызать(ся), -аю, -ает(ся)
перегрызенный
перегрызть(ся), -зу(сь), -зёт(ся); *прош.* -ыз(ся), -ызла(сь)
перегрызший(ся)
перегрязнённый; *кр. ф.* -ён, -ена
перегрязнить, -ню, -нит
перегубить, -ублю, -убит
перегубленный
перегуд, -а
перегуливать, -аю, -ает
перегулять, -яю, -яет
перегустить, -ущу, -устит
перегущать(ся), -аю, -ает(ся)
перегущённый; *кр. ф.* -ён, -ена
перед, передо, *предлог*
перёд, переда, *мн.* переда, -ов
передавать(ся), -даю(сь), -даёт(ся)
передавить, -авлю, -авит
передавленный
передавливать, -аю, -ает
передаивать(ся), -аю, -ает(ся)
переданный; *кр. ф.* -ан, передана, -ано
передаренный
передаривать, -аю, -ает
передарить, -арю, -арит
передаточный
передатчик, -а

передатчица, -ы
передать(ся), -а́м(ся), -а́шь(ся), -а́ст(ся), -ади́м(ся), -ади́те(сь), -аду́т(ся); *прош.* переда́л, переда́лся, передала́(сь), пе́редало, передало́сь
переда́ча, -и
передва́ивать, -аю, -ает
передвига́ть, -аю, -ает, *сов.* (переместить)
передвига́ть, -а́ю, -а́ет, *несов.* (к передви́нуть)
передвига́ться, -а́юсь, -а́ется
передвиже́ние, -я
передви́жка, -и
передви́жник, -а
передви́жнический
передви́жничество, -а
передвижно́й
передви́нутый
передви́нуть(ся), -ну(сь), -нет(ся)
передвое́нный; *кр. ф.* -ён, -ена́
передвои́ть, -ою́, -ои́т
переде́л, -а
переде́ланный
переде́лать(ся), -аю(сь), -ает(ся)
переделённый; *кр. ф.* -ён, -ена́
переделить(ся), -елю́, -е́лит(ся)
переде́лка, -и
переде́лочный
переде́лывать(ся), -аю(сь), -ает(ся)
переде́льный
переделя́ть(ся), -я́ю, -я́ет(ся)
передёрганный
передёргать, -аю, -ает
передёргивание, -я
передёргивать(ся), -аю(сь), -ает(ся)
переде́ржанный
передержа́ть, -жу́, -е́ржит
переде́рживать(ся), -аю, -ает(ся)
переде́ржка, -и
передёрнутый
передёрнуть(ся), -ну(сь), -нет(ся)
переди́р, -а
передира́ть, -а́ю, -а́ет
передислока́ция, -и
передислоци́рованный
передислоци́ровать(ся), -рую, -рует(ся)
переднеазиа́тский
передневать, -ню́ю, -ню́ет
переднежа́берный
передненёбный
переднеязы́чный
пере́дний
пере́дник, -а
пере́дняя, -ей
пе́редо, пе́ред, *предлог*
передова́я, -о́й
передове́ренный
передове́рие, -я
передове́рить, -рю, -рит
передоверя́ть(ся), -я́ю, -я́ет(ся)
передови́к, -а́
передови́ца, -ы
передово́й
передо́енный
передои́ть, -ою́, -о́ит
передо́к, -дка́
передо́м, *нареч.*
передопра́шивать(ся), -аю, -ает(ся)
передопро́с, -а

передопроси́ть, -ошу́, -о́сит
передопро́шенный
передохну́вший (*от* передохну́ть)
передо́хнуть, -нет; *прош.* -о́х, -о́хла (умереть)
передохну́ть, -ну́, -нёт; *прош.* -у́л, -у́ла (отдохну́ть)
передо́хший (*от* передо́хнуть)
передразнённый; *кр. ф.* -ён, -ена́
передра́знивание, -я
передра́знивать(ся), -аю, -ает(ся)
передразни́ть, -азню́, -а́знит
переде́ранный
передра́ть(ся), -деру́(сь), -дерёт(ся); *прош.* -а́л(ся), -ала́(сь), -а́ло, -а́ло́сь
передрессирова́ть, -ру́ю, -ру́ет
передрессиро́вка, -и
передро́гнувший
передро́гнуть, -ну, -нет; *прош.* -о́г, -о́гла
передро́гший
передружи́ться, -дружу́сь, -дру́жится
передря́га, -и
переду́манный
переду́мать(ся), -аю, -ает(ся)
переду́мывать(ся), -аю, -ает(ся)
переду́тый
переду́ть, -ду́ю, -ду́ет
переду́шенный
передуши́ть(ся), -ушу́(сь), -у́шит(ся)
передыха́ть, -а́ю, -а́ет
переды́шка, -и
перееда́ние, -я
перееда́ть, -а́ю, -а́ет
перее́денный
перее́зд, -а
переездно́й
перее́здный
переезжа́ть, -а́ю, -а́ет
перее́сть, -е́м, -е́шь, -е́ст, -еди́м, -еди́те, -едя́т; *прош.* -е́л, -е́ла
перее́хать, -е́ду, -е́дет
пережа́ленный
пережа́лить, -лю, -лит
пережа́ренный
пережа́ривать(ся), -аю(сь), -ает(ся)
пережа́рить(ся), -рю(сь), -рит(ся)
пережа́тый
пережа́ть[1], -жму́, -жмёт
пережа́ть[2], -жну́, -жнёт
пережда́нный
пережда́ть, -ду́, -дёт; *прош.* -а́л, -ала́, -а́ло
пережёванный
пережева́ть(ся), -жую́, -жуёт(ся)
пережёвывание, -я
пережёвывать(ся), -аю, -ает(ся)
пережёгший(ся)
пережелте́ть, -е́ет (стать жёлтым)
пережелти́ть, -лчу́, -лти́т (*что*)
пережелти́ться, -лчу́сь, -лти́тся
переже́ненный
пережени́ть(ся), -еню́, -е́нит(ся)
переже́чь(ся), -жгу́, -жжёт(ся), -жгу́т(ся); *прош.* -жёг(ся), -жгла́(сь)
пережжённый; *кр. ф.* -ён, -ена́
пережива́ние, -я
пережива́ть(ся), -а́ю, -а́ет(ся)

пережи́г, -а
пережига́ть(ся), -а́ю, -а́ет(ся)
пережида́ть(ся), -а́ю, -а́ет(ся)
пережима́ть(ся), -а́ю, -а́ет(ся)
пережина́ть(ся), -а́ю, -а́ет
пережито́е, -о́го
пережи́ток, -тка
пережи́точный
пе́режитый; *кр. ф.* -ит, -ита́, -ито и пережи́тый; *кр. ф.* -и́т, -ита́, -и́то
пережи́ть, -иву́, -ивёт; *прош.* пе́режи́л, пережила́, пе́режи́ло
пережо́г, -а, но: *прош.* пережёг
перезабы́тый
перезабы́ть(ся), -бу́ду, -бу́дет(ся)
перезакла́д, -а
перезакла́дывать(ся), -аю, -ает(ся)
перезаключа́ть(ся), -а́ю, -а́ет(ся)
перезаключе́ние, -я
перезаключённый; *кр. ф.* -ён, -ена́
перезаключи́ть, -чу́, -чи́т
перезало́г, -а
перезало́женный
перезаложи́ть, -ожу́, -о́жит
перезанима́ть(ся), -а́ю(сь), -а́ет(ся)
переза́нятый; *кр. ф.* -ят, -ята́, -ято
перезаня́ть, -займу́, -займёт; *прош.* -за́нял, -заняла́, -за́няло
перезапи́санный
перезаписа́ть, -ишу́, -и́шет
перезапи́сывать(ся), -аю, -ает(ся)
переза́пись, -и
перезапряга́ть(ся), -а́ю, -а́ет(ся)
перезапря́гший
перезапряжённый; *кр. ф.* -ён, -ена́
перезапря́чь, -ягу́, -яжёт; *прош.* -я́г, -ягла́
перезарази́ть, -ажу́, -ази́т
перезаряди́ть(ся), -яжу́, -я́дит(ся)
перезаря́дка, -и
перезаряжа́ть(ся), -а́ю, -а́ет(ся)
перезаря́женный и перезаряжённый; *кр. ф.* -ён, -ена́
перезахороне́ние, -я
перезахоро́ненный
перезахорони́ть, -оню́, -о́нит
перезва́нивать(ся), -аю(сь), -ает(ся)
перезво́н, -а
перезвони́ть(ся), -ню́(сь), -ни́т(ся)
перездоро́ваться, -аюсь, -ается
перезимова́ть, -му́ю, -му́ет
перезимо́вка, -и
перезимо́вывать, -аю, -ает
перезнако́мить(ся), -млю(сь), -мит(ся)
перезнако́мленный
перезо́л, -а
перезолёный; *кр. ф.* -ён, -ена́
перезоли́ть(ся), -лю́, -ли́т(ся)
перезолоти́ть, -очу́, -оти́т
перезоло́ченный
перезрева́ть, -а́ю, -а́ет
перезре́вший
перезре́лый
перезре́ть, -е́ю, -е́ет
перезя́бнуть, -ну, -нет; *прош.* -зя́б, -зя́бла
перезя́бший
переи́гранный
переигра́ть, -а́ю, -а́ет
переигро́вка, -и
переи́грывание, -я

переигрывать(ся), -аю, -ает(ся)
переизбирать(ся), -аю, -ает(ся)
переизбрание, -я
переизбранный
переизбрать, -беру́, -берёт; *прош.* -а́л, -ала́, -а́ло
переизбы́ток, -тка
переиздава́ть(ся), -даю́, -даёт(ся)
переизда́ние, -я
переи́зданный; *кр. ф.* -ан, -ана и -ана́, -ано
переизда́ть, -а́м, -а́шь, -а́ст, -адим, -адите, -аду́т; *прош.* -а́л, -ала́, -а́ло
переименова́ние, -я
переимено́ванный
переименова́ть(ся), -ну́ю(сь), -ну́ет(ся)
переимено́вывать(ся), -аю(сь), -ает(ся)
переи́мчивость, -и
переи́мчивый
переина́ченный
переина́чивать(ся), -аю, -ает(ся)
переина́чить, -чу, -чит
переиска́ть, -ищу́, -и́щет
переи́скивать, -аю, -ает
перейдённый; *кр. ф.* -ён, -ена́
перейти́, -йду́, -йдёт; *прош.* перешёл, перешла́
перека́л, -а
перекалённый; *кр. ф.* -ён, -ена́
перекале́ченный
перекале́чивать(ся), -аю(сь), -ает(ся)
перекале́чить(ся), -чу(сь), -чит(ся)
перека́ливание, -я
перека́ливать(ся), -аю, -ает(ся)
перекали́ть(ся), -лю́, -ли́т
перека́лка, -и
перека́лывать(ся), -аю(сь), -ает(ся)
перекаля́ть(ся), -я́ю, -я́ет(ся)
переканто́ванный
перекантова́ть, -ту́ю, -ту́ет
переканто́вка, -и
переканто́вывание, -я
переканто́вывать(ся), -аю, -ает(ся)
перека́пчивать(ся), -аю, -ает(ся)
перека́пывание, -я
перека́пывать(ся), -аю, -ает(ся)
перека́рмливание, -я
перека́рмливать, -аю, -ает
перека́т, -а
перека́танный
переката́ть, -а́ю, -а́ет
перекати́-по́ле, перекати́-по́ля
перекати́ть(ся), -ачу́(сь), -а́тит(ся)
перека́тка, -и
перека́тный
перека́тчик, -а
перека́тывание, -я
перека́тывать(ся), -аю(сь), -ает(ся)
перека́чанный (*от* перекача́ть)
перекача́ть(ся), -а́ю(сь), -а́ет(ся)
перека́ченный (*от* перекати́ть)
перека́чивание, -я
перека́чивать(ся), -аю(сь), -ает(ся)
перека́чка, -и
перекачну́ться, -ну́сь, -нётся
перека́шивать(ся), -аю(сь), -ает(ся)
переквалифика́ция, -и
переквалифици́рованный

переквалифици́ровать(ся), -ру́ю(сь), -ру́ет(ся)
переква́сить(ся), -а́шу, -а́сит(ся)
переква́шенный
переква́шивать(ся), -аю, -ает(ся)
переки́данный
перекида́ть, -а́ю, -а́ет
переки́дка, -и
перекидно́й
переки́дывание, -я
переки́дывать(ся), -аю(сь), -ает(ся)
переки́нутый
переки́нуть(ся), -ну(сь), -нет(ся)
перекипа́ть, -а́ет
перекипе́лый
перекипе́ть, -плю́, -пи́т
перекипяти́ть, -ячу́, -яти́т
перекипячённый; *кр. ф.* -ён, -ена́
переки́сать, -а́ет
перекислённый; *кр. ф.* -ён, -ена́
перекисли́ть, -лю́, -ли́т
перекисля́ть, -я́ю, -я́ет
перекисноводоро́дный
переки́снуть, -нет; *прош.* -ки́с, -ки́сла
переки́сший
пе́рекись, -и
перекла́д, -а
перекла́дина, -ы
перекла́дка, -и
перекладно́й
перекла́дывание, -я
перекла́дывать(ся), -аю(сь), -ает(ся)
переклёванный
переклева́ть(ся), -люю́, -люёт(ся)
переклёвывать, -аю, -ает
переклеенный
переклеивание, -я
переклеивать(ся), -аю, -ает(ся)
переклеить, -е́ю, -е́ит
переклейка, -и
переклеймённый; *кр. ф.* -ён, -ена́
переклейми́ть, -млю́, -ми́т
переклёпанный
переклепа́ть, -а́ю, -а́ет
переклёпывать(ся), -аю, -ает(ся)
переклика́ть(ся), -а́ю(сь), -а́ет(ся)
перекли́кнуться, -нусь, -нется
перекли́чка, -и
переключа́тель, -я
переключа́ть(ся), -а́ю(сь), -а́ет(ся)
переключе́ние, -я
переключённый; *кр. ф.* -ён, -ена́
переключи́ть(ся), -чу́(сь), -чи́т(ся)
перекованный
перекова́ть(ся), -ку́ю(сь), -куёт(ся)
переково́рканный
переково́ркать, -аю, -ает
переково́ркивать(ся), -аю, -ает(ся)
переко́вка, -и
переко́вывать(ся), -аю(сь), -ает(ся)
перековы́рянный
перековыря́ть, -я́ю, -я́ет
перекоди́рованный
перекоди́ровать, -рую, -рует
переко́канный
переко́кать, -аю, -ает
переко́ланный
переколоти́ть(ся), -очу́, -о́тит(ся)
переко́лотый
переколо́ть(ся), -олю́(сь), -о́лет(ся)
переколо́ченный

перекоми́ссия, -и
переко́мканный
переко́мкать, -аю, -ает
перекомплекто́ванный
перекомплектова́ть, -ту́ю, -ту́ет
перекомплекто́вывать(ся), -аю, -ает(ся)
перекомпоно́ванный
перекомпонова́ть, -ну́ю, -ну́ет
перекомпоно́вка, -и
перекомпоно́вывать(ся), -аю, -ает(ся)
переконопа́тить, -а́чу, -а́тит
переконопа́ченный
переконопа́чивать(ся), -аю, -ает(ся)
переконструи́рованный
переконструи́ровать(ся), -рую, -рует(ся)
переко́панный
перекопа́ть, -а́ю, -а́ет
перекопи́ровать, -рую, -рует
переко́пка, -и
перекопти́ть(ся), -пчу́, -пти́т(ся)
перекопчённый; *кр. ф.* -ён, -ена́
переко́рм, -а
перекорми́ть, -ормлю́, -о́рмит
переко́рмленный
перекоро́бить(ся), -блю, -бит(ся)
перекоро́бленный
переко́ры, -ов
перекоря́ться, -я́юсь, -я́ется
переко́с, -а
перекоси́ть[1], -ошу́, -о́сит (скосить косой)
перекоси́ть[2], -ошу́, -оси́т (сделать косым)
перекоси́ться, -ошу́сь, -оси́тся
перекочева́ть, -чу́ю, -чу́ет
перекочёвка, -и
перекочёвывание, -я
перекочёвывать, -аю, -ает
переко́шенный (*от* перекоси́ть[1,2])
перекошённый; *кр. ф.* -ён, -ена́ (*от* перекоси́ть[2])
перекра́ивание, -я
перекра́ивать(ся), -аю, -ает(ся)
перекра́сить(ся), -а́шу(сь), -а́сит(ся)
перекра́ска, -и
перекра́сть, -аду́, -адёт; *прош.* -кра́л, -кра́ла
перекрахма́ленный
перекрахма́ливать(ся), -аю, -ает(ся)
перекрахма́лить, -лю, -лит
перекра́шенный
перекра́шивание, -я
перекра́шивать(ся), -аю(сь), -ает(ся)
перекрепи́ть, -плю́, -пи́т
перекреплённый; *кр. ф.* -ён, -ена́
перекрепля́ть(ся), -я́ю, -я́ет(ся)
перекре́стие, -я (в оптике)
перекрести́ть(ся), -ещу́(сь), -е́стит(ся)
перекрёстноопыли́тель, -я
перекрёстноопыля́ющийся
перекрёстный
перекрёсток, -стка
перекре́стье, -я, *р. мн.* -тий
перекреще́нец, -нца
перекреще́ние, -я
перекрещённый; *кр. ф.* -ён, **-ена́**
перекре́щивать(ся), -аю(сь), **-ает(ся)**

перекриви́ть(ся), -влю́(сь), -ви́т(ся)
перекривлённый; кр. ф. -ён, -ена́
перекривля́ть(ся), -я́ю(сь), -я́ет(ся)
перекри́кивать(ся), -аю(сь), -ает(ся)
перекристаллиза́ция, -и
перекрича́ть, -чу́, -чи́т
перекро́енный
перекро́йть, -о́ю, -о́йт
перекро́йка, -и
перекро́мсанный
перекромса́ть, -а́ю, -а́ет
перекро́шенный
перекроши́ть(ся), -ошу́, -о́шит(ся)
перекру́женный и перекружённый; кр. ф. -ён, -ена́
перекружи́ть(ся), -ужу́сь, -у́жит(ся)
перекрути́ть(ся), -учу́(сь), -у́тит(ся)
перекру́ченный
перекру́чивать(ся), -аю(сь), -ает(ся)
перекрыва́ть(ся), -а́ю, -а́ет(ся)
перекры́тие, -я
перекры́тый
перекры́ть, -ро́ю, -ро́ет
перекувы́ркивать(ся), -аю(сь), -ает(ся)
перекувы́рнутый
перекувырну́ть(ся), -ну́(сь), -нёт(ся)
перекультиви́ровать, -рую, -рует
перекуми́ться, -млю́сь, -ми́тся
переку́панный
перекупа́ть(ся), -а́ю(сь), -а́ет(ся)
перекупи́ть, -уплю́, -у́пит
переку́пка, -и
переку́пленный
перекупно́й
переку́пщик, -а
переку́пщица, -ы
переку́пывать(ся), -аю(сь), -ает(ся)
переку́р, -а
переку́ренный
переку́ривать(ся), -аю, -ает(ся)
перекури́ть, -урю́, -у́рит
переку́рка, -и
переку́с, -а
переку́санный (от перекуса́ть)
перекуса́ть(ся), -а́ю(сь), -а́ет(ся)
перекуси́ть, -ушу́, -у́сит
переку́сывать(ся), -аю, -ает(ся)
переку́танный
переку́тать, -аю, -ает
переку́тывать(ся), -аю, -ает(ся)
переку́шать, -аю, -ает
переку́шенный (от перекуси́ть)
перела́вливать(ся), -аю, -ает(ся)
перелага́ть(ся), -а́ю, -а́ет(ся)
перела́дить, -а́жу, -а́дит
перела́женный
перела́живать(ся), -аю, -ает(ся)
переле́з, -а
перелеза́ть, -аю, -ает
переле́зить, -а́жу, -а́зит
перелакиро́ванный
перелакирова́ть, -ру́ю, -ру́ет
перелакиро́вывать(ся), -аю, -ает(ся)
перела́мывать(ся), -аю, -ает(ся)
переля́ять(ся), -я́ю(сь), -я́ет(ся)
перелга́ть, -лгу́, -лжёт, -лгу́т
перелёгший
перележа́лый
перележа́ть, -жу́, -жи́т

перелеза́ть, -а́ю, -а́ет
переле́зть, -е́зу, -е́зет; прош. -ле́з, -ле́зла
переле́зший
перелепи́ть, -леплю́, -ле́пит
переле́пленный
перелепля́ть(ся), -я́ю, -я́ет(ся)
переле́ска, -и
переле́сок, -ска
переле́сье, -я
перелёт, -а
перелета́ть, -а́ю, -а́ет
перелете́ть, -лечу́, -лети́т
перелётный
переле́ченный
перелечи́ть(ся), -ечу́(сь), -е́чит(ся)
переле́чь, -ля́гу, -ля́жет, -ля́гут; прош. -лёг, -легла́
перели́в, -а
перелива́ние, -я
перелива́ть(ся), -а́ю, -а́ет(ся)
перели́вка, -и
перели́вчатый
перелиза́ть, -ижу́, -и́жет
перелино́ванный
перелинова́ть, -ну́ю, -ну́ет
перелино́вывать(ся), -аю, -ает(ся)
перелиня́ть, -я́ет
перели́станный
перелиста́ть, -а́ю, -а́ет
перелисто́ванный
перелистова́ть, -ту́ю, -ту́ет
перели́стывать(ся), -аю, -ает(ся)
перели́тый; кр. ф. -и́т, -ита́, -и́то
перели́ть(ся), -лью́, -льёт(ся); прош. -и́л(ся), -ила́(сь), -и́ло, -и́ло́сь
перелицева́ть(ся), -цу́ю(сь), -цу́ет(ся)
перелицо́ванный
перелицо́вка, -и
перелицо́вывать(ся), -аю(сь), -ает(ся)
перелови́ть, -овлю́, -о́вит
перело́вленный
перело́г, -а
переложе́ние, -я
перело́женный
переложи́ть(ся), -ожу́, -о́жит(ся)
перело́жный
перело́й, -я
перело́м, -а
перело́манный
перелома́ть(ся), -а́ю, -а́ет(ся)
переломи́ть(ся), -омлю́(сь), -о́мит(ся)
перело́мленный
перело́мный
перелопа́тить, -а́чу, -а́тит
перелопа́ченный
перелопа́чивать(ся), -аю, -ает(ся)
перелуди́ть, -ужу́, -у́дит
перелу́женный
перелу́живать(ся), -аю, -ает(ся)
перелупи́ть, -уплю́, -у́пит
перелу́пленный
перелупцева́ть(ся), -цу́ю, -цу́ет
перелупцо́ванный
перелу́щенный; кр. ф. -ён, -ена́
перелу́щивать(ся), -аю, -ает(ся)
перелущи́ть, -щу́, -щи́т
переляга́ть, -а́ю, -а́ет
перема́занный

перема́зать(ся), -а́жу(сь), -а́жет(ся)
перема́зка, -и
перема́зывать(ся), -аю(сь), -ает(ся)
перемалёванный
перемалева́ть, -лю́ю, -лю́ет
перема́лывание, -я
перема́лывать(ся), -аю, -ает(ся)
перема́ненный и переманённый; кр. ф. -ён, -ена́
перема́нивать(ся), -аю, -ает(ся)
перемани́ть, -аню́, -а́нит
перема́ранный
перемара́ть(ся), -а́ю(сь), -а́ет(ся)
перема́рывать(ся), -аю(сь), -ает(ся)
перема́сленный
перема́сливать(ся), -аю(сь), -ает(ся)
перема́слить(ся), -лю(сь), -лит(ся)
перема́тывание, -я
перема́тывать(ся), -аю, -ает(ся)
перема́хивать(ся), -аю(сь), -ает(ся)
перемахну́ть(ся), -ну́(сь), -нёт(ся)
перема́чивать(ся), -аю, -ает(ся)
перема́щивать(ся), -аю, -ает(ся)
перема́ять(ся), -а́юсь, -а́ется
перемежа́ть(ся), -а́ю, -а́ет(ся)
перемежа́ющий(ся)
перемежёванный
перемежева́ть, -жу́ю, -жу́ет
перемежёвка, -и
перемежёвывать(ся), -аю, -ает(ся)
перемежённый
перемежи́ть(ся), -жу́, -жи́т(ся)
перемельчённый; кр. ф. -ён, -ена́
перемельчи́ть, -чу́, -чи́т
переме́на, -ы
переменённый; кр. ф. -ён, -ена́
перемени́ть(ся), -еню́(сь), -е́нит(ся)
переме́нка, -и
переме́нно-пото́чный
переме́нный
переме́нчивый
переменя́ть(ся), -я́ю(сь), -я́ет(ся)
переме́ренный
перемере́ть, -мрёт; прош. пе́ремер, перемерла́, пе́ремерло и -мёр, -мёрла, -мёрло
перемерза́ть, -а́ю, -а́ет
перемёрзлый
перемёрзнуть, -ну, -нет; прош. ёрз, -ёрзла
перемёрзший
переме́ривать(ся), -аю, -ает(ся)
переме́рить, -рю, -рит и -яю, -яет
переме́рший
перемеря́ть(ся), -я́ю, -я́ет(ся)
промеси́ть, -ешу́, -е́сит
перемести́, -мету́, -метёт; прош. -мёл, -мела́
перемести́ть(ся), -ещу́(сь), -ести́т(ся)
перемёт, -а
перемётанный (от перемета́ть)
перемета́ть[1], -а́ю, -а́ет, сов. (о шитье)
перемета́ть[2], -а́ю, -а́ет, несов. (к перемести́)
перемета́ть[3], -мечу́, -ме́чет, сов.
перемётённый; кр. ф. -ён, -ена́ (от перемести́)
переме́тить, -ме́чу, -ме́тит
переметну́ть(ся), -ну́(сь), -нёт(ся)
перемётный

перемётший
перемётывать(ся), -аю(сь), -ает(ся)
перемечать(ся), -аю, -ает(ся)
переме́ченный (от переметить)
переме́чивать(ся), -аю, -ает(ся)
переме́шанный (от перемеша́ть)
перемеша́ть(ся), -а́ю(сь), -а́ет(ся)
переме́шенный (от перемеси́ть)
переме́шивание, -я
переме́шивать(ся), -аю(сь), -ает(ся)
перемеща́ть(ся), -а́ю(сь), -а́ет(ся)
перемеще́ние, -я
перемещённый; кр. ф. -ён, -ена́
перемиги́ваться, -аюсь, -ается
перемигну́ться, -ну́сь, -нётся
перемина́ть(ся), -а́ю(сь), -а́ет(ся)
перемирённый; кр. ф. -ён, -ена́
переми́рие, -я
перемири́ть(ся), -рю́(сь), -ри́т(ся)
перемножа́ть, -а́ю, -а́ет
перемноже́ние, -я
перемно́женный
перемно́жить, -жу, -жит
перемога́ть(ся), -а́ю(сь), -а́ет(ся)
перемо́гший (от перемо́чь)
перемока́ть, -а́ю, -а́ет
перемо́кнуть, -ну, -нет; прош. -о́к, -о́кла
перемо́кший
перемо́л, -а
перемола́чивать(ся), -аю, -ает(ся)
перемо́лвить(ся), -влю(сь), -вит(ся)
перемоло́т, -а
перемолоти́ть, -очу́, -о́тит
перемоло́тый
перемоло́ть(ся), -мелю́, -ме́лет(ся)
перемоло́ченный
перемолча́ть, -чу́, -чи́т
перемонти́рованный
перемонти́ровать(ся), -рую, -рует(ся)
перемонтиро́вка, -и
переморо́живать(ся), -аю, -ает(ся)
переморённый; кр. ф. -ён, -ена́
перемори́ть, -рю́, -ри́т
переморо́женный
переморо́зить(ся), -о́жу, -о́зит(ся)
перемости́ть, -ощу́, -ости́т
перемо́танный
перемота́ть, -а́ю, -а́ет
перемо́тка, -и
перемо́точный
перемо́тчица, -ы
перемо́ченный
перемочи́ть, -очу́, -о́чит
перемо́чь(ся), -огу́(сь), -о́жет(ся), -о́гут(ся); прош. -о́г(ся), -огла́(сь)
перемощённый; кр. ф. -ён, -ена́
перемудри́ть, -рю́, -ри́т
перему́сленный
перему́сливать(ся), -аю, -ает(ся)
перему́слить, -лю, -лит
перемусо́ленный
перемусо́ливать(ся), -аю, -ает(ся)
перемусо́лить(ся), -лю(сь), -лит(ся)
перемути́ть(ся), -учу́, -ути́т(ся)
перему́ченный
перему́чит(ся), -чу(сь), -чит(ся) и -ча́ю(сь), -ча́ет(ся)
перемыва́ть(ся), -а́ю(сь), -а́ет(ся)
перемы́ленный
перемы́лить, -лю, -лит

перемы́тый
перемы́ть(ся), -мо́ю(сь), -мо́ет(ся)
перемы́чка, -и
перемы́кнуть, -нет; прош. -я́к, -я́кла
перемя́кший
перемя́тый
перемя́ть(ся), -мну́, -мнёт(ся)
перенаём, -а́йма
переназнача́ть, -а́ю, -а́ет
переназна́ченный
переназна́чить, -чу, -чит
перенала́дить, -а́жу, -а́дит
перенала́дка, -и
перенала́женный
перенала́живать(ся), -аю, -ает(ся)
перенапряга́ть(ся), -а́ю(сь), -а́ет(ся)
перенапря́гший(ся)
перенапряже́ние, -я
перенапряжённый; кр. ф. -ён, -ена́
перенапря́чь(ся), -ягу́(сь), -яжёт(ся), -ягу́т(ся); прош. -я́г(ся), -ягла́(сь)
перенаселе́ние, -я
перенаселённый; кр. ф. -ён, -ена́
перенасели́ть, -елю́, -ели́т
перенаселя́ть(ся), -я́ю, -я́ет(ся)
перенасы́тить(ся), -ы́щу(сь), -ы́тит(ся)
перенасыща́ть(ся), -а́ю(сь), -а́ет(ся)
перенасыще́ние, -я
перенасы́щенный
перена́шивать(ся), -аю, -ает(ся)
перене́рвничать, -аю, -ает
перенесе́ние, -я
перенесённый; кр. ф. -ён, -ена́
перенести́(сь), -су́(сь), -сёт(ся); прош. -ёс(ся), -есла́(сь)
перенёсший(ся)
перенизанный
перенизать, -ижу́, -и́жет
перени́зка, -и
перени́зывание, -я
перени́зывать(ся), -аю, -ает(ся)
перенима́ние, -я
перенима́ть(ся), -а́ю, -а́ет(ся)
перено́с, -а
переноси́ть(ся), -ошу́(сь), -о́сит(ся)
перено́сица, -ы
перено́ска, -и
перено́сный и переносно́й
перено́счик, -а
перено́счица, -ы
перено́сье, -я, р. мн. -ьев
переночева́ть, -чу́ю, -чу́ет
перено́шенный
перенумеро́ванный
перенумерова́ть, -ру́ю, -ру́ет
перенумеро́вывать(ся), -аю, -ает(ся)
переню́хать(ся), -аю(сь), -ает(ся)
переню́хивать(ся), -аю(сь), -ает(ся)
переня́тый; кр. ф. -я́т, -ята́, -я́то
переня́ть, -ейму́, -еймёт; прош. пе́ренял, переняла́, пе́реняло
переоблуче́ние, -я
переобмундирова́ть, -ру́ю, -ру́ет
переобору́дование, -я
переобору́дованный
переобору́довать(ся), -дую, -дует(ся)
переобременённый; кр. ф. -ён, -ена́
переобремени́ть, -ню́, -ни́т
переобременя́ть(ся), -я́ю, -я́ет(ся)

переобува́ние, -я
переобува́ть(ся), -а́ю(сь), -а́ет(ся)
переобу́тый
переобу́ть(ся), -у́ю(сь), -у́ет(ся)
переобуча́ть(ся), -а́ю(сь), -а́ет(ся)
переобуче́ние, -я
переобу́ченный
переобучи́ть(ся), -учу́(сь), -у́чит(ся)
переодева́ние, -я
переодева́ть(ся), -а́ю(сь), -а́ет(ся)
переоде́тый
переоде́ть(ся), -е́ну(сь), -е́нет(ся)
переозву́ченный
переозву́чивать(ся), -аю, -ает(ся)
переозву́чить, -чу, -чит
переопыле́ние, -я
переопыля́ть, -я́ю, -я́ет
перео́бранный
переора́ть, -ору́, -орёт
переорганиза́ция, -и
переорганизо́ванный
переорганизова́ть(ся), -зу́ю(сь), -зу́ет(ся)
переорганизо́вывать(ся), -аю(сь), -ает(ся)
переориента́ция, -и
переориенти́ровать(ся), -рую(сь), -рует(ся)
переориентиро́вка, -и
переосвиде́тельствование, -а
переосвиде́тельствованный
переосвиде́тельствовать(ся), -тву-ю(сь), -твует(ся)
переосмысле́ние, -я
переосмы́сленный
переосмы́сливание, -я
переосмы́сливать(ся), -аю, -ает(ся)
переосмы́слить(ся), -лю, -лит
переоснасти́ть, -ащу́, -асти́т
переоснаща́ть(ся), -а́ю, -а́ет(ся)
переоснащённый; кр. ф. -ён, -ена́
переофо́рмить, -млю, -мит
переофо́рмленный
переоформля́ть(ся), -я́ю, -я́ет(ся)
переохлади́ть(ся), -ажу́(сь), -ади́т(ся)
переохлажда́ть(ся), -а́ю(сь), -а́ет(ся)
переохлажде́ние, -я
переохлаждённый; кр. ф. -ён, -ена́
переоценённый; кр. ф. -ён, -ена́
переоце́нивать(ся), -аю, -ает(ся)
переоцени́ть, -еню́, -е́нит
переоце́нка, -и
перепа́вший
перепа́д, -а
перепада́ть, -ает, сов.
перепада́ть, -а́ет, несов.
перепа́ивание, -я
перепа́ивать(ся), -аю, -ает
перепа́йка, -и
перепако́ванный
перепакова́ть, -ку́ю, -ку́ет
перепако́вывать(ся), -аю, -ает(ся)
перепа́костить(ся), -ощу(сь), -остит(ся)
перепако́щенный
перепалённый; кр. ф. -ён, -ена́
перепали́ть, -лю́, -ли́т
перепа́лка, -и
перепа́лывать(ся), -аю, -ает(ся)

перепа́ренный
перепа́ривать(ся), -аю(сь), -ает(ся)
перепа́рить(ся), -рю(сь), -рит(ся)
перепа́рхивать, -аю, -ает
перепа́рывать(ся), -аю, -ает(ся)
перепа́сть, -аде́т; *прош.* -а́л, -а́ла
перепа́ханный
перепаха́ть, -ашу́, -а́шет
перепа́хивание, -я
перепа́хивать(ся), -аю, -ает(ся)
перепа́чканный
перепа́чкать(ся), -аю(сь), -ает(ся)
перепа́шка, -и
перепа́янный
перепая́ть, -я́ю, -я́ет
перепе́в, -а
перепева́ть(ся), -а́ю, -а́ет(ся)
перепека́ть(ся), -а́ю, -а́ет(ся)
перепёкший(ся)
пе́репел, -а, *мн.* -а́, -о́в
перепелёнатый и перепелёнутый
перепелена́ть, -а́ю, -а́ет
перепелёнывать(ся), -аю, -ает(ся)
перепели́ный
перепёлка, -и
перепеля́тник, -а
перепере́ть, -пру́, -прёт; *прош.* -пёр, -пёрла
перепёртый
перепе́рченный
перепе́рчивать(ся), -аю, -ает(ся)
перепе́рчи́ть, -чу, -чит
перепёрший
перепестрённый; *кр. ф.* -ён, -ена́
перепестри́ть, -рю́, -ри́т
перепе́тый
перепе́ть, -пою́, -поёт
перепеча́танный
перепеча́тать, -аю, -ает
перепеча́тка, -и
перепеча́тывать(ся), -аю, -ает(ся)
перепечённый; *кр. ф.* -ён, -ена́
перепе́чь(ся), -еку́, -ечёт(ся), -еку́т(ся); *прош.* -ёк(ся), -окла́(сь)
перепива́ть(ся), -а́ю, -а́ет(ся)
перепи́ленный
перепи́ливать(ся), -аю, -ает(ся)
перепили́ть, -илю́, -и́лит
перепи́санный
переписа́ть(ся), -ишу́(сь), -и́шет(ся)
перепи́ска, -и
переписно́й
перепи́счик, -а
перепи́счица, -ы
перепи́сывание, -я
перепи́сывать(ся), -аю(сь), -ает(ся)
пе́репись, -и
перепи́тый
перепи́ть(ся), -пью́(сь), -пьёт(ся); *прош.* -и́л(ся), -ила́(сь), -и́ло, -и́лось
перепи́ханный
перепиха́ть, -а́ю, -а́ет
перепи́хивать(ся), -аю, -ает(ся)
перепи́хнутый
перепихну́ть, -ну́, -нёт
перепла́в, -а
перепла́вить(ся), -влю, -вит(ся)
перепла́вка, -и
перепла́вленный
переплавля́ть(ся), -я́ю, -я́ет
переплавно́й

переплани́рованный
переплани́ровать, -рую, -рует
планиро́вка, -и
переплани́ровывать(ся), -аю, -ает(ся)
перепла́станный
перепласта́ть, -а́ю, -а́ет
перепла́стывать(ся), -аю, -ает(ся)
перепла́та, -ы
переплати́ть, -ачу́, -а́тит (*к* пла́та)
перепла́ченный
перепла́чивать(ся), -аю, -ает
переплёванный
переплева́ть(ся), -люю́(сь), -люёт(ся)
переплёвывать(ся), -аю(сь), -ает(ся)
переплёскивать(ся), -аю, -ает(ся)
переплёснутый
переплесну́ть(ся), -ну́, -нёт
переплести́(сь), -лету́(сь), -летёт(ся); *прош.* -плёл(ся), -плела́(сь)
переплёт, -а
переплета́ние, -я
переплета́ть(ся), -а́ю(сь), -а́ет(ся)
переплете́ние, -я
переплетённый; *кр. ф.* -ён, -ена́
переплётно-брошюро́вочный
переплётный
переплётчик, -а
переплётший(ся)
переплоти́ть, -очу́, -оти́т (*к* плот)
переплочённый (*к* переплоти́ть)
переплыва́ть(ся), -а́ю, -а́ет(ся)
переплы́ть, -ыву́, -ывёт; *прош.* -ы́л, -ыла́, -ы́ло
переплю́нуть, -ну, -нет
перепля́с, -а
перепляса́ть, -яшу́, -я́шет
переподгота́вливать(ся), -аю(сь), -ает(ся)
переподгото́вить(ся), -влю(сь), -вит(ся)
переподгото́вка, -и
переподгото́вленный
переподготовля́ть(ся), -я́ю(сь), -я́ет(ся)
перепо́енный
перепо́йть, -ою́, -о́ит
перепо́й, -я
переполаски́вать(ся), -аю, -ает(ся)
переползать, -аю, -ает, *сов.*
переполза́ть, -а́ю, -а́ет, *несов.*
переползти́, -зу́, -зёт; *прош.* -о́лз, -олзла́
перепо́лзший
переполне́ние, -я
перепо́лненный
перепо́лнить(ся), -ню(сь), -нит(ся)
переполня́ть(ся), -я́ю(сь), -я́ет(ся)
переполо́сканный
переполоска́ть, -лощу́, -ло́щет и -а́ю, -а́ет
перепо́лотый
переполо́ть, -олю́ -о́лет
переполо́х, -а
переполошённый; *кр. ф.* -ён, -ена́
переполоши́ть(ся), -шу́(сь), -ши́т(ся)
перепо́нка, -и
перепо́ночный
перепончатокры́лый
перепо́нчатый

перепо́ротый
перепоро́ть, -орю́, -о́рет
перепо́ртить(ся), -рчу, -ртит(ся)
перепоруча́ть(ся), -а́ю, -а́ет(ся)
перепору́ченный
перепоручи́ть, -учу́, -у́чит
перепорхну́ть, -ну́, -нёт
перепо́рченный
перепости́ться, -ощу́сь, -ости́тся
перепотрошённый; *кр. ф.* -ён, -ена́
перепотроши́ть, -шу́, -ши́т
перепоя́санный
перепоя́сать(ся), -я́шу(сь), -я́шет(ся)
перепоя́сывать(ся), -аю(сь), -ает(ся)
перепра́ва, -ы
перепра́вить(ся), -влю(сь), -вит(ся)
перепра́вка, -и
перепра́вленный
переправля́ть(ся), -я́ю(сь), -я́ет(ся)
переправо́чный
перепрева́ть, -а́ет
препре́лый
перепре́ть, -е́ет
перепри́ём, -а
перепро́бованный
перепро́бовать, -бую, -бует
перепрове́рка
перепрограмми́рованный
перепрограмми́ровать, -рую, -рует
перепродава́ть(ся), -даю́, -даёт(ся)
перепродаве́ц, -вца́
перепрода́жа, -и
перепро́данный
перепрода́ть, -а́м, -а́шь, -а́ст, -адим, -адите, -аду́т; *прош.* -о́дал, -одала́, -о́дало
перепроекти́рованный
перепроекти́ровать(ся), -рую, -рует(ся)
перепроектиро́вка, -и
перепроизво́дство, -а
перепруди́ть, -ужу́, -у́дит
перепру́женный
перепру́живать(ся), -аю, -ает(ся)
перепры́гивать, -аю, -ает
перепры́гнуть, -ну, -нет
перепры́сканный
перепры́скать, -аю, -ает
перепры́снуть, -ну, -нет
перепряга́ть(ся), -а́ю, -а́ет(ся)
перепря́гший
перепрядённый; *кр. ф.* -ён, -ена́
перепряжённый; *кр. ф.* -ён, -ена́
перепря́жка, -и
перепря́сть, -яду́, -ядёт; *прош.* -я́л, -я́ла, -я́ло
перепря́танный
перепря́тать(ся), -я́чу(сь), -я́чет(ся)
перепря́тывать(ся), -аю(сь), -ает(ся)
перепря́чь, -ягу́, -яжёт, -ягу́т; *прош.* -я́г, -ягла́
перепу́г, -а
перепу́ганный
перепуга́ть(ся), -а́ю(сь), -а́ет(ся)
перепу́дренный
перепу́дрить(ся), -рю(сь), -рит(ся)
перепуска́ть(ся), -а́ю, -а́ет(ся)
перепускно́й
перепусти́ть, -ущу́, -у́стит
перепу́танный
перепу́тать(ся), -аю, -ает(ся)

перепу́тывать(ся), -аю, -ает(ся)
перепу́тье, -я, *предл.* на перепу́тье
перепу́щенный
перепылённый; *кр. ф.* -ён, -ена́
перепыли́ть(ся), -лю́(сь), -ли́т(ся)
перераба́тывать(ся), -аю(сь), -ает(ся)
перерабо́танный
перерабо́тать(ся), -аю(сь), -ает(ся)
перерабо́тка, -и
перерабо́точный
перера́звитый
перерази́ть(ся), -разовью́(сь), -разовьёт(ся); *прош.* -и́л(ся), -ила́(сь), -и́ло(сь)
перера́ненный
перерани́ть, -ню, -нит
перераспределе́ние, -я
перераспределённый; *кр. ф.* -ён, -ена́
перераспредели́ть(ся), -лю́, -ли́т(ся)
перераспределя́ть(ся), -я́ю, -я́ет(ся)
перерассле́дованный
перерассле́довать(ся), -дую, -дует(ся)
перераста́ние, -я
перераста́ть, -а́ю, -а́ет
перерасти́, -ту́, -тёт; *прош.* -ро́с, -росла́
перерасхо́д, -а
перерасхо́дованный
перерассле́довать(ся), -дую, -дует(ся)
перерасчёт, -а
перерва́нный
перерва́ть(ся), -ву́, -вёт(ся); *прош.* -а́л(ся), -ала́(сь), -а́ло, -а́лось
перерегистра́ция, -и
перерегистри́рованный
перерегистри́ровать(ся), -рую(сь), -рует(ся)
перере́з, -а
перере́занный
перере́зать(ся), -е́жу(сь), -е́жет(ся), *сов.*
перереза́ть(ся), -а́ю(сь), -а́ет(ся), *несов.*
перере́зывать(ся), -аю(сь), -ает(ся)
перереша́ть(ся), -а́ю, -а́ет(ся)
перерешённый; *кр. ф.* -ён, -ена́
переши́ть, -шу́, -ши́т
перержа́веть, -еет
перержа́вленный
перерисо́ванный
перерисова́ть, -су́ю, -су́ет
перерисо́вка, -и
перерисо́вывание, -я
перерисо́вывать(ся), -аю, -ает(ся)
переро́д, -а
переро́дить(ся), -ожу́(сь), -оди́т(ся)
перерожа́ть, -а́ю, -а́ет
перерожда́ть(ся), -а́ю(сь), -а́ет(ся)
перерожде́нец, -нца
перерожде́ние, -я
перерожде́нка, -и
перерождённый; *кр. ф.* -ён, -ена́
перерожде́нческий
перерожде́нчество, -а
переро́слый
переро́сток, -стка
переро́сший
переруба́ть(ся), -а́ю, -а́ет(ся)
переруби́ть, -рублю́, -ру́бит
перерубле́нный

переруга́нный
переруга́ть(ся), -а́ю(сь), -а́ет(ся)
переруги́ваться, -аюсь, -ается
переры́в, -а
перерыва́ть(ся), -а́ю, -а́ет(ся)
переры́тый
переры́ть, -ро́ю, -ро́ет
перерыхлённый; *кр. ф.* -ён, -ена́
перерыхли́ть, -лю́, -ли́т
перерыхля́ть, -я́ю, -я́ет
переряди́ть(ся), -яжу́(сь), -я́дит(ся)
переряжа́ть(ся), -а́ю(сь), -а́ет(ся)
переря́женный
пересади́ть, -ажу́, -а́дит
переса́дка, -и
переса́дочный
переса́жать, -а́ю, -а́ет
переса́женный
переса́живание, -я
переса́живать(ся), -аю(сь), -ает(ся)
переса́ленный
переса́ливать(ся), -аю, -ает(ся)
пересали́ть, -а́лю, -а́лит
переса́жать, -а́ю, -а́ет
переса́харенный
переса́харивать, -аю, -ает
переса́харить, -рю, -рит
пересва́тать, -аю, -ает
пересви́ст, -а
пересвиста́ть, -ищу́, -и́щет
пересвисте́ть, -ищу́, -исти́т
пересви́стнуться, -нусь, -нется
пересви́стывать(ся), -аю(сь), -ает(ся)
пересдава́ть(ся), -даю́, -даёт(ся)
пересда́нный; *кр. ф.* -а́н, -ана́
пересда́ть, -а́м, -а́шь, -а́ст, -ади́м, -ади́те, -аду́т; *прош.* -а́л, -ала́, -а́ло
пересда́ча, -и
пересе́в, -а
пересева́ть(ся), -а́ю, -а́ет(ся)
пересёдланный
переседла́ть, -а́ю, -а́ет
пересёдлывать(ся), -аю, -ает(ся)
пересе́ивать(ся), -аю, -ает(ся)
пересека́ть(ся), -а́ю, -а́ет(ся)
пересе́кший(ся)
переселе́нец, -нца
переселе́ние, -я
переселе́нка, -и
переселённый; *кр. ф.* -ён, -ена́
переселе́нческий
пересели́ть(ся), -елю́(сь), -ели́т(ся)
переселя́ть(ся), -я́ю(сь), -я́ет(ся)
пересе́сть, -ся́ду, -ся́дет; *прош.* -се́л, -се́ла
пересече́ние, -я
пересечённый; *кр. ф.* -ён, -ена́ и пересе́ченный (наказанный поркой)
пересе́чь(ся), -еку́, -ечёт(ся), -еку́т(ся); *прош.* -е́к(ся), -екла́(сь)
пересе́янный
пересе́ять, -е́ю, -е́ет
переси́деть, -ижу́, -иди́т
переси́женный
переси́живать(ся), -аю(сь), -ает(ся)
переси́ленный
переси́ливать(ся), -аю, -ает(ся)
пересили́ть, -лю, -лит
пересинённый; *кр. ф.* -ён, -ена́
переси́нивать(ся), -аю, -ает(ся)

пересини́ть(ся), -ню́, -ни́т(ся)
переска́з, -а
переска́занный
пересказа́ть, -ажу́, -а́жет
переска́зчик, -а
переска́зчица, -ы
переска́зывать(ся), -аю, -ает(ся)
перескака́ть, -скачу́, -ска́чет
переска́кивать(ся), -аю, -ает(ся)
перескакну́ть, -ну́, -нёт
перескочи́ть, -очу́, -о́чит
перескрёбший
перескрести́, -ребу́, -ребёт; *прош.* -рёб, -ребла́
пересла́ивать(ся), -аю, -ает(ся)
пере́сланный
пересласти́ть, -ащу́, -асти́т
пересла́ть, -ешлю́, -ешлёт
переслащённый; *кр. ф.* -ён, -ена́
пересла́щивать(ся), -аю, -ает(ся)
переслоённый; *кр. ф.* -ён, -ена́
переслои́ть, -ою́, -ои́т
пересл́ушанный
переслу́шать, -аю, -ает
переслу́шивать(ся), -аю, -ает(ся)
пересма́ливать(ся), -аю, -ает(ся)
пересма́тривание, -я
пересма́тривать(ся), -аю(сь), -ает(ся)
пересме́ивать(ся), -аю(сь), -ает(ся)
пересмеши́ть, -шу́, -ши́т
пересме́шки, -шек
пересме́шник, -а
пересме́шница, -ы
пересме́янный
пересмея́ть, -ею́, -еёт
пересмолённый; *кр. ф.* -ён, -ена́
пересмоли́ть, -олю́, -оли́т
пересмо́тр, -а
пересмо́тренный
пересмотре́ть, -отрю́, -о́трит
переснаряди́ть, -яжу́, -яди́т
переснаряжа́ть(ся), -а́ю, -а́ет(ся)
переснаряжённый; *кр. ф.* -ён, -ена́
переснасти́ть, -ащу́, -асти́т
пересна́стка, -и
переснаща́ть(ся), -а́ю, -а́ет(ся)
переснащённый; *кр. ф.* -ён, -ена́
пересна́щивать(ся), -аю, -ает(ся)
переснима́ть(ся), -а́ю(сь), -а́ет(ся)
пересня́тый; *кр. ф.* -я́т, -ята́, -я́то
пересня́ть(ся), -ниму́(сь), -ни́мет(ся); *прош.* -я́л(ся), -яла́(сь), -я́ло, -я́лось
пересоедини́ть, -ню́, -ни́т
пересоздава́ть(ся), -даю́, -даёт(ся)
пересозда́ние, -я
пересо́зданный; *кр. ф.* -ан, -со́здана, -ано
пересозда́ть, -а́м, -а́шь, -а́ст, -ади́м, -ади́те, -аду́т; *прош.* -а́л, -ала́, -а́ло
пересо́л, -а
пересо́ленный
пересоли́ть, -олю́, -о́лит
пересолоди́ть, -ожу́, -оди́т
пересоложённый; *кр. ф.* -ён, -ена́
пересорти́рованный
пересортирова́ть, -ру́ю, -ру́ет
пересортиро́вка, -и
пересортиро́вывать(ся), -аю, -ает(ся)
пересо́ртица, -ы
пересоса́ть, -су́, -сёт
пересоста́вить, -влю, -вит
пересоста́вленный

пересоставля́ть(ся), -я́ю, -я́ет(ся)
пересо́хлый
пересо́хнуть, -нет; *прош.* -о́х, -о́хла
пересо́хший
пересочинённый; *кр. ф.* -ён, -ена́
пересочини́ть, -ню́, -ни́т
пересочиня́ть(ся), -я́ю, -я́ет(ся)
переспа́ть, -плю́, -пи́т; *прош.* -а́л, -ала́, -а́ло
переспева́ть, -а́ет
переспе́лый
переспе́ть, -е́ет
переспо́ренный
переспо́ривать, -аю, -ает
переспо́рить, -рю, -рит
переспра́шивание, -я
переспра́шивать(ся), -аю, -ает(ся)
переспро́с, -а
переспроси́ть, -ошу́, -о́сит
переспро́шенный
пересро́ченный
пересро́чить, -чу, -чит
пересо́ренный
перессо́рить(ся), -рю(сь), -рит(ся)
переставá́ть, -таю́, -таёт
переста́вить, -влю, -вит
переста́вленный
переставля́ть(ся), -я́ю, -я́ет(ся)
переставно́й
переста́ивать(ся), -аю, -ает(ся)
перестана́вливать(ся), -аю, -ает(ся)
перестанови́ть, -овлю́, -о́вит
перестано́вка, -и
перестано́вленный
перестара́ться, -а́юсь, -а́ется
переста́рка, -и
переста́рок, -рка
переста́ть, -а́ну, -а́нет
перестаю́щий
перестёганный
перестега́ть, -а́ю, -а́ет
перестёгивание, -я
перестёгивать(ся), -аю, -ает(ся)
перестегну́тый
перестегну́ть, -ну́, -нёт
перестёжка, -и
перестéленный и перестла́нный
перестели́ть и перестла́ть, -стелю́, -сте́лет; *прош.* -стели́л, -стели́ла и -стла́л, -стла́ла
перестила́ние, -я
перестила́ть(ся), -а́ю, -а́ет(ся)
перести́лка, -и
пести́ранный
перестира́ть, -а́ю, -а́ет
перести́рывать(ся), -аю, -ает(ся)
пересте́ланный и перестéленный
перестла́ть и перестели́ть, -стелю́, -сте́лет; *прош.* -стла́л, -стла́ла и -стели́л, -стели́ла
пересто́й, -я
пересто́ялый
пересто́ять(ся), -ою́, -ои́т(ся)
перестра́гивать(ся), -аю, -ает(ся)
перестрада́ть, -а́ю, -а́ет
перестра́ивание, -я
перестра́ивать(ся), -аю(сь), -ает(ся)
перестрахо́ванный
перестрахова́ть(ся), -страху́ю(сь), -страху́ет(ся)
перестрахо́вка, -и

перестрахо́вщик, -а
перестрахо́вщица, -ы
перестрахо́вывать(ся), -аю(сь), -ает(ся)
перестра́чивать(ся), -аю, -ает(ся)
перестре́ливать(ся), -аю(сь), -ает(ся)
перестре́лка, -и
перестре́лянный
перестреля́ть(ся), -я́ю, -я́ет(ся)
пересри́г, -а
перестрига́ть(ся), -а́ю(сь), -а́ет(ся)
перестри́женный
перестри́жка, -и
перестри́чь(ся), -игу́(сь), -ижёт(ся), -игу́т(ся); *прош.* -и́г(ся), -и́гла(сь)
перестро́ганный
перестрога́ть, -а́ю, -а́ет
перестрое́ние, -я
перестро́енный
перестро́ить(ся), -о́ю(сь), -о́ит(ся)
перестро́йка, -и
перестро́ченный
перестрочи́ть, -очу́, -о́чит
перестру́ганный
переструга́ть, -а́ю, -а́ет
перестру́гивать(ся), -аю, -ает(ся)
перестуди́ть, -ужу́, -у́дит
переску́женный
пересту́живать(ся), -аю, -ает(ся)
пересту́к, -а
пересту́канный
пересту́кать, -аю, -ает
пересту́кивание, -я
пересту́кивать(ся), -аю(сь), -ает(ся)
пересту́кнуть(ся), -ну(сь), -нет(ся)
переступа́ть, -а́ю, -а́ет
переступи́ть, -уплю́, -у́пит
пересту́пленный
пересу́д, -а
пересу́ды, -ов
пересу́женный
пересу́живать(ся), -аю, -ает(ся)
пересупо́ненный
пересупо́нить, -ню, -нит
пересу́ченный
пересу́чивать(ся), -аю, -ает(ся)
пересучи́ть, -учу́, -у́чит
пересу́шенный
пересу́шивание, -я
пересу́шивать(ся), -аю, -ает(ся)
пересуши́ть(ся), -ушу́, -у́шит(ся)
пересу́шка, -и
пересчёт, -а
пересчи́танный
пересчита́ть(ся), -а́ю(сь), -а́ет(ся)
пересчи́тывание, -я
пересчи́тывать(ся), -аю, -ает(ся)
пересъёмка, -и
пересыла́ть(ся), -а́ю, -а́ет(ся)
пересы́лка, -и
пересы́лочный
пересы́льный
пересы́п, -а и -у
пересыпа́ние, -я
пересы́панный
пересы́пать(ся), -плю, -плет(ся), *сов.*
пересыпа́ть(ся), -а́ю, -а́ет(ся), *несов.*
пересы́пка, -и
пересыпно́й
пе́ресыпь, -и

пересы́тить(ся), -ы́щу(сь), -ы́тит(ся)
пересыха́ние, -я
пересыха́ть, -а́ет
пересыще́ние, -я
пересы́щенный
перета́лкивать(ся), -аю, -ает(ся)
перетанцева́ть, -цу́ю, -цу́ет
перетанцо́вывать, -аю, -ает
перета́пливание, -я
перета́пливать(ся), -аю, -ает(ся)
перета́птывать(ся), -аю(сь), -ает(ся)
перета́сканный
перетаска́ть, -а́ю, -а́ет
перета́скивать(ся), -аю(сь), -ает(ся)
перетасо́ванный
перетасова́ть(ся), -су́ю, -су́ет(ся)
перетасо́вка, -и
перетасо́вывать(ся), -аю, -ает(ся)
перета́чанный
перетача́ть, -а́ю, -а́ет
перета́чивание, -я
перета́чивать(ся), -аю, -ает(ся)
перета́чка, -и
перета́щенный
перетащи́ть(ся), -ащу́(сь), -а́щит(ся)
перетека́ть, -а́ет
перетёкший
перетереби́ть, -блю́, -би́т
перетереблённый; *кр. ф.* -ён, -ена́
перетере́ть(ся), -тру́, -трёт(ся); *прош.* -тёр(ся), -тёрла(сь)
перетерпе́ть, -ерплю́, -е́рпит
перетёртый
перетёрший(ся)
перетеря́нный
перетеря́ть, -я́ю, -я́ет
перетёсанный
перетеса́ть, -ешу́, -е́шет
перетёсывать(ся), -аю, -ает(ся)
перете́чь, -ечёт, -еку́т; *прош.* -ёк, -екла́
перетира́ние, -я
перетира́ть(ся), -а́ю, -а́ет(ся)
перети́рка, -и
перети́сканный
перетиска́ть, -аю, -ает
перети́скивать(ся), -аю, -ает(ся)
перети́снуть, -ну, -нет
перетка́нный
перетка́ть, -тку́, -ткёт; *прош.* -а́л, -ала́, -а́ло
перетлева́ть, -а́ет
перетле́ть, -е́ет
перето́лканный
перетолка́ть, -а́ю, -а́ет
перето́лки, -ов
перетолкну́ть, -ну́, -нёт
перетолкова́ние, -я
перетолко́ванный
перетолкова́ть, -ку́ю, -ку́ет
перетолко́вывание, -я
перетолко́вывать(ся), -аю, -ает(ся)
перетоло́кший
перетоло́чь, -лку́, -лчёт, -лку́т; *прош.* -ло́к, -лкла́
перетолчённый; *кр. ф.* -ён, -ена́
перетоми́ть, -млю́, -ми́т
перетомлённый; *кр. ф.* -ён, -ена́
перетопи́ть(ся), -оплю́, -о́пит(ся)
перето́пка, -и

перетопленный
поретоптанный
перетоптать, -опчу, -опчет
перетергóвывать, -аю, -ает
переторжка, -и
перетормошённый; кр. ф. -ён, -ена
перетормошить, -шу, -шит
переточенный
переточить, -очу, -óчит
переточка, -и
перетравить(ся), -авлю, -áвит(ся)
перетравленный
перетрагивать, -аю, -ает
перетратить, -ачу, -атит
перетраченный
перетрачивать(ся), -аю, -ает(ся)
перетревоженный
перетревожить(ся), -жу(сь), -жит(ся)
перетренирóванный
перетренировáть(ся), -рую(сь), -рует(ся)
перетренирóвка, -и
перетрёпанный
перетрепáть, -еплю, -éплет
перетрéскаться, -ается
перетрóганный
перетрóгать, -аю, -ает
перетрудить(ся), -ужу(сь), -удит(ся)
перетруждáть, -аю, -ает
перетруженный
перетрусить, -ушу, -усит (испугаться)
перетрусить, -ушу, -усит (перетрясти)
перетрýска, -и
перетрухнуть, -ну, -нёт
перетрушенный
перетрясáть(ся), -аю, -áет(ся)
перетрясённый; кр. ф. -ён, -ена
перетрясти(сь), -су(сь), -сёт(ся); прош. -яс(ся), -яслá(сь)
перетрясший(ся)
перетряхáть, -аю, -áет
перетряхивать(ся), -аю, -ает(ся)
перетряхнутый
перетряхнуть, -ну, -нёт
перетупить(ся), -уплю, -упит(ся)
перетупленный
перетушёванный
перетушевáть, -шую, -шует
перетушёвывать(ся), -аю, -ает(ся)
перетушенный
перетушить, -ушу, -ушит
перетть(ся), пру(сь), прёт(ся); прош. пёр(ся), пёрла(сь)
перетягивание, -я
перетягивать(ся), -аю(сь), -ает(ся)
перетяжка, -и
перетяжнóй
перетянутый
перетянуть(ся), -яну(сь), -янет(ся)
переубедить(ся), -ит(ся)
переубеждáть(ся), -áю(сь), -áет(ся)
переубеждённый; кр. ф. -ён, -ена
переувлажнённый; кр. ф. -ён, -ена
переувлажнить(ся), -ню, -нит(ся)
переувлажнять(ся), -яю(сь), -яет(ся)
переудить, -ужу, -удит
переуженный
переуживать(ся), -аю, -ает(ся)

переулок, -лка
переулочек, -чка
переулочный
переупакóванный
переупаковáть, -кую, -кует
переупакóвка, -и
переупакóвывать(ся), -аю, -ает(ся)
переуплотнённый; кр. ф. -ён, -ена
переуплотнить(ся), -ню(сь), -нит(ся)
переуплотнять(ся), -яю(сь), -яет(ся)
переупрямить, -млю, -мит
переупрямленный
переусéрдствовать, -твую, -твует
переустрáивать(ся), -аю, -ает(ся)
переустрóенный
переустрóить, -óю, -óит
переустрóйство, -а
переступáть(ся), -áю, -áет(ся)
переступить, -уплю, -упит
переступка, -и
переступленный
переутомить(ся), -млю(сь), -мит(ся)
переутомлéние, -я
переутомлённый; кр. ф. -ён, -енá
переутомлять(ся), -яю(сь), -яет(ся)
переутюженный
переутюживать(ся), -аю, -ает(ся)
переутюжить, -жу, -жит
переученный
переучéсть, -чту, -чтёт; прош. -чёл, -члá
переучёт, -а
переучётный
переучивание, -я
переучивать(ся), -аю(сь), -ает(ся)
переучитывать(ся), -аю(сь), -ает(ся)
переучить(ся), -учу(сь), -учит(ся)
переучтённый; кр. ф. -ён, -ена
перефасóненный
перефасóнивать(ся), -аю, -ает(ся)
перефасóнить, -ню, -нит
переформирование, -я
переформирóванный
переформировáть(ся), -рую, -рует(ся)
переформирóвка, -и
переформирóвывать(ся), -аю, -ает(ся)
перефразирóванный (от перефразировать)
перефразировать(ся), -рую, -рует(ся) (изложить по-другому)
перефразирóвка, -и (от перефразировать)
переха́живать, -аю, -ает
перехвáленный
перехвáливать(ся), -аю, -ает(ся)
перехвалить, -алю, -áлит
перехват, -а
перехвáтанный
перехватáть, -áю, -áет
перехватить(ся), -ачу(сь), -áтит(ся)
перехвáтчик, -а
перехвáтывать(ся), -аю(сь), -ает(ся)
перехвáченный
перехворáть, -áю, -áет
перехитрённый; кр. ф. -ён, -ена,
перехитрить, -рю, -рит
перехихикиваться, -аюсь, -ается
перехлёстанный
перехлестáть, -ещу(сь), -éщет(ся)
перехлёстнутый

перехлестнуть(ся), -ну, -нёт(ся)
перехлёстывать(ся), -аю, -ает(ся)
перехлóпанный
перехлóпать, -аю, -ает
перехлóпывать, -аю, -ает
перехóд, -а
переходить, -ожу, -óдит
перехóдность, -и
перехóдный
переходящий
перехóженный
перехорóненный
перехоронить, -оню, -óнит
пéрец, -рца и -рцу
перецарáпанный
перецарáпать(ся), -аю(сь), -ает(ся)
перецарáпывать(ся), -аю(сь), -ает(ся)
перецедить, -ежу, -éдит
перецéженный
перецéживать, -аю, -ает
перецелóванный
перецеловáть(ся), -лую(сь), -лует(ся)
переценённый; кр. ф. -ён, -ена
переценивать(ся), -аю, -ает(ся)
переценить, -еню, -éнит
перецепить, -еплю, -éпит
перецéпленный
перечáхнуть, -нет; прош. -чáх, -чáхла
перечáхший
перечекáненный
перечекáнивать(ся), -аю, -ает(ся)
перечекáнить, -ню, -нит
перечекáнка, -и
пéречень, -чня
перечёрканный
перечеркáть, -áю, -áет и перечёркать, -аю, -ает
перечёркивать(ся), -аю, -ает(ся)
перечёркнутый
перечеркнуть, -ну, -нёт
перечернённый; кр. ф. -ён, -ена
перечернить(ся), -ню(сь), -нит(ся)
перечéрпанный
перечéрпать, -аю, -ает
перечéрпывать(ся), -аю, -ает(ся)
перечерствéлый
перечерствéть, -éет
перечертить, -ерчу, -éртит
перечéрченный
перечéрчивание, -я
перечéрчивать(ся), -аю, -ает(ся)
перечёс, -а
перечёсанный
перечесáть(ся), -ешу(сь), -éшет(ся)
перечёска, -и
перечéсть, -чту, -чтёт; прош. -чёл, -члá
перечёсывать(ся), -аю(сь), -ает(ся)
перечёт, -а
перечиненный
перечинивать(ся), -аю, -ает(ся)
перечинить, -иню, -инит
перечинка, -и
перечирканный
перечиркать, -аю, -ает
перечислéние, -я
перечисленный
перечислить(ся), -лю(сь), -лит(ся)
перечислять(ся), -яю(сь), -яет(ся)
перечистить, -ищу, -истит
перечистка, -и

ПЕР

перечи́танный
перечита́ть, -а́ю, -а́ет
перечи́тка, -и
перечи́тывать(ся), -аю, -ает(ся)
пере́чить, -чу, -чит
перечища́ть(ся), -а́ю, -а́ет(ся)
перечи́щенный
пе́речник, -а
пе́речница, -ы
пе́речный
перечо́каться, -аюсь, -ается
перечтённый; кр. ф. -ён, -ена́
перечу́вствованный
перечу́вствовать, -твую, -твует
переша́гивать, -аю, -ает
перешагну́ть, -ну́, -нёт
переша́ренный
переша́ривать(ся), -аю, -ает(ся)
переша́рить, -рю, -рит
перешвы́ривать(ся), -аю, -ает(ся)
перешвы́рнутый
перешвырну́ть, -ну́, -нёт
перешвы́рянный
перешвыря́ть, -я́ю, -я́ет
переше́дший
переше́ек, -е́йка
перешелушённый; кр. ф. -ён, -ена́
перешелуши́ть, -шу́, -ши́т
перешепну́ться, -ну́сь, -нётся
перешёптанный
перешепта́ть, -шепчу́, -ше́пчет
перешёптывание, -я
перешёптывать(ся), -аю(сь), -ает(ся)
переши́б, -а
перешиба́ть(ся), -а́ю, -а́ет(ся)
перешиби́ть, -бу́, -бёт; прош. -ши́б, -ши́бла
переши́бленный
переши́вание, -я
перешива́ть(ся), -а́ю, -а́ет(ся)
переши́вка, -и
переши́вочный
переши́тый
переши́ть, -шью́, -шьёт; прош. -ши́л, -ши́ла
перешлифо́ванный
перешлифова́ть, -фу́ю, -фу́ет
перешлифо́вка, -и
перешлифо́вывать(ся), -аю, -ает(ся)
перешнуро́ванный
перешнурова́ть, -ру́ю, -ру́ет
перешнуро́вка, -и
перешнуро́вывание, -я
перешнуро́вывать(ся), -аю, -ает(ся)
перешпи́ленный
перешпи́ливать(ся), -аю, -ает(ся)
перешпи́лить, -лю, -лит
перештемпелёванный
перештемпелева́ть, -лю́ю, -лю́ет
перештемпелёвывать(ся), -аю, -ает(ся)
перешто́панный
перешто́пать, -аю, -ает
перешто́пывать(ся), -аю, -ает(ся)
перештукату́ренный
перештукату́ривать(ся), -аю, -ает(ся)
перештукату́рить, -рю, -рит
переу́чиваться, -аюсь, -ается
перещеголя́ть, -я́ю, -я́ет
перещёлканный

ПЕР

перещёлкать, -аю, -ает
перещёлкивать(ся), -аю, -ает(ся)
перещелочённый; кр. ф. -ён, -ена́
перещелочи́ть, -чу́, -чи́т
перещи́панный
перещипа́ть, -иплю́, -и́плет, и -а́ю, -а́ет
перещи́пывать(ся), -аю, -ает(ся)
перещу́панный
перещу́пать, -аю, -ает
перещу́пывать(ся), -аю, -ает(ся)
переэкзамено́ванный
переэкзаменова́ть(ся), -ну́ю(сь), -ну́ет(ся)
переэкзамено́вка, -и
переэкзамено́вывать(ся), -аю(сь), -ает(ся)
перея́рка, -и
перея́рок, -рка
пе́ри, нескл., ж.
периадени́т, -а
периартерии́т, -а
перибле́ма, -ы
перибронхи́т, -а
перигастри́т, -а
периге́й, -я
периге́лий, -я
периде́рма, -ы
пери́дий, -я
перика́мбий, -я
перика́рд, -а
перикарди́т, -а
перика́рпий, -я
пери́ла, -и́л (ограда)
пери́лла, -ы (бот.)
пери́лловый (от перилла)
пери́льный (от перила)
пери́льца, -лец
пери́льчатый
перименинги́т, -а
пери́метр, -а
периметри́т, -а
периметри́ческий
периметри́я, -и
пери́на, -ы
пери́нка, -и
пери́нный
пери́од, -а
периодиза́ция, -и
перио́дика, -и
периоди́ческий
периоди́чность, -и
периодогра́мма, -ы
периодонти́т, -а
перио́ст, -а
периости́т, -а
перипате́тик, -а
перипети́я, -и
перипла́змодий, -я
пери́птер, -а
переселе́ний, -я
периско́п, -а
перископи́ческий
периско́пный
периспе́рм, -а
periста́льтика, -и
перистальти́ческий
периcти́ль, -я
перистожа́берные, -ых
перистокры́лка, -и
пе́ристо-кучево́й
перистоли́стный

ПЕР

перистоло́пастный
перистораздельный
перистopассечённый
перистосло́жный
пе́ристо-сло́истый
пе́ристый
перите́ктика, -и
перите́ций, -я
перитифли́т, -а
перитони́т, -а
перифери́йный
перифери́ческий
перифери́я, -и
перифра́за, -ы и перифра́з, -а
перифрази́рованный (от перифрази́ровать)
перифрази́ровать(ся), -рую, -рует(ся) (к перифра́за)
перифразиро́вка, -и (к перифрази́ровать)
перифрасти́ческий
перице́нтр, -а
перици́кл, -а
перици́т, -а
периэлектротон, -а
пёрка, -и
перка́левый
перка́ль, -и и -я
перкари́на, -ы
перкуссио́нный
перку́ссия, -и
перкути́ровать, -рую, -рует
перл, -а
перламу́тр, -а
перламу́тровка, -и
перламу́тровый
пе́рлинь, -я
перли́т, -а
перли́тный
перлитобето́н, -а
перли́товый
перло́вица, -ы
перло́вка, -и
перло́вник, -а
перло́вый
перло́н, -а
перло́новый
перлюстрацио́нный
перлюстра́ция, -и
перлюстри́рованный
перлюстри́ровать(ся), -рую, -рует(ся)
перма́ллой, -я
перманéнт, -а
перманéнтный
пермеа́метр, -а
пермендю́р, -а
перминва́р, -а
пе́рмский
пермя́к, -а́
пермя́цкий
пермя́чка, -и
перна́тый
перна́ч, -а́
перницио́зный
перо́, -а́, мн. пе́рья, -ьев
перово́й
пероксида́за, -ы
пе́ро-пухово́й
перочи́нный
перочи́стка, -и
перпендикуля́р, -а

перпендикулярно расположенный
перпендикулярный
перпетуум-мобиле, нескл., с.
перрон, -а
перронный
перс, -а
перси, -ей
персидский
персик, -а
персиковый
персиянин, -а, мн. -яне, -ян
персиянка, -и
персона, -ы
персона грата, нескл., ж.
персонаж, -а
персонал, -а
персонализированный
персонализировать(ся), -рую, -рует(ся)
персонализм, -а
персоналист, -а
персональный
персона нон грата, нескл., ж.
персонификация, -и
персонифицированный
персонифицировать(ся), -рую, -рует(ся)
перспектива, -ы
перспективный
перспирация, -и
перст, -а
перстенёк, -нька
перстень, -тня
перстневидный
перстневой и перстневый
персть, -и
персульфат, -а
пертиненция, -и
пертурбационный
пертурбация, -и
перуанец, -нца
перуанка, -и
перуанский
перуны, -ов
перфект, -а
перфокарта, -ы
перфолента, -ы
перфоратор, -а
перфораторный
перфорационный
перфорация, -и
перфорирование, -я
перфорированный
перфорировать(ся), -рую, -рует(ся)
перхать, -аю, -ает
перхлорат, -а
перхлорвиниловый
перхота, -ы
перхоть, -и
перхун, -а
перхунья, -и, р. мн. -ний
перцепиент, -а
перцептор, -а
перцепционный
перцепция, -и
перцеяд, -а
перципированный
перципировать(ся), -рую, -рует(ся)
перцовка, -и
перцовочный

перцовый
перчатки, -ток, ед. перчатка, -и
перчаточник, -а
перчаточница, -а
перчаточный
перченный, прич.
перченый, прил.
перчик, -а
перчинка, -и
перчить, -чу, -чит
перш, -а, мн. -и, -ей
першерон, -а
першеронский
першить, -ит
пёрышко, -а
перьевой
перяной
пёс, пса
песельник, -а (певец)
песенка, -и
песенник, -а (певец; сборник песен)
песенница, -ы
песенный
песета, -ы
песец, -сца (полярная лисица)
песий, -ья, -ье
песик, -а
пескарь, -я
пескогидрокамера, -ы
пескодувный
пескожил, -а
песколовка, -и
песколовушка, -и
песколюб, -а
пескомёт, -а
пескомойка, -и
песконасос, -а
пескоподача, -и
пескоразбрасыватель, -я
пескорой, -я
пескоройка, -и
пескоструйка, -и
пескоструйный
песнопевец, -вца
песнопение, -я
песнотворец, -рца
песнь, -и, р. мн. песней
песня, -и, р. мн. песен
песо, нескл., с.
песок, песка и песку
песочек, -чка и -чку
песочник, -а
песочница, -ы
песочно-кремовый
песочный
пессарий, -я
пессимизм, -а
пессимист, -а
пессимистический
пессимистичный
пессимистка, -и
пест, -а
пестик, -а
пестиковый
пестицид, -а
пестичный
пестование, -я
пестовать(ся), -тую, -тует(ся)
пестреть¹, -еет (быть пёстрым)
пестреть², -рит (мелькать перед глазами)
пестреться, -еется

пестрина, -ы
пестрить, -рю, -рит (что)
пёстро и пестро, нареч.
пестроватый
пестровязаный
пестрокрылка, -и
пестролистный и пестролистый
пестрота, -ы
пестротканый
пёстро-яркий
пеструшка, -и
пёстрый; кр. ф. пёстр, пестра, пёстро и пестро
пестрядёвый
пестрядина, -ы
пестрядинный
пестрядь, -и
пестряк, -а
пестрянка, -и
пестун, -а
пестунья, -и, р. мн. -ний
песцовый (от песец)
песчаник, -а
песчаниковый
песчанистый
песчанка, -и
песчано-глинистый
песчано-гравийный
песчано-цементный
песчаный
песчинка, -и
петарда, -ы
петелька, -и
петельный
петербургский
петербуржец, -жца
петиметр, -а
петит, -а
петиционный
петиция, -и
петлевой
петлеобразный
петлица, -ы
петличка, -и
петличный
петлюровец, -вца
петлюровский
петлюровщина, -ы
петля, -и, р. мн. петель
петлять, -яю, -яет
петрашевец, -вца
петрификация, -и
петровки, -вок
петроглиф, -а
петроградец, -дца
петроградский
петрограф, -а
петрографический
петрография, -и
петролейный
петролит, -а
петрологический
петрология, -и
петрушечник, -а
петрушечный
петрушка, -и
петуния, -и и петунья, -и, р. мн. -ний
петух, -а
петуший, -ья, -ье
петушиный
петушиться, -шусь, -шится

ПЕТ

петушо́к, -шка́
пе́тый
пе́ть(ся), пою́, поёт(ся)
пеу́н, -а́
пехлеви́, нескл., м.
пехлеви́йский
пехо́та, -ы
пехоти́нец, -нца
пехо́тно-деса́нтный
пехо́тный
пехтура́, -ы́
пехтуро́й, нареч.
печа́лить(ся), -лю(сь), -лит(ся)
печа́ловаться, -луюсь, -луется
печа́ль, -и
печа́льник, -а
печа́льница, -ы
печа́льный
печа́тание, -я
печа́танный, прич.
печа́таный, прил.
печа́тать(ся), -аю(сь), -ает(ся)
печа́тка, -и
печа́тник, -а
печа́тно-литогра́фский
печа́тно-мно́жительный
печа́тный
печа́тня, -и, р. мн. -тен
печа́точный
печа́ть, -и
пе́чево, -а
печене́г, -а
печене́жский
пече́ние, -я (действие)
печёнка, -и
печёновый; кр. ф. -ён, -ена́, прич.
печёночник, -а
печёночница, -ы
печёночно-желу́дочный
печёночный
печёный, прил.
пе́чень, -и
пече́нье, -я (кондитерское изделие)
пече́ньице, -а
печери́ца, -ы
пе́чечка, -и
печи́ще, -а
пе́чка, -и
печни́к, -а́
печно́й
печо́ринский
печу́рка, -и
печь, -и, предл. о печи́, на печи́, мн. -и, -е́й
пе́чь(ся), пеку́(сь), печёт(ся), пеку́т(ся); прош. пёк(ся), пекла́(сь)
пешедра́лом, нареч.
пешехо́д, -а
пешехо́дный
пе́шечка, -и
пе́шечком и пешо́чком, нареч.
пе́шечный
пе́ший
пе́шка, -и
пешко́м, нареч.
пешнево́й
пешня́, -и́, мн. пе́шни, -шен
пешко́м и пешо́чком, нареч.
пеще́ра, -ы
пеще́ристый
пеще́рник, -а
пеще́рный

ПИА

пиала́, -ы́
пиа́н, -а (полигр.)
пиани́зм, -а
пиани́но, нескл., с.
пиани́ссимо, неизм. и нескл., с.
пиани́ст, -а
пианисти́ческий
пиани́стка, -и
пиа́но, неизм. и нескл., с.
пиано́ла, -ы
пиа́стр, -а
пива́ть, наст. вр. не употр.
пивко́, -а́
пивна́я, -о́й
пивно́й
пивну́шка, -и
пи́во, -а
пивова́р, -а
пивоваре́ние, -я
пивова́ренный
пивова́рня, -и, р. мн. -рен
пивцо́, -а́
пи́галица, -ы
пигме́й, -я
пигме́нт, -а
пигмента́ция, -и
пигме́нтный
пигмо́ид, -а
пи́гус, -а
пиджа́к, -а́
пиджачи́шко, -а, м.
пиджа́чник, -а
пиджа́чный
пиджачо́к, -чка́
пиели́т, -а
пиелонефри́т, -а
пие́мия, -и
пиете́т, -а
пиети́зм, -а
пижа́ма, -ы
пижа́мный
пи́жма, -ы
пижо́н, -а
пик, -а
пи́ка, -и (копьё)
пикадо́р, -а
пика́нтность, -и
пика́нтный
пика́п, -а
пи́кать, -аю, -ает
пике́, неизм. и нескл., с.
пике́йный
пике́т, -а
пикета́ж, -а
пикета́жный
пикети́ровать(ся), -рую, -рует(ся)
пике́тчик, -а
пи́ки, пик (карточная масть)
пики́рование, -я (от пики́ровать)
пики́рованный (от пикирова́ть)
пики́ровать, -рую, -рует (лететь)
пикирова́ть(ся), -ру́ю, -ру́ет(ся) (пересаживать)
пики́роваться, -руюсь, -руется (перебраниваться)
пикиро́вка, -и
пикиро́вочный
пикиро́вщик, -а
пики́рующий
пи́кколо, неизм. и нескл., с.
пи́кник, -а (тучный человек)
пикни́к, -а́ (прогулка)

ПИК

пикни́ческий (о телосложении)
пикничо́к, -чка́
пикно́метр, -а
пи́кнуть, -ну, -нет
пико́вка, -и
пи́ковый
пикота́ж, -а
пикри́новый
пиксафо́н, -а
пиктогра́мма, -ы
пиктографи́ческий
пиктогра́фия, -и
пик-трансформа́тор, -а
пи́кули, -ей
пи́кша, -и
пила́, -ы́, мн. пи́лы, пил
пила́в, -а
пила́-ры́ба, пилы́-ры́бы
пиле́ние, -я
пи́ленный, прич.
пи́лено-перепи́лено
пилёный, прил.
пилигри́м, -а
пили́дий, -я
пили́кать, -аю, -ает
пили́льщик, -а
пили́ть(ся), пилю́, пи́лит(ся)
пи́лка, -и
пи́ллерс, -а
пило́вочник, -а
пилокарпи́н, -а
пилока́рпус, -а
пиламатериа́лы, -ов
пило́н, -а
пилоно́с, -а
пилообра́зный
пилопра́в, -а
пилора́ма, -ы
пилороспа́зм, -а
пило́т, -а
пилота́ж, -а
пилота́жный
пилоти́рование, -я
пилоти́рованный
пилоти́ровать(ся), -рую, -рует(ся)
пило́тка, -и
пило́тский
пилохво́ст, -а
пиль, неизм.
пи́льный
пи́льня, -и, р. мн. -лен (место)
пильня́, -и́ (звуки)
пи́льчатый
пи́льщик, -а
пилю́лька, -и
пилю́ля, -и
пиля́стра, -ы и пиля́стр, -а
пи́лящий(ся)
пи-мезо́н (π-мезон), -а
пиме́нт, -а
пимока́т, -а
пимы́, -о́в, ед. пим, -а и -а́
пинаго́р, -а
пинакоте́ка, -и
пина́ть(ся), -а́ю(сь), -а́ет(ся)
пингви́н, -а
пинг-по́нг, -а
пине́тки, -ток, ед. пине́тка, -и
пи́ния, -и
пинкерто́новщина, -ы
пино́к, -нка́
пи́нта, -ы

ПИН ПИР ПИС П

пинце́т, -а
пинциро́вка, -и
пи́нчер, -а
пиобацилле́з, -а
пиодермия́, -и
пио́н, -а (*бот.*)
пионе́р, -а
пионерба́за, -ы
пионервожа́тая, -ой
пионервожа́тый, -ого
пионе́рия, -и
пионе́рка, -и
пионерла́герь, -я, *мн.* -я́, -е́й
пионеротря́д, -а
пионе́рский
пионе́рство, -а
пионефро́з, -а
пионови́дный
пиоре́я, -и
пиоспермия́, -и
пиперази́н, -а
пиперидин, -а
пипери́н, -а
пиперона́л, -а
пипе́тка, -и
пир, -а, *предл.* о пи́ре, на пиру́, *мн.* -ы́, -о́в
пирази́н, -а
пиразо́л, -а
пиразоло́н, -а
пирами́да, -ы
пирамида́льный
пирами́дка, -и
пирами́дный
пирамидо́н, -а
пирамина́л, -а
пирано́метр, -а
пира́нья, -и, *р. мн.* -ний
пира́т, -а
пира́тский
пира́тство, -а
пиргелио́метр, -а
пирене́йский
пирено́ид, -а
пире́трум, -а
пириди́н, -а
пиридокси́н, -а
пиримиди́н, -а
пири́т, -а
пирке́, *нескл., с.*
пиробензо́л, -а
пирова́ть, -ру́ю, -ру́ет
пиро́г, -а́
пиро́га, -и (*лодка*)
пирога́лловый
пирогалло́л, -а
пирогена́л, -а
пирогенети́ческий
пирогениза́ция, -и
пироге́нный
пирогравю́ра, -ы
пирожко́вая, -ой
пирожко́вый
пиро́жник, -а
пиро́жница, -ы
пиро́жное, -ого
пиро́жный
пирожо́к, -жка́
пирозо́ма, -ы
пироксе́н, -а
пироксени́т, -а
пироксили́н, -а

пироксили́новый
пиро́лиз, -а
пиролюзи́т, -а
пирома́ния, -и
пирометаллу́ргия, -и
пирометаморфи́зм, -а
пиро́метр, -а
пирометри́ческий
пироме́трия, -и
пироморфи́зм, -а
пироморфи́т, -а
пиро́н, -а
пирона́фт, -а
пиро́п, -а
пиропла́зма, -ы
пироплазмо́з, -а
пироско́п, -а
пиросульфа́т, -а
пироте́хник, -а
пироте́хника, -и
пиротехни́ческий
пирофилли́т, -а
пирофо́рный
пирофосфа́т, -а
пирофо́сфорный
пирохло́р, -а
пироэлектри́ческий
пироэлектри́чество, -а
пи́ррихий, -я
пи́ррова побе́да
пирро́л, -а
пирроти́н, -а
пирс, -а
пиру́шка, -и
пируэ́т, -а
пи́ршественный
пи́ршество, -а
пи́ршествовать, -твую, -твует
писа́ка, -и, *м. и ж.*
писа́ние, -я
писани́на, -ы
пи́санный, *прич.*
пи́саный, *прил.*
писари́шка, -и, *м.*
писарско́й и пи́сарский
пи́сарь, -я, *мн.* -и́, -е́й и -я, -ей
писа́тель, -я
писа́тельница, -ы
писа́тельский
писа́ть(ся), пишу́(сь), пи́шет(ся)
писе́ц, -сца́ (переписчик)
писк, -а
пискле́нок, -нка, *мн.* -ля́та, -ля́т
пискли́вый
пискля́, -и́
пискля́вый
пи́скнуть, -ну, -нет
пискотня́, -и́
пи́скнуть, -ну́, -нёт
писку́н, -а́
пи́скунья, -и, *р. мн.* -ний
писну́ть, -ну́, -нёт
писсуа́р, -а
пи́стик, -а
пистоле́т, -а
пистоле́тный
пистоле́т-пулемёт, пистоле́та-пулемёта
пи́столь, -я (монета; оружие) и -и (оружие)
писто́н, -а
писто́нный
пису́лька, -и

писцо́вый (*от* писе́ц)
писчебума́жный
пи́счий
пи́сывать, *наст. вр. не употр.*
письмена́, -мён, -мена́м
пи́сьменность, -и
пи́сьменный
письмецо́, -а́
письми́шко, -и
письмо́, -а́, *мн.* пи́сьма, пи́сем
письмо́вник, -а
письмоводи́тель, -я
письмово́дство, -а
письмоно́сец, -сца
письмосортиро́вочный
пита́ние, -я
пита́тель, -я
пита́тельный
пита́ть(ся), -а́ю(сь), -а́ет(ся)
пите́йный
питека́нтроп, -а
пи́терский
пи́терщик, -а
пити́е́, -я́, *мн.* -ния́, -ий
пито́мец, -мца
пито́мица, -ы
пито́мник, -а
пито́мниковый
пито́мнический
пито́н, -а
пи́ттинг, -а
питуитри́н, -а
питу́х, -а́ (любитель выпить)
пи́тый; *кр. ф.* пит, пита́, пи́то
пить, пью, пьёт; *прош.* пил, пила́, пи́ло
питьё, -я́, *мн. только род.* -те́й
питьево́й
пи́ться, пьётся; *прош.* пи́лся, пила́сь, пи́ло́сь
пиури́я, -и
пифагоре́ец, -е́йца
пифагореи́зм, -а
пифагоре́йский
пифаго́ров, -а, -о
пифи́ческий
пи́фия, -и
пиф-па́ф, *неизм.*
пи́фферо, *нескл., с.*
пи́ханный
пиха́ть(ся), -а́ю(сь), -а́ет(ся)
пихну́ть, -ну́, -нёт
пи́хта, -ы
пихта́рник, -а
пихто́вник, -а
пи́хтовый
пиццика́то, *нескл., с. и неизм.*
пи́чканный
пи́чкать(ся), -аю, -ает(ся)
пичу́га, -и
пичу́жечка, -и
пичу́жка, -и
пи́шущий
пи́ща, -и
пища́лка, -и
пища́ль, -и
пища́ть, пищу́, пищи́т
пищебло́к, -а
пищеваре́ние, -я
пищевари́тельный
пищева́рочный
пищеви́к, -а́

279

ПИЩ

пищевкусово́й
пищево́д, -а
пищево́дно-желу́дочный
пищево́й
пищекомбина́т, -а
пищеконцентра́тный
пи́щик, -а
пищу́ха, -и
пия́вица, -ы
пия́вка, -и
пла́вание, -я
пла́вательный
пла́вать, -аю, -ает
плавба́за, -ы
пла́вень, -вня
плави́к, -а́
пла́вико́вый
плави́льник, -а
плави́льный
плави́льня, -и, р. мн. -лен
плави́льщик, -а
пла́вить(ся), -влю, -вит(ся)
пла́вка, -и (действие)
пла́вки, -вок (трусики)
пла́вкий
пла́вкость, -и
плавле́ние, -я
пла́вленный, прич.
пла́вленый, прил.
пла́вневый
пла́ви, -ей
плавни́к, -а́
плавнико́вый
плавничо́к, -чка́
плавно́й (плавучий)
пла́вный (равномерный)
плавсоста́в, -а
плавсре́дства, -ств
плаву́н, -а́ (зоол.)
плавуне́ц, -нца́
плаву́нчик, -а
плаву́чий (плавающий)
плагиа́т, -а
плагиа́тор, -а
плагиа́торский
плагиа́торство, -а
плагии́ровать(ся), -рую, -рует(ся)
плагиокла́з, -а
плагиотропи́зм, -а
плаз, -а
пла́зма, -ы
плазмати́ческий
пла́зменный
плазмога́мия, -и
плазмо́дий, -я
плазмозамеща́ющий
плазмо́лиз, -а
плазмотро́н, -а
плазмохими́ческий
плазмохи́мия, -и
плазмохи́н, -а
плазмоци́д, -а (препарат)
плазмоци́т, -а (клетка)
пла́кальщик, -а
пла́кальщица, -ы
плака́т, -а
плакати́ст, -а
плака́тный
плака́тчик, -а
пла́кать(ся), пла́чу(сь), пла́чет(ся)
плаке́, неизм. и нескл., с.
плакирова́льня, -и, р. мн. -лен

ПЛА

плакирова́ние, -я
плакиро́ванный
плакирова́ть(ся), -ру́ю, -ру́ет(ся)
плакиро́вка, -и
плакиро́вочный
пла́кса, -ы, ж. и м.
плакси́вость, -и
плакси́вый
плаку́н, -а́
плаку́н-трава́, -ы́
плаку́чий
плаку́ша, -и
пламеви́дный
пламегаси́тель, -я
пламеискрогаси́тель, -я
пламене́ть, -е́ю, -е́ет
пламени́стый
пла́менник, -а
пла́менный; кр. ф. -енен, -енна
пла́мень, -и, м.
пламеобра́зный
пла́мя, -мени
план, -а
планёр, -а
планери́зм, -а
планери́ст, -а
планери́стка, -и
планёрка, -и
планёрный
планеродро́м, -а
плане́т, -а (культиватор)
плане́та, -ы
плане́та́рий, -я
плане́та́рный
плане́тный
планетове́дение, -я
планетографи́ческий
плането́ид, -а
планетолёт, -а
плането́лог, -а
планетоло́гия, -и
плани́да, -ы
плани́метр, -а
планиметри́ческий
планиме́трия, -и
плани́рование, -я
плани́рованный
плани́ровать(ся), -рую, -рует(ся)
планиро́вка, -и
планиро́вочный
планисфе́ра, -ы
пла́нка, -и
планка́рта, -ы
планкто́н, -а
планкто́нный
планова́ть, -ну́ю, -ну́ет
планови́к, -а́
пла́ново-операти́вный
пла́ново-организацио́нный
пла́ново-предупреди́тельный
пла́ново-регули́руемый
пла́новость, -и
пла́ново-фина́нсовый
пла́ново-хозя́йственный
пла́ново-экономи́ческий
пла́новый
планоме́рно-непреры́вный
планоме́рность, -и
планоме́рный
пла́ночка, -и
пла́ночный
планта́ж, -а

ПЛА

планта́жный
планта́тор, -а
планта́торский
планта́торство, -а
плантацио́нный
планта́ция, -и
пла́нчатый
планша́йба, -ы
планше́т, -а
планше́тка, -и
планше́тный
планши́р, -а и планши́рь, -я
пласиро́ванный
пласирова́ть, -ру́ю, -ру́ет
пласиро́вка, -и
пласт, -а́, предл. о пласте́, на пласту́
пла́станный
пласта́ть(ся), -а́ю(сь), -а́ет(ся)
пласти́да, -ы
пла́стик, -а
пла́стика, -и
пластика́т, -а
пластика́ция, -и
пластили́н, -а
пластили́новый
пласти́на, -ы
пласти́нка, -и
пласти́нник, -а
пласти́нниковый
пласти́нный
пласти́ночка, -и
пласти́ночник, -а
пласти́ночный
пластинчатожа́берный
пластинчатоклю́вый
пластинчатоу́сый
пласти́нчатый
пластифика́тор, -а
пластифика́ция, -и
пластифици́рованный
пластифици́ровать, -рую, -рует
пласти́ческий
пласти́чность, -и
пласти́чный
пластма́сса, -ы
пластма́ссовый
пласто́ванный
пластова́ть(ся), -ту́ю, -ту́ет(ся)
пластово́й
пластога́мия, -и
пластообра́зный
пластро́н, -а
пласту́н, -а́
пласту́нский
пла́стырный
пла́стырь, -я
плат, -а
пла́та, -ы
плата́н, -а
пла́танный, прич.
плата́новый
пла́таный, прил.
плата́ть, -а́ю, -а́ет
платёж, -ежа́
платёжеспосо́бный
платёжный
пла́тельный
плате́льщик, -а
плате́льщица, -ы
пла́тина, -ы
платина́т, -а
платини́рование, -я

ПЛА

платини́рованный
платини́ровать(ся), -ру́ю, -ру́ет-
    (ся)
платини́т, -а
пла́тинный
пла́тиновый
плати́ть(ся), плачу́(сь), пла́тит(ся)
    (к пла́та)
платицефа́л, -а
платицефа́лия, -и
платко́вый
пла́тный
плато́, нескл., с.
плато́к, -тка́
платони́зм, -а
плато́ник, -а
платони́ческий
плато́чек, -чка
плато́чный
платфо́рма, -ы
платфо́рменный
пла́тье, -я, мн. -ья, -ьев
пла́тьевщица, -ы
пла́тье-костю́м, пла́тья-костю́ма
пла́тьице, -а
пла́тьишко, -а, мн. -шки, -шек
платяно́й
плау́н, -а́
плау́нный
плауновидные, -ых
плау́новый
плафо́н, -а
плафо́нный
пла́ха, -и
пла́хта, -ы
пла́хтовый
плац, -а, предл. о пла́це, на плацу́
плац-адъюта́нт, -а
плацда́рм, -а
плаце́нта, -ы
плацента́рный
плацка́рта, -ы
плацка́ртный
плац-майо́р, -а
плац-пара́д, -а
плац-пара́дный
плач, -а
плаче́вный
плачево́й
пла́ченный, прич.
пла́ченый, прил.
плачея́, -и́
пла́чивать, наст. вр. не употр.
пла́чущий
пла́шка, -и
плашко́ут, -а
плашко́утный
плашмя́
плащ, -а́
плащани́ца, -ы
плащево́й
плащено́сный
плащ-накидка, -и
плащ-пала́тка, и
плебе́й, -я
плебе́йский
плебе́йство, -а
плебисци́т, -а
плебисцита́рный
плебисци́тный
плебс, -а
плева́, -ы́

ПЛЕ

плева́тельница, -ы
плева́ть(ся), плюю́(сь), плюёт(ся)
пле́вел, -а, мн. пле́велы, пле́вел
плево́к, -вка́
пле́вра, -ы
плевра́льный
плеври́т, -а
плеври́тный
плеврокоќк, -а
плевропневмони́я, -и
плёвый
плед, -а
плезиа́нтроп, -а
плезиоза́вр, -а
плези́р, -а
плейбо́й, -я
плейотропи́я, -и
плейсто́н, -а
плейстоце́н, -а
плексигла́с, -а
плексигла́совый
плекси́т, -а
плектенхи́ма, -ы
плектр, -а
племенни́к, -а́
племенно́й
пле́мечко, -а
племхо́з, -а
пле́мя, пле́мени, мн. -мена́, -мён,
    -мена́м
племя́нник, -а
племя́нница, -ы
племя́нницын, -а, -о
племя́ш, -а́
плен, -а, предл. о пле́не, в плену́
плена́, -ы́
плена́рный
плене́ние, -я
плененный; кр. ф. -ён, -ена́
плени́тельность, -и
плени́тельный
плени́ть(ся), -ню́(сь), -ни́т(ся)
плёнка, -и
плёнкообразова́тель, -я
плёнкообразу́ющий
пле́нник, -а
пле́нница, -ы
пле́нный
плёночно-карка́сный
плёночный
пле́нум, -а
плёнчато-чешу́йчатый
плёнчатый
плене́р, -а
плене́рный
пленя́ть(ся), -я́ю(сь), -я́ет(ся)
плеона́зм, -а
плеонасти́ческий
плеохрои́зм, -а
плеохрои́чный
плере́зы, -е́з
плеро́ма, -ы
плёс, -а
пле́сенный
пле́сень, -и
плеск, -а
плеска́ние, -я
плеска́ть(ся), плещу́(сь), пле́щет(ся)
    и -а́ю(сь), -а́ет(ся)
плеска́ющий(ся)
плесневе́лый
плесневе́ть, -ве́ет

ПЛЕ

плесневи́ца, -ы
плесневой
плёснутый
плесну́ть, -ну́, -нёт
плесси́метр, -а
плести́(сь), плету́(сь), плетёт(ся);
    прош. плёл(ся), плела́(сь)
плетеви́дка, -и
плетеви́дный
плетежо́к, -жка́ (шнурок)
плетёный
плете́льный
плете́льщик, -а
плете́льщица, -ы
плете́ние, -я
плетени́ца, -ы
плетёнка, -и
плетёный, прич.
плетёный, прил.
плете́нь, -тня́
плетешо́к, -шка́ (к плете́нь)
плетизмогра́мма, -ы
плетизмо́граф, -а
плетизмографи́ческий
плетизмогра́фия, -и
плётка, -и
плетнёвый
плето́ра, -ы
плетори́ческий
плёточный
плету́шка, -и
плету́щий(ся)
плётший(ся)
плеть, -и, мн. -и, -е́й
плечево́й
плечелоктево́й
плечелучево́й
плечено́гие, -их
пле́чики, -ов
пле́чико, -а, мн. -и, -ов
плечи́стый
плечи́ще, -а
плечно́й
плечо́, -а́, мн. пле́чи, плеч, плеча́м
плечо́ в плечо́
плечо́ к плечу́
плечо́м к плечу́
плечо́ о плечо́
плеши́веть, -ею, -еет
плеши́вый
плеши́на, -ы
плеши́нка, -и
плёшка, -и
плешь, -и
пле́щущий(ся)
плея́да, -ы
плие́, нескл., с.
плимутро́к, -а
плинто́ванный
плинтова́ть(ся), -ту́ю, -ту́ет(ся)
плинто́вка, -и
пли́нтус, -а
плиоце́н, -а
плиоце́новый
плис, -а
пли́совый
плиссе́, неизм. и нескл., с.
плисси́рованный
плиссирова́ть(ся), -ру́ю, -ру́ет(ся)
плиссиро́вка, -и
плиссиро́вочный
плита́, -ы́, мн. пли́ты, плит

ПЛИ

плитка, -и
плитняк, -а
плитняковый
плиточник, -а
плиточный
плитчатый
плица, -ы
плов, -а
пловец, -вца
пловчиха, -и
плод, -а
плодить(ся), пложу, плодит(ся)
плодник, -а
плодный
плодовинодельческий
плодовитость, -и
плодовитый
плодовод, -а
плодоводство, -а
плодоводческий
плодово-овощной
плодово-ягодный
плодовый
плодогонный
плодожил, -а
плодожорка, -и
плодоизгнание, -я
плодоизгоняющий
плодоконсервный
плодолистик, -а
плодомойка, -и
плодоножка, -и
плодоносить, -осит
плодоносный
плодоносящий
плодоношение, -я
плодообразование, -я
плодоовощевод, -а
плодоовощеводство, -а
плодоовощесушилка, -и
плодоовощесушильня, -и, р. мн. -лен
плодоовощи, -ей
плодоовощной
плодопеременный
плодоперерабатывающий
плодопереработка, -и
плодопитомник, -а
плодородие, -я
плодородный
плодосбор, -а
плодосмен, -а
плодосменный
плодосниматель, -я
плодосушилка, -и
плодосушильня, -и, р. мн. -лен
плодосъём, -а
плодотворный
плодохранилище, -а
плодоягодный
плодоядный
плодуха, -и
плодущий
плоёный; кр. ф. -ён, -ена, прич.
плоёный, прил.
плоить(ся), -ою, -оит(ся)
плойчатость, -и
пломба, -ы
пломбир, -а
пломбирный
пломбирование, -я
пломбированный

ПЛО

пломбировать(ся), -рую, -рует(ся)
пломбировка, -и
пломбировочный
помпудинг, -а
плоский; кр. ф. -сок, -ска, -ско
плоско-вогнутый
плоско-выпуклый
плосковязальный
плоскоголовый
плоскогорный
плоскогорье, -я, р. мн. -рий
плоскогрудый
плоскогубцы, -цев
плоскодонка, -я
плоскодонный
плоскозубцы, -цев
плоскоклеточный
плосколицый
плосконосый
плоскопараллельный
плоскопечатный
плоскорежущий
плоскосемянник, -а
плоскосемянный
плоскостной
плоскостопие, -я
плоскость, -и, мн. -и, -ей
плоскохвост, -а
плоскочулочный
плоскошлифовальный
плот, -а, предл. о плоте, на плоту
плотва, -ы
плотвица, -ы
плотвичка, -и
плотик, -а
плотина, -ы
плотинный
плотить(ся), плочу, плотить(ся) (к плот)
плотица, -ы
плотичка, -и
плотнеть, -ею, -еет (становиться плотнее)
плотник, -а
плотнить, -ню, -нит (что)
плотницкий
плотничать, -аю, -ает
плотнический
плотничество, -а
плотничий, -ья, -ье
плотничный
плотноионизирующий
плотнокристаллический
плотнокустовой
плотномер, -а
плотно прилегающий
плотность, -и
плотно сцементированный
плотный; кр. ф. -тен, -тна, -тно
плотовод, -а
плотовой
плотовщик, -а
плотогон, -а
плотоспуск, -а
плотоход, -а
плотоядный
плотский
плоть, -и
плохенький; кр. ф. -енек, -енька
плоховатый
плохой; кр. ф. плох, плоха, плохо
плохонький; кр. ф. -онек, -онька

ПЛО

плохо освещённый
плохо проницаемый
плохосыпучий
плошать, -аю, -ает
плоше, сравн. ст. (от плохой, плохо)
плошечка, -и
плошечный
плошка, -и
площадка, -и
площадной
площадочный
площадь, -и, мн. -и, -ей
площе, сравн. ст. (от плоский, плоско)
плуг, -а, мн. -и, -ов
плугарь, -я
плугатарь, -я
плуговой
плугообразный
плужник, -а
плужно-роторный
плужный
плужок, -жка
плунжер, -а
плунжерный
плут, -а, мн. -ы, -ов
плутать, -аю, -ает
плутишка, -и, м.
плутище, -а, м.
плутни, -ей, ед. плутня, -и
плутоватый
плутовать, -тую, -тует
плутовка, -и
плутовской
плутовство, -а
плутократ, -а
плутократический
плутократия, -и
плутонг, -а
плутониевый
плутонизм, -а
плутоний, -я
плутонический
плывун, -а (грунт)
плывунный
плывучий (жидкий, текучий)
плывущий
плыть, плыву, плывёт; прош. плыл, плыла, плыло
плювиальный
плювиограф, -а
плювиоз, -а
плювиометр, -а
плюгавенький
плюгавец, -вца
плюгавый
плюмаж, -а
плюнуть, -ну, -нет
плюрализм, -а
плюралистический
плюральный
плюс, -а
плюска, -и
плюсквамперфект, -а
плюсконосные, -ых
плюсна, -ы, мн. плюсны, плюсен
плюсневой
плюсовальный
плюсование, -я
плюсованный
плюсовать(ся), -сую, -сует(ся)

плюсо́вка, -и
плю́совый
плюх, неизм.
плю́ха, -и
плю́хать(ся), -аю(сь), -ает(ся)
плю́хнуть(ся), -ну(сь), -нет(ся)
плюш, -а
плю́шевый
плю́шка, -и
плю́шкинский
плющ, -а́
плющево́й
плюще́ние, -я
плю́щенный, прич.
плю́щеный, прил.
плющи́льный
плющи́льня, -и, р. мн. -лен
плю́щить(ся), -щу, -щит(ся)
плю́ющий(ся)
пляж, -а
пляс, -а
пляса́ть(ся), пляшу́, пля́шет(ся)
пля́ска, -и
плясово́й
плясу́н, -а́
плясу́нья, -и, р. мн. -ний
пля́шущий
пневма́тик, -а
пневма́тика, -и
пневмати́ческий
пневмато́лиз, -а
пневматоли́т, -а
пневматолити́ческий
пневма́тчик, -а
пневме́ркатор, -а
пневмо... — первая часть сложных слов, пишется всегда слитно
пневмоавтома́тика, -и
пневмобаци́лла, -ы
пневмогра́мма, -ы
пневмо́граф, -а
пневмографи́ческий
пневмогра́фия, -и
пневмодиафра́гменный
пневмо- и олеото́ракс, -а
пневмоко́кк, -а
пневмоко́кковый
пневмоколёсный
пневмоконио́з, -а
пневмокостю́м, -а
пневмомико́з, -а
пневмомолото́к, -тка́
пневмо́ника, -и
пневмони́ческий
пневмони́я, -и
пневмонэктоми́я, -и
пневмосклеро́з, -а
пневмотоми́я, -и
пневмото́ракс, -а
пневмото́рмоз, -а
пневмотра́нспорт, -а
пневмоуда́рный
пневмоэлектри́ческий
пнекорчева́тель, -я
пни́стый
пни́ще, -а, м.
пнуть, пну, пнёт
поаба́цно
поагити́ровать, -рую, -рует
по-азербайджа́нски
по-актёрски
поале́ть, -е́ю, -е́ет

по-америка́нски
по-англи́йски
поаплоди́ровать, -рую, -рует
по-ара́бски
по-армя́нски
поарта́читься, -чусь, -чится
поа́хать, -аю, -ает
побагрове́ть, -е́ю, -е́ет
поба́иваться, -аюсь, -ается
побалагу́рить, -рю, -рит
побала́кать, -аю, -ает
поба́ливать, -ает
побалова́ть(ся), -лу́ю(сь), -лу́ет(ся)
поба́лтывать, -аю, -ает
побараба́нить, -ню, -нит
по-бара́ньи
побара́хтаться, -аюсь, -ается
по-ба́рски
побасёнка, -и
поба́ска, -и
побатальо́нно
побатаре́йно
убаю́кать, -аю, -ает
побе́г, -а
побе́гать, -аю, -ает
побегу́шки, -шек: на побегу́шках
побе́да, -ы
победи́т, -а
победи́теля, -я
победи́тельница, -ы
победи́товый
победи́ть, -и́т
побе́дный
победоно́сный
побе́дствовать, -твую, -твует
побежа́лость, -и
побежа́лый
побежа́ть, -егу́, -ежи́т, -егу́т
побежда́ть(ся), -а́ю, -а́ет(ся)
побеждённый; кр. ф. -ён, -ена́
побе́жка, -и
побелённый; кр. ф. -ён, -ена́
побеле́ть, -е́ю, -е́ет (стать белым)
побели́ть, -елю́, -е́лит (что)
побе́лка, -и
по-белору́сски
побере́гший
побережённый; кр. ф. -ён, -ена́
побере́жный
побере́жье, -я, р. мн. -жий
побере́чь(ся), -егу́(сь), -ежёт(ся), -егу́т(ся); прош. -ёг(ся), -егла́(сь)
побесе́довать, -дую, -дует
побеси́ть(ся), -ешу́(сь), -е́сит(ся)
побеснова́ться, -ну́юсь, -ну́ется
побеспоко́енный
побеспоко́ить(ся), -о́ю(сь), -о́ит(ся)
побива́ть(ся), -а́ю, -а́ет(ся)
побира́ться, -а́юсь, -а́ется
побиру́шка, -и, м. и ж.
поби́тие, -я
поби́тый
поби́ть(ся), -бью(сь), -бьёт(ся)
поблагодари́ть, -рю́, -ри́т
поблажа́ть, -а́ю, -а́ет
поблаже́нствовать, -твую, -твует
побла́жка, -и
побледне́ть, -е́ю, -е́ет
поблёклый
поблёкнувший
поблёкнуть, -ну, -нет; прош. -ёк, -ёкла

поблёкший
побле́скивать, -аю, -ает
поблесте́ть, -ещу́, -ести́т
побли́же
побли́зости
поблиста́ть, -а́ю, -а́ет и -блещу́, -бле́щет
поблужда́ть, -а́ю, -а́ет
по-богаты́рски
побо́дрствовать, -твую, -твует
по-боево́му
по-бо́жески
побожи́ться, -жу́сь, -жи́тся
побо́и, -ев
побо́ище, -а
по-боксёрски
по́боку, нареч. (все дела́ по́боку)
по-болга́рски
поболе́ть[1], -е́ю, -е́ет (к боле́ть[1])
поболе́ть[2], -ли́т (к боле́ть[2])
поболта́ть(ся), -а́ю(сь), -а́ет(ся)
побо́льше
по-большевистски
побо́р, -а
побормота́ть, -очу́, -о́чет
побо́рник, -а
побо́рница, -ы
поборони́ть, -ню́, -ни́т
побо́ротый
поборо́ть(ся), -орю́(сь), -о́рет(ся)
побо́чный
побоя́ться, -бою́сь, -бои́тся
побра́жничать, -аю, -ает
побра́нивать(ся), -аю(сь), -ает(ся)
побрани́ть(ся), -ню́(сь), -ни́т(ся)
по́бранный
побра́сывать, -аю, -ает
побрата́ться, -а́юсь, -а́ется
побрати́м, -а
побрати́мство, -а
по-бра́тски
побра́ть, -беру́, -берёт; прош. -а́л, -ала́, -а́ло
побре́дший
побрезга́ть, -аю, -ает
побренча́ть, -чу́, -чи́т
побрести́, -еду́, -едёт; прош. -ёл, -ела́
побрига́дно
побри́ть(ся), -бре́ю(сь), -бре́ет(ся)
поброди́ть, -ожу́, -о́дит
побродя́га, -и, м.
побро́сать(ся), -а́ю(сь), -а́ет(ся)
побры́зганный
побры́згать(ся), -аю(сь), -ает(ся) и -зжу́(сь), -зжет(ся)
побрюзжа́ть, -жу́, -жи́т
побря́кивать, -аю, -ает
побряку́шка, -и
побряца́ть, -а́ю, -а́ет
побуди́тельный
побуди́ть[1], -ужу́, -у́дит (от буди́ть)
побуди́ть[2], -ужу́, -уди́т (к побужда́ть)
побу́дка, -и
по-бу́дничному и по-бу́днишнему
побужда́ть(ся), -а́ю, -а́ет(ся)
побужде́ние, -я
побуждённый; кр. ф. -ён, -ена́
побу́женный
побуре́ть, -е́ю, -е́ет
побурли́ть, -лю́, -ли́т
побурча́ть, -чу́, -чи́т

ПОБ

побушева́ть, -шу́ю, -шу́ет
побуя́нить, -ню, -нит
побыва́льщина, -ы
побыва́ть, -а́ю, -а́ет
побы́вка, -и
побы́ть, -бу́ду, -бу́дет; *прош.* по́был, побыла́, по́было
по-бы́чьи
пова́дить(ся), -а́жу(сь), -а́дит(ся)
пова́дка, -и
пова́дливый
пова́дно
пова́женный
пова́живать, -аю, -ает
поважне́ть, -е́ю, -е́ет
пова́жничать, -аю, -ает
пова́ксить, -кшу, -ксит
пова́кшенный
пова́ленный (*от* повали́ть)
пова́ливать(ся), -аю(сь), -ает(ся)
повали́ть(ся), -алю́(сь), -а́лит(ся)
пова́льный
пова́лянный (*от* поваля́ть)
поваля́ть(ся), -я́ю(сь), -я́ет(ся)
пова́пленный
по́вар, -а, *мн.* -а́, -о́в
пова́ренный
поварёнок, -нка, *мн.* -ря́та, -ря́т
поварёшка, -и
повари́ть(ся), -арю́, -а́рит(ся)
повари́ха, -и
пова́рничать, -аю, -ает
пова́рня, -и, *р. мн.* -рен
поварско́й
по-варша́вски
поваха́тенно
по-ва́шему, *нареч.*
по-вдо́вьи
повева́ть, -а́ю, -а́ет (*к* ве́ять)
пове́данный
пове́дать, -аю, -ает
поведе́ние, -я
поведённый; *кр. ф.* -ён, -ена́
поведе́нческий
пове́дший(ся)
пове́дывать, -аю, -ает
везённый; *кр. ф.* -ён, -ена́
повезти́, -зу́, -зёт; *прош.* -ёз, -езла́
повёзший
повелева́ть(ся), -а́ю, -а́ет(ся)
повеле́ние, -я
повеле́нный; *кр. ф.* повеле́н, -а́
повеле́ть, -лю́, -ли́т
повели́тель, -я
повели́тельница, -ы
повели́тельность, -и
повели́тельный
повелича́ть, -а́ю, -а́ет
повелли́т, -а
по-венге́рски
пове́нчанный
повенча́ть(ся), -а́ю(сь), -а́ет(ся)
поверга́ть(ся), -а́ю(сь), -а́ет(ся)
пове́ргнувший(ся)
пове́ргнутый
пове́ргнуть(ся), -ну(сь), -нет(ся); *прош.* -е́рг(ся) и -е́ргнул(ся), -е́ргла(сь)
пове́ргший(ся)
пове́ренная, -ой
пове́ренный, -ого
пове́рженный

ПОВ

пове́рить(ся), -рю, -рит(ся)
пове́рка, -и
повёрнутый
поверну́ть(ся), -ну́(сь), -нёт(ся)
пове́рочный
повёрстанный (*от* поверста́ть)
поверста́ть(ся), -а́ю(сь), -а́ет(ся)
повёрстный (*от* верста́)
поверте́ть(ся), -ерчу́(сь), -е́ртит(ся)
повёртывать(ся), -аю(сь), -ает(ся)
пове́рх, *нареч.*
пове́рхностно-акти́вный
пове́рхностно усво́енный
пове́рхностный
пове́рхность, -и
по́верху, *нареч.*
пове́рченный
поверча́ть(ся), -а́ю, -а́ет
поверше́нный; *кр. ф.* -ён, -ена́
поверши́ть(ся), -шу́, -ши́т(ся)
пове́рщик, -а
пове́рье, -я, *р. мн.* -рий
пове́ри́льщик, -а
поверя́ть(ся), -я́ю(сь), -я́ет(ся)
пове́са, -ы, *м.*
повеселе́ть, -е́ю, -е́ет (стать веселее)
повесели́ть, -лю́, -ли́т (*кого, что*)
повесели́ться, -лю́сь, -ли́тся
по-весе́ннему, *нареч.*
пове́сить(ся), -е́шу(сь), -е́сит(ся)
пове́сничать, -аю, -ает
повествова́ние, -я
повествова́тель, -я
повествова́тельный
повествова́ть(ся), -тву́ю, -тву́ет(ся)
повести́(сь), -еду́(сь), -едёт(ся); *прош.* -ёл(ся), -ела́(сь)
повести́ть, -ещу́, -ести́т
пове́стка, -и
по́весть, -и, *мн.* -и, -е́й
пове́т, -а
пове́товый
пове́трие, -я
пове́ть, -и
повечере́ть, -е́ет
повече́рие, -я
повечеру́, *нареч.*
повече́рять, -я́ю, -я́ет
пове́шение, -я
пове́шенный
повеща́ть(ся), -а́ю, -а́ет(ся)
повещённый; *кр. ф.* -ён, -ена́
пове́ять, -е́ю, -е́ет
повво́дно
повздо́рить, -рю, -рит
повздыха́ть, -а́ю, -а́ет
повзросле́ть, -е́ю, -е́ет
повива́льник, -а
повива́льный
повива́ние, -я
повива́ть, -а́ю, -а́ет (*к* вить)
повида́ть(ся), -а́ю(сь), -а́ет(ся)
по-ви́димому
пови́дло, -а
повидне́ть, -е́ет
повизгивать, -аю, -ает
повизжа́ть, -зжу́, -зжи́т
пови́ливать, -аю, -ает
повили́ка, -и
повили́чный
повиля́ть, -я́ю, -я́ет

ПОВ

повини́ться, -ню́сь, -ни́тся
пови́нностный
пови́нность, -и
пови́нный; *кр. ф.* -нен, -нна
повинова́ться, -ну́юсь, -ну́ется
повинове́ние, -я
повинти́ть, -нчу́, -нти́т
пови́нченный
повиса́ть, -а́ю, -а́ет
повисе́ть, -ишу́, -иси́т
пови́снуть, -ну, -нет; *прош.* -и́с, -и́сла
пови́сший
повите́ль, -и
повиту́ха, -и
пови́тый; *кр. ф.* -и́т, -ита́, -и́то
пови́ть(ся), -вью, -вьёт(ся); *прош.* -и́л(ся), -ила́(сь), -и́ло, -и́ло́сь
повла́ствовать, -твую, -твует
повлёкший(ся)
повле́чь(ся), -еку́(сь), -ечёт(ся), -еку́(сь); *прош.* -ёк(ся), -екла́(сь)
повлия́ть, -я́ю, -я́ет
по́вод[1], -а, *предл.* о по́воде, на поводу́, *мн.* -а́, -о́в и пово́дья, -ьев (ремень)
по́вод[2], -а, *мн.* -ы, -ов (причина)
поводи́ть(ся), -ожу́(сь), -о́дит(ся)
поводко́вый
поводо́к, -дка́
пово́дочный
поводы́рь, -я́
повоёванный
повоева́ть, -ою́ю, -ою́ет
по-вое́нному, *нареч.*
пово́женный (*от* поводи́ть)
по возвраще́нии
повози́ть(ся), -ожу́(сь), -о́зит(ся)
пово́зка, -и
по возмо́жности
пово́зочный, -ого
повозрастно́й
пово́йник, -а
пово́йничек, -чка
пово́лжский
поволнова́ться, -ну́юсь, -ну́ется
по-воло́вьи
поволо́ка, -и
поволо́кший(ся)
пова́ло́ченный и поволо́ченный; *кр. ф.* -ён, -ена́
поволочи́ть(ся), -очу́(сь), -о́чит(ся)
поволо́чь(ся), -оку́(сь), -очёт(ся), -оку́т(ся); *прош.* -о́к(ся), -окла́(сь)
по-во́лчьи
пово́льник, -а
пово́льничать, -аю, -ает
повора́чивать(ся), -аю(сь), -ает(ся)
пово́рованный
поворова́ть, -ру́ю, -ру́ет
поворо́вывать, -аю, -ает
поворожи́ть, -жу́, -жи́т
по-воро́ньи
поворо́т, -а
повороти́ть(ся), -очу́(сь), -о́тит(ся)
поворо́тливость, -и
поворо́тливый
поворо́тно-накло́нный
поворо́тный
поворо́чать(ся), -аю(сь), -ает(ся)

поворо́ченный
поворошённый; *кр. ф.* -ён, -ена́
повороши́ть, -шу́, -ши́т
пово́рчать, -чу́, -чит
повра́ть, -ру́, -рёт; *прош.* -а́л, -ала́, -а́ло
повреди́ть(ся), -ежу́(сь), -еди́т(ся)
поврежда́ть(ся), -а́ю(сь), -а́ет(ся)
поврежде́ние, -я
повреждённый; *кр. ф.* -ён, -ена́
по времена́м
повремени́ть, -ню́, -ни́т
повреме́нный
повреме́нщик, -а
повро́зь
повседне́вность, -и
повседне́вный
повсеме́стный
повсеча́сный
повскака́ть, -ска́чет
повска́кивать, -ает
повста́нец, -нца
повста́нческий
повста́нчество, -а
повстреча́ть(ся), -а́ю(сь), -а́ет(ся)
повсю́ду
по-вся́кому, *нареч.*
повто́р, -а
повторе́ние, -я
повторённый; *кр. ф.* -ён, -ена́ и повто́ренный
повтори́тельный
повтори́ть(ся), -рю́(сь), -ри́т(ся)
повто́рно-переме́нный
повторнородя́щая, -ей
повто́рный
повторя́емость, -и
повторя́ть(ся), -я́ю(сь), -я́ет(ся)
по-вчера́шнему, *нареч.*
повыбега́ть, -а́ет
повы́бежать, -бежит, -бегут
повы́веденный
повы́везенный
повы́везти, -везу, -везет
повы́вести(сь), -веду, -ведет(ся)
повыгоня́ть, -я́ю, -я́ет
повы́дерганный
повы́дергать, -аю, -ает
повыраста́ть, -а́ет
повы́расти, -тет; *прош.* -рос, -росла
повы́росший
повы́рубить, -блю, -бит
повы́рубленный
повы́сить(ся), -ы́шу(сь), -ы́сит(ся)
повы́спросить, -ошу, -осит
повы́спрошенный
повы́тчик, -а
повы́ть, -во́ю, -во́ет
повы́цвести, -ветет; *прош.* -вел, -вела
повы́цветший
повыша́ть(ся), -а́ю(сь), -а́ет(ся)
повы́ше
повыше́ние, -я
повы́шенный
по-вьетна́мски
повя́дший
повя́занный
повяза́ть(ся), -яжу́(сь), -я́жет(ся)
повя́зка, -и
повя́зывать(ся), -аю(сь), -ает(ся)

повя́ленный
повя́лить, -лю, -лит
повя́нувший
повя́нуть, -нет; *прош.* -я́л, -я́ла
погада́ть, -а́ю, -а́ет
погалде́ть, -ди́т
пога́нец, -нца
пога́нить(ся), -ню(сь), -нит(ся)
пога́нка, -и
пога́ный
по́гань, -и
погарцева́ть, -цу́ю, -цу́ет
погаса́ние, -я
погаса́ть, -а́ю, -а́ет
погаси́ть(ся), -ашу́, -а́сит(ся)
пога́снувший
пога́снуть, -ну, -нет; *прош.* -га́с, -га́сла
пога́сший
погаша́ть(ся), -а́ю, -а́ет(ся)
погаше́ние, -я
пога́шенный
погекта́рный
поги́б, -а
погиба́ть, -а́ю, -а́ет
поги́бель, -и
поги́бельный
поги́бнуть, -ну, -нет; *прош.* -ги́б, -ги́бла
поги́бший
по́гибь, -и
погла́дить(ся), -а́жу, -а́дит(ся)
погла́женный
погла́живать(ся), -аю, -ает(ся)
поглазе́ть, -е́ю, -е́ет
погла́дывать
поглода́ть, -ожу́, -о́жет и -а́ю, -а́ет
поглота́ть, -а́ю, -а́ет
поглоти́тель, -я
поглоти́тельный
поглоти́ть(ся), -ощу́, -оти́т(ся)
поглоща́тельный
поглоща́ть(ся), -а́ю, -а́ет(ся)
поглоща́ющий(ся)
поглоще́ние, -я
поглощённый; *кр. ф.* -ён, -ена́
поглу́бже
поглуми́ться, -млю́сь, -ми́тся
поглупе́ть, -е́ю, -е́ет
по-глу́пому, *нареч.*
погляде́нье, -я
погляде́ть(ся), -яжу́(сь), -яди́т(ся)
погля́дывать, -аю, -ает
по́гнанный
погна́ть(ся), -гоню́(сь), -го́нит(ся); *прош.* -а́л(ся), -ала́(сь), -а́ло, -а́лось
погне́ваться, -аюсь, -ается
погни́ть, -нёт; *прош.* -и́л, -ила́, -и́ло
погноённый; *кр. ф.* -ён, -ена́
погнои́ть(ся), -ою, -ои́т(ся)
по́гнутый
погну́ть(ся), -ну́, -нёт(ся)
погнуша́ться, -а́юсь, -а́ется
погова́ривать, -аю, -ает
поговори́ть, -рю́, -ри́т
погово́рка, -и
погово́рочный
пого́да, -ы
погоди́ть, -ожу́, -оди́т
пого́дка, -и
пого́дный
пого́док, -дка

пого́жий
поголо́вный
поголо́вье, -я
поголода́ть, -а́ю, -а́ет
поголоси́ть, -ошу́, -оси́т
поголубе́ть, -е́ет
пого́н, -а
погона́жный
пого́нка, -и
пого́нный
погонофо́ра, -ы
пого́нчики, -ов, *ед.* пого́нчик, -а
пого́нщик, -а
пого́ны, пого́н, *ед.* пого́н, -а
пого́ныш, -а
пого́ня, -и
погоня́лка, -и
погоня́ть(ся), -я́ю(сь), -я́ет(ся)
погора́ть, -а́ю, -а́ет
погорди́ться, -ржу́сь, -рди́тся
погорева́ть, -рю́ю, -рю́ет
погоре́лец, -льца
погоре́лый
погоре́ть, -рю́, -ри́т
по го́рло
по-городски́
по-городско́му, *нареч.*
погорячи́ться, -чу́сь, -чи́тся
по-госпо́дски
пого́ст, -а
погости́ть, -ощу́, -ости́т
пого́стный
погра́бить, -блю, -бит
погра́бленный
по-гражда́нски
погранённый; *кр. ф.* -ён, -ена́
погранзаста́ва, -ы
п́ограни́ть, -ню́, -ни́т
пограни́чник, -а
пограни́чный
погранохра́на, -ы
по́греб, -а, *мн.* -а́, -о́в
погреба́льный
погреба́ть(ся), -а́ю, -а́ет(ся)
погребе́ние, -я
погребённый; *кр. ф.* -ён, -ена́
погребе́ц, -бца́
погребно́й
погребо́к, -бка́
погрёбший
погрези́ть(ся), -е́жу(сь), -е́зит(ся)
погреме́ть, -млю́, -ми́т
погремо́к, -мка́
погрему́шка, -и
погрести́, -ребу́, -ребёт; *прош.* -рёб, -ребла́
погре́ть(ся), -е́ю(сь), -е́ет(ся)
погреша́ть, -а́ю, -а́ет
погреше́ние, -я
погреши́ть, -шу́, -ши́т
погре́шность, -и
погрима́сничать, -аю, -ает
по гроб (по гроб жизни)
погрози́ть(ся), -ожу́(сь), -ози́т(ся)
погро́м, -а
погроми́ть, -млю́, -ми́т
погромлённый; *кр. ф.* -ён, -ена́
погро́мный
погро́мщик, -а
погромыха́ть, -а́ю, -а́ет
погромы́хивать, -аю, -ает
погроха́тывать, -аю, -ает

ПОГ

погрохота́ть, -очу́, -о́чет
погрубе́лый
погрубе́ть, -е́ю, -е́ет
погружа́ть(ся), -а́ю(сь), -а́ет(ся)
погруже́ние, -я
погружённый; *кр. ф.* -ён, -ена́ и погру́женный
по-грузи́нски
погрузи́ть(ся), -ужу́(сь), -у́зит(ся)
погру́зка, -и
погрузне́ть, -е́ю, -е́ет
погру́знувший
погру́знуть, -ну, -нет
погру́зо-разгру́зочный
погру́зочно-разгру́зочный
погру́зочный
погру́зчик, -а
погру́зший
погрусти́ть, -ущу́, -усти́т
погрустне́ть, -е́ю, -е́ет
погры́зенный
погры́зть(ся), -зу́(сь), -зёт(ся); *прош.* -ы́з(ся), -ы́зла(сь)
погры́зший(ся)
погряза́ть, -а́ю, -а́ет
погря́знуть, -ну, -нет; *прош.* -я́з, -я́зла
погря́зший
погуби́тель, -я
погуби́ть, -ублю́, -у́бит
погу́бленный
погуде́ть, -ужу́, -уди́т
погу́дка, -и
погу́ливать, -аю, -ает
погуля́нки, -нок
погуля́ть, -я́ю, -я́ет
погусте́ть, -е́ет
погутори́ть, -рю́, -ри́т
под, -а, *предл.* о по́де, на поду́
под, подо, *предлог*
подава́льщик, -а
подава́льщица, -ы
подава́ть(ся), -даю́(сь), -даёт(ся) (*к* пода́ть)
подави́ть(ся), -авлю́(сь), -а́вит(ся)
подавле́ние, -я
пода́вленный
пода́вливать, -аю, -ает
подавля́ть(ся), -я́ю, -я́ет(ся)
подавля́ющий
пода́вно
пода́гра, -ы
пода́грик, -а
подагри́ческий
пода́ле и пода́лее
пода́льше
по́данный; *кр. ф.* -ан, по́дана, -ано, *прич.* (*от* пода́ть)
пода́ренный
подари́ть, -арю́, -а́рит
пода́рок, -рка
пода́рочек, -чка
пода́рочный
пода́тель, -я
пода́тельница, -ы
пода́тливость, -и
пода́тливый
податно́й
по́дать, -и, *мн.* -и, -ей
пода́ть(ся), -а́м(ся), -а́шь(ся), -а́ст(ся), -ади́м(ся), -ади́те(сь), -аду́т(ся); *прош.* по́дал, пода́лся, подала́(сь), по́дало, подало́сь

ПОД

пода́ча, -и (*к* пода́ть)
пода́чка, -и
подаю́щий(ся) (*от* пода́ть)
подая́ние, -я
подба́вить(ся), -влю, -вит(ся)
подба́вка, -и
подба́вленный
подбавля́ть(ся), -я́ю, -я́ет(ся)
подба́дривание, -я
подба́дривать(ся), -аю(сь), -ает(ся)
подба́лтывание, -я
подба́лтывать(ся), -аю, -ает(ся)
подба́шенный
подбега́ть, -а́ю, -а́ет
подбедёрок, -рка
подбежа́ть, -егу́, -ежи́т, -егу́т
подбе́л, -а
подбелённый; *кр. ф.* -ён, -ена́
подбе́ливать(ся), -аю(сь), -ает(ся)
подбели́ть(ся), -елю́(сь), -е́ли́т(ся)
подбе́лка, -и
подбере́жник, -а
подбере́жный
подбере́жье, -я
подбере́зник, -а
подберёзовик, -а
подбива́ть(ся), -а́ю(сь), -а́ет(ся)
подби́вка, -и
подбира́ние, -я
подбира́ть(ся), -а́ю(сь), -а́ет(ся)
подби́тие, -я
подби́тый
подби́ть(ся), -добью́(сь), -добьёт(ся)
подблю́дный
подбодрённый; *кр. ф.* -ён, -ена́
подбодри́ть(ся), -рю́(сь), -ри́т(ся)
подбодря́ть(ся), -я́ю(сь), -я́ет(ся)
подбо́ечный
подбо́й, -я
подбо́йка, -и
под бо́ком
подбо́лтанный
подболта́ть, -а́ю, -а́ет
подбо́лтка, -и
подбо́р, -а
подбо́ра, -ы
подбо́ристый
подбо́рка, -и
подборо́дник, -а
подборо́дный
подборо́док, -дка
подборо́дочек, -чка
подборо́дочный
подбо́ртный
подбо́рщик, -а
подбо́рщица, -ы
подбоче́ниваться, -аюсь, -ается
подбоче́ниться, -нюсь, -нится
подбочи́ться, -чу́сь, -чи́тся
подбра́сывание, -я
подбра́сывать(ся), -аю, -ает(ся)
подбре́дший
подбрести́, -еду́, -едёт; *прош.* -ёл, -ела́
подбрива́ть(ся), -а́ю(сь), -а́ет(ся)
подбри́тый
подбри́ть(ся), -бре́ю(сь), -бре́ет(ся)
подбро́сить, -о́шу, -о́сит
подбро́ска, -и
подбро́шенный
подбрю́шина, -ы

ПОД

подбрю́шник, -а
подбрю́шный
подбу́хать, -аю, -ает
подва́ксить, -кшу, -ксит
подва́кшенный
подва́л, -а
подва́ленный
подва́ливание, -я
подва́ливать(ся), -аю(сь), -ает(ся)
подвали́ть(ся), -алю́(сь), -а́лит(ся)
подва́лка, -и
подва́льный
подва́льчик, -а
подва́ренный
подва́ривать(ся), -аю, -ает(ся)
подвари́ть(ся), -арю́, -а́рит(ся)
подва́хтенный
подва́шивать(ся), -аю, -ает(ся)
подвева́ть, -а́ю, -а́ет (*к* ве́ять)
подведе́ние, -я
подведённый; *кр. ф.* -ён, -ена́
подве́домственный; *кр. ф.* -вен, -венна
подве́дший
подвезённый; *кр. ф.* ён, -ена́
подвезти́, -зу́, -зёт; *прош.* -ёз, -езла́
подвёзший
подве́ивать(ся), -аю, -ает(ся)
подвене́чный
подверга́ть(ся), -а́ю(сь), -а́ет(ся)
подве́ргнувший(ся)
подве́ргнутый
подве́ргнуть(ся), -ну(сь), -нет(ся); *прош.* -е́рг(ся) и е́ргнул(ся), -е́ргла(сь)
подве́ргший(ся)
подве́рженный
подвёрнутый
подверну́ть(ся), -ну́(сь), -нёт(ся)
подвёрстанный
подверста́ть, -а́ю, -а́ет
подверста́чье, -я, *р. мн.* -ьев
подвёрстка, -и
подвёрстывать(ся), -аю, -ает(ся)
подверте́ть, -верчу́, -ве́ртит
подвёртка, -и
подвёртывание, -я
подвёртывать(ся), -аю(сь), -ает(ся)
подве́рченный
подве́с, -а
подве́сить(ся), -е́шу(сь), -е́сит(ся)
подве́ска, -и
подвесно́й
подве́сок, -ска
подве́сочный
подвести́, -еду́, -едёт; *прош.* -ёл, -ела́
подве́тренный
под ве́чер и под ве́чер
подве́шенный
подве́шивание, -я
подве́шивать(ся), -аю(сь), -ает(ся)
подве́янный
подве́ять, -е́ю, -е́ет
подвздо́шно-поясни́чный
подвздо́шный
подвива́ть(ся), -а́ю(сь), -а́ет(ся) (*к* вить)
подви́вка, -и
по́двиг, -а

подвигать(ся), -аю(сь), -ает(ся), сов.
подвигáть(ся), -áю(сь), -áет(ся), несов.
подви́гнувший(ся)
подви́гнутый
подви́гнуть(ся), -ну(сь), -нет(ся); прош. -дви́гнул(ся) и -дви́г(ся), -дви́гла(сь)
подви́гший(ся)
подви́д, -а
подви́жка, -и
подви́жник, -а
подви́жница, -ы
подви́жнический
подви́жничество, -а
подвижногру́дые, -ых
подвижно́й
подви́жность, -и
подви́жный
подвизáться, -áюсь, -áется
подвинти́ть(ся), -нчу́, -нти́т(ся)
подви́нченный
подви́нуть(ся), -ну(сь), -нет(ся)
подви́нченный
подви́нчивать, -аю, -ает(ся)
подвирáть, -áю, -áет
подвисо́чный
подви́тый; кр. ф. -и́т, -итá, -и́то
подви́ть(ся), подовью́(сь), подовьёт(ся); прош. -и́л(ся), -илá(сь), -и́ло, -и́ло́сь
подвла́стный
подво́д, -а
подво́да, -ы
подводи́ть(ся), -ожу́, -о́дит(ся)
подво́дка, -и
подво́дник, -а
подво́дница, -ы
подводно́й (к подводи́ть)
подво́дно-ми́нный
подво́дно-техни́ческий
подво́дный
подво́дчик, -а
по́ двое
подво́з, -а
подвози́ть(ся), -ожу́, -о́зит(ся)
подво́зка, -и
подво́зный
подво́зчик, -а
подво́зчица, -ы
подво́й, -я
подволáкивать(ся), -аю, -ает(ся)
подволо́ка, -и
подволо́кший
подволо́ченный и подволочённый; кр. ф. -ён, -енá
подволочи́ть, -очу́, -о́чит
подвалóчь, -оку́, -очёт, -оку́т; прош. -о́к, -оклá
подворáчивать(ся), -аю, -ает(ся)
подво́рный
подвороти́ть(ся), -очу́, -о́тит(ся)
подворотничо́к, -чкá
подворо́тня, -и, р. мн. -тен
подворо́ченный
подво́рье, -я, р. мн. -рий
подво́х, -а
подвощённый; кр. ф. -ён, -енá
подвощи́ть, -щу́, -щи́т
подвывáть, -áю, -áет
подвы́пить, -пью, -пьет

подвы́сить, -ы́шу, -ы́сит
подвы́сь, нареч.
подвы́ть, -во́ю, -во́ет
подвышáть(ся), -áю, -áет(ся)
подвы́шенный
подвя́занный
подвязáть(ся), -яжу́(сь), -я́жет(ся)
подвя́зка, -и
подвя́зник, -а
подвязно́й
подвя́зочный
подвя́зывание, -я
подвя́зывать(ся), -аю(сь), -ает(ся)
подгадáть, -áю, -áет
подгáдить, -áжу, -áдит
подгáдывать, -аю, -ает
подгáживать, -аю, -ает
подги́б, -а
подгибáть(ся), -áю, -áет(ся)
подгибно́й
подглáдить(ся), -áжу, -áдит(ся)
подглáдывать, -аю, -ает
подглáженный
подглáживать(ся), -аю, -ает(ся)
подглазни́чный
подглáзный
подглáзье, -я, р. мн. -зий
подглóданный
подглодáть, -ожу́, -о́жет и -áю, -áет
подглядéть, -яжу́, -яди́т
подгля́дывать, -аю, -ает
подгонáивать(ся), -аю, -ает(ся)
подгнивáть, -áет
подгни́ть, -иёт; прош. -и́л, -илá, -и́ло
подгноённый; кр. ф. -ён, -енá
подгнои́ть, -ою́, -ои́т
подговáривать(ся), -аю(сь), -ает(ся)
подгово́р, -а
подговорённый; кр. ф. -ён, -енá
подговори́ть(ся), -рю́(сь), -ри́т(ся)
подголо́вник, -а
подголо́вный
подголо́вок, -вка
подголо́вье, -я
подголо́сок, -скá
подго́н, -а
подго́нка, -и
подго́нный
подго́нщик, -а
подгоня́ть(ся), -я́ю, -я́ет(ся)
подгорáживать, -аю, -ает
подгорáть, -áет
подгорéлый
подгорéть, -ри́т
подго́рный
подгороди́ть, -ожу́, -оди́т
подгоро́дный
подгоро́женный
по́д гору
подго́рье, -я
подгорю́ниться, -нюсь, -нится
подготáвливать(ся), -аю(сь), -ает(ся)
подготови́тельный
подгото́вить(ся), -влю(сь), -вит(ся)
подгото́вка, -и
подгото́вленность, -и
подгото́вленный
подготовля́ть(ся), -я́ю(сь), -я́ет(ся)
подгребáние, -я

подгребáть(ся), -áю(сь), -áет(ся)
подгребённый; кр. ф. -ён, -енá
подгрёбка, -и
подгрёбки, -ов
подгребно́й
подгрёбший(ся)
подгрéбье, -я
подгрести́(сь), -ребу́(сь), -ребёт(ся); прош. -рёб(ся), -реблá(сь)
подгримировáть(ся), -ру́ю(сь), -ру́ет(ся)
подгрифо́к, -фкá
подгру́дный
подгру́док, -дка
подгружáть(ся), -áю, -áет(ся)
подгру́женный и подгружённый; кр. ф. -ён, -енá
подгрузо́к, -дкá
по́дгрузь, -я
подгрузи́ть(ся), -ужу́, -у́зит(ся)
подгрунто́ванный
подгрунтовáть, -ту́ю, -ту́ет
подгрунто́вывать(ся), -аю, -ает(ся)
подгру́ппа, -ы
подгры́зенный
подгры́зть, -зу́, -зёт; прош. -ы́з, -ы́зла
подгры́зший
подгу́зник, -а
подгу́ливать, -аю, -ает
подгуля́ть, -я́ю, -я́ет
подгусти́ть, -ущу́, -усти́т
подгущáть, -áю, -áет
подгущённый; кр. ф. -ён, -енá
поддавáла, -ы, м. и ж.
поддавáть(ся), -даю́(сь), -даёт(ся) (к поддáть)
поддавки́, -о́в
поддáивать, -аю, -ает
поддáкивание, -я
поддáкивать, -аю, -ает
поддáкнуть, -ну, -нет
по́дданная, -ой
по́дданнический
по́дданный; кр. ф. -ан, по́ддана, -ано, прич. (от поддáть)
по́дданный, -ого (состоящий в подданстве)
по́дданство, -а
поддáть(ся), -áм(ся), -áшь(ся), -áст(ся), -ади́м(ся), -ади́те(сь), -аду́т(ся); прош. поддáл, поддáлся, поддалá(сь), по́ддало, поддáлось
поддáча, -и (к поддáть)
поддаю́щий(ся) (от поддáть)
поддвигáть(ся), -áю, -áет(ся)
поддви́нуть(ся), -ну, -нет(ся)
поддёв, -а
поддевáние, -я
поддевáть(ся), -áю, -áет(ся) (к поддéть)
поддёвка, -и
поддёвочный
поддéланный
поддéлать(ся), -аю(сь), -ает(ся)
поддéлка, -и (к поддéлать)
поддéлывание, -я
поддéлыватель, -я
поддéлывать(ся), -аю(сь), -ает(ся)
поддéльный
поддёргивать(ся), -аю, -ает(ся)

ПОД

поддержа́ние, -я (*от* поддержа́ть)
подде́ржанный (*от* поддержа́ть)
поддержа́ть, -ержу́, -е́ржит
подде́рживание, -я
подде́рживать(ся), -аю, -ает(ся)
подде́ржка, -и
поддёрнутый (*от* поддёрнуть)
поддёрнуть(ся), -ну, -нет(ся)
подде́тый
подде́ть, -е́ну, -е́нет
поддиафрагма́льный
подди́р, -а
поддира́ть(ся), -а́ю, -а́ет(ся)
подди́рка, -и
поддо́ить, -ою́, -о́ит
поддо́й, -я
поддомина́нта, -ы
поддо́н, -а
поддо́нник, -а
поддо́нный
поддо́нок, -нка (поддо́нник)
поддра́знивать, -аю, -ает
поддразни́ть, -азню́, -а́знит
подду́бень, -бня
поддубови́к, -а́
поддува́ло, -а
поддува́льный
поддува́ть, -а́ю, -а́ет
подду́жный
подду́льный
подду́ть, -у́ю, -у́ет
поддья́к, -а
подева́ть(ся), -а́ю, -а́ет(ся) (*к* деть)
по-де́вичьи
подежу́рить, -рю, -рит
поде́йствовать, -твую, -твует
подека́дный
поде́лать, -аю, -ает
поделённый; *кр. ф.* -ён, -ена́
поделика́тничать, -аю, -ает
подели́ть(ся), -елю́(сь), -е́лит(ся)
поде́лка, -и (изделие)
по-делово́му, *нареч.*
поде́лом
поде́лочный
поде́лывать, -аю, -ает
подёнка, -и
подённый
подёнщик, -а
подёнщина, -ы
подёнщица, -ы
подёрганный
подёргать(ся), -аю(сь), -ает(ся)
подёргивание, -я
подёргивать(ся), -аю(сь), -ает(ся)
по-дереве́нски
подержа́ние, -я: на подержа́ние
поде́ржанный (не новый)
подержа́ть(ся), -ержу́(сь), -е́ржит(ся)
подёрнутый (*от* подёрнуть)
подёрнуть(ся), -ну, -нет(ся)
подеста́, -ы́
подесяти́нный
по-де́тски
подешеве́ть, -е́ет
по дешёвке
подеше́вле
поджа́ренный
поджа́ривание, -я
поджа́ривать(ся), -аю(сь), -ает(ся)
поджа́ристый

ПОД

поджа́рить(ся), -рю(сь), -рит(ся)
поджа́рка, -и
поджа́рый
поджа́тый
поджа́ть(ся), подожму́(сь), подожмёт(ся)
поджёгший
поджелу́дочный
подже́чь, -дожгу́, -дожжёт, -дожгу́т; *прош.* поджёг, подожгла́
поджива́ть, -а́ет
пожживи́ть, -влю́, -ви́т
поживлённый; *кр. ф.* -ён, -ена́
поджевля́ть(ся), -я́ю, -я́ет(ся)
поджига́тель, -я
поджига́тельница, -ы
поджига́тельский
поджига́тельство, -а
поджига́ть(ся), -а́ю, -а́ет(ся)
поджида́ть(ся), -а́ю, -а́ет(ся)
поджи́лки, -лок
поджима́ть(ся), -а́ю(сь), -а́ет(ся)
поджи́ть, -иве́т; *прош.* поджи́л, поджила́, поджи́ло
поджо́г, -а, но: *прош.* поджёг
подзабо́рник, -а
подзабо́рный
подзабыва́ть, -а́ю, -а́ет
подзабы́тый
подзабы́ть, -бу́ду, -бу́дет
подзаголо́вок, -вка
подзаголо́вочный
подзагоре́ть, -рю́, -ри́т
подзадо́ренный
подзадо́ривать(ся), -аю, -ает(ся)
подзадо́рить, -рю, -рит
подзако́нный
подзакуси́ть, -ушу́, -у́сит
подзаня́ться, -займу́сь, -займётся
подзапра́вить(ся), -влю(сь), -вит(ся)
подзарабо́тать, -аю, -ает
подзаты́лок, -лка
подзаты́лочный
подзаты́льник, -а
подзащи́тная, -ой
подзащи́тный, -ого
подземе́лье, -я
подзёмка, -и
подземно-ми́нный
подзе́мный
подзерка́льник, -а
подзерка́льный
подзи́мний
подзо́л, -а
подзо́листый
подзолообразова́ние, -я
подзо́льный
подзо́р, -а
подзо́рный
подзу́бренный
подзу́бривать(ся), -аю, -ает(ся)
подзубри́ть, -убрю́, -у́брит
подзуди́ть, -ужу́, -уди́т
подзу́женный
подзу́живать(ся), -аю, -ает(ся)
подзы́в, -а
подзыва́ть(ся), -а́ю, -а́ет(ся)
поди́
подивизио́нно
подиви́ть(ся), -влю́(сь), -ви́т(ся)
поди́ ж

ПОД

по́дий, -я и по́диум, -а
поди́-ка
подиктова́ть, -ту́ю, -ту́ет
по-дилета́нтски
поди́на, -ы
подира́ть, -а́ет
подирижи́ровать, -рую, -рует
под исхо́д
по́диум, -а и по́дий, -я
подича́ть, -а́ю, -а́ет
подичи́ться, -чу́сь, -чи́тся
подкалённый; *кр. ф.* -ён, -ена́
подка́ливать(ся), -аю, -ает(ся)
подкали́ть(ся), -лю́, -ли́т(ся)
подка́лывание, -я
подка́лывать(ся), -аю, -ает(ся)
подка́менный
подка́менщик, -а
подканда́льники, -ов, *ед.* подканда́льник, -а
подканцеляри́ст, -а
подка́панный
подка́пать, -аю, -ает
подка́пчивать(ся), -аю, -ает(ся)
подка́пывание, -я
подка́пывать(ся), -аю(сь), -ает(ся)
подкарау́ленный
подкарау́ливать(ся), -аю, -ает(ся)
подкарау́лить, -лю, -лит
подка́рмливать(ся), -аю(сь), -ает(ся)
подкаса́тельная, -ой
подка́т, -а
подка́танный
подката́ть, -а́ю, -а́ет
подкати́ть(ся), -ачу́(сь), -а́тит(ся)
подка́тка, -и
подка́тчик, -а
подка́тывание, -я
подка́тывать(ся), -аю(сь), -ает(ся)
подка́чанный (*от* подкача́ть)
подкача́ть, -а́ю, -а́ет
подка́ченный (*от* подкати́ть)
подка́чивание, -я
подка́чивать(ся), -аю, -ает(ся)
подка́чка, -и
подка́шивать(ся), -аю, -ает(ся)
подка́шливать, -аю, -ает
подкашляну́ть, -ну, -нет
подква́сить, -а́шу, -а́сит
подква́ска, -и
подква́шенный
подква́шивать(ся), -аю, -ает(ся)
подки́данный
подкида́ть, -а́ю, -а́ет
подкидно́й
подки́дывать(ся), -аю, -ает(ся)
подки́дыш, -а
подки́нутый
подки́нуть, -ну, -нет
подкипяти́ть, -ячу́, -яти́т
подкипячённый; *кр. ф.* -ён, -ена́
подкисле́ние, -я
подкислённый; *кр. ф.* -ён, -ена́
подкисли́ть, -лю́, -ли́т
подкисля́ть(ся), -я́ю, -я́ет(ся)
подки́сший
подкла́дка, -и
подкладно́й
подкла́дочный
подкла́дывать(ся), -аю, -ает(ся)
подкла́сс, -а

ПОД

подклёванный
подклевать, -люёт
подклеенный
подклеивание, я
подклеивать(ся), -аю, -ает(ся)
подклеить, -ею, -еит
подклейка, -и
подклёпанный
подклепать, -аю, -ает
подклёпка, -и
подклёпывать(ся), -аю, -ает(ся)
подклёт, -а
подклеть, -и
подклювье, -я, р. мн. -вий
подключать(ся), -аю(сь), -ает(ся)
подключение, -я
подключённый; кр. ф. -ён, -ена
подключить(ся), -чу(сь), -чит(ся)
подключичный
подкова, -ы
подкованный
подковать(ся), -кую(сь), -куёт(ся)
подковка, -и
подковный
подковонос, -а
подковообразный
подковывать(ся), -аю(сь), -ает(ся)
подковылять, -яю, -яет
подковыривать(ся), -аю, -ает(ся)
подковырка, -и
подковырнутый
подковырнуть, -ну, -нёт
подковырянный
подковырять, -яю, -яет
подкожный
подколачивать(ся), -аю, -ает(ся)
подколенный
подколёсный
подколка, -и
подколодный
подколотить, -очу, -отит
подколотый
подколоть, -олю, -олет
подколоченный
подколупнутый
подколупнуть, -ну, -нёт
подколупывать(ся), -аю, -ает(ся)
подкомиссия, -и
подкомитет, -а
под конец
подконтрольный
подкоп, -а
подкопанный
подкопать(ся), -аю(сь), -ает(ся)
подкоптить, -пчу, -птит
подкопчённый; кр. ф. -ён, -ена
подкорачивать(ся), -аю, -ает(ся)
подкоренной
подкорка, -и
подкорковый
подкорм, -а
подкормить(ся), -ормлю(сь), -ормит(ся)
подкормка, -и
подкормленный
подкормочный
подкорник, -а
подкоротить, -очу, -отит
подкороченный
подкорье, -я
подкос, -а
подкосина, -ы

ПОД

подкосить(ся), -ошу, -осит(ся)
подкостный
подкошенный
подкравшийся
подкрадываться, -аюсь, -ается
подкраивать(ся), -аю, -ает(ся)
подкрановый
подкрасить(ся), -ашу(сь), -асит(ся)
подкраска, -и
подкрасться, -адусь, -адётся; прош. -ался, -алась
подкрахмаленный
подкрахмаливать(ся), -аю, -ает(ся)
подкрахмалить, -лю, -лит
подкрашенный
подкрашивание, -я
подкрашивать(ся), -аю(сь), -ает(ся)
подкрепить(ся), -плю(сь), -пит(ся)
подкрепление, -я
подкреплённый; кр. ф. -ён, -ена
подкреплять(ся), -яю(сь), -яет(ся)
подкроенный
подкроить, -ою, -оит
подкруглённый; кр. ф. -ён, -ена
подкруглить, -лю, -лит
подкрутить(ся), -учу, -утит(ся)
подкрученный
подкручивать(ся), -аю, -ает(ся)
подкрылок, -лка
подкрылье, -я, р. мн. -лий
подкузьмить, -млю, -мит
подкулачник, -а
подкулачница, -ы
подкуп, -а
подкупать(ся), -аю, -ает(ся)
подкупающий
подкупить, -уплю, -упит
подкупленный
подкупной
подкуренный
подкуривать(ся), -аю, -ает(ся)
подкурить, -урю, -урит
подкурка, -и
подкусывать(ся), -аю, -ает(ся)
подкусить, -ушу, -усит
подкушенный (от подкусить)
подкушивать(ся), -аю, -ает(ся)
подлавливать(ся), -аю(сь), -ает(ся)
подлавок, -вка
подлавочье, -я
подладанник, -а
подладить(ся), -ажу(сь), -адит(ся)
подлаженный
подлаживать(ся), -аю(сь), -ает(ся)
подлаз, -а
подлакированный
подлакировать, -рую, -рует
подлакировывать(ся), -аю, -ает(ся)
подламывать(ся), -аю, -ает(ся)
подластиться, -ащусь, -астится
подлатанный
подлатать, -аю, -ает
подлатывать(ся), -аю, -ает(ся)
подле
подлегочный
подлёгший
подледенеть, -еет
подледник, -а
подледниковый
подлёдный

ПОД   **П**

подлежать, -жу, -жит
подлежащее, -его
подлежащий
подлезать, -аю, -ает
подлезть, -зу, -зет; прош. -лез, -лезла
подлекарь, -я
подленький
подлепестный
подлепить(ся), -леплю, -лепит(ся)
подлепленный
подлеплять(ся), -яю, -яет(ся)
подлесник, -а
подлесок, -ска
подлесье, -я
подлёт, -а
подлетать, -аю, -ает
подлететь, -лечу, -летит
подлётный
подлёток, -тка (подросток)
подлёток, -тка (птенец)
подлеть, -ею, -еет
подлец, -а
подлеченный
подлечивать(ся), -аю(сь), -ает(ся)
подлечить(ся), -ечу(сь), -ечит(ся)
подлечь, -лягу, -ляжет, -лягут; прош. -лёг, -легла
подлещ, -а
подлещик, -а
подлива, -ы
подливать(ся), -аю, -ает(ся)
подливка, -и
подливной
подлиза, -ы, м. и ж.
подлизанный
подлизать(ся), -ижу(сь), -ижет(ся)
подлизывать(ся), -аю(сь), -ает(ся)
подлиннее
подлиннеть, -ею, -еет
подлинник, -а
подлинно народный
подлинно революционный
подлинный; кр. ф. -инен, -инна
подлинь, -я
подлипала, -ы, м. и ж.
подлипать, -аю, -ает
подлипнуть, -нет; прош. -лип, -липла
подлипший
подлисок, -ска
подлистник, -а
подлитый; кр. ф. подлит, подлита, подлито
подлить(ся), -долью, -дольёт(ся); прош. подлил, подлился, -ила(сь), подлило, подлилось
подличать, -аю, -ает
подловатый
подловить(ся), -овлю(сь), -овит(ся)
подлог, -а
подлодка, -и
подложенный
под ложечкой (болит)
под ложечку (ударить)
подложечный
подложить, -ожу, -ожит
подложка, -и
подложный
подлокотник, -а

ПОД

подломáть, -áю, -áет
подломи́ть(ся), -омлю́, -о́мит(ся)
подло́мленный
подло́пастный
подлопáточный
пóдлость, -и
подлу́нный
подлупи́ть, -уплю́, -у́пит
подлу́пленный
подлу́пливать, -аю, -ает
подлущённый; кр. ф. -ён, -ена́
подлу́щивать, -аю, -ает
подлущи́ть, -ущу́, -ущи́т
пóдлый; кр. ф. подл, подлá, пóдло
подлю́га, -и, м. и ж.
подмáзанный
подмáзать(ся), -áжу(сь), -áжет(ся)
подмáзка, -и
подмáзчик, -а
подмáзывание, -я
подмáзывать(ся), -аю(сь), -ает(ся)
подмалёванный
подмалевáть(ся), -лю́ю(сь), -лю́ет(ся)
подмалёвка, -и
подмалёвок, -вка
подмалёвывать(ся), -аю(сь), -ает(ся)
подмáлывать(ся), -аю, -ает(ся)
подмандáтный
подмáненный и подманённый; кр. ф. -ён, -ена́
подмáнивать(ся), -аю, -ает(ся)
подмани́ть, -аню́, -áнит
подмáргивать, -аю, -ает
подмарéнник, -а
подмáсленный
подмáсливать(ся), -аю, -ает(ся)
подмáслить, -лю, -лит
подмáстер, -а
подмастéрье, -я, р. мн. -ьев
подмáтывание, -я
подмáтывать(ся), -аю, -ает(ся)
подмáхивать(ся), -аю, -ает(ся)
подмáхнутый
подмахну́ть, -ну́, -нёт
подмáчивать(ся), -аю, -ает(ся)
подмáщивать(ся), -аю(сь), -ает(ся)
подмелённый; кр. ф. -ён, -ена́
подмели́ть, -лю́, -ли́т
подмéн, -а
подмéна, -ы
подменённый; кр. ф. -ён, -ена́
подмéнивать(ся), -аю(сь), -ает(ся)
подмени́ть(ся), -еню́(сь), -éнит(ся)
подмéнный
подмéнщик, -а
подменя́ть(ся), -я́ю(сь), -я́ет(ся)
подмерзáть, -áет
подмерзлóтный
подмёрзлый
подмёрзнуть, -нет; прош. -ёрз, -ёрзла
подмёрзший
подмéс, -а
подмеси́ть, -ешу́, -éсит
подмéска, -и
подмести́, -мету́, -метёт; прош. -мёл, -мелá
пóдмесь, -и
подметáла, -ы, м. и ж.
подметáльный
подметáльщик, -а

ПОД

подметáльщица, -ы
подмётанный
подметáть, -áю, -áет, сов. (о шитье)
подметáть(ся), -áю, -áет(ся), несов. (к подмести́)
подметённый; кр. ф. -ён, -ена́
подмéтить, -мéчу, -мéтит
подмётка, -и
подметну́ть, -ну́, -нёт
подмёточный
подмéтший
подмётывать(ся), -аю, -ает(ся)
подмечáть(ся), -áю, -áет(ся)
подмéченный
подмéшанный (от подмешáть)
подмешáть(ся), -áю(сь), -áет(ся)
подмéшенный (от подмеси́ть)
подмéшивание, -я
подмéшивать(ся), -аю(сь), -ает(ся)
подми́гивание, -я
подми́гивать, -аю, -ает
подмигну́ть, -ну́, -нёт
подминáть(ся), -áю, -áет(ся)
подмнóжество, -а
подмóга, -и
подмодéльный
подмокáть, -áет
подмóкнуть, -нет; прош. -óк, -óкла
подмóкший
подмолáживать(ся), -аю(сь), -ает(ся)
подмолоди́ть(ся), -ожу́(сь), -оди́т(ся)
подмоложённый; кр. ф. -ён, -ена́
подмóлотый
подмолóть, -мелю́, -мéлет
подмолáчивать(ся), -аю, -ает(ся)
подморгну́ть, -ну́, -нёт
подморóженный
подморóзить, -óжу, -óзит
подмоскóвный
подмóсти, -ей
подмости́ть(ся), -ощу́(сь), -ости́т(ся)
подмóстки, -ов
подмóстье, -я
подмóтанный
подмотáть, -áю, -áет
подмóтка, -и
подмóченный
подмочи́ть(ся), -очу́, -óчит(ся)
подмóшник, -а
подмывáть(ся), -áю(сь), -áет(ся)
подмы́ленный
подмы́ливать(ся), -аю, -ает(ся)
подмы́лить, -лю, -лит
подмы́тый
подмы́ть(ся), -мóю(сь), -мóет(ся)
подмы́шечный
подмы́шки, -шек, ед. подмы́шка, -и
под мы́шкой, под мы́шками (нести́)
под мы́шку, под мы́шки (взять)
подмы́шник, -а
подмя́тый
подмя́ть(ся), -домну́, -домнёт(ся)
поднавéс, -а
поднавéсье, -я
поднадзóрный
поднаду́ть, -у́ю, -у́ет
поднаём, -áйма
поднажáть, -жму́, -жмёт
поднакáпливать(ся), -аю, -ает(ся)
поднакопи́ть(ся), -оплю́, -óпит(ся)

ПОД

поднакóпленный
подналáдка, -и
подналáдчик, -а
поднале́чь, -ля́гу, -ля́жет, -ля́гут; прош. -лёг, -леглá
поднанимáтель, -я
поднаперéть, -пру́, -прёт; прош. -пёр, -пёрла
поднаря́д, -а
поднаторéть, -éю, -éет
поднату́житься, -жусь, -жится
поднáчивать, -аю, -ает
поднáчить, -чу, -чит
поднáчка, -и
поднáшивать(ся), -аю, -ает(ся)
поднебéсный
поднебéсье, -я
подневóльный
поднесéние, -я
поднесённый; кр. ф. -ён, -ена́
поднести́(сь), -су́(сь), -сёт(ся); прош. -ёс(ся), -еслá(сь)
поднёсший(ся)
поднéсь, нареч.
подни́занный
поднизáть, -ижу́, -и́жет
поднизывать(ся), -аю, -ает(ся)
пóднизь, -и
поднимáние, -я
поднимáть(ся), -áю(сь), -áет(ся) и (устар.) подъéмлю(сь), подъéмлет(ся)
поднови́ть(ся), -влю́, -ви́т(ся)
подновлéние, -я
подновлённый; кр. ф. -ён, -ена́
подновля́ть(ся), -я́ю, -я́ет(ся)
подногóтная, -ой
поднóжие, -я
поднóжка, -и
поднóжный
поднормáль, -и
поднóс, -а
подноси́ть(ся), -ошу́(сь), -óсит(ся)
поднóска, -и
поднóсный
пóд носом (близко)
поднóсчик, -а
поднóсчица, -ы
подношéние, -я
подны́ривать, -аю, -ает
поднырну́ть, -ну́, -нёт
подня́тие, -я
пóднятый; кр. ф. -ят, -ятá, -ято
подня́ть(ся), -ниму́(сь), -ни́мет(ся) и -дыму́(сь), -ды́мет(ся); прош. пóднял, подня́лся, -ялá(сь), пóдняло, подняло́сь
подо, под, предлог
подобáть, -áет
подобáющий
подóбие, -я
подóблачный
подóбно
подóбный
подобострáстие, -я
подобострáстничать, -аю, -ает
подобострáстный
подóбранный
подобрáть(ся), подберу́(сь), подберёт(ся); прош. -áл(ся), -алá(сь), -áло, -алóсь

ПОД

подобре́ть, -е́ю, -е́ет
подобру́-поздоро́ву
подови́к, -а́
подо́вый и подово́й
подо́г, -а́
подо́гнанный
подогна́ть, подгоню́, подго́нит; *прош.* -а́л, -ала́, -а́ло
подо́гнутый
подогну́ть(ся), -ну́, -нёт(ся)
подогре́в, -а
подогрева́ние, -я
подогрева́тель, -я
подогрева́тельный
подогрева́ть(ся), -а́ю, -а́ет(ся)
подогре́тый
подогре́ть(ся), -е́ю, -е́ет(ся)
пододвига́ть(ся), -а́ю(сь), -а́ет(ся)
пододви́нутый
пододви́нуть(ся), -ну(сь), -нет(ся)
пододея́льник, -а
подое́нный
подожда́ть, -ду́, -дёт; *прош.* -а́л, -ала́, -а́ло
подожжённый; *кр. ф.* -ён, -ена́
подожо́к, -жка́
подо́званный
подозва́ть, подзову́, подзовёт; *прош.* -а́л, -ала́, -а́ло
подозрева́ть(ся), -а́ю, -а́ет(ся)
подозре́ние, -я
подозри́тельность, -и
подозри́тельный
подои́ть, -ою́, -о́ит
подо́йник, -а
подойти́, -йду́, -йдёт; *прош.* подошёл, подошла́
подоко́нник, -а
подоко́нный
подоко́нье, -я, *р. мн.* -ний
подо́л, -а
подолби́ть, -блю́, -би́т
подо́лгу, *нареч.*
подо́лье, -я
подольсти́ться, -льщу́сь, -льсти́тся
подо́льше
подольща́ться, -а́юсь, -а́ется
по-дома́шнему, *нареч.*
подомовнича́ть, -аю, -ает
подо́нки, -ов, *ед.* подо́нок, -нка
по-донкихо́тски
подоно́чный
подопе́чный
подоплёка, -и
подопрева́ть, -а́ет
подопре́лый
подопре́ть, -е́ет
подо́пытный
подо́рванный
подорва́ть(ся), -ву́(сь), -вёт(ся); *прош.* -а́л(ся), -ала́(сь), -а́ло, -а́лось
подоре́шник, -а
подо́рлик, -а
подорожа́ть, -а́ет
подоро́же
подорожи́ть(ся), -жу́(сь), -жи́т(ся)
подоро́жная, -ой
подоро́жник, -а
по-доро́жному, *нареч.*
подоро́жный
подоса́довать, -дую, -дует

ПОД

подо́сина, -ы
подоси́нник, -а
подоси́новик, -а
подо́ска, -и
подо́сланный (*от* подосла́ть)
подосла́ть, -ошлю́, -ошлёт
подосно́ва, -ы
подоспе́ть, -е́ю, -е́ет
подо́стланный и подсте́ленный
подостла́ть и подстели́ть, подстелю́, подсте́лет; *прош.* подостла́л, подостла́ла и подстели́л, подстели́ла
подострённый; *кр. ф.* -ён, -ена́
подостри́ть, -рю́, -ри́т
подотде́л, -а
подо́тканный
подотка́ть, -ку́, -кёт; *прош.* -а́л, -ала́, -а́ло
подоткну́тый
подоткну́ть(ся), -ну́(сь), -нёт(ся)
подотря́д, -а
подотчёт, -а, но: взять де́ньги под отчёт
подотчётный
подо́хнуть, -ну, -нет; *прош.* -ох, -охла
подохо́дный
подо́хший
подо́шва, -ы
подо́швенный
подоше́дший
подпа́вший
подпада́ть, -а́ю, -а́ет
подпа́ивать(ся), -аю, -ает(ся)
подпа́костить, -ощу, -остит
подпалённый; *кр. ф.* -ён, -ена́
подпа́ливать(ся), -аю, -ает(ся)
подпа́лина, -ы
подпа́листый
подпали́ть, -лю́, -ли́т
подпа́рывать(ся), -аю, -ает(ся)
подпа́сок, -ска
подпа́сть, -аду́, -адёт; *прош.* -а́л, -а́ла
подпа́ханный
подпаха́ть, -ашу́, -а́шет
подпа́хивать(ся), -аю, -ает(ся)
подпа́хотный
подпа́янный
подпая́ть, -я́ю, -я́ет
подпева́ла, -ы, *м. и ж.*
подпева́ть, -а́ю, -а́ет (к петь)
подпёк, -а
подпе́карь, -я
подпека́ть(ся), -а́ю, -а́ет(ся)
подпёкший(ся)
подпере́ть(ся), -допру́(сь), -допрёт(ся), *прош.* -пёр(ся), -пёрла(сь)
подпе́рсье, -я
подпёртый
подпёрший(ся)
подпе́ть, -пою́, -поёт
подпеча́танный
подпеча́тать, -аю, -ает
подпеча́тывать(ся), -аю, -ает(ся)
подпе́чек, -чка
подпечённый; *кр. ф.* -ён, -ена́
подпе́чь, -еку́, -ечёт, -еку́т; *прош.* -ёк, -екла́
подпе́чье, -я
подпе́чься, -ечётся, -еку́тся; *прош.* -ёкся, -екла́сь

ПОД   П

подпи́ленный
подпи́ливание, -я
подпи́ливать(ся), -аю, -ает(ся)
подпили́ть, -пилю́, -пи́лит
подпи́лка, -и
подпи́лковый
подпи́лок, -лка
подпи́лочный
подпира́ть(ся), -а́ю(сь), -а́ет(ся)
подписа́ние, -я
подписа́ть(ся), -ишу́(сь), -и́шет(ся)
подпи́ска, -и
подписно́й
подпи́счик, -а
подпи́счица, -ы
подпи́сывание, -я
подпи́сывать(ся), -аю(сь), -ает(ся)
по́дпись, -и
подпи́тие, -я
подпи́тка, -и
подпи́ть, -допью́, -допьёт; *прош.* -и́л, -ила́, -и́ло
подпиха́ть, -а́ю, -а́ет
подпи́хивать(ся), -аю, -ает(ся)
подпи́хнутый
подпихну́ть, -ну́, -нёт
подплесневе́ть, -еет
подплести́, -лету́, -летёт; *прош.* -лёл, -лела́
подплета́ть(ся), -а́ю, -а́ет(ся)
подплетённый; *кр. ф.* -ён, -ена́
подплёти́на, -ы
подплётший
подплыва́ть, -а́ю, -а́ет
подплы́ть, -ыву́, -ывёт; *прош.* -ы́л, -ыла́, -ы́ло
подпля́сывать, -аю, -ает
подпое́нный
подпои́ть, -ою́, -о́ит
подпокро́вный
подпо́л, -а
подполза́ть, -а́ю, -а́ет
подползти́, -зу́, -зёт; *прош.* -о́лз, -олзла́
подпо́лзший
подполко́вник, -а
подполко́вник-инжене́р, подполко́вника-инжене́ра
подполко́вничий, -ья, -ье
подпо́лье, -я
подпо́льный
подпо́льщик, -а
подпо́льщица, -ы
подпо́р, -а
подпо́ра, -ы
подпо́рка, -и
подпо́рный
подпо́ротый
подпоро́ть(ся), -орю́, -о́рет(ся)
подпору́чик, -а
подпосле́довательность, -и
подпо́чва, -ы
подпо́чвенный
подпо́чечный
подпоя́санный
подпоя́сать(ся), -я́шу(сь), -я́шет(ся)
подпоя́ска, -и
подпоя́сывать(ся), -аю(сь), -ает(ся)
подпра́вить, -влю, -вит
подпра́вка, -и
подпра́вленный

ПОД

подправля́ть(ся), -я́ю, -я́ет(ся)
подпра́порщик, -а
подпрева́ть, -а́ет
подпрогра́мма, -ы
подпростра́нство, -а
подпру́га, -и
подпры́гивание, -я
подпры́гивать, -аю, -ает
подпры́гнуть, -ну, -нет
подпряга́ть(ся), -а́ю(сь), -а́ет(ся)
подпря́гший(ся)
подпряжённый; *кр. ф.* -ён, -ена́
подпря́жка, -и
подпря́чь(ся), -ягу́(сь), -яжёт(ся), -ягу́т(ся); *прош.* -я́г(ся), -ягла́(сь)
подпу́дрить(ся), -рю(сь), -рит(ся)
подпу́нкт, -а
по́дпуск, -а
подпуска́ть(ся), -а́ю, -а́ет(ся)
подпускно́й
подпусти́ть, -ущу́, -у́стит
подпу́танный
подпу́тать, -аю, -ает
подпу́тывать, -аю, -ает
подпуша́ть(ся), -а́ю, -а́ет(ся)
подпу́шек, -шка (у хлопчатника)
подпушённый; *кр. ф.* -ён, -ена́
подпуши́ть, -шу́, -ши́т
подпу́шка, -и
по́дпушь, -и
подпу́щенный
подпя́тник, -а
подпя́точник, -а
подраба́тывать(ся), -аю(сь), -ает(ся)
подрабо́танный
подрабо́тать, -аю, -ает
подрабо́тка, -и
подра́внивать(ся), -аю(сь), -ает(ся)
подравня́ть(ся), -я́ю(сь), -я́ет(ся) (к ра́вный)
подра́гивать, -аю, -ает
подража́ние, -я
подража́тель, -я
подража́тельница, -ы
подража́тельный
подража́тельство, -а
подража́ть, -а́ю, -а́ет
подразде́л, -а
подразделе́ние, -я
подразделённый; *кр. ф.* -ён, -ена́
подраздели́ть, -лю́, -ли́т
подразделя́ть(ся), -я́ю, -я́ет(ся)
подразни́ть, -азню́, -а́знит
подразумева́ть(ся), -а́ю, -а́ет(ся)
подрайо́н, -а
подра́мник, -а
подра́мок, -мка
подра́ненный
подра́нивать(ся), -аю, -ает(ся)
подра́нить, -ню, -нит
по́дранный
подра́нок, -нка
подраста́ние, -я
подраста́ть, -а́ю, -а́ет
подрасти́, -ту́, -тёт; *прош.* -ро́с, -росла́
подрасти́ть, -ащу́, -асти́т
подра́ть(ся), -деру́(сь), -дерёт(ся); *прош.* -а́л(ся), -ала́(сь), -а́ло, -а́лось
подращённый; *кр. ф.* -ён, -ена́
подра́щивать(ся), -аю, -ает(ся)

ПОД

подрёберный
подребе́рье, -я
подрегули́рованный
подрегули́ровать, -рую, -рует
по́дрез, -а, *мн.* -а́, -о́в
подре́з, -а
подреза́ние, -я
подре́занный
подре́зать, -е́жу, -е́жет, *сов.*
подреза́ть, -а́ю, -а́ет, *несов.*
подре́зка, -и
по́дрезни, -ей
подрезно́й
подре́зчик, -а
подре́зывать, -аю, -ает
по́дрезь, -и
подре́льсовый
подрема́ть, -емлю́, -е́млет
подремонти́рованный
подремонти́ровать(ся), -рую(сь), -рует(ся)
подрессо́ренный
подрессо́ривание, -я
подрессо́ривать(ся), -аю, -ает(ся)
подрессо́рить, -рю, -рит
подрессо́рник, -а
подретуши́рованный
подретуши́ровать, -рую, -рует
подреше́тина, -ы
подреше́тить, -е́чу, -е́тит
подреше́тник, -а
подрешёченный
подреше́чивать(ся), -аю, -ает(ся)
подрисо́ванный
подрисова́ть(ся), -су́ю(сь), -су́ет(ся)
подрисо́вка, -и
подрисо́вывать(ся), -аю(сь), -ает(ся)
подроби́ть, -блю́, -би́т
подро́бность, -и
подро́бный
подро́вненный
подровня́ть(ся), -я́ю(сь), -я́ет(ся) (к ро́вный)
подро́гнувший
подро́гнуть, -ну, -нет; *прош.* -о́г, -о́гла
подро́гший
подро́д, -а
подрожа́ть, -жу́, -жи́т
подро́ст, -а
подро́стковый
подро́сток, -тка
подро́сточек, -чка
подро́сший
подруба́ть(ся), -а́ю, -а́ет(ся)
подруби́ть, -ублю́, -у́бит
подру́бка, -и
подру́бленный
подру́га, -и
по-друго́му, *нареч.*
подруже́йный
подру́женька, -и
по-дру́жески
подружи́ть(ся), -жу́(сь), -жи́т(ся)
подру́жка, -и
подрука́вный
по́д руки (вести́)
под руко́й (находи́ться)
по́д руку (идти́, говори́ть)
подрулённый; *кр. ф.* -ён, -ена́
подру́ливать, -аю, -ает
подрули́ть, -лю́, -ли́т
подрумя́ненный

ПОД

подрумя́нивать(ся), -аю(сь), -ает(ся)
подрумя́нить(ся), -ню(сь), -нит(ся)
под ру́чку (идти́)
подру́чник, -а
подру́чный
подры́в, -а
подрыва́ние, -я
подрыва́ть(ся), -а́ю(сь), -а́ет(ся)
подрывни́к, -а́
подрывно́й
подры́тый
подры́ть(ся), -ро́ю(сь), -ро́ет(ся)
подрыхлённый; *кр. ф.* -ён, -ена́
подрыхли́ть(ся), -лю́, -ли́т(ся)
подрыхля́ть(ся), -я́ю, -я́ет(ся)
подря́д, -а
подря́д, *нареч.*
подряди́ть(ся), -яжу́(сь), -яди́т(ся)
подря́дничать, -аю, -ает
подря́дный
подря́дческий
подря́дчик, -а
подря́дье, -я, *р. мн.* -дий
подряжа́ть(ся), -а́ю(сь), -а́ет(ся)
подряжённый; *кр. ф.* -ён, -ена́
подря́сник, -а
подряхле́ть, -е́ю, -е́ет
подса́д, -а
подса́да, -ы
подсади́ть, -ажу́, -а́дит
подса́дка, -и
подса́дный
подса́док, -дка
подса́женный
подса́живать(ся), -аю, -ает(ся)
подса́к, -а
подса́ленный
подса́ливание, -я
подса́ливать(ся), -аю, -ает(ся)
подсали́ть, -лю, -лит
подса́нки, -нок
подса́сывать(ся), -аю, -ает(ся)
подса́харенный
подса́харивать(ся), -аю, -ает(ся)
подса́харить, -рю, -рит
подса́чек, -чка и подсачо́к, -чка́
подса́ченный
подса́чивать(ся), -аю, -ает(ся)
подсачи́ть, -чу́, -чи́т
подсачо́к, -чка́ и подса́чек, -чка
подсва́ха, -и
подсвеко́льник, -а
подсве́т, -а
подсвети́ть, -вечу́, -ве́тит
подсве́тка, -и
подсве́ченный
подсве́чивание, -я
подсве́чивать(ся), -аю, -ает(ся)
подсве́чник, -а
подсви́нок, -нка
подсви́ст, -а
подсвистну́ть, -ну, -нет
подсви́стывать, -аю, -ает
подсе́в, -а
подсева́ние, -я
подсева́ть(ся), -а́ю, -а́ет(ся)
подсе́вка, -и
подсевно́й
подсе́д, -а
подседе́льник, -а
подседе́льный
подседи́на, -ы

ПОД

подсёдланный
подседла́ть, -а́ю, -а́ет
подсёдлывать(ся), -аю, -ает(ся)
подсе́ивать(ся), -аю, -ает(ся)
подсе́ка, -и
подсека́ние, -я
подсека́ть(ся), -а́ю, -а́ет(ся)
подсе́кция, -и
подсе́кший
подселённый; *кр. ф.* -ён, -ена́
подсели́ть, -елю́(сь), -éли́т(ся)
подселя́ть(ся), -я́ю(сь), -я́ет(ся)
подсеме́йство, -а
подсемядо́льный
подсерде́чный
подсере́брённый; *кр. ф.* -ён, -ена́
подсеребри́ть, -рю́, -ри́т
подсе́сть, -ся́ду, -ся́дет; *прош.* -се́л, -се́ла
подсечённый; *кр. ф.* -ён, -ена́
подсе́чка, -и
подсе́чно-огнево́й
подсе́чный
подсе́чь, -еку́, -ечёт, -еку́т; *прош.* -е́к, -екла́
подсе́янный
подсе́ять, -е́ю, -е́ет
подсиде́ть, -ижу́, -иди́т
подси́дка, -и
подси́женный
подси́живание, -я
подси́живать(ся), -аю, -ает(ся)
под си́лу
подсинённый; *кр. ф.* -ён, -ена́
подси́нивать(ся), -аю, -ает(ся)
подсини́ть, -ню́, -ни́т
подси́нька, -и
подсисте́ма, -ы
подска́бливать(ся), -аю, -ает(ся)
подска́з, -а
подска́занный
подсказа́ть, -ажу́, -а́жет
подска́зка, -и
подска́зчик, -а
подска́зчица, -ы
подска́зывание, -я
подска́зывать(ся), -аю, -ает(ся)
подскака́ть, -скачу́, -ска́чет
подска́кивать, -аю, -ает
подскакну́ть, -ну́, -нёт
подско́бленный
подскобли́ть, -облю́, -о́бли́т
подско́к, -а
подскочи́ть, -очу́, -о́чит
подскреба́ть(ся), -а́ю, -а́ет(ся)
подскребённый; *кр. ф.* -ён, -ена́
подскрёбший
подскрёбыш, -а
подскрести́, -ребу́, -ребёт; *прош.* -рёб, -ребла́
подсла́ивать(ся), -аю, -ает(ся)
подсласти́ть, -ащу́, -асти́т
подслащённый; *кр. ф.* -ён, -ена́
подсла́щивать(ся), -аю, -ает(ся)
подсле́дственный; *кр. ф.* -вен, -венна
подслепова́тый
подслоённый; *кр. ф.* -ён, -ена́
подслои́ть, -ою́, -ои́т
подсло́й, -я
подслу́живаться, -аюсь, -ается
подслужи́ться, -ужу́сь, -у́жится
подслу́шанный

ПОД

подслу́шать, -аю, -ает
подслу́шивание, -я
подслу́шивать(ся), -аю, -ает(ся)
подсма́ливать(ся), -аю, -ает(ся)
подсма́тривание, -я
подсма́тривать, -аю, -ает
подсме́иваться, -аюсь, -ается
подсме́на, -ы
подсме́нный
подсмолённый; *кр. ф.* -ён, -ена́
подсмоли́ть, -лю́, -ли́т
подсмо́тренный
подсмотре́ть, -отрю́, -о́трит
подсне́жник, -а
подсоби́ть, -блю́, -би́т
подсо́бка, -и
подсобля́ть, -я́ю, -я́ет
подсо́бник, -а
подсо́бница, -ы
подсо́бный
подсо́ванный
подсова́ть, -сую́, -суёт
подсо́вывать(ся), -аю, -ает(ся)
подсоединённый, *кр. ф.* -ён, -ена́
подсоедини́ть, -ню́, -ни́т
подсозна́ние, -я
подсознательный
подсо́ка, -и
подсократи́ть, -ащу́, -ати́т
подсокращённый; *кр. ф.* -ён, -ена́
подсо́л, -а
подсоли́ть(ся), -олю́, -о́ли́т(ся)
подсо́лка, -и
подсо́лнечник, -а
подсо́лнечный
подсо́лнух, -а
подсо́с, -а
подсо́санный
подсоса́ть(ся), -осу́, -осёт(ся)
подсо́сный
подсо́сок, -ска
подсо́хнуть, -ну, -нет; *прош.* -о́х, -о́хла
подсо́хший
подсо́чка, -и
подсо́чный
подспо́рье, -я
под спу́д
подспу́дный
под спу́дом
подспу́тниковый
подста́вить(ся), -влю, -вит(ся)
подста́вка, -и
подста́вленный
подставля́ть(ся), -я́ю, -я́ет(ся)
подставно́й
подста́вочный
подстака́нник, -а
подстано́вка, -и
подста́нция, -и
подста́рок, -рка
подста́рший
под ста́ть
подстёганный
подстега́ть, -а́ю, -а́ет
подстёгивание, -я
подстёгивать(ся), -аю, -ает(ся)
подстёгнутый
подстегну́ть, -ну́, -нёт
подстёжка, -и
подстежно́й
подсте́ленный и подо́стланный

ПОД

подстели́ть и подостла́ть, подстелю́, подсте́лет; *прош.* подстели́л, подстели́ла и подостла́л, подостла́ла
подстёнок, -нка
подстепно́й
подсте́пье, -я
подстерега́ть(ся), -а́ю, -а́ет(ся)
подстерёгший
подстережённый; *кр. ф.* -ён, -ена́
подстере́чь, -регу́, -режёт, -регу́т; *прош.* -рёг, -регла́
подсти́л, -а
подстила́ть(ся), -а́ю, -а́ет(ся)
подсти́лка, -и
подсти́лочный
подсто́жье, -я, *р. мн.* -жий
подсто́й, -я
подсто́йный
подстоли́чный
подсто́лье, -я
подстора́живать(ся), -аю, -ает(ся)
подсторожённый; *кр. ф.* -ён, -ена́
подсторожи́ть, -жу́, -жи́т
подстра́гивать(ся), -аю, -ает(ся)
подстра́ивание, -я
подстра́ивать(ся), -аю(сь), -ает(ся)
подстрахо́ванный
подстрахова́ть(ся), -страху́ю(сь), -страху́ет(ся)
подстрахо́вка, -и
подстрахо́вывать(ся), -аю(сь), -ает(ся)
подстра́чивать(ся), -аю, -ает(ся)
подстрека́тель, -я
подстрека́тельница, -ы
подстрека́тельство, -а
подстрека́ть(ся), -а́ю, -а́ет(ся)
подстрекну́ть, -ну́, -нёт
подстре́ленный
подстре́ливать(ся), -аю, -ает(ся)
подстрели́ть, -елю́, -е́лит
подстрига́ние, -я
подстрига́ть(ся), -а́ю(сь), -а́ет(ся)
подстри́гший(ся)
подстри́женный
подстри́жка, -и
подстри́чь(ся), -игу́(сь), -ижёт(ся), -игу́т(ся); *прош.* -и́г(ся), -и́гла(сь)
подстро́ганный
подстрога́ть, -а́ю, -а́ет
подстро́енный
подстро́ить(ся), -о́ю(сь), -о́ит(ся)
подстро́йка, -и
подстропи́льный
подстро́ченный
подстрочи́ть, -очу́, -о́чит
подстро́чник, -а
подстро́чный
подстру́ганный
подструга́ть, -а́ю, -а́ет
подстру́гивать(ся), -аю, -ает(ся)
подстру́жка, -и
по́дступ, -а и -у, *мн.* -ы, -ов
подступа́ть(ся), -а́ю(сь), -а́ет(ся)
подступи́ть(ся), -уплю́(сь), -у́пит(ся)
подсуди́мая, -ой
подсуди́мый, -ого
подсу́дный
подсу́живать, -аю, -ает
подсу́мок, -мка
подсу́мочный
подсу́нутый

ПОД

подсу́нуть(ся), -ну(сь), -нет(ся)
под сурди́нку
подсурьми́ть(ся), -млю(сь), -ми́т(ся)
подсурьмлённый; *кр. ф.* -ён, -ена́
подсу́ченный
подсу́чивать(ся), -аю, -ает(ся)
подсучи́ть(ся), -учу́, -у́чит(ся)
подсу́шенный
подсу́шивание, -я
подсу́шивать(ся), -аю(сь), -ает(ся)
подсуши́ть(ся), -ушу́, -у́шит(ся)
подсу́шка, -и
подсчёт, -а
подсчи́танный
подсчита́ть, -а́ю, -а́ет
подсчи́тывать(ся), -аю, -ает(ся)
подсы́л, -а
подсыла́ть(ся), -а́ю, -а́ет(ся)
подсы́лка, -и
подсыпа́ние, -я
подсы́панный
подсы́пать(ся), -плю(сь), -плет(ся), *сов.*
подсыпа́ть(ся), -а́ю(сь), -а́ет(ся), *несов.*
подсы́пка, -и
подсыха́ть, -а́ю, -а́ет
подта́ивать, -ает
подта́кнуть, -ну, -нет
подта́лина, -ы
подта́лкивание, -я
подта́лкиватель, -я
подта́лкивать(ся), -аю, -ает(ся)
подта́лый
подтанцо́вывать, -аю, -ает
подтапливать(ся), -аю, -ает(ся)
подта́скивать(ся), -аю(сь), -ает(ся)
подтасо́ванный
подтасова́ть, -су́ю, -су́ет
подтасо́вка, -и
подтасо́вывать(ся), -аю, -ает(ся)
подта́чанный
подтача́ть, -а́ю, -а́ет
подта́чивание, -я
подта́чивать(ся), -аю, -ает(ся)
подта́щенный
подтащи́ть(ся), -ащу́(сь), -а́щит(ся)
подта́явший
подта́ять, -а́ет
подтверди́тельный
подтверди́ть(ся), -ржу́, -рди́т(ся)
подтвержда́ть(ся), -а́ю, -а́ет(ся)
подтвержде́ние, -я
подтверждённый; *кр. ф.* -ён, -ена́
подтёк, -а
подтека́ть, -а́ет
подте́кст, -а
подтексто́вка, -и
подтёкший
подтёлок, -лка
подтемя́нный
подтере́ть(ся), подотру́(сь), подотрёт(ся); *прош.* -тёр(ся), -тёрла(сь)
подтёртый
подтёрший(ся)
подтёсанный
подтеса́ть, -ешу́, -е́шет
подтёска, -и
подтёсчик, -а
подтёсывать(ся), -аю, -ает(ся)
подтёчный

ПОД

подте́чь, -течёт, -теку́т; *прош.* -ёк, -екла́
подти́брить, -рю, -рит
подти́п, -а
подтира́ние, -я
подтира́ть(ся), -а́ю(сь), -а́ет(ся)
подти́рка, -и
подтова́рник, -а
подто́к, -а
подто́лкнутый
подтолкну́ть, -ну́, -нёт
подтоло́кший
подтоло́чь, -лку́, -лчёт, -лку́т; *прош.* -ло́к, -лкла́
подтона́льный
подтопи́ть, -оплю́, -о́пит
подто́пка, -и
подтопле́ние, -я
подто́пленный
подто́пок, -пка
подторго́вывать, -аю, -ает
подторможённый; *кр. ф.* -ён, -ена́
подтормози́ть, -ожу́, -ози́т
подто́ченный
подточи́ть, -очу́, -о́чит
подто́чка, -и
подтрави́ть, -авлю́, -а́вит
подтра́вленный
подтра́вливать(ся), -аю, -ает(ся)
подтрёпанный
подтрепа́ть(ся), -еплю́, -е́плет(ся)
подтрибу́нный
подтро́пики, -ов
подтропи́ческий
подтру́нивание, -я
подтру́нивать, -аю, -ает
подтруни́ть, -ню́, -ни́т
подтруси́ть, -ушу́, -уси́т
подтру́ска, -и
подтру́шенный
подтушёванный
подтушева́ть, -шу́ю, -шу́ет
подтушёвка, -и
подтушёвывать(ся), -аю, -ает(ся)
подтыка́ть(ся), -а́ю(сь), -а́ет(ся)
подтя́гивание, -я
подтя́гивать(ся), -аю(сь), -ает(ся)
подтя́жечный
подтя́жка, -и
подтя́жки, -жек
подтя́нутость, -и
подтя́нутый
подтяну́ть(ся), -яну́(сь), -я́нет(ся)
подува́ть, -а́ю, -а́ет
подуда́рный
подуде́ть, -ди́т
подуздова́тый
под уздцы́
поду́здый
под укло́н
поду́мать(ся), -аю, -ает(ся)
поду́мывать, -аю, -ает
по-дура́цки
подура́чить(ся), -чу(сь), -чит(ся)
подури́ть, -рю́, -ри́т
подурне́ть, -е́ю, -е́ет
подуса́дебный
поду́сник, -ов, *ед.* поду́сник, -а
поду́ст, -а
под у́тро
поду́ть(ся), -ду́ю(сь), -ду́ет(ся)
подутю́женный

ПОД

подутю́живать(ся), -аю, -ает(ся)
подутю́жить, -жу, -жит
подуча́ть(ся), -а́ю(сь), -а́ет(ся)
поду́ченный
поду́чивать(ся), -аю(сь), -ает(ся)
подучи́ть(ся), -учу́(сь), -у́чит(ся)
по душа́м (поговори́ть)
по-душе́вному, *нареч.*
поду́шенный
поду́шечка, -и
подуши́ть(ся), -ушу́(сь), -у́шит(ся)
поду́шка, -и
поду́шный
подфа́рник, -а
подфе́рменный
подхали́м, -а
подхалима́ж, -а
подхали́мистый
подхали́мка, -и
подхали́мничать, -аю, -ает
подхали́мский
подхали́мство, -а
подхали́мствовать, -твую, -твует
подхалю́за, -ы, *м. и ж.*
подхалю́зничать, -аю, -ает
подхва́ленный
подхва́ливать(ся), -аю, -ает(ся)
подхвали́ть, -алю́, -а́лит
подхва́т, -а
подхвати́ть(ся), -ачу́(сь), -а́тит(ся)
подхва́тывать(ся), -аю(сь), -ает(ся)
подхва́ченный
подхво́стник, -а
подхво́стье, -я, *р. мн.* -тий
подхихи́кивать, -аю, -ает
подхлёстка, -и
подхлёстнутый
подхлестну́ть, -ну́, -нёт
подхлёстывать(ся), -аю, -ает(ся)
под хмелько́м
подхо́д, -а
подхо́дец, -дца
подходи́ть, -ожу́, -о́дит
подхо́дный
подходя́щий
подхому́тник, -а
подхору́нжий, -его
подцвети́ть, -вечу́, -вети́т
подцве́тка, -и
подцве́ченный
подцве́чивать(ся), -аю, -ает(ся)
подцеди́ть(ся), -ежу́, -е́дит(ся)
подце́женный
подце́живать(ся), -аю, -ает(ся)
подцензу́рный
подцепи́ть(ся), -цеплю́(сь), -це́пит(ся)
подце́пка, -и
подце́пленный
подцепля́ть(ся), -я́ю(сь), -я́ет(ся)
подцепно́й
подча́ленный
подча́ливание, -я
подча́ливать(ся), -аю(сь), -ает(ся)
подча́лить(ся), -лю(сь), -лит(ся)
подча́лка, -и
подча́лок, -лка
подча́с (иногда)
подча́сник, -а
подча́сок, -ска
подча́шие, -я
подчека́ненный

ПОД

подчеканивать(ся), -аю, -ает(ся)
подчеканить, -ню, -нит
подчеканка, -и
подчелюстной
подчерепной
подчёркивание, -я
подчёркивать(ся), -аю, -ает(ся)
подчёркнуто вежливый
подчёркнутый
подчеркнуть, -ну, -нёт
подчернённый; кр. ф. -ён, -ена
подчернить(ся), -ню(сь), -нит(ся)
подчертить, -ерчу, -ертит
подчёрченный
подчёрчивать(ся), -аю, -ает(ся)
подчёсанный
подчесать, -ешу, -ешет
подчёска, -и
подчёсывать, -аю, -ает
подчинение, -я
подчинённый; кр. ф. -ён, -ена
подчинительный
подчинить(ся), -ню(сь), -нит(ся)
подчинять(ся), -яю(сь), -яет(ся)
подчистить(ся), -ищу(сь), -истит(ся)
подчистка, -и
подчистую
подчитанный
подчитать, -аю, -ает
подчитка, -и
подчитчик, -а
подчитывать(ся), -аю, -ает(ся)
подчищать(ся), -аю(сь), -ает(ся)
подчищенный
подшалок, -лка
подшеек, -ейка
подшейный
подшепнуть, -ну, -нёт
подшёптывать, -аю, -ает
подшёрсток, -стка
подшесток, -тка
подшефник, -а
подшефный
подшибать(ся), -аю, -ает(ся)
подшибить, -бу, -бёт; прош. -шиб, -шибла
подшибленный
подшивание, -я
подшивать(ся), -аю, -ает(ся)
подшивка, -и
подшивной
подшивник, -а
подшипниковый
подшитый
подшить, подошью, подошьёт
подшканечный
подшкипер, -а
подшкиперский
подшлемник, -а
подшофе (навеселе)
подшпиленный
подшпиливать(ся), -аю, -ает(ся)
подшпилить, -лю, -лит
подштанники, -ов
подштопанный
подштопать, -аю, -ает
подштопывать(ся), -аю, -ает(ся)
подштукатуренный
подштукатуривать(ся), -аю, -ает(ся)
подштукатурить(ся), -рю, -рит(ся)
подштурман, -а

ПОД

подштурманский
под шумок
подшутить, -учу, -утит
подшучивать, -аю, -ает
подщелачивать, -аю, -ает
подщёлкивать, -аю, -ает
подщелкнуть, -ну, -нёт
подщепать, -еплю, -елет и -аю, -ает (к щепать)
подщёчный
подщипанный
подщипать, -иплю, -иплет и -аю, -ает (к щипать)
подщипывать(ся), -аю, -ает(ся)
подъедать(ся), -аю, -ает(ся)
подъеденный
подъезд, -а
подъездной (путь, дорога)
подъездный (от подъезд)
подъездчик, -а
подъезжать, -аю, -ает
подъельник, -а
подъём, -а
подъёмистый
подъёмка, -и
подъёмник, -а
подъёмно-пусковой
подъёмно-транспортный
подъёмный
подъесаул, -а
подъесаульский
подъесть, -ем, -ешь, -ест, -едим, -едите, -едят; прош. -ел, -ела
подъехать, -еду, -едет
подъязок, -зка
подъязычный
подъякорный
подъярёмный
подъярус, -а
подъятый
подъять(ся), подыму(сь), подымет(ся)
подыгранный
подыграть(ся), -аю(сь), -ает(ся)
подыгрывать(ся), -аю(сь), -ает(ся)
подызбица, -ы
подымать(ся), -аю(сь), -ает(ся)
подымить(ся), -млю, -мит(ся)
подымный
подынтегральный
подысканный
подыскать(ся), -ыщу(сь), -ыщет(ся)
подыскивать(ся), -аю(сь), -ает(ся)
подытоженный
подытоживать(ся), -аю, -ает(ся)
подытожить, -жу, -жит(ся)
подыхать, -аю, -ает
подышать, -ышу, -ышит
подъяческий
подъячий, -его
подэкранный
подэтаж, -а
подюжеть, -ею, -еет
подюжинный
по-еврейски
по-европейски
поегозить, -ожу, -озит
поедать(ся), -аю, -ает(ся)
поеденный
поединок, -нка
поедом есть

ПОЁ

поёживаться, -аюсь, -ается
поёжиться, -жусь, -жится
поезд, -а, мн. -а, -ов
поездить, -езжу, -ездит
поездка, -и
поездной
поезжай(те), пов. к (по)ехать
поезжанин, -а, мн. -ане, -ан
поезжанка, -и
поелику (поелику возможно)
полозить, -ожу, -озит
поёмный
поение, -я
поенный и поённый; кр. ф. -ён, -ена, прич.
поёный, прил.
поёрзать, -аю, -ает
поершиться, -ится
поесть, -ем, -ешь, -ест, -едим, -едите, -едят; прош. -ел, -ела
поехать, -еду, -едет; пов. поезжай(те)
по-жабьи
пожадничать, -аю, -ает
пожалеть, -ею, -еет
пожалование, -я
пожалованный
пожаловать(ся), -лую(сь), -лует(ся)
пожалуй, неизм.
пожалуйста, неизм.
пожар, -а
пожаренный
пожарить(ся), -рю(сь), -рит(ся)
пожарище, -а
пожарник, -а
пожарно-технический
пожарно-химический
пожарный
пожароустойчивый
пожарский (пожарские котлеты)
пожатие, -я
пожатый
пожать(ся), -жму(сь), -жмёт(ся)
пождать, -ду, -дёт; прош. -ал, -ала, -ало
пожёванный
пожевать, -жую, -жуёт
пожёвывать, -аю, -ает
пожёгший
пожелание, -я
пожелать(ся), -аю, -ает(ся)
пожелтелый
пожелтеть, -ею, -еет (стать жёлтым)
пожелтить, -лчу, -лтит (что)
пожелчённый; кр. ф. -ён, -ена
пожеманиться, -нюсь, -нится
пожененный
поженить(ся), -еню(сь), -енит(ся)
по-женски
по-жеребячьи
пожертвование, -я
пожертвованный
пожертвовать, -твую, -твует
пожечь, -жгу, -жжёт, -жгут; прош. -жёг, -жгла
пожжённый; кр. ф. -ён, -ена
пожива, -ы
поживать, -аю, -ает
поживиться, -влюсь, -вится
поживка, -и
пожизненный; кр. ф. -знен, -зненна
пожилой
пожимание, -я

ПОЖ

пожима́ть(ся), -а́ю(сь), -а́ет(ся)
пожина́ть(ся), -а́ю, -а́ет(ся)
пожи́нки, -нок
пожира́ние, -я
пожира́ть(ся), -а́ю, -а́ет(ся)
пожире́ть, -е́ю, -е́ет
пожирне́ть, -е́ю, -е́ет
пожи́тки, -ов
пожи́ть, -иву́, -ивёт; *прош.* по́жил, пожила́, по́жило
по́жнивный
по́жниво, -а
по́жня, -и, *р. мн.* по́жен
пожо́г, -а, но: *прош.* пожёг
пожо́лклый
пожо́лкнувший
пожо́лкнуть, -нет; *прош.* -жо́лкнул, -жо́лкла
по́жранный
пожра́ть, -ру́, -рёт; *прош.* -а́л, -ала́, -а́ло
пожужжа́ть, -жжу́, -жжи́т
пожуи́ровать, -рую, -рует
пожурённый; *кр. ф.* -ён, -ена́
пожури́ть(ся), -рю́(сь), -ри́т(ся)
пожу́хнувший
пожу́хнуть, -нет; *прош.* -жу́х, -жу́хла
пожу́хший
пожу́ченный
пожу́чить, -чу, -чит
по́за, -ы
по-за, *предлог*
позаба́вить(ся), -влю(сь), -вит(ся)
позабира́ть(ся), -а́ю, -а́ет(ся)
позабо́титься, -о́чусь, -о́тится
позабро́сить, -о́шу, -о́сит
позабро́шенный
позабыва́ть(ся), -а́ю(сь), -а́ет(ся)
позабы́тый
позабы́ть(ся), -бу́ду(сь), -бу́дет(ся)
позави́довать, -дую, -дует
поза́втракать, -аю, -ает
позавчера́
позавчера́шний
позади́
поза́дь
позаи́мствованный
позаи́мствовать, -твую, -твует
позале́тошний
позанима́ться, -а́юсь, -а́ется
позаня́ться, -айму́сь, -айме́тся
позапрошлого́дний
позапро́шлый
позараста́ть, -а́ет
позарасти́, -асту́, -астёт; *прош.* -ро́с, -росла́
позаре́з
поза́риться, -рюсь, -рится
позаро́сший
позва́нивать, -аю, -ает
по́званный
позва́ть, -зову́, -зовёт; *прош.* -а́л, -ала́, -а́ло
позвене́ть, -ню́, -ни́т
по-звери́ному, *нареч.*
по-зве́рски
позволе́ние, -я
позво́ленный
позволи́тельный
позво́лить, -лю, -лит
позволя́ть(ся), -я́ю, -я́ет(ся)
позвони́ть(ся), -ню́(сь), -ни́т(ся)

ПОЗ

позвонко́вый
позвоно́к, -нка́
позвоно́чник, -а
позвоно́чный
позвуча́ть, -чи́т
позвя́кивать, -аю, -ает
позднеанти́чный
поздне́е и по́зже, *сравн. ст.* (*от* по́здно)
позднези́мний
позднейший
поздне́нько
позднеосе́нний
позднеспе́лый
по́здний
по́здно
поздновато
поздоро́ваться, -аюсь, -ается
поздорове́ть, -е́ю, -е́ет
поздоро́виться: не поздоро́вится
поздрави́тель, -я
поздрави́тельница, -ы
поздрави́тельный
поздра́вить, -влю, -вит
поздравле́ние, -я
поздра́вленный
поздравля́ть(ся), -я́ю(сь), -я́ет(ся)
позева́ть, -а́ю, -а́ет
позево́та, -ы
позёвывать, -аю, -ает
позеленённый; *кр. ф.* -ён, -ена́
позелене́ть, -е́ю, -е́ет (стать зелёным)
позелени́ть, -ню́, -ни́т (*что*)
позём, -а
поземе́льный
позёмка, -и
позёмный
позёр, -а
позёрка, -и
позёрство, -а
по́зже и поздне́е, *сравн. ст.* (*от* по́здно)
по-зи́мнему, *нареч.*
позимова́ть, -му́ю, -му́ет
пози́рование, -я
пози́ровать, -рую, -рует
позити́в, -а
позитиви́зм, -а
позитиви́ст, -а
позитиви́стка, -и
позитиви́стский
позити́вный
позитро́н, -а
позитро́ний, -я
позитро́нный
позицио́нно обусло́вленный
позицио́нно-электро́нный
позицио́нный
пози́ция, -и
позлати́ть(ся), -ащу́, -ати́т(ся)
позлаща́ть(ся), -а́ю, -а́ет(ся)
позлащённый; *кр. ф.* -ён, -ена́
позлённый; *кр. ф.* -ён, -ена́
позли́ть(ся), -лю́(сь), -ли́т(ся)
позло́бствовать, -твую, -твует
по-злоде́йски
позлора́дствовать, -твую, -твует
позлосло́вить, -влю, -вит
по-змеи́ному, *нареч.*
позна́бливать, -ает
познава́емость, -и
познава́емый

ПОЗ

познава́ние, -я
познава́тельно-воспита́тельный
познава́тельный
познава́ть(ся), -наю́, -наёт(ся)
познако́мить(ся), -млю(сь), -мит(ся)
познако́мленный
позна́ние, -я
по́знанный
позна́ть, -а́ю, -а́ет
позоло́та, -ы
позолоти́ть(ся), -очу́, -оти́т(ся)
позоло́тчик, -а
позоло́ченный
позонди́рованный
позонди́ровать, -рую, -рует
позо́р, -а
позо́рить(ся), -рю(сь), -рит(ся)
позо́рище, -а
позо́рный
позо́рящий
позубоска́лить, -лю, -лит
позубри́ть, -убрю́, -у́бри́т
позуме́нт, -а
позуме́нтный
позуме́нтовый
позуме́нтщик, -а
позы́в, -а
позыва́ть, -а́ет
позывно́й
позя́бнуть, -ну, -нет; *прош.* -зя́б, -зя́бла
позя́бший
поигра́ть, -а́ю, -а́ет
поигрывать, -аю, -ает
по-идио́тски
поиздева́ться, -а́юсь, -а́ется
поиздёржанный
поиздержа́ть(ся), -ержу́(сь), -е́ржит(ся)
поизноси́ться, -ошу́сь, -о́сится
поизорва́ться, -рву́сь, -рвётся; *прош.* -а́лся, -ала́сь, -а́ло́сь
поика́ть, -а́ю, -а́ет
пойле́ц, -льца́
пойли́ца, -ы (пойли́ца-корми́лица)
по́йлка, -и
по́йльник, -а
по́йльный
поимённый
поимено́ванный
поименова́ть, -ну́ю, -ну́ет
поиме́ть, -е́ю, -е́ет
по́имистый
по́имка, -и
поиму́щественный
по́имчивый
по-ино́му, *нареч.*
по-ино́странному, *нареч.*
поинтересова́ться, -су́юсь, -су́ется
поинтригова́ть, -гу́ю, -гу́ет
по́иск, -а, *мн.* -и, -ов
поисканный
поиска́ть(ся), -ищу́(сь), -и́щет(ся)
по́исково-разве́дочный
по́исково-спаса́тельный
по́исковый
по-испа́нски
поисповедоваться, -дую(сь), -дует(ся)
по исполне́нии
поисся́кнуть, -нет; *прош.* -я́к, -я́кла

поиссякший
по истечении
поистине, *нареч.*
поистратить(ся), -ачу(сь), -атит(ся)
поистраченный
по-итальянски
пойть(ся), пою, пойт(ся)
пойка, -и
пойло, -а
пойма, -ы
пойманный
поймать(ся), -аю, -ает(ся)
поименный
пойнтер, -а, *мн.* -ы, -ов и -а, -ов
пойти, пойду, пойдёт; *прош.* пошёл, пошла
пока
покадить, -ажу, -адит
покадровый
показ, -а
показание, -я
показанный
показатель, -я
показательный
показать(ся), -ажу(сь), -ажет(ся)
по-казахски
по-казацки
по-казачьи
показной
показуха, -и
показывать(ся), -аю(сь), -ает(ся)
по-каковски
покалеченный
покалечить(ся), -чу(сь), -чит(ся)
покалить, -лю, -лит
покалывание, -я
покалывать, -аю, -ает
покалякать, -аю, -ает
покамест
поканифоленный
поканифолить, -лю, -лит
поканючить, -чу, -чит
покапать, -аю, -ает и (*в знач.* падать каплями) -каплет
покапризничать, -аю, -ает
покапчивать, -аю, -ает
покапывать, -аю, -ает
покаранный
покарать, -аю, -ает
покараулить, -лю, -лит
покаркать, -ает
покармливать, -аю, -ает
покат, -а
покатанный
покатать(ся), -аю(сь), -ает(ся)
покатистый
покатить(ся), -ачу(сь), -атит(ся)
покатом, *нареч.*
покатость, -и
покатывать(ся), -аю(сь), -ает(ся)
покатый
покачанный (*от* покачать)
покачать(ся), -аю(сь), -ает(ся)
покаченный (*от* покатить)
покачивание, -я
покачивать(ся), -аю(сь), -ает(ся)
покачнуть(ся), -ну(сь), -нёт(ся)
пока что
покашливание, -я
покашливать, -аю, -ает
покашлять, -яю, -яет
покаявшийся

покаяние, -я
покаянный
покаяться, -аюсь, -ается
поквартальный
поквитаться, -аюсь, -ается
покер, -а
покерный
покетбук, -а
покивать, -аю, -ает
покиданный
покидать(ся), -аю(сь), -ает(ся)
покидывать, -аю, -ает
покинутый
покинуть, -ну, -нет
покипеть, -плю, -пит
покипятить(ся), -ячу(сь), -ятит(ся)
покипяченный; *кр. ф.* -ён, -ена
по-киргизски
по-китайски
покладая: не покладая рук
покладистость, -и
покладистый
поклажа, -и
покланяться, -яюсь, -яется
покласть, -аду, -адёт; *прош.* -ал, -ала
поклёванный
поклевать(ся), -люю, -люёт(ся)
поклеветать, -ещу, -ещет
поклёвка, -и
поклёвывать, -аю, -ает
поклеенный
поклеить, -ею, -еит
поклёп, -а
покликать, -ичу, -ичет
поклон, -а
поклонение, -я
поклониться, -онюсь, -онится
поклонник, -а
поклонница, -ы
поклонный
поклоняться, -яюсь, -яется
поклянчить, -чу, -чит
поклясться, -янусь, -янётся; *прош.* -ялся, -ялась
по-книжному, *нареч.*
покованный
поковать, -кую, -куёт
поковерканный
поковеркать(ся), -аю(сь), -ает(ся)
поковка, -и
поковочный
поковылять, -яю, -яет
поковыривать, -аю, -ает
поковырять(ся), -яю(сь), -яет(ся)
по-козьи
покои, -ев
покоить(ся), -ою(сь), -оит(ся)
покой, -я
покойник, -а
покойница, -ы
покойницкая, -ой
покойницкий
покойный (*от* покой)
покойный, -ого (умерший)
пококетничать, -аю, -ает
поколачивать, -аю, -ает
поколдовать, -дую, -дует
поколе и поколь
поколебать(ся), -леблю(сь), -леблет(ся)
поколебленный

поколение, -я
поколенный
поколесить, -ешу, -есит
поколеть, -ею, -еет
поколику
поколинно
поколотить(ся), -очу(сь), -отит(ся)
поколотый
поколоть(ся), -олю(сь), -олет(ся)
поколоченный
поколупанный
покопать, -аю, -ает
покопыхать, -ышу, -ышет и -аю, -ает
поколь и поколе
по-командирски
покомандовать, -дую, -дует
покомкать, -аю, -ает
по-коммунистически
по-комсомольски
поконопатить, -ачу, -атит
поконченный
покончить, -чу, -чит
покопать(ся), -аю(сь), -ает(ся)
покоптеть[1], -еет (*к* коптеть[1])
покоптеть[2], -пчу, -птит (*к* коптеть[2])
покоптить, -пчу, -птит (*что;* испускать копоть некоторое время)
покопчённый; *кр. ф.* -ён, -ена
покореженный
покорежить(ся), -жу(сь), -жит(ся)
по-корейски
покорение, -я
покорённый; *кр. ф.* -ён, -ена
покоритель, -я
покорительница, -ы
покорить(ся), -рю(сь), -рит(ся)
покормить(ся), -ормлю(сь), -ормит(ся)
покормленный
покорнейший
покорность, -и
покорный
покоробить(ся), -блю, -бит(ся)
покоробленный
покороче
покорствовать, -твую, -твует
покорыстоваться, -стуюсь, -стуется
покорять(ся), -яю(сь), -яет(ся)
покорячиться, -чусь, -чится
покос, -а
покосить, -ошу, -осит (*к* косить[1])
покосить(ся), -ошу(сь), -осит(ся) (*к* косить[2])
покосный
покочевать, -чую, -чует
покочевряжиться, -жусь, -жится
по-кошачьему, *нареч.*
покошенный
покощунствовать, -твую, -твует
покоящийся
покраденный
покража, -и
по крайней мере
по крайности
покрапать, -плю, -плет и -аю, -ает
покрапывать, -ает
покрасить, -ашу, -асит
покраска, -и
покраснение, -я
покраснеть, -ею, -еет
покрасоваться, -суюсь, -суется

ПОК

покрасочный
покрасить, -ашу, -асит; *прош.* -крал, -крала
покрахмаленный
покрахмалить, -лю, -лит
покрашенный
покрениться, -ится
покрепче
покрестить(ся), -ещу(сь), -естит(ся)
по-крестьянски
покрещённый; *кр. ф.* -ён, -ена
покривить(ся), -влю(сь), -вит(ся)
покривлённый; *кр. ф.* -ён, -ена
покривлять(ся), -яю(сь), -яет(ся)
покрик, -а
покрикивание, -я
покрикивать, -аю, -ает
покритиковать, -кую, -кует
покричать, -чу, -чит
покров[1], -а (покрывало)
покров[2], -а (церковный праздник)
покровитель, -я
покровительница, -ы
покровительственный
покровительство, -а
покровительствовать, -твую, -твует
покровный
покроенный
покроить, -ою, -оит
покрой, -я
покромка, -и
покромочный
покромсанный
покромсать, -аю, -ает
покропить, -плю, -пит
покроплённый; *кр. ф.* -ён, -ена
покрошенный
покрошить, -ошу, -ошит
покруглеть, -ею, -еет
покружённый; *кр. ф.* -ён, -ена и покруженный
покружить(ся), -ужу(сь), -ужит(ся)
покрупнеть, -ею, -еет
покрутить(ся), -учу(сь), -утит(ся)
покрученный
покручинить(ся), -нюсь, -нится
покрывало, -а
покрывать(ся), -аю(сь), -ает(ся)
покрытие, -я
покрытосеменные, -ых и покрытосемянные, -ых
покрытый
покрыть(ся), -рою(сь), -роет(ся)
покрышечный
покрышка, -и
покрякать, -аю, -ает
покрякивать, -аю, -ает
покряхтеть, -хчу, -хтит
покряхтывать, -аю, -ает
покувыркать(ся), -аю(сь), -ает(ся)
покуда
покудахтать, -хчу, -хчет
покудова
покуковать, -кую, -кует
по-кулацки
покумекать, -аю, -ает
покумиться, -млюсь, -мится
покупатель, -я
покупательница, -ы
покупательный
покупательский
покупать(ся), -аю(сь), -ает(ся)

ПОК

по-купечески
покупка, -и
покупной
покупщик, -а
покупщица, -ы
покуражиться, -жусь, -жится
покуренный
покуривать, -аю, -ает
покурить, -урю, -урит
покуролесить, -ешу, -есит
покусанный
покусать, -аю, -ает
покуситься, -ушусь, -усится
покусывать, -аю, -ает
покутить, -учу, -утит
покучивать, -аю, -ает
покушать, -аю, -ает
покушаться, -аюсь, -ается
покушение, -я
пол[1], -а, *пред.* о поле, на полу, *мн.* -ы, -ов (настил)
пол[2], -а, *мн.* полы, -ов (мужской и женский)
пола, -ы, *мн.* полы, пол
полавировать, -рую, -рует
полагать(ся), -аю(сь), -ает(ся)
поладить(ся), -ажу, -адит(ся)
полазать, -аю, -ает
пол-Азии
полазить, -ажу, -азит
полакать, -аю, -ает
по-лакейски
полакированный
полакировать, -рую, -рует
полакомить(ся), -млю(сь), -мит(ся)
пол-Америки
поламывать, -ает
пол-арбуза
пол-аршина
поласкать(ся), -аю(сь), -ает(ся) (к ласка)
полати, -ей
по-латыни, *нареч.*
по-латышски
полаять(ся), -аю(сь), -ает(ся)
полба, -ы
полбанки
полбеды
полбенный
полбутылки
полбяной
полведра
полвека
полвершка
полвосьмого
полвторого
полгода
полгорода
полгоря
полдвенадцатого
полдевятого
полдела
полдень, полудня и полдня, *мн.* полдни, полден
полдесятого
полдневный
полдник, -а
полдничать, -аю, -ает
полдня
полдороги
полдюжины
полдюйма

ПОЛ

поле, -я, *мн.* -я, -ей
по-лебединому, *нареч.*
полебезить, -ежу, -езит
полевать, -люю, -люет (охотиться)
полевение, -я
полеветь, -ею, -еет
полевик, -а
полевица, -ы
полёвка, -и
полевод, -а
полеводство, -а
полеводческий
полевой
полевошпатовый
пол-Европы
полегаемость, -и
полегание, -я
полегать, -ает
полёглый
полегонечку
полегоньку
полегчать, -ает
полёгший
полежалый
полежать, -жу, -жит
полёживать, -аю, -ает
полезащитный
полезный
полезть, -лезу, -лезет; *прош.* -лез, -лезла
полезший
полемарх, -а
полемизировать, -рую, -рует
полемика, -и
полемист, -а
полемистка, -и
полемический
полемичный
поленика, -и
по-ленински
полениться, -енюсь, -енится
поленица, -ы, *м. и ж.* (богатырь)
поленница, -ы (дров)
полено, -а, *мн.* поленья, -ьев
поленце, -а, *р. мн.* -нец
полепетать, -печу, -печет
полепить, -леплю, -лепит
полесовщик, -а
полесье, -я
полёт, -а
полетать, -аю, -ает
полететь, -лечу, -летит
по-летнему, *нареч.*
полётный
полеченный
полечиться, -ечу(сь), -ечит(ся)
полечь, -лягу, -ляжет, -лягут; *прош.* -лёг, -легла
полешко, -а
полжизни
ползание, -я
ползать, -аю, -ает
ползком, *нареч.*
ползок, -зка
ползти, -зу, -зёт; *прош.* полз, ползла
ползун, -а
ползунки, -ов
ползунок, -нка
ползунья, -и, *р. мн.* -ний
ползучесть, -и
ползучий
ползучка, -и

по́лзший
полиакри́ловый
полиами́дный
полиами́ды, -ов, *ед.* полиами́д, -а
полиа́ндрия, -и
полиа́нтовый
полиартри́т, -а
полибера́льничать, -аю, -ает
поли́в, -а (поливка)
поли́ва, -ы (глазурь)
поливакци́на, -ы
поливале́нтный
поли́ванный и поли́венный
полива́ть(ся), -а́ю(сь), -а́ет(ся)
поли́венный и поли́ванный
поливинилацета́т, -а
поливини́ловый
поливинилхлори́д, -а
поливинилхлори́дный
поливитами́нный
поливитами́ны, -ов
поли́вка, -и
поливно́й
поли́вочно-мо́ечный
поли́вочный
полигами́ческий
полига́мия, -и
полига́мный
полигени́зм, -а
полиги́ния, -и
полигландуля́рный
полигло́т, -а
полиго́н, -а
полигона́льный
полиго́нный
полигонометри́ческий
полигономе́трия, -и
полиграфи́ст, -а
полиграфи́ческий
полигра́фия, -и
пол-игры́
полидактили́я, -и
поли́занный
полиза́ть(ся), -ижу́(сь), -и́жет(ся)
полиизобутиле́н, -а
поликарбона́т, -а
поликли́ника, -и
поликлини́ческий
поликонденса́ция, -и
поликриста́лл, -а
полилине́йный
полилове́ть, -е́ю, -е́ет
пол-име́ния
полиме́нт, -а
полиме́р, -а
полимербензи́н, -а
полимербето́н, -а
полимериза́тор, -а
полимеризацио́нный
полимериза́ция, -и
полиме́рия, -и
полиме́рный
полимерове́дение, -я
полиметалли́ческий
полиметри́я, -и
полиморфи́зм, -а
полимо́рфный
полиневри́т, -а
полинези́ец, -и́йца
полинези́йка, -и
полинези́йский
полинова́ть, -ну́ю, -ну́ет

полино́м, -а
полиня́лый
полиня́ть, -я́ет
полиомели́т, -а
полиоэнцефали́т, -а
поли́п, -а
полиплоиди́я, -и
поли́пный
полипо́ид, -а
полипропиле́н, -а
полиритми́я, -и
полирова́льный
полирова́ние, -я
полиро́ванный
полирова́ть(ся), -ру́ю, -ру́ет(ся)
полиро́вка, -и
полиро́вочный
по́лис, -а
полисахари́д, -а
полисеманти́ческий
полисеми́я, -и
полисерози́т, -а
полисиллоги́зм, -а
полисинтети́ческий
полисме́н, -а
по́лисный
полисоедине́ние, -я
полиспа́ст, -а
полиспа́стовый
полисперми́я, -и
полистадиа́льный
полиста́ть, -а́ю, -а́ет
полистиро́л, -а
полистиро́ловый
полистиро́льный
поли́стный
политбесе́да, -ы
политбюро́, *нескл., с.*
политгра́мота, -ы
политде́нь, -дня́
политеи́зм, -а
полите́ист -а
политеисти́ческий
политес, -а
политехниза́ция, -и
политехнизи́ровать(ся), -рую, -рует(ся)
политехни́зм, -а
полите́хникум, -а
плитехни́ческий
политзаключённый, -ого
политзаня́тие, -я
поли́тик, -а
поли́тика, -и
полити́кан, -а
политика́нство, -а
политика́нствовать, -твую, -твует
поли́тико-администрати́вный
поли́тико-воспита́тельный
поли́тико-ма́ссовый
поли́тико-просвети́тельный
поли́тико-экономи́ческий
политинформа́тор, -а
политинформа́ция, -и
политпа́ж, -а
полити́ческий
полити́чный
политкаторжа́нин, -а, *мн.* -а́не, -а́н
политкаторжа́нка, -и
политкружо́к, -жка́
политми́нимум, -а
по-лито́вски

политони́ческий
политотде́л, -а
политотде́лец, -льца
политотчёт, -а
политпросве́т, -а
политпросветрабо́та, -ы
политпросветрабо́тник, -а
политпросвеще́ние, -я
политрабо́та, -ы
политрабо́тник, -а
политреда́ктор, -а
политру́к, -а
политсоста́в, -а
политуправле́ние, -я
политу́ра, -ы
политучёба, -ы
политча́с, -а
политшко́ла, -ы
по́литый; *кр. ф.* по́лит, полита́, по́лито
поли́ть(ся), -лью́(сь), -льёт(ся); *прош.* по́лил, поли́лся, полила́(сь), по́лило, поли́ло́сь
политэконо́мия, -и
политэмигра́нт, -а
политэмигра́нтка, -и
полиурета́н, -а
полиурета́новый
полиури́я, -и
полифа́гия, -и
полифони́ческий
полифони́я, -и
полиформальдеги́д, -а
полифто́нг, -а
полифтонги́ческий
полихлорвини́л, -а
полихлорвини́ловый
полихромати́ческий
полихроми́я, -и
полицейме́йстер, -а
полице́й-президе́нт, -а
полице́йский
полице́йщина, -ы
полицеме́рить, -рю, -рит
полицентри́зм, -а
поли́ция, -и
полицме́йстер, -а
поли́чное, -ого (с поли́чным пойма́ть)
полишине́ль, -я
полиэ́др, -а
полиэкра́н, -а
полиэмбриони́я, -и
полиэтиле́н, -а
полиэтиле́новый
полиэфи́рный
полк, -а́, *пред.* о полке́, в полку́
по́лка, -и
полкиломе́тра
полкирпича́
полко́вник, -а
полко́вник-инжене́р, полко́вника-инжене́ра
полко́вничий, -ья, -ье
полково́дец, -дца
полково́дческий
полково́й
полкодержа́тель, -я
полко́мнаты
полкопе́йки
полкру́га
пол-Ленингра́да
пол-лимо́на

ПОЛ

поллина́рий, -я
пол-ли́нии
поллиний, -я
пол-листа́
пол-ли́тра
поллитро́вка, -и
пол-литро́вый
пол-ло́жки
пол-ло́та
поллуци́т, -а
поллю́ция, -и
полме́сяца
полме́тра
полмиллио́на
полмину́ты
полми́ра
пол-Москвы́
полне́ба
полне́ть, -е́ю, -е́ет (становиться полным)
полнёхонький; кр. ф. -нек, -нька
полнёшенький; кр. ф. -нек, -нька
полни́ть, -и́т (кого, что)
по́лнить(ся), -ит(ся), (наполнять)
по́лно (довольно)
полнове́сный
полновла́стие, -я
полновла́стный
полново́дный
полново́дье, -я
полногла́сие, -я
полногла́сный
полногру́дый
полнозву́чный
полнокро́вие, -я
полнокро́вный
полноли́цый
полнолу́ние, -я
полнолу́нный
полноме́рный
полнометра́жный
полномо́чие, -я
полномо́чный
полноповоро́тный
полнопра́вие, -я
полнопра́вность, -и
полнопра́вный
полноро́дный
по́лностью
полнота́, -ы́
по́лноте (довольно)
полноте́лый
полноце́нный; кр. ф. -це́нен, -це́нна
полно́чи
полно́чный
по́лночь, по́лночи и полу́ночи
полнощёкий
полно́щный
по́лный; кр. ф. по́лон, полна́, по́лно
полны́м-полна́
полны́м-полно́
полны́м-по́лон
по́ло, нескл., с.
пол-оборо́та
поло́ва, -ы
полове́цкий
полови́к, -а́
полови́на, -ы
полови́нка, -и
полови́нный
полови́нчатость, -и
полови́нчатый

ПОЛ

поло́винщик, -а
полови́ть, -овлю́, -о́вит
полови́ца, -ы
половичо́к, -чка́
поло́вник, -а
поло́вничать, -аю, -ает
поло́вничество, -а
полово́дье, -я
половозрастно́й
половозре́лый
половой, прил.
половой, -о́го (слуга)
по́ловцы, -ев, ед. по́ловец, -вца
половча́нка, -и
поло́вый (о масти)
по́лог, -а
поло́гий
пологозалега́ющий *
пологонакло́нный
пологопа́дающий *
поло́гость, -и
пол-огурца́
пол-оди́ннадцатого
поло́дия, -и
поло́же, сравн. ст. (от поло́гий, поло́го)
положе́ние, -я
поло́женный
положи́тельность, -и
положи́тельный
положи́ть(ся), -ожу́(сь), -о́жит(ся)
по́лоз[1], -а, мн. поло́зья, -ьев
по́лоз[2], -а, мн. ы, -ов (змея)
поло́к, -лка́
поло́льник, -а
поло́льный
поло́манный
полома́ть(ся), -а́ю(сь), -а́ет(ся)
поломи́ть, -о́мит
поло́мка, -и
поломо́ечный
поломо́йка, -и
поломо́йный
поло́н, -а и -у
полоне́з, -а
полонённый; кр. ф. -ён, -ена́
полониза́ция, -и
полонизи́рованный
полонизи́ровать(ся), -рую(сь), -рует(ся)
полони́зм, -а
поло́ний, -я
полони́ть, -ню́, -ни́т
поло́няничный
поло́панный
поло́паться, -ается
поло́гий
поло́ротый
полоса́, -ы́, мн. по́лосы, -о́с, -оса́м
полоса́тик, -а
полоса́тый
поло́ска, -и
полоска́ние, -я
поло́сканный
полоска́тельница, -ы
полоска́тельный
полоска́ть(ся), -ощу́(сь), -о́щет(ся) и -а́ю(сь), -а́ет(ся) (промывать)
полоска́ющий(ся) и поло́щущий(ся)
полоску́н, -а́
полосно́й (полосовой)
полосну́тый

ПОЛ

полосну́ть, -ну́, -нёт
поло́сный (к полоса́)
полосова́льный
полосова́ние, -я
полосо́ванный
полосова́ть(ся), -су́ю, -су́ет(ся)
полосово́й
полосону́ть, -ну́, -нёт
полсо́нька, -и
полостно́й (от по́лость)
по́лость, -и, мн. -и, -е́й
полосу́шка, -и
пол-осьму́хи
пол-осьму́шки
полоте́нечный
полоте́нце, -а, р. мн. -нец
полотёр, -а
полотёрничать, -аю, -ает
полотёрный
полотёрский
поло́тнище, -а
полотно́, -а́, мн. поло́тна, -тен
полотня́ный
полото́к, -тка́
по́лотый
по́лоть, -и и полть, -и (половина туши)
поло́ть(ся), полю́, по́лет(ся)
полоу́мие, -я
полоу́мный
по́лочка, -и
пол-очка́
полоши́ть(ся), -шу́(сь), -ши́т(ся)
поло́щущий(ся) и полоска́ющий(ся)
полпе́рвого
полпи́во, -а
полпо́рции
полпре́д, -а
полпре́дство, -а
полпути́
полпя́того
полсапо́жки, -жек
полсве́та
полседьмо́го
полсло́ва
полсме́ны
полсо́тни
полста́вки
полстола́
пол столо́вой ло́жки
полсто́лька и полсто́лько
полстраны́
полсть, -и
полстяно́й и полстяно́й
полсу́ток
полта́вка, -и (сорт пшеницы)
полти́на, -ы
полти́нник, -а
полто́нны
полтора́, полу́тора
полтора́ста, полу́тораста
полтре́тьего
полтретья́
полты́сячи
полть, -и и по́лоть, -и (половина туши)
полу́... — первая часть сложных слов, пишется всегда слитно
полуавтома́т, -а
полуавтомати́ческий
полуарши́нный

полуба́к, -а
полубарка́с, -а
полуба́рхат, -а
полуба́шня, -и, *р. мн.* -шен
полубезрабо́тный
полубе́лый
полубессозна́тельный
полубесчу́вственный; *кр. ф.* -вен, -венна
полубо́г, -а, *мн.* -и, -о́в
полубоги́ня, -и, *р. мн.* -и́нь
полубо́кс, -а
полубольно́й
полубо́рт, -а
полуботи́нки, -нок, *ед.* -нок, -нка
полубума́жный
полубуты́лка, -и
полуваго́н, -а
полува́л, -а
полува́льный
полува́ттный (*к* ватт)
полуведёрный
полувеково́й
полуверста́, -ы́
полувёрстный
полувзво́д, -а
полуводяно́й
полувое́нный
полуволново́й
полуга́р, -а
полуга́рный
полуги́чка, -и
полугла́сный
полугли́ссер, -а
полуго́дие, -я
полугоди́чный
полугодова́лый
полугодово́й
полуго́док, -дка
полуголо́дный
полуго́лый
полугора́, -ы́
полугра́мотный
полугу́сеничный
полу́да, -ы
полу́денный
полудика́рь, -я́
полуди́кий
полуди́ть, -ужу́, -у́дит
полудрагоце́нный
полудрёма, -ы
полудремо́та, -ы
полудюймо́вый
полу́женный и полужённый; *кр. ф.* -ён, -ена́
полужёсткий
полужесткокры́лые, -ых
полуживо́й; *кр. ф.* -и́в, -ива́, -и́во
полужи́дкий
полужи́рный
полузабы́тый
полузабытьё, -я́, *предл.* в полузабытьи́
полузави́симый
полузаводско́й
полузакры́тый
полузакры́ть(ся), -ро́ю(сь), -ро́ет(ся)
полузамкнутый
полузасу́шливый
полузащи́та, -ы
полузащи́тник, -а

полузвери́ный
полуземляно́й
полузнайка, -и, *м. и ж.*
полузна́йство, -а
полузре́лый
полуимпериа́л, -а
полуи́мя, -мени
полуинтеллиге́нтный
полуинтеллиге́нтский
полука́менный
полукафта́н, -а
полуквалифици́рованный
полуке́ды, -ов и -ке́д
полукилометро́вый
полуко́кс, -а
полукоксова́ние, -я
полуколло́ид, -а
полуколониа́льный
полуколо́ния, -и
полукольцо́, -а́
полукоче́вник, -а
полукочево́й
полукристалли́ческий
полукро́вка, -и
полукро́вный
полукро́вок, -вка
полукру́г, -а
полукру́глый
полукру́жие, -я
полукру́жный
полукуста́рник, -а
полукуста́рный
полулега́льный
полулёгкий
полулегкове́с, -а
полулёжа
полулежа́ть, -жу́, -жи́т
полули́ст, -а́
полулитро́вый
полульняно́й
полума́ска, -и
полума́сса, -ы
полума́ссный
полумгла́, -ы́
полуме́ра, -ы
полумёртвый; *кр. ф.* -мёртв, -мертва́
полуме́сяц, -а
полуме́сячный
полуметро́вый
полумиллио́нный
полумра́к, -а
полумя́гкий
полунавесно́й
полунаго́й
полунасы́щенный
полунатура́льный
полу́ндра, -ы
полунезави́симый
полуни́щий
полуно́чник, -а
полуно́чница, -ы
полуно́чничать, -аю, -ает
полуно́чный
полуобезья́на, -ы
полуобмо́рочный
полуобнажённый; *кр. ф.* -ён, -ена́
полуоборо́т, -а
полуобразо́ванный; *кр. ф.* -ан, -анна
полуобрезно́й
полуова́л, -а
полуова́льный
полуоде́тый

полуокру́жность, -и
полуопу́щенный
полуосвещённый; *кр. ф.* -ён, -ена́
полуо́стров, -а, *мн.* -а́, -о́в
полуостровно́й
полуо́сь, -и, *мн.* -и, -е́й
полуотво́ренный
полуоткры́тый
полуофициа́льный
полупальто́ *нескл., с.*
полупа́р, -а
полупарази́т, -а
полупе́тля, -и
полупи́ть(ся), -уплю́, -у́пит(ся)
полу́пленный
полуповоро́т, -а
полуподва́л, -а
полуподва́льный
полупокло́н, -а
полупоме́шанный
полупонто́н, -а
полупочте́нный
полуправди́вый
полупрезри́тельный
полуприседа́ние, -я
полуприце́п, -а
полупроводни́к, -а́
полупроводнико́вый
полупроду́кт, -а
полупрозра́чный
полупролетариа́т, -а
полупролета́рий, -я
полупролета́рский
полупроница́емый
полупростра́нство, -а
полупро́филь, -я
полупроце́нтный
полупряма́я, -о́й
полупудови́к, -а́
полупудо́вый
полупусто́й
полупусты́нный
полупусты́ня, -и, *р. мн.* -ы́нь
полупья́ный; *кр. ф.* -я́н, -яна́, -я́но
полуразва́ленный
полуразде́тый
полуразложи́вшийся
полуразорённый; *кр. ф.* -ён, -ена́
полуразру́шенный
полураскры́тый
полураспа́д, -а
полуро́та, -ы
полуро́тный
полусапо́жки, -жек, *ед.* полусапо́жек, -жка
полусве́т, -а
полуседо́й
полусерьёзный
полусиде́ть, -ижу́, -иди́т
полусинтети́ческий
полуслепо́й
полусло́во, -а, *мн.* -слова́, -сло́в
полусме́рть, -и: до полусме́рти
полусо́бранный
полусо́гнутый
полусозна́тельный
полусо́н, -сна́
полусо́нный
полусо́тня, -и, *р. мн.* -тен
полуспу́щенный
полусре́дний
полуста́нок, -нка

ПОЛ

полустационáр, -а
полустúшие, -я
полустóйкий
полустолбéц, -бцá
полусукнó, -á
полусукóнный
полусумасшéдший
полусýточный
полусухóй
полусфéра, -ы
полусырóй
полусырьё, -я
полутáкт, -а
полутёмный; *кр. ф.* -тёмен, -темнá
полутéнь, -и, *мн.* -тéни, -тенéй
полутóн, -а, *мн.* -ы, -ов и -á, -óв
полутонкорýнный
полутóнный
полутóновый (*от* тон)
полуторагодúчный
полуторагодовáлый
полуторамéсячный
полутораметрóвый
полутораметрóвый
полутораметрóвый
полуторатóнка, -и
полуторатóнный
полутóрка, -и
полутóрный
полутьмá, -ы́
полутяжеловéс, -а
полутяжёлый
полуустáв, -а
полуустáвный
полуфабрикáт, -а
полуфеодáльный
полуфинáл, -а
полуфиналúст, -а
полуфинáльный
полуфунтóвый
полуциркýльный
получáс, -а
получасовóй
получáтель, -я
получáтельница, -ы
получáтельский
получáть(ся), -áю, -áет(ся)
получéние, -я
полýченный
получетвертнóй
пол-учúлища
получúстый
получúть(ся), -учý, -ýчит(ся)
полýчка, -и
полýчше
полушáг, -а, *мн.* -и́, -óв
полушáлок, -лка
полушáрие, -я
полушёлк, -а
полушёлковый
полушёпот, -а
полушéрсть, -и
полушерстянóй
полýшечный
полýшка, -и
полуштóф, -а
полушýбок, -бка
полушутлúвый
полушутя́
полущённый; *кр. ф.* -ён, -енá
полýщивать, -аю, -ает
полущúть, -щý, -щúт
полуэкипáж, -а

полуэскадрóн, -а
полуэтáж, -á
полую́т, -а
полуя́вь, -и
полфýнта
полцáрства
полцены́
пол чáйной лóжки
полчасá
полчéтверти
полчетвёртого
пóлчище, -а
полчóк, -чкá
полшагá
полшестóго
полштóфа
пóлый
пóлымя, *тв.* -ем, (из огня́ да в пóлымя)
полы́нный
полы́новка, -и
полынóк, -нкá
полы́нь, -и
полынья́, -и́, *р. мн.* -нéй
полысéние, -я
полысéть, -éю, -éет
полыхáть, -áет
полыхнýть, -нёт
пóльдер, -а
пóльза, -ы
пóльзование, -я
пóльзователь, -я
пóльзовать(ся), -зуюсь, -зуется
пóлька, -и
пóльский
пóльско-литóвский
пóльско-рýсский
пóльско-совéтский
польстúть(ся), -льщý(сь), -льстúт(ся)
польщённый; *кр. ф.* -ён, -енá
полюбéзничать, -аю, -ает
полюбúть(ся), -люблю́(сь), -лю́бит(ся)
полюбовáться, -бýюсь, -бýется
полюбóвник, -а
полюбóвница, -ы
полюбóвный
полюбопы́тствовать, -твую, -твует
полюднéть, -éет
по-людскú
полю́дье, -я
пóлюс, -а, *мн.* -ы, -ов
пóлюсный
пóлюшко, -а
пол-я́блока
пол-ягнёнка
пол-я́годы
поля́к, -а
поля́на, -ы
поля́не, -я́н
поля́нка, -и
поля́ра, -ы
поляризáтор, -а
поляризациóнно-оптúческий
поляризациóнный
поляризáция, -и
поляризóванный
поляризовáть(ся), -зýю, -зýет(ся)
поляри́метр, -а
поляриметри́ческий
поляриско́п, -а

поля́рник, -а
поля́рница, -ы
поля́рность, -и
поля́рный
поляро́н, -а
поляро́нный
поля́чка, -и
пол-я́щика
помавáть, -áю, -áет
помáда, -ы
помáдить(ся), -áжу(сь), -áдит(ся)
помáдка, -и
помáдный
помáзание, -я
помáзанник, -а
помáзанный
помáзать(ся), -áжу(сь), -áжет(ся)
помазóк, -зкá
помáзывать(ся), -аю(сь), -ает(ся)
помакáть, -áю, -áет
помакнýть, -нý, -нёт
помалевáть, -лю́ю, -лю́ет
помалéньку
помáлкивать, -аю, -ает
помáлу
помáлчивать, -аю, -ает
по-мальчúшески
поманéженный
поманéжить(ся), -жу(сь), -жит(ся)
помáненный и поманённый; *кр. ф.* -ён, -енá
помáнивать, -аю, -ает
поманúть, -аню́, -áнит
по мановéнию
помáранный
помарáть(ся), -áю(сь), -áет(ся)
помáргивать, -аю, -ает
помáрка, -и
по-марксúстки
помáсленный
помáслить, -лю, -лит
помастерúть, -рю́, -рúт
по-матерúнски
по-матрóсски
помáтывать(ся), -аю, -ает(ся)
помахáть(ся), -машý(сь), -мáшет(ся)
помáхивать(ся), -аю(сь), -ает(ся)
помáять(ся), -áю(сь), -áет(ся)
помбýх, -а
помдирéктора, *нескл., м.*
по-медвéжьи
помéдлить, -лю, -лит
помелéть, -éет (*к* мель)
помелúть, -лю́, -лúт (*к* мел)
помелó, -á, *мн.* помéлья, -ьев
помелькáть, -áю, -áет
помельчáть, -áю, -áет
помельчúть, -чý, -чúт
помéньше
помéнянный
поменя́ть(ся), -я́ю(сь), -я́ет(ся)
померáнец, -нца
померáнцевый
помéренный
по мéре тогó как
померéть, помрý, помрёт; *прош.* пóмер, померлá, пóмерло
померéщиться, -щусь, -щится
помёрзлый
помёрзнуть, -ну, -нет; *прош.* -ёрз, -ёрзла

померзший
померить(ся), -рю(сь), -рит(ся) и -ряю(сь), -ряет(ся)
померкнувший
померкнуть, -нет; прош. -ерк, -еркла
померкший
помертвелый
помертветь, -ею, -еет
померцать, -ает
померший
помесить, -ешу, -есит
поместный (от помесь)
помести, -мету, -метёт; прош. -мёл, -мела
поместительный
поместить(ся), -ещу(сь), -естит(ся)
поместный (от поместье)
поместье, -я, р. мн. -тий
поместьице, -а
помесь, -и
помесячный
помёт, -а
помета, -ы
пометать, -аю, -ает (о шитье)
пометать(ся), -мечу(сь), -мечет(ся)
пометить, -мечу, -метит
пометка, -и
помётший
помеха, -и
помехозащитный
помехозащищённость, -и
помехоустойчивость, -и
помехоустойчивый
помечать(ся), -аю, -ает(ся)
помеченный
помечтать, -аю, -ает
помешанный¹, прич. (от помешать)
помешанный², -ого (сумасшедший)
помешательство, -а
помешать(ся), -аюсь, -ает(ся)
помешенный (от помесить)
помешивать, -аю, -ает
по-мещански
помещать(ся), -аю(сь), -ает(ся)
помещение, -я
помещённый; кр. ф. -ён, -ена
помещик, -а
помещица, -ы
помещичий, -ья, -ье
помигать, -аю, -ает
помидор, -а, р. мн. -ов
помидорный
помидоровый
помидорчик, -а
помилование, -я
помилованный
помиловать, -лую, -лует
помилосердствовать, -твую, -твует
помилуй(те)
помимо
помин, -а
поминальный
поминание, -я
поминать(ся), -аю, -ает(ся)
поминки, -нок
по миновании
поминовение, -я
поминутный
помирать, -аю, -ает
помирённый; кр. ф. -ён, -ена

помирить(ся), -рю(сь), -рит(ся)
по-мирски
по миру (пойти, пустить)
помастера, нескл., м.
помнить(ся), -ню, -нит(ся)
помногу, нареч. (зарабатывать помногу), но числит. по многу (по многу лет)
помножать(ся), -аю, -ает(ся)
помноженный
помножить, -жу, -жит
помогать, -аю, -ает
помогший
по-моему, нареч.
помозговать, -гую, -гует
помои, -оев
помойка, -и
помойный
помокнуть, -ну, -нет; прош. -ок, -окла
помокший
помол, -а
помолвить(ся), -влю(сь), -вит(ся)
помолвка, -и
помолвленный
по-молдавски
помолец, -льца
помолиться, -олюсь, -олится
помолог, -а
помологический
помология, -и
помолодеть, -ею, -еет
по-молодецки
помолотить(ся), -очу, -отит(ся)
помолотый
помолоть, -мелю, -мелет
помолоченный
помолчать, -чу, -чит
помольный
помольщик, -а
по-монашески
по-монгольски
помор, -а (житель русского северного поморья)
поморгать, -аю, -ает
поморённый; кр. ф. -ён, -ена
поморец, -рца (помор)
поморить, -рю, -рит
поморка, -и
поморник, -а (птица)
помороженный
поморозить(ся), -ожу(сь), -озит(ся)
поморосить, -ит
поморочить, -чу, -чит
поморский
поморщина, -ы
поморщить(ся), -щу(сь), -щит(ся)
поморье, -я
поморянин, -а, мн. -яне, -ян (житель поморья)
поморянка, -и
помост, -а
помотать(ся), -аю(сь), -ает(ся)
помоченный
помочи, -ей (подтяжки)
помочить(ся), -очу(сь), -очит(ся)
помочь, -и (бог помочь)
помочь, -огу, -ожет, -огут; прош. -ог, -огла
помощник, -а
помощница, -ы
помощь, -и
помпа, -ы

помпадур, -а
помпадурский
помпадурство, -а
помпадурша, -и
помпезный
помпельмус, -а
помповый
помполит, -а
помпон, -а
помпончик, -а
помрачать(ся), -аю, -ает(ся)
помрачение, -я
помрачённый; кр. ф. -ён, -ена
помрачить(ся), -чу, -чит(ся)
помрачнеть, -ею, -еет
помудрить, -рю, -рит
помудрствовать, -твую, -твует
по-мужски
помузицировать, -рую, -рует
помурлыкать, -ычу, -ычет и -аю, -ает
помусленный
помуслить, -лю, -лит
помусолить, -лю, -лит
помусоленный
помутить(ся), -учу, -утит(ся)
помутнение, -я
помутнённый; кр. ф. -ён, -ена
помутнеть, -еет
помученный
помучить(ся), -чу(сь), -чит(ся) и чаю(сь), -чает(ся)
помуштровать, -рую, -рует
помчать(ся), -чу(сь), -чит(ся)
помыкать, -аю, -ает, несов.
помыкать(ся), -аю(сь), -ает(ся), сов.
помыленный
помылить(ся), -лю(сь), -лит(ся)
помысел, -сла
помыслить, -лю, -лит
помытарить(ся), -рю(сь), -рит(ся)
помытый
помыть(ся), -мою(сь), -моет(ся)
помычать, -чу, -чит
помышление, -я
помышлять, -яю, -яет
помягчеть, -ею, -еет
помянутый
помянуть, -яну, -янет
помятый
помять(ся), -мну(сь), -мнёт(ся)
понаблюдать, -аю, -ает
понабранный
понабрать(ся), -беру(сь), -берёт(ся)
понабросанный
понабросать, -аю, -ает
понаведаться, -аюсь, -ается
понаведённый; кр. ф. -ён, -ена
понаведываться, -аюсь, -ается
понавезти, -зу, -зёт; прош. -вёз, -везла
понавести, -еду, -едёт; прош. -вёл, -вела
понависнуть, -нет; прош. -вис, -висла
понависший
понаглеть, -ею, -еет
понаглядеться, -яжусь, -ядится
понагнать, -гоню, -гонит; прош. -ал, -ала, -ало
по-над, предлог
понаделанный
понаделать, -аю, -ает

понадеяться, -еюсь, -еется
понадобиться, -блюсь, -бится
понаехать, -едет
по найтию
понапрасну
понарошку
понаслышке
понасмотреться, -отрюсь, -отрится
по-настоящему, *нареч.*
понастроенный
понастроить, -ою, -оит
понатасканный
понатаскать, -аю, -ает
понатореть(ся), -ею(сь), -еет(ся)
понатужиться, -ужусь, -ужится
поначалу, *нареч.*
поначальствовать, -твую, -твует
по-нашему, *нареч.*
понашитый
понашить, -шью, -шьёт
понёва, -ы
поневоле
понедельник, -а
понедельничный (*от* понедельник)
понедельный (еженедельный)
понеже, *союз*
понежить(ся), -жу(сь), -жит(ся)
по-немецки
понемногу
понемножку
по необходимости
понесённый; *кр. ф.* -ён, -ена
по нескольку
понести(сь), -су(сь), -сёт(ся); *прош.* -ёс(ся), -есла(сь)
понёсший(ся)
пони, *нескл., м.*
понижать(ся), -аю, -ает(ся)
пониже
понижение, -я
пониженный
понизительный
понизить(ся), -ижу, -изит(ся)
понизовщина, -ы
понизовый
понизовье, -я
понизу, *нареч.* (низом)
поникать, -аю, -ает
поникнувший
поникнуть, -ну, -нет; *прош.* -ик, -икла
поникший
понимание, -я
понимать(ся), -аю, -ает(ся)
по-нищенски
поновить, -влю, -вит
поновлённый; *кр. ф.* -ён, -ена
поновлять(ся), -яю, -яет(ся)
по-новому, *нареч.*
поножовщина, -ы
пономариха, -и
пономарица, -ы
пономарский
пономарь, -я
понос, -а
поноситель, -я
поносительный
поносить(ся), -ошу(сь), -осит(ся)
поноска, -и
поносный
поношение, -я
поношенный

понравиться, -влюсь, -вится
понтёр, -а
понтировать, -рую, -рует
понтировка, -и
понтон, -а
понтонёр, -а
понтонно-мостовой
понтонный
понтонщик
понудительный
понудить, -ужу, -удит
понуждать, -аю, -ает
понуждение, -я
понуждённый; *кр. ф.* -ён, -ена
понукание, -я
понукать, -аю, -ает
понур, -а
понуренный
понуривать(ся), -аю(сь), -ает(ся)
понурить(ся), -рю(сь), -рит(ся)
понурый
по нутру
пончик, -а
пончиковая, -ой
пончо, *нескл., с.*
поныне
по-нынешнему, *нареч.*
понырять, -яю, -яет
поныть, -ною, -ноет
понюх, -а (ни за понюх табаку)
понюханный
понюхать(ся), -аю, -ает(ся)
понюшка, -и
понянчить(ся), -чу(сь), -чит(ся)
понятие, -я
понятливость, -и
понятливый
понятный
понятой, -ого (свидетель)
понятый; *кр. ф.* понят, понята, понято, *прич.*
понять, пойму, поймёт; *прош.* понял, поняла, поняло
пооббивать, -аю, -ает
пооббить, -обобью, -обобьёт
пообвыкнуть, -ну, -нет; *прош.* -ык, -ыкла
пообвыкший
пообедать, -аю, -ает
по-обезьяньи
пообещанный
пообещать(ся), -аю(сь), -ает(ся)
пообжиться, -ивусь, -ивётся
пообломанный
пообломать, -аю, -ает
пообносить(ся), -ошу(сь), -осит(ся)
пообсохнуть, -ну, -нет; *прош.* -ох, -охла
пообсохший
пообыкнуть, -ну, -нет; *прош.* -ык, -ыкла
поодаль
поодиночке
по одному
поозорничать, -аю, -ает
поозоровать, -рую, -рует
по окончании
пооктябрьский
поооперационный
поорудийно
по-осеннему, *нареч.*
поосмотреться, -отрюсь, -отрится

поострить, -рю, -рит
поотвыкнуть, -ну, -нет; *прош.* -ык, -ыкла
поотвыкший
по отдельности
по-отечески
поотрядно
по-отцовски
по отчеству
похать, -аю, -ает
похотиться, -очусь, -отится
по-охотничьи
по очереди
поочерёдный
поощрение, -я
поощрённый; *кр. ф.* -ён, -ена
поощрительный
поощрить, -рю, -рит
поощрять(ся), -яю, -яет(ся)
поп, -а
попавший
попадание, -я
попадать, -ает, *сов.*
попадать(ся), -аю(сь), -ает(ся), *несов.*
попадья, -и, *р. мн.* -дей
попадя: чем попадя, чем ни попадя
попалённый; *кр. ф.* -ён, -ена
попаливать, -аю, -ает
попалить, -лю, -лит
по памяти
попаренный
попарить(ся), -рю(сь), -рит(ся)
попарно
поп-арт, -а
по-партийному, *нареч.*
попасти(сь), -су, -сёт(ся)
попасть(ся), -аду(сь), -адёт(ся); *прош.* -ал(ся), -ала(сь)
попасший(ся)
попахать, -ашу, -ашет
попахивать, -ает
попевать, -аю, -ает (*к* петь)
попёкший(ся)
попённый (*от* пень)
попенять, -яю, -яет
попервоначалу
поперёд
поперёк
попеременно
попереть(ся), -пру(сь), -прёт(ся); *прош.* -пёр(ся), -пёрла(сь)
поперечина, -ы
поперечить, -чу, -чит
поперечник, -а
поперечно вытянутый
поперечно-горизонтальный
поперечно-контурный
поперечнополосатый
поперечно-строгальный
поперечно-цилиндрический
поперечный
попёртый
поперхнуться, -нусь, -нётся
поперченный
поперчить, -чу, -чит
попёрший
попетушиться, -шусь, -шится
попеть, -пою, -поёт
попечалиться, -люсь, -лится
попечение, -я
попечитель, -я

попечи́тельница, -ы
попечи́тельный
попечи́тельский
попечи́тельство, -а
попечи́тельствовать, -твую, -твует
попе́чь(ся), -еку́(сь), -ечёт(ся), -еку́т(ся); *прош.* -ёк(ся), -екла́(сь)
попива́ть, -а́ю, -а́ет (*к* пить)
по́пик, -а
попи́ленный
попили́ть, -илю́, -и́лит
по-пионе́рски
попира́ть(ся), -а́ю, -а́ет(ся)
попирова́ть, -ру́ю, -ру́ет
弓писа́ть, -ишу́, -и́шет
попи́скивать, -аю, -ает
попи́сывать, -аю, -ает
попи́ть, -пью́, -пьёт; *прош.* по́пил, попила́, по́пило
по́пка, -и
попла́вать, -аю, -ает
поплавко́вый
поплаво́к, -вка́
поплаво́чный
попла́кать(ся), -а́чу(сь), -а́чет(ся)
по-пласту́нски
поплати́ться, -ачу́сь, -а́тится
поплева́ть, -лю́ю, -люёт
поплёвывать, -аю, -ает
поплеска́ть(ся), -ещу́(сь), -е́щет(ся) и -а́ю(сь), -а́ет(ся)
поплёскивать, -аю, -ает
поплести́(сь), -лету́(сь), -летёт(ся); *прош.* -лёл(ся), -лела́(сь)
поплётший(ся)
по плечу́
попли́н, -а
попли́новый
поплотне́ть, -е́ю, -е́ет
поплута́ть, -а́ю, -а́ет
поплы́ть, -ыву́, -ывёт; *прош.* -ы́л, -ыла́, -ы́ло
попляса́ть, -пляшу́, -пля́шет
поп-музы́ка, -и
попо́вич, -а
попо́вна, -ы
попо́вник, -а
попо́вский
попо́вщина, -ы
попо́енный и попоённый; *кр. ф.* -ён, -ена́
попо́зже
попои́ть, -ою́, -о́ит
попо́йка, -и
попола́м
пополдне́вать, -аю, -ает
по́ползень, -зня
пополznoвение, -я
поползти́, -зу́, -зёт; *прош.* -о́лз, -олзла́
попо́лзший
пополне́ние, -я
попо́лненный
пополне́ть, -е́ю, -е́ет
попо́лнить(ся), -ню, -нит(ся)
пополня́ть(ся), -я́ю, -я́ет(ся)
пополоска́ть(ся), -ощу́(сь), -о́щет(ся) и -а́ю(сь), -а́ет(ся)
пополо́ть, -олю́, -о́лет
пополу́дни
пополу́ночи
попо́льзовать(ся), -зую(сь), -зует(ся)
по-по́льски

попо́мнить, -ню, -нит
попо́на, -ы
попо́нный
попоро́ть, -орю́, -о́рет
попо́ртить(ся), -рчу, -ртит(ся)
по поруче́нию
попо́рченный
попости́ться, -още́сь, -ости́тся
попоте́ть, -е́ю, -е́ет
попо́тчевать, -чую, -чует
по-пра́вдашнему, *нареч.*
по пра́вде говоря́
поправе́ние, -я
поправе́ть, -е́ю, -е́ет
поправи́мый
попра́вить(ся), -влю(сь), -вит(ся)
попра́вка, -и
поправле́ние, -я
попра́вленный
поправля́ть(ся), -я́ю(сь), -я́ет(ся)
попра́вочный
по пра́ву
попра́вший
попра́здновать, -ную, -нует
попрактикова́ться, -ку́юсь, -ку́ется
по́пранный; *кр. ф.* -ан, -ана́, -ано
попра́ть, *буд. вр. не употр.*
по представле́нии
по предъявле́нии
по-пре́жнему, *нареч.*
по преиму́ществу
попрёк, -а
попрека́ть, -а́ю, -а́ет
попрекну́ть, -ну́, -нёт
попре́ть, -е́ю, -е́ет
по прибы́тии
поприве́тствовать, -твую, -твует
попривы́кнуть, -ну, -нет; *прош.* -ы́к, -ы́кла
попривы́кший
по привы́чке
попри́держанный
попридержа́ть(ся), -ержу́(сь), -е́ржит(ся)
попри́держивать(ся), -аю(сь), -ает(ся)
по прие́зде
попри́тчиться, -ится
по́прище, -а
по-прия́тельски
попро́бованный
попро́бовать, -бую, -бует
по-пролета́рски
попроси́ть(ся), -ошу́(сь), -о́сит(ся)
попросо́хнуть, -ну, -нет; *прош.* -о́х, -о́хла
попросо́хший
попросте́ть, -е́ю, -е́ет
по-простецки
по́просту
попрочне́ть, -е́ет
попроша́йка, -и, *м. и ж.*
попроша́йничать, -аю, -ает
попроша́йничество, -а
попро́шенный
попроща́ться, -а́юсь, -а́ется
попро́ще
попры́гать, -аю, -ает
попры́гивать, -аю, -ает
попрыгу́н, *косв. п. не употр.*
попрыгу́нчик, -а
попрыгу́нья, -и *р. мн.* -ний

попры́сканный
попры́скать(ся), -аю(сь), -ает(ся)
попры́скивать, -аю, -ает
попря́танный
попря́тать(ся), -я́чу, -я́чет(ся)
по-пти́чьи
попуга́й, -я
попуга́йничать, -аю, -ает
попуга́йчик, -а
попу́ганный
попуга́ть, -а́ю, -а́ет
попу́гивать, -аю, -ает
попу́дный
попу́дренный
попу́дрить(ся), -рю(сь), -рит(ся)
популя́р, -а
популяриза́тор, -а
популяриза́ция, -и
популяризи́рованный
популяризи́ровать(ся), -рую, -рует(ся)
популяризо́ванный
популяризова́ть(ся), -зу́ю, -зу́ет(ся)
популя́рность, -и
популя́рный
популя́ция, -и
поппури́, *нескл., с.*
попуска́ть(ся), -а́ю(сь), -а́ет(ся)
попусти́тель, -я
попусти́тельница, -ы
попусти́тельский
попусти́тельство, -а
попусти́тельствовать, -твую, -твует
попусти́ть(ся), -ущу́(сь), -у́стит(ся)
по-пусто́му, *нареч.*
по́пусту
попу́танный
попу́тать(ся), -аю(сь), -ает(ся)
попутешествовать, -твую, -твует
по пути́
попу́тно-паралле́льный
попу́тный
попу́тчик, -а
попу́тчица, -ы
попуще́ние, -я
попу́щенный
попыта́ть(ся), -а́ю(сь), -а́ет(ся)
попы́тка, -и
попы́хивать, -аю, -ает
попыхте́ть, -хчу́, -хти́т
попяти́ть(ся), -я́чу(сь), -я́тит(ся)
попя́тный (идти́ на попя́тный *или* на попя́тную)
попя́ченный
по́ра, -ы
пора́, -ы́
порабо́тать(ся), -аю, -ает(ся)
поработи́тель, -я
поработи́тельница, -ы
поработи́ть(ся), -ощу́, -оти́т(ся)
порабоща́ть(ся), -а́ю, -а́ет(ся)
порабоще́ние, -я
порабощённый; *кр. ф.* -ён, -ена́
поравня́ть(ся), -я́ю(сь), -я́ет(ся) (*к* ра́вный)
пораде́ть, -е́ю, -е́ет
пора́дованный
пора́довать(ся), -дую(сь), -дует(ся)
поража́ть(ся), -а́ю(сь), -а́ет(ся)
поража́ющий(ся)
пораже́нец, -нца
пораже́ние, -я

поражённый; *кр. ф.* -ён, -ена́
пораже́нческий
пораже́нчество, -а
поразве́данный
поразве́дать, -аю, -ает
поразвлёкший(ся)
поразвле́чь(ся), -еку́(сь), -ечёт(ся), -еку́т(ся); *прош.* -ёк(ся), -екла́(сь)
пораздумать(ся), -аю(сь), -ает(ся)
порази́тельный
порази́ть(ся), -ажу́(сь), -ази́т(ся)
поразмы́слить, -лю, -лит
поразмышля́ть, -яю, -яет
поразмя́ть(ся), -зомну́(сь), -зомнёт(ся)
по-ра́зному, *нареч.*
поразню́хать, -аю, -ает
поразря́дно
поразузна́ть, -а́ю, -а́ет
поразъе́хать(ся), -е́дется
порайо́нный
поране́ние, -я
пора́ненный
пора́нить(ся), -ню(сь), -нит(ся)
пора́ньше
пораски́данный
пораскида́ть, -а́ю, -а́ет
пораски́нуть(ся), -ну(сь), -нет(ся)
порассе́ять(ся), -е́ю, -е́ет(ся)
порасска́занный
порассказа́ть, -ажу́, -а́жет
порасспроси́ть, -ошу́, -о́сит
порасспро́шенный
порассужда́ть, -а́ю, -а́ет
пораста́ть, -а́ет
порасти́, -ту́, -тёт; *прош.* -ро́с, -росла́
порасти́ть, -ащу́, -асти́т
порастре́скаться, -ается
порастрясённый; *кр. ф.* -ён, -ена́
порастрясти́, -су́, -сёт; *прош.* -я́с, -ясла́
по-ра́чьи
поращённый; *кр. ф.* -ён, -ена́
по́рванный
порва́ть(ся), -ву́, -вёт(ся); *прош.* -а́л(ся), -ала́(сь), -а́ло, -а́ло́сь
по-ребя́чески
по-ребя́чьи
пореве́ть, -ву́, -вёт
поревнова́ть, -ну́ю, -ну́ет
по-революцио́нному, *нареч.*
пореволюцио́нный
пореде́ть, -е́ет
поре́же
поре́з, -а
поре́занный
поре́зать(ся), -е́жу(сь), -е́жет(ся)
порезви́ться, -влю́сь, -ви́т(ся)
поре́зка, -и
поре́зник, -а
поре́й, -я
порекомендо́ванный
порекомендова́ть, -ду́ю, -ду́ет
порефо́рменный
поре́чье, -я
порешённый; *кр. ф.* -ён, -ена́
пореши́ть(ся), -шу́(сь), -ши́т(ся)
поржаве́ть, -е́ет
поржа́ть, -жу́, -жёт
порисова́ть(ся), -су́ю(сь), -су́ет(ся)
по́ристость, -и
по́ристый

порица́ние, -я
порица́тельный
порица́ть(ся), -а́ю(сь), -а́ет(ся)
по́рка, -и
порнографи́ческий
порногра́фия, -и
по́ровну
поровня́ть, -я́ю, -я́ет (*к* ро́вный)
поро́г, -а
поро́говый
поро́да, -ы
поро́дистость, -и
поро́дистый
по-роди́тельски
породи́ть, -ожу́, -оди́т
породнённый; *кр. ф.* -ён, -ена́
породни́ть(ся), -ню́(сь), -ни́т(ся)
поро́дность, -и
поро́дный
породообразу́ющий
породопогру́зочный
по-ро́дственному, *нареч.*
порожда́ть(ся), -а́ю, -а́ет(ся)
порожде́ние, -я
порождённый; *кр. ф.* -ён, -ена́
поро́жек, -жка
поро́жистый
порожнём
поро́жний (пустой)
поро́жный (*от* поро́г)
порожня́к, -а́
порожняко́вый
порожняко́м, *нареч.*
по́роз, -а
по́розну
по́рознь
порозове́ть, -е́ю, -е́ет
поро́й и поро́ю
поро́к, -а
поролон, -а
поролоновый
пороме́тр, -а
пороня́ть, -я́ю, -я́ет
порообразова́ние, -я
поропла́ст, -а
поропта́ть, -опщу́, -о́пщет
поро́сная
поросёнок, -нка, *мн.* -ся́та, -ся́т
пороси́ться, -и́тся
пороскопи́я, -и
пороскоше́ствовать, -твую, -твует
по́рослевый
по́росль, -и
поро́сная
поро́сший
порося́тина, -ы
порося́тник, -а
порося́чий, -ья, -ье
поро́тно
по́ротый
поро́ть(ся), -орю́, -о́рет(ся)
по́рох, -а и -у, *мн.* -а́, -о́в
порохови́ца, -ы
порохово́й
пороче́ние, -я
поро́чить(ся), -чу, -чит(ся)
поро́чность, -и
поро́чный
поро́ша, -и
поро́шинка, -и
пороши́ть, -и́т
порошкови́дный

порошко́вый
порошкообра́зный
порошо́к, -шка́
порошо́чный
поро́ю и поро́й
порск, -а
порска́нье, -я
по́рскать, -аю, -ает (*от* сме́ха)
порска́ть, -а́ю, -а́ет (соба́к)
по́рскнуть, -ну, -нет (*к* по́рскать)
порскну́ть, -ну́, -нёт (*к* порска́ть)
порт, -а, *предл.* о по́рте, в порту́, *мн.* -ы, -о́в
порта́л, -а
порта́льный
портати́вность, -и
портати́вный
порта́ч, -а́
порта́чить, -чу, -чит
портбуке́т, -а
портве́йн, -а
по́ртер, -а
порте́рная, -ой
по́ртик, а
по́ртить(ся), -рчу(сь), -ртит(ся)
портки́, -о́в и -то́к
портландцеме́нт, -а
портмоне́, *нескл., с.*
портни́ха, -и
портно́вский
портно́й, -о́го
портня́жить, -жу, -жит
портня́жка, -и
портня́жничать, -аю, -ает
портня́жничество, -а
портня́жный
портови́к, -а́
порто́вый
портомо́йня, -и, *р. мн.* -бен
по́рто-фра́нко, *неизм. и нескл., с.*
порто́чина, -ы
порто́чки, -ов
порто́чный (*от* портки́)
портпапиро́с, -а
портпле́д, -а
портре́т, -а
портре́тик, -а
портрети́ровать, -рую, -рует
портрети́ст, -а
портрети́стка, -и
портре́тный
портсига́р, -а
порттаба́к, -а́
португа́лец, -льца
португа́лка, -и
португа́льский
португа́льско-испа́нский
портула́к, -а
портула́ковый
портупе́йный
портупе́й-пра́порщик, -а
портупе́й-ю́нкер, -а
портупе́я, -и
портфе́ль, -я, *мн.* -и, -ей
портфе́льный
портфе́льчик, -а
портше́з, -а
порты́, -о́в (штаны)
портье́, *нескл., м.*
портье́ра, -ы
портье́рный
портя́нка, -и

портяночный
порубать, -аю, -ает
порубежный
порубить(ся), -ублю(сь), -убит(ся)
порубка, -и
порубленный
порубливать, -аю, -ает
порубщик, -а
порубь, -и
поругание, -я
поруганный
поругать(ся), -аю(сь), -ает(ся)
поругивать(ся), -аю(сь), -ает(ся)
порука, -и
поруководить, -ожу, -одит
по-румынски
порумяненный
порумянеть, -ею, -еет (стать румяным)
порумянить, -ню, -нит (кого, что)
порумяниться, -нюсь, -нится
порусеть, -ею, -еет
по-русски
поруха, -и
поручать(ся), -аю(сь), -ает(ся)
поручейник, -а
порученец, -нца
поручение, -я
порученный
поручень, -чня
поручи, -ей
поручик, -а
поручитель, -я
поручительница, -ы
поручительский
поручительство, -а
поручить(ся), -учу(сь), -учит(ся)
порушенный
порушить(ся), -шу, -шит(ся)
порфир, -а (горная порода)
порфира, -ы (одежда)
порфирит, -а
порфирный
порфировый
порфироносный
порхание, -я
порхать, -аю, -ает
порхнуть, -ну, -нёт
порхунья, -и, р. мн. -ний
порцион, -а
порционный
порция, -и
порча, -и
порченный, прич.
порченый, прил.
поршенёк, -нька
поршень, -шня
поршневой
поршни, -ей, ед. поршень, -шня (обувь)
по-рыбацки
порыбачить, -чу, -чит
по-рыбачьи
по-рыбьи
порыв, -а
порывание, -я
порывать(ся), -аю(сь), -ает(ся)
порывистость, -и
порывистый
порыжелый
порыжеть, -ею, -еет
порыскать, -ыщу, -ыщет и -аю, -ает

порыть(ся), -рою(сь), -роет(ся)
порыхлеть, -еет
по-рыцарски
порябеть, -еет
порядить(ся), -яжу(сь), -ядит(ся)
порядковый
порядком, нареч.
порядливый
порядок, -дка
порядочность, -и
порядочный
поряжать(ся), -аю(сь), -ает(ся)
поряженный
посад, -а
посадить, -ажу, -адит
посадка, -и
посадник, -а
посадница, -ы
посадничество, -а
посадничий, -ья, -ье
посадочно-десантный
посадочный
посадский
посадчик, -а
посажать, -аю, -ает
посаженный (от посадить)
посажённый (от сажень)
посажёный (отец)
посаленный
посалить, -лю, -лит
посамолётно
по-самочьи
посапывать, -аю, -ает
посасывать, -аю, -ает
посахарить, -рю, -рит
посбавить(ся), -влю, -вит(ся)
посбавленный
посбивать(ся), -аю(сь), -ает(ся)
посбирать, -аю, -ает
посбитый
посбить(ся), -собью, -собьёт(ся)
посватанный
посватать(ся), -аю(сь), -ает(ся)
посвежеть, -ею, -еет
посветить, -вечу, -ветит
посветлённый; кр. ф. -ён, -ена
посветлеть, -ею, -еет (стать светлым)
посветлить, -лю, -лит (что)
по-светски
по-свински
по-свинячьи
посвист, -а
посвистать, -ищу, -ищет
посвистеть, -ищу, -истит
посвистывание, -я
посвистывать, -аю, -ает
по-своему, нареч.
по-свойски
посвятительный
посвятить(ся), -ящу(сь), -ятит(ся)
посвящать(ся), -аю(сь), -ает(ся)
посвящение, -я
посвящённый; кр. ф. -ён, -ена
посев, -а
посевной
поседение, -я
поседеть, -ею, -еет
поседланный
поседлать, -аю, -ает
посезонный
посейчас

посекретничать, -аю, -ает
по секрету
посекший(ся)
поселенец, -нца
поселение, -я
поселенка, -и
поселённый (от селение)
поселённый; кр. ф. -ён, -ена (от поселить)
поселенческий
поселить(ся), -елю(сь), -елится
поселковый
посёлок, -лка
посёлочный
по-сельски
посельщик, -а
поселянин, -а, мн. -яне, -ян
поселянка, -и
поселять(ся), -яю(сь), -яет(ся)
по-семейному, нареч.
посемейный
посеменить, -ню, -нит
посему, нареч.
по-сербскохорватски
посердить(ся), -ержу(сь), -ердит(ся)
посеребрённый; кр. ф. -ён, -ена
посеребрить(ся), -рю, -рит(ся)
посереди
посередине
посерёдке
посередь, предлог
посереть, -ею, -еет
посессионный
посессия, -и
посессор, -а
посестримство, -а
посестриться, -рюсь, -рится
посетитель, -я
посетительница, -ы
посетительский
посетить, -сещу, -сетит
посетовать, -сетую, -сетует
посечённый; кр. ф. -ён, -ена и посеченный (наказанный поркой)
посечь(ся), -еку, -ечёт(ся), -екут(ся); прош. -ёк(ся), -екла(сь)
посещаемость, -и
посещать(ся), -аю, -ает(ся)
посещение, -я
посещённый; кр. ф. -ён, -ена
посеянный
посеять(ся), -ею(сь), -еет(ся)
по-сибирски
посиветь, -ею, -еет
посиделки, -лок
посидеть, -ижу, -идит
посидки, -док
посиживать, -аю, -ает
посильный
посинелый
посинеть, -ею, -еет
по-сиротски
посиять, -яю, -яет
поскакать, -скачу, -скачет
поскальзываться, -аюсь, -ается
посканда́лить, -лю, -лит
поскитаться, -аюсь, -ается
по складам (читать)
поскобленный
поскоблить, -облю, -облит
поскок, -а

поскользну́ться, -ну́сь, -нётся
поско́льку, *союз* (поско́льку ты согла́сен, я не возража́ю)
поско́нина, -ы
поско́нный
по́сконь, -и
поскоре́е
поско́тина, -ы
по-ско́тски
поскрёбки, -ов
поскрёбший(ся)
поскрёбыш, -а
поскрежета́ть, -жещу́, -же́щет
поскрести́(сь), -ребу́(сь), -ребёт(ся); *прош.* -рёб(ся), -ребла́(сь)
поскрипе́ть, -плю́, -пи́т
поскри́пывать, -аю, -ает
поскули́ть, -лю́, -ли́т
поскупи́ться, -плю́сь, -пи́тся
поскуча́ть, -а́ю, -а́ет
послабле́ние, -я
послабля́ть, -я́ю, -я́ет
посла́нец, -нца
посла́ние, -я
посла́нник, -а
посла́нница, -ы
посла́ннический
по́сланный
посласти́ть, -ащу́, -асти́т
посла́ть(ся), -пошлю́(сь), -пошлёт(ся); *прош.* -сла́л(ся), -сла́ла(сь)
посла́ще
послащённый; *кр. ф.* -ён, -ена́
по́сле
послебра́чный
послевое́нный
послегрозово́й
после́д, -а
после́йствие, -я
последи́ть, -ежу́, -еди́т
после́дки, -ов
после́дний
после́дователь, -я
после́довательница, -ы
после́довательно включённый
после́довательно-возвра́тный
после́довательно материалисти́ческий
после́довательно революцио́нный
после́довательность, -и
после́довательный
после́довать, -дую, -дует
после́довый
после́дствие, -я
после́дующий
после́дыш, -а
послеза́втра
послеза́втрашний
послезаро́дышевый
послеледнико́вый
послело́г, -а
послеобе́денный
послеоктя́брьский
послеоперацио́нный
послеполётный
послеполу́денный
послереволюцио́нный
послеродово́й
послесвече́ние, -я
послесло́вие, -я
послетрети́чный (пери́од)
послеубо́рочный

послеуда́рный
по-слова́цки
по-слове́нски
посло́вица, -ы
посло́вичный
посло́вный
посло́йный
послужи́ть, -ужу́, -у́жит
послужно́й
послуша́ние, -я
послу́шать(ся), -аю(сь), -ает(ся)
послу́шливый
по́слушник, -а
по́слушница, -ы
послу́шный
послы́шать(ся), -шу, -шит(ся)
послюнённый; *кр. ф.* -ён, -ена́
послюни́ть, -ню́, -ни́т
послюня́вить, -влю, -вит
посма́ковать, -ку́ю, -ку́ет
посма́тривать(ся), -аю(сь), -ает(ся)
посме́иваться, -аюсь, -ается
посмеле́ть, -е́ю, -е́ет
посме́нный
посме́ртный
посме́ть, -е́ю, -е́ет
посмеши́ть, -шу́, -ши́т
посме́шище, -а
посмея́ние, -я
посмея́ться, -ею́сь, -еётся
посмо́тренный
посмотре́ть(ся), -отрю́(сь), -о́трит(ся)
посмугле́ть, -е́ю, -е́ет
поснима́ть, -а́ю, -а́ет
по-соба́чьи
посо́бие, -я
пособира́ть, -а́ю, -а́ет
пособи́ть, -блю́, -би́т
пособля́ть, -я́ю, -я́ет
посо́бник, -а
посо́бница, -ы
посо́бничество, -а
посо́ванный
посова́ть(ся), -су́ю(сь), -су́ёт(ся)
по со́вести
посо́веститься, -ещусь, -естится
посове́танный
посове́товать(ся), -тую(сь), -тует(ся)
по-сове́тски
посоде́йствовать, -твую, -твует
посо́л[1], посла́
посо́л[2], посо́ла (засол)
по-солда́тски
посо́ленный
посоли́ть, -олю́, -о́лит
посолове́лый
посолове́ть, -е́ю, -е́ет
по-соловьи́ному, *нареч.*
по́солонь, *нареч.*
посо́льский
посо́льство, -а
посоревнова́ться, -ну́юсь, -ну́ется
посо́санный
пососа́ть, -су́, -сёт
по-сосе́дски
посо́словный
посо́тенно
по́сох, -а
посо́хнуть, -ну, -нет; *прош.* -о́х, -о́хла
посо́хший
по-социалдемократи́чески

посочу́вствовать, -твую, -твует
посошко́вый
посо́шный
посошо́к, -шка́
поспа́ть, -плю́, -пи́т; *прош.* -а́л, -ала́, -а́ло
поспева́ть, -а́ю, -а́ет
поспекта́кльный
поспе́ть, -е́ю, -е́ет
поспеша́ть, -а́ю, -а́ет
поспеши́ть, -шу́, -ши́т
поспе́шность, -и
поспе́шный
посплетничать, -аю, -ает
поспо́рить, -рю, -рит
поспосо́бствовать, -твую, -твует
по-справедли́вому, *нареч.*
по справедли́вости
поспра́шивать, -аю, -ает
попроси́ть, -ошу́, -о́сит
поспроша́ть, -а́ю, -а́ет
поспро́шенный
посрами́ть(ся), -млю́(сь), -ми́т(ся)
посрамле́ние, -я
посрамлённый; *кр. ф.* -ён, -ена́
посрамля́ть(ся), -я́ю(сь), -я́ет(ся)
посреди́
посреди́не
посре́дник, -а
посре́дница, -ы
посре́дничать, -аю, -ает
посре́днический
посре́дничество, -а
посре́дственность, -и
посре́дственный; *кр. ф.* -ствен, -ственна
посре́дство, -а
посре́дством, *предлог*
посре́дствующий
поссибили́зм, -а
поссибили́ст, -а
поссо́ренный
поссо́рить(ся), -рю(сь), -рит(ся)
пост, -а́, *мн.* -ы́, -о́в
поста́в, -а, *мн.* -а́, -о́в
поста́вец, -вца́
поста́вить(ся), -влю, -вит(ся)
поста́вка, -и
поста́вленный
поставля́ть(ся), -я́ю, -я́ет(ся)
поста́вный
поста́вочный
поставщи́к, -а́
поставщи́ца, -ы
постадапта́ция, -и
поста́ивать, -аю, -ает
постаме́нт, -а
постана́вливать(ся), -аю, -ает(ся)
постанови́ть, -овлю́, -о́вит
постано́вка, -и
постановле́ние, -я
постано́вленный
постановля́ть(ся), -я́ю, -я́ет(ся)
постано́вочный
постано́вщик, -а
поста́нывать, -аю, -ает
постара́ть(ся), -а́юсь, -а́ет(ся)
постаре́лый
постаре́ние, -я
постаре́ть, -е́ю, -е́ет
по-старико́вски
по старине́

по старинке
по-старинному, *нареч.*
по-старому, *нареч.*
по-старушечьи
постатейный
поствулканический
постганглионарный
постегать, -аю, -ает (*к* стегать)
постёгивать, -аю, -ает
постеленный и постланный
постелить(ся) и постлать(ся), -стелю(сь), -стелет(ся); *прош.* -стелил(ся), -стелила(сь) и -стлал(ся), -стлала(сь)
постель, -и
постелька, -и
постельник, -а
постельничий, -его
постельный
постепенный; *кр. ф.* -енен, -енна
постепеновец, -вца
постепеновщина, -ы
постерёгший(ся)
постережённый; *кр. ф.* -ён, -ена
постеречь(ся), -регу(сь), -режёт(ся), -регут(ся); *прош.* -рёг(ся), -регла(сь)
постесняться(ся), -яю(сь), -яет(ся)
постигать, -аю, -ает(ся)
постигнувший
постигнутый
постигнуть и постичь, -игну, -игнет; *прош.* -иг и -игнул, -игла
постигший
постижение, -я
постижёр, -а
постижимый
постилать(ся), -аю(сь), -ает(ся)
постилка, -и (*к* постилать)
постилочный (*от* постилка)
постимпрессионизм, -а
постинфарктный
постиранный
постирать(ся), -аю(сь), -ает(ся)
постирушка, -и
постить(ся), пощусь, постится
постичь и постигнуть, -игну, -игнет; *прош.* -иг и -игнул, -игла
постланный и постеленный
постлать(ся) и постелить(ся), -стелю(сь), -стелет(ся); *прош.* -стлал(ся), -стлала(сь) и стелил(ся), -стелила(сь)
постнатальный
постник, -а
постница, -ы
постничать, -аю, -ает
постнический
постничество, -а
постный; *кр. ф.* -тен, -тна, -тно
постовой, -ого
постой, -я
постойный
постольку, *союз* (поскольку решено, постольку надо действовать)
посторожить, -жу, -жит
посторониться, -онюсь, -онится
посторонний
постоялец, -льца
постоялица, -ы
постоялый
постоянно действующий

постоянность, -и
постоянный; *кр. ф.* -янен, -янна
постоянство, -а
постоять, -ою, -оит
постпакет, -а
пост-пикет, -а
постплиоцен, -а
постпозитивный
постпозиция, -и
постпред, -а
постпредство, -а
пострадать, -аю, -ает
постраничный
постранствовать, -твую, -твует
постращать, -аю, -ает
пострекотать, -очу, -очет
пострел, -а
пострелёнок, -нка, *мн.* -лята, -лят
постреливать, -аю, -ает
пострелять(ся), -яю, -яет(ся)
постриг, -а
постригать(ся), -аю(сь), -ает(ся)
постригший(ся)
постриженец, -нца
пострижение, -я
постриженка, -и
постриженник, -а
постриженный
постричь(ся), -игу(сь), -ижёт(ся), -игут(ся); *прош.* -иг(ся), -игла(сь)
построганный
построгать, -аю, -ает
построение, -я
построенный
построечный
построже
построить(ся), -бю(сь), -оит(ся)
постройка, -и
постройком, -а
постройка, -и
постромочный
построчить, -очу, -очит
построчный
поструганный
постругать, -аю, -ает
постряпать, -аю, -ает
постскриптум, -а
постудить, -ужу, -удит
постуженный
постукать(ся), -аю(сь), -ает(ся)
постукивание, -я
постукивать, -аю, -ает
постулат, -а
постулированный
постулировать, -рую, -рует
поступательно-прогрессивный
поступательный
поступать(ся), -аю(сь), -ает(ся)
поступить(ся), -уплю(сь), -упит(ся)
поступление, -я
поступок, -пка
поступь, -и
постучать(ся), -чу(сь), -чит(ся)
постфактум
постфикс, -а
постывший
постыдить(ся), -ыжу(сь), -ыдит(ся)
постыдный
постылеть, -ею, -еет
постылый
постыть, -ыну, -ынет; *прош.* -стыл, -стыла

постэмбриональный
по-суворовски
посуда, -ы
посудачить, -чу, -чит
посудина, -ы
посудить(ся), -ужу(сь), -удит(ся)
посудный
посудомоечный
посудомойка, -и
посудо-хозяйственный
посуетить(ся), -ечу(сь), -етит(ся)
посул, -а
посулённый; *кр. ф.* -ён, -ена
посулить(ся), -лю(сь), -лит(ся)
посумасшествовать, -твую, -твует
посуроветь, -ею, -еет
посурьмить(ся), -млю(сь), -мит(ся)
посурьмлённый; *кр. ф.* -ён, -ена
посуточный
посуху
посушенный
посушить(ся), -ушу(сь), -ушит(ся)
по существу
посходить, -одит
посчастливеть, -ею, -еет
посчастливиться, -ится
по счастью
посчитанный
посчитать(ся), -аю(сь), -ает(ся)
посчитывать, -аю, -ает
посыл, -а
посылать(ся), -аю(сь), -ает(ся)
посылка, -и
посылочный
посыльный, -ого
посыпание, -я
посыпанный
посыпать(ся), -плю(сь), -плет(ся), *сов.*
посыпать(ся), -аю(сь), -ает(ся), *несов.*
посыпка, -и
посыпной
посюсторонний
посюсторонность, -и
посягательство, -а
посягать, -аю, -ает
посягнуть, -ну, -нёт
пот, -а, *предл.* о поте, в поту, *мн.* -ы, -ов
по-таджикски
потаённый
потаить(ся), -аю(сь), -аит(ся), *несов.*
потайной
потакатель, -я
потакать, -аю, -ает
потать, -и
потанцевать, -цую, -цует
потапливать, -аю, -ает
потасканный
потаскать(ся), -аю(сь), -ает(ся)
потаскивать, -аю, -ает
потаскуха, -и
потаскушка, -и
потасованный
потасовать, -сую, -сует
потасовка, -и
потатчик, -а
потатчица, -ы
потачать, -аю, -ает
потачивать(ся), -аю, -ает(ся)
потачка, -и

ПОТ

потáш, -á
потáшник, -а
потáшный
потáщенный
потащи́ть(ся), -ащу́(сь), -а́щит(ся)
потверде́ть, -е́ет
по-тво́ему, нареч.
потво́рство, -а
потво́рствовать, -твую, -твует
потво́рщик, -а
потво́рщица, -ы
потёк, -а (след от жидкости)
потёкший
по-теля́чьи
потёмки, -мок
потемне́ние, -я
потемнённый; кр. ф. -ён, -ена́
потемне́ть, -е́ю, -е́ет (стать тёмным)
потемни́ть, -ню́, -ни́т (что)
по́темну
поте́ние, -я
потенциа́л, -а
потенциалоско́п, -а
потенциа́л-регуля́тор, потенциа́ла-регуля́тора
потенциа́льный
потенцио́метр, -а
потенциометри́ческий
потенци́рование, -я
потенци́рованный
потенци́ровать, -рую, -рует
поте́нция, -я
по-тепе́решнему, нареч.
потепле́ние, -я
потепле́ть, -е́ет
потере́ть(ся), -тру́(сь), -трёт(ся); прош. -тёр(ся), -тёрла(сь)
поте́рна, -ы
потерпе́вшая, -ей
потерпе́вший, -его
потерпе́ть, -ерплю́, -е́рпит
потёртость, -и
потёртый
потёрший(ся)
поте́ря, -и
поте́рянный
потеря́ть(ся), -я́ю(сь), -я́ет(ся)
потеса́ть, -ешу́, -е́шет
потеснённый; кр. ф. -ён, -ена́
потесни́ть, -ню́(сь), -ни́т(ся)
поте́ть, -е́ю, -е́ет
поте́ха, -и
поте́чь, -ечёт, -еку́т; прош. -ёк, -екла́
потеша́ть(ся), -а́ю(сь), -а́ет(ся)
поте́шенный
поте́шить(ся), -шу(сь), -шит(ся)
поте́шный
поти́р, -а
потира́ть, -а́ю, -а́ет
поти́скать, -аю, -ает
потихо́нечку
потихо́ньку
поти́ше
потка́ть, -тку́, -ткёт, -ткут; прош. -а́л, -а́ла, -а́ло
потли́вый
потни́к, -а
потнико́вый
потни́ца, -ы
по́тный
по-товáрищески
потово́й

ПОТ

потого́нный
пото́к, -а
потолка́ть(ся), -а́ю(сь), -а́ет(ся)
потолкова́ть, -ку́ю, -ку́ет
потоло́к, -лка́
потоло́кший(ся)
потоло́чина, -ы
потоло́чный
потоло́чь(ся), -лку́(сь), -лчёт(ся), -лку́т(ся); прош. -ло́к(ся), -лкла́(сь)
потолсте́ть, -е́ю, -е́ет
потолчённый; кр. ф. -ён, -ена́
пото́лще
пото́м
потоми́ть, -млю́, -ми́т
потомлённый; кр. ф. -ён, -ена́
пото́мный (от том)
пото́мок, -мка
пото́мственный
пото́мство, -а
потому́, нареч. (заболе́л, потому́ и не пришёл)
по тому́ са́мому
потому́ что, союз
потону́ть, -ону́, -о́нет
потонча́ть, -а́ет
пото́ньше
потоотделе́ние
пото́п, -а
пото́пать, -аю, -ает
потопа́ть, -а́ю, -а́ет
потопи́ть, -оплю́, -о́пит
потопле́ние, -я
пото́пленный
потопля́ть(ся), -я́ю, -я́ет(ся)
пото́птанный
потопта́ть(ся), -опчу́(сь), -о́пчет(ся)
потопы́вать, -аю, -ает
потора́пливать(ся), -аю(сь), -ает(ся)
поторгова́ть(ся), -гу́ю(сь), -гу́ет(ся)
поторго́вывать, -аю, -ает
потормошённый; кр. ф. -ён, -ена́
потормоши́ть, -шу́, -ши́т
потороп́ить(ся), -оплю́(сь), -о́пит(ся)
поторо́пленный
порча́ть, -чу́, -чи́т
потоскова́ть, -ку́ю, -ку́ет
поточи́ть, -очу́, -о́чит
поточно-конвейе́рный
поточно-ма́ссовый
поточно-операцио́нный
поточно-сери́йный
поточно-скоростно́й
пото́чность, -и
пото́чный
потра́ва, -ы
потра́вить, -авлю́, -а́вит
потра́вленный
потра́вный
потра́вщик, -а
потра́гивать, -аю, -ает
потра́тить(ся), -а́чу(сь), -а́тит(ся)
потра́фить, -флю, -фит
потрафля́ть, -я́ю, -я́ет
потра́ченный
потре́ба, -ы (на потре́бу)
потреби́тель, -я
потреби́тельный
потреби́тельский

ПОТ

потреби́ть(ся), -блю́, -би́т(ся)
потребкоопера́ция, -и
потребле́ние, -я
потреблённый; кр. ф. -ён, -ена́
потребля́ть(ся), -я́ю, -я́ет(ся)
потребля́ющий(ся)
потре́бность, -и
потре́бный
потре́бованный
потре́бовать(ся), -бую(сь), -бует(ся)
потрево́женный
потрево́жить(ся), -жу(сь), -жит(ся)
потрениро́ванный
потренирова́ть(ся), -ру́ю(сь), -ру́ет(ся)
потрёпанный
потрепа́ть(ся), -еплю́(сь), -е́плет(ся)
потре́сканный
потре́скать(ся), -ается
потре́скивание, -я
потре́скивать, -аю, -ает
потреща́ть, -щу́, -щи́т
потро́ганный
потро́гать, -аю, -ает
по́ трое
потроха́, -о́в
потроше́ние, -я
потрошённый; кр. ф. -ён, -ена́, прич.
потрошёный, прил.
потроши́ть(ся), -шу́, -ши́т(ся)
потруби́ть, -блю́, -би́т
потруди́ться, -ужу́сь, -у́дится
потруси́ть, -ушу́, -уси́т
потряса́ющий(ся)
потрясе́ние, -я
потрясённый; кр. ф. -ён, -ена́
потрясти́сь(ся), -су́(сь), -сёт(ся); прош. -я́с(ся), -ясла́(сь)
потря́сший(ся)
потря́хивать(ся), -аю(сь), -ает(ся)
поту́ги, -уг, ед. поту́га, -и
потужи́ть, -ужу́, -у́жит
потузи́ть, -ужу́, -узи́т
потупи́ть, -уплю́, -у́пит (затупить)
потупи́ть(ся), -уплю́(сь), -у́пит(ся) (потупить взгляд)
поту́пленный
потупля́ть(ся), -я́ю(сь), -я́ет(ся)
потурённый; кр. ф. -ён, -ена́
по-туре́цки
потури́ть, -рю́, -ри́т
по-туркме́нски
потускне́вший
потускне́лый
потускне́ть, -е́ет; прош. -е́л, -е́ла
поту́скнувший
поту́скнуть, -нет; прош. -уск и -у́скнул, -у́скла
поту́скший
потусторо́нний
потусторо́нность, -и
потуха́ть, -а́ю, -а́ет
поту́хнувший
поту́хнуть, -ну, -нет; прош. -у́х, -у́хла
поту́хший
потучне́ть, -е́ю, -е́ет
поту́шенный
потуши́ть(ся), -ушу́, -у́шит(ся)
по́тчевать, -чую, -чует
потщи́ть(ся), -щу́сь, -щи́тся
поты́кать(ся), -ычу(сь), -ычет(ся) и -а́ю(сь), -а́ет(ся)

ПОТ

потылица, -ы
потягаться, -аюсь, -ается
потягиваться, -аю(сь), -ает(ся)
потягота, -ы
потяжелеть, -ею, -еет
потяжка, -и
потянутый
потянуться, -яну(сь), -янет(ся)
поубавить(ся), -влю, -вит(ся)
поубавленный
поугомониться, -нюсь, -нится
по-ударному, *нареч.*
поудить, -ужу, -удит
поужинать, -аю, -ает
по-узбекски
по указке
по-украински
поулечься, -ляжется, -лягутся; *прош.* -лёгся, -леглась
поумерить, -рю, -рит
поумнеть, -ею, -еет
поумничать, -аю, -ает
поумствовать, -твую, -твует
по уполномочию
поупорствовать, -твую, -твует
поуправиться, -влюсь, -вится
поупражнять(ся), -яю(сь), -яет(ся)
поупрямиться, -млюсь, -мится
поурочный
поусердствовать, -твую, -твует
поуспокоить(ся), -ою(сь), -оит(ся)
по-утиному, *нареч.*
по-утреннему, *нареч.*
поутру, *нареч.* (выезжаем завтра поутру)
поутюжить, -жу, -жит
поучать(ся), -аю(сь), -ает(ся)
поучающий(ся)
поучение, -я
поученный
поучивать, -аю, -ает
поучительный, -аю, -ает
поучить(ся), -учу(сь), -учит(ся)
по уши
пофантазировать, -рую, -рует
пофартить, -ит
пофилософствовать, -твую, -твует
по-фински
пофланировать, -рую, -рует
пофлиртовать, -тую, -тует
по-флотски
пофорсить, -ршу, -рсит
пофрантить, -нчу, -нтит
по-французски
по-фронтовому, *нареч.*
пофыркать, -аю, -ает
пофыркивать, -аю, -ает
похабить, -блю, -бит
похабник, -а
похабница, -ы
похабничать, -аю, -ает
похабный
похабство, -а
похабщина, -ы
похаживать, -аю, -ает
похандрить, -рю, -рит
похаять, -аю, -ает
похвала, -ы
похваленный
похваливать, -аю, -ает
похвалить(ся), -алю(сь), -алит(ся)
похвальба, -ы

ПОХ

похвальный
похвалиться, -яюсь, -яется
похварывать, -аю, -ает
похвастать(ся), -аю(сь), -ает(ся)
похватанный
похватать(ся), -аю, -ает(ся)
похворать, -аю, -ает
похеренный
похерить, -рю, -рит
похититель, -я
похитительница, -ы
похитить, -ищу, -итит
похихикать, -аю, -ает
похищать(ся), -аю, -ает(ся)
похищение, -я
похищенный
похлёбанный
похлебать, -аю, -ает
похлёбка, -и
похлёбывать, -аю, -ает
похлестанный
похлестать(ся), -ещу(сь), -ещет(ся)
похлёстывать, -аю, -ает
похлопанный
похлопать, -аю, -ает
похлопотать, -очу, -очет
похлопывать, -аю, -ает
похмелье, -я
похныкать, -ычу, -ычет и -аю, -ает
поход, -а
походатайствовать, -твую, -твует
походить, -ожу, -одит
походка, -и
походный
походя, *нареч.*
похождение, -я
похожий
похозяйничать, -аю, -ает
по-хозяйски
похолодание, -я
похолодать, -ает
похолодеть, -ею, -еет
похолоднеть, -еет
похороненный
похоронить, -оню, -онит
похоронный
похороны, -он, -онам
по-хорошему, *нареч.*
похорошеть, -ею, -еет
похотливый
похотник, -а
похотный
похоть, -и
похохатывать, -аю, -ает
похохотать, -очу, -очет
похрабреть, -ею, -еет
похрабриться, -рюсь, -рится
похрамывать, -аю, -ает
похрапеть, -плю, -пит
похрапывать, -аю, -ает
похрипеть, -плю, -пит
похристосоваться, -суюсь, -суется
похромать, -аю, -ает
похрустеть, -ущу, -устит
похрюкать, -аю, -ает
похудать, -аю, -ает
похуделый
похудеть, -ею, -еет
похуже
похулить, -лю, -лит
поцарапанный
поцарапать(ся), -аю(сь), -ает(ся)

ПОЦ

по-царски
поцарствовать, -твую, -твует
поцедить, -ежу, -едит
поцеженный
поцеживать, -аю, -ает
поцеловать(ся), -лую(сь), -лует(ся)
поцелуй, -я
поцелуйный
поцеремониться, -нюсь, -нится
по-цыгански
почавкать, -аю, -ает
почайпить, -ию, -иет
почасно
почасовик, -а
почасовой
почасту
початкоцветные, -ых
початок, -тка
початый; *кр. ф.* почат, почата, почато
почать(ся), -чну, -чнёт(ся); *прош.* почал, почался, почала(сь), почало, почалось
почахнуть, -ну, -нет; *прош.* -ах, -ахла
почахший
почаще
почва, -ы
почваниться, -нюсь, -нится
почвенник, -а
почвеннический
почвенничество, -а
почвенно-географический
почвенно-климатический
почвенно-мелиоративный
почвенный
почвовед, -а
почвоведение, -я
почвоведческий
почвовосстановление, -я
почвозащитный
почвообрабатывающий
почвообразование, -я
почвообразовательный
почвоуглубитель, -я
почвоулучшающий
почвоутомление, -я
почвоухудшающий
по-человечески
по-человечьи
почеломкаться, -аюсь, -ается
почём, *нареч.* (по какой цене)
почему, *нареч.* (почему не пришёл?)
почему-либо
почему-нибудь
почему-то
почерк, -а, *мн.* -и, -ов
почёрканный
почеркать, -аю, -ает и почёркать, -аю, -ает
почерковедение, -я
почернелый
почернённый; *кр. ф.* -ён, -ена
почернеть, -ею, -еет (стать чёрным)
почернить, -ню, -нит (*что*)
почерпать, -аю, -ает (воду), *сов.*
почерпать(ся), -аю, -ает(ся) (знания), *несов.*
почерпнутый
почерпнуть(ся), -ну, -нёт(ся)
почерствелый
почерстветь, -ею, -еет

ПОЧ

почерти́ть, -ерчу́, -е́ртит
почёсанный
почеса́ть(ся), -чешу́(сь), -че́шет(ся)
по́честь, -и
поче́сть(ся), -чту́, -чтёт(ся); *прош.* -чёл(ся), -чла́(сь)
почесу́ха, -и
почёсывать(ся), -аю(сь), -ает(ся)
почёт, -а
почётный
по́чечник, -а
почечнока́менный
по́чечный
почечу́й, -я
почечу́йник, -а
почечу́йный
по-че́шски
почива́ть, -а́ю, -а́ет
почи́н, -а
почина́ть(ся), -а́ю, -а́ет(ся)
почи́ненный
почини́ться, -иню́(сь), -и́нит, -и́нится
почи́нка, -и
почи́нковый
почи́нок, -нка
почи́ночный
починя́ть(ся), -я́ю(сь), -я́ет(ся)
почири́кать, -аю, -ает
почи́стить(ся), -и́щу(сь), -и́стит(ся)
почита́й, *нареч.*
почита́ние, -я
почита́тель, -я
почита́тельница, -ы
почита́ть(ся), -а́ю(сь), -а́ет(ся)
почи́тывать, -аю, -ает
почи́ть, -и́ю, -и́ет
почиха́ть, -а́ю, -а́ет
почи́ще
почи́щенный
по́чка, -и
почкова́ние, -я
почкова́ть(ся), -ку́ется
почкови́дный
почкое́д, -а
почкосложе́ние, -я
почкосмыка́ние, -я
почку́ющийся
почмо́кать(ся), -аю(сь), -ает(ся)
почмо́кивать, -аю, -ает
по́чта, -ы
почтальо́н, -а
почтальо́нский
почта́мт, -а
почта́мтский
почта́рь, -я
почте́ние, -я
почте́ннейший
почте́нный; *кр. ф.* -е́нен, -е́нна, *прил.*
почтённый; *кр. ф.* -ён, -ена́, *прич.*
почти́
почти́тельно-ве́жливый
почти́тельность, -и
почти́тельный
почти́ть, -чту́, -чти́т, -чту́т и -чтя́т
почти́ что
почтме́йстер, -а
почто́
почтови́к, -а́
почто́во-грузово́й
почто́во-пассажи́рский
почто́во-сберега́тельный

ПОЧ

почто́во-телегра́фный
почто́вый
почтовообраба́тывающий
почу́вствовать(ся), -твую, -твует(ся)
почуди́ть, -и́т
почу́диться, -ится
почу́ять(ся), -у́ю, -у́ет(ся)
пошаба́шить, -шу, -шит
пошага́ть, -а́ю, -а́ет
по-шака́льи
поша́ливать, -аю, -ает
пошали́ть, -лю́, -ли́т
поша́мкать, -аю, -ает
поша́рить, -рю, -рит
поша́ркать, -аю, -ает
пошата́ть(ся), -а́ю(сь), -а́ет(ся)
пошатну́ть(ся), -ну́(сь), -нёт(ся)
поша́тывать(ся), -аю(сь), -ает(ся)
по-шве́дски
пошвы́ривать(ся), -аю(сь), -ает(ся)
пошвы́рянный
пошвыря́ть(ся), -я́ю(сь), -я́ет(ся)
пошевелённый; *кр. ф.* -ён, -ена́
пошеве́ливать(ся), -аю(сь), -ает(ся)
пошевели́ть(ся), -елю́(сь), -ели́т(ся)
пошевельну́ть(ся), -ну́(сь), -нёт(ся)
по́шевни, -ей
поше́дший
пошепта́ть(ся), -епчу́(сь), -е́пчет(ся)
поше́тта, -ы
пошехо́нец, -нца
пошехо́нский
поши́б, -а
поши́в, -а
поши́вка, -и
поши́вочный
поши́тый
поши́ть, -шью́, -шьёт
пошлёпать, -аю, -ает
пошле́ть, -е́ю, -е́ет
по́шлина, -ы
по́шлинный
пошлова́тый
по́шлость, -и
по́шлый; *кр. ф.* пошл, пошла́, пошло
пошля́к, -а́
пошля́тина, -ы
пошля́ться, -я́юсь, -я́ется
пошля́чка, -и
пошто́панный
пошто́пать, -аю, -ает
поштукату́ренный
поштукату́рить, -рю, -рит
пошту́чный
пошуме́ть, -млю́, -ми́т
пошути́ть, -учу́, -у́тит
пошу́чивать, -аю, -ает
поща́да, -ы
пощади́ть, -ажу́, -ади́т
пощажённый; *кр. ф.* -ён, -ена́
пощебета́ть, -ечу́, -е́чет
пощеголя́ть, -я́ю, -я́ет
пощекота́ть, -очу́, -о́чет
пощёлканный
пощёлкать, -аю, -ает
пощёлкивать, -аю, -ает
пощепа́ть, -щеплю́, -ще́плет и -а́ю, -а́ет (*к* щепа́ть)
пощёчина, -ы
пощи́панный
пощипа́ть, -иплю́, -и́плет и -а́ю, -а́ет (*к* щипа́ть)

ПОЩ

пощи́пывать, -аю, -ает
пощу́панный
пощу́пать, -аю, -ает
пощу́пывать, -аю, -ает
пощу́рить(ся), -рю(сь), -рит(ся)
поэ́зия, -и
поэкзаменова́ть(ся), -ну́ю(сь), -ну́ет(ся)
по-э́ллински
поэ́ма, -ы
поэскадро́нно
по-эскимо́сски
по-эсто́нски
поэ́т, -а
поэта́жный
поэта́пно
поэте́сса, -ы
поэтиза́ция, -и
поэтизи́рованный
поэтизи́ровать(ся), -рую, -рует(ся)
поэ́тика, -и
поэти́ческий
поэти́чность, -и
поэти́чный
поэ́тому, *нареч.* (заболе́л, поэ́тому не пришёл)
поэшело́нно
по-ю́ношески
поюро́дствовать, -твую, -твует
пою́щий
поя́бедничать, -аю, -ает
появи́ться, -явлю́сь, -я́вится
появле́ние, -я
появля́ться, -я́юсь, -я́ется
по-япо́нски
поя́рковый
поя́рок, -рка
по́яс, -а, *мн.* -а́, -о́в
поясне́ние, -я
поясне́нный; *кр. ф.* -ён, -ена́
поясне́ть, -е́ет (стать ясным)
поясни́тельный
поясни́ть, -ню́, -ни́т (*что*)
поясни́ца, -ы
поясни́чно-крестцо́вый
поясни́чный
поясно́й
пояснять(ся), -я́ю, -я́ет(ся)
поясо́к, -ска́
праба́бка, -и
праба́бушка, -и
пра́вда, -ы
правда́шний
правди́вость, -и
правди́вый
правди́ст, -а
правди́стка, -и
правди́стский
правдоиска́тель, -я
правдоиска́тельство, -а
правдолю́б, -а
правдолю́бец, -бца
правдолюби́вый
правдолю́бие, -я
правоподо́бие, -я
правдоподо́бность, -и
правдоподо́бный
пра́ведник, -а
пра́ведница, -ы
пра́ведный
правёж, -ежа́
правёжный

праве́ть, -е́ю, -е́ет
пра́вило, -а
прави́ло, -а (то, чем правят)
пра́вильно
пра́вильный (к пра́вило)
прави́льный (к прави́ло)
прави́льщик, -а
прави́тель, -я
прави́тельница, -ы
прави́тельственный
прави́тельство, -а
прави́тельствующий
пра́вить(ся), -влю, -вит(ся)
пра́вка, -и
правле́нец, -нца
правле́ние, -я
пра́вленный, прич.
правле́нский
правле́нческий
пра́вленый, прил.
пра́внук, -а
пра́внучек, -чка
пра́внучка, -и
пра́во, -а, мн. права́, прав, -а́м
правобере́жный
правобере́жье, -я
правове́д, -а
правове́дение, -я
правове́рие, -я
правове́рный
правови́к, -а́
правово́й
правогегелья́нец, -нца
правогегелья́нство, -а
правозаве́рнутый
правозасту́пник, -а
правозасту́пничество, -а
пра́во-лева́цкий
правоме́рный
правомо́чие, -я
правомо́чный
правонаруше́ние, -я
правонаруши́тель, -я
правооппортунисти́ческий
правоотноше́ние, -я
правописа́ние, -я
правопи́сный
правопораже́ние, -я
правопоря́док, -дка
правопрее́мник, -а
правопрее́мство, -а
правосла́вие, -я
правосла́вный
правосозна́ние, -я
правосоциалисти́ческий
правоспосо́бность, -и
правоспосо́бный
правосторо́нний
правосубъе́ктность, -и
правосу́дие, -я
правосу́дный
правота́, -ы́
правоуклони́стский
правофланго́вый, -ого
пра́вщик, -а
пра́вый[1] (противоп. ле́вый)
пра́вый[2]; кр. ф. прав, права́, пра́во (противоп. винова́тый)
пра́вящий
прагмати́зм, -а
прагма́тик, -а
прагмати́ст, -а

прагмати́ческий
прагмати́чный
пра́дед, -а
праде́довский
праде́душка, -и
пража́нин, -а
пража́нка, -и
пра́жец, -жца
пра́жский
пра́зднество, -а
пра́здник, -а, мн. -и, -ов
пра́здничность, -и
пра́здничный
пра́зднование, -я
пра́зднованный
пра́здновать(ся), -ную, -нует(ся)
празднолю́бец, -бца
празднолю́бие, -я
праздномы́слие, -я
праздносло́вие, -я
праздносло́вный
пра́здность, -и
праздношата́ющийся
пра́здный
пра́зелень, -и
празеоди́м, -а
праистори́ческий
праисто́рия, -и
пракри́т, -а
пракри́тский
пра́ктик, -а
пра́ктика, -и
практика́нт, -а
практика́нтка, -и
практика́нтский
практика́нтство, -а
практико́ванный
практикова́ть(ся), -ку́ю(сь), -ку́ет(ся)
пра́ктикум, -а
практици́зм, -а
практи́ческий
практи́чески необходи́мый
практи́чность, -и
практи́чный
прали́не, нескл., с.
прали́новый
прама́терь, -и
праоте́ц, -тца
праотцо́вский
пра́порщик, -а
прапраба́бка, -и
прапраба́бушка, -и
прапра́внук, -а
прапра́внучка, -и
прапра́дед, -а
праро́дина, -ы
прароди́тель, -я
прароди́тельница, -ы
прароди́тельский
пра́сол, -а
прах, -а
пра́чечная, -ой
пра́чечный
пра́чка, -и
пра́шивать, наст. вр. не употр.
праща́, -и́, р. мн. -е́й
пра́щник, -а
пра́щур, -а
праязы́к, -а́
праязыково́й
преадапта́ция, -и

преа́мбула, -ы
преаними́зм, -а
пребе́дный (бе́дный-пребе́дный)
пребе́лый (бе́лый-пребе́лый)
преблаго́й
пребле́дный (бле́дный-пребле́дный)
пребога́тый
пребо́льно
пребольшо́й
пребольшу́щий
пребыва́ние, -я (от пребыва́ть)
пребыва́ть, -а́ю, -а́ет (быть, находиться где-нибудь)
пребы́ть, -бу́ду, -бу́дет (к пребыва́ть)
превали́ровать, -рую, -рует
превели́кий
превенти́вный
преве́нция, -и
превесёлый
превзойдённый; кр. ф. -ён, -ена́
превзойти́, -йду́, -йдёт; прош. -ошёл, -ошла́
превзоше́дший
превку́сный
превозвы́сить(ся), -ы́шусь, -ы́сит(ся)
превозвыша́ть(ся), -а́ю(сь), -а́ет(ся)
превозвы́шенный
превозмога́ть, -а́ю, -а́ет
превозмо́гший
превозмо́чь, -огу́, -о́жет, -о́гут; прош. -о́г, -огла́
превознесённый; кр. ф. -ён, -ена́
превознести́(сь), -су́(сь), -сёт(ся); прош. -ёс(ся), -есла́(сь)
превознёсший(ся)
превозноси́ть(ся), -ошу́(сь), -о́сит(ся)
превозноше́ние, -я
превосходи́тельный
превосходи́тельство, -а
превосходи́ть, -ожу́, -о́дит
превосхо́дный
превосхо́дство, -а
превосхо́дствовать, -твую, -твует
превосходя́щий
преврати́ть(ся), -ащу́(сь), -ати́т(ся)
превра́тность, -и
превра́тный
превраща́емость, -и
превраща́ть(ся), -а́ю(сь), -а́ет(ся)
превраще́ние, -я
превращённый; кр. ф. -ён, -ена́
превре́дный
превы́сить, -ы́шу, -ы́сит
превысо́кий
превы́спренний; кр. ф. -ен, -енна
превыша́ть(ся), -а́ю, -а́ет(ся)
превы́ше
превыше́ние, -я
превы́шенный
прега́дкий
преглубо́кий
преглухо́й (глухо́й-преглухо́й)
прегни́н, -а
прегну́сный
прегра́да, -ы
прегради́ть, -ажу́, -ади́т
прегражда́ть(ся), -а́ю, -а́ет(ся)
прегражде́нный; кр. ф. -ён, -ена́
прегреша́ть, -а́ю, -а́ет
прегреше́ние, -я

ПРЕ

прегрешить, -шу, -шит
прегрубый
прегрустный
прегрязный
пред, предо, *предлог*
предавать(ся), -даю(сь), -даёт(ся) (*к* предать)
предалтарный
предание, -я (*от* предать; рассказ о былом)
преданность, -и
преданный; *кр. ф. прич.* -ан, предана, -ано; *кр. ф. прил.* -ан, -анна
предатель, -я
предательница, -ы
предательский
предательство, -а
предать(ся), -ам(ся), -ашь(ся), -аст(ся), -адим(ся), -адите(сь), -адут(ся); *прош.* предал, -ался, -ала(сь), предало, -алось, (изменить; отдать)
предбанник, -а
предбоевой
предбудущий
предварение, -я
предварённый; *кр. ф.* -ён, -ена
предварилка, -и
предварительно напряжённый
предварительный
предварить(ся), -рю, -рит(ся)
предварять(ся), -яю, -яет(ся)
предвесенний
предвестие, -я
предвестник, -а
предвестница, -ы
предвечерний
предвечный
предвещание, -я
предвещать(ся), -аю, -ает(ся)
предвзятость, -и
предвзятый
предвидение, -я
предвиденный
предвидеть(ся), -ижу, -идит(ся)
предвкусить, -ушу, -усит
предвкушать(ся), -аю, -ает(ся)
предвкушение, -я
предвкушённый; *кр. ф.* -ён, -ена
предводитель, -я
предводительница, -ы
предводительский
предводительство, -а
предводительствовать, -твую, -твует
предвоенный
предвозвестие, -я
предвозвестить(ся), -ещу, -естит(ся)
предвозвестник, -а
предвозвестница, -ы
предвозвещать(ся), -аю, -ает(ся)
предвозвещение, -я
предвозвещённый; *кр. ф.* -ён, -ена
предвосхитить, -ищу, -итит
предвосхищать(ся), -аю, -ает(ся)
предвосхищение, -я
предвосхищенный
предвыборный
предвыходной
предгорный
предгорье, -я, *р. мн.* -рий
предгрозовой

ПРЕ

предгрозье, -я
преддверие, -я
преддипломный
преддождевой
предел, -а (граница)
предельно допустимый
предельный (*от* предел)
предельческий
предельчество, -а
предельщик, -а
предержащий: власти предержащие
предерзкий
предзавкома, *нескл., м.*
предзакатный
предзимье, -я
предзнаменование, -я
предзнаменовать, -ную, -нует
предивный
предикат, -а
предикативность, -и
предикативный
предикация, -и
предисловие, -я
предкамера, -ы
предкризисный
предкрылок, -лка
предлагать(ся), -аю, -ает(ся)
предлежащий
предлинный
предлог, -а
предложение, -я
предложенный
предложить, -ожу, -ожит
предложный
предмайский
предместник, -а
предместница, -ы
предместье, -я, *р. мн.* -тий
предмет, -а
предметность, -и
предметно-тематический
предметный
предмостный
предмостье, -я
предназначать(ся), -аю, -ает
предназначение, -я
предназначенный
предназначить, -чу, -чит
преднамерение, -я
преднамеренность, -и
преднамеренный; *кр. ф.* -рен, -ренна
предначертание, -я
предначертанный
предначертать, -аю, -ает
преднерестовый
преднизолон, -а
предновогодний
предо, пред, *предлог*
предобеденный
предобрый
предок, -дка
предоктябрьский
предолгий
предолимпийский
предоперационный
предопределение, -я
предопределённость, -и
предопределённый; *кр. ф.* -ён, -ена
предопределить(ся), -лю, -лит(ся)
предопределять(ся), -яю, -яет(ся)
предорогой

ПРЕ

предосенний
предоставить(ся), -влю, -вит(ся)
предоставление, -я
предоставленный
предоставлять(ся), -яю, -яет(ся)
предостерегать(ся), -аю, -ает(ся)
предостерегающий
предостерёгший
предостережение, -я
предостережённый; *кр. ф.* -ён, -ена
предостеречь, -регу, -режёт, -регут; *прош.* -рёг, -регла
предосторожность, -и
предосудительный
предотвратить, -ащу, -атит
предотвращать(ся), -аю, -ает(ся)
предотвращение, -я
предотвращённый; *кр. ф.* -ён, -ена
предотлётный
предотъездный
предохранение, -я
предохранённый; *кр. ф.* -ён, -ена
предохранитель, -я
предохранительный
предохранить(ся), -ню(сь), -нит(ся)
предохранять(ся), -яю(сь), -яет(ся)
предощутить, -ущу, -утит
предощущать(ся), -аю, -ает(ся)
предощущение, -я
предощущённый; *кр. ф.* -ён, -ена
предпарламент, -а
предпахотный
предписание, -я
предписанный
предписать, -ишу, -ишет
предписывать(ся), -аю, -ает(ся)
предплечевой
предплечье, -я, *р. мн.* -чий
предплужник, -а
предплюсна, -ы, *мн.* -плюсны, -сен
предплюсневой
предполагаемый
предполагать(ся), -аю, -ает(ся)
предполётный
предположение, -я
предположенный
предположительный
предположить, -ожу, -ожит
предполье, -я
предполярный
предпосевной
предпосланный
предпослать, -ошлю, -ошлёт; *прош.* -слал, -слала
предпоследний
предпосылать(ся), -аю, -ает(ся)
предпосылка, -и
предпочесть, -чту, -чтёт; *прош.* -чёл, -чла
предпочитать(ся), -аю, -ает(ся)
предпочка, -и
предпочтение, -я
предпочтённый; *кр. ф.* -ён, -ена
предпочтительный
предпраздничный
предприимчивость, -и
предприимчивый
предприниматель, -я
предпринимательский
предпринимательство, -а

ПРЕ

предпринима́ть(ся), -а́ю, -а́ет(ся)
предприня́тый; кр. ф. -я́т, -ята́, -я́то
предприня́ть, -приму́, -при́мет; прош. -при́нял, -при́няло
предприя́тие, -я
предпусково́й
предпя́стье, -я, р. мн. -тий
предрасполага́ть(ся), -а́ю, -а́ет(ся)
предрасположе́ние, -я
предрасположенность, -и
предрасположенный
предрасположи́ть, -ожу́, -ожи́т
предрассве́тный
предрассу́док, -дка
предрассужде́ние, -я
предреволюцио́нный
предрека́ть(ся), -а́ю, -а́ет(ся)
предре́кший
предречённый; кр. ф. -ён, -ена́
предре́чь, -еку́, -ечёт, -еку́т; прош. -ёк, -екла́
предреша́ть(ся), -а́ю, -а́ет(ся)
предреше́ние, -я
предрешённость, -и
предрешённый; кр. ф. -ён, -ена́
предреши́ть, -шу́, -ши́т
предродово́й
предро́сток, -тка
предсва́дебный
председа́тель, -я
председа́тельница, -ы
председа́тельский
председа́тельство, -а
председа́тельствовать, -твую, -твует
председа́тельствующий, -его
предсезо́нный
предсеноко́сный
предсе́рдие, -я
предсказа́ние, -я
предска́занный
предсказа́тель, -я
предсказа́тельница, -ы
предсказа́ть, -ажу́, -а́жет
предска́зывать(ся), -аю, -ает(ся)
предсме́ртный
представа́ть, -таю́, -таёт
представи́тель, -я
представи́тельница, -ы
представи́тельный
представи́тельство, -а
представи́тельствовать, -твую, -твует
предста́вить(ся), -влю(сь), -вит(ся)
представле́ние, -я (к предста́вить)
предста́вленный
представля́ть(ся), -я́ю(сь), -я́ет(ся)
предста́ртовый
предста́тельная железа́
предста́ть, -а́ну, -а́нет
предстоя́щий
предсте́пье, -я
предстоя́ть, -ою́, -ои́т
предстоя́щий
предсъе́здовский
предте́ча, -и м. и ж.
предубежда́ть(ся), -а́ю(сь), -а́ет(ся)
предубежде́ние, -я
предубеждённый; кр. ф. -ён, -ена́
предубо́рочный
предуве́домить, -млю, -мит
предуведомле́ние, -я
предуве́домленный

предуведомля́ть(ся), -я́ю, -я́ет(ся)
предуга́данный
предугада́ть, -а́ю, -а́ет
предуга́дывать(ся), -аю, -ает(ся)
предугото́вить, -влю, -вит
предугото́вленный
предуготовля́ть(ся), -я́ю, -я́ет(ся)
предуда́рный
предумы́шленный
предупреди́тельность, -и
предупреди́тельный
предупреди́ть, -ежу́, -еди́т
предупрежда́ть(ся), -а́ю, -а́ет(ся)
предупрежда́ющий
предупрежде́ние, -я
предупреждённый; кр. ф. -ён, -ена́
предусма́тривать(ся), -аю, -ает(ся)
предусмо́тренный
предусмотре́ть, -отрю́, -о́трит
предусмотри́тельность, -и
предусмотри́тельный
предустано́вленный
преду́стье, -я, р. мн. -ьев
преду́тренний
предчу́вствие, -я
предчу́вствовать(ся), -твую, -твует(ся)
предше́ственник, -а
предше́ственница, -ы
предше́ствие, -я: в предше́ствии (кого, чего)
предше́ствовать, -твую, -твует
предше́ствующий
предъюбиле́йный
предъяви́тель, -я
предъяви́тельница, -ы
предъяви́тельский
предъяви́ть, -явлю́, -я́вит
предъявле́ние, -я
предъя́вленный
предъявля́ть(ся), -я́ю, -я́ет(ся)
предыду́щий
предынфа́рктный
предысто́рический
предысто́рия, -и
предыю́льский
предыю́ньский
предэкзаменацио́нный
прее́мник, -а (наследник)
прее́мница, -ы
прее́мственность, -и
прее́мственный; кр. ф. -вен, -венна
прее́мство, -а
пре́жде
преждевре́менный; кр. ф. -менен, -менна
прежденазва́нный
прежесто́кий
прежи́рный
пре́жний
презаба́вный
презаня́тый
презе́нт, -а
презента́бельный
презента́нт, -а
презента́ция, -и
презенто́ванный
презентова́ть, -ту́ю, -ту́ет
презервати́в, -а
презервати́вный
презерва́ция, -и
презе́рвы, -ов

ПРЕ

президе́нт, -а
президе́нтский
президе́нтство, -а
президе́нтствовать, -твую, -твует
президе́нтша, -и
прези́диум, -а
презира́ть(ся), -а́ю, -а́ет(ся) (относиться с презрением)
презло́й
презна́тный
презре́ние, -я (пренебрежение)
презре́нный; кр. ф. прич. -ён, -ена́; кр. ф. прил. -ён, -е́нна
презре́ть, -рю́, -ри́т (к презира́ть)
презри́тельный
презу́мпция, -и
преизбы́ток, -тка
преизбы́точествовать, -твует
преизбы́точный
преиму́щественный
преиму́щество, -а
преинтере́сный
преиску́сный
преиспо́дняя, -ей
преиспо́лненный
преиспо́лнить(ся), -ню(сь), -нит(ся)
преисполня́ть(ся), -я́ю(сь), -я́ет(ся)
прейскура́нт, -а
прейскура́нтный
прейти́, -йду́, -йдёт; прош. прешёл, прешла́ (преступить)
прека́рий, -я
преклоне́ние, -я
преклонённый; кр. ф. -ён, -ена́ (от преклони́ть)
преклони́ть(ся), -ню́(сь), -ни́т(ся), (нагнуть, согнуть)
прекло́нный
преклоня́ть(ся), -я́ю(сь), -я́ет(ся) (к преклони́ть)
преко́мичный
прекосло́вие, -я
прекосло́вить, -влю, -вит
прекра́сивый
прекраснод́ушие, -я
прекраснод́ушный
прекра́сный
прекрати́ть(ся), -ащу́, -ати́т(ся)
прекраща́ть(ся), -а́ю, -а́ет(ся)
прекраще́ние, -я
прекращённый; кр. ф. -ён, -ена́
прекруто́й
прекурьёзный
прелага́ть, -а́ю, -а́ет (к преложи́ть)
прела́т, -а
прела́тство, -а
преле́стница, -ы
преле́стный
пре́лесть, -и
прелимина́рии, -ев
прелимина́рный
пре́лина, -ы
преложе́ние, -я (от преложи́ть)
прело́женный (от преложи́ть)
преложи́ть, -ожу́, -о́жит (перевести)
преломи́ть(ся), -омлю́, -о́мит(ся)
преломле́ние, -я
преломлённый; кр. ф. -ён, -ена́
преломля́емость, -и
преломля́ть(ся), -я́ю, -я́ет(ся)
пре́лый

ПРЕ

прель, -и
прельсти́тельный
прельсти́ть(ся), -льщу́(сь), -льсти́т(ся)
прельща́ть(ся), -а́ю(сь), -а́ет(ся)
прельще́ние, -я
прельщённый; кр. ф. -ён, -ена́
прелюбе́зный
прелюбоде́й, -я
прелюбоде́йка, -и
прелюбоде́йный
прелюбоде́йствовать, -твую, -твует
прелюбодея́ние, -я
прелю́д, -а
прелю́дия, -и
преме́рзкий
премиа́льно-прогресси́вный
премиа́льный
преми́лый
премину́ть, -ну, -нет (только с отрица́нием)
премирова́ние, -я
премиро́ванный
премирова́ть(ся), -ру́ю, -ру́ет(ся)
премиро́вочный
пре́мия, -и
премно́го
премногоуважа́емый
премно́жество, -а
прему́дрость, -и
прему́дрый
премье́р, -а
премье́ра, -ы
премье́р-майо́р, -а
премье́р-мини́стр, -а
премье́рский
премье́рство, -а
премье́рша, -и
пренебрега́ть(ся), -а́ю, -а́ет(ся)
пренебрёгший
пренебреже́ние, -я
пренебрежённый; кр. ф. -ён, -ена́
пренебрежи́тельный
пренебре́чь, -егу́, -ежёт, -егу́т; прош. -ёг, -егла́
пренеприя́тный
пре́ние, -я (от преть)
прени́зкий
пре́ния, -ий (обсуждение)
преоблада́ние, -я
преоблада́ть, -а́ет
преоблада́ющий
преобража́ть(ся), -а́ю(сь), -а́ет(ся)
преображе́ние, -я
преображённый; кр. ф. -ён, -ена́
преобрази́ть(ся), -ажу́(сь), -ази́т(ся)
преобразова́ние, -я
преобразо́ванный
преобразова́тель, -я
преобразова́тельница, -ы
преобразова́тельный
преобразова́тельский
преобразова́ть(ся), -зу́ю, -зу́ет(ся)
преобразо́вывать(ся), -аю, -ает(ся)
преогро́мный
преодолева́ть(ся), -а́ю, -а́ет(ся)
преодоле́ние, -я
преодолённый; кр. ф. -ён, -ена́
преодоле́ть, -е́ю, -е́ет
преодоли́мый
преосвяще́нный

ПРЕ

преосвяще́нство, -а
прео́стрый
преотли́чный
препара́т, -а
препара́тор, -а
препара́тчик, -а
препари́рование, -я
препари́рованный
препари́ровать(ся), -рую, -рует(ся)
препаро́вка, -и
препаро́вочный
препина́ние, -я
препира́тельство, -а
препира́ться, -а́юсь, -а́ется (спорить)
преподава́ние, -я
преподава́тель, -я
преподава́тельница, -ы
преподава́тельский
преподава́ть(ся), -даю́, -даёт(ся)
препо́данный; кр. ф. -ан, -по́дана́, -ано
препода́ть, -а́м, -а́шь, -а́ст, -ади́м, -ади́те, -аду́т; прош. -по́дал, -подала́, -по́дало
препо́длый
преподнесе́ние, -я
преподнесённый; кр. ф. -ён, -ена́
преподнести́, -су́, -сёт; прош. -ёс, -есла́
преподнёсший
преподноси́ть(ся), -ошу́, -о́сит(ся)
преподноше́ние, -я
преподо́бие, -я
преподо́бный
препозити́вный
препози́ция, -и
препо́на, -ы
препоруча́ть(ся), -а́ю, -а́ет(ся)
препоруче́ние, -я
препору́ченный
препоручи́ть, -учу́, -у́чит
препоя́санный
препоя́сать(ся), -я́шу(сь), -я́шет(ся)
препоя́сывать(ся), -аю(сь), -яет(ся)
препроводи́лка, -и
препроводи́тельный
препроводи́ть, -ожу́, -о́дит
препровожда́ть(ся), -а́ю, -а́ет(ся)
препровожде́ние, -я
препровождённый; кр. ф. -ён, -ена́
препроти́вный
препя́тствие, -я
препя́тствовать, -твую, -твует
прерафаэли́т, -а
пре́рванный
прерва́ть(ся), -ву́, -вёт(ся); прош. -а́л(ся), -ала́(сь), -а́ло, -а́лось
пререка́ние, -я
пререка́ть(ся), -а́юсь, -а́ется
преpиа́ль, -я
пре́рия, -и
прерогати́ва, -ы
прерыва́тель, -я
прерыва́ть(ся), -а́ю, -а́ет(ся)
прерыва́ющий(ся)
преры́вистый
преры́вность, -и
пресве́тлый
пресви́тер, -а
пресвитериа́нец, -нца
пресвитериа́нин, -а, мн. -а́не, -а́н
пресвитериа́нский
пресвитериа́нство, -а

ПРЕ

пресека́ть(ся), -а́ю, -а́ет(ся)
пресе́кший(ся)
преселе́ктор, -а
пресече́ние, -я
пресечённый; кр. ф. -ён, -ена́
пресе́чь(ся), -еку́, -ечёт(ся), -еку́т(ся); прош. -е́к(ся), -екла́(сь)
прескве́рный
преску́чный
пресла́дкий (сла́дкий-пресла́дкий)
пресле́дование, -я
пресле́дователь, -я
пресле́довательница, -ы
пресле́довать(ся), -дую, -дует(ся)
пресловуты́й
пресмешно́й
пресмыка́тельство, -а
пресмыка́ться, -а́юсь, -а́ется
пресмыка́ющееся, -егося
пресмыка́ющийся
пре́сненский (от Пре́сня)
пресново́дный
пре́сный
преспоко́йный
пресс, -а
пре́сса, -ы
пресс-автома́т, -а
пресс-атташе́, нескл., м.
пресс-бюллете́нь, -я
пресс-бюро́, нескл., с.
пре́ссинг, -а
пресс-клише́, нескл., с.
пресс-конве́йер, -а
пресс-конфере́нция, -и
пресс-но́жницы, -ниц
прессова́льный
прессова́льня, -и, р. мн. -лен
прессова́ние, -я
прессо́ванный
прессова́ть(ся), -ссу́ю, -ссу́ет(ся)
прессо́вка, -и
прессовщи́к, -а́
прессовщи́ца, -ы
пре́ссовый
прессореце́птор, -а
пресс-папье́, нескл., с.
пресс-подбо́рщик, -а
пресс-порошо́к, -шка́
пресс-рели́з, -а
пресс-слу́жба, -ы
пресс-фи́льтр, -а
пресс-фо́рма, -ы
пресс-це́нтр, -а
прессшпа́н, -а
преста́вить(ся), -влюсь, -вится (умере́ть)
преставле́ние, -я (гибель, смерть)
престаре́лый
преста́рый
престидижита́тор, -а
прести́ж, -а
прести́ссимо, неизм. и нескл., с.
пре́сто, неизм. и нескл., с.
престо́л, -а
престолонасле́дие, -я
престолонасле́дник, -а
престо́льный
престра́нный; кр. ф. -а́нен, -а́нна
преступа́ть(ся), -а́ю, -а́ет(ся) (наруша́ть)
преступи́ть(ся), -уплю́, -у́пит (нарушить)

ПРЕ

преступле́ние, -я
престу́пленный
престу́пник, -а
престу́пница, -ы
престу́пно-небре́жный
престу́пно-равноду́шный
престу́пность, -и
престу́пно-хала́тный
престу́пный
пресы́тить(ся), -ы́щу(сь), -ы́тит(ся)
пресыща́ть(ся), -а́ю(сь), -а́ет(ся)
пресыще́ние, -я
пресы́щенный
претворе́ние, -я
претворённый; кр. ф. -ён, -ена́
претвори́ть(ся), -рю́, -ри́т(ся) (воплотить)
претворя́ть(ся), -я́ю, -я́ет(ся) (к претвори́ть)
претенде́нт, -а
претенде́нтка, -и
претендова́ть, -ду́ю, -ду́ет
прете́нзия, -и
претенцио́зность, -и
претенцио́зный
претерпева́ть, -а́ю, -а́ет
претерпе́нный; кр. ф. -ён, -ена́ и прете́рпенный
претерпе́ть, -ерплю́, -е́рпит
прети́ть, -и́т
преткнове́ние, -я: ка́мень преткнове́ния
преткну́ться, -ну́сь, -нётся (споткнуться)
прето́лстый
пре́тор, -а
преториа́нец, -нца
преториа́нский
прето́рий, -я и прето́риум, -а
пре́торский
преть, -е́ю, -е́ет
преувеличе́ние, -я
преувели́ченный
преувели́чивать(ся), -аю, -ает(ся)
преувели́чить, -чу, -чит
преужа́сный
преуменьша́ть(ся), -а́ю, -а́ет(ся) (к преуме́ньшить)
преуменьше́ние, -я (от преуме́ньшить)
преуме́ньшенный и преуменьшённый; кр. ф. -ён, -ена́ (от преуме́ньшить)
преуме́ньшить, -е́ньшу, -е́ньшит (умалить)
преумножа́ть(ся), -а́ю, -а́ет(ся) (к преумно́жить)
преумноже́ние, -я (от преумно́жить)
преумно́женный (от преумно́жить)
преумно́жить, -жу, -жит (значительно увеличить)
преу́мный
преупря́мый
преуспева́ние, -я
преуспева́ть, -а́ю, -а́ет
преуспева́ющий
преуспе́ть, -е́ю, -е́ет
преуспе́яние, -я
префе́кт, -а
префекту́ра, -ы
префера́нс, -а
преферанси́ст, -а

ПРЕ

преференциа́льный
префере́нция, -и
пре́фикс, -а (приставка)
префи́кс, -а (досрочный платёж)
префикса́льный
префикса́ция, -и
преформа́ция, -и
преформи́зм, -а
преходи́ть, -ожу́, -о́дит (миновать)
преходя́щий (временный)
прехоло́дный
прецеде́нт, -а
прецессио́нный
преце́ссия, -и
прецизио́нный
прецио́зный
преципита́т
преципита́ция, -и
преципити́н, -а
пречёрный (чёрный-пречёрный)
пречёстный
пречи́стый
пречуде́сный
пречудно́й
пречу́дный
преше́дший (от прейти́)
преширо́кий
преюдициа́льный
приазо́вский
приамударьи́нский
приаму́рский
приана́льный
приапи́ческий
приба́вить(ся), -влю(сь), -вит(ся)
приба́вка, -и
прибавле́ние, -я
приба́вленный
прибавля́ть(ся), -я́ю(сь), -я́ет(ся)
приба́вочный
прибайка́льский
прибалти́йский
прибалти́йско-фи́нский
приба́утка, -и
приба́уточник, -а
прибега́ть, -а́ю, -а́ет
прибе́гнувший
прибе́гнуть, -ну, -нет; прош. -ёг и -е́гнул, -е́гла
прибе́гший, (от прибе́гнуть)
прибедни́ться, -ню́сь, -ни́тся
прибедня́ться, -я́юсь, -я́ется
прибежа́ть, -бегу́, -бежи́т, -бегу́т
прибе́жище, -а
прибере́гший
прибережённый; кр. ф. -ён, -ена́
прибере́жный
прибере́жье, -я
прибере́чь, -егу́, -ежёт, -егу́т; прош. -ёг, -егла́
прибива́ние, -я
прибива́ть(ся), -а́ю(сь), -а́ет(ся)
приби́вка, -и
прибивно́й
прибира́ть(ся), -а́ю(сь), -а́ет(ся)
приби́ть(ся), -бью́(сь), -бьёт(ся)
приближа́ть(ся), -а́ю(сь), -а́ет(ся)
приближе́ние, -я
прибли́женный, прич.
приближённый, прил.
приблизи́тельный
прибли́зить(ся), -и́жу(сь), -и́зит(ся)

ПРИ

приблуди́ть(ся), -ужу́(сь), -у́дится
приблу́дный
прибодри́ть(ся), -рю́сь, -ри́тся
прибо́й, -я
прибо́йный
приболе́ть, -е́ю, -е́ет
прибо́лотный
прибо́р, -а
прибо́рист, -а
прибо́рка, -и
приборостро́ение, -я
приборострои́тельный
при́бранный
прибра́сывать, -аю, -ает
прибра́ть(ся), -беру́(сь), -берёт(ся); прош. -а́л(ся), -ала́(сь), -а́ло, -а́лось
прибреда́ть, -а́ю, -а́ет
прибре́дший
прибре́жный
прибре́жье, -я
прибрести́, -еду́, -едёт; прош. -ёл, -ела́
прибро́санный
прибро́сать, -а́ю, -а́ет
прибро́сить, -о́шу, -о́сит
прибро́шенный
прибукси́рованный
прибукси́ровать, -рую, -рует
прибыва́ть, -а́ю, -а́ет (приезжать)
прибыло́й
при́быль, -и, мн. -и, -ей
при́быльный
прибы́тие, -я
прибы́ток, -тка и -тку
прибы́точный
прибы́ть, -бу́ду, -бу́дет; прош. при́был, прибыла́, при́было (прийти)
прива́да, -ы
прива́дить(ся), -а́жу, -а́дит(ся)
прива́женный
прива́живать(ся), -аю, -ает(ся)
прива́л, -а
прива́ленный
прива́ливать(ся), -аю(сь), -ает(ся)
привали́ть(ся), -алю́(сь), -а́лит(ся)
прива́льный
прива́ренный
прива́ривание, -я
прива́ривать(ся), -аю, -ает(ся)
привари́ть(ся), -арю́, -а́рит(ся)
прива́рка, -и
приварно́й
прива́рок, -рка
прива́рочный
прива́т-доце́нт, -а
прива́т-доце́нтский
прива́т-доценту́ра, -ы
прива́тный
приведе́ние, -я (от привести́)
приведённый; кр. ф. -ён, -ена́
приве́дший
привезённый; кр. ф. -ён, -ена́
привезти́, -зу́, -зёт; прош. -ёз, -езла́
привёзший
привере́да, -ы, м. и ж.
привере́дливость, -и
привере́дливый
привере́дник, -а
привере́дница, -ы
привере́дничать, -аю, -ает
привере́дничество, -а

ПРИ

приверженец, -нца
приверженка, -и
приверженность, -и
приверженный
привёрнутый
привернуть(ся), -ну, -нёт(ся)
привёрстанный
приверстать, -аю, -ает
привёрстывать, -аю, -ает(ся)
привертеть(ся), -ерчу, -ертит(ся)
привёртывать(ся), -аю, -ает(ся)
привёрченный
привёрчивать(ся), -аю, -ает(ся)
привес, -а
привесить(ся), -ешусь, -есит(ся)
привеска, -и
привесной
привесок, -ска
привесочный
привести(сь), -еду, -едёт(ся); прош. -ёл(ся), -ела(сь)
привет, -а
приветить, -ечу, -етит
приветливость, -и
приветливый
приветный
приветственный
приветствие, -я
приветствовать(ся), -твую, -твует(ся)
приветствуемый
привечать, -аю, -ает
привеченный
привешенный
привешивать(ся), -аю(сь), -ает(ся)
прививание, -я
прививать(ся), -аю(сь), -ает(ся)
прививка, -и
прививной
прививок, -вка
прививочный
привидение, -я (призрак)
привидеться, -ижусь, -идится
привилегированный
привилегия, -и
привинтить(ся), -нчу, -нтит(ся)
привинченный
привинчивать(ся), -аю, -ает(ся)
привирать, -аю, -ает
привитие, -я
привитый и привитой; кр. ф. -ит, -ита, -ито
привить(ся), -вью, -вьёт(ся); прош. -ил(ся), -ила(сь), -ило, -ило(сь)
привкус, -а
привлекательность, -и
привлекательный
привлекать(ся), -аю(сь), -ает(ся)
привлёкший
привлечение, -я
привлечённый; кр. ф. -ён, -ена
привлечь, -еку, -ечёт, -екут; прош. -ёк, -екла
привнесённый; кр. ф. -ён, -ена
привнести, -су, -сёт; прош. -ёс, -есла
привнёсший
привносить(ся), -ошу, -осит(ся)
привод, -а и (тех.) привод, -а, мн. -ы, -ов
приводить(ся), -ожу(сь), -одит(ся)
приводка, -и

ПРИ

приводнение, -я
приводнить(ся), -ню(сь), -нит(ся)
приводной
приводнять(ся), -яю(сь), -яет(ся)
привоз, -а
привозить(ся), -ожу, -озит(ся)
привозка, -и
привозной и привозный
привой, -я
привокзальный
приволакивать(ся), -аю(сь), -ает(ся)
приволжский
приволокнуть(ся), -нусь, -нётся
приволокший(ся)
приволоченный и приволочённый; кр. ф. -ён, -ена
приволочить(ся), -очу(сь), -очит(ся)
приволочь(ся), -оку(сь), -очёт(ся), -окут(ся); прош. -ок(ся), -окла(сь)
приволье, -я
привольный
привораживать(ся), -аю, -ает(ся)
приворачивать(ся), -аю, -ает(ся)
приворожённый; кр. ф. -ён, -ена
приворожить, -жу, -жит
приворот, -а
приворотить, -очу, -отит
приворотный
привороченный
привранный
привратник, -а
привратница, -ы
приврать, -ру, -рёт; прош. -ал, -ала, -ало
привскакивать, -аю, -ает
привскочить, -очу, -очит
привставать, -таю, -таёт
привстать, -ану, -анет
привстающий
привходить, -одит
привходящий
привыкать, -аю, -ает
привыкнуть, -ну, -нет; прош. -ык, -ыкла
привыкший
привычка, -и
привычный
привязанность, -и
привязанный
привязать(ся), -яжу(сь), -яжет(ся)
привязка, -и
привязной
привязчивый
привязывать(ся), -аю(сь), -ает(ся)
привязь, -и
пригар, -а
пригарина, -ы
пригарь, -и
пригвождать(ся), -аю(сь), -ает(ся)
пригвождённый; кр. ф. -ён, -ена
пригвоздить(ся), -зжу, -здит(ся)
пригибать(ся), -аю(сь), -ает(ся)
пригибной
приглагольный
пригладить(ся), -ажу(сь), -адит(ся)
приглаженный
приглаживать(ся), -аю(сь), -ает(ся)
пригласительный
пригласить, -ашу, -асит
приглашать(ся), -аю, -ает(ся)
приглашение, -я

ПРИ

приглашённый; кр. ф. -ён, -ена
приглушать(ся), -аю(сь), -ает(ся)
приглушённый; кр. ф. -ён, -ена
приглушить, -шу, -шит
приглядеть(ся), -яжу(сь), -ядит(ся)
приглядывать(ся), -аю(сь), -ает(ся)
приглянуться(ся), -януСь), -янет(ся)
пригнанный
пригнать, -гоню, -гонит; прош. -ал, -ала, -ало
пригнести, -гнету, -гнетёт; прош. -ёл, -ела
пригнетать(ся), -аю, -ает(ся)
пригнетённый; кр. ф. -ён, -ена
пригнутый
пригнуть(ся), -ну(сь), -нёт(ся)
приговаривать(ся), -аю, -ает(ся)
приговор, -а
приговорённый; кр. ф. -ён, -ена
приговорить, -рю, -рит
приговорка, -и
пригодить(ся), -ожусь, -одится
пригодность, -и
пригодный
пригожество, -а
пригожий
приголубить(ся), -блю(сь), -бит(ся)
приголубленный
приголубливать(ся), -аю(сь), -ает(ся)
пригон, -а
пригонка, -и
пригонный
пригоночный
пригонять(ся), -яю, -яет(ся)
пригораживать(ся), -аю, -ает(ся)
пригорать, -ает
пригорелый
пригореть, -рит
пригород, -а
пригородить, -ожу, -одит
пригородный
пригороженный
пригорок, -рка
пригоршня, -и, р. мн. -шней и -шен
пригорюниваться, -аюсь, -ается
пригорюниться, -нюсь, -нится
приготавливать(ся), -аю(сь), -ает(ся)
приготовительный
приготовить(ся), -влю(сь), -вит(ся)
приготовишка, -и, м. и ж.
приготовление, -я
приготовленный
приготовлять(ся), -яю(сь), -яет(ся)
пригранычный
пригребать(ся), -аю(сь), -ает(ся)
пригребённый; кр. ф. -ён, -ена
пригрёбший(ся)
пригрев, -а
пригревать(ся), -аю(сь), -ает(ся)
пригрезиться, -ежусь, -езится
пригрести(сь), -ребу, -ребёт(ся); прош. -рёб(ся), -ребла(сь)
пригретый
пригреть(ся), -ею(сь), -еет(ся)
пригрозить, -ожу, -озит
пригубить, -блю, -бит
пригубленный
пригул, -а
пригуливать, -аю, -ает
пригульный

ПРИ

пригу́лянный
пригуля́ть, -я́ю, -я́ет
пригумённый
придава́ть(ся), -даю́, -даёт(ся) (к прида́ть)
придави́ть, -авлю́, -а́вит
прида́вленность, -и
прида́вленный
прида́вливать(ся), -аю, -ает(ся)
прида́ние, -я (от прида́ть)
прида́нница, -ы
при́данный; кр. ф. -ан, придана́, -ано
прида́ное, -ого
прида́тковый
прида́ток, -тка
прида́точный
прида́ть, -а́м, -а́шь, -а́ст, -ади́м, -ади́те, -аду́т; прош. при́дал, придала́, при́дало (прибавить)
прида́ча, -и
придвига́ть(ся), -а́ю(сь), -а́ет(ся)
придвижно́й
придви́нутый
придви́нуть(ся), -ну(сь), -нет(ся)
придво́рный
приде́л, -а (пристройка)
приде́ланный
приде́лать(ся), -аю, -ает(ся)
приде́лка, -и
приде́лывать(ся), -аю, -ает(ся)
приде́льный (от приде́л)
приде́ржанный
придержа́ть(ся), -ержу́(сь), -е́ржит(ся)
приде́рживать(ся), -аю(сь), -ает(ся)
придёрнутый
придёрнуть, -ну, -нет
приди́ра, -ы, м. и ж.
придира́ться, -а́юсь, -а́ется
приди́рка, -и
приди́рчивость, -и
приди́рчивый
приднепро́вский
приднестро́вский
придо́нный
придоро́жный
придра́ться, -деру́сь, -дерётся; прош. -а́лся, -ала́сь, -а́ло́сь
приду́манный
приду́мать(ся), -аю, -ает(ся)
приду́мщик, -а
приду́мщица, -ы
приду́мывать(ся), -аю, -ает(ся)
придуркова́тый
при́дурь, -и; с при́дурью
приду́шенный
придуши́ть, -ушу́, -у́шит
придыха́ние, -я
придыха́тельный
придя́, деепр. (от прийти́)
прие́вшийся
прие́да́ться, -а́ется
прие́зд, -а
приезжа́ть, -а́ю, -а́ет
приезжа́ющий, -его
прие́зжий, -его
приём, -а
приёмка, -и
прие́млемый
приёмная, -ой
приёмник, -а

ПРИ

приёмно-отправи́тельный
приёмно-передаю́щий
приёмно-сортиро́вочный
приёмно-усили́тельный
приёмный
приёмозаготови́тельный
приёмозапи́сывающий
приёмопереда́тчик, -а
приёмо-разда́точный
приёмо-сда́точный
приёмосда́тчик, -а
приёмочный
приёмщик, -а
приёмщица, -ы
приёмыш, -а
прие́сться, -е́мся, -е́шься, -е́стся, -еди́мся, -еди́тесь, -едя́тся; прош. -е́лся, -е́лась
прие́хать, -е́ду, -е́дет
прижа́ренный
прижа́рить(ся), -рю, -рит(ся)
прижа́тый
прижа́ть(ся), -жму́(сь), -жмёт(ся)
прижёгший
приже́чь, -жгу́, -жжёт, -жгу́т; прош. -жёг, -жгла́
прижжённый; кр. ф. -ён, -ена́
прижива́емость, -и
прижива́л, -а
прижива́лка, -и
прижива́льческий
прижива́льщик, -а
прижива́льщица, -ы
прижива́ть(ся), -а́ю(сь), -а́ет(ся)
прижи́ть(ся), -влю́, -ви́т(ся)
прижи́вка, -и
прижи́вле́ние, -я
прижи́влённый; кр. ф. -ён, -ена́
прижи́вля́ть(ся), -я́ю, -я́ет(ся)
прижи́вчивый
прижига́ние, -я
прижига́ть(ся), -а́ю, -а́ет(ся)
прижи́зненный
прижи́м, -а
прижима́ние, -я
прижима́ть(ся), -а́ю(сь), -а́ет(ся)
прижи́мистый
прижи́мка, -и
прижимно́й и прижи́мный
прижи́тый; кр. ф. прижи́т, прижита́, прижи́то
прижи́ть(ся), -живу́(сь), -живёт(ся); прош. прижи́л, прижи́лся, прижила́(сь), прижи́ло, прижи́ло́сь
прижо́г, -а, но: прош. прижёг
приз, -а, мн. -ы́, -о́в
призаду́маться, -аюсь, -ается
призаду́мываться, -аюсь, -ается
приза́нятый; кр. ф. -ят, -ята́, -ято
призаня́ть, -займу́, -займёт; прош. -за́нял, -заняла́, -за́няло
призва́ние, -я
при́званный
призва́ть, -зову́, -зовёт; прош. -а́л, -ала́, -а́ло
при́звук, -а
приземи́стость, -и
приземи́стый
приземле́ние, -я
приземлённый; кр. ф. -ён, -ена́
приземли́ть(ся), -лю́(сь), -ли́т(ся)
приземля́ть(ся), -я́ю, -я́ет(ся)

ПРИ

приземно́й
призёр, -а
призира́ть(ся), -а́ю, -а́ет(ся) (к призре́ть)
при́зма, -ы
призмати́ческий
призмато́ид, -а
признава́ть(ся), -наю́(сь), -наёт(ся)
при́знак, -а
призна́ние, -я
при́знанный
призна́тельность, -и
призна́тельный
призна́ть(ся), -а́ю(сь), -а́ет(ся)
призово́й
призо́р, -а и -у (без призо́ра)
при́зрак, -а
при́зрачный
призрева́ться), -а́ю(сь), -а́ет(ся)
призре́ние, -я (попечение)
при́зренный
призре́ть, призрю́, при́зрит (приютить)
при́зыв, -а
призыва́ть(ся), -а́ю(сь), -а́ет(ся)
призывни́к, -а́
призывно́й (воен.)
призы́вный (зовущий)
при́иск, -а
приискание, -я
приискание, -я
прии́сканный
иска́тель, -я
прииска́ть(ся), -ищу́, -и́щет(ся)
прии́скивать(ся), -аю, -ает(ся)
прии́сковый
прийти́(сь), приду́(сь), придёт(ся); прош. пришёл(ся), пришла́(сь)
прика́з, -а
приказа́ние, -я
прика́занный
приказа́ть, -ажу́, -а́жет
приказно́й
прика́зный
прика́зчик, -а
прика́зчица, -ы
прика́зчичий, -ья, -ье
прика́зывать(ся), -аю, -ает(ся)
прика́лывать(ся), -аю, -ает(ся)
прикана́льный
прика́нчивать(ся), -аю, -ает(ся)
прика́пливать(ся), -аю, -ает(ся)
прикарма́ненный
прикарма́нивать(ся), -аю, -ает(ся)
прикарма́нить, -ню, -нит
прика́рмливание, -я
прика́рмливать(ся), -аю, -ает(ся)
прикарпа́тский
прикаса́ние, -я
прикаса́ться, -а́юсь, -а́ется
прикаспи́йский
прика́танный
приката́ть, -а́ю, -а́ет
прикати́ть(ся), -ачу́, -а́тит(ся)
прика́тывать(ся), -аю, -ает(ся)
прика́чанный (от прикача́ть)
прикача́ть, -а́ю, -а́ет
прика́ченный (от прикати́ть)
прика́чивать(ся), -аю, -ает(ся)
прикинуть(ся), -ну(сь), -нет(ся)
прики́данный
прикида́ть, -а́ю, -а́ет
прики́дка, -и
прики́дывать(ся), -аю(сь), -ает(ся)

319

ПРИ

прики́нутый
прики́нуть(ся), -ну(сь), -нет(ся)
прикипа́ть, -а́ет
прикипе́ть, -пи́т
прикла́д, -а
прикла́дка, -и
прикладно́й
прикла́дывание, -я
прикла́дывать(ся), -аю(сь), -ает(ся)
приклеенный
прикле́ивание, -я
прикле́ивать(ся), -аю, -ает(ся)
прикле́ить(ся), -е́ю, -е́ит(ся)
прикле́йка, -и
приклёпанный
приклепа́ть(ся), -а́ю, -а́ет(ся)
приклёпка, -и
приклёпывать(ся), -аю, -ает(ся)
приклонённый; кр. ф. -ён, -ена́ (от приклони́ть)
приклони́ть(ся), -оню́(сь), -о́нит(ся) (пригнуть, прислонить)
приклоня́ть(ся), -я́ю(сь), -я́ет(ся) (к приклони́ть)
приключа́ть(ся), -а́ю, -а́ет(ся)
приключе́ние, -я
приключённый; кр. ф. -ён, -ена́
приключе́нческий
приключи́ть(ся), -чу́, -чи́т(ся)
прико́ванный
прикова́ть(ся), -ку́ю, -куёт(ся)
прико́вывать(ся), -аю, -ает(ся)
приковыля́ть, -я́ю, -я́ет
прико́л, -а
прикола́чивать(ся), -аю, -ает(ся)
приколдо́ванный
приколдова́ть, -ду́ю, -ду́ет
приколдо́вывать(ся), -аю, -ает(ся)
приколка, -и
приколоти́ть(ся), -очу́, -о́тит(ся)
прико́лотый
приколо́ть(ся), -олю́, -о́лет(ся)
приколо́ченный
прикомандиро́ванный
прикомандирова́ть(ся), -ру́ю(сь), -ру́ет(ся)
прикомандиро́вывать(ся), -аю(сь), -ает(ся)
прико́нченный
прико́нчить(ся), -чу, -чит(ся)
прикопи́ть, -оплю́, -о́пит
прико́пленный
прико́рм, -а
прикорми́ть(ся), -ормлю́, -о́рмит(ся)
прико́рмка, -и
прико́рмленный
прикорнево́й
прикорну́ть, -ну́, -нёт
прикоснове́ние, -я
прикоснове́нный; кр. ф. -ве́н и -ве́нен, -ве́нна
прикосну́ться, -ну́сь, -нётся
прикочева́ть, -чу́ю, -чу́ет
прикочёвывать, -аю, -ает
прикра́ивание, -я
прикра́ивать(ся), -аю, -ает(ся)
прикра́сить(ся), -а́шу(сь), -а́сит(ся)
прикра́сы, -а́с, ед. прикра́са, -ы
прикра́шенный
прикра́шивать(ся), -аю(сь), -ает(ся)
прикрепи́тельный

ПРИ

прикрепи́ть(ся), -плю́(сь), -пи́т(ся)
прикрепле́ние, -я
прикреплённый; кр. ф. -ён, -ена́
прикрепля́ть(ся), -я́ю(сь), -я́ет(ся)
прикри́кивать, -аю, -ает
прикри́кнуть, -ну, -нет
прикрова́тный
прикро́енный
прикро́ить, -о́ю, -о́ит
прикро́йка, -и
прикрути́ть, -учу́, -у́тит
прикру́ченный
прикру́чивание, -я
прикру́чивать(ся), -аю, -ает(ся)
прикрыва́ть(ся), -а́ю(сь), -а́ет(ся)
прикры́тие, -я
прикры́тый
прикры́ть(ся), -ро́ю(сь), -ро́ет(ся)
при́куп, -а
прикупа́ть(ся), -а́ю, -а́ет(ся)
прикупи́ть, -уплю́, -у́пит
прику́пка, -и
прику́пленный
прикупно́й
прику́ренный
прику́ривать(ся), -аю, -ает(ся)
прикури́ть, -урю́, -у́рит
прику́с, -а
прикуси́ть, -ушу́, -у́сит
прику́ска, -и
прику́сывать(ся), -аю, -ает(ся)
прику́шенный
прила́вок, -вка
прила́вочный
прилага́тельное, -ого
прилага́ть(ся), -а́ю, -а́ет(ся) (к приложи́ть)
прила́дить(ся), -а́жу(сь), -а́дит(ся)
прила́дка, -и
прила́женный
прила́живание, -я
прила́живать(ся), -аю(сь), -ает(ся)
прила́сканный
приласка́ть(ся), -а́ю(сь), -а́ет(ся)
прила́ститься, -а́щусь, -а́стится
прилга́ть, -лгу́, -лжёт, -лгу́т; прош. -а́л, -ала́, -а́ло
прилгну́ть, -ну́, -нёт
прилега́ть, -а́ет
прилёгший
прилежа́ние, -я
прилежа́ть, -жу́, -жи́т
прилежа́щий
приле́жность, -и
приле́жный
прилеза́ть, -а́ю, -а́ет
приле́зть, -зу, -зет; прош. -ле́з, -ле́зла
приле́зший
прилепи́ть(ся), -леплю́(сь), -ле́пит(ся)
приле́пленный
прилепля́ть(ся), -я́ю(сь), -я́ет(ся)
прилёт, -а
прилета́ть, -а́ю, -а́ет
прилете́ть, -лечу́, -лети́т
прилётный
приле́чь, -ля́гу, -ля́жет, -ля́гут; прош. -лёг, -легла́
прили́в, -а
прилива́ть(ся), -а́ю, -а́ет(ся)
прили́вный

ПРИ

приливообразу́ющий
прили́во-отли́вный
прили́занный
прилиза́ть(ся), -ижу́(сь), -и́жет(ся)
прили́зывать(ся), -аю(сь), -ает(ся)
прили́к, -а и -у и прили́ка, -и (для прили́ку, для прили́ки)
прилипа́ла, -ы, ж. (рыба)
прилипа́ть, -а́ю, -а́ет
прили́пнуть, -ну, -нет; прош. -ли́п, -ли́пла
прили́пчивый
прили́пший
прили́стник, -а
прили́тие, -я
прили́тый; кр. ф. -и́т, -ита́, -и́то
прили́ть(ся), -лью, -льёт(ся); прош. -и́л(ся), -ила́(сь), -и́ло, -и́ло́сь
приличествовать, -твует
приличествующий
прили́чие, -я
прили́чный
приловчи́ться, -чу́сь, -чи́тся
приложе́ние, -я (от приложи́ть)
прило́женный (от приложи́ть)
приложи́ть(ся), -ожу́(сь), -о́жит(ся) (присоединить)
прилуне́ние, -я
прилуни́ться, -ню́сь, -ни́тся
прилуча́ть(ся), -а́ю, -а́ет(ся)
прилучённый; кр. ф. -ён, -ена́
прилучи́ть, -чу́, -чи́т
прилыга́ть, -а́ю, -а́ет
прильну́ть, -ну́, -нёт
приля́пать, -аю, -ает
приля́пывать(ся), -аю, -ает(ся)
при́ма, -ы
при́ма-балери́на, -ы
примадо́нна, -ы
прима́ж, -а
прима́занный
прима́зать(ся), -а́жу(сь), -а́жет(ся)
прима́зка, -и
прима́зывать(ся), -аю(сь), -ает(ся)
прима́к, -а́
прима́ненный и приманённый; кр. ф. -ён, -ена́
прима́нивать(ся), -аю, -ает(ся)
примани́ть, -аню́, -а́нит
прима́нка, -и
прима́ночный
прима́нчивый
прима́рка, -и
прима́с, -а
примастерённый; кр. ф. -ён, -ена́
примастери́ть, -рю́, -ри́т
прима́т, -а
приматологи́ческий
приматоло́гия, -и
прима́тор, -а
прима́тывать(ся), -аю, -ает(ся)
прима́чивать(ся), -аю, -ает(ся)
прима́щивать(ся), -аю(сь), -ает(ся)
примежёванный
примежева́ть, -жу́ю, -жу́ет
прими́лька́ться, -а́юсь, -а́ется
примене́ние, -я
применённый; кр. ф. -ён, -ена́
примени́мый
примени́тельно (к кому, чему)
примени́ть(ся), -еню́(сь), -е́нит(ся)

применяемость, -и
применять(ся), -яю(сь), -яет(ся)
пример, -а
примерный
примереть, -мрёт; *прош.* пример, примерла, примерло
примерещиться, -щусь, -щится
примерзать, -аю, -ает
примёрзлый
примёрзнуть, -ну, -нет; *прош.* -ёрз, -ёрзла
примёрзший
примеривать(ся), -аю(сь), -ает(ся)
примерить(ся), -рю(сь), -рит(ся) и -ряю(сь), -ряет(ся)
примерка, -и
примерный
примерочный
примерять(ся), -яю(сь), -яет(ся) (к мерить)
примесить, -ешу, -есит
примести, -мету, -метёт; *прош.* -ёл, -ела
примесь, -и
примета, -ы
приметанный (от приметать)
приметать, -аю, -ает, *сов.* (о шитье)
приметать(ся), -аю, -ает(ся), *несов.* (к примести)
приметённый; *кр. ф.* -ён, -ена (от примести)
приметить(ся), -ечу, -етит(ся)
приметка, -и
приметливый
приметнуть(ся), -ну, -нёт(ся)
приметный
приметший
приметывать(ся), -аю, -ает(ся)
примечание, -я
примечательный
примечать(ся), -аю, -ает(ся)
примеченный
примешанный (от примешать)
примешать(ся), -аю, -ает(ся)
примешенный (от примесить)
примешивать(ся), -аю, -ает(ся)
приминать(ся), -аю, -ает(ся)
примиренец, -нца
примирение, -я
примирённый; *кр. ф.* -ён, -ена
примиренческий
примиренчество, -а
примиритель, -я
примирительный
примирить(ся), -рю(сь), -рит(ся)
примирять(ся), -яю(сь), -яет(ся) (к мирить)
примитив, -а
примитивизм, -а
примитивный
примкнутый
примкнуть(ся), -ну(сь), -нёт(ся)
примолкнувший
примолкнуть, -ну, -нет; *прош.* -молк, -молкла
примолкший
примораживать(ся), -аю, -ает(ся)
приморец, -рца
примороженный
приморозить, -ожу, -озит
приморский
приморье, -я

примостить(ся), -ощу(сь), -остит(ся)
примосток, -тка
примотанный
примотать(ся), -аю(сь), -ает(ся)
примотка, -и
примочка, -и
примощённый; *кр. ф.* -ён, -ена
примула, -ы
примус, -а, *мн.* -ы, -ов и -а, -ов
примусный
примчать(ся), -чу(сь), -чит(ся)
примыкание, -я
примыкать(ся), -аю(сь), -ает(ся)
примыслить, -лю, -лит
примышленный
примышлять(ся), -яю, -яет(ся)
примятый
примять(ся), -мну, -мнёт(ся)
принадлежать, -жу, -жит
принадлежность, -и
принажать, -жму, -жмёт
принайтовить, -влю, -вит
принайтовленный
принакопить, -оплю, -опит
принакопленный
приналёгший
приналечь, -лягу, -ляжет, -лягут; *прош.* -лёг, -легла
принимать, -аю, -ает
принятый; *кр. ф.* -ят, -ята, -ято
принанять, -айму, -аймёт; *прош.* -нанял, -наняла, -наняло
принарядить(ся), -яжу(сь), -ядит(ся)
принаряжать(ся), -аю(сь), -ает(ся)
принаряженный
принахмуриться, -рюсь, -рится
приневоленный
приневоливать(ся), -аю, -ает(ся)
приневолить, -лю, -лит
принесение, -я
принесённый; *кр. ф.* -ён, -ена
принести(сь), -су(сь), -сёт(ся); *прош.* -ёс(ся), -есла(сь)
принёсший(ся)
принижать(ся), -аю(сь), -ает(ся)
принижение, -я
приниженность, -и
приниженный
принизанный
принизать, -ижу, -ижет
принизить(ся), -ижу(сь), -изит(ся)
принизка, -и
принизывать(ся), -аю, -ает(ся)
приникать, -аю, -ает
приникнувший
приникнуть, -ну, -нет; *прош.* -ик, -икла
приникший
принимать(ся), -аю(сь), -ает(ся)
приноравливать(ся), -аю(сь), -ает(ся)
приноровить(ся), -влю(сь), -вит(ся)
приноровленный
приноровлять(ся), -яю(сь), -яет(ся)
принос, -а
приносить(ся), -ошу(сь), -осит(ся)
приношение, -я
принудиловка, -и
принудительный
принудить, -ужу, -удит
принуждать(ся), -аю(сь), -ает(ся)
принуждение, -я

принуждённость, -и
принуждённый; *кр. ф.* -ён, -ена
принц, -а
принцесса, -ы
принцип, -а
принципат, -а
принципиальность, -и
принципиальный
принюхаться, -аюсь, -ается
принюхиваться, -аюсь, -ается
принятие, -я
принятый; *кр. ф.* -ят, -ята, -ято
принять(ся), приму(сь), примет(ся); *прош.* принял, принялся, приняла(сь), приняло, принялось
приобвыкнуть, -ну, -нет; *прош.* -ык, -ыкла
приобвыкший
приободрённый; *кр. ф.* -ён, -ена
приободрить(ся), -рю(сь), -рит(ся)
приободрять(ся), -яю(сь), -яет(ся)
приобрёвший
приобрести, -ету, -етёт; *прош.* -ёл, -ела
приобретатель, -я
приобретательный
приобретательский
приобретать(ся), -аю, -ает(ся)
приобретение, -я
приобретённый; *кр. ф.* -ён, -ена
приобретший
приобщать(ся), -аю(сь), -ает(ся)
приобщение, -я
приобщённый; *кр. ф.* -ён, -ена
приобщить(ся), -щу(сь), -щит(ся)
приобъектный
приобыкнуть, -ну, -нет; *прош.* -ык, -ыкла
приобыкший
привражный
привражье, -я
приодетый
приодеть(ся), -ену(сь), -енет(ся)
приозёрный
приозёрье, -я
прибор, -а
приоритет, -а
приосаниваться, -аюсь, -ается
приосаниться, -нюсь, -нится
приостанавливать(ся), -аю(сь), -ает(ся)
приостановить(ся), -овлю(сь), -овит(ся)
приостановка, -и
приостановление, -я
приостановленный
приотворённый
приотворить(ся), -орю, -орит(ся)
приотворять(ся), -яю, -яет(ся)
приоткрывать(ся), -аю(сь), -ает(ся)
приоткрытый
приоткрыть(ся), -рою(сь), -роет(ся)
приотстать, -стану, -станет
приохотить(ся), -очу(сь), -отит(ся)
приохоченный
приохочивать(ся), -аю(сь), -ает(ся)
припавший
припадать, -аю, -ает
припадок, -дка
припадочный
припаздывать, -аю, -ает
припазушный

ПРИ

припа́ивание, -я
припа́ивать(ся), -аю, -ает(ся)
припа́й, -я
припа́йка, -и
припалённый; *кр. ф.* -ён, -ена́
припа́лзывать, -аю, -ает
припа́ливать(ся), -аю, -ает(ся)
припали́ть(ся), -лю́(сь), -ли́т(ся)
припа́ренный
припа́ривать(ся), -аю, -ает(ся)
припа́рить, -рю, -рит
припа́рка, -и
припа́рочный
припа́с, -а
припаса́ть(ся), -а́ю(сь), -а́ет(ся)
припасённый; *кр. ф.* -ён, -ена́
припа́сливый
припасо́ванный
припасова́ть, -су́ю, -су́ет
припасо́вка, -и
припасо́вывать(ся), -аю, -ает(ся)
припасти́(сь), -су́(сь), -сёт(ся); *прош.* -а́с(ся), -асла́(сь)
припа́сть, -аду́, -адёт; *прош.* -па́л, -па́ла
припа́сший
припа́сы, -ов
припа́ханный
припаха́ть, -ашу́, -а́шет
припа́хивать, -аю, -ает
припа́шка, -и
припа́янный
припая́ть(ся), -я́ю, -я́ет(ся)
припе́в, -а
припева́ть, -а́ю, -а́ет
припева́ючи, *нареч.*
припе́вка, -и
припёк, -а и -у
припёка, -и
припека́ть(ся), -а́ю, -а́ет(ся)
припёкший(ся)
припере́ть(ся), -пру́(сь), -прёт(ся); *прош.* -пёр(ся), -пёрла(сь)
припёртый
припе́рченный
припе́рчивать, -аю, -ает
припе́рчить, -чу, -чит
припёрший(ся)
припеча́танный
припеча́тать, -аю, -ает
припеча́тка, -и
припеча́тывать(ся), -аю, -ает(ся)
припечённый; *кр. ф.* -ён, -ена́
припе́чь(ся), -еку́, -ечёт(ся), -еку́т(ся); *прош.* -ёк(ся), -екла́(сь)
припира́ть(ся), -а́ю(сь), -а́ет(ся) (*к* припере́ть)
припи́санный
приписа́ть(ся), -ишу́(сь), -и́шет(ся)
припи́ска, -и
приписни́к, -а́
приписно́й
припи́сывание, -я
припи́сывать(ся), -аю(сь), -ает(ся)
припланетный
припла́та, -ы
приплати́ть, -ачу́, -а́тит
припла́ченный
припла́чивать(ся), -аю, -ает(ся)
приплёскивать(ся), -ает(ся)
приплёснутый

ПРИ

приплесну́ть(ся), -ну́, -нёт(ся)
заплести́(сь), -лету́(сь), -летёт(ся); *прош.* -ёл(ся), -ела́(сь)
заплета́ть(ся), -а́ю, -а́ет(ся)
заплетённый; *кр. ф.* -ён, -ена́
заплётший(ся)
приплод, -а
приплотинный
приплыва́ть, -а́ю, -а́ет
приплы́ть, -ыву́, -ывёт; *прош.* -ы́л, -ыла́, -ы́ло
приплю́снутый
приплю́снуть(ся), -ну, -нет(ся)
приплюсо́ванный
приплюсова́ть(ся), -су́ю, -су́ет(ся)
приплюсо́вывать(ся), -аю, -ает(ся)
приплю́щенный
приплю́щивать(ся), -аю(сь), -ает(ся)
приплю́щить, -щу, -щит
припля́с, -а
припля́сывать, -аю, -ает
приподнима́ть(ся), -а́ю(сь), -а́ет(ся)
припо́днятый; *кр. ф.* -ят, -ята́, -ято
приподня́ть(ся), -ниму́(сь), -ни́мет(ся) и -дыму́(сь), -ды́мет(ся); *прош.* -по́днял, -ня́лся, -няла́(сь), -по́дняло, -ня́лось
приподыма́ть(ся), -а́ю(сь), -а́ет(ся)
припозда́ть, -а́ю, -а́ет
припо́й, -я
припо́йменный
приполза́ть, -а́ю, -а́ет
приползти́, -зу́, -зёт; *прош.* -о́лз, -олзла́
припо́лзший
приполя́рный
припомина́ть(ся), -а́ю, -а́ет(ся)
припо́мнить(ся), -ню, -нит(ся)
припоро́шенный; *кр. ф.* -ён, -ена́
припороши́ть(ся), -шу́, -ши́т(ся)
припоро́шка, -и
припорто́вый
припорхну́ть, -ну́, -нёт
припра́ва, -ы
припра́вить, -влю, -вит
припра́вка, -и
припра́вленный
приправля́ть(ся), -я́ю, -я́ет(ся)
припра́вочный
припры́гать, -аю, -ает
припры́гивать, -аю, -ает
припры́гнуть, -ну, -нет
припры́жка, -и
припряга́ть(ся), -а́ю, -а́ет(ся)
припря́гший(ся)
припрядённый; *кр. ф.* -ён, -ена́ (*от* припря́сть)
припряжённый; *кр. ф.* -ён, -ена́ (*от* припря́чь)
припря́жка, -и
припряжно́й
припря́сть, -яду́, -ядёт; *прош.* -пря́л, -пря́ла́, -пря́ло
припря́танный
припря́тать, -я́чу, -я́чет
припря́тывать(ся), -аю, -ает(ся)
припря́чь(ся), -ягу́, -яжёт(ся), -ягу́т(ся); *прош.* -я́г(ся), -ягла́(сь)
припу́гивать, -аю, -ает
припу́гнутый
припугну́ть, -ну́, -нёт
припу́дренный

ПРИ

припу́дривать(ся), -аю(сь), -ает(ся)
припу́дрить(ся), -рю(сь), -рит(ся)
при́пуск, -а
припуска́ть(ся), -а́ю(сь) -а́ет(ся)
припусти́ть(ся), -ущу́(сь), -у́стит(ся)
припу́танный
припу́тать(ся), -аю(сь), -ает(ся)
припу́тывать(ся), -аю(сь), -ает(ся)
припуха́ть, -а́ет,
припу́хлость, -и
припу́хлый
припу́хнуть, -нет; *прош.* -у́х, -у́хла
припу́хший
припушённый; *кр. ф.* -ён, -ена́
припуши́ть, -шит
припу́щенный
прираба́тывать, -аю, -ает
прирабо́танный
прирабо́тать(ся), -аю, -ает(ся)
прирабо́тка, -и
при́работок, -тка
прира́вненный
прира́внивать(ся), -аю(сь), -ает(ся)
приравня́ть(ся), -я́ю(сь), -я́ет(ся) (*к* ра́вный)
прираста́ние, -я
прираста́ть, -а́ю, -а́ет
прирасти́, -ту́, -тёт; *прош.* -ро́с, -росла́
прирасти́ть, -ащу́, -асти́т
прираща́ть(ся), -а́ю, -а́ет(ся)
прираще́ние, -я
прира́щенный; *кр. ф.* -ён, -ена́
прира́щивать(ся), -аю, -ает(ся)
приревнова́ть, -ну́ю, -ну́ет
приреза́, -а
приреза́нный
приреза́ть, -ежу, -ежет, *сов.*
прирезать, -а́ю, -а́ет, *несов.*
приреза́ка, -и
прирезно́й
приреза́ок, -зка
прирезыва́ть(ся), -аю, -ает(ся)
прире́льсовый
прире́чный
прире́чье, -я
пририсо́ванный
пририсова́ть, -су́ю, -су́ет
пририсо́вывать(ся), -аю, -ает(ся)
прирове́нный
приравня́ть, -я́ю, -я́ет (*к* ро́вный)
приро́да, -ы
приро́дно-климати́ческий
приро́дно-чи́стый
приро́дный
природове́д, -а
природове́дение, -я
природове́дческий
природопо́льзование, -я
прирождённый; *кр. ф.* -ён, -ена́
приро́ст, -а
приро́сток, -тка
приро́сший
прируба́ть(ся), -а́ю, -а́ет(ся)
прирубе́жный
прируби́ть, -ублю́, -у́бит
прирубка, -и
прирубленный
прирублённый; *кр. ф.* -ён, -ена́
приру́ливать(ся), -аю, -ает(ся)
прирули́ть, -лю́, -ли́т
приру́словый

ПРИ

прируча́ть(ся), -а́ю(сь), -а́ет(ся)
прируче́ние, -я
приручённый; кр. ф. -ён, -ена́
приручи́ть(ся), -чу́(сь), -чи́т(ся)
приса́дистый
присади́ть, -ажу́, -а́дит
приса́дка, -и
приса́док, -дка
приса́дочный
приса́женный
приса́живать(ся), -аю(сь), -ает(ся)
приса́ливать(ся), -аю, -ает(ся)
приса́сывать(ся), -аю(сь), -ает(ся)
приса́харенный
приса́харить, -рю, -рит
присбо́ренный
присбо́ривать(ся), -аю, -ает(ся)
присбо́рить, -рю, -рит
присва́ивание, -я
присва́ивать(ся), -аю, -ает(ся)
присва́танный
присва́тать(ся), -аю(сь), -ает(ся)
присва́тывать(ся), -аю(сь), -ает(ся)
при́свист, -а
присви́стнуть, -ну, -нет
присви́стывать, -аю, -ает
присвое́ние, -я
присво́енный
присво́ить, -о́ю, -о́ит
присвоя́ть(ся), -я́ю, -я́ет(ся)
присе́в, -а
присева́ть(ся), -а́ю, -а́ет(ся)
присе́д, -а
приседа́ние, -я
приседа́ть, -а́ю, -а́ет
приселённый; кр. ф. -ён, -ена́
пресели́ть(ся), -елю́(сь), -е́лит(ся)
присёлок, -лка
приселя́ть(ся), -я́ю(сь), -я́ет(ся)
присемени́ть, -ню́, -ни́т
присеме́нник, -а
присе́ст, -а
присе́сть, -ся́ду, -ся́дет; прош. -се́л, -се́ла
присе́янный
присе́ять, -е́ю, -е́ет
приска́зка, -и
прискака́ть, -скачу́, -ска́чет
приска́кивать, -аю, -ает
прискладско́й
приско́к, -а
приско́рбие, -я
приско́рбный
прискочи́ть, -очу́, -о́чит
приску́чивать(ся), -аю, -ает(ся)
приску́чить(ся), -чу, -чит(ся)
при́сланный
присла́ть, пришлю́, пришлёт; прош. -сла́л, -сла́ла
присло́вье, -я
прислонённый; кр. ф. -ён, -ена́
прислони́ть(ся), -оню́(сь), -о́нит(ся)
прислоня́ть(ся), -я́ю(сь), -я́ет(ся)
прислу́га, -и
прислу́живание, -я
прислу́живать(ся), -аю(сь), -ает(ся)
прислужи́ть(ся), -ужу́(сь), -у́жит(ся)
прислу́жливый
прислу́жник, -а
прислу́жница, -ы
прислу́жничать, -аю, -ает
прислу́жнический

прислу́жничество, -а
прислу́шаться, -аюсь, -ается
прислу́шиваться, -аюсь, -ается
присма́тривать(ся), -аю(сь), -ает(ся)
при́ смерти
присмире́лый
присмирённый; кр. ф. -ён, -ена́
присмире́ть, -е́ю, -е́ет (стать смирным)
присмири́ть, -рю́, -ри́т (кого)
присмоли́ть(ся), -лю́(сь), -ли́т(ся)
присмо́тр, -а
присмо́тренный
присмотре́ть(ся), -отрю́(сь), -о́трит(ся)
присни́ться, -ню́сь, -ни́тся
при́сно
приснопа́мятный
при́сные, -ых
присоба́чить, -чу, -чит
присо́бранный
присобра́ть, -беру́, -берёт; прош. -а́л, -ала́, -а́ло
присове́тованный
присове́товать, -тую, -тует
присовокупи́ть(ся), -плю́, -пи́т(ся)
присовокупле́ние, -я
присовокуплённый; кр. ф. -ён, -ена́
присовокупля́ть(ся), -я́ю, -я́ет(ся)
присоедине́ние, -я
присоединённый; кр. ф. -ён, -ена́
присоедини́тельный
присоедини́ть(ся), -ню́(сь), -ни́т(ся)
присоединя́ть(ся), -я́ю(сь), -я́ет(ся)
присо́ленный
присоли́ть, -олю́, -о́лит
присо́с, -а
присо́санный
присоса́ть(ся), -осу́(сь), -осёт(ся)
присосе́диться, -е́жусь, -е́дится
присо́ска, -и
присо́сок, -ска
присо́хнуть, -нет; прош. -о́х, -о́хла
присо́хший
присочинённый; кр. ф. -ён, -ена́
присочини́ть, -ню́, -ни́т
приспева́ть, -а́ю, -а́ет
приспе́ть, -е́ю, -е́ет
приспе́шник, -а
приспе́шница, -ы
приспе́шничать, -аю, -ает
приспи́чить, -ит
приспоса́бливание, -я
приспоса́бливать(ся), -аю(сь), -ает(ся)
приспосо́бить(ся), -блю(сь), -бит(ся)
приспособле́нец, -нца
приспособле́ние, -я
приспосо́бленность, -и
приспосо́бленный
приспособле́нческий
приспособле́нчество, -а
приспособля́емость, -и
приспособля́ть(ся), -я́ю(сь), -я́ет(ся)
приспуска́ть(ся), -а́ю(сь), -а́ет(ся)
приспусти́ть(ся), -ущу́(сь), -у́стит(ся)
приспу́щенный
при́став, -а, мн. -а́, -о́в
пристава́ла, -ы, м. и ж.
пристава́ние, -я
пристава́ть, -таю́, -таёт

приста́вить, -влю, -вит
приста́вка, -и
приставле́ние, -я (от приста́вить)
приста́вленный
приставля́ть(ся), -я́ю, -я́ет(ся)
приставно́й
приста́вочный
пристадио́нный
приста́льный
приста́нище, -а
при́станный
приста́нский
пристанцио́нный
при́стань, -и, мн. -и, -ей
приста́ть, -а́ну, -а́нет
пристаю́щий
пристебо́льный
пристёганный
пристега́ть, -а́ю, -а́ет
пристёгивать(ся), -аю(сь), -ает(ся)
пристёгнутый
пристегну́ть(ся), -ну́(сь), -нёт(ся)
пристёжка, -и
пристежно́й (пристёгивающийся)
пристигну́ть, -ну, -нет; прош. -и́г, -и́гла
присто́йность, -и
присто́йный
пристра́гивать(ся), -аю, -ает(ся)
пристра́ивать(ся), -аю(сь), -ает(ся)
пристра́стие, -я
пристрасти́ть(ся), -ащу́(сь), -асти́т(ся)
пристра́стка, -и
пристра́стность, -и
пристра́стный
пристра́чивание, -я
пристра́чивать(ся), -аю, -ает(ся)
пристра́чивать(ся), -а́ю(сь), -а́ет(ся)
пристращённый; кр. ф. -ён, -ена́
пристра́щивать(ся), -аю, -ает(ся)
пристре́л, -а
пристре́ленный (от пристрели́ть)
пристре́ливать(ся), -аю(сь), -ает(ся)
пристрели́ть, -елю́, -е́лит
пристре́лка, -и
пристре́лочный
пристре́льный
пристре́лянный (от пристреля́ть)
пристреля́ть(ся), -я́ю(сь), -я́ет(ся)
пристро́ганный
пристрога́ть, -а́ю, -а́ет
пристро́енный
пристро́ить(ся), -о́ю(сь), -о́ит(ся)
пристро́йка, -и
пристро́ченный
пристрочи́ть, -очу́, -о́чит
пристро́чка, -и
пристру́га, -и
пристру́ганный
приструга́ть, -а́ю, -а́ет
пристру́гивать(ся), -аю, -ает(ся)
пристру́ненный
пристру́нивать(ся), -аю, -ает(ся)
пристру́ни́ть, -ню́, -ни́т
присту́кивать, -аю, -ает
присту́кнутый
присту́кнуть, -ну, -нет
при́ступ, -а
приступа́ть(ся), -а́ю(сь), -а́ет(ся) (начинать)

ПРИ

приступи́ть(ся), -уплю́(сь), -у́пит(ся) (начать)
присту́пка, -и
присту́пок, -пка
присту́почек, -чка
присту́почка, -и
пристыва́ть, -а́ю, -а́ет
присты́вший
пристыди́ть, -ыжу́, -ыди́т
пристыжа́ть, -а́ю, -а́ет
пристыжённый; *кр. ф.* -ён, -ена́
присты́ть и пристыну́ть, -ы́ну, -ы́нет; *прош.* -стыл, -стыла
пристя́жка, -и
пристяжно́й (о лошади)
пристя́жь, -и
присуди́ть, -ужу́, -у́дит
присужда́ть(ся), -а́ю, -а́ет(ся)
присужде́ние, -я
присуждённый; *кр. ф.* -ён, -ена́
прису́женный
присупо́ненный
присупо́нивать(ся), -аю, -ает(ся)
присупо́нить, -ню, -нит
прису́тственный
прису́тствие, -я
прису́тствовать, -твую, -твует
прису́тствующий
прису́ха, -и
присуча́ть(ся), -а́ю, -а́ет(ся)
прису́ченный
прису́чивать(ся), -аю, -ает(ся)
присучи́ть, -учу́, -у́чит
прису́чка, -и
прису́шенный
прису́шивать(ся), -аю, -ает(ся)
присуши́ть, -ушу́, -у́шит
прису́шка, -и
прису́щий (кому, чему)
присчёт, -а
присчи́танный
присчита́ть, -а́ю, -а́ет
присчи́тывать(ся), -аю, -ает(ся)
присыла́ть(ся), -а́ю, -а́ет(ся)
присы́лка, -и
присыпа́ние, -я
присы́панный
присы́пать(ся), -плю, -плет(ся), *сов.*
присыпа́ть(ся), -а́ю, -а́ет(ся), *несов.*
присы́пка, -и
присыпно́й
присыха́ть, -а́ет
присюсю́кивать, -аю, -ает
прися́га, -и
присяга́ть, -а́ю, -а́ет
присягну́ть, -ну́, -нёт
прися́дка, -и
прися́жный
притаи́ться, -аю́сь, -аи́тся
прита́лкивать(ся), -аю, -ает(ся)
пританцо́вывать, -аю, -ает
прита́птывать(ся), -аю, -ает(ся)
прита́скивать(ся), -аю(сь), -ает(ся)
прита́чанный
притача́ть, -а́ю, -а́ет
прита́чивание, -я
прита́чивать(ся), -аю, -ает(ся)
прита́чка, -и
притачно́й
прита́щенный
притащи́ть(ся), -ащу́(сь), -а́щит(ся)

ПРИ

притво́р, -а
притво́ра, -ы, *м. и ж.*
притво́ренный (*от* притвори́ть)
притвори́ть(ся), -орю́, -о́рит(ся) (прикрыть)
притвори́ться, -рю́сь, -ри́тся (прикинуться)
притво́рный
притво́рство, -а
притво́рствовать, -твую, -твует
притво́рщик, -а
притво́рщица, -ы
притворя́ть(ся), -я́ю(сь), -я́ет(ся) (к притвори́ть, притвори́ться)
притворя́шка, -и, *м.* (притворщик; жук) и *ж.* (притворщица)
притека́ть, -а́ет
притёкший
притемнённый; *кр. ф.* -ён, -ена́
притемни́ть, -ню́, -ни́т
притемня́ть(ся), -я́ю, -я́ет(ся)
притенённый; *кр. ф.* -ён, -ена́
притени́ть, -ню́, -ни́т
притеня́ть, -я́ю, -я́ет
притере́ть(ся), -тру́(сь), -трёт(ся); *прош.* -тёр(ся), -тёрла(сь)
притерпе́ться, -ерплю́сь, -е́рпится
притерра́сный
притёртый
притёрший(ся)
притёсанный
притеса́ть, -ешу́, -е́шет
притёска, -и
притесне́ние, -я
притеснённый; *кр. ф.* -ён, -ена́
притесни́тель, -я
притесни́тельный
притесни́ть, -ню́, -ни́т
притесня́ть(ся), -я́ю, -я́ет(ся)
притёсывать(ся), -аю, -ает(ся)
прите́чь, -течёт, -теку́т; *прош.* -ёк, -екла́
прити́р, -а
притира́ние, -я
притира́ть(ся), -а́ю(сь), -а́ет(ся)
прити́рка, -и
прити́рочный
прити́ск, -а
прити́скивать(ся), -аю(сь), -ает(ся)
прити́снутый
притисну́ть(ся), -ну(сь), -нет(ся)
притиха́ть, -а́ю, -а́ет
прити́хнувший
прити́хнуть, -ну, -нет; *прош.* -и́х, -и́хла
прити́хший
притка́нный
притка́ть, -тку́, -ткёт; *прош.* -а́л, -а́ла, -а́ло
приткну́тый
приткну́ть(ся), -ну́(сь), -нёт(ся) (поместить)
прито́к, -а
притолка́ть, -а́ю, -а́ет
притолкну́ть, -ну́, -нёт
при́толока, -и
прито́м, *союз* (он работает и прито́м учится)
притоми́ть(ся), -млю́(сь), -ми́т(ся)
притомлённый; *кр. ф.* -ён, -ена́
притомля́ть(ся), -я́ю(сь), -я́ет(ся)
прито́н, -а
притоносодержа́тель, -я

ПРИ

прито́п, -а
прито́пать, -аю, -ает
прито́пнуть, -ну, -нет
прито́птанный
притопта́ть(ся), -опчу́, -о́пчет(ся)
прито́пывать, -аю, -ает
прито́рачивать(ся), -аю, -ает(ся)
приторго́ванный
приторгова́ть(ся), -гу́ю(сь), -гу́ет(ся)
приторго́вывать(ся), -аю(сь), -ает(ся)
приторма́живать(ся), -аю, -ает(ся)
приторможённый; *кр. ф.* -ён, -ена́
притормози́ть, -ожу́, -ози́т
прито́рно-сла́дкий
прито́рность, -и
прито́рный
приторо́ченный
приторочи́ть, -чу́, -чи́т
приторцева́ть, -цу́ю, -цу́ет
приторцо́ванный
приторцо́вывать(ся), -аю, -ает(ся)
прито́ченный
прито́чка, -и
прито́чно-вытяжно́й
прито́чный (*от* притча)
прито́чный (*от* прито́к, приточи́ть)
притра́ва, -ы
притрави́ть, -авлю́, -а́вит
притра́вленный
притра́вливать(ся), -аю, -ает(ся)
притра́гиваться, -аюсь, -ается
притро́нуться, -нусь, -нется
притруси́ть, -трушу́, -труси́т
притру́шенный
притули́ться, -лю́сь, -ли́тся
притума́ниться, -нюсь, -нится
притупи́ть(ся), -уплю́, -у́пит(ся)
притупле́ние, -я
приту́пленный
притупля́ть(ся), -я́ю, -я́ет(ся)
притуха́ть, -а́ет
приту́хнувший
приту́хнуть, -ну, -нет; *прош.* -у́х, -у́хла
приту́хший
приту́шенный
притуши́ть, -ушу́, -у́шит
при́тча, -и
притыка́ть(ся), -а́ю(сь), -а́ет(ся)
приты́чка, -и
притяга́тельный
притя́гивать(ся), -аю(сь), -ает(ся)
притяжа́тельный
притяже́ние, -я
притяза́ние, -я
притяза́тельный
притяза́ть, -а́ю, -а́ет
притя́нутый
притяну́ть(ся), -яну́(сь), -я́нет(ся)
приуба́вить, -влю, -вит
приуба́вленный
приу́бранный
приубра́ть(ся), -беру́(сь), -берёт(ся); *прош.* -а́л(ся), -ала́(сь), -а́ло, -а́ло́сь
приугото́вить(ся), -влю(сь), -вит(ся)
приугото́вленный
приуготовля́ть(ся), -я́ю(сь), -я́ет(ся)
приуда́рить, -рю, -рит
приударя́ть(ся), -я́ю, -я́ет(ся)

ПРИ

приудéржанный
приудержáть, -ержу́, -éржит
приудéрживать(ся), -аю, -ает(ся)
приу́з, -а
приукрáсить(ся), -а́шу(сь), -а́сит(ся)
приукрашáть(ся), -а́ю(сь), -а́ет(ся)
приукрáшенный
приукрáшивать(ся), -аю(сь), -ает(ся)
приулéчься, -ля́гусь, -ля́жет(ся), -ля́гутся; *прош.* -лёгся, -легла́сь
приуменьшáть(ся), -а́ю, -а́ет(ся) (*к* приумéньшить)
приуменьшéние, -я (*от* приумéньшить)
приумéньшенный и приуменьшённый; *кр. ф.* -ён, -ена́ (*от* приумéньшить)
приумéньшить(ся), -мéньшу́, -мéньшит(ся) (несколько уменьшить)
приумножáть(ся), -а́ю, -а́ет(ся) (*к* приумнóжить)
приумножéние, -я (*от* приумнóжить)
приумнóженный (*от* приумнóжить)
приумнóжить(ся), -жу, -жит(ся) (несколько увеличить)
приумолкáть, -а́ю, -а́ет
приумóлкнувший
приумóлкнуть, -ну, -нет; *прош.* -óлк, -óлкла
приумóлкший
приумы́тый
приумы́ть(ся), -мóю(сь), -мóет(ся)
приуны́ть, -нóю, -нóет
приурáльский
приурóчение, -я
приурóченный
приурóчивать(ся), -аю, -ает(ся)
приурóчить(ся), -чу, -чит(ся)
приусáдебный
приустáть, -а́ну, -а́нет
приу́стьевый
приути́хнувший
приути́хнуть, -ну, -нет; *прош.* -и́х, -и́хла
приучáть(ся), -а́ю(сь), -а́ет(ся)
приучéние, -я
приу́ченный
приучи́ть(ся), -учу́(сь), -у́чит(ся)
прифабри́чный
прифальцевáть, -цу́ю, -цу́ет
прифальцóванный
прифальцóвка, -и
прифальцóвывать, -аю, -ает
прифасóниться, -óнюсь, -óнится
прифéрмский
префи́кс, -а (твердая цена)
прифранти́ться, -нчу́сь, -нти́тся
прифронтовóй
прифугóванный
прифуговáть, -гу́ю, -гу́ет
прифугóвка, -и
прифугóвывать(ся), -аю, -ает(ся)
прихвáрывать, -аю, -ает
прихвастну́ть, -ну́, -нёт
прихвáстывать, -аю, -ает
прихвати́ть, -ачу́, -а́тит
прихвáтывать(ся), -аю, -ает(ся)
прихвáченный
прихворну́ть, -ну́, -нёт
при́хвостень, -тня
прихлебáтель, -я

ПРИ

прихлебáтельский
прихлебáтельство, -а
прихлебну́ть, -ну́, -нёт
прихлёбывать(ся), -аю, -ает(ся)
прихлёстнутый
прихлестну́ть, -ну́, -нёт
прихлёстывать(ся), -аю, -ает(ся)
прихлóп, -а
прихлóпнутый
прихлóпнуть, -ну, -нет
прихлóпывать(ся), -аю, -ает(ся)
прихлы́нуть, -нет
прихóд, -а
приходи́ть(ся), -ожу́(сь), -óдит(ся) (*к* прийти́)
прихóдный
прихóдованный
прихóдовать, -дую, -дует
прихóдо-расхóдный
приходорасхóдчик, -а
прихóдский
приходя́щий(ся)
прихожáнин, -а, *мн.* -а́не, -а́н
прихожáнка, -и
прихóжая, -ей
прихорáшивать(ся), -аю(сь), -ает(ся)
прихотли́вый
при́хоть, -и
прихрáмывать, -аю, -ает
прицвéтник, -я
прицвéтный
прицéл, -а
прицéленный
прицéливание, -я
прицéливать(ся), -аю(сь), -ает(ся)
прицéлить(ся), -éлю(сь), -éлит(ся)
прицéльный
прицени́ваться, -аюсь, -ается
прицени́ться, -еню́сь, -éнится
приценя́ться, -я́юсь, -я́ется
прицéп, -а
прицепи́ть(ся), -цеплю́(сь), -цéпит(ся)
прицéпка, -и
прицéпленный
прицепля́ть(ся), -я́ю(сь), -я́ет(ся)
прицепнóй
прицéпщик, -а
прицéпщица, -ы
прицы́кнуть, -ну, -нет
причáл, -а
причáленный
причáливать(ся), -аю, -ает(ся)
причáлить, -лю, -лит
причáльный
причáстие, -я
причасти́ть(ся), -ащу́(сь), -асти́т(ся)
причáстник, -а
причáстница, -ы
причáстность, -и
причáстный
причащáть(ся), -а́ю(сь), -а́ет(ся)
причащéние, -я
причащённый; *кр. ф.* -ён, -ена́
причём, *союз*
причерти́ть, -ерчу́, -éртит
причéрченный
причéрчивать(ся), -аю, -ает(ся)
причёсанный
причесáть(ся), -ешу́(сь), -éшет(ся)
причёска, -и
причéсть, -чту́, -чтёт; *прош.* -чёл, -чла́

ПРИ

причёсывание, -я
причёсывать(ся), -аю(сь), -ает(ся)
при́чет, -а
причéтник, -а
причéтнический
причи́на, -ы
причиндáлы, -ов
причинéние, -я
причинённый; *кр. ф.* -ён, -ена́
причини́ть(ся), -ню́, -ни́т(ся)
причи́нно-слéдственный
причи́нность, -и
причи́нный
причиня́ть(ся), -я́ю, -я́ет(ся)
причислéние, -я
причи́сленный
причи́слить(ся), -лю(сь), -лит(ся)
причисля́ть(ся), -я́ю(сь), -я́ет(ся)
причитáльщица, -ы
причитáние, -я
причитáть(ся), -а́ю, -а́ет(ся)
причи́тывать(ся), -аю, -ает(ся)
причмóкивать, -аю, -ает
причмóкнуть, -ну, -нет
причт, -а (*церк.*)
причтённый; *кр. ф.* -ён, -ена́
при́чтовый
причу́да, -ы
причу́диться, -ится
причу́дливость, -и
причу́дливый
причу́дник, -а
причу́дница, -ы
причу́дничать, -аю, -ает
пришáбренный
пришáбривать(ся), -аю, -ает(ся)
пришáбрить(ся), -рю, -рит(ся)
пришабрóвка, -и
пришагáть, -а́ю, -а́ет
пришáркивать, -аю, -ает
пришвартóванный
пришвартовáть(ся), -ту́ю(сь), -ту́ет(ся)
пришвартóвывать(ся), -аю(сь), -ает(ся)
пришéдший(ся) (*от* прийти́)
пришéлец, -льца
пришепётывание, -я
пришепётывать, -аю, -ает
пришёптывать, -аю, -ает
пришéствие, -я
пришибáть, -а́ю, -а́ет
пришиби́ть, -бу́, -бёт; *прош.* -ши́б, -ши́бла
пришиблéнный
пришивáние, -я
пришивáть(ся), -а́ю, -а́ет(ся)
приши́вка, -и
пришивнóй
приши́тый
приши́ть(ся), -шью, -шьёт(ся)
пришкóльный
пришлёпать, -аю, -ает
пришлёпнутый
пришлёпнуть(ся), -ну, -нет(ся)
пришлёпывать(ся), -аю, -ает(ся)
пришлифóванный
пришлифовáть(ся), -фу́ю, -фу́ет(ся)
пришлифóвывать(ся), -аю, -ает(ся)
при́шлый
пришоссéйный
пришпандóренный

ПРИ

пришпандо́ривать, -аю, -ает
пришпандо́рить, -рю, -рит
пришпи́ленный
пришпи́ливать(ся), -аю, -ает(ся)
пришпи́лить, -лю, -лит
пришпо́ренный
пришпо́ривать(ся), -аю, -ает(ся)
пришпо́рить, -рю, -рит
приштуко́ванный
приштукова́ть(ся), -ку́ю, -ку́ет(ся)
приштуко́вывать(ся), -аю, -ает(ся)
прищёлкивание, -я
прищёлкивать(ся), -аю, -ает(ся)
прищёлкнутый
прищёлкнуть, -ну, -нет
прищеми́ть(ся), -млю́, -ми́т(ся)
прищемлённый; кр. ф. -ён, -ена́
прищемля́ть(ся), -я́ю, -я́ет(ся)
прище́п, -а
прищепи́ть, -плю́, -пи́т
прище́пка, -и
прищеплённый; кр. ф. -ён, -ена́
прищепля́ть(ся), -я́ю, -я́ет(ся)
прищепно́й
прищепо́к, -пка
прищи́пка, -и
прищи́пнутый
прищипну́ть, -ну́, -нёт
прищи́пывать(ся), -аю, -ает(ся)
прищу́р, -а
прищу́ренный
прищу́ривать(ся), -аю(сь), -ает(ся)
прищу́рить(ся), -рю(сь), -рит(ся)
прищу́рка, -и
прищу́ченный
прищу́чить, -чу, -чит
при э́том
прию́т
приюти́ть(ся), -ючу́(сь), -юти́т(ся)
прию́тский
прия́зненный; кр. ф. -знен, -зненна
прия́знь, -и
прия́мок, -мка
прия́тель, -я
прия́тельница, -ы
прия́тельский
прия́тельство, -а
прия́тие, -я
прия́тность, -и
прия́тный
прия́тый
прия́ть, буд. вр. не употр.; прош. -я́л, -я́ла
проамерика́нский
проанализи́рованный
проанализи́ровать, -рую, -рует
проа́хать, -аю, -ает
про́ба, -ы
пробавля́ться, -я́юсь, -я́ется
пробалагу́рить, -рю, -рит
проба́лтывать(ся), -аю(сь), -ает(ся)
пробараба́ненный
пробараба́нить, -ню, -нит
пробаси́ть, -ашу́, -аси́т
пробе́г, -а
пробе́ганный
пробе́гать(ся), -а́ю(сь), -ает(ся), сов.
пробега́ть(ся), -а́ю, -а́ет(ся), несов.
пробежа́ть(ся), -егу́(сь), -ежи́т(ся), -егу́т(ся)
пробе́жка, -и

ПРО

пробе́л, -а
пробелённый; кр. ф. -ён, -ена́
пробе́ливание, -я
пробе́ливать(ся), -аю, -ает(ся)
пробели́ть(ся), -елю́, -ели́т(ся)
пробе́лка, -и
пробе́ль, -и
пробе́льный
пробива́емость, -и
пробива́ние, -я
пробива́ть(ся), -а́ю(сь), -а́ет(ся)
проби́вка, -и
пробивно́й
пробиво́чный
пробира́ть(ся), -а́ю(сь), -а́ет(ся)
проби́рер, -а
проби́рка, -и
проби́рный
проби́рованный
проби́ровать(ся), -рую, -рует(ся)
проби́рочный
проби́рщик, -а
проби́тый
проби́ть(ся), -бью́(сь), -бьёт(ся); прош. проби́л, проби́лся, -и́ла(сь), про́било, -и́лось
про́бка, -и
про́бковый
пробконо́с, -а
пробле́ма, -ы
проблема́тика, -и
проблемати́ческий
проблемати́чный
пробле́мный
про́блеск, -а
пробле́скивать, -ает
про́блесковый
проблесну́ть, -нёт
проблея́ть, -е́ю, -е́ет
проблиста́ть, -а́ю, -а́ет
проблуди́ть, -ужу́, -у́дит
проблужда́ть, -а́ю, -а́ет
про́бный
про́бованный
про́бовать(ся), -бую, -бует(ся)
пробо́данный
пробода́ть(ся), -а́ю, -а́ет(ся)
пробо́дение, -я
прободённый; кр. ф. -ён, -ена́
пробо́ина, -ы
пробо́й, -я
пробо́йник, -а
проболе́ть¹, -е́ю, -е́ет (к боле́ть¹)
проболе́ть², -ли́т (к боле́ть²)
проболта́нный
проболта́ть(ся), -а́ю(сь), -а́ет(ся)
пробомби́ть, -блю́, -би́т
пробоотбо́рник, -а
пробо́р, -а
пробора́нивать(ся), -аю, -ает(ся)
пробо́рка, -и
пробормота́ть, -очу́, -о́чет
проборождённый; кр. ф. -ён, -ена́
проборозди́ть, -зжу́, -зди́т
пробороне́нный; кр. ф. -ён, -ена́
проборони́ть, -ню́, -ни́т
пробороно́ванный
проборонова́ть, -ну́ю, -ну́ет
про́бочник, -а
про́бочный
про́бранный
пробра́сывать(ся), -аю(сь), -ает(ся)

ПРО

пробра́ть(ся), -беру́(сь), -берёт(ся); прош. -а́л(ся), -ала́(сь), -а́ло, -а́лось
пробреди́ть, -е́жу, -е́дит
пробре́дший
пробренча́ть, -чу́, -чи́т
пробрести́, -еду́, -едёт; прош. -ёл, -ела́
пробрива́ть(ся), -а́ю, -а́ет(ся)
пробри́тый
пробри́ть(ся), -ре́ю(сь), -ре́ет(ся)
пробро́дить, -ожу́, -о́дит
пробро́санный
пробро́сать(ся), -а́ю(сь), -а́ет(ся)
пробро́сить(ся), -о́шу(сь), -о́сит(ся)
пробро́шенный
пробрюзжа́ть, -зжу́, -зжи́т
пробст, -а
пробубнённый; кр. ф. -ён, -ена́
пробубни́ть, -ню́, -ни́т
пробуди́ть(ся), -бужу́(сь), -бу́дит(ся)
пробужда́ть(ся), -а́ю(сь), -а́ет(ся)
пробужде́ние, -я
пробуждённый; кр. ф. -ён, -ена́
пробура́вить, -влю, -вит
пробура́вленный
пробура́вливать(ся), -аю, -ает(ся)
пробурённый; кр. ф. -ён, -ена́
пробури́ть, -рю́, -ри́т
пробурча́ть, -чу́, -чи́т
пробча́тка, -и
про́бчатый
пробы́ть, -бу́ду, -бу́дет; прош. про́был, пробыла́, про́было
прова́живать, -аю, -ает
прова́л, -а
прова́ландаться, -аюсь, -ается
прова́ленный (от провали́ть)
прова́ливать(ся), -аю(сь), -ает(ся)
провали́ть(ся), -алю́(сь), -а́лит(ся)
прова́лянный (от проваля́ть)
проваля́ть(ся), -я́ю(сь), -я́ет(ся)
провансаль, -я (соус) и -и (капуста)
прова́нский
прова́р, -а
прова́ренный
прова́ривание, -я
прова́ривать(ся), -аю, -ает(ся)
провари́ть(ся), -арю́, -а́рит(ся)
прова́рка, -и
прова́шивать(ся), -аю, -ает(ся)
провева́ть(ся), -а́ю, -а́ет(ся) (к ве́ять)
прове́данный
прове́дать, -аю, -ает
проведе́ние, -я
проведённый; кр. ф. -ён, -ена́
прове́дший
прове́дывать(ся), -аю, -ает(ся)
провезённый; кр. ф. -ён, -ена́
провезти́, -зу́, -зёт; прош. -ёз, -езла́
провёзший
прове́ивать(ся), -аю, -ает(ся)
провентили́рованный
провентили́ровать(ся), -рую, -рует(ся)
прове́ренный
прове́рить(ся), -рю(сь), -рит(ся)
прове́рка, -и
проверну́тый
проверну́ть(ся), -ну́, -нёт(ся)

проверочный
провертеть(ся), -ерчу(сь), -ертит(ся)
провёртывать(ся), -аю, -ает(ся)
проверченный
проверщик, -а
проверщица, -ы
проверять(ся), -яю(сь), -яет(ся)
провес, -а
провесить(ся), -ешу(сь), -есит(ся)
провесной
провести, -еду, -едёт; *прош.* -ёл, -ела
проветренный
проветривание, -я
проветривать(ся), -аю(сь), -ает(ся)
проветрить(ся), -рю(сь), -рит(ся)
провешенный (*от* провесить)
провешённый; *кр. ф.* -ён, -ена (*от* провешить)
провешивать(ся), -аю(сь), -ает(ся)
провешить, -шу, -шит
провеянный
провеять(ся), -ею, -еет(ся)
провиант, -а
провиантмейстер, -а
провиантский
провидение, -я (предвидение)
провидение, -я (о боге)
провиденциализм, -а
провиденциальный
провидеть(ся), -ижу, -идит(ся)
провидец, -дца
провидица, -ы
провизжать, -жу, -жит
провизионный
провизия, -и
провизор, -а
провизорный
провизорский
провиниться, -нюсь, -нится
провинность, -и
провинтить(ся), -нчу, -нтит(ся)
провинциал, -а
провинциализм, -а
провинциалка, -и
провинциальность, -и
провинциальный
провинция, -и
провинченный
провинчивать(ся), -аю, -ает(ся)
провираться, -аюсь, -ается
провис, -а
провисание, -я
провисать, -аю, -ает
провисеть, -ишу, -исит
провиснуть, -снет; *прош.* -ис, -исла
провисший
провитамин, -а
провод, -а, *мн.* -а, -ов (проволока)
провод, -а (действие)
проводимость, -и
проводимый
проводить(ся), -ожу, -одит(ся)
проводка, -и
проводник, -а
проводниковый
проводница, -ы
проводной (*от* провод)
проводчик, -а
проводы, -ов
провоёванный
провоевать, -воюю, -воюет
провожание, -я

провожатый, -ого
провожать(ся), -аю(сь), -ает(ся)
провождение, -я
провоз, -а
провозвестие -я
провозвестить, -ещу, -естит
провозвестник, -а
провозвестница, -ы
провозвещать(ся), -аю, -ает(ся)
провозвещённый; *кр. ф.* -ён, -ена
провозгласить, -ашу, -асит
провозглашать(ся), -аю, -ает(ся)
провозглашение, -я
провозглашённый; *кр. ф.* -ён, -ена
провозить(ся), -ожу(сь), -озит(ся)
провозка, -и
провозной
провозоспособность, -и
провокатор, -а
провокаторский
провокационный
провокация, -и
проволакивать(ся), -аю(сь), -ает(ся)
проволока, -и
проволокобетон, -а
проволокобетонный
проволокший(ся)
проволоченный и проволочённый; *кр. ф.* -ён, -ена
проволочить(ся), -очу(сь), -очит(ся)
проволочка, -и (*от* проволока)
проволочка, -и (задержка)
проволочно-гвоздильный
проволочный
проволочь(ся), -оку(сь), -очёт(ся), -окут(ся); *прош.* -ок(ся), -окла(сь)
провонять, -яю, -яет
провопить, -плю, -пит
проворачивать(ся), -аю, -ает(ся)
проворковать, -кую, -кует
проворный
провороваться, -руюсь, -руется
проворовываться, -аюсь, -ается
проворожить, -жу, -жит
проворонённый
проворонивать, -аю, -ает
проворонить, -ню, -нит
проворотить, -очу, -отит
проворочать(ся), -аю(сь), -ает(ся)
проворошенный
проворство, -а
проворчать, -чу, -чит
провоцирование, -я
провоцированный
провоцировать(ся), -рую, -рует(ся)
провощённый; *кр. ф.* -ён, -ена
провощить, -щу, -щит
проврать(ся), -ру(сь), -рёт(ся); *прош.* -ал(ся), -ала(сь), -ало, -алось
провыть, -вою, -воет
провяленный
провяливать(ся), -аю, -ает(ся)
провялить(ся), -лю, -лит(ся)
прогаданный
прогадать, -аю, -ает
прогадывать, -аю, -ает
прогалина, -ы
прогалинка, -и
прогар, -а
прогарцевать, -цую, -цует
прогиб, -а

прогибать(ся), -аю(сь), -ает(ся)
прогибиционизм, -а
прогибиционист, -а
прогимназия, -и
прогладить(ся), -ажу, -адит(ся)
проглаженный
проглаживать(ся), -аю, -ает(ся)
проглатывать(ся), -аю, -ает(ся)
проглоданный
проглодать, -ожу, -ожет и -аю, -ает
проглотить, -очу, -отит
проглоченный
проглядеть, -яжу, -ядит
проглядывать(ся), -аю, -ает(ся)
проглянуть, -яну, -янет
прогнанный
прогнатизм, -а
прогнатический
прогнать, -гоню, -гонит; *прош.* -ал, -ала, -ало
прогнёванный
прогневать(ся), -аю(сь), -ает(ся)
прогневить(ся), -влю(сь), -вит(ся)
прогневлённый; *кр. ф.* -ён, -ена
прогнивать, -ает
прогнить, -нёт; *прош.* -ил, -ила, -ило
прогноённый; *кр. ф.* -ён, -ена
прогноз, -а
прогнозирование, -я
прогнозировать, -рую, -рует
прогноить, -ою, -оит
прогностика, -и
прогностический
прогнусавить, -влю, -вит
прогнусавленный
прогнутый
прогнуть(ся), -ну(сь), -нёт(ся)
проговаривать(ся), -аю(сь), -ает(ся)
проговорённый; *кр. ф.* -ён, -ена
проговорить(ся), -рю(сь), -рит(ся)
проголодать(ся), -аю(сь), -ает(ся)
проголосить, -ошу, -осит
проголосованный
проголосовать, -сую, -сует
прогон, -а
прогонка, -и
прогонный
прогонщик, -а
прогоны, -ов
прогонять(ся), -яю(сь), -яет(ся)
прогорание, -я
прогорать, -аю, -ает
прогорелый
прогореть, -рю, -рит
прогорклый
прогоркнуть, -нет; *прош.* -горк, -горкла
прогоркший
прогорланенный
прогорланить, -ню, -нит
прогостить, -ощу, -остит
программа, -ы
программа-максимум, программы-максимум
программа-минимум, программы-минимум
программирование, -я
программировать, -рую, -рует
программист, -а
программка, -и
программно-временной

ПРО

программно-методический
программный
прографи́ть, -флю́, -фи́т
прографлённый; *кр. ф.* -ён, -ена́
прографля́ть(ся), -я́ю, -я́ет(ся)
прогреба́ть(ся), -а́ю, -а́ет(ся)
прогрёбший
прогре́в, -а
прогрева́ть(ся), -а́ю(сь), -а́ет(ся)
прогреме́ть, -млю́, -ми́т
прогре́сс, -а
прогресси́вка, -и
прогресси́вно-сде́льный
прогресси́вность, -и
прогресси́вный
прогресси́ровать, -рую, -рует
прогресси́рующий
прогресси́ст, -а
прогресси́стка, -и
прогре́ссия, -и
прогрести́, -ребу́, -ребёт; *прош.* -рёб, -ребла́
прогре́тый
прогре́ть(ся), -е́ю(сь), -е́ет(ся)
прогромыха́ть, -а́ю, -а́ет
прогрохота́ть, -очу́, -о́чет
прогрузи́ть(ся), -ужу́(сь), -у́зит(ся)
прогрыза́ть(ся), -а́ю, -а́ет(ся)
прогры́зенный
прогры́зть(ся), -зу́, -зёт(ся); *прош.* -ы́з(ся), -ы́зла(сь)
прогры́зший(ся)
прогуде́ть, -ужу́, -уди́т
прогу́л, -а
прогу́ливать(ся), -аю(сь), -ает(ся)
прогу́лка, -и
прогу́лочный
прогу́льный
прогу́льщик, -а
прогу́льщица, -ы
прогу́лянный
прогуля́ть(ся), -я́ю(сь), -я́ет(ся)
продава́ть(ся), -даю́(сь), -даёт(ся)
продаве́ц, -вца́
продави́ть(ся), -авлю́, -а́вит(ся)
прода́вленный
прода́вливать(ся), -аю, -ает(ся)
продавщи́ца, -ы
прода́жа, -и
прода́жность, -и
прода́жный
прода́лбливать(ся), -аю, -ает(ся)
про́данный; *кр. ф.* про́дан, про́дана́, про́дано
прода́ть(ся), -а́м(ся), -а́шь(ся), -а́ст(ся), -ади́м(ся), -ади́те(сь), -аду́т(ся); *прош.* про́да́л, -а́лся, -ала́(сь), про́да́ло, -а́ло́сь
продвига́ть(ся), -а́ю(сь), -а́ет(ся), *сов.*
продвига́ть(ся), -а́ю(сь), -а́ет(ся), *несов.*
продвиже́ние, -я
продви́нутый
продви́нуть(ся), -ну(сь), -нет(ся)
продебати́рованный
продебати́ровать, -рую, -рует
продева́ть(ся), -а́ю, -а́ет(ся)
продежу́ренный
продежу́рить, -рю, -рит
продезинфици́ровать, -рую, -рует
продеклами́рованный

продеклами́ровать, -рую, -рует
проде́л, -а
проде́лать, -аю, -ает
проде́лка, -и
проде́лывать(ся), -аю, -ает(ся)
проде́льный
продельфи́н, -а
продемонстри́рованный
продемонстри́ровать, -рую, -рует
продёрганный
продёргать(ся), -аю, -ает(ся)
продёргивать(ся), -аю, -ает(ся)
проде́ржанный
продержа́ть(ся), -ержу́(сь), -е́ржит(ся)
продёржечный
продёржка, -и
продёрнутый
продёрнуть(ся), -ну, -нет(ся)
проде́тый
проде́ть(ся), -е́ну, -е́нет(ся)
продефили́ровать, -рую, -рует
продешеви́ть, -влю́, -ви́т
продешевлённый; *кр. ф.* -ён, -ена́
продешевля́ть, -я́ю, -я́ет
продикто́ванный
продиктова́ть, -ту́ю, -ту́ет
продира́ть(ся), -а́ю(сь), -а́ет(ся)
продирижи́ровать, -рую, -рует
продлева́ть(ся), -а́ю, -а́ет(ся)
продле́ние, -я
продлённый; *кр. ф.* -ён, -ена́
продли́ть(ся), -лю́, -ли́т(ся)
продма́г, -а
проднало́г, -а
продово́льственный
продово́льствие, -я
продово́льствовать(ся), -твую(сь), -твует
продолби́ть, -блю́, -би́т
продолблённый; *кр. ф.* -ён, -ена́
продолгова́то-ова́льный
продолгова́то-эллипти́ческий
продолгова́тый
продолжа́тель, -я
продолжа́тельница, -ы
продолжа́ть(ся), -а́ю, -а́ет(ся)
продолже́ние, -я
продо́лженный
продолжи́тельность, -и
продолжи́тельный
продо́лжить(ся), -жу, -жит(ся)
продо́льно вы́тянутый
продо́льно-горизонта́льный
продо́льно-попере́чный
продо́льно-распило́вочный
продо́льно-строга́льный
продо́льно-фре́зерный
продо́льный
продорожи́ться, -жу́сь, -жи́тся
продотря́д, -а
продохну́ть, -ну́, -нёт
продпу́нкт, -а
продразвёрстка, -и
про́дранный
продра́ть(ся), -деру́(сь), -дерёт(ся); *прош.* -а́л(ся), -ала́(сь), -а́ло, -а́ло́сь
продребезжа́ть, -зжу́, -зжи́т
продрема́ть, -емлю́, -е́млет
продро́гнувший

продро́гнуть, -ну, -нет; *прош.* -о́г, -о́гла
продро́гший
продрожа́ть, -жу́, -жи́т
продрома́льный
продры́хнувший
продры́хнуть, -ну, -нет; *прош.* -ы́х, -ы́хла
продры́хший
продуби́ть, -блю́, -би́т
продублённый; *кр. ф.* -ён, -ена́
проду́в, -а
продува́ние, -я
продува́тельный
продува́ть(ся), -а́ю(сь), -а́ет(ся)
проду́вка, -и
продувно́й
проду́вочный
проду́кт, -а
продукти́вность, -и
продукти́вный
проду́ктовый
продуктообме́н, -а
продуктопрово́д, -а
проду́кция, -и
проду́манность, -и
проду́манный
проду́мать, -аю, -ает
проду́мывать(ся), -аю, -ает(ся)
проду́тый
проду́ть(ся), -ду́ю(сь), -ду́ет(ся)
про́дух, -а
продуце́нт, -а
проду́шенный и продушённый; *кр. ф.* -ён, -ена́
проду́шина, -ы
продуши́ть(ся), -ушу́(сь), -у́шит(ся)
продыми́ть(ся), -млю́, -ми́т(ся)
продымлённый; *кр. ф.* -ён, -ена́
продыря́вить(ся), -влю, -вит(ся)
продыря́вленный
продыря́вливать(ся), -аю, -ает(ся)
продыша́ть(ся), -ышу́(сь), -ы́шит(ся)
продю́сер, -а
проеда́ть(ся), -а́ю(сь), -а́ет(ся)
прое́денный
прое́зд, -а
прое́здить(ся), -е́зжу(сь), -е́здит(ся)
прое́здка, -и
проездно́й
прое́здом, *нареч.*
проезжа́ть(ся), -а́ю(сь), -а́ет(ся)
проезжа́ющий, -его
прое́зженный
прое́зживать(ся), -аю, -ает(ся)
прое́зжий, -его
прое́кт, -а
проекта́нт, -а
проекти́вно-дифференциа́льный
проекти́вный
проекти́рование, -я
проекти́рованный
проекти́ровать(ся), -рую, -рует(ся)
проекти́ровка, -и
проекти́ровочный
проекти́ровщик, -а
прое́ктно-изыска́тельный
прое́ктно-изыска́тельский
прое́ктно-констру́кторский
прое́ктно-монта́жный
прое́ктно-рекла́мный
прое́ктно-сме́тный

проектно-экспериментальный
проектный
проектор, -а
проекционный
проекция, -и
проелозить, -óжу, -óзит
проём, -а
проёмный
проесть(ся), -ем(ся), -ешь(ся), -ест(ся), -едим(ся), -едите(сь), -едят(ся); *прош.* -ел(ся), -ела(сь)
проехать(ся), -еду(сь), -едет(ся)
проецирование, -я
проецировать(ся), -рую, -рует(ся)
прожаренный
прожаривание, -я
прожаривать(ся), -аю(сь), -ает(ся)
прожарить(ся), -рю(сь), -рит(ся)
прожарка, -и
прожатый
прожать, -жну, -жнёт
прожать(ся), -жму(сь), -жмёт(ся)
прожданный
прождать(ся), -ду(сь), -дёт(ся); *прош.* -ал(ся), -ала(сь), -ало(сь)
прожёванный
прожевать(ся), -жую, -жуёт(ся)
прожёвывать(ся), -аю, -ает(ся)
прожёгший(ся)
прожект, -а
прожектёр, -а
прожектёрский
прожектёрство, -а
прожектёрствовать, -твую, -твует
прожектор, -а, *мн.* -ы, -ов и -а, -ов
прожекторист, -а
прожекторный
прожелть, -и
прожечь(ся), -жгу, -жжёт(ся), -жгут(ся); *прош.* -жёг(ся), -жгла(сь)
прожжённый; *кр. ф.* -ён, -ена
проживание, -я
проживать(ся), -аю(сь), -ает(ся)
прожигание, -я
прожигатель, -я
прожигать(ся), -аю, -ает(ся)
прожилина, -ы
прожилка, -и
прожилково-вкрапленный
прожилок, -лка
прожимать(ся), -аю, -ает(ся)
прожирать(ся), -аю(сь), -ает(ся)
прожитие, -я
прожиток, -тка
прожиточный
прожитый; *кр. ф.* прожит, прожита, прожито
прожить(ся), -иву(сь), -ивёт(ся); *прош.* прожил, -ил(ся), -ила(сь), прожило, -илось
прожог, -а, но: *прош.* прожёг
прожорливость, -и
прожорливый
прожранный
прожрать(ся), -ру(сь), -рёт(ся); *прош.* -ал(ся), -ала(сь), -ало(сь)
прожужжать, -жжу, -жжит
проза, -ы
прозаизм, -а
прозаик, -а
прозаический
прозаичный

прозакладывать, -аю, -ает
прозападный
про запас
прозаседать, -аю, -ает
прозвание, -я
прозванный
прозвать(ся), -зову(сь), -зовёт(ся); *прош.* -ал(ся), -ала(сь), -ало, -алось
прозвенеть, -нит
прозвище, -а
прозвонить, -ню, -нит
прозвучать, -чит
прозеванный
прозевать, -аю, -ает
прозёвывать, -аю, -ает
прозектор, -а
прозекторская, -ой
прозекторский
прозекторство, -а
прозектура, -ы
прозеленеть, -еет
прозелень, -и
прозелит, -а
прозелитизм, -а
прозелитка, -и
прозелитский
прозенхима, -ы
прозимовать, -мую, -мует
прознавать, -наю, -наёт
прознать, -аю, -ает
прозодежда, -ы
прозондировать, -рую, -рует
прозопопея, -и
прозорливец, -вца
прозорливица, -ы
прозорливость, -и
прозорливый
прозрачно-чистый
прозрачный
прозревать, -аю, -ает
прозрение, -я
прозреть, -рю, -рит
прозубренный
прозубривать(ся), -аю, -ает(ся)
прозубрить, -убрю, -убрит
прозывать(ся), -аю(сь), -ает(ся)
прозябание, -я
прозябать, -аю, -ает
прозябнуть, -ну, -нет; *прош.* -зяб, -зябла
прозябший
проигранный
проиграть(ся), -аю(сь), -ает(ся)
проигрыватель, -я
проигрывать(ся), -аю(сь), -ает(ся)
проигрыш, -а
проигрышный
произведение, -я
произведённый; *кр. ф.* -ён, -ена
произведший
произвести(сь), -еду, -едёт(ся); *прош.* -ёл(ся), -ела(сь)
производитель, -я
производительность, -и
производительный
производить(ся), -ожу, -одит(ся)
производный
производственник, -а
производственница, -ы
производственно-массовый
производственно-технический

производственно-экономический
производственный
производство, -а
производящий
произвол, -а
произволение, -я
произвольный
произношение, -я
произнесённый; *кр. ф.* -ён, -ена
произнести, -су, -сёт; *прош.* -ёс, -есла
произносительный
произносить(ся), -ошу, -осит(ся)
произношение, -я
произойти, -йдёт; *прош.* -изошёл, -изошла
произошедший
произрастание, -я
произрастать, -ает
произрасти, -тёт; *прош.* -рос, -росла
произрастить, -ащу, -астит
произращённый; *кр. ф.* -ён, -ена
произросший
проиллюстрированный
проиллюстрировать, -рую, -рует
проинкубированный
проинкубировать, -рую, -рует
проинструктировать, -рую, -рует
проинформированный
проинформировать, -рую, -рует
происканный
проискать, -ищу, -ищет
происки, -ов
проистекать, -ает
проистёкший
проистечь, -ечёт, -екут; *прош.* -ёк, -екла
происходить, -ожу, -одит
происходящий
происхождение, -я
происшедший
происшествие, -я
пройденный и пройдённый; *кр. ф.* -ён, -ена
пройдоха, -и, *м. и ж.*
пройма, -ы
проймéнный
пройти(сь), -йду(сь), -йдёт(ся); *прош.* прошёл(ся), прошла(сь)
прок, -а и -у
прокажённый, -ого
проказа, -ы
проказить, -ажу, -азит
проказливость, -и
проказливый
проказник, -а
проказница, -ы
проказничать, -аю, -ает
прокалённый; *кр. ф.* -ён, -ена
прокалиброванный
прокалибровать, -рую, -рует
прокаливание, -я
прокаливать(ся), -аю, -ает(ся)
прокалить(ся), -лю, -лит(ся)
прокалка, -и
прокалывание, -я
прокалывать(ся), -аю, -ает(ся)
прокамбий, -я
проканителить(ся), -лю(сь), -лит(ся)
прокапать, -ает
прокапчивать(ся), -аю, -ает(ся)

ПРО

прока́пывание, -я
прока́пывать(ся), -аю(сь), -ает(ся)
прокарау́ленный
прокарау́лить, -лю, -лит
прока́ркать, -аю, -ает
прока́рмливать(ся), -аю(сь), -ает-(ся)
прока́т, -а
прока́танный
проката́ть(ся), -а́ю(сь), -а́ет(ся)
прокати́ть(ся), -ачу́(сь), -а́тит(ся)
прока́тка, -и
прока́тно-вальцо́вочный
прока́тно-штампо́вочный
прока́тный
прокатоли́ческий
прока́тчик, -а
прока́тывание, -я
прока́тывать(ся), -аю, -ает(ся)
прока́чанный (*от* прокача́ть)
прокача́ть(ся), -а́ю(сь), -а́ет(ся)
прока́ченный (*от* прокати́ть)
прока́шивать(ся), -аю, -ает(ся)
прока́шливать(ся), -аю(сь), -ает-(ся)
прокашляну́ть, -ну, -нет
прока́шлять(ся), -яю(сь), -яет(ся)
проква́сить(ся), -а́шу, -а́сит(ся)
проква́шенный
проква́шивать(ся), -аю, -ает(ся)
проки́данный
прокида́ть(ся), -а́ю(сь), -а́ет(ся)
проки́дывать(ся), -аю(сь), -ает(ся)
проки́нутый
проки́нуть(ся), -ну(сь), -нет(ся)
прокипа́ть, -а́ю, -а́ет
прокипе́ть, -пи́т
прокипяти́ть(ся), -ячу́, -яти́т(ся)
прокипячённый; *кр. ф.* -ён, -ена́
проки́слый
проки́снуть, -нет; *прош.* -ки́с, -ки́сла
проки́сший
прокла́дка, -и
прокладно́й
прокла́дочный
прокла́дчик, -а
прокла́дывать(ся), -аю, -ает(ся)
прокламацио́нный
проклама́ция, -и
проклами́рованный
проклами́ровать(ся), -рую, -рует(ся)
проклёванный
проклева́ть(ся), -люю́, -люёт(ся)
проклёвывать(ся), -аю, -ает(ся)
прокле́енный
прокле́ивание, -я
прокле́ивать(ся), -аю, -ает(ся)
прокле́ить(ся), -е́ю, -е́ит(ся)
прокле́йка, -и
проклина́ть(ся), -а́ю, -а́ет(ся)
прокли́тика, -и
проклю́нуть(ся), -ну, -нет(ся)
прокля́вший
прокля́сть, -яну́, -янёт; *прош.* про́-клял, -яла́, про́кляло
прокля́тие, -я
проклина́ющий
про́клятый; *кр. ф.* -ят, -ята́, -ято, *прич.*
прокля́тый, *прил.*
проко́ванный

ПРО

프прокова́ть(ся), -кую́, -куёт(ся)
проко́вка, -и
проко́вочный
проко́вывать(ся), -аю, -ает(ся)
проковыля́ть, -я́ю, -я́ет
проковы́ривать(ся), -аю, -ает(ся)
проковы́рнутый
проковырну́ть, -ну́, -нёт
проковы́рянный
проковыря́ть(ся), -я́ю(сь), -я́ет(ся)
проко́л, -а
прокола́чивать(ся), -аю, -ает(ся)
проколеси́ть, -ешу́, -еси́т
проко́лка, -и
проколоти́ть(ся), -очу́(сь), -о́тит(ся)
проко́лотый
проколо́ть(ся), -олю́, -о́лет(ся)
проколу́панный
проколупа́ть(ся), -а́ю, -а́ет(ся)
проколу́пывать(ся), -аю, -ает(ся)
прокомменти́рованный
прокомменти́ровать, -рую, -рует
прокомпости́рованный
прокомпости́ровать, -рую, -рует
проконопа́тить(ся), -а́чу, -а́тит(ся)
проконопа́ченный
проконопа́чивать(ся), -аю, -ает(ся)
проконспекти́рованный
проконспекти́ровать, -рую, -рует
проко́нсул, -а
проко́нсульский
проко́нсульство, -а
проконсульти́ровать(ся), -рую(сь), -рует(ся)
проконтроли́рованный
проконтроли́ровать, -рую, -рует
проко́п, -а
проко́панный
прокопа́ть(ся), -а́ю(сь), -а́ет(ся)
проко́пка, -и
прокопте́лый
прокопте́ть¹, -е́ет (*к* копте́ть¹)
прокопте́ть², -пчу́, -пти́т (*к* копте́ть²)
прокопти́ть, -пчу́, -пти́т (*что*; испускать копоть некоторое время)
прокопти́ться, -и́тся
прокопчённый; *кр. ф.* -ён, -ена́
проко́рм, -а
прокорми́ть(ся), -ормлю́(сь), -о́рмит(ся)
прокормле́ние, -я
проко́рмленный
прокорпе́ть, -плю́, -пи́т
прокорректи́рованный
прокорректи́ровать, -рую, -рует
проко́с, -а
прокоси́ть, -ошу́, -о́сит
проко́счик, -а
прокочева́ть, -чу́ю, -чу́ет
проко́шенный
прокра́вшийся
прокра́дываться, -аюсь, -ается
прокра́сить(ся), -а́шу, -а́сит(ся)
прокра́ска, -и
прокра́сться, -аду́сь, -адётся; *прош.* -а́лся, -а́лась
прокрахма́ленный
прокрахма́ливать(ся), -аю, -ает(ся)
прокрахма́лить(ся), -лю, -лит(ся)
прокра́шенный
прокра́шивать(ся), -аю, -ает(ся)

ПРО

прокрича́ть, -чу́, -чи́т
прокро́йть, -о́ю, -о́ит
прокружи́ть(ся), -ужу́(сь), -у́жит(ся)
прокру́стово ло́же
прокрути́ть(ся), -учу́(сь), -у́тит(ся)
прокру́ченный
прокряхте́ть, -хчу́, -хти́т
прокти́т, -а
проктоло́гия, -и
про́ктор, -а
прокультиви́ровать, -рую, -рует
прокура́т, -а
прокура́тор, -а
прокурату́ра, -ы
проку́ренный
проку́ривать(ся), -аю, -ает(ся)
прокури́ст, -а
прокури́ть(ся), -урю́(сь), -у́рит(ся)
прокуро́р, -а
прокуро́рский
проку́с, -а
проку́санный
прокуса́ть, -а́ю, -а́ет
прокуси́ть, -ушу́, -у́сит
проку́сывать(ся), -аю, -ает(ся)
прокрути́ть(ся), -учу́(сь), -у́тит(ся)
проку́ченный
проку́чивать(ся), -аю(сь), -ает(ся)
проку́шенный
прола́га́ть(ся), -а́ю, -а́ет(ся)
прола́з, -а
прола́за, -ы, *м. и ж.* (пройдоха)
прола́зать, -аю, -ает
прола́зить, -а́жу, -а́зит
прола́зничество, -а
прола́мывать(ся), -аю, -ает(ся)
проля́ть, -я́ю, -я́ет
пролега́ть, -а́ет
пролего́мены, -ов
пролёгший
проле́жанный
пролежа́ть(ся), -жу́(сь), -жи́т(ся)
про́лежень, -жня
пролёживать(ся), -аю, -ает(ся)
пролеза́ть, -а́ю, -а́ет
проле́зть, -ле́зу, -ле́зет; *прош.* -ле́з, -ле́зла
проле́зший
пролепета́ть, -печу́, -пе́чет
проле́ска, -и (подснежник)
проле́сок, -ска (перелесок)
пролёт, -а
пролетариа́т, -а
пролетариза́ция, -и
пролетаризи́рованный
пролетаризи́ровать(ся), -рую(сь), -рует(ся)
пролетаризо́ванный
пролетаризова́ть(ся), -зу́ю(сь), -зу́ет(ся)
пролета́рий, -я
пролета́рка, -и
пролета́рский
пролета́ть, -а́ю, -а́ет
пролете́ть, -лечу́, -лети́т
пролётка, -и
пролетку́льтовец, -вца
пролетку́льтовский
пролётный
пролётом, *нареч.*
проле́ченный
проле́чивать(ся), -аю, -ает(ся)

пролечи́ть(ся), -ечу́(сь), -е́чит(ся)
проле́чь, -ля́жет, -ля́гут; *прош.* -лёг, -легла́
проли́в, -а
пролива́ть(ся), -а́ю, -а́ет(ся)
про́ливень, -вня
проливно́й (дождь)
пролино́ванный
пролинова́ть, -ну́ю, -ну́ет
проли́тие, -я
проли́тый; *кр. ф.* про́лит, пролита́, про́лито
проли́ть(ся), -лью́, -льёт(ся); *прош.* проли́л, -и́лся, -ила́(сь), проли́ло, -и́лось
пролифера́ция, -и
пролифика́ция, -и
про́лог, -а (церк. книга)
проло́г, -а (вступление)
проло́женный
проложи́ть, -ожу́, -о́жит
проло́м, -а
проло́манный
пролома́ть(ся), -а́ю, -а́ет(ся)
проломи́ть(ся), -омлю́, -о́мит(ся)
проло́мленный
проло́мный
пролонга́ция, -и
пролонги́рованный
пролонги́ровать(ся), -рую, -рует(ся)
пролы́сина, -ы
пролю́вий, -я
прома́занный
прома́зать, -а́жу, -а́жет
прома́зка, -и
прома́зывание, -я
прома́зывать(ся), -аю, -ает(ся)
прома́лывать(ся), -аю, -ает(ся)
промане́женный
промане́жить(ся), -жу(сь), -жит(ся)
промарино́ванный
промаринова́ть(ся), -ну́ю(сь), -ну́ет(ся)
промарте́ль, -и
промарширова́ть, -ру́ю, -ру́ет
прома́сленный
прома́сливать(ся), -аю, -ает(ся)
прома́слить(ся), -лю, -лит(ся)
прома́тывать(ся), -аю(сь), -ает(ся)
про́мах, -а
прома́хать, -машу́, -ма́шет и -а́ю, -а́ет
прома́хиваться, -аюсь, -ается
промахну́ться, -ну́сь, -нётся
прома́чивать(ся), -аю, -ает(ся)
прома́шка, -и
прома́ять(ся), -а́ю(сь), -а́ет(ся)
промба́нк, -а
промедле́ние, -я
проме́длить, -лю, -лит
промедо́л, -а
проме́ж и промежду́
проме́жность, -и
промежу́ток, -тка
промежу́точный
промелькну́ть, -ну́, -нёт
промемо́рия, -и
проме́н, -а
промена́д, -а
проме́нивать(ся), -аю(сь), -ает(ся)
проме́нный

проме́нянный
променя́ть(ся), -я́ю(сь), -я́ет(ся)
проме́р, -а
проме́ренный
промерза́ть, -а́ю, -а́ет
промёрзлый
промёрзнуть, -ну, -нет; *прош.* -ёрз, -ёрзла
промёрзший
проме́ривать(ся), -аю, -ает(ся)
проме́рить(ся), -рю, -рит(ся) и -ряю, -ряет(ся)
проме́рник, -а
промеря́ть(ся), -я́ю, -я́ет(ся)
промеси́ть(ся), -ешу́, -е́сит(ся)
проме́сса, -ы
промести́, -мету́, -метёт; *прош.* -мёл, -мела́
промётанный
прометать¹, -а́ю, -а́ет, *сов.* (о шитье)
прометать², -а́ю, -а́ет, *несов.* (к промести)
прометать(ся), -ечу́(сь), -е́чет(ся)
прометённый; *кр. ф.* -ён, -ена́
проме́тий, -я
прометну́ть(ся), -ну́(сь), -нёт(ся)
проме́тший
промётывать(ся), -аю, -ает(ся)
проме́шанный (от промеша́ть)
промеша́ть, -а́ю, -а́ет
проме́шенный (от промеси́ть)
проме́шивать(ся), -аю, -ает(ся)
проме́шкать(ся), -аю(сь), -ает(ся)
промига́ть(ся), -а́ю(сь), -а́ет(ся)
проми́лле, *нескл., ж.*
проми́н, -а
промина́ть(ся), -а́ю(сь), -а́ет(ся)
проми́нка, -и
промкомбина́т, -а
промкоопера́ция, -и
промо́згглый
промо́згнуть, -ну, -нет; *прош.* -мо́зг, -мо́згла
промо́згший
промо́ина, -ы
промока́ние, -я
промока́тельный
промока́ть(ся), -а́ю, -а́ет(ся)
промока́шка, -и
промо́кнуть, -ну, -нет; *прош.* -о́к, -о́кла
промокну́ть, -ну́, -нёт; *прош.* -ну́л, -ну́ла (промокашкой)
промо́кший
промола́чивать(ся), -аю, -ает(ся)
промо́лвить(ся), -влю(сь), -вит(ся)
промо́лвленный
промолоти́ть, -очу́, -о́тит
промо́лотый
промоло́ть, -мелю́, -ме́лет
промоло́ченный
промолча́ть, -чу́, -чи́т
промора́живание, -я
промора́живать(ся), -аю, -ает(ся)
проморга́ть(ся), -а́ю(сь), -а́ет(ся)
проморённый; *кр. ф.* -ён, -ена́
промори́ть, -рю́, -ри́т
проморо́женный
проморо́чить, -чу, -чит
промости́ть, -ощу́, -ости́т
промо́танный
промота́ть(ся), -а́ю(сь), -а́ет(ся)

промо́тор, -а
промо́ченный
промочи́ть(ся), -очу́, -о́чит(ся)
промощённый; *кр. ф.* -ён, -ена́
промтова́рный
промтова́ры, -ов
промульга́ция, -и
промурлы́кать, -ы́чу, -ы́чет и -аю, -ает
прому́ченный
прому́чить(ся), -чу(сь), -чит(ся) и -чаю(сь), -чает(ся)
промфинпла́н, -а
промча́ть(ся), -чу́(сь), -чи́т(ся)
промыва́ние, -я
промыва́ть(ся), -а́ю, -а́ет(ся)
промы́вка, -и
промывно́й
промы́вочный
про́мысел, -сла, *мн.* -ы, -ов
про́мысл, -а (церк.)
про́мысленный
промы́слить, -лю, -лит
промыслови́к, -а́
промысло́во-коопера́тивный
промысло́вый (от про́мысел)
промы́тый
промы́ть(ся), -мо́ю(сь), -мо́ет(ся)
промыча́ть, -чу́, -чи́т
промы́шленник, -а
промы́шленно разви́тый
промы́шленность, -и
промы́шленно-тра́нспортный
промы́шленно-фина́нсовый
промы́шленно-экономи́ческий
промы́шленный
промышля́ть(ся), -я́ю, -я́ет(ся)
промя́кнуть, -нет; *прош.* -мя́к, -мя́кла
промя́кший
промя́мленный
промя́млить, -лю, -лит
промя́тый
промя́ть(ся), -мну́(сь), -мнёт(ся)
промяу́кать, -аю, -ает
прона́ция, -и
пронаши́вать(ся), -аю, -ает(ся)
пронесённый; *кр. ф.* -ён, -ена́
пронести́(сь), -су́(сь), -сёт(ся); *прош.* -ёс(ся), -есла́(сь)
пронза́ть(ся), -а́ю, -а́ет(ся)
пронзённый; *кр. ф.* -ён, -ена́
пронзи́тельный
пронзи́ть(ся), -нжу́, -нзи́т(ся)
прони́занный
прониза́ть(ся), -ижу́, -и́жет(ся)
прони́зка, -и
прони́зывать(ся), -аю, -ает(ся)
прони́зывающий
про́низь, -и
пронима́ние, -я
проника́ть(ся), -а́ю(сь), -а́ет(ся)
проника́ющий
проникнове́ние, -я
проникнове́нность, -и
проникнове́нный; *кр. ф.* -е́нен, -е́нна
прони́кнувший(ся)
прони́кнутый
прони́кнуть(ся), -ну(сь), -нет(ся); *прош.* -и́к(ся), -и́кла(сь)
прони́кший(ся)
пронима́ть(ся), -а́ю, -а́ет(ся)

ПРО

проница́емость, -и
проница́емый
проница́тельность, -и
проница́тельный
проница́ть, -а́ю, -а́ет
про́ния, -и
прономинализа́ция, -и
прономина́ция, -и
проно́нс, -а
проно́с, -а
проноси́ть(ся), -ошу́(сь), -о́сит(ся)
проночева́ть, -чу́ю, -чу́ет
проно́шенный
пронумеро́ванный
пронумерова́ть, -ру́ю, -ру́ет
пронунсиаме́нто и пронунциаме́нто, нескл., с.
проны́ра, -ы, м. и ж.
проны́рливость, -и
проны́рливый
проныр́ну́ть, -ну́, -нёт
проны́рство, -а
проню́хать -аю, -ает
проню́хивать(ся), -аю, -ает(ся)
проня́нчить(ся), -чу(сь), -чит(ся)
про́нятый; кр. ф. про́нят, проня́та, про́нято
проня́ть(ся), пройму́, проймёт(ся); прош. про́нял, -я́лся, -яла́(сь), про́няло, -яло́сь
прообе́дать, -аю, -ает
прообра́з, -а
проолифи́ть, -флю, -фит
проора́ть, -ру́, -рёт
проо́хать, -аю, -ает
пропа́вший
пропага́нда, -ы
пропаганди́рование, -я
пропаганди́ровать(ся), -рую, -рует(ся)
пропаганди́ст, -а
пропаганди́стка, -и
пропаганди́стский
пропада́ть, -а́ю, -а́ет
про́падом: пропади́ про́падом
пропа́жа, -и
пропази́н, -а
пропа́ивать(ся), -аю, -ает(ся)
пропалённый; кр. ф. -ён, -ена́
пропали́ть, -лю́, -ли́т
пропа́лывать(ся), -аю, -ает(ся)
пропа́н, -а
пропа́ренный
пропа́ривание, -я
пропа́ривать(ся), -аю(сь), -ает(ся)
пропа́рить(ся), -рю(сь), -рит(ся)
пропа́рка, -и
пропа́рочный
пропа́рывать(ся), -аю, -ает(ся)
пропасти́(сь), -су́, -сёт(ся); прош. -а́с(ся), -асла́(сь)
про́пасть, -и
пропа́сть, -аду́, -адёт; прош. -а́л, -а́ла
пропа́сший(ся)
пропа́ханный
пропаха́ть, -ашу́, -а́шет
пропа́хивание, -я
пропа́хивать(ся), -аю, -ает(ся)
пропа́хнувший
пропа́хнуть, -ну, -нет; прош. -а́х, -а́хла
пропа́хший
пропа́шка, -и

ПРО

пропа́шник, -а
пропашно́й
пропа́щий
пропая́ть, -я́ю, -я́ет
пропеде́втика, -и
пропедевти́ческий
пропека́ть(ся), -а́ю, -а́ет(ся)
пропёкший(ся)
пропе́ллер, -а
пропе́ллерный
пропере́ть(ся), -пру́(сь), -прёт(ся); прош. -пёр(ся), -пёрла(сь)
пропёртый
пропе́рченный
пропе́рчивать(ся), -аю, -ает(ся)
пропе́рчить(ся), -чу, -чит(ся)
пропёрший(ся)
пропесо́чить, -о́чу, -о́чит
пропетля́ть, -я́ю, -я́ет
пропе́тый
пропе́ть, -пою́, -поёт
пропеча́танный
пропеча́тать(ся), -аю(сь), -ает(ся)
пропеча́тывать(ся), -аю, -ает(ся)
пропечённый; кр. ф. -ён, -ена́
пропе́чь(ся), -еку́(сь), -ечёт(ся), -еку́т(ся); прош. -ёк(ся), -екла́(сь)
пропива́ть(ся), -а́ю(сь), -а́ет(ся)
пропи́л, -а
пропиле́и, -еев
пропиле́н, -а
пропи́ленный
пропи́ливание, -я
пропи́ливать(ся), -аю, -ает(ся)
пропили́канный
пропилика́ть, -аю, -ает
пропили́ть, -илю́, -и́лит
пропи́лка, -и
пропира́ть, -а́ю, -а́ет
пропи́санный
прописа́ть(ся), -ишу́(сь), -и́шет(ся)
пропи́ска, -и
прописно́й
пропи́сочный
пропи́сывать(ся), -аю(сь), -ает(ся)
про́пись, -и
пропита́ние, -я
пропи́танный
пропита́ть(ся), -а́ю(сь), -а́ет(ся)
пропи́тие, -я
пропи́тка, -и
пропито́й, прил.
пропи́точно-отде́лочный
пропи́точный
пропи́тчик, -а
пропи́тывание, -я
пропи́тывать(ся), -аю(сь), -ает(ся)
пропи́тый; кр. ф. про́пит, пропита́, про́пито. прич.
пропи́ть(ся), -пью́(сь), -пьёт(ся); прош. пропи́л, -и́лся, -ила́(сь), про́пило, -и́лось
пропи́ханный
пропиха́ть(ся), -а́ю(сь), -а́ет(ся)
пропи́хивать(ся), -аю(сь), -ает(ся)
пропи́хнутый
пропихну́ть(ся), -ну́(сь), -нёт(ся)
пропища́ть, -щу́, -щи́т
пропла́вать, -аю, -ает
пропла́вить, -влю, -вит
пропла́вка, -и
пропла́вленный

ПРО

пропла́кать, -а́чу, -а́чет
пропле́сневеть, -еет
проплести́(сь), -лету́(сь), -летёт(ся); прош. -ёл(ся), -ела́(сь)
проплётший(ся)
проплёшина, -ы
проплута́ть, -а́ю, -а́ет
пропльы́в, -а
проплыва́ть, -а́ю, -а́ет
проплы́ть, -ыву́, -ывёт; прош. -ы́л, -ыла́, -ы́ло
пропляса́ть, -яшу́, -я́шет
пропове́дать, -аю, -ает
пропове́дник, -а
пропове́дница, -ы
пропове́днический
пропове́дничество, -а
пропове́дование, -я
пропове́довать(ся), -дую, -дует(ся)
пропове́дующий
про́поведь, -и
пропо́енный
пропози́ция, -и
пропои́ть, -ою́, -о́ит
пропо́йный
пропо́йца, -ы
пропола́скивание, -я
пропола́скивать(ся), -аю, -ает(ся)
пропо́лзать, -аю, -ает, сов.
прополза́ть, -а́ю, -а́ет, несов.
проползти́, -зу́, -зёт; прош. -о́лз, -олзла́
пропо́лзший
про́полис, -а
пропо́лка, -и
прополо́сканный
прополоска́ть(ся), -ощу́, -о́щет(ся) и -а́ю, -а́ет(ся)
прополосну́ть, -ну́, -нёт
пропо́лотый
прополо́ть, -олю́, -о́лет
пропо́лочный
пропо́ротый
пропоро́ть, -орю́, -о́рет
пропорхну́ть, -нёт
пропорциона́льно сложённый
пропорциона́льность, -и
пропорциона́льный
пропорциони́рование, -я
пропо́рция, -и
пропоте́лый
пропоте́ть, -е́ю, -е́ет
пропре́тор, -а
пропре́ть, -е́ю, -е́ет
проприореце́птор, -а
проприоцепти́вный
проприоце́птор, -а
проприоце́пция, -и
пропря́сть, -яду́, -ядёт; прош. -я́л, -яла́, -я́ло
пропс, -а
пропудели́ть, -я́ю, -я́ет
про́пуск, -а, мн. -и, -ов (что-н. пропущенное) и -а́, -о́в (документ)
пропуска́емость, -и
пропуска́ть(ся), -а́ю, -а́ет(ся)
пропускни́к, -а́
пропускно́й
пропусти́ть, -ущу́, -у́стит
пропу́щенный
пропылённый; кр. ф. -ён, -ена́
пропылесо́сить, -сю, -сит

пропыли́ть(ся), -лю́(сь), -ли́т(ся)
пропыхте́ть, -хчу́, -хти́т
пропья́нствовать, -твую, -твует
пропя́титься, -я́чусь, -я́тится
прора́б, -а
プраба́тывание, -я
прораба́тывать(ся), -аю, -ает(ся)
прорабо́танный
прорабо́тать(ся), -аю, -ает(ся)
прорабо́тка, -и
прора́бская, -ой
прора́бский
прора́бство, -а
прора́н, -а
прораста́ние, -я
прораста́ть, -а́ет
прорасти́, -тёт; прош. -ро́с, -росла́
прорасти́ть, -ащу́, -асти́т
проращённый; кр. ф. -ён, -ена́ и (в профессиональной речи) проро́щенный
прора́щивание, -я
прора́щивать(ся), -аю, -ает(ся)
про́рва, -ы
про́рванный
прорва́ть(ся), -ву́(сь), -вёт(ся); прош. -а́л(ся), -ала́(сь), -а́ло, -а́лось
прореаги́ровать, -рую, -рует
прореве́ть, -ву́, -вёт
проредакти́рованный
проредакти́ровать(ся), -рую, -рует(ся)
прореди́ть(ся), -ежу́, -еди́т(ся)
прорежённый; кр. ф. -ён, -ена́
проре́живание, -я
проре́живать(ся), -аю, -ает(ся)
проре́з, -а
прореза́ние, -я
проре́занный
проре́зать(ся), -е́жу, -е́жет(ся), сов.
прореза́ть(ся), -а́ю, -а́ет(ся), несов.
прорези́ненный
прорези́нивать(ся), -аю, -ает(ся)
прорези́нить(ся), -ню, -нит(ся)
проре́зка, -и
прорезно́й
проре́зчик, -а
проре́зывание, -я
проре́зывать(ся), -аю, -ает(ся)
про́резь, -и
прорека́ть, -а́ю, -а́ет
проре́ктор, -а
проре́кторский
прорепети́рованный
прорепети́ровать, -рую, -рует
проре́ха, -и
прорецензи́рованный
прорецензи́ровать, -рую, -рует
проре́шка, -и
проржаве́лый
проржа́веть, -еет (покрыться ржавчиной)
проржа́вить, -влю, -вит (что)
проржа́вленный
проржа́ть, -жу́, -жёт
прорисо́ванный
прорисова́ть(ся), -су́ю, -су́ет(ся)
прорисо́вка, -и
прорисо́вывать(ся), -аю, -ает(ся)
прорица́ние, -я
прорица́тель, -я
прорица́тельница, -ы

прорица́ть, -а́ю, -а́ет
пророга́ция, -и
проро́к, -а
проро́ненный
пророни́ть, -оню́, -о́нит
проро́ст, -а
проро́сток, -тка
про́рость, -и
проро́сший
проро́ческий
проро́чество, -а
проро́чествовать, -твую, -твует
проро́чить, -чу, -чит
проро́чица, -ы
проро́щенный (в профессиональной речи) и проращённый; кр. ф. -ён, -ена́
пpoру́б, -a
проруба́ть(ся), -а́ю(сь), -а́ет(ся)
проруби́ть(ся), -ублю́(сь), -у́бит(ся)
прору́бка, -и
прору́бленный
прорубно́й
про́рубь, -и
пpopу́xa, -и
проры́в, -а
прорыва́ть(ся), -а́ю(сь), -а́ет(ся)
проры́вка, -и
прорывно́й
проры́сить, -си́т
проры́скать, -ы́щу, -ы́щет и -а́ю, -а́ет
проры́тие, -я
проры́тый
проры́ть(ся), -ро́ю(сь), -ро́ет(ся)
прорыхлённый; кр. ф. -ён, -ена́
прорыхли́ть, -лю́, -ли́т
прорыхля́ть(ся), -я́ю, -я́ет(ся)
прорыча́ть, -чу́, -чи́т
просади́ть, -ажу́, -а́дит
проса́дка, -и
проса́живать(ся), -аю, -ает(ся)
проса́женный
проса́живать(ся), -аю, -ает(ся)
проса́ленный
проса́ливать(ся), -аю, -ает(ся)
проса́лить(ся), -лю, -лит(ся)
проса́сывать(ся), -аю, -ает(ся)
проса́чивание, -я
проса́чиваться, -ается
просва́танный
просва́тать, -аю, -ает
просверка́ть, -а́ет
просверлённый; кр. ф. -ён, -ена́
просве́рливать(ся), -аю, -ает(ся)
просверли́ть, -лю́, -ли́т
просве́т, -а
просвети́тель, -я
просвети́тельный
просвети́тельский
просвети́тельство, -а
просвети́ть(ся)¹, -вещу́(сь), -вети́т(ся) (к просвеща́ть)
просвети́ть(ся)², -вечу́(сь), -ве́тит(ся) (к просве́чивать)
просветле́ние, -я
просветлённый; кр. ф. -ён, -ена́
просветле́ть, -е́ю, -е́ет (стать светлым)
просветли́ть, -лю́, -ли́т (кого, что)
просветли́ться, -ли́тся
просветля́ть(ся), -я́ю, -я́ет(ся)

просве́ченный
просве́чивание, -я
просве́чивать(ся), -аю(сь), -ает(ся)
просвеща́ть(ся), -а́ю(сь), -а́ет(ся)
просвеще́ние, -я
просвещённость, -и
просвещённый; кр. ф. прич. -ён, -ена́; кр. ф. прил. -ён, -ённа
просвира́, -ы́, мн. про́свиры, про́свир, про́свирам
просви́рка, -и
просви́рник, -а
просви́рниковые, -ых
просви́рня, -и, р. мн. -рен
просвирня́к, -а́
просвиста́нный
просвиста́ть, -ищу́, -и́щет
просвисте́ть, -ищу́, -исти́т
просви́стывать, -аю, -ает
про себя́
просе́в, -а
просева́ть(ся), -а́ю, -а́ет(ся)
проседа́ние, -я
проседа́ть(ся), -а́ю, -а́ет(ся)
про́седь, -и
просе́ивание, -я
просе́ивать(ся), -аю, -ает(ся)
про́сек, -а
про́сека, -и
просека́ть(ся), -а́ю, -а́ет(ся)
просе́кший(ся)
просёлок, -лка
просёлочный
просемени́ть, -ню́, -ни́т
просемина́р, -а и просемина́рий, -я
просемина́рский
просечённый; кр. ф. -ён, -ена́
просе́чка, -и
просе́чь(ся), -еку́, -ечёт(ся), -еку́т(ся); прош. -ёк(ся), -екла́(сь)
просе́янный
просе́ять(ся), -е́ю, -е́ет(ся)
просигна́ленный
просигнализи́рованный
просигнализи́ровать, -рую, -рует
просигна́лить, -лю, -лит
просиде́ть, -ижу́, -иди́т
проси́женный
проси́живать(ся), -аю, -ает(ся)
просиллоги́зм, -а
просинённый; кр. ф. -ён, -ена́
просини́ть, -ню́, -ни́т
про́синь, -и
проси́тель, -я
проси́тельница, -ы
проси́тельный
проси́тельский
проси́ть(ся), прошу́(сь), про́сит(ся)
просия́ть, -я́ю, -я́ет
проска́бливать(ся), -аю, -ает(ся)
проскака́ть, -скачу́, -ска́чет
проска́кивать, -аю, -ает
проска́льзывать, -аю, -ает
проскандировать, -рую, -рует
проска́чка, -и
просквози́ть, -и́т
проскло́нять, -я́ю, -я́ет
проско́бленный
проскобли́ть(ся), -облю́, -о́блит(ся)
проско́к, -а
проклоня́ть, -я́ю, -я́ет
проскользну́ть, -ну́, -нёт
проскоми́дия, -и

ПРО

проскочи́ть, -очу́, -о́чит
проскребённый; кр. ф. -ён, -ена́
проскрёбший
проскрежета́ть, -ещу́, -е́щет
проскрести́(сь), -ребу́(сь), -ребёт(ся); прош. -рёб(ся), -ребла́(сь)
проскрипе́ть, -плю́, -пи́т
проскрипцио́нный
проскри́пция, -и
проскурня́к, -а́
проскуча́ть, -а́ю, -а́ет
просла́бить, -ит
просла́вить(ся), -влю(сь), -вит(ся)
прославле́ние, -я
просла́вленный
прославля́ть(ся), -я́ю(сь), -я́ет(ся)
просла́ивать(ся), -аю, -ает(ся)
проследи́ть, -ежу́, -еди́т
проследова́ть, -дую, -дует
просле́женный
просле́живать(ся), -аю, -ает(ся)
прослези́ться, -ежу́сь, -ези́тся
прослоённый; кр. ф. -ён, -ена́
прослои́ть(ся), -ою́, -ои́т(ся)
просло́й, -я
просло́йка, -и
прослоня́ться, -я́юсь, -я́ется
прослу́женный
прослу́живать, -аю, -ает
прослужи́ть, -ужу́, -у́жит
прослу́шанный
прослу́шать, -аю, -ает
прослу́шивание, -я
прослу́шивать(ся), -аю, -ает(ся)
прослы́ть, -ыву́, -ывёт; прош. -ы́л, -ыла́, -ы́ло
прослы́шать, -шу, -шит
просма́ливать(ся), -аю, -ает(ся)
просма́тривать(ся), -аю, -ает(ся)
просме́янный
просмея́ть, -ею́, -еёт
просмолённый; кр. ф. -ён, -ена́
просмоли́ть(ся), -лю́, -ли́т(ся)
просмо́тр, -а
просмо́тренный
просмотре́ть, -отрю́, -о́трит
просмо́тровый
просну́ться, -ну́сь, -нётся
про́со, -а
пробира́ть(ся), -а́ю(сь), -а́ет(ся)
просове́тский
просо́вывать(ся), -аю(сь), -ает(ся)
просоди́ческий
просо́дия, -и
просо́л, -а
просо́ленный
просоли́ть(ся), -олю́, -о́лит(ся)
просо́лка, -и
просопопе́я, -и
просору́шка, -и
просо́с, -а
просо́санный
прососа́ть(ся), -осу́, -осёт(ся)
просо́хнуть, -ну, -нет; прош. -ох, -о́хла
просо́хший
просочи́ться, -и́тся
проспа́ть(ся), -плю́(сь), -пи́т(ся); прош. -а́л(ся), -ала́(сь), -а́ло(сь)
проспе́кт, -а
просперити, нескл., с.
проспиртованный

ПРО

проспирто́вывать(ся), -аю(сь), -ту́ет(ся)
проспирто́вывать(ся), -аю(сь), -ает(ся)
проспо́ренный
проспо́ривать, -аю, -ает
проспо́рить, -рю, -рит
проспряга́ть, -а́ю, -а́ет
просро́ченный
просро́чивать(ся), -аю, -ает(ся)
просро́чить, -чу, -чит
просро́чка, -и
проста́вить, -влю, -вит
проста́вленный
проставля́ть(ся), -я́ю, -я́ет(ся)
проста́ивать, -аю, -ает
проста́к, -а́
проста́та, -ы
простати́т, -а
простати́ческий
проста́чок, -чка́
простёганный
простега́ть, -а́ю, -а́ет
простёгивать(ся), -аю, -ает(ся)
простёжка, -и
просте́йший
просте́ленный и просте́ланный
простели́ть и простла́ть, -стелю́, -сте́лет; прош. -стели́л, -стели́ла и -стла́л, -стла́ла
просте́нок, -нка
просте́ночный
про́стенький
простере́гший
простережённый; кр. ф. -ён, -ена́
простере́ть(ся), -стру́, -стрёт(ся); прош. -тёр(ся), -тёрла(сь)
простере́чь, -регу́, -режёт, -регу́т; прош. -рёг, -регла́
простёртый
просте́рший
простеть, -ею, -еет
простец, -а́
простецкий
простила́ть(ся), -а́ю, -а́ет(ся)
прости́ранный
простира́ть(ся), -а́ю, -а́ет(ся)
прости́рнутый
простирну́ть, -ну́, -нёт
прости́рывать(ся), -аю, -ает(ся)
прости́тельный
проститу́ированный
проститу́ировать(ся), -рую, -рует(ся)
проститу́тка, -и
проститу́ция, -и
прости́ть(ся), прощу́(сь), прости́т(ся)
про́стланный и просте́ленный
простла́ть и простели́ть, -стелю́, -сте́лет; прош. -стла́л, -стла́ла и -стели́л, -стели́ла
простова́тость, -и
простова́тый
простоволо́сый
простоду́шие, -я
простоду́шничать, -аю, -ает
простоду́шный
просто́й; кр. ф. прост, проста́, про́сто
просто́й, -я
просто́йный
простоква́ша, -и

ПРО

простолюди́н, -а
простолюди́нка, -и
про́сто-на́просто
простонаро́дный
простонаро́дье, -я
простона́ть, -ону́, -о́нет и -а́ю, -а́ет
просто́р, -а
просторе́чие, -я
просторе́чный
просто́рный
просторожённый; кр. ф. -ён, -ена́
просторожи́ть, -жу́, -жи́т
простосерде́чие, -я
простосерде́чный
простота́, -ы́
простофи́ля, -и, м. и ж.
простоя́ть, -ою́, -ои́т
простра́гивать(ся), -аю, -ает(ся)
простра́нность, -и
простра́нный; кр. ф. -а́нен, -а́нна
пространственно-временно́й
простра́нственный
простра́нство, -а
простра́нствовать, -твую, -твует
простра́ция, -и
простра́чивать(ся), -аю, -ает(ся)
прострекота́ть, -очу́, -о́чет
простре́л, -а
простре́ленный (от прострели́ть)
простре́ливать(ся), -аю, -ает(ся)
прострели́ть, -елю́, -е́лит
простре́лянный (от простреля́ть)
простреля́ть, -я́ю, -я́ет
прострига́ть(ся), -а́ю, -а́ет(ся)
простри́гший
простри́женный
простри́чь, -игу́, -ижёт, -игу́т; прош. -и́г, -и́гла
простро́ганный
пpocтpoга́ть, -а́ю, -а́ет
простро́ить, -о́ю, -о́ит
простро́ченный
прострочи́ть, -очу́, -о́чит
простру́ганный
простpyга́ть, -а́ю, -а́ет
простру́гивать(ся), -аю, -ает(ся)
просту́да, -ы
простуди́ть(ся), -ужу́(сь), -у́дит(ся)
просту́дный
простужа́ть(ся), -а́ю(сь), -а́ет(ся)
просту́женный
просту́живать(ся), -аю(сь), -ает(ся)
просту́канный
просту́кать, -аю, -ает
просту́кивать(ся), -аю, -ает(ся)
проступа́ть, -а́ет
проступи́ть, -уплю́, -у́пит
просту́пок, -пка
простуча́ть, -чу́, -чи́т
просту́шка, -и
простыва́ть, -а́ю, -а́ет
просты́вший
просты́нка, -и
просты́нный
просты́нуть и просты́ть, -ы́ну, -ы́нет; прош. -сты́л, -сты́ла
простыня́, -и́, мн. про́стыни, про́стынь, -ня́м
простыть и просты́нуть, -ы́ну, -ы́нет; прош. -сты́л, -сты́ла
просуди́ть(ся), -ужу́(сь), -у́дит(ся)
просу́женный

просу́живать(ся), -аю(сь), -ает(ся)
просу́нутый
просу́нуть(ся), -ну(сь), -нет(ся)
просу́шенный
просу́шивание, -я
просу́шивать(ся), -аю(сь), -ает(ся)
просуши́ть(ся), -ушу́(сь), -у́шит(ся)
просу́шка, -и
просуществова́ть, -тву́ю, -тву́ет
просфора́, -ы́, мн. про́сфоры, просфо́р, просфора́м
просфо́рка, -и
просце́ниум, -а
просчёт, -а
просчи́танный
просчита́ть(ся), -а́ю(сь), -а́ет(ся)
просчи́тывать(ся), -аю(сь), -ает(ся)
про́сып, -а и -у: без про́сыпа и без про́сыпу
просы́панный
просы́пать(ся), -плю, -плет(ся), сов.
просыпа́ть(ся), -а́ю(сь), -а́ет(ся), несов.
просыха́ть, -а́ю, -а́ет
про́сьба, -ы
прося́нка, -и
проcяно́й
прося́щий
протагони́ст, -а
протаза́н, -а
прота́ивать, -ает
протакти́ний, -я
прота́лина, -ы
прота́лкивать(ся), -аю(сь), -ает(ся)
прота́ллий, -я
прота́ндрия, -и
протанцева́ть, -цу́ю, -цу́ет
протанцо́ванный
прота́пливать(ся), -аю(сь), -ает(ся)
прота́птывать(ся), -аю(сь), -ает(ся)
протара́ненный
протара́нивать(ся), -аю, -ает(ся)
протара́нить, -ню, -нит
протрато́ренный
протарато́рить, -рю, -рит
протарахте́ть, -хчу́, -хти́т
протарго́л, -а
прота́сканный
протаска́ть(ся), -а́ю(сь), -а́ет(ся)
прота́скивать(ся), -аю, -ает(ся)
прота́чанный
протача́ть, -а́ю, -а́ет
прота́чивание, -я
прота́чивать(ся), -аю, -ает(ся)
прота́щенный
протащи́ть(ся), -ащу́(сь), -а́щит(ся)
прота́ять, -а́ет
протеже́, нескл., м. и ж.
протежи́ровать, -рую, -рует
проте́з, -а
протези́рование, -я
протези́ровать, -рую, -рует
протези́ст, -а
проте́зно-ортопеди́ческий
проте́зный
проте́йд, -а
протеи́н, -а
протеи́новый
протеинотерапи́я, -и
проте́й, -я
протека́ние, -я
протека́ть, -а́ет

проте́ктор, -а
протектора́т, -а
протекциони́зм, -а
протекциони́ст, -а
протекциони́стский
проте́кция, -и
проте́кший
протелеграфи́ровать, -рую, -рует
протелефони́ровать, -рую, -рует
протере́ть(ся), -тру́(сь), -трёт(ся); прош. -тёр(ся), -тёрла(сь)
протероги́ния, -и
протерозо́й, -я
протерозо́йский
протерпе́ть, -терплю́, -те́рпит
протёртый
протёрший
проте́с, -а
протёсанный
протеса́ть, -ешу́, -е́шет
протеса́ться, -нюсь, -нится
проте́ст, -а
протеста́нт, -а
протестанти́зм, -а
протеста́нтка, -и
протеста́нтский
протеста́нтство, -а
протесто́ванный
протестова́ть(ся), -ту́ю, -ту́ет(ся)
протёсывать(ся), -аю, -ает(ся)
прот́ечка, -и
проте́чный
проте́чь, -ечёт, -еку́т; прош. -ёк, -екла́
про́тив
проти́вень, -вня
противи́тельный
проти́виться, -влюсь, -вится
противле́ние, -я
проти́вник, -а
проти́вница, -ы
проти́вный
противоалкого́льный
противоа́томный
противоболево́й
противобо́рство, -а
противобо́рствовать, -твую, -твует
противове́с, -а
противови́русный
противовозду́шный
противовоспали́тельный
противога́з, -а
противога́зный
противога́зовый
противогли́стный
противогни́лостный
противогосуда́рственный
противогрибко́вый
противогриппо́зный
противодавле́ние, -я
противоде́йствие, -я
противоде́йствовать, -твую, -твует
противодеса́нтный
противодифтери́йный
противоды́мный
противоесте́ственный; кр. ф. -вен, -венна
противозако́нный; кр. ф. -о́нен, -о́нна
противозача́точный
противозени́тный
противоизлуче́ние, -я

противоипри́тный
противока́терный
противокоррозио́нный
противолежа́щий
противолихора́дочный
противоло́дочный
противолучево́й
противомаляри́йный
противоми́нный
противообва́льный
противообледени́тель, -я
противообще́ственный
противоо́ползневый
противоо́пухолевый
противоотка́тный
противопехо́тный
противопожа́рный
противопоказа́ние, -я
противопока́занный; кр. ф. -ан, -ана
противополага́ть, -а́ю, -а́ет
противоположе́ние, -я
противополо́жность, -и
противополо́жный
противопоста́вить, -влю, -вит
противопоставле́ние, -я
противопоста́вленный
противопоставля́ть(ся), -я́ю, -я́ет(ся)
противоправи́тельственный
противорадиацио́нный
противорадиолокацио́нный
противораке́та, -ы
противораке́тный
противора́ковый
противоречи́вый
противоре́чие, -я
противоре́чить, -чу, -чит
противосамолётный
противосеборе́йный
противосе́левый
противосия́ние, -я
противоскольже́ние, -я
противоскользя́щий
противоспу́тник, -а
противостари́тель, -я
противостолбня́чный
противостоя́ние, -я
противостоя́ть, -ою́, -ои́т
противосу́дорожный
противота́нковый
противотела́, -те́л, ед. -те́ло, -а
противотече́ние, -я
противотифо́зный
противоторпе́дный
противотуберкулёзный
противотума́нный
противоугб́н, -а
противоуда́рный
противохими́ческий
противохоле́рный
противоцинго́тный
противошу́мный
противошо́ковый
противошумово́й
противоэпидеми́ческий
противоэрози́йный
противоэрозио́нный
противоя́дерный
противоя́дие, -я
протира́ние, -я
протира́ть(ся), -а́ю(сь), -а́ет(ся)

протирка, -и
протирочный
протисканный
протискать(ся), -аю(сь), -ает(ся)
протискивать(ся), -аю(сь), -ает(ся)
протиснутый
протиснуть(ся), -ну(сь), -нет(ся)
протистология, -и
протканный
проткать, -ку, -кёт; *прош.* -а́л, -ала́, -а́ло
проткнутый
проткнуть, -ну́, -нёт
протлеть, -е́ет
протобестия, -и
протогиния, -и
протогиппус, -а
протограф, -а
протодерма, -ы
протодьякон, -а и протодиакон, -а
протодьяконский
протозвезда, -ы́
протозоа, *нескл., мн.*
протозоология, -и
протоиерей, -я
протоиерейский
протоисторический
протоистория, -и
проток, -а
протока, -и
протококк, -а
протококковый
протокол, -а
протоколированный
протоколировать(ся), -рую, -рует(ся)
протоколист, -а
протокольный
протолканный
протолкать(ся), -аю(сь), -ает(ся)
протолкнутый
протолкнуть(ся), -ну́(сь), -нёт(ся)
протолковать, -кую, -кует
протолокший
протолочь, -лку́, -лчёт, -лку́т; *прош.* -ло́к, -лкла́
протолчённый; *кр. ф.* -ён, -ена́
протомить(ся), -млю́(сь), -ми́т(ся)
протон, -а
протонеолит, -а
протонный
протопать, -аю, -ает
протопектин, -а
протопить(ся), -оплю́, -о́пит(ся)
протоплазма, -ы
протоплазматический
протоплазменный
протопласт, -а
протопленный
протопоп, -а
протопопский
протопресвитер, -а
протоптанный
протоптать(ся), -опчу́(сь), -о́пчет(ся)
протоптер, -а
проторгованный
проторговать(ся), -гую(сь), -гует(ся)
проторенессанс, -а
проторённый; *кр. ф.* -ён, -ена́
проторжка, -и
проторы, -ей
проторить(ся), -рю, -рит(ся)

проторозавр, -а
проторчать, -чу́, -чи́т
проторять(ся), -я́ю, -я́ет(ся)
протосковать, -ку́ю, -ку́ет
прототип, -а
протофлоэма, -ы
протохлорофилл, -а
проточенный
проточина, -ы
проточить, -очу́, -о́чит
проточка, -и
проточный
протрава, -ы
протравитель, -я
протравить, -авлю́, -а́вит
протравка, -и
протравление, -я
протравленный
протравливание, -я
протравливатель, -я
протравливать(ся), -аю, -ает(ся)
протравлять(ся), -я́ю, -я́ет(ся)
протравной
протрактор, -а
протраленный
протраливать(ся), -аю, -ает(ся)
протралить, -лю, -лит
протранжиренный
протранжирить, -рю, -рит
протрезветь, -е́ю, -е́ет (стать трезвым)
протрезвить, -влю́, -ви́т (*кого, что*)
протрезвиться, -влю́сь, -ви́тся
протрезвление, -я
протрезвлённый; *кр. ф.* -ён, -ена́
протрезвлять(ся), -я́ю(сь), -я́ет(ся)
протрещать, -щу́, -щи́т
протриерованный
протриеровать, -рую, -рует
протромобин, -а
протрубить, -блю́, -би́т
протрусить(ся), -ушу́, -уси́т(ся)
протрясать, -а́ю, -а́ет
протрясённый; *кр. ф.* -ён, -ена́
протрясти́(сь), -су́(сь), -сёт(ся); *прош.* -я́с(ся), -ясла́(сь)
протря́сший(ся)
протряхивать(ся), -аю, -ает(ся)
протряхнутый
протряхнуть, -ну́, -нёт
протуберанец, -нца
протуренный; *кр. ф.* -ён, -ена́
протурить, -рю, -ри́т
протухать, -а́ет
протухлый
протухнуть, -нет; *прош.* -у́х, -у́хла
протухший
протыкать, -аю, -ает, *сов.*
протыкать(ся), -а́ю, -а́ет(ся), *несов.*
протягивание, -я
протягивать(ся), -аю(сь), -ает(ся)
протяжение, -я
протяжённость, -и
протяжённый; *кр. ф.* -ён, -ённа
протяжка, -и
протяжной (к протя́жка)
протяжный (тягучий)
протяжчик, -а
протянутый
протянуть(ся), -яну́(сь), -я́нет(ся)
проужинать, -аю, -ает

проулок, -лка
проурчать, -чу́, -чи́т
проутю́женный
проутю́жить, -жу, -жит
проученный
проучивать(ся), -аю, -ает(ся)
проучить(ся), -учу́(сь), -у́чит(ся)
проушина, -ы
профаза, -ы
профактив, -а
профан, -а
профанация, -и
профанированный
профанировать(ся), -рую, -рует(ся)
профашист, -а
профашистский
профбилет, -а
профбюро, *нескл., с.*
профвредность, -и
профгрупорг, -а
профгруппа, -ы
профдвижение, -я
профермент, -а
профершпиленный
профершпилить(ся), -лю(сь), -лит(ся)
профессионал, -а
профессионализация, -и
профессионализм, -а
профессионалка, -и
профессионально-технический
профессиональный
профессия, -и
профессор, -а, *мн.* -а́, -о́в
профессорский
профессорско-преподавательский
профессорство, -а
профессорствовать, -твую, -твует
профессорша, -и
профессура, -ы
профзаболевание, -я
профилактика, -и
профилактический
профилакторий, -я
профилеразмер, -а
профилешлифовальный
профилирование, -я
профилированный
профилировать(ся), -рую, -рует(ся)
профилировка, -и
профилировочный
профилометр, -а
профиль, -я, *мн.* -и, -ей
профильный
профильтрованный
профильтровать(ся), -рую, -рует(ся)
профильтровывать(ся), -аю, -ает(ся)
профинтить(ся), -нчу́(сь), -нти́т(ся)
профит, -а и -у
профком, -а
профкомовский
профобъединение, -я
профорг, -а
профорган, -а
профорганизатор, -а
профорганизация, -и
профориентация, -и
проформа, -ы
профос, -а
профработа, -ы
профработник, -а
профсобрание, -я
профсоюз, -а

профсоюзно-комсомо́льский
профсою́зный
профтехни́ческий
профтехучи́лище, -а
профу́кать, -аю, -ает
профуполномо́ченный
профшко́ла, -ы
проха́живать(ся), -аю(сь), -ает(ся)
прохарчи́ть(ся), -чу́(сь), -чи́т(ся)
прохвати́ть, -ачу́, -а́тит
прохва́тывать(ся), -аю, -ает(ся)
прохва́ченный
прохвора́ть, -а́ю, -а́ет
прохво́ст, -а
прохинде́й, -я
прохла́да, -ы
прохла́дец, -дца и прохла́дца, -ы: с прохла́дцем и с прохла́дцей
прохлади́тельный
прохлади́ть(ся), -ажу́(сь), -ади́т(ся)
прохла́дный
прохла́дца, -ы и прохла́дец, -дца: с прохла́дцей и с прохла́дцем
прохлажда́ть(ся), -а́ю(сь), -а́ет(ся)
прохлаждённый; кр. ф. -ён, -ена́
прохло́панный
прохло́пать, -аю, -ает
прохлопота́ть, -очу́, -о́чет
прохло́пывать, -аю, -ает
прохо́д, -а
проходи́мец, -мца
проходи́мка, -и
проходи́мость, -и
проходи́мый
проходи́ть(ся), -ожу́, -о́дит(ся)
прохо́дка, -и
проходно́й
прохо́дом, нареч.
прохо́дческий
прохо́дчик, -а
прохо́дчица, -ы
проходя́щий
прохожде́ние, -я
прохо́жий, -его
прохрапе́ть, -плю́, -пи́т
прохрипе́ть, -плю́, -пи́т
прохронометри́рованный
прохронометри́ровать, -рую, -рует
прохрусте́ть, -ущу́, -усти́т
прохуди́ться, -и́тся
процара́панный
процара́пать(ся), -аю(сь), -ает(ся)
процара́пывать(ся), -аю(сь), -ает(ся)
процвести́, -вету́, -вете́т; прош. -вёл, -вела́
процвета́ние, -я
процвета́ть, -а́ю, -а́ет
процве́тший
процеди́ть(ся), -ежу́, -е́дит(ся)
процеду́ра, -ы
процеду́рный
проце́женный
проце́живать(ся), -аю, -ает(ся)
проце́нт, -а, мн. -ы, -ов
проце́нтный
проценто́вка, -и
процентома́ния, -и
проце́нтщик, -а
проце́нтщица, -ы
проце́сс, -а
проце́ссия, -и
процессуа́льный

процити́рованный
процити́ровать, -рую, -рует
прочека́ненный
прочека́нивать(ся), -аю, -ает(ся)
прочека́нить, -ню, -нит
про́ченный
про́черк, -а
прочёркивать(ся), -аю, -ает(ся)
прочёркнутый
прочеркну́ть, -ну́, -нёт
прочерти́ть, -ерчу́, -е́ртит
проче́рченный
проче́рчивать(ся), -аю, -ает(ся)
прочёс, -а
прочёсанный
прочеса́ть, -ешу́, -е́шет
прочёска, -и
проче́сть, -чту́, -чтёт; прош. -чёл, -чла́
прочёсывание, -я
прочёсывать(ся), -аю, -ает(ся)
прочёт, -а
про́чий
прочини́ть, -иню́, -и́нит
прочи́стить(ся), -и́щу, -и́стит(ся)
прочи́стка, -и
прочи́танный
прочита́ть(ся), -а́ю, -а́ет(ся)
прочи́тывать(ся), -аю, -ает(ся)
про́чить(ся), -чу, -чит(ся)
прочиха́ться, -а́юсь, -а́ется
прочихну́ть, -ну́, -нёт
прочища́ть(ся), -а́ю, -а́ет(ся)
прочище́ние, -я
прочи́щенный
прочне́ть, -е́ет
прочностно́й
про́чность, -и
про́чный
прочте́ние, -я
прочтённый; кр. ф. -ён, -ена́
прочу́вственный
прочу́вствованный
прочу́вствовать, -твую, -твует
прочь
про́шва, -ы
проше́дший(ся)
прошелесте́ть, -ти́т
проше́ние, -я
про́шенный, прич.
про́шеный, прил.
пропеля́вить, -влю, -вит
прошёптанный
прошепта́ть, -шепчу́(сь), -ше́пчет(ся)
проше́ствие, -я: по проше́ствии (чего)
проше́ствовать, -твую, -твует
прошиба́ть(ся), -а́ю(сь), -а́ет(ся)
прошиби́ть(ся), -бу́(сь), -бёт(ся); прош. -ши́б(ся), -ши́бла(сь)
проши́бленный
пропива́ть(ся), -а́ю, -а́ет(ся)
про́шивень, -вня
проши́вка, -и
прошивно́й
проши́вочный
прошипе́ть, -плю́, -пи́т
проши́тый
проши́ть(ся), -шью́, -шьёт(ся)
прошлого́дний
про́шлый
прошляпить, -плю, -пит
прошмы́гивать, -аю, -ает

прошмыгну́ть, -ну́, -нёт
прошнуро́ванный
прошнурова́ть, -ру́ю, -ру́ет
прошнуро́вывать(ся), -аю, -ает(ся)
прошпаклёванный
прошпаклева́ть, -лю́ю, -лю́ет
прошпаклёвывать(ся), -аю, -ает(ся)
прошпиго́ванный
прошпигова́ть, -гу́ю, -гу́ет
прошпиго́вывать(ся), -аю, -ает(ся)
проштампова́ть, -пу́ю, -пу́ет
проштемпелёванный
проштемпелева́ть, -лю́ю, -лю́ет
прошто́панный
прошто́пать, -аю, -ает
проштра́фиться, -флюсь, -фится
проштуди́рованный
проштуди́ровать, -рую, -рует
проштукату́ренный
проштукату́рить, -рю, -рит
прошуме́ть, -млю́, -ми́т
проща́й(те)
проща́льный
проща́ние, -я
проща́ть(ся), -а́ю(сь), -а́ет(ся)
про́ще, сравн. ст. (от просто́й, про́сто)
прощебета́ть, -ечу́, -е́чет
прощёлкать, -аю, -ает
прощелы́га, -и, м. и ж.
проще́ние, -я
прощённый; кр. ф. -ён, -ена́, прич.
прощёный, прил. (прощёное воскресенье)
прощу́панный
прощу́пать(ся), -аю, -ает(ся)
прощу́пывать(ся), -аю, -ает(ся)
проэкзамено́ванный
проэкзаменова́ть(ся), -ну́ю(сь), -ну́ет(ся)
прояви́тель, -я
прояви́ть(ся), -явлю́, -я́вит(ся)
проя́вка, -и
проявле́ние, -я
проя́вленный
проявля́ть(ся), -я́ю, -я́ет(ся)
проя́вочный
проясне́ние, -я
проясне́нный; кр. ф. -ён, -ена́
проясне́ть, -е́ет (о погоде)
проясне́ть, -е́ет (стать ясным)
проясня́вать(ся), -ает(ся)
проясни́ть, -ню́, -ни́т (что)
проясни́ться, -и́тся (о погоде)
проясня́ть(ся), -я́ю, -я́ет(ся)
пруд, -а́, предл. о пруде́, в пруду́, на пруду́, мн. -ы́, -о́в
пруди́ть(ся), -ужу́, -у́дит(ся)
прудови́к, -а́
прудово́й
прудони́зм, -а
прудони́ст, -а
прудони́стский
пружи́на, -ы
пружи́нистый
пружи́нить(ся), -нит(ся)
пружи́нка, -и
пружи́нный
пружо́к, -жка́
прус, -а (насекомое)
пруса́к, -а́ (таракан)
пруса́чий, -ья, -ье

ПРУ

прусик, -а
прусс, -а (ист.)
пруссак, -а (от Пруссия)
пруссачество, -а
прусский
прусско-австрийский
прустит, -а
прут, -а и -а, мн. прутья, -ьев и (тех.) -ы, -ов
прутик, -а
прутковый
прутняк, -а
пруток, -тка
прутяной
прыг, неизм.
прыгалка, -и
прыгать(ся), -аю, -ает(ся)
прыгнуть, -ну, -нет
прыгун, -а
прыгунчик, -а
прыгунья, -и, р. мн. -ний
прыгучий
прыжковый
прыжок, -жка
прыскать(ся), -аю(сь), -ает(ся)
прыснуть, -ну, -нет
прыткий; кр. ф. -ток, -тка, -тко
прытче, сравн. ст. (от прыткий, прытко)
прыть, -и
прыщ, -а
прыщаветь, -ею, -еет
прыщавый
прыщеватый
прыщик, -а
прюнелевый
прюнель, -и
прядать, -аю, -ает
прядево, -а
прядевьющий
прядение, -я
пряденный, прич.
пряденый, прил.
прядильно-ткацкий
прядильный
прядильня, -и, р. мн. -лен
прядильщик, -а
прядильщица, -ы
прядка, -и
прядущий(ся)
прядь, -и
пряжа, -и
пряженец, -нца
пряженик, -а
пряжечный
пряжка, -и
прялка, -и
прямёхонький; кр. ф. -нек, -нька
прямёшенький; кр. ф. -нек, -нька
прямизна, -ы
прямиком
прямило, -а
прямить(ся), -млю(сь), -мит(ся)
прямлённый, прич.
прямлёный, прил.
прямодействующий *
прямодушие, -я
прямодушный
прямоезжий
прямоидущий *
прямой; кр. ф. прям, пряма, прямо
прямокрылый

ПРЯ

прямолинейно-параллельный
прямолинейность, -и
прямолинейный
прямо-напрямо
прямо пропорциональный
прямо противоположный
прямослойный
прямоствольный
прямостоячий
прямостоящий *
прямота, -ы
прямоточный
прямоугольник, -а
прямоугольный
пряник, -а
пряничек, -чка
пряничник, -а
пряничный
пряноароматный
пряность, -и
прянуть, -ну, -нет
пряный
прясельник, -а
пряслице, -а
прясло, -а
прясть(ся), пряду, прядёт(ся); прош. прял(ся), пряла(сь), пряло(сь)
прятать(ся), прячу(сь), прячет(ся)
прятки, -ток
пряха, -и
прячущий(ся)
псалмодия, -и
псалмопевец, -вца
псалмопение, -я
псалом, -лма
псаломщик, -а
псалтырный
псалтырщик, -а
псалтырь, -и и -я
псамма, -ы
псаммит, -а
псаммитовый
псаммофит, -а
псарный
псарня, -и, р. мн. -рен
псарский
псарь, -я
псевдо... — первая часть сложных слов, пишется всегда слитно (кроме имён собственных)
псевдоартроз, -а
псевдовектор, -а
псевдовитамин, -а
псевдогамия, -и
псевдогероический
псевдоготика, -и
псевдоготический
псевдоисторизм, -а
псевдокислота, -ы, мн. -оты, -от
псевдоклассицизм, -а
псевдоклассический
псевдокристалл, -а
псевдомарксистский
псевдоморфизм, -а
псевдоморфоза, -ы
псевдонародный
псевдонаука, -и
псевдонаучный
псевдоним, -а
псевдоожижение, -я
псевдоожиженный
псевдооснование, -я

ПСЕ

псевдопаренхима, -ы
псевдоподии, -дий, ед. псевдоподия, -и
псевдореализм, -а
псевдореволюционный
псевдоромантизм, -а
псевдорусский
псевдосфера, -ы
псевдотуберкулёз, -а
псевдоучёный, -ого
псина, -ы
псиный
псих, -а
психастеник, -а
психастенический
психастения, -и
психея, -и (бабочка)
психиатр, -а
психиатрический
психиатрия, -и
психика, -и
психически больной
психический
психоанализ, -а
психоаналитический
психовать, психую, психует
психогенез, -а
психогенезис, -а
психогенный
психогигиена, -ы
психогигиенический
психоз, -а
психолингвистика, -и
психолог, -а
психологизм, -а
психологист, -а
психологистический
психологический
психологичный
психология, -и
психометрический
психометрия, -и
психомоторный
психоневроз, -а
психоневролог, -а
психоневрологический
психопат, -а
психопатический
психопатия, -и
психопатка, -и
психопатолог, -а
психопатологический
психопатология, -и
психопрофилактика, -и
психопрофилактический
психосоциология, -и
психотерапевт, -а
психотерапевтический
психотерапия, -и
психотехника, -и
психотехнический
психофармаколог, -а
психофармакология, -и
психофизика, -и
психофизиологический
психофизиология, -и
психофизический
психрограф, -а
психрометр, -а
психрометрический
псковитянин, -а, мн. -яне, -ян
псковитянка, -и

псо́веть, -еет
псо́вина, -ы
псо́вый
псориа́з, -а
пта́ха, -и
пта́шечка, -и
пта́шка, -и
птене́ц, -нца́
птенцо́вый
пте́нчик, -а
птеранодо́н, -а
птерода́ктиль, -я
птероза́вр, -а
птиали́н, -а
пти́ца, -ы
птицево́д, -а
птицево́дство, -а
птицево́дческий
птицее́д, -а
птицекомбина́т, -а
птицело́в, -а
птицело́вство, -а
птицемле́чник, -а
птицено́жка, -и
птицеотко́рмочный
птицеперераба́тывающий
птицесовхо́з, -а
птицефа́брика, -и
птицефе́рма, -ы
пти́чий, -ья, -ье
пти́чка, -и
пти́чка-невели́чка, пти́чки-невели́чки
пти́чник, -а
пти́чница, -ы
птоз, -а
птома́ин, -а
пуа́з, -а
пуансо́н, -а
пуантили́зм, -а
пуанти́ровать, -рую, -рует
пуантиро́вка, -и
пуа́нты, -ов, ед. пуа́нт, -а
пуберта́тный
пу́блика, -и
публикацио́нный
публика́ция, -и
публико́ванный
публикова́ть(ся), -ку́ю(сь), -ку́ет(ся)
публици́ст, -а
публици́стика, -и
публицисти́ческий
публицисти́чный
публици́стский
публи́чный
пу́гало, -а
пу́ганный, прич.
пу́ганый, прил.
пуга́ть(ся), -а́ю(сь), -а́ет(ся)
пуга́ч, -а́
пугачёвский
пугачёвщина, -ы
пугли́вость, -и
пугли́вый
пугну́ть, -ну́, -нёт
пу́говица, -ы
пу́говичка, -и
пу́говичный
пу́говка, -и
пуд, -а, мн. -ы́, -о́в
пу́дель, -я, мн. -и, -ей и -я́, -е́й
пуделя́ть, -я́ю, -я́ет

пу́дик, -а
пу́динг, -а
пудлингова́ние, -я
пудлингова́ть(ся), -гу́ю, -гу́ет(ся)
пу́длинговый
пудови́к, -а́
пудово́й и пудо́вый
пу́дра, -ы
пу́дреница, -ы
пу́дренный, прич.
пу́дреный, прил.
пудре́т, -а
пу́дрить(ся), -рю(сь), -рит(ся)
пудрома́нтель, -я
пуза́н, -а́
пузано́к, -нка́
пуза́нчик, -а
пуза́стый
пуза́тенький
пуза́тый
пу́зо, -а
пузырёк, -рька́
пузырено́гие, -их
пузы́ристый
пузы́рить(ся), -рю(сь), -рит(ся)
пузы́рник, -а
пузы́рный
пузырча́тка, -и
пузы́рчатый
пузы́рь, -я́
пузырько́вый
пук, -а, мн. -и́, -о́в
пукци́ния, -и
пул, -а
пулево́й
пулемёт, -а
пулемётный
пулемётчик, -а
пулемётчица, -ы
пуленепробива́емый
пуло́вер, -а
пульвериза́тор, -а
пульвериза́ция, -и
пульверизи́рованный
пульверизи́ровать(ся), -рую, -рует(ся)
пу́лька, -и
пу́льман, -а
пу́льмановский
пульмоно́лог, -а
пульмонологи́ческий
пульмоноло́гия, -и
пульну́ть, -ну́, -нёт
пу́льпа, -ы
пульпи́т, -а
пульпово́д, -а
пульпрово́д, -а
пульс, -а
пульса́р, -а
пульса́тор, -а
пульса́ция, -и
пульси́ровать, -рует
пульси́рующий
пу́льсовый
пульсо́метр, -а
пульт, -а
пультова́я, -о́й
пультово́й, -о́го
пульчине́лла, -ы, м.
пу́ля, -и
пуля́рка, -и
пуля́ть, -я́ю, -я́ет
пу́ма, -ы

пу́на, -ы
пункт, -а
пу́нктик, -а
пункти́р, -а
пункти́рный
пунктирова́льный
пункти́рованный
пункти́ровать(ся), -рую, -рует(ся)
пунктиро́вка, -и
пунктуа́льность, -и
пунктуа́льный
пунктуацио́нный
пунктуа́ция, -и
пу́нкция, -и
пу́ночка, -и
пунсо́н, -а
пунцо́во-кра́сный
пунцо́вый
пунш, -а
пу́ншевый
пу́ня, -и
пуп, -а́
пупа́вка, -и
пупови́дный
пупови́на, -ы
пупо́к, -пка́
пупо́чек, -чка
пупо́чный
пупс, -а
пу́псик, -а
пупы́ристый
пупы́рчатый
пупы́рышек, -шка
пурга́, -и́
курге́н, -а
пури́зм, -а
пури́ст, -а
пуристи́ческий
пури́стка, -и
пури́стский
пуритани́зм, -а
пурита́нин, -а, мн. -а́не, -а́н
пурита́нский
пурита́нство, -а
пу́рка, -и
пу́рпур, -а
пу́рпура, -ы
пурпури́н, -а
пу́рпурно-кра́сный
пу́рпурный
пурпу́ровый
пуск, -а
пуска́й, частица
пуска́тель, -я
пуска́ть(ся), -а́ю(сь), -а́ет(ся)
пусково́й
пусконала́дочный
пускопереключа́ющий
пускорегули́рующий
пустельга́, -и́
пу́стенький; кр. ф. -енек, -енька
пусте́ть, -е́ет
пусти́ть(ся), пущу́(сь), пу́стит(ся)
пустобо́лт, -а
пустобре́х, -а
пустова́тый
пустова́ть, -ту́ет
пустоголо́вый
пустозво́н, -а
пустозво́нить, -ню, -нит
пустозво́нный
пустозво́нство, -а

ПУС

пустозёрность, -и
пустой; *кр. ф.* пуст, пуста, пусто
пустомеля, -и, *м. и ж.*
пустоплёт, -а
пустопляс, -а
пустопорожний
пусторосль, -и
пустосвят, -а
пустослов, -а
пустословие, -я
пустословить, -влю, -вит
пустота, -ы, *мн.* -оты, -от, -отам
пустотелый
пустотный
пустоцвет, -а
пустошный
пустошовка, -и
пустошь, -и
пустула, -ы
пустулёзный
пустынник, -а
пустынница, -ы
пустыннический
пустынножитель, -я
пустынножительство, -а
пустынно-песчаный
пустынный (*от* пустынь)
пустынный; *кр. ф.* -нен, -нна (*от* пустыня)
пустынь, -и
пустыня, -и, *р. мн.* -ынь
пустырник, -а
пустырный
пустырь, -я
пустышка, -и
пусть, *частица*
пустяк, -а
пустяковина, -ы
пустяковый
пустячный
пустячок, -чка
путаник, -а
путаница, -ы
путанный, *прич.*
путаность, -и
путаный, *прил.*
путать(ся), -аю(сь), -ает(ся)
путёвка, -и
путеводитель, -я
путеводный
путевой (к путь)
путёвый (стоящий)
путеец, -ейца
путеизмерительный
путейский
путём, *нареч.*
путеобходчик, -а
путепогрузчик, -а
путеподъёмник, -а
путепровод, -а
путеукладка, -и
путеукладочный
путеукладчик, -а
путешественник, -а
путешественница, -ы
путешествие, -я
путешествовать, -твую, -твует
путешествующий
путина, -ы
путинный
путлище, -а
путло, -а, *мн.* путла, путл

ПУТ

путлять, -яю, -яет
путник, -а
путница, -ы
путный
путовой
путорак, -а
путч, -а
путчизм, -а
путчист, -а
путчистский
путы, пут, *ед.* путо, -а
путь, -и
путь-дорога, пути-дороги
пуф, -а
пуфик, -а
пуффин, -а
пух, -а и -у, *предл.* о пухе, в пуху
пухленький
пухлолицый
пухлощёкий
пухлый; *кр. ф.* пухл, -а, -о
пухлявый
пухнувший
пухнуть, -ну, -нет; *прош.* пух и пухнул, пухла
пуховик, -а
пуховка, -и
пуховый
пухоед, -а
пухонос, -а
пухоотделитель, -я
пухо-перовой
пухший
пуццолан, -а
пуццолановый
пучеглазие, -я
пучеглазый
пучение, -я
пучина, -ы
пучинный
пучить(ся), -чу, -чит(ся)
пучковатый
пучковый
пучкожаберные, -ых
пучность, -и
пучок, -чка
пучочек, -чка
пучочный
пушбол, -а
пушбольный
пушение, -я
пушёнка, -и
пушённый, *прич.*
пушёный, *прил.*
пушечка, -и
пушечный
пушинка, -и
пушистохвостый
пушистый
пушить(ся), -шу, -шит(ся)
пушица, -ы
пушка, -и
пушкарский
пушкарь, -я
пушкиниана, -ы
пушкинизм, -а
пушкинист, -а
пушкиновед, -а
пушкиноведение, -я
пушкинский
пушнина, -ы
пушнозаготовительный

ПУШ

пушной
пушно-меховой
пушок, -шка, *предл.* о пушке, в пушку
пушту, *нескл., м.*
пуща, -и
пуще, *нареч.*
пущенный
пущий (для пущей важности)
пуэбло, *нескл., с.* (жилище)
пуэрперальный
пуэрториканец, -нца
пуэрториканка, -и
пуэрто-риканский
пфальцграф, -а
пфальцский
пфенниг, -а
пфефер, -а и -у: задать пфеферу
пхать(ся), пхаю(сь), пхает(ся)
пхнуть, пхну, пхнёт
пчела, -ы, *мн.* пчёлы, пчёл
пчелиный
пчёлка, -и
пчеловод, -а
пчеловодный
пчеловодство, -а
пчеловодческий
пчелоед, -а
пчеложук, -а
пчелоопыление, -я
пчелосемья, -и
пчельник, -а
пчельный
пчельня, -и, *р. мн.* -лен
пшеница, -ы
пшеничка, -и
пшенично-кукурузный
пшенично-ржаной
пшеничный
пшёнка, -и
пшённик, -а
пшённый
пшено, -а
пшик, -а
пшют, -а
пшютоватый
пыж, -а
пыжик, -а
пыжиковый
пыжиться, -жусь, -жится
пыжовый
пыжьян, -а
пыл, -а и -у, *предл.* о пыле, в пылу
пылать, -аю, -ает
пылевато-суглинистый
пылевзрывозащита, -ы
пылевидный
пылевлагозащитный
пылеводонепроницаемый
пылевой
пылевсасывающий
пылезащитный
пыле- и грязеотталкивающий
пылемер, -а
пыленепроницаемый
пылеобразный
пылеосадочный
пылеочиститель, -я
пылепровод, -а
пылесос, -а
пылесосить, -сю, -сит
пылесосный
пылеугольный

ПЫЛ

пылеудале́ние, -я
пылеула́вливание, -я
пылеула́вливатель, -я
пылеула́вливающий
пылеулови́тель, -я
пыли́нка, -и
пыли́ть(ся), -лю́(сь), -ли́т(ся)
пыли́ща, -и
пы́лкий; кр. ф. -лок, -лка́, -лко
пы́лкость, -и
пы́лче, сравн. ст. (от пы́лкий, пы́лко)
пыль, -и
пы́льник, -а
пы́льный; кр. ф. -лен, -льна́, -льно
пыльца́, -ы́
пыльцево́й
пыльцехо́д, -а
пыльцее́д, -а
пыльцесме́сь, -и
пыре́й, -я
пыре́йный
пырну́ть, -ну́, -нёт
пы́танный, прич.
пы́таный, прил.
пыта́ть(ся), -а́ю(сь), -а́ет(ся)
пы́тка, -и
пытли́вость, -и
пытли́вый
пы́точный
пы́хать, пы́шу, пы́шет
пыхну́ть, -ну́, -нёт
пыхте́ть, -хчу́, -хти́т
пы́шечка, -и
пы́шка, -и
пышне́ть, -е́ю, -е́ет
пышноволо́сый
пы́шность, -и
пы́шный
пы́шущий
пьедеста́л, -а
пье́за, -ы
пьезоква́рц, -а
пьезокера́мика, -и
пьезокриста́лл, -а
пьезомагнети́зм, -а
пьезомагни́тный
пьезо́метр, -а
пьезометри́ческий
пьезометри́я, -и
пьезоэле́ктрик, -а
пьезоэлектри́ческий
пьезоэлектри́чество, -а
пьезоэффе́кт, -а
пье́ксы, пьекс, ед. пье́кса, -ы
пье́са, -ы
пье́ска, -и
пью́щий
пья́ненький; кр. ф. -енек, -енька
пьяне́ть, -е́ю, -е́ет (становиться пьяным)
пьянёхонький; кр. ф. -нек, -нька
пьянёшенький; кр. ф. -нек, -нька
пья́ника, -и
пьяни́ть, -ни́т (кого, что)
пья́ница, -ы, м. и ж.
пья́нка, -и
пья́нство, -а
пья́нствовать, -твую, -твует
пьянчу́га, -и, м. и ж.
пьянчу́жка, -и, м. и ж.
пья́ный; кр. ф. пьян, пьяна́, пья́но

ПЬЯ

пья́ный-распья́ный
пья́ным-пьяно́
пьяня́щий
пэр, -а
пэ́рство, -а
пюпи́тр, -а
пюре́, нескл., с.
пя́деница, -ы
пядь, -и, мн. -и, -е́й
пя́лить(ся), -лю(сь), -лит(ся)
пя́лка, -и
пя́льцы, -лец и -ев
пя́ртнерс, -а
пя́стка, -и
пя́стный
пя́сточка, -и
пясть, -и
пята́, -ы́, мн. пя́ты, пят, пята́м
пята́к, -а́
пятако́вый
пятачко́вый
пятачо́к, -чка́
пятери́к, -а́
пятерико́вый
пятери́чный
пятёрка, -и
пятерно́й
пятерня́, -и́, р. мн. -е́й
пя́теро, -ы́х, -ы́м
пятёрочка, -и
пятёрочник, -а
пятёрочница, -ы
пятиа́ктный
пятиалты́нный, -ого
пятиарши́нный
пятиба́лльный
пятибо́рец, -рца
пятибо́рка, -и
пятибо́рье, -я
пятивеково́й
пятивёрстка, -и
пятивёрстный
пятивершко́вый
пятигла́вый
пятигра́нник, -а
пятигра́нный
пятидесятиле́тие (50-ле́тие), -я
пятидесятиле́тний (50-ле́тний)
пятидесятирублёвый (50-рублёвый)
пятидеся́тник, -а
пятидеся́тница, -ы
пятидеся́тый
пятидне́вка, -и
пятидне́вный (5-дне́вный)
пятизна́чный
пятикилогра́ммовый (5-килогра́ммовый)
пятикиломе́тровка, -и
пятикиломе́тровый (5-киломе́тровый)
пятикла́ссник, -а
пятикла́ссница, -ы
пятикла́ссный
пятиконе́чный
пятикопе́ечный (5-копе́ечный)
пятикра́тный
пятила́мповый
пятиле́тие (5-ле́тие), -я
пятиле́тка, -и
пятиле́тний (5-ле́тний)
пятилине́йный
пятимеся́чный (5-ме́сячный)
пятимину́тка, -и

ПЯТ

пятимину́тный (5-мину́тный)
пяти́на, -ы
пяти́нный
пятипа́лый
пятипроце́нтный (5-проце́нтный)
пятипудо́вый
пятирублёвка, -и
пятирублёвый (5-рублёвый)
пятисло́жный
пятисло́йный
пятисо́тенник, -а
пятисо́тенный
пятисо́тка, -и
пятисоткилометро́вый (500-километро́вый)
пятисотле́тие (500-ле́тие), -я
пятисотле́тний (500-ле́тний)
пятисотто́нный (500-то́нный)
пятисо́тый
пятисте́нка, -и
пятисте́нный
пятисти́шие, -я
пятисто́пный
пятито́мник, -а
пятито́нка, -и
пятито́нный (5-то́нный)
пятиты́сячный
пя́тить(ся), пя́чусь, пя́тит(ся)
пятиуго́льник, -а
пятиуго́льный
пятиу́стка, -и
пяти́шница, -ы
пятиэта́жный (5-эта́жный)
пя́тка, -и
пятнадцатикопе́ечный (15-копе́ечный)
пятнадцатиле́тие (15-ле́тие), -я
пятнадцатиле́тний (15-ле́тний)
пятнадцатимину́тный (15-мину́тный)
пятнадцатирублёвый (15-рублёвый)
пятна́дцатый
пятна́дцать, -и
пятна́ть(ся), -а́ю, -а́ет(ся)
пятна́шки, -шек
пятни́к, -а́
пятни́стость, -и
пятни́стый
пятни́ть, -ню́, -ни́т
пя́тница, -ы
пя́тничный
пятно́, -а́, мн. пя́тна, пя́тен
пятновыводи́тель, -я
пя́тнышко, -а, мн. -шки, -шек
пято́к, -тка́
пято́чек, -чка
пя́точный (от пя́тка)
пя́тый
пять, пяти́, пятью́
пятьдеся́т, пяти́десяти, пятью́десятью
пятьсо́т, пятисо́т, пятиста́м, пятьюста́ми, о пятиста́х
пя́тью (при умножении)

Р

раб, -а́
раба́, -ы́
раба́т, -а
раба́тка, -и
ра́бий, -ья, -ье
рабкоо́п, -а

РАБ

рабко́р, -а
рабко́ровский
рабко́рство, -а
рабовладе́лец, -льца
рабовладе́льческий
рабовладе́ние, -я
раболе́пие, -я
раболе́пный
раболе́пство, -а
раболе́пствовать, -твую, -твует
рабо́та, -ы
рабо́тать(ся), -аю, -ает(ся)
работёнка, -и
работи́шка, -и
рабо́тища, -и
рабо́тка, -и
рабо́тник, -а
рабо́тница, -ы
рабо́тничек, -чка
рабо́тный (дом)
работода́тель, -я
работорго́вец, -вца
работорго́вля, -и
работоспосо́бность, -и
работоспосо́бный
работя́га, -и, м. и ж.
работя́щий
рабо́чая, -ей
рабочеде́лец, -льца
рабочеде́льство, -а
рабо́че-крестья́нский
рабо́чий, прил.
рабо́чий, -его
рабо́чий-специали́ст, рабо́чего-специали́ста
рабочко́м, -а
рабселько́ровский
рабселько́ры, -ов
рабси́ла, -ы
ра́бский
ра́бство, -а
рабфа́к, -а
рабфа́ковец, -вца
рабфа́ковский
рабы́ня, -и, р. мн. рабы́нь
равви́н, -а
равви́нский
равели́н, -а
равенду́к, -а
ра́венство, -а
равне́ние, -я (от равни́ться)
равни́на, -ы
равни́нный
равно́
равнобе́дренный
равнобо́чный
равновели́кий
равновероя́тностный
равнове́сие, -я
равнове́сный
равновесо́мый
равноде́йствующий
равноде́нственный
равноде́нствие, -я
равноду́шие, -я
равноду́шный
равнозна́чащий
равнозна́чный
равноме́рно заме́дленный
равноме́рно уско́ренный
равноме́рный
равнопереме́нный

РАВ

равноплечий
равнопра́вие, -я
равнопра́вный
равнорасполо́женный
равносигна́льный
равноси́льный
равносло́жный
равностепе́нный
равносторо́нний
равноуго́льный
равноудалённый; кр. ф. -ён, -ена́
равноуско́ренный
равноце́нный; кр. ф. -е́нен, -е́нна
равночи́сленный; кр. ф. -лен, -ленна
ра́вный; кр. ф. ра́вен, равна́, равно́
равня́ть(ся), -я́ю(сь), -я́ет(ся) (к ра́вный)
рагу́, нескл., с.
рад, -а (физ.)
рад, ра́да, ра́ды
ра́да, -ы (совет)
рада́р, -а
рада́рный
раде́ние, -я
раде́тель, -я
раде́тельный
раде́ть, -е́ю, -е́ет
радёхонек, -нька
радёшенек, -нька
ра́джа, -и, м.
ра́ди, предлог
радиа́льно-осево́й
радиа́льно-поршнево́й
радиа́льно расходя́щийся
радиа́льно-сверли́льный
радиа́льно-сфери́ческий
радиа́льный
радиа́н, -а
радиа́нт, -а
радиа́тор, -а
радиа́торный
радиацио́нно-терми́ческий
радиацио́нно-хими́ческий
радиацио́нный
радиа́ция, -и
ра́диевый
ра́дий, -я
радика́л, -а
радикали́зм, -а
радика́льничать, -аю, -ает
радика́льный
радикули́т, -а
ради́мичи, -ей
ра́дио, нескл., с.
ра́дио... — первая часть сложных слов, пишется всегда слитно
радиоавтогра́фия, -и
радиоактивацио́нный
радиоакти́вность, -и
радиоакти́вный
радиоальтиме́тр, -а
радиоанте́нна, -ы
радиоаппарату́ра, -ы
радиоастроно́м, -а
радиоастрономи́ческий
радиоастроно́мия, -и
радиоаэронавига́ция, -и
радиобио́лог, -а
радиобиологи́ческий
радиобиоло́гия, -и
радиобу́й, -я
радиоветроме́р, -а

РАД

радиовеща́ние, -я
радиовеща́тельный
радиови́димость, -и
радиоволна́, -ы́, мн. -во́лны, -во́лн, -волна́м
радиоволново́д, -а
радиовысотоме́р, -а
радиогала́ктика, -и
радиоге́нный
радиогеоло́гия, -и
радиогидроакусти́ческий
радиогидрогеоло́гия, -и
радиогидрометеорологи́ческий
радиогонио́метр, -а
радиогра́мма, -ы
радиографи́ческий
радиогра́фия, -и
радиодальноме́р, -а
радиода́нные, -ых
радиодета́ль, -и
радиодиапазо́н, -а
радиозаво́д, -а
радиозащи́тный
радиозвезда́, -ы́, мн. -звёзды, -звёзд
радиозе́ркало, -а, мн. -ала́, -а́л
радиозо́на, -ы
радиозо́нд, -а
радиоизлуче́ние, -я
радиоизмери́тельный
радиои́мпульс, -а
радиоинжене́р, -а
радиоинтерферо́метр, -а
радиоинформа́ция, -и
радиокана́л, -а
радиокарбо́нный
радиокиноустано́вка, -и
радиокома́нда, -ы
радиокоммента́рий, -я
радиокоммента́тор, -а
радиокомпа́ния, -и
радиокомпара́тор, -а
радиоко́мпас, -а
радиоко́мплекс, -а
радиоконтро́ль, -я
радиоконце́рт, -а
радиола́мпа, -ы
радиолече́ние, -я
радиоли́з, -а
радиоли́ния, -и
радио́лог, -а
радиологи́ческий
радиоло́гия, -и
радиолока́тор, -а
радиолокацио́нный
радиолока́ция, -и
радиоло́т, -а
радиолу́ч, -а́
радиолюби́тель, -я
радиолюби́тельский
радиолюби́тельство, -а
радиолюминесце́нция, -и
радиоля́риевый
радиоляри́т, -а
радиоля́рия, -и
радиомастерска́я, -о́й
радиома́чта, -ы
радиомая́к, -а́
радиометеоро́граф, -а
радиометеорологи́ческий
радиометеороло́гия, -и
радио́метр, -а

РАД

радиометри́ческий
радиоме́трия, -и
радиомонта́ж, -а́
радионаведе́ние, -я
радионавигацио́нный
радионавига́ция, -и
радиообору́дование, -я
радиопера́тор, -а
радиопе́ленг, -а
радиопеленга́тор, -а
радиопеленга́ция, -и
радиопеленгова́ние, -я
радиопереда́тчик, -а
радиопереда́ча, -и
радиоперехва́т, -а
радиопило́т, -а
радиопоме́хи, -е́х
радиопостано́вка, -и
радиоприбо́р, -а
радиоприём, -а
радиоприёмник, -а
радиоприёмный
радиопроводно́й
радиопрогно́з, -а
радиопромы́шленность, -и
радиорезисте́нтность, -и
радиореле́йный
радиорепорта́ж, -а
радиорепроду́ктор, -а
радиору́бка, -и
радиосветово́й
радиосвя́зь, -и
радиосекста́нт, -а
радиосенсибилиза́ция, -и
радиосе́ть, -и
радиосигна́л, -а
радиосисте́ма, -ы
радиослу́жба, -ы
радиослу́шатель, -я
радиослу́шательница, -ы
радиоспекта́кль, -я
радиоспектроскопи́я, -и
радиоста́нция, -и
радиосту́дия, -и
радиотелегра́мма, -ы
радиотелегра́ф, -а
радиотелегра́фия, -и
радиотелегра́фный
радиотелеметри́ческий
радиотелеме́трия, -и
радиотелемеха́ника, -и
радиотелеско́п, -а
радиотелеуправле́ние, -я
радиотелефо́н, -а
радиотелефони́я, -и
радиотелефо́нный
радиотерапевти́ческий
радиотерапи́я, -и
радиоте́хник, -а
радиоте́хника, -и
радиотехни́ческий
радиотова́ры, -ов
радиото́чка, -и
радиотрансляцио́нный
радиотрансля́ция, -и
радиоуглеро́дный
радиоу́зел, -зла́
радиоуниверсите́т, -а
радиоуправле́ние, -я
радиоустано́вка, -и
радиофестива́ль, -я
радиофи́зика, -и

РАД

радиофизи́ческий
радиофика́ция, -и
радиофици́рованный
радиофици́ровать(ся), -рую, -рует(ся)
радиофони́я, -и
радиофототелегра́ф, -а
радиохими́ческий
радиохи́мия, -и
радиоце́нтр, -а
радиочастота́, -ы́, мн. -о́ты, -о́т
радиочасто́тный
радиочувстви́тельность, -и
радиоэколо́гия, -и
радиоэлектро́ника, -и
радиоэлектро́нный
радиоэ́хо, -а
ради́рованный
ради́ровать, -рую, -рует
ради́ст, -а
ради́стка, -и
ра́диус, -а
ра́диус-ве́ктор, ра́диуса-ве́ктора
ра́довать(ся), -дую(сь), -дует(ся)
радо́н, -а
радо́новый
ра́достный
ра́дость, -и
рад-радёхонек, ра́да-радёхонька
рад-радёшенек, ра́да-радёшенька
ра́дуга, -и
ра́дужина, -ы
ра́дужка, -и
ра́дужница, -ы
ра́дужный
ра́дула, -ы
раду́ница, -ы
раду́шие, -я
раду́шный
раёк, райка́
раёшник, -а
раёшный
раж, -а
ра́жий
раз, -а и -у, мн. разы́, раз
разагити́ровать, -рую, -рует
раза́хаться, -аюсь, -ается
разба́витель, -я
разба́вить(ся), -влю, -вит(ся)
разба́вка, -и
разбавле́ние, -я
разба́вленный
разбавля́ть(ся), -я́ю, -я́ет(ся)
разбаза́ренный
разбаза́ривать(ся), -аю, -ает(ся)
разбаза́рить, -рю, -рит
разба́ливаться, -аюсь, -ается
разбало́ванный
разбалова́ть(ся), -лу́ю(сь), -лу́ет(ся)
разба́лтывать(ся), -аю(сь), -ает(ся)
разбе́г, -а
разбега́ться, -аюсь, -ается, сов.
разбега́ться, -аюсь, -а́ется, несов.
разбежа́ться, -бегу́сь, -бежи́тся, -бегу́тся
разбе́жка, -и
разбереди́ть(ся), -ежу́, -еди́т(ся)
разбережённый; кр. ф. -ён, -ена́
разбива́ть(ся), -а́ю(сь), -а́ет(ся)
разби́вка, -и
разбинто́ванный

РАЗ

разбинтова́ть(ся), -ту́ю(сь), -ту́ет(ся)
разбинто́вывать(ся), -аю(сь), -ает(ся)
разбира́тельство, -а
разбира́ть(ся), -а́ю(сь), -а́ет(ся)
разби́тие, -я
разбитно́й
разби́тость, -и
разби́тый
разби́ть(ся), разобью́(сь), разобьёт(ся)
разбла́говестить, -ещу, -естит
разбла́говещенный
разблоки́рованный
разблоки́ровать, -рую, -рует
разбогате́ть, -е́ю, -е́ет
разбо́й, -я
разбо́йник, -а
разбо́йница, -ы
разбо́йничать, -аю, -ает
разбо́йнический
разбо́йничество, -а
разбо́йничий, -ья, -ье
разбо́йный
разболе́ться[1], -е́юсь, -е́ется (надолго заболе́ть)
разболе́ться[2], -ли́тся (начать сильно болеть)
разбо́лтанность, -и
разбо́лтанный
разболта́ть(ся), -а́ю(сь), -а́ет(ся)
разболти́ть, -лчу́, -лти́т
разбо́лтка, -и
разболто́ванный
разболтова́ть, -ту́ю, -ту́ет
разбомби́ть, -блю́, -би́т
разбомблённый; кр. ф. -ён, -ена́
разбо́р, -а
разбо́рка, -и
разбо́рно-металли́ческий
разбо́рный
разбо́рчивость, -и
разбо́рчивый
разбрако́ванный
разбракова́ть, -ку́ю, -ку́ет
разбрако́вка, -и
разбранённый; кр. ф. -ён, -ена́
разбрани́ть(ся), -ню́(сь), -ни́т(ся)
разбра́сывание, -я
разбра́сыватель, -я
разбра́сывать(ся), -аю(сь), -ает(ся)
разбреда́ться, -а́ется
разбре́дшийся
разбрести́сь, -едётся; прош. -ёлся, -ела́сь
разбро́д, -а
разброни́рованный
разброни́ровать(ся), -рую, -рует(ся)
разбро́с, -а
разбро́санный
разброса́ть(ся), -а́ю(сь), -а́ет(ся)
разбро́сить, -о́шу, -о́сит
разбро́ска, -и
разбросно́й
разбро́шенный
разбры́зганный
разбры́згать(ся), -аю, -ает(ся) и -зжу, -зжет(ся)
разбры́згиватель, -я
разбры́згивать(ся), -аю, -ает(ся)

РАЗ

разбры́знуть, -ну, -нет
разбрюзжа́ться, -жу́сь, -жи́тся
разбуди́ть, -ужу́, -у́дит
разбу́женный
разбурённый; *кр. ф.* -ён, -ена́
разбу́ривать(ся), -аю, -ает(ся)
разбури́ть, -рю́, -ри́т
разбуха́ние, -я
разбуха́ть, -а́ю, -а́ет
разбу́хнуть, -ну, -нет; *прош.* -у́х, -у́хла
разбу́хший
разбушева́ться, -шу́юсь, -шу́ется
разбуя́ниться, -нюсь, -нится
разва́жживать(ся), -аю, -ает(ся)
разва́жничаться, -аюсь, -ается
разва́л, -а
разва́ленный (*от* развали́ть)
разва́лец, -льца *и* разва́льца, -ы: с разва́льцем *и* с разва́льцей
разва́ливать(ся), -аю(сь), -ает(ся)
разва́лина, -ы
разва́листый
развали́ть(ся), -алю́(сь), -а́лит(ся)
разва́лка, -и
разва́льца, -ы *и* разва́лец, -льца: с разва́льцей *и* с разва́льцем
развальцева́ть, -цу́ю, -цу́ет
развальцо́ванный
развальцо́вка, -и
развальцо́вывать(ся), -аю, -ает(ся)
развалю́ха, -и
развалю́шка, -и
разва́лянный (*от* разваля́ть)
разваля́ть(ся), -я́ю(сь), -я́ет(ся)
разва́ренный
разва́ривать(ся), -аю, -ает(ся)
развари́ть(ся), -арю́, -а́рит(ся)
разварно́й
ра́зве
развева́ние, -я
развева́ть(ся), -а́ю, -а́ет(ся) (*к* ве́ять)
разве́данный
разве́дать, -аю, -ает
разведе́ние, -я
разведённый; *кр. ф.* -ён, -ена́
разве́дка, -и
разве́дочный
разве́дривать(ся), -ает(ся)
разве́дрить(ся), -ит(ся)
разведслу́жба, -ы
разве́дчик, -а
разве́дчица, -ы
разве́дший(ся)
разве́дывание, -я
разве́дывательный
разве́дывать(ся), -аю, -ает(ся)
развезённый; *кр. ф.* -ён, -ена́
развезти́, -зу́, -зёт; *прош.* -ёз, -езла́
развёзший
разве́ивать(ся), -аю(сь), -ает(ся)
развенча́нный
развенча́ть(ся), -а́ю(сь), -а́ет(ся)
развереди́ть, -ежу́, -еди́т
развережённый; *кр. ф.* -ён, -ена́
разверза́ть(ся), -а́ю, -а́ет(ся)
разве́рзнувший(ся)
разве́рзнуть(ся), -ну, -нет(ся); *прош.* -е́рз(ся) *и* -е́рзнул(ся), -е́рзла(сь)
разве́рзшийся(ся)
развёрнутый
разверну́ть(ся), -ну́(сь), -нёт(ся)

РАЗ

версста́ние, -я
разверстанный
разверста́ть(ся), -а́ю(сь), -а́ет(ся)
развёрстка, -и
развёрсточный
развёрстывать(ся), -аю(сь), -ает(ся)
развёрстый
разверте́ть(ся), -ерчу́, -е́ртит(ся)
развёртка, -и
развёрточный
развёртывание, -я
развёртывать(ся), -аю(сь), -ает(ся)
разве́рченный
разверша́ть(ся), -аю, -ает(ся)
разве́с, -а
развеселённый; *кр. ф.* -ён, -ена́
развесели́ть(ся), -лю́(сь), -ли́т(ся)
развесёлый
разве́систый
разве́сить(ся), -е́шу, -е́сит(ся)
разве́ска, -и
развесно́й
разве́сочный
развести́(сь), -еду́(сь), -едёт(ся); *прош.* -ёл(ся), -ела́(сь)
разветви́ть, -влю́, -ви́т(ся)
разветвле́ние, -я
разветвлённый; *кр. ф.* -ён, -ена́
разветвля́ть(ся), -я́ю, -я́ет(ся)
разве́шанный (*от* разве́шать)
разве́шать, -аю, -ает
разве́шенный (*от* разве́сить)
разве́шивание, -я
разве́шивать(ся), -аю, -ает(ся)
разве́янный
разве́ять(ся), -е́ю(сь), -е́ет(ся)
развива́ть(ся), -а́ю(сь), -а́ет(ся) (*к* вить)
развизжа́ться, -жу́сь, -жи́тся
разви́лина, -ы
разви́листый
разви́лка, -и
разви́лок, -лка
развинти́ть(ся), -нчу́(сь), -нти́т(ся)
разви́нченность, -и
разви́нченный
разви́нчивать(ся), -аю(сь), -ает(ся)
разви́тие, -я
развито́й; *кр. ф.* ра́звит, развита́, ра́звито, *прил.*
разви́тый; *кр. ф.* разви́т, развита́, разви́то, *прич.*
разви́ть(ся), разовью́(сь), разовьёт(ся); *прош.* -и́л(ся), -ила́(сь), -и́ло, -ило́сь
развлека́тельный
развлека́ть(ся), -а́ю(сь), -а́ет(ся)
развлёкший(ся)
развлече́ние, -я
развлечённый; *кр. ф.* -ён, -ена́
развле́чь(ся), -еку́(сь), -ечёт(ся), -еку́т(ся); *прош.* -ёк(ся), -екла́(сь)
разво́д, -а
разводи́ть(ся), -ожу́(сь), -о́дит(ся)
разво́дка, -и
разводно́й (*к* разводи́ть)
разво́дный (*к* разводи́ться)
разво́дчатый
разво́дье, -я, *р. мн.* -ьев
разводя́щий, -его
развоева́ться, -ою́юсь, -ою́ется
развожжа́ть(ся), -а́ю, -а́ет(ся)

РАЗ

разво́з, -а
развози́ть(ся), -ожу́(сь), -о́зит(ся)
разво́зка, -и
развозно́й
разво́зчик, -а
развой, -я
развола́кивать(ся), -аю, -ает(ся)
разволно́ванный
разволнова́ть(ся), -ну́ю(сь), -ну́ет(ся)
разволо́кший
разволочённый; *кр. ф.* -ён, -ена́
разволо́чь, -оку́, -очёт, -оку́т; *прош.* -о́к, -окла́
развопи́ться, -плю́сь, -пи́тся
развора́чивание, -я
развора́чивать(ся), -аю(сь), -ает(ся)
развора́шивать(ся), -аю, -ает(ся)
разворкова́ться, -ку́юсь, -ку́ется
разворо́ванный
разворова́ть, -ру́ю, -ру́ет
разворо́вывать(ся), -аю, -ает(ся)
разворо́т, -а
развороти́ть, -очу́, -о́тит
разворо́чанный (*от* развороча́ть)
развороча́ть(ся), -а́ю(сь), -а́ет(ся)
развороче́нный (*от* развороти́ть)
разворошённый; *кр. ф.* -ён, -ена́
разворошить, -шу́, -ши́т
разворча́ться, -чу́сь, -чи́тся
развра́т, -а
врати́тель, -я
разврати́ть(ся), -ащу́(сь), -ати́т(ся)
развра́тник, -а
развра́тница, -ы
развра́тничать, -аю, -ает
развра́тный
развраща́ть(ся), -а́ю(сь), -а́ет(ся)
развраще́ние, -я
развращённость, -и
развращённый; *кр. ф.* -ён, -ена́
развы́ться, -во́юсь, -во́ется
развью́ченный
развью́чивать(ся), -аю(сь), -ает(ся)
развью́чить(ся), -чу(сь), -чит(ся)
развя́занный
развяза́ть(ся), -яжу́(сь), -я́жет(ся)
развя́зка, -и
развя́зность, -и
развя́зный
развя́зывание, -я
развя́зывать(ся), -аю(сь), -ает(ся)
разга́данный
разгада́ть(ся), -а́ю, -а́ет(ся)
разга́дка, -и
разга́дчик, -а
разга́дчица, -ы
разга́дывать(ся), -аю, -ает(ся)
разга́р, -а
разгерметиза́ция, -и
разгерметизи́ровать(ся), -рую, -рует(ся)
разги́б, -а
разгиба́ние, -я
разгиба́ть(ся), -а́ю(сь), -а́ет(ся)
разгильдя́й, -я
разгильдя́йка, -и
разгильдя́йничать, -аю, -ает
разгильдя́йство, -а
разглаго́льствование, -я
разглаго́льствовать, -твую, -твует

РАЗ

разгла́дить(ся), -а́жу, -а́дит(ся)
разгла́женный
разгла́живать(ся), -аю, -ает(ся)
разгласи́ть(ся), -ашу́, -аси́т(ся)
разглаша́ть(ся), -а́ю, -а́ет(ся)
разглаше́ние, -я
разглашённый; кр. ф. -ён, -ена́
разгляде́ть, -яжу́, -яди́т
разгля́дывать(ся), -аю, -ает(ся)
разгне́ванный
разгне́вать(ся), -аю(сь), -ает(ся)
разгова́ривать, -аю, -ает
разгове́нье, -я
разгове́ться, -е́юсь, -е́ется
разговля́ться, -я́юсь, -я́ется
разгово́р, -а
разговори́ть(ся), -рю́(сь), -ри́т(ся)
разгово́рник, -а
разгово́рный
разгово́рчивость, -и
разгово́рчивый
разгово́рчик, -а
разго́н, -а
разго́нистый
разго́нка, -и
разго́нный
разгоня́ть(ся), -я́ю(сь), -я́ет(ся)
разгора́живать(ся), -аю(сь), -ает(ся)
разгора́ться, -а́юсь, -а́ется
разгоре́ться, -рю́сь, -ри́тся
разгороди́ть(ся), -ожу́(сь), -о́ди́т(ся)
разгоро́женный
разгоряча́ть(ся), -а́ю(сь), -а́ет(ся)
разгорячённый; кр. ф. -ён, -ена́
разгорячи́ть(ся), -чу́(сь), -чи́т(ся)
разгра́бить, -блю, -бит
разгра́бленный
разграбле́ние, -я
разграниче́ние, -я
разграни́ченный
разграни́чивать(ся), -аю, -ает(ся)
разграничи́тельный
разграни́чить(ся), -чу, -чит(ся)
разграфи́ть, -флю́, -фи́т
разграфлённый; кр. ф. -ён, -ена́
разграфля́ть(ся), -я́ю, -я́ет(ся)
разгреба́ть(ся), -а́ю, -а́ет(ся)
разгребённый; кр. ф. -ён, -ена́
разгрёбший
разгрести́, -гребу́, -гребёт; прош. -грёб, -гребла́
разгримиро́ванный
разгримирова́ть(ся), -ру́ю(сь), -ру́ет(ся)
разгро́м, -а
разгроми́ть, -млю́, -ми́т
разгро́мленный и разгромлённый; кр. ф. -ён, -ена́
разгружа́ть(ся), -а́ю(сь), -а́ет(ся)
разгру́женный и разгружённый; кр. ф. -ён, -ена́
разгрузи́ть(ся), -ужу́(сь), -у́зи́т(ся)
разгру́зка, -и
разгрузно́й
разгру́зочный
разгру́зчик, -а
разгруппиро́ванный
разгруппирова́ть(ся), -ру́ю, -ру́ет(ся)
разгрусти́ться, -ущу́сь, -усти́тся
разгрыза́ть(ся), -а́ю, -а́ет(ся)
разгры́зенный

РАЗ

разгры́зть, -зу́, -зёт; прош. -ы́з, -ы́зла
разгу́л, -а
разгу́ливать(ся), -аю(сь), -ает(ся)
разгу́лье, -я
разгу́льный
разгу́лянный
разгуля́ть(ся), -я́ю(сь), -я́ет(ся)
разда́бривать(ся), -аю(сь), -ает(ся)
раздава́ть(ся), -даю́(сь), -даёт(ся)
раздави́ть(ся), -авлю́, -а́вит(ся)
разда́вленный
разда́вливать(ся), -аю, -ает(ся)
разда́ивание, -я
разда́ивать(ся), -аю, -ает(ся)
раздала́бливать(ся), -аю, -ает(ся)
разда́ренный
разда́ривать(ся), -аю, -ает(ся)
раздари́ть, -арю́, -а́рит
разда́точный
разда́тчик, -а
разда́тчица, -ы
разда́ть(ся), -а́м(ся), -а́шь(ся), -а́ст(ся), -ади́м(ся), -ади́те(сь), -аду́т(ся); прош. ро́здал и разда́л, -ала́ся, -ала́(сь), ро́здало и разда́ло, -ало́сь
разда́ча, -и
раздва́ивать(ся), -аю(сь), -ает(ся)
раздвига́ние, -я
раздвига́ть(ся), -а́ю, -а́ет(ся)
раздви́жка, -и
раздвижно́й
раздви́нутый
раздви́нуть(ся), -ну, -нет(ся)
раздвое́ние, -я
раздво́енность, -и
раздво́енный и раздвоённый; кр. ф. -ён, -ена́
раздвои́ть(ся), -ою́(сь), -ои́т(ся)
раздева́лка, -и
раздева́льный
раздева́льня, -и, р. мн. -лен
раздева́ть(ся), -а́ю(сь), -а́ет(ся)
разде́л, -а
разде́ланный
разде́лать(ся), -аю(сь), -ает(ся)
разделе́ние, -я
разделённый; кр. ф. -ён, -ена́
раздели́тель, -я
раздели́тельный*
раздели́ть(ся), -елю́(сь), -е́лит(ся)
разде́лка, -и
разде́лочный
разде́лывательный
разде́лывать(ся), -аю(сь), -ает(ся)
раздельнолепе́стные, -ых
раздельнопо́лый
разде́льность, -и
разде́льный
разделя́ть(ся), -я́ю(сь), -я́ет(ся)
раздёрганный
раздёргать, -аю, -ает
раздёргивать(ся), -аю, -ает(ся)
раздёрнутый
раздёрнуть(ся), -ну, -нет(ся)
разде́тый
разде́ть(ся), -е́ну(сь), -е́нет(ся)
раздира́тельный
раздира́ть(ся), -а́ю, -а́ет(ся)
раздира́ющий
разди́рочный

РАЗ

раздо́бренный
раздобре́ть, -е́ю, -е́ет
раздо́брить(ся), -рю(сь), -рит(ся)
раздобыва́ть(ся), -а́ю(сь), -а́ет(ся)
раздобы́тый
раздобы́ть(ся), -бу́ду(сь), -бу́дет(ся)
раздо́енный
раздои́ть(ся), -ою́, -о́ит(ся)
раздо́й, -я
раздолби́ть, -блю́, -би́т
раздолблённый; кр. ф. -ён, -ена́
раздо́лье, -я
раздо́льный
раздо́р, -а
раздоро́жье, -я, р. мн. -жий
раздоса́дованный
раздоса́довать(ся), -дую(сь), -дует(ся)
раздража́ть(ся), -а́ю(сь), -а́ет(ся)
раздража́ющий(ся)
раздраже́ние, -я
раздражённый; кр. ф. -ён, -ена́
раздражи́мость, -и
раздражи́мый
раздражи́тель, -я
раздражи́тельность, -и
раздражи́тельный
раздражи́ть(ся), -жу́(сь), -жи́т(ся)
раздразнённый; кр. ф. -ён, -ена́
раздра́знивать(ся), -аю, -ает(ся)
раздразни́ть, -азню́, -а́знит
раздревесне́ние, -я
раздроби́ть(ся), -блю́, -би́т(ся)
раздро́бленность, -и и раздроблённость, -и
раздро́бленный и раздроблённый; кр. ф. -ён, -ена́
раздробля́ть(ся), -я́ю, -я́ет(ся)
раз-друго́й
раздружи́ть(ся), -ужу́(сь), -у́жи́т(ся)
разду́в, -а
раздува́ние, -я
раздува́ть(ся), -а́ю(сь), -а́ет(ся)
разду́мать(ся), -аю(сь), -ает(ся)
разду́мчивый
разду́мывать(ся), -аю(сь), -ает(ся)
разду́мье, -я, р. мн. -мий
разду́тие, -я
разду́тый
разду́ть(ся), -ду́ю(сь), -ду́ет(ся)
разду́шенный и раздушённый; кр. ф. -ён, -ена́
раздуши́ть(ся), -ушу́(сь), -у́шит(ся)
раздыша́ться, -ышу́сь, -ы́шится
развева́ть(ся), -а́ю, -а́ет(ся) (раскрывать)
разжа́лобить(ся), -блю(сь), -бит(ся)
разжа́лобленный
разжа́лование, -я
разжа́лованный
разжа́ловать, -лую, -лует
разжа́тый
разжа́ть(ся), разожму́, разожмёт(ся)
разжёванный
разжева́ть(ся), -жую́, -жуёт(ся)
разжёвывание, -я
разжёвывать(ся), -аю, -ает(ся)
разжёгший(ся)
разжело́бок, -бка

РАЗ

разжени́ть(ся), -еню́(сь), -е́нит(ся)
разже́чь(ся), разожгу́, разожжёт(ся), разожгу́т(ся); *прош.* разжёг(ся), разожгла́(сь)
разжи́ва, -ы
разжива́ться, -а́юсь, -а́ется
разжи́г, -а
разжига́ние, -я
разжига́ть(ся), -а́ю, -а́ет(ся)
разжиди́ть(ся), -ижу́, -иди́т(ся)
разжижа́ть(ся), -а́ю, -а́ет(ся)
разжижённый, *кр. ф.* -ён, -ена́
разжи́м, -а
разжима́ть(ся), -а́ю, -а́ет(ся)
разжи́мный
разжире́ть, -е́ю, -е́ет
разжи́ться, -иву́сь, -ивётся; *прош.* -и́лся, -ила́сь
разжо́г, -а, но; *прош.* разжёг
разжужжа́ться, -жжи́тся
развво́д, -а: на раззаво́д
раздадо́ренный
раззадо́ривать(ся), -аю(сь), -ает(ся)
раззадо́рить(ся), -рю(сь), -рит(ся)
раз за ра́зом
раззва́нивать, -аю, -ает
раззвонённый; *кр. ф.* -ён, -ена́
раззвони́ть, -ню́, -ни́т
раззева́ться, -а́юсь, -а́ется (*к зева́ть*)
раззе́нковка, -и
раззнако́мить(ся), -млю(сь), -мит(ся)
раззнако́мленный
раззнако́мливать(ся), -аю(сь), -ает(ся)
раззола́чивать(ся), -аю, -ает(ся)
раззолоти́ть, -очу́, -оти́т
раззоло́ченный
раззуде́ться, -уди́тся
раззуди́ть, -ужу́, -уди́т
разя́ва, -ы, *м. и ж.*
ра́зик, -а
рази́нутый
рази́нуть(ся), -ну, -нет(ся)
ра́зинщина, -ы
разя́ня, -и, *м. и ж.*
рази́тельный
рази́ть, ражу́, рази́т
разлага́ть(ся), -а́ю(сь), -а́ет(ся)
разлага́ющий(ся)
разла́д, -а
разла́дить(ся), -а́жу, -а́дит(ся)
разла́дица, -ы
разла́женный
разла́живать(ся), -аю, -ает(ся)
разла́комить(ся), -млю(сь), -мит(ся)
разла́комленный
разла́мывать(ся), -аю, -ает(ся)
разла́пистый
разла́пушка, -и
разла́пый
разла́яться, -а́юсь, -а́ется
разлёгшийся
разлежа́ться, -жу́сь, -жи́тся
разлёживаться, -аюсь, -ается
разлеза́ться, -а́ется
разле́зться, -лéзется; *прош.* -лéзся, -лéзлась
разле́зший
разле́ниваться, -аюсь, -ается

РАЗ

разлени́ться, -еню́сь, -е́нится
разлепи́ть(ся), -леплю́, -ле́пит(ся)
разле́пленный
разлепля́ть(ся), -я́ю, -я́ет(ся)
разлёт, -а и -у (с разлёта, с разлёту)
разлета́йка, -и
разлета́ться, -а́юсь, -а́ется
разлете́ться, -лечу́сь, -лети́тся
разле́чься, -ля́гусь, -ля́жется, -ля́гутся; *прош.* -лёгся, -легла́сь
разли́в, -а
разлива́ние, -я
разлива́нный: разлива́нное мо́ре
разлива́тельный
разлива́ть(ся), -а́ю(сь), -а́ет(ся)
разли́вка, -и
разливно́й
разли́вочный
разлино́ванный
разлинова́ть, -ну́ю, -ну́ет
разлино́вка, -и
разлино́вывать(ся), -аю, -ает(ся)
разлипа́ться, -а́ется
разли́пнуться, -нется
разли́тие, -я
разли́тый; *кр. ф.* -и́т, -ита́, -и́то
разли́ть(ся), разолью́, разольёт(ся); *прош.* -и́л(ся), -ила́(сь), -и́ло, -ило́сь
различа́ть(ся), -а́ю(сь), -а́ет(ся)
различе́ние, -я
различённый; *кр. ф.* -ён, -ена́
различе́ствовать, -твую, -твует
разли́чие, -я
различи́мый
различи́тельный
различи́ть, -чу́, -чи́т
разли́чный
разло́гий
разложе́ние, -я
разло́женный
разложи́мость, -и
разложи́ть(ся), -ожу́(сь), -о́жит(ся)
разло́м, -а
разло́манный
разлома́ть(ся), -а́ю, -а́ет(ся)
разломи́ть(ся), -омлю́, -о́мит(ся)
разло́мка, -и
разло́мленный
разлу́ка, -и
разлуча́ть(ся), -а́ю, -а́ет(ся)
разлуче́ние, -я
разлучённый; *кр. ф.* -ён, -ена́
разлучи́ть(ся), -чу́(сь), -чи́т(ся)
разлу́чник, -а
разлу́чница, -ы
разлюбе́зничаться, -аюсь, -ается
разлюбе́зный
разлюби́ть(ся), -люблю́, -лю́бит(ся)
разлю́бленный
разлюбля́ть(ся), -я́ю, -я́ет(ся)
разлюли́ мали́на
разлютова́ться, -ту́юсь, -ту́ется
разли́панный
разли́пать(ся), -аю, -ает(ся)
размагни́тить(ся), -и́чу(сь), -и́тит(ся)
размагни́ченный
размагни́чивание, -я
размагни́чивать(ся), -аю, -ает(ся)
разма́занный
разма́зать(ся), -а́жу, -а́жет(ся)
размазня́, -и́, *р. мн.* -е́й, *м. и ж.*

РАЗ

разма́зывать(ся), -аю, -ает(ся)
разма́ивать(ся), -аю(сь), -ает(ся)
размалёванный
размалева́ть(ся), -лю́ю(сь), -лю́ет(ся)
размалёвка, -и
размалёвывание, -я
размалёвывать(ся), -аю(сь), -ает(ся)
разма́лывание, -я
разма́лывать(ся), -аю, -ает(ся)
разма́ривать(ся), -аю(сь), -ает(ся)
разма́тывание, -я
разма́тывать(ся), -аю, -ает(ся)
разма́х, -а и -у (с разма́ху, с разма́ха)
размаха́йка, -и
размаха́ться, -ашу́сь, -а́шется и -а́юсь, -а́ется
разма́хивать(ся), -аю(сь), -ает(ся)
размахну́ть(ся), -ну́(сь), -нёт(ся)
разма́чивание, -я
разма́чивать(ся), -аю, -ает(ся)
размачто́ванный
размачтова́ть, -ту́ю, -ту́ет
размачто́вывать(ся), -аю, -ает(ся)
разма́шистый
разма́янный
разма́ять(ся), -а́ю(сь), -а́ет(ся)
размежева́ние, -я
размежёванный
размежева́ть(ся), -жу́ю(сь), -жу́ет(ся)
размежёвка, -и
размежёвывать(ся), -аю(сь), -ает(ся)
размельча́ть(ся), -а́ю, -а́ет(ся)
размельче́ние, -я
размельчённый; *кр. ф.* -ён, -ена́
размельчи́ть(ся), -чу́, -чи́т(ся)
разме́н, -а
разме́нивать(ся), -аю(сь), -ает(ся)
разме́нный
разме́нянный
разменя́ть(ся), -я́ю(сь), -я́ет(ся)
разме́р, -а
разме́ренность, -и
разме́ренный
разме́рить, -рю, -рит и -ряю, -ряет
разме́рность, -и
разме́рный
разме́рить(ся), -я́ю, -я́ет(ся)
размеси́ть(ся), -ешу́, -е́сит(ся)
размести́, -мету́, -метёт; *прош.* -мёл, -мела́
размести́ть(ся), -ещу́(сь), -ести́т(ся)
размёт, -а
размётанный (*от* размета́ть[2])
размета́ть(ся)[1], -а́ю, -а́ет(ся), *несов.* (*к* размести́)
размета́ть(ся)[2], -мечу́(сь), -мéчет(ся), *сов.*
разметённый; *кр. ф.* -ён, -ена́ (*от* размести́)
разме́тить, -мéчу, -мéтит
разме́тка, -и (*от* разме́тить)
размётка, -и (*от* размета́ть)
разме́точный (*от* разме́тка)
разме́тчик, -а (*к* разме́тка)
разме́тчица, -ы
размётший
размётывать(ся), -аю, -ает(ся)
размеча́ть(ся), -а́ю, -а́ет(ся)

размéченный (от размéтить)
размечтáться, -áюсь, -áется
размéшанный (от размешáть)
размешáть(ся), -áю, -áет(ся)
размéшенный (от размесúть)
размéшивать(ся), -аю, -ает(ся)
размещáть(ся), -áю(сь), -áет(ся)
размещéние, -я
размещённый; кр. ф. -ён, -енá
разминáть(ся), -áю(сь), -áет(ся)
разминúрование, -я
разминúрованный
разминúровать(ся), -рую, -рует(ся)
размúнка, -и
разминýться, -нýсь, -нётся
размножáть(ся), -áю(сь), -áет(ся)
размножéние, -я
размнóженный
размнóжить(ся), -жу, -жит(ся)
размозжённый; кр. ф. -ён, -енá
размозжúть(ся), -жý, -жúт(ся)
размóина, -ы
размокáть, -áет
размóкнуть, -ну, -нет; прош. -óк, -óкла
размокропогóдить(ся), -ит(ся)
размóкший
размóл, -а
размолáчивать(ся), -аю, -ает(ся)
размóлвка, -и
размолотúть(ся), -очý, -óтит(ся)
размолóтый
размолóть(ся), -мелю, -мéлет(ся)
размолóченный
разморённый; кр. ф. -ён, -енá
разморúть(ся), -рю́(сь), -рúт(ся)
размóтанный
размотáть(ся), -áю, -áет(ся)
размóтка, -и
размотыженный
размотыживать(ся), -аю, -ает(ся)
размотыжить, -жу, -жит
размочáленный
размочáливать(ся), -аю, -ает(ся)
размочáлить(ся), -лю, -лит(ся)
размóченный
размочúть(ся), -очý, -óчит(ся)
размóчка, -и
размундúренный
размундúрить, -рю, -рит
размурóванный
размуровáть, -рую, -рует
размусóленный
размусóливать(ся), -аю, -ает(ся)
размусóлить, -лю, -лит
размы́в, -а
размывáние, -я
размывáть(ся), -áю, -áет(ся)
размывнóй
размы́вчатый
размыкáние, -я
размы́канный
размыкáтель, -я
размы́кать(ся), -аю, -ает(ся), сов. (размы́кать гóре)
размыкáть(ся), -áю, -áет(ся), несов. (разъединять)
размы́кивать(ся), -аю, -ает(ся)
размы́слить, -лю, -лит
размытáрить, -рю, -рит
размы́тый
размы́ть(ся), -мóю, -мóет(ся)

размы́чка, -и
размышлéние, -я
размышлять, -я́ю, -я́ет
размягчáть(ся), -áю(сь), -áет(ся)
размягчéние, -я
размягчúтельный
размягчённый; кр. ф. -ён, -енá
размягчúть(ся), -чý(сь), -чúт(ся)
размякáть, -áю, -áет
размя́клый
размя́кнуть, -ну, -нет; прош. -мя́к, -мя́кла
размя́кший
размя́тый
размя́ть(ся), разомнý(сь), разомнёт(ся)
раз навсегдá
разнайтóвить, -влю, -вит
разнайтóвленный
разнайтóвливать, -аю, -ает
раз на раз
разнаря́дка, -и
разнáшивать(ся), -аю, -ает(ся)
разнедýжиться, -жусь, -жится
разнéженный
разнéживать(ся), -аю(сь), -ает(ся)
разнéжить(ся), -жусь, -жит(ся)
разнéжничаться, -аюсь, -ается
разнемогáться, -áюсь, -áется
разнемóчься, -огýсь, -óжется, -óгутся; прош. -óгся, -оглáсь
разнéрвничаться, -аюсь, -ается
разнесéние, -я
разнесённый; кр. ф. -ён, -енá
разнестú(сь), -сý, -сёт(ся); прош. -ёс(ся), -еслá(сь)
разнесчáстный
разнёсший(ся)
разнúзанный
разнизáть(ся), -ижý, -úжет(ся)
разнúзывать(ся), -аю, -ает(ся)
разнимáть(ся), -áю, -áет(ся) и (устар.) разъéмлю, разъéмлет(ся)
рáзниться, -нюсь, -нится
рáзница, -ы
разнобóй, -я
разновéс, -а
разновéска, -и
разновéсок, -ска
разновúдность, -и
разновúдный
разновóзрастный
разновремéнный
разновысóкий
разноглáзие, -я
разноглáзый
разноглáсие, -я
разноглáсить, -áшу, -áсит
разноглубúнный
разноголóсица, -ы
разноголóсый
разножгýтиковый
разнóжка, -и
разноимённый
разнокалúберный
разнокáчественный
разнолéсье, -я
разнолúкий
разнолúстный
разнолúстый
разномáстный

разномы́слие, -я
разномы́слящий
разнообрáзие, -я
разнообрáзить(ся), -áжу, -áзит(ся)
разнообрáзность, -и
разнообрáзный
разнооттéночный
разнопёрый
разноплемённый
разнопóлый
разнорабóчая, -ей
разнорабóчий, -его
разноречúвый
разнорéчие, -я
разнорéчить, -чу, -чит
разнорóдный
разнóс, -а
разносúть(ся), -ошý, -óсит(ся)
разнóска, -и
разносклоняемый
разнослóжный
разнóсный
разносóлы, -ов
разносóртный
разноспóровый
разноспрягáемый
разностúльный
рáзностно-вариациóнный
рáзностный
разностóпный
разностороннúй; кр. ф. -нен, -ння
разностороннóсть, -и
рáзность, -и
разнóсчик, -а
разнóсчица, -ы
разнотéмный
разнотúпный
разнотóлки, -ов
разнотóнный
разнотрáвный
разнотрáвье, -я
разнофасóнный
разнохарáктерный
разноцвéтный
разноцвéтье, -я
разночúнец, -нца
разночúнный
разночúнский
разночтéние, -я
разношённый
разношёрстный
разноязы́кий
разноязы́чие, -я
разноязы́чный
разнствовать, -твую, -твует
разнýзданность, -и
разнýзданный; кр. ф. прич. -ан, -ана; кр. ф. прил. -ан, -анна
разнуздáть(ся), -áю(сь), -áет(ся)
разнуздывать(ся), -аю(сь), -ает(ся)
рáзный
разню́ниться, -нюсь, -нится
разню́ханный
разню́хать, -аю, -ает
разню́хивать(ся), -аю, -ает(ся)
разня́тый; кр. ф. разня́т и рóзнят, разнятá, разня́то и рóзнято
разня́ть(ся), -нимý, -нúмет(ся); прош. разня́л(ся) и рóзнял, разнялá(сь), разня́ло и рóзнало, разнялóсь

РАЗ

разоби́деть(ся), -и́жу(сь), -и́дит(ся)
разоби́женный
разоблача́ть(ся), -а́ю(сь), -а́ет(ся)
разоблаче́ние, -я
разоблачённый; кр. ф. -ён, -ена́
разоблачи́тельный
разоблачи́ть(ся), -чу́(сь), -чи́т(ся)
разо́бранный
разобра́ть(ся), разберу́(сь), разберёт(ся); прош. -а́л(ся), -ала́(сь), -а́ло, -а́лось
разобща́ть(ся), -а́ю(сь), -а́ет(ся)
разобще́ние, -я
разобщённость, -и
разобщённый; кр. ф. -ён, -ена́
разобщи́ть(ся), -щу́(сь), -щи́т(ся)
разовра́ться, -ру́сь, -рётся; прош. -ала́сь, -а́лось
ра́зовый
разо́гнанный
разогна́ть(ся), разгоню́(сь), разго́нит(ся); прош. -а́л(ся), -ала́(сь), -а́ло, -а́лось
разо́гнутый
разогну́ть(ся), -ну́(сь), -нёт(ся)
разогре́в, -а
разогрева́ние, -я
разогрева́ть(ся), -а́ю(сь), -а́ет(ся)
разогре́тый
разогре́ть(ся), -е́ю(сь), -е́ет(ся)
разоде́тый
разоде́ть(ся), -е́ну(сь), -е́нет(ся)
разодолжённый; кр. ф. -ён, -ена́
разодолжи́ть, -жу́, -жи́т
разо́дранный
разодра́ть(ся), раздеру́(сь), раздерёт(ся); прош. -а́л(ся), -ала́(сь), -а́ло, -а́лось
разожжённый; кр. ф. -ён, -ена́
разозлённый; кр. ф. -ён, -ена́
разозли́ть(ся), -лю́(сь), -ли́т(ся)
разойти́сь, -йду́сь, -йдётся; прош. -ошёлся, -ошла́сь
разо́к, разка́
разо́к-друго́й
разолга́ться, -лгу́сь, -лжётся, -лгу́тся; прош. -а́лся, -ала́сь, -а́лось
разо́м, нареч.
разо́мкнутый
разомкну́ть(ся), -ну́, -нёт(ся)
разомле́ть, -е́ю, -е́ет
разонра́виться, -влюсь, -вится
разопрева́ть, -а́ю, -а́ет
разопре́ть, -е́ю, -е́ет
разо́р, -а
разора́ться, -ру́сь, -рётся
разо́рванно-дождево́й
разо́рванно-кучево́й
разо́рванно-сло́истый
разо́рванный
разорва́ть(ся), -рву́(сь), -рвёт(ся); прош. -а́л(ся), -ала́(сь), -а́ло, -а́лось
разоре́ние, -я
разорённый; кр. ф. -ён, -ена́
разори́тель, -я
разори́тельный
разори́ть(ся), -рю́(сь), -ри́т(ся)
разоружа́ть(ся), -а́ю(сь), -а́ет(ся)
разоруже́ние, -я
разоружённый; кр. ф. -ён, -ена́
разоружи́ть(ся), -жу́(сь), -жи́т(ся)

РАЗ

разоря́ть(ся), -я́ю(сь), -я́ет(ся)
разо́сланный (от разосла́ть)
разосла́ть, -ошлю́, -ошлёт; прош. -сла́л, -сла́ла
разоспа́ться, -плю́сь, -пи́тся; прош. -а́лся, -ала́сь, -а́лось
разо́стланный и рассте́ленный
разостла́ть(ся) и рассте́ли́ть(ся), расстелю́, рассте́лет(ся); прош. разостла́л(ся), разостла́ла(сь) и расстели́л(ся), расстели́ла(сь)
разо́тканный
разотка́ть, -тку́, -ткёт; прош. -а́л, -ала́, -а́ло
разоткрове́нничаться, -аюсь, -ается
раз от ра́зу
разоха́ться, -аюсь, -ается
разохо́тить(ся), -о́чу(сь), -о́тит(ся)
разохо́ченный
разочарова́ние, -я
разочаро́ванность, -и
разочаро́ванный; кр. ф. прич. -ан, -ана; кр. ф. прил. -ан, -анна
разочарова́ть(ся), -ру́ю(сь), -ру́ет(ся)
разочаро́вывать(ся), -аю(сь), -ает(ся)
разочтённый; кр. ф. -ён, -ена́
разоше́дшийся
разраба́тывать(ся), -аю(сь), -ает(ся)
разрабо́танный
разрабо́тать(ся), -аю(сь), -ает(ся)
разрабо́тка, -и
разрабо́тчик, -а
разра́внивание, -я
разра́внивать(ся), -аю, -ает(ся)
разража́ться, -а́юсь, -а́ется
разрази́ть(ся), -ажу́(сь), -ази́т(ся)
разраста́ние, -я
разраста́ться, -а́ется
разрасти́сь, -тётся; прош. -ро́сся, -росла́сь
разрасти́ть, -ащу́, -асти́т
разраще́ние, -я
разращённый; кр. ф. -ён, ена́
разреве́ться, -ву́сь, -вётся
разреди́ть(ся), -ежу́, -еди́т(ся) (сделать редким)
разрежа́ть(ся), -а́ю, -а́ет(ся) (к разреди́ть)
разреже́ние, -я (от разреди́ть)
разрежённость, -и
разрежённый; кр. ф. -ён, -ена́ (от разреди́ть)
разре́з, -а
разре́занный
разреза́ние, -я
разре́зать(ся), -е́жу, -е́жет(ся), сов.
разреза́ть(ся), -а́ю, -а́ет(ся), несов.
разрезви́ться, -влюсь, -вится
разре́зка, -и
разрезно́й
разре́зывать(ся), -аю, -ает(ся)
разрекла́мированный
разрекла́мировать, -рую, -рует
разреша́ть(ся), -а́ю(сь), -а́ет(ся)
разреша́ющий, -я
разрешённый; кр. ф. -ён, -ена́
разреши́мый
разреши́тельный
разреши́ть(ся), -шу́(сь), -ши́т(ся)

РАЗ

разрисо́ванный
разрисова́ть(ся), -су́ю, -су́ет(ся)
разрисо́вка, -и
разрисо́вывать(ся), -аю(сь), -ает(ся)
разро́вненный
разровня́ть, -я́ю, -я́ет (к ро́вный)
разроди́ться, -ожу́сь, -оди́тся
разро́зненный
разро́знивать(ся), -аю, -ает(ся)
разро́знить(ся), -ню, -нит(ся)
разроня́ть, -я́ю, -я́ет
разро́сшийся
разру́б, -а
разруба́ть(ся), -а́ю, -а́ет(ся)
разруби́ть, -ублю́, -у́бит
разру́бка, -и
разру́бленный
разру́ганный
разруга́ть(ся), -а́ю(сь), -а́ет(ся)
разрумя́ненный
разрумя́нивать(ся), -аю(сь), -ает(ся)
разрумя́нить(ся), -ню(сь), -нит(ся)
разру́ха, -и
разруша́ть(ся), -а́ю, -а́ет(ся)
разруше́ние, -я
разру́шенный
разруши́тель, -я
разруши́тельный
разру́шить(ся), -шу, -шит(ся)
разры́в, -а
разрыва́ть(ся), -а́ю(сь), -а́ет(ся)
разрывно́й
разры́в-трава́, -ы́
разрыда́ться, -а́юсь, -а́ется
разры́тие, -я
разры́тый
разры́ть, -ро́ю, -ро́ет
разрыхле́ние, -я
разрыхлённый; кр. ф. -ён, -ена́
разрыхле́ть, -е́ет (стать рыхлым)
разрыхли́тель, -я
разрыхли́тельный
разрыхли́ть, -лю́, -ли́т (что)
разрыхли́ться, -и́тся
разрыхля́ть(ся), -я́ю, -я́ет(ся)
разря́д, -а
разряди́ть(ся), -яжу́(сь), -я́ди́т(ся) (разодеть; лишить заряда)
разря́дка, -и
разря́дник, -а
разря́дный
разряжа́ть(ся), -а́ю(сь), -а́ет(ся) (к разряди́ть)
разря́женный и разряжённый; кр. ф. -ён, -ена́ (от разряди́ть)
разубеди́ть(ся), -ежу́(сь), -еди́т(ся)
разубежда́ть(ся), -а́ю(сь), -а́ет(ся)
разубеждённый; кр. ф. -ён, -ена́
разу́бранный
разубра́ть(ся), -беру́(сь), -берёт(ся); прош. -а́л(ся), -ала́(сь), -а́ло, -а́лось
разува́ть(ся), -а́ю(сь), -а́ет(ся)
разуве́рение, -я
разуве́ренный
разуве́рить(ся), -рю(сь), -рит(ся)
разуверя́ть(ся), -я́ю(сь), -я́ет(ся)
разуда́лый
разузнава́ть(ся), -наю́, -наёт(ся)
разу́знанный
разузна́ть, -а́ю, -а́ет

разукомплектование, -я
разукомплектованный
разукомплектовать, -тую, -тует
разукрасить(ся), -ашу(сь), -асит(ся)
разукрашенный
разукрашивать(ся), -аю(сь), -ает(ся)
разукрупнение, -я
разукрупнённый; кр. ф. -ён, -ена
разукрупнить(ся), -ню, -нит(ся)
разукрупнять(ся), -яю, -яет(ся)
разум, -а и -у
разумение, -я
разуметь(ся), -ею, -еет(ся)
разумник, -а
разумница, -ы
разумный
разупрочнение, -я
разутый
разуть(ся), -ую(сь), -ует(ся)
разутюженный
разутюживать(ся), -аю, -ает(ся)
разутюжить(ся), -жу, -жит(ся)
разухабистый
разученный
разучивать(ся), -аю(сь), -ает(ся)
разучить(ся), -учу(сь), -учит(ся)
разъевший(ся)
разъедать(ся), -аю(сь), -ает(ся)
разъеденный
разъединение, -я
разъединённый; кр. ф. -ён, -ена
разъединитель, -я
разъединительный
разъединить(ся), -ню(сь), -нит(ся)
разъединственный
разъединый (один-разъединый)
разъединять(ся), -яю(сь), -яет(ся)
разъезд, -а
разъездить(ся), -езжу(сь), -ездит(ся)
разъездной
разъезжать(ся), -аю(сь), -ает(ся)
разъезженный
разъезживать(ся), -аю, -ает(ся)
разъезжий
разъём, -а
разъёмный
разъерепениться, -нюсь, -нится
разъесть(ся), -ем(ся), -ешь(ся), -ест(ся), -едим(ся), -едите(сь), -едят(ся); прош. -ел(ся), -ела(сь)
разъехаться, -едусь, -едется
разъярённый; кр. ф. -ён, -ена
разъярить(ся), -рю(сь), -рит(ся)
разъярять(ся), -яю(сь), -яет(ся)
разъяснение, -я
разъяснённый; кр. ф. -ён, -ена
разъяснеть, -еет (о погоде)
разъясниваться, -ается (о погоде)
разъяснительный
разъяснить(ся), -ит(ся) (о погоде)
разъяснить(ся), -ню, -нит(ся)
разъяснять(ся), -яю, -яет(ся)
разъятие, -я
разъятый
разъять(ся), разыму, разымет(ся) и разойму, разоймёт(ся)
разыгранный
разыграть(ся), -аю(сь), -ает(ся)
разыгрывание, -я
разыгрывать(ся), -аю(сь), -ает(ся)
разымать(ся), -аю, -ает(ся)

разымчивый
разыскание, -я
разысканный
разыскать(ся), -ыщу(сь), -ыщет(ся)
разыскивать(ся), -аю(сь), -ает(ся)
разэтакий
разящий
райна, -ы
райновый
рай, -я, предл. о рае, в раю
райвоенкомат, -а
райграс, -а
рай-дерево, -а
райисполком, -а
райковый
райком, -а
райкомовский
район, -а
районирование, -я
районированный
районировать(ся), -рую, -рует(ся)
районный
райпотребсоюз, -а
райский
райсобес, -а
райсовет, -а
райцентр, -а
райя, -й
рак, -а
рака, -и
ракалия, -и
ракель, -я
ракельный
ракета, -ы
ракета-зонд, ракеты-зонда
ракета-носитель, ракеты-носителя (многоступенчатая ракета)
ракета-перехватчик, ракеты-перехватчика
ракетка, -и
ракетница, -ы
ракетно-космический
ракетно-прямоточный
ракетно-технический
ракетно-ядерный
ракетный
ракетодинамика, -и
ракетодром, -а
ракетомоделист, -а
ракетоносец, -сца
ракетоноситель, -я (ракетоносец)
ракетоносный
ракетоплан, -а
ракетостроение, -я
ракетостроитель, -я
ракеточный
ракетчик, -а
ракита, -ы
ракитник, -а
ракитный
ракитовый
ракия, -и
раклист, -а
ракля, -и
раковина, -ы
раковинный
раковистый
раковый
раколов, -а
ракообразный
ракорд, -а
ракоскорпион, -а

рак-отшельник, рака-отшельника
ракоустойчивый
ракурс, -а
ракушечник, -а
ракушечный
ракушка, -и
ракушковый
ракша, -и
ракшеобразные, -ых
ралли, нескл., с.
раллист, -а
рало, -а
рама, -ы
рамазан, -а
рамбулье, нескл., м.
рамена, -мён, -менам
рамень, -и
раменье, -я
рамификация, -и
рамка, -и
рамно-консольный
рамный
рамоли, нескл., м.
рамолик, -а
рамооборот, -а
рамотёс, -а
рамочка, -и
рамочный
рампа, -ы
рампада, -ы
рамс, -а
рамфоринх, -а
рамфотека, -и
рана, -ы
ранг, -а
рангоут, -а
рангоутный
рандеву, нескл., с.
раневой
ранее, сравн. ст. (от рано)
ранение, -я
раненный, прич.
раненый, прил.
раненько
ранет, -а
ранетка, -и
ранёхонько
ранец, ранца
ранёшенько
ранжир, -а
ранить, -ню, -нит
ранка, -и
ранневесенний
раннеосенний
раннеспелый
раннефеодальный
раннехристианский
раннецветущий
ранний
рано
рановато
рант, -а, предл. о ранте, на ранту
рантовой
рантовшивной
рантье, нескл., м.
ранула, -ы
ранчо, нескл., с.
раным-раненько
раным-ранёхонько
раным-ранёшенько
раным-рано
рань, -и

РАН

ра́ньше, *сравн. ст.* (*от* ра́но)
ра́ньшина, -ы
рапа́, -ы́
рапи́д, -а
рапи́ра, -ы
рапири́ст, -а
рапири́стка, -и
ра́порт, -а (донесение)
рапорти́чка, -и
рапортова́ть, -ту́ю, -ту́ет
ра́пповский
раппо́рт, -а (узор)
рапс, -а
ра́псовый
рапсо́дия, -и
darите́т, -а
ра́са, -ы
раси́зм, -а
раси́ст, -а
раси́стский
раскабалённый; *кр. ф.* -ён, -ена́
раскабали́ть(ся), -лю́(сь), -ли́т(ся)
раскабаля́ть(ся), -я́ю(сь), -я́ет(ся)
раскавы́ченный
раскавы́чивать, -аю, -ает
раскавы́чить, -чу, -чит
расказнённый; *кр. ф.* -ён, -ена́
расказни́ть, -ню́, -ни́т
раска́иваться, -аюсь, -ается
раскалённый; *кр. ф.* -ён, -ена́
раскали́ть(ся), -лю́, -ли́т(ся)
раска́лывание, -я
раска́лывать(ся), -аю(сь), -ает(ся)
раскаля́каться, -аюсь, -ается
раскаля́ть(ся), -я́ю, -я́ет(ся)
раскапри́зничаться, -аюсь, -ается
раска́пывание, -я
раска́пывать(ся), -аю, -ает(ся)
раска́рмливать(ся), -аю, -ает(ся)
раскасси́рованный
раскасси́ровать, -рую, -рует
раска́т, -а
раска́танный
раската́ть(ся), -а́ю(сь), -а́ет(ся)
раска́тисто-гро́мкий
раска́тисто-дли́нный
раска́тистый
раската́ть(ся), -ачу́(сь), -а́тит(ся)
раска́тка, -и
раскатно́й
раска́тывание, -я
раска́тывать(ся), -аю(сь), ает(ся)
раска́чанный (*от* раскача́ть)
раскача́ть(ся), -а́ю(сь), -а́ет(ся)
раска́ченный (*от* раскати́ть)
раска́чивать(ся), -аю(сь), -ает(ся)
раска́чка, -и
раска́шивать(ся), -аю, -ает(ся)
раска́шливаться, -аюсь, -ается
раска́шляться, -яюсь, -яется
раска́явшийся
раска́яние, -я
раска́яться, -а́юсь, -а́ется
расквартиро́ванный
расквартирова́ть(ся), -ру́ю, -ру́ет(ся)
расквартиро́вывать(ся), -аю, -ает(ся)
расква́сить(ся), -а́шу(сь), -а́сит(ся)
расква́шенный
расква́шивать(ся), -аю(сь), -ает(ся)
расквита́ться, -а́юсь, -а́ется

РАС

раски́данный
раскида́ть(ся), -а́ю(сь), -а́ет(ся)
раски́дистый
раски́дка, -и
раскидно́й
раски́дывание, -я
раски́дывать(ся), -аю(сь), -ает(ся)
раски́нутый
раски́нуть(ся), -ну(сь), -нет(ся)
раскипе́ться, -плю́сь, -пи́тся
раскипяти́ться, -ячу́сь, -яти́тся
раскиса́ть, -а́ю, -а́ет
раскисле́ние, -я
раскисли́тель, -я
раскисли́ть, -лю́, -ли́т
раскисля́ть(ся), -я́ю, -я́ет(ся)
раски́снуть, -ну, -нет; *прош.* -и́с, -и́сла
раски́сший
раскла́д, -а
раскла́дка, -и
раскладно́й
раскла́дочный
расклаку́шка, -и
раскла́дчик, -а
раскла́дывать(ся), -аю(сь), -ает(ся)
раскла́ниваться, -аюсь, -ается
раскла́няться, -яюсь, -яется
расклёванный
расклева́ть, -люёт
расклёвывать(ся), -аю, -ает(ся)
расклеённый
раскле́ивание, -я
раскле́ивать(ся), -аю(сь), -ает(ся)
раскле́ить(ся), -е́ю(сь), -е́ит(ся)
раскле́йка, -и
расклёпанный
расклепа́ть(ся), -а́ю, -а́ет(ся)
расклёпка, -и
расклёпывание, -я
расклёпывать(ся), -аю, -ает(ся)
расклёшенный
расклёшивать(ся), -аю, -ает(ся)
расклёшить, -шу, -шит
расклинённый; *кр. ф.* -ён, -ена́
раскли́нивать(ся), -аю, -ает(ся)
расклини́ть(ся), -ню́, -ни́т(ся)
раско́ванный
расков́а́ть(ся), -кую́(сь), -куёт(ся)
раско́вка, -и
раско́вывание, -я
раско́вывать(ся), -аю(сь), -ает(ся)
расковы́ривать(ся), -аю, -ает(ся)
расковы́рянный
расковыря́ть, -я́ю, -я́ет
раскоди́рованный
раскоди́ровать, -рую, -рует
раско́канный
раско́кать(ся), -аю, -ает(ся)
раско́л, -а
раска́лдо́ванный
расколдова́ть, -ду́ю, -ду́ет
раско́лка, -и
расколоти́ть(ся), -лочу́, -ло́тит(ся)
раско́лотый
расколо́ть(ся), -олю́, -о́лет(ся)
расколоучи́тель, -я
расколо́ченный
расколошма́тить, -а́чу, -а́тит
расколу́панный
расколупа́ть, -а́ю, -а́ет

РАС

расколу́пывать(ся), -аю, -ает(ся)
расколыха́ть(ся), -ы́шу, -ы́шет(ся) и -а́ю, -а́ет(ся)
раско́льник, -а
раско́льница, -ы
раско́льнический
раско́льничество, -а
раско́льничий, -ья, -ье
раскомандирова́ть, -ру́ю, -ру́ет
раскомандиро́вка, -и
раскомандиро́вочный
раскомплекто́ванный
раскомплектова́ть, -ту́ю, -ту́ет
расконвои́рованный
расконвои́ровать, -рую, -рует
расконопа́тить, -а́чу, -а́тит
расконопа́ченный
расконопа́чивать(ся), -аю, -ает(ся)
расконсерва́ция, -и
расконсерви́рованный
расконсерви́ровать, -рую, -рует
раско́п, -а
раско́панный
раскопа́ть, -а́ю, -а́ет
раско́пка, -и
раско́пки, -пок
раскорми́ть, -ормлю́, -о́рмит
раско́рмленный
раскорчёванный
раскорчева́ть, -чу́ю, -чу́ет
раскорчёвка, -и
раскорчёвывать(ся), -аю, ает(ся)
раскоря́ка, -и *м. и ж.*
раскоря́ченный
раскоря́чивать(ся), -аю(сь), -ает(ся)
раскоря́чить(ся), -чу(сь), -чит(ся)
раскоря́чка, -и
раско́с, -а
раскоси́ть[1], -ошу́, -о́сит (скосить косой)
раскоси́ть[2], -ошу́, -о́сит (сделать косым; укрепить раскосами)
раско́ска, -и
раскосма́тить(ся), -а́чу(сь), -а́тит(ся)
раскосма́ченный
раско́сый
раскочевря́житься, -жусь, -жится
раскоше́ливаться, -аюсь, -ается
раскоше́литься, -люсь, -лится
раскошённый (*от* раскоси́ть[1])
раскошённый; *кр. ф.* -ён, -ена́ и раско́шенный (*от* раскоси́ть[2])
раскра́денный
раскра́дывать(ся), -аю, -ает(ся)
раскра́ивание, -я
раскра́ивать(ся), -аю, -ает(ся)
раскраса́вец, -вца
раскраса́вица, -ы
раскра́сить(ся), -а́шу(сь), -а́сит(ся)
раскра́ска, -и
раскрасне́ться, -е́юсь, -е́ется
раскра́сть, -аду́, -адёт; *прош.* -а́л, -а́ла
раскра́счик, -а
раскра́счица, -ы
раскра́шенный
раскра́шивание, -я
раскра́шивать(ся), -аю(сь), -ает(ся)
раскрепи́ть(ся), -плю́, -пи́т(ся)
раскреплённый; *кр. ф.* -ён, -ена́

раскрепля́ть(ся), -я́ю, -я́ет(ся)
раскрепо́ванный
раскреповА́ть, -пу́ю, -пу́ет
раскрепо́вка, -и
раскрепо́вывать, -аю, -ает
раскрепости́ть(ся), -ощу́(сь), -ости́т(ся)
раскрепоща́ть(ся), -а́ю(сь), -а́ет(ся)
раскрепоще́ние, -я
раскрепощённый; *кр. ф.* -ён, -ена́
раскритико́ванный
раскритикова́ть(ся), -ку́ю, -ку́ет(ся)
раскрити́ковывать(ся), -аю, -ает(ся)
раскрича́ть(ся), -чу́(сь), -чи́т(ся)
раскровени́ть(ся), -ню́(сь), -ни́т(ся)
раскро́енный
раскрои́ть, -ою́, -ои́т
раскро́й, -я
раскро́йка, -и
раскро́йный
раскро́йщица, -ы
раскро́мсанный
раскромса́ть, -а́ю, -а́ет
раскро́шенный
раскроши́ть(ся), -ошу́, -о́шит(ся)
раскружа́ленный
раскружа́ливание, -я
раскружа́ливать, -аю, -ает
раскружа́лить, -лю, -лит
раскру́тка, -и
раскру́ченный
раскру́чивание, -я
раскру́чивать(ся), -аю(сь), -ает(ся)
раскручи́ниться, -нюсь, -нится
раскрыва́емость, -и
раскрыва́ть(ся), -а́ю(сь), -а́ет(ся)
раскры́тие, -я
раскры́тый
раскры́ть(ся), -ро́ю(сь), -ро́ет(ся)
раскряжёванный
раскряжева́ть, -жу́ю, -жу́ет
раскряжёвка, -и
раскряжёвывать, -аю, -ает
раскуда́хтаться, -хчусь, -хчется
раскула́ченный
раскула́чивание, -я
раскула́чивать(ся), -аю(сь), -ает(ся)
раскула́чить, -чу, -чит
раскуме́кать, -аю, -ает
раскупа́ть(ся), -а́ю, -а́ет(ся)
раскупи́ть, -уплю́, -у́пит
раску́пленный
раску́поренный
раску́поривание, -я
раску́поривать(ся), -аю, -ает(ся)
раску́порить(ся), -рю, -рит(ся)
раску́порка, -и
раскура́житься, -жусь, -жится
раску́ренный
раску́ривание, -я
раску́ривать(ся), -аю, -ает(ся)
раскури́ть(ся), -урю́, -у́рит(ся)
раску́рка, -и
раскуси́ть, -ушу́, -у́сит
раскуси́ться, -и́тся
раску́сывать(ся), -аю, -ает(ся)
раску́танный

раску́тать(ся), -аю(сь), -ает(ся)
раскути́ться, -учу́сь, -у́тится
раску́тывать(ся), -аю(сь), -ает(ся)
раску́шенный (*от* раскуси́ть)
расоведе́ние, -я
расове́дческий
ра́совый
расогене́з, -а
распа́д, -а
распада́ться, -а́ется
распаде́ние, -я
распа́док, -дка
распа́ивать(ся), -аю, -ает(ся)
распако́ванный
распакова́ть(ся), -ку́ю(сь), -ку́ет(ся)
распако́вка, -и
распако́вывание, -я
распако́вывать(ся), -аю(сь), -ает(ся)
распалённый; *кр. ф.* -ён, -ена́
распа́лзываться, -ается
распали́ть(ся), -лю́(сь), -ли́т(ся)
распа́лубка, -и
распаля́ть(ся), -я́ю(сь), -я́ет(ся)
распа́р, -а
распа́ренный
распа́ривать(ся), -аю(сь), -ает(ся)
распа́рить(ся), -рю(сь), -рит(ся)
распа́рка, -и
распа́рывание, -я
распа́рывать(ся), -аю, -ает(ся)
распасова́ть, -су́ю, -су́ет
распасо́вка, -и
распасо́вывать(ся), -аю, -ает(ся)
распа́сться, -адётся; *прош.* -а́лся, -а́лась
распатро́ненный
распатро́нивать(ся), -аю, -ает(ся)
распатро́нить, -ню, -нит
распа́ханный
распаха́ть, -пашу́, -па́шет
распа́хивать(ся), -аю(сь), -ает(ся)
распа́хнутый
распахну́ть(ся), -ну́(сь), -нёт(ся)
распа́шка, -и
распа́шник, -а
распашно́й
распашо́нка, -и
распа́янный
распая́ть(ся), -я́ю, -я́ет(ся)
распе́в, -а
распева́ть(ся), -а́ю(сь), -а́ет(ся) (*к* петь)
распека́ние, -я
распека́ть(ся), -а́ю, -а́ет(ся)
распёкший
распелёнатый и распелёнутый
распелена́ть(ся), -а́ю(сь), -а́ет(ся)
распелёнывать(ся), -аю(сь), -ает(ся)
распере́ть, разопру́, разопрёт; *прош.* -пёр, -пёрла
распёртый
распёрший
распестрённый; *кр. ф.* -ён, -ена́
распестри́ть, -рю́, -ри́т
распетуши́ться, -шу́сь, -ши́тся
распе́тый
распе́ть(ся), -пою́(сь), -поёт(ся)
распеча́танный
распеча́тать(ся), -аю, -ает(ся)
распеча́тывать(ся), -аю, -ает(ся)

распечённый; *кр. ф.* -ён, -ена́
распе́чь, -еку́, -ечёт, -еку́т; *прош.* -ёк, -екла́
распива́ть(ся), -а́ю, -а́ет(ся) (*к* пить)
распи́вочный
распикиро́ванный
распикирова́ть, -ру́ю, -ру́ет
распи́ленный
распи́л, -а
распи́ливание, -я
распи́ливать(ся), -аю, -ает(ся)
распили́ть(ся), -илю́, -и́лит(ся)
распи́лка, -и
распило́вка, -и
распило́вочный
распина́ть(ся), -а́ю(сь), -а́ет(ся)
распира́ть(ся), -а́ю, -а́ет(ся)
расписа́ние, -я
распи́санный
расписа́ть(ся), -ишу́(сь), -и́шет(ся)
распи́ска, -и
расписно́й
распи́сывание, -я
распи́сывать(ся), -аю(сь), -ает(ся)
распи́тый; *кр. ф.* распи́т и ро́спит, распита́, распи́то и ро́спито
распи́ть, разопью́, разопьёт; *прош.* распи́л и ро́спил, распила́, распи́ло и ро́спило
распи́ханный
распиха́ть, -а́ю, -а́ет
распи́хивать(ся), -аю, -ает(ся)
распи́хнутый
распихну́ть, -ну́, -нёт
распла́в, -а
распла́вить(ся), -влю, -вит(ся)
распла́вка, -и
расплавле́ние, -я
распла́вленный
расплавля́ть(ся), -я́ю, -я́ет(ся)
распла́каться, -а́чусь, -а́чется
расплани́рованный
расплани́ровать, -рую, -рует
распланиро́вка, -и
распланиро́вывать(ся), -аю, -ает(ся)
распла́станный
распласта́ть(ся), -а́ю(сь), -а́ет(ся)
распласто́ванный
распластова́ть, -ту́ю, -ту́ет
распла́стывать(ся), -аю(сь), -ает(ся)
распла́та, -ы
расплати́ться, -ачу́сь, -а́тится
распла́чиваться, -аюсь, -ается
расплева́ться, -люю́сь, -люётся
расплёвываться, -аюсь, -ается
расплёсканный
расплеска́ть(ся), -ещу́(сь), -е́щет(ся) и -а́ю(сь), -а́ет(ся)
расплёскивать(ся), -аю, -ает(ся)
расплёснутый
расплесну́ть(ся), -ну́, -нёт(ся)
расплести́(сь), -лету́, -летёт(ся); *прош.* -лёл(ся), -лела́(сь)
расплета́ть(ся), -а́ю, -а́ет(ся)
расплетённый; *кр. ф.* -ён, -ена́
расплётший(ся)
распло́д, -а
расплоди́ть(ся), -ожу́, -оди́т(ся)
распложа́ть(ся), -а́ю, -а́ет(ся)
распложённый; *кр. ф.* -ён, -ена́
расплыва́ться, -а́юсь, -а́ется

РАС

расплы́вчатый
расплы́ться, -ыву́сь, -ывётся; *прош.* -ы́лся, -ыла́сь, -ы́ло́сь
расплю́снутый
расплю́снуть(ся), -ну, -нет(ся)
расплю́щенный
расплю́щивать(ся), -аю, -ает(ся)
расплю́щить(ся), -щу, -щит(ся)
распляса́ться, -яшу́сь, -я́шется
распого́диться, -ится
расподобле́ние, -я
расподобля́ться, -я́ется
распознава́ние, -я
распознава́ть(ся), -наю́, -наёт(ся)
распо́знанный
распозна́ть, -а́ю, -а́ет
располага́ть(ся), -а́ю(сь), -а́ет(ся)
располага́ющий(ся)
располза́ться, -а́юсь, -а́ется
расползти́сь, -зу́сь, -зётся; *прош.* -о́лзся, -олзла́сь
распо́лзшийся
располне́ть, -е́ю, -е́ет
расположе́ние, -я
располо́женный
расположи́ть(ся), -ожу́(сь), -о́жит(ся)
располосо́ванный
располосова́ть, -су́ю, -су́ет
располосо́вывать(ся), -аю, -ает(ся)
распома́дить(ся), -а́жу, -а́дит(ся)
распома́женный
распо́п, -а
распо́р, -а
распо́рка, -и
распо́ротый
распоро́ть(ся), -орю́, -о́рет(ся)
распо́рочный
распорошённый; *кр. ф.* -ён, -ена́
распороши́ть, -шу́, -ши́т
распоряди́тель, -я
распоряди́тельница, -ы
распоряди́тельность, -и
распоряди́тельный
распоряди́тельский
распоряди́ться, -яжу́сь, -яди́тся
распоря́док, -дка
распоряжа́ться, -а́юсь, -а́ется
распоряже́ние, -я
распосле́дний
распотеши́ть(ся), -шу(сь), -шит(ся)
распотрошённый; *кр. ф.* -ён, -ена́
распотроши́ть, -шу́, -ши́т
распоя́санный
распоя́сать(ся), -я́шу(сь), -я́шет(ся)
распоя́ска, -и (ходи́ть распоя́ской)
распоя́сывать(ся), -аю(сь), -ает(ся)
распра́ва, -ы
распра́вить(ся), -влю(сь), -вит(ся)
распра́вленный
расправля́ть(ся), -я́ю(сь), -я́ет(ся)
распределе́ние, -я
распределённый; *кр. ф.* -ён, -ена́
распредели́тель, -я
распредели́тельный
распредели́ть(ся), -лю́, -ли́т(ся)
распределя́ть(ся), -я́ю, -я́ет(ся)
распрекра́сный
распродава́ть(ся), -да́ю, -даёт(ся)
распрода́жа, -и
распро́данный

РАС

распрода́ть, -а́м, -а́шь, -а́ст, -ади́м, -ади́те, -аду́т; *прош.* -о́дал, -одала́, -о́дало
распрокля́тый
распропаганди́рованный
распропаганди́ровать, -рую, -рует
распростере́ть(ся), -тру́(сь), -трёт(ся); *прош.* -тёр(ся), -тёрла(сь)
распростёртый
распростёрший(ся)
распростира́ть(ся), -а́ю(сь), -а́ет(ся)
распрости́ться, -ощу́сь, -ости́тся
распростране́ние, -я
распространённость, -и
распространённый; *кр. ф.* -ён, -ена́
распространи́тель, -я
распространи́тельница, -ы
распространи́тельный
распространи́тельский
распространи́ть(ся), -ню́(сь), -ни́т(ся)
распространя́ть(ся), -я́ю(сь), -я́ет(ся)
распроща́ться, -а́юсь, -а́ется
распры́гаться, -аюсь, -ается
распры́сканный
распры́скать, -аю, -ает
распры́скивать(ся), -аю, ает(ся)
распря́, -и
распряга́ние, -я
распряга́ть(ся), -а́ю, -а́ет(ся)
распря́гший(ся)
распряжённый; *кр. ф.* -ён, -ена́
распря́жка, -и
распрями́ть(ся), -млю́(сь), -ми́т(ся)
распрямле́ние, -я
распрямлённый; *кр. ф.* -ён, -ена́
распрямля́ть(ся), -я́ю(сь), -я́ет(ся)
распря́чь(ся), -ягу́, -яжёт(ся), -ягу́т(ся); *прош.* -я́г(ся), -ягла́(сь)
распублико́ванный
распубликова́ть, -ку́ю, -ку́ет
распу́ганный
распуга́ть, -а́ю, -ает
распу́гивать(ся), -аю, -ает(ся)
распу́гнутый
распугну́ть, -ну́, -нёт
распуска́ть(ся), -а́ю(сь), -а́ет(ся)
распустёха, -и
распусти́ть(ся), -ущу́(сь), -у́стит(ся)
распу́танный
распу́тать(ся), -аю(сь), -ает(ся)
распу́тица, -ы
распу́тник, -а
распу́тница, -ы
распу́тничать, -аю, -ает
распу́тный
распу́тство, -а
распу́тывать(ся), -аю(сь), -ает(ся)
распу́тье, -я, *р. мн.* -тий
распуха́ть, -а́ю, -а́ет
распу́хнуть, -ну, -нет; *прош.* -у́х, -у́хла
распу́хший
распу́ченный
распу́чить, -чу, -чит
распушённый; *кр. ф.* -ён, -ена́
распуши́ть(ся), -шу́, -ши́т(ся)
распу́щенность, -и
распу́щенный; *кр. ф. прич.* -ен, -ена; *кр. ф. прил.* -ен, -енна

РАС

распы́л, -а
распыла́ться, -а́ется
распыле́ние, -я
распылённый; *кр. ф.* -ён, -ена́
распы́ливание, -я
распы́литель, -я
распыли́ть(ся), -лю́, -ли́т(ся)
распыля́ть(ся), -я́ю, -я́ет(ся)
распы́танный
распыта́ть, -а́ю, -а́ет
распы́тывать, -аю, -ает
распья́ный (пья́ный-распья́ный)
распя́ленный
распя́ливать(ся), -аю, -ает(ся)
распя́лить(ся), -лю, -лит(ся)
распя́тие, -я
распя́тый
распя́ть, -пну́, -пнёт
расса́да, -ы
рассади́ть, -ажу́, -а́дит
расса́дка, -и
расса́дник, -а
расса́дный
рассадопоса́дочный
рассадосажа́лка, -и
расса́женный
расса́живание, -я
расса́живать(ся), -аю(сь), -ает(ся)
расса́сывать(ся), -аю, -ает(ся)
рассверлённый; *кр. ф.* -ён, -ена́
рассве́рливать(ся), -аю, -ает(ся)
рассверли́ть(ся), -лю́, -ли́т(ся)
рассвести́, -ветёт; *прош.* -вело́
рассве́т, -а
рассвета́ть, -а́ет
рассве́тный
рассвирепе́лый
рассвирепе́ть, -е́ю, -е́ет
рассвисте́ться, -ищу́сь, -исти́тся
рассе́в, -а
рассева́ть(ся), -а́ю, -а́ет(ся)
рассе́даться, -а́ется
рассе́дина, -ы
рассёдланный
расседла́ть(ся), -а́ю, -а́ет(ся)
рассёдлывать(ся), -аю, -ает(ся)
рассе́ивание, -я
рассе́ивать(ся), -аю(сь), -ает(ся)
рассека́ть(ся), -а́ю, -а́ет(ся)
рассекре́тить, -ре́чу, -ре́тит
рассекре́ченный
рассекре́чивать(ся), -аю, -ает(ся)
рассе́кший(ся)
расселе́ние, -я
расселённый; *кр. ф.* -ён, -ена́
рассе́лина, -ы
рассели́ть(ся), -елю́, -е́ли́т(ся)
расселя́ть(ся), -я́ю, -я́ет(ся)
рассерди́ть(ся), -ержу́(сь), -е́рдит(ся)
рассе́рженный
рассерча́ть, -а́ю, -а́ет
рассе́сться, -ся́дусь, -ся́дется; *прош.* -се́лся, -се́лась
рассече́ние, -я
рассечённый; *кр. ф.* -ён, -ена́
рассе́чка, -и
рассе́чь(ся), -еку́, -ечёт(ся), -еку́т(ся); *прош.* -е́к(ся), -екла́(сь)
рассея́ние, -я
рассе́янность, -и

рассе́янный; *кр. ф. прич.* -ян, -яна; *кр. ф. прил.* -ян, -янна
рассе́ять(ся), -е́ю(сь), -е́ет(ся)
рассиде́ться, -ижу́сь, -иди́тся
расси́живаться, -аюсь, -ается
рассиро́пить(ся), -плю(сь), -пит(ся)
рассиро́пленный
расска́з, -а
расска́занный
рассказа́ть, -ажу́, -а́жет
расска́зец, -зца
расска́зик, -а
расска́зчик, -а
расска́зчица, -ы
расска́зывать(ся), -аю, -ает(ся)
расскака́ться, -скачу́сь, -ска́чется
расслабева́ть, -а́ю, -а́ет
расслабе́ть, -е́ю, -е́ет (стать слабым)
расслаби́ть, -блю, -бит (*кого, чего*)
расслаби́ться, -блюсь, -бится
расслабле́ние, -я
расслабленный
расслабля́ть(ся), -я́ю(сь), -я́ет(ся)
расслабля́ющий(ся)
рассла́бнувший
рассла́бнуть, -ну, -нет; *прош.* -а́б, -а́бла
рассла́бший
расслави́ть(ся), -влю, -вит(ся)
рассла́вленный
расславля́ть(ся), -я́ю, -я́ет(ся)
рассла́ивание, -я
рассла́ивать(ся), -аю, -ает(ся)
рассле́дование, -я
рассле́дованный
рассле́довать(ся), -дую, -дует(ся)
расслое́ние, -я
расслоённый; *кр. ф.* -ён, -ена́
расслои́ть(ся), -ою́, -ои́т(ся)
рассло́йка, -и
расслы́шанный
расслы́шать, -шу, -шит
рассма́тривание, -я
рассма́тривать(ся), -аю, -ает(ся)
рассмешённый; *кр. ф.* -ён, -ена́
рассмеши́ть, -шу́, -ши́т
рассмея́ться, -ею́сь, -еётся
рассмотре́ние, -я
рассмо́тренный
рассмотре́ть, -отрю́, -о́трит
расснасти́ть, -ащу́, -асти́т
рассна́стка, -и
раcснащённый; *кр. ф.* -ён, -ена́
расcна́щивать(ся), -аю, -ает(ся)
рассо́ванный
рассова́ть, -сую́, -суёт
рассове́товать, -тую, -тует
рассо́вывать(ся), -аю, -ает(ся)
рассогласова́ние, -я
рассо́л, -а
рассолоде́ть, -е́ет
рассо́льник, -а
рассо́льный
рассо́ренный (*от* рассо́рить)
рассорённый; *кр. ф.* -ён, -ена́ (*от* рассори́ть)
рассо́ривать(ся), -аю(сь), -ает(ся)
рассо́рить, -рю, -рит (*к* сор)
рассо́рить(ся), -о́рю(сь), -о́рит(ся) (*к* ссо́ра)
рассортиро́ванный
рассортирова́ть(ся), -ру́ю, -ру́ет(ся)
рассортиро́вка, -и
рассортиро́вывать(ся), -аю, -ает(ся)
рассо́санный
рассоса́ть(ся), -осу́, -осёт(ся)
рассо́ха, -и
рассо́хнуться, -нется; *прош.* -о́хся, -о́хлась
рассо́хшийся
расспра́шивание, -я
расспра́шивать(ся), -аю, -ает(ся)
расспро́с, -а
расспроси́ть, -ошу́, -о́сит
расспро́шенный
рассредото́чение, -я
рассредото́ченный
рассредото́чивать(ся), -аю, -ает(ся)
рассредото́чить(ся), -чу, -чит(ся)
рассро́ченный
рассро́чивать(ся), -аю, -ает(ся)
рассро́чить, -чу, -чит
рассро́чка, -и
расстава́ние, -я
расстава́ться, -таю́сь, -таётся
расста́вить(ся), -влю, -вит(ся)
расста́вка, -и
расста́вленный
расставля́ть(ся), -я́ю, -я́ет(ся)
расста́навливать(ся), -аю, -ает(ся)
расстанови́ть(ся), -овлю́, -о́вит(ся)
расстано́вка, -и
расстано́вленный
расстано́вочный
расстара́ться, -а́юсь, -а́ется
расста́ться, -а́нусь, -а́нется
расстаю́щийся
расстега́й, -я
расстёгивать(ся), -аю(сь), -ает(ся)
расстёгнутый
расстегну́ть(ся), -ну́(сь), -нёт(ся)
расстежно́й
расстеклова́ние, -я
рассте́ленный и разо́стланный
расстели́ть(ся) и разостла́ть(ся), расстелю́, расстелется; *прош.* расстели́л(ся), расстели́ла(сь) и разостла́л(ся), разостла́ла(сь)
рассти́л, -а
расстила́ние, -я
расстила́ть(ся), -а́ю(сь), -а́ет(ся)
рассти́лка, -и
расстоя́ние, -я
расстра́ивать(ся), -аю(сь), -ает(ся)
расстре́л, -а
расстре́ливать(ся), -аю, -ает(ся)
расстреля́ние, -я
расстре́лянный
расстреля́ть(ся), -я́ю, -я́ет(ся)
расстри́га, -и, *м.*
растрига́ть(ся), -а́ю(сь), -а́ет(ся)
расстри́женный
расстри́чь(ся), -игу́(сь), -ижёт(ся), -игу́т(ся); *прош.* -и́г(ся), -и́гла(сь)
расстро́енный
расстро́ить(ся), -о́ю(сь), -о́ит(ся)
расстро́йка, -и
расстро́йство, -а
расступа́ться, -а́ется
расступи́ться, -у́пится
расстыкова́ть(ся), -ку́ю(сь), -ку́ет(ся)
расстыко́вка, -и
рассуди́тельность, -и
рассуди́тельный
рассуди́ть(ся), -ужу́(сь), -у́дит(ся)
рассу́док, -дка
рассу́дочность, -и
рассу́дочный
рассужда́ть, -а́ю, -а́ет
рассужде́ние, -я
рассу́женный
рассу́живать, -аю, -ает
рассупо́ненный
рассупо́нивать(ся), -аю(сь), -ает(ся)
рассупо́нить(ся), -ню(сь), -нит(ся)
рассусо́ливать, -аю, -ает
рассу́ченный
рассу́чивать(ся), -аю, -ает(ся)
рассучи́ть(ся), -учу́, -у́чит(ся)
рассчи́танный
рассчита́ть(ся), -а́ю(сь), -а́ет(ся)
рассчи́тывать(ся), -аю(сь), -ает(ся)
рассыла́ть(ся), -а́ю, -а́ет(ся)
рассы́лка, -и
рассы́лочный
рассы́льный
рассыпа́ние, -я
рассы́панный
рассы́пать(ся), -плю(сь), -плет(ся), *сов.*
рассыпа́ть(ся), -а́ю(сь), -а́ет(ся), *несов.*
рассы́пка, -и
рассыпно́й
рассы́пчатый
рассыха́ться, -а́ется
растаба́ры, -ов
растаба́рывать, -аю, -ает
раста́ивать, -аю, -ает
раста́лкивать(ся), -аю, -ает(ся)
раста́пливание, -я
раста́пливать(ся), -аю, -ает(ся)
раста́птывать(ся), -аю, -ает(ся)
раста́сканный
растаска́ть, -а́ю, -а́ет
раста́скивать(ся), -аю, -ает(ся)
растасо́ванный
растасова́ть, -су́ю, -су́ет
растасо́вка, -и
растасо́вывать(ся), -аю, -ает(ся)
растача́ть, -а́ю, -а́ет (*к* тача́ть)
раста́чанный
раста́чивание, -я
раста́чивать(ся), -аю, -ает(ся)
раста́щенный
растащи́ть, -ащу́, -а́щит
раста́ять, -а́ю, -а́ет
раство́р, -а
растворе́ние, -я
раство́ренный (*от* растворить[1])
растворённый; *кр. ф.* -ён, -ена́ (*от* растворить[2])
раствори́мость, -и
раствори́мый
раствори́тель, -я
раствори́ть(ся)[1], -орю́, -о́рит(ся), (раскрыть)
раствори́ть(ся)[2], -рю́, -ри́т(ся) (распустить в жидкости)
раство́рный
растворомеша́лка, -и
растворонасо́с, -а
растворя́ть(ся), -я́ю, -я́ет(ся)
растека́ние, -я

РАС

растекáться, -áюсь, -áется
растёкшийся
растéливаться, -ается
растели́ться, -éлится, (отели́ться)
растéние, -я
растениевóд, -а
растениевóдство, -а
растениевóдческий
растениепитáтель, -я
растéньице, -а
растереби́ть(ся), -блю́, -би́т(ся)
растереблённый; кр. ф. -ён, -енá
растерéть(ся), разотру́(сь), разотрёт(ся); прош. -тёр(ся), -тёрла(сь)
растерзáние, -я
растéрзанный
растерзáть, -áю, -áет
растéрзывать(ся), -аю, -ает(ся)
растéривать(ся), -аю(сь), -ает(ся)
растёртый
растёрший(ся)
растеря́, -и, м. и ж.
растéрянность, -и
растéрянный
растеря́ть(ся), -я́ю(сь), -я́ет(ся)
растеря́ха, -и, м. и ж.
растёсанный
растесáть(ся), -тешу́, -тéшет(ся)
растёска, -и
растёсывание, -я
растёсывать(ся), -аю, -ает(ся)
растéчка, -и
растéчься, -ечётся, -екýтся; прош. -ёкся, -еклáсь
расти́, -ту́, -тёт; прош. рос, рослá
растирáние, -я
растирáть(ся), -áю(сь), -áет(ся)
расти́рка, -и
расти́рочный
расти́сканный
расти́скать, -аю, -ает
расти́скивать(ся), -аю, -ает(ся)
расти́снутый
расти́снуть(ся), -ну, -нет(ся)
расти́тельность, -и
расти́тельный
расти́ть(ся), ращу́, расти́т(ся)
растлевáть(ся), -áю(сь), -áет(ся)
растлéние, -я
растлéнный; кр. ф. -ён, -éнна, прил.
растлённый; кр. ф. -ён, -енá, прич.
растли́тель, -я
растли́ть(ся), -лю́(сь), -ли́т(ся)
растóлканный
растолкáть, -áю, -áет
растолкóванный
растолковáть(ся), -кýю, -кýет(ся)
растолкóвывать(ся), -аю, -ает(ся)
растолóкший(ся)
растолóчь(ся), -лку́, -лчёт(ся), -лкýт(ся); прош. -лóк(ся), -лклá(сь)
растолстéть, -éю, -éет
растолчённый; кр. ф. -ён, -енá
растоми́ть(ся), -млю́(сь), -ми́т(ся)
растомлённый; кр. ф. -ён, -енá
растопи́ть(ся), -оплю́, -óпит(ся)
растóпка, -и
растóпленный
растопля́ть(ся), -я́ю, -я́ет(ся)
растóпочный
растóптанный

растоптáть(ся), -опчý, -óпчет(ся)
растопы́ренный
растопы́ривать(ся), -аю(сь), -ает(ся)
растопы́рить(ся), -рю(сь), -рит(ся)
расторгáть(ся), -áю, -áет(ся)
растóргнувший
растóргнутый
растóргнуть, -ну, -нет; прош. -óрг и -óргнул, -óргла
расторгóванный
расторговáть(ся), -гýю(сь), -гýет(ся)
расторгóвываться, -аюсь, -ается
растóргший
расторжéние, -я
растóрженный
расторжи́мость, -и
растормáживание, -я
растормáживать(ся), -аю, -ает(ся)
растормóженный; кр. ф. -ён, -енá
растормози́ть, -ожу́, -ози́т
растормошённый; кр. ф. -ён, -енá
растормоши́ть, -шу́, -ши́т
расторóпность, -и
расторóпный
растосковáться, -кýюсь, -кýется
расточáть(ся), -áю, -áет(ся) (растрáчивать)
расточéние, -я
расточенный (от расточи́ть²)
расточённый; кр. ф. -ён, -енá (от расточи́ть¹)
расточи́тель, -я
расточи́тельница, -ы
расточи́тельность, -и
расточи́тельный
расточи́тельство, -а
расточи́ть(ся)¹, -чý, -чи́т(ся) (растрáтить)
расточи́ть(ся)², -очу́, -óчит(ся) (обработать точением)
расточка, -и
расточник, -а
расточный
растр, -а
рáстра, -ы
растрави́ть(ся), -авлю́(сь), -áвит(ся)
растравлéние, -я
растрáвленный
растрáвливать(ся), -аю(сь), -ает(ся)
растравля́ть(ся), -я́ю(сь), -я́ет(ся)
растранжи́ренный
растранжи́ривать(ся), -аю(сь), -ает(ся)
растранжи́рить(ся), -рю(сь), -рит(ся)
растрáта, -ы
растрáтить(ся), -áчу(сь), -áтит(ся)
растрáтчик, -а
растрáтчица, -ы
растрáченный
растрáчивать(ся), -аю(сь), -ает(ся)
растревóженный
растревóживать(ся), -аю(сь), -ает(ся)
растревóжить(ся), -жу(сь), -жит(ся)
растрезвóненный
растрезвóнить, -ню, -нит
растрёпа, -ы, м. и ж.
растрёпанный

растрепáть(ся), -треплю́(сь), -трéплет(ся)
растрёпка, -и, м. и ж.
растрéскаться, -ается
растрéскиваться, -ается
рáстровый
растрóганный
растрóгать(ся), -аю(сь), -ает(ся)
раструб, -а
раструби́ть, -блю́, -би́т
раструси́ть(ся), -ушу́, -уси́т(ся)
растрýска, -и
растрýшенный
растрýшивать(ся), -аю, -ает(ся)
растрясáть(ся), -áю(сь), -áет(ся)
растрясённый; кр. ф. -ён, -енá
растрясти́(сь), -су́(сь), -сёт(ся); прош. -я́с(ся), -яслá(сь)
растря́сший
растря́сывать(ся), -аю(сь), -ает(ся)
растряхáть, -áю, -áет
растря́хивать(ся), -аю, -ает(ся)
растряхну́ть, -ну́, -нёт
растужи́ться, -ужу́сь, -у́жится
растушёванный
растушевáть(ся), -шýю, -шýет(ся)
растушёвка, -и
растушёвывать(ся), -аю, -ает(ся)
растýшка, -и
растыканный
растыкать(ся), -аю, -ает(ся), сов.
растыкáть(ся), -áю, -áет(ся), несов.
растюкóванный
растюковáть, -кýю, -кýет
растюкóвка, -и
растюкóвывать(ся), -аю, -ает(ся)
растя́гивание, -я
растя́гивать(ся), -аю(сь), -ает(ся)
растяжéние, -я
растяжи́мый
растя́жка, -и
растяжнóй
растя́нутый
растяну́ть(ся), -яну́(сь), -я́нет(ся)
растя́па, -ы, м. и ж.
растя́пать, -аю, -ает
расфантази́роваться, -руюсь, -руется
расфасóванный
расфасовáть, -сýю, -сýет
расфасóвка, -и
расфасóвочный
расфасóвывание, -я
расфасóвывать(ся), -аю, -ает(ся)
расфокуси́ровать(ся), -рую, -рует(ся)
расфокусирóвка, -и
расформировáние, -я
расформирóванный
расформировáть(ся), -рýю, -рýет(ся)
расформирóвка, -и
расформирóвывать(ся), -аю, -ает(ся)
расфранти́ться, -нчýсь, -нти́тся
расфранчённый; кр. ф. -ён, -енá
расфуфы́ренный
расфуфы́риться, -рюсь, -рится
расхáживать(ся), -аю(сь), -ает(ся)
расхáивать(ся), -аю, -ает(ся)
расхандри́ться, -рю́сь, -ри́тся

расхаянный
расхаять, -аю, -ает
расхваленный
расхваливать(ся), -аю(сь), -ает(ся)
расхвалить(ся), -алю(сь), -алит(ся)
расхварываться, -аюсь, -ается
расхвастать(ся), -аю(сь), -ает(ся)
расхватанный (от расхватать)
расхватать, -аю, -ает
расхватить, -ачу, -атит
расхватывать(ся), -аю, -ает(ся)
расхваченный (от расхватить)
расхвораться, -аюсь, -ается
расхититель, -я
расхитить, -ищу, -итит
расхищать(ся), -аю, -ает(ся)
расхищение, -я
расхищенный
расхлёбанный
расхлебать, -аю, -ает
расхлёбывать(ся), -аю(сь), -ает(ся)
расхлёстанный
расхлестать(ся), -ещу, -ещет(ся)
расхлёстнутый
расхлестнуть, -ну, -нёт
расхлёстывать(ся), -аю, -ает(ся)
расхлопотаться, -очусь, -очется
расхлябанность, -и
расхлябанный
расхлябать(ся), -аю, -ает(ся)
расхлябывать(ся), -аю(сь), -ает(ся)
расхныкаться, -ычусь, -ычется
расход, -а
расходиться, -ожусь, -одится
расходный
расходование, -я
расходовать(ся), -дую(сь), -дует(ся)
расходомер, -а
расходящийся
расхождение, -я
расхожий
расхолаживать(ся), -аю, -ает(ся)
расхолодить, -ожу, -одит
расхоложённый; *кр. ф.* -ён, -ена
расхомутать(ся), -аю, -ает(ся)
расхорохориться, -рюсь, -рится
расхотеть(ся), -очу, -очешь, -очет(ся), -отим, -отите, -отят
расхохотаться, -хохочусь, -хохочется
расхрабриться, -рюсь, -рится
расхристанный
расхулённый; *кр. ф.* -ён, -ена
расхулить, -лю, -лит
расцарапанный
расцарапать(ся), -аю(сь), -ает(ся)
расцарапывать(ся), -аю(сь), -ает(ся)
расцвести, -вету, -ветёт; *прош.* -вёл, -вела
расцвет, -а
расцветание, -я
расцветать, -аю, -ает
расцветить(ся), -ечу, -етит(ся)
расцветка, -и
расцветший
расцвеченный
расцвечивание, -я
расцвечивать(ся), -аю, -ает(ся)
расцелованный
расцеловать(ся), -лую(сь), -лует(ся)
расцеловывать(ся), -аю(сь), -ает(ся)
расценённый; *кр. ф.* -ён, -ена

расценивать(ся), -аю(сь), -ает(ся)
расценить, -еню, -енит
расценка, -и
расценочно-конфликтный
расценочный
расцепить(ся), -цеплю, -цепит(ся)
расцепка, -и
расцепление, -я
расцепленный
расцеплять(ся), -яю, -яет(ся)
расчаленный
расчаливать(ся), -аю, -ает(ся)
расчалить, -лю, -лит
расчалка, -и
расчеканенный
расчеканивать(ся), -аю, -ает(ся)
расчеканить, -ню, -нит
расчеканка, -и
расчёркивать(ся), -аю(сь), -ает(ся)
расчёркнутый
расчеркнуть(ся), -ну(сь), -нёт(ся)
расчертить, -ерчу, -ертит
расчерченный
расчерчивать(ся), -аю, -ает(ся)
расчёсанный
расчесать(ся), -ешу(сь), -ешет(ся)
расчёска, -и
расчесть(ся), разочту(сь), разочтёт(ся); *прош.* расчёл(ся), разочла(сь)
расчёсывать(ся), -аю(сь), -ает(ся)
расчёт, -а
расчётливость, -и
расчётливый
расчётно-платёжный
расчётно-технический
расчётный
расчётчик, -а
расчётчица, -ы
расчехлённый; *кр. ф.* -ён, -ена
расчехлить, -лю, -лит
расчехлять(ся), -яю, -яет(ся)
расчирикаться, -ается
расчисление, -я
расчисленный
расчислить, -лю, -лит
расчислять(ся), -яю, -яет(ся)
расчистить(ся), -ищу, -истит(ся)
расчистка, -и
расчихаться, -аюсь, -ается
расчихвостить, -ощу, -остит
расчихвощенный
расчищать(ся), -аю, -ает(ся)
расчищенный
расчленение, -я
расчленённый; *кр. ф.* -ён, -ена
расчленить(ся), -ню, -нит(ся)
расчленять(ся), -яю, -яет(ся)
расчувствоваться, -твуюсь, -твуется
расчудесный
расчуханный
расчухать(ся), -аю(сь), -ает(ся)
расшалиться, -люсь, -лится
расшаркаться, -аюсь, -ается
расшаркиваться, -аюсь, -ается
расшатанный
расшатать(ся), -аю, -ает(ся)
расшатывать(ся), -аю, -ает(ся)
расшвыривать(ся), -аю, -ает(ся)
расшвырянный
расшвырять(ся), -яю, -яет(ся)
расшевелённый; *кр. ф.* -ён, -ена

расшевеливать(ся), -аю(сь), -ает(ся)
расшевелить(ся), -елю(сь), -елит(ся)
расшибать(ся), -аю(сь), -ает(ся)
расшибить(ся), -бу(сь), -бёт(ся); *прош.* -шиб(ся), -шибла(сь)
расшибленный
расшива, -ы
расшивание, -я
расшивать(ся), -аю, -ает(ся)
расшивка, -и
расшивной
расширение, -я
расширенный
расширитель, -я
расширительный
расширить(ся), -рю, -рит(ся)
расширяемость, -и
расширять(ся), -яю, -яет(ся)
расшитый
расшить(ся), разошью, разошьёт(ся)
расшифрованный
расшифровать, -рую, -рует
расшифровка, -и
расшифровывать(ся), -аю, -ает(ся)
расшлёпанный
расшлёпать, -аю, -ает
расшлихтованный
расшлихтовать, -тую, -тует
расшлихтовка, -и
расшлихтовывать(ся), -аю, -ает(ся)
расшнурованный
расшнуровать(ся), -рую(сь), -рует(ся)
расшнуровка, -и
расшнуровывать(ся), -аю(сь), -ает(ся)
расштыбовщик, -а
расшуметься, -млюсь, -мится
расшутиться, -учусь, -утится
расщебенённый; *кр. ф.* -ён, -ена
расщебенивать(ся), -аю, -ает(ся)
расщебенить, -ню, -нит
расщебёнка, -и
расщедриваться, -аюсь, -ается
расщедриться, -рюсь, -рится
расщелина, -ы
расщёлканный
расщёлкать, -аю, -ает
расщёлкивать(ся), -аю, -ает(ся)
расщёлкнутый
расщёлкнуть, -ну, -нет
расщемить, -млю, -мит
расщемлённый; *кр. ф.* -ён, -ена
расщемлять(ся), -яю, -яет(ся)
расщеп, -а
расщепать, -щеплю, -щеплет и -аю, -ает (*к* щепать)
расщепить(ся), -плю, -пит(ся)
расщепление, -я
расщеплённый; *кр. ф.* -ён, -ена
расщеплять(ся), -яю, -яет(ся)
расщипанный
расщипать, -щиплю, -щиплет и -аю, -ает (*к* щипать)
расщипывать(ся), -аю, -ает(ся)
ратай, -я
ратания, -и
ратафия, -и
ратин, -а
ратинирование, -я

РАТ

ратини́рованный
ратини́ровать(ся), -рую, -рует(ся)
ратификацио́нный
ратифика́ция, -и
ратифици́рованный
ратифици́ровать(ся), -рую, -рует(ся)
ра́тман, -а
ра́тник, -а
ра́тничий, -ья, -ье
ра́тный
ратобо́рец, -рца
ратобо́рство, -а
ратобо́рствовать, -твую, -твует
ра́товать, -тую, -тует
ра́туша, -и
рать, -и
раунати́н, -а
ра́унд, -а
ра́ус, -а
ра́ут, -а
раухтопа́з, -а
рафи́ды, -ов
рафина́д, -а
рафина́дный
рафина́ция, -и
рафинёр, -а
рафини́рование, -я
рафини́рованный
рафини́ровать, -рую, -рует
ра́фия, -и
раффле́зия, -и
раха́т-луку́м, -а
ра́хис, -а
рахи́т, -а
рахити́зм, -а
рахи́тик, -а
рахити́ческий
рахити́чка, -и
рахити́чный
рацема́т, -а
рацемиза́ция, -и
рацеми́ческий
рацемо́зный
раце́я, -и (наставление)
рацио́н, -а
рационализа́тор, -а
рационализа́торский
рационализа́торство, -а
рационализа́ция, -и
рационализи́рованный
рационализи́ровать(ся), -рую, -рует(ся)
рационали́зм, -а
рационализо́ванный
рационализова́ть(ся), -зу́ю, -зу́ет(ся)
рационали́ст, -а
рационалисти́ческий
рационалисти́чный
рационали́стка, -и
рациона́льность, -и
рациона́льный
рациони́рование, -я
рациони́ровать, -рую, -рует
рацио́нный
ра́ция, -и (радиостанция)
рацпредложе́ние, -я
раче́ние, -я
ра́чий, -ья, -ье
рачи́тель, -я
рачи́тельность, -и

РАЧ

рачи́тельный
рачи́шка, -и, *м.*
рачо́к, рачка́
рачо́нок, -нка, *мн.* рача́та, -а́т
раше́ль-маши́на, -ы
ра́шкуль, -я
ра́шпиль, -я
ра́щение, -я
ращённый; *кр. ф.* -ён, -ена́
рвани́на, -ы
рвану́ть(ся), -ну́(сь), -нёт(ся)
рва́ный
рвань, -и
рваньё, -я́
рвать(ся), рву(сь), рвёт(ся); *прош.* рвал(ся), рвала́(сь), рва́ло, рва́лось
рвач, -а́
рва́ческий
рва́чество, -а
рве́ние, -я
рво́та, -ы
рво́тный
рде́ние, -я
рдест, -а
рде́ть(ся), -е́ет(ся)
рдя́ный
реабилита́ция, -и
реабилити́рованный
реабилити́ровать(ся), -рую(сь), -рует(ся)
реаге́нт, -а
реаги́ровать, -рую, -рует
реакта́нс, -а
реакти́в, -а
реакти́вность, -и
реакти́вный
реактоло́гия, -и
реа́ктор, -а *мн.* -ы, -ов
реакторостро́ение, -я
реакцепта́ция, -и
реакционе́р, -а
реакционе́рка, -и
реакцио́нность, -и
реакцио́нный; *кр. ф.* -нен, -нна
реа́кция, -и
реа́л, -а (*полигр.*; старинная монета)
реализа́ция, -и
реали́зм, -а
реализо́ванный
реализова́ть(ся), -зу́ю, -зу́ет(ся)
реали́ст, -а
реалисти́ческий
реалисти́чный
реали́стка, -и
реа́лия, -и
реальга́р, -а
реа́льность, -и
реа́льный
реанимато́лог, -а
реаниматологи́ческий
реаниматоло́гия, -и
реанима́тор, -а
реанимацио́нный, -и
реанима́ция, -и
ре-бемо́ль, ре-бемо́ля
ребёнок, -нка, *мн.* реби́та, -я́т
ребёночек, -чка
рёберный
ребо́рда, -ы
ребри́стый
ребро́, -а́, *мн.* рёбра, рёбер, рёбрам

РЕБ

ребро́вый
рёбрышко, -а
ре́бус, -а
ребятёнок, -нка, *мн.* -нки, -ов
ребяти́шки, -шек
ребя́тки, -ток
ребятня́, -и́
ребя́тушки, -шек
ребя́ческий
ребя́чество, -а
ребя́чий, -ья, -ье
ребя́читься, -чусь, -чится
ребя́чливый
рёв, -а
ре́ва, -ы, *м. и ж.*
ревакцина́ция, -и
ревалориза́ция, -и
ревальва́ция, -и
рева́нш, -а
реванши́зм, -а
реванши́ровать, -рую, -рует
реванши́ст, -а
реванши́стский
рева́ншный
реве́нный
реве́нь, -я́
革 reveráns, -а
реверберацио́нный
ревербера́ция, -и
реверберо́метр, -а
ре́верс, -а
реверси́, *нескл., с.*
реверси́вный
реверси́рование, -я
реве́рсия, -и
реве́рсор, -а
реве́ть, реву́, ревёт
ревизиони́зм, -а
ревизиони́ст, -а
ревизиони́стка, -и
ревизиони́стский
ревизио́нный
реви́зия, -и
ревизо́ванный
ревизова́ть(ся), -зу́ю, -зу́ет(ся)
ревизо́р, -а
ревизо́рский
реви́зский
ревко́м, -а
ревко́мовский
ревмати́зм, -а
ревма́тик, -а
ревмати́ческий
ревмати́чка, -и
ревмато́лог, -а
ревматологи́ческий
ревматоло́гия, -и
ревмокарди́т, -а
ревмя́ реве́ть
ревни́вец, -вца
ревни́вица, -ы
ревни́вый
ревни́тель, -я
ревни́тельница, -ы
ревнова́ть, -ну́ю, -ну́ет
ре́вностный
ре́вность, -и
ревока́ция, -и
револьве́р, -а
револьве́рный
револьве́рщик, -а
революционе́р, -а

РЕВ

революционе́рка, -и
революционизи́рование, -я
революционизи́рованный
революционизи́ровать(ся), -рую(сь), -рует(ся)
революциони́зм, -а
революцио́нно-демократи́ческий
революцио́нно-освободи́тельный
революцио́нность, -и
революцио́нный; *кр. ф.* -о́нен, -о́нна
револю́ция, -и
ревтрибуна́л, -а
реву́н, -а́
реву́нья, -и, *р. мн.* -ний
реву́чий
ревю́, *нескл., с.*
рега́лия, -и
рега́ль, -я
рега́та, -ы
ре́гби, *нескл., с.*
регби́ст, -а
регби́стский
регенера́т, -а
регенерати́вный
регенера́тный
регенера́тор, -а
регенера́торный
регенера́ция, -и
регенери́рованный
регенери́ровать(ся), -рую, -рует(ся)
ре́гент, -а
ре́гентский
ре́гентство, -а
ре́гентша, -и
региона́льный
региона́рный
реги́стр, -а
регистра́тор, -а
регистра́торский
регистра́торша, -и
регистрату́ра, -ы
регистрацио́нный
регистра́ция, -и
регистри́рование, -я
регистри́рованный
регистри́ровать(ся), -рую(сь), -рует(ся)
реги́стровый
регла́мент, -а
регламента́ция, -и
регламенти́рованный
регламенти́ровать(ся), -рую, -рует(ся)
регла́н, -а и *неизм.*
регле́т, -а
ре́гот, -а
регота́ть, -очу́, -о́чет
регада́ция, -и
регредие́нт, -а
регре́сс, -а
регресса́нт, -а
регресса́т, -а
регресси́вный
регресси́ровать, -рую, -рует
регре́ссия, -и
ре́гтайм, -а
регули́рование, -я
регули́рованный
регули́ровать(ся), -рую, -рует(ся)
регулиро́вка, -и
регулиро́вочный
регулиро́вщик, -а
регулиро́вщица, -ы

РЕГ

ре́гулы, -ул
регуля́рность, -и
регуля́рный
регуляти́вный
регуля́тор, -а
регуляцио́нный
регуля́ция, -и
редакти́рование, -я
редакти́рованный
редакти́ровать(ся), -рую, -рует(ся)
реда́ктор, -а, *мн.* -ы, -ов и а́, -о́в
реда́кторский
реда́кторство, -а
реда́кторствовать, -твую, -твует
редакту́ра, -ы
редакцио́нно-изда́тельский
редакцио́нный
реда́кция, -и
реда́н, -а
редемаркацио́нный
редемарка́ция, -и
ре́денький; *кр. ф.* -е́нек, -е́нька
реде́ть, -е́ет
ре́дечка, -и
ре́дечник, -а
ре́дечный
редизна́, -ы́
реди́на, -ы (ткань)
рединго́т, -а
реди́с, -а
реди́ска, -и
реди́сочный
ре́дкий; *кр. ф.* ре́док, редка́, ре́дко
редкова́тый
редково́лосый
редкоземе́льный
редкозу́бый
редколе́сье, -я
редколле́гия, -и
редкометалли́ческий
редкомета́лльный
редконаселённый
редкослойный
ре́дкостный
ре́дкость, -и
редресса́ция, -и
реду́ктор, -а
редукцио́нно-охлади́тельный
редукцио́нный
реду́кция, -и
редуплика́ция, -и
редуплици́рованный
реду́т, -а
редуци́рование, -я
редуци́рованный
редуци́ровать(ся), -рую, -рует(ся)
редча́йший
ре́дька, -и
редю́ит, -а
рее́стр, -а
рее́стрик, -а
рее́стровый
ре́ечка, -и
ре́ечный
ре́же, *сравн. ст.* (*от* ре́дкий, ре́дко)
режи́м, -а
режи́мный
режиссёр, -а
режиссёрский
режиссёрство, -а
режисси́рованный
режисси́ровать, -рую, -рует

РЕЖ

режиссу́ра, -ы
ре́жущий(ся)
рез, -а
реза́к, -а́
ре́зальный
ре́зана, -ы
ре́зание, -я
ре́занный, *прич.*
резану́ть, -ну́, -нёт
ре́заный, *прил.*
ре́зательный
ре́зать(ся), ре́жу(сь), ре́жет(ся)
резви́ться, -влю́сь, -ви́тся
резвоно́гий
ре́звость, -и
резву́нья, -и, *р. мн.* -ний
резву́шка, -и
ре́звый; *кр. ф.* резв, резва́, ре́зво
резеда́, -ы́
резедо́вый
резекцио́нный
резе́кция, -и
резе́рв, -а
резерва́ж, -а
резерва́т, -а
резерва́ция, -и
резерви́рованный
резерви́ровать(ся), -рую, -рует(ся)
резерви́ст, -а
резе́рвный
резервуа́р, -а
резерпи́н, -а
ре́зерфорд, -а, *р. мн.* -ов
резе́ц, -зца́
резеци́рованный
резеци́ровать(ся), -рую, -рует(ся)
резиде́нт, -а
резиде́нтский
резиденту́ра, -ы
резиде́нция, -и
рези́на, -ы
резина́т, -а
резини́т, -а
рези́нить, -ню, -нит
рези́нка, -и
рези́новый
резино́зис, -а
резиносмеси́тель, -я
резинотехни́ческий
резинья́ция, -и
резисте́нтность, -и
резисти́вный
рези́стор, -а
рези́т, -а́
ре́зка, -и
ре́зкий; *кр. ф.* ре́зок, резка́, ре́зко
ре́зко континента́льный
ре́зко отрица́тельный
резкопересечённый *
ре́зкость, -и
резнатро́н, -а
резни́к, -а́
резно́й
резну́ть, -ну́, нёт
резня́, -и́
резольве́нта, -ы
резолюти́вный
резолю́ция, -и
резо́н, -а
резона́нс, -а
резона́нсный
резона́тор, -а

РЕЗ

резонёр, -а
резонёрский
резонёрство, -а
резонёрствовать, -твую, -твует
резонировать, -рует
резонный; кр. ф. -онен, -онна
резорбция, -и
резорцин, -а
резорциновый
résочный
результант, -а
результат, -а
результативный
результатный
результирующий
résус, -а
résус-фактор, -а
резуха, -и
резцедержатель, -я
резцовый
résче, сравн. ст. (от резкий, резко)
резчик, -а
резчица, -ы
резчицкий
резь, -и
резьба, -ы
резьбовой
резьбонакатный
резьбонарезной
резьботокарный
резьбофрезерный
резьбошлифовальный
резюме, нескл., с.
резюмированный
резюмировать(ся), -рую, -рует(ся)
реимпорт, -а
реимпортный
реинфекция, -и
рей, -я и рея, -и
рейд, -а
рейдер, -а
рейдировать, -рую, -рует
рейдовый
рейка, -и
рейконарезной
рейнвейн, -а
рейс, -а
рейсмас, -а
рейсмус, -а
рейсмусовый
рейсовый
рейсфедер, -а
рейсшина, -ы
рейтар, -а (кавалерист)
рейтарский
рейтер, -а (проволочка)
рейтузы, -уз
рейх, -а
рейхсвер, -а
рейхсканцлер, -а
рейхсрат, -а
рейхстаг, -а
река, -и, мн. реки, рек
рекалесценция, -и
рекапитулировать, -рую, -рует
рекапитуляция, -и
рекарбонизация, -и
реквием, -а
реквизированный
реквизировать(ся), -рую, -рует(ся)
реквизит, -а
реквизитор, -а

РЕК

реквизиционный
реквизиция, -и
реквирент, -а
реклама, -ы
рекламационный
рекламация, -и
рекламирование, -я
рекламированный
рекламировать(ся), -рую, -рует(ся)
рекламист, -а
рекламистка, -и
рекламно-издательский
рекламный
рекогносцированный
рекогносцировать(ся), -рую, -рует(ся)
рекогносцировка, -и
рекогносцировочный
рекомбинационный
рекомбинация, -и
рекомендательный
рекомендация, -и
рекомендованный
рекомендовать(ся), -дую(сь), -дует(ся)
реконвалесценция, -и
реконверсия, -и
реконкиста, -ы
реконструированный
реконструировать(ся), -рую, -рует(ся)
реконструктивный
реконструкция, -и
рекорд, -а
рекордер, -а
рекордист, -а
рекордистка, -и
рекордистский
рекордный
рекордсмен, -а
рекордсменка, -и
рекордсменский
рекортан, -а
рекреативный
рекреационный
рекреация, -и
рекредитив, -а
рекристаллизация, -и
рекрут, -а, мн. -ы, -ов
рекрутированный
рекрутировать(ся), -рую, -рует(ся)
рекрутский
рекрутство, -а
рекрутчина, -ы
ректификат, -а
ректификатор, -а
ректификационный
ректификация, -и
ректифицированный
ректифицировать(ся), -кую, -кует(ся)
ректифицированный
ректифицировать(ся), -рую, -рует(ся)
ректон, -а
ректор, -а, мн. -ы, -ов
ректорат, -а
ректорский
ректорство, -а
ректорствовать, -твую, -твует
ректоскоп, -а
ректоскопический
ректоскопия, -и

РЕК

рекуперативный
рекуператор, -а
рекуперация, -и
рекуррентный
рекурсивный
релаксатор, -а
релаксационный
релаксация, -и
релаксин, -а
реле, нескл., с.
релейно-контактный
релейный
религиозно-политический
религиозность, -и
религиозно-философский
религиозно-этический
религиозный
религия, -и
реликвия, -и
реликт, -а
реликтовый
релит, -а
рельеф, -а
рельефный
рельс, -а, р. мн. -ов
рельсобалочный
рельсовоз, -а
рельсовый
рельсопрокатный
релятивизм, -а
релятивист, -а
релятивистский
релятивный
реляция, -и
ре мажор, ре мажора
ре-мажорный
ремаллой, -я
ремарка, -и
ремедиум, -а
ремез, -а
ремённый
ремёнчатый
ремень, -мня
ремень-рыба, -ы
ремерия, -и
ремесленник, -а
ремесленница, -ы
ремесленничать, -аю, -ает
ремесленнический
ремесленничество, -а
ремесленный
ремесло, -а, мн. ремёсла, ремёсел
ремешковый
ремешок, -шка
ремиз, -а
ремизить(ся), -ижу(сь), -изит(ся)
ремизка, -и
ремилитаризация, -и
ремилитаризированный
ремилитаризировать(ся), -рую, -рует(ся)
ремингтон, -я
реминисценция, -и
ре минор, ре минора
ре-минорный
ремиссия, -и
ремитент, -а
ремитированный
ремитировать(ся), -рую, -рует(ся)
ремнезуб, -а
ремнец, -а
ремнецветник, -а

ремнецве́тные, -ых
ремонстра́ция, -и
ремо́нт, -а
реманта́нтный
ремонтёр, -а
ремонти́рование, -я
ремонти́рованный
ремонти́ровать(ся), -рую, -рует(ся)
ремо́нтник, -а
ремо́нтно-восстанови́тельный
ремо́нтно-механи́ческий
ремо́нтно-строи́тельный
ремо́нтно-техни́ческий
ремо́нтный
рена́та, -ы
ренатурализа́ция, -и
ренатурализо́ванный
ренатурализова́ть(ся), -зу́ю(сь), -зу́ет(ся)
ренега́т, -а
ренега́тка, -и
ренега́тский
ренега́тство, -а
ренега́тствовать, -твую, -твует
ренесса́нс, -а
рене́т, -а
ре́ний, -я
рени́н, -а
ренкло́д, -а
реноме́, нескл., с.
рено́нс, -а
ре́нта, -ы
рента́бельность, -и
рента́бельный
рентге́н, -а, р. мн. -ов и -éн
рентге́новский
рентге́новы лучи́
рентгенограмма, -ы
рентгенографи́ческий
рентгеногра́фия, -и
рентгенодефектоскопи́я, -и
рентгенодиагно́стика, -и
рентгенодиагности́ческий
рентгенокимо́граф, -а
рентгенокимографи́ческий
рентгенокимогра́фия, -и
рентгенокиносъёмка, -и
рентгенолабора́нт, -а
рентгено́лог, -а
рентгенологи́ческий
рентгеноло́гия, -и
рентгенолюминесце́нция, -и
рентгенометри́ческий
рентгеноме́трия, -и
рентгенорадиологи́ческий
рентгеноскопи́ческий
рентгеноскопи́я, -и
рентгеноспектра́льный
рентгеноспектроскопи́я, -и
рентгенострукту́рный
рентгенотелеви́дение, -я
рентгенотерапи́я, -и
рентгеноте́хник, -а
рентгеноте́хника, -и
рентгенотехни́ческий
ре́нтный
реоба́за, -ы
рео́граф, -а
реогра́фия, -и
реокардиогра́мма, -ы
реокардиогра́фия, -и
реологи́ческий

рео́логия, -и
рео́метр, -а
реомо́йка, -и
реорганизацио́нный
реорганиза́ция, -и
реорганизо́ванный
реорганизова́ть(ся), -зу́ю, -зу́ет(ся)
реорганизо́вывать(ся), -аю, -ает(ся)
реоста́т, -а
реоста́тный
реота́ксис, -а
реотропи́зм, -а
реофи́льный
реохо́рд, -а
реоэнцефалогра́фия, -и
ре́па, -ы
репарацио́нный
репара́ция, -и
репатриа́нт, -а
репатриа́нтка, -и
репатриа́ция, -и
репатрии́рованный
репатрии́ровать(ся), -рую(сь), -рует(ся)
репеёк, -ейка́
репе́й, репья́, мн. репьи́, -ьёв
репе́йник, -а
репе́йница, -ы
репе́йничек, -чка
репе́йный
репелле́нт, -а
репе́ллер, -а
репе́р, -а
репертуа́р, -а
репертуа́рный
репети́р, -а
репети́рование, -я
репети́рованный
репети́ровать(ся), -рую, -рует(ся)
репети́тор, -а
репети́торский
репети́торство, -а
репети́торствовать, -твую, -твует
репетицио́нный
репети́ция, -и
репето́ванный
репетова́ть(ся), -ту́ю, -ту́ет(ся)
ре́пина, -ы
репи́тер, -а
ре́пица, -ы
ре́пища, -и
ре́пка, -и
реплантаци́я, -и
ре́плика, -и
реплици́ровать, -рую, -рует
ре́пник, -а
ре́пница, -ы
ре́пный
репня́к, -а́
ре́повый
репози́ция, -и
репо́лов, -а
репообра́зный
репо́рт, -а
репорта́ж, -а
репортёр, -а
репортёрский
репортёрство, -а
репортёрствовать, -твую, -твует
репрезента́нт, -а
репрезентати́вность, -и
репрезентати́вный

репрезента́ция, -и
репрезенти́рованный
репрезенти́ровать(ся), -рую, -рует(ся)
репрезенто́ванный
репрезентова́ть(ся), -ту́ю, -ту́ет(ся)
репресса́лии, -ий, ед. репресса́лия, -и
репресси́вный
репресси́рованный
репресси́ровать(ся), -рую, -рует(ся)
репре́ссия, -и
репри́за, -ы и репри́з, -а
риприма́нд, -а
репродукти́вный
репроду́ктор, -а
репродукцио́нный
репроду́кция, -и
репродуци́рованный
репродуци́ровать(ся), -рую, -рует(ся)
репс, -а
ре́псовый
репти́лия, -и
репти́льный
репульсио́нный
репута́ция, -и
ре́пчатый
репьё, -й
репяшо́к, -шка́
реси́вер, -а
реско́нтро, нескл., с.
рескри́пт
ре́слинг, -а (борьба)
ресни́тчатый
ресни́ца, -ы
ресни́чка, -и
ресни́чный
респе́кт, -а
респекта́бельность, -и
респекта́бельный
респира́тор, -а
респира́торный
респира́ция, -и
респиро́метр, -а
респу́блика, -и
республика́нец, -нца
республикани́зм, -а
республика́нка, -и
республика́нский
рессо́ра, -ы
рессо́рный
реставра́тор, -а
реставра́торский
реставра́торство, -а
реставрацио́нный
реставра́ция, -и
реставри́рование, -я
реставри́рованный
реставри́ровать(ся), -рую, -ру́ет(ся)
реституцио́нный
реститу́ция, -и
рестора́н, -а
рестора́нный
рестора́нчик, -а
рестора́тор, -а
рестора́ция, -и
рестри́кция, -и
ресу́рс, -а
ретарда́ция, -и
ретардёр, -а

РЕТ

ретéнция, -и
ретивóе, -óго
ретúвость, -и
ретúвый
ретикулúн, -а
ретикулúновый
ретикулосаркóма, -ы
ретикулоэндотелиáльный
ретикулярный
ретúна, -ы
ретинéн, -а
ретинúт, -а
ретиноспóра, -ы
ретирáда, -ы
ретирáдный
ретировáться, -рýюсь, -рýется
реторомáнский
реторомáнцы, -цев
ретóрсия, -и
ретóрта, -ы
ретóртный
ретранслúровать(ся), -рую, -рует(ся)
ретранслятор, -а
ретрансляциóнный
ретрансляция, -и
ретраншемéнт, -а
ретрáтта, -ы
ретроактúвность, -и
ретрогрáд, -а
ретрогрáдка, -и
ретрогрáдный
ретрогрáдство, -а
ретроспектúва, -ы
ретроспектúвный
ретроспéкция, -и
ретрофлéксия, -и
ретрофлéксный
ретушевáльный
ретушёванный
ретушёвка, -и
ретушёр, -а
ретушёрный
ретушúрование, -я
ретушúрованный
ретушúровать(ся), -рую, -рует(ся)
рéтушь, -и
рéум, -а
реутилизациóнный
реутилизáция, -и
рефáкция, -и
реферáт, -а
реферати́вный
референдум, -а
референт, -а
референция, -и
рéфери, нескл., с.
реферúрованный
реферúровать(ся), -рую, -рует(ся)
рефлéкс, -а
рефлексúвный
рефлéксия, -и
рефлéксный
рефлексогéнный
рефлексолóгия, -и
рефлектúвный
рефлектúровать, -рую, -рует
рефлектóметр, -а
рефлéктор, -а
рефлéкторный (от рефлектор)
рефлектóрный (от рефлекс)
рефóрма, -ы

РЕФ

реформáт, -а
реформáтка, -и
реформáтор, -а
реформáторский
реформáтский
реформáтство, -а
реформациóнный
реформáция, -и
рефóрменный
реформúзм, -а
реформúрование, -я
реформúрованный
реформúровать(ся), -рую, -рует(ся)
реформúст, -а
реформúстка, -и
реформúстский
рефрактóметр, -а
рефрактометрúческий
рефрактомéтрия, -и
рефрáктор, -а
рефрáкторный
рефракциóнный
рефрáкция, -и
рефрéн, -а
рефрижерáтор, -а
рефрижерáторный
рефулёр, -а
рефулёрный
рефулúрование, -я
рехнýться, -нýсь, -нётся
рецензéнт, -а
рецензéнтский
рецензúрование, -я
рецензúрованный
рецензúровать(ся), -рую, -рует(ся)
рецéнзия, -и
реципúсса, -ы
рецéпт, -а
рецептáр, -а
рецéптный
рецéптор, -а
рецептýра, -ы
рецептýрный
рецéпция, -и
рецессúвный
рецидúв, -а
рецидивúзм, -а
рецидивúст, -а
рецидивúстка, -и
реципиéнт, -а
реципúрованный
реципúровать(ся), -рую, -рует(ся)
рециркуляция, -и
рецитáция, -и
рецитúрованный
рецитúровать(ся), -рую -рует(ся)
речевóй
речéние, -я
речéнный
речéнька, -и
речúстый
речитатúв, -а
речитатúвный
рéчка, -и
речнúк, -á
речнóй
речóнка, -и
рéчушка, -и (ласкат.)
речýшка, -и (маленькая река)
речь, -и, мн. -и, -éй
решáть(ся), -áю(сь), -áет(ся)
решáющий(ся)

РЕШ

решéние, -я
решённый; кр. ф. -ён, -енá
решéтина, -ы
решетúть, -шечý, -шетúт
решётка, -и
решéтник, -а
решéтный
решетó, -á, мн. решёта, решёт
решёточка, -и
решёточный
решетцó, -á и решéтце, -а, р. мн. решётцев и решéтец
решётчатый и решéтчатый
решúмость, -и
решúтель, -я
решúтельность, -и
решúтельный
решúть(ся), -шý(сь), -шúт(ся)
рéшка, -и
рештáк, -á
реэвакуациóнный
реэвакуáция, -и
реэвакуúрованный
реэвакуúровать(ся), -рую(сь), -рует(ся)
реэкспорт, -а
реэкспортúровать(ся), -рую, -рует(ся)
реэмигрáнт, -а
реэмигрáнтка, -и
реэмигрáция, -и
реэмигрúровать, -рую, -рует
рéя, -и и рей, -я
рéять, рéет
ржа, -и
ржавéть, -éет (покрываться ржавчиной)
ржáвить, -вит (что)
ржáвление, -я
ржáво-бýрый
ржáво-крáсный
ржáво-рыжий
ржáвчина, -ы
ржáвчинник, -а
ржáвчинный
ржáвый
ржавь, -и
ржанéц, -нцá
ржáние, -я
ржáнище, -а
ржáнка, -и
ржанóй
ржáно-пшенúчный
ржать, ржу, ржёт
ржúще, -а
риáл, -а (ден. ед.)
рибонуклеúновый
рибосóма, -ы
рибофлавúн, -а
риванóл, -а
рúга, -и
рúгель, -я
рúгельный
ригúдность, -и
горúзм, -а
ригорúст, -а
ригористúческий
ригористúчный
ригорúстка, -и
ригсдáлер, -а (датская монета)
ридикюль, -я
рúза, -ы

РИЗ РИТ РОГ Р

ризалит, -а
ризка, -и (*от* риза)
ризница, -ы
ризничий, -его
ризный
ризосфера, -ы
ризотто, *нескл., с.*
риккетсия, -и
рикошет, -а
рикошетировать, -рует
рикошетный
рикошетом, *нареч.*
риксдаг, -а (шведский парламент)
риксдалер, -а (шведская монета)
рикша, -и, *р. мн.* рикш, *м.*
римесса, -ы
римлянин, -а, *мн.* -яне, -ян
римлянка, -и
римский
римско-католический
ринг, -а
ринит, -а
ринодерма, -ы
ринология, -и
ринопластика, -и
ринопластический
риносклерома, -ы
риноскопия, -и
ринуться, -нусь, -нется
ринхоцефал, -а
риолит, -а
рипус, -а
рирпроекция, -и
рис, -а
рисберма, -ы
риск, -а
риска, -и (*тех.*)
рискнуть, -ну, -нёт
рискованный; *кр. ф.* -ан, -анна
рисковать, -кую, -кует
рисковой (*от* риск)
рисковый (готовый на риск)
рислинг, -а (вино)
рисовальный
рисовальщик, -а
рисовальщица, -ы
рисование, -я
рисованный
рисовать(ся), -сую(сь), -сует(ся)
рисовидка, -и
рисовка, -и
рисовод, -а
рисоводство, -а
рисоводческий
рисовый
рисозерновой
рисо-карповый
рисорушка, -и
рисосеющий
рисосеяние, -я
рисоуборочный
рисский
ристалище, -а
ристание, -я
рисунок, -нка
рисунчатый
ритм, -а
ритмизация, -и
ритмизировать(ся), -рую, -рует(ся)
ритмизованный
ритмика, -и
ритмический

ритмичность, -и
ритмичный
ритмомелодика, -и
ритмомелодический
ритмомелодия, -и
ритмопластика, -и
ритмопластический
ритор, -а
риторика, -и
риторический
риторичный
риторский
риторство, -а
ритуал, -а
ритуальный
ритурнель, -я и -и
риф, -а
рифление, -я
рифлёный
рифма, -ы
рифмач, -а
рифменный
рифмованный
рифмовать(ся), -мую, -мует(ся)
рифмовка, -и
рифмоплёт, -а
рифмоплётство, -а
рифовый
риформинг, -а
рихтовальный
рихтованный
рихтовать(ся), -тую, -тует(ся)
рихтовка, -и
рицин, -а
рицинин, -а
рицинный
рициновый
рицинус, -а
ришелье, *нескл., с.*
роба, -ы
роббер, -а
робеть, -ею, -еет
робинзонада, -ы
робиния, -и
робкий; *кр. ф.* робок, робка, робко
робость, -и
робот, -а
роброн, -а
робче, *сравн. ст.* (*от* робкий, робко)
ров, рва, *мн.* рвы, рвов
ровесник, -а
ровесница, -ы
ровик, -а
ровненький; *кр. ф.* -енек, -енька
ровнёхонький; *кр. ф.* -нек, -нька
ровнёшенький; *кр. ф.* -нек, -нька
ровнитель, -я
ровница, -ы
ровничница, -ы
ровничный
ровно
ровность, -и
ровнота, -ы
ровный; *кр. ф.* ровен, ровна, ровно
ровня, -и и ровня, -и, *м. и ж.*
ровнять(ся), -яю, -яет(ся) (*к* ровный)
рог, -а, *мн.* -а, -ов
рогалик, -а
рогаль, -я
рогастый
рогатеть, -еет
рогатик, -а

рогатина, -ы
рогатка, -и
рогатый
рогач, -а
роговеть, -еет
роговидный
роговик, -а
роговина, -ы
роговица, -ы
роговой
роговообманковый
рогоглавник, -а
рогожа, -и
рогожина, -ы
рогожка, -и
рогожный
рогоз, -а
рогозовый
рогозуб, -а
роголистник, -а
роголистниковые, -ых
рогоносец, -сца
рогообразный
рогохвост, -а
рогулина, -ы
рогулька, -и
рогульник, -а
рогуля, -и
род, -а и -у, *предл.* о роде, на роду, *мн.* -ы, -ов
родамин, -а
родан, -а
роданид, -а
роданистый
родановый
родиевый
родий, -я
родильница, -ы
родильный
родименький
родимец, -мца
родимчик, -а
родимый
родина, -ы
родинка, -и
родины, -ин
родители, -ей
родитель, -я
родительница, -ы
родительский
родительный падеж
родить(ся), рожу(сь), родит(ся); *прош. сов.* -ил, -ился, -ила, -илась, -ило, -илось *и несов.* -ил(ся), -ила(сь), -ило(сь)
родич, -а
родненький
родник, -а
родниковый
родниться, -нюсь, -нится
родничок, -чка
родной
родня, -и
родовитость, -и
родовитый
родовой
родовспомогательный
родовспоможение, -я
родододендровый
рододендрон, -а
родоначальник, -а
родоначальница, -ы

РОД

родони́т, -а
родопси́н, -а
родосло́вие, -я
родосло́вная, -ой
родосло́вный
родохрози́т, -а
ро́дственник, -а
ро́дственница, -ы
ро́дственный; *кр. ф.* -вен, -венна
родство́, -á
ро́ды, ро́дов (рождение)
роёвня, -и и роёвня, -и, *р. мн.* -вен
роево́й
роёк, ройка́ (*от* рой)
рое́ние, -я
ро́жа, -и
рожа́ть, -а́ю, -а́ет
рожда́емость, -и
рожда́ть(ся), -а́ю(сь), -а́ет(ся)
рожде́ние, -я
рожде́нник, -а
рожде́нница, -ы
рождённый; *кр. ф.* -ён, -ена́
рожде́ственский
рождество́, -а́
роже́ница, -ы
роже́чник, -а
ро́жистый
ро́жица, -ы
рожки́, -о́в (макаронные изделия)
рожкови́дный
рожко́вый
рожо́к, рожка́, *мн.* рожки́, -о́в и (у животных) ро́жки, ро́жек
рожо́н, -жна́ (на рожо́н лезть)
рожо́чек, -чка
рожь, ржи, *тв.* ро́жью
ро́за, -ы
роза́лия, -и (*зоол.*)
ро́зан, -а
роза́нчик, -а
роза́рий, -и и роза́риум, -а
ро́зваль, -и
ро́звальни, -ей
ро́звязь, -и
ро́зга, -и
ро́зговенье, -я
ро́зговины, -ин
ро́зданный; *кр. ф.* ро́здан, раздана́ и ро́здана, ро́здано
ро́здых, -а и -у
розенкре́йцер, -а
розео́ла, -ы
розе́тка, -и
розе́тта, -ы
ро́зжиг, -а
ро́злив, -а
ро́зливень, -вня
розмари́н, -а
розмари́новый
ро́знить(ся), -ню(сь), -нит(ся)
ро́зница, -ы (в ро́зницу)
ро́зничный
ро́зно, *нареч.*
рознь, -и
розова́то-жёлтый
розова́то-сире́невый
рова́тый
розове́ть, -е́ю, -е́ет
розоволи́цый
розовощёкий
ро́зовый

РОЗ

розоцве́тные, -ых
ро́зочка, -и
ро́зыгрыш, -а
ро́зыск, -а
розыскно́й
ро́йстый
ро́йть(ся), -ро́ю, -ро́ит(ся)
рой, ро́я, *мн.* рои́, роёв
ройба́, -ы́
ро́йный
рок, -а
рока́да, -ы
рока́дный
рока́йль, *нескл., ж.*
рокамбо́ль, -я
рокиро́ванный
рокирова́ть(ся), -ру́ю(сь), -ру́ет(ся)
рокиро́вка, -и
рок-н-ро́лл, -а
роково́й
рококо́, *нескл., с.*
ро́кот, -а
рокота́ние, -я
рокота́ть, -очу́, -о́чет
роко́чущий
рокфо́р, -а
рол, -а
ролево́й
ро́лик, -а
роликобе́жец, -жца
ро́ликовый
роликоподши́пник -а
роликоподши́пниковый
ро́ллер, -а
роль, *мн.* -и, -е́й
рольга́нг, -а
рольмо́пс, -а
ро́льный
ро́льня, -и, *р. мн.* -лен
ро́льщик, -а
ро́льщица, -ы
ром, -а
рома́н, -а
романе́ска, -и
романе́я, -и
романиза́ция, -и
романизи́рованный
романизи́ровать(ся), -рую, -рует-(ся)
романи́зм, -а
романизо́ванный
романизова́ть(ся), -зу́ю, -зу́ет(ся)
романи́ст, -а
романи́стика, -и
романисти́ческий
романи́стка, -и
романи́стский
романи́ческий
рома́нный
рома́новский
рома́нс, -а
рома́нский
рома́нсный
романтизи́рованный
романтизи́ровать(ся), -рую, -рует-(ся)
романти́зм, -а
рома́нтик, -а
рома́нтика, -и
романти́ческий
романти́чный
романцеме́нт, -а

РОМ

рома́нчик, -а
рома́шка, -и
рома́шковый
ромб, -а
ромби́ческий
ромбови́дный
ромбови́к, -а́
ро́мбовый
ромбододека́эдр, -а
ромбо́ид, -а
ромбоида́льный
ромбо́идный
ромбо́эдр, -а
ромбоэдри́ческий
роме́н-ролла́новский
роме́н-сала́т, -а
ро́мовый
ромште́кс, -а
ронгали́т, -а
ронгали́товый
ро́ндик, -а
ро́ндо, *нескл., с.* (*муз.*)
рондо́, *нескл., с.* (в поэзии; *полигр.*)
ро́нжа, -и
роня́ть(ся), -я́ю, -я́ет(ся)
ропа́к, -а́
ро́пот, -а
ро́потный
ропта́ние, -я
ропта́ть, ропщу́, ро́пщет
ро́пщущий
роса́, -ы́, *мн.* ро́сы, рос
росина́нт, -а
роси́нка, -и
роси́стый
роси́ться, -и́тся
роси́чка, -и
роско́шество, -а
роско́шествовать, -твую, -твует
роско́шничать, -аю, -ает
роско́шный
ро́скошь, -и
ро́слость, -и
ро́слый
ро́сный
росо́граф, -а
росома́ха, -и
росома́ший, -ья, -ье
ро́спашь, -и
ро́спись, -и
ро́сплеск, -а
ро́сплывь, -и
ро́спуск, -а (действие)
ро́спуски, -ов (сани)
росс, -а
росси́йский
россия́нин, -а, *мн.* -я́не, -я́н
россия́нка, -и
ро́ссказни, -ей
ро́сстань, -и
росси́пный (*от* ро́ссыпь)
ро́ссыпь, -и
рост, -а и -у
ро́стбиф, -а
ро́стверк, -а
ро́степель, -и
ростери́т, -а
ростко́вый
ростово́й
ростовщи́к, -а́
ростовщи́ца, -ы
ростовщи́ческий

РОС

ростовщи́чество, -а
ростовщи́чий -ья, -ье
росто́к, -тка́
ростоме́р, -а
ростр, -бца
ро́стра, -ы
ростра́льный
ро́стры, ростр и ро́стер
ро́счерк, -а
ро́счисть, -и
ро́сший
роси́нка, -и
росяно́й
рот, рта, *предл.* о рте, во рту, *мн.* рты, ртов
ро́та, -ы
рота́метр, -а
рота́нг, -а
ротапри́нт, -а
рота́тор, -а
рота́торный
ротаци́зм, -а
ротацио́нка, -и
ротацио́нно-ко́вочный
ротацио́нный
рота́ция, -и
ротефе́ллы, -елл (лыжные крепления)
роти́шко, -а, *м.*
роти́ще, -а, *м.*
ро́тмистр, -а
ро́тмистрский
ро́тный
ротово́й
ротозе́й, -я
ротозе́йка, -и
ротозе́йничать, -аю, -ает
ротозе́йство, -а
рото́к, -тка́
рото́н, -а
рото́нда, -ы
ротоно́гие, -их
ро́тор, -а
ро́торно-ди́сковый
ро́торный
ро́ульс, -а
ро́хля, -и, *р. мн.* -лей, *м. и ж.*
ро́ща, -и
ро́щица, -ы
роялии́зм, -а
роялии́ст, -а
роялии́стка, -и
роялии́стский
роя́ль, -я
роя́льный
рти́ще, -а, *м.*
рту́тно-ква́рцевый
рту́тный
ртуть, -и
ртутьоргани́ческий
руба́ка, -и, *м.*
руба́нок, -нка
рубану́ть, -ну́, -нёт
руба́ть, -а́ю, -а́ет
руба́ха, -и
руба́ха-па́рень, руба́хи-па́рня
руба́шечка, -и
руба́шечный
руба́шка, и
руба́шо́нка, -и
рубе́ж, -а́, *мн.* -и́, -е́й
рубе́жный

РУБ

рубелли́т, -а
рубербо́ид, -а
рубербо́идный
рубербо́идовый
рубе́ц, -бца́
руби́диево-стро́нциевый
руби́диевый
руби́дий, -я
руби́ло, -а
руби́льник, -а
руби́н, -а
руби́новый
руби́нчик, -а
руби́ть(ся), рублю́(сь), ру́бит(ся)
ру́бище, -а
ру́бка, -и
рублёвик, -а
рублёвка, -и
рублёвый
ру́бленный, *прич.*
ру́бленый, *прил.*
ру́блик, -а
рубли́шко, -а, *м.*
рубль, -я́
рубну́ть, -ну́, -нёт
ру́брика, -и
рубрика́ция, -и
рубцева́ние, -я
рубцева́тый
рубцева́ться, -цу́ется
рубцо́вый
ру́бчатый
ру́бчик, -а
ру́га, -и
ру́ганный, *прич.*
ру́ганый, *прил.*
ру́гань, -и
руга́тель, -я
руга́тельница, -ы
руга́тельный
руга́тельский
руга́тельство, -а
руга́ть(ся), -а́ю(сь), -а́ет(ся)
ругну́ть(ся), -ну́(сь), -нёт(ся)
ругня́, -и́
руго́за, -ы
руда́, -ы́, *мн.* ру́ды, руд
рудбе́кия, -и
рудера́льный
рудиме́нт, -а
рудимента́рный
рудимента́ция, -и
рудни́к, -а́
рудни́чный
ру́дный
рудово́з, -а
рудозна́тец, -тца
рудоиска́тель, -я
рудоконтроли́рующий
рудоко́п, -а
рудоно́сный
рудообразова́ние, -я
рудоподъёмный
рудопромы́вочный
рудоспу́ск, -а
рудоуправле́ние, -я
рудя́к, -а́
руже́йник, -а
руже́йно-пулемётный
руже́йный
ружьё, -я́, *мн.* ру́жья, -ей

РУЖ · Р

ружьецо́, -а́
ружьи́шко, -а
руи́на, -ы
руи́нный
рука́, -и́, *вин.* ру́ку, *мн.* ру́ки, рук, рука́м
рука́в, -а́, *мн.* -а́, -о́в
рукави́цы, -и́ц, *ед.* рукави́ца, -ы
рукави́чки, -чек, *ед.* рукави́чка, -и
рукави́чный
рука́вный
рукаводержа́тель, -я
рука́вчик, -а
рука́ об руку
рука́стый
рукоби́тье, -я
рукоблу́дие, -я
рукоблу́дничать, -аю, -ает
руково́д, -а
руководи́тель, -я
руководи́тельница, -ы
руководи́ть(ся), -ожу́(сь), -оди́т(ся)
руково́дство, -а
руково́дствовать(ся), -твую(сь), -твует(ся)
руководя́щий(ся)
рукоде́лие, -я
рукоде́льница, -ы
рукоде́льничать, -аю, -ает
рукоде́льный
рукокры́лые, -ых
рукомо́йник, -а
руконо́жка, -и
рукопа́шный
рукопёрые, -ых
рукописа́ние, -я
рукопи́сный
ру́копись, -и
рукоплеска́ния, -ий
рукоплеска́ть, -ещу́, -е́щет
рукопожа́тие, -я
рукополага́ть, -а́ю, -а́ет
рукоположе́ние, -я
рукоположённый; *кр. ф.* -ён, -ена́
рукоположи́ть, -жу́, -жи́т
рукоприкла́дство, -а
рукоприкла́дствовать, -твую, -твует
рукоя́тка, -и
рукоя́ть, -и
рула́да, -ы
рулево́й, -о́го
руле́жка, -и
рулёжный
руле́на, -ы
руле́ние, -я
руле́т, -а
руле́тка, -и
руле́точный
рули́ть, -лю́, -ли́т
руло́н, -а
руло́нный
руло́нчик, -а
руль, -я́
ру́лька, -и
румб, -а (деление компаса)
ру́мба, -ы (танец)
ру́мпель, -я
румы́к, -а
румы́нка, -и
румы́но-сове́тский
румы́нский
румя́на, -я́н

РУМ

румя́ненький
румя́неть, -ею, -еет (становиться румяным)
румя́нец, -нца
румя́нить, -ню, -нит (кого, что)
румя́ниться, -нюсь, -нится
румя́нка, -и
румя́нный (от румяна)
румя́ность, -и
румяноще́кий
румя́ный
рунду́к, -а́
рунду́чный
рундучо́к, -чка́
руне́ц, -нца́
руни́ческий
ру́нный
руно́, -а́, мн. ру́на, рун
ру́ны, рун (письмена)
ру́пия, -и
ру́пор, -а, мн. -ы, -ов
ру́порный
руса́к, -а́
руса́лии, -ий
руса́лка, -и
руса́лочий, -ья, -ье
руса́лочка, -и
руса́лочный
руса́льный
руса́чий, -ья -ье
руса́чка, -и
русачо́к, -чка́
русе́ть, -е́ю, -е́ет
руси́зм, -а
руси́н, -а
руси́нка, -и
руси́нский
руси́ст, -а
руси́стский
русифика́ция, -и
русифици́рованный
русифици́ровать(ся), -рую(сь), -рует(ся)
ру́слень, -я, мн. -и, -ей и -я́, -е́й
ру́сло, -а, мн. ру́сла, русл
ру́словый
руслоочисти́тельный
русоборо́дый
русоволо́сый
русоголо́вый
русоко́сый
русоку́дрый
русофи́л, -а
русофи́льский
русофи́льство, -а
русофо́б, -а
русофо́бский
русофо́бство, -а
ру́сская, -ой
ру́сский, прил.
ру́сский, -ого
ру́сско-англи́йский
ру́сско-неме́цкий
ру́сско-туре́цкий
ру́сско-францу́зский
ру́сско-япо́нский
руссои́зм, -а (от Руссо́)
руст, -а
ру́стика, -и
русто́ванный
руствова́ть, -ту́ю, -ту́ет
русто́вка, -и

РУС

ру́сый
ру́та, -ы
руте́, нескл., с.
руте́ниевый
руте́ний, -я
руте́рка, -и
рути́л, -а
рути́на, -ы
рутинёр, -а
рутинёрка, -и
рутинёрский
рутинёрство, -а
рути́нный
ру́товый
ру́хлядь, -и
рухля́к, -а́
рухляко́вый
ру́хнуть(ся), -ну(сь), -нет(ся)
руча́тельство, -а
руча́ться, -а́юсь, -а́ется
ручеёк, -ейка́
руче́й, -чья́
руче́йник, -а
руче́йный
ру́ченька, -и
ручи́ща, -и
ру́чка, -и
ручни́к, -а́
ручни́ст, -а
ручни́ца, -ы
ручничо́к, -чка́
ручно́й
ручо́нка, -и
ручьево́й
ручьи́стый
ру́шение, -я
руши́льный
ру́шить(ся), -шу, -шит(ся)
ры́ба, -ы
рыба́к, -а́
рыба́лка, -и
рыба́цкий
рыба́чий, -ья, -ье
рыба́чить, -чу, -чит
рыба́чка, -и
рыбе́ц, -бца́
рыбёшка, -и
ры́бий, -ья, -ье
ры́бина, -ы
ры́бица, -ы
ры́бища, -и
ры́бка, -и
рыбколхо́з, -а
рыбнадзо́р, -а
ры́бник, -а
ры́бница, -ы
ры́бный
рыбово́д, -а
рыбово́дный
рыбово́дство, -а
рыбово́дческий
рыбово́з, -а
рыбодобы́ча, -и
рыбозаво́д, -а
рыбозме́я, -и́
рыбокомбина́т, -а
рыбоконсе́рвный
рыбокопти́льный
рыбокопти́льня, -и, р. мн. -лен
рыболо́в, -а
рыболове́цкий
рыболо́вный

РЫБ

рыболо́вство, -а
рыбомо́ечный
рыбоморози́льный
рыбомучно́й
рыбонасо́с, -а
рыбообраба́тывающий
рыбообра́зные, -ых
рыбоохра́на, -ы
рыбоохра́нный
рыбопито́мник, -а
рыбоподъёмник, -а
рыбоподъёмный
рыбоприёмный
рыбопродукти́вность, -и
рыбопроду́кты, -ов
рыбопромысло́вый
рыбопромы́шленник, -а
рыбопромы́шленный
рыбопропускно́й
рыборазведе́ние, -я
рыборазво́дня, -и, р. мн. -ден
рыборазде́лочный
рыботова́ры, -ов
рыботорго́вец, -вца
рыботорго́вля, -и
рыботорго́вый
рыбохо́д, -а
рыбохо́дный
рыбохозя́йственный
рыбоя́дный
рыбхо́з, -а
рыбчо́нка, -и
рыво́к, рывка́
рыга́ние, -я
рыга́ть, -а́ю, -а́ет
рыгну́ть, -ну́, -нёт
рыда́лец, -льца
рыда́ние, -я
рыда́ть, -а́ю, -а́ет
рыдва́н, -а
рыжеборо́дый
рыжева́тый
рыжеволо́сый
рыже́й, -я
рыжеку́дрый
рыже́ть, -е́ю, -е́ет
ры́же-ча́лый
рыжешёрстый
ры́жий; кр. ф. рыж, рыжа́, ры́же
ры́жик, -а
ры́жиковый
ры́жичек, -чка
рык, -а
рыка́ние, -я
рыка́ть, -а́ю, -а́ет
ры́ло, -а
ры́льце, -а, р. мн. -лец
рым, -а
ры́нда, -ы
ры́нок, -нка
ры́ночный
ры́паться, -аюсь, -ается
рыса́к, -а́
рысёнок, -нка, мн. рыся́та, -ся́т
ры́сий, -ья, -ье
ры́систый
ры́сить, -и́т
рыси́ха, -и
рыск, -а (от ры́скать)
ры́скание, -я
ры́скать, ры́щу, ры́щет и -а́ю, -а́ет
рыскли́вость, -и

РЫС

рыскли́вый
рысца́, -ы́ (рысцо́й е́хать)
рысь, -и
ры́сью, *нареч.*
ры́твина, -ы
ры́тый
рыть, ро́ю, ро́ет
рытьё, -я́
ры́ться, ро́юсь, ро́ется
рыхле́ние, -я
рыхле́ть, -е́ю, -е́ет (становиться рыхлым)
рыхли́тель, -я
рыхли́ть, -лю́, -ли́т (*что*)
рыхлокустово́й
ры́хлый; *кр. ф.* рыхл, рыхла́, ры́хло
рыхля́к, -а́
ры́царский
ры́царство, -а
ры́царствовать, -твую, -твует
ры́царь, -я
рыча́г, -а́
рыча́жный
рычажо́к, -жка́
рыча́ние, -я
рыча́ть, -чу́, -чи́т
рья́ный
рэ́кет, -а
рэкети́р, -а
рюкза́к, -а́
рюкза́чный
рю́мить(ся), -млю(сь), -мит(ся)
рю́мка, -и
рю́мочка, -и
рю́мочный
рю́ха, -и
рюш, -а
рю́шка, -и
рю́шный
ря́бенький
рябе́ть, -е́ю, -е́ет
ряби́на, -ы
ряби́нка, -и
ряби́нник, -а
ряби́нный
ряби́новка, -и
ряби́новый
рябиноли́стный
ряби́ть(ся), -и́т(ся)
рябо́й, *кр. ф.* ряб, ряба́, ря́бо
рябу́ха, -и
ря́бчик, -а
ря́бчиковый
рябь, -и
ря́вканье, -я
ря́вкать, -аю, -ает
ря́вкнуть, -ну, -нет
ряд, -а, *предл.* о ря́де, в ряду́, *мн.* -ы́, -о́в
ря́да, -ы
ряди́ть(ся), ряжу́(сь), ря́ди́т(ся)
рядко́вый
рядко́м, *нареч.*
рядни́на, -ы (ткань)
рядни́нный
рядно́, -а́, *мн.* ря́дна, -ден
ря́дность, -и
ря́дный
рядо́вич, -а́
рядо́вка, -и
рядово́й
рядо́к, -дка́

РЯД

ря́дом, *нареч.*
рядско́й
ря́дчик, -а
ря́дышком
ряж, -а
ря́женка, -и
ря́женный, *прич.*
ря́женый, *прил.*
ря́женье, -я
ряпу́ха, -и
ряпу́шка, -и
ря́са, -ы
ря́ска, -и
ря́сковые, -ых
рясофо́р, -а
рясофо́рный
ряст, -а
ря́шка, -и

С

с, со, *предлог*
саа́м, -а, *мн.* -ы, -ов
саа́ми, *нескл., м. и ж.* (саа́м, саа́мка, саа́мы)
саа́мка, -и (к саа́м)
саа́мский
сабади́лла, -ы
саба́ль, -я
саба́н, -а
сабанту́й, -я
сабеи́зм, -а
са́белька, -и
са́бельник, -а
са́бельный
сабза́, -ы́
саблеви́дный
саблезу́бый
саблеобра́зный
саблеро́гий
сабли́ст, -а
са́бля, -и, *р. мн.* са́бель
са́бляница, -ы
сабо́, *нескл., с.*
сабота́ж, -а
сабота́жник, -а
сабота́жница, -ы
сабота́жничать, -аю, -ает
сабота́жнический
сабота́жничество, -а
саботи́рование, -я
саботи́рованный
саботи́ровать(ся), -рую, -рует(ся)
сабу́р, -а
сава́н, -а
сава́нна, -ы, *р. мн.* -а́нн
сава́нный (*от* сава́нна)
са́вка, -и (птица)
савра́с, -а
савра́ска, -и
савра́сый
са́га, -и (сказание)
сагайда́к, -а
сагайда́чный
саги́б, -а
сахи́б, -а (*устар. к* сахи́б)
сагити́рованный
сагити́ровать, -рую, -рует
сагитта́льный
сагитта́рия, -и
са́го, *нескл., с.* (крупа)

САГ

са́говник, -а
са́говниковый
са́говый
сагуи́н, -а
сад, -а, *предл.* о са́де, в саду́, *мн.* -ы́, -о́в
садану́ть, -ну́, -нёт
саддуке́й, -я
саджа́, -и́
сади́зм, -а
са́дик, -а
сади́ст, -а
сади́стка, -и
сади́стский
сади́ть(ся), сажу́(сь), са́ди́т(ся)
сади́шко, -а, *м.*
са́дка, -и
садко́вый
садне́ть, -е́ет (рука́ садне́ет)
са́днить, -ит (в го́рле са́днит)
садовладе́лец, -льца
садо́вник, -а
садо́вничать, -аю, -ает
садо́внический
садо́вничий, -ья, -ье
садово́д, -а
садо́во-декорати́вный
садово́дство, -а
садово́дческий
садо́во-огоро́дный
садо́во-па́рковый
садо́вый
садо́к, садка́
садо́чный
са́дчик, -а
са́ечка, -и
са́ечный
саж, -а́
са́жа, -и
сажа́лка, -и
сажа́льный
са́жанный (*от* сажа́ть)
сажа́ть(ся), -а́ю, -а́ет(ся)
са́женец, -нца
са́женка, -и и сажёнка, -и
сажёнки, -нок (способ плавания)
са́женный, *прич.* (*от* сади́ть)
са́женный и сажённый (*от* са́же́нь)
са́женцевый
са́жень, -и, *р. мн.* са́жен и саже́не́й
са́живать(ся), *наст. вр. не употр.*
са́жный (*от* са́жа)
саз, -а
саза́н, -а
сазанда́ри, -ей
саза́ний, -ья, -ье
сайга́, -и́ и сайга́к, -а
сайга́чий, -ья, -ье
са́йда, -ы
са́йка, -ы
сайоди́н, -а
са́йра, -ы
сак, -а
саквоя́ж, -а
са́ккос, -а
саккули́на, -ы
са́кля, -и
са́кма, -ы
сакма́н, -а
сакрализа́ция, -и

САК

сакра́льный
сакрамента́льный
сакри́стия, -и
сакс, -а, *р. мн.* -ов
саксау́л, -а
саксау́ловый
саксау́льник, -а
саксау́льный
саксго́рн, -а
са́кский
саксо́нец, -нца
саксо́нка, -и
саксо́нский
саксофо́н, -а
саксофо́нный
сакти́рованный
сакти́ровать, -рую, -рует
сала́га, -и, *м.*
салажо́нок, -нка
сала́зки, -зок
сала́зковый
сала́зочный
сала́ка, -и
салама́ндра, -ы
салама́ндровый
салама́та, -ы
сала́т, -а
сала́тник, -а
сала́тница, -ы
сала́тный
сала́товый
салива́ция, -и
са́линг, -а
са́линговый
са́листый
сали́ть(ся), -лю(сь), -лит(ся)
салици́лка, -и
салици́ловый
са́лки, -ок
са́ло, -а
саловаре́ние, -я
сало́л, -а
салома́с, -а
сало́н, -а
сало́н-ваго́н, -а
сало́нный
сало́п, -а
сало́пница, -ы
салото́пенный
салото́пня, -и, *р. мн.* -пен
са́лочки, -чек
салты́к, -а́: на свой салты́к
салфе́тка, -и
салфе́точный
сальди́рованный
сальди́ровать(ся), -рую, -рует(ся)
са́льдо, *нескл., с.*
са́льдовый
сальмонеллёз, -а
са́льник, -а
са́льниковый
са́льность, -и
са́льный
сальпинги́т, -а
са́льто, *нескл., с.*
са́льто-морта́ле, *нескл., с.*
сальтомортали́ст, -а
са́льце, -а
салю́т, -а
салютова́ние, -я
салютова́ть, -ту́ю, -ту́ет
саля́ми, *нескл., ж.*

САМ

сам, самого́, самому́, сами́м, о само́м, сама́, само́й, само́е и саму́, само́, *мн.* са́ми, сами́х, сами́м, сами́ми
сама́н, -а
сама́ не своя́
сама́нник, -а
сама́нный
сама́-пята́
сама́рий, -я
самаритя́нин, -а, *мн.* -я́не, -я́н
самаритя́нка, -и
самаритя́нский
сама́ собо́й
са́мба, -ы (танец)
самби́ст, -а
са́мбо, *нескл., с.* (борьба)
самбу́к, -а
самбу́ка, -и
сам-восьмо́й
сам-два́дцать
сам-девя́т
сам-деся́т
сам-дру́г
саме́ц, -мца́
са́мка, -и
са́м не сво́й
самоана́лиз, -а
самобедне́йший
самобеспло́дный
самобичева́ние, -я
самобичу́ющий
самоблокиро́вка, -и
самобра́нка, -и
самобра́ный
самобы́тность, -и
самобы́тный
самова́р, -а
самова́рный
самова́рчик, -а
самовла́ствовать, -твую, -твует
самовла́стие, -я
самовласти́тельный
самовла́стный
самовлюблённый
самовнуше́ние, -я
самовозбужде́ние, -я
самовозвели́чение, -я
самовозвра́т, -а
самовозгора́емость, -и
самовозгора́ние, -я
самовозгора́ться, -а́ется
самово́лие, -я
самово́льничать, -аю, -ает
самово́льный
самово́льство, -а
самовоспита́ние, -я
самовоспламене́ние, -я
самовосхвале́ние, -я
самовса́сывающий
самовыключа́ющийся
самовыра́внивание, -я
самовыраже́ние, -я
самовыявле́ние, -я
самовя́з, -а
самогася́щийся
самогипно́з, -а
самоговоря́щий
самого́н, -а
самого́нка, -и
самого́нный
самогоноваре́ние, -я

САМ

самогонокуре́ние, -я
самого́нщик, -а
самого́нщица, -ы
самодвиже́ние, -я
самодви́жущийся
самоде́йствующий
самоде́лка, -и
самоде́лковый
самоде́льный
самоде́льщина, -ы
самодержа́вие, -я
самодержа́вно-бюрократи́ческий
самодержа́вно-крепостни́ческий
самодержа́вный
самоде́ржец, -жца
самоде́ржица, -ы
самоде́ятельность, -и
самоде́ятельный
самоди́йский
самоди́йцы, -ев
самодисципли́на, -ы
самодовле́ющий
самодово́льный
самодово́льствие, -я
самодово́льство, -а
самоду́р, -а
самоду́рство, -а
самоду́рствовать, -твую, -твует
самое́д, -а
самое́дка, -и
самое́дский
самозабве́ние, -я
самозабве́нный
самозагото́вка, -и
самозагружа́ющийся
самозажига́ние, -я
самозажига́ющийся
самозажимно́й
самозака́ливание, -я
самозака́ливающийся
самозака́лка, -и
самозакрепле́ние, -я
самозапи́сывающий
самозарожде́ние, -я
самозаря́дный
самозащи́та, -ы
самозва́нец, -нца
самозва́нка, -и
самозва́нство, -а
самозва́ный
самоизлуче́ние, -я
самоизоля́ция, -и
самоинду́кция, -и
самоистребле́ние, -я
самоистяза́ние, -я
самока́т, -а
самока́тный
самока́тчик, -а
самоконтро́ль, -я
самокорректи́рующий
самокри́тика, -и
самокрити́ческий
самокрити́чный
самокру́тка, -и
самолёт, -а
самолёт-амфи́бия, самолёта-амфи́бии
самолётно-раке́тный
самолётный
самолётовожде́ние, -я
самолёто-вы́лет, -а
самолётострое́ние, -я

самолётостроитель, -я
самолётостроительный
самолёт-снаряд, самолёта-снаряда
самолёт-цистерна, самолёта-цистерны
самолечение, -я
самоликвидация, -и
самоличный
самолов, -а
самоловный
самолучший
самолюбивый
самолюбие, -я
самолюбование, -я
самомалейший
самомнение, -я
самонаблюдение, -я
самонавалка, -и
самонагревание, -я
самонадеянность, -и
самонадеянный; кр. ф. -ян, -янна
самоназвание, -я
самонаклад, -а
самонастраивающийся
самонастройка, -и
самоновейший
самонужнейший
самообвинение, -я
самообладание, -я
самообличение, -я
самообложение, -я
самообман, -а
самообновление, -я
самообогащение, -я
самообогревание -я
самообожание, -я
самообольщаться, -аюсь, -ается
самообольщение, -я
самооборона, -ы
самообразование, -я
самообразовательный
самообслуживание, -я
самообучающийся
самообучение, -я
самоограничение, -я
самоокапывание, -я
самоокисление, -я
самоокупаемость, -и
самооплодотворение, -я
самоопределение, -я
самоопределиться, -люсь, -лится
самоопределяться, -яюсь, -яется
самоопрокидывающийся
самоопыление, -я
самоопылитель, -я
самоопыляющийся
самоорганизация, -и
самоорганизующийся
самоосвобождение, -я
самоостанов, -а
самоотвержение, -я
самоотверженность, -и
самоотверженный; кр. ф. -ен, -енна
самоотвод, -а
самоотдача, -и
самоотравление, -я
самоотречение, -я
самоотрицание, -я
самоотчёт, -а
самоохрана, -ы
самооценка, -и
самоочищение, -я

самоощущение, -я
самопал, -а
самопередвижение, -я
самописец, -сца
самописка, -и
самопишущий
самоплавкий
самоплодный
самоповторение, -я
самопогрузчик, -а
самоподаватель, -я
самоподготовка, -и
самоподъёмный
самопожертвование, -я
самопознание, -я
самопомощь, -и
самопресс, -а
самоприкосновение, -я
самопроверка, -и
самопроверочный
самопроизвольный
самопрялка, -и
самопуск, -а
саморазвивающийся
саморазвитие, -я
саморазгружающийся
саморазложение, -я
саморазоблачение, -я
саморазрушение, -я
саморазряд, -а
саморазрядка, -и
самораспад, -а
саморегистрирующий
саморегулирование, -я
саморегулирующий
самореклама, -ы
саморекламирование, -я
самородный
самородок, -дка
самородочный
самосад, -а
самосадка, -и
самосадочный
самосброска, -и
самосвал, -а
самосвальный
самосветящийся
самосев, -а
самосевка, -и
самосей, -я
самосейка, -и
самосильный
самосинхронизация, -и
самосинхронизирующийся
самосмазка, -и
самосмазывающийся
самоснабжение, -я
само собой
самосовершенствование, -я
самосогревание, -и
самосожжение, -я
самосозерцание, -я
самосознание, -я
самосопряжённый
самосохранение, -я
самосплав, -а
самостав, -а
самостерильность, -и
самостерильный
самостийник, -а
самостийный
самостоятельность, -и

самостоятельный
самострел, -а
самострельный
самосуд, -а
самотаска, -и
самотвердеющий
самотёк, -а
самотёком, нареч.
самотёчный
самотканина, -ы
самотканка, -и
самотканый
самоторможение, -я
самотормозящий
самотренировка, -и
самоубийственный
самоубийство, -а
самоубийца, -ы, м. и ж.
самоуважение, -я
самоуверенность, -и
самоуверенный; кр. ф. -ен, -енна
самоуглублённый; кр. ф. -ён, -ёна
самоудовлетворение, -я
самоунижение, -я
самоуничижение, -я
самоуничижительный
самоуничтожение, -я
самоуплотнение, -я
самоуплотниться, -нюсь, -нится
самоуплотняться, -яюсь, -яется
самоуправец, -вца
самоуправление, -я
самоуправляющийся
самоуправный
самоуправство, -а
самоуправствовать, -твую, -твует
самоусовершенствование, -я
самоуспокаиваться, -аюсь, -ается
самоуспокоенность, -и
самоуспокоиться, -оюсь, -оится
самоустранение, -я
слмоустраниться, -нюсь, -нится
самоустраняться, -яюсь, -яется
самоутверждение, -я
самоутешение, -я
самоучитель, -я
самоучка, -и
самофертильность, -и
самофлюсующийся
самофокусировка, -и
самохвал, -а
самохвалка, -и
самохвальство, -а
самоход, -а
самоходка, -и
самоходно-артиллерийский
самоходный
самоходчик, -а
самоцвет, -а
самоцветный
самоцель, -и
самоцентрирующийся
самочинный
самочинство, -а
самочинствовать, -твую, -твует
самочувствие, -я
сам по себе
сам-пят
сам-сём
сам собой
сам-третей

САМ

самум, -а
самурай, -я
самурайский
сам-четвёрт
сам-шёст
самшит, -а
самшитовый
самый
сан, -а
санаторий, -я
санаторно-курортный
санаторный
санаторский
санация, -и
санбат, -а
сангвин, -а и сангвина, -ы
сангвиник, -а
сангвинический
сангина, -ы
сандал, -а
сандалеты, -ет, *ед.* сандалета, -ы
сандалии, -ий, *ед.* сандалия, -и
сандалить(ся), -лю, -лит(ся)
сандаловый
сандальный
сандарак, -а
сандараковый
сандвич, -а
санджак, -а
сандрильона, -ы
сандружина, -ы
сандружинница, -ы
сани, -ей
санидин, -а
санинспектор, -а
санинструктор, -а
санирование, -я
санированный
санировать(ся), -рую, -рует(ся)
санитар, -а
санитария, -и
санитарка, -и
санитарно-ветеринарный
санитарно-гигиенический
санитарно-дезинфекционный
санитарно-защитный
санитарно-контрольный
санитарно-пропускной
санитарно-технический
санитарно-транспортный
санитарно-химический
санитарно-эпидемиологический
санитарный
санки, санок
санкционирование, -я
санкционированный
санкционировать(ся), -рую, -рует(ся)
санкция, -и
санкюлот, -а
санно-тракторный
санный
санобработка, -и
сановитый
сановник, -а
сановный
санорин, -а
саночки, -чек
саночник, -а
саночный
санпропускник, -а
санскрит, -а

САН

санскритолог, -а
санскритология, -и
санскритский
санталовый
сантехник, -а
сантехника, -и
сантехнический
сантиграмм, -а, *р. мн.* -ов
сантим, -а
сантименты, -ов
сантиметр, -а
сантиметровый
сантолина, -ы
сантонин, -а
сантонинный
сантониновый
санузел, -зла
санчасть, -и, *мн.* -и, -ей
санэпидстанция, -и
сап, -а (болезнь)
сапа, -ы (траншея)
сапажу, *нескл., м.*
сапатый (*от* сап)
сапёр, -а
саперави, *нескл., с.*
сапёрный
сапетка, -и
сапка, -и
сапной
сапоги, сапог, *ед.* сапог, -а
сапоговаляльный
сапожищи, -ищ, *ед.* сапожище, -а, *м.*
сапожки, -жек и сапожки, -ов, *ед.* сапожок, -жка
сапожник, -а
сапожничать, -аю, -ает
сапожный
сапонин, -а
сапонит, -а
сапрогенный
сапропелевый
сапропелит, -а
сапропель -я
сапрофит, -а
сапрофитный
сапсан, -а
сапун, -а (*тех.*)
сапфир, -а
сапфирный
сапфировый
сарабанда, -ы
сараишко, -а, *м.*
сарай, -я
сарайный
сарайчик, -а
саранча, -и
саранчовый
сарафан, -а
сарафанница, -ы
сарафанный
сарафанчик, -а
сарацин, -а, *р. мн.* -ин
сарацинка, -и
сарацинский
сараюшка, -и, *ж.* и сараюшко, -а, *м.*
сарган, -а
саргассовый
сардар, -а и сердар, -а
сарделька, -и
сардина, -ы

САР

сардинка, -и
сардинный
сардиновый
сардиночный
сардоникс, -а
сардонический
саржа, -и
саржевый
сари, *нескл., с.*
сарказм, -а
саркастический
саркастичный
сарколемма, -ы
саркома, -ы
саркоплазма, -ы
саркофаг, -а
сармат, -а
сарматка, -и
сарматский
сарпинка, -и
сарпинковый
сарсуэла, -ы
сарыч, -а
сассафрас, -а
сатана, -ы
сатанеть, -ею, -еет
сатанизм, -а
сатанинский
сатанический
сателлит, -а
сатин, -а
сатинёр, -а
сатинет, -а
сатинетовый
сатинированный
сатинировать(ся), -рую, -рует(ся)
сатиновый
сатир, -а
сатира, -ы
сатириаз, -а и сатириазис, -а
сатирик, -а
сатирический
сатиричный
сатисфакция, -и
сатрап, -а
сатрапия, -и
сатура, -ы
сатуратор, -а
сатураторный
сатурация, -и
сатурналии, -ий
сатурнизм, -а
сатурния, -и
сафлор, -а (*бот.*)
сафлоровый
сафранин, -а
сафрол, -а (*хим.*)
сафьян, -а
сафьянный
сафьяновый
сахар, -а и -у
сахараза, -ы (фермент)
сахарец, -рца и -рцу
сахариметр, -а
сахариметрия, -и
сахарин, -а
сахариновый
сахаристость, -и
сахаристый
сахарить, -рю, -рит
сахар-медович, сахара-медовича
сахарница, -ы

САХ

са́харный
сахарова́р, -а
сахароваре́ние, -я
сахарова́ренный
сахарова́рный
сахарова́рня, -и, *р. мн.* -рен
сахаро́за, -ы (растительный сахар)
сахарозаво́д, -а
сахарозаво́дчик, -а
сахаромице́т, -а, *р. мн.* -ов
сахароно́с, -а
сахароно́сный
сахарорафина́дный
сахарофи́льный
са́хар-песо́к, са́хара-песка́ и са́хара-песку́
са́хар-рафина́д, са́хара-рафина́да
сахи́б, -а
са́чить, сачу́, са́чит
сачо́к, -чка́
саше́, *нескл., с.*
сба́вить(ся), -влю, -вит(ся)
сба́вка, -и
сба́вленный
сбавля́ть(ся), -я́ю, -я́ет(ся)
сба́вочник, -а
сба́вочный
сба́гренный
сба́грить, -рю, -рит
сбаланси́рованный
сбаланси́ровать, -рую, -рует
сба́лтывать(ся), -аю, -ает(ся)
сбег, -а
сбе́гать, -аю, -ает, *сов.*
сбега́ть(ся), -а́ю, -а́ет(ся), *несов.*
сбежа́ть(ся), сбегу́, сбежи́т(ся), сбегу́т(ся)
сберега́тельный
сберега́ть(ся), -а́ю, -а́ет(ся)
сберёгший(ся)
сбереже́ние, -я
сбережённый; *кр. ф.* -ён, -ена́
сбере́чь(ся), -регу́, -режёт(ся), -регу́т(ся); *прош.* -рёг(ся), -регла́(сь)
сберка́сса, -ы
сберкни́жка, -и
сбеси́ться, -ешу́сь -е́сится
сбива́лка, -и
сбива́льный
сбива́ние, -я
сбива́ть(ся), -а́ю(сь), -а́ет(ся)
сби́вка, -и
сбивно́й
сби́вчивый
сбира́ть(ся), -а́ю(сь), -а́ет(ся)
сби́тенщик, -а
сби́тень, -тня
сби́тый
сбить(ся), собью́(сь), собьёт(ся)
сближа́ть(ся), -а́ю(сь), -а́ет(ся)
сближе́ние, -я
сбли́женный
сбли́зить(ся), -и́жу(сь), -и́зит(ся)
сблоки́рованный
сблоки́ровать(ся), -рую(сь), -рует(ся)
сбо́ечно-бури́льный
сбо́ина, -ы
сбо́ить, -ою́, -ои́т
сбой, сбо́я, *мн.* сбои́, -ёв
сбо́йка, -и

СБО

сбо́йный
сбо́ку, *нареч.* (сиде́ть сбо́ку)
с бо́ку на́ бок
сбо́ку припёка
сбо́лтанный
сболта́ть, -а́ю, -а́ет
сболти́ть(ся), -лчу́, -лти́т(ся)
сболтну́тый
сболтну́ть, -ну́, -нёт
сбо́лченный
сбо́лчивать(ся), -аю, -ает(ся)
сбо́ндить, -дю, -дит
сбор, -а
сбо́рище, -и
сбо́рка, -и
сбо́рная, -ой
сбо́рник, -а
сбо́рно-разбо́рный
сбо́рно-щитово́й
сбо́рный
сбо́рочно-автомати́ческий
сбо́рочный
сбо́рчатый
сбо́рщик, -а
сбо́рщица, -ы
сбочку́, *нареч.*
сбра́живать(ся), -аю, -ает(ся)
сбра́сывание, -я
сбра́сывать(ся), -аю(сь), -ает(ся)
сбреди́ть(ся), -а́ю, -а́ет(ся)
сбре́дить, сбре́жу, сбре́дит
сбре́дший(ся)
сбре́ндить, -дю, -дит
сбрести́(сь), -еду́, -едёт(ся); *прош.* -ёл(ся), -ела́(сь)
сбреха́ть, -ешу́, -е́шет
сбрёхнутый
сбрехну́ть, -ну́, -нёт
сбрива́ть(ся), -а́ю, -а́ет(ся)
сбри́тый
сбрить, сбре́ю, сбре́ет
сброд, -а
сброди́ть(ся), -ожу́, -о́дит(ся)
сбро́дный
сбро́женный
сброс, -а
сбро́санный (*от* сброса́ть)
сброса́ть, -а́ю, -а́ет
сбро́сить(ся), -о́шу(сь), -о́сит(ся)
сбро́ска, -и
сбросно́й и сбро́сный
сбро́совый
сбро́шенный (*от* сбро́сить)
сброшюро́ванный
сброшюрова́ть, -ру́ю, -ру́ет
сбруя́, -и
сбры́згивать(ся), -аю, -ает(ся)
сбры́знутый
сбры́знуть(ся), -ну(сь), -нет(ся)
с бу́хты-бара́хты
сбыва́ть(ся), -а́ю, -а́ет(ся)
сбыт, -а
сбытово́й
сбы́точный
сбы́тчик, -а
сбы́тый
сбыть(ся), сбу́ду, сбу́дет(ся); *прош.* сбыл(ся), сбыла́(сь), сбы́ло, сбыло́сь
сва́дебка, -и
сва́дебный
сва́дьба, -ы

СВА

сваебо́ец, -о́йца
сва́ечка, -и
сва́ечный
сва́йка, -и
сва́йный
свал, -а
сва́ленный (*от* свали́ть)
сва́ливать(ся), -аю(сь), -ает(ся)
свали́ть(ся), свалю́(сь), сва́лит(ся)
сва́лка, -и
сва́лочный
сва́льный
сва́лянный (*от* сваля́ть)
сваля́ть(ся), -я́ю, -я́ет(ся)
сван, -а, *р. мн.* -ов
сва́нка, -и
сва́нский
сва́ра, -ы
сварга́ненный
сварга́нить, -ню, -нит
сва́ренный
сва́риваемость, -и
сва́ривание, -я
сва́ривать(ся), -аю, -ает(ся)
свари́ть(ся), сварю́(сь), сва́рит(ся)
сва́рка, -и
сварли́вый
сварно́й
сва́рочный
сва́рщик, -а
сва́рщица, -ы
сва́стика, -и
сват, -а
сва́танный
сва́танье, -я
сва́тать(ся), -аю(сь), -ает(ся)
сватовство́, -а́
свато́к, -тка́
сва́тушка, -и, *м.* (*от* сват)
сва́тьин, -а, -о
сва́тьюшка, -и *ж.* (*от* сва́тья)
сва́тья, -и, *р. мн.* сва́тий
сва́ха, -и
сва́хонька, -и
сва́шенька, -и
свая́, -и
свева́ть(ся), -а́ю, -а́ет(ся) (*к* свея́ть)
све́дать(ся), -аю(сь), -ает(ся)
сведе́нец, -нца
сведе́ние, -я (сообщение)
све́дение, -я (*от* свести́)
сведённый; *кр. ф.* -ён, -ена́
с ве́дома
све́дущий
све́дший(ся)
свежа́к, -а
свежа́тина, -ы
свежачо́к, -чка́
свежёванный
свежева́ть(ся), -жу́ю, -жу́ет(ся)
свежевспа́ханный
свежевы́беленный
свежевы́бритый
свежевы́мытый
свежевы́печенный
свежевы́рытый
свежевы́стиранный
свежезава́ренный
свежезаморо́женный
свежеиспечённый
свежеморо́женый
свеженадо́енный

СВЕ

свежени́на, -ы
свѐ́женький; *кр. ф.* -жёнек, -жёнька
свежеокра́шенный
свежеосаждённый
свежеприготовленный
свежепросо́льный
свежеско́шенный
свежесре́занный
свѐ́жесть, -и
свеже́ть, -е́ю, -е́ет
све́жий; *кр. ф.* свеж, свежа́, свежо́, све́жи́
свежина́, -ы́
свежи́нка, -и
свежо́
свежьё, -я́
свезённый; *кр. ф.* -ён, -ена́
свезти́, -зу́, -зёт; *прош.* свёз, свезла́
свёзший
све́ивать(ся), -аю, -ает(ся)
свёкла, -ы
свеклови́ца, -ы
свеклови́чный
свеклово́д, -а
свеклово́дство, -а
свеклово́дческий
свеклокомба́йн, -а
свекломо́йка, -и
свеклопогру́зчик, -а.
свеклоподъёмник, -а
свеклоре́зка, -и
свеклоса́харный
свеклосе́ющий
свеклосе́яние, -я
свеклосовхо́з, -а
свеклоубо́рочный
свекова́ть, -ку́ю, -ку́ет (век свекова́ть)
свеко́льник, -а
свеко́льный
свёкор, -кра
свекро́вь, -и
свекру́ха, -и
свеликоду́шничать, -аю, -ает
свербёж, -ежа́
свербе́ть, -би́т
сверга́ть(ся), -а́ю(сь), -а́ет(ся)
све́ргнувший(ся)
све́ргнутый
све́ргнуть(ся), -ну(сь), -нет(ся); *прош.* све́рг(ся) и све́ргнул(ся), све́ргла(сь)
све́ргший(ся)
све́ренный
сверже́ние, -я
све́рженный
свѐ́рзить(ся), -ржу(сь), -рзит(ся)
свѐ́рить(ся), -рю(сь), -рит(ся)
све́рка, -и
сверка́ние, -я
сверка́ть, -а́ю, -а́ет
сверка́ющий
сверкну́ть, -ну́, -нёт
сверле́ние, -я
сверлёный; *кр. ф.* -ён, -ена́, *прич.*
сверлёный, *прил.*
сверли́лка, -и
сверли́лы, -ил, *ед.* -и́ло, -а
сверли́льно-долбёжный
сверли́льно-нарезно́й
сверли́льно-расто́чный
сверли́льно-фре́зерный

СВЕ

сверли́льный
сверли́ть(ся), -лю, -ли́т(ся)
сверло́, -а́, *мн.* свёрла, свёрл
сверло́вка, -и
сверлово́й
сверло́вочный
сверло́вщик, -а
сверло́вщица, -ы
сверля́щий(ся)
свёрнутый
сверну́ть(ся), -ну́(сь), -нёт(ся)
свѐ́рстанный
сверста́ть, -а́ю, -а́ет
свѐ́рстник, -а
свѐ́рстница, -ы
свёрстывать(ся), -аю, -ает(ся)
сверте́ть(ся), сверчу́, све́ртит(ся)
свёртка, -и
свёрток, -тка
свёрточек, -чка
свёртываемость, -и
свёртывание, -я
свёртывать(ся), -аю(сь), -ает(ся)
сверх, *предлог*
сверхбалло́н, -а
сверхбыстроде́йствующий
сверхвысо́кий
сверхвысоково́льтный
сверхвысокочасто́тный
сверхвысо́тный
сверхгала́ктика, -и
сверхгига́нт, -а
сверхглубо́кий
сверхда́льний
сверхдальнобо́йный
сверхдопусти́мый
сверхзада́ча, -и
сверхзвезда́, -ы́
сверхзвуково́й
сверхизы́сканный
сверхкомпле́кт, -а
сверхкомпле́ктный
сверхкрити́ческий
сверхлёгкий
сверх лими́та
сверхлими́тный
сверхме́рный
сверхмо́дный
сверхмонопо́лия, -и
сверхмо́щный
сверхни́зкий
сверхнормати́вный
сверх пла́на
сверхпла́новый
сверхплотный
сверхпри́быль, -и, *мн.* -и, -ей
сверхпроводи́мость, -и
сверхпроводни́к, -а́
сверхпроводя́щий
сверхпротекциони́зм, -а
сверхпро́чный
сверхра́нний
сверхсветово́й
сверхси́льный
сверхскоростно́й
сверхсме́тный
сверхсовреме́нный
сверхсро́чник, -а
сверхсрочнослу́жащий, -его
сверхсро́чный
сверхсто́имость, -и
сверхтвёрдый

СВЕ

сверхтеку́честь, -и
сверхтеку́чий
сверхто́ки, -ов
сверхто́нкий
сверхто́чный
сверхтяжёлый
све́рху, *нареч.*
све́рху вниз
све́рху до́низу
сверхуро́чный
сверхчелове́к, -а
сверхчелове́ческий
сверхчи́стый
сверхчу́вственный
сверхчувстви́тельный
сверхшта́тный
сверхъёмкий
сверхъесте́ственный; *кр. ф.* -вен, -венна
свѐ́рченный
сверчко́вые, -ых
сверчо́к, -чка́
сверша́ть(ся), -а́ю, -а́ет(ся)
сверше́ние, -я
свершённый; *кр. ф.* -ён, -ена́
верши́ть(ся), -шу́, -ши́т(ся)
свѐ́рщик, -а
свѐ́рщица, -ы
свери́ть(ся), -я́ю(сь), -я́ет(ся)
свес, -а
све́сить(ся), све́шу(сь), све́сит(ся)
свести́(сь), сведу́, сведёт(ся); *прош.* свёл(ся), свела́(сь)
свет, -а и -у, *предл.* в све́те, на свету́
света́ть, -а́ет
свете́лка, -и
свете́лочка, -и
свете́лочный
свете́ц, -тца́
све́тик, -а
свети́ло, -а
свети́льник, -а
свети́льный
свети́льня, -и, *р. мн.* -лен
свети́мость, -и
свети́ть(ся), свечу́(сь), све́тит(ся) (*к* свет)
светле́йший, -его
свѐ́тленький; *кр. ф.* -ленек, -ленька
светле́ть, -е́ю, -е́ет (становиться светлым)
светле́ться, -е́ется
светлина́, -ы́
светли́ть, -лю́, -ли́т (*что*)
светли́ца, -ы
светли́чный
светло́
све́тло-бе́жевый
светлоборо́дый
светлобрю́хий
светло́ванный
светлова́ть(ся), -лу́ю, -лу́ет(ся)
светловоло́сый
светлогла́зый
светлоголо́вый
све́тло-голубо́й
светрогру́дый
све́тло-жёлтый
све́тло-зелёный
све́тло-ка́рий
све́тло-кашта́новый

СВЕ

светло-коричневый
светло-красный
светлокрылый
светлолицый
светлоокий
светлоокрашенный *
светло-оранжевый
светло-розовый
светло-русый
светло-серый
светло-синий
светлость, -и
светлотный
светлуха, -и
светлый; *кр. ф.* светел, светла, светло
светлынь, -и
светляк, -а
светлячок, -чка
светобоязнь, -и
световод, -а
световодолечение, -я
световой
светодальномер, -а
светозарный
светозвукоспектакль, -я
светоизмерительный
светокопировальный
светокопировальня, -и, *р. мн.* -лен
светокопирование, -я
светокопия, -и
светокультура, -ы
светолечебница, -ы
светолечебный
светолечение, -я
светолюб, -а
светолюбивый
светомаскировка, -и
светомаскировочный
светомузыка, -и
светонаправляющий
светонепроницаемый
светоносный
светоотдача, -и
светописный
светопись, -и
светопреломление, -я
светопреломляющий
светопредставление, -я
светопроницаемый
светопрочный
светорассеиватель, -я
светорассеивающий
светорассеяние, -я
светосигнализация, -и
светосигнальный
светосила, -ы
светосильный
светостойкий
светотень, -и
светотехник, -а
светотехника, -и
светотехнический
светофизиология, -и
светофильтр, -а
светофор, -а
светоч, -а
светочувствительность, -и
светочувствительный
светоэкран, -а
светский
светскость, -и

СВЕ

светящий(ся)
свеча, -и, *мн.* свечи, свеч и свечей, свечам
свечение, -я
свечереть, -еет
свечечка, -и
свечка, -и
свечной
свешанный (*от* свешать)
свешать(ся), -аю(сь), -ает(ся)
свешенный (*от* свесить)
свешивать(ся), -аю(сь), -ает(ся)
свеянный
свеять, свею, свеет
свивальник, -а
свивальный
свивание, -я
свивать(ся), -аю, -ает(ся) (*к* свить)
свидание, -я
свиданьице, -а
свидетель, -я
свидетельница, -ы
свидетельский
свидетельство, -а
свидетельствовать(ся), -твую(сь), -твует(ся)
свидеться, свижусь, свидится
с виду
свилеватый
свиль, -и
свинарка, -и
свинарник, -а
свинарный
свинарня, -и, *р. мн.* -рен
свинарь, -я
свинг, -а
свинёнок, -нка, *мн.* свинята, -ят
свинец, -нца
свинецорганический
свинина, -ы
свинка, -и
свинобоец, -бойца
свиновод, -а
свиноводство, -а
свиноводческий
свиной
свинокопчёности, -ей
свиноматка, -и
свинопас, -а
свиноподобный
свинорой, -я
свиносовхоз, -а
свиноферма, -ы
свинский
свинство, -а
свинтить(ся), -нчу, -итит(ся)
свинтус, -а
свинуха, -и
свинушка, -и
свинушник, -а
свинцевание, -я
свинцевать(ся), -цую, -цует(ся)
свинцованный
свинцовистый
свинцово-изотопный
свинцово-медный
свинцово-оловянный
свинцовый
свинчатка, -и
свинчатковые, -ых
свинченный
свинчивать(ся), -аю, -ает(ся)

СВИ

свинья, -и *мн.* свиньи, свиней, свиньям
свинья свиньёй
свинюшник, -а
свинячий, -ья, -ье
свинячить, -чу, -чит
свирель, -и
свирельный
свирепеть, -ею, -еет
свирепость, -и
свирепство, -а
свирепствовать, -твую, -твует
свирепый
свиристелка, -и
свиристель, -и
свиристеть, -рищу, -ристит
свисать, -ает
свислый
свиснуть, -нет; *прош.* свис, свисла (*к* свисать)
свист, -а
свистать, свищу, свищет
свистелка, -и
свистеть, свищу, свистит
свистнуть, -ну, -нет (*к* свистеть)
свисток, -тка
свистопляска, -и
свисточек, -чка
свистулька, -и
свистун, -а
свистунья, -и, *р. мн.* -ний
свистящий
свисший
свита, -ы
свитер, -а
свитка, -и
свиток, -тка
свитский
свитый; *кр. ф.* -ит, -ита, -ито
свить(ся), совью, совьёт(ся); *прош.* -ил(ся), -ила(сь), -ило, -илось
свихнутый
свихнуть(ся), -ну(сь), -нёт(ся)
свищ, -а
свищеватый
свищевой
свищущий
свиязь, -и
свобода, -ы
свободновисящий *
свободновращающийся *
свободноживущий *
свободномолекулярный
свободнонесущий *
свободнопадающий *
свободноплавающий *
свободноподвешенный *
свободнопоточный
свободнорождённый
свободный
свободолюбивый
свободолюбие, -я
свободомыслие, -я
свободомыслящий
свод, -а
сводить(ся), свожу, сводит(ся)
сводка, -и
сводник, -а
сводница, -ы
сводничать, -аю, -ает
своднический
сводничество, -а

СВО

сво́дный
сво́дня, -и, *р. мн.* -ней
сводообра́зный
сво́дчатый
сво́дчик, -а
своевла́стный
своево́лие, -я
своево́льничать, -аю, -ает
своево́льный
своево́льство, -а
своевре́менный; *кр. ф.* -менен и -мен, -менна
своекоры́стие, -я
своекоры́стный
своеко́штный
своенра́вие, -я
своенра́вничать, -аю, -ает
своенра́вный
своеобра́зие, -я
своеобра́зный
своеобы́чный
своеру́чный
сво́женный (*от* свози́ть)
своз, -а
свози́ть(ся), свожу́, сво́зит(ся)
сво́зка, -и
сво́зчик, -а
свой, своего́, своя́; свое́й, своё, своего́, *мн.* свои́, свои́х
свойла́чивание, -я
свойла́чивать(ся), -аю, -ает(ся)
сво́йский
сво́йственник, -а
сво́йственница, -ы
сво́йственный; *кр. ф.* -ствен и -ственен, -ственна
сво́йство, -а (качество)
свойство́, -á (родство)
свола́кивать(ся), -аю, -ает(ся)
своло́кший
своло́ченный и сволочённый; *кр. ф.* -ён, -ена́
сволочи́ть, -очу́, -о́чит, *сов.* (своло́чь)
сволочи́ть(ся), -чу́(сь), -чи́т(ся), *несов.* (ругать)
сволочно́й
сво́лочь, -и, *мн.* -и, -е́й
своло́чь, -оку́, -очёт, -оку́т; *прош.* -о́к, -окла́
сво́ра, -ы
свора́чивать(ся), -аю, -ает(ся)
свори́ть, -рю́, -ри́т
сво́рованный
сворова́ть, -ру́ю, -ру́ет
своро́т, -а
свороти́ть(ся), -очу́, -о́тит(ся)
своро́ченный
своя́к, -á
своя́ченица, -ы
свыка́ться, -а́юсь -а́ется
свы́кнуться, -нусь, -нется; *прош.* свы́кся, свы́клась
свы́кшийся
свысока́
свы́чай, -я (свы́чай и обы́чай)
свы́чай-обы́чай, свы́чая-обы́чая
свы́чка, -и
свы́ше
свя́занный
связа́ть(ся), свяжу́(сь), свя́жет(ся)
связи́ст, -а
связи́стка, -и

СВЯ

свя́зка, -и
связни́к, -á
связно́й, -о́го (посыльный)
свя́зный (последовательный)
свя́зочный
связу́ющий
свя́зывание, -я
свя́зывать(ся), -аю(сь), -ает(ся)
связь, -и
свя́сло, -а
святе́йшество, -а
святе́йший
святи́лище, -а
святи́тель, -я
святи́ть(ся), свячу́, святи́т(ся) (к святой)
свя́тки, -ток
свято́й; *кр. ф.* свят, свята́, свя́то
святору́сский
свя́тость, -и
святота́тец, -тца
святота́тственный
святота́тство, -а
святота́тствовать, -твую, -твует
свя́точный
святоша, -и, *р. мн.* -ош, *м. и ж.*
святы́ня, -и, *р. мн.* -ы́нь
свячёный (освящённый)
свяще́нник, -а
свяще́ннический
священноде́йственный
священноде́йствие, -я
священноде́йствовать, -твую, -твует
священнослужи́тель, -я
свяще́нный; *кр. ф.* -ён, -е́нна, *прил.*
свящённый; *кр. ф.* -ён, -ена́ *прич.*
свяще́нство, -а
свяще́нствовать, -твую, -твует
с га́ком
сга́снуть, -ну, -нет; *прош.* сгас, сга́сла
сга́сший
сгиб, -а
сгиба́ние, -я
сгиба́тель, -я
сгиба́ть(ся), -а́ю(сь), -а́ет(ся)
сгибну́ть, -ну, -нет; *прош.* сгиб, сги́бла
сги́нуть, -ну, -нет
сгла́дить(ся), сгла́жу, сгла́дит(ся)
сгла́дывать(ся), -аю, -ает(ся)
сгла́женный
сгла́живать(ся), -аю, -ает(ся)
сглаз, -а
сгла́зить, сгла́жу, сгла́зит
с гла́зу на гла́з
сгло́данный
сглода́ть, -ожу́, -о́жет и -а́ю, -а́ет
сглупа́
сглупи́ть, -плю́, -пи́т
сгна́ивать(ся), -аю, -ает(ся)
сгнести́, сгнету́, сгнетёт; *прош.* -ёл -ела́
сгнета́ть, -а́ю, -а́ет
сгнетённый; *кр. ф.* -ён, -ена́
сгнива́ть, -а́ю, -а́ет
сгнить, сгнию́, сгниёт; *прош.* -и́л, -ила́, -и́ло
сгноённый; *кр. ф.* -ён, -ена́
сгнои́ть, сгною́, сгнои́т
сгова́ривать(ся), -аю(сь), -ает(ся)
сго́вор, -а

СГО

сговорённый; *кр. ф.* -ён, -ена́
сговори́ть(ся), -рю́(сь), -ри́т(ся)
сгово́рчивость, -и
сгово́рчивый
сгоди́ться, сгожу́сь, сгоди́тся
сгон, -а
сго́нка, -и
сго́нный
сгоноши́ть, -шу́ -ши́т
сго́нщик, -а
сгоня́ть(ся), -я́ю, -я́ет(ся)
сгора́емость, -и
сгора́ние, -я
сгора́ть, -а́ю, -а́ет
сго́рбить(ся), -блю(сь), -бит(ся)
сго́рбленный
сгоре́ть, -рю́, -ри́т
с го́ру
с го́ря
сгоряча́
сгото́вить, -влю, -вит
сгото́вленный
сграба́станный
сграба́стать, -аю, -ает
сгра́бить, -блю, -бит
сгра́бленный
сграффи́то, *неизм.*
сгреба́ть(ся), -а́ю(сь), -а́ет(ся)
сребённый; *кр. ф.* -ён, -ена́
сгрёбший
сгрести́(сь), сгребу́(сь), сгребёт(ся); *прош.* сгрёб(ся), сгребла́(сь)
сгруби́ть, -блю́, -би́т
сгруди́ть(ся), -ужу́, -у́дит(ся)
сгружа́ть(ся), -а́ю, -а́ет(ся)
сгру́женный и сгружённый; *кр. ф.* -ён, -ена́
сгрузи́ть(ся), сгружу́(сь), сгру́зит(ся)
сгру́зка, -и
сгруппиро́ванный
сгруппирова́ть(ся), -ру́ю(сь), -ру́ет(ся)
сгруппиро́вывать(ся), -аю(сь), -ает(ся)
сгрустну́ть(ся), -ну́, -нёт(ся)
сгрыза́ть(ся), -а́ю, -а́ет(ся)
сгры́зенный
сгрызть, -зу́, -зёт; *прош.* сгрыз, сгры́зла
сгры́зший
сгуби́ть, сгублю́, сгу́бит
сгу́бленный
густи́тель, -я
сгусти́ть(ся), сгущу́, сгусти́т(ся)
сгу́сток, -тка
сгуща́емость, -и
сгуща́ть(ся), -а́ю, -а́ет(ся)
сгуще́ние, -я
сгущённый; *кр. ф.* -ён, -ена́
сгущёнка, -и
сдабривать(ся), -аю, -ает(ся)
сдава́ть(ся), сдаю́(сь), сдаёт(ся)
сдави́ть(ся), сдавлю́, сда́вит(ся)
сда́вленный
сда́вливать(ся), -аю, -ает(ся)
сда́ивать(ся), -аю, -ает(ся)
сдалека́
сда́нный; *кр. ф.* сдан, сдана́
сда́точный
сда́тчик, -а
сда́тчица, -ы

СДА

сда́ть(ся), сда́м(ся), сда́шь(ся), сда́ст(ся), сдади́м(ся), сдади́те(сь), сдаду́т(ся); *прош.* -а́л(ся), -ала́(сь), -а́ло, -а́лось
сда́ча, -и
сдва́ивание, -я
сдва́ивать(ся), -аю, -ает(ся)
сдвиг, -а
сдвига́ние, -я
сдвига́ть(ся), -а́ю(сь), -а́ет(ся)
сдвиже́ние, -я
сдви́жка, -и
сдвижно́й
сдви́нутый
сдви́нуть(ся), -ну(сь), -нет(ся)
сдво́енный
сдво́ить(ся), -о́ю, -о́ит(ся)
сдво́йка, -и
сде́ланный
сде́лать(ся), -аю(сь), -ает(ся)
сде́лка, -и
сде́лочный
сде́льно-акко́рдный
сде́льно-премиа́льный
сде́льно-прогресси́вный
сде́льный
сде́льщик, -а
сде́льщина, -ы
сде́льщица, -ы
сдёргать, -аю, -ает
сдёргивать(ся), -аю, -ает(ся)
сде́ржанность, -и
сде́ржанный; *кр. ф. прич.* -ан, -ана; *кр. ф. прил.* -ан, -анна
сдержа́ть(ся), сдержу́(сь), сде́ржит(ся)
сде́рживать(ся), -аю(сь), -ает(ся)
сдёрнутый
сдёрнуть, -ну, -нет
сдира́ние, -я
сдира́ть(ся), -а́ю, -а́ет(ся)
сди́рка, -и
сди́рочный
сдо́ба, -ы
сдо́бить, -блю, -бит
сдо́бный; *кр. ф.* -бен, -бна, -бно
сдо́бренный
сдо́брить, -рю, -рит
сдо́енный
сдои́ть, сдою́, сдои́т
сдо́йный
сдо́хнуть, -ну, -нет; *прош.* сдох, сдо́хла
сдо́хший
сдре́йфить, -флю, -фит
сдрейфова́ть, -фу́ю, -фу́ет
сдружа́ть(ся), -а́ю(сь), -а́ет(ся)
сдружённый; *кр. ф.* -ён, -ена́
сдружи́ть(ся), -жу́(сь), -жи́т(ся)
сдубли́рованный
сдубли́ровать, -рую, -рует
сдува́ть(ся), -а́ю, -а́ет(ся)
сду́нутый
сду́нуть, -ну, -нет
сдури́ть(ся), -рю́(сь), -ри́т(ся)
сду́ру, *нареч.*
сду́тый
сдуть, сду́ю, сду́ет
сдыха́ть, -а́ю, -а́ет
сдю́жить, -жу, -жит
се, *частица*
сё, сего́, *местоим.*

СЕА

сеа́нс, -а
сеансёр, -а
себе́
себедовле́ющий
себе́ на уме́
себесто́имость, -и
себоре́йный
себоре́я, -и
себялю́бец, -бца
себялюби́вый
себялю́бие, -я
сев, -а
сева́ть, *наст. вр. не употр.*
се́вер, -а
се́верный
североамерика́нец, -нца
североамерика́нский, но: Се́веро-Америка́нская котлови́на
североатланти́ческий, но: Се́веро-Атланти́ческий хребе́т
североафрика́нский, но: Се́веро-Африка́нская котлови́на
се́веро-восто́к, -а
се́веро-восто́чный
североевропе́йский, но: Се́веро-Европе́йское море
се́веро-за́пад, -а
се́веро-за́падный
се́веро- и юго-восто́к, -а
северокавка́зский, но: Се́веро-Кавка́зская желе́зная доро́га
северокачахста́нский, но: Се́веро-Казахста́нская о́бласть
северокита́йский, но: Се́веро-Кита́йская равни́на
северокоре́йский, но: Се́веро-Коре́йские го́ры
северомо́рец, -рца
северомо́рский
северосахали́нский, но: Се́веро-Сахали́нская ни́зменность
се́веро-северо-восто́к, -а
се́веро-северо-восто́чный
се́веро-северо-за́пад, -а
се́веро-северо-за́падный
северя́нин, -а, *мн.* -я́не, -я́н
северя́нка, -и
севе́ц, -вца́
сево́к, -вка́
севооборо́т, -а
севосме́н, -а
се́врский
севрю́га, -и
севрю́жий, -ья, -ье
севрю́жина, -ы
севрю́жка, -и
сегиди́лья, -и
сегме́нт, -а
сегмента́рный
сегмента́ция, -и
сегме́нтный
сегментоукла́дчик, -а
сегнетоконденса́тор, -а
сегнетоэле́ктрик, -а
сегнетоэлектри́ческий
сегнетоэлектри́чество, -а
сего́дня
сего́дняшний
сеголе́тка, -и
сегрегацио́нный
сегрега́ция, -и
седа́лище, -а

СЕД

седа́лищный
седёлка, -и
седёлковый
седёлочный
седе́льник, -а
седе́льный
седе́льце, -а, *р. мн.* -лец
седе́льчатый
седе́нький; *кр. ф.* седёнек, седёнька
седе́ть, -е́ю, -е́ет
седиментацио́нный
седимента́ция, -и
седина́, -ы́, *мн.* -и́ны, -и́н
седи́нка, -и
седла́ть(ся), -а́ю, -а́ет(ся)
седло́, -а́, *мн.* сёдла, сёдел
седлови́дный
седлови́на, -ы
седло́вка, -и
седлообра́зный
сёдлышко, -а
седми́на, -ы
седми́ца, -ы
седоборо́дый
седова́тый
седовла́сый
седоволо́сый
седоголо́вый
седо́й; *кр. ф.* сед, седа́, се́до
седо́к, -а́
седоу́сый
седьмо́й
сеза́м, -а
сеза́мовый
сезо́н, -а
сезо́нник, -а
сезо́нница, -ы
сезо́нность, -и
сезо́нный
сейд, -а
сей, сего́, сия́, сей, сие́, сего́, *мн.* сии, сих
сейва́л, -а
сей же час
сейм, -а
се́йнер, -а
се́йнерный
се́йсмика, -и
сейсми́ческий
сейсми́чный
сейсмоакти́вный
сейсмоакусти́ческий
сейсмогеоло́гия, -и
сейсмогра́мма, -ы
сейсмо́граф, -а
сейсмографи́ческий
сейсмогра́фия, -и
сейсмозонди́рование, -я
сейсмокардиогра́мма, -ы
сейсмокардиогра́фия, -и
сейсмо́лог, -а
сейсмологи́ческий
сейсмоло́гия, -и
сейсмо́метр, -а
сейсмометри́ческий
сейсмоме́трия, -и
сейсмоприёмник, -а
сейсморазве́дка, -и
сейсморазве́дочный
сейсморазве́дчик, -а
сейсмоста́нция, -и
сейсмосто́йкий

СЕЙ

сейсмостойкость, -и
сейсмотектоника, -и
сейсмотектонический
сейф, -а
сейчас
сейша, -и, *р. мн.* сейш
сеанс, -а
секарь, -я
секатор, -а
секач, -а
секвенция, -и
секвестр, -а
секвестрация, -и
секвестрование, -я
секвестрованный
секвестровать(ся), -рую, -рует(ся)
секвойя, -и
секира, -ы
секомый
секрет, -а
секретариат, -а
секретаришка, -и, *м.*
секретарский
секретарство, -а
секретарствовать, -твую, -твует
секретарша, -и
секретарь, -я
секретер, -а
секретец, -тца
секретин, -а
секретка, -и
секретничать, -аю, -ает
секретность, -и
секретный
секреторный
секреция, -и
секс, -а
сексагональный
сексолог, -а
сексологический
сексология, -и
сексопатология, -и
секста, -ы
секстаккорд, -а
секстант, -а
секстет, -а
секстиллион, -а и сектильон, -а
секстина, -ы
секстовый
сексуализм, -а
сексуальность, -и
сексуальный
секта, -ы
сектант, -а
сектантка, -и
сектантский
сектантство, -а
сектор, -а, *мн.* -ы, -ов и -а, -ов
секторальный
секторный
секуляризация, -и
секуляризированный
секуляризировать(ся), -рую, -рует(ся)
секуляризованный
секуляризовать(ся), -зую, -зует(ся)
секунда, -ы
секунда в секунду
секундаккорд, -а
секундант, -а
секундантский

СЕК

секундантствовать, -твую, -твует
секунд-майор, -а
секундный
секундомер, -а
секуция, -и
секущая, -ей
секущий(ся)
секционный
секция, -и
секший(ся)
селадон, -а
селевой (*от* сель)
селёдка, -и
селёдочка, -и
селёдочница, -ы
селёдочный
селезений, -ья, -ье
селезёнка, -и
селезёночник, -а
селезёночный
селезень, -зня
селективный
селектирование, -я
селектор, -а
селекторный
селекционер, -а
селекционировать, -рую, -рует
селекционный
селекция, -и
селен, -а (*хим.*)
селенид, -а (*хим.*)
селение, -я
селенистый
селенит, -а (минерал)
селенитовый
селеновый
селенографический
селенография, -и
селенодезия, -и
селенолог, -а
селенологический
селенология, -и
селенорганический
селеноцентрический
селеньице, -а
селеопасный
селин, -а (*бот.*)
селитебный
селитра, -ы
селитрованный
селитроварный
селитроварня, -и, *р. мн.* -рен
селитровать, -рую, -рует
селитряница, -ы
селитрянка, -и
селитряный
селить, селю, селит
селитьба, -ы
селиться, селюсь, селится
село, -а, *мн.* сёла, сёл
сель, -я
сельвасы, -ов
сельдевый
сельдеобразные, -ых
сельдерей, -я
сельдерейный
сельджуки, -ов
сельджукский
сельдь, -и, *мн.* -и, -ей
сельдяной
селькор, -а
селькоровский

СЕЛ

селькорство, -а
селькуп, -а, *р. мн.* -ов
селькупка, -и
селькупский
сельмаг, -а
сельпо, *нескл., с.*
сельсин, -а
сельский
сельскохозяйственный
сельсовет, -а
сельсоветский
сельтерская, -ой
сельхозартель, -и
сельхозинвентарь, -я
сельхозмашина, -ы
сельхозналог, -а
сельхозугодья, -дий
сельцо, -а, *р. мн.* -лец
сельчанин, -а, *мн.* -ане, -ан
сельчанка, -и
селямлик, -а
селянин, -а, *мн.* -яне, -ян
селянка, -и
селяночный
селянский
селянство, -а
семантика, -и
семантический
семасиологический
семасиология, -и
семафор, -а
семафорить, -рю, -рит
семафорный
сёмга, -и
семейка, -и
семейный
семейственность, -и
семейственный
семейство, -а
семенистый
семенить, -ню, -нит
семенник, -а
семенниковый
семенной
семеноведение, -я
семеновод, -а
семеноводство, -а
семеноводческий
семенодоля, -и
семенозачаток, -тка
семеномер, -а
семеноносный
семенорушка, -и
семенохранилище, -а
семерик, -а
семеричный
семёрка, -и
семерной
семеро, -ых
семестр, -а
семестровый
семечко, -а
семечковый
семёюшка, -и
семибалльный (7-балльный)
семибоярщина, -ы
семиглавый
семигранник, -а
семигранный
семидесятилетие (70-летие), -я
семидесятилетний (70-летний)
семидесятипятилетие (75-летие), -я

семидесятипятилетний (75-летний)
семидесятипятимиллиметровый (75-миллиметровый)
семидеся́тник, -а
семидеся́тый
семидне́вка, -и
семидне́вный (7-дне́вный)
семизаря́дный
семизвёздие, -я
семизна́чный
семи́к, -а́
семикла́ссник, -а
семикла́ссница, -ы
семикла́ссный (7-кла́ссный)
семикра́тный
семиле́тка, -и
семиле́тний (7-ле́тний)
семиле́ток, -тка
семиме́стный (7-ме́стный)
семиме́сячный (7-ме́сячный)
семиметро́вый (7-метро́вый)
семими́льный
семина́р, -а
семина́рий, -я
семинари́ст, -а
семина́рия, -и
семина́рский
семинеде́льный (7-неде́льный)
семио́тика, -и
семиоти́ческий
семипо́лье, -я
семипо́льный
семирублёвый (7-рублёвый)
семисотле́тний (700-ле́тний)
семисо́тый
семистру́нный
семи́т, -а
семити́зм, -а
семити́ческий
семи́тка, -и
семито́лог, -а
семитологи́ческий
семитоло́гия, -и
семито́нный (7-то́нный)
семи́то-хами́тский
семи́тский (к семи́т)
семиты́сячный (7-ты́сячный)
семиуго́льник, -а
семиуго́льный
семицве́тный
семи́цкий (к семи́к)
семичасово́й (7-часово́й)
семи́шник, -а
семиэта́жный (7-эта́жный)
семнадцатиле́тний (17-ле́тний)
семна́дцатый
семна́дцать, -и, *тв.* -ью
се́мо и ова́мо
се́мпель, -я
семссу́да, -ы
сёмужий, -ья, -ье
сёмужка, -и
семфо́нд, -а
семь, -и́, *тв.* -ью
се́мьдесят, семи́десяти, семью́десятью
семьсо́т, семисо́т, семиста́м, семьюста́ми, о семиста́х
се́мью (при умножении)
семья́, -и́, *мн.* се́мьи, семе́й, се́мьям
семьяни́н, -а
семьяни́нка, -и

се́мя, се́мени, *мн.* семена́, семя́н, семена́м
семявмести́лище, -а
семявхо́д, -а
семявыноря́щий
семядо́льный
семядо́ля, -и
семяе́д, -а
семязача́ток, -тка
семяизверже́ние, -я
семяизлия́ние, -я
семя́нка, -и
семяно́жка, -и
семяно́сец, -сца
семяно́сный
семяочисти́тельный
семяпо́чка, -и
семяприёмник, -а
семяпрово́д, -а
семяшо́в, -шва́
сена́ж, -а́
сена́т, -а
сена́тор, -а
сена́торский
сена́торство, -а
сена́тский
сенберна́р, -а
сенега́лец, -льца
сенега́лка, -и
сенега́льский
сенеша́ль, -я
се́ни, -е́й
сени́стый
се́нна, -ы
сенни́к, -а́
сенно́й
се́но, -а
сенова́л, -а
сеноворо́шилка, -и
сеногно́й, -я
сеное́д, -а
сенозаготови́тельный
сенозагото́вки, -вок
сенозагото́вочный
сенокопни́тель, -я
сеноко́с, -а
сенокоси́лка, -и
сеноко́сный
сенокоше́ние, -я
сеногрузчик, -а
сеноподъёмник, -а
сеноста́в, -а
сеноста́вка, -и
сеносуши́лка, -и
сеноубо́рка, -и
сеноубо́рочный
сенофура́ж, -а́
сенофура́жный
сенохрани́лище, -а
сенсацио́нный; *кр. ф.* -о́нен, -о́нна
сенса́ция, -и
сенсибилиза́тор, -а
сенсибилиза́ция, -и
сенсибилизи́рованный
сенсибилизи́ровать, -рую, -рует
сенси́лла, -ы
сенсимони́зм, -а
сенсимони́ст, -а
сенсити́вный
сенситогра́мма, -ы
сенсито́метр, -а
сенситометри́ческий

сенситоме́трия, -и
сенсо́рный
сенсуали́зм, -а
сенсуали́ст, -а
сенсуалисти́ческий
сенсуалисти́чный
сенсуали́стка, -и
сенсуа́льный
сента́во, *нескл.*, с.
сентенцио́зный
сенте́нция, -и
сентиментали́зм, -а
сентименталист, -а
сентимента́льничать, -аю, -ает
сентимента́льность, -и
сентимента́льный
сентимента́льщина, -ы
сенти́мо, *нескл.*, с.
сентя́брь, -я́
сентя́брьский
сенцо́, -а́ (*к* се́но)
се́нцы, -ев (*к* се́ни)
сень, -и
сеньо́р, -а (феодал; обращение в Испании)
сеньо́ра, -ы (в Испании)
сеньора́т, -а
сеньоре́н-конве́нт, -а
сеньориа́льный
сеньори́та, -ы
сеньори́я, -и (феодальное поместье)
сепарати́вный
сепарати́зм, -а
сепарати́ст, -а
сепарати́стка, -и
сепарати́стский
сепара́тный
сепара́тор, -а
сепара́торный
сепарацио́нный
сепара́ция, -и
сепари́рование, -я
сепари́рованный
сепари́ровать(ся), -рую, -рует(ся)
се́пия, -и
се́псис, -а
септакко́рд, -а
септе́т, -а
се́птик, -а
септикопиеми́я, -и
се́птима, -ы
септицеми́я, -и
септи́ческий
се́ра, -ы
сераде́лла, -ы
сера́ль, -я
сераоргани́ческий
сераске́р, -а
серафи́м, -а (ангел)
серб, -а
сербия́нин, -а, *мн.* -я́не, -я́н
сербия́нка, -и
се́рбка, -и
серболу́жицкий
сербохорва́тский
сербохорва́ты, -ов
се́рбский
сербскохорва́тский
сербскохорва́тско-ру́сский
серв, -а
серва́ж, -а
серва́л, -а

СЕР

серва́нт, -а
сервела́т, -а
се́рвер, -а
сервиз, -а
серви́зный
сервили́зм, -а
серви́льный
сервиро́ванный
сервирова́ть(ся), -ру́ю, -ру́ет(ся)
сервиро́вка, -и
се́рвис, -а
сервиту́т, -а
сервиту́тный
серводви́гатель, -я
сервокомпенса́тор, -а
сервомото́р, -а
сервопри́вод, -а
сергози́н, -а
серда́р, -а и сарда́р, -а
серде́чко, -а
серде́чник, -а
серде́чница, -ы
серде́чно-сосу́дистый
серде́чность, -и
серде́чный
серде́чушко, -а
серди́тый
серди́ть(ся), сержу́(сь), се́рдит(ся)
сердобо́лие, -я
сердобо́льничать, -аю, -ает
сердобо́льный
сердоли́к, -а
сердоли́ковый
се́рдце, -а, мн. -дца́, -де́ц
сердцебие́ние, -я
сердцеве́д, -а
сердцеве́дка, -и
сердцеви́дка, -и (моллюск)
сердцеви́дный
сердцеви́на, -ы
сердцеви́нный
сердцее́д, -а
сердцее́дка, -и
сердцеобра́зный
серд́ши́шко, -а
сердюќ, -а́
серд́яга, -и, м. и ж.
серебре́ние, -я
серебреник, -а (монета; вассал; корыстолюбец)
серебрённый, прич.
серебрёный, прил.
серебрецо́, -а́
серебри́сто-бе́лый
серебри́сто-се́рый
серебри́сто-си́ний
серебри́сто-чёрный
серебри́стый
серебри́ть(ся), -рю́, -ри́т(ся)
серебро́, -а́
серебронос́ный
сереброплави́льный
серебросвинцо́вый
серебря́к, -а́
серебря́ник, -а (мастер)
серебря́нка, -и
сере́бряный
середи́ и середь
середи́на, -ы
середи́на на полови́ну
середи́нка, -и
середи́нка на полови́нку

СЕР

середи́нный
серёдка, -и
серёдка на полови́нку
середня́, -а́
середня́цкий
середня́чество, -а
середня́чка, -и
середнячо́к, -чка́
серёдочка, -и
середь и середи́
серёжечка, -и
серёжка, -и
серена́да, -ы
се́ренький
сере́ть(ся), -е́ю, -е́ет(ся)
сержа́нт, -а
сержа́нтский
серизна́, -ы́
сери́йный
се́ристый
се́рить, -рю, -рит
сериц́ит, -а
се́рия, -и
се́рка, -и
сермя́га, -и
сермя́жина, -ы
сермя́жка, -и
сермя́жник, -а
сермя́жный
се́рна, -ы
се́рник, -а
сернистоводоро́дный
сернистоки́слый
сернистоуглеро́дный
серни́стый
сернобы́к, -а
сернова́тистоки́слый
сернова́тый
сернокисло́тный
сернокис́лый
се́рный
серобакте́рия, -и
се́ро-бе́лый
сероборо́дый
се́ро-бу́ро-мали́новый
серова́то-голубо́й
серова́то-жёлтый
серова́тый
сероводоро́д, -а
сероводоро́дный
серогла́зый
се́ро-голубо́й
серодиагно́стика, -и
се́ро-жёлтый
серозём, -а
серозёмный
серо́зный
серока́менный
сероло́г, -а
серологи́ческий
сероло́гия, -и
сероочи́стка, -и
серопесча́ный
серопрофила́ктика, -и
се́ро-ро́зовый
се́ро-свинцо́вый
серосодержа́щий
се́рость, -и
серотерапи́я, -и
серотони́н, -а
сероуглеро́д, -а
сероула́вливающий

СЕР

серп, -а́
серпанти́н, -а (лента; извилистая дорога)
серпанти́на, -ы (сопряжение дорог)
серпанти́нный
серпанти́новый
серпе́нт, -а
серпенти́н, -а (минерал)
серпентини́т, -а
серпови́дный
серпови́ще, -а
серпово́й
серпоклю́в, -а
серпокры́лка, -и
серпообра́зный
серпу́ха, -и
серпя́нка, -и
серпя́нковый
серсо́, нескл., с.
сертифика́т, -а
сертифика́тный
се́рум, -а
серча́ть, -а́ю, -а́ет
се́рый; кр. ф. сер, сера́, се́ро
серьга́, -и́, мн. се́рьги, серёг, серьга́м
серьёзничать, -аю, -ает
серьёзность, -и
серьёзный
серя́к, -а́
серя́нка, -и
серя́тина, -ы
серячо́к, -чка́
сессио́нный
се́ссия, -и
сесте́рций, -я
сестра́, -ы́, мн. сёстры, сестёр, сёстрам
сестрёнка, -и
се́стрин, -а, -о
се́стринский
сестри́ца, -ы
сестри́цын, -а, -о
сестри́чка, -и
сестроуби́йца, -ы, м. и ж.
сесть, ся́ду, ся́дет
сет, -а (в теннисе)
сетбо́л, -а
сетево́й
сетевяза́льный
сетевяза́ние, -я
сетеподъёмник, -а
сетеподъёмный
сетесна́стный
се́тка, -и
сетно́й и се́тный
се́тование, -я
се́товать, се́тую, се́тует
се́точный
се́ттер, -а, мн. -ы, -ов
се́ттер-гордо́н, се́ттера-гордо́на
се́ттер-лавера́к, се́ттера-лавера́ка
се́ттльмент, -а
сетча́тка, -и
сетчатокры́лые, -ых
се́тчатый
сеть, -и, мн. се́ти, сете́й, сетя́м
сетяно́й
сеце́ссия, -и
се́ча, -и
сечеви́к, -а́
сече́ние, -я
се́ченный, прич.

СЕЧ

сече́ный, *прил.*
се́чка, -и
се́чь(ся), секу́(сь), сечёт(ся), секу́т(ся); *прош.* сёк(ся), секла́(сь)
се́ющий(ся)
се́ялка, -и
се́яльщик, -а
се́янец, -нца
се́яние, -я
се́янка, -и
се́янный, *прич.*
се́яный, *прил.*
се́ятель, -я
се́ять(ся), се́ю, се́ет(ся)
сжа́литься, -люсь, -лится
сжа́ренный
сжа́рить(ся), -рю(сь), -рит(ся)
сжа́тие, -я
сжа́тый
сжать(ся)¹, сожму́(сь), сожмёт(ся)
сжать(ся)², сожну́(сь), сожнёт(ся)
сжёванный
сжева́ть(ся), сжую́, сжуёт(ся)
сжёгший(ся)
сжечь(ся), сожгу́(сь), сожжёт(ся), сожгу́т(ся); *прош.* сжёг(ся), сожгла́(сь)
сжива́ть(ся), -а́ю(сь), -а́ет(ся)
сжига́ть(ся), -а́ю(сь), -а́ет(ся)
сжиди́ть(ся), сжижу́, сжиди́т(ся)
сжижа́ть(ся), -а́ю, -а́ет(ся)
сжиже́ние, -я
сжи́женный
сжим, -а
сжима́емость, -и
сжима́ть(ся), -а́ю(сь), -а́ет(ся)
сжина́ть(ся), -а́ю, -а́ет(ся)
сжира́ть(ся), -а́ю, -а́ет(ся)
сжи́тый; *кр. ф.* сжит, сжита́, сжи́то
сжить(ся), сживу́(сь), сживёт(ся); *прош.* сжил(ся), сжила́(сь), сжи́ло, сжило́сь
сжу́льничать, -аю, -ает
сза́ди
сза́ду, *нареч.*
с запро́сом
сзыва́ть(ся), -а́ю, -а́ет(ся)
сиа́мские близнецы́
сибари́т, -а
сибари́тка, -и
сибари́тничать, -аю, -ает
сибари́тский
сибари́тство, -а
сибари́тствовать, -твую, -твует
сибиля́нт, -а
сибиля́нтный
сибиреязвенный
сиби́рка, -и
сиби́рный
сиби́рский
сибиря́к, -а́
сибиря́чка, -и
си́веркий
си́верко, -а, *м.*
сиве́ть, -е́ю, -е́ет
сиви́лла, -ы
си́вка, -и, *м. и ж.* (лошадь) *и ж.* (птица)
си́вка-бу́рка, си́вки-бу́рки
си́вко, -а *и* сивко́, -а́, *м.*
сивоборо́дый
сивогри́вый

СИВ

сиводу́шка, -и
сиводу́шчатый
сивола́п, -а
сивола́пый
сиволда́й, -я
сиворо́нка, -и
сивоу́сый
си́во-ча́лый
сиву́ха, -и
сиву́ч, -а́
сиву́чий, -ья, -ье
сиву́шный
си́вый; *кр. ф.* сив, сива́, си́во
сиг, -а́
сигану́ть, -ну́, -нёт
сига́ра, -ы
сигаре́та, -ы
сигаре́тка, -и
сигаре́тница, -ы
сигаре́тный
сига́рка, -и
сига́рница, -ы
сига́рный
сигарообра́зный
сига́ть, -а́ю, -а́ет
сигиллогра́фия, -и
си́гма, -ы
сигмати́ческий
си́гма-фу́нкция, -и
сигмови́дный
сигна́л, -а
сигнализа́тор, -а
сигнализацио́нный
сигнализа́ция, -и
сигнализи́ровать(ся), -рую, -рует(ся)
сигнали́ст, -а
сигна́лить, -лю, -лит
сигна́льный
сигна́льщик, -а
сигнара́нт, -а
сигнара́нтка, -и
сигнату́ра, -ы
сигнату́рка, -и
сигнату́рный
сигну́ть, -ну́, -нёт
сиго́вый
сиголо́в, -а
сигура́нца, -ы
сиде́лец, -льца
сиде́лка, -и
сиде́льческий
сиде́ние, -я (действие)
си́день, си́дня: си́днем сиде́ть
сиде́нье, -я (место)
сидера́ция, -и
сидери́т, -а
сидери́ческий
сидеро́з, -а
сидероли́т, -а
сидероста́т, -а
сиде́ть, сижу́, сиди́т
сиде́ться, сиди́тся (не сиди́тся)
си́дка, -и
сидма́ сиде́ть
сидр, -а
си́дя, *нареч.*
сидя́чий
сидя́щий
сие́, сего́
сие́на, -ы
сиени́т, -а

СИЕ

сиени́товый
сие́нский
сие́ста, -ы
си́жено
си́живать, *наст. вр. не употр.*
сижо́к, -жка́ (*от* сиг)
сиза́рь, -я́
сизе́ть, -е́ю, -е́ет
сизи́гия, -и
сизи́ф, -а (жук)
сизи́фов труд
с изна́нки
сизова́то-кра́сный
сизова́тый
сизоворо́нка, -и
си́зо-голубо́й
си́зо-зелёный
сизокры́лый
си́зый; *кр. ф.* сиз, сиза́, си́зо
сизя́к, -а́
си́кать, -аю, -ает
сиккати́в, -а
сико́з, -а
сикомо́р, -а
сикофа́нт, -а
сику́рс, -а
сикх, -а, *р. мн.* -ов
си́ла, -ы
сила́ч, -а́
сила́чка, -и
силе́н, -а (зоол.)
силёнка, -и
силикальци́т, -а
силикальци́тный
силика́т, -а
силикатиза́ция, -и
силикати́рование, -я
силикати́рованный
силикати́ровать(ся), -рую, -рует(ся)
силика́тный
силикатобето́н, -а
силикатобето́нный
силика́тчик, -а
силико́з, -а
силикока́льций, -я
силикома́рганец, -нца
силико́н, -а
силико́новый
си́литься, си́люсь, си́лится
силици́д, -а
сили́ций, -я
силици́рование, -я
силици́рованный
силифика́ция, -и
си́лища, -и
силко́вый
силко́м, *нареч.*
силлаби́ческий
силла́бо-тони́ческий
силлимани́т, -а
силлоги́зм, -а
силлоги́стика, -и
силлогисти́ческий
силлоги́ческий
силово́й
си́ло́к, -лка́
силокси́д, -а
сило́м
силоме́р, -а
сило́н, -а
сило́новый

СИЛ

силос, -а
силосный
силосование, -я
силосованный
силосовать(ся), -сую, -сует(ся)
силосопогрузчик, -а
силосорезка, -и
силосотрамбовщик, -а
силосоуборочный
силосохранилище, -а
силумин, -а
силурийский
силушка, -и
силуэт, -а
силуэтный
сильванер, -а
сильвин, -а
сильвинит, -а
сильнеть, -ею, -еет
сильноветвистый
сильнодействующий *
сильнокаменистый
сильнонапряжённый *
сильнопересечённый
сильно развитый
сильносолёный
сильноточный
сильно укреплённый
сильный; кр. ф. силен в силён, сильна, сильно, сильны
сильф, -а
сильфида, -ы
симбиоз, -а
симбионт, -а
символ, -а
символизация, -и
символизированный
символизировать(ся), -рую, -рует(ся)
символизм, -а
символика, -и
символист, -а
символистка, -и
символистский
символический
символичный
симментальский
симметрический
симметрично-противоположный
симметрично расположенный
симметричный
симметрия, -и
симония, -и
симпатизировать, -рую, -рует
симпатический
симпатичный
симпатия, -и
симпатяга, -и, м. и ж.
симплекс, -а
симплексный
симподий, -я
симпозиум, -а
симпомпончик, -а
симптом, -а
симптоматика, -и
симптоматический
симптоматичный
симптоматология, -и
симулирование, -я
симулированный
симулировать(ся), -рую, -рует(ся)
симультанный

СИМ

симулянт, -а
симулянтка, -и
симулянтский
симуляция, -и
симфиз, -а
симфилия, -и
симфоджаз, -а
симфониетта, -ы и симфоньетта, -ы
симфонизация, -и
симфонизм, -а
симфонист, -а
симфонический
симфония, -и
симфоньетта, -ы и симфониетта, -ы
синагога, -и
синагогальный
синаксарий, -я и синаксарь, -я
синантроп, -а
синантропный
синап, -а
синапс, -а
синаптический (к синапс)
сингалезский
сингалец, -льца
сингалка, -и
сингальский
сингармонизм, -а
сингармонический
сингенетический
сингулярный
синдактилия, -и
синдесмоз, -а
синдесмологический
синдесмология, -и
синдик, -а
синдикализм, -а
синдикалист, -а
синдикалистский
синдикат, -а
синдицированный
синдицировать(ся), -рую, -рует(ся)
синдром, -а
синдхи, -ов
синдхский
синеблузник, -а
синева, -ы
синевато-зелёный
синевато-красный
синевато-серый
синеватый
синеглазка, -и
синеглазый
синегнойный
синеголовник, -а
синедрион, -а
сине-зелёный
синекдоха, -и
сине-красный
синекура, -ы
синелевый
синеломкость, -и
синель, -и
синельный
синематека, -и
синение, -я
синённый, прич.
синёный, прил.
синенький
синеокий
синепламенный
синерама, -ы
синерезис, -а

СИН

синерод, -а
синеродистый
сине-сизый
синестезия, -и
синестрол, -а
синеть, -ею, -еет (становиться синим)
сине-фиолетовый
синехвостка, -и
синец, синца
синигран, -а
синий; кр. ф. синь, синя, сине
синильный
синить, синю, синит (что)
синица, -ы
синичий, -ья, -ье
синичка, -и
синклиналь, -и
синклинальный
синклит, -а
синкопа, -ы
синкопированный
синкопировать(ся), -рую, -рует(ся)
синкопический
синкретизм, -а
синкретический
синовиальный
синовия, -и
синод, -а
синодальный
синодик, -а
синодический
синодский
синолог, -а
синологический
синнология, -и
синоним, -а
синонимика, -и
синонимический
синонимичный
синонимия, -и
синопсис, -а
синоптик, -а
синоптика, -и
синоптический
синостоз, -а
синтагма, -ы
синтагматический
синтаксис, -а
синтаксический
синтез, -а
синтезирование, -я
синтезированный
синтезировать(ся), -рую, -рует(ся)
синтетик, -а
синтетика, -и
синтетический
синтоизм, -а
синтомицин, -а
синус, -а
синусный
синусоида, -ы
синусоидальный
синхондроз, -а
синхронизатор, -а
синхронизационный
синхронизация, -и
синхронизированный
синхронизировать(ся), -рую, -рует(ся)
синхронизм, -а
синхронистический
синхронический

СИН

синхрони́чный
синхрони́я, -и
синхро́нно-и́мпульсный
синхро́нный
синхроноско́п, -а
синхроско́п, -а
синхротро́н, -а
синхротро́нный
синхрофазотро́н, -а
синхрофазотро́нный
синхроциклотро́н, -а
синхроциклотро́нный
синци́тий, -я
синь, -и
синьга́, -и́
си́нька, -и
синьо́р, -а (в Италии)
синьо́ра, -ы (в Италии)
синьори́на, -ы
синьори́я, -и (в средневековых итальянских городах)
синэколо́гия, -и
синю́ха, -и
синю́шка, -и
синю́шник, -а
синю́шный
синя́к, -а́
синячо́к, -чка́
сиони́зм, -а
сиони́ст, -а
сиони́стка, -и
сиони́стский
сип, -а
сипа́й, -я
сипе́лка, -и
сипе́ть, сиплю́, сипи́т
сиплова́тый
си́плый; кр. ф. сипл, сипла́, си́пло
си́пнуть, -ну, -нет; прош. си́пнул и сип, си́пла
сипова́тый
сипо́вка, -и
сипота́, -ы́
сипотца́, -ы́
сипу́ха, -и
сире́на, -ы
сиренева́тый
сире́нево-си́ний
сире́невый
сире́нный (к сире́на)
сире́новые, -ых
сире́нь, -и
си́речь, неизм.
сири́ец, -и́йца
сири́йка, -и
сири́йский
си́рин, -а
сиро́кко, нескл., м.
сиро́п, -а
сиро́пный
сиро́повый
сирота́, -ы́, мн. -о́ты, -о́т, м. и ж.
сироте́ть, -е́ю, -е́ет
сироти́на, -ы, м. и ж.
сироти́нка, -и, м. и ж.
сироти́ночка, -и, м. и ж.
сироти́нушка, -и, м. и ж.
сиро́тка, -и, м. и ж.
сиротли́вый
сиро́тский
сиро́тство, -а
сиро́тствовать, -твую, -твует

СИР

сирта́ки, нескл., м.
си́рый; кр. ф. сир, сира́, си́ро
систе́ма, -ы
систематиза́тор, -а
систематиза́ция, -и
систематизи́рованный
систематизи́ровать(ся), -рую, -рует(ся)
система́тика, -и
системати́ческий
системати́чный
системоте́хника, -и
си́стола, -ы
систоли́ческий
си́ська, -и
сита́лл, -а
сита́лловый
ситаллу́ргия, -и
сита́р, -а
си́тец, си́тца
си́течко, -а
си́тник, -а
си́тниковый
си́тничек, -чка
си́тный
ситня́г, -а
си́то, -а
ситове́йка, -и
ситови́дный
сито́вник, -а
си́товый
ситотка́нь, -и
ситро́, нескл., с.
ситуати́вный
ситуацио́нный
ситуа́ция, -и
си́тце, -а, мн. си́тца, си́тец
си́тцевый
ситцекраси́льный
ситценабивно́й
ситцепеча́тание, -я
ситцепеча́тный
си́тчик, -а
сифилидо́лог, -а
сифилидологи́ческий
сифилидоло́гия, -и
сифили́ды, -и́д
си́филис, -а
сифили́тик, -а
сифилити́ческий
сифилити́чка, -и
сифило́ма, -ы
сифо́н, -а
сифо́нный
сифо́новый
сифонофо́ра, -ы
сихотэ́-али́нский
сицилиа́на, -ы
сиюмину́тный
сию́ мину́ту
сию́ секу́нду
сия́, сей
сия́ние, -я
сия́тельный
сия́тельство, -а
сия́ть, сия́ю, сия́ет
сия́ющий
скабио́за, -ы
скабли́вать, наст. вр. не употр.
скабрёзность, -и
скабрёзный
скажённый

СКА

сказ, -а
сказа́ние, -я
ска́занный
сказану́ть, -ну́, -нёт
сказа́ть(ся), скажу́(сь), ска́жет(ся)
скази́тель, -я
скази́тельница, -ы
ска́зка, -и
ска́зовый
ска́зочка, -и
ска́зочник, -а
ска́зочница, -ы
ска́зочный
сказу́емое, -ого
сказу́емостный
сказу́емость, -и
ска́зывать(ся), -аю(сь), -ает(ся)
скака́лка, -и
скака́ние, -я
скака́тельный
скака́ть, скачу́, ска́чет
скакну́ть, -ну́, -нёт
скаково́й
с како́й ста́ти
скаку́н, -а́
скаку́нья, -и, р. мн. -ний
скала́, -ы́, мн. ска́лы, скал
скаламбу́рить, -рю, -рит
скалды́рник, -а
скалды́рничать, -аю, -ает
скали́стый
ска́лить(ся), -лю(сь), -лит(ся)
ска́лка, -и
скалозу́б, -а
скалозу́бство, -а
скалола́з, -а
скалола́зание, -я
ска́лывание, -я
ска́лывать(ся), -аю, -ает(ся)
скальд, -а
скальки́рованный
скальки́ровать, -рую, -рует
скалькули́рованный
скалькули́ровать, -рую, -рует
ска́льный
скальп, -а
ска́льпель, -я
скальпи́рование, -я
скальпи́рованный
скальпи́ровать, -рую, -рует
скаля́р, -а
скаля́рный
скаме́ечка, -и
скаме́ечный
скаме́йка, -и
скамья́, -и́, мн. ска́мьи, скаме́й
сканда́л, -а
скандализи́рованный
скандализи́ровать(ся), -рую(сь), -рует(ся)
скандализо́ванный
скандализова́ть(ся), -зу́ю(сь), -зу́ет(ся)
скандали́ст, -а
скандали́стка, -и
сканда́лить(ся), -лю(сь), -лит(ся)
сканда́льничать, -аю, -ает
сканда́льный
сканда́льчик, -а
ска́ндиевый
ска́ндий, -я
скандина́в, -а

СКА

скандинави́зм, -а
скандина́вка, -и
скандина́вский
сканди́рование, -я
сканди́рованный
сканди́ровать(ся), -рую, -рует(ся)
сканди́ровка, -и
скандо́ванный
скандова́ть(ся), -ду́ю, -ду́ет(ся)
скандо́вка, -и
скандо́вочный
ска́нец, -нца
скани́рование, -я
скани́ровать, -рую, -рует
скани́рующий
ска́нщик, -а
ска́ный
скань, -и
ска́нье, -я и сканьё, -я́
ска́пливать(ся), -аю, -ает(ся)
скаполи́т, -а
скаполи́товый
скапоти́ровать, -рую, -рует
скапу́титься, -у́чусь, -у́тится
ска́пывать(ся), -аю, -ает(ся)
скарабе́й, -я
скарб, -а
ска́рбовый
ска́ред, -а, м.
ска́реда, -ы, м. и ж.
ска́редник, -а
ска́редница, -ы
ска́редничать, -аю, -ает
ска́редный
скарифика́тор, -а
скарифика́ция, -и
скарифици́рованный
скарифици́ровать(ся), -рую, -рует(ся)
скарлати́на, -ы
скарлати́нный
скарлатино́зный
ска́рмливание, -я
ска́рмливать(ся), -аю, -ает(ся)
скарпе́ль, -я
скат, -а
ска́танный
скатапульти́ровать(ся), -рую(сь), -рует(ся)
ската́ть(ся), -а́ю, -а́ет(ся)
скатёрка, -и
скатёрочка, -и
ска́тертный
ска́терть, -и, мн. -и, -е́й
ска́терть-самобра́нка, ска́терти-самобра́нки
скати́ть(ся), скачу́(сь), ска́тит(ся)
ска́тка, -и
ска́тный
скато́л, -а
ска́тывание, -я
ска́тывать(ся), -аю(сь), -ает(ся)
ска́ут, -а
скаути́зм, -а
ска́утский
скафа́ндр, -а
ска́чанный (от скача́ть)
скача́ть, -а́ю, -а́ет
ска́ченный (от скати́ть)
ска́чивать(ся), -аю(сь), -ает(ся)
ска́чка, -и
скачкообра́зность, -и

СКА

скачкообра́зный
скачо́к, -чка́
ска́чущий
ска́шивать(ся), -аю, -ает(ся)
ска́щивать(ся), -аю, -ает(ся)
сква́жина, -ы
сква́жинка, -и
сква́жинный
сква́жистый
сква́жность, -и
сква́жный
сквайр, -а
сквалы́га, -и, м. и ж.
сквалы́жник, -а
сквалы́жница, -ы
сквалы́жничать, -аю, -ает
сквалы́жнический
сквалы́жничество, -а
сквалы́жный
сква́сить(ся), -а́шу, -а́сит(ся)
сква́ттер, -а
сква́ттерство, -а
сква́шенный
сква́шивать(ся), -аю, -ает(ся)
сквер, -а
скве́рик, -а
скве́рна, -ы
скверна́вец, -вца
скверна́вка, -и
скве́рненький
скверне́ть, -е́ю, -е́ет (становиться скверным)
скверни́ть, -ню́, -ни́т (кого, что)
скверносло́в, -а
скверносло́вие, -я
скверносло́вить, -влю, -вит
скверносло́вка, -и
скве́рный; кр. ф. -рен, -рна́, -рно
скви́танный
сквита́ть(ся), -а́ю(сь), -а́ет(ся)
скви́тывать(ся), -аю(сь), -ает(ся)
сквози́стый
сквози́ть, -и́т
сквозно́й
сквозня́к, -а́
сквознячо́к, -чка́
сквозь
скворе́ц, -рца́
скворе́чник, -а
скворе́чница, -ы
скворе́чный
скворе́чня, -и, р. мн. -чен
скво́рушка, -и, м.
скворцо́вый
скворчо́нок, -нка, мн. -ча́та, -ча́т
скеле́т, -а
скеле́тный
ске́ннер, -а
скенни́рование, -я
скенногра́мма, -ы
ске́псис, -а
ске́птик, -а
скептици́зм, -а
скепти́ческий
скепти́чный
ске́рда, -ы (бот.)
ске́рцо, нескл., с.
скетч, -а
скиаскопи́ческий
скиаскопи́я, -и
скид, -а (тара)
ски́данный

СКИ

скида́ть(ся), -а́ю, -а́ет(ся)
ски́дка, -и
скидно́й
ски́дывание, -я
ски́дывать(ся), -аю, -ает(ся)
скиксо́ванный
скиксова́ть, -су́ю, -су́ет
ски́ния, -и
ски́нутый
ски́нуть(ся), -ну(сь), -нет(ся)
скин-эффе́кт, -а
скип, -а
скипа́ться, -а́ется
ски́петр, -а
скипе́ться, -пи́тся
скипида́р, -а
скипида́риться, -рюсь, -рится
скипида́рно-канифо́льный
скипида́рный
скипово́й
скирд, -а́, мн. -ы́, -о́в и скирда́, -ы́, мн. скирды́, скирд, скирда́м
скирдова́ние, -я
скирдо́ванный
скирдова́ть(ся), -ду́ю, -ду́ет(ся)
скирдопра́в, -а
скиса́ть(ся), -а́ю, -а́ет(ся)
ски́снуть(ся), -ну, -нет(ся); прош. скис(ся), ски́сла(сь)
ски́сший(ся)
скит, -а́, предл. о ски́те, в скиту́, мн. -ы́, -о́в (монастырь)
скита́лец, -льца
скита́лица, -ы
скита́льческий
скита́льчество, -а
скита́ние, -я
скита́ться, -а́юсь, -а́ется
ски́тник, -а
ски́тница, -ы
ски́тнический
ски́тский
скиф, -а
ски́фский
скици́ровать, -рую, -рует
склад¹, -а, мн. -ы́, -о́в (хранилище)
склад², -а и -у, мн. -ы́, -о́в (слог)
скла́день, -дня
складирование, -я
складированный
складировать(ся), -рую, -рует(ся)
скла́дка, -и
складкообразова́ние, -я
складно́й (складывающийся)
скла́дный; кр. ф. -ден, -дна́, -дно (ладный)
скла́дочка, -и
скла́дочный
складско́й
складча́тогу́б, -а
складча́токры́лые, -ых
скла́дчатый
скла́дчина, -ы (в скла́дчину)
скла́дчинный
скла́дывание, -я
скла́дывать(ся), -аю(сь), -ает(ся)
склёванный
склева́ть, склюю́, склюёт
склёвывать(ся), -аю, -ает(ся)
скле́енный
скле́ивание, -я
скле́ивать(ся), -аю, -ает(ся)

СКЛ

склéить(ся), -éю, -éит(ся)
склéйка, -и
склеп, -а
склёпанный
склепáть(ся), -áю, -áет(ся)
склёпка, -и
склёпывать(ся), -аю, -ает(ся)
склéра, -ы
склерáльный
склеренхи́ма, -ы
склери́т, -а
склерифика́ция, -и
склеродéрма, -ы
склеродерми́я, -и
склерóз, -а
склерóзный
склерóма, -ы
склерóметр, -а
склерометри́ческий
склеромéтрия, -и
склерóн, -а
склероскóп, -а
склерóтик, -а
склероти́ния, -и
склероти́ческий
склероти́чка, -и
склероти́чный
склеротоми́я, -и
склиз, -а
скли́зкий
скли́зок, -зка, м.
склика́ть, -и́чу, -и́чет, сов.
склика́ть(ся), -áю, -áет(ся), несов.
склóка, -и
склон, -а
склонéние, -я
склонённый; кр. ф. -ён, -енá
склони́ть(ся), -оню́(сь), -óнит(ся)
склóнность, -и
склóнный; кр. ф. склóнен, склоннá, склóнно
склоня́емый
склоня́ть(ся), -я́ю(сь), -я́ет(ся)
склóченный
склóчить, -чу, -чит
склóчник, -а
склóчница, -ы
склóчничать, -аю, -ает
склóчнический
склóчничество, -а
склóчный
склю́нуть, -нет
скля́ница, -ы
скля́нка, -и
скля́ночка, -и
скля́ночный
скобá, -ы́, мн. скóбы, скоб, скобáм
скобáрь, -я́
скóбель, -я
скóбельный
скоби́ть, -блю́, -би́т
скóбка, -и
скоблёнка, -и
скóбленный, прич.
скоблёный, прил.
скобли́ть(ся), скоблю́(сь), скóблит(ся)
скóбочка, -и
скóбочный
скóбчатый
скобяно́й
сков, -а

СКО

скóванность, -и
скóванный
ковáть(ся), скую́, скуёт(ся)
скóвка, -и
сковнóй
сковородá, -ы́, мн. скóвороды, сковорóд, -áм
сковорóдень, -дня
сковороди́ть, -ожу́, -оди́т
сковорóдка, -и
сковорóдник, -а
сковорóдный
сковорóдня, -и, р. мн. -ден
скóвочный
скóвывать(ся), -аю, -ает(ся)
сковы́ривать(ся), -аю, -ает(ся)
сковы́рнутый
сковырну́ть(ся), -ну́(сь), -нёт(ся)
сковыря́нный
сковыря́ть, -я́ю, -я́ет
скок, -а
скол, -а
скола́чивание, -я
скола́чивать(ся), -аю(сь), -ает(ся)
скóлечко
сколиóз, -а
скóлка, -и
скóлок, -лка
сколопéндра, -ы
сколоти́ть(ся), -очу́(сь), -óтит(ся)
сколóты, -ов
скóлотый
сколóть(ся), сколю́, скóлет(ся)
сколóченный
скулупа́ть, -а́ю, -а́ет
сколу́пнутый
сколупну́ть, -ну́, -нёт
сколу́пывать(ся), -аю, -ает(ся)
сколь
скольжéние, -я
скользи́ть, -льжу́, -льзи́т
скóльзкий; кр. ф. -зок, -зкá, -зко
скользну́ть, -ну́, -нёт
скóльзче, сравн. ст. (от скóльзкий, скóльзко)
скользя́щий
скóлько, скóльких, по скóльку
скóлько бы ни ...
скóлько ни ... (скóлько ни спрóсишь, всё полу́чишь)
скóлько-нибу́дь, скóльких-нибудь, по скóльку-нибудь, но: скóлько ни будь у негó дéнег, он все истрáтит
скóлько-то, скóльких-то, по скóльку-то
скомáндовать, -дую, -дует
скомбини́рованный
скомбини́ровать, -рую, -рует
скóмканный
скóмкать(ся), -аю, -ает(ся)
скóмкивать(ся), -аю, -ает(ся)
скоморóх, -а
скоморóшеский
скоморóшество, -а
скоморóшествовать, -твую, -твует
скоморóший, -ья, -ье
скоморóшничать, -аю, -ает
скоморóшничество, -а
скомпенси́рованный
скомпенси́ровать(ся), -рую, -рует(ся)
скомпили́рованный
скомпили́ровать, -рую, -рует

СКО

скомплектóванный
скомплектовáть, -ту́ю, -ту́ет
скомпонóванный
скомпоновáть, -ну́ю, -ну́ет
скомпромети́рованный
скомпромети́ровать(ся), -рую(сь), -рует(ся)
с кондачкá
сконденси́рованный
сконденси́ровать(ся), -рую, -рует(ся)
сконструи́рованный
сконструи́ровать, -рую, -рует
скóнто, неизм.
сконтра́ция, -и
сконфу́женный
сконфу́зить(ся), -у́жу(сь), -у́зит(ся)
сконцентри́рованный
сконцентри́ровать(ся), -рую, -рует(ся)
скончáние, -я (до скончáния вéка)
скончáться, -á́юсь, -á́ется
скоопери́ровать(ся), -рую(сь), -рует(ся)
скоордини́ровать, -рую, -рует
скоп, -а (скопление)
скопá, -ы́ (птица)
скóпанный
скопáть, -áю, -áет
скопéц, -пцá
скопидóм, -а
скопидóмка, -и
скопидóмничать, -аю, -ает
скопидóмство, -а
скопидóмствовать, -твую, -твует
скопидóмческий
скопи́рованный
скопи́ровать, -рую, -рует
скопи́ть, -плю́, -пи́т (кастрировать)
скопи́ть(ся), скоплю́, скóпит(ся) (накопить)
скóпище, -а
скоплéние, -я
скóпленный
скопля́ть(ся), -я́ю, -я́ет(ся)
скопнённый; кр. ф. -ён, -енá
скопни́ть, -ню́, -ни́т
скополами́н, -а
скóпом, нареч.
скóпческий
скóпчество, -а
скопчи́ха, -и
скопы́тить(ся), -ы́чу(сь), -ы́тит(ся)
скопы́ченный
скорá, -ы
скорбéть, -блю́, -би́т
скóрбный
скорбу́т, -а
скорбу́тный
скорбь, -и, мн. -и, -éй
скордату́ра, -ы
скорéе, сравн. ст. (от скóрый, скóро)
скорёженный
скорёжить(ся), -жу(сь), -жит(ся)
скорéнько
скорёхонько
скорёшенько
скорлупá, -ы́, мн. -у́пы, -у́п
скорлу́пка, -и
скорлу́пчатый
скорми́ть, скормлю́, скóрмит

СКО

скóрмленный
скорня́жий, -ья, -ье
скорня́жить, -жу, -жит
скорня́жничать, -аю, -ает
скорня́жный
скорня́к, -á
скóро
скорóбить(ся), -бит(ся)
скорóбленный
скоровáрка, -и
скороговóрка, -и
скорóда, -ы (бот.)
скородá, -ы́ (борона)
скороди́т, -а
скороди́ть(ся), -ожу́, -óди́т(ся)
скородýм, -а
скорóженный
скорóмить(ся), -млю(сь), -мит(ся)
скорóмник, -а
скорóмница, -ы
скорóмничать, -аю, -ает
скорóмный
скороморози́льный
скоропали́тельный
скоропáшка, -и
скоропечáтный
скоропечáтня, -и, р. мн. -тен
скорописéц, -сца
скорописный
скóропись, -и
скороплóдный
скороподъёмник, -а
скороподъёмность, -и
скоропортя́щийся
скоропости́жный
скоропреходя́щий
скоропрохóдчик, -а
скорорастýщий
скороспéлка, -и
скороспéлый
скоростемéр, -а
скоростни́к, -á
скоростнóй
скорострéлка, -и
скорострéльность, -и
скорострéльный
скóрость, -и, мн. -и, -éй
скоросшивáтель, -я
скоротáть, -áю, -áет
скоротéчный
скорохóд, -а
скорохóдный
скóроходь, -и
скорпиóн, -а
скорректи́ровать, -рую, -рует
скорцонéра, -ы
скóрченный
скóрчить(ся), -чу(сь), -чит(ся)
скóрый; кр. ф. скор, скорá, скóро
скорьё, -я
скос, -а
скосáрь, -я́
скоси́ть, скошу́, скóсит (срéзать)
скоси́ть(ся), скошу́(сь), скóсит(ся) (сдéлать косы́м)
скособóчиться, -итcя
скóсок, -ска
скости́ть, скощу́, скости́т
скот, -á
скóтий, -ья, -ье
скоти́на, -ы

СКО

скоти́ний, -ья, -ье
скоти́нка, -и
скоти́нный
скóтник, -а
скóтница, -ы
скóтный
скотобóец, -óйца
скотобóйный
скотобóйня, -и, р. мн. -óен
скотовóд, -а
скотовóдство, -а
скотовóдческий
скотовóдчество, -а
скотозаготови́тельный
скотокрáдство, -а
скотолóжец, -жца
скотолóжство, -а
скотóма, -ы
скóто-мéсто, -а
скотомоги́льник, -а
скотооткóрмочный
скотоподóбие, -я
скотоподóбный
скотоприго́дный
скотоприёмный
скотопрогóнный
скотопромы́шленник, -а
скотосырьё, -я
скóтский
скóтство, -а
скошёвка, -и
скóшенный
скощённый; кр. ф. -ён, -енá
скрáденный
скрáдывать(ся), -ает(ся)
скрап, -а
скрап-процéсс, -а
скрáсить(ся), скрáшу, скрáсит(ся)
скрасть, скрадý, скрадёт; прош. скрал, скрáла
скрáшенный
скрáшивать(ся), -аю, -ает(ся)
скрéбень, -бня
скрéбка, -и
скребкóво-ковшóвый
скребкóвый
скреблó, -á, мн. скрёбла, -бел
скребни́ца, -ы
скребнýть, -нý, -нёт
скребóк, -бкá
скрéжет, -а
скрежетáть, -ещý, -éщет
скрежéщущий
скрéпа, -ы
скрéпер, -а
скрепери́ст, -а
скрéперный
скрепи́ть(ся), -плю́(сь), -пи́т(ся)
скрéпка, -и
скреплéние, -я
скреплённый; кр. ф. -ён, -енá
скрепля́ть(ся), -я́ю(сь), -я́ет(ся)
скрепя́ сéрдце
скрести́(сь), скребý(сь), скребёт(ся); прош. скрёб(ся), скреблá(сь)
скрести́(ся), -ещý, -ести́т(ся)
скрещéние, -я
скрещённый; кр. ф. -ён, -енá
скрéщиваемость, -и
скрéщивание, -я
скрéщивать(ся), -аю, -ает(ся)
скриви́ть(ся), -влю́(сь), -ви́т(ся)

СКР

скривлённый; кр. ф. -ён, -енá
скрижáль, -и
скрижáпель, -я
скрип, -а
скрипáч, -á
скрипáчка, -и
скрипéние, -я
скрипéть, -плю́, -пи́т
скрипи́ца, -ы
скрипи́чный
скри́пка, -и
скри́пнуть, -ну, -нет
скри́почка, -и
скрипýн, -á
скрипýчий
скрипýчка, -и
скрóенный
скрои́ть, скрою, скрой
скрóмненький
скромнёхонько
скрóмник, -а
скрóмница, -ы
скрóмничать, -аю, -ает
скрóмность, -и
скрóмный, кр. ф. -мен, -мнá, -мно
скрóмным-скромнёхонько
скрóпанный
скропáть, -áю, -áет
скрофулёз, -а
скрофулодéрма, -ы
скрýббер, -а
скруглённый; кр. ф. -ён, -енá
скругли́ть(ся), -лю́, -ли́т(ся)
скругля́ть(ся), -я́ю, -я́ет(ся)
скрýпул, -а
скрупулёзность, -и
скрупулёзный
скрути́ть(ся), -учý, -ýтит(ся)
скрýченный
скрýчивание, -я
скрýчивать(ся), -аю, -ает(ся)
скрывáть(ся), -áю(сь), -áет(ся)
скры́ня, -и, р. мн. -ынь
скры́тничать, -аю, -ает
скрытноéд, -а
скрытнохоботни́к, -á
скры́тный
скрытоглáв, -а
скрытожáберные, -ых
скрытозерни́стый
скрытокристалли́ческий
скрытохвóст, -а
скрытошéйный
скры́тый
скры́ть(ся), скрóю(сь), скрóет(ся)
скрю́ченный
скрю́чивать(ся), -аю(сь), -ает(ся)
скрю́чить(ся), -чу(сь), -чит(ся)
скря́га, -и, м. и ж.
скря́жничать, -аю, -ает
скря́жничество, -а
скудéль, -и
скудéльница, -ы
скудéльный
скудéть, -éю, -éет
скудновáтый
скýдность, -и
скýдный; кр. ф. -ден, -днá, -дно
скýдо, нескл., с.
скудомы́слие, -я
скýдость, -и
скудоýмие, -я

скудоу́мный
ску́ка, -и
скуко́житься, -жусь, -жится
скукота́, -ы́
ску́кситься, -кшусь, -ксится
скула́, -ы́, мн. ску́лы, скул
скула́стый
скулёж, -ежа́
скули́стый
скули́ть, -лю́, -ли́т
скулова́тый
скулово́й
ску́льптор, -а, мн. -ы, -ов
ску́льпторский
скульпту́ра, -ы
скульпту́рный
ску́мбриевый
ску́мбрия, -и
ску́мпия, -и
скунс, -а
ску́нсовый
скупа́ть(ся), -а́ю, -а́ет(ся)
скупе́нький; кр. ф. -енек, -енька
скуперди́й, -я
скуперди́йка, -и
скупе́ц, -пца́
скупи́ть, скуплю́, ску́пит (к купи́ть)
скупи́ться, -плю́сь, -пи́тся (к скупо́й)
ску́пка, -и
ску́пленный
скупно́й
скупова́тый
скупо́й; кр. ф. скуп, скупа́, ску́по
ску́пость, -и
ску́почный
ску́пщик, -а
ску́пщина, -ы
ску́пщица, -ы
скуси́ть, -ушу́, -у́сит
ску́сывать(ся), -аю, -ает(ся)
ску́тер, -а, мн. скутера́, -о́в
скутери́ст, -а
скуфе́йка, -и
скуфе́йный
скуфья́, -и́, р. мн. -фе́й
скуча́ть, -а́ю, -а́ет
скуча́ющий
ску́ченность, -и
ску́ченный
ску́чивать(ся), -аю, -ает(ся)
ску́чить(ся), -чу, -чит(ся)
ску́чища, -и
скучли́вый
ску́чно
скучнова́тый
ску́чный; кр. ф. -чен, -чна́, -чно
ску́шанный (от ску́шать)
ску́шать, -аю, -ает
ску́шенный (от скуси́ть)
слабе́е, сравн. ст. (от сла́бый, сла́бо)
сла́бенький; кр. ф. -енек, -енька
слабе́ть, -е́ю, -е́ет
слаби́на, -ы
слаби́тельное, -ого
слаби́тельный
слаби́ть, -ит
сла́блинь, -я
сла́бнуть, -ну, -нет; прош. сла́бнул и слаб, сла́бла
слабоакти́вный
слабоалкого́льный

слабова́тый
слабоветви́стый
слабови́дение, -я
слабови́дящий, -его
слабово́лие, -я
слабоволокни́стый
слабово́льный
слабовы́раженный *
слабоголо́вый
слабоголо́сый
слабогру́дый
слабоду́шие, -я
слабоду́шный
сла́бо-ды́мчатый
сла́бо-жёлтый
слабозатуха́ющий *
слабозимосто́йкий
слабоизви́листый
слабоинтенси́вный
слабоионизи́рующий *
слабоки́слый
слаболеги́рованный
слабомы́слие, -я
слабонапра́вленный
слабонатя́нутый *
слабоне́рвный
слабоока́танный
слабопереме́нный
слабопересечённый
слабопроница́емый
слаборадиоакти́вный
слабора́звитый *
слаборастворимый
слабосвя́занный *
слабоси́лие, -я
слабоси́льный
слабослы́шащий, -его
слабосолёный
сла́бость, -и
слабосцементи́рованный *
слаботокси́чный
слабото́чный
слаботурбуле́нтный
слабоу́здый
слабоу́мие, -я
слабоу́мный
слабоуспева́ющий
слабохара́ктерный
слабощелочно́й
сла́бый; кр. ф. слаб, слаба́, сла́бо
сла́ва, -ы
слави́ровать, -рую, -рует
слави́ст, -а
слави́стика, -и
слависти́ческий
слави́стский
сла́вить(ся), -влю(сь), -вит(ся)
сла́вица, -ы
сла́вка, -и
сла́вление, -я
сла́вный; кр. ф. -вен, -вна́, -вно
славолю́бец, -бца
славолюби́вый
славолю́бие, -я
славосло́вие, -я
славосло́вить, -влю, -вит
славяниза́ция, -и
славянизи́рованный
славянизи́ровать(ся), -рую(сь), -рует(ся)
славяни́зм, -а
славяни́н, -а, мн. -я́не, -я́н

славя́нка, -и
славянове́д, -а
славянове́дение, -я
славянове́дческий
славя́но-гре́ко-лати́нский
славя́но-ру́сский
славянофи́л, -а
славянофи́лка, -и
славянофи́льский
славянофи́льство, -а
славянофи́льствовать, -твую, -твует
славянофо́б, -а
славянофо́бский
славянофо́бство, -а
славя́нский
славя́нство, -а
славя́нщина, -ы
слага́емое, -ого
слага́ть(ся), -а́ю, -а́ет(ся)
слад, -а и -у: сла́ду нет
сла́денький; кр. ф. -енек, -енька
сла́дить(ся), сла́жу(сь), сла́дит(ся)
сла́дкий; кр. ф. -док, -дка́, -дко
сладкова́тый
сладкогла́сие, -я
сладкогла́сный
сладкоголо́сый
сладкое́жка, -и, м. и ж.
сладкозву́чие, -я
сладкозву́чный
сладкопе́вец, -вца
сладкоречи́вый
сладкоя́годниковые, -ых
сла́достный
сладостра́стие, -я
сладостра́стник, -а
сладостра́стница, -ы
сладостра́стность, -и
сладостра́стный
сла́дость, -и
сладча́йший
сла́женность, -и
сла́женный
сла́живать(ся), -аю(сь), -ает(ся)
сла́зать, -аю, -ает
сла́зить, сла́жу, сла́зят
слайд, -а, р. мн. -ов
сла́лом, -а
слаломи́ст, -а
сла́ломистка, -и
сла́ломный
сла́мывать(ся), -аю(сь), -ает(ся)
сла́нец, -нца
сланцева́тость, -и
сланцева́тый
сла́нцевый
сланцезо́льный
сланцеперего́нный
сланцеперераба́тывающий
сласте́на, -ы, м. и ж.
сла́сти, -е́й
сласти́ть(ся), слащу́, сласти́т(ся)
сластое́жка, -и, м. и ж.
сластолю́бец, -бца
сластолюби́вый
сластолю́бие, -я
сласть, -и
слать(ся), шлю, шлёт(ся); прош. слал(ся), сла́ла(сь)
слаща́вость, -и
слаща́вый

СЛА

слáще, *сравн. ст.* (*от* слáдкий, слáдко)
слащёный, *прич.*
слащёный, *прил.*
слéва
слегá, -и́, *мн.* слéги, слег, слегáм
слегкá
слёгший
след, -á и -у, *дат.* -у, *предл.* о слéде, в слéде и в следу́, на слéде и на следу́, *мн.* -ы́, -óв
след в след
слéдинг, -а
следи́ть, слежу́, следи́т
слéдование, -я
слéдованная псалты́рь
слéдователь, -я
слéдовательно
слéдовательский
слéдовать, -дую, -дует
следовóй
следóк, -дкá
слéдом
следопы́т, -а
следоуказáтель, -я
слéдочек, -чка
слéдственный
слéдствие, -я
слéдуемый
слéдующий
слежáться, -жи́тся
слежéние, -я
слёживаться, -ается
слёжка, -и
слезá, -ы́, *мн.* слёзы, слёз, слезáм
слезáть, -áю, -áет
слези́нка, -и
слези́ться, -и́тся
слёзка, -и
слезли́вость, -и
слезли́вый
слезни́к, -á
слезни́ца, -ы
слёзный
слёзоньки, -нек
слезоотделéние, -я
слезоотдели́тельный
слезотечéние, -я
слезоточи́вый
слезоточи́ть, -очи́т
слезть, -зу, -зет; *прош.* слез, слéзла
слéзший
сленг, -а
слепéнь, -пня́
слéпенький
слепéц, -пцá
слепи́ть, слеплю́, слепи́т, *несов.* (ослеплять)
слепи́ть(ся), слеплю́, слéпит(ся), *сов.* (к лепить)
слéпленный
слепля́ть(ся), -я́ю, -я́ет(ся)
слéпнувший
слéпнуть, -ну, -нет; *прош.* слеп и слéпнул, слéпла
слепня́к, -á
слеповáтый
слепоглухонемóй
слепóй; *кр. ф.* слеп, слепá, слéпо
слéпок, -пка
слепорождённый
слепотá, -ы́

СЛЕ

слепýн, -á
слепушóнка, -и
слепы́ш, -á
слесáрить, -рю, -рит
слесáрничать, -аю, -ает
слесáрно-механи́ческий
слесáрно-сбóрочный
слесáрно-штампóвочный
слесáрный
слесáрня, -и, *р. мн.* -рен
слéсарский
слéсарство, -а
слéсарь, -я, *мн.* -и, -ей и -я́, -éй
слéсарь-инструментáльщик, слéсаря-инструментáльщика
слéсарь-сантéхник, слéсаря-сантéхника
слéсарь-сбóрщик, слéсаря-сбóрщика
слёт, -а
с лёта
слётанность, -и
слетáть(ся), -áю(сь), -áет(ся)
слетéть(ся), слечу́, слети́т(ся)
слёток, -тка
слечь, сля́гу, сля́жет, сля́гут; *прош.* слёг, слеглá
слиберáльничать, -аю, -ает
слив, -а
сли́ва, -ы
сливáние, -я
сливáть(ся), -áю(сь), -áет(ся)
сли́вка, -и
сли́вки, -вок
сливкоотдели́тель, -я
сливнóй (*от* слив)
сливня́к, -á
сли́вовый
сли́вочки, -чек
сли́вочник, -а
сли́вочный
сливя́нка, -и
сли́занный
слизáть, слижу́, сли́жет
слизеви́к, -á
слизевóй
сли́зень, -зня
слизеотдели́тельный
слизетечéние, -я
сли́зистый
сли́зкий
сли́знутый
сли́знуть, -нет, *несов.* (покрыться слизью)
слизнýть, -ну́, -нёт, *сов.* (к лизнуть)
слизня́к, -á
слизывáть(ся), -аю, -ает(ся)
слизь, -и
слимóненный
слимóнить, -ню, -нит
слиня́ть, -я́ет
слип, -а
слипáть(ся), -áет(ся)
сли́пнуться, -нется; *прош.* сли́пся, сли́плась
сли́пшийся
сли́тие, -я
сли́тковый
сли́тность, -и
сли́тный
сли́ток, -тка
сли́точный
сли́тый; *кр. ф.* слит, слитá, сли́то

СЛИ

слить(ся), солью́(сь), сольёт(ся); *прош.* слил(ся), слилá(сь), сли́ло, сли́лось
с лихвóй
сличáть(ся), -áю, -áет(ся)
сличéние, -я
сличённый; *кр. ф.* -ён, -енá
сличи́тельный
сличи́ть, -чу́, -чи́т
сли́шком, *нареч.* (сли́шком поздно), но *сущ.* с ли́шком (пять километров с ли́шком)
слия́ние, -я
слободá, -ы́, *мн.* слóбоды, слобóд, слободáм
слобóдка, -и
слободскóй
слободчáнин, -а, *мн.* -áне, -áн
слободчáнка, -и
слобожáнин, -а, *мн.* -áне, -áн
слобожáнка, -и
словáк, -а
словáрик, -а
словáрник, -а
словáрно-спрáвочный
словáрно-техни́ческий
словáрный
словáрь, -я́
словáцкий
словáчка, -и
словéнец, -нца
словéнка, -и
словéнский
словесá, -éс, -есáм
словéсник, -а
словéсница, -ы
словéсность, -и
словéсный
словéчко, -а
слови́нец, -нца
слови́нка, -и
слови́нский
слови́ть, словлю́, слóвит
слóвленный
слóвник, -а
слóвно
слóвно бы
слóвно как
слóво, -а, *мн.* словá, слов, словáм
словоблýдие, -я
слóво в слóво
слóво зá слово
словоизвержéние, -я
словоизлия́ние, -я
словоизменéние, -я
словоли́тный
словоли́тня, -и, *р. мн.* -тен
словоли́тчик, -а
слóвом, *вводн. сл.*
словообразовáние, -я
словообразовáтельный
словообразýющий
словоохóтливость, -и
словоохóтливый
слóво-предложéние, слóва-предложéния
словопрéние, -я
словопроизвóдный
словопроизвóдственный
словопроизвóдство, -а
словораздéл, -а
словосложéние, -я

СЛО

словосочета́ние, -я
словотво́рческий
словотво́рчество, -а
словоуказа́тель, -я
словоупотребле́ние, -я
словофо́рма, -ы
словцо́, -а́, р. мн. -ве́ц
словчи́ть(ся), -чу́(сь), -чи́т(ся)
слог, -а, мн. -и, -о́в
слогово́й
слогоделе́ние, -я
слогообразу́ющий
слогоразде́л, -а
слое́вище, -а
слое́вищный
слоево́й
слоевцо́вый
слоёк, слойка́
слое́ние, -я
слоённый, прич.
слоёный, прил.
сложа́ ру́ки
сложе́ние, -я
сло́женный, прич.
сложённый; кр. ф. -ён, -ена́, прил. (о человеке)
сложи́ть(ся), сложу́(сь), сло́жит(ся)
сложноподчинённый
сложносокращённый
сложносочинённый
сло́жность, -и
сложноцве́тные, -ых
сло́жный; кр. ф. -жен, -жна́, -жно
сло́исто-дождево́й
сло́исто-кучево́й
сло́исто-пе́ристый
сло́истость, -и
сло́истый
слои́ть(ся), слою́, слои́т(ся)
слой, слоя́, предл. о сло́е, в сло́е и в слою́, мн. слои́, слоёв
сло́йка, -и
сло́йчатый
слом, -а
сло́манный (от слома́ть)
слома́ть(ся), -а́ю(сь), -а́ет(ся)
сломи́ть(ся), сломлю́(сь), сло́мит(ся)
сло́мка, -и
сло́мленный (от сломи́ть)
сломя́ го́лову
слон, -а́
слонёнок, -нка, мн. слоня́та, -ня́т
сло́ник, -а
слони́ха, -и
слоно́вник, -а
слоно́вость, -и
слоно́вый
слонообра́зный
слоноподо́бный
слоня́ть(ся), -я́ю(сь), -я́ет(ся)
сло́панный
сло́пать, -аю, -ает
слуга́, -и́, мн. слу́ги, слуг, м.
служа́ка, -и, м.
служа́нка, -и
слу́жащая, -ей
слу́жащий, прич.
слу́жащий, -его
слу́жба, -ы
служби́ст, -а
служби́шка, -и
служе́бник, -а

СЛУ

служе́бно-должностно́й
служе́бный
служе́ние, -я
слу́живать, наст. вр. не употр.
служи́вый, -ого
служи́лый
служи́тель, -я, мн. -и, -ей
служи́тельница, -ы
служи́тельский
служи́ть(ся), служу́, слу́жит(ся)
слу́жка, -и, м.
слу́зганный
слу́згать, -аю, -ает
слука́вить, -влю, -вит
слупи́ть(ся), слуплю́, слу́пит(ся)
слу́пленный
слу́пливать(ся), -аю, -ает(ся)
слух, -а
слуха́ч, -а́
слухово́й
слухопротези́рование, -я
слу́чай, -я
случа́йность, -и
случа́йный
случа́ть(ся), -а́ю, -а́ет(ся)
случённый; кр. ф. -ён, -ена́
случи́ть(ся), -чу́, -чи́т(ся)
случ́ка, -и
случно́й
слу́шание, -я
слу́шанный
слу́шатель, -я
слу́шательница, -ы
слу́шать(ся), -аю(сь), -ает(ся)
слу́шивать, наст. вр. не употр.
слушо́к, -шка́
слы́ть, слыву́, слывёт; прош. слыл, слыла́, слы́ло
слы́ханный (слы́ханное ли де́ло?)
слыха́ть, наст. вр. не употр.
слы́хивать, наст. вр. не употр.
слы́хом не слыха́ть
слы́шанный
слы́шать(ся), -шу, -шит(ся)
слы́шимость, -и
слы́шимый
слы́шный; кр. ф. -шен, -шна́, -шно
слышь, вводн. сл.
слюбе́зничать, -аю, -ает
слюби́ться, слюблю́сь, слю́бится
слюбля́ться, -я́юсь, -я́ется
слюда́, -ы́, мн. слю́ды, слюд
слюдини́т, -а
слюдини́товый
слюди́стый
слю́довый
слюдоно́сный
слюдопла́ст, -а
слюдяни́стый
слюдяно́й
слюна́, -ы́
слюнённый; кр. ф. -ён, -ена́
слю́ни, слюне́й
слюни́ть(ся), -ню́, -ни́т(ся)
слю́нки, -нок
слюннока́менный
слю́нный
слюного́н, -а
слюного́нный
слюноотделе́ние, -я
слюноотдели́тельный
слюнотече́ние, -я

СЛЮ

слюнтя́й, -я
слюнтя́йский
слюнтя́йство, -а
слюня́вить(ся), -влю(сь), -вит(ся)
слюня́вка, -и
слюня́вый
слюня́й, -я
сляб, -а
сля́бинг, -а
сля́бинговый
сля́котный
сля́коть, -и
сля́мзить, -зю, -зит
сля́панный
сля́пать, -аю, -ает
сма́занный
сма́зать(ся), сма́жу(сь), сма́жет(ся)
сма́зка, -и
смазли́вый
смазно́й
сма́зочно-охлажда́ющий
сма́зочный
сма́зчик, -а
сма́зчица, -ы
сма́зывание, -я
сма́зывать(ся), -аю(сь), -ает(ся)
смазь, -и
сма́ивать(ся), -аю(сь), -ает(ся)
смак, -а и -у
смакла́ченный
смакла́чить, -чу, -чит
смакова́ние, -я
смако́ванный
смакова́ть(ся), -ку́ю, -ку́ет(ся)
сма́лец, -льца
смалоду́шествовать, -твую, -твует
смалоду́шничать, -аю, -ает
сма́лу
сма́лчивать, -аю, -ает
сма́лывать(ся), -аю, -ает(ся)
сма́льта, -ы
сманеври́ровать, -рую, -рует
сма́ненный и сманённый; кр. ф. -ён, -ена́
сма́нивать(ся), -аю, -ает(ся)
смани́ть, сманю́, сма́нит
смара́гд, -а
смара́гдовый
сма́ранный
смара́ть, -а́ю, -а́ет
сма́ривать(ся), -аю(сь), -ает(ся)
смари́да, -ы
сма́рывать(ся), -аю, -ает(ся)
смаста́ченный
смаста́чить, -чу, -чит
смастерённый; кр. ф. -ён, -ена́
смастери́ть, -рю́, -ри́т
сма́тривать, наст. вр. не употр.
сма́тывание, -я
сма́тывать(ся), -аю(сь), -ает(ся)
смаха́ть, -а́ю, -а́ет
сма́хивать(ся), -аю, -ает(ся)
сма́хнутый
смахну́ть, -ну́, -нёт
с ма́ху
сма́чивание, -я
сма́чиватель, -я
сма́чивать(ся), -аю, -ает(ся)
сма́чный; кр. ф. -чен, -чна́, -чно
сма́янный
сма́ять(ся), сма́ю(сь), сма́ет(ся)
смежа́ть(ся), -а́ю, -а́ет(ся)

СМЕ

смежённый; *кр. ф.* -ён, -ена́
смежи́ть(ся), -жу́, -жи́т(ся)
сме́жник, -а
сме́жность, -и
сме́жный
смека́листость, -и
смека́листый
смека́лка, -и
смека́ть, -а́ю, -а́ет (*к* смекну́ть)
смекну́ть, -ну́, -нёт
смеле́ть, -е́ю, -е́ет
сме́лость, -и
сме́лый; *кр. ф.* смел, смела́, сме́ло
смельча́к, -а́
сме́на, -ы
сменённый; *кр. ф.* -ён, -ена́ (*от* смени́ть)
смени́ть(ся), сменю́(сь), сме́нит(ся)
сме́нность, -и
сме́нно-су́точный
сме́нный
сменове́ховец, -вца
сменове́ховский
сменове́ховство, -а
сме́нщик, -а
сме́нщица, -ы
сменя́емость, -и
сменя́емый
сме́нянный (*от* сменя́ть)
сменя́ть(ся), -я́ю(сь), -я́ет(ся)
смерд, -а
смерде́ть, -ржу́, -рди́т
сме́ренный
смерза́ть(ся), -а́ю, -а́ет(ся)
смёрзнуть(ся), -ну, -нет(ся); *прош.* смёрз(ся), смёрзла(сь)
смёрзший(ся)
сме́рить(ся), -рю(сь), -рит(ся) и -ряю(сь), -ряет(ся)
смерка́ться, -а́ется
сме́ркнуться, -нется; *прош.* сме́рклось
смеро́к, -рка́
смерте́льно больно́й
смерте́льный
сме́ртник, -а
сме́ртность, -и
сме́ртный
смертоно́сный
смертоуби́йственный; *кр. ф.* -вен, -венна
смертоуби́йство, -а
смерть, -и, *мн.* -и, -е́й
смерч, -а
смерчево́й
смесеобразова́ние, -я
смеси́тель, -я
смеси́тельный
смеси́ть, смешу́, сме́сит
сме́ска, -и
с ме́ста в карье́р
с ме́ста на ме́сто
смести́, смету́, сметёт; *прош.* смёл, смела́
смести́ть(ся), смещу́(сь), смести́т(ся)
смесь, -и
сме́та, -ы
смета́нник, -а
смета́нница, -ы
смета́нный (*от* смета́на)
смётанный (*от* смета́ть)
смета́ть¹, -а́ю, -а́ет, *сов.* (о шитье)

СМЕ

смета́ть², смечу́, сме́чет, *сов.* (стог)
смета́ть(ся), -а́ю, -а́ет(ся), *несов.* (к смести́)
сметённый; *кр. ф.* -ён, -ена́ (*от* смести́)
смётка, -и
сме́тливость, -и
сме́тливый
смётно-фина́нсовый
сметну́ть, -нёт
сме́тный
сме́тчик, -а
смётший
смётывать(ся), -аю, -ает(ся)
сметь, сме́ю, сме́ет
смех, -а и -у
смехота́, -ы́
смехотво́рец, -рца
смехотво́рный
сме́шанный (*от* смеша́ть)
смеша́ть(ся), -а́ю(сь), -а́ет(ся)
смеше́ние, -я
сме́шенный (*от* смеси́ть)
сме́шиваемость, -и
сме́шивание, -я
сме́шивать(ся), -аю(сь), -ает(ся)
смеши́нка, -и
смеши́ть, -шу́, -ши́т
смешли́вость, -и
смешли́вый
смешно́й; *кр. ф.* -шо́н, -шна́
смешо́к, -шка́
смеща́ть(ся), -а́ю(сь), -а́ет(ся)
смеще́ние, -я
смещённый; *кр. ф.* -ён, -ена́
смея́ться, смею́сь, смеётся
сми́гивать(ся), -аю(сь), -ает(ся)
смигну́ть(ся), -ну́(сь), -нёт(ся)
сми́ловаться, -луюсь, -луется
смилостиви́ться, -влюсь, -вится
смина́ть(ся), -а́ю, -а́ет(ся)
с мину́ты на мину́ту
смире́на, -ы, *м. и ж.*
смире́ние, -я
смире́нник, -а
смире́нница, -ы
смире́нничать, -аю, -ает
смиренному́дрие, -я
смиренному́дрый
смире́нность, -и
смире́нный; *кр. ф.* -рен, -ре́нна, *прил.*
смирённый; *кр. ф.* -ён, -ена́, *прич.*
смире́нство, -а
смири́тель, -я
смири́тельный
смири́ть(ся), -рю́(сь), -ри́т(ся)
сми́рна, -ы
сми́рненький; *кр. ф.* -енек, -енька
смирне́ть, -е́ю, -е́ет
сми́рный; *кр. ф.* -рен и -рён, -рна́, -рно
смиря́ть(ся), -я́ю(сь), -я́ет(ся)
смла́да и смладу́
смог, -а (туман)
смо́гший (*от* смочь)
смодели́ровать, -рую, -рует
смока́ть, -а́ю, -а́ет
смо́ква, -ы
смо́кинг, -а
смо́кнуть, -ну, -нет; *прош.* смок, смо́кла

СМО

смоко́вница, -ы
смоко́вничий, -ья, -ье
смоко́вный
смо́кший (*от* смо́кнуть)
смола́, -ы́, *мн.* смо́лы, смол
сма́лачивать(ся), -аю, -ает(ся)
смолёвка, -и
смолево́й
смоле́ние, -я
смолённый; *кр. ф.* -ён, -ена́, *прич.*
смолёный, *прил.*
смоли́стость, -и
смоли́стый
смоли́ть(ся), -лю́, -ли́т(ся)
смо́лка, -и
смолка́ть, -а́ю, -а́ет
смо́лкнувший
смо́лкнуть, -ну, -нет; *прош.* смолк и смо́лкнул, смо́лкла
смо́лкший
смолова́р, -а
смолова́ренный
смолова́рня, -и, *р. мн.* -рен
смологон, -а
смологонный
смо́лоду
смолоку́р, -а
смолоку́рение, -я
смолоку́ренный
смолоку́рня, -и, *р. мн.* -рен
смолоно́сный
смолообразова́ние, -я
смолоперего́нный
смолосемя́нник, -а
смолотече́ние, -я
смолоти́ть, -очу́, -о́тит
с молотка́
смо́лотый
смоло́ть(ся), смелю́, сме́лет(ся)
смолоче́нный
смолча́ть, -чу́, -чи́т
смоль, -и
смолье́, -я́
смо́льный
смоляни́стый
смоля́нка, -и
смоляно́й
смонти́рованный
смонти́ровать, -рую, -рует
смора́живать(ся), -ает(ся)
сморгну́ть, -ну́, -нёт
сморённый; *кр. ф.* -ён, -ена́
смори́ть(ся), -рю́(сь), -ри́т(ся)
сморка́ние, -я
сморка́ть(ся), -а́ю(сь), -а́ет(ся)
сморка́ч, -а́
сморкну́ть(ся), -ну́(сь), -нёт(ся)
сморку́н, -а́
сморо́да, -ы
сморо́дина, -ы
сморо́динка, -и
сморо́динник, -а
сморо́динный
сморо́диновка, -и
сморо́диновый
сморо́женный
сморо́зить, -о́жу, -о́зит
сморчко́вый
сморчо́к, -чка́
смо́рщенный
смо́рщивать(ся), -аю(сь), -ает(ся)
смо́рщить(ся), -щу(сь), -щит(ся)

СМО

смо́танный
смота́ть(ся), -а́ю(сь), -а́ет(ся)
смо́тка, -и
смотр, -а, *предл.* на смо́тре, *мн.* -ы, -ов (общественная проверка) и *предл.* на смотру́, *мн.* -ы́, -о́в (парад)
смо́тренный
смотре́ть(ся), смотрю́(сь), смо́трит(ся)
смотри́ны, -и́н
смотри́тель, -я, *мн.* -и, -ей
смотри́тельница, -ы
смотри́тельский
смотрово́й
смо́тчик, -а
смо́ченный
смочи́ть(ся), смочу́(сь), смо́чит(ся)
смочь, смогу́, смо́жет, смо́гут; *прош.* смог, смогла́
смоше́нничать, -аю, -ает
смрад, -а
сму́дный
смугле́ть, -е́ю, -е́ет
смуглова́тый
смуглоли́цый
сму́глость, -и
смуглота́, -ы́
сму́глый; *кр. ф.* смугл, смугла́, сму́гло
смугля́к, -а́
смугля́нка, -и
смудри́ть, -рю́, -ри́т
смудрова́ть, -ру́ю, -ру́ет
сму́рый; *кр. ф.* смур, смура́, сму́ро
сму́та, -ы
смути́тель, -я
смути́ть(ся), смущу́(сь), смути́т(ся)
сму́тный; *кр. ф.* -тен, -тна́, -тно
смутья́н, -а
смутья́нить, -ню, -нит
смутья́нка, -и
смутья́нский
смутья́нство, -а
сму́шка, -и
сму́шковый
смуща́ть(ся), -а́ю(сь), -а́ет(ся)
смуще́ние, -я
смущённый; *кр. ф.* -ён, -ена́
смыв, -а
смыва́ние, -я
смыва́ть(ся), -а́ю(сь), -а́ет(ся)
смы́вка, -и
смывно́й
смы́вочный
смык, -а
смыка́ть(ся), -а́ю(сь), -а́ет(ся)
смы́лки, -ов
смысл, -а
смы́слить, -лю, -лит
смыслово́й
смы́тый
смы́ть(ся), смо́ю(сь), смо́ет(ся)
смы́чка, -и
смычко́вый
смы́чно-горта́нный
смы́чный
смычо́к, -чка́
смышлёность, -и
смышлёный
смышля́ть, -я́ю, -я́ет
смягча́ть(ся), -а́ю(сь), -а́ет(ся)
смягча́ющий(ся)

СМЯ

смягче́ние, -я
смягчённый; *кр. ф.* -ён, -ена́
смягчи́тель, -я
смягчи́тельный
смягчи́ть(ся), -чу́(сь), -чи́т(ся)
смяка́ть, -а́ю, -а́ет (*к* смя́кнуть)
смя́кнуть, -ну, -нет; *прош.* смяк, смя́кла
смя́кший
смяте́ние, -я
смяте́нность, -и
смяте́нный; *кр. ф.* -ён, -ена́
смя́тый
смя́ть(ся), сомну́, сомнёт(ся)
снабди́ть(ся), снабжу́(сь), снабди́т(ся)
снабжа́ть(ся), -а́ю(сь), -а́ет(ся)
снабже́нец, -нца
снабже́ние, -я
снабжённый; *кр. ф.* -ён, -ена́
снабже́нческий
снабже́нческо-сбытово́й
сна́добье, -я, *р. мн.* -бий
сна́йпер, -а, *мн.* -ы, -ов
сна́йперский
сна́йперство, -а
снайто́вить, -о́влю, -о́вит
снайто́вленный
с налёта и с налёту
нару́жи
снаря́д, -а
снаряди́ть(ся), -яжу́(сь), -яди́т(ся)
снаря́дный
снаря́довый
снаряжа́ть(ся), -а́ю(сь), -а́ет(ся)
снаряже́ние, -я
снаряжённый; *кр. ф.* -ён, -ена́
с наско́ка и с наско́ку
с насме́шкой
снасти́ть(ся), снащу́, снасти́т(ся)
сна́сточка, -и
снасть, -и, *мн.* -и, -е́й
снача́ла, *нареч.* (снача́ла отдохни́)
с нача́ла до конца́
сна́шивать(ся), -аю, -ает(ся)
снег, -а и -у, *предл.* о сне́ге, в снегу́, на снегу́, *мн.* -а́, -о́в
снеги́рь, -я́
снегоболотохо́д, -а
снегова́л, -а
снегова́ние, -я
снегово́й
снегозадержа́ние, -я
снегозаде́рживающий
снегозащи́та, -ы
снегозащи́тный
снеголави́нный
снеголо́м, -а
снегоме́р, -а
снегоме́рный
снегонакопле́ние, -я
снегообра́зный
снегоочисти́тель, -я
снегоочисти́тельный
снегоочи́стка, -и
снегопа́д, -а
снегопа́х, -а
снегопогру́зчик, -а
снегоподо́бный
снегоступы́, -о́в
снеготая́лка, -и
снеготая́ние, -я

СНЕ

снеготранспортёр, -а
снегоубо́рка, -и
снегоубо́рочный
снегоубо́рщик, -а
снегохо́д, -а
снегу́рка, -и
снегу́рочка, -и
снеда́емый
снеда́ть(ся), -а́ю, -а́ет(ся), *несов.*
снедь, -и
снежи́на, -ы
снежи́нка, -и
снежи́ть, -и́т
сне́жник, -а́
снежни́ца, -ы
сне́жно-бе́лый
снежноя́годник, -а
сне́жный
снежо́к, -жка́ и -жку́
снежура́, -ы́
с непривы́чки
снесе́ние, -я
снесённый; *кр. ф.* -ён, -ена́
снести́(сь), -су́(сь), -сёт(ся); *прош.* снёс(ся), снесла́(сь)
снёсший(ся)
снетко́вый
снето́к, -тка́
снетосуши́льный
сното́чек, -чка
сното́чный
снивели́рованный
снивели́ровать, -рую, -рует
снижа́ть(ся), -а́ю(сь), -а́ет(ся)
сниже́ние, -я
сни́женный
сни́занный
сниза́ть(ся), снижу́, сни́жет(ся)
сни́зить(ся), сни́жу(сь), сни́зит(ся)
снизойти́, -йду́, -йдёт; *прош.* -ошёл, -ошла́
снизоше́дший
сни́зу, *нареч.*
сни́зу до́верху
сни́зывать(ся), -аю, -ает(ся)
сника́ть, -а́ю, -а́ет
сни́кнувший
сни́кнуть, -ну, -нет; *прош.* сник, сни́кла
сни́кший
снима́ние, -я
снима́ть(ся), -а́ю(сь), -а́ет(ся)
сни́мка, -и
сни́мок, -мка
сни́мочный
сни́сканный
сниска́ть, снищу́, сни́щет
сни́скивать(ся), -аю, -ает(ся)
снисходи́тельность, -и
снисходи́тельный
снисходи́ть, -ожу́, -о́дит
снисхожде́ние, -я
снише́дший
сни́ться, снюсь, сни́тся
сноб, -а
сноби́зм, -а
сноби́стский
сно́ва
снова́лка, -и
снова́льный
снова́льщик, -а
снова́льщица, -ы

СНО

снова́ние, -я
снова́ть(ся), сную́(сь), снуёт(ся)
сновиде́ние, -я
snovи́дец, -дца
сновиди́ца, -ы
сно́вка, -и
сногсшиба́тельный
сноп, -а́
сно́пик, -а
snopови́дный
snopо́вка, -и
снопово́з, -а
snopо́вый
snopовя́з, -а
snopовяза́лка, -и
snopовяза́льный
snopо́к, -пка́
snopообра́зный
snopоподава́тель, -я
snopоподъёмник, -а
snopосуши́лка, -и
snopо́чек, -чка
сноровистый
снорови́ть, -влю́, -ви́т
сноро́вка, -и
снос, -а и -у
сноси́ть(ся), сношу́(сь), сно́сит(ся)
сно́ска, -и
сно́сный
снотво́рный
снотолкова́тель, -я
сноха́, -и́, мн. сно́хи, сно́х
сноха́ч, -а́
сноха́ческий
сноха́чество, -а
сноше́ние, -я
сно́шенный
сну́лый
сныть, -и
сныч, -а́
снюхаться, -аюсь, -ается
сню́хиваться, -аюсь, -ается
сня́тие, -я
снято́й, прил.
сня́тый; кр. ф. снят, снята́, сня́то, прич.
снять(ся), сниму́(сь), сни́мет(ся); прош. снял(ся), сняла́(сь), сня́ло, сня́ло́сь
со, с, предлог
соа́втор, -а
соа́вторский
соа́вторство, -а
соаре́нда, -ы
соаренда́тор, -а
соба́ка, -и
собакове́д, -а
собакове́дение, -я
собаково́д, -а
собаково́дство, -а
собаково́дческий
собакоголо́вый, -ых
собакообра́зный
собача́та, -а́т
собаче́й, -я
соба́ченька, -и
соба́чий, -ья, -ье
соба́чина, -ы
соба́читься, -чусь, -чится
соба́чища, -и
соба́чка, -и
соба́чник, -а

СОБ

соба́чница, -ы
собачо́нка, -и
собезья́нничать, -аю, -ает
собе́с, -а
собесе́дник, -а
собесе́дница, -ы
собесе́дование, -я
собе́совский
собира́ние, -я
собира́тель, -я
собира́тельница, -ы
собира́тельный
собира́тельство, -а
собира́ть(ся), -а́ю(сь), -а́ет(ся)
собко́р, -а
собко́ровский
соблаговоли́ть, -лю́, -ли́т
соблаговоля́ть, -я́ю, -я́ет
собла́зн, -а
соблазнённый; кр. ф. -ён, -ена́
соблазни́тель, -я
соблазни́тельница, -ы
соблазни́тельный
соблазни́ть(ся), -ню́(сь), -ни́т(ся)
соблазня́ть(ся), -я́ю(сь), -я́ет(ся)
соблюда́ть(ся), -а́ю, -а́ет(ся)
соблюде́ние, -я
соблюдённый; кр. ф. -ён, -ена́
соблю́дший
соблюсти́, -юду́, -юдёт; прош. -ю́л, -юла́
соболево́д, -а
соболево́дство, -а
соболево́дческий
соболе́знование, -я
соболе́зновать, -ную, -нует
соболёк, -лька́
соболёнок, -нка, мн. -ля́та, -ля́т
собо́лий, -ья, -ье
собо́линый
со́боль, -я, мн. -и, -ей и (о мехе) -я́, -е́й
соболю́шка, -и
соболя́тник, -а
собо́р, -а
собо́рный
собо́рование, -я
собо́рованный
собо́ровать(ся), -рую(сь), -рует(ся)
соборя́нин, -а, мн. -я́не, -я́н
собра́ние, -я
со́бранность, -и
со́бранный; кр. ф. прич. -ан, -ана; кр. ф. прил. -ан, -анна
собра́ньице, -а
собра́т, -а, мн. собра́тья, -ий и -ьев
собра́ть(ся), -беру́(сь), -берёт(ся); прош. -а́л(ся), -ала́(сь), -а́ло, -а́ло́сь
со́бственник, -а
со́бственница, -ы
со́бственнический
со́бственно
со́бственно-возвра́тный
со́бственноли́чный
со́бственнору́чный
со́бственность, -и
со́бственный
собуты́льник, -а
собуты́льничать, -аю, -ает
собы́тие, -я
собы́тийный
сова́, -ы́, мн. со́вы, сов.
сова́ть(ся), сую́(сь), суёт(ся)

СОВ

совде́п, -а
совёнок, -нка, мн. совя́та, совя́т
соверше́н, -а
соверша́ть(ся), -а́ю, -а́ет(ся)
соверше́ние, -я
совершенноле́тие, -я
совершенноле́тний
соверше́нный; кр. ф. -е́нен, -е́нна, прил.
совершённый; кр. ф. -ён, -ена́, прич.
соверше́нство, -а
соверше́нствование, -я
соверше́нствованный
соверше́нствовать(ся), -твую(сь), -твует(ся)
соверши́ть(ся), -шу́, -ши́т(ся)
со́вестить(ся), -ещу(сь), -естит(ся)
со́вестливость, -и
со́вестливый
со́вестно
со́вестный
со́весть, -и
сове́т, -а
советиза́ция, -и
советизи́рованный
советизи́ровать(ся), -рую, -рует(ся)
сове́тник, -а
сове́тница, -ы
сове́тничий, -ья, -ье
сове́товать(ся), -тую(сь), -тует(ся)
советода́тель, -я
совето́лог, -а
сове́тский
сове́тско-америка́нский
сове́тско-болга́рский
сове́тско-кита́йский
сове́тско-по́льский
сове́тско-францу́зский
сове́тско-япо́нский
сове́тчик, -а
сове́тчица, -ы
сове́ть, -е́ю, -е́ет
совеща́ние, -я
совеща́тельный
совеща́ться, -а́юсь, -а́ется
сови́к, -а́
совино́вность, -и
совино́вный
сови́ный
со́вка, -и
со́вкий; кр. ф. со́вок, совка́, со́вко
совко́вый
совлада́ть, -а́ю, -а́ет
совладе́лец, -льца
совладе́лица, -ы
совладе́ние, -я
совладе́ть, -е́ю, -е́ет
совлады́чество, -а
совлека́ть(ся), -а́ю, -а́ет(ся)
совлёкший(ся)
совлече́ние, -я
совлечённый; кр. ф. -ён, -ена́
совле́чь(ся), -еку́, -ечёт(ся), -еку́т(ся); прош. -ёк(ся), -екла́(сь)
совмести́мость, -и
совмести́мый
совмести́тель, -я
совмести́тельница, -ы
совмести́тельский
совмести́тельство, -а
совмести́тельствовать, -твую, -твует

СОВ

совмести́ть(ся), -ещу́, -ести́т(ся)
совме́стник, -а
совме́стница, -ы
совме́стный
совеща́ть(ся), -а́ю, -а́ет(ся)
совеще́ние, -я
совещённый; кр. ф. -ён, -ена́
совнарко́м, -а
совнарко́мовский
совнархо́з, -а
совнархо́зовский
сово́к, совка́
совокупи́ть(ся), -плю́(сь), -пи́т(ся)
совокупле́ние, -я
совокуплённый; кр. ф. -ён, -ена́
совокупля́ть(ся), -я́ю(сь), -я́ет(ся)
совоку́пность, -и
совоку́пный
сово́чек, -чка
совпа́вший
совпада́ть, -а́ет
совпаде́ние, -я
совпартшко́ла, -ы
совпа́сть, -адёт; прош. -а́л, -а́ла
со́бранный
соврати́тель, я
соврати́тельница, -ы
соврати́ть(ся), -ащу́(сь), -ати́т(ся)
совра́ть, -ру́, -рёт; прош. -а́л, -ала́, -а́ло
совраща́ть(ся), -а́ю(сь), -а́ет(ся)
совраще́ние, -я
совращённый; кр. ф. -ён, -ена́
со вре́менем
совреме́нник, -а
совреме́нница, -ы
совреме́нность, -и
совреме́нный; кр. ф. -е́нен, -е́нна
совсе́м, нареч. (совсе́м не по́нял)
совхо́з, -а
совхо́зно-колхо́зный
совхо́зный
согбе́нный; кр. ф. -ён, -е́нна
согди́йский
согди́йцы, -ев
со́гды, -ов
согла́сие, -я
согласи́тельный
согласи́ть(ся), -ашу́(сь), -аси́т(ся)
согла́сная, -ой (буква)
согла́сно (чему, с чем)
согла́сный, прил.
согла́сный, -ого (звук)
согласова́ние, -я
согласо́ванность, -и
согласо́ванный
согласова́ть(ся), -су́ю, -су́ет(ся)
согласо́вывать(ся), -аю, -ает(ся)
соглаша́тель, -я
соглаша́тельница, -ы
соглаша́тельский
соглаша́тельство, -а
соглаша́ть(ся), -а́ю(сь), -а́ет(ся)
соглаше́ние, -я
соглашённый; кр. ф. -ён, -ена́
согляда́тай, -я
согляда́тайствовать, -твую, -твует
со́гнанный
согна́ть, сгоню́, сго́нит; прош. -а́л, -ала́, -а́ло
со́гнутый
согну́ть(ся), -ну́(сь), -нёт(ся)

СОГ

согражданн́н, -а, мн. -а́ждане, -а́ждан
согра́жданка, -и
согре́в, -а
согрева́ние, -я
согрева́тельный
согрева́ть(ся), -а́ю(сь), -а́ет(ся)
согрева́ющий(ся)
согре́тый
согре́ть(ся), -е́ю(сь), -е́ет(ся)
согреша́ть, -а́ю, -а́ет
согреше́ние, -я
согреши́ть, -шу́, -ши́т
со́да, -ы
содали́т, -а
содвига́ть(ся), -а́ю(сь), -а́ет(ся)
содви́нуть(ся), -ну(сь), -нет(ся)
соде́йствие, -я
соде́йствовать, -твую, -твует
содержа́ние, -я
содержа́нка, -и
соде́ржанный
содержа́тель, -я
содержа́тельница, -ы
содержа́тельность, -и
содержа́тельный
содержа́ть(ся), -ержу́(сь), -е́ржит(ся)
содержа́щий(ся)
содержи́мое, -ого
содержи́мый
соде́янный
соде́ять(ся), -е́ю, -е́ет(ся)
со дня́ на́ день
содоваре́ние, -я
со́довый
содокла́д, -а
содокла́дчик, -а
содо́м, -а
содоми́я, -и
содо́мский
со́дранный
содра́ть(ся), сдеру́, сдерёт(ся); прош. -а́л(ся), -ала́(сь), -а́ло, -ало́сь
содрога́ние, -я
содрога́ться, -а́юсь, -а́ется
содрогну́ться, -ну́сь, -нётся
содру́жество, -а
со́евый
соедине́ние, -я
соединённый; кр. ф. -ён, -ена́
соедини́мый
соедини́тель, -я
соединительноткáнный
соедини́тельный
соедини́ть(ся), -ню́(сь), -ни́т(ся)
соединя́ть(ся), -я́ю(сь), -я́ет(ся)
сожале́ние, -я
сожале́ть, -е́ю, -е́ет
сожже́ние, -я
сожжённый; кр. ф. -ён, -ена́
сожи́тель, -я
сожи́тельница, -ы
сожи́тельство, -а
сожи́тельствовать, -твую, -твует
сожи́тие, -я
сожму́ренный
сожму́рить(ся), -рю(сь), -рит(ся)
со́жранный
сожра́ть, -ру́, -рёт; прош. -а́л, -ала́, -а́ло

СОЗ

созастро́йщик, -а
созва́ниваться, -аюсь, -ается
со́званный
созва́ть, созову́, созовёт; прош. -а́л, -ала́, -а́ло
созве́здие, -я
созвони́ться, -ню́сь, -ни́тся
созву́чие, -я
созву́чный
создава́ть(ся), -даю́, -даёт(ся)
созда́ние, -я
со́зданный; кр. ф. -ан, со́здана́, -ано
созда́ньице, -а
созда́тель, -я
созда́тельница, -ы
созда́ть(ся), -а́м, -а́шь, -а́ст(ся), -ади́м, -ади́те, -аду́т(ся); прош. со́здал, созда́л(ся), создала́(сь), со́здало, создало́сь
созерца́ние, -я
созерца́тель, -я
созерца́тельница, -ы
созерца́тельность, -и
созерца́тельный
созерца́ть(ся), -а́ю, -а́ет(ся)
созида́ние, -я
созида́тель, -я
созида́тельный
созида́ть(ся), -а́ю, -а́ет(ся)
со зла́
сознава́ть(ся), -наю́(сь), -наёт(ся)
созна́ние, -я
со́знанный
созна́тельность, -и
созна́тельный
созна́ть(ся), -а́ю(сь), -а́ет(ся)
созорнича́ть, -а́ю, -а́ет
созрева́ние, -я
созрева́ть, -а́ю, -а́ет
созре́ть, -е́ю, -е́ет
созы́в, -а
созыва́ть(ся), -а́ю, -а́ет(ся)
соизволе́ние, -я
соизво́лить, -лю, -лит
соизволя́ть, -я́ю, -я́ет
соизда́тель, -я
соизмери́мый
соизме́рить, -рю, -рит
соизмеря́ть(ся), -я́ю, -я́ет(ся)
соиме́нник, -а
соиме́нница, -ы
соиме́нный
соиска́ние, -я
соиска́тель, -я
соиска́тельница, -ы
соиска́тельство, -а
соисте́ц, -тца́
сойти́е, -я
со́йка, -и
сойти́(сь), сойду́(сь), сойдёт(ся); прош. сошёл(ся), сошла́(сь)
сок, -а и -у, предл. в со́ке и в соку́, мн. -и, -ов
сока́мерник, -а
сокова́рка, -и
соковыжима́лка, -и
соковыжима́тель, -я
со́ковый
со́кол, -а, мн. -ы, -ов
соколёнок, -нка, мн. -ля́та, -ля́т
соколе́ц, -льца́

СОК

соко́лий, -ья, -ье
соко́лик, -а
соколи́ный
соколи́ха, -и
соколо́к, -лка́
соко́льник, -а
соко́льничий, -его
соколя́тник, -а
сокоотжима́лка, -и
сократи́мость, -и
сократи́мый
сократи́тельность, -и
сократи́тельный
сократи́ть(ся), -ащу́, -ати́т(ся)
сокраща́ть(ся), -а́ю, -а́ет(ся)
сокраще́ние, -я
сокращённый; кр. ф. -ён, -ена́
сокреди́тор, -а
сокрове́нный; кр. ф. -ве́н, -ве́нна
сокро́вище, -а
сокро́вищница, -ы
сокруша́ться, -а́ю(сь), -а́ет(ся)
сокруша́ющий(ся)
сокруше́ние, -я
сокрушённый; кр. ф. -ён, -ена́
сокруши́тель, -я
сокруши́тельный
сокруши́ть(ся), -шу́, -ши́т(ся)
сокры́тие, -я
сокры́тый
сокры́ть(ся), -кро́ю(сь), -кро́ет(ся)
соку́рсник, -а
соку́рсница, -ы
солани́н, -а
со́лганный
солга́ть, -лгу́, -лжёт, -лгу́т; прош. -а́л, -ала́, -а́ло
солда́т, -а
солда́тик, -а
солда́тка, -и
солдатня́, -и́
солда́тский
солда́тство, -а
солда́тушки, -шек
солда́тчина, -ы
солдатьё, -я́
солдафо́н, -а
солдафо́нский
солдафо́нство, -а
солева́р, -а
солеваре́ние, -я
солева́ренный
солева́рный
солева́рня, -и, р. мн. -рен
солево́з, -а
солево́й
солевыно́сливый
соледобыва́ющий
соледобы́тчик, -а
солело́мня, -и, р. мн. -мен
солеме́р, -а
соле́ние, -я (действие)
соле́нный, прич.
солено́ид, -а
солёно-ки́слый
солёно-копчёный
солёно-марино́ванный
солёно-сла́дкий
солёность, -и
солёный; кр. ф. со́лон, солона́, со́лоно, прил.
соле́нье, -я, р. мн. -ний (продукт)

СОЛ

солепромы́шленник, -а
солепромы́шленность, -и
солераствори́тель, -я
солесодержа́ние, -я
солесо́с, -а
солесто́йкий
солесто́йкость, -и
солеусто́йчивость, -и
солеусто́йчивый
солеци́зм, -а
солея́, -и́
солидариза́ция, -и
солидаризи́роваться, -руюсь, -руется
солидаризова́ться, -зу́юсь, -зу́ется
солида́рность, -и
солида́рный
соли́дничать, -аю, -ает
соли́дность, -и
соли́дный
солидо́л, -а
солидолонагнета́тель, -я
соли́льный
соли́льня, -и, р. мн. -лен
солипси́зм, -а
солипси́ст, -а
солипси́ческий
соли́ровать, -рую, -рует
соли́ст, -а
соли́стка, -и
солите́р, -а (брильянт)
солитёр, -а (червь)
соли́ть(ся), солю́, со́лит(ся)
со́лка, -и
со́лкий
со́ллюкс, -а
со́лнечник, -а
со́лнечность, -и
со́лнечный
солнопёк, -а
со́лнце, -а
солнцеворо́т, -а
солнцезащи́тный
солнцелече́ние, -я
солнцелюби́вый
солнцеобра́зный
солнцепёк, -а
солнцепокло́нник, -а
солнцепокло́нничество, -а
солнцестоя́ние, -я
со́лнышко, -а
со́ло, неизм. и нескл., с.
солове́й, -вья́
со́ло-ве́ксель, -я
солове́ть, -е́ю, -е́ет
соловёюшка, -и, м.
со́ловка, -и
соло́вушек, -шка
соло́вушка, -и, м.
соло́вый
соловьёнок, -нка, мн. -вья́та, -вья́т
соловьи́ный
соловьи́ха, -и
со́лод, -а
соло́делый
солоде́ть, -е́ет (превращаться в солод)
солоди́льный
солоди́льня, -и, р. мн. -лен
солоди́ть, -ожу́, -оди́т (что)
солоди́ться, -и́тся
соло́дка, -и

СОЛ

солодко́вый
солодо́венный
солодо́вня, -и, р. мн. -вен
солодо́вый
солододроби́лка, -и
соложе́ние, -я
соложённый; кр. ф. -ён, -ена́, прич.
соложёный, прил.
соло́ма, -ы
соло́менник, -а
соло́менно-жёлтый
соло́менный
соло́мина, -ы
соло́минка, -и
соло́мисто-мяки́нный
соло́мистый
соломи́т, -а
соломи́товый
соло́мка, -и
соломокопни́тель, -я
соломокру́тка, -и
соломоподъёмник, -а
соломопре́сс, -а
соломоре́зка, -и
соломосилосоре́зка, -и
соломотранспортёр, -а
соломотря́с, -а
со́лон, солона́, со́лоно
солоне́ть, -е́ет
солоне́ц, -нца́
солони́на, -ы
солони́нный
соло́ница, -ы
соло́нка, -и
солонова́тый
солонцева́тый
солонцо́вый
солонча́к, -а́
солончако́вый
соло́щий
соль¹, -и, мн. -и, -е́й
соль², нескл., с. (нота)
сольвата́ция, -и
сольве́нт-на́фта, -ы
со́льдо, нескл., с.
сольмиза́ция, -и
со́льный
сольфе́джио и сольфе́джо, нескл., с.
сольца́, -ы́
соля́ная кислота́
соля́нка, -и
соляно́й
солянокислый (к соля́ная кислота́)
соляриза́ция, -и
соля́рий, -я
соляри́метр, -а
соля́рка, -и
соля́рный
соля́ровое ма́сло
сом, -а́
со́ма, -ы
сомали́ец, -и́йца
сомали́йка, -и
сомали́йский
somatи́ческий
соматоге́нный
соматоло́гия, -и
соматометри́я, -и
соматопле́вра, -ы
соматоскопи́я, -и
сомбре́ро, нескл., с.

сомёнок, -нка, мн. сомята, сомят
сомина, -ы, м.
соминый
сомкнутый
сомкнуть(ся), -ну, -нёт(ся)
сомлеть, -ею, -еет
сомнамбул, -а
сомнамбула, -ы, м. и ж.
сомнамбулизм, -а
сомнамбулический
сомневаться, -аюсь, -ается
сомнение, -я
сомнительный
сомножитель, -я
сомо, неизм.
сомовий, -ья, -ье
сомовина, -ы
сомон, неизм.
сомчать, -чу, -чит
сон, сна
сонаниматель, -я
сонант, -а
сонаследник, -а
сонаследница, -ы
сонаследовать, -дую, -дует
соната, -ы
сонатина, -ы
сонатный
сонет, -а
сонетка, -и
сонетный
соника, нареч.
сонливец, -вца
сонливица, -ы
сонливость, -и
сонливый
сонм, -а
сонмище, -а
сонник, -а
сонный
сонорный
сон-трава, -ы
сонь, -и
соня, -и, м. и ж.
соображать(ся), -аю(сь), -ает(ся)
соображение, -я
соображённый; кр. ф. -ён, ена
сообразительность, -и
сообразительный
сообразить(ся), -ажу(сь), -азит(ся)
сообразно (чему, с чем)
сообразность, -и
сообразный
сообразованный
сообразовать(ся), -зую(сь), -зует(ся)
сообразовывать(ся), -аю(сь), -ает(ся)
сообща
сообщать(ся), -аю(сь), -ает(ся)
сообщение, -я
сообщённый; кр. ф. -ён, -ена
сообщество, -а
сообщительный
сообщить(ся), -щу, -щит(ся)
сообщник, -а
сообщница, -ы
сообщнический
сообщничество, -а
соопекун, -а
соорудить(ся), -ужу, -удит(ся)
сооружать(ся), -аю, -ает(ся)

сооружение, -я
сооружённый; кр. ф. -ён, -ена
соосаждение, -я
соосный
соответственно
соответственный; кр. ф. -вен, -венна
соответствие, -я
соответствовать, -твую, -твует
соответствующий
соответчик, -а
соответчица, -ы
соотечественник, -а
соотечественница, -ы
соотечественный
соотнесение, -я
соотнесённый; кр. ф. -ён, ена
соотнести, -су, -сёт; прош. -ёс, -есла
соотнёсший
соотносительный
соотносить(ся), -ошу, -осит(ся)
соотношение, -я
соотчич, -а
сопатка, -и
сопатый (к сопеть)
сопелка, -и
сопель, -и
сопение, -я
сопереживать, -аю, -ает
соперник, -а
соперница, -ы
соперничать, -аю, -ает
соперничество, -а
соперничествовать, -твую, -твует
сопеть, -плю, -пит
сопка, -и
соплеменник, -а
соплеменница, -ы
соплеменный
сопли, -ей, ед. сопля, -и
сопливец, -вца
сопливица, -ы
сопливый
сопло, -а, мн. сопла, сопл и сопел
сопловой и сопловый
соплодие, -я
сопляк, -а
соподчинение, -я
соподчинённый; кр. ф. -ён, -ена
соподчинительный
соподчинить, -ню, -нит
соподчинять(ся), -яю, -яет(ся)
сополимер, -а
сопор, -а
сопорозный
сопоставимый
сопоставительный
сопоставить(ся), -влю, -вит(ся)
сопоставление, -я
сопоставленный
сопоставлять(ся), -яю, -яет(ся)
сопостановщик, -а
сопочный
соправитель, -я
сопранный
сопрано, нескл., с. (голос) и ж. (певица)
сопрановый
сопревать, -ает
сопредельный
сопрелый

сопреть, -ею, еет
соприкасаться, -аюсь, -ается
соприкосновение, -я
соприкосновенный; кр. ф. -венен, -венна
соприкоснуться, -нусь, -нётся
соприсутствие, -я
соприсутствовать, -твую, -твует
сопричастный
сопричесть, -чту, -чтёт; прош. -чёл, -чла
сопричисленный
сопричислить, -лю, -лит
сопричислять(ся), -яю, -яет(ся)
сопричтённый; кр. ф. -ён, -ена
сопроводиловка, -и
сопроводитель, -я
сопроводительница, -ы
сопроводительный
сопроводить, -ожу, -одит
сопровождать(ся), -аю, -ает(ся)
сопровождающий, -его
сопровождение, -я
сопровождённый; кр. ф. -ён, ена
сопромат, -а
сопротивление, -я
сопротивляемость, -и
сопротивляться, -яюсь, -яется
сопрягать(ся), -аю, -ает(ся)
сопрягший(ся)
сопряжение, -я
сопряжённый; кр. ф. -ён, -ена
сопрячь(ся), -ягу(сь), -яжёт(ся); -ягут(ся); прош. -яг(ся), -ягла(сь)
сопун, -а (к сопеть)
сопунья, -и, р. мн. -ний
сопутный
сопутствовать, -твую, -твует
сопутствующий
сор, -а и -у
соразмерение, -я
соразмеренный
соразмерить, -рю, -рит
соразмерно (с чем)
соразмерность, -и
соразмерный
соразмерять(ся), -яю, -яет(ся)
соратник, -а
соратница, -ы
сорбит, -а
сорбитизация, -и
сорбция, -и
сорванец, -нца
сорванный
сорвать(ся), -ву(сь), -вёт(ся); прош. -ал(ся), -ала(сь), -ало, -алось
сорвиголова, -ы, мн. -головы, -голов
сорганизованный
сорганизовать(ся), -зую, -зует(ся)
сорганизовывать(ся), -аю, -ает(ся)
сорго, нескл., с.
соревнование, -я
соревнователь, -я
соревновательный
соревноваться, -нуюсь, -нуется
соревнующийся
соредактор, -а
сорежиссёр, -а
соригинальничать, -аю, -ает
сориентировать(ся), -рую(сь), -рует(ся)
соринка, -и

СОР

сори́т, -а
сори́ть, -рю́, -ри́т
со́рный
сорня́к, -а́
соро́дич, -а
со́рок, сорока́
соро́ка, -и
сорокаведёрный (40-ведёрный)
сорокагра́дусный (40-гра́дусный)
сорокадне́вный (40-дне́вный)
сорокакопе́ечный (40-копе́ечный)
сорокале́тие (40-ле́тие), -я
сорокале́тний (40-ле́тний)
сорокалитро́вый (40-литро́вый)
сорокаметро́вый (40-метро́вый)
сорокамину́тный (40-мину́тный)
сорокапятиле́тний (45-ле́тний)
сорокапя́тка, -и
сорокарублёвый (40-рублёвый)
сороковины́, -и́н
сорокови́ка, -и
сороково́й
сороконо́жка, -и
сорокопу́т, -а
сорокоу́ст, -а
со́рок сороко́в
сорора́т, -а
соро́чечный
соро́чий, -ья, -ье
сорочи́ны, -и́н
соро́чка, -и
сорт, -а, мн. -а́, -о́в
сорта́мент, -а
сорта́ментный
сортиме́нт, -а
сортиме́нтный
сорти́р, -а
сортирова́льный
сортирова́ние, -я
сортиро́ванный
сортирова́ть(ся), -ру́ю, -ру́ет(ся)
сортиро́вка, -и
сортиро́вочная, -ой
сортиро́вочный
сортиро́вщик, -а
сортиро́вщица, -ы
со́ртность, -и
со́ртный
сортове́дение, -я
сортово́й
сортоиспыта́ние, -я
сортоиспыта́тельный
сортообновле́ние, -я
сортопрока́тка, -и
сортопрока́тный
сортосме́на, -ы
сортоуча́сток, -тка
соса́льце, -а
соса́льщик, -а
соса́ние, -я
со́санный
соса́тельный
соса́ть(ся), сосу́, сосёт(ся)
сосборённый; кр. ф. -ён, -ена́
сосбори́ть, -рю́, -ри́т
сосва́танный
сосва́тать(ся), -аю(сь), -ает(ся)
сосво́дничать, -аю, -ает
сосе́д, -а, мн. -и, -ей
сосе́дить, -дит
сосе́дка, -и
сосе́дний

СОС

сосе́дский
сосе́дственный
сосе́дство, -а
сосе́дствовать, -твую, -твует
сосе́душка, -и, м. и ж.
со́сенка, -и и сосёнка, -и
соси́ска, -и
соси́сочная, -ой
соси́сочный
со́ска, -и
соска́бливать(ся), -аю, -ает(ся)
соска́кивать, -аю, -ает
соска́льзывать, -аю, -ает
соско́б, -а
соскоблённый
соскобли́ть(ся), -облю́, -о́бли́т(ся)
сосковидный
соско́вый
соско́к, -а
соскользну́ть, -ну́, -нёт
соскочи́ть, -очу́, -о́чит
соскреба́ть(ся), -а́ю, -а́ет(ся)
соскребённый; кр. ф. -ён, -ена́
соскрёбший
соскрёбывать(ся), -аю, -ает(ся)
соскрести́, -ребу́, -ребёт; прош. -рёб, -ребла́
соску́читься, -чусь, -чится
сослага́тельное наклоне́ние
со́сланный
сосла́ть(ся), сошлю́(сь), сошлёт(ся)
со́слепа и со́слепу
сосло́вие, -я
сосло́вно-ка́стовый
сосло́вность, -и
сосло́вный
сослу́женный
сослужи́вец, -вца
сослужи́вица, -ы
сослужи́ть, -ужу́, -у́жит
сосна́, -ы́, мн. со́сны, со́сен
сосно́вый
сосну́ть, -ну́, -нёт
сосня́к, -а́
сосняча́к, -чка́
сосо́к, соска́
со́сочек, -чка
со́сочка, -и
со́сочный (от со́ска)
со́сочный (от сосо́к)
сосредото́чение, -я
сосредото́ченность, -и
сосредото́ченный
сосредото́чивать(ся), -аю(сь), -ает(ся)
сосредото́чие, -я
сосредото́чить(ся), -чу(сь), -чит(ся)
соста́в, -а
состави́тель, -я
состави́тельница, -ы
состави́тельский
соста́вить(ся), -влю, -вит(ся)
составле́ние, -я
соста́вленный
составля́ть(ся), -я́ю, -я́ет(ся)
составно́й
состари́ть(ся), -рю(сь), -рит(ся)
состёганный
состега́ть, -а́ю, -а́ет
состёгивать(ся), -аю, -ает(ся)
систи́ранный
состира́ть, -а́ю, -а́ет

СОС

сости́рывать(ся), -аю, -ает(ся)
состоя́ние, -я
состоя́ньице, -а
состоя́тельность, -и
состоя́тельный
состоя́ть(ся), -ою́, -ои́т(ся)
состра́гивать(ся), -аю, -ает(ся)
сострада́ние, -я
сострада́тельный
сострада́ть, -а́ю, -а́ет
со стра́ха и со стра́ху
сострига́ть(ся), -а́ю, -а́ет(ся)
состри́гший
состри́женный
состри́чь, -рю́, -ри́т
состри́чь, -игу́, -ижёт, -игу́т; прош. -и́г, -и́гла
состро́ганный
сострога́ть(ся), -а́ю, -а́ет(ся)
сострогну́тый
сострогну́ть, -ну́, -нёт
постро́енный
состро́ить, -о́ю, -о́ит
состро́ченный
сострочи́ть, -чу́, -чи́т
состру́ганный
сострута́ть(ся), -а́ю, -а́ет(ся)
состру́гивать(ся), -аю, -ает(ся)
состру́гнутый
состру́гнуть, -ну́, -нёт
состру́ненный
состру́нивать(ся), -аю, -ает(ся)
состру́нить, -ню, -нит
состря́панный
состря́пать, -аю, -ает
состыкова́ть(ся), -ку́ю(сь), -ку́ет(ся)
состыко́вка, -и
состяза́ние, -я
состяза́тельный
состяза́ться, -а́юсь, -а́ется
сосу́д, -а
сосу́дик, -а
сосу́дисто-вегетати́вный
сосу́дисто-волокни́стый
сосу́дисто-мозгово́й
сосу́дистый
сосудодви́гательный
сосудорасширя́ющий
сосудосшива́ющий
сосудосу́живающий
сосу́лечка, -и
сосу́лька, -и
сосу́н, -а́
сосуно́к, -нка́
сосуществова́ние, -я
сосуществова́ть, -тву́ю, -тву́ет
сосцеви́дный
сосцы́, -о́в, ед. сосе́ц, сосца́
сосчи́танный
сосчита́ть(ся), -а́ю(сь), -а́ет(ся)
сосчи́тывать(ся), -аю(сь), -ает(ся)
сотворе́ние, -я
сотворённый; кр. ф. -ён, -ена́
сотвори́ть(ся), -рю́, -ри́т(ся)
сотво́рчество, -а
соте́, нескл., с.
соте́йник, -а
со́тенка, -и
со́тенный
сотерн, -а
со́тка, -и
со́тканный

сот

соткать(ся), -тку, -ткёт(ся); *прош.* -а́л(ся), -ала́(сь), -а́ло(сь)
со́ткнутый
соткну́ть(ся), -ну́, -нёт(ся)
сотле́ть, -е́ю, -е́ет
со́тник, -а
со́тня, -и, *р. мн.* со́тен
сотня́га, -и
сотня́жка, -и
сотова́рищ, -а
сотови́дный
со́товый
сотрапе́зник, -а
сотрапе́зничать, -аю, -ает
сотру́дник, -а
сотру́дница, -ы
сотру́дничать, -аю, -ает
сотру́дничество, -а
сотряса́ть(ся), -а́ю(сь), -а́ет(ся)
сотрясе́ние, -я
сотрясённый; *кр. ф.* -ён, -ена́
сотрясти́(сь), -су́(сь), -сёт(ся); *прош.* -я́с(ся), -ясла́(сь)
сотря́сший(ся)
со́тский, -ого
со́ты, со́тов
со́тый
соударе́ние, -я
соударя́ться, -я́ется
соумы́шленник, -а
соумы́шленница, -ы
со́ус, -а и -у, *мн.* -ы, -ов
соуси́рованный
со́усник, -а
со́усница, -ы
со́усный
соуча́ствовать, -твую, -твует
соуча́стие, -я
соуча́стник, -а
соуча́стница, -ы
соучени́к, -а́
соучени́ца, -ы
софа́, -ы́, *мн.* со́фы, соф
софи́зм, -а
софи́ст, -а
софи́стика, -и
софисти́ческий
софи́стка, -и
софи́т, -а
соха́, -и́, *мн.* со́хи, сох
соха́тый, -ого
со́хлый
со́хнувший
со́хнуть, -ну, -нет; *прош.* сох и со́хнул, со́хла
сохране́ние, -я
сохранённый; *кр. ф.* -ён, -ена́
сохрани́ть(ся), -ню́(сь), -ни́т(ся)
сохра́нность, -и
сохра́нный; *кр. ф.* -а́нен, -а́нна
сохраня́ть(ся), -я́ю(сь), -я́ет(ся)
соцбытсе́ктор, -а
соцве́тие, -я
соцдогово́р, -а, *мн.* -ы, -ов
социа́л-демокра́т, -а
социа́л-демократи́зм, -а
социа́л-демократи́ческий
социа́л-демокра́тия, -и
социализа́ция, -и
социализи́рованный
социализи́ровать(ся), -рую, -рует(ся)

соц

социали́зм, -а
социа́л-империали́зм, -а
социа́л-империали́ст, -а
социа́л-империалисти́ческий
социа́л-империалистский
социали́ст, -а
социалисти́ческий
социали́стка, -и
социали́ст-революционе́р, социали́ста-революционе́ра
социа́л-патрио́т, -а
социа́л-патриоти́зм, -а
социа́л-патриоти́ческий
социа́л-пацифи́зм, -а
социа́л-пацифи́ст, -а
социа́л-пацифи́стский
социа́л-преда́тель, -я
социа́л-преда́тельский
социа́л-преда́тельство, -а
социа́л-революцио́нный
социа́л-реформи́зм, -а
социа́л-реформи́стский
социа́л-соглаша́тель, -я
социа́л-соглаша́тельский
социа́л-соглаша́тельство, -а
социа́л-шовини́зм, -а
социа́л-шовини́ст, -а
социа́л-шовини́стский
социа́льно-бытово́й
социа́льно-истори́ческий
социа́льно-культу́рный
социа́льно обусло́вленный
социа́льно опа́сный
социа́льно-полити́ческий
социа́льно-психологи́ческий
социа́льно-экономи́ческий
социа́льный
социолингви́стика, -и
социолингвисти́ческий
социо́лог, -а
социологи́зм, -а
социологи́ческий
социоло́гия, -и
социо́лого-лингвисти́ческий
соцобяза́тельство, -а
соцсоревнова́ние, -я
соцстра́х, -а
соцстрахо́вский
соче́льник, -а
со́чень, со́чня
сочета́ние, -я
сочета́тельный
сочета́ть(ся), -а́ю(сь), -а́ет(ся)
со́чиво, -а
сочине́ние, -я
сочинённый; *кр. ф.* -ён, -ена́
сочини́тель, -я
сочини́тельница, -ы
сочини́тельный
сочини́тельский
сочини́тельство, -а
сочини́ть(ся), -ню́, -ни́т(ся)
со́чинский (*от* Со́чи)
сочиня́ть(ся), -я́ю, -я́ет(ся)
сочи́ть(ся), -чу́, -чи́т(ся)
сочле́н, -а
сочлене́ние, -я
сочленённый; *кр. ф.* -ён, -ена́
сочлени́ть(ся), -ню́, -ни́т(ся)
сочлено́вный
сочленя́ть(ся), -я́ю, -я́ет(ся)
со́чность, -и

соч

со́чный; *кр. ф.* -чен, -чна́, -чно
сочтённый; *кр. ф.* -ён, -ена́
сочу́вственный; *кр. ф.* -вен, -венна
сочу́вствие, -я
сочу́вствовать, -твую, -твует
сочу́вствующий
соше́дший(ся)
соше́ствие, -я
со́шка, -и
сошни́к, -а́
сошнико́вый
со́шный
сощи́панный
сощипа́ть, -щиплю́, -щи́плет и -а́ю, -а́ет
сощи́пнутый
сощипну́ть, -ну́, -нёт
сощи́пывать(ся), -аю, -ает(ся)
сощу́ренный
сощу́ривать(ся), -аю(сь), -ает(ся)
сощу́рить(ся), -рю(сь), -рит(ся)
сою́женный
сою́з, -а
сою́зить, сою́жу, сою́зит
сою́зка, -и
сою́зник, -а
сою́зница, -ы
сою́знический
сою́зничество, -а
сою́зно-республика́нский
сою́зный
со́я, -и
спад, -а
спада́ние, -я
спада́ть, -а́ет
спазм, -а и спа́зма, -ы
спазмати́ческий
спазмолити́ческий
спазмофили́я, -и
спа́ивать(ся), -аю(сь), -ает(ся)
спай, -я
спа́йка, -и
спайнолепе́стные, -ых
спа́йность, -и
спайноцве́тник, -а
спа́йный
спа́ленка, -и
спа́ленный (*к* спа́льня)
спалённый; *кр. ф.* -ён, -ена́
спа́лзывание, -я
спа́лзывать, -аю, -ает
спали́ть(ся), -лю́, -ли́т(ся)
спа́льник, -а
спа́льный
спа́льня, -и, *р. мн.* -лен
спание́ль, -я
с панталы́ку сбить(ся)
спанье́, -я́
спарашюти́ровать, -рую, -рует
спарде́к, -а
спарде́чный
спа́ренный
спа́ржа, -и
спа́ржевый
спа́ривание, -я
спа́ривать(ся), -аю(сь), -ает(ся)
спа́рить(ся), -рю(сь), -рит(ся)
спа́рринг, -а
спартакиа́да, -ы
спарта́нец, -нца
спарта́нка, -и
спарта́нский

СПА

спа́рхивать, -аю, -ает
спа́рывать(ся), -аю, -ает(ся)
спас¹, -а и -у: спа́су нет
спас², -а (церк.)
спаса́ние, -я
спаса́тель, -я
спаса́тельный
спаса́ть(ся), -а́ю(сь), -а́ет(ся)
спасе́ние, -я
спасённый; кр. ф. -ён, -ена́
спаси́бо
спаси́бочки и спаси́бочко, неизм.
спаси́тель, -я
спаси́тельница, -ы
спаси́тельный
спасова́ть, -су́ю, -су́ет
спасти́(сь), -су́(сь), -сёт(ся); прош. спас(ся), спасла́(сь)
спасти́ческий
спасть, спаду́, спадёт; прош. спал, спала́
спа́сший(ся)
спа́ть(ся), сплю, спи́т(ся); прош. спал, спала́, спа́ло, спа́ло́сь
спа́ханный
спаха́ть, спашу́, спа́шет
спа́хивать(ся), -аю, -ает(ся)
спа́янность, -и
спа́янный
спая́ть(ся), -я́ю(сь), -я́ет(ся)
спева́ться, -а́юсь, -а́ется (к спе́ться)
спе́вка, -и
спека́ние, -я
спека́ть(ся), -а́ю, -а́ет(ся)
спекта́кль, -я
спектр, -а
спектра́льно-аналити́ческий
спектра́льный
спектрогелио́граф, -а
спектрогелиоско́п, -а
спектрогра́мма, -ы
спектро́граф, -а
спектрозона́льный
спектрокомпара́тор, -а
спектро́метр, -а
спектрометри́ческий
спектрометри́я, -и
спектросенситогра́мма, -ы
спектросенсито́метр, -а
спектросенситометри́я, -и
спекторско́п, -а
спектроскопи́ческий
спектроскопи́я, -и
спектрофото́метр, -а
спектрофотометри́ческий
спектрофотометри́я, -и
спекули́рование, -я
спекули́ровать, -рую, -рует
спекульну́ть, -ну́, -нёт
спекуля́нт, -а
спекуля́нтка, -и
спекуля́нтский
спекуляти́вный
спекуля́ция, -и
спе́кший(ся)
спелёнатый и спелёнутый
спелена́ть, -а́ю, -а́ет
спелео́лог, -а
спелеологи́ческий
спелеоло́гия, -и
спелеофа́уна, -ы
спе́лость, -и

СПЕ

спе́лый; кр. ф. спел, спела́, спе́ло
сперва́
спервонача́ла и спервонача́лу
спе́реди
с перепу́гу и с перепуга́
спере́ть(ся), сопру́, сопрёт(ся); прош. спёр(ся), спёрла(сь)
спе́рма, -ы
сперматогене́з, -а
сперматозо́ид, -а
спермаоре́я, -и
спермаце́т, -а
спермаце́товый
спе́рмий, -я
спёртый
спёрший(ся)
спеси́веть, -ею, -еет
спеси́вец, -вца
спеси́виться, -влюсь, -вится
спеси́вица, -ы
спеси́вость, -и
спеси́вый
спесь, -и
спе́тый
спеть, спе́ет (созревать)
спе́ть(ся), спою́(сь), споёт(ся) (к петь)
спех, -а и -у: не к спе́ху
спец, -а и -а́
специализа́ция, -и
специализи́рованный
специализи́ровать(ся), -рую(сь), -рует(ся)
специали́ст, -а
специали́стка, -и
специа́льность, -и
специа́льный
специ́фика, -и
специфика́тор, -а
специфика́ция, -и
специфици́рованный
специфици́ровать(ся), -рую, -рует(ся)
специфи́ческий
специфи́чный
спе́ция, -и
спецко́р, -а
спецко́ровский
спецку́рс, -а
спецо́вка, -и
спецоде́жда, -ы
спецотде́л, -а
спецслу́жба, -ы
спецшко́ла, -ы
спечённый; кр. ф. -ён, -ена́
спечь(ся), спеку́(сь), спечёт(ся), спеку́т(ся); прош. спёк(ся), спекла́(сь)
спе́шенный
спе́шивать(ся), -аю(сь), -ает(ся)
спеши́ть, -шу́, -ши́т
спе́шить, -шу(сь), -шит(ся)
спе́шка, -и
спе́шный
спива́ть(ся), -а́ю(сь), -а́ет(ся) (к спи́ться)
спидве́й, -я
спидо́метр, -а
спи́кер, -а
спики́ровать, -рую, -рует
спикка́то, неизм. и нескл., с.
спи́ленный

СПИ

спи́ливание, -я
спи́ливать(ся), -аю, -ает(ся)
спили́ть, спилю́, спи́лит
спи́лка, -и
спи́лок, -лка
спин, -а
спина́, -ы́, мн. спи́ны, спин
спина́кер, -а
спин-ве́ктор, -а
спине́т, -а
спи́нка, -и
спи́ннинг, -а
спиннинги́ст, -а
спи́ннинговый
спи́нно-брюшно́й
спинно́й
спинномозгово́й
спинози́зм, -а
спин-орбита́льный
спинтариско́п, -а
спиралеобра́зный
спира́ль, -и
спира́лька, -и
спира́льно-кони́ческий
спира́льный
спира́нт, -а
спира́нтный
спира́ть(ся), -а́ю, -а́ет(ся)
спире́я, -и
спири́лла, -ы
спири́т, -а
спирити́зм, -а
спирити́ческий
спири́тка, -и
спиритуали́зм, -а
спиритуали́ст, -а
спиритуалисти́ческий
спироги́ра, -ы
спиро́метр, -а
спирометри́ческий
спирометри́я, -и
спирохе́та, -ы
спирохето́з, -а
спирт, -а и -у, предл. в спи́рте и в спирту́, на спирту́, мн. -ы́, -о́в
спиртно́й
спиртобензо́л, -а
спиртобензо́льный
спиртова́ние, -я
спирто́ванный
спиртова́ть(ся), -ту́ю, -ту́ет(ся)
спирто́вка, -и
спи́рто-во́дный
спиртово́дочный
спиртово́й
спи́рто-глицери́новый
спирто́мер, -а
спиртоочисти́тельный
описа́ние, -я
спи́санный
списа́ть(ся), спишу́(сь), спи́шет(ся)
спи́сок, -ска
спи́сывание, -я
спи́сывать(ся), -аю(сь), -ает(ся)
спито́й
спи́ться, сопью́сь, сопьётся; прош. спи́лся, спила́сь, спило́сь
спи́хивать(ся), -аю, -ает(ся)
спи́хнутый
спихну́ть, -ну́, -нёт
спи́ца, -ы
спич, -а

СПИ

спи́чечница, -ы
спи́чечный
спи́чка, -и
сплав, -а
спла́вать, -аю, -ает
спла́вина, -ы
спла́вить(ся), -влю, -вит(ся)
спла́вка, -и
сплавле́ние, -я
спла́вленный
сплавля́ть(ся), -я́ю, -я́ет(ся)
сплавно́й
спла́вочный
спла́вщик, -а
сплани́рованный
сплани́ровать, -рую, -рует
спланхнологи́ческий
спланхнологи́я, -и
спланхноплѐвра, -ы
спласи́рованный
спласирова́ть, -ру́ю, -ру́ет
спла́чивание, -я
спла́чивать(ся), -аю, -ает(ся)
сплёвывать(ся), -аю, -ает(ся)
сплёскивать(ся), -аю, -ает(ся)
сплёснутый
сплесну́ть, -ну́, -нёт
сплести́(сь), сплету́(сь), сплетёт(ся); прош. сплёл(ся), сплела́(сь)
сплета́ние, -я
сплета́ть(ся), -а́ю(сь), -а́ет(ся)
сплете́ние, -я
сплетённый; кр. ф. -ён, -ена́
сплётка, -и
спле́тник, -а
спле́тница, -ы
спле́тничать, -аю, -ает
спле́тня, -и, р. мн. -тен
сплётший(ся)
сплеча́, нареч.
сплин, -а
сплоённый; кр. ф. -ён, -ена́
спло́ить, -ою́, -ои́т
сплоти́ть(ся), -очу́, -оти́т(ся)
спло́тка, -и
спло́точно-сортиро́вочный
спло́точный
сплохова́ть, сплоху́ю, сплоху́ет
сплоче́ние, -я
сплочённость, -и
сплочённый; кр. ф. -ён, -ена́
сплошно́й
сплошня́к, -а́
сплошняко́м, нареч.
сплошь
сплошь да (и) ря́дом
сплутова́ть, -ту́ю, -ту́ет
сплыва́ть(ся), -а́ю(сь), -а́ет(ся)
сплы́ть(ся), -ыву́(сь), -ывёт(ся); прош. -ы́л(ся), -ыла́(сь), -ы́ло, -ы́лось
сплю́нутый
сплю́нуть, -ну, -нет
сплю́снутый
сплю́снуть(ся), -ну, -нет(ся)
сплю́щенный
сплю́щивать(ся), -аю, -ает(ся)
сплю́щить(ся), -щу, -щит(ся)
спля́санный
спляса́ть, -яшу́, -я́шет
сподви́жник, -а
сподви́жница, -ы

СПО

спо́дличать, -аю, -ает
сподо́бить(ся), -блю(сь), -бит(ся)
сподо́бленный
сподобля́ть(ся), -я́ю(сь), -я́ет(ся)
сподру́чный
сподря́д, нареч.
споду́мен, -а
спо́енный
спозара́нку и спозара́нок
спознава́ться, -наю́сь, -наётся
спозна́ться, -а́юсь, -а́ется
спои́ть, спою́, спои́т
спока́яться, -а́юсь, -а́ется
споко́й, -я
споко́йный
споко́йствие, -я
споко́н ве́ка (ве́ку), веко́в
споларя́
сполоска́ивать(ся), -аю(сь), -ает(ся)
сползá́ть(ся), -а́ю, -а́ет(ся)
сползти́(сь), -зу́, -зёт(ся); прош. спо́лз(ся), сползла́(сь)
спо́лзший(ся)
с поли́чным
сполна́
споло́сканный
сполоска́ть, -лощу́, -ло́щет и -а́ю, -а́ет
сполосну́тый
сполосну́ть, -ну́, -нёт
спо́лотый
споло́ть, сполю́, спо́лет
спо́лох, -а
с полсло́ва и с полусло́ва
спо́лье, -я, р. мн. -льев
спо́льный
спонги́н, -а
спонги́т, -а
спондеи́ческий
спонде́й, -я
сподили́т, -а
спондилоартри́т, -а
спондилоартро́з, -а
спондилёз, -а
спонта́нный
спонти́ровать, -и́рую, -и́рует
спор, -а и -у
спо́ра, -ы
споради́ческий
споради́чный
спора́нгий, -я
спо́рить, -рю, -рит
спо́риться, -и́тся
спо́рный
спорови́к, -а́
спо́рово-пыльцево́й
спо́ровый
спорого́ний, -я
спороде́рма, -ы
спо́рок, -рка
спорока́рпий, -я
спороли́стник, -а
спорообразова́ние, -я
спо́ротый
споро́ть(ся), спорю́, спо́рет(ся)
спорофи́лл, -а
спорофи́т, -а
спорт, -а
спортза́л, -а
спорти́вки, -вок, ед. спорти́вка, -и
спорти́вно-гимнасти́ческий
спорти́вно-ма́ссовый

СПО

спорти́вно-охо́тничий, -ья, -ье
спорти́вно-показа́тельный
спорти́вно-трениро́вочный
спорти́вный
спортинвента́рь, -я́
спортклу́б, -а
спортлото́, нескл., с.
спортобщество, -а
спортплоща́дка, -и
спортсме́н, -а
спортсме́нка, -и
спортсме́н-разря́дник, спортсме́на-разря́дника
спорттова́ры, -ов
спорхну́ть, -ну́, -нёт
спо́рщик, -а
спо́рщица, -ы
спо́рый; кр. ф. спор, спора́, спо́ро
спорыньи́, -и́
спо́рыш, -а́
спо́соб, -а
спосо́бность, -и
спосо́бный
спосо́бствовать, -твую, -твует
споспеше́ствовать, -твую, -твует
спосыла́ть, -а́ю, -а́ет
споткну́ться, -ну́сь, -нётся
спотыка́ться, -а́юсь, -а́ется
спотыка́ч, -а́
спотыкли́вый
спотыкну́ться, -ну́сь, -нётся
споха́бничать, -аю, -ает
спохвати́ться, -ачу́сь, -а́тится
спохва́тываться, -аюсь, -ается
с похме́лья
спра́ва, -ы
спра́ва, нареч.
справедли́вость, -и
справедли́вый
спра́вить(ся), -влю(сь), -вит(ся)
спра́вка, -и
спра́вленный
справля́ть(ся), -я́ю(сь), -я́ет(ся)
спра́вный
спра́вочная, -ой
спра́вочник, -а
спра́вочно-библиографи́ческий
спра́вочно-информацио́нный
спра́вочный
спра́шивать(ся), -аю(сь), -ает(ся)
спрессо́ванный
спрессова́ть(ся), -ссу́ю, -ссу́ет(ся)
спрессо́вывать(ся), -аю, -ает(ся)
спри́нгер, -а
спри́нклер, -а
спринт, -а
спри́нтер, -а
спри́нтерский
спринцева́ние, -я
спринцева́ть(ся), -цу́ю(сь), -цу́ет(ся)
спринцо́ванный
спринцо́вка, -и
спрова́дить, -а́жу, -а́дит
спрова́женный
спрова́живать(ся), -аю, -ает(ся)
спрово́ренный
спрово́рить, -рю, -рит
спровоци́рованный
спровоци́ровать, -рую, -рует
спроекти́рованный
спроекти́ровать, -рую, -рует

СПР

спрока́зить, -а́жу, -а́зит
спрос, -а и -у
спроси́ть(ся), -ошу́(сь), -о́сит(ся)
спросо́нок и спросо́нку
спросо́нья
спроста́
спрофили́рованный
спрофили́ровать, -рую, -рует
спрохвала́
спро́шенный
спружи́нить, -ит
спрут, -а
спры́гивать, -аю, -ает
спры́гнуть, -ну, -нет
спры́ски, -ов
спры́скивать(ся), -аю(сь), -ает(ся)
спры́снутый
спры́снуть(ся), -ну(сь), -нет(ся)
спряга́емый
спряга́ть(ся), -а́ю, -а́ет(ся)
спря́гший(ся)
спрядённый; *кр. ф.* -ён, -ена́ (*от* спрясть)
спряже́ние, -я
спряжённый; *кр. ф.* -ён, -ена́ (*от* спрячь)
спря́жка, -и
спряжно́й
спрями́ть, -млю́, -ми́т
спрямле́ние, -я
спрямлённый; *кр. ф.* -ён, -ена́
спрямля́ть(ся), -я́ю, -я́ет(ся)
спрясть, спряду́, спрядёт; *прош.* -ял, -яла́, -яло
спря́танный
спря́тать(ся), -я́чу(сь), -я́чет(ся)
спря́чь(ся), -ягу́(сь), -яжёт(ся), -ягу́т(ся); *прош.* -я́г(ся), -ягла́(сь)
спу́гивать(ся), -аю, -ает(ся)
спу́гнутый
спугну́ть, -ну́, -нёт
спуд, -а: из-под спу́да, под спу́дом, под спуд
спурт, -а
спуртова́ть, -ту́ю, -ту́ет
спуск, -а и -у
спуска́ть(ся), -а́ю(сь), -а́ет(ся)
спускно́й
спусково́й
спу́ско-подъёмный
спуста́
спусти́ть(ся), спущу́(сь), спу́стит(ся)
спустя́
спу́танный
спу́тать(ся), -аю(сь), -ает(ся)
спу́тник, -а
спу́тниковый
спу́тница, -ы
спу́тывать(ся), -аю(сь), -ает(ся)
спу́щенный
спья́на и спья́ну
спя́тить, -я́чу, -я́тит
спя́чка, -и
спя́щий
сраба́тывать(ся), -аю(сь), -ает(ся)
срабо́танность, -и
срабо́танный
срабо́тать(ся), -аю(сь), -ает(ся)
сравне́ние, -я
сравнённый; *кр. ф.* -ён, -ена́
сра́внивать(ся), -аю(сь), -ает(ся)
сравни́мый

СРА

сравни́тельно
сравни́тельно-истори́ческий
сравни́тельно-палеонтологи́ческий
сравни́тельный
сравни́ть(ся), -ню́(сь), -ни́т(ся)
сравня́ть(ся), -я́ю(сь), -я́ет(ся) (*к* ра́вный)
сража́ть(ся), -а́ю(сь), -а́ет(ся)
сраже́ние, -я
сражённый; *кр. ф.* -ён, -ена́
с разбе́гу и с разбе́га
с разва́льцем и с разва́льцей
с разго́на и с разго́ну
срази́ть(ся), сражу́(сь), срази́ть(ся)
с разлёту и с разлёта
с разма́ху и с разма́ха
сра́зу
срам, -а и -у
срами́ть(ся), -млю́(сь), -ми́т(ся)
сра́мник, -а
сра́мница, -ы
срамно́й
срамосло́вие, -я
срамота́, -ы́
сраста́ние, -я
сраста́ться, -а́юсь, -а́ется
срасти́сь, -ту́сь, -тётся; *прош.* сро́сся, сросла́сь
срасти́ть, сращу́, срасти́т
сраще́ние, -я
сращённый; *кр. ф.* -ён, -ена́
сра́щивание, -я
сра́щивать,(ся), -аю, -ает(ся)
среаги́ровать, -рую, -рует
сре́бреник, -а (монета)
сребри́стый
сребри́ть(ся), -рю́, -ри́т(ся)
сребро́, -а́
среброко́ваный
среброку́дрый
сребролистный и сребролистый
сребролю́бец, -бца
сребролюби́вый
сребролю́бие, -я
среброно́сный
среброка́ный
среда́¹, -ы́, *вин.* среду́, *мн.* сре́ды, сре́дам (окружение)
среда́², -ы́, *вин.* сре́ду, *мн.* сре́ды, среда́м (день недели)
среди́ и средь, *предлог*
средиземномо́рский
среди́на, -ы
среди́нно-ключи́чный
среди́нно-океани́ческий
среди́нный
среднеазиа́тский
среднеарифмети́ческий
средневеко́вый
средневеко́вье, -я
средневерхненеме́цкий (язык)
средневе́с, -а
средневи́к, -а́
среднево́зрастно́й
средневолново́й
средневолокни́стый
средневосприи́мчивый
средневысо́тный
среднегармони́ческий
среднегодово́й
среднеевропе́йский
среднезерни́стый

СРЕ

среднезимосто́йкий
среднекали́берный
среднеквадрати́чный
среднеквалифици́рованный
среднелати́нский
среднелеги́рованный
среднемедици́нский
среднеме́сячный
среднемноголе́тний
средненёбный
средне́нький
среднепересечённый
среднепо́здний
среднепрогресси́вный
среднепроце́нтный
среднепро́чный
среднера́нний
среднеру́сский, но: Сре́дне-Ру́сская возвы́шенность
среднесолёный
среднесо́ртный
среднеспе́лый
среднестатисти́ческий
среднесу́точный
среднетехни́ческий
среднеусто́йчивый
среднечасово́й
среднечернозёмный
среднеязы́чный
сре́дний
сре́дник, -а
средосте́ние, -я
средото́чие, -я
сре́дство, -а
средь и среди́, *предлог*
срежисси́ровать, -рую, -рует
срез, -а
среза́ние, -я
сре́занный
сре́зать(ся), сре́жу(сь), сре́жет(ся), *сов.*
среза́ть(ся), -а́ю(сь), -а́ет(ся), *несов.*
сре́зка, -и
срезно́й
сре́зок, -зка
сре́зывание, -я
сре́зывать(ся), -аю, -ает(ся)
срепети́рованный
срепети́ровать, -рую, -рует
срепето́ванный
срепетова́ть, -ту́ю, -ту́ет
сре́тение, -я
сре́тенский
срисо́ванный
срисова́ть, -су́ю, -су́ет
срисо́вка, -и
срисо́вывание, -я
срисо́вывать(ся), -аю, -ает(ся)
срифмо́ванный
срифмова́ть, -му́ю, -му́ет
сробе́ть, -е́ю, -е́ет
сро́вненный
сровня́ть(ся), -я́ю, -я́ет(ся) (к ро́вный)
сроднённый; *кр. ф.* -ён, -ена́
сродни́, *нареч.*
сродни́ть(ся), -ню́(сь), -ни́т(ся)
сро́дный
сродство́, -а́
сро́ду, *нареч.*
сро́енный; *кр. ф.* -ён, -ена́
сро́ить(ся), сро́ю, сро́ит(ся)

срок, -а и -у
сроненный
сронить, сроню, сронит
срост, -а
сростнолепестные, -ых
сростнолистные, -ых
сростночелюстные, -ых
сросток, -тка
сросшийся
срочность, -и
срочный
сруб, -а
срубание, я
срубать(ся), -аю, -ает(ся)
срубить, срублю, срубит
срубка, -и
срубленный
срубный
срубовый
с руки
срыв, -а
срывать(ся), -аю(сь), -ает(ся)
срыгивать(ся), -аю, -ает(ся)
срыгнутый
срыгнуть, -ну, -нёт
срытие, -я
срытый
срыть, срою, сроет
срядить(ся), сряжу(сь), срядить(ся)
сряду, нареч.
сряжать(ся), -аю(сь), -ает(ся)
сряжённый; кр. ф. -ён, -ена
ссадина, -ы
ссадить, ссажу, ссадит
ссаженный
ссаживать(ся), -аю, -ает(ся)
ссасывать(ся), -аю, -ает(ся)
сседаться, -ается
ссек, -а
ссекать(ся), -аю, -ает(ся)
с секунды на секунду
ссекший
сселение, -я
сселённый; кр. ф. -ён, -ена
сселить(ся), -елю, -елит(ся)
сселять(ся), -яю, -яет(ся)
ссесться, ссядется; прош. сселся, сселась
ссечённый; кр. ф. -ён, -ена
ссечь, ссеку, ссечёт, ссекут; прош. ссек, ссекла
ссовать, ссую, ссуёт
ссовывать(ся), -аю(сь), -ает(ся)
с согласия
ссора, -ы
ссорить(ся), -рю(сь), -рит(ся)
ссосанный
ссосать, -су, -сёт
ссохнуться, -нусь, -нется; прош. ссохся, ссохлась
ссохшийся
ссуда, -ы
ссудить, ссужу, ссудит
ссудный
ссудодатель, -я
ссудополучатель, -я
ссудо-сберегательный
ссужать(ся), -аю, -ает(ся)
ссуженный
ссунутый
ссунуть(ся), -ну(сь), -нет(ся)

ссутуленный
ссутулить(ся), -лю(сь), -лит(ся)
ссученный
ссучивальный
ссучивать(ся), -аю, -ает(ся)
ссучить(ся), ссучу, ссучит(ся)
ссылать(ся), -аю(сь), -ает(ся)
ссылка, -и
ссылочный
ссыльная, -ой
ссыльнокаторжный, -ого
ссыльнополитический, -ого
ссыльнопоселенец, -нца
ссыльный, -ого
ссыпание, -я
ссыпанный
ссыпать(ся), -плю(сь), -плет(ся), сов.
ссыпать(ся), -аю, -ает(ся), несов.
ссыпка, -и
ссыпной
ссыхаться, -аюсь, -ается
стабилизатор, -а
стабилизационный
стабилизация, -и
стабилизированный
стабилизировать(ся), -рую, -рует(ся)
стабилизованный
стабилизовать(ся), -зую, -зует(ся)
стабилитрон, -а
стабиловольт, -а
стабильность, -и
стабильный
стабуненный
стабунивать(ся), -аю, -ает(ся)
стабунить(ся), -ню, -нит(ся)
став, -а
ставать, стаёт
ставенка, -и
ставень, -вня, р. мн. -вней и ставня, -и, р. мн. -вен
ставец, -вца и ставец, -вца
ставешек, -шка и ставешка, -и
ставить(ся), -влю, -вит(ся)
ставка, -и
ставленник, -а
ставленница, -ы
ставленный, прич.
ставленый, прил. (ставленая грамота)
ставливать, наст. вр. не употр.
ставник, -а
ставной
ставня, -и и ставень, -вня
ставок, -вка
ставрида, -ы
ставридка, -и
ставролит, -а
ставропигиальный
ставропигия, -и
ставропольский
стагнационный
стагнация, -и
стадиальный
стадий, -я (мера длины)
стадийный
стадион, -а
стадия, -и
стадность, -и
стадный
стадо, -а, мн. стада, стад

стаж, -а
стажёр, -а
стажёрка, -и
стажировать(ся), -рую(сь), -рует(ся)
стажировка, -и
стаз, -а (мед.)
стаза, -ы (биол.)
стаивать[1], -ает (к таять)
стаивать[2], наст. вр. не употр. (к стоять)
стайер, -а
стайерский
стайка, -и
стайный
стакан, -а
стаканчик, -а
стакер, -а
стаккато, неизм. и нескл., с.
стакнуться, -нусь, -нётся
стаксель, -я
сталагмит, -а
сталагмитовый
сталагмометр, -а
сталактит, -а
сталактитовый
сталеалюминиевый
сталебетон, -а
сталебетонный
сталевар, -а
сталеварение, -я
сталелитейный
сталеплавильный
сталепрокатный
сталепрокатчик, -а
сталеразливочный
сталефасонный
сталинит, -а
сталированный
сталировать(ся), -рую, -рует(ся)
сталистый
сталкивать(ся), -аю(сь), -ает(ся)
стало быть
сталь, -и
стальник, -а
стальной
стамеска, -и
стамесочный
стаминодий, -я
стамуха, -и
стан, -а, предл. в стане, на стану
стандарт, -а
стандартизация, -и
стандартизированный
стандартизировать(ся), -рую, -рует(ся)
стандартизованный
стандартизовать(ся), -зую, -зует(ся)
стандартность, -и
стандартный
станина, -ы
станинный
станиолевый
станиоль, -я
станица, -ы
станичник, -а
станичный
станковист, -а
станковый
станкозавод, -а
станкоинструментальный
станкосборочный

СТА

станкостроение, -я
станкостроитель, -я
станкостроительный
станко-час, -а, *мн.* -ы́, -о́в
станни́д, -а (металл)
станни́н, -а
станни́т, -а (соль)
станови́ть(ся), -овлю́(сь), -о́вит(ся)
станови́ще, -а
становле́ние, -я
станово́й
стано́вье, -я, *р. мн.* -вий
стано́к, -нка́
стано́к-автома́т, станка́-автома́та
стано́чек, -чка
стано́чник, -а
стано́чница, -ы
стано́чный
станс, -а
станцева́ть, -цу́ю, -цу́ет
ста́нцийка, -и
станцио́нный
ста́нция, -и
станцо́ванный
ста́пель, -я, *мн.* -я́, -е́й и -и, -ей
ста́пельный
ста́пливать(ся), -аю, -ает(ся)
ста́птывать(ся), -аю, -ает(ся)
стара́ние, -я
стара́тель, -я
стара́тельность, -и
стара́тельный
стара́тельский
стара́ться, -а́юсь, -а́ется
старе́е, *сравн. ст. (от* ста́рый)
старе́йший
старе́йшина, -ы, *м.*
старе́ние, -я
ста́ренький; *кр. ф.* -енек, -е́нька
старе́ть, -е́ю, -е́ет (становиться старым)
старёхонький; *кр. ф.* -нек, -нька
ста́рец, -рца
старёшенький; *кр. ф.* -нек, -нька
стари́к, -а́
старика́н, -а
старика́шка, -и, *м.*
старико́вский
ста́рина, -ы (былина)
старина́, -ы́, *ж.* (древность) *и м.* (старик)
стари́нка, -и
стари́нный
стари́нушка, -и, *ж.* (древность) *и м.* (старик)
ста́рить, -рю, -рит (кого)
ста́риться, -рюсь -рится
ста́рица, -ы
стари́чина, -ы, *м.*
старичи́шка, -и, *м.*
старичо́к, -чка́
старичо́нка, -и, *м.*
старичьё, -я́
ста́рка, -и
старобы́тный
старова́тый
старове́р, -а
старове́рка, -и
старове́рский
старове́рство, -а
старове́рческий
старове́рчество, -а

СТА

старода́вний
староде́довский
стороду́бка, -и
старожи́л, -а
старожи́лец, -льца
старожи́лка, -и
старожи́льский
старожи́льство, -а
старожи́льческий
старожи́тный
староза́ветный
староза́лежный
старозапа́шный
старокато́лик, -а
старокатоли́ческий
старола́сье, -я
старомо́дный
старообра́зный
старообря́дец, -дца
старообря́дка, -и
старообря́дческий
старообря́дчество, -а
старопа́хотный
старопа́шня, -и, *р. мн.* -шен
старопеча́тный
старопи́сьменный
старорежи́мный
старсре́чье, -я, *р. мн.* -чий
старору́сский
старосве́тский
старосе́лье, -я, *р. мн.* -лий
старославяни́зм, -а
старославя́нский
старослу́жащий, -его
старослужи́вый, -ого
ста́роста, -ы, *м.*
старста́т, -а
старости́ха, -и
ста́рость, -и
староцерко́вный
старт, -а
ста́ртер, -а *и* старте́р, -а
стартова́ть, -ту́ю, -ту́ет
ста́ртовый
стартсто́пный
стару́ха, -и
старуше́нция, -и
старуше́чий, -ьня, -ье
стару́шка, -и
старушо́нка, -и
ста́рческий
ста́рше, *сравн. ст. (от* ста́рый)
старшекла́ссник, -а
старшекла́ссница, -ы
старшеку́рсник, -а
старшеку́рсница, -ы
ста́ршенький
ста́рший
старши́на, -ы (каза́цкая)
старшина́, -ы́ *мн.* -и́ны, -и́н, *м.*
старши́нский
старши́нство, -а (должность старшины́)
старшинство́, -а́ (первенство)
старши́нствовать, -твую, -твует
старшо́й, -о́го
ста́рый; *кр. ф.* стар, стара́, ста́ро
старьё, -я́
старьёвщик, -а
старьёвщица, -ы
ста́сканный
стаска́ть, -а́ю, -а́ет

СТА

ста́скивать(ся), -аю, -ает(ся)
стасо́ванный
стасова́ть(ся), -су́ю, -су́ет(ся)
стасо́вывать(ся), -аю, -ает(ся)
стата́рный
стате́ечка, -и
стате́йка, -и
стате́йный
ста́тика, -и
стати́ст, -а
стати́стик, -а
стати́стика, -и
стати́стико-вероя́тностный
статисти́ческий
стати́стка, -и
стати́стый
стати́ческий
стати́чность, -и
стати́чный
статмологи́ческий
статмоло́гия, -и
ста́тность, -и
ста́тный
статобла́ст, -а
ста́тор, -а
статоско́п, -а
ста́точный
статс-да́ма, -ы
ста́тский
статс-секрета́рь, -я́
статуа́рный
статуеобра́зный
статуеподо́бный
ста́тус, -а
ста́тус-кво́, *нескл., с.*
стату́т, -а
статуэ́тка, -и
ста́туя, -и
стать, ста́ну, ста́нет
стать, -и, *р. мн.* -те́й
ста́ться, ста́нется
статья́, -и́, *р. мн.* -те́й
стафилоко́кк, -а
стафилоко́кковый
стафило́ма, -ы
стаффа́ж, -а
стаха́новец, -вца
стаха́новка, -и
стаха́новский
стациона́р, -а
стациона́рный
стационе́р, -а (судно)
ста́ция, -и
ста́чанный
стача́ть, -а́ю, -а́ет
ста́чечник, -а
ста́чечница, -ы
ста́чечный
ста́чивание, -я
ста́чивать(ся), -аю, -ает(ся)
ста́чка, -и
стачно́й
ста́щенный
стащи́ть(ся), стащу́(сь), ста́щит(ся)
ста́я, -и
ста́ять, ста́ет
ствол, -а́
стволи́на, -ы
стволи́стый
стволова́тый
стволово́й
ство́льный

СТВ

створ, -а
створа́живать(ся), -аю, -ает(ся)
ство́ренный и створённый
створи́ть(ся), -орю́, -ори́т(ся)
ство́рка, -и
ство́рный
створо́женный
створо́жить(ся), -жу, -жит(ся)
ство́рчатый
створя́ть(ся), -я́ю, -я́ет(ся)
стеари́н, -а
стеари́новый
стеати́т, -а
стеати́товый
стебану́ть, -ну́, -нёт
стеба́ть, -а́ю, -а́ет
стебелёк, -лька́
сте́бель, -бля, мн. -бли, -бле́й
стебелько́вый
сте́бельный
стебельчатогла́зые, -ых
сте́бельчатый
стеблева́ние, -я
стеблёвый и стеблево́й
стеблепло́д, -а
стеблеподъёмник, -а
стебли́стый
стебло́, -а́, мн. стёбла, -бел
стега́, -и́
стега́льный
стега́ние, -я
стёганка, -и
стёганный, прич.
стегану́ть, -ну́, -нёт
стёганый, прил.
стега́ть(ся), -а́ю(сь), -а́ет(ся)
стёгнутый
стегну́ть, -ну́, -нёт
стегоза́вр, -а
стегоцефа́л, -а
стёжка[1], -и (действие)
стёжка[2], -и (дорожка)
стежо́к, -жка́ (шов)
стезя́, -и́
стек, -а
сте́ка, -и
стека́ть(ся), -а́ет(ся)
стеклене́ть, -е́ет
стекли́ть(ся), -лю́, -ли́т(ся)
стекло́, -а́, мн. стёкла, стёкол
стеклобло́к, -а
стеклова́льный
стекло́ванный
стеклова́р, -а
стеклова́рение, -я
стеклова́ренный
стеклова́рный
стеклова́та, -ы
стеклова́тый
стеклова́ть(ся), -лу́ю, -лу́ет(ся)
стекловидный
стекловолокни́стый
стекловолокни́т, -а
стекловолокно́, -а́
стекловыдувно́й
стекло́граф, -а
стеклографи́рованный
стеклографи́ровать(ся), -рую, -рует(ся)
стеклографи́ческий
стеклогра́фия, -и
стеклоде́л, -а

СТЕ

стеклоде́лательный
стеклоде́лие, -я
стеклоде́льный
стеклоду́в, -а
стеклоду́вный
стекложелезобето́н, -а
стекложелезобето́нный
стеклозаво́д, -а
стеклоизде́лие, -я
стеклокера́мика, -и
стеклокерами́ческий
стеклолакоткань, -и
стеклолите́йный
стеклома́сса, -ы
стеклони́ть, -и
стеклообра́зный
стеклоочисти́тель, -я
стеклопане́ль, -и
стеклоплави́льный
стеклопла́ст, -а
стеклопла́стик, -а
стеклопла́стиковый
стеклопроти́рочный
стеклоре́жущий
стеклоре́з, -а
стеклоре́зный
стеклотекстоли́т, -а
стеклоткань, -и
стеклоформо́вочный
стеклошлифова́льный
стеклоэма́левый
стеклоэма́ль, -и
стёклышко, -а
стекляни́стый
стекля́нница, -ы
стекля́нный
стекля́рус, -а
стекля́русный
стекля́шка, -и
стеко́лышко, -а
стеко́льно-фарфо́ровый
стеко́льный
стеко́льце, -а, р. мн. -лец
стеко́льщик, -а
стёкший(ся)
сте́ла, -ы (плита)
сте́лечка, -и
сте́лечный
стели́ть(ся) и стла́ть(ся), стелю́(сь), сте́лет(ся); прош. стели́л(ся), стели́ла(сь) и стла́л(ся), стла́ла(сь)
стелла́ж, -а́
стелла́жный
стелли́т, -а
стелли́товый
стелля́рия, -и
сте́лька, -и
сте́льный
стелю́га, -и
сте́лющий(ся)
стемна́
стемне́ть, -е́ет
стен, -а (единица силы)
стена́, -ы, вин. сте́ну, мн. сте́ны, стен, стена́м
стена́ние, -я
стена́ть, -а́ю, -а́ет
стенгазе́та, -ы
стенд, -а
сте́ндер, -а
стенди́ст, -а

СТЕ

стенди́стка, -и
стендови́к, -и
сте́ндовый
сте́нка, -и
стенме́тр, -а
стенно́вка, -и
стенно́й
стеноба́тный
стенобио́нтный
стеноби́тный
стенобо́йный
стенво́й
стеногали́нный
стеногра́мма, -ы
стеногра́ммный
стено́граф, -а
стенографи́рованный
стенографи́ровать(ся), -рую, -рует(ся)
стенографи́ст, -а
стенографи́стка, -и
стенографи́ческий
стеногра́фия, -и
стено́з, -а
стено́зный
стенокарди́я, -и
стенола́з, -а
стено́п, -а
стенопи́сец, -сца
стенопи́сный
сте́нопись, -и
стено́п-ка́мера, -ы
стенотерми́ческий
стенотипи́ст, -а
стенотипи́стка, -и
стенотипи́ческий
стеноти́пия, -и
стенотопный
стенофа́г, -а
стенофа́гия, -и
сте́нтор, -а
стень-ва́нты, -вант
сте́ньга, -и
сте́ньговый
степе́нность, -и
степе́нный; кр. ф. -е́нен, -е́нна
степе́нство, -а
сте́пень, -и, мн. -и, -е́й
степно́й
степня́к, -а́
степня́чка, -и
степс, -а
степь, -и, предл. о сте́пи, в степи́, мн. -и, -е́й
стерадиа́н, -а
сте́рва, -ы
стервене́ть, -е́ю, -е́ет
стерве́ц, -а́
стерво́за, -ы
стерво́зный
стервоя́дный
стервя́тина, -ы
стервя́тник, -а
стережённый; кр. ф. -ён, -ена́
стерео... — первая часть сложных слов, пишется всегда слитно
стереоавто́граф, -а
стереоба́т, -а
стереографи́ческий
стереогра́фия, -и
стереозву́к, -а
стереоизображе́ние, -я

СТЕ

стереоизоме́р, -а
стереоизомери́я, -и
стереокино́, нескл., с.
стереокомпара́тор, -а
стереоме́тр, -а
стереометри́ческий
стереоме́трия, -и
стереопа́ра, -ы
стереопланигра́ф, -а
стереопристав́ка, -и
стереора́ма, -ы
стереорентгеногра́фия, -и
стереоско́п, -а
стереоскопи́ческий
стереосъёмка, -и
стереотакси́ческий
стереотелеви́дение, -я
стереоти́п, -а
стереотипёр, -а
стереотипи́рованный
стереотипи́ровать(ся), -рую, -рует(ся)
стереоти́пия, -и
стереоти́пный
стереотруба́, -ы́, мн. -тру́бы, -тру́б
стереофи́льм, -а
стереофони́ческий
стереофони́я, -и
стереофотограмметри́ческий
стереофотограмме́трия, -и
стереофотографи́ческий
стереофотогра́фия, -и
стереохими́ческий
стереохи́мия, -и
стереохроми́я, -и
стереоэкра́н, -а
стереоэффе́кт, -а
стере́ть(ся), сотру́, сотрёт(ся); прош. стёр(ся), стёрла(сь)
стере́чь(ся), -регу́(сь), -режёт(ся); прош. -рёг(ся), -регла́(сь)
стержене́к, -нька́
стерженщи́к, -а́ и сте́рженщик, -а
сте́рженщи́ца, -ы
сте́ржень, -жня
стержнево́й
стержнекорнево́й
стерилиза́тор, -а
стерилиза́ция, -и
стерилизо́ванный
стерилизова́ть(ся), -зу́ю, -зу́ет(ся)
стери́льность, -и
стери́льный
стери́н, -а
сте́рлинг, -а
сте́рлинговый
стерля́дка, -и
сте́рлядь, -и, мн. -и, -ей
стерля́жий, -ья, -ье
стернево́й
стеро́ид, -а
стеро́идный
стерпе́ть(ся), стерплю́(сь), сте́рпит(ся)
стёртый
стёрший(ся)
стёсанный
стеса́ть(ся), стешу́, сте́шет(ся)
стесне́ние, -я
стеснённый; кр. ф. -ён, -ена́
стесни́тельность, -и
стесни́тельный

СТЕ

стесни́ть(ся), -ню́(сь), -ни́т(ся)
стесня́ть(ся), -я́ю(сь), -я́ет(ся)
стёсывать(ся), -аю, -ает(ся)
стетоско́п, -а
стехиоме́трия, -и
с тех по́р
стече́ние, -я
сте́чь(ся), стечёт(ся), стеку́т(ся); прош. стёк(ся), стекла́(сь)
стибни́т, -а
сти́бренный
сти́брить, -рю, -рит
стивидо́р, -а
сти́гма, -ы
стигма́т, -а
стигматиза́ция, -и
стигмати́зм, -а
стигмати́ческий
стилево́й
стиле́т, -а
стилиза́тор, -а
стилиза́торский
стилиза́ция, -и
стилизо́ванный
стилизова́ть(ся), -зу́ю, -зу́ет(ся)
стили́ст, -а
стили́стика, -и
стилисти́ческий
стило́, нескл., с.
стилоба́т, -а
стило́метр, -а
стилоско́п, -а
стиль, -я
стильб, -а
стиль моде́рн, сти́ля моде́рн
сти́льный
стиля́га, -и, м. и ж.
стиля́жий, -ья, -ье
стиля́жничать, -аю, -ает
сти́мер, -а
сти́мул, -а
стимули́рование, -я
стимули́рованный
стимули́ровать(ся), -рую, -рует(ся)
стимуля́тор, -а
стимуля́ция, -и
стипендиа́льный
стипендиа́т, -а
стипендиа́тка, -и
стипе́ндия, -и
сти́плер, -а
стипль-че́з, -а
стиптици́н, -а
сти́ракс, -а
сти́раксовый
стира́льный
стира́ние, -я
сти́ранный, прич.
сти́раный, прил.
стира́ть(ся), -а́ю, -а́ет(ся)
сти́рка, -и
стиро́л, -а
стиро́ловый
сти́рочный
сти́рываѣ. наст. вр. не употр.
сти́скивать(ся), -аю, -ает(ся)
сти́снутый
сти́снуть(ся), -ну, -нет(ся)
стих, -а́
стиха́рь, -я́
стиха́ть, -а́ю, -а́ет

СТИ

стихи́йно-бунта́рский
стихи́йность, -и
стихи́йный
стихи́ра, -ы
стихира́рь, -я
стихи́я, -и
сти́хнувший
сти́хнуть, -ну, -нет; прош. стих, сти́хла
стихове́дение, -я
стихове́дческий
стихово́й
стихокропа́тель, -я
стихологи́ческий
стихоло́гия, -и
стихома́ния, -и
стихоплёт, -а
стихоплётство, -а
стихослага́тель, -я
стихосложе́ние, -я
стихотворе́ние, -я
стихотворе́ньице, -а
стихотво́рец, -рца
стихотво́рный
стихотво́рство, -а
стихотво́рческий
сти́хший
стишо́к, -шка́
стла́нец, -нца
стла́ник, -а
стла́нцевый
стланьё, -я́
стла́ть(ся), и стели́ть(ся), стелю́(сь), сте́лет(ся); прош. стла́л(ся), стла́ла(сь) и стели́л(ся), стели́ла(сь)
стли́ще, -а
сто, ста
стова́ттный (100-ва́ттный)
стовёрстный (100-вёрстный)
стовосьмидесятимиллио́нный (180-миллио́нный)
стог, -а, предл. о сто́ге, в сто́ге и в стогу́, мн. -а́, -о́в
стогла́вый
сто́гны, стогн, ед. сто́гна, -ы
стогова́ние, -я
стогова́ть(ся), -гу́ю, -гу́ет(ся)
стогови́ще, -а
стогово́з, -а
стогово́й
стоголо́сый
стогомёт, -а
стогомета́ние, -я
стогомета́тель, -я
стогра́дусный (100-гра́дусный)
стограммо́вый (100-граммо́вый)
стодвадцатимиллиметро́вый (120-миллиметро́вый)
стодевяностомиллио́нный (190-миллио́нный)
стодне́вный (100-дне́вный)
стодо́ла, -ы и стодо́л, -а
стоеро́совый
сто́ечка, -и
сто́ечный
стожа́р, -а
сто́жить, -жу, -жит
стожо́к, -жка́
стозву́чный
сто́ик, -а
сто́имостный
сто́имость, -и

сто

стоить, стою, стоит, стоят
стоицизм, -а
стоический
стойбище, -а
стойбищный
стойка, -и
стойкий; кр. ф. стоек, стойка, стойко
стойком
стойкость, -и
стойлице, -а
стойло, -а
стойловый
стоймя
стойче, сравн. ст. (от стойкий, стойко)
сток, -а
стокер, -а
стокилометровый (100-километровый)
стоклеточный
стоковый
стократ, нареч.
стократный
стокс, -а
стол, -а
столб, -а
столбенеть, -ею, -еет
столбец, -бца
столбик, -а
столбить, -блю, -бит
столблённый; кр. ф. -ён, -ена
столбняк, -а
столбнячный
столбовой
столбообразный
столбчатый
столетие (100-летие), -я
столетний (100-летний)
столетник, -а
столечко
столешник, -а
столешница, -ы
столик, -а
столитровый (100-литровый)
столица, -ы
столичный
столишко, -а, м.
столканный
столкать, -аю, -ает
столкновение, -я
столкнутый
столкнуть(ся), -ну(сь), -нёт(ся)
столковаться, -куюсь, -куется
столковываться, -аюсь, -ается
столованье, -я
столоваться, -луюсь, -луется
столовая, -ой
столоверчение, -я
столовник, -а
столовый
столокший(ся)
столон, -а
столоначальник, -а
столообразный
столочь(ся), -лку, -лчёт(ся), -лкут(ся); прош. -лок(ся), -лкла(сь)
столп, -а
столпить(ся), -плю, -пит(ся)
столпник, -а
столповой
столпообразный
столпотворение, -я

сто

столчённый; кр. ф. -ён, -ена
столыпинский
столыпинщина, -ы
столь (же)
столько (же)
столько-то, стольких-то
стольник, -а
стольничать, -аю, -ает
стольничий, -ья, -ье
стольный
столяр, -а
столярить, -рю, -рит
столярничать, -аю, -ает
столярничество, -а
столярно-механический
столярно-плотничный
столярный
столярня, -и, р. мн.
стоматит, -а
стоматолог, -а
стоматологический
стоматология, -и
стоматоскоп, -а
стоматоскопический
стомах, -а
стометровка, -и
стометровый (100-метровый)
стомиллионный (100-миллионный)
стон, -а
стонать, стону, стонет и -аю, -ает
стонущий и стонающий
стокий
стоп, неизм.
стопа, -ы, мн. стопы (часть стиха; куча; сосуд) и стопы (часть ноги; шаги; мера длины)
стопин, -а
стопинг, -а
стопить(ся), стоплю, стопит(ся)
стопка, -и
стоп-кран, -а
стопленный
стоповой
стопор, -а
стопорезка, -и
стопорить(ся), -рю, -рит(ся)
стопорный
стопосложение, -я
стопоходящие, -их
стопочка, -и
стопочный
стоппер, -а
стопроцентный
стоп-сигнал, -а
стоптанный
стоптать(ся), стопчу, стопчет(ся)
стопудовый (100-пудовый)
стопятидесятилетие (150-летие), -я
стопятидесятилетний (150-летний)
стопятидесятимиллионный (150-миллионный)
сторгованный
сторговать(ся), -гую(сь), -гует(ся)
сторговывать(ся), -аю(сь), -ает(ся)
сторицей и сторицею
сторнированный
сторнировать(ся), -рую, -рует(ся)
сторно, нескл., с.
сторнованный
сторновать(ся), -ную, -нует(ся)
сторновка, -и

сто

сторож, -а, мн. -а, -ей
сторожа, -и
сторожевик, -а
сторожевой
сторожить(ся), -жу(сь), -жит(ся)
сторожиха, -и
сторожка, -и
сторожкий; кр. ф. -жек, -жка
сторожок, -жка
сторона, -ы, вин. сторону, мн. стороны, сторон, сторонам
сторониться, -онюсь, -онится
сторонка, -и
сторонний
сторонник, -а
сторонница, -ы
сторонушка, -и
стортинг, -а
сторублёвка, -и
сторублёвый (100-рублёвый)
сторукий
сторцевать, -цую, -цует
сторцованный
стосвечовый (100-свечовый)
стосильный (100-сильный)
стосковаться, -куюсь, -куется
стотинка, -и
стотонный (100-тонный)
стотысячник, -а
стотысячный (100-тысячный)
стоустый
стофунтовый (100-фунтовый)
сточенный
сточить(ся), сточу, сточит(ся)
сточка, -и
сточный
стошнить, -ит
стоэтажный (100-этажный)
стоя, нареч.
стояк, -а
стояковый
стоялец, -льца
стоялый
стояние, -я
стоянка, -и
стояночный
стоять, стою, стоит
стоячий
стоячок, -чка
стоящий (от стоить)
стоящий (от стоять)
страбизм, -а
стравить(ся), стравлю, стравит(ся)
стравленный
стравливать(ся), -аю, -ает(ся)
стравлять(ся), -яю, -яет(ся)
страгивать(ся), -аю(сь), -ает(ся)
страда, -ы, мн. страды, страд
страдалец, -льца
страдалица, -ы
страдальческий
страдание, -я
страдательность, -и
страдательный
страдать, -аю, -ает
страдивариус, -а и страдиварий, -я
страдник, -а
страдный
страж, -а
стража, -и
страждущий
стражник, -а

СТР

страз, -а
стразовый
страивать(ся), -аю, -ает(ся)
страна́, -ы́, мн. стра́ны, стран
страгуляцио́нный
страгуля́ция, -и
страни́ца, -ы
страни́чка, -и
страни́чный
стра́нник, -а
стра́нница, -ы
стра́нничать, -аю, -ает
стра́ннический
стра́нничество, -а
стра́нно
страннова́тый
странноприи́мный
стра́нность, -и
стра́нный; кр. ф. -а́нен, -анна́, -а́нно
странове́дение, -я
странове́дческий
стра́нствие, -я
стра́нствование, -я
стра́нствователь, -я
стра́нствовать, -твую, -твует
стра́сбургский
страсти́шка, -и
страстно́й (страстна́я неде́ля)
стра́стность, -и
стра́стный
страстоте́рпец, -пца
страстоте́рпица, -ы
страстоцве́т, -а
страсть, -и, мн. -и, -е́й
стратаге́ма, -ы
страте́г, -а
стратеги́ческий
страте́гия, -и
страти́г, -а (ист.)
стратиграфи́ческий
стратигра́фия, -и
стратисфе́ра, -ы
стратифика́ция, -и
стратифици́ровать(ся), -рует(ся)
стратовулка́н, -а
стратона́вт, -а
стратопла́н, -а
стратоста́т, -а
стратосфе́ра, -ы
стратосфе́рный
стра́ус, -а
страусёнок, -нка, мн. -ся́та, -ся́т
стра́усовый
страуся́тник, -а
страх, -а
страхделега́т, -а
страхка́сса, -ы
страхка́ссовый
страхова́ние, -я
страхо́ванный
страхова́тель, -я
страхова́ть(ся), страху́ю(сь), страху́ет(ся)
страхо́вка, -и
страхово́й
страхо́вочный
страхо́вщик, -а
стра́чивать, наст. вр. не употр.
страшённый
страши́ла, -ы, м. и ж.
страши́лище, -а

СТР

страши́ть(ся), -шу́(сь), -ши́т(ся)
страшнова́тый
стра́шный
страща́ть, -а́ю, -а́ет
стре́бованный
стре́бовать, -бую, -бует
стре́жень, -жня
стрежнево́й
стрека́ло, -а
стрекану́ть, -ну́, -нёт
стрека́тельный
стрека́ть(ся), -а́ю(сь), -а́ет(ся)
стрека́ч, -а́; стрекача́ дать
стрекну́ть, -ну́, -нёт
стрекоза́, -ы́, мн. -о́зы, -о́з
стреко́зий, -ья, -ье
стрекози́ный
стрекози́ть, -и́т
стреко́т, -а
стрекота́ние, -я
стрекота́ть, -очу́, -о́чет
стрекотня́, -и́
стрекоту́нья, -и, р. мн. -ний
стрекоту́ха, -и
стреко́чущий
стрекули́ст, -а
стрела́, -ы́, мн. стре́лы, стрел
стреле́ц, -льца́
стреле́цкий
стре́ливать, наст. вр. не употр.
стре́лка, -и
стрелко́во-спорти́вный
стрелко́вый
стрелови́дный
стрелово́й
стрело́к, -лка́
стрелоли́ст, -а
стрелообра́зный
стре́лочек, -чка
стре́лочка, -и
стре́лочник, -а
стре́лочница, -ы
стре́лочный
стрельба́, -ы́, мн. стре́льбы, стрельб
стре́льбище, -а
стре́льбищный
стре́льница, -ы
стрельну́ть, -ну́, -нёт
стрельча́тка, -и
стрельчатосво́дный
стре́льчатый
стре́ляный, прил.
стреля́ть(ся), -я́ю(сь), -я́ет(ся)
стрёма, -ы; на стрёме, на стрёму
стремгла́в
стременно́й, -о́го
стре́мечко, -а
стремёшка, -и
стреми́тельность, -и
стреми́тельный
стреми́ть(ся), -млю́(сь), -ми́т(ся)
стремле́ние, -я
стремни́на, -ы
стремни́нный
стремни́стый
стре́мя, -мени, мн. -мена́, -мя́н
стремя́нка, -и
стремя́нный, -ого
стрендь, -и
стре́нер, -а
стрено́женный
стрено́живать(ся), -аю, -ает(ся)

СТР

стрено́жить, -жу, -жит
стре́пет, -а
стрепетёнок, -нка, мн. -тя́та, -тя́т
стрепети́ный
стрептодерми́я, -и
стрептодимици́н, -а
стрептоко́кк, -а
стрептоко́кковый
стрептомицилли́н, -а
стрептомици́н, -а
стрептоци́д, -а
стре́скать, -аю, -ает
стресс, -а
стре́ссор, -а
стре́тта, -ы
стре́тто, неизм.
стреха́, -и́, мн. стре́хи, стрех
стречо́к, -чка́: дать стречка́
стрига́ла, -ы, м. и ж.
стрига́льный
стрига́льщик, -а
стрига́льщица, -ы
стриго́льник, -а
стриго́льнический
стриго́льничество, -а
стригу́н, -а́
стригунёк, -нка́
стригу́нчик, -а
стригу́щий(ся)
стри́гший(ся)
стриж, -а́
стри́женный, прич.
стри́женый, прил.
стрижи́ный
стри́жка, -и
стрижо́нок, -нка, мн. -жа́та, -жа́т
стрикту́ра, -ы
стри́нгер, -а
стри́ппер, -а
стри́пперный
стрипти́з, -а
стрихни́н, -а
стричь(ся), -игу́(сь), -ижёт(ся), -игу́т(ся); прош. -и́г(ся), -и́гла(сь)
стро́бил, -а
стробоско́п, -а
стробоскопи́ческий
строга́ль, -я́
стро́га́льно-фугова́льный
строга́льный
строга́льщик, -а
строга́льщица, -ы
строга́ние, -я
стро́ганный, прич.
стро́ганый, прил.
строга́ть(ся), -а́ю, -а́ет(ся)
строга́ч, -а́
стро́гий; кр. ф. строг, строга́, стро́го
стро́го-на́строго
стро́го нау́чный
строго́нек, -нька
стро́гость, -и
строеви́к, -а́
строево́й
строе́ние, -я
стро́енный (от стро́ить)
строённый; кр. ф. -ён, -ена́ (от строи́ть)
строе́ньице, -а
строжа́йший
стро́же, сравн. ст. (от стро́гий, стро́го)

СТР

стро́жка, -и
строи́тель, -я
строи́тельно-архитекту́рный
строи́тельно-монта́жный
строи́тельный
строи́тельский
строи́тельство, -а
строи́ть, строю́, строи́т
стро́ить(ся), стро́ю(сь), стро́ит(ся)
строй, -я, *мн.* стро́и, -ев (система) и строи́, -ёв (шеренга)
стройба́т, -а
стройдета́ль, -и
стро́йка, -и
стройконто́ра, -ы
стройматериа́лы, -ов
стро́йность, -и
стро́йный; *кр. ф.* -бен, -ойна́, -ойно
стройплоща́дка, -и
стройтре́ст, -а
стройуправле́ние, -я
строка́, -и́, *мн.* -о́ки, -о́к, -ока́м
строкоме́р, -а
строкоотливно́й
строкопеча́тающий
строкоре́з, -а
строкоре́зный
стро́ма, -ы
стро́нутый
сро́нуть(ся), -ну(сь), -нет(ся)
стронциани́т, -а
стро́нциевый
стро́нций, -я
строп, -а
стро́паль, -я
стро́пальщик, -а
стропи́лина, -ы
стропи́лить, -лю, -лит
стропи́ло, -а, *мн.* -а, -и́л
стропи́льный
стропти́вец, -вца
стропти́вица, -ы
стропти́вость, -и
стропти́вый
стрости́ть, -ощу́, -ости́т
строфа́, -ы́, *мн.* стро́фы, строф
строфа́нт, -а
строфанти́н, -а
стро́фика, -и
строфи́ческий
строфоками́л, -а
строчевы́шитый
стро́чённый; *кр. ф.* -ён, -ена́, *прич.*
стро́чёный, *прил.*
стро́чечный
строчи́ла, -ы, *м. и ж.*
строчи́ть(ся), -очу́, -о́чи́т(ся)
стро́чка, -и
строчкого́н, -а
строчно́й
строчо́к, -чка́
строщённый; *кр. ф.* -ён, -ена́
струбци́на, -ы
струбци́нка, -и
струг, -а
стру́ганный, *прич.*
стру́ганый, *прил.*
струга́ть(ся), -а́ю, -а́ет(ся)
стругово́й
стру́говый
струенаправля́ющий
стру́жечный

СТР

стружи́ть(ся), -жу́, -жи́т(ся)
стру́жка, -и
стружколо́м, -а
стружкоудале́ние, -я
стружо́к, -жка́
струи́стый
струи́ть(ся), -уи́т(ся)
стру́йка, -и
стру́йчатый
структу́ра, -ы
структурали́зм, -а
структурали́ст, -а
структурали́стский
структура́льный
структури́рование, -я
структури́рованный
структу́рно-геологи́ческий
структу́рно-семанти́ческий
структу́рность, -и
структу́рный
структурообразова́ние, -я
струна́, -ы́, *мн.* стру́ны, струн
струне́ц, -нца́
струни́ть, -ню́, -ни́т
стру́нка, -и
стру́нник, -а
стру́нный
струнобето́н, -а
струнобето́нный
струп, -а, *мн.* стру́пья, -ьев
струси́ть, -у́шу, -у́сит
струси́ть, -ушу́, -уси́т
струхну́ть, -ну́, -нёт
стручкова́тый
стручко́вый
стручо́к, -чка́, *мн.* -и́, -о́в и -чья, -чьев
стручо́чек, -чка
стру́шенный
стру́шивать(ся), -аю, -ает(ся)
струя́, -и́, *мн.* стру́и, струй, струя́м
стрю́цкий, -ого
стря́панный
стря́панье, -я
стря́пать(ся), -аю(сь), -ает(ся)
стря́пка, -и
стря́пня, -и́
стряпу́ха, -и
стря́пческий
стря́пчество, -а
стря́пчий, -его
стряса́ть(ся), -а́ю, -а́ет(ся)
стрясённый; *кр. ф.* -ён, -ена́
стрясти́(сь), -су́, -сёт(ся); *прош.* -я́с(ся), -ясла́(сь)
стря́сший(ся)
стряха́ть(ся), -а́ю, -а́ет(ся)
стря́хивать(ся), -аю, -ает(ся)
стря́хнутый
стряхну́ть(ся), -ну́, -нёт(ся)
студене́ть, -е́ет
студени́стый
студе́нт, -а
студе́нтка, -и
студе́нческий
студе́нчество, -а
студёный
студе́нь, -дня
студи́ец, -и́йца
студи́йка, -и (к студи́ец)
студи́йный
студи́ть(ся), стужу́(сь), сту́дит(ся)

СТУ

сту́дия, -и
студнеобра́зный
сту́жа, -и
сту́женный, *прич.*
сту́женый, *прил.*
стук, -а
сту́калка, -и
сту́кать(ся), -аю(сь), -ает(ся)
сту́кнутый
сту́кнуть(ся), -ну(сь), -нет(ся)
стукотня́, -и́
стул, -а, *мн.* сту́лья, -ьев
стульча́к, -а́
сту́льчик, -а
сту́па, -ы
ступа́ть, -а́ю, -а́ет
ступе́нчато-симметри́чный
ступе́нчатый
ступе́нь, -и, *мн.* -и, -ей (ступе́нька) и -и́, -е́й (степень)
ступе́нька, -и
ступи́ть, ступлю́, сту́пит
ступи́ца, -ы
ступи́чный
сту́пка, -и
ступня́, -и́
сту́пор, -а
сту́хнуть, -нет; *прош.* стух, сту́хла
сту́хший
стуча́ть(ся), -чу́(сь), -чи́т(ся)
стушёванный
стушева́ть(ся), -шу́ю(сь), -шу́ет(ся)
стушёвка, -и
стушёвывать(ся), -аю(сь), -ает(ся)
сту́шенный
стуши́ть, -ушу́, -у́шит
сты́вший
стыд, -а́
стыди́ть(ся), стыжу́(сь), стыди́т(ся)
стыдли́вость, -и
стыдли́вый
сты́дно
сты́дный
стыдо́ба, -ы
стыдо́бушка, -и
стык, -а
стыка́ть(ся), -а́ю, -а́ет(ся)
стыкова́ние, -я
стыкова́ть(ся), -ку́ю(сь), -ку́ет(ся)
стыко́вка, -и
стыково́й
стыко́вочный
стыкосва́рочный
с ты́ла
сты́лый
сты́нувший
сты́нуть и стыть, сты́ну, сты́нет; *прош.* стыл, сты́ла
сты́ренный
сты́рить, -рю, -рит
стыть и сты́нуть, сты́ну, сты́нет; *прош.* стыл, сты́ла
сты́чка, -и
сты́чный
стю́ард, -а
стюарде́сса, -ы
стяг, -а
стя́гивание, -я
стя́гивать(ся), -аю(сь), -ает(ся)
стяжа́ние, -я
стяжа́нный (*от* стяжа́ть)
стяжа́тель, -я

403

СТЯ

стяжа́тельский
стяжа́тельство, -а
стяжа́ть(ся), -а́ю, -а́ет(ся)
стяже́ние, -я
стяжённый (к стяже́ние)
стя́жка, -и
стяжно́й
стяжо́к, -жка́ (палка)
стя́нутый
стяну́ть(ся), стяну́(сь), стя́нет(ся)
суаре́, нескл., с.
суахи́ли, нескл., мн. (народ) и м. (язык)
субакваа́льный
субалте́рн-офице́р, -а
субальпи́йский
субантаркти́ческий
субаре́нда, -ы
субаркти́ческий
суба́томный
суббо́та, -ы
суббо́тний
суббо́тник, -а
субве́нция, -и
субгармони́ческий
субдомина́нта, -ы
субдомина́нтовый
субери́н, -а
субинспе́ктор, -а
субкле́точный
субконтине́нт, -а
субкортика́льный
сублима́т, -а
сублимацио́нный
сублима́ция, -и
сублими́рованный
сублими́ровать(ся), -рую, -рует(ся)
сублитора́льный
субмари́на, -ы
субмикро́нный
субмикроскопи́ческий
субмиллиметро́вый
суборбита́льный
субординату́ра, -ы
субордина́ция, -и
су́борь, -и
субподря́д, -а
субподря́дный
субподря́дчик, -а
субпроду́кты, -ов
субре́тка, -и
субсветово́й
субсиди́рованный
субсиди́ровать(ся), -рую, -рует(ся)
субси́дия, -и
субстантива́ция, -и
субстантиви́рованный
субстантиви́ровать(ся), -рую, -рует(ся)
субстанти́вный
субстанциа́льный
субстанционализи́рованный
субстанционализи́ровать(ся), -рую, -рует(ся)
субстанциона́льный
субста́нция, -и
субститу́т, -а
субститу́ция, -и
субстра́т, -а
субстратоста́т, -а
субстратосфе́ра, -ы

СУБ

субти́льный
субти́тр, -а
субтитри́рование, -я
субтро́пики, -ов
субтропи́ческий
субфебри́льный
су́бчик, -а (о человеке)
субъе́кт, -а
субъективи́зм, -а
субъективи́рованный
субъективи́ровать(ся), -рую, -рует(ся)
субъективи́ст, -а
субъективи́стский
субъекти́вно-идеалисти́ческий
субъекти́вность, -и
субъекти́вный
субъе́ктный
субъя́дерный
субъядро́, -а́
сувени́р, -а
сувени́рный
сувере́н, -а
суверените́т, -а
сувере́нный, кр. ф. -е́нен, -е́нна
суво́й, -я
су́волока, -и
суво́ровец, -вца
суво́ровский
суггести́вный
сугге́стия, -и
сугли́нистый
сугли́нок, -нка
суглиносу́песь, -и
сугол́овный
сугол́овье, -я, р. мн. -вий
сугро́б, -а
сугро́бистый
сугро́бище, -а, м.
сугу́бый
суд, -а́
суда́к, -а́
судако́вый
суда́нец, -нца
суда́нка, -и
суда́нский
суда́рик, -а
суда́рка, -и
суда́рушка, -и
суда́рынька, -и
суда́рыня, -и, р. мн. -ынь
су́дарь, -и
суда́чий, -ья, -ье
суда́чить, -чу, -чит
судачо́к, -чка́
су́дбище, -а
суде́бник, -а
суде́бно-баллисти́ческий
суде́бно-медици́нский
суде́бно-психиатри́ческий
суде́бно-сле́дственный
суде́бный
суде́ц, -е́йца
суде́йский
суде́йство, -а
суде́нышко, -а
суди́лище, -а
суди́мость, -и
суди́ть(ся), сужу́(сь), суди́т(ся)
суди́я, -и́, мн. су́дии, су́дий, м.
судко́вый
су́дно¹, -а, мн. суда́, -о́в (корабль)

СУД

су́дно², -а, мн. су́дна, су́ден (сосуд)
су́дный (день, час)
судове́рфь, -и
судовладе́лец, -льца
судовладе́льческий
судоводи́тель, -я
судоводи́тельский
судовожде́ние, -я
судово́й
судоговоре́ние, -я
судо́к, -дка́
судомоде́лизм, -а
судомодели́ст, -а
судомоде́ль, -и
судомоде́льный
судомо́йка, -и
судомо́йня, -и, р. мн. -бен
судоподъём, -а
судоподъёмник, -а
судоподъёмный
судопроизво́дственный
судопроизво́дство, -а
судоремо́нт, -а
судоремо́нтный
су́дорога, -и
су́дорожный
судостро́ение, -я
судострои́тель, -я
судострои́тельный
судоустро́йство, -а
судохо́дный
судохо́дство, -а
судо́чек, -чка
судьба́, -ы́, мн. су́дьбы, су́деб
судьби́на, -ы
судья́, -и́, мн. су́дьи, суде́й, су́дьям, м.
су́дя (по кому, чему)
су́дя, деепр.
суеве́р, -а
суеве́рие, -я
суеве́рка, -и
суеве́рный
суему́дрие, -я
суему́дрствовать, -твую, -твует
суему́дрый
суесло́вие, -я
суесло́вный
суета́, -ы́
суети́ться, суечу́сь, суети́тся
суетли́вость, -и
суетли́вый
су́етность, -и
су́етный
суетня́, -и́
сужа́ть(ся), -а́ю, -а́ет(ся)
сужде́ние, -я
суждённый; кр. ф. -ён, -ена́
суждено́
су́женая, -ой (о невесте)
су́женая-ря́женая, су́женой-ря́женой
суже́ние, -я
су́женный (от су́зить)
су́женый, -ого (о женихе)
су́живать(ся), -аю, -ает(ся)
су́зить(ся), су́жу, су́зит(ся)
сук, -а́, предл. о суке́, на суку́, мн. суки́, -о́в и су́чья, -ьев
су́ка, -и
су́кин, -а, -о
сукнецо́, -а́

СУК СУМ СУП С

сукно́, -а́, *мн.* су́кна, су́кон
сукнова́л, -а
сукнова́льный
сукнова́льня, -и, *р. мн.* -лен
сукноде́л, -а
сукноде́лие, -я
сукномо́йка, -и
сукова́тый
суко́нка, -и
суко́нно-бума́жный
суконнотка́цкий
суко́нный
суко́нце, -а
суко́нщик, -а
су́кровица, -ы
су́кровичный
сукце́ссия, -и
сулема́, -ы́
сулённый; *кр. ф.* -ён, -ена́, *прич.*
сулёный, *прил.*
сулея́, -и́
сули́ть(ся), -лю́(сь), -ли́т(ся)
су́лица, -ы
султа́н, -а
султана́т, -а
султа́нка, -и (*зоол.*)
султа́нский
султа́нство, -а
султа́нчик, -а
сульсе́новый
сульфадимези́н, -а
сульфазо́л, -а
сульфами́дный
сульфами́ды, -ов
сульфанилами́дный
сульфанилами́ды, -ов
сульфа́т, -а
сульфата́ция, -и
сульфати́рование, -я
сульфа́тный
сульфи́д, -а (минерал)
сульфиди́н, -а
сульфи́дный
сульфи́рование, -я
сульфи́рованный
сульфи́ровать, -рую, -рует
сульфи́т, -а (соль)
сульфита́ция, -и
сульфити́рованный
сульфи́тный
сульфито́метр, -а
сульфокислота́, -ы́, *мн.* -о́ты, -о́т
сума́, -ы́
сумасбро́д, -а
сумасбро́дить, -о́жу, -о́дит
сумасбро́дка, -и
сумасбро́дничать, -аю, -ает
сумасбро́дный
сумасбро́дство, -а
сумасбро́дствовать, -твую, -твует
сумасше́дшая, -ей
сумасше́дший, -его
сумасше́ствие, -я
сумасше́ствовать, -твую, -твует
сумато́ха, -и
сумато́шиться, -шусь, -шится
сумато́шливый
сумато́шный
сумбу́р, -а
сумбу́рный
су́меречный
су́мерки, -рек и -рок

суме́рничать, -аю, -ает
суме́ть, -е́ю, -е́ет
су́мка, -и
су́мма, -ы
сумма́рный
сумма́тор, -а
сумми́рование, -я
сумми́рованный
сумми́ровать(ся), -рую, -рует(ся)
су́ммка, -и (*от* су́мма)
суммово́й
су́ммочка, -и (*от* су́мма)
су́мничать, -аю, -ает
сумня́ся и сумня́шеся: ничто́же сумня́ся (сумня́шеся)
су́мочка, -и (*от* су́мка)
су́мочник, -а
су́мочный
су́мрак, -а
су́мрачность, -и
су́мрачный
су́мчатый
с у́мыслом
сумя́тица, -ы
сунду́к, -а́
сундучи́шко, -а, *м.*
сунду́чный
сундучо́к, -чка́
су́нна, -ы
сунни́зм, -а
сунни́т, -а
сунни́тский
су́нутый
су́нуть(ся), су́ну(сь), су́нет(ся)
суп, -а и -у, *предл.* в су́пе, и в супу́, *мн.* -ы́, -о́в
суперарби́тр, -а
супервизо́р, -а
супергармони́ческий
супергетероди́н, -а
супергетероди́нный
суперикононоско́п, -а
суперинфе́кция, -и
суперка́рго, *нескл., м.*
супермалло́й, -я
супермэ́н, -а
суперобло́жка, -и
суперпози́ция, -и
суперрегенерати́вный
суперрегенера́тор, -а
суперта́нкер, -а
суперфосфа́т, -а
суперфосфа́тный
суперэли́та, -ы
су́песный
су́песок, -ска
супесча́ный
су́песь, -и
су́пец, су́пца и су́пцу
супи́н, -а
супина́тор, -а
супина́ция, -и
супи́ть(ся), су́плю(сь), су́пит(ся)
су́пник, -а
супово́й
супо́нить(ся), -ню, -нит(ся)
супо́нь, -и
супоро́сая и супоро́сная
супоста́т, -а
супплети́вный
суппозито́рий, -я
су́ппорт, -а

су́ппортный
супранатурали́зм, -а
супремати́зм, -а
супремати́ст, -а
супремати́стский
супроти́в
супроти́вник, -а
супроти́вница, -ы
супроти́вничать, -аю, -ает
супроти́вный
супру́г, -а
супру́га, -и
супру́жеский
супру́жество, -а
супря́га, -и
су́прядки, -док
супря́жник, -а
су́пчик, -а (*от* суп)
сургу́ч, -а́
сургу́чик, -а и -у
сургу́чный
сургучо́вый
сурди́на, -ы
сурди́нка, -и (под сурди́нку)
сурдока́мера, -ы
сурдологи́ческий
сурдоло́гия, -и
сурдопедаго́г, -а
сурдопедаго́гика, -и
суре́пица, -ы
суре́пка, -и
суре́пный
су́ржа, -и
су́ржик, -а
су́рик, -а
су́риковый
сурко́вый
сурна́, -ы́
суро́веть, -ею, -еет
суро́вость, -и
суро́вый
суровьё, -я́
суро́к, -рка́
суро́чий, -ья, -ье
суррога́т, -а
суррога́тный
сурчи́на, -ы
сурчи́ный
сурчо́нок, -нка, *мн.* -ча́та, -ча́т
сурьма́, -ы́
сурьмаоргани́ческий
сурьмило́, -а
сурьми́ть(ся), -млю́(сь), -ми́т(ся)
сурьмлённый; *кр. ф.* -ён, -ена́
сурьмяни́стый
сурьмя́ный
суса́к, -а́
суса́ленный
суса́лить(ся), -лю, -лит(ся)
суса́ль, -и
суса́льный
сусе́к, -а
суслёнок, -нка, *мн.* -ля́та, -ля́т
су́слик, -а
су́сликовый
су́слить(ся), -лю(сь), -лит(ся)
су́сличий, -ья, -ье
су́сло, -а
сусловаро́чный
сусло́н, -а
су́сляный
сусо́лить(ся), -лю(сь), -лит(ся)

405

СУС

суспендировать, -рую, -рует
суспензивный
суспензировать, -рую, рует
суспензия, -и
суспензорий, -я
сустав, -а
суставной
суставно-мышечный
суставчатый
суставчик, -а
сутаж, -а
сутана, -ы
сутемь, -и
сутенёр, -а
сутенёрство, -а
сутки, суток
сутолока, -и
сутолочный
сутолочь, -и
суточный
сутулина, -ы
сутулистый
сутулить(ся), -лю(сь), -лит(ся)
сутуловатый
сутулость, -и
сутулый
сутунка, -и
суть, -и
сутяга, -и, м. и ж.
сутяжник, -а
сутяжница, -ы
сутяжничать, -аю, -ает
сутяжнический
сутяжничество, -а
сутяжный
суфизм, -а
суфле, нескл., с.
суфлёр, -а
суфлёрский
суфлировать, -рую, -рует
суфражизм, -а
суфражистка, -и
суфражистский
суффикс, -а
суффиксальный
суффиксация, -и
суффозия, -и
сухарик, -а
сухарница, -ы
сухарный
сухарня, -и, р. мн. -рен
сухарь, -я
сухенький и сухонький
сухменный
сухмень, -и
суховей, -я
суховейный
суховерхий
суховершинный
суховоздушный
сухогрузный
суходол, -а
суходольный
сухожилие, -я
сухожильный
сухозадый
сухой; кр. ф. сух, суха, сухо
сухолюб, -а
сухолюбивый
сухомятка, -и
сухоногий
сухонос, -а

СУХ

сухонький и сухенький
сухопарник, -а
сухопарый
сухоподстойный
сухопрессованный
сухопутный
сухопутье, -я
сухорёбрый
сухорукий
сухостой, -я
сухостойный
сухость, -и
сухота, -ы
сухотка, -и
сухотравный
сухофрукты, -ов
сухоцвет, -а
сухощавый
сухоядец, -дца
сучение, -я
сученный, прич.
сучёный, прил.
сучивать, наст. вр. не употр.
сучий, -ья, -ье
сучильный
сучить(ся), сучу, сучит(ся)
сучка, -и
сучкастый
сучковатый
сучковый
сучкорезка, -и
сучкоруб, -а
сучок, -чка
сучочек, -очка
сучье, -я
суша, -и
суше, сравн. ст. (от сухой, сухо)
сушение, -я
сушеница, -ы
сушенный, прич.
сушёный, прил.
сушилка, -и
сушило, -а
сушильно-гладильный
сушильный
сушильня, -и, р. мн. -лен
сушить(ся), сушу(сь), сушит(ся)
сушка, -и
сушняк, -а и -у
сушь, -и
существенный; кр. ф. -вен, -венна
существительное, -ого
существо, -а
существование, -я
существовать, -твую, -твует
сущий
сущность, -и
суэцкий (от Суэц)
суягная
сфабрикованный
сфабриковать, -кую, -кует
сфагновый
сфагнум, -а
сфалерит, -а
сфальцевать, -цую, -цует
сфальцованный
сфальшивить, -влю, -вит
сфальшивленный
сфантазировать, -рую, -рует
сфера, -ы
сферический
сферичный

СФЕ

сфероид, -а
сфероидальный
сфероконус, -а
сферокристалл, -а
сферометр, -а
сферосидерит, -а
сферотека, -и
сфигмограмма, -ы
сфигмограф, -а
сфигмография, -и
сфигмоманометр, -а
сфинкс, -а
сфинктер, -а
сфокусировать(ся), -рую, -рует(ся)
сформированный
сформировать(ся), -рую(сь), -рует(ся)
сформировывать(ся), -аю(сь), -ает(ся)
сформованный
сформовать(ся), -мую, -мует(ся)
сформовывать(ся), -аю, -ает(ся)
сформулированный
сформулировать(ся), -рую, -рует(ся)
сфорцандо, неизм.
сфотографированный
сфотографировать(ся), -рую(сь), -рует(ся)
сфрагистика, -и
сфугованный
сфуговать, -гую, -гует
сфуговывать(ся), -аю, -ает(ся)
схапанный
схапать, -аю, -ает
схват, -а
схватить(ся), -ачу(сь), -атит(ся)
схватка, -и
схватывание, -я
схватывать(ся), -аю(сь), -ает(ся)
схваченный
схема, -ы
схематизатор, -а
схематизация, -и
схематизированный
схематизировать(ся), -рую, -рует(ся)
схематизм, -а
схематический
схематичность, -и
схематичный
схемный
схизма, -ы
схизматик, -а
схизматический
схизматичка, -и
схима, -ы
схимить(ся), -млю(сь), -мит(ся)
схимник, -а
схимница, -ы
схимнический
схимничество, -а
схимонах, -а
схимонахиня, -и р. мн. -инь
схимонашеский
схитрить, -рю, -рит
схлёбанный
схлебать, -аю, -ает
схлёбнутый
схлебнуть, -ну, -нёт
схлёбывать(ся), -аю, -ает(ся)

схлёстанный
схлеста́ть, -ещу́, -е́щет
схлёстнутый
схлестну́ть(ся), -ну́(сь), -нёт(ся)
схлёстывать(ся), -аю(сь), -ает(ся)
схлопо́танный
схлопота́ть, -очу́, -о́чет
схлы́нуть, -нет
сход, -а
схо́дбище, -а
сходи́мость, -и
сходи́ть(ся), схожу́(сь), схо́дит(ся)
схо́дка, -и
схо́дни, -ей
схо́дный; кр. ф. -ден, -дна́, -дно
схо́дня, -и
схо́дственный; кр. ф. -вен, -венна
схо́дство, -а
схо́дствовать, -твую, -твует
с хо́ду
сходя́щий(ся)
схожде́ние, -я
схо́жесть, -и
схо́жий
схола́ст, -а
схола́стик, -а
схола́стика, -и
схоласти́ческий
схоласти́чный
схолиа́ст, -а
схо́лия, -и
схоро́ненный
схорони́ть(ся), -оню́(сь), -о́нит(ся)
схулига́нить, -ню, -нит
сца́панный
сца́пать, -аю, -ает
сцара́панный
сцара́пать, -аю, -ает
сцара́пнутый
сцара́пнуть, -ну, -нет
сцара́пывать(ся), -аю, -ает(ся)
сцеди́ть, сцежу́, сце́дит
сце́женный
сце́живать(ся), -аю, -ает(ся)
сцементи́рованный
сцементи́ровать, -рую, -рует
сце́на, -ы
сцена́рий, -я
сценари́ст, -а
сценари́стка, -и
сцена́риус, -а
сцена́рный
сцени́ческий
сцени́чный
сцентри́ровать(ся), -и́рую, -и́рует(ся)
сцентро́ванный
сцентрова́ть(ся), -ру́ю, -ру́ет(ся)
сцеп, -а
сцепи́ть(ся), сцеплю́(сь), сце́пит(ся)
сце́пка, -и
сцепле́ние, -я
сце́пленный
сцепля́ть(ся), -я́ю(сь), -я́ет(ся)
сцепно́й
сце́пщик, -а
сцинтилля́тор, -а
сцинтилляцио́нный
сцинтилля́ция, -и
сцифо́идные, -ых
сцифомеду́за, -ы
счал, -а

сча́ленный
сча́ливание, -я
сча́ливать(ся), -аю, -ает(ся)
сча́лить(ся), -лю, -лит(ся)
сча́лка, -и
счастли́вец, -вца
счастли́вить(ся), -влю, -вит(ся)
счастли́вица, -ы
счастли́вчик, -а
счастли́вый; кр. ф. сча́стлив, сча́стлива
сча́стье, -я
сча́стьице, -а
с ча́су на ча́с
счека́ненный
счека́нивать(ся), -аю, -ает(ся)
счека́нить, -ню, -нит
счёрпанный
счёрпать, -аю, -ает
счёрпнутый
счерпну́ть, -ну́, -нёт
счёрпывать(ся), -аю, -ает(ся)
счерти́ть, счерчу́, счёртит
счёрченный
счёрчивать(ся), -аю, -ает(ся)
счёс, -а
счёсанный
счеса́ть(ся), счешу́, счёшет(ся)
счёска, -и
счесть(ся), сочту́(сь), сочтёт(ся); прош. счёл(ся), сочла́(сь)
счёсывание, -я
счёсывать(ся), -аю, -ает(ся)
счёт, -а и -у, предл. на счёте, на счету́, мн. -а́, -о́в
счетверённый; кр. ф. -ён, -ена́
счетвери́ть, -рю́, -ри́т
счётец, -тца
счётно-аналити́ческий
счётно-вычисли́тельный
счётно-кла́вишный
счётно-маши́нный
счётно-пи́шущий
счётно-реша́ющий
счётно-сумми́рующий
счётный
счетово́д, -а
счетово́дный
счетово́дство, -а
счетово́дческий
счёт-фактура́, счёта-фактуры
счётчик, -а
счёты, счётов
счисле́ние, -я
счи́сленный
счи́слить, -лю, -лит
счисля́ть(ся), -я́ю, -я́ет(ся)
счи́стить(ся), счи́щу, счи́стит(ся)
счи́стка, -и
счи́талка, -и
счи́танный
счита́ть(ся), -а́ю(сь), -а́ет(ся)
счи́тка, -и
счи́тчик, -а
счи́тчица, -ы
счи́тывание, -я
счи́тывать(ся), -аю, -ает(ся)
счища́ть(ся), -а́ю, -а́ет(ся)
счи́щенный
сше́дший
сше́ствие, -я
сшиба́ние, -я

сшиба́ть(ся), -а́ю(сь), -а́ет(ся)
сшиби́ть(ся), -бу́(сь), -бёт(ся); прош. сши́б(ся), сши́бла(сь)
сши́бка, -и
сши́бленный
сшив, -а
сшива́ние, -я
сшива́ть(ся), -а́ю, -а́ет(ся)
сши́вка, -и
сшивно́й
сши́тый
сшить, сошью́, сошьёт
сшути́ть, сшучу́, сшу́тит
съеда́ть(ся), -а́ю, -а́ет(ся)
съеде́ние, -я
съе́денный
съедо́бность, -и
съедо́бный
съёженный
съёживать(ся), -аю(сь), -ает(ся)
съёжить(ся), -жу(сь), -жит(ся)
съезд, -а
съе́здить, съе́зжу, съе́здит
съе́здовский
съезжа́ть(ся), -а́ю(сь), -а́ет(ся)
съе́зжий
съём, -а
съёмка, -и
съёмник, -а
съёмный
съёмочный
съёмцы, -ев
съёмщик, -а
съёмщица, -ы
съёрзнуть, -ну, -нет
съёрзывать, -аю, -ает
съестно́й
съесть, съем, съешь, съест, съеди́м, съеди́те, съедя́т; прош. съел, съе́ла
съе́хать(ся), съе́ду(сь), съе́дет(ся)
съехи́дничать, -аю, -ает
съюти́ть(ся), -ти́т(ся)
съя́бедничать, -аю, -ает
съязви́ть, -влю́, -ви́т
съя́кшаться, -а́юсь, -а́ется
сы́воротка, -и
сы́вороточный
сы́гранность, -и
сы́гранный
сыграну́ть, -ну́, -нёт
сыгра́ть(ся), -а́ю(сь), -а́ет(ся)
сыгро́вка, -и
сыгры́ваться, -аюсь, -ается
сызве́ка и сызвеку́
сы́здавна
сызде́тства
сы́змала и сы́змалу
сызмале́тства
сызма́льства
сы́знова
сыма́ть(ся), -а́ю, -а́ет(ся)
сымпровизи́рованный
сымпровизи́ровать, -рую, -рует
сын, -а, мн. сыновья́, сынове́й и (в высоком стиле) сыны́, сыно́в
сыни́шка, -и, м.
сыно́вний
сыно́к, -нка́
сыноуби́йство, -а
сыноуби́йца, -ы, м. и ж.
сыно́чек, -чка

СЫП

сы́панный
сыпану́ть, -ну́, -нёт
сы́пать(ся), сы́плю, сы́плет(ся)
сыпе́ц, -пца́
сы́пкий
сы́плющий(ся)
сыпно́й
сыпнотифо́зный
сыпну́ть, -ну́, -нёт
сыпня́к, -а́
сыпу́честь, -и
сыпу́чий
сыпь, -и
сыр, -а и -у, *предл.* в сы́ре и в сыру́, *мн.* -ы́, -о́в
сыр-бо́р, -а
сырдарьи́нский
сыре́ть, -е́ю, -е́ет
сыре́ц, -рца́
сырко́вый
сы́рник, -а
сы́рный
сырова́р, -а
сыроваре́ние, -я
сырова́ренный
сырова́рный
сырова́рня, -и, *р. мн.* -рен
сырова́тый
сырове́ц, -вца́ и -вцу́
сыроде́л, -а
сыроде́лие, -я
сыроде́льный
сыроду́тный
сырое́жка, -и
сыро́й; *кр. ф.* сыр, сыра́, сы́ро
сыро́к, -рка́
сырокопчёный
сыромо́лка, -и
сыромоло́т, -а
сыромоло́тка, -и
сыромоло́тный
сыромя́тина, -ы
сыромя́тник, -а
сыромя́тный
сыромя́ть, -и
сыропу́ст, -а
сыропу́стный
сы́рость, -и
сырт, -а (возвышенность)
сырть, -и (рыба)
сырца́, -ы́ (с сырцо́й)
сырцо́вый
сырь, -и
сырьё, -я́
сырьево́й
сыск, -а
сы́сканный
сыска́ть(ся), сыщу́(сь), сы́щет(ся)
сы́скивать(ся), -аю, -ает(ся)
сыскно́й
сы́скоса и сыскосу́
сыспоко́н ве́ка (ве́ку), веко́в
сы́сстари
сыта́, -ы́
сы́тенький, *кр. ф.* -енек, -енька
сытёхонький; *кр. ф.* -нек, -нька
сы́тник, -а
сы́тный; *кр. ф.* -тен, -тна́, -тно
сы́тость, -и
сы́тый; *кр. ф.* сыт, сыта́, сы́то
сыть, -и
сыч, -а́

СЫЧ

сычи́ный
сычо́нок, -нка, *мн.* -ча́та, -ча́т
сычу́г, -а́
сычу́жина, -ы
сычу́жный
сычужо́к, -жка́
сы́щик, -а
сы́щица, -ы
сы́щицкий
сэконо́мить, -млю, -мит
сэконо́мленный
сэр, -а
сюда́
сюже́т, -а
сюже́тец, -тца
сюже́тность, -и
сюже́тный
сюзане́, *нескл., с.*
сюзере́н, -а
сюзерените́т, -а
сюзере́нный
сюи́та, -ы
сюи́тный
сюрку́п, -а
сюрпри́з, -а
сюрпри́зец, -зца
сюрпри́зный
сюрреали́зм, -а
сюрреали́ст, -а
сюрреалисти́ческий
сюрту́к, -а́
сюртучи́шко, -а, *м.*
сюртучный
сюртучо́к, -чка́
сюсю́канье, -я
сюсю́кать, -аю, -ает
сяжки́, -о́в и ся́жки, -ов, *ед.* сяжо́к, -жка́
сяк: так и сяк
ся́кнуть, -нет
сяко́й: тако́й-сяко́й
сям: там и сям

Т

та, той
таба́к, -а́
табака́, *неизм.* (цыплёнок табака́)
табаке́рка, -и
табаково́д, -а
табаково́дство, -а
табаково́дческий
табаковяза́льный
табакокуре́ние, -я
табаконю́хание, -я
табакоре́зальный
табакосуши́лка, -и
табаку́р, -а
таба́нить, -ню, -нит
табаса́ра́н, -а, *р. мн.* -а́н
табасара́нец, -нца
табасара́нка, -и
табасара́нский
табачи́шко, -а, *м.*
таба́чище, -а, *м.*
таба́чник, -а
таба́чница, -ы
таба́чно-махо́рочный
таба́чный
табачо́к, -чка́

ТАБ

та́бель, -я и (та́бель о ра́нгах) -и, *мн.* -и, -ей и -я́, -е́й
та́бель-календа́рь, -я́
та́бельный
та́бельщик, -а
та́бельщица, -ы
та́бес, -а
таблетиро́вочный
табле́тка, -и
табли́тчатый
табли́ца, -ы
табли́чка, -и
табли́чный
табло́, *нескл., с.*
табльдо́т, -а
та́бор, -а
табори́ты, -ов, *ед.* табори́т, -а
та́борный
табу́, *нескл., с.*
табули́рование, -я
табуляграмма, -ы
табуля́тор, -а
табуляту́ра, -ы
табу́н, -а́
табуни́ться, -и́тся
табу́нный
табуно́к, -нка́
табу́нщик, -а
табу́нщицкий
табу́нщичий, -ья, -ье
табуре́т, -а
табуре́тка, -и
табуре́тный
таве́рна, -ы
тавлея́, -и́, *мн.* -е́и, -е́й
тавли́нка, -и
та́волга, -и
та́волговый
таволжа́нка, -и
таволжа́ный
таволо́жка, -и
таволо́жник, -а
таво́т, -а
таво́тница, -ы
таврённый; *кр. ф.* -ён, -ена́, *прич.*
таврёный, *прил.*
таври́ть(ся), -рю́, -ри́т(ся)
таврича́нка, -и
тавро́, -и́, *мн.* та́вра, тавр, тавра́м
та́вровый
та́вры, -ов, *ед.* тавр, -а
тавтогра́мма, -ы
тавтологи́ческий
тавтоло́гия, -и
тага́н, -а́
тагане́ц, -нца́
тага́нный
тагано́к, -нка́
тага́нчик, -а
таджи́к, -а
таджи́кский
таджи́чка, -и
таёжник, -а
таёжница, -ы
таёжный
таз, -а, *предл.* в та́зе и в тазу́, *мн.* -ы́, -о́в
та́зик, -а
тазобе́дренный
та́зовый
та́зы, -ов, *ед.* таз, -а (удэгейцы)
та́и, *нескл., мн.* (народ) и *неизм.*

ТАИ

таила́ндец, -дца
таила́ндка, -и
таила́ндский
таи́нственность, -и
таи́нственный; *кр. ф.* -вен, -венна
таи́нство, -а
таи́ть(ся), таю́(сь), таи́т(ся)
таитя́нин, -а, *мн.* -тя́не, -тя́н
таитя́нка, -и
таитя́нский
та́йбола, -ы
тайга́, -и́
тайко́м
тайм, -а
тайм-а́ут, -а
тайме́нь, -я
таймо́граф, -а
тайм-ча́ртер, -а
та́ймшит, -а
та́йна, -ы
тайни́к, -а́
тайничо́к, -чка́
тайнобра́чие, -я
тайнобра́чный
тайнови́дец, -дца
тайноде́йствие, -я
тайнопи́сный
та́йнопись, -и
та́йность, -и
та́йный
тайпотро́н, -а
та́йский
тайфу́н, -а
такадиаста́за, -ы
та́канье, -я
та́кать, -аю, -ает
та́к бы
такела́ж, -а
такела́жить, -жу, -жит
такела́жник, -а
такела́жный
та́кже, *нареч.* (он та́кже пришёл), но: *нареч.* с частицей та́к же (он та́к же ду́мает, как ты́)
та́к же, как и ...
таки́, *частица*
та́кка, -и
та́к как, *союз*
та́к ли
так называ́емый
та́к на та́к
тако́в, -а́, -о́
таково́й
тако́вский
тако́й
тако́й-сяко́й
тако́й-то
так-с, *частица*
та́кса, -ы
такса́тор, -а
таксацио́нный
такса́ция, -и
та́к себе
такси́, *нескл., с.*
таксидерми́ст, -а
таксидерми́я, -и
такси́метр, -а
таксиметри́ческий
такси́метрия, -и
такси́рованный
такси́ровать(ся), -рую, -рует(ся)
такси́ровка, -и

ТАК

таксиро́вщик, -а
такси́с, -а
такси́ст, -а
так сказа́ть
та́ксовый
таксо́метр, -а
таксомото́р, -а
таксомото́рный
таксо́н, -а
таксономи́ческий
таксоно́мия, -и
таксопа́рк, -а
таксофо́н, -а
таксофо́нный
та́к-ся́к
такт, -а
та́к-таки
та́ктик, -а
та́ктика, -и
та́ктико-огнево́й
та́ктико-техни́ческий
такти́льный
такти́ческий
такти́чность, -и
такти́чный
та́к-то
та́ктовый
та́к что
такы́р, -а
такы́рный
тал, -а
талала́кать, -аю, -ает
тала́н, -а (судьба)
тала́нить(ся), -ит(ся)
тала́нливый (счастливый)
тала́нт, -а
тала́нтливость, -и
тала́нтливый (одарённый)
талассотерапи́я, -и
талды́чить, -чу, -чит
та́левый (*от* та́ли)
та́лер, -а
та́лес, -а
та́ли, -ей
тали́йка, -и
тали́на, -ы
тали́нка, -и
талисма́н, -а
талисма́нный
та́лия, -и
та́ллиевый (*от* та́ллий)
та́ллий, -я
талло́м, -а
талму́д, -а
талмуди́зм, -а
талмуди́ст, -а
талмуди́стский
талмуди́ческий
та́ловый (*от* тал)
таломёрзлый
тало́н, -а
тало́нный
тало́нчик, -а
та́лреп, -а
та́лый
талы́ш, -а́, *р. мн.* -е́й
талы́шка, -и
талы́шский
таль, -и
та́львег, -а
тальк, -а
та́лька, -и (моток)

ТАЛ

та́льковый
та́льма, -ы
тальни́к, -а́
тальнико́вый
талья́нка, -и
там
тамада́, -ы́, *м.*
тамари́кс, -а
тамари́ксовый
тамари́нд, -а
тамари́ск, -а
тамари́сковый
та́мбур, -а (проход; вышивка)
тамбу́р, -а (барабан)
тамбури́н, -а
тамбурмажо́р, -а
тамбурмажо́рский
та́мбурный
тамга́, -и́
тами́л, -а, *р. мн.* -ов
тами́лка, -и
тами́льский
тамо́женник, -а
тамо́женный
тамо́жня, -и, *р. мн.* -жен
та́мошний
тамплие́р, -а
тампо́н, -а
тампона́да, -ы
тампона́ж, -а
тампона́ция, -и
тампони́рование, -я
тампони́рованный
тампони́ровать(ся), -рую, -рует(ся)
та́м-ся́м
тамта́м, -а
тана́гра, -ы
танальби́н, -а
танатоло́гия, -и
танатоцено́з, -а
танбу́р, -а
та́нгенс, -а
та́нгенс-буссо́ль, -и
тангенсо́ида, -ы
тангенциа́льный
танги́р, -а
та́нго, *нескл., с.*
танде́м, -а
танде́м-маши́на, -ы
та́нец, -нца
танзани́ец, -ийца
танзани́йка, -и
танзани́йский
тани́н, -а
тани́новый
тани́нный
танк, -а
танк-амфи́бия, та́нка-амфи́бии
та́нкер, -а
та́нкерный
танке́тка, -и
танке́тки, -ток, *ед.* танке́тка, -и (обувь)
танки́ст, -а
танки́стский
танковожде́ние, -я
та́нковый
танкодеса́нт, -а
танкодеса́нтный
танкодосту́пный
танкодро́м, -а
танкозащи́тный

ТАН

танкоопа́сный
танкоремо́нтный
танкостро́ение, -я
танкострои́тельный
танта́л, -а (металл)
тантала́т, -а
тантали́т, -а
танта́ловы му́ки
тантье́ма, -ы
тантье́мный
танцвера́нда, -ы
танцева́льный
танцева́ть(ся), -цу́ю, -цу́ет(ся)
танцза́л, -а
танцкла́сс, -а
танцме́йстер, -а
танцме́йстерский
танцо́вщик, -а
танцо́вщица, -ы
танцо́р, -а
танцо́рка, -и
танцплоща́дка, -и
танцу́лька, -и
танцу́ющий
та́па, -ы
тапёр, -а
таперша, -и
тапио́ка, -и
тапи́р, -а
та́пки, -пок, ед. та́пка, -и
та́пливать, наст. вр. не употр.
та́почки, -чек, ед. та́почка, -и
та́ра, -ы
тараба́нить, -ню, -нит
тараба́рить, -рю, -рит
тараба́рский
тараба́рщина, -ы
тарака́н, -а
тарака́ний, -ья, -ье
тарака́новые, -ых
тарака́шка, -и, м. и ж.
тара́н, -а
тара́ний, -ья, -ье (от тара́нь)
тара́нить, -ню, -нит
тара́нка, -и
тара́нный (от тара́н)
таранта́, -ы́, ж.
таранта́с, -а
таранте́лла, -ы
таранти́ть, -нчу́, -нти́т
таранту́л, -а
тара́нь, -и
тарара́м, -а
тарара́х, неизм.
тарара́хать(ся), -аю(сь), -ает(ся)
тарара́хнуть(ся), -ну(сь), -нет(ся)
тарата́ечка, -и
тарата́йка, -и
тарато́рить, -рю, -рит
тарато́рка, -и, м. и ж.
тарахте́ть, -хчу́, -хти́т
тара́щить(ся), -щу(сь), -щит(ся)
тарбага́н, -а
тарбага́ний, -ья, -ье
тарбага́нчик, -а
таре́лка, -и
тарелкообра́зный
таре́лочка, -и
таре́лочник, -а
таре́лочный
таре́ль, -и
таре́льчатый

ТАР

тари́рование, -я
тари́рованный
тари́ровать(ся), -рую, -рует(ся)
тариро́вка, -и
тари́ф, -а
тарифика́тор, -а
тарификацио́нный
тарифика́ция, -и
тарифици́рованный
тарифици́ровать(ся), -рую, -рует(ся)
тари́фно-квалификацио́нный
тари́фный
тарлата́н, -а
тарлата́новый
та́рный
тарпа́н, -а
тарта́н, -а
тарта́ние, -я
тарта́новый
та́ртар, -а
тартарары́, нескл., мн.
парти́нка, -и
та́ртуский (от Та́рту)
тарха́н, -а
тарха́нный
та́ры-ба́ры, нескл., мн.
та́ска, -и
та́сканный, прич.
та́сканый, прил.
таска́ть(ся), -а́ю(сь), -а́ет(ся)
та́скивать, наст. вр. не употр.
та́ском, нареч.
таскотня́, -и́
таску́н, -а́
таску́нья, -и, р. мн. -ний
тасо́ванный
тисова́ть(ся), -су́ю, -су́ет(ся)
тасо́вка, -и
тат, -а, р. мн. -ов
тата́канье, -я
тата́кать, -ает
тата́рин, -а, мн. -а́ры, -а́р
тата́рка, -и
тата́рник, -а
тата́рский
татарчо́нок, -нка, мн. -ча́та, -ча́т
тата́рщина, -ы
та-та-та́, неизм.
та́тка, -и
та́тский
татуи́рованный
татуи́ровать(ся), -рую(сь), -рует(ся)
татуиро́вка, -и
тать, -я
татьба́, -ы́
татья́нка, -и (платье)
та́у-сагы́з, -а
тауси́нный
таутомери́я, -и
тафономи́я, -и
тафта́, -ы́
тафтяно́й
тафья́, -и́
тахео́метр, -а (геодезический инструмент)
тахеометри́ческий
тахеоме́трия, -и
тахикарди́я, -и
тахи́метр, -а (прибор для измерения скорости течения)
тахи́на, -ы

ТАХ

тахи́нно-вани́льный
тахи́нный
тахогенера́тор, -а
тахо́метр, -а (прибор для измерения скорости вращения)
тахометри́ческий
тахта́, -ы́
таце́т, -а
тача́лка, -и
тача́льный
тача́ние, -я
тача́нка, -и
та́чанный, прич.
та́чаный, прил.
тача́ть(ся), -а́ю, -а́ет(ся)
та́чечник, -а
та́чечный
та́чка, -и
тачно́й
та́щенный
тащи́ть(ся), тащу́(сь), та́щит(ся)
та́ялка, -и
та́яние, -я
та́ять, та́ю, та́ет
тварь, -и
тварю́га, -и и тварю́ка, -и
тверде́ние, -я
тверде́ть, -е́ет
тверди́ть(ся), -ржу́, -рди́т(ся)
твёрдо, -а (буква)
твёрдо, нареч.
твердова́тый
твердозём, -а
твердока́менный
твердока́таный
твердокопчёый
твердоло́бый
твердоме́р, -а
твердонёбный
твердосемя́нный
твердоспла́вный
твёрдость, -и
твердото́пливный
твёрдый; кр. ф. твёрд, тверда́, твёрдо
тверды́ня, -и, р. мн. -ы́нь
твердь, -и
тверёзый
твёрже, сравн. ст. (от твёрдый, твёрдо)
твержённый; кр. ф. -ён, -ена́
твид, -а
тви́довый
твин, -а
твинде́к, -а
тви́новый
твист, -а
твой, твоего́, твоя́, твое́й, твоё, твоего́, мн. твои́, твои́х
творе́ние, -я
творённый; кр. ф. -ён, -ена́ прич.
творёный, прил.
творе́ц, -рца́
твори́ло, -а
твори́тельный паде́ж
твори́ть(ся), -рю́, -ри́т(ся)
тво́рог, -а и творо́г, -а́
творо́жистый
творо́жить(ся), -о́жу, -о́жит(ся)
творо́жник, -а
творо́жный
творожо́к, -жка́

ТВО

творческий
творчество, -а
театр, -а
театрал, -а
театрализация, -и
театрализованный
театрализовать(ся), -зую, -зует(ся)
театралка, -и
театральность, -и
театральный
театральщина, -ы
театровед, -а
театроведение, -я
театроведческий
тебеневать, -нюет
тебенёвка, -и
тебенёвочный
тебенёк, -нька
тебеньковый
тевтон, -а
тевтонец, -ца
тевтонка, -и
тевтонский
тега-тега, неизм.
тегиляй, -я
теза, -ы
тезавратор, -а
тезаврация, -и
тезаврирование, -я
тезаврированный
тезаврировать(ся), -рую, -рует(ся)
тезаурус, -а
тезированный
тезировать(ся), -рую, -рует(ся)
тезис, -а
тёзка, -и, м. и ж.
тезоименитство, -а
тезоименитый
теизм, -а
теин, -а
теист, -а
теистический
тейлериоз, -а
тейлоризм, -а
текинец, -нца
текинка, -и
текинский
текома, -ы
текст, -а
текстиль, -я
текстильный
текстильщик, -а
текстильщица, -ы
текстовинит, -а
текстовка, -и
текстовой
текстолит, -а
текстолог, -а
текстологический
текстология, -и
текстуальный
текстура, -ы
текстурованный
тектит, -а
тектоника, -и
тектонист, -а
тектонит, -а
тектонический
тектонофизика, -и
текучесть, -и
текучий
текучка, -и

ТЕК

текущий
тёкший
теле... — первая часть сложных слов, пишется всегда слитно
телеавтоматика, -и
телеавтоматический
телеангиэктазия, -и
телеателье, нескл., с.
телебашня, -и, р. мн. -шен
телевидение, -я
телевизионный
телевизор, -а
телевизорный
телевик, -а
телега, -и
телегаммааппарат, -а
телегамматерапия, -и
телеграмма, -ы
телеграммка, -и
телеграммный
телеграф, -а
телеграфирование, -я
телеграфированный
телеграфировать(ся), -рую, -рует(ся)
телеграфист, -а
телеграфистка, -и
телеграфия, -и
телеграфно-кабельный
телеграфно-телефонный
телеграфный
тележка, -и
тележный
тележонка, -и
тележурналист, -а
телезритель, -я
телеизмерение, -я
телеизмерительный
телеинтервью, нескл., с.
телекамера, -ы
телекино, нескл., с.
телекинопроекция, -и
телекиносъёмка, -и
телекомментатор, -а
телеконтроль, -я
телекс, -а
телеметр, -а
телеметрический
телеметрия, -и
телемеханизация, -и
телемеханизировать(ся), -рую, -рует(ся)
телемеханика, -и
телемеханический
теленаборный
телёнок, -нка, мн. телята, -ят
теленомус, -а
телёночек, -чка
телеобъектив, -а
телеозавр, -а
телеологический
телеологичный
телеология, -и
телеоператор, -а
телеочерк, -а
телепатический
телепатия, -и
телепень, -пня
телепередатчик, -а
телепередача, -и
телеприёмник, -а
телепрограмма, -ы

ТЕЛ

телерадиевый
телерегулирование, -я
телерепортаж, -а
телеса, телес, телесам
телесигнализация, -и
телескоп, -а
телескопический
телескопия, -и
телесный
телеспектакль, -я
телестанция, -и
телестереоскоп, -а
телестих, -а
телестудия, -и
телетайп, -а
телетайпистка, -и
телетайпный
телеуправление, -я
телеуправляемый
телеут, -а
телеутка, -и
телеутский
телефикация, -я
телефильм, -а
телефон, -а
телефон-автомат, телефона-автомата
телефонизация, -и
телефонизированный
телефонизировать(ся), -рую, -рует(ся)
телефонировать, -рую, -рует
телефонист, -а
телефонистка, -и
телефония, -и
телефонный
телефонограмма, -ы
телефотография, -и
телефотометр, -а
телец, тельца
телецентр, -а
телешом
телеэкран, -а
телиться, телится
тёлка, -и
теллур, -а
теллурид, -а
теллурий, -я
теллуристый
теллурический
теллурмеркаптан, -а
теллуровый
теллурорганический
тело, -а, мн. тела, тел, телам
телогрейка, -и
телогрея, -и
телодвижение, -я
телок, -лка
телорез, -а
телосложение, -я
телофаза, -ы
телохранитель, -я
тёлочка, -и
телушка, -и
тельник, -а
тельный
тельняшка, -и
тельфер, -а
тельце, -а, мн. тельца, -лец и -тельца, -лец
телятина, -ы
телятки, -ток

ТЕЛ

телятник, -а
телятница, -ы
телячий, -ья, -ье
тема, -ы
тематизм, -а
тематика, -и
тематический
тем более
тембр, -а
тембровый
теменной
темень, -и
темечко, -а
темляк, -а
темлячный
тем не менее
тёмненький; *кр. ф.* -енек, -енька
темнёнько
темнеть(ся), -ею, -еет(ся)
темнёхонький; *кр. ф.* -онек, -онька
темнёшенький; *кр. ф.* -енек, -енька
тёмник, -а
темнитель, -я
темнить(ся), -ню, -нит(ся)
темница, -ы
темничный
темнобородый
тёмно-бурый
темноватый
темноволосый
тёмно-жёлтый
тёмно-зелёный
тёмно-карий
тёмно-каштановый
темнокожий
тёмно-красный
темноликий
темнолиственный
темнолистый
темнолицый
тёмноокрашенный
тёмно-русый
тёмно-серый
тёмно-синий
темнота, -ы
тёмно-фиолетовый
темнохвойный
темноцветный
тёмно-шоколадный
тёмный; *кр. ф.* тёмен, темна, темно и тёмно
темным-темно
темп, -а
тем паче
темпера, -ы
темперамент, -а
темпераментность, -и
темпераментный
температура, -ы
температурить, -рю, -рит
температурно-влажностный
температурный
температция, -и
темперированный
темперировать(ся), -рую, -рует(ся)
тёмперный
тёмповый и (*спорт.*) темповой
темпограф, -а
темь, -и
темя, темени
тенакль, -я
тенардит, -а

ТЕН

тенденциозность, -и
тенденциозный
тенденция, -и
тендер, -а
тендер-конденсатор, тендера-конденсатора
тендерный
теневой
теневынбсливый
тенелюбивый
тенериф, -а
тенёта, тенёт
тенётник, -а
тенёчек, -чка
тензодатчик, -а
тензометр, -а
тензометрический
тензометрия, -и
тенистый
теннис, -а
теннисист, -а
теннисистка, -и
тенниска, -и
теннисный
тенор, -а, *мн.* -а, -ов
теноровый
тенорок, -рка
тент, -а
тень, -и, *мн.* -и, -ей
тенькать, -аю, -ает
теньковка, -и
теобромин, -а
теогония, -и
теодицея, -и
теодолит, -а
теократический
теократия, -и
теолог, -а
теологический
теология, -и
теорема, -ы
теоретизирование, -я
теоретизировать, -рую, -рует
теоретик, -а
теоретико-познавательный
теоретико-числовой
теоретический
теоретичный
теорийка, -и
теория, -и
теософ, -а
теософический
теософия, -и
теософка, -и
теософский
теофедрин, -а
теофиллин, -а
теперешний
теперича
теперь
тёпленький
теплеть, -еет
теплёхонький; *кр. ф.* -нек, -нька
теплецо, -а
теплёшенький; *кр. ф.* -нек, -нька
теплить(ся), -лю, -лит(ся)
теплица, -ы
теплично-парниковый
тепличный
тепло, -а
тепловлажностный
тепловодоэлектроизоляция, -и

ТЕП

тепловоз, -а
тепловозный
тепловозостроение, -я
тепловозостроитель, -я
тепловозостроительный
тепловой
тепловыделяющий
теплогазоснабжение, -я
теплоёмкий
теплоёмкость, -и
теплозащита, -ы
теплозащитный
тепло- и звукоизоляция, -и
теплоизоляционный
теплоизоляция, -и
теплокровный
теплолечение, -я
теплолюбивый
тепломер, -а
теплонепроницаемый
теплоноситель, -я
теплообмен, -а
теплообменник, -а
теплообменный
теплообразование, -я
теплоотдача, -и
теплопеленгатор, -а
теплопередача, -и
теплопотеря, -и
теплоприёмник, -а
теплопровод, -а
теплопроводность, -и
теплопроводный
теплопродукция, -и
теплопрозрачность, -и
теплопрозрачный
теплосеть, -и
теплосиловой
теплоснабжающий
теплоснабжение, -я
теплостойкий
теплостойкость, -и
теплота, -ы
теплотворность, -и
теплотворный
теплотехник, -а
теплотехника, -и
теплотехнический
теплотрасса, -ы
теплоустойчивость, -и
теплоустойчивый
теплофизика, -и
теплофизический
теплофикационный
теплофикация, -и
теплофицированный
теплофицировать(ся), -рую, -рует(ся)
теплоход, -а
теплоходный
теплоходостроение, -я
теплоцентраль, -и
теплоэлектрический
теплоэлектростанция, -и
теплоэлектроход, -а
теплоэлектроцентраль, -и
теплоэнергетика, -и
теплоэнергетический
теплушка, -и
тёплый; *кр. ф.* тёпел, тепла, тепло и тёпло
теплынь, -и

тепля́к, -а́
терапе́вт, -а
терапевти́ческий
терапи́я, -и
тератологи́ческий
тератоло́гия, -и
терато́ма, -ы
те́рбий, -я
тереби́лка, -и
тереби́льный
тереби́ть(ся), -блю́, -би́т(ся)
теребле́ние, -я
теребле́нный
те́рем, -а, мн. -а́, -о́в
теремо́к, -мка́
тереске́н, -а
тере́ть(ся), тру(сь), трёт(ся); прош. тёр(ся), тёрла(сь)
те́рец, -рца
терза́ние, -я
терза́ть(ся), -а́ю(сь), -а́ет(ся)
териле́н, -а
териле́новый
териодо́нт, -а
териоло́гия, -и
тёрка, -и
терма́льный
термидо́р, -а
термидориа́нец, -нца
термидориа́нский
те́рмин, -а
термина́льный
термина́тор, -а
термини́зм, -а
термини́рованный
термини́ровать(ся), -рую, -рует(ся)
терминологи́ческий
терминоло́гия, -и
терми́ст, -а
терми́стор, -а
терми́т, -а
терми́тник, -а
терми́тный
терми́ческий
термо... — первая часть сложных слов, пишется всегда слитно
термоанемо́метр, -а
термоантраци́т, -а
термобарока́мера, -ы
термобатаре́я, -и
термовыно́сливый
термогальваномагни́тный
термогенера́тор, -а
термогра́мма, -ы
термо́граф, -а
термодина́мика, -и
термодинами́ческий
термози́т, -а
термозитобето́н, -а
термоизоляцио́нный
термоизоля́ция, -и
термоио́нный
термоконста́нтный
термолюминесце́нция, -и
термомагни́тный
термомаслосто́йкий
термо́метр, -а
термометри́ческий
термоме́трия, -и
термомехани́ческий
термообрабо́тка, -и
термопа́ра, -ы

термопла́ст, -а
термопласти́чный
термо́псис, -а
термореакти́вный
терморегули́рование, -я
терморегуля́тор, -а
терморегуля́ция, -и
терморези́стор, -а
термореце́птор, -а
те́рмос, -а
термосифо́н, -а
термосифо́нный
термосопротивле́ние, -я
термоста́т, -а
термосто́йкий
термосто́йкость, -и
термота́ксис, -а
термотерапи́я, -и
термотропи́зм, -а
термофи́льный
термофо́бный
термофосфа́т, -а
термохими́ческий
термохи́мия, -и
термоэлектри́ческий
термоэлектро́нный
термоэлеме́нт, -а
термоэмиссио́нный
термоя́дерный
те́рмы, терм
тёрн, -а
те́рние, -я, р. мн. -иев и -ий
терни́стый
терно́вка, -и
терно́вник, -а
терно́вый
терносли́в, -а и терносли́ва, -ы
тёрочный
терпёж, -ежа́ и -ежу́
терпели́вость, -и
терпели́вый
терпе́н, -а
терпе́ние, -я
терпе́нный
терпе́новый
терпенти́н, -а
терпенти́нный
терпенти́новый
терпе́ть(ся), терплю́, те́рпит(ся)
терпи́мость, -и
терпи́мый
терпингидра́т, -а
те́рпкий; кр. ф. те́рпок, терпка́, те́рпко
те́рпко-горькова́тый
те́рпкость, -и
терпу́г¹, -а́ (брус)
терпу́г², -а (рыба)
те́рпче, сравн. ст. (от те́рпкий, те́рпко)
те́рпящий
террази́т, -а
террако́та, -ы
террако́товый
террамици́н, -а
терра́рий, -я и терра́риум, -а
терра́са, -ы
терраси́рование, -я
терраси́рованный
терраси́ровать(ся), -рую, -рует(ся)
терра́ска, -и
терра́сный

террасообра́зный
терренку́р, -а
терриге́нный
террико́н, -а и террико́ник, -а
территориа́льно-произво́дственный
территориа́льный
террито́рия, -и
терро́р, -а
терроризи́рование, -я
терроризи́рованный
терроризи́ровать(ся), -рую, -рует(ся)
террори́зм, -а
терроризо́ванный
терроризова́ть(ся), -зу́ю, -зу́ет(ся)
террори́ст, -а
террористи́ческий
террори́стка, -и
террори́стский
тёрский
тёртый
терце́т, -а
те́рциевый
терци́на, -ы
те́рция, -и
терцквартакко́рд, -а
терц-мажо́р, -а
тёрший(ся)
терье́р, -а
теря́ть(ся), -я́ю(сь), -я́ет(ся)
тёс, -а
теса́к, -а́
теса́ние, -я
тёсанный, прич.
тёсаный, прил.
теса́ть(ся), тешу́, те́шет(ся)
теса́чный
тесёмка, -и
тесёмочка, -и
тесёмочный
тесёмчатый
теси́на, -ы
тёска, -и (от теса́ть)
тесле́ние, -я
тесли́ть(ся), -лю́, -ли́т(ся)
тесло́, -а́, мн. тёсла, тёсел
тесне́ние, -я (от тесни́ть)
теснённый (от тесни́ть)
тесни́на, -ы
тесни́ть(ся), -ню́(сь), -ни́т(ся) (к те́сный)
теснова́тый
те́сно располо́женный
теснота́, -ы́
те́сный; кр. ф. те́сен, тесна́, те́сно
тесо́вый
тесситу́ра, -ы
тест, -а
тестаме́нт, -а
те́сто, -а
тестовальцо́вочный
тестодели́тельный
тестомеси́льный
тестообра́зный
тестостеро́н, -а
тесть, -я
тестяно́й
тесьма́, -ы́
тетани́ческий (от тетани́я)
тетани́я, -и
те́танус, -а
тет-а-те́т, -а и неизм.

ТЕТ

тет-де-по́н, -а
тётенька, -и
те́терев, -а, *мн.* -а́, -о́в
тетеревёнок, -нка, *мн.* -вя́та, -вя́т
тетереви́ный
тетеревя́тник, -а
тетёрка, -и
тете́ря, -и, *ж.*
тетёха, -и, *ж.*
тётечка, -и
тетёшкать(ся), -аю(сь), -ает(ся)
тетива́, -ы́
тётка, -и
тетравакци́на, -ы
тетрагона́льный
тетра́дка, -и
тетра́дный
тетра́дочка, -и
тетра́дочный
тетра́дь, -и
тетрало́гия, -и
тетра́метр, -а
тетра́рхия, -и
тетрахлорэта́н, -а
тетрахо́рд, -а
тетрацикли́н, -а
тетра́эдр, -а
тетраэдри́т, -а
тетри́л, -а
тетро́д, -а
тётушка, -и
тётя, -и
теу́рг, -а
теурги́ческий
теурги́я, -и
тефло́н, -а
тефри́т, -а
те́фтели, -ей
тефф, -а
техми́нимум, -а
технадзо́р, -а
техне́ций, -я
технизация, -и
те́хник, -а
те́хника, -и
те́хник-лейтена́нт, те́хника-лейтена́нта
те́хнико-произво́дственный
те́хнико-экономи́ческий
те́хник-смотри́тель, те́хника-смотри́теля
техникум, -а
технициз́м, -а
техни́ческий
техни́чный
техно́лог, -а
технологи́ческий
технологи́чность, -и
технологи́чный
техноло́гия, -и
техноpу́к, -а
технохими́ческий
техобслу́живание, -я
техотде́л, -а
техперсона́л, -а
техпо́мощь, -и
техпромфинпла́н, -а
техпропага́нда, -ы
техре́д, -а
техусло́вия, -ий
техухо́д, -а
тече́ние, -я

ТЕЧ

те́чка, -и
течь, -и
течь, течёт, теку́т; *прош.* тёк, текла́
тёша, -и
те́шащий(ся) (*от* те́шить)
те́шить(ся), -шу(сь), -шит(ся)
тёшка, -и
те́шущий (*от* теса́ть)
тёща, -и
тиами́н, -а
тиа́ра, -ы
тибе́тец, -тца
тибе́тка, -и
тибе́тский
тиве́рцы, -цев
ти́гель, -гля
ти́гельный
тигмотропи́зм, -а
тигр, -а
тигрёнок, -нка, *мн.* -ря́та, -ря́т
тигри́ный
тигри́ца, -ы
ти́гровый
тигроло́в, -а
тик, -а
ти́канье, -я
ти́кать, -ает (о часах)
тика́ть, -а́ю, -а́ет (удирать)
ти́ковый
тик-та́к, *неизм.*
тильбюри́, *нескл., с.*
ти́льда, -ы
тиля́ция, -и
ти́мберс, -а
тимо́л, -а
тимо́ловый
тимофе́евка, -и
тимпа́н, -а
тимпана́льный
тимпани́я, -и
тиму́ровец, -вца
тиму́ровский
тимья́н, -а
ти́на, -ы
тини́стый
тинкту́ра, -ы
ти́нник, -а
тиоко́л, -а
тиосоедине́ние, -я
тиофо́с, -а
тиоциа́новый
тип, -а
типа́ж, -а́
типе́ц, типца́ (*бот.*)
типиза́ция, -и
типизи́рованный
типизи́ровать(ся), -рую, -рует(ся)
ти́пик, -а
типико́н, -а
типи́ческий
типи́чность, -и
типи́чный
типово́й
типо́граф, -а
типогра́фия, -и
типогра́фский
типолитогра́фия, -и
типологи́ческий
типоло́гия, -и
типо́метр, -а
типометри́я, -и
типоразме́р, -а

ТИП

типу́н, -а́
типу́неть, -еет
типча́к, -а́
ти́пчик, -а
тир, -а
тира́да, -ы
тира́ж, -а́
тиражи́рование, -я
тиражи́рованный
тиражи́ровать(ся), -рую, -рует(ся)
тира́жный
тира́н, -а
тира́нить, -ню, -нит
тирани́ческий
тира́ния, -и
тира́нка, -и
тиранноза́вр, -а
тирано́борец, -рца
тира́нство, -а
тира́нствовать, -твую, -твует
тиратро́н, -а
тиратро́нный
тире́, *нескл., с.*
тиреоиди́н, -а
тири́стор, -а
тири́сторный
тиркуш́ка, -и
тирли́ч, -а́
тиро́ванный
тирова́ть(ся), -ру́ю, -ру́ет(ся)
тиро́вка, -и
тирози́н, -а
тирокси́н, -а
тиро́льский
тирс, -а
тис, -а
ти́скальный
ти́сканный
ти́сканье, -я
ти́скать(ся), -аю(сь), -ает(ся)
тиски́, -о́в
тисне́ние, -я (*от* тисни́ть)
тиснённый; *кр. ф.* -ён, -ена́, *прич.* (*от* тисни́ть)
тиснёный, *прил.*
тисни́ть, -ню́, -ни́т (выдавливать)
ти́снуть, -ну, -нет
ти́совый
тисо́чный
тита́н, -а
титани́д, -а (*хим.*)
тита́нистый
титани́т, -а (минерал)
титани́ческий (*от* тита́н)
тита́новый
титаномагнети́т, -а
тите́стер, -а
ти́тло, -а, *р. мн.* титл
ти́тловый
тито́вка, -и
титр, -а
титри́рование, -я
титри́рованный
титри́ровать(ся), -рую, -рует(ся)
титрова́ние, -я
титро́ванный
титрова́ть(ся), -ру́ю, -ру́ет(ся)
ти́тул, -а
титулова́ние, -я
титуло́ванный
титулова́ть(ся), -лу́ю(сь), -лу́ет(ся)
ти́тульный

титуля́рный
тиу́н, -а
тиу́нский
тиф, -а, предл. в ти́фе и в тифу́
ти́фдрук, -а
тифлопедаго́гика, -и
тифлотипогра́фия, -и
тифо́зный
тифо́идный
тифо́н, -а
ти́хвинка, -и
ти́хенький и ти́хонький
ти́хий; кр. ф. тих, тиха́, ти́хо
ти́хнуть, -ну, -нет; прош. тих, ти́хла
тихове́йный
тихово́дный
тихово́дье, -я
тиходо́л, -а
тихомо́лком
ти́хонький и ти́хенький
тихо́нько
тихо́ня, -и, р. мн. -ней, м. и ж.
тихоокеа́нский
ти́хо-сми́рно
тихостру́йный
тихохо́д, -а
тихохо́дка, -и
тихохо́дный
тихо́хонько
тиша́йший
тиша́ть, -а́ю, -а́ет
ти́ше, сравн. ст. (от ти́хий, ти́хо)
тишина́, -ы́
тишко́м
тишь, -и
тка́невый (к ткань)
тка́нный; кр. ф. ткан, ткана́, тка́но, прич.
тка́ный, прил.
ткань, -и
тканьё, -я́
тканьёвый (тка́ный)
тка́ть(ся), тку́, ткёт(ся); прош. тка́л(ся), ткала́(сь), тка́ло, тка́ло́сь
тка́цкий
тка́цко-отде́лочный
тка́ч, -а́
тка́чество, -а
ткачи́ха, -и
ткема́ли, нескл., ж.
ткну́ть(ся), ткну́(сь), ткнёт(ся)
тлен, -а
тле́ние, -я
тле́нный; кр. ф. тле́нен, тле́нна
тлетво́рный
тле́ть(ся), тле́ю, тле́ет(ся)
тли́ться, тли́тся
тля, -и
тмин, -а
тми́нный
тми́ть(ся), тми́т(ся)
то, того́
то́ бишь
това́р, -а
това́рищ, -а
това́рищеский
това́рищество, -а
това́рка, -и
това́рно-де́нежный
това́рно-материа́льный

това́рность, -и
това́рный
товарове́д, -а
товарове́дение, -я
товарове́дный
товарове́дческий
товарообме́н, -а
товарообора́чиваемость, -и
товарооборо́т, -а
това́ро-пассажи́рский
товаропроводя́щий
товаропроизводи́тель, -я
товароснабже́ние, -я
товаротра́нспортный
то́га, -и
тогда́ (же)
тогда́-то
тогда́шний
того́, частица
тоголе́зец, -зца
тоголе́зка, -и
тоголе́зский
то́дес, -а
тоё, частица
то́ есть
тож, союз, но: местоим. с частицей то ж
тожде́ственный; кр. ф. -вен, -венна
то́ждество, -а
то́же, нареч. (я то́же приду́), но: местоим. с частицей то же (я сде́лал то же, что и ты)
то́ же са́мое
тоже́ственный; кр. ф. -вен, -венна
то́жество, -а
то и де́ло
той, -я
тойо́н, -а
ток[1], -а и -у, мн. -и, -ов
ток[2], -а, предл. о то́ке, на току́, мн. -а́, -о́в (место, где молотят или где току́ют птицы)
тока́й, -я (вино)
тока́йское, -ого
тока́рничать, -аю, -ает
тока́рно-винторе́зный
тока́рно-карусе́льный
тока́рно-копирова́льный
тока́рно-револьве́рный
тока́рный
тока́рня, -и, р. мн. -рен
то́карь, -я, мн. -я́, -е́й и -и, -ей
токка́та, -ы
то́кмо
токова́ние, -я
токова́ть, току́ет
токови́ще, -а
токонесу́щий
токоограничи́тель, -я
токоприёмник, -а
токосъёмник, -а
токсеми́я, -и
токсико́з, -а
токсико́лог, -а
токсикологи́ческий
токсиколо́гия, -и
токси́н, -а
токси́ческий
токси́чный
токсопла́зма, -ы

токсоплазмо́з, -а
тол, -а
тола́й, -я
то́левый (от толь)
толера́нтность, -и
толера́нтный
толи́ка, -и
толи́кий
толи́ко, нареч.
толк, -а
толк, неизм.
толка́ние, -я
толкану́ть(ся), -ну́(сь), -нёт(ся)
толка́тель, -я
толка́ть(ся), -а́ю(сь), -а́ет(ся)
толка́ч, -а́
то́лки, -ов
толкну́ть(ся), -ну́(сь), -нёт(ся)
толкова́ние, -я
толко́ванный
толкова́тель, -я
толкова́ть(ся), -ку́ю, -ку́ет(ся)
толко́вый
то́лком, нареч.
толкотня́, -и́
толку́н, -а́
толку́нчик, -а
толку́чий
толку́чка, -и
толма́ч, -а́
толма́чить, -чу, -чит
то́ловый (от тол)
толока́, -и
толокно́, -а́
толокня́нка, -и
толокня́ный
толоко́нный
то́лкший(ся)
толо́чь(ся), -лку́(сь), -лчёт(ся), -лку́т(ся); прош. -ло́к(ся), -лкла́(сь)
толпа́, -ы́, мн. то́лпы, толп
толпи́ться, -пи́тся
толпи́ща, -и
толсте́нный
то́лстенький; кр. ф. -енек, -енька
толсте́ть, -е́ю, -е́ет (становиться то́лстым)
толстина́, -ы́
толсти́ть, -и́т (кого)
толстобо́кий
толстобрю́хий
толстова́тый
толсто́вец, -вца
толсто́вка, -и
толсто́вский
толсто́вство, -а
толсто́вщина, -ы
толстоголо́вка, -и
толстоголо́вый
толстогу́бый
толстоза́дый
толстоклю́вый
толстоко́жесть, -и
толстоко́жий
толстоли́стник, -а
толстоли́стный
толстолистово́й
толстоли́стый
толстоло́бик, -а

ТОЛ

толстомо́рдый
толстомя́сый
толстоно́гий
толстоно́жка, -и
толстоно́сый
толстопокры́тый *
толстопу́зый
толстопя́тый
толсторо́жий
толсторы́лый
толстосте́нный
толстосу́м, -а
толстоте́л, -а
толстоте́лый
толсто́тный
толстоше́ий, -е́яя, -е́ее
толстощёкий
толсту́ха, -и
толсту́шка, -и
толсту́щий
то́лстый; *кр. ф.* толст, толста́, то́лсто
то́лстый-претóлстый
толстя́к, -а́
толстя́нковые, -ых
толстячо́к, -чка́
толуо́л, -а
толуо́ловый
толче́йный
толче́ние, -я
толчённый; *кр. ф.* -ён, -ена́, *прич.*
толчёный, *прил.*
толче́я, -и́
толчо́к, -чка́
то́лща, -и
то́лще, *сравн. ст.* (*от* то́лстый, то́лсто)
толщина́, -ы́
толщи́нка, -и
толщиноме́р, -а
толь, -я
то́лько
то́лько-то
то́лько-то́лько
то́лько что
том, -а, *мн.* -а́, -о́в
томага́вк, -а
томаси́рование, -я
тома́совский
томашла́к, -а
тома́т, -а
тома́тный
томатопроду́кты, -ов
тома́т-па́ста, тома́та-па́сты
тома́т-пюре́, тома́та-пюре́
томбу́й, -я
то́мик, -а
томи́льный
томи́тельный
томи́ть(ся), -млю́(сь), -ми́т(ся)
томле́ние, -я
томлённый; *кр. ф.* -ён, -ена́, *прич.*
томлёный, *прил.*
томно́кий
то́мность, -и
то́мный; *кр. ф.* то́мен, томна́, то́мно
томофлюорогра́фия, -и
томоша́, -и́
томоши́ться, -шу́сь, -ши́тся
томпа́к, -а́

ТОМ

томпа́ковый
тон, -а, *мн.* тона́, -о́в и то́ны, -ов
тона́льность, -и
тона́льный
то́ндо, *нескл., с.*
тоневой и то́невый
то́ненький; *кр. ф.* -е́нек, -е́нька
тонёхонький; *кр. ф.* -нек, -нька
тонзилли́т, -а
тонзу́ра, -ы
тониза́ция, -и
тонизи́рованный
тонизи́ровать(ся), -рую, -рует(ся)
то́ника, -и
тонина́, -ы́
тони́рованный
тони́ровать(ся), -рую, -рует(ся)
тони́ческий
то́нкий; *кр. ф.* то́нок, тонка́, то́нко
тонкобро́вый
тонкова́тый
тонковолокни́стый
тонкоголо́сый
тонкогу́бый
тонкозерни́стый
тонкоклю́вый
тонкоко́жий
тонкоко́рый
тонкокристалли́ческий
тонколистово́й
тонкомо́лотый
тонконо́г, -а
тонконо́гий
тонкопа́лый
тонкопа́нцирный
тонкопокры́тый *
тонкопо́ристый
тонкопря́д, -а
тонкопряде́ние, -я
тонкопряди́льный
то́нко размо́лотый
тонкораспылённый *
тонкору́нный
тонкосло́йный
тонкостволь́ный
тонкосте́нный
то́нкость, -и
тонкосуко́нный
тонкоте́л, -а
тонкоте́лый
тонкоше́ий, -е́яя, -е́ее
тонкошёрстный и тонкошёрстый
тонме́йстер, -а
то́нна, -ы
тонна́ж, -а
тоннелестрое́ние, -я и туннелестрое́ние, -я
тонне́ль, -я и тунне́ль, -я
тонне́льный и тунне́льный
то́нно-киломе́тр, -а
то́нно-ми́ля, -и
то́нный
тоново́й
то́новый
тоно́метр, -а
то́нус, -а
тону́ть, тону́, то́нет
тонфи́льм, -а
тонча́йший
тонча́ть, -а́ю, -а́ет

ТОН

тончи́ть, -чу́, -чи́т
то́ньше, *сравн. ст.* (*от* то́нкий, то́нко)
то́ня, -и
топ, -а
топа́з, -а
топа́зовый
то́панье, -я
то́пать, -аю, -ает
топена́нт, -а
топинамбу́р, -а
топи́ть(ся), топлю́, то́пит(ся)
то́пка, -и
то́пкий; *кр. ф.* то́пок, топка́, то́пко
топле́ние, -я
то́пленный, *прич.*
то́плёный, *прил.*
то́пливно-энергети́ческий
то́пливный
то́пливо, -а
топливодобыва́ющий
топливодози́рующий
топливозапра́вочный
топливомаслозапра́вщик, -а
топливопита́ющий
топливопода́ча, -и
топля́к, -а́
то́пнуть, -ну, -нет
топо́граф, -а
топографи́ческий
топогра́фия, -и
то́полевый
тополи́ный
топо́лог, -а
топологи́ческий
тополо́гия, -и
то́поль, -я, *мн.* -я́, -е́й
топони́мика, -и
топоними́ческий
топони́мия, -и
топо́р, -а́
топо́рик, -а
топори́шко, -а, *м.*
топори́ще, -а
топо́рный
топо́рщить(ся), -щу(сь), -щит(ся)
топоско́п, -а
то́пот, -а
топота́ть(ся), -очу́(сь), -о́чет(ся)
топотня́, -и́
то́почный
то́псель, -я
топта́ние, -я
то́птанный, *прич.*
то́птаный, *прил.*
топта́ть(ся), топчу́(сь), то́пчет(ся)
топты́гин, -а
топча́н, -а́
то́пче, *сравн. ст.* (*от* то́пкий, то́пко)
топчи́ло, -а
то́пчущий(ся)
топы́рить(ся), -рю(сь), -рит(ся)
топь, -и
топяно́й
то́ра, -ы
торакоаку́стика, -и
торакопла́стика, -и
торакоскопи́я, -и
то́рба, -ы
торбаса́, -о́в, *ед.* то́рбас, -а

торг¹, -а, *предл.* о то́рге, на торгу́, *мн.* (*в знач. ед.*) -и́, -о́в (действие; базар)
торг², -а, *мн.* -и, -ов (торговая организация)
торга́ш, -а́
торга́шеский
торга́шество, -а
торги́, -о́в (аукцион)
торгова́ть(ся), -гу́ю(сь), -гу́ет(ся)
торго́вец, -вца
торго́вка, -и
торго́влишка, -и
торго́вля, -и
торго́во-заготови́тельный
торго́во-правово́й
торго́во-промы́шленный
торго́во-ремёсленный
торго́во-сбытово́й
торго́во-технологи́ческий
торго́во-экономи́ческий
торго́вый
торгпре́д, -а
торгпре́дство, -а
торгу́ющий(ся)
тореадо́р, -а
торе́втика, -и
торёный, *прил.*
торе́ро, *нескл., м.*
торе́ц, -рца́
торе́ц в торе́ц
торже́ственность, -и
торже́ственный; *кр. ф.* -вен, -венна
торжество́, -а́
торжествова́ть, -тву́ю, -тву́ет
торжеству́ющий
то́ржище, -а
то́ри, *нескл., м.*
то́риевый
то́рий, -я
тори́рованный
тори́т, -а
тори́ть(ся), -рю́, -ри́т(ся)
тори́ца, -ы
тори́челлиева пустота́
тори́чник, -а
то́ркать(ся), -аю(сь), -ает(ся)
то́ркнуть(ся), -ну(сь), -нет(ся)
торкрети́рование, -я
торма́шки, -шек: вверх торма́шками
торможе́ние, -я
торможённый; *кр. ф.* -ён, -ена́
то́рмоз, -а, *мн.* -а́, -о́в и (*в перен. знач.*) -ы, -ов
тормози́ть(ся), -ожу́, -ози́т(ся)
тормозно́й
тормозну́ть, -ну́, -нёт
тормоши́ть(ся), -шу́(сь), -ши́т(ся)
торна́до, *нескл., м.*
то́рный
торова́тый
торока́, -о́в
торопи́ть(ся), -оплю́(сь), -о́пит(ся)
торо́пкий; *кр. ф.* -пок, -пка́, -пко
торопли́вость, -и
торопли́вый
торопы́га, -и, *м. и ж.*
торо́с, -а, *мн.* -ы, -ов
торо́систый
тороси́ть(ся), тороси́т(ся)

торо́совый
торо́ченный
торочи́ть(ся), -чу́, -чи́т(ся)
тороше́ние, -я
торпе́да, -ы
торпеди́рование, -я
торпеди́рованный
торпеди́ровать(ся), -рую, -рует(ся)
торпе́дно-артиллери́йский
торпе́дный
торпедоно́сец, -сца
торпедоно́сный
торс, -а
торт, -а, *мн.* -ы, -ов
то́ртовый
торф, -а и -у
торфоболо́тный
торфобрике́т, -а
торфова́ние, -я
торфо́ванный
торфова́ть(ся), -фу́ю, -фу́ет(ся)
торфодобыва́ние, -я
торфодобыва́ющий
торфодобы́ча, -и
торфозаготови́тельный
торфозагото́вки, -вок
торфоизоляцио́нный
торфокомпо́ст, -а
торфома́сса, -ы
торфообразова́ние, -я
торфоперегно́йный
торфоплита́, -ы́, *мн.* -пли́ты, -и́т
торфопредприя́тие, -я
торфоразрабо́тки, -ток
торфоре́з, -а
торфосо́с, -а
торфотерапи́я, -и
торфоубо́рочный
торфоукла́дчик, -а
торфяни́к, -а́
торфяни́стый
торфя́но-боло́тный
торфяно́й
торфя́но-расти́тельный
торцева́ние, -я
торцева́ть(ся), -цу́ю, -цу́ет(ся)
торцево́й
торцо́ванный
торцо́вка, -и
торцо́вочный
торцо́вый
торча́ть, -чу́, -чи́т
торчко́м, *нареч.*
торчмя́
торчо́к, -чка́
торше́р, -а
торшо́н, -а
торшони́рование, -я
торшони́рованный
торшони́ровать(ся), -рую, -рует(ся)
то́-сё, того́-сего́
тоска́, -и́
тоскли́вый
тоскова́ть, -ку́ю, -ку́ет
тоску́ющий
тост, -а
то́стер, -а
тот, того́
тотализа́тор, -а

тоталитари́зм, -а
тоталита́рный
тота́льный
тоте́м, -а
тотеми́зм, -а
тотемисти́ческий
тотеми́ческий
то́т же
то́-то
то́тчас, *нареч.*
тоха́рский
тоха́ры, -а́р и -ов
точе́ние, -я
то́ченный, *прич.*
точёный, *прил.*
то́чечка, -и
то́чечно-конта́ктный
то́чечный
точи́лка, -и
точи́ло, -а
точи́льный
точи́льня, -и, *р. мн.* -лен
точи́льщик, -а
точи́ть(ся), точу́, то́чит(ся)
то́чка, -и
то́чка в то́чку
точнёхонько
то́чно та́к же
то́чный; *кр. ф.* то́чен, точна́, то́чно
точо́к, -чка́
то́чь-в-то́чь
тошнёхонько
тошни́ть, -и́т
то́шно
тошнота́, -ы́
тошнотво́рный
тошно́тный
то́шный; *кр. ф.* то́шен, тошна́, то́шно
тоща́ть, -а́ю, -а́ет
тощева́тый
то́щенький; *кр. ф.* -енек, -енька
то́щий; *кр. ф.* тощ, тоща́, то́ще
то́щища, -и
тпру, *неизм.*
тпру́канье, -я
тпру́кать, -аю, -ает
трава́, -ы́, *мн.* тра́вы, трав, тра́вам
травене́ть, -е́ет
тра́верз, -а (направление)
тра́верс, -а (насыпь)
тра́верса, -ы (*тех.*)
тра́версный
травертин, -а
травести́, *нескл., с.* (амплуа) и *ж.* (актриса)
трави́льный
трави́нка, -и
трави́ть(ся), травлю́(сь), тра́вит(ся)
тра́вка, -и
травле́ние, -я
тра́вленный, *прич.*
тра́вленый, *прил.*
тра́вливать, *наст. вр. не употр.*
тра́вля, -и
тра́вма, -ы
травмати́зм, -а
травмати́ческий
травмато́лог, -а
травматологи́ческий
травматоло́гия, -и

ТРА

травми́рованный
травми́ровать(ся), -рую, -рует(ся)
травмотропи́зм, -а
тра́вник, -а и травни́к, -а́
тра́вниковый
тра́вничек, -чка и травничо́к, -чка́
травопо́лье, -я
травопо́льный
травосе́яние, -я
травосме́сь, -и
травосто́й, -я
травоя́дный
тра́вушка, -и
тра́вчатый
травя́ник, -а
травяни́стый
травя́нка, -и
травяно́й
трагака́нт, -а
трагеди́йность, -и
трагеди́йный
траге́дия, -и
траги́зм, -а
тра́гик, -а
трагикоме́дия, -и
трагикоми́ческий
трагикоми́чный
траги́ческий
траги́чный
традеска́нция, -и
традиционали́зм, -а
традицио́нный; кр. ф. -о́нен, -о́нна
тради́ция, -и
траекто́рия, -и
трайбали́зм, -а
трак, -а
тракт, -а
тракта́т, -а
тракти́р, -а
тракти́рный
тракти́рчик, -а
тракти́рщик, -а
тракти́рщица, -ы
трактова́ние, -я
тракто́ванный
трактова́ть(ся), -ту́ю, -ту́ет(ся)
тракто́вка, -и
тра́ктовый
тра́ктор, -а, мн. -ы, -ов и -а́, -о́в
тракториза́ция, -и
тракторизо́ванный
тракторизова́ть(ся), -зу́ю, -зу́ет(ся)
тракторист, -а
трактори́стка, -и
тра́кторный
тракторопспо́льзование, -я
тракторореммо́нтный
тракторосбо́рочный
тракторостро́ение, -я
тракторостро́итель, -я
тракторостро́ительный
тра́кторо-ча́с, -а, мн. -ы́, -о́в
трал, -а
тра́ление, -я
тра́лер, -а (тра́льщик)
тра́лить(ся), -лю, -лит(ся)
тралме́йстер, -а
тра́ловый
тра́льщик, -а
трамблёр, -а

ТРА

трамбова́ние, -я
трамбо́ванный
трамбова́ть(ся), -бу́ю, -бу́ет(ся)
трамбо́вка, -и
трамбо́вочный
трамва́й, -я
трамва́йный
трамва́йчик, -а
трамонта́на, -ы
трампли́н, -а
трампли́нный
тра́нец, -нца
транжи́р, -а
транжи́ра, -ы, м. и ж.
транжи́рить(ся), -рю, -рит(ся)
транжи́рка, -и
транжи́рство, -а
транзи́стор, -а
транзи́сторный
транзи́т, -а
транзити́вность, -и
транзити́вный
транзи́тный
транквилиза́тор, -а
транс, -а
транса́кция, -и
трансальпи́йский
трансаркти́ческий
трансатланти́ческий
трансбо́рдер, -а
трансве́ртер, -а
трансгресси́вный
трансгре́ссия, -и
трансду́кция, -и
трансильва́нский
трансиорда́нский
трансконтинента́льный
транскриби́рование, -я
транскриби́рованный
транскриби́ровать(ся), -рую, -рует(ся)
транскрипцио́нный
транскри́пция, -и
транскристаллиза́ция, -и
транслиро́ванный
транслиро́вать(ся), -рую, -рует(ся)
транслитера́ция, -и
транслитери́ровать(ся), -рую, -рует(ся)
трансляцио́нный
трансля́ция, -и
трансмисси́вный
трансмиссио́нный
трансми́ссия, -и
трансми́ттер, -а
трансокеа́нский
транспара́нт, -а
транспара́нтный
транспирацио́нный
транспира́ция, -и
транспири́ровать, -рует
трансплантата́т, -а
трансплантата́ция, -и
транспози́ция, -и
транспопля́рный
транспони́рование, -я
транспони́рованный
транспони́ровать(ся), -рую, -рует(ся)
транспониро́вка, -и

ТРА

тра́нспорт, -а мн. -ы, -ов
тра́нспо́рт, -а (в бухгалтерии)
транспорта́бельный
транспортёр, -а
транспортёрный
транспорти́р, -а
транспорти́рование, -я
транспорти́рованный
транспорти́ровать(ся), -рую, -рует(ся)
транспортиро́вка, -и
тра́нспортник, -а
тра́нспортно-экспедицио́нный
тра́нспортно-энергети́ческий
тра́нспортный (от тра́нспорт)
транспо́ртный (от транспо́рт)
транссиби́рский
транссуда́т, -а
транссуда́ция, -и
трансура́новый
трансферка́р, -а
трансфе́рт, -а
трансфе́ртный
трансфока́тор, -а
трансформа́тор, -а
трансформа́торный
трансформаторостро́ение, -я
трансформа́ция, -и
трансформи́зм, -а
трансформи́рованный
трансформи́ровать(ся), -рую, -рует(ся)
трансфу́зия, -и
трансцендентали́зм, -а
трансцендента́льный
трансценде́нтный
трансъевропе́йский
траншеекопа́тель, -я
транше́йный
транше́я, -и
трап, -а
тра́пеза, -ы
трапе́зная, -ой
трапе́зник, -а
трапе́зница, -ы
трапе́зничать, -аю, -ает
трапе́зный
трапе́зовать, -зую, -зует
трапецеида́льный
трапециеви́дный
трапе́ция, -и
трапецо́эдр, -а
трапп, -а (геол.)
тра́ппер, -а
тра́ппи́ст, -а
тра́пповый (от трапп)
трас, -а
тра́совый (от трас)
тра́сса, -ы
трасса́нт, -а
трасса́т, -а
трассёр, -а
трасси́рование, -я
трасси́рованный
трасси́ровать(ся), -рую, -рует(ся)
трассиро́вка, -и
трасси́рующий
трассоиска́тель, -я
трассоло́гия, -и
тра́та, -ы

ТРА

тра-та-та́, *неизм.*
тра́тить(ся), тра́чу(сь), тра́тит(ся)
тра́тта, -ы (вексель)
тратто́рия, -и
тра́улер, -а (рыболовное судно)
тра́ур, -а
тра́урница, -ы
тра́урный
трафаре́т, -а
трафаре́тить(ся), -ре́чу, -ре́тит(ся)
трафаре́тка, -и
трафаре́тный
трафаре́тчик, -а
трафаре́ченный
тра́фить, тра́флю, тра́фит
трах, *неизм.*
тра́хать(ся), -аю(сь), -ает(ся)
трахе́иды, -ид (*бот.*)
трахеи́т, -а (*мед.*)
трахейноды́шащие, -их
трахе́йный
трахеобронхи́т, -а
трахеобронхоскопи́я, -и
трахеомико́з, -а
трахеотоми́я -и
трахе́я, -и
трахимеду́за, -ы
трахи́т, -а (камень)
трахи́товый
тра́хнуть(ся), -ну(сь), -нет(ся)
трахо́ма, -ы
трахомато́зный
трах-тарара́х, *неизм.*
тра́ченный, *прич.*
тра́ченый, *прил.*
тра́чивать, *наст. вр. не употр.*
тре́ба, -ы
тре́бник, -а
тре́бование, -я
тре́бовательность, -и
тре́бовательный
тре́бовать(ся), -бую, -бует(ся)
требуха́, -и
требуши́на, -ы
трево́га, -и
трево́жить(ся), -жу(сь), -жит(ся)
трево́жный
треволне́ние, -я
треволне́нный
трегу́бый
тред-юнио́н, -а
тред-юниони́зм, -а
тред-юниони́ст, -а
тред-юниони́стский
тре́звенник, -а
тре́звенный
трезве́ть, -е́ю, -е́ет
трезвомы́слящий
трезво́н, -а
трезво́нить, -ню, -нит
тре́звость -и
трезву́чие, -я
трезву́чный
тре́звый; *кр. ф.* трезв, трезва́, тре́зво
трезу́бец, -бца
трезу́бый
тре́йлер, -а
трек, -а
трекля́тый
тре́ковый

ТРЕ

трелёванный
трелева́ть(ся), -лю́ю, -лю́ет(ся)
трелёвка, -и
трелёвочный
трелёвщик, -а
тре́лить, -лю, -лит
трель, -и
трелья́ж, -а
трелья́жный
тремато́да, -ы, *р. мн.* -то́д
трематодо́з, -а
трембита́, -ы
тремоли́ровать, -рую, -рует
тремоли́т, -а
тре́моло, *нескл., с.*
трен, -а
трена́ж, -а
тренажёр, -а
тре́нер, -а, *мн.* -ы, -ов
тре́нерский
тре́нзель, -я
трензе́лька, -и
тре́нзельный
тре́ние, -я
тре́нинг, -а
трениро́ванный
тренирова́ть(ся), -ру́ю(сь), -ру́ет(ся)
трениро́вка, -и
трениро́вочный
трено́га, -и
трено́гий
трено́жить(ся), -жу, -жит(ся)
трено́жник, -а
тре́нчик, -а
трень-бре́нь, *неизм.*
тре́ньканье, -я
тре́нькать, -аю, -ает
трепа́к, -а́
трепа́лка, -и
трепа́ло, -а (орудие)
трепа́льный
трепа́льня, -и, *р. мн.* -лен
трепа́н, -а (*мед.*)
трепана́ция, -и
трепа́нг, -а (*зоол.*)
трепа́ние, -я
трепани́рованный
трепани́ровать(ся), -рую, -рует(ся)
трёпаный, *прич.*
трёпаный, *прил.*
трепа́ть(ся), треплю́(сь), тре́плет(ся)
трепа́ч, -а́
трепа́чка, -и
тре́пел, -а
тре́пельный
тре́пет, -а
трепета́ние, -я
трепета́ть(ся), -пещу́(сь), -пе́щет(ся)
тре́петный
трепе́щущий
трёпка, -и
трепло́, -а́
трепотня́, -и́
трепыха́ние, -я
трепыха́ть(ся), -а́ю(сь), -а́ет(ся)
треск, -а
треска́, -и́
тре́скать(ся), -аю(сь), -ает(ся)

ТРЕ

треско́вый
трескообра́зные, -ых
трескотня́, -и́
треску́чий
тре́снутый
тре́снуть(ся), -ну(сь), -нет(ся)
трест, -а
треста́, -ы́ (льняная солома)
трести́рованный
трести́ровать(ся), -рую, -рует(ся)
тре́стовский
трете́йский
тре́тий, -ья, -ье
трети́рование, -я
трети́рованный
трети́ровать(ся), -рую, -рует(ся)
трети́чный
третни́к, -а́
третно́й
треть, -и, *мн.* -и, -е́й
третьёводни, *нареч.*
третьёводнишний
третьёвось, *нареч.*
третьегоди́чный
третьего́дний
третьёгодняшний
третьекла́ссник, -а
третьекла́ссница, -ы
третьекла́ссный
третьеку́рсник, -а
третьеку́рсница, -ы
третьеочередно́й
третьеразря́дник, -а
третьеразря́дница, -ы
третьеразря́дный
третьесо́ртный
третьестепе́нный
третья́к, -а́
треуго́лка, -и
треуго́льник, -а
треуго́льный
треу́х, -а
треф, -а
тре́фа, -ы
трефно́й (*от* треф)
трефо́вка, -и
тре́фо́вый (*от* тре́фы)
тре́фы, треф
трёха́ктный
трёхарши́нный (3-арши́нный)
трёха́томный
трёхба́лльный (3-ба́лльный)
трёхвале́нтный
трёхвалко́вый
трёхведёрный
трёхвеково́й
трёхвёрстка, -и
трёхвёрстный (3-вёрстный)
трёхверши́нный
трёхвёстка, -и
трёхгла́вый
трёхгоди́чный (3-годи́чный)
трёхгодова́лый
трёхгодово́й (3-годово́й)
трёхголо́сный
трёхголо́сый
трёхгра́нник, -а
трёхгра́нный
трёхде́чный
трёхдне́вный (3-дне́вный)

ТРЁ

трёхдо́льный
трёхдюймо́вка, -и
трёхдюймо́вый (3-дюймо́вый)
трёхжи́льный
трёхза́льный
трёхзна́чный
трёхка́мерный
трёхкиломе́тровка, -и
трёхкилометро́вый (3-километро́вый)
трёхкла́ссный (3-кла́ссный)
трёхколёсный
трёхко́мнатный (3-ко́мнатный)
трёхкопе́ечный (3-копе́ечный)
трёхкра́тный
трёхку́бовый (3-ку́бовый)
трёхла́мповый
трёхле́тие (3-ле́тие), -я
трёхле́тка, -и
трёхле́тний (3-ле́тний)
трёхле́ток, -тка
трёхлине́йка, -и
трёхлине́йный
трёхлитро́вый (3-литро́вый)
трёхло́пастный
трёхма́стный
трёхма́чтовый
трёхме́рный
трёхме́стный (3-ме́стный)
трёхме́сячный (3-ме́сячный)
трёхметро́вый (3-метро́вый)
трёхмиллиа́рдный (3-миллиа́рдный)
трёхмиллио́нный (3-миллио́нный)
трёхмину́тный (3-мину́тный)
трёхмото́рный
трёхнеде́льный (3-неде́льный)
трёхно́гий
трёхо́кись, -и
трёхоко́нный
трёхопо́рный
трёхо́ска, -и
трёхо́сный
трёхпа́лубный
трёхпа́лый
трёхпе́рстка, -и
трёхпе́рстный
трёхпла́нный
трёхпо́лье, -я
трёхпо́льный
трёхпроце́нтный (3-проце́нтный)
трёхпудо́вый (3-пудо́вый)
трёхра́зовый
трёхрожко́вый
трёхрублёвка, -и
трёхрублёвый (3-рублёвый)
трёхря́дка, -и
трёхря́дный
трёхсажённый (3-сажённый)
трёхска́тный
трёхсло́жный
трёхсло́йный
трёхсме́нка, -и
трёхсме́нный
трёхсо́тенный
трёхсотле́тие (300-ле́тие), -я
трёхсотле́тний (300-ле́тний)
трёхсотрублёвый (300-рублёвый)
трёхсо́тый
трёхсполови́нный
трёхстволка, -и

ТРЁ

трёхство́льный
трёхство́рчатый
трёхсте́нный
трёхсти́шие, -я
трёхсто́пный
трёхсторо́нний
трёхстру́нный
трёхступе́нчатый
трёхсу́точный (3-су́точный)
трёха́ктный
трёхто́мник, -а
трёхто́мный (3-то́мный)
трёхто́нка, -и
трёхто́нный (3-то́нный)
трёхтру́бный
трёхты́сячный (3-ты́сячный)
трёхфа́зный
трёххво́стка, -и
трёхходо́вка, -и
трёхходово́й
трёхцве́тка, -и
трёхцве́тный
трёхчасово́й (3-часово́й)
трёхчле́н, -а
трёхчле́нный
трёхшёрстный
трёхъязы́чный
трёхъя́русный
трёхэлектро́дный
трёхэлеме́нтный
трёхэта́жный (3-эта́жный)
трёшка, -и
трешко́ут, -а
трёшник, -а
трёшница, -ы
треща́ть, -щу́, -щи́т
тре́щина, -ы
тре́щинка, -и
тре́щинный
трещинова́тость, -и
трещинова́тый
трещо́тка, -и
трещо́точный
три, трёх, трём, тремя́, о трёх
триа́да, -ы
триангуляцио́нный
триангуля́ция, -и
триа́с, -а
триа́совый
триацета́тный
три́ба, -ы
триболюминесце́нция, -и
трибо́метр, -а
трибометри́ческий
трибометри́я, -и
трибоэлектри́чество, -а
трибра́хий, -я
трибу́н, -а
трибу́на, -ы
трибуна́л, -а
тривакци́на, -ы
тривиа́льный
три́ггер, -а
три́гла, -ы
триглиф, -а
тригона́льный
тригонометри́ческий
тригономе́трия, -и
тридевя́тый
тридевять: за тридевять земель

ТРИ

тридеся́тый
тридцативедёрный
тридцативёрстный (30-вёрстный)
тридцатигра́дусный (30-гра́дусный)
тридцатидне́вный (30-дне́вный)
тридцатиле́тие (30-ле́тие), -я
тридцатиле́тний (30-ле́тний)
тридцатиметро́вый (30-метро́вый)
тридцатипятиле́тие (35-ле́тие), -я
тридцатирублёвый (30-рублёвый)
тридца́тка, -и
тридца́тый
три́дцать, -и́, тв. -ью
три́дцатью (при умножении)
триеди́нство, -а
триеди́ный
три́ер, -а
трие́ра, -ы
три́ерный (от три́ер)
триеро́ванный
триерова́ть(ся), -ру́ю, -ру́ет(ся)
триеро́вка, -и
три́жды
три́зна, -ы
трикальцийфосфа́т, -а
трики́рий, -я
трикли́ний, -я
трикли́нный
трико́, нескл., с.
трико́вый
трикота́ж, -а
трикота́жно-вяза́льный
трикота́жный
трикоти́н, -а
трикрезо́л, -а
триктра́к, -а
трили́стник, -а
триллио́н, -а
триллио́нный
трилоби́т, -а
трило́гия, -и
трило́пастный
триме́стр, -а
триместро́вый
тримети́н, -а
три́ммер, -а
тримолекуля́рный
тринадцатиле́тний (13-ле́тний)
трина́дцатый
трина́дцать, -и, тв. -ью
тринитротолуо́л, -а
три́о, нескл., с.
трио́д, -а (лампа)
трио́дь, -и (церк. книга)
триоксази́н, -а
триоксиметиле́н, -а
триоле́т, -а
триоль, -и
трио́стренник, -а
трип, -а
трипаносо́ма, -ы
трипафлави́н, -а
три́плекс, -а
трипле́т, -а
трипло́ид, -а
три́повый
три́ппер, -а
трипси́н, -а
три́птих, -а
трире́ма, -ы

ТРИ

трисе́кция, -и
три́сель, -я
трисоста́вный
три́ста, трёхсо́т, трёмста́м, тремяста́ми, о трёхста́х
три́стих
три́тий, -я
трито́н, -а
триумви́р, -а
триумвира́т, -а
триу́мф, -а
триумфа́льный
триумфа́тор, -а
трифолиа́та, -ы
трифо́ль, -и
трифто́нг, -а
трифтонги́ческий
трихи́на, -ы
трихине́лла, -ы
трихинеллёз, -а
трихино́з, -а
трихино́зный
трихлорэтиле́н, -а
трихогра́мма, -ы
трихо́м, -а
трихомоно́з, -а
трихотоми́я, -и
трихофити́я, -и
три́цепс, -а
трици́кл, -а
трищети́нник, -а
триэ́др, -а
троака́р, -а
трог, -а
тро́гательный
тро́гать(ся), -аю(сь), -ает(ся)
троглоди́т, -а
тро́е, трои́х, трои́м, трои́ми
троебо́рье, -я
троебра́чие, -я
троебра́чный
троежёнец, -нца
троежёнство, -а
троекра́тный
троему́жие, -я
троеперсти́е, -я
троеперстный
троетёс, -а
тро́ечка, -и
тро́ечник, -а
тро́ечница, -ы
тро́ечный
трои́ть(ся), трою́, трои́т(ся)
тро́ица, -ы
тро́ицын день
тро́ичный
тро́йка, -и
тройни́к, -а́
тройни́чный
тройно́й
тро́йня, -и, р. мн. тро́ен и -ей
тройня́шка, -и
тро́йственный
тройча́тка, -и
тройча́тый
трок, -а
тролле́й, -я
тролле́йбус, -а
тролле́йбусный
троллейво́з, -а

ТРО

троллейка́р, -а и троллейка́ра, -ы
тролле́йный
тролль, -я
тромб, -а (мед.)
тромби́н, -а
тромбо́з, -а
тромбо́н, -а
тромбони́ст, -а
тромбо́нный
тромбообразова́ние, -я
тромбофлеби́т, -а
тромбоци́т, -а
тромбоцито́з, -а
тромп, -а (архит.)
трон, -а
тро́нный
тро́нутый
тро́нуть(ся), -ну(сь), -нет(ся)
троп, -а
тропа́, -ы́, мн. тро́пы, троп, тропа́м
тропа́рь, -я́
тропи́зм, -а
тро́пик, -а
тропи́нка, -и
тропи́ть, -плю́, -пи́т
тропи́ческий
тро́пка, -и
тропопа́уза, -ы
тропосфе́ра, -ы
тропосфе́рный
тро́пот, -а
тропота́ть, -очу́, -о́чет
тро́почка, -и
трос, -а
тро́совый
тростево́й
тростильно-крути́льный
трости́льный
трости́на, -ы
трости́нка, -и
трости́ночка, -и
трости́ть(ся), -ощу́, -ости́т(ся)
тро́стка, -и
тростни́к, -а́
тростнико́вый
тро́сточка, -и
трость, -и, мн. -и, -е́й
тростя́нка, -и
тростяно́й
трот, -а
троти́л, -а
тротуа́р, -а
тротуа́рный
трофе́й, -я
трофе́йный
тро́фика, -и
трофи́ческий
трофоневро́з, -а
трохеи́ческий
трхе́й, -я
трохо́ида, -ы
троцки́зм, -а
троцки́ст, -а
троцки́стский
троще́ние, -я
трощёный, прил.
трою́родный
трои́к, -а́
троя́кий
троячо́к, -чка́

ТРО

тро́йшка, -и
труба́, -ы́, мн. тру́бы, труб
трубаду́р, -а
труба́ч, -а́
труба́ческий
труби́ть, -блю́, -би́т
тру́бка, -и
трубкова́ние, -я
трубкове́рт, -а
трубкови́дный
трубкозу́б, -а
трубкозу́бые, -ых
трубконо́с, -а
трубконо́сые, -ых
трубкообра́зный
трубкоры́л, -а
тру́бный
трубоволоче́ние, -я
трубоволочи́льный
трубоги́бочный
трубозаготови́тельный
трубокла́д, -а
трубоку́р, -а
труболите́йный
трубонарезно́й
трубообраба́тывающий
трубоотрезно́й
трубоправи́льный
трубопрово́д, -а
трубопрово́дный
трубопроводостро́ительный
трубопрока́тный
трубопрока́тчик, -а
труборе́з, -а
трубосва́рочный
трубоста́в, -а
трубоукла́дчик, -а
трубочи́ст, -а
тру́бочка, -и
тру́бочный
трубоэлектросва́рочный
трубча́тка, -и
тру́бчато-кольцево́й
тру́бчатый
труве́р, -а
труд, -а́
труддисципли́на, -ы
труди́ть(ся), -ужу́(сь), -у́дит(ся)
трудколо́ния, -и
трудне́нько
труднобольно́й, -ого
труднова́тый
трудновоспиту́емый
трудновыполни́мый
труднодосту́пный
трудноизлечи́мый
трудноизмери́мый
трудноизмери́мый
труднообраба́тываемый
труднообъясни́мый
трудноосуществи́мый
труднопла́вкий
труднопла́вкость, -и
труднопреодоли́мый
труднопроизноси́мый
труднопроходи́мый
труднораздели́мый
трудноразреши́мый
труднораствори́мый
труднорегули́руемый
тру́дность, -и

ТРУ

трудноуловимый
трудноуправляемый
трудноуязвимый
трудный; *кр. ф.* -ден, -дна, -дно
трудовик, -а
трудовой
трудодень, -дня
трудоёмкий
трудолюбец, -бца
трудолюбивый
трудолюбие, -я
трудоспособность, -и
трудоспособный
трудотерапия, -и
трудоустроенный
трудоустроить(ся), -óю(сь), -óит-(ся)
трудоустройство, -а
трудящиеся, -ихся
трудящийся
труженик, -а
труженица, -ы
труженический
труженичество, -а
трунить, -ню, -нит
труп, -а
трупный (*от* труп)
труппа, -ы
труппка, -и
труппный (*от* труппа)
трус, -а
трусики, -ов
трусить, трушу, трусит (бояться)
трусить, трушу, трусит (трясти; ехать рысцой)
труситься, -ится (сыпаться)
трусиха, -и
трусишка, -и, *м. и ж.*
трусливость, -и
трусливый
трусоватый
трусость, -и
трусцой, *нареч.*
трусы, -óв
трут, -а
трутень, -тня
трутневой
трутник, -а
трутовик, -á
трутовиковые, -ых
трутовица, -ы
трутовка, -и
трутовые, -ых
трутяной
труха, -и
трухлеть, -еет
трухлявиться, -вится
трухлявый
трухляк, -á
трухнуть, -ну, -нёт
трущоба, -ы
трущобный
трынка, -и
трын-трава, -ы
трюизм, -а
трюк, -а
трюкач, -á
трюкаческий
трюкачество, -а

ТРЮ

трюковый
трюм, -а
трюмный
трюмо, *нескл., с.*
трюмсель, -я
трюфелевый
трюфель, -я, *мн.* -и, -ей
трюфельный
трюхать, -аю, -ает
трюх-трюх, *неизм.*
тряпица, -ы
тряпичка, -и
тряпичник, -а
тряпичница, -ы
тряпичный
тряпка, -и
тряпкорезка, -и
тряпной
тряпочка, -и
тряпочный
тряпьё, -я
трясавица, -ы
трясение, -я
трясилка, -и
трясильный
трясина, -ы
трясинный
тряска, -и
тряский
трясогузка, -и
трясти(сь), трясу(сь), трясёт(ся); *прош.* тряс(ся), трясла(сь)
трясун, -á
трясунка, -и
трясучий
трясучка, -и
трясче, *сравн. ст. (от* тряский, тряско)
трясший(ся)
тряхануть, -ну, -нёт
тряхнутый
тряхнуть(ся), -ну(сь), -нёт(ся)
тсс, *неизм.*
туалет, -а
туалетный
туальденор, -а
туальденоровый
туарег, -а, *р. мн.* -ов
туба, -ы
тубдиспансер, -а
туберкул, -а
туберкулёз, -а
туберкулёзник, -а
туберкулёзница, -ы
туберкулёзный
туберкулин, -а
тубероза, -ы
туберозовый
тубо, *неизм.*
тубофон, -а
тубус, -а
тувинец, -нца
тувинка, -и
тувинский
туговатый
тугодум, -а
тугой; *кр. ф.* туг, туга, туго
туго-натуго
тугонький; *кр. ф.* -óнек, -óнька
тугоплавкий

ТУГ

тугоплавкость, -и
тугоуздый
тугоухий
тугрик, -а
тугун, -á
туда (же)
туда-сюда
туда-то
туевый
туер, -а
туес, -а, *мн.* -á, -óв
туесок, -скá
туже, *сравн. ст. (от* тугой, туго)
тужить, тужу, тужит
тужиться, тужусь, тужится
тужурка, -и
туз, -á
туземец, -мца
туземка, -и
туземный
тузить, тужу, тузит
тузлук, -á
тузлучный
тук, -а
тукан, -а
тукать(ся), -аю(сь), -ает(ся)
тукнутый
тукнуть(ся), -ну(сь), -нет(ся)
туковый
туковысевающий
тукоразбрасыватель, -я
тукосмесь, -и
тук-тук, *неизм.*
тулейный
тулес, -а
тулий, -я
туловище, -а
тулуз, -а
тулук, -а
тулумбас, -а
тулуп, -а
тулупный
тулупчик, -а
тулья, -и, *р. мн.* -лей
туляремийный
туляремия, -и
тумак, -á
туман, -а
туманистый
туманить(ся), -ню(сь), -нит(ся)
туманность, -и
туманный; *кр. ф.* -нен, -нна
туманограф, -а
тумба, -ы
тумблер, -а
тумбочка, -и
тумор, -а
тунг, -а
тунговый
тунгус, -а, *р. мн.* -ов
тунгуска, -и
тунгусо-маньчжурский
тунгусский
тундра, -ы
тундреный
тундровый
тундрянка, -и
туне, *нареч.*
тунец, -нца
тунеядец, -дца

ТУН

тунеядка, -и
тунеядный
тунеядство, -а
тунеядствовать, -твую, -твует
тунеядческий
туника, -и
тунисец, -сца
туниска, -и
тунисский
туннелестроение, -я и тоннелестроение, -я
туннель, -я и тоннель, -я
туннельный и тоннельный
тунцеловный
тунцовый
тупей, -я
тупейный
тупеть, -ею, -еет (становиться тупым)
тупик, -а (птица)
тупик, -а́
тупиковый (*от* тупик)
тупиковый (*от* тупик)
тупить, туплю, тупит (*что*)
тупиться, тупится
тупица, -ы, *м. и ж.*
тупичок, -чка́
туповатый
тупоголовый
тупой; *кр. ф.* туп, тупа́, тупо
тупоконечный
туполистный
туполистый
туполобый
тупомордый
тупоносый
тупорылый
тупость, -и
тупоугольный
тупоумие, -я
тупоумный
тур, -а
туранга, -и
турач, -а́
турбаза, -ы
турбина, -ы
турбинист, -а
турбинный
турбоагрегат, -а
турбобур, -а
турбовентилятор, -а
турбовентиляторный
турбовинтовой
турбовоз, -а
турбовоздуходувка, -и
турбовоздушный
турбогенератор, -а
турбокомпрессор, -а
турбокомпрессорный
турбонасос, -а
турборакетный
турбореактивный
турбостроение, -я
турбостроитель, -я
турбостроительный
турбоход, -а
турбоэлектрический
турбоэлектроход, -а
турбулентность, -и
турбулентный

ТУР

турель, -и
турёнок, -нка, *мн.* турята, -ят (*от* тур)
турецкий
турецко-советский
туризм, -а
турий, -ья, -ье
туриный
турист, -а
туристический
туристка, -и
туристский
турить, -рю, -рит
турица, -ы
туркать, -аю, -ает
туркестанский
туркмен, -а, *р. мн.* -ен и -ов
туркменка, -и
туркменский
турлыкать, -ает и -ычет
турмалин, -а
турмалиновый
турман, -а
турне, *нескл., с.*
турнепс, -а
турник, -а́
турникет, -а
турнир, -а
турнирный
турнист, -а
турнуть, -ну́, -нёт
турнюр, -а
турок, -рка
турпан, -а
турпоход, -а
турсук, -а́
турусы, -ов
турухтан, -а
турухтаний, -ья, -ье
турчанка, -и (*к* турок)
турчонок, -нка, *мн.*: -чата, -чат
тускловатый
тускло-зелёный
тусклый; *кр. ф.* тускл, тускла́, тускло
тускневший
тускнеть, -еет; *прош.* -ел, -ела
тускнувший
тускнуть, -нет; *прош.* тускнул, тускла
тустеп, -а
тут, *нареч.*
тута, -ы
тут же
тутовник, -а
тутовод, -а
тутоводство, -а
тутоводческий
тутовый
тутор, -а
туто́тка, *нареч.*
тутошный
тутти, *неизм. и нескл., с.*
тут-то
туф, -а
туфелька, -и
туфельный
туфли, -фель, *ед.* туфля, -и
туфобетон, -а
туфовый

ТУФ

туфолава, -ы
туффит, -а
тухлинка, -и
тухлый; *кр. ф.* тухл, тухла́, тухло
тухлятина, -ы
тухнувший
тухнуть, -нет; *прош.* тух и тухнул, тухла
туча, -и
туча туче́й
тучевой
тучища, -и
тучка, -и
тучнеть, -ею, -еет
тучность, -и
тучный; *кр. ф.* -чен, -чна́, -чно
туш, -а (*муз.*)
туша, -и
туше, *нескл., с.*
тушевальный
тушевание, -я
тушёванный
тушевать(ся), тушую(сь), тушует(ся)
тушёвка, -и
тушевый
тушение, -я
тушёнка, -и
тушенный, *прич.* (*от* тушить — гасить)
тушённый; *кр. ф.* -ён, -ена́, *прич.* (*от* тушить — варить)
тушёный, *прил.*
тушилка, -и
тушильник, -а
тушильный
тушин, -а, *р. мн.* -ин
тушинка, -и
тушинский
тушировать, -рую, -рует
тушист, -а
тушить(ся), тушу́, тушит(ся)
тушка, -и
тушканчик, -а
тушь, -и (краска)
туя, -и
тшш, *неизм.*
тщание, -я
тщательность, -и
тщательный
тщедушие, -я
тщедушность, -и
тщедушный
тщеславие, -я
тщеславиться, -влюсь, -вится
тщеславный
тщета, -ы
тщетный
тщиться, тщусь, тщится
ты, тебя, тебе, тобой и тобою, о тебе
тыканье, -я
тыкать, -аю, -ает (говорить «ты»)
тыкать(ся), тычу(сь), тычет(ся)
тыква, -ы
тыквенник, -а
тыквенный
тыквина, -ы
тыквообразный
тыквоподобный
тыковка, -и

ТЫЛ

тыл, -а, *предл.* о ты́ле, в тылу́, *мн.* -ы́, -о́в
тылови́к, -а́
тылово́й
ты́льный
тын, -а́
ты́нный
ты́новый
ты́рить, -рю, -рит
ты́ркать(ся), -аю(сь), -ает(ся)
ты́рса, -ы (*бот.*)
тырса́, -ы (смесь песка и опилок)
тысчо́нка, -и
ты́сяцкий, -ого
ты́сяча, -и, *тв.* ты́сячей и ты́сячью, *р. мн.* ты́сяч
тысячевёрстный
тысячегла́вый
тысячеголо́в, -а
тысячеголо́вый
тысячеголо́сый
тысячегра́дусный
тысячегра́нный
тысячекилометро́вый
тысячекра́тный
тысячеле́тие, -я
тысячеле́тний
тысячели́стник, -а
тысячено́жка, -и
тысячерублёвый
тысячето́нный
тысячеу́стый
ты́сячка, -и
ты́сячник, -а
ты́сячница, -ы
ты́сячный
тычи́на, -ы
тычи́нка, -и
тычи́нковый
тычи́нник, -а
тычи́ночный
тычко́м, *нареч.*
тычо́к, -чка́
ты́чущий(ся)
тьма, -ы
тьма тем
тьма-тьму́щая, тьмы-тьму́щей
тьфу, *неизм.*
тэ́та-фу́нкция, -и
тюбете́й, -я
тюбете́йка, -и
тю́бик, -а
тю́бинг, -а
тю́бинговый
тюбингоукла́дчик, -а
тюк, -а́
тю́канье, -я
тю́кать(ся), -аю(сь), -ает(ся)
тю́кнутый
тю́кнуть(ся), -ну(сь), -нет(ся)
тюко́ванный
тюкова́ть(ся), -ку́ю, -ку́ет(ся)
тюко́вка, -и
тю́левый
тюлегарди́нный
тюленебо́ец, -о́йца
тюленебо́йный
тюле́невый
тюленёнок, -ёнка, *мн.* тюленя́та, -я́т

ТЮЛ

тюле́ний, -ья, -ье
тюле́нина, -ы
тюле́нщик, -а
тюле́нь, -я
тюль, -я
тю́лька, -и
тюльпа́н, -а, *р. мн.* -ов
тюльпа́нный
тюльпа́нчик, -а
тюлюлю́канье, -я
тюлюлю́кать, -аю, -ает
тюни́к, -а
тюрба́н, -а
тюре́мный
тюре́мщик, -а
тю́рки, тю́рок и -ов, *ед.* тюрк, -а
тюрко́лог, -а
тюркологи́ческий
тюрколо́гия, -и
тюрко́с, -а
тю́рко-тата́рский
тю́ркский
тюрча́нка, -и (к тюрк)
тюрьма́, -ы́, *мн.* тю́рьмы, тю́рем
тю́ря, -и
тю́телька в тю́тельку
тю-тю́, *неизм.*
тютю́н, -а
тюфя́к, -а́
тюфя́чный
тюфячо́к, -чка́
тю́чный
тючо́к, -чка́
тябло́, -а́
тя́вканье, -я
тя́вкать, -аю, -ает
тя́вкнуть, -ну, -нет
тявку́ша, -и
тя́га, -и
тяга́льный
тяга́ть(ся), -а́ю(сь), -а́ет(ся)
тяга́ч, -а́
тя́гивать, *наст. вр. не употр.*
тягле́ц, -а́
тя́гло, -а и тягло́, -а́, *мн.* тя́гла, тя́гол
тя́гловый
тя́глый
тя́говый
тягоме́р, -а
тягомо́тина, -ы
тя́гостный
тя́гость, -и
тягота́, -ы́, *мн.* тя́готы, тя́гот
тяготе́ние, -я
тяготе́ть, -е́ю, -е́ет (испытывать тя́гу)
тяготи́ть, -ощу́, -оти́т (*кого, что*)
тяготи́ться, -ощу́сь, -оти́тся
тя́гу (тягуна́) дать
тягу́честь, -и
тягу́чий
тягча́йший
тягчи́ть, -чу́, -чи́т
тяж, -а́
тя́жба, -ы
тя́жебный
тяжеле́е, *сравн. ст.* (*от* тяжёлый, тяжело́)
тяжелённый

ТЯЖ

тяжёленький; *кр. ф.* -ёнек, -ёнька
тяжеле́ть, -е́ю, -е́ет (становиться тяжёлым)
тяжели́ть, -лю́, -ли́т (*кого, что*)
тяжелоатле́т, -а
тяжелоатлети́ческий
тяжелобольно́й
тяжелобомбардиро́вочный
тяжелова́тый
тяжелове́с, -а
тяжелове́сность, -и
тяжелове́сный
тяжелово́дный
тяжеловодоро́дный
тяжелово́з, -а
тяжеловооружённый
тяжело́ гружённый
тяжелогружёный, *прил.*
тяжелогру́зный
тяжелоду́м, -а
тяжелокипя́щий
тяжелоподви́жный
тяжело́ ра́ненный
тяжелора́неный, *прил.*
тяжелоу́мный
тяжёлый; *кр. ф.* -ёл, -ела́, -ело́
тя́жесть, -и
тя́жкий; *кр. ф.* тя́жек, тяжка́, тя́жко
тяжкоду́м, -а
тя́жущийся
тя́жче, *сравн. ст.* (*от* тя́жкий, тя́жко)
тя́нутый
тяну́ть(ся), тяну́(сь), тя́нет(ся)
тяну́чка, -и
тя́нущий(ся)
тянь-ша́ньский
тя́пать, -аю, -ает
тя́п да ля́п
тя́пка, -и
тя́п-ля́п
тя́пнутый
тя́пнуть(ся), -ну(сь), -нет(ся)
тя́тенька, -и, *м.*
тя́тька, -и, *м.*
тя́тя, -и, *м.*

У

уансте́п, -а
уба́вить(ся), -влю, -вит(ся)
уба́вка, -и
убавле́ние, -я
уба́вленный
убавля́ть(ся), -я́ю, -я́ет(ся)
убаю́канный
убаю́кать(ся), -аю(сь), -ает(ся)
убаю́кивать(ся), -аю(сь), -ает(ся)
убаю́кивающий(ся)
убега́ть, -а́ю, -а́ет
убе́гаться, -аюсь, -ается
убеди́тельность, -и
убеди́тельный
убеди́ть(ся), -и́т(ся)
убежа́ть, убегу́, убежи́т, убегу́т
убежда́ть(ся), -а́ю(сь), -а́ет(ся)
убежда́ющий(ся)
убежде́ние, -я

убеждённость, -и
убеждённый; *кр. ф.* -ён, -ена́
убе́жище, -а
убелённый; *кр. ф.* -ён, -ена́
убели́ть(ся), -лю́, -ли́т(ся)
убеля́ть(ся), -я́ю, -я́ет(ся)
уберега́ть(ся), -а́ю(сь), -а́ет(ся)
уберёгший(ся)
убережённый; *кр. ф.* -ён, -ена́
убере́чь(ся), -регу́(сь), -режёт(ся), -регу́т(ся); *прош.* -рёг(ся), -регла́(сь)
убива́ть(ся), -а́ю(сь), -а́ет(ся)
убие́ние, -я
убие́нный
уби́йственный; *кр. ф.* -вен, -венна
уби́йство, -а
уби́йца, -ы, *м. и ж.*
убикви́ст, -а
убира́ть(ся), -а́ю(сь), -а́ет(ся)
уби́тый
уби́ть(ся), убью́(сь), убьёт(ся)
ублаготворе́ние, -я
ублаготворённый; *кр. ф.* -ён, -ена́
ублаготвори́ть(ся), -рю́(сь), -ри́т(ся)
ублаготворя́ть(ся), -я́ю(сь), -я́ет(ся)
ублажа́ть(ся), -а́ю, -а́ет(ся)
ублаже́ние, -я
ублажённый; *кр. ф.* -ён, -ена́
ублажи́ть(ся), -жу́, -жи́т(ся)
ублю́док, -дка
ублю́дочный
убо́гий
убо́гонький; *кр. ф.* -нек, -нька
убо́гость, -и
убо́жество, -а
убо́ина, -ы
убо́истый
убо́й, -я
убо́йность, -и
убо́йный
убо́р, -а
убо́ристый
убо́рка, -и
убо́рная, -ой
убо́рный
убо́рочный
убо́рщик, -а
убо́рщица, -ы
убоя́ться, убою́сь, убои́тся
у́бранный
убра́нство, -а
убра́ть(ся), уберу́(сь), уберёт(ся), *прош.* -а́л(ся), -ала́(сь), -а́ло, -а́лось
убре́дший
убрести́, -еду́, -едёт; *прош.* -ёл, -ела́
убру́с, -а
убыва́ние, -я
убыва́ть, -а́ю, -а́ет
у́быль, -и
убыстре́ние, -я
убыстрённый; *кр. ф.* -ён, -ена́
убыстри́ть(ся), -рю́, -ри́т(ся)
убыстря́ть(ся), -я́ю, -я́ет(ся)
убы́тие, -я
убы́ток, -тка
убы́точность, -и

убы́точный
убы́ть, убу́ду, убу́дет; *прош.* у́был, убыла́, у́было
уважа́емый
уважа́ть(ся), -а́ю, -а́ет(ся)
уваже́ние, -я
ува́женный
уважи́тельность, -и
уважи́тельный
ува́жить, -жу, -жит
ува́л, -а
ува́ленный (*от* ували́ть)
у́валень, -льня
ува́ливать(ся), -аю, -ает(ся)
ува́листый
ували́ть(ся), увалю́, ува́лит(ся)
ува́льность, -и
ува́льный
ува́льчивость, -и
ува́льчивый
ува́лянный (*от* уваля́ть)
уваля́ть(ся), -я́ю(сь), -я́ет(ся)
ува́ренный
ува́ривание, -я
ува́ривать(ся), -аю, -ает(ся)
увари́ть(ся), уварю́, ува́рит(ся)
ува́рка, -и
ува́рочный
уведённый; *кр. ф.* -ён, -ена́
уведоми́тель, -я
уведоми́тельный
уве́домить, -млю, -мит
уведомле́ние, -я
уве́домленный
уведомля́ть(ся), -я́ю, -я́ет(ся)
уве́дший
увезённый; *кр. ф.* -ён, -ена́
увезти́, -зу́, -зёт; *прош.* увёз, увезла́
увёзший
увекове́чение, -я
увекове́ченный
увекове́чивать(ся), -аю(сь), -ает(ся)
увекове́чить(ся), -чу(сь), -чит(ся)
увеличе́ние, -я
увели́ченный
увели́чивать(ся), -аю, -ает(ся)
увеличи́тель, -я
увеличи́тельный
увели́чить(ся), -чу, -чит(ся)
увенча́ние, -я
уве́нчанный
увенча́ть(ся), -а́ю(сь), -а́ет(ся)
увенчивать(ся), -аю(сь), -ает(ся)
увере́ние, -я
уве́ренность, -и
уве́ренный; *кр. ф. прич.* -ен, -ена; *кр. ф. прил.* -ен, -енна
уве́рить(ся), -рю(сь), -рит(ся)
уверну́ть(ся), -ну́(сь), -нёт(ся)
уве́ровать, -рую, -рует
увёртка, -и
увёртливость, -и
увёртливый
увёртываться(ся), аю(сь), -ает(ся)
увертю́ра, -ы
уверя́ть(ся), -я́ю(сь), -я́ет(ся)
увеселе́ние, -я
увесели́тельный
увеселя́ть(ся), -я́ю(сь), -я́ет(ся)

уве́систый
уве́сить, уве́шу, уве́сит
увести́, уведу́, уведёт; *прош.* увёл, увела́
уве́чить(ся), -чу(сь), -чит(ся)
уве́чный
уве́чье, -я, *р. мн.* -чий
уве́шанный (*от* уве́шать)
уве́шать(ся), -аю(сь), -ает(ся)
уве́шенный (*от* уве́сить)
уве́шивать(ся), -аю(сь), -ает(ся)
увеща́ние, -я
увеща́тельный
увеща́ть, -а́ю, -а́ет
увещева́ние, -я
увещева́ть, -а́ю, -а́ет
увива́ть(ся), -а́ю(сь), -а́ет(ся)
увида́ть(ся), -а́ю(сь), -а́ет(ся)
уви́денный
уви́деть(ся), уви́жу(сь), уви́дит(ся)
уви́ливать, -аю, -ает
увильну́ть, -ну́, -нёт
увило́ванный
уви́тый; *кр. ф.* уви́т, уви́та́, уви́то
уви́ть(ся), увью́, увьёт(ся); *прош.* уви́л(ся), увила́(сь), уви́ло, уви́лось
увлажа́ть(ся), -а́ю, -а́ет(ся)
увлажи́ть(ся), -жу́, -жи́т(ся)
увлажне́ние, -я
увла́жненный (*от* увла́жнить)
увлажнённый; *кр. ф.* -ён, -ена́ (*от* увлажни́ть)
увлажни́тель, -я
увлажни́тельный
увла́жнить(ся), -ню, -нит(ся)
увлажня́ть(ся), -я́ю, -я́ет(ся)
увлека́тельный
увлека́ть(ся), -а́ю(сь), -а́ет(ся)
увлека́ющий(ся)
увлёкший(ся)
увлече́ние, -я
увлечённость, -и
увлечённый; *кр. ф.* -ён, -ена́
увле́чь(ся), -еку́(сь), -ечёт(ся), -еку́т(ся); *прош.* -ёк(ся), -екла́(сь)
уво́д, -а
уводи́ть(ся), -ожу́, -о́дит(ся)
уво́з, -а
увози́ть(ся), -ожу́, -о́зит(ся)
увола́кивать(ся), -аю(сь), -ает(ся)
уво́ленный
уво́лить(ся), -лю(сь), -лит(ся)
уволо́кший(ся)
уволо́ченный и уволочённый; *кр. ф.* -ён, -ена́
уволочи́ть(ся), -чу́(сь), -чи́т(ся)
уволо́чь(ся), -оку́(сь), -очёт(ся), -оку́т(ся); *прош.* -о́к(ся), -окла́(сь)
увольне́ние, -я
увольни́тельная, -ой
увольни́тельный
увольня́ть(ся), -я́ю(сь), -я́ет(ся)
уворо́ванный
уворова́ть, -ру́ю, -ру́ет
увра́ж, -а
уврачева́ть(ся), -чу́ю(сь), -чу́ет(ся)
увуля́рный
увы́, *неизм.*

УВЫ

увы́ и ах
увяда́ние, -я
увяда́ть, -а́ю, -а́ет
увя́дший
увя́занный
увяза́ть, -а́ю, -а́ет, *несов.* (*к* увя́знуть)
увяза́ть(ся), увяжу́(сь), увя́жет(ся), *сов.* (*к* увя́зывать)
увя́зка, -и
увя́знувший
увя́знуть, -ну, -нет; *прош.* увя́з, увя́зла
увя́зший
увя́зывание, -я
увя́зывать(ся), -аю(сь), -ает(ся)
увя́лый
увя́нувший
увя́нуть, -ну, -нет; *прош.* увя́л, увя́ла
уга́данный
угада́ть, -а́ю, -а́ет
уга́дчик, -а
уга́дчица, -ы
уга́дывание, -я
уга́дывать(ся), -аю, -ает(ся)
уга́р, -а
уга́рный
угароочища́ющий
угаса́ние, -я
угаса́ть, -а́ю, -а́ет
угаси́ть, -ашу́, -а́сит
угасну́вший
уга́снуть, -ну, -нет; *прош.* уга́с, уга́сла
уга́сший
угаша́ть(ся), -а́ю, -а́ет(ся)
уга́шенный
углебрике́т, -а
углеви́дный
углево́д, -а
углеводоро́д, -а
углеводоро́дный
углево́з, -а
углевыжига́тельный
угледобыва́ющий
угледобы́ча, -и
угледроби́лка, -и
угледроби́льный
углежже́ние, -я
углежо́г, -а
углекислота́, -ы́
углекисло́тный
углеки́слый
углеко́п, -а
углемо́ечный
углемо́йка, -и
угленосность, -и
угленосный
углеобогати́тельный
углеобогаще́ние, -я
углеобразова́ние, -я
углеочисти́тельный
углеочи́стка, -и
углепогру́зка, -и
углепогру́зочный
углепогру́зчик, -а
углепода́тчик, -а
углеподъёмник, -а
углеподъёмный

УГЛ

углепромы́шленник, -а
углепромы́шленность, -и
углепромы́шленный
углеразве́дчик, -а
углеразре́з, -а
углеро́д, -а
углеро́дистый
углеро́дный
углеродсодержа́щий
углерудово́з, -а
углесо́с, -а
углехи́мия, -и
у́глистый
углова́тость, -и
углова́тый
угловой
угломе́р, -а
угломе́рный
углуби́тель, -я
углуби́ть(ся), -блю́(сь), -би́т(ся)
углубле́ние, -я
углублённый; *кр. ф.* -ён, -ена́
углубля́ть(ся), -я́ю(сь), -я́ет(ся)
угляде́ть, -яжу́, -яди́т
у́гнанный
угна́ть(ся), угоню́(сь), уго́нит(ся); *прош.* -а́л(ся), -ала́(сь), -а́ло, -а́лось
угнезди́ть(ся), -и́т(ся)
угнести́, угнету́, угнетёт
угнета́тель, -я
угнета́тельский
угнета́ть(ся), -а́ю, -а́ет(ся)
угнета́ющий
угнете́ние, -я
угнетённость, -и
угнетённый; *кр. ф.* -ён, -ена́
угова́ривать(ся), -аю(сь), -ает(ся)
угово́р, -а
угово́ренный; *кр. ф.* -ён, -ена́
уговори́ть(ся), -рю́(сь), -ри́т(ся)
угово́рный
уго́да, -ы
угоди́ть, угожу́, угоди́т
уго́дливость, -и
уго́дливый
уго́дник, -а
уго́дница, -ы
уго́дничание, -я
уго́дничать, -аю, -ает
уго́днический
уго́дничество, -а
уго́дный
уго́дье, -я, *р. мн.* -дий
угожда́ть, -а́ю, -а́ет
угожде́ние, -я
у́гол, угла́, *предл.* об угле́, в углу́ и (*матем.*) в угле́, на углу́
уголёк, -лька́
уголо́вник, -а
уголо́вно наказу́емый
уголо́вно-правово́й
уголо́вно-процессуа́льный
уголо́вный
уголо́вщина, -ы
уголо́к, -лка́
у́голь, у́гля, *мн.* у́гли, у́глей и у́голья, -ьев
у́голье, -я
уго́льник, -а

УГО

у́гольно-погру́зочный
у́гольно-чёрный
у́гольный (*от* у́голь)
у́гольный (*от* у́гол)
у́гольщик, -а
угомо́н, -а и -у
угомонённый; *кр. ф.* -ён, -ена́
угомони́ть(ся), -ню́(сь), -ни́т(ся)
уго́н, -а
уго́нный
угоня́ть(ся), -я́ю(сь), -я́ет(ся)
угора́здить(ся), -ит(ся)
угора́ть, -а́ю, -а́ет
угоре́лый
угоре́ть, -рю́, -ри́т
уго́рский (*от* у́гры)
у́горь, угря́
уго́рье, -я, *р. мн.* -рий
угости́ть(ся), -ощу́(сь), -ости́т(ся)
угота́вливать(ся), -аю, -ает(ся)
угото́ванный
угото́вать, -аю, -ает
угото́вить, -влю, -вит
угото́вленный
угощать(ся), -а́ю(сь), -а́ет(ся)
угоще́ние, -я
угощённый; *кр. ф.* -ён, -ена́
угрева́тый
угрево́й (*от* у́горь — прыщ)
угрёвый (*от* у́горь — рыба)
угрёнок, -нка, *мн.* угря́та, угря́т
угре́ть(ся), -е́ю(сь), -е́ет(ся)
угроби́ть(ся), -блю(сь), -бит(ся)
угро́бленный
угрожа́емый
угрожа́ть, -а́ю, -а́ет
угрожа́ющий
угро́за, -ы
угро́зыск, -а
угрору́с, -а
угрору́сский
у́гро-фи́нны, -ов
у́гро-фи́нский
угро́хать, -аю, -ает
у́гры, -ов
угрыза́ть(ся), -а́ю(сь), -а́ет(ся)
угрызе́ние, -я
угрызённый; *кр. ф.* -ён, -ена́
угры́зть, -зу́, -зёт; *прош.* угры́з, угры́зла
угры́зший
угрю́меть, -ею, -еет
угрю́мость, -и
угрю́мый
уда́, -ы́, *мн.* у́ды, уд, у́дам
уда́бривать(ся), -аю, -ает(ся)
уда́в, -а
удава́ться, удаётся
удави́ть(ся), -авлю́(сь), -а́вит(ся)
уда́вка, -и
уда́вленник, -а
уда́вленный
уда́вливать(ся), -аю(сь), -ает(ся)
уда́вчик, -а
удале́ние, -я
удалённость, -и
удалённый; *кр. ф.* -ён, -ена́
удале́ц, -льца́
удали́ть(ся), -лю́(сь), -ли́т(ся)

УДА

удало́й и уда́лый; *кр. ф.* -а́л, -ала́, -а́ло
у́даль, -и
удальски́
удальство́, -а́
удаля́ть(ся), -я́ю(сь), -я́ет(ся)
уда́р, -а
ударе́ние, -я
уда́ренный
уда́рить(ся), -рю(сь), -рит(ся)
уда́рник, -а
уда́рница, -ы
уда́рничество, -а
уда́рно-механи́ческий
уда́рно-теплово́й
уда́рный
ударовибросто́йкий
ударопро́чный
ударосто́йкий
ударя́емый
ударя́ть(ся), -я́ю(сь), -я́ет(ся)
уда́ться, -а́стся, -аду́тся; *прош.* -а́лся, -ала́сь
уда́ча, -и
уда́чливость, -и
уда́чливый
уда́чник, -а
уда́чный
удва́ивать(ся), -аю, -ает(ся)
удвое́ние, -я
удво́енный
удвои́тель, -я
удво́ить(ся), -о́ю, -о́ит(ся)
удвоя́ющий
уде́л, -а
уде́ланный
уде́лать, -аю, -ает
уделённый; *кр. ф.* -ён, -ена́
удели́ть, -лю́, -ли́т
уде́лывать(ся), -аю, -ает(ся)
уде́льный
уделя́ть(ся), -я́ю, -я́ет(ся)
у́держ, -у
удержа́ние, -я
уде́ржанный
удержа́ть(ся), -ержу́(сь), -е́ржит(ся)
уде́рживать(ся), -аю(сь), -ает(ся)
удесятерённый; *кр. ф.* -ён, -ена́
удесятери́ть(ся), -рю́, -ри́т(ся)
удесятеря́ть(ся), -я́ю, -я́ет(ся)
удешеви́ть(ся), -влю́, -ви́т(ся)
удешевле́ние, -я
удешевлённый; *кр. ф.* -ён, -ена́
удешевля́ть(ся), -я́ю(сь), -я́ет(ся)
удиви́тельный
удиви́ть(ся), -влю́(сь), -ви́т(ся)
удивле́ние, -я
удивлённый; *кр. ф.* -ён, -ена́
удивля́ть(ся), -я́ю(сь), -я́ет(ся)
удила́, уди́л, удила́м
удилище, -а
уди́льный
уди́льщик, -а
удира́ть, -а́ю, -а́ет
уди́ть(ся), ужу́, у́дит(ся)
удлине́ние, -я
удлинённый; *кр. ф.* -ён, -ена́
удлини́тель, -я
удлини́ть(ся), -ню́, -ни́т(ся)

УДЛ

удлиня́ть(ся), -я́ю, -я́ет(ся)
удму́рт, -а, *р. мн.* -ов
удму́ртка, -и
удму́ртский
удо́бно
удо́бность, -и
удо́бный
удобовари́мый
удобоисполни́мый
удобообозри́мый
удобообраба́тываемый
удобообтека́емый
удобопоня́тный
удобопроизноси́мый
удобопроходи́мый
удобоуправля́емый
удобоусвоя́емый
удобочита́емый
удобре́ние, -я
удо́бренный
удобри́тельный
удо́брить(ся), -рю, -рит(ся)
удобря́ть(ся), -я́ю, -я́ет(ся)
удо́бство, -а
удовлетворе́ние, -я
удовлетворённость, -и
удовлетворённый; *кр. ф.* -ён, -ена́
удовлетвори́тельно
удовлетвори́тельный
удовлетвори́ть(ся), -рю́(сь), -ри́т(ся)
удовлетворя́ть(ся), -я́ю(сь), -я́ет(ся)
удово́льствие, -я
удово́льствовать(ся), -ствую(сь), -ствует(ся)
удо́д, -а
удо́довый
удо́й, -я
удо́йливость, -и
удо́йливый
удо́йность, -и
удо́йный
удорожа́ние, -я
удорожа́ть(ся), -а́ю, -а́ет(ся)
удорожённый; *кр. ф.* -ён, -ена́
удорожи́ть(ся), -жу́, -жи́т(ся)
удоста́ивать(ся), -аю(сь), -ает(ся)
удостовере́ние, -я
удостове́ренный
удостове́рить(ся), -рю(сь), -рит(ся)
удостоверя́ть(ся), -я́ю(сь), -я́ет(ся)
удосто́енный; *кр. ф.* -оен, -оена
удосто́ить(ся), -о́ю(сь), -о́ит(ся)
удосу́живаться, -аюсь, -ается
удосу́житься, -жусь, -жится
удочере́ние, -я
удочерённый; *кр. ф.* -ён, -ена́
удочери́ть, -рю́, -ри́т
удочеря́ть(ся), -я́ю, -я́ет(ся)
у́дочка, -и
удра́ть, удеру́, удерёт; *прош.* -а́л, -ала́, -а́ло
удружи́ть, -жу́, -жи́т
удруча́ть(ся), -а́ю(сь), -а́ет(ся)
удруча́ющий
удручённый; *кр. ф.* -ён, -ена́
удручи́ть(ся), -чу́(сь), -чи́т(ся)
уду́манный
уду́мать, -аю, -ает

УДУ

уду́мывать(ся), -аю, -ает(ся)
удуша́ть(ся), -а́ю, -а́ет(ся)
удуша́ющий
удуше́ние, -я
уду́шенный
удуши́ть(ся), удушу́сь, уду́шит(ся)
уду́шливый
уду́шье, -я
удэ́ и удэге́, *нескл., м. и ж.*
удэге́ец, -е́йца
удэге́йка, -и
удэге́йский и удэ́йский
уеда́ть, -а́ю, -а́ет
уе́денный
уедине́ние, -я
уединённость, -и
уединённый; *кр. ф. прич.* -ён, -ена́; *кр. ф. прил.* -ён, -ённа
уедини́ть(ся), -ню́(сь), -ни́т(ся)
уединя́ть(ся), -я́ю(сь), -я́ет(ся)
уе́зд, -а
уе́здить(ся), уе́зжу(сь), уе́здит(ся)
уе́здный
уезжа́ть, -а́ю, -а́ет
уе́зженный
уе́зживать(ся), -аю(сь), -ает(ся)
уёмистый
уе́сть, уе́м, уе́шь, уе́ст, уеди́м, уеди́те, уедя́т; *прош.* уе́л, уе́ла
уе́хать, уе́ду, уе́дет
уж, -а́
уж, *частица*
ужа́ленный
ужа́лить, -лю, -лит
ужа́ренный
ужа́ривать(ся), -аю, -ает(ся)
ужа́рить(ся), -рю, -рит(ся)
у́жас, -а
ужаса́ть(ся), -а́ю(сь), -а́ет(ся)
ужаса́ющий(ся)
ужасну́ть(ся), -ну́(сь), -нёт(ся)
ужа́сный
ужа́тый
ужа́ть(ся), ужму́(сь), ужмёт(ся)
у́же, *сравн. ст. (от* у́зкий, у́зко)
уже́, *нареч.*
уже́ли и уже́ль, *частица*
уже́нье, -я
ужеобра́зные, -ых
ужесточа́ть(ся), -а́ю, -а́ет(ся)
ужесточе́ние, -я
ужесточённый; *кр. ф.* -ён, -ена́
ужесточи́ть, -чу́, -чи́т
у́живать, *наст. вр. не употр.*
ужива́ться, -а́юсь, -а́ется
ужи́вчивость, -и
ужи́вчивый
ужима́ть(ся), -а́ю(сь), -а́ет(ся)
ужи́мка, -и
у́жин, -а
ужи́н, -а (*к* ужина́ть)
у́жинать, -аю, -ает (*к* у́жин)
ужина́ть, -а́ю, -а́ет (*сжинать*)
у́жинный (*от* у́жин)
ужи́нный (*от* уж)
ужи́ться, уживу́сь, уживётся; *прош.* -и́лся, -ила́сь
ужли́, *частица*
ужо́, *нареч.*
ужо́вник, -а

УЖО

ужо́вый
ужо́нок, -нка, *мн.* ужа́та, ужа́т
у́за, -ы и уза́, -ы́
узаконе́ние, -я
узако́ненный
узако́нивание, -я
узако́нивать(ся), -аю, -ает(ся)
узако́нить(ся), -ню, -нит(ся)
узаконя́ть(ся), -я́ю, -я́ет(ся)
узбе́к, -а, *р. мн.* -ов
узбе́кский
узбе́чка, -и
узда́, -ы́, *мн.* у́зды, узд, у́здам
узде́нь, -я́
узде́чка, -и
узде́чный
уздцы́: под уздцы́
уздяно́й
у́зел, узла́
узело́к, -лка́
узело́чек, -чка
у́зенький; *кр. ф.* у́зенек, у́зенька
у́зерк, -а и у́зерка, -и
узи́лище, -а
узина́, -ы́
у́зить(ся), у́жу, у́зит(ся)
у́зкий; *кр. ф.* у́зок, узка́, у́зко
узкобёдрый
узкобо́ртный
узкова́тый
узкове́домственный
узкогла́зый
узкого́рлый
узкогру́дый
узкоза́дый
узкозахва́тный
узко- и широкоплёночный
узкокла́ссовый
узкоколе́йка, -и
узкоколе́йный
узкокоры́стный
узколи́стный
узколи́стый
узколи́цый
узколо́бие, -я
узколо́бость, -и
узколо́бый
узкомо́рдый
узконапра́вленный
узконо́сый
узкоплёночный
узкоплечий
узкополо́сица, -ы
узкопракти́ческий
узкопрофессиона́льный
узкоря́дный
узкоспециализи́рованный
узкоспециа́льный
у́зкость, -и
узкоте́лка, -и
узла́стый
узли́стый
узлова́тый
узлово́й
узловяза́льный
узловяза́тель, -я
узнава́ние, -я
узнава́ть(ся), узнаю́, узнаёт(ся)
у́знанный
узна́ть(ся), -а́ю, -а́ет(ся)

УЗН

у́зник, -а
у́зница, -ы
узо́р, -а
узо́рный
узо́рочный
узоро́чье, -я
узо́рчатый
у́зость, -и
у́зренный
узре́ть, узрю́, узри́т
узуа́льный
узурпа́тор, -а
узурпа́торский
узурпа́торство, -а
узурпа́ция, -и
узурпи́рованный
узурпи́ровать(ся), -рую, -рует(ся)
у́зус, -а
узуфру́кт, -а
у́зы, уз
уик-э́нд, -а
уитле́ндер, -а
уйгу́р, -а
уйгу́рка, -и
уйгу́рский
у́йма, -ы
у́ймища, -и
уйти́, уйду́, уйдёт; *прош.* ушёл, ушла́
ука́з, -а
указа́ние, -я
ука́занный
указа́тель, -я
указа́тельный
указа́ть, укажу́, ука́жет
ука́зка, -и
ука́зный
указу́ющий
ука́зчик, -а
ука́зчица, -ы
ука́зывать(ся), -аю, -ает(ся)
ука́лывать(ся), -аю(сь), -ает(ся)
укарау́ленный
укарау́лить, -лю, -лит
ука́танный
у́ката́ть(ся), -а́ю, -а́ет(ся)
укати́ть(ся), укачу́, ука́тит(ся)
ука́тка, -и
ука́тывание, -я
ука́тывать(ся), -аю, -ает(ся)
ука́чанный (*от* укача́ть)
укача́ть(ся), -а́ю(сь), -а́ет(ся)
ука́ченный (*от* укати́ть)
ука́чивание, -я
ука́чивать(ся), -аю(сь), -ает(ся)
укипа́ть, -а́ет
укипе́ть, -пи́т
укиса́ть, -а́ет
уки́снуть, -нет; *прош.* уки́с, уки́сла
уки́сший
укла́д, -а
укла́дистый
укла́дка, -и
укла́дочный
укла́дчик, -а
укла́дчица, -ы
укла́дывать(ся), -аю(сь), -ает(ся)
укле́ечный
укле́йка, -и
укло́н, -а

УКЛ

уклоне́ние, -я
уклонённый; *кр. ф.* -ён, -ена́
уклони́зм, -а
уклони́ст, -а
уклони́стка, -и
уклони́стский
уклони́ть(ся), -оню́(сь), -о́нит(ся)
укло́нный
укломе́р, -а
уклоноуказа́тель, -я
укло́нчивость, -и
укло́нчивый
уклоня́ть(ся), -я́ю(сь), -я́ет(ся)
уклю́чина, -ы
уко́вка, -и
уковыля́ть, -я́ю, -я́ет
укоко́шенный
укоко́шить, -шу, -шит
уко́л, -а
укола́чивать(ся), -аю, -ает(ся)
уколоти́ть(ся), -очу́, -о́тит(ся)
уко́лотый
уколо́ть(ся), -олю́(сь), -о́лет(ся)
уколо́ченный
укомплектова́ние, -я
укомплекто́ванный
укомплектова́ть(ся), -ту́ю, -ту́ет(ся)
укомплекто́вка, -и
укомплекто́вывание, -я
укомплекто́вывать(ся), -аю, -ает(ся)
уко́р, -а
укора́чивание, -я
укора́чивать(ся), -аю(сь), -ает(ся)
укорене́ние, -я
укоренённый; *кр. ф.* -ён, -ена́
укорени́ть(ся), -ню́, -ни́т(ся)
укорённый; *кр. ф.* -ён, -ена́
укореня́ть(ся), -я́ю, -я́ет(ся)
укори́зна, -ы
укори́зненный
укори́тельный
укори́ть, -рю́, -ри́т
укороти́ть(ся), -очу́(сь), -оти́т(ся)
укоро́чение, -я
укоро́ченный
укоря́ть(ся), -я́ю, -я́ет(ся)
уко́с, -а
уко́сина, -ы
уко́сный
укра́денный
укра́дкой
украи́нец, -нца
украиниза́ция, -и
украинизи́рованный
украинизи́ровать(ся), -рую, -рует(ся)
украини́зм, -а
украи́нка, -и
украи́нский
укра́сить(ся), -а́шу, -а́сит(ся)
укра́сть, украду́, украдёт; *прош.* укра́л, укра́ла
украша́тельский
украша́тельство, -а
украша́ть(ся), -а́ю, -а́ет(ся)
украше́ние, -я
укра́шенный
укрепи́тельный

укрепи́ть(ся), -плю́(сь), -пи́т(ся)
укрепле́ние, -я
укреплённый; *кр. ф.* -ён, -ена́
укрепля́ть(ся), -я́ю(сь), -я́ет(ся)
укро́мный
укро́п, -а
укро́пный
укроти́тель, -я
укроти́тельница, -ы
укроти́ть(ся), -още́у́(сь), -оти́т(ся)
укроща́ть(ся), -а́ю(сь), -а́ет(ся)
укроще́ние, -я
укрощённый; *кр. ф.* -ён, -ена́
укрупне́ние, -я
укрупнённый; *кр. ф.* -ён, -ена́
укрупни́ть(ся), -ню́, -ни́т(ся)
укрупня́ть(ся), -я́ю, -я́ет(ся)
укрути́ть(ся), -учу́(сь), -у́тит(ся)
укру́тка, -и
укру́ченный
укру́чивать(ся), -аю(сь), -ает(ся)
укрыва́ние, -я
укрыва́тель, -я
укрыва́тельница, -ы
укрыва́тельство, -а
укрыва́ть(ся), -а́ю(сь), -а́ет(ся)
укры́тие, -я
укры́тый
укры́ть(ся), укро́ю(сь), укро́ет(ся)
у́ксус, -а
у́ксусник, -а
у́ксусница, -ы
уксуснокислый
уксусноэтиловый
у́ксусный
укупи́ть, укуплю́, уку́пит
уку́пленный
уку́поренный
уку́поривание, -я
уку́поривать(ся), -аю, -ает(ся)
уку́порить, -рю, -рит
уку́порка, -и
уку́порочный
уку́с, -а
укуси́ть, укушу́, уку́сит
уку́танный
уку́тать(ся), -аю(сь), -ает(ся)
уку́тывать(ся), -аю(сь), -ает(ся)
уку́шенный
ула́вливание, -я
ула́вливатель, -я
ула́вливать(ся), -аю, -ает(ся)
ула́дить(ся), -а́жу, -а́дит(ся)
ула́женный
ула́живать(ся), -аю, -ает(ся)
ула́мывать(ся), -аю, -ает(ся)
ула́н, -а, *р. мн.* ула́н (при собир. знач.) и ула́нов (при обознач. отдельных лиц)
ула́нский
ула́н-уди́нский (*от* Ула́н-Удэ́)
ула́стить, -а́щу, -а́стит
ула́щенный
ула́щивать(ся), -аю, -ает(ся)
улёгшийся
улежа́ть(ся), -жу́, -жи́т(ся)
у́лей, у́лья
уле́йный
улепетну́ть, -ну́, -нёт
улепётывать, -аю, -ает

улепи́ть, улеплю́, уле́пит
уле́пленный
улепля́ть(ся), -я́ю, -я́ет(ся)
улести́ть, улещу́, улести́т
улёт, -а
улета́ть, -а́ю, -а́ет
улете́ть, улечу́, улети́т
улету́ченный
улету́чивание, -я
улету́чивать(ся), -аю(сь), -ает(ся)
улету́чить(ся), -чу(сь), -чит(ся)
уле́чься, уля́гусь, уля́жется, уля́гутся; *прош.* улёгся, улегла́сь
улеща́ть(ся), -а́ю, -а́ет(ся)
улещённый; *кр. ф.* -ён, -ена́
уле́щивать(ся), -аю, -ает(ся)
улизну́ть, -ну́, -нёт
ули́ка, -и
ули́т, -а (птица)
ули́та, -ы
ули́тка, -и
ули́тковый
улиткообра́зный
ули́точный
у́лица, -ы
улицезре́ть, -рю́, -ри́т
улича́ть(ся), -а́ю, -а́ет(ся)
уличе́ние, -я
уличённый; *кр. ф.* -ён, -ена́
у́личи, -ей
ули́чительный
уличи́ть, -чу́, -чи́т
у́личка, -и
у́личный
уло́в, -а
улови́мый
уло́вистый
улови́тель, -я
улови́ть, -овлю́, -о́вит
уло́вка, -и
уловле́ние, -я
уло́вленный
уловля́ть(ся), -я́ю, -я́ет(ся)
уло́вный
уложе́ние, -я
уло́женный
уложи́ть(ся), уложу́(сь), уло́жит(ся)
уло́манный (*от* улома́ть)
улома́ть, -а́ю, -а́ет
уломи́ть, -омлю́, -о́мит
уло́мленный (*от* уломи́ть)
у́лочка, -и
улу́с, -а
улу́сный
улуча́ть(ся), -а́ю, -а́ет(ся)
улучённый; *кр. ф.* -ён, -ена́
улучи́ть(ся), -чу́, -чи́т(ся)
улучша́ть(ся), -а́ю, -а́ет(ся)
улучше́ние, -я
улу́чшенный
улу́чшить(ся), -шу, -шит(ся)
улыба́ться, -а́юсь, -а́ется
улы́бка, -и
улыбну́ть(ся), -ну́сь, -нётся
улы́бочка, -и
улы́бчивый
улы́шко, -а, *м.*
ультимати́вный
ультимати́зм, -а
ультимати́ст, -а

ультимати́стский
ультима́тум, -а
у́льтимо, *нескл., с.*
у́льтра, *нескл., м. и ж.*
ультра... — первая часть сложных слов, пишется всегда слитно
ультрави́рус, -а
ультравысо́кий
ультравысокочасто́тный
ультразву́к, -а
ультразвуково́й
ультракоро́ткий
ультракоротковолно́вый
ультрале́вый
ультрамари́н, -а
ультрамари́новый
ультрамикро́б, -а
ультрамикроско́п, -а
ультрамикроскопи́ческий
ультрамикроскопи́я, -и
ультрамо́дный
ультрамонта́н, -а
ультрамонта́нство, -а
ультранационалисти́ческий
ультрапо́ристый
ультрапра́вый
ультрареакционе́р, -а
ультрареакцио́нный
ультрасовреме́нный
ультраструкту́ра, -ы
ультрафарфо́р, -а
ультрафи́льтр, -а
ультрафильтра́ция, -и
ультрафиоле́товый
ультрацентрифу́га, -и
ульч, -а, *р. мн.* -ей
ульча́нка, -и
у́льчский
улюлю́, *неизм.*
улюлю́канье, -я
улюлю́кать, -аю, -ает
улягну́ть, -ну́, -нёт
ум, -а́, *мн.* умы́, -о́в
ума́занный
ума́зать(ся), -а́жу(сь), -а́жет(ся)
ума́зывать(ся), -аю(сь), -ает(ся)
ума́ивать(ся), -аю(сь), -ает(ся)
умале́ние, -я
умалённый; *кр. ф.* -ён, -ена́ (*от* умали́ть)
ума́ливать, -аю, -ает
умали́ть(ся), -лю́(сь), -ли́т(ся) (*к* ма́лый)
умалишённый
ума́лчивание, -я
ума́лчивать(ся), -аю, -ает(ся)
умаля́ть(ся), -я́ю(сь), -я́ет(ся) (*к* умали́ть)
уманённый; *кр. ф.* -ён, -ена́
ума́нивать(ся), -аю, -ает(ся)
умани́ть, -аню́, -а́нит
ума́сленный
ума́сливать(ся), -аю, -ает(ся)
ума́слить(ся), -лю, -лит(ся)
умасти́ть(ся), умащу́(сь), умасти́т(ся) (намазать)
ума́тывать(ся), -аю(сь), -ает(ся)
умаща́ть(ся), -а́ю(сь), -а́ет(ся)
умащённый; *кр. ф.* -ён, -ена́ (*от* умасти́ть)

УМА

умащивать(ся), -аю(сь), -ает(ся)
умаянный
умаять(ся), умаю(сь), умает(ся)
умбра, -ы
умбрский
умбры, -ов
умелец, -льца
умелый
умение, я
уменьшаемое, -ого
уменьшать(ся), -аю(сь), -ает(ся)
уменьшение, -я
уменьшенный и уменьшённый; кр. ф. -ён, -ена
уменьшительность, -и
уменьшительный
уменьшить(ся), -шу(сь), -шит(ся) и уменьшить(ся), -шу(сь), -шит(ся)
умеренно жаркий
умеренность, -и
умеренный; кр. ф. прич. -ен, -ена; кр. ф. прил. -ен, -енна
умереть, умру, умрёт; прош. умер, умерла, умерло
умеривать(ся), -аю, -ает(ся)
умерить(ся), -рю, -рит(ся)
умертвить, умерщвлю, умертвит
умерший
умерщвление, -я
умерщвлённый; кр. ф. -ён, -ена
умерщвлять(ся), -яю, -яет(ся)
умерять(ся), -яю, -яет(ся)
умесить, -ешу, -есит
умести, умету, уметёт; прош. -ёл, -ела
уместить(ся), умещу(сь), уместит(ся)
уместный
умёт, -а
уметать(ся), -аю, -ает(ся)
уметённый; кр. ф. -ён, -ена
уметший
уметь, -ею, -еет
умешанный (от умешать)
умешать, -аю, -ает
умешенный (от умесить)
умешивать(ся), -аю, -ает(ся)
умещать(ся), -аю(сь), -ает(ся)
умещённый; кр. ф. -ён, -ена
умеючи
ум за разум (заходит)
умиление, -я
умилённый; кр. ф. -ён, -ена
умилительный
умилить(ся), -лю(сь), -лит(ся)
умилосердить(ся), -ит(ся)
умилостивить(ся), -влю(сь), -вит(ся)
умилостивленный
умилостивлять(ся), -яю(сь), -яет(ся)
умильный
умилять(ся), -яю(сь), -яет(ся)
уминать(ся), -аю, -ает(ся)
умирать, -аю, -ает
умирающий
умирённый; кр. ф. -ён, -ена
умирить(ся), -рю(сь), -рит(ся)
умиротворение, -я
умиротворённый; кр. ф. -ён, -ена
умиротворитель, -я
умиротворить(ся), -рю(сь), -рит(ся)

УМИ

умиротворять(ся), -яю(сь), -яет(ся)
умиротворяющий(ся)
умирять(ся), -яю(сь), -яет(ся)
умишко, -а, м.
умище, -а, м.
умляут, -а
умненький, кр. ф. -енек, -енька
умнеть, -ею, -еет
умник, -а
умничанье, -я
умничать, -аю, -ает
умница, -ы, м. и ж.
умножать(ся), -аю, -ает(ся)
умножение, -я
умноженный
умножитель, -я
умножить(ся), -жу, -жит(ся)
умный; кр. ф. умён, умна, умно
умовение, -я
умозаключать(ся), -аю, -ает(ся)
умозаключение, -я
умозаключить, -чу, -чит
умозрение, -я
умозрительный
умоисступление, -я
умокать, -ает
умокнуть, -нет; прош. умок, умокла
умокнуть, -ну, -нет (перо в чернильницу)
умокший
умолённый; кр. ф. -ён, -ена (от умолить)
умолить, умолю, умолит (к молить)
умолк, -у: без умолку
умолкать, -аю, -ает
умолкнувший
умолкнуть, -ну, -нет; прош. умолк, умолкла
умолкший
умолот, -а
умолотить, -очу, -отит
умолотный
умолоченный
умолчание, -я
умолчать, -чу, -чит
умолять, -яю, -яет
умоляющий
умонастроение, -я
умопомешательство, -а
умопомрачающий
умопомрачение, -я
умопомрачительный
умора, -ы
уморение, -я
уморённый; кр. ф. -ён, -ена
уморительный
уморить(ся), -рю(сь), -рит(ся)
умостить(ся), умощу(сь), умостит(ся)
умотанный
умотать(ся), -аю(сь), -ает(ся)
умощённый; кр. ф. -ён, -ена (от умостить)
ум-разум, ума-разума (уму-разуму учить)
умственный
умствование, -я
умствовать, -твую, -твует
умудрённый; кр. ф. -ён, -ена
умудрить(ся), -рю(сь), -рит(ся)

УМУ

умудрять(ся), -яю(сь), -яет(ся)
умученный
умучить(ся), -чу(сь), -чит(ся) и -чаю(сь), -чает(ся)
умформер, -а
умчать(ся), -чу(сь), -чит(ся)
умывалка, -и
умывальник, -а
умывальный
умывальня, -и, р. мн. -лен
умывание, -я
умывать(ся), -аю(сь), -ает(ся)
умыкание, -я
умыкать(ся), -аю(сь), -ает(ся), сов.
умыкать(ся), -аю, -ает(ся), несов.
умыкнуть, -ну, -нёт
умысел, -сла
умыслить, -лю -лит
умытый
умыть(ся), умою(сь), умоет(ся)
умышленный; кр. ф. прич. -лен, -лена; кр. ф. прил. -лен, -ленна
умышлять(ся), -яю, -яет(ся)
умягчать(ся), -аю(сь), -ает(ся)
умягчение, -я
умягчённый; кр. ф. -ён, -ена
умягчить(ся), -чу(сь), -чит(ся)
умякнуть, -ну, -нет; прош. умяк, умякла
умякший
умятый
умять(ся), умну, умнёт(ся)
унавоженный
унаваживать(ся), -аю, -ает(ся) и унаваживать(ся), -аю, -ает(ся)
унавозить, -ожу, -озит
унанимизм, -а
унанимист, -а
унаследование, -я
унаследованный
унаследовать, -дую, -дует
ундервуд, -а
ундецима, -ы
ундецимаккорд, -а
ундина, -ы
унесённый; кр. ф. -ён, -ена
унести(сь), -су(сь), -сёт(ся); прош. -ёс(ся), -есла(сь)
унёсший(ся)
униат, -а
униатка, -и
униатский
униатство, -а
универмаг, -а
универсал, -а
универсализм, -а
универсально-гибочный
универсально-сборный
универсальность, -и
универсально-фрезерный
универсальный
универсам, -а
универсант, -а
университантский
универсиада, -ы
университет, -а
университетский
унижать(ся), -аю(сь), -ает(ся)
унижение, -я
униженность, -и

УНИ

униженный, *прич.*
унижённый, *прил.*
унизанный
унизать(ся), унижу(сь), унижет(ся)
унизительный
унизить(ся), унижу(сь), унизит(ся)
унизывать(ся), -аю(сь), -ает(ся)
уникальный
уникум, -а
унимать(ся), -аю(сь), -ает(ся)
унионизм, -а
униони́ст, -а
униполярный
унисон, -а
унисонный
унитаз, -а
унитарии, -нев, *ед.* унитарий, -я
унитарный
унификатор, -а
унификаторский
унификация, -и
унифицированный
унифицировать(ся), -рую, -рует(ся)
униформа, -ы
униформист, -а
уничижать(ся), -аю(сь), -ает(ся)
уничижение, -я
уничижённый; *кр. ф.* -ён, -ена
уничижительный
уничижить(ся), -жу(сь), -жит(ся)
уничтожать(ся), -аю(сь), -ает(ся)
уничтожающий(ся)
уничтожение, -я
уничтоженный
уничтожить(ся), -жу(сь), -жит(ся)
уния, -и
унос, -а
уносить(ся), -ошу(сь), -осит(ся)
уносной
уносный
унтер, -а
унтер-офицер, -а
унтер-офицерский
унтер-офицерство, -а
унтерский
унтертон, -а
унты, -ов, *ед.* унт, -а и унты, унт, *ед.* унта, -ы
унциальный
унция, -и
унывать, -аю, -ает
унывный
унылость, -и
унылый
уныние, -я
унятый; *кр. ф.* унят, унята, унято
унять(ся), уйму(сь), уймёт(ся); *прош.* унял(ся), уняла(сь), уняло, унялось
уоднообразить, -жу, -зит
упавший
упад, -а и -у: до упаду (упада)
упадать, -аю, -ает
упадок, -дка
упадочник, -а
упадочнический
упадочничество, -а
упадочность, -и
упадочный
упаивать(ся), -аю, -ает(ся)

УПА

упакованный
упаковать(ся), -кую(сь) -кует(ся)
упаковка, -и
упаковочный
упаковщик, -а
упаковщица, -ы
упаковывать(ся), -аю(сь), -ает(ся)
упаренный
упаривание, -я
упаривать(ся), -аю(сь), -ает(ся)
упарить(ся), -рю(сь), -рит(ся)
упарка, -и
упархивать, -аю, -ает
упасённый; *кр. ф.* -ён, -ена
упасти(сь), упасу(сь), упасёт(ся); *прош.* упас(ся), упасла(сь)
упасть, упаду, упадёт; *прош.* упал, упала
упёк, -а
упекать(ся), -аю, -ает(ся)
упёкший(ся)
упелёнатый и упелёнутый
упеленать, -аю, -ает
упелёнывать, -аю, -ает
упередить(ся), -ежу(сь), -едит(ся)
упережать(ся), -аю, -ает(ся)
упережённый; *кр. ф.* -ён, -ена
упереть(ся), упру(сь), упрёт(ся); *прош.* упёр(ся), упёрла(сь)
упёртый
упёрший(ся)
упечатанный
упечатать(ся), -аю, -ает(ся)
упечатывать(ся), -аю, -ает(ся)
упечённый; *кр. ф.* -ён, -ена
упечь(ся), упеку, упечёт(ся), упекут(ся); *прош.* упёк(ся), упекла(сь)
упивать(ся), -аюсь, -ается
упирать(ся), -аю(сь), -ает(ся)
уписанный
уписать(ся), упишу, упишет(ся)
уписывать(ся), -аю, -ает(ся)
упитанность, -и
упитанный; *кр. ф. прич.* -ан, -ана; *кр. ф. прил.* -ан, -анна
упитать(ся), -аю(сь), -ает(ся)
упитывать(ся), -аю(сь), -ает(ся)
упиться, упьюсь, упьётся; *прош.* упился, упилась, упилось
упиханный
упихать, -аю, -ает
упихивать(ся), -аю -ает(ся)
упихнутый
упихнуть, -ну, -нёт
упланд, -а
уплата, -ы
уплатить, уплачу, уплатит
уплаченный
уплачивать(ся), -аю, -ает(ся)
уплести(сь), уплету(сь), уплетёт(ся); *прош.* уплёл(ся), уплела(сь)
уплетать(ся), -аю(сь), -ает(ся)
уплетённый; *кр. ф.* -ён, -ена
уплётший(ся)
уплотнение, -я
уплотнённый; *кр. ф.* -ён, -ена
уплотнитель, -я
уплотнить(ся), -ню(сь), -нит(ся)
уплотнять(ся), -яю(сь), -яет(ся)

УПЛ

уплощать(ся), -аю, -ает(ся)
уплощение, -я
уплощённый; *кр. ф.* -ён, -ена
уплощить(ся), -щу, -щит(ся)
уплывать, -аю, -ает
уплыть, уплыву, уплывёт; *прош.* уплыл, уплыла, уплыло
упование, -я
уповать, -аю, -ает
уподобить(ся), -блю(сь), -бит(ся)
уподобление, -я
уподобленный
уподоблять(ся), -яю(сь), -яет(ся)
упоение, -я
упоённый; *кр. ф.* -ён, -ена
упоительный
упоить, -ою, -оит
упокоевать(ся), -аю(сь), -ает(ся)
упокоение, -я
упокоенный
упокоить(ся), -ою(сь), -оит(ся)
упокой, -я
уползать -аю, -ает
уползти, -зу, -зёт; *прош.* уполз, уползла
уползший
уполномоченный, -ого
уполномочивать(ся), -аю, -ает(ся)
уполномочие, -я: по уполномочию
уполномочить, -чу, -чит
уполовник, -а
упоминание, -я
упоминать(ся), -аю, -ает(ся)
упоминовение, -я
упомненный
упомнить, -ню, -нит
упомянутый
упомянуть, -яну, -янет
упор, -а
упористый
упорность, -и
упорный
упорство, -а
упорствовать, -твую, -твует
упорхнуть, -ну, -нёт
упорядочение, -я
упорядоченный; *кр. ф. прич.* -ен, -ена; *кр. ф. прил.* -ен, -енна
упорядочивать(ся), -аю, -ает(ся)
упорядочить(ся), -чу, -чит(ся)
употеть, -ею, -еет
употребительность, -и
употребительный
употребить(ся), -блю, -бит(ся)
употребление, -я
употреблённый; *кр. ф.* -ён, -ена
употреблять(ся), -яю, -яет(ся)
употчеванный
употчевать, -чую, -чует
управа, -ы
управдел, -а
управделами, *нескл., м.*
управдом, -а
управитель, -я
управительница, -ы
управить(ся), -влю(сь), -вит(ся)
управление, -я
управленческий
управляемость, -и
управляемый

УПР

управля́ть(ся), -я́ю(сь), -я́ет(ся)
управля́ющий, -его
управхо́з, -а
упражне́ние, -я
упражня́ть(ся), -я́ю(сь), -я́ет(ся)
упраздне́ние, -я
упразднённый; *кр. ф.* -ён, -ена́
упраздни́ть(ся), -ню́, -ни́т(ся)
упраздня́ть(ся), -я́ю, -я́ет(ся)
упра́шивать(ся), -аю, -ает(ся)
упрева́ть, -а́ю, -а́ет
упреди́ть, -ежу́, -еди́т
упрежда́ть(ся), -а́ю, -а́ет(ся)
упрежде́ние, -я
упреждённый; *кр. ф.* -ён, -ена́
упрёк, -а
упрека́ть(ся), -а́ю, -а́ет(ся)
упрекну́ть, -ну́, -нёт
упре́ть, -е́ю, -е́ет
упроси́ть(ся), -ошу́(сь), -о́сит(ся)
упрости́ть(ся), -ощу́, -ости́т(ся)
упроче́ние, -я
упро́ченный
упро́чивать(ся), -аю(сь), -ает(ся)
упро́чить(ся), -чу(сь), -чит(ся)
упро́чнение, -я
упрочнённый; *кр. ф.* -ён, -ена́
упрочни́ть(ся), -ню́, -ни́т(ся)
упрочня́ть(ся), -я́ю, -я́ет(ся)
упро́шенный
упроща́ть(ся), -а́ю, -а́ет(ся)
упроще́нец, -нца
упроще́ние, -я
упрощённый; *кр. ф. прич.* -ён, -ена́; *кр. ф. прил.* -ён, -ённа
упроще́нческий
упроще́нчество, -а
упру́гий
упру́гость, -и
упру́же, *сравн. ст.* (*от* упру́гий, упру́го)
упры́гать(ся), -аю(сь), -ает(ся)
упры́гивать, -аю, -ает
упры́гнуть, -ну, -нет
упря́жечный
упря́жка, -и
упряжно́й
у́пряжь, -и
упря́мец, -мца
упря́миться, -млюсь, -мится
упря́мица, -ы
упря́мство, -а
упря́мствовать, -твую, -твует
упря́мый
упря́танный
упря́тать(ся), -я́чу(сь), -я́чет(ся)
упря́тывать(ся), -аю(сь), -ает(ся)
упуска́ть(ся), -а́ю, -а́ет(ся)
упусти́ть, упущу́, упу́стит
упуще́ние, -я
упу́щенный
упы́рь, -я́
упятерённый; *кр. ф.* -ён, -ена́
упятери́ть(ся), -рю́, -ри́т(ся)
упятеря́ть(ся), -я́ю, -я́ет(ся)
ура́, *неизм.*
уравне́ние, -я
уравнённый; *кр. ф.* -ён, -ена́ (*от* уравня́ть)
ура́внивание, -я

УРА

ура́внивать(ся), -аю(сь), -ает(ся)
уравни́ловка, -и
уравни́тельный
уравнове́сить(ся), -е́шу, -е́сит(ся)
уравнове́шение, -я
уравнове́шенность, -и
уравнове́шенный; *кр. ф. прич.* -ен, -ена; *кр. ф. прил.* -ен, -енна
уравнове́шивание, -я
уравнове́шивать(ся), -аю, -ает(ся)
уравня́ть(ся), -я́ю, -я́ет(ся) (*к* ра́вный)
урага́н, -а
урага́нный
уразумева́ть(ся), -а́ю, -а́ет(ся)
уразуме́ние, -я
уразуме́ть(ся), -е́ю, -е́ет(ся)
ура́лец, -льца
урали́т, -а
ура́ло-алта́йский
ура́льский
ура́н, -а
уранини́т, -а
ура́новый
ураногра́фия, -и
ураноско́п, -а
ура́-патрио́т, -а
ура́-патриоти́зм, -а
ура́-патриоти́ческий
ура́ртский
ура́рты, -ов
ураста́ть, -а́ю, -а́ет
урасти́, -ту́, -тёт, *прош.* уро́с, уросла́
урбаниза́ция, -и
урбани́зм, -а
урбани́ст, -а
урбанисти́ческий
у́рванный
урва́ть(ся), урву́(сь), урвёт(ся); *прош.* -а́л(ся), -ала́(сь), -а́ло, -а́лось
урду́, *нескл., м.*
урегули́рование, -я
урегули́рованный
урегули́ровать(ся), -рую, -рует(ся)
уре́з, -а
уре́занный
уре́зать, уре́жу, уре́жет, *сов.*
уреза́ть(ся), -а́ю, -а́ет(ся), *несов.*
уре́зка, -и
урезо́ненный
урезо́нивать(ся), -аю, -ает(ся)
урезо́нить, -ню, -нит
уре́зывание, -я
уре́зывать(ся), -аю, -ает(ся)
урема́, -ы́
уреми́ческий
уреми́я, -и
уре́тра, -ы
уретри́т, -а
уретроско́п, -а
уретроскопи́ческий
уретроскопи́я, -и
уретротоми́я, -и
ури́льник, -а
у́рна, -ы
уробакте́рия, -и
уробили́н, -а
у́ровень, -вня
уровнеме́р, -а

УРО

уро́вненный
уровня́ть(ся), -я́ю, -я́ет(ся) (*к* ро́вный)
урогинекологи́ческий
урогинеколо́гия, -и
уро́д, -а
урода́н, -а
уро́дец, -дца
уро́дина, -ы, *м. и ж.*
уроди́ть(ся), -ожу́(сь), -оди́т(ся)
уро́дище, -а, *м. и ж.*
уро́дливость, -и
уро́дливый
уро́дование, -я
уро́дованный
уро́довать(ся), -дую(сь), -дует(ся)
уро́дский
уро́дство, -а
урожа́й, -я
урожа́йность, -и
урожа́йный
урождённый; *кр. ф.* -ён, -ена́
уроже́нец, -нца
уроже́нка, -и
уро́к, -а
уро́лог, -а
урологи́ческий
уроло́гия, -и
уро́метр, -а
уро́н, -а
уро́ненный
урони́ть, уроню́, уро́нит
уротропи́н, -а
урохро́м, -а
уро́чище, -а
уро́чный
уругва́ец, -а́йца
уругва́йка, -и
уругва́йский
урча́ние, -я
урча́ть, урчу́, урчи́т
урыва́ть(ся), -а́ю(сь), -а́ет(ся)
уры́вками, *нареч.*
урю́к, -а
урю́ковый
урю́чный
уря́д, -а
уряди́ть(ся), уряжу́(сь), уряди́т(ся)
уря́дник, -а
уря́дничий, -ья, -ье
уряжа́ть(ся), -а́ю(сь), -а́ет(ся)
уря́женный
уса́дебка, -а
уса́дебный
усади́ть, усажу́, уса́дит
уса́дка, -и
уса́дочный
уса́дьба, -ы, *р. мн.* уса́деб *и* уса́дьб
уса́женный
уса́живать(ся), -аю(сь), -ает(ся)
уса́ливать(ся), -аю, -ает(ся)
уса́стый
уса́стенький
уса́тый
уса́ч, -а́
усва́ивание, -я
усва́ивать(ся), -аю, -ает(ся)
усвое́ние, -я
усво́енный
усво́ить(ся), -о́ю, -о́ит(ся)

УСВ

усвояемость, -и
усвояемый
усвоить(ся), -яю, -яет(ся)
усевать(ся), -аю, -ает(ся)
усеивать(ся), -аю, -ает(ся)
усекать(ся), -аю, -ает(ся)
усекновение, -я
усёкший
усердие, -я
усердный
усердствовать, -твую, -твует
усесться, усядусь, усядется; *прош.* уселся, уселась
усечение, -я
усечённый; *кр. ф.* -ён, -ена́
усечь, усеку́, усечёт, усеку́т; *прош.* усёк, усекла́
усеянный
усеять(ся), -ею, -еет(ся)
усидеть, усижу́, усидит
усидчивость, -и
усидчивый
усиженный
усиживать(ся), -аю, -ает(ся)
у́сики, -ов, *ед.* у́сик, -а
усиление, -я
усиленный
усиливать(ся), -аю(сь), -ает(ся)
усилие, -я
усилитель, -я
усилительный
усилить(ся), -лю(сь), -лит(ся)
уси́щи, уси́щ, *ед.* уси́ще, -а, *м.*
ускакать, ускачу́, уска́чет
ускальзывать, -аю, -ает
ускользать, -аю, -ает
ускользнуть, -ну́, -нёт
ускорение, -я
ускоренный
ускоритель, -я
ускорить(ся), -рю, -рит(ся)
ускорять(ся), -яю, -яет(ся)
услаживаться, -аюсь, -ается
услада, -ы
усладительный
усладить(ся), -ажу́(сь), -адит(ся)
услаждать(ся), -аю(сь), -ает(ся)
услаждение, -я
услаждённый; *кр. ф.* -ён, -ена́
у́сланный (*от* услать)
усластить(ся), -ащу́, -астит(ся)
услать, ушлю́, ушлёт; *прош.* услал, услала
услащать(ся), -аю, -ает(ся)
услащённый; *кр. ф.* -ён, -ена́
уследить, -ежу́, -едит
услеженный
услеживать, -аю, -ает
условие, -я
условиться, -влюсь, -вится
условленный
условливаться, -аюсь, -ается
условно-беспошлинный
условно-досрочный
условно-поражённый
условнорефлекторный
условность, -и
условно сходящийся
условный
усложнённый; *кр. ф.* -ён, -ена́

УСЛ

усложнить(ся), -ню́, -нит(ся)
усложнять(ся), -яю, -яет(ся)
услуга, -и
услужающий
услужение, -я
услуживать, -аю, -ает
услужить, -ужу́, -у́жит
услужливость, -и
услужливый
услыхать, -ы́шу, -ы́шит
услышанный
услышать, -шу, -шит
усматривать(ся), -аю, -ает(ся)
усмехаться, -а́юсь, -а́ется
усмехнуться, -ну́сь, -нётся
усмешка, -и
усмешливый
усмирение, -я
усмирённый; *кр. ф.* -ён, -ена́
усмиритель, -я
усмирить(ся), -рю́(сь), -рит(ся)
усмирять(ся), -яю(сь), -яет(ся)
усмотрение, -я
усмотренный
усмотреть, -отрю́, -отрит
уснастить, -ащу́, -астит
уснащать(ся), -а́ю, -а́ет(ся)
уснащённый; *кр. ф.* -ён, -ена́
уснуть, усну́, уснёт
усобица, -ы
усовершенствование, -я
усовершенствованный
усовершенствовать(ся), -твую(сь), -твует(ся)
усовестить(ся), -ещу(сь), -естит(ся)
усовещенный
усовещивать(ся), -аю(сь), -ает(ся)
усоленный
усолить(ся), усолю, усолит(ся)
усолье, -я, *р. мн.* -лий
усомниться, -ню́сь, -ни́тся
усоногий
усопший
усохнуть, -нет; *прош.* усох, усохла
усохший
успеваемость, -и
успевать, -а́ю, -а́ет
успевающий
успеется
успение, -я
успенский
успеть, -ею, -еет
успех, -а
успешный
успокаивать(ся), -аю(сь), -ает(ся)
успокаивающий(ся)
успокоение, -я
успокоенность, -и
успокоенный
успокоитель, -я
успокоительный
успокоить(ся), -ою(сь), -оит(ся)
усреднения, -я
усреднить, -ню́, -ни́т
уссурийский
уста́, уст, уста́м
уста́в, -а
уставать, устаю́, устаёт
уставить(ся), -влю(сь), -вит(ся)
уставленный

УСТ

уставлять(ся), -я́ю(сь), -я́ет(ся)
уставный
устаивать(ся), -аю, -ает(ся)
усталостный
усталость, -и
усталый
усталь, -и (без устали)
устанавливать(ся), -аю(сь), -ает(ся)
установить(ся), -овлю́(сь), -овит(ся)
установка, -и
установление, -я
установленный
установочный
устаревать, -а́ю, -а́ет
устаревший
устарелый
устареть, -ею, -еет
устаток, -тка (с устатку)
устать, -а́ну, -а́нет
устающий
устеленный
устелить(ся) и устлать(ся), устелю́, устелет(ся); *прош.* устелил(ся), устелила(сь) и устлал(ся), устлала(сь)
устережённый; *кр. ф.* -ён, -ена́
устеречь(ся), -регу́(сь), -режёт(ся), -регу́т(ся); *прош.* -рёг(ся), -регла́(сь)
устилать(ся), -а́ю, -а́ет(ся)
у́стланный (*от* устлать)
устлать(ся) и устелить(ся), устелю́, устелет(ся); *прош.* устлал(ся), устлала(сь) и устелил(ся), устелила(сь)
у́стно-разговорный
у́стность, -и
у́стный
устой, -я
устойчивость, -и
устойчивый
устороженный; *кр. ф.* -ён, -ена́
усторожить, -жу́, -жит
устоять(ся), -ою́, -ои́т(ся)
устраивать(ся), -аю(сь), -ает(ся)
устранение, -я
устранённый; *кр. ф.* -ён, -ена́
устранимый
устранить(ся), -ню́(сь), -ни́т(ся)
устранять(ся), -я́ю(сь), -я́ет(ся)
устрашать(ся), -а́ю(сь), -а́ет(ся)
устрашающий
устрашение, -я
устрашённый; *кр. ф.* -ён, -ена́
устрашительный
устрашить(ся), -шу́(сь), -ши́т(ся)
устремить(ся), -млю́(сь), -ми́т(ся)
устремление, -я
устремлённость, -и
устремлённый; *кр. ф.* -ён, -ена́
устремлять(ся), -я́ю(сь), -я́ет(ся)
у́стрица, -ы
у́стричный
устроение, -я
устроенный
устроитель, -я
устроительница, -ы
устроить(ся), -о́ю(сь), -о́ит(ся)
устройство, -а
уступ, -а

УСТ

уступа́ть(ся), -а́ю, -а́ет(ся)
уступи́тельный
уступи́ть, уступлю́, усту́пит
усту́пка, -и
усту́пленный
уступно́й и усту́пный
уступообра́зный
усту́пчатый
усту́пчивость, -и
усту́пчивый
устыди́ть(ся), -ыжу́(сь), -ыди́т(ся)
устыжа́ть(ся), -а́ю(сь), -а́ет(ся)
устыжённый; кр. ф. -ён, -ена́
у́стье, -я, р. мн. -ьев
устьево́й и у́стьевый
у́стьице, -а
у́стьичный
усугуби́ть(ся), -у́блю, -у́бит(ся)
усугубле́ние, -я
усугу́бленный и усугублённый; кр. ф. -ён, -ена́
усугубля́ть(ся), -я́ю, -я́ет(ся)
усуша́ть(ся), -а́ю, -а́ет(ся)
усу́шенный
усуши́ть(ся), усушу́, усу́шит(ся)
усу́шка, -и
усчи́танный
усчита́ть, -а́ю, -а́ет
усчи́тывать(ся), -аю, -ает(ся)
усы́, усо́в, ед. ус, уса́
усыла́ть(ся), -а́ю, -а́ет(ся)
усынови́тель, -я
усынови́ть, -влю́, -ви́т
усыновле́ние, -я
усыновлённый; кр. ф. -ён, -ена́
усыновля́ть(ся), -я́ю, -я́ет(ся)
усыпа́льница, -ы
усы́панный
усы́пать(ся), -плю(сь), -плет(ся), сов.
усыпа́ть(ся), -а́ю(сь), -а́ет(ся), несов.
усыпи́тельный
усыпи́ть, -плю́, -пи́т
усы́пка, -и
усыпле́ние, -я
усыплённый; кр. ф. -ён, -ена́
усыпля́ть(ся), -я́ю, -я́ет(ся)
усыпля́ющий
усыха́ние, -я
усыха́ть, -а́ю, -а́ет
у́ськать, -аю, -ает
утае́ние, -я
утаённый; кр. ф. -ён, -ена́
ута́ивание, -я
ута́ивать(ся), -аю, -ает(ся)
утаи́ть(ся), утаю́(сь), утаи́т(ся)
ута́йка, -и
ута́птывать(ся), -аю, -ает(ся)
ута́скивать(ся), -аю(сь), -ает(ся)
ута́чанный
утача́ть(ся), -а́ю, -а́ет(ся)
ута́чивать(ся), -аю, -ает(ся)
ута́щенный
утащи́ть(ся), утащу́(сь), ута́щит(ся)
у́тварь, -и
утверди́тельный
утверди́ть(ся), -ржу́(сь), -рди́т(ся)
утвержда́ть(ся), -а́ю(сь), -а́ет(ся)
утвержде́ние, -я
утверждённый; кр. ф. -ён, -ена́

УТЕ

утека́ть, -а́ю, -а́ет
утёкший
утемнённый; кр. ф. -ён, -ена́
утемни́ть(ся), -ню́, -ни́т(ся)
утемня́ть(ся), -я́ю, -я́ет(ся)
утёнок, -нка, мн. утя́та, -я́т
утёныш, -а
утепле́ние, -я
утеплённый; кр. ф. -ён, -ена́
утепли́тель, -я
утепли́тельный
утепли́ть(ся), -лю́(сь), -ли́т(ся)
утепля́ть(ся), -я́ю(сь), -я́ет(ся)
утере́ть(ся), утру́(сь), утрёт(ся); прош. утёр(ся), утёрла(сь)
утерпе́ть, утерплю́, уте́рпит
утёртый
утёрший(ся)
уте́ря, -и
уте́рянный
утеря́ть(ся), -я́ю, -я́ет(ся)
утёс, -а
утёсанный
утеса́ть, -ешу́, -е́шет
утёсистый
утесне́ние, -я
утеснённый; кр. ф. -ён, -ена́
утесни́тельный
утесни́ть(ся), -ню́(сь), -ни́т(ся)
утесня́ть(ся), -я́ю(сь), -я́ет(ся)
утёсывать(ся), -аю, -ает(ся)
уте́ха, -и
уте́чка, -и
уте́чь, утеку́, утечёт, утеку́т; прош. утёк, утекла́
утеша́ть(ся), -а́ю(сь), -а́ет(ся) (к уте́шить)
утеше́ние, -я
уте́шенный
утеши́тель, -я
утеши́тельница, -ы
утеши́тельный
уте́шить(ся), -шу(сь), -щит(ся)
уте́шный
утилиза́торский
утилиза́торство, -а
утилизацио́нный
утилиза́ция, -и
утилизи́рованный
утилизи́ровать(ся), -рую, -рует(ся)
утилитари́зм, -а
утилитари́ст, -а
утилитари́стский
утилита́рно-практи́ческий
утилита́рность, -и
утилита́рный
ути́ль, -я
ути́льный
утильсырьё, -я
ути́ный
утира́льник, -а
утира́ние, -я
утира́ть(ся), -а́ю(сь), -а́ет(ся)
ути́рка, -и
ути́сканный
ути́скать(ся), -аю(сь), -ает(ся)
ути́скивать(ся), -аю(сь), -ает(ся)
у́ти-у́ти, неизм.
утиха́ть, -а́ю, -а́ет
ути́хнувший

УТИ

ути́хнуть, -ну, -нет; прош. ути́х, ути́хла
утихоми́ренный
утихоми́ривать(ся), -аю(сь), -ает(ся)
утихоми́риться, -рю(сь), -рит(ся)
ути́хший
у́тица, -ы
утиша́ть(ся), -а́ю(сь), -а́ет(ся) (к утиши́ть)
утишённый; кр. ф. -ён, -ена́
утиши́ть(ся), -шу́(сь), -ши́т(ся)
у́тка, -и
у́тканный
утка́ть, утку́, уткёт; прош. утка́л, уткала́, утка́ло
у́ткнутый
уткну́ть(ся), -ну́(сь), -нёт(ся)
утконо́с, -а
утлега́рь, -я
у́тлый
уто́к, утка́
утоле́ние, -я
утолённый; кр. ф. -ён, -ена́
утоли́ть(ся), -лю́(сь), -ли́т(ся)
утоло́кший(ся)
утоло́чь(ся), -лку́, -лчёт(ся), -лку́т(ся); прош. -ло́к(ся), -лкла́(сь)
утолсти́ть(ся), -лщу́(сь), -лсти́т(ся)
утолчённый; кр. ф. -ён, -ена́
утолща́ть(ся), -а́ю(сь), -а́ет(ся)
утолще́ние, -я
утолщённый; кр. ф. -ён, -ена́
утоля́ть(ся), -я́ю, -я́ет(ся)
утоми́тельно-однообра́зный
утоми́тельный
утоми́ть(ся), -млю́(сь), -ми́т(ся)
утомле́ние, -я
утомлённый; кр. ф. -ён, -ена́
утомля́емость, -и
утомля́ть(ся), -я́ю(сь), -я́ет(ся)
утоне́ние, -я
утонённый; кр. ф. -ён, -ена́
утони́ть(ся), -ню́, -ни́т(ся)
утону́ть, -ону́, -о́нет
утонча́ть(ся), -а́ю(сь), -а́ет(ся)
утонче́ние, -я
утончённость, -и и уто́нченность, -и
уто́нченный; кр. ф. -ен, -енна, прил.
утончённый; кр. ф. прил. -ён, -ённа; кр. ф. прич. -ён, -ена́
утончи́ть(ся), -чу́(сь), -чи́т(ся)
утоня́ть(ся), -я́ю, -я́ет(ся)
утопа́ть, -а́ю, -а́ет
утопа́ющий
утопи́зм, -а
утопи́ст, -а
утопи́стка, -и
утопи́ть(ся), утоплю́(сь), уто́пит(ся)
утопи́ческий
утопи́чный
уто́пия, -и
утопле́ние, -я
уто́пленник, -а
уто́пленница, -ы
уто́пленный
уто́пнуть, -ну, -нет; прош. уто́п, уто́пла
уто́птанный
утопта́ть(ся), утопчу́, уто́пчет(ся)

УТО

утóр, -а
утóренный
утóрить(ся), -рю, -рит(ся)
утóрка, -и
утóченный
утóчина, -ы
уточи́ть(ся), уточу́, уто́чит(ся)
у́точка, -и (от у́тка)
у́точка, -и (от точи́ть)
уточне́ние, -я
уточнённый; кр. ф. -ён, -ена́
уточни́ть(ся), -ню́, -ни́т(ся)
уто́чно-мота́льный
уто́чно-шпу́льный
уто́чный
уточня́ть(ся), -я́ю, -я́ет(ся)
утра́ивать(ся), -аю, -ает(ся)
утракви́ст, -а
утракви́стский
утрамбо́ванный
утрамбова́ть(ся), -бу́ю, -бу́ет(ся)
утрамбо́вка, -и
утрамбо́вывание, я
утрамбо́вывать(ся), -аю, -ает(ся)
утра́та, -ы
утра́тить(ся), -а́чу, -а́тит(ся)
утра́фить, -флю, -фит
утрафля́ть, -я́ю -я́ет
утра́ченный
утра́чивать(ся), -аю, -ает(ся)
у́тренний
у́тренник, -а
у́треня, -и
у́тречком, нареч.
у́трешний
утри́рование, -я
утри́рованный
утри́ровать(ся), -рую, -рует(ся)
утриро́вка, -и
у́тро, -а
утро́ба, -ы
утро́бистый
утро́бища, -и
утро́бный
утрое́ние, -я
утро́енный
утро́ить(ся), -о́ю, -о́ит(ся)
у́тром, нареч.
утруди́ть(ся), -ужу́(сь), -уди́т(ся)
утружда́ть(ся), -а́ю(сь), -а́ет(ся)
утруждённый; кр. ф. -ён, -ена́
утруси́ться, -и́тся
утру́ска, -и
утряса́ние, -я
утряса́ть(ся), -а́ю(сь), -а́ет(ся)
утрясённый; кр. ф. -ён, -ена́
утря́ска, -и
утрясти́(сь), -су́(сь), -сёт(ся); прош. -я́с(ся), -ясла́(сь)
утря́сший(ся)
утряха́ть, -а́ю, -а́ет
утучнённый; кр. ф. -ён, -ена́
утучни́ть(ся), -ню́, -ни́т(ся)
утучня́ть(ся), -я́ю, -я́ет(ся)
утуша́ть(ся), -а́ю, -а́ет(ся)
уту́шенный (от туши́ть — гаси́ть)
утушённый; кр. ф. -ён, -ена́ (от туши́ть — вари́ть)
утуши́ть(ся), -ушу́, -у́шит(ся)
уты́канный

УТЫ

уты́кать(ся), -аю(сь), -ает(ся), сов.
утыка́ть(ся), -а́ю(сь), -а́ет(ся), несов.
утю́г, -а́
утюже́ние, -я
утю́женный, прич.
утю́женый, прил.
утю́жить(ся), -жу, -жит(ся)
утю́жка, -и
утюжо́к, -жка́
утя́гивать(ся), -аю -ает(ся)
утяжеле́ние, -я
утяжелённый; кр. ф. -ён, -ена́
утяжели́тель, -я
утяжели́ть(ся), -лю́, -ли́т(ся)
утяжеля́ть(ся), -я́ю, -я́ет(ся)
утя́жка, -и
утя́нутый
утяну́ть, -яну́, -я́нет
утя́тина, -ы
утя́тник, -а
утя́тница, -ы
у́тя-у́тя, неизм.
уха́, -и́
уха́б, -а
уха́бина, -ы
уха́бистый
ухажёр, -а
уха́живание, -я
уха́живать, -аю, -ает
у́ханье, -я
у́харский
у́харство, -а
у́харствовать, -твую, -твует
у́харь, -я
у́хать(ся), у́хаю(сь), у́хает(ся)
ухва́т, -а
ухва́тистый
ухвати́ть(ся), -ачу́(сь), -а́тит(ся)
ухва́тка, -и
ухва́тливый
ухва́тывать(ся), -аю(сь), -ает(ся)
ухва́ченный
ухи́тить(ся), ухи́чу(сь), ухи́тит(ся)
ухитри́ться, -рю́сь -ри́тся
ухитря́ться, -я́юсь, -я́ется
ухи́ченный
ухи́чивать(ся), -аю(сь), -ает(ся)
ухищре́ние, -я
ухищрённый; кр. ф. -ён, -ённа
ухищря́ться, -я́юсь, -я́ется
ухлёстанный
ухлеста́ть, -ещу́, -е́щет
ухлёстнутый
ухлестну́ть, -ну́, -нёт
ухлёстывать(ся), -аю, -ает(ся)
ухло́панный
ухло́пать, -аю, -ает
ухло́пывать(ся), -аю, -ает(ся)
ухмы́лка, -и
ухмыльну́ться, -ну́сь, -нётся
ухмыля́ться, -я́юсь, -я́ется
у́хнутый
у́хнуть(ся), у́хну(сь), у́хнет(ся)
у́хо, у́ха, мн. у́ши, уше́й
ухо́д, -а
уходи́ть(ся), ухожу́(сь), ухо́дит(ся)
уходя́щий
ухо́женный

УХО

у́хожь, -и
ухо́жье, -я
ухо́лить, -лю, -лит
ухоро́ненный
ухорони́ть(ся), -оню́(сь), -о́нит(ся)
ухоро́нка, -и
ухочи́стка, -и
ухудша́ть(ся), -а́ю, -а́ет(ся)
ухудше́ние, -я
уху́дшенный
уху́дшить(ся), -шу, -шит(ся)
уцеле́ть, -е́ю, -е́ет
уценённый; кр. ф. -ён, -ена́
уце́нивать(ся), -аю, -ает(ся)
уцени́ть(ся), уценю́, уце́нит(ся)
уце́нка, -и
уцепи́ть(ся), уцеплю́(сь), уце́пит(ся)
уце́пленный
уцепля́ть(ся), -я́ю(сь), -я́ет(ся)
уча́ствовать, -твую, -твует
уча́ствующий
уча́стие, -я
участи́ть(ся), учащу́, участи́т(ся)
участко́вый
уча́стливость, -и
уча́стливый
уча́стник, -а
уча́стница, -ы
уча́сток, -тка
у́часть, -и
уча́ть, учну́, учнёт; прош. уча́л, уча́ла
уча́щать(ся), -а́ю, -а́ет(ся)
уча́щаяся, -ейся
учаще́ние, -я
учащённый; кр. ф. -ён, -ена́
уча́щийся, -егося
учёба, -ы
учебник, -а
уче́бно-воспита́тельный
уче́бно-вспомога́тельный
уче́бно-инструкти́вный
уче́бно-консультацио́нный
уче́бно-методи́ческий
уче́бно-нагля́дный
уче́бно-о́пытный
уче́бно-педагоги́ческий
уче́бно-познава́тельный
уче́бно-показа́тельный
уче́бно-произво́дственный
уче́бно-спорти́вный
уче́бно-телевизио́нный
уче́бно-трениро́вочный
уче́бный
уче́ние, -я
учени́к, -а́
учени́ца, -ы
учени́ческий
учени́чество, -а
у́ченный; кр. ф. у́чен, у́чена, прич.
учёность, -и
учёный; кр. ф. учён, учёна, прил.
учёный, -ого
учёс, -а
учёсанный
учеса́ть(ся), учешу́, учешет(ся)
уче́сть, учту́, учтёт; прош. учёл, учла́
учёсывать(ся), -аю, -ает(ся)

УЧЁ

учёт, -а
учетверённый; *кр. ф.* -ён, -ена
учетверить(ся), -рю, -рит(ся)
учетверять(ся), -яю, -яет(ся)
учётно-кредитный
учётно-справочный
учётно-ссудный
учётно-статистический
учётно-экономический
учётный
учётчик, -а
учётчица, -ы
училище, -а
училищный
учинённый; *кр. ф.* -ён, -ена
учинить(ся), -ню, -нит(ся)
учинять(ся), -яю, -яет(ся)
учитель, -я, *мн.* -я, -ей (преподаватель) и -и, -ей (глава учения)
учительница, -ы
учительская, -ой
учительский
учительство, -а
учительствовать, -твую, -твует
учитывать(ся), -аю, -ает(ся)
учить(ся), учу(сь), учит(ся)
учредитель, -я
учредительница, -ы
учредительный
учредительский
учредительство -а
учредить(ся), -ежу, -едит(ся)
учреждать(ся), -аю, -ает(ся)
учреждение, -я
учреждённый; *кр. ф.* -ён, -ена
учрежденческий
учтённый; *кр. ф.* -ён, -ена
учтивость, -и
учтивый
учуг, -а
учужный
учуивать, -аю, -ает
учуянный
учуять, учую, учует
учхоз, -а
ушан, -а
ушанка, -и
ушастый
ушат, -а
ушвыривать, -аю, -ает
ушвырнутый
ушвырнуть, -ну, -нёт
ушедший
ушестерённый; *кр. ф.* -ён, -ена
ушестерить(ся), -рю, -рит(ся)
ушестерять(ся), -яю, -яет(ся)
ушиб, -а
ушибать(ся), -аю(сь), -ает(ся)
ушибить(ся), -бу(сь), -бёт(ся); *прош.* ушиб(ся), ушибла(сь)
ушибленный
ушивать(ся), -аю, -ает(ся)
ушивка, -и
ушивочный
уширение, -я
уширенный
уширительный
уширить(ся), -рю, -рит(ся)
уширять(ся), -яю -яет(ся)
ушитый

УШИ

ушить, ушью, ушьёт
ушица, -ы
ушки, -ов (макаронное изделие)
ушко, -а и ушко[1], -а, *мн.* ушки, ушек (*от* ухо)
ушко[2], -а, *мн.* ушки, -ов (отверстие)
ушкуй, -я
ушкуйник, -а
ушкуйничать, -аю, -ает
ушник, -а
ушной
ущелистый
ущелье, -я, *р. мн.* -лий
ущемить(ся), -млю, -мит(ся)
ущемление, -я
ущемлённый; *кр. ф.* -ён, -ена
ущемлять(ся), -яю, -яет(ся)
ущерб, -а
ущербить(ся), -блю, -бит(ся)
ущерблённый; *кр. ф.* -ён, -ена
ущерблять(ся), -яю, -яет(ся)
ущербный
ущипнутый
ущипнуть, -ну, -нёт
ущипывать(ся), -аю, -ает(ся)
ущупанный
ущупать, -аю, -ает
ущупывать, -аю, -ает
уют, -а
уютный
уязвимый
уязвить, -влю, -вит
уязвлённый; *кр. ф.* -ён, -ена
уязвлять(ся), -яю, -яет(ся)
уяснение, -я
уяснённый; *кр. ф.* -ён, -ена
уяснить(ся), -ню, -нит(ся)
уяснять(ся), -яю, -яет(ся)

Ф

фабзавком, -а
фабзавкомовец, -вца
фабзавкомовский
фабзавуч, -а
фабианец, -нца
фабианский
фабком, -а
фабкомовец, -вца
фабкомовский
фабльо и фаблио, *нескл., с.*
фабренный, *прич.*
фабреный, *прил.*
фабрика, -и
фабрикант, -а
фабрикантский
фабрика-прачечная, фабрики-прачечной
фабрикат, -а
фабрикация, -и
фабрикованный
фабриковать(ся), -кую, -кует(ся)
фабрить(ся), -рю(сь), -рит(ся)
фабричка, -и
фабрично-заводской
фабричный
фабричонка, -и
фабула, -ы
фабульный

ФАБ

фабулярный
фавела, -ы
фавероль, -и
фавн, -а
фавор, -а
фаворизированный
фаворизировать, -рую, -рует
фаворизованный
фаворизовать, -зую, -зует
фаворит, -а
фаворитизм, -а
фаворитка, -и
фавус, -а
фаг, -а
фагопрофилактика, -и
фагот, -а
фаготерапия, -и
фаготист, -а
фаготный
фаготовый
фагоцит, -а
фагоцитарный
фагоцитоз, -а
фаевый
фаза, -ы
фазан, -а
фазаний, -ья, -ье
фазановые, -ых
фазис, -а
фазный
фазоамплитудный
фазово-амплитудный
фазово-импульсный
фазовый
фазокомпенсатор -а
фазометр, -а
фазопреобразователь, -я
фазорегулятор, -а
фазосдвигающий
фазотрон, -а
фазоуказатель, -я
фазочастотный
фай, -я
файдешин, -а
файдешиновый
файф-о-клок, -а
факел, -а
факельный
факельцуг, -а
факельщик, -а
факир, -а
факолит, -а
факсимиле, *нескл., с.*
факсимильный
факт, -а
фактический
фактографический
фактографичный
фактография, -и
фактор, -а
факториал, -а
фактория, -и
факторский
факторство, -а
фактотум, -а
фактура, -ы
фактурный
факультативный
факультет, -а
факультетский

ФАЛ ФАН ФАР Ф

фал, -а
фалале́й, -я
фала́нга, -и
фаланги́ст, -а
фаланстёр, -а
фалбала́, -ы́
фа́лда, -ы
фалди́ть, -ди́т
фалери́ст, -а
фалери́стика, -и
фа́линь, -я
фалли́ческий
фалло́пиева труба́
фа́ллос, -а
фалре́п, -а
фалре́пный, -ого
фальконе́т, -а
фальсифика́т, -а
фальсифика́тор, -а
фальсифика́торский
фальсифика́ция, -и
фальсифици́рованный
фальсифици́ровать(ся), -рую, -рует(ся)
фальста́рт, -а
фальц, -а
фальцаппара́т, -а
фальцева́льный
фальцева́ние, -я
фальцева́ть(ся), -цу́ю, -цу́ет(ся)
фальце́т, -а
фальце́тный
фальцо́ванный
фальцо́вка, -и
фальцо́вочный
фальцо́вщик, -а
фальцо́вщица, -ы
фальшбо́рт, -а
фальши́вить, -влю, -вит
фальши́вка, -и
фальшивомонéтчик, -а
фальши́вый
фальшки́ль, -я
фальшфе́йер, -а
фальшь, -и
фами́лия, -и
фами́льный
фамилья́рничать -аю, -ает
фамилья́рность, -и
фамилья́рный
фанабéрия, -и
фанарио́т, -а
фанарио́тский
фанати́зм, -а
фана́тик, -а
фанати́ческий
фанати́чка, -и
фанати́чный
фанг, -а
фа́нговый
фанда́нго, нескл., с.
фане́ра, -ы
фане́рка, -и
фане́рный
фанерова́ние, я
фанеро́ванный
фанерова́ть(ся), -ру́ю -ру́ет(ся)
фанеро́вка, -и
фанеропи́льный
фанеростро́га́льный

фа́нза, -ы (дом)
фанза́, -ы́ (ткань)
фанзо́вый (от фанза́)
фант, -а
фантазёр, -а
фантазёрка, -и
фантазёрство, -а
фантази́, неизм.
фантази́ровать, -рую, -рует
фанта́зия, -и
фантасмагори́ческий
фантасмаго́рия, -и
фанта́ст, -а
фанта́стика, -и
фантасти́ческий
фантасти́чный
фа́нтик, -а
фанто́м, -а
фанто́мный
фанфа́ра, -ы
фанфари́ст, -а
фанфа́рный
фанфаро́н, -а
фанфарона́да, -ы
фанфаро́нить(ся), -ню(сь), -нит(ся)
фанфаро́нишка, -и, м.
фанфаро́нство, -а
фа́ра, -ы
фара́да, -ы
фарадиза́ция, -и
фарандо́ла, -ы
фарао́н, -а
фарао́нов, -а, -о
фарва́тер, -а
фаринги́т, -а
фарингоскопи́я, -и
фарисе́й, -я
фарисе́йский
фарисе́йство, -а
фарисе́йствовать, -твую, -твует
фармазо́н, -а
фармакогно́зия, и
фармакогности́ческий
фармако́лог, -а
фармакологи́ческий
фармаколо́гия, -и
фармакопе́йный
фармакопе́я, -и
фармакотерапи́я, -и
фармакохими́ческий
фармакохи́мия, -и
фармаце́вт, -а
фармаце́втика, -и
фармацевти́ческий
фарма́ция, -и (фармацевтика)
фарс, -а
фа́рсовый
фарт, -а
фа́ртинг, -а
фарти́ть, -и́т
фарто́вый
фа́ртук, -а, мн. -и -ов
фа́ртучный
фарфо́р, -а
фарфо́ровый
фарфо́ро-фая́нсовый
фарцо́вщик, -а
фарш, -а
фа́ршевый
фаршемеша́лка, -и

фарширова́ние, -я
фарширо́ванный
фарширова́ть(ся), -ру́ю, -ру́ет(ся)
фарширо́вка, -и
фас, -а
фаса́д, -а
фаса́дный
фасе́т, -а
фасе́тка, -и
фасе́точный
фасе́тчатый
фа́ска, -и
фаскоснима́тель, -я
фасо́ванный
фасова́ть(ся), -су́ю, -су́ет(ся)
фасо́вка, -и
фасо́вочный
фасо́вщик, -а
фасо́вщица, -ы
фасо́левый
фасолеубо́рочный
фасо́ль, -и
фасо́н, -а
фасо́нистый
фасо́нить, -ню, -нит
фасо́нно-отрезно́й
фасо́нно-строга́льный
фасо́нный
фасциа́ция, -и
фа́сции, -ий (прутья)
фасциолёз, -а
фа́сция, -и (оболочка)
фат, -а
фата́, -ы́
фатали́зм, -а
фатали́ст, -а
фаталисти́ческий
фаталисти́чный
фатали́стка, -и
фата́льный
фа́та-морга́на, -ы
фатова́тый
фатовско́й
фатовство́, -а́
фа́тум, -а
фа́уна, -ы
фаустпатро́н, -а
фа́хве́рк, -а
фа́хверковый
фаце́лия, -и
фаце́т, -а
фаце́тный
фаце́ция, -и
фа́ция, -и
фашиза́ция, -и
фашизи́рованный
фашизи́ровать(ся), -рует(ся)
фаши́зм, -а
фаши́на, -ы
фаши́нник, -а
фаши́нно-хворостяно́й
фаши́нный
фаши́ст, -а
фаши́ствующий
фаши́стка, -и
фаши́стский
фаэто́н, -а
фая́ли́т, -а
фая́нс, -а
фая́нсовый

ФЕВ

февра́ль, -я́
февра́льский
федерализа́ция, -и
федерали́зм, -а
федерали́ст, -а
федерали́стский
федера́льный
федера́т, -а
федерати́вный
федера́ция, -и
фе́динг, -а
феери́ческий
фее́рия, -и
фейербахиа́нство, -а
фейерве́рк, -а
фейерве́ркер, -а
фейерве́рочный
фейхо́а, нескл., ж.
фека́лии, -ий
фека́льный
felлáх, -а
фелле́ма, -ы
феллоге́н, -а
феллоде́рма, -ы
фелло́ид, -а
фело́нь, -и
фельдма́ршал, -а
фельдма́ршальский
фельдма́ршальство, -а
фельдсвя́зь, -и
фельдфе́бель, -я
фельдфе́бельский
фельдцейхме́йстер, -а
фельдцейхме́йстерский
фельдша́нец, -нца
фе́льдшер, -а, мн. -а, -о́в
фельдшери́ца, -ы
фе́льдшерский
фе́льдшерско-акуше́рский
фельдъе́герский
фельдъе́герь, -я, мн. -и, -ей и -я́, -е́й
фельето́н, -а
фельетони́ст, -а
фельетони́стка, -и
фельето́нный
фелю́га, -и
феминиза́ция, -и
феминизи́рованный
феминизи́ровать(ся), -рует(ся)
feminíзм, -а
feminíст, -а
феминисти́ческий
feminíстка, -и
feminíстский
фен, -а (сушилка)
фён, -а (ветер)
фенальги́н, -а
фенами́н, -а
фенацети́н, -а
фе́ндрик, -а
фе́никс, -а
фени́л, -а
фенилалани́н, -а
фенилкетонури́я, -и
фенилэти́ловый
фено́л, -а
фено́ловый
фено́лог, -а
фенологи́ческий
феноло́гия, -и

ФЕН

фенолфталеи́н, -а
фено́мен, -а
феноменали́зм, -а
феноменали́ст, -а
феноменалисти́ческий
феноменали́стский
феномена́льный
феноменологи́ческий
феноменоло́гия, -и
фенопла́ст, -а
феноти́п, -а
фе́нхель, -я
фео́д, -а
феода́л, -а
феодализа́ция, -и
феодали́зм, -а
феода́льно-земледе́льческий
феода́льно-крепостни́ческий
феода́льный
фе́рзевый
ферзь, -я́
ферлаку́р, -а
ферлаку́рить, -рю, -рит
ферлаку́рство, -а
фе́рма, -ы
ферма́та, -ы
ферме́нт, -а
ферментати́вный
ферментацио́нный
ферменти́ровать(ся), -рую, -рует(ся)
ферме́нтный
ферментоло́гия -и
фе́рмер, -а
фе́рмерский
фе́рмерство, -а
фе́рмий, -я
фермуа́р, -а
фернамбу́к, -а
фернамбу́ковый
фероньерка, -и
ферра́т, -а
ферри́т, -а
ферри́тный
ферри́товый
феррова́надий, -я
ферровольфра́м, -а
ферродинами́ческий
ферромагнети́зм, -а
ферромагне́тик, -а
ферромагни́тный
феррома́рганец, -нца
ферромолибде́н, -а
ферросили́ций, -я
ферроспла́в, -а
феррофо́сфор, -а
феррохро́м, -а
ферт, -а
фе́ртик, -а
ферти́льный
фе́рула, -ы (бот.)
феру́ла, -ы (линейка)
фе́рязь, -и
фе́ска, -и
фестива́ль, -я
фестива́льный
фесто́н, -а
фесто́нный
фесто́нчатый

ФЕС

фесто́нчик, -а
фети́ш, -а и -а́
фетишиза́ция, -и
фетишизи́рованный
фетишизи́ровать(ся), -рую, -рует(ся)
фетиши́зм, -а
фетиши́ст, -а
фетиши́стский
фетр, -а
фе́тровый
фетю́к, -а́
фефёла, -ы
фе́фер, -а и -у: задать фе́феру
фехтова́льный
фехтова́льщик, -а
фехтова́ние, -я
фехтова́ть, -ту́ю, -ту́ет
фешене́бельный
фе́я, -и
фиа́кр, -а
фиа́л, -а
фиа́лка, -и
фиа́лковый
фиа́ско, нескл., с.
фиберглас, -а
фиберглáсовый
фи́бра, -ы
фибри́лла, -ы
фибрилля́рный
фибрилля́ция, -и
фибри́н, -а
фибриноге́н, -а
фибрино́зный
фибринолизи́н, -а
фиброаденома, -ы
фиброблáст, -а
фи́бровый
фибро́з, -а
фиброи́н, -а
фиброли́т, -а
фиброли́товый
фибро́ма, -ы
фибромио́ма, -ы
фиброци́т, -а
фи́була, -ы
фи́га, -и
фига́ро, нескл., с.
фи́гли-ми́гли, фи́глей-ми́глей
фигля́р, -а
фигля́рничать, -аю, -ает
фигля́рский
фигля́рство, -а
фи́говый
фигу́ра, -ы
фигура́льный
фигура́нт, -а
фигура́нтка, -и
фигурацио́нный
фигура́ция, -и
фигури́ровать, -рую, -рует
фигури́ст, -а
фигури́стка, -и
фигу́ристый
фигу́рка, -и
фигу́рный
фигуря́ть, -я́ю, -я́ет
фидеи́зм, -а
фидеи́ст, -а
фидеисти́ческий

ФИД

фи́дер, -а
фие́льд, -а и фье́льд, -а
фи́жмы, фижм
физа́лис, -а
физзаря́дка, -и
физиа́тр, -а
физиатри́ческий
физиатри́я, -и
фи́зик, -а
фи́зика, -и
фи́зико-географи́ческий
фи́зико-математи́ческий
фи́зико-механи́ческий
фи́зико-техни́ческий
фи́зико-хими́ческий
физикохи́мия, -и
физиогно́мика, -и
физиогноми́ческий
физиокра́т, -а
физиократи́ческий
физио́лог, -а
физиологи́ческий
физиологи́чный
физиоло́гия, -и
физионо́мика, -и
физиономи́ст, -а
физиономи́стка, -и
физиономи́ческий
физионо́мия, -и
физиотерапе́вт, -а
физиотерапевти́ческий
физиотерапи́я, -и
физи́ческий
фи́зия, -и
физку́льт-приве́т, -а
физкульту́ра, -ы
физкульт-ура́, неизм.
физкульту́рник, -а
физкульту́рница, -ы
физкульту́рно-ма́ссовый
физкульту́рный
физма́т, -а
физо́рг, -а
физостигми́н, -а
физру́к, -а
фикомице́т, -а, р. мн. -ов
фикс, -а
кса́ж, -а
фиксати́в, -а
фикса́тор, -а
фиксатуа́р, -а
фикса́ция, -и
фикси́рование, -я
фикси́рованный
фикси́ровать(ся), -рую, -рует(ся)
фиксо́левый
фикти́вный
фи́кус, -а, мн. -ы, -ов
фикционали́зм, -а
фи́кция, -и
фи́ла, -ы
фила́нт, -а
филантро́п, -а
филантропи́зм, -а
филантропи́ческий
филантро́пия, -и
филантро́пка, -и
филармони́ческий
филармо́ния, -и
филатели́зм, -а

ФИЛ

филатели́ст, -а
филателисти́ческий
филатели́стский
филатели́я, -и
филе́, нескл., с.
филе́й, -я
филе́йный
филёнка, -и
филёночный
филёнчатый
филёр, -а
филёрский
филиа́л, -а
филиа́льный
филиа́ция, -и
филигра́нный; кр. ф. -а́нен, -а́нна
филигра́нщик, -а
филигра́нь, -и
фи́лин, -а
фили́ппика, -и
филиппи́нец, -нца
филиппи́нка, -и
филиппи́нский
фили́пповки, -вок
фили́рование, -я
фили́рованный
фили́ровать(ся), -рую, -рует(ся)
филиро́вка, -и
фили́стер, -а
фили́стерский
фили́стерство, -а
филисти́млянин, -а, мн. -яне, -ян
филисти́млянка, -и
фи́ллер, -а
филли́т, -а
филло́дий, -я
филлока́ктус, -а
филлокла́дий, -я
филлоксе́ра, -ы
филлоксероусто́йчивый
филлота́ксис, -а
филлофо́ра, -ы
филогене́з, -а
филогенети́ческий
филоде́ндрон, -а
филокарти́ст, -а
филокарти́я, -и
фило́лог, -а
филологи́ческий
филоло́гия, -и
фило́соф, -а
философи́ческий
философи́чный
филосо́фия, -и
филосо́фский
филосо́фствование, -я
филосо́фствовать, -твую, -твует
филофони́ст, -а
филофони́я, -и
филумени́ст, -а
филумени́я, -и
фильдеко́с, -а
фильдеко́совый
фильдепе́рс, -а
фильдепе́рсовый
фильера́, -ы
фи́лькина гра́мота
фильм, -а
фильмоко́пия, -и
фильмоско́п, -а

ФИЛ

фильмоте́ка, -и
фильмохрани́лище, -а
фильмпа́к, -а
фильтр, -а
фильтра́т, -а
фильтра́ция, -и
фильтрова́льный
фильтрова́ние, -я
фильтро́ванный
фильтрова́ть(ся), -ру́ю, -ру́ет(ся)
фильтровентиляцио́нный
фильтро́вка, -и
фи́льтровый
фильтру́ющий(ся)
фильц, -а
фимиа́м, -а
фина́л, -а
финали́ст, -а
фина́льный
финанси́рование, -я
финанси́рованный
финанси́ровать(ся), -рую, -рует(ся)
финанси́ст, -а
фина́нсово-валю́тный
фина́нсово-креди́тный
фина́нсово-монополисти́ческий
фина́нсово-промы́шленный
фина́нсово-экономи́ческий
фина́нсовый
фина́нсы, -ов
финва́л, -а
фи́ник, -а
финики́ец, -и́йца
финики́йка, -и
финики́йский
финики́янин -а, мн. -яне, -ян
финики́янка, -и
фи́никовый
финиме́тр, -а
фининспе́ктор, -а
финифтевый
фини́фть, -и
фини́фтяный
фи́ниш, -а
финиши́ровать, -рую, -рует
фи́нишный
фи́нка, -и
финля́ндский
фини́
фи́нна, -ы (личинка)
финно́з, -а
финно́зный
фи́нно-уго́рский
фи́нно-угрове́дение, -я
фи́нно-у́гры, -ов
финотде́л, -а
финпла́н, -а
фи́нский
финти́ть, -нчу́, -нти́т
финтифлю́шка, -и
финьшампа́нь, -и
фиоле́тово-кра́сный
фиоле́тово-си́ний
фиоле́товый
фио́рд, -а и фьо́рд, -а
фиориту́ра, -ы
фиориту́рный
фи́рма, -ы
фирма́н, -а
фирмаци́т, -а

ФИР

фи́рменный
фирн, -а
фи́рновый
фисгармо́ния, -и
фиск, -а
фиска́л, -а
фиска́лить, -лю, -лит
фиска́льный
фиска́льство, -а
фиста́шка, -и
фиста́шковый
фи́стула, -ы (мед.)
фистула́, -ы́ (муз.)
фистулогра́фия, -и
фита́, -ы́
фитилёк, -лька́
фити́ль, -я́, мн. -и́, -е́й
фити́льный
фити́н, -а
фи́тинг, -а
фитобе́нтос, -а
фитогеогра́фия, -и
фитоло́гия, -и
фитонци́ды, -ов
фитопалеонтоло́гия, -и
фитопато́лог, -а
фитопатоло́гия, -и
фитопланкто́н, -а
фитотерапи́я, -и
фитотро́н, -а
фитофа́г, -а
фитофизиоло́гия, -и
фитофто́ра, -ы
фитоцено́з, -а
фитоценоло́гия, -и
фитю́лька, -и
фифи́, нескл., м.
фихтеа́нец, -нца
фихтеа́нский
фихтеа́нство, -а
фишба́лка, -и
фи́шечный
фи́шка, -и
фишю́, нескл., с.
флаг, -а
флагелла́нт, -а
флаг-капита́н, -а
фла́гман, -а, мн. -ы, -ов
фла́гманский
флаг-офице́р, -а
флагшто́к, -а
флаг-шту́рман, -а
фла́жный
флажо́к, -жка́
флажоле́т, -а
флако́н, -а
флако́нчик, -а
флама́ндец, -дца
флама́ндка, -и
флама́ндский
флами́н, -а
флами́нго, нескл., м.
флами́нговый
фланг, -а
фланго́вый
флане́левый
флане́ль, -и
флане́лька, -и
флане́льный
фланёр, -а

ФЛА

фла́нец, -нца
флани́ровать, -рую, -рует
фланк, -а
фланкёр, -а
фланки́рование, -я
фланки́рованный
фланки́ровать(ся), -рую, -рует(ся)
фланкиро́вка, -и
фланцева́ть(ся), -цу́ю, -цу́ет(ся)
фла́нцевый
флат, -а
фла́товый
фла́ттер, -а
флеби́т, -а
флебогра́мма, -ы
флебото́мус, -а
фле́гма, -ы
флегмати́зм, -а
флегма́тик, -а
флегмати́ческий
флегмати́чность, -и
флегмати́чный
флегмо́на, -ы
фле́йта, -ы
флейти́ст, -а
флейти́стка, -и
флейц, -а
флейцева́ть(ся), -цу́ю, -цу́ет(ся)
флейцо́ванный
флейцо́вка, -и
флексато́н, -а
фле́ксия, -и
фле́ксор, -а
флексу́ра, -ы
флекти́вный
флекти́ровать, -рует
флекти́рующий
флёр, -а
флёрдора́нж, -а
флёрдора́нжевый
флёровый
флеш, -а (бот.)
флешь, -и, мн. -и, -ей (воен.)
флибустье́р, -а
флибустье́рский
флигелёк, -лька́
фли́гель, -я, мн. -я́, -е́й
фли́гель-адъюта́нт, -а
фли́гель-адъюта́нтский
флигельшла́г, -а
флик, -а
флик-фля́к, -а
флинтгла́с, -а
флирт, -а
флиртова́ть, -ту́ю, -ту́ет
флобафе́н, -а
фловерла́к, -а
флогисто́н, -а
флогисто́нный
флогопи́т, -а
фло́кен, -а
флокс, -а
флокуля́ция, -и
флома́стер, -а
фло́ра, -ы
флореа́ль, -я
флоренти́ец, -и́йца
флоренти́йский
флоридзи́н, -а
флориди́н, -а

ФЛО

флориди́новый
флори́н, -а
флори́ст, -а
флори́стика, -и
флористи́ческий
флороглюци́н, -а
флот, -а, мн. -ы, -ов и -о́в
флота́рий, -я
флота́тор, -а
флотацио́нный
флота́ция, -и
флоти́лия, -и
флоти́руемость, -и
флотово́дец, -дца
флотово́дческий
фло́тский
фло́эма, -ы
флюга́рка, -и
флюга́рочный
флюгельго́рн, -а
флю́гер, -а, мн. -а́, -о́в
флю́герный
флюи́д, -а
флюида́льный
флюктуа́ция, -и
флюктуи́ровать, -рует
флюоресце́нция, -и
флюоресци́ровать, -рует
флюори́т, -а
флюорогра́фия, -и
флюоро́з, -а
флюс, -а, мн. -ы, -ов (мед.) и -ы́, -о́в (тех.)
флю́сный
флюсо́ванный
флюсова́ть(ся), -су́ю, -су́ет(ся)
флюсо́вка, -и
флю́совый (от флюс)
флю́тбет
фля́га, -и
флягомо́ечный
флягомо́йка, -и
фля́жечный
фля́жка, -и
фля́жный
фляк, -а
фоб, неизм.
фо́бия, -и
фогт, -а
фо́гтство, -а
фойе́, нескл., с.
фок, -а
фо́ка-га́лс, -а
фока́льный
фо́ка-рей, -я
фок-ва́нты, -ва́нт
фок-ма́чта, -ы
фокстерье́р, -а
фокстро́т, -а
фокстро́тный
фо́кус, -а, мн. -ы, -ов
фокусиро́вка, -и
фо́кусник, -а
фо́кусница, -ы
фо́кусничанье, -я
фо́кусничать, -аю, -ает
фо́кусни́ческий
фо́кусный
фо́кус-по́кус, -а
фолиа́нт, -а

ФОЛ

фолио, *нескл., с.*
фолликул, -а
фолликулин, -а
фолликулит, -а
фолликулярный
фольварк, -а
фольга, -и и фольга, -и
фольговый
фольгопрокатный
фолькетинг, -а
фольклор, -а
фольклорист, -а
фольклористика, -и
фольклористический
фольклористка, -и
фольклорный
фольксдойче, *нескл., м. и ж.*
фомка, -и
фон, -а
фонарик, -а
фонарный
фонарщик, -а
фонарь, -я
фонастения, -и
фонация, -и
фон-барон, -а
фонд, -а
фондировать, -рую, -рует
фондируемый
фондовый
фондоёмкость, -и
фондоотдача, -и
фонема, -ы
фонематический
фонемный
фонендоскоп, -а
фонетика, -и
фонетист, -а
фонетистка, -и
фонетический
фоника, -и
фонический
фоновый
фонограмма, -ы
фонограммный
фонограф, -а
фонографический
фонокардиограмма, -а
фонокардиограф, -а
фонокардиография, -и
фонологический
фонология, -и
фонометр, -а
фонометрический
фонон, -а
фоноскоп, -а
фонотека, -и
фонтан, -а
фонтанель, -и
фонтанировать, -рует
фонтанный
фонтанчик, -а
фора, -ы
фораминифера, -ы
форвакуум, -а
форвакуумный
форвард, -а
форд, -а
фордевинд, -а
фордек, -а

ФОР

фордзон, -а
фордизм, -а
фордик, -а
фордыбачить(ся), -чу(сь), -чит(ся)
форейтор, -а
форейторский
форелевый
форель, -и
форельный
форзац, -а
форинжектор, -а
форинт, -а
форма, -ы
формализм, -а
формалин, -а
формалист, -а
формалистика, -и
формалистический
формалистичный
формалистка, -и
формалистский
формальдегид, -а
формальность, -и
формальный
формальщина, -ы
формант, -а
форманта, -ы
фор-марс, -а
фор-марсель, -я, *мн.* -я, -ей
формат, -а
форматив, -а
форматный
форматор, -а
формационный
формация, -и
форменка, -и
форменный
формирование, -я
формированный
формировать(ся), -рую(сь), -рует(ся)
формировка, -и
формировочный
формный
формовальный
формование, -я
формованный
формовать(ся), -мую, -мует(ся)
формовка, -и
формовой
формовочный
формовщик, -а
формоизменение, -я
формообразование, -я
формообразовательный
формообразующий
формула, -ы
формулирование, -я
формулированный
формулировать(ся), -рую, -рует(ся)
формулировка, -и
формуляр, -а
формулярный
форпик, -а
форпост, -а
форпостный
форс, -а
форсаж, -а
форсирование, -я
форсированный

ФОР

форсировать(ся), -рую, -рует(ся)
форсистый
форсить, форшу, форсит
форс-мажор, -а
форснуть, -ну, -нёт
фор-стеньга, -и
форстерит, -а
форсун, -а
форсунка, -и
форсуночный
форсунья, -и, *р. мн.* -ний
форт, -а, *предл.* о форте, в форту, *мн.* -ы, -ов
форте, *неизм. и нескл., с.*
фортель, -я
фортепьянный и фортепианный
фортепьяно и фортепиано, *нескл., с.*
фортиссимо, *неизм. и нескл., с.*
фортификатор, -а
фортификационный
фортификация, -и
фортка, -и
форточка, -и
форточный
фортуна, -ы
форум, -а
форшлаг, -а
форшмак, -а
форштадт, -а
форштадтский
форштевень, -вня
фосген, -а
фосгенный
фосгеновый
фоска, -и
фоссилизация, -и
фосфат, -а
фосфатировать(ся), -рую, -рует(ся)
фосфатный
фосфатовый
фосфид, -а
фосфор, -а
фосфоресценция, -и
фосфоресцировать, -рует
фосфорилирование, -я
фосфористый
фосфорит, -а
фосфоритный
фосфорито-апатитовый
фосфоритовый
фосфориться, -рится
фосфорический
фосфорнокислый
фосфорный
фосфорорганический
фосфороскоп, -а
фосфорсодержащий
фот, -а
фотарий, -я
фотиния, -и
фото, *нескл., с.*
фото... — первая часть сложных слов, пишется всегда слитно
фотоавтомат, -а
фотоальбом, -а
фотоаппарат, -а
фотоателье, *нескл., с.*
фотобактерия, -и
фотобумага, -и
фотовитрина, -ы

ФОТ

фотовспы́шка, -и
фотовы́ставка, -и
фотогелио́граф, -а
фотогени́чность, -и
фотогени́чный
фотогравирова́льный
фотогравю́ра, -ы
фотограмметри́ческий
фотограмме́трия, -и
фото́граф, -а
фотографи́рование, -я
фотографи́рованный
фотографи́ровать(ся), -рую(сь), -рует(ся)
фотографи́ческий
фотографи́чный
фотогра́фия, -и
фотодокуме́нт, -а
фотожурнали́ст, -а
фото- и киносъёмка, -и
фотоинформа́ция, -и
фотоиониза́ция, -и
фотока́мера, -ы
фотока́рточка, -и
фотокера́мика, -и
фотокинопулемёт, -а
фотоко́пия, -и
фотокорреспонде́нт, -а
фотоксилогра́фия, -и
фотолаборато́рия, -и
фотолениниа́на, -ы
фотоли́з, -а
фотолитографи́ческий
фотолитогра́фия, -и
фотолюби́тель, -я
фотолюби́тельский
фотолюби́тельство, -а
фотолюминесце́нция, -и
фотомагази́н, -а
фото́метр, -а
фотометри́рование, -я
фотометри́ческий
фотоме́трия, -и
фотомеха́ника, -и
фотомехани́ческий
фотомонта́ж, -а́
фото́н, -а
фотонабо́р, -а
фотонабо́рный
фото́ника, -и
фото́нный
фотообъекти́в, -а
фотоофсе́тный
фотопереда́тчик, -а
фотопериоди́зм, -а
фотопласти́нка, -и
фотоплёнка, -и
фотопортре́т, -а
фотоприёмник, -а
фотопроекцио́нный
фоторегистра́тор, -а
фотореклама, -ы
фотореле́, нескл., с.
фоторепорта́ж, -а
фоторепортёр, -а
фотоси́нтез, -а
фотосинтети́ческий
фотосни́мок, -мка
фотоста́т, -а
фотосфе́ра, -ы

ФОТ

фотосъёмка, -и
фотота́ксис, -а
фототе́ка, -и
фототелегра́мма, -ы
фототелегра́ф, -а
фототелегра́фный
фототеодоли́т, -а
фототерапи́я, -и
фототе́хника, -и
фототехни́ческий
фототипи́ческий
фототи́пия, -и
фототова́ры, -ов
фототопогра́фия, -и
фототропи́зм, -а
фотоувеличи́тель, -я
фотоумножи́тель, -я
фотоупру́гость, -и
фотофи́ниш, -а
фотофо́бия, -и
фотохими́ческий
фотохи́мия, -и
фотохро́мия, -и
фотохро́ника, -и
фотоцинкогра́фия, -и
фотоэлектри́ческий
фотоэлектрогенера́тор, -а
фотоэлектро́нный
фотоэлеме́нт, -а
фотоэму́льсия, -и
фотоэтю́д, -а
фотоэффе́кт, -а
фо́фан, -а
фрагме́нт, -а
фрагмента́рный
фра́за, -ы
фразеологи́зм, -а
фразеологи́ческий
фразеоло́гия, -и
фразёр, -а
фразёрка, -и
фразёрский
фразёрство, -а
фразёрствовать, -твую, -твует
фрази́рованный
фрази́ровать(ся), -рую, -рует(ся)
фразиро́вка, -и
фрази́стый
фра́зовый
фра́йер, -а
фрак, -а
фраки́ец, -и́йца
фраки́йский
фракту́ра, -ы
фракционе́р, -а
фракциони́рование, -я
фракциони́рованный
фракциони́ровать(ся), -рую, -рует(ся)
фракцио́нный
фра́кция, -и
фраму́га, -и
фраму́жный
франк, -а
франки́зм, -а
франки́рование, -я
франки́рованный
франки́ровать(ся), -рую, -рует(ся)
франкиро́вка, -и
франки́стский

ФРА

франклиниза́ция, -и
франкмасо́н, -а
франкмасо́нский
франкмасо́нство, -а
фра́нко-ваго́н, неизм.
фра́нковый
фра́нко-заво́д, неизм.
фра́нко-при́стань, неизм.
фра́нко-пру́сский
фра́нко-ру́сский
фра́нко-скла́д, неизм.
фра́нко-ста́нция, неизм.
франкофи́л, -а
фра́нкский
франт, -а
франтирёр, -а
франти́ть, -нчу́, -нти́т
франти́ха, -и
франтова́тый
франтовско́й
франтовство́, -а́
фра́нций, -я
франциска́нец, -нца
франциска́нский
францу́женка, -и
францу́з, -а
французома́н, -а
французома́ния, -и
францу́зский
фраппи́рованный
фраппи́ровать, -рую, -рует
фра́трия, -и
фра́у, нескл., ж.
фрахт, -а
фрахтова́ние, -я
фрахто́ванный
фрахтова́тель, -я
фрахтова́ть(ся), -ту́ю, -ту́ет(ся)
фрахто́вка, -и
фрахто́вщик, -а
фрахто́вый
фра́чный
фре́белевский
фребели́чка, -и
фрега́т, -а
фрез, неизм.
фреза́, -ы́
фре́зерно-обто́чный
фре́зерно-центрова́льный
фре́зерный
фрезерова́льный
фрезерова́ние, -я
фрезеро́ванный
фрезерова́ть(ся), -ру́ю, -ру́ет(ся)
фрезеро́вка, -и
фрезеро́вочный
фрезеро́вщик, -а
фрезеро́вщица, -ы
фрезова́ние, -я
фрезо́ванный
фрезова́ть(ся), -зу́ю, -зу́ет(ся)
фрейди́зм, -а
фрейди́ст, -а
фрейди́стский
фре́йлейн, нескл., ж.
фре́йлина, -ы
фре́кен, нескл., ж.
френо́лог, -а
френологи́ческий
френоло́гия, -и

ФРЕ

френч, -а
фреон, -а
фреоновый
фреска, -и
фресковый
фри, неизм.
фривольность, -и
фривольный
фригиец, -ийца
фригийский
фригольдер, -а
фриз, -а
фризовый
фризский
фрикадели, -ей, ед. фрикадель, -и
фрикадельки, -лек, ед. фрикаделька, -и
фрикасе, нескл., с.
фрикативный
фрикционный
фример, -а
фритредер, -а
фритредерский
фритредерство, -а
фритюр, -а
фритюрница, -ы
фришёванный
фришевать(ся), -шую, -шует(ся)
фронда, -ы
фрондёр, -а
фрондёрка, -и
фрондёрский
фрондёрство, -а
фрондёрствовать, -твую, -твует
фрондировать, -рую, -рует
фронт, -а, мн. -ы, -ов
фронтальный
фронтиспис, -а
фронтит, -а
фронтовик, -а
фронтовичка, -и
фронтовой
фронтон, -а
фронтонный
фру, нескл., ж.
фрукт, -а
фруктидор, -а
фруктово-ягодный
фруктовый
фруктоза, -ы
фруктоперерабатывающий
фруктохранилище, -а
фряжский
фталазол, -а
фтивазид, -а
фтизиатр, -а
фтизиатрический
фтизиатрия, -и
фтириаз, -а
фтор, -а
фторзамещённый
фторировать, -рую, -рует
фтористоводородный
фтористый
фторопласт, -а
фторорганический
фторпроизводный
фторсодержащий
фторхлористый
фуга, -и

ФУГ

фуганок, -нка
фуганочный
фугас, -а
фугаска, -и
фугасный
фугато, нескл., с.
фугетта, -ы
фугированный
фугировать, -рую, -рует
фуговальный
фугование, -я
фугованный
фуговать(ся), -гую, -гует(ся)
фуговка, -и
фуговочный
фуговый
фужер, -а
фузариоз, -а
фузея, -и
фузилёр, -а
фузилёрный
фузия, -и
фуй, неизм.
фук, -а
фукать, -аю, -ает
фукнутый
фукнуть, -ну, -нет
фукс, -а
фуксин, -а
фуксиново-красный
фуксия, -и
фуксом, нареч.
фукусовый
фуле, нескл., с.
фульгурит, -а
фуляр, -а
фуляровый
фумарола, -ы
фумигант, -а
фумигация, -и
фунгицид, -а
фунгицидный
фундамент, -а
фундаментальный
фундаментный
фундированный
фундировать(ся), -рую, -рует(ся)
фундук, -а
фуникулёр, -а
фуникулёрный
функционализм, -а
функционалист, -а
функционально-морфологический
функциональный
функционер, -а
функционирование, -я
функционировать, -рую, -рует
функция, -и
фунт, -а
фунтик, -а
фунтовой
фура, -ы
фураж, -а
фуражечка, -и
фуражечный
фуражир, -а
фуражировать, -рую, -рует
фуражировка, -и
фуражка, -и
фуражный

ФУР

фурацилин, -а
фургон, -а
фургонный
фургончик, -а
фургонщик, -а
фурия, -и
фурма, -ы
фурманка, -и
фурменный
фурнитура, -ы
фурнитурный
фурор, -а
фурункул, -а
фурункулёз, -а
фурчать, -чу, -чит
фуршта́т, -а
фурштатский
фурьеризм, -а
фурьерист, -а
фурьеристский
фут, -а, р. мн. -ов
футбол, -а
футболист, -а
футболистка, -и
футболка, -и
футбольный
футерование, -я
футерованный
футеровать(ся), -рую, -рует(ся)
футеровка, -и
футляр, -а
футлярчик, -а
футовый
футор, -а
футуризм, -а
футурист, -а
футуристический
футуристский
футурология, -и
футурум, -а
футшток, -а
фу-ты
фу-ты ну-ты
фуфаечка, -и
фуфаечный
фуфайка, -и
фуфу: на фуфу
фуфыриться, -рюсь, -рится
фухтель, -я, мн. -и, -ей
фуэте, нескл., с.
фырканье, -я
фыркать, -аю, -ает
фыркнуть, -ну, -нет
фырчанье, -я
фырчать, -чу, -чит
фьельд, -а и фиельд, -а
фьорд, -а и фиорд, -а
фюзеляж, -а
фюйть, неизм.
фюрер, -а

Х

хабанера, -ы
хабар, -а и -у
хабарник, -а
хавбек, -а
хавронья, -и, р. мн. -ний
хавтайм, -а

ХАД

хадж, -а
хаджи́, нескл., м.
ха́живать, наст. вр. не употр.
хаз, -а
хаза́рский
хаза́ры, -а́р
ха́зовый
хай, ха́я
хайло́, -а́, мн. ха́йла, хайл
хака́с -а, р. мн. -ов
хака́ска, -и
хака́сский
ха́ки, неизм. и нескл., с.
ха́ла, -ы
хала́т, -а
хала́тик, -а
хала́тник, -а
хала́тный
халва́, -ы́
халво́вый
ха́лда, -ы (грубиянка)
халде́й, -я
халде́йский
ха́лдский
ха́ли-га́ли, нескл., с.
хали́ф, -а
халифа́т, -а
халту́ра, -ы
халту́рить, -рю, -рит
халту́рный
халту́рщик, -а
халту́рщина, -ы
халту́рщица, -ы
халу́па, -ы
халцедо́н, -а
халцедо́новый
халькози́н, -а
халькопири́т, -а
хам, -а
хамелео́н, -а
хаме́ть, -е́ю, -е́ет (становиться хамом)
хами́тский
хами́ть, хамлю́, хами́т (вести себя по-хамски)
ха́мка, -и
ха́мов, -а, -о
хамова́тый
хамо́вник, -а
хамо́вный
хамса́, -ы́
ха́мский
ха́мство, -а
хамьё, -я́
хан, -а
хандра́, -ы́
хандри́ть, -рю́, -ри́т
ханжа́, -и́, р. мн. -же́й, м. и ж.
ха́нжески
ха́нжеский и ханжеско́й
ха́нжество, -а и ханжество́, -а́
ханжи́ть, -жу́, -жи́т
ха́нский
ха́нство, -а
ха́нты, нескл., м. и ж.
ханты́йский
ха́ос, -а (в мифологии)
хао́с, -а (беспорядок)
хаоти́ческий
хаоти́чный
ха́панный, прич.

ХАП

ха́панцы, -цев
ха́паный, прил.
ха́пать, -аю, -ает
ха́пнутый
ха́пнуть, -ну, -нет
хапу́га, -и, м. и ж.
хапу́н, -а́
хапу́нья, -и, р. мн. -ний
хараки́ри, нескл., с.
хара́ктер, -а
хара́ктерец, -рца
характеризо́ванный
характеризова́ть(ся), -зу́ю(сь), -зу́ет(ся)
характери́стика, -и
характеристи́ческий
характе́рность, -и
характе́рный; кр. ф. -рен, -рна
характерологи́ческий
характероло́гия, -и
характро́н, -а
харате́йный
харатья́, -и́
ха́риус, -а
ха́рканье, -я
ха́ркать, -аю, -ает
ха́ркнуть, -ну, -нет
харко́тина, -ы
ха́ртия, -и
харч, -а
харче́вня, -и, р. мн. -вен
харчево́й
харчи́, -е́й
харчи́ть(ся), -чу́(сь), -чи́т(ся)
харчо́, нескл., с.
ха́ря, -и
хаси́д, -а
хасиди́зм, -а
хаси́дский
ха́та, -ы
ха́та-лаборато́рия, ха́ты-лаборато́рии
ха́тка, -и
ха́уз, -а (бассейн)
ха́уса, нескл., мн. (народ) и м. (язык)
ха́халь, -я
ха-ха-ха́, неизм.
ха́хоньки, -нек
ха́янный
ха́ять, ха́ю, ха́ет
хвала́, -ы́
хвале́бный
хва́ленный, прич.
хвалёный, прил.
хва́ливать, наст. вр. не употр.
хвали́ть(ся), хвалю́(сь), хва́лит(ся)
хва́рывать, наст. вр. не употр.
хва́стать(ся), -аю(сь), -ает(ся)
хвастли́вость, -и
хвастли́вый
хвастну́ть, -ну́, -нёт
хвастня́, -и́
хвастовство́, -а́
хвасту́н, -а́
хвастуни́шка, -и, м. и ж.
хвасту́нья, -и, р. мн. -ний
хват, -а
хва́танный (от хвата́ть)
хватану́ть, -ну́, -нёт
хвата́тельный

ХВА

хвата́ть(ся), -а́ю(сь), -а́ет(ся)
хвати́ть(ся), хвачу́(сь), хва́тит(ся)
хва́тка, -и
хва́ткий; кр. ф. -ток, -тка́, -тко
хватну́ть, -ну́, -нёт
хва́тский
хва́тывать, наст. вр. не употр.
хвать, неизм.
хва́ченный (от хвати́ть)
хво́йник, -а
хво́йниковые, -ых
хво́йный
хвора́ть, -а́ю, -а́ет
хворо́ба, -ы
хво́рост, -а
хворости́на, -ы
хворости́нник, -а
хворости́нный
хворостня́к, -а́
хво́рость, -и
хворостяно́й
хво́рый; кр. ф. хвор, хвора́, хво́ро
хворь, -и
хвост, -а́
хвоста́тый
хвоста́ть(ся), хвощу́(сь), хво́щет(ся)
хвосте́ц, -тца́
хвости́зм, -а
хво́стик, -а
хвости́ст, -а
хвости́стка, -и
хвости́стский
хвости́шко, -а, м.
хвости́ще, -а, м.
хвостови́к, -а́
хвостово́й
хвостцо́вый
хвощ, -а́
хвощеви́дный
хвощо́вый
хвоя́, -и́
хевсу́р, -а, р. мн. -ов
хевсу́рка, -и
хевсу́рский
хе́дер, -а
хеди́в, -а
хе́ймве́р, -а
хек, -а
хемилюминесце́нция, -и
хемоге́нный
хеморецепто́р, -а
хемосинтез, -а
хемосо́рбция, -и
хемота́ксис, -а
хемотро́ника, -и
хемотропи́зм, -а
хе́пенинг, -а
хе́рес, -а
херуви́м, -а
херуви́мский
херуви́мчик, -а
хе́ттский
хе́тты, -ов
хе-хе-хе́, неизм.
хиа́зм, -а
хиазмо́д, -а
хиастоли́т, -а
хиа́тус, -а
хиба́ра, -ы
хиба́рка, -и

ХИВ

хиви́нский
хи́джра, -ы
хи́жина, -ы
хиле́ть, -е́ю, -е́ет
хилиа́зм, -а
хилиа́ст, -а
хилиасти́ческий
хи́лый; кр. ф. хил, хила́, хи́ло
химе́ра, -ы
химери́ческий
химери́чный
химиза́тор, -а
химиза́ция, -и
химизи́рованный
химизи́ровать(ся), -рую, -рует(ся)
хими́зм, -а
хи́мик, -а
химика́лии, -ий
химика́т, -а
хи́мико-металлурги́ческий
хи́мико-механи́ческий
хи́мико-терми́ческий
хи́мико-технологи́ческий
хи́мико-фармацевти́ческий
химиопрепара́т, -а
химиопрофила́ктика, -и
химиотерапевти́ческий
химиотерапи́я, -и
хими́ческий
хими́чески чистый
хи́мия, -и
хи́мкинский (от Хи́мки)
химкомбина́т, -а
химози́н, -а
хи́мус, -а
химчи́стка, -и
хи́на, -ы
хи́нди, нескл., м.
хини́н, -а
хи́нный
хинозо́л, -а
хино́идный
хи́нтерланд, -а
хинь, -и: хи́нью идёт (пошло́)
хионофи́л, -а
хионофо́б, -а
хи́ппи, нескл., м. и ж.
хире́ть, -е́ю, -е́ет
хирома́нт, -а
хирома́нтия, -и
хирома́нтка, -и
хирото́ния, -и
хиру́рг, -а
хирурги́ческий
хирурги́я, -и
хити́н, -а
хити́нный
хити́новый
хито́н, -а
хи́тренький; кр. ф. -енек, -енька
хитре́ть, -е́ю, -е́ет (становиться хитрым)
хитре́ц, -а́
хитреца́, -ы́ (с хитрецо́й)
хитри́нка, -и
хитри́ть, -рю́, -ри́т (проявлять хитрость)
хитросплете́ние, -я
хитросплетённый
хи́тростный

ХИТ

хи́трость, -и
хитроу́мие, -я
хитроу́мный
хитру́щий
хи́трый; кр. ф. хитёр, хитра́, хитро́
хитрю́га, -и, м. и ж.
хитрю́щий
хитря́га, -и, м. и ж.
хихи́канье, -я
хихи́кать, -аю, -ает
хихи́кнуть, -ну, -нет
хи-хи-хи́, неизм.
хи́хоньки, -нек (хи́хоньки да ха́хоньки)
хище́ние, -я
хи́щник, -а
хи́щница, -ы
хи́щничать, -аю, -ает
хи́щнический
хи́щничество, -а
хи́щный
хлад, -а
хладаге́нт, -а
хладнокро́вие, -я
хладнокро́вный
хладноло́мкий
хладноло́мкость, -и
хла́дный
хладобо́йня, -и, р. мн. -бен
хладокомбина́т, -а
хладосто́йкий
хладосто́йкость, -и
хладотра́нспорт, -а
хлам, -а
хлами́да, -ы
хламидомона́да, -ы
хламьё, -я́
хлеб, -а, мн. хле́бы, -ов (печёные) и хлеба́, -о́в (злаки)
хлёбанный
хлеба́ть, -а́ю, -а́ет
хле́бенный
хле́бец, -бца
хле́бина, -ы
хле́бница, -ы
хлебну́ть, -ну́, -нёт
хле́бный
хлебобу́лочный
хлёбово
хлебода́р, -а
хлебозаво́д, -а
хлебозаготови́тельный
хлебозагото́вки, -вок
хлебозаку́пки, -пок
хлебозаку́почный
хлебо́к, -бка́
хлебопа́шенный
хлебопа́шеский
хлебопа́шество, -а
хлебопа́шец, -шца
хлебопёк, -а
хлебопе́карный
хлебопека́рня, -и, р. мн. -рен
хлебопече́ние, -я
хлебопоста́вки, -вок
хлебоприёмный
хлебопроду́кты, -ов
хлебопроизводя́щий
хлебопромы́шленник, -а
хлеборе́з, -а

ХЛЕ

хлеборе́зка, -и
хлеборе́зный
хлеборо́б, -а
хлеборо́дный
хлебсда́точный
хлебсда́тчик, -а
хлебсда́ча, -и
хлебосо́л, -а
хлебосо́лка, -и
хлебосо́льный
хлебосо́льство, -а
хлеботорго́вец, -вца
хлеботорго́вля, -и
хлеботорго́вый
хлеботургу́ющий
хлебоубо́рка, -и
хлебоубо́рочный
хлебофура́ж, -а́
хлебофура́жный
хлебохрани́лище, -а
хлеб-со́ль, хле́ба-со́ли
хле́бушек, -шка
хле́бушко, -а, м.
хлёбывать, наст. вр. не употр.
хлев, -а, мн. -а́, -о́в
хлевушо́к, -шка́
хлестако́вщина, -ы
хлёстанный
хлестану́ть, -ну́, -нёт
хлеста́ть(ся), хлещу́(сь), хле́щет(ся)
хлёсткий; кр. ф. хлёсток, хлестка́, хлёстко
хлёстнутый
хлестну́ть(ся), -ну́(сь), -нёт(ся)
хлёстче, сравн. ст. (от хлёсткий, хлёстко)
хлёстывать, наст. вр. не употр.
хлесть, неизм.
хле́щущий
хли́пать, -аю, -ает
хли́пкий; кр. ф. -пок, -пка, -пко
хли́пче, сравн. ст. (к хли́пкий)
хлобыста́ть, -ыщу́, -ы́щет
хлобыстну́ть(ся), -ну́(сь), -нёт(ся)
хлоп, -а
хлоп, неизм.
хло́пальщик, -а
хло́панье, -я
хло́пать(ся), -аю(сь), -ает(ся)
хло́пец, -пца
хлопково́д, -а
хлопково́дство, -а
хлопково́дческий
хлопково́з, -а
хло́пковый
хлопкозаво́д, -а
хлопкозаготови́тельный
хлопкозагото́вки, -вок
хлопкокомба́йн, -а
хлопкоочисти́тельный
хлопкоочи́стка, -и
хлопкопряде́ние, -я
хлопкопряди́льный
хлопкоро́б, -а
хлопкосе́ющий
хлопкосея́ние, -я
хлопкоубо́рочный
хло́пнутый
хло́пнуть(ся), -ну(сь), -нет(ся)

ХЛО

хло́пок, -пка
хлопо́к, -пка́
хло́пок-сыре́ц, хло́пка-сырца́
хлопота́ть, -очу́, -о́чет
хлопотли́вый
хлопотный
хлопотня́, -и́
хлопоту́н, -а́
хлопоту́нья, -и, р. мн. -ний
хло́поты, -о́т, -отам
хлопо́чущий
хлопу́шка, -и
хлопча́тник, -а
хлопча́тниковый
хлопчатобума́жный
хлопча́тый
хло́пчик, -а
хлопьеви́дный
хло́пья, -ьев
хлопяно́й
хлор, -а
хлорази́д, -а
хлоралгидра́т, -а
хлорами́н, -а
хлорангидри́д, -а
хлора́т, -а
хлораце́тон, -а
хлорацетофено́н, -а
хлорбензо́л, -а
хлорвини́ловый
хлоре́лла, -ы
хлорзамещённый
хлори́д, -а (хим.)
хлори́рование, -я
хлори́рованный
хлори́ровать(ся), -рую, -рует(ся)
хлористоводоро́дный
хло́ристый
хлори́т, -а (минерал)
хлорнова́тистый
хлорнова́тый
хло́рный
хлоробакте́рии, -ий
хлоро́з, -а
хлоропла́ст, -а
хлорооргани́ческий
хлоросере́бряный
хлорофи́лл, -а
хлорофи́лловый
хлорофи́лльный
хлорофо́рм, -а
хлороформи́рованный
хлороформи́ровать(ся), -рую, -рует(ся)
хлорофо́с, -а
хлорпикри́н, -а
хлорпроизво́дный
хлорсодержа́щий
хлору́ксусный
хлуп, -а и хлупь, -и
хлы́нуть, хлы́нет
хлыст, -а́
хлыста́ть(ся), хлыщу́(сь), хлы́щет(ся)
хлы́стик, -а
хлы́стнутый
хлыстну́ть(ся), -ну́(сь), -нёт(ся)
хлыстови́к, -а́
хлысто́вка, -и
хлысто́вский

ХЛЫ

хлысто́вство, -а
хлысто́вый
хлыщ, -а́
хлы́щущий
хлю́панье, -я
хлю́пать(ся), -аю(сь), -ает(ся)
хлю́пающий
хлю́пик, -а
хлю́пкий; кр. ф. -пок, -пка́, -пко
хлю́пнуть(ся), -ну(сь), -нет(ся)
хлюст, -а́
хлюстово́й и хлюсто́вый
хлю́пающий
хля́бать, -ает
хля́бкий
хлябь, -и
хля́скать, -аю, -ает
хля́снутый (от хля́снуть)
хля́снуть, -ну, -нет (к хля́скать)
хля́стать, -аю, -ает
хля́стик, -а
хля́стнутый (от хля́стнуть)
хля́стнуть, -ну, -нет (к хля́стать)
хмарь, -и
хмелево́д, -а
хмелево́дство, -а
хмелево́дческий
хмелево́й
хмелегра́б, -а
хмелёк, -лька́
хмеле́ть, -е́ю, -е́ет (становиться хмельным)
хмели́на, -ы
хмели́ть, -лю́, -ли́т (кого, что)
хмель, -я, предл. о хме́ле, во хмелю́
хмельне́нек, -е́нька
хме́льник, -а
хмельно́й; кр. ф. -лён, -льна́, -льно́ и хме́льный; кр. ф. -лен, -льна́, -льно
хмель-проду́кт, -а
хму́рить(ся), -рю(сь), -рит(ся)
хму́рый; кр. ф. хмур, хмура́, хму́ро и -рен, -рна́, -рно
хмурь, -и
хмы́кать, -аю, -ает
хмы́кнуть, -ну, -нет
хна, хны
хны́канье, -я
хны́кать, хны́чу, хны́чет и -аю, -ает
хны́кающий и хны́чущий
хо́бби, нескл., с.
хо́бот, -а
хоботноголо́вые, -ых
хоботно́й
хобото́к, -тка́
ход, -а и -у, предл. в хо́де, в ходу́, мн. -ы́, -о́в и -ы, -ов, (между осями) -а́, -о́в
хода́тай, -я
хода́тайство, -а
хода́тайствовать, -твую, -твует
ходе́бщик, -а
хо́день, ходеня́ и хо́дня: ходенём (хо́днем) ходи́ть
хо́дики, -ов
ходи́ть, хожу́, хо́дит
хо́дкий; кр. ф. хо́док, ходка́, хо́дко
ходово́й
ходо́к, -а́

ХОД

ходоме́р, -а
ходу́ли, -ей, ед. ходу́ля, -и
ходу́льный
ходу́н, -а́: ходуно́м ходи́ть
ходунки́, -о́в
хо́дче, сравн. ст. (от хо́дкий, хо́дко)
ходьба́, -ы́
ходя́чий
хожа́лый
хожде́ние, -я
хо́жено
хо́жено-перехо́жено
хо́женый
хозо́рган, -а
хозрасчёт, -а
хозрасчётный
хозча́сть, -и, мн. -и, -е́й
хозя́ин, -а, мн. -я́ева, -я́ев
хозя́йка, -и
хозя́йничанье, -я
хозя́йничать, -аю, -ает
хозя́йский
хозя́йственник, -а
хозя́йственно-организацио́нный
хозя́йственно-полити́ческий
хозя́йственно-произво́дственный
хозя́йственный; кр. ф. -вен и -венен, -венна
хозя́йство, -а
хозя́йствование, -я
хозя́йствовать, -твую, -твует
хозя́йчик, -а
хозя́юшка, -и
хокке́ист, -а
хокке́й, -я
хокке́йный
холанги́т, -а
хо́ленный, прич.
хо́леный, прил.
холе́ра, -ы
холе́рик, -а
холери́на, -ы
холери́ческий
холе́рный
холестери́н, -а
холецисти́т, -а
холецистогра́фия, -и
холецистэктоми́я, -и
холи́зм, -а
холинерги́ческий
хо́лить(ся), -лю, -лит(ся)
хо́лка, -и
холл, -а
холм, -а́
хо́лмик, -а
холми́стый
холми́ться, -и́тся
холмого́рка, -и
холмого́рский
холмого́рье, -я, р. мн. -рий
холмообра́зный
холмообразова́ние, -я
хо́лод, -а, мн. -а́, -о́в
холода́ть, -а́ю, -а́ет
холоде́ть, -е́ю, -е́ет
холоде́ц, -дца́
холоди́льник, -а
холоди́льный
холоди́на, -ы, м.

ХОЛ

холоди́ть(ся), -ожу́, -оди́т(ся)
холоди́ще, -а, *м.*
холодне́нько
холодне́ть, -е́ет
холоднёхонек, -нька
холоднёшенек, -нька
холодни́к, -а́
хо́лодно
холоднова́тый
холоднодеформи́рованный
холодноката́ный
холоднокро́вный
хо́лодность, -и
холоднотя́нутый
холо́дный; *кр. ф.* хо́лоден, холодна́, хо́лодно
холодо́вый
холодо́к, -дка́
холодолюби́вый
холодосто́йкий
холодосто́йкость, -и
холодоусто́йчивый
холодю́га, -и и холодю́ка, -и
холожённый, *прич.*
холо́женый, *прил.*
холо́п, -а, *мн.* -ы, -ов
холо́пий, -ья, -ье
холо́пка, -и
холо́пский
холо́пство, -а
холо́пствовать, -твую, -твует
холостёжь, -и
холости́ть(ся), -ощу́, -ости́т(ся)
холосто́й; *кр. ф.* хо́лост, холоста́, хо́лосто
холостя́к, -а́
холостя́цкий
холоще́ние, -я
холощённый; *кр. ф.* -ён, -ена́, *прич.*
холощёный, *прил.*
холст, -а́
холсти́на, -ы
холсти́нка, -и
холсти́нковый
холсти́нный
холстяно́й
холу́й, -я́
холу́йский
холу́йство, -а
холу́йствовать, -твую, -твует
холщо́вый
холя́ва, -ы
хому́т, -а́
хомута́ть(ся), -а́ю, -а́ет(ся)
хому́тик, -а
хому́тина, -ы
хому́тный
хомуто́к, -тка́
хомя́к, -а́
хомя́чий, -ья, -ье
хомячо́к, -чка́
хондри́лла, -ы
хондри́т, -а
хондро́ма, -ы
хонингова́льный
хонингова́ние, -я
хонингова́ть(ся), -гу́ю, -гу́ет(ся)
хоп, *неизм.*
хо́ппер, -а

ХОР

хор, -а, *предл.* о хо́ре, в хо́ре и в хору́, *мн.* -ы́, -о́в и -ы, -ов
хора́л, -а
хора́льный
хорва́т, -а, *р. мн.* -ов
хорва́тка, -и
хорва́тский
хо́рда, -ы
хо́рдовый
хордо́метр, -а
хордоугломе́р, -а
хорёвый
хорейи́ческий
хоре́й, -я (стих. размер)
хорёк, хорька́
хорео́граф, -а
хореографи́ческий
хореогра́фия, -и
хоре́я, -и (болезнь)
хори́ный
хо́рион, -а
хори́ст, -а
хори́стка, -и
хория́мб, -а
хоркружо́к, -жка́
хорме́йстер, -а
хорме́йстерский
хорово́д, -а
хорово́дить(ся), -о́жу(сь), -о́дит(ся)
хорово́дница, -ы
хорово́дный
хорово́й
хоро́мный
хоро́мы, -о́м
хорони́ть(ся), -оню́(сь), -о́нит(ся)
хорохо́риться, -рюсь, -рится
хоро́шенький
хороше́нько
хороше́ть, -е́ю, -е́ет
хоро́ший; *кр. ф.* хоро́ш, хороша́, хорошо́
хорошо́
хорт, -а
хоругвено́сец, -сца
хору́гвь, -и
хору́нжий, -его
хо́ры, -ов (балкон)
хорь, -я́
хорько́вый
хорьчо́нок, -нка, *мн.* -ча́та, -ча́т
хо́та, -ы
хоте́ние, -я
хоте́ть(ся), хочу́, хо́чешь, хо́чет(ся), хоти́м, хоти́те, хотя́т
хоть и хотя́
хохла́теть, -ею, -еет (становиться хохлатым)
хохла́тить, -а́чу, -а́тит (*кого, что*)
хохла́тка, -и
хохла́тый
хохла́ч, -а́
хо́хлить(ся), -лю(сь), -лит(ся)
хохлу́шка, -и
хо́хма, -ы
хо-хо́, *неизм.*
хохо́л, -хла́
хохоло́к, -лка́
хо́хот, -а
хохота́ть, хохочу́, хохо́чет

ХОХ

хохотли́вый
хохотня́, -и́
хохото́к, -тка́
хохоту́н, -а́
хохоту́нья, -и, *р. мн.* -ний
хохоту́шка, -и
хохо́чущий
храбре́ть, -е́ю, -е́ет
храбре́ц, -а́
храбри́ться, -рю́сь, -ри́тся
хра́брость, -и
хра́брый; *кр. ф.* храбр, храбра́, хра́бро
храм, -а
хра́мина, -ы
храмо́вник, -а
храмово́й
храмозда́тель, -я
храмозда́тельство, -а
хра́мывать, *наст. вр. не употр.*
хране́ние, -я
храни́лище, -а
храни́тель, -я
храни́тельница, -ы
храни́тельный
храни́ть(ся), -ню́, -ни́т(ся)
храп, -а
храпа́к, -а́: задава́ть храпака́
храпе́ние, -я
храпе́ть, -плю́, -пи́т
храпну́ть, -ну́, -нёт
храпови́к, -а́
храпово́й
храпо́к, -пка́
храпу́н, -а́
храпу́нья, -и, *р. мн.* -ний
хребе́т, -бта́
хребе́тный
хребти́на, -ы
хребто́вый
хребту́г, -а́
хрен, -а и -у
хрени́на, -ы
хрено́вина, -ы
хрено́вка, -и
хрено́вник, -а
хрено́вый
хренок, -нка́ и -нку́
хрестомати́йный
хрестома́тия, -и
хризали́да, -ы
хризанте́ма, -ы
хризобери́лл, -а
хризобери́лловый
хризоли́т, -а
хризоли́товый
хризопра́з, -а
хризопра́зовый
хризоти́л, -а
хрип, -а
хрипа́тый
хрипе́ние, -я
хрипе́ть, -плю́, -пи́т
хриплова́тый
хриплоголо́сый
хри́плый; *кр. ф.* хрипл, хрипла́, хри́пло
хри́пнувший
хри́пнуть, -ну, -нет, *прош.* хрип и хри́пнул, хри́пла

ХРИ

хрипота́, -ы́
хрипотца́, -ы́
хрипу́н, -а́
хрипу́нья, -и, р. мн. -ний
христара́дник, -а
христара́дничать, -аю, -ает
христианиза́ция, -и
христианизи́рованный
христианизи́ровать(ся), -рую, -рует(ся)
христиани́н, -а, мн. -а́не, -а́н
христиа́нка, -и
христиа́нский
христиа́нство, -а
христолюби́вый
христопрода́вец, -вца
христо́сик, -а
христо́сование, -я
христо́соваться, -суюсь, -суется
хри́я, -и
хром, -а
хрома́т, -а
хромати́зм, -а
хромати́н, -а
хромати́ческий
хроматогра́фия, -и
хроматометри́я, -и
хрома́ть, -а́ю, -а́ет
хро́менький
хроме́ть, -е́ю, -е́ет
хроми́рование, -я
хроми́рованный
хроми́ровать(ся), -рую, -рует(ся)
хромиро́вка, -и
хромиро́вочный
хро́мистый
хроми́т, -а
хромоальбуми́н, -а
хро́мовый
хромоге́н, -а
хромоге́нный
хромо́й; кр. ф. хром, хрома́, хро́мо
хромолитогра́ф, -а
хромолитографи́ческий
хромолитогра́фия, -и
хромолитогра́фский
хромомагнези́товый
хромомолибде́новый
хромоникелевый
хромоно́гий
хромоно́жка, -и
хромопла́ст, -а
хромоско́п, -а
хромосо́ма, -ы
хромосфе́ра, -ы
хромота́, -ы́
хромотипи́ческий
хромофо́р, -а
хромофо́рный
хромофотогра́фия, -и
хромофототи́пия, -и
хромоцистоскопи́я, -и
хро́мпик, -а
хромсодержа́щий
хрому́ша, -и, м. и ж.
хро́ник, -а
хро́ника, -и
хроника́льно-документа́льный
хроника́льный
хроникёр, -а

ХРО

хроникёрский
хрони́ст, -а
хрони́ческий
хроногра́мма, -ы
хроно́граф, -а
хроногра́фия, -и
хроно́лог, -а
хронологиза́ция, -и
хронологи́ческий
хроноло́гия, -и
хроно́метр, -а
хронометра́ж, -а
хронометражи́ст, -а
хронометражи́стка, -и
хронометри́рованный
хронометри́ровать(ся), -рую, -рует(ся)
хронометри́ст, -а
хронометри́ческий
хроноско́п, -а
хру́панье, -я
хру́пать, -аю, -ает
хру́пкий; кр. ф. -пок, -пка́, -пко
хру́пнуть, -ну, -нет
хруп-хру́п, неизм.
хру́пче, сравн. ст. (от хру́пкий, хру́пко)
хруст, -а
хруста́лик, -а
хруста́ль, -я́
хруста́льный
хру́стать, -аю, -ает
хрусте́ть, хрущу́, хрусти́т
хру́сткий; кр. ф. -ток, -тка́, -тко
хру́стнуть, -ну, -нет
хру́стче, сравн. ст. (от хру́сткий, хру́стко)
хрущ, -а́
хрущак, -а́
хрущеёдка, -и
хрыч, -а́
хрычо́вка, -и
хрю́кало, -а
хрю́канье, -я
хрю́кать, -аю, -ает
хрю́кнуть, -ну, -нет
хрю-хрю́, неизм.
хрю́шка, -и
хряк, -а́
хря́па, -ы
хря́пать, -аю, -ает
хряск, -а
хря́скать, -аю, -ает
хря́ский
хря́снувший(ся) (от хря́снуть)
хря́снуть(ся), -ну(сь), -нет(ся) (к хря́скать)
хря́стать, -аю, -ает
хря́стнувший(ся) (от хря́стнуть)
хря́стнуть(ся), -ну(сь), -нет(ся) (к хря́стать)
хрясть и хрясь, неизм.
хрячо́к, -чка́
хрящ, -а́
хрящева́тый
хрящеви́на, -ы
хрящеви́дный
хря́щик, -а
худа́ть, -а́ю, -а́ет
худе́е, сравн. ст. (от худо́й — то́щий)

ХУД

ху́денький; кр. ф. -енек, -е́нька
худе́ть, -е́ю, -е́ет (станови́ться худы́м)
худи́ть, -и́т (кого, что)
худи́щий
ху́до, -а
худоба́, -ы́
ху́до-бе́дно
худо́жественно-констру́кторский
худо́жественно-промы́шленный
худо́жественность, -и
худо́жественный; кр. ф. -вен, -венна
худо́жество, -а
худо́жник, -а
худо́жница, -ы
худо́жнический
худо́й; кр. ф. худ, худа́, ху́до
худоко́нный
худоро́дный
худоро́дство, -а
худосо́чие, -я
худосо́чный
худоте́лый
худошёрстный
худоща́вый
худсове́т, -а
худу́щий
ху́дший, сравн. и превосх. ст. (от худо́й — плохо́й и от плохо́й)
худы́шка, -и, м. и ж.
худю́щий
ху́же, сравн. ст. (от худо́й — плохо́й, ху́до и от плохо́й, пло́хо)
хуже́ть, -е́ю, -е́ет
хула́, -ы́
хулаху́п, -а
хуле́ние, -я
хулёный; кр. ф. -ён, -ена́
хулига́н, -а
хулига́нистый
хулига́нить, -ню, -нит
хулига́нка, -и
хулига́нский
хулига́нство, -а
хулига́нствующий
хулиганьё, -я́
хули́тель, -я
хули́ть, -лю́, -ли́т
хунвейби́н, -а
ху́нта, -ы
хунху́з, -а
хунху́зский
хура́л, -а
хурма́, -ы́
ху́тор, -а, мн. -а́, -о́в
хуторно́й и ху́торный
хуторо́к, -рка́
хуторско́й
хутора́нин, -а, мн. -я́не, -я́н
хутора́нка, -и

Ц

ца́дик, -а
ца́нга, -и
ца́нговый
ца́пать(ся), -аю(сь), -ает(ся)
ца́пка, -и
ца́пля, -и, р. мн. ца́пель

ЦАП

цапнуть, -ну, -нет
цапонлак, -а
цапфа, -ы
цапфенный
цап-царап, *неизм.*
царапанье, -я
царапать(ся), -аю(сь), -ает(ся)
царапина, -ы
царапинка, -и
царапнутый
царапнуть, -ну, -нет
царёв, -а, -о
царевич, -а
царевна, -ы
царедворец, -рца
царёк, -рька
цареубийство, -а
цареубийца, -ы, *м. и ж.*
царизм, -а
царистский
царить, -рю, -рит
царица, -ы
царский
царственный; *кр. ф.* -вен, -венна
царствие, -я
царство, -а
царствование, -я
царствовать, -твую, -твует
царствующий
царь, -я
царь-девица, -ы
царь-колокол, -а
царь-пушка, -и
цаца, -ы
цацка, -и
цацкаться, -аюсь, -ается
цвель, -и
цвести, цвету, цветёт; *прош.* цвёл, цвела
цвет, -а, *предл.* в цвете, в цвету, *мн.* -а, -ов
цветастый
цветение, -я
цветень, -тня
цветик, -а
цветистый
цветить(ся), цвечу, цветит(ся)
цветковый
цветневой
цветник, -а
цветничок, -чка
цветной
цветность, -и
цветоведение, -я
цветовод, -а
цветоводство, -а
цветоводческий
цветовой
цветоделение, -я
цветоделительный
цветоед, -а
цветок, -тка, *мн.* цветки, -ов (цветущие части растений) и цветы, -ов (цветущие растения)
цветокорректор, -а
цветолистик, -а
цветоложе, -а
цветомер, -а
цветомузыка, -и
цветоножка, -и

ЦВЕ

цветонос, -а
цветоносный
цветочек, -чка
цветочница, -ы
цветочный
цветочувствительность, -и
цветуха, -и
цветущий
цветший
цветы, -ов, *ед.* цветок, -тка
цвинглианство, -а
цебарка, -и
цевка, -и
цевница, -ы
цевочный
цевьё, -я
цедилка, -и
цедильный
цедить(ся), цежу, цедит(ся)
цедра, -ы
цеж, -а
цежение, -я
цеженный, *прич.*
цежёный, *прил.*
цеживать, *наст. вр. не употр.*
цезаризм, -а
цезаристский
цезий, -я
цезский
цезура, -ы (пауза)
цейлонский
цейсовский
цейтлупа, -ы
цейтнот, -а
цейхгауз, -а
целебный
целевой
целенаправленность, -и
целенаправленный; *кр. ф.* -лен, -ленна
целесообразность, -и
целесообразный
целестин, -а
целеуказание, -я
целеустремлённость, -и
целеустремлённый; *кр. ф.* -лён, -лённа
целибат, -а
целик, -а (*воен.*)
целик, -а (целина)
целиком, *нареч.*
целина, -ы
целинник, -а
целинный
целитель, -я
целительный
целить(ся), целю(сь), целит(ся) (наводить оружие)
целить(ся), целю(сь), целит(ся) (лечить)
целковик, -а
целковый, -ого
целлит, -а
целлоидин, -а
целлон, -а
целлоновый
целлофан, -а
целлофановый
целлулоид, -а
целлулоидный

ЦЕЛ

целлулоидовый
целлюлоза, -ы
целлюлозно-бумажный
целлюлозный
целобластула, -ы
целовальник, -а
целование, -я
целованный
целовать(ся), целую(сь), целует(ся)
целодневный
целомудренность, -и
целомудренный; *кр. ф.* -рен, -ренна
целомудрие, -я
целостат, -а
целостный
целость, -и
целочисленный
целый; *кр. ф.* цел, цела, цело
цель, -и
цельногнутый
цельноголовые, -ых
цельнокатаный
цельнокованый
цельнокорпусный
цельнокроеный
цельнометаллический
цельномолочный
цельнорезиновый
цельносварной
цельностальной
цельнотянутый
цельноштампованный
цельный; *кр. ф.* целен, цельна, цельно
цемент, -а
цементационный
цементация, -и
цементирование, -я
цементированный
цементировать(ся), -рую, -рует(ся)
цементировка, -и
цементировочный
цементит, -а
цементно-грунтовой
цементный
цементобетон, -а
цементобетонный
цементованный
цементовать(ся), -тую, -тует(ся)
цементовоз, -а
цемент-пушка, -и
цемянка, -и
цена, -ы, *мн.* цены, цен, ценам
ценз, -а
цензовый
цензор, -а
цензорский
цензура, -ы
цензурный
цензурованный
цензуровать(ся), -рую, -рует(ся)
ценитель, -я
ценительница, -ы
ценить(ся), ценю(сь), ценит(ся)
ценник, -а
ценностный
ценность, -и
ценный; *кр. ф.* ценен, ценна

ЦЕН

ценообразова́ние, -я
цент, -а
цента́вр, -а
центифо́лия, -и
це́нтнер, -а
центра́л, -а
централиза́ция, -и
централи́зм, -а
централизо́ванный
централизова́ть(ся), -зу́ю, -зу́ет(ся)
центра́лка, -и
центра́ль, -и
центральноазиа́тский
центральноамерика́нский
центральноафрика́нский
центральноевропе́йский
центра́льно-чернозёмный
центра́льный
центри́зм, -а
центри́рование, -я
центри́рованный
центри́ровать(ся), -рую, -рует(ся)
центриро́вка, -и
центри́ст, -а
центри́стский
центрифу́га, -и
центрифуга́льный
центрифуги́рование, -я
центрифуги́ровать(ся), -рую, -ру́ет(ся)
центрифу́жный
центри́ческий
центробе́жно-ва́куумный
центробе́жно-вихрево́й
центробе́жный
центрова́льный
центрова́ние, -я
центро́ванный
центрова́ть(ся), -ру́ю, -ру́ет(ся)
центро́вка, -и
центрово́й
центро́вочный
центропла́н, -а
центросо́ма, -ы
центростреми́тельный
центросфе́ра, -ы
центурио́н, -а
центу́рия, -и
цеоли́т, -а
цеп, -а́, мн. цепы́, -о́в
цепене́ть, -е́ю, -е́ет (замирать)
цепени́ть, -ню́, -ни́т (кого, что)
це́пень, це́пня
це́пка, -и
це́пкий; кр. ф. -пок, -пка́, -пко
це́пкость, -и
цепля́ние, -я
цепля́ть(ся), -я́ю(сь), -я́ет(ся)
цепно́й
цепо́чечный
цепо́чка, -и
цеппели́н, -а
це́пче, сравн. ст. (от це́пкий, це́пко)
цепь, -и, мн. це́пи, -е́й
це́рбер, -а
церебра́льный
цереброспина́льный
церези́н, -а
церемониа́л, -а

ЦЕР

церемониа́льный
церемонийме́йстер, -а
церемо́ниться, -нюсь, -нится
церемо́ния, -и
церемо́нность, -и
церемо́нный; кр. ф. -нен, -нна
це́реус, -а
це́риевый
це́рий, -я
церкву́шка, -и
це́рковка, -и
церко́вник, -а
церко́вница, -ы
церковноприхо́дский
церковнославяни́зм, -а
церковнославя́нский
церковнослужи́тель, -я
церко́вность, -и
церко́вный
це́рковь, -кви, мн. -кви, -кве́й, -ква́м
церопла́стика, -и
цесаре́вич, -а
цесаре́вна, -ы
цеса́рка, -и
це́сарский (от це́сарь)
цеса́рский: цеса́рская ку́рица
це́сарь, -я
цефалофло́ра, -ы
цех, -а, предл. в це́хе и в цеху́, мн. це́хи, -ов и цеха́, -о́в
цехи́н, -а
цехко́м, -а
цехови́к, -а́
цехово́й
цеховщи́на, -ы
цехячейка, -и
цеце́, нескл., ж.
циа́н, -а
цианами́д, -а
циани́д, -а
цианиза́ция, -и
циани́н, -а
циани́рование, -я
цианистоводоро́дный
циа́нистый
циа́новый
циано́з, -а
цианокобалами́н, -а
циано́метр, -а
циансодержа́щий
ци́бик, -а
цибу́ля, -и
цивилиза́тор, -а
цивилиза́торский
цивилиза́ция, -и
цивилизо́ванный; кр. ф. прич. -ан, -ана; кр. ф. прил. -ан, -анна
цивилизова́ть(ся), -зу́ю(сь), -зу́ет(ся)
цивили́ст, -а
цивили́стика, -и
циви́льный
цига́йский
цига́рка, -и
циге́йка, -и
циге́йковый
циду́ла, -ы
циду́лка, -и
цизальпи́нский
цика́да, -ы

ЦИК

цикл, -а
цикламе́н, -а
циклёванный
циклева́ть(ся), -лю́ю, -лю́ет(ся) (к ци́кля)
циклёвка, -и
циклёвочный
циклиза́ция, -и
цикли́ческий
цикли́чность, -и
цикли́чный
циклобута́н, -а
циклова́ние, -я
цикло́ванный
циклова́ть(ся), -лу́ю, -лу́ет(ся) (к цикл)
циклово́й
циклогекса́н, -а
циклогене́з, -а
циклогра́мма, -ы
циклографи́ческий
циклогра́фия, -и
циклодро́м, -а
цикло́ида, -ы
циклоида́льный
цикло́идный
цикло́н, -а
циклони́ческий
цикло́нный
цикло́п, -а
циклопи́ческий
циклотими́я, -и
циклотро́н, -а
циклотро́нный
ци́кля, -а
цико́рий, -я
цико́рный
цику́та, -ы
цили́ндр, -а
цилиндри́ческий
цили́ндровый
цимбали́ст, -а
цимба́лы, -а́л
цимля́нское, -ого
цинанда́ли, нескл., с.
цинга́, -и́
цинго́тный
цинера́рия, -и
цини́зм, -а
ци́ник, -а
цини́ческий
цини́чный
цинк, -а
цинкова́ние, -я
цинко́ванный
цинкова́ть(ся), -ку́ю, -ку́ет(ся)
ци́нковый
цинко́граф, -а
цинкографи́ческий
цинкогра́фия, -и
цинкогра́фский
цинкоргани́ческий
цинксодержа́щий
ци́нния, -и
цино́вка, -и
цино́вочный
цину́бель, -я
ци́перус, -а
ци́рик, -а
цирк, -а

ЦИР

циркач, -а
цирка́ческий
цирка́чество, -а
цирково́й
цирко́н, -а
цирко́ниевый
цирко́ний, -я
циркора́ма, -ы
циркора́мный
циркули́ровать, -рую, -рует
ци́ркуль, -я
ци́ркульный
циркуля́р, -а
циркуля́рный
циркуляцио́нный
циркуля́ция, -и
циркумполя́рный
циркумтропи́ческий
циркумфле́кс, -а
ци́рлих-мани́рлих, неизм.
цирро́з, -а
цирю́льник, -а
цирю́льня, -и, р. мн. -лен
ци́ста, -ы
цистадено́ма, -ы
цисте́рна, -ы
цисти́т, -а
цистицерко́з, -а
цистоско́п, -а
цистоскопи́я, -и
цитаде́ль, -и
цита́та, -ы
цита́тничество, -а
цита́тный
цита́ция, -и
цитва́рный
цити́рование, -я
цити́рованный
цити́ровать(ся), -рую, -рует(ся)
цито́ванный
цитова́ть, citу́ю, citу́ет
цитогене́тика, -и
цитодиагно́стика, -и
цито́лиз, -а
цитолизи́н, -а
цито́лог, -а
цитологи́ческий
цитоло́гия, -и
цитопла́зма, -ы
цитоплазмати́ческий
цитохи́мия, -и
цитохро́м, -а
цитоэколо́гия, -и
ци́тра, -ы
цитрамо́н, -а
цитра́т, -а
цитри́н, -а
цитро́н, -а
ци́трус, -а
цитрусово́д, -а
цитрусово́дство, -а
цитрусово́дческий
ци́трусовый
цифербла́т, -а
цифи́рный
цифи́рь, -и
цифи́рька, -и: игра в цифи́рьки
ци́фра, -ы
цифра́ция, -и
ци́фро-бу́квенный

ЦИФ

цифро́ванный
цифрова́ть(ся), -ру́ю, -ру́ет(ся)
цифрово́й
ци́церо, нескл., м.
цо́канье, -я
цо́кать, -аю, -ает
цо́кнуть, -ну, -нет
цо́коль, -я
цо́кольный
цо́кот, -а
цокота́ть, -очу́, -о́чет
цокоту́ха, -и
цо́пать, -аю, -ает
цо́пнуть, -ну, -нет
цуг, -а
цуг-маши́на, -ы
цугово́й
цу́гом, нареч.
цугу́ндер, -а: на цугу́ндер
цугцва́нг, -а
цук, -а (спорт.)
цука́нье, -я
цука́т, -а
цука́тный
цука́ть, -а́ю, -а́ет
цуна́ми, нескл., с.
цу́цик, -а
цыга́н, -а, мн. -а́не, -а́н
цыгане́нок, -ёнка, мн. цыганя́та, -я́т
цыга́нистый
цыга́нить, -ню, -нит
цыга́нка, -и
цыга́ночка, -и
цыга́нский
цыга́нщина, -ы
цы́канье, -я
цы́кать, -аю, -ает
цы́кнуть, -ну, -нет
цы́па, -ы
цы́пка, -и
цы́пки, цы́пок
цыплёнок, -нка, мн. -ля́та, -ля́т
цыплёночек, -чка
цыпля́тина, -ы
цыпля́тки, -ток
цыпля́тник, -а
цыпля́тница, -ы
цыпля́чий, -ья, -ье
цы́понька, -и
цы́почка, -и
цы́почки, -чек: на цы́почках, на цы́почки
цы́пушка, -и
цып-цы́п, неизм.
цыц, неизм.
цы́цте, неизм.

Ч

чаба́н, -а́
чаба́ний, -ья, -ье
чаба́нить, -ню, -нит
чаба́нский
ча́бер, -бра
ча́вканье, -я
ча́вкать, -аю, -ает
ча́вкнуть, -ну, -нет
чавы́ча, -и и чавыча́, -и́

ЧАГ

ча́га, -и
чагата́йский
чад, -а и -у, предл. о ча́де, в чаду́
чади́ть, чажу́, чади́т
ча́дный
ча́до, -а
чадолюби́вый
чадра́, -ы́
ча́душко, -а
чаева́ть, чаю́ю, чаю́ет
чаёвник, -а
чаёвница, -ы
чаёвничать, -аю, -ает
чаево́д, -а
чаево́дство, -а
чаево́дческий
чаевы́е, -ы́х
чаедроби́лка, -и
чаезавя́лочный
чаёк, чайку́ и чайка́
ча́емый
чаеобрабо́тка, -и
чаепи́тие, -я
чаепрессо́вочный
чаепроизводя́щий
чаеразве́сочный
чаесуши́льный
чаеубо́рочный
чаеупако́вочный
чаеформо́вочный
ча́йнка, -и
чай, ча́я и ча́ю, предл. в ча́е и в чаю́, мн. чаи́, чаёв
чай, вводн. сл.
ча́йка, -и
ча́йная, -ой
ча́йник, -а
ча́йница, -ы
ча́йничанье, -я
ча́йничать, -аю, -ает
ча́йничек, -чка
ча́йный
чайхана́, -ы́
чайха́нщик, -а
чака́н, -а
чака́новый
чако́на, -ы
чал, -а
чалда́р, -а
чалдо́н, -а
ча́лить(ся), -лю, -лит(ся)
ча́лка, -и
чалма́, -ы́
чалмоно́сный
чало-пе́гий
ча́лый
чан, -а, предл. в ча́не и в чану́, мн. -ы́, -о́в
чана́х, -а (сыр)
чановой
ча́пельник, -а
чапы́га, -и
чапы́жник, -а
ча́ра, -ы
чарда́ш, -а
ча́рка, -и
чарльсто́н, -а
чарова́ть(ся), -ру́ю(сь), -ру́ет(ся)
чаровни́к, -а́
чаровни́ца, -ы

ЧАР

чароде́й, -я
чароде́йка, -и
чароде́йный
чароде́йский
чароде́йственный; *кр. ф.* -вен, -венна
чароде́йство, -а
чароде́йствовать, -твую, -твует
ча́рочка, -и
ча́рочный
ча́ртер, -а
ча́ртерный
чарти́зм, -а
чарти́ст, -а
чарти́стский
чаруса́, -ы́
чару́ющий(ся)
ча́ры, чар
час, -а и (с колич. числит. 2, 3, 4) -а́, *предл.* в ча́се, в часу́, *мн.* -ы́, -о́в
час в час
час за ча́сом
ча́сик, -а
ча́сики, -ов
часифика́ция, -и
часо́венка, -и
часо́венный
часо́вня, -и, *р. мн.* -вен
часово́й, *прил.*
часово́й, -о́го
часовщи́к, -а́
часо́к, часка́
часо́к-друго́й
ча́сом, *нареч.*
часосло́в, -а
час о́т часу
часо́чек, -чка
часте́нько
частёхонько
части́к, -а́
частико́вый
части́ть, чащу́, части́т
части́ца, -ы
части́чка, -и
части́чно-рекурси́вный
части́чно упоря́доченный
части́чный
ча́стник, -а
ча́стница, -ы
ча́стнический
частноба́нковский
частновладе́льческий
ча́стное, -ого
частноземлевладе́льческий
частнокапиталисти́ческий
частномонополисти́ческий
частноправово́й
частнопрактику́ющий
частнопредпринима́тельский
частнособстве́ннический
ча́стность, -и
частнохозя́йственный
ча́стный
частоко́л, -а
частопе́тельный
часторебри́стый
частоступе́нчатый
частота́, -ы́, *мн.* -о́ты, -о́т
часто́тно-амплиту́дный
часто́тно-зави́симый

ЧАС

часто́тно-избира́тельный
часто́тно-и́мпульсный
часто́тно-контра́стный
часто́тно-модули́рованный
часто́тно-преобразова́тельный
часто́тность, -и
часто́тно-фа́зовый
часто́тный
частотоизмери́тельный
частотоме́р, -а
частуха́, -и
часту́шечник, -а
часту́шечница, -ы
часту́шечный
часту́шка, -и
ча́стый; *кр. ф.* част, часта́, ча́сто
часть, -и, *мн.* -и, -е́й
ча́стью (отча́сти)
часы́, часо́в
часы́-брасле́т, часо́в-брасле́та
часы́ пик, часо́в пик, *ед.* час пик, ча́са пик
чата́л, -а и чата́ло, -а
чать, *вводн. сл.*
ча́ус, -а
ча́уш, -а
ча́хлый
ча́хнувший
ча́хнуть, -ну, -нет; *прош.* чах и ча́хнул, ча́хла
чахо́тка, -и
чахо́точный
чахохби́ли, *нескл., с.*
ча́ча, -и
ча-ча-ча́, *нескл., с.*
чачва́н, -я
ча́ша, -и
чашеви́дный
чашели́стик, -а
чашеобра́зный
ча́шечка, -и
ча́шечный
ча́шка, и
ча́шник, -а
ча́ща, -и
ча́ще, *сравн. ст. (от* ча́стый, ча́сто)
чащо́ба, -ы
ча́ющий
ча́яние, -я
ча́ятельно
ча́ять, ча́ю, ча́ет
ча́ячий, -ья, -ье
чва́ниться, -нюсь, -нится
чванли́вость, -и
чванли́вый
чва́нный; *кр. ф.* чва́нен, чва́нна
чва́нство, -а
чеба́к, -а́
чебота́рить, -рю, -рит
чебота́рный
чебота́рский
чебота́рь, -я́
чёботы, -ов, *ед.* чёбот, -а
чебре́ц, -а́
чебура́хнуть(ся), -ну(сь), -нет(ся)
чебуре́к, -а
чебуре́чная, -ой
чеглок, -а́
чего́-то

ЧЕГ

чего́-чего́
чей, чья, чьё
чей бы (то) ни́ был
чей-либо, чья-либо, чьё-либо
чей-нибудь, чья-нибудь, чьё-нибудь
чей-то, чья-то, чьё-то
чек, -а
чека́, -и́
чека́н, -а
чека́ненный
чека́нить(ся), -ню, -нит(ся)
чека́нка, -и
чека́нный
чека́ночный
чека́нщик, -а
чеки́ст, -а
чеки́стский
чекма́рь, -я́
чекме́нь, -я́
че́ковый
чекода́тель, -я
чекры́жить, -жу, -жит
чеку́ша, -и
чеку́шка, -и
челе́ста, -ы
чёлка, -и
чёлн, челна́, *мн.* челны́, -о́в и чёлны, -ов
челно́к, -а́
челно́чник, -а
челно́чница, -ы
челно́чный
челночо́к, -чка́
чело́, -а́, *мн.* чёла, чёл
челоби́тная, -ой
челоби́тчик, -а
челоби́тчица, -ы
челоби́тье, -я
челове́к, -а
человекове́дение, -я
челове́ко-де́нь, -дня́
челове́ко-едини́ца, -ы
человеколю́бец, -бца
человеколюби́вый
человеколю́бие, -я
человеконави́стник, -а
человеконенави́стнический
человеконенави́стничество, -а
человекообра́зный
человекоподо́бный
человекоуби́йство, -а
человекоуби́йца, -ы, *м. и ж.*
челове́ко-ча́с, -а, *мн.* -ы́, -о́в
челове́чек, -чка
челове́ческий
челове́чественный
челове́чество, -а
челове́чий, -ья, -ье
челове́чина, -ы, *м. и ж.*
челове́чишка, -и, *м.*
челове́чище, -а, *м.*
челове́чность, -и
челове́чный
чёлочка, -и
челюстно́й
че́люстно-лицево́й
че́люсть, -и
челяди́н, -а
челяди́нец, -нца
челяди́нка, -и

ЧЕЛ

челядь, -и
чем, союз
чембур, -а
чемер, -а
чемерица, -ы
чемеричный
чем ни попадя
чемодан, -а
чемоданишко, -а, м.
чемоданище, -а, м.
чемоданный
чемоданчик, -а
чемпион, -а
чемпионат, -а
чемпионка, -и
чемпионский
чем попадя
чепан, -а
чепе, нескл., с.
чепец, чепца
чепрак, -а
чепрачный
чепуха, -и
чепуховина, -ы
чепуховый
чепчик, -а
черва, -ы (личинки пчёл)
червеобразный
червец, -а
червеязычные, -ых
черви, -ей, -ям и червы, черв, -ам (карточная масть)
червиветь, -еет (становиться червивым)
червивить, -влю, -вит (что)
червивиться, -ится
червивый
червить, -ит
червление, -я
червлёный
червобоина, -ы
червобой, -я
червобойный
червовидный
червовод, -а
червоводня, -и, р. мн. -ден
червовый
червонец, -нца
червонка, -и
червонный
червончик, -а
червоточина, -ы
червоточинка, -и
червоточный
червы, черв, -ам и черви, -ей, -ям (карточная масть)
червь, -я, мн. черви, -ей
червяк, -а
червяковый
червяной
червячный
червячок, -чка
чердак, -а
чердачный
черевики, -ов, ед. черевик, -а
черевички, -ов, ед. -чек, -чка
черёд, -еда и -еду, предл. о череде, в череду
череда, -ы
чередование, -я

ЧЕР

чередовать(ся), -дую(сь), -дует(ся)
через, предлог
через, -а (кошелёк)
череззерница, -ы
черемис, -а
черемиска, -и
черемисский
черёмуха, -и
черёмуховый
черёмушник, -а
черёмушный
черемша, -и
черенкование, -я
черенковать(ся), -кую, -кует(ся)
черенковый
черенок, -нка
череночный
череп, -а, мн. -а, -ов
черепаха, -и
черепаховый
черепаший, -ья, -ье
черепашина, -ы
черепашка, -и
черепенник, -а
черепитчатый
черепица, -ы
черепицеделательный
черепичина, -ы
черепичный
черепной
черепно-мозговой
черепок, -пка
черепяной и черепяный
чересполосица, -ы
чересполосный
чересседельник, -а
чересседельный
чересстрочный
чересчур
черешенка, -и
черешковый
черешневый
черешня, -и
черешок, -шка
черешчатый
черкан, -а
черкание, -я
чёрканье, -я
черкас, -а
черкасский
черкать(ся), -аю(сь), -ает(ся)
чёркать(ся), -аю, -ает(ся)
черкес, -а, р. мн. -ов
черкеска, -и (одежда)
черкесский
черкешенка, -и (к черкес)
черкнуть, -ну, -нёт
чёрмный; кр. ф. -мен, -мна
чернавка, -и
черневый и черневой
чернение, -я
чернённый; кр. ф. -ён, -ена прич.
чернёный, прил.
чернеть, -и (вид утки)
чернеть, -ею, -еет (становиться чёрным)
чернеться, -еется
чернехонький; кр. ф. -нек, -нька
чернец, -а
чернешенький; кр. ф. -нек, -нька

ЧЕР

черника, -и
чернила, -ил
чернильница, -ы
чернильный
чернить, -ню, -нит (кого, что)
черниться, -ится
черница, -ы
черничина, -ы
черничка, -и
черничник, -а
черничный
чёрно-белый
чернобородый
чернобровый
чернобурка, -и
черно-бурый
чернобыльник, -а
черноватый
черновик, -а
черновичок, -чка
черновой
черноволосый
черноглазый
черноголовка, -и
черноголовый
черногорец, -рца
черногорка, -и
черногорский
черногривый
чернозём, -а
чернозёмный
чернозобик, -а
черноклён, -а
чернокнижие, -я
чернокнижник, -а
чернокожий
чернокорень, -рня
чернокрылый
чернокудрый
чернолесье, -я
чернолицый
черномазый
черномордый
черноморец, -рца
черноморский
чернобокий
черно-пегий
черно-пёстрый
черноплодный
чернорабочая, -ей
чернорабочий, -его
черноризец, -зца
чернорубашечник, -а
чёрно-синий
чернослив, -а
черносливина, -ы
черносмородинный
черносмородиновый
черносотенец, -нца
черносотенный
черносотенство, -а
черносошный
черноспинка, -и
черностоп, -а
чернота, -ы
черноталь, -а
чернотелка, -и
чернотроп, -а
черноусый
черношёрстный

ЧЕР

чернушка, -и
чёрный; *кр. ф.* чёрен, черна, черно и чёрно
черным-черно
черныш, -а
чернь, -и
чернявый
чернядь, -и
черняк, -а
черпак, -а
черпалка, -и
черпальный
черпанный
черпать(ся), -аю, -ает(ся)
черпнуть, -ну, -нёт
черстветь, -ею, -еет (становиться чёрствым)
черствить, -вит (*что*)
чёрствый; *кр. ф.* чёрств, черства, чёрство
чёрт, чёрта, *мн.* черти, -ей
черта, -ы
черта с два
чертёж, чертежа
чертёжик, -а
чертёжник, -а
чертёжница, -ы
чертёжно-конструкторский
чертёжно-копировальный
чертёжный
чертёнок, -нка, *мн.* -енята, -енят
чёртик, -а
чертилка, -и
чертить, черчу, чертит (куролесить)
чертить(ся), черчу, чертит(ся) (рисовать)
чёртов, -а, -о
чертовка, -и
чертовски
чертовский
чертовщина, -ы
чертог, -а
чертополох, -а
чертополоховый
чёрточка, -и
чёрт-те что
чёртушка, -и, *м. и ж.*
чертыхаться, -аюсь, -ается
чертыхнуться, -нусь, -нётся
черчение, -я
черченный, *прич.*
черченый, *прил.*
чёс, -а
чесалка, -и
чесальный
чесальня, -и, *р. мн.* -лен
чёсанец, -нца
чесание, -я
чёсанки, -нок, *ед.* чёсанок, -нка
чёсанный, *прич.*
чесануть, -ну, -нёт
чёсаный, *прил.*
чесать(ся), чешу(сь), чешет(ся)
чёска, -и
чеснок, -а и -у
чесноковый
чесночина, -ы
чесночник, -а
чесночница, -ы
чесночный

ЧЕС

чесночок, -чка и -чку
чесотка, -и
чесоточный
чествование, -я
чествованный
чествовать(ся), -твую, -твует(ся)
честер, -а
честить, чещу, честит
честной
честной; *кр. ф.* честен, честна, честно
честолюбец, -бца
честолюбивый
честолюбие, -я
честь, -и
честь, чту, чтёт, чтут
честь честью
чесуча, -и
чесучовый
чёсывать, *наст. вр. не употр.*
чёт, -а (чёт и нечет)
чета, -ы
четверг, -а
четверговый
четвереньки, -нек
четверик, -а
четвериковый
четверить(ся), -рю, -рит(ся)
четверичный
четвёрка, -и (цифра, четыре предмета)
четверной (в четыре раза больший)
четверня, -и, *р. мн.* -ей
четверо, -ых
четвероевангелие, -я
четвероклассник, -а
четвероклассница, -ы
четверокурсник, -а
четверокурсница, -ы
четвероногий
четверорукий
четверостишие, -я
четверохолмие, -я
четвёрочник, -а
четвёрочница, -ы
четвероякий
четвертак, -а
четвертаковый
четвертачок, -чка
четвертина, -ы
четвертинка, -и
четвертинный
четвертичный
четвёртка, -а (четвёртая часть)
четвертной (*от* четверть)
четвертование, -я
четвертованный
четвертовать(ся), -тую, -тует(ся)
четверток, -тка
четвертушка, -и
четвёртый
четверть, -и, *мн.* -и, -ей
четвертьфинал, -а
четвертьфинальный
чётки, -ток
чёткий; *кр. ф.* чёток, четка, чётко
чёт-нечет (играть в чёт-нечет)
чётник, -а
чётный
четушка, -и (четвертинка)

ЧЁТ

чётче, *сравн. ст.* (*от* чёткий, чётко)
четыре, четырёх, четырём, четырьмя, о четырёх
четырежды
четыреста, четырёхсот, четырёмстам, четырьмястами, о четырёхстах
четырёхборье, -я
четырёхвалковый
четырёхведёрный
четырёхвесельный и четырёхвёсельный
четырёхглавый
четырёхглазка, -и
четырёхгодичный (4-годичный)
четырёхгодовалый
четырёхголосный
четырёхгранник, -а
четырёхгранный
четырёхдневный (4-дневный)
четырёхдольный
четырёхжаберный
четырёхзначный
четырёхклассный
четырёхколёсный
четырёхконечный
четырёхкратный
четырёхкубовой (4-кубовой)
четырёхлетие (4-летие), -я
четырёхлетка, -и
четырёхлетний (4-летний)
четырёхлеток, -тка
четырёхлистный
четырёхлучевой
четырёхмерный
четырёхместный
четырёхмесячный (4-месячный)
четырёхметровый (4-метровый)
четырёхмоторный
четырёхногий
четырёхокись, -и
четырёхорудийный
четырёхосный
четырёхпалый
четырёхполье, -я
четырёхпольный
четырёхполюсник, -а
четырёхпроцентный (4-процентный)
четырёхрублёвый (4-рублёвый)
четырёхручный
четырёхскатный
четырёхсложный
четырёхслойный
четырёхсотлетие (400-летие), -я
четырёхсотлетний (400-летний)
четырёхсотый
четырёхстенный
четырёхстопный
четырёхсторонний
четырёхструнный
четырёхтактный
четырёхтактовый
четырёхтомный (4-томный)
четырёхтысячный
четырёхугольник, -а
четырёхугольный
четырёххлористый
четырёхцветный
четырёхцилиндровый
четырёхчасовой (4-часовой)
четырёхчленный

ЧЕТ

четырёхъя́русный
четырёхэлеме́нтный
четырёхэта́жный (4-эта́жный)
четы́рнадцатила́мповый
четы́рнадцатиле́тний (14-ле́тний)
четы́рнадцатиэта́жный (14-эта́жный)
четы́рнадцатый
четы́рнадцать, -и, *тв.* -ью
че́тья мине́я, че́тьи мине́и
чех, -а
чехарда́, -ы́
чехли́ть, -лю́, -ли́т
чехо́л, чехла́
чехо́льчик, -а
чехо́нь, -и
чехослова́цкий
чехослова́цко-болга́рский
чехослова́цко-сове́тский
чечеви́ца, -ы
чечевицеобра́зный
чечеви́чка, -и
чечеви́чный
чече́нец, -нца
чече́нка, -и
чече́нский
че́чет, -а
чечётка, -и
че́шка, -и
че́шки, че́шек (тапочки)
че́шский
че́шско-ру́сский
чешуеви́дный
чешуедре́в, -а
чешуекры́лые, -ых
чешуеобра́зный
чешуецве́тные, -ых
чешу́йка, -и
чешу́йница, -ы
чешу́йчатый
че́шущий(ся)
чешуя́, -и́
чи́бис, -а
чибисёнок, -нка, *мн.* -ся́та, -ся́т
чи́бисовый
чиви́канье, -я
чиви́кать, -аю, -ает
чиви́кнуть, -ну, -нет
чиги́рь, -я́ (механизм)
чиж, -а́
чи́жик, -а
чижи́ный
чижо́вка, -и
чижо́вый
чи́зель, -я
чий, -я
чи́канье, -я
чи́кать(ся), -аю(сь), -ает(ся)
чи́кнуть, -ну, -нет
чик-чири́к, *неизм.*
чикчи́ры, -и́р
чилибу́ха, -и
чили́га, -и (кустарник)
чили́ец, -и́йца
чили́жник, -а
чили́йка, -и
чили́йский
чили́канье, -я
чили́кать, -аю, -ает
чили́м, -а

ЧИЛ

чиля́га, -и (сорт винограда)
чин, -а, *мн.* -ы́, -о́в
чи́на, -ы
чина́ра, -ы и чина́р, -а
чина́ровый
чи́ненный, *прич.*
чинёный, *прил.*
чини́ть(ся), чиню́(сь), чи́нит(ся) (исправлять)
чини́ть(ся), чиню́(сь), чини́т(ся) (устраивать; церемониться)
чи́нка, -и
чинквече́нто, *нескл., с.*
чи́нность, -и
чи́нный; *кр. ф.* чи́нен, чинна́, чи́нно
чино́вник, -а
чино́вница, -ы
чино́внический
чино́вничество, -а
чино́вничий, -ья, -ье
чино́вный
чинодра́л, -а
чинонача́лие, -я
чинопочита́ние, -я
чинопроизво́дство, -а
чину́ша, -и, *м.*
чин чи́ном
чинш, -а
чиншево́й
чи́псы, -ов
чи́рей, чи́рья
чирёнок, -нка, *мн.* чиря́та, -я́т
чири́к, *неизм.*
чири́канье, -я
чири́кать, -аю, -ает
чири́кнуть, -ну, -нет
чи́рканный
чи́ркать, -аю, -ает
чи́ркнуть, -ну, -нет
чиро́к, чирка́
чиру́ха, -и
чиря́тина, -ы
чи́сленник, -а
чи́сленность, -и
чи́сленный
числи́тель, -я
числи́тельное, -ого
чи́слить(ся), -лю(сь), -лит(ся)
число́, -а́, *мн.* чи́сла, чи́сел
числово́й
чи́стенький
чистёха, -и, *м. и ж.*
чисте́ц, -а́
чи́стик, -а
чи́стилище, -а
чи́стильный
чи́стильщик, -а
чи́стить(ся), чи́щу(сь), чи́стит(ся)
чи́стка, -и
чи́сто-бе́лый
чистови́к, -а́
чистово́й
чистога́н, -а
чи́сто-голубо́й
чистокро́вный
чистольняно́й
чи́сто-на́чисто
чистописа́ние, -я
чистоплемённый
чистопло́тность, -и

ЧИС

чистопло́тный
чистоплю́й, -я
чистоплю́йство, -а
чистопоро́дный
чистопро́бный
чистопсо́вый
чи́сто ржано́й
чи́сто ру́сский
чистосерде́чие, -я
чистосерде́чный
чистосо́ртный
чистота́, -ы́
чистоте́л, -а
чистошерстяно́й
чи́стый; *кр. ф.* чист, чиста́, чи́сто
чистю́ля, -и, *м. и ж.*
чистя́к, -а́
чита́бельный
чита́емый
чита́лка, -и
чита́льный
чита́льня, -и, *р. мн.* -лен
чи́танный, *прич.*
чи́тано-перечи́тано
чи́таный, *прил.*
чита́тель, -я
чита́тельница, -ы
чита́тельский
чита́ть(ся), -а́ю, -а́ет(ся)
чи́тка, -и
чи́тчик, -а
чи́тывать, *наст. вр. не употр.*
чих, -а и *неизм.*
чиха́нье, -я
чиха́тельный
чиха́ть(ся), -а́ю, -а́ет(ся)
чихво́стить, -о́щу, -о́стит
чихи́рь, -я́ (вино)
чихну́ть, -ну́, -нёт
чи́чер, -а
чичеро́не, *нескл., м.*
чичисбе́й, -я
чи́ще, *сравн. ст. (от* чи́стый, чи́сто*)*
чи́щенный, *прич.*
чи́щеный, *прил.*
член, -а
члене́ние, -я
чле́ник, -а
членистоно́гие, -их
члени́стый
члени́ть(ся), -ню́, -ни́т(ся)
член-корреспонде́нт, чле́на-корреспонде́нта
чле́нный
членовреди́тель, -я
членовреди́тельский
членовреди́тельство, -а
членоразде́льный
чле́нский
чле́нство, -а
чмок, *неизм.*
чмо́канье, -я
чмо́кать(ся), -аю(сь), -ает(ся)
чмо́кнутый
чмо́кнуть(ся), -ну́(сь), -ни́т(ся)
чо́канье, -я
чо́кать(ся), -аю(сь), -ает(ся)
чо́кер, -а
чо́кнутый
чо́кнуть(ся), -ну(сь), -нет(ся)

ЧОМ

чо́мга, -и
чон, -а (ден. ед.)
чо́порность, -и
чо́порный
чох, -а
чоха́, -и́
чо́хом, нареч.
чрева́тый
чре́во, -а
чревовеща́ние, -я
чревовеща́тель, -я
чревовеща́тельница, -ы
чревосече́ние, -я
чревоуго́дие, -я
чревоуго́дник, -а
чревоуго́дница, -ы
чревоуго́дничать, -аю, -ает
чреда́, -ы́
чрез, предлог
чрезвыча́йность, -и
чрезвыча́йный
чрезме́рность, -и
чрезме́рный
чре́сла, чресл
чте́ние, -я
чтец, -а́
чте́цкий
чти́во, -а
чти́мый
чти́ть(ся), чту, чти́т(ся), чтя́т(ся) и чтут(ся)
чти́ца, -ы
что, чего́, чему́, чем, о чём
чтоб(ы), союз, но местоим. что бы (что́ бы предприня́ть?)
что́ бы ни (что́ бы ни случи́лось, дай знать)
что́ ж(е), чего́ ж(е)
что́-либо, чего́-либо
что́-нибудь, чего́-нибудь
что ни есть
что ни на есть
что́-то, чего́-то
что-что, а ...
чуб, -а, мн. -ы́, -о́в
чуба́рый
чуба́стый
чуба́тый
чубу́к, -а́
чубу́чный
чубучо́к, -чка́
чубу́шник, -а
чу́бчик, -а
чува́л, -а
чува́ш, -а и -а́, р. мн. -аше́й
чува́шка, -и
чува́шский
чу́вственность, -и
чу́вственный; кр. ф. -вен, -венна
чувстви́тельность, -и
чувстви́тельный
чу́вство, -а
чу́вствование, -я
чу́вствовать(ся), -твую, -твует(ся)
чувя́ки, -ов и -я́к, ед. -я́к, -а
чувя́чный
чугу́н, -а́
чугу́нка, -и
чугу́нный
чугуново́з, -а

ЧУГ

чугуно́к, -нка́
чугунолите́йный
чугуноплави́льный
чугу́нчик, -а
чуда́к, -а́
чудакова́тость, и
чудакова́тый
чуда́к-челове́к
чуда́ческий
чуда́чество, -а
чуда́чествовать, -твую, -твует
чуда́чить, -чу, -чит
чуда́чка, -и
чудеса́, чуде́с, -а́м
чуде́сить, -е́сит
чуде́сный
чуди́ла, -ы, м. и ж.
чуди́ть, -и́т
чу́диться, -ится
чу́дище, -а
чудно́й; кр. ф. чудён, чудна́ (странный)
чу́дный; кр. ф. чу́ден, чудна́ (превосходный)
чу́до, -а, мн. чудеса́, чуде́с
чу́до-богаты́рь, -я́
чудо́вище, -а
чудо́вищный
чудоде́й, -я
чудоде́йка, -и
чудоде́йственный; кр. ф. -вен, -венна
чу́до-ко́нь, -я́
чу́дом, нареч.
чу́до-пе́чка, -и
чудотво́рец, -рца
чудотво́рный
чудотво́рство, -а
чу́до чу́дное
чу́до-ю́до, чу́да-ю́да, с.
чудско́й
чудь, -и
чу́ечка, -и
чужа́к, -а́
чужа́нин, -а, мн. -а́не, -а́н
чужа́чка, -и
чужби́на, -ы
чужби́нный
чужда́ться, -а́юсь, -а́ется
чу́ждый; кр. ф. чужд, чужда́, чу́ждо
чужеда́льний
чужезе́мец, -мца
чужезе́мка, -и
чужезе́мный
чужезе́мщина, -ы
чужеплеме́нный
чужеро́дный
чужестра́нец, -нца
чужестра́нка, -и
чужестра́нный
чужея́дный
чужо́й
чу́йка, -и
чуко́тский
чу́кча, -и, р. мн. -чей, м.
чукча́нка, -и
чула́н, -а
чула́нный
чула́нчик, -а
чулки́, чуло́к, -а́, ед. чуло́к, -лка́

ЧУЛ

чулки́ гольф, чуло́к гольф
чуло́чки, -чек, ед. чуло́чек, -чка
чуло́чно-носо́чный
чуло́чно-трикота́жный
чуло́чный
чум, -а
чума́, -ы́
чума́зый
чума́к, -а́
чумакова́ть, -ку́ю, -ку́ет
чума́цкий
чуме́ть, -е́ю, -е́ет
чуми́за, -ы
чуми́зный
чуми́чка, -и
чумно́й (от чума́)
чу́мный (от чум)
чумово́й
чу́ни, -ей, ед. чу́ня, -и
чупри́на, -ы
чупру́н, -а́
чур, неизм.
чура́ться, -а́юсь, -а́ется
чурба́н, -а
чурбачо́к, -чка́
чуре́к, -а
чу́рка, -и
чу́рочка, -и
чу́рочный
чур-чура́, неизм.
чу́ткий; кр. ф. -ток, -тка́, -тко
чу́ткость, -и
чуто́к (чуточку)
чу́точку, нареч.
чу́точный
чу́тче, сравн. ст. (от чу́ткий, чу́тко)
чуть, нареч.
чутьё, -я́
чутьи́стый
чуть ли не
чуть что
чуть-чу́ть
чуха́, -и́
чухна́, -ы́ (чухонцы)
чухо́нец, -нца
чухо́нка, -и
чухо́нский
чу́чело, -а
чу́чельный
чу́шка, -и
чушь, -и
чу́янный
чу́ять(ся), чу́ю, чу́ет(ся)
чхать, чха́ю, чха́ет
чхнуть, чхну, чхнёт
чьё, чьего́
чья, чьей

Ш

шабала́, -ы́
ша́баш, -а (субботний отдых; также: ша́баш ведьм)
шаба́ш, неизм. (кончено, довольно)
шаба́шить, -шу, -шит
шаба́шка, -и
шаба́шник, -а
шаба́шничать, -аю, -ает
ша́бер, -а (инструмент)

ШАБ ШАЛ ШАР Ш

шабёр, шабра́ (сосед)
шабли́, нескл., с.
шабло́н, -а
шаблонизи́рованный
шаблонизи́ровать(ся), -рую, -рует(ся)
шабло́нный; кр. ф. -о́нен, -о́нна
шабо́т, -а
шабре́ние, -я
ша́бренный, прич.
ша́бреный, прил.
ша́брить(ся), -рю, -рит(ся)
шабро́ванный
шаброва́ть, -ру́ю, -ру́ет
шабро́вка, -и
шабро́вочный
ша́вка, -и
шаг, -а и -у и (с колич. числит. 2, 3, 4) -а́, предл. в ша́ге, в шагу́, мн. -и́, -о́в
шага́ть(ся), -а́ю, -а́ет(ся)
шага́ющий
шаг в шаг
шаг за ша́гом
шаги́стика, -и
шагну́ть, -ну́, -нёт
ша́говый и шагово́й
ша́гом, нареч.
шагоме́р, -а
ша́гом марш!
шагре́невый
шагрени́рованный
шагрени́ровать(ся), -рую, -рует(ся)
шагре́нь, -и
ша́ечка, -и
ша́ечный
шажко́м, нареч.
шажо́к, шажка́
ша́йба, -ы
ша́йка, -и
шайта́н, -а
шака́л, -а
шака́лий, -ья, -ье
шала́нда, -ы
шала́ш, -а́
шалбе́рник, -а
шалбе́рничать, -аю, -ает
шале́, нескл., с.
шалёванный
шалева́ть(ся), -лю́ю, -лю́ет(ся)
шалёвка, -и
ша́левый
шале́ть, -е́ю, -е́ет
шали́ть, -лю́, -ли́т
шалма́н, -а
шаловли́вость, -и
шаловли́вый
шалопа́й, -я
шалопа́йничать, -аю, -ает
шалопу́т, -а
шалопу́тный
ша́лость, -и
шалта́й-болта́й, неизм. и нескл., м.
шалу́н, -а́
шалуни́шка, -и, м.
шалу́нья, -и, р. мн. -ний
шалфе́й, -я
шалыга́н, -а
шалыга́нить, -ню, -нит

ша́лый
шаль, -и
шальва́ры, -а́р
шально́й; кр. ф. шальна́
шаля́й-валя́й, неизм.
шама́н, -а
шама́нский
шама́нство, -а
шамато́н, -а
шамберье́р, -а
ша́мканье, -я
ша́мкать, -аю, -ает
шамози́т, -а
шамо́т, -а
шамо́тный
шампаниза́ция, -и
шампанизи́рованный
шампанизи́ровать(ся), -рую, -рует(ся)
шампа́нский
шампа́нское, -ого
шампиньо́н, -а
шампиньо́нный
шампу́нь, -я
шампу́р, -а
шанда́л, -а
ша́нежка, -и
ша́нец, -нца
ша́нкерный
шанкр, -а
шанс, -а
шансоне́тка, -и
шансонье́, нескл., м.
шанта́ж, -а́
шантажи́рованный
шантажи́ровать, -рую, -рует
шантажи́ст, -а
шантажи́стка, -и
шантажи́стский
шанта́жный
шанта́н, -а
шанта́нный
шантрапа́, -ы́, м. и ж.
ша́нцевый
ша́ньга, -и
шапиро́граф, -а
шапито́, нескл., с.
ша́пка, -и
ша́пка-невиди́мка, ша́пки-невиди́мки
шапкозакида́тельство, -а
шапокля́к, -а
ша́почка, -и
ша́почник, -а
ша́почный
шапсу́г, -а, р. мн. -ов
шапсу́гский
шапчо́нка, -и
шар, -а и (с колич. числит. 2, 3, 4) -а́, мн. -ы́, -о́в
шараба́н, -а
шара́да, -ы
шара́п: на шара́п
шара́ханье, -я
шара́хать(ся), -аю(сь), -ает(ся)
шара́хнуть(ся), -ну(сь), -нет(ся)
шара́шкина конто́ра
шарж, -а
шаржи́рование, -я
шаржи́рованный

шаржи́ровать, -рую, -рует
шаржиро́вка, -и
шаржи́ст, -а
шар-зо́нд, ша́ра-зо́нда
шариа́т, -а
шарива́ри, нескл., с.
ша́рик, -а
ша́риковый
ша́рико- и роликоподши́пники, -ов
шарикоподши́пник, -а
шарикоподши́пниковый
ша́рить, -рю, -рит
ша́рканье, -я
ша́ркать(ся), -аю(сь), -ает(ся)
ша́ркнуть(ся), -ну(сь), -нет(ся)
шарку́н, -а́
шарлата́н, -а
шарлата́нить, -ню, -нит
шарлата́нка, -и
шарлата́нский
шарлата́нство, -а
шарла́х, -а
шарло́т, -а
шарло́тка, -и
шарма́нка, -и
шарма́нщик, -а
шарни́р, -а
шарни́рно-подвижно́й
шарни́рно-ро́ликовый
шарни́рно-сочленённый
шарни́рный
шаро́ванный
шарова́ры, -а́р
шарова́ть(ся), шару́ю, шару́ет(ся)
шарови́дный
шаро́вка, -и
шарово́й (к шар)
ша́ровый (серый)
шаромы́га, -и, м. и ж.
шаромы́жник, -а
шаромы́жничать, -аю, -ает
шаромы́жничество, -а
шарообра́зный
шароско́п, -а
шаро́шечный
шаро́шка, -и
ша́рпать, -аю, -ает
шар-пило́т, ша́ра-пило́та
шартре́з, -а
шарф, -а
шарфяно́й
шасла́, -ы́
шассе́, нескл., с. (в танце)
шасси́, нескл., с.
ша́станье, -я
ша́стать, -аю, -ает
шасть, неизм.
шата́ние, -я
шата́ть(ся), -а́ю(сь), -а́ет(ся)
шате́н, -а
шате́нка, -и
шатёр, шатра́
шати́рованный
шати́ровать(ся), -рую, -рует(ся)
шатиро́вка, -и
ша́тия, -и
ша́ткий
шатну́ть(ся), -ну́(сь), -нёт(ся)
шато́-ике́м, -а и -у
шатро́вый

457

ШАТ

шату́н, -а́
шату́нный
шату́нья, -и, *р. мн.* -ний
ша́фер, -а, *мн.* -а́, -о́в (в свадебной церемонии)
ша́ферский
шафра́н, -а
шафра́нный
шафра́новый
шах, -а
ша́хер-ма́хер, -а
ша́хер-ма́херский
шахерма́херство, -а
шахинша́х, -а
шахинша́хский
шахи́ня, -и, *р. мн.* -и́нь
шахмати́ст, -а
шахмати́стка, -и
ша́хматный
ша́хматы, -ат
шахова́ть, шаху́ю, шаху́ет
шахсе́й-вахсе́й, -я
ша́хский
ша́хта, -ы
ша́хтенный
шахтёр, -а
шахтёрка, -и
шахтёрский
шахтко́м, -а
ша́хтный
шахтовладе́лец, -льца
ша́хтовый
шахтоподъёмник, -а
шахтопрохо́дчик, -а
шахтострои́тель, -я
шахтоуправле́ние, -я
ша́шечка, -и
ша́шечница, -ы
ша́шечный
шаши́ст, -а
шаши́стка, -и
ша́шка, -и
шашлы́к, -а́
шашлы́чная, -ой
шашлы́чный
шашлычо́к, -чка́
ша́шни, -ей
шваб, -а
шва́бка, -и
шва́бра, -ы
шва́бский
шваль, -и
шва́льня, -и, *р. мн.* -лен
шва́ркать(ся), -аю(сь), -ает(ся)
шва́ркнутый
шва́ркнуть(ся), -ну(сь), -нет(ся)
шварто́в, -а
швартова́ние, -я
швартова́ть(ся), -ту́ю, -ту́ет(ся)
шварто́вить(ся), -влю, -вит(ся)
шварто́вка, -и
шварто́вный
швах, *неизм.*
швед, -а
шве́дка, -и
шве́дский
шве́дско-норве́жский
шве́дско-сове́тский
швейно-галантере́йный
швейный

ШВЕ

швейца́р, -а
швейца́рец, -рца
швейца́рка, -и
швейца́рский
шве́ллер, -а
шве́ллерный
швертбо́т, -а
швея́, -и́
шви́цкий
шво́рень, -рня
швырко́вый
швырну́ть(ся), -ну́(сь), -нёт(ся)
швыро́к, -рка́
швыря́лка, -и
швыря́ние, -я
швыря́ный
швыря́ть(ся), -я́ю(сь), -я́ет(ся)
шебарши́ть(ся), -шу́(сь), -ши́т(ся)
шевалье́, *нескл., м.*
шевеле́ние, -я
шевелённый, *прич.*
шевелёный, *прил.*
шевели́ть(ся), -елю́(сь), -ели́т(ся)
шевельну́ть(ся), -ну́(сь), -нёт(ся)
шевелю́ра, -ы
шевингова́ние, -я
ше́винг-проце́сс, -а
шевио́т, -а
шевио́товый
шевре́т, -а
шевро́, *нескл., с.*
шевро́вый
шевро́н, -а
шевро́нный
шед, -а
шеде́вр, -а
ше́дший
шеели́т, -а
шезло́нг, -а
ше́ища, -и
шейк, -а (танец)
ше́йка, -и
ше́йный
шейх, -а (титул)
шёлеп, -а
шёлест, -а
шелесте́ть, -ти́т
шёлк, -а и -у, *предл.* в шёлке и в шелку́, *мн.* шелка́, -о́в
шелкови́на, -ы
шелкови́нка, -и
шелкови́стый
шелкови́ца, -ы
шелкови́чный
шелко́вка, -и
шелково́д, -а
шелково́дный
шелково́дство, -а
шелково́дческий
шёлковый и (*нар.-поэт.*) шелко́вый
шёлкокомбина́т, -а
шёлкокрути́льный
шёлкокруче́ние, -я
шёлкомота́льный
шёлкомота́льня, -и, *р. мн.* -лен
шёлкомота́ние, -я
шёлкообраба́тывающий
шёлкоотде́лочный
шёлкопря́д, -а
шёлкопряде́ние, -я

ШЁЛ

шёлкопряди́льный
шёлкопряди́льня, -и, *р. мн.* -лен
шёлкотка́цкий
шёлкотка́чество, -а
шёлк-сыре́ц, шёлка-сырца́
шелла́к, -а
шелла́ковый
шеллаконо́с, -а
шелла́чный
шеллингиа́нец, -нца
шеллингиа́нство, -а
шело́м, -а
шелохну́ть(ся), -ну́(сь), -нёт(ся)
шелуди́веть, -ею, -еет
шелуди́вый
шелуха́, -и́
шелуше́ние, -я
шелуши́льный
шелуши́ть(ся), -шу́, -ши́т(ся)
ше́льма, -ы, *м. и ж.*
шельме́ц, -а́
шельмова́ние, -я
шельмо́ванный
шельмова́тый
шельмова́ть(ся), -му́ю, -му́ет(ся)
шельмовско́й
шельмовство́, -а́
шельтерде́к, -а
шельф, -а
шелю́га, -и
шемая́, -и́
шемизе́тка, -и
шемя́кин суд
шенапа́н, -а
шёнкель, -я, *мн.* -я́, -е́й
шепелева́тый
шепеля́вить, -влю, -вит
шепеля́вость, -и
шепеля́вый
шепну́ть, -ну́, -нёт
шёпот, -а
шепотко́м, *нареч.*
шёпотный
шепото́к, -тка́
шёпотом, *нареч.*
шептала́, -ы́
шепта́ть(ся), шепчу́(сь), ше́пчет(ся)
шепту́н, -а́
шепту́нья, -и, *р. мн.* -ний
ше́пчущий(ся)
шербе́т, -а
шере́нга, -а
шере́ножный
шереспёр, -а
шери́ф, -а
шерохова́тость, -и
шерохова́тый
шерстезаготови́тельный
шерстезагото́вки, -вок
шерстемо́ечный
шерстеобраба́тывающий
шерсти́нка, -и
шерсти́стый
шерсти́ть, -и́т
шёрстка, -и
шёрстность, -и
шёрстный
шерстоби́т, -а
шерстоби́тный
шерстоби́тня, -и, *р. мн.* -тен

ШЕР

шерстобо́й, -я
шерстобо́йный
шерстобо́йня, -и, *р. мн.* -бен
шерстокры́л, -а
шерстомо́йка, -и
шерстомо́йный
шерстомо́йня, -и, *р. мн.* -бен
шерстоно́сный
шерстопряде́ние, -я
шерстопряди́льный
шерстопряди́льня, -и, *р. мн.* -лен
шерстотка́цкий
шерсточеса́льный
шерсть, -и, *мн.* -и, -е́й
шерстя́нка, -и
шерстяно́й
шерфова́льный
шерфова́ние, -я
шерхе́бель, -я
шерша́веть, -еет (становиться шершавым)
шерша́вить, -влю, -вит (*что*)
шерша́вый
ше́ршень, -шня
шершнево́й
шест, -а́
ше́ствие, -я
ше́ствовать, -твую, -твует
шестерёнка, -и
шестерённый
шестерёночный
шестерёнчатый
шестери́к, -а́
шестери́чный
шестёрка, -и
шестерно́й
шестерня́, -и́, *р. мн.* -рён, (колесо) и -не́й (шестёрка)
ше́стеро, -ы́х
шестёрочный
шестиба́лльный (6-ба́лльный)
шестибо́рье, -я
шестивесёльный и шестивёсельный
шестигла́вый
шестигра́нник, -а
шестигра́нный
шестидесятиле́тие (60-ле́тие), -я
шестидесятиле́тний (60-ле́тний)
шестидесятирублёвый (60-рублёвый)
шестидеся́тник, -а
шестидеся́тый
шестидне́вный (6-дне́вный)
шестидюймо́вка, -и
шестидюймо́вый (6-дюймо́вый)
шестизаря́дный
шестизна́чный
ше́стик, -а
шестикилометро́вый (6-километро́вый)
шестикла́ссник, -а
шестикла́ссница, -ы
шестикла́ссный
шестиколо́нный
шестикра́тный
шестикры́лый
шестиле́тие (6-ле́тие), -я
шестиле́тний (6-ле́тний)
шестилине́йный
шестилучево́й
шестиме́стный

ШЕС

шестиме́сячный (6-ме́сячный)
шестиметро́вый (6-метро́вый)
шестимото́рный
шестинеде́льный (6-неде́льный)
шестипа́лый
шестипо́лье, -я
шестипо́льный
шестипудо́вый (6-пудо́вый)
шестирублёвый (6-рублёвый)
шестисотле́тие (600-ле́тие), -я
шестисотле́тний (600-ле́тний)
шестисо́тый
шестиство́льный
шестисто́пный
шестито́мник, -а
шестито́мный (6-то́мный)
шеститы́сячный
шестиуго́льник, -а
шестиуго́льный
шестичасово́й (6-часово́й)
шестиэта́жный (6-эта́жный)
шестия́русный
шестнадцатикилогра́ммовый (16-килогра́ммовый)
шестнадцатиле́тний (16-ле́тний)
шестна́дцатый
шестна́дцать, -и, *тв.* -ью
шестови́к, -а́
шестово́й
шесто́й
шесто́к, -тка́
шестопёр, -а
шестопса́лмие, -я
шесть, -и́, *тв.* -ью
шестьдеся́т, шести́десяти, *тв.* шестью́десятью
шестьсо́т, шестисо́т, шестиста́м, шестьюста́ми, о шестиста́х
ше́стью (при умножении)
шеф, -а
шеф-пило́т, -а
шеф-по́вар, -а, *мн.* -а́, -о́в
ше́фский
ше́фство, -а
ше́фствовать, -твую, -твует
ше́я, ше́и
шибану́ть, -ну́, -нёт
шиба́ть, -а́ю, -а́ет
ши́бер, -а, *мн.* -ы и -а́
ши́бкий
ши́бче, *сравн. ст.* (*от* ши́бкий, ши́бко)
ши́ворот, -а
ши́ворот-навы́ворот
шизого́ния, -и
шизофре́ник, -а
шизофрени́ческий
шизофрени́чка, -и
шизофрени́я, -и
шии́зм, -а
шии́т, -а
шии́тский
шик, -а и -у
ши́канье, -я
шика́рный
ши́кать, -аю, -ает
шикну́ть, -ну, -нет (*к* ши́кать)
шикну́ть, -ну́, -нёт (*к* шикова́ть)
шикова́ть, шику́ю, шику́ет
ши́ллинг, -а

ШИЛ

ши́ло, -а, *мн.* ши́лья, -ьев
шилови́дный
шилоклю́вка, -и
шилохво́сть, -и
ши́льник, -а
ши́льничать, -аю, -ает
ши́льный
ши́льце, -а, *р. мн.* -лец
ши́мми, *нескл., м.*
шимо́за, -ы
шимпанзе́, *нескл., м.*
ши́на, -ы
шинга́рд, -а
шинели́шка, -и
шине́ль, -и
шине́лька, -и
шине́льный
шинка́рить, -рю, -рит
шинка́рка, -и
шинка́рский
шинка́рство, -а
шинка́рь, -я́
шинкова́льный
шинкова́ние, -я
шинко́ванный
шинкова́ть(ся), -ку́ю, -ку́ет(ся)
шинко́вка, -и
ши́нник, -а
ши́нный
шино́к, шинка́
шиноремо́нтный
шиншилла́, -ы
шинши́лловый
шиньо́н, -а
шип[1], -а (*к* шипе́ть)
шип[2], -а́ (выступ; рыба)
шипде́рево, -а
шипе́ние, -я
шипе́ть, шиплю́, шипи́т
шипо́вник, -а
шипово́й
шипоре́з, -а
шипоре́зный
шипохво́ст, -а
шипу́н, -а́
шипу́чий
шипу́чка, -и
шипя́щий
ши́ре, *сравн. ст.* (*от* широ́кий, широко́)
ширина́, -ы́
ши́ринка, -и
ши́рить(ся), -рю, -рит(ся)
ши́рма, -ы
широ́кий; *кр. ф.* -о́к, -ока́, -о́ко
широкобёдрый
широкобо́ртный
широковетви́стый
широковеща́ние, -я
широковеща́тельный
широкогру́дый
широкодосту́пный
широкоза́дый
широкозахва́тный
широко́ изве́стный
ширококоле́йка, -и
ширококоле́йный
ширококры́лый
широколанцетови́дный
широколи́ственный

ШИР

широколи́стный
широколи́стый
широколи́цый
широколо́бый
широкомасшта́бный
широконо́ска, -и
широконо́сый
широ́конький; кр. ф. -онек, -онька
широко́ образо́ванный
широкоплёночный
широкоплечий
широкополо́сный
широкопо́лый
широкопредстави́тельный
широко́ предста́вленный
широко́ распространённый
широкоро́тый
широкоря́дный
широкоску́лый
широкоупотреби́тельный
широкоформа́тный
широкохво́стка, -и
широкоэкра́нный
широта́, -ы́, мн. широ́ты, -о́т
широ́тный
широча́йший
широче́нный
ширпотре́б, -а
ширь, -и
ширя́ть, -я́ю, -я́ет
шистомато́з, -а
ши́то-кры́то
ши́тый
ши́ть, шью, шьёт
шитьё, -я́
ши́ться, шьётся
ши́фер, -а
ши́ферный
шифо́н, -а
шифо́новый
шифонье́р, -а
шифонье́рка, -и
шифр, -а
шифрова́льщик, -а
шифрова́ние, -я
шифро́ванный
шифрова́ть(ся), -ру́ю, -ру́ет(ся)
шифро́вка, -и
шиха́н, -а
ши́хта, -ы
шихтова́льный
шихто́ванный
шихтова́ть, -ту́ю, -ту́ет
шихто́вка, -и
ши́хтовый и шихтово́й
шиш, -а́
шиша́к, -а́
ши́шечка, -и
шиши́га, -и
шишкова́тый
шишкови́дный
шишконо́сный
шкала́, -ы́, мн. шка́лы, шкал
шка́лик, -а
шка́льный
шка́нечный
шка́нцы, -ев
шкату́лка, -и
шкату́лочка, -и
шкату́лочный

ШКА

шкаф, -а, предл. о шка́фе, в шкафу́, на шкафу́, мн. -ы́, -о́в
шка́фик, -а
шкафно́й
шкафу́т, -а
шка́фчик, -а
шквал, -а
шквали́стый
шква́льный
шква́ра, -ы
шква́рка, -и
шкво́рень, -рня
шке́нтель, -я, мн. -я́, -е́й
шкерт, -а
шкет, -а
шкив, -а, мн. -ы́, -о́в
шки́пер, -а, мн. -ы, -ов и -а́, -о́в
шки́перский
шко́да, -ы
шко́дить, -ит
шкодли́вый
шко́ла, -ы
шко́ла-интерна́т, шко́лы-интерна́та
шко́лить, -лю, -лит
школове́дение, -я
шко́льник, -а
шко́льница, -ы
шко́льнический
шко́льно-пи́сьменный
шко́льный
школя́р, -а́
школя́рский
школя́рство, -а
шкот, -а
шко́товый
шку́ра, -ы
шку́рить(ся), -рю, -рит(ся)
шку́рка, -и
шку́рник, -а
шку́рничать, -аю, -ает
шку́рнический
шку́рничество, -а
шку́рный
шкуродёр, -а
шлаг, -а (мор.)
шлагба́ум, -а
шлак, -а (тех.)
шлакобето́н, -а
шлакобето́нный
шлакобло́к, -а
шлакобло́чный
шлакова́та, -ы
шлакова́ть(ся), -ку́ю, -ку́ет(ся)
шла́ковый
шлакодроби́лка, -и
шлакообразова́ние, -я
шлакопе́мза, -ы
шлакопортландцеме́нт, -а
шлакосита́лл, -а
шлакоудале́ние, -я
шлам, -а
шланг, -а
шла́нговый
шла́фор, -а
шлафро́к, -а
шлёвка, -и
шле́ечный
шле́йка, -и
шле́йный
шлейф, -а

ШЛЕ

шлем, -а
шле́мник, -а
шлемообра́зный
шлемофо́н, -а
шлемофо́нный
шлёндать, -аю, -ает
шлёп, неизм.
шлёпанцы, -ев, ед. -нец, -нца
шлёпанье, -я
шлёпать(ся), -аю(сь), -ает(ся)
шлёпка, -и
шлёпнутый
шлёпнуть(ся), -ну(сь), -нет(ся)
шлепо́к, -пка́
шлея́, -и́
шлиф, -а
шлифова́льно-полирова́льный
шлифова́льно-прити́рочный
шлифова́льный
шлифова́ние, -я
шлифо́ванный
шлифова́ть(ся), -фу́ю, -фу́ет(ся)
шлифо́вка, -и
шлифо́вщик, -а
шлифо́вщица, -ы
шлих, -а
шлихово́й
шли́хта, -ы
шли́хтик, -а
шлихтова́льный
шлихтова́ние, -я
шлихто́ванный
шлихтова́ть(ся), -ту́ю, -ту́ет(ся)
шлихто́вка, -и
шлихту́бель, -я
шлиц, -а
шли́цевый
шлицефре́зерный
шлык, -а́
шлычо́к, -чка́
шлюз, -а
шлю́зный
шлюзова́ние, -я
шлюзо́ванный
шлюзова́ть(ся), -зу́ю, -зу́ет(ся)
шлюзово́й
шлюп, -а
шлюпба́лка, -и
шлюпба́лочный
шлю́пка, -и
шлю́почный
шля́гер, -а
шля́мбур, -а
шля́па, -ы
шля́пка, -и
шля́пный
шля́почный
шляпчо́нка, -и
шля́ться, шля́юсь, шля́ется
шлях, -а, предл. о шляхе́, на шляху́ и на шля́хе
шляхе́тский
шляхе́тство, -а
шля́хта, -ы
шля́хтич, -а
шмальти́н, -а
шмато́к, -тка́
шмели́ный
шмель, -я́
шмуцро́ль, -и

ШМУ

шмуцти́тул, -а
шмы́гать, -аю, -ает
шмыгну́ть, -ну́, -нёт
шмя́кать(ся), -аю(сь), -ает(ся)
шмя́кнутый
шмя́кнуть(ся), -ну(сь), -нет(ся)
шнапс, -а
шнек, -а (транспортёр)
шне́ка, -и (судно)
шне́ковый
шне́ллер, -а
шнитт-лу́к, -а
шни́цель, -я
шнур, -а́
шнурова́льный
шнурова́ние, -я
шнуро́ванный
шнурова́ть(ся), -ру́ю(сь), -ру́ет(ся)
шнуро́вка, -и
шнурово́й
шнуро́к, -рка́
шны́рить, -рю, -рит
шнырну́ть, -ну́, -нёт
шныря́ние, -я
шныря́ть, -я́ю, -я́ет
шов, шва
шовини́зм, -а
шовини́ст, -а
шовинисти́ческий
шовини́стка, -и
шо́вно-стыково́й
шо́вный
шок, -а
шоки́рованный
шоки́ровать(ся), -рую(сь), -рует(ся)
шо́ковый
шокола́д, -а
шокола́дка, -и
шокола́дница, -ы
шокола́дный
шо́мпол, -а, мн. -а́, -о́в
шо́мпольный
шо́рец, -рца
шо́рка, -и
шо́рканье, -я
шо́ркать, -аю, -ает
шо́рник, -а
шо́рно-седе́льный
шо́рный
шо́рня, -и, р. мн. -рен
шо́рох, -а, мн. -и, -ов
шо́рский
шо́рты, шорт
шо́ры, шор, ед. шо́ра, -ы
шоссе́, нескл., с.
шоссе́йный
шосси́рованный
шосси́ровать(ся), -рую, -рует(ся)
шотла́ндец, -дца
шотла́ндка, -и
шотла́ндский
шофёр, -а, мн. -ы, -ов
шофери́ть, -рю, -ри́т
шоферня́, -и́
шофёрский
шофёрство, -а
шпа́га, -и
шпага́т, -а
шпагоглота́тель, -я
шпажи́ст, -а

ШПА

шпа́жка, -и
шпа́жник, -а
шпа́жный
шпажо́нка, -и
шпак, -а
шпаклева́ние, -я
шпаклёванный
шпаклева́ть(ся), -лю́ю, -лю́ет(ся)
шпаклёвка, -и
шпаклёвочный
шпа́ла, -ы
шпале́ра, -ы
шпале́рный
шпалоподби́вочный
шпалоподбо́йка, -и
шпалопропи́тка, -и
шпалопропи́точный
шпалоре́зка, -и
шпалоре́зный
шпалосверли́лка, -и
шпалосверли́льный
шпана́, -ы́
шпангоу́т, -а
шпанды́рь, -я́
шпа́нка, -и
шпа́нский
шпарга́лка, -и
шпа́ренный
шпа́рить(ся), -рю(сь), -рит(ся)
шпат, -а
шпа́тель, -я
шпатлева́ние, -я
шпатлева́ть(ся), -лю́ю, -лю́ет(ся)
шпатлёвка, -и
шпа́товый
шпа́хтель, -я
шпа́ция, -и
шпенёк, -нька́
шпига́т, -а
шпиго́ванный
шпигова́ть(ся), -гу́ю, -гу́ет(ся)
шпиго́вка, -и
шпик¹, -а (сало)
шпик², -а́ (сыщик)
шпилево́й
шпи́лечка, -и
шпи́лечный
шпиль, -я
шпи́лька, -и
шпи́льман, -а
шпина́т, -а
шпина́тный
шпингале́т, -а
шпи́ндель, -я
шпине́ль, -и
шпио́н, -а
шпиона́ж, -а
шпио́нить, -ню, -нит
шпио́нка, -и
шпио́нский
шпио́нско-диверсио́нный
шпио́нство, -а
шпиц, -а
шпицру́тен, -а
шплинт, -а и -а́
шплинтова́ть(ся), -ту́ю, -ту́ет(ся)
шплинто́вка, -и
шплинтово́й
шпон, -а
шпо́на, -ы

ШПО

шпо́нка, -и
шпо́ночно-долбёжный
шпо́ночно-фре́зерный
шпо́ночный
шпор, -а (мор.)
шпо́ра, -ы
шпо́рец, -рца
шпо́рить, -рю, -рит
шпо́рник, -а
шпо́рца, -ы
шпо́рцевый
шпрехшталме́йстер, -а
шпринто́в, -а
шприц, -а
шприц-бето́н, -а
шприцева́ние, -я
шприцева́ть(ся), -цу́ю, -цу́ет(ся)
шпри́цевый
шприц-маши́на, -ы
шприцо́ванный
шприцо́вка, -и
шпро́тина, -ы
шпро́тный
шпро́ты, -от, ед. шпро́та, -ы и шпрот, -а
шпу́лечный
шпу́лька, -и
шпу́льный
шпу́ля, -и
шпунт, -а́
шпунтова́льный
шпунто́ванный
шпунтова́ть(ся), -ту́ю -ту́ет(ся)
шпунтово́й
шпунту́бель, -я
шпур, -а
шпурово́й
шпыня́ть, -я́ю, -я́ет
шрам, -а
шрапне́ль, -и
шрапне́льный
шредерова́ть(ся), -ру́ю, -ру́ет(ся)
шрифт, -а, мн. -ы́, -о́в
шрифт-ка́сса, -ы
шрифтово́й
шрифтолите́йный
шрот, -а
штаб, -а, мн. -ы́, -о́в
штабелева́ние, -я
штабелева́ть(ся), -лю́ю, -лю́ет(ся)
штабелёвка, -и
штабелеукла́дчик, -а
штабели́рование, -я
штабели́рованный
штабели́ровать(ся), -рую, -рует(ся)
штабелиро́вка, -и
шта́бель, -я, мн. -я́, -е́й и -и, -ей
штаби́ст, -а
штаб-кварти́ра, -ы
штаб-ле́карь, -я, мн. -и, -ей
штабни́к, -а́
штабно́й
штаб-офице́р, -а
штаб-офице́рский
штаб-ро́тмистр, -а
штаб-ро́тмистрский
штабс-капита́н, -а
штабс-капита́нский
штаг, -а

ШТА

штади́в, -а
штаке́тник, -а
шталме́йстер, -а
шталме́йстерский
штамб, -а (ствол дерева)
шта́мбовый
штамм, -а
штамп, -а (печать)
штампова́льный
штампо́ванный
штампова́ть(ся), -пу́ю, -пу́ет(ся)
штампо́вка, -и
штампо́вочный
штампо́вщик, -а
штампо́вщица, -ы
шта́нга, -и
штангенглубиноме́р, -а
штангензубоме́р, -а
штангенре́йсмас, -а
штангенци́ркуль, -я
штанги́ст, -а
шта́нговый
штанда́рт, -а
штанда́ртный
штани́на, -ы
штани́шки, -шек
штанно́й
штаны́, -о́в
штапели́рующий
шта́пель, -я
шта́пельный
штат, -а
штатга́льтер, -а
штати́в, -а
шта́тный
шта́тский
штафи́рка, -и, *ж.* (подкладка) и *м.* (о человеке)
штеве́нь, -вня
ште́йгер, -а
ште́йгерский
штейн, -а
ште́кер, -а
штемпелева́льный
штемпелева́ние, -я
штемпелёванный
штемпелева́ть(ся), -лю́ю, -лю́ет(ся)
ште́мпель, -я, *мн.* -я́, -е́й
ште́мпельно-гравёрный
ште́мпельный
ште́псель, -я, *мн.* -я́, -е́й
ште́псельный
штибле́ты, -е́т, *ед.* -е́та, -ы
штилева́ть, -лю́ю, -лю́ет
штилево́й
штиль, -я
шти́рборт, -а
штифт, -а́, *предл.* о штифте́, на штифту́, *мн.*, -ы́, -о́в
шти́фтик, -а
штифтово́й
штих, -а
шти́хель, -я
шти́хмас, -а
шток, -а
што́кверк, -а
што́ковый
штокро́за, -ы
што́льня, -и, *р. мн.* -лен
што́пальный

ШТО

што́панный, *прич.*
што́паный, *прил.*
што́пано-перешто́пано
што́панье, -я
што́пать(ся), -аю, -ает(ся)
што́пка, -и
што́пор, -а
што́порить, -рю, -рит
што́порный
штопорообра́зный
што́ра, -ы
што́рка, -и
шторм, -я
шторми́ть, -и́т
штормова́ть, -му́ю, -му́ет
штормо́вка, -и
штормово́й
штормтра́п, -а
што́рный
штос, -а
штоф, -а
што́фный
штраба́, -ы́
штраф, -а
штрафба́т, -а
штрафни́к, -а́
штрафно́й
штрафо́ванный
штрафова́ть(ся), -фу́ю, -фу́ет(ся)
штрейкбре́хер, -а
штрейкбре́херский
штрейкбре́херство, -а
штрек, -а
штре́ковый
штри́пка, -и
штрих, -а́
штрихо́ванный
штрихова́ть(ся), штриху́ю, штриху́ет(ся)
штрихо́вка, -и
штрихово́й
штрихпункти́р, -а
штрихпункти́рный
штуди́рованный
штуди́ровать(ся), -рую, -рует(ся)
шту́ка, -и
штука́рить, -рю, -рит
штука́рский
штука́рство, -а
штука́рь, -я́
штукату́р, -а
штукату́ренный
штукату́рить(ся), -рю(сь), -рит(ся)
штукату́рка, -и
штукату́рный
штуке́нция, -и
штуко́ванный
штукова́ть(ся), -ку́ю, -ку́ет(ся)
штуко́вина, -ы
штуко́вка, -и
шту́нда, -ы
штунди́зм, -а
штунди́ст, -а
штунди́стка, -и
штунди́стский
штурва́л, -а
штурва́льный
шту́рм, -а
шту́рман, -а, *мн.* -ы, -ов и -а́, -о́в
шту́рманский

ШТУ

шту́рманство, -а
штурмо́ванный
штурмова́ть(ся), -му́ю, -му́ет(ся)
штурмови́к, -а́
штурмо́вка, -и
штурмово́й
штурмовщи́на, -ы
штуртро́с, -а
штуф, -а
шту́цер, -а, *мн.* -а́, -о́в
шту́церный
шту́чка, -и
шту́чный
штыб, -а
штык, -а́
штык-бо́лт, -а
штыкова́ние, -я
штыко́ванный
штыкова́ть(ся), -ку́ю -ку́ет(ся)
штыко́вка, -и
штыково́й
штык-ю́нкер, -а, *мн.* -а́, -о́в
штыревой
штырь, -я́
шуа́ны, -ов
шу́ба, -ы
шубе́йка, -и
шубёнка, -и
шу́бка, -и
шу́бный
шуга́, -и́
шуга́й, -я
шугану́ть, -ну́, -нёт
шуга́ть, -а́ю, -а́ет
шугну́ть, -ну́, -нёт
шугобро́с, -а
шу́йца, -ы
шу́лер, -а, *мн.* -а́, -о́в
шу́лерский
шу́лерство, -а
шум, -а и -у, *мн.* -ы, -ов
шуме́рский
шуме́ры, -ов
шуме́ть, шумлю́, шуми́т
шуми́ха, -и
шумли́вый
шу́мный; *кр. ф.* шу́мен, шумна́, шу́мно
шумови́к, -а́
шумо́вка, -и
шумово́й
шумоглуше́ние, -я
шумоизмери́тельный
шумо́к, шумка́
шумоме́р, -а
шумопеленга́тор, -а
шум-фа́ктор, -а
шу́рин, -а, *мн.* шурья́, -ьёв
шуро́ванный
шурова́ть(ся), шуру́ю, шуру́ет(ся)
шуро́вка, -и
шуру́м-буру́м, -а
шуру́п, -а
шуру́пный
шуру́пчик, -а
шурф, -а
шурфова́ние, -я
шурфова́ть(ся), -фу́ю, -фу́ет(ся)
шурша́ние, -я

ШУР

шурша́ть, -шу́, -ши́т
шу́ры-му́ры, нескл., мн.
шуст, -а
шустова́ть(ся), -ту́ю, -ту́ет(ся)
шусто́вка, -и
шу́строcть, -и
шу́стрый; кр. ф. шустёр, шустра́, шу́стро
шут, -а́
шути́ть(ся), шучу́, шу́тит(ся)
шути́ха, -и
шу́тка, -и
шу́тка шу́ткой
шу́тки шу́тками
шутли́вость, -и
шутли́вый
шутни́к, -а́
шутни́ца, -ы
шутовско́й
шутовство́, -а́
шу́точка, -и
шу́точный
шутя́
шу́цман, -а
шу́чивать, наст. вр. не употр.
шу́шваль, -и
шу́шера, -ы
шушу́канье, -я
шушу́кать(ся), -аю(сь), -ает(ся)
шушу́н, -а́
шу-шу-шу́, неизм.
шхе́ры, шхер
шху́на, -ы
шюцко́р, -а
шюцко́ровец, -вца
шюцко́ровский

Щ

щавелевоки́слый
щаве́левый
щаве́ль, -я́
щаве́льный
щади́ть(ся), щажу́, щади́т(ся)
щажённый
щано́й
щебени́ть(ся), -ню́, -ни́т(ся)
щебёнка, -и
щебёночный
щебёнчатый
ще́бень, ще́бня
ще́бет, -а
щебета́ние, -я
щебета́ть, щебечу́, щебе́чет
щебету́нья, -и, р. мн. -ний
щебе́чущий
щеглёнок, -нка, мн. -ля́та, -ля́т
щегло́вка, -и
щегля́чий, -ья, -ье
щего́л, щегла́
щеголева́тый
щеголи́ха, -и
щёголь, -я
щегольну́ть, -ну́, -нёт
щегольско́й
щего́льство, -а́
щеголя́ть, -я́ю -я́ет
ще́дрость, -и
щедро́ты, -о́т

ЩЕД

ще́дрый; кр. ф. щедр, щедра́, ще́дро
щека́, -и́, вин. щёку, мн. щёки, щёк, щека́м
щека́стый
щеко́лда, -ы
щёкот, -а
щекота́ние, -я
щекота́ть(ся), -очу́, -о́чет(ся)
щеко́тка, -и
щекотли́вый
щеко́тно
щеко́чущий
щелева́тый
щелево́й
щелеобра́зный
щели́нный
щели́стый
щёлк, неизм.
щёлка, -и
щелкану́ть, -ну́, -нёт
щёлканье, -я
щёлкать(ся), -аю(сь), -ает(ся)
щёлкнуть(ся), -ну(сь), -нет(ся)
щелкопёр, -а
щелку́н, -а́
щелку́нчик, -а
щёлок, -а и -у
щелоче́ние, -я
щёлочесто́йкий
щёлочеупо́рный
щёлочеусто́йчивый
щелочи́ть(ся), -чу́, -чи́т(ся)
щёлочка, -и
щёлочноземе́льный
щелочно́й
щёлочно-кисло́тный
щёлочность, -и
щёлочь, -и, мн. -и, -ей
щелчо́к, -чка́
щель, -и, мн. -и, -ей
щеля́стый
щеми́ть, -и́т
щени́ться, -и́тся
щённая; кр. ф. щённа
щено́к, щенка́, мн. щенки́, -о́в и щеня́та, -я́т
щеня́чий, -ья, -ье
щепа́, -ы́, мн. ще́пы, щеп, щепа́м
щепа́льный (к щепа́ть)
ще́панный, прич.
ще́паный, прил.
щепа́ть(ся), щеплю́, ще́плет(ся) и -а́ю, -а́ет(ся) (откалывать лучину)
щепа́ющий(ся) (от щепа́ть)
щепети́льный
ще́пка, -и
ще́плющий(ся)
щепно́й
щепово́з, -а
щепо́тка, -и
щепо́ть, -и
щепо́чка, -и
щепяно́й
щерба́тый
щерби́на, -ы
щерби́нка, -и
щерби́ть(ся), -блю́, -би́т(ся)
ще́рить(ся), ще́рю(сь), ще́рит(ся)
щети́на, -ы

ЩЕТ

щети́нистый
щети́нить(ся), -ню, -нит(ся)
щети́нка, -и
щетинкочелюстны́е, -ы́х
щети́нник, -а
щети́нно-щёточный
щети́нный
щетинови́дный
щетинозу́б, -а
щетиноли́стный
щетинообра́зный
щетинохво́стые, -ых
щётка, -и
щёткодержа́тель, -я
щёточка, -и
щёточный
щёчка, -и
щёчный
щи, щей
щи́колотка, -и
щипа́льный (к щипа́ть)
щипа́ние, -я
щи́панный, прич.
щи́паный, прил.
щипа́ть(ся), щиплю́(сь), щи́плет(ся) и -а́ю(сь), -а́ет(ся) (защемлять; рвать)
щипа́ющий (от щипа́ть)
щипе́ц, щипца́
щи́пка, -и
щипко́вый
щи́плющий
щипну́ть, -ну́, -нёт
щипо́вка, -и
щипо́к, щипка́
щипцо́вый
щипцы́, -о́в
щи́пчики, -ов
щири́ца, -ы
щит, -а́
щи́тень, щи́тня
щитко́вый
щитови́дный
щито́вка, -и
щито́вник, -а
щитово́й
щито́к, щитка́
щитомо́рдник, -а
щитоно́ска, -и
щитообра́зный
щитоформиру́ющий
щитохво́стый
щу́ка, -и
щукообра́зные, -ых
щуня́ть, -я́ю, -я́ет
щуп, -а
щу́пальце, -а, мн. -льца, -лец и -ев
щу́пальцевые, -ых
щу́панный, прич.
щу́паный, прил.
щу́пать, -аю, -ает
щу́пик, -а
щу́плый; кр. ф. щупл, щупла́, щу́пло
щур, -а
щурёнок, -нка, мн. щуря́та, щуря́т
щу́рить(ся), щу́рю(сь), щу́рит(ся)
щу́рка, -и
щу́чий, -ья, -ье

ЩУЧ

щу́чина, -ы
щу́чка, -и

Э

эбе́новый
эбони́т, -а
эбони́товый
эбулиоско́п, -а
эбулиоскопи́я, -и
э́ва, неизм.
эвакогоспиталь, -я
эвакоприёмник, -а
эвакопу́нкт, -а
эвакоспаса́тельный
эвакуа́тор, -а
эвакуацио́нный
эвакуа́ция, -и
эвакуи́рованный
эвакуи́ровать(ся), -рую(сь), -рует(ся)
эвальва́ция, -и
эвапора́тор, -а
эвапора́ция, -и
эвапорогра́фия, -и
эвапоро́метр, -а
эвгено́л, -а
эвгле́на, -ы
эвдемони́зм, -а
эвдемонисти́ческий
эвдиали́т, -а
эвдио́метр, -а
эве́н, -а, р. мн. -ов
эве́нк, -а, р. мн. -ов
эве́нка, -и (к эве́н)
эвенки́йка, -и (к эве́нк)
эвенки́йский (от эве́нк)
эве́нский (от эве́н)
эвентуа́льный
эвкали́пт, -а
эвкали́птовый
эвкла́з, -а
эвко́ммия, -и
эвольве́нта, -ы
эвольве́нтный
эволю́та, -ы
эволюциони́зм, -а
эволюциони́ровать, -рую, -рует
эволюциони́ст, -а
эволюциони́стский
эволюцио́нный
эволю́ция, -и
э́вон, э́вона, э́воно, частица
э́вось, э́вося, частица
э́вот, частица
эвпатри́д, -а
эвригали́нный
э́врика, неизм.
эври́стика, -и
эвристи́ческий
эвритми́я, -и
эвте́ктика, -и
эвтекти́ческий
эвфеми́зм, -а
эвфемисти́ческий
эвфони́ческий
эвфони́я, -и
эвфуи́зм, -а
эвфуисти́ческий

ЭГА

эгалитари́зм, -а
эгалитари́ст, -а
эгалита́рный
эге́, неизм.
э-ге-ге́, неизм.
эги́да, -ы
эгои́зм, -а
эгои́ст, -а
эгоисти́ческий
эгоисти́чный
эго́йстка, -и
эготи́зм, -а
эгофутури́зм, -а
эгоцентри́зм, -а
эгоцентри́ст, -а
эгоцентри́ческий
эгре́т, -а
эгре́тка, -и
э́дак
э́дакий
эдельве́йс, -а
эде́м, -а
эди́кт, -а
эди́л, -а
эдифика́тор, -а
эдицио́нный
эже́ктор, -а
эжекцио́нный
эже́кция, -и
эзо́повский
эзотери́ческий
эзофагоско́п, -а
эзофагоскопи́я, -и
эзофаготоми́я, -и
эй, неизм.
эйдети́зм, -а
эйдети́ческий
эйнште́йний, -я
эйфори́я, -и
эк, э́ка, частица
экарте́, нескл., с.
эквадо́рец, -рца
эквадо́рка, -и
эквадо́рский
эква́тор, -а
экваториа́л, -а
экваториа́льный
эквивале́нт, -а
эквивале́нтный
эквивока́ция, -и
эквилибри́ровать, -рую, -рует
эквилибри́ст, -а
эквилибри́стика, -и
эквилибристи́ческий
эвилибри́стка, -и
эквилинеа́рный
эквимолекуля́рный
эквипотенциа́льный
эквиритми́я, -и
э́кер, -а
экзальтацио́нный
экзальта́ция, -и
экзальтиро́ванный; кр. ф. -ан, -анна
экза́мен, -а
экзамена́тор, -а
экзамена́торский
экзаменацио́нный
экзамено́ванный
экзаменова́ть(ся), -ну́ю(сь), -ну́ет(ся)

ЭКЗ

экзанте́ма, -ы
экзара́ция, -и
экза́рх, -а
экзарха́т, -а
экзеге́за, -ы
экзеге́т, -а
экзеге́тика, -и
экзегети́ческий
экзекватУ́ра, -ы
экзеку́тор, -а
экзеку́ция, -и
экзе́ма, -ы
экземато́зный
экземпля́р, -а
экзерси́с, -а
экзерци́ргауз, -а
экзерци́ция, -и
экзистенциали́зм, -а
экзистенциали́ст, -а
экзистенциа́льный
экзобиоло́гия, -и
экзога́мия, -и
экзога́мный
экзоге́нный
экзоде́рма, -ы
экзокри́нный
экзо́смос, -а
экзосто́з, -а
экзосфе́ра, -ы
экзо́т, -а
экзотери́ческий
экзотерми́ческий
экзоте́ций, -я
экзо́тика, -и
экзоти́ческий
экзоти́чный
экзотокси́н, -а
экзотро́фный
экзоферме́нт, -а
экзофта́льм, -а
эквиво́к, -а
э́кий
экипа́ж, -а
экипа́жный
экипиро́ванный
экипирова́ть(ся), -ру́ю(сь), -ру́ет(ся)
экипиро́вка, -и
экипиро́вочный
эклампси́ческий
эклампси́я, -и
эклекти́зм, -а
экле́ктик, -а
экле́ктика, -и
эклекти́ческий
эклекти́чный
экле́р, -а
экли́метр, -а
экли́птика, -и
эклипти́ческий
экло́га, -и
экмоли́н, -а
экогене́з, -а
экологи́ческий
эколо́гия, -и
эконо́м, -а
эконома́йзер, -а
экономгеогра́фия, -и
экономе́трия, -и
экономи́зм, -а

ЭКО

эконо́мика, -и
эконо́мико-географи́ческий
эконо́мико-математи́ческий
эконо́мико-статисти́ческий
экономи́ст, -а
эконо́мить(ся), -млю, -мит(ся)
экономи́ческий
экономи́чный
эконо́мия, -и
эконо́мка, -и
эконо́мничать, -аю, -ает
эконо́мность, -и
эконо́мный
экосе́з, -а
э́кось, э́кося, неизм.
экра́н, -а
экраниза́ция, -и
экранизи́рование, -я
экранизи́рованный
экранизи́ровать(ся), -рую, -рует(ся)
экрани́рование, -я
экрани́рованный
экрани́ровать(ся), -рую, -рует(ся)
экра́нный
эксгума́ция, -и
эксгуми́рованный
эксгуми́ровать(ся), -рую, -рует(ся)
эксе́дра, -ы
эксика́тор, -а
эксито́н, -а
экскава́тор, -а
экскава́торный
экскаваторострое́ние, -я
экскава́торщик, -а
экскава́ция, -и
экскориа́ция, -и
экс-коро́ль, -я́
экскреме́нты, -ов
экскре́ты, -ов
экскре́ция, -и
э́кскурс, -а
экскурса́нт, -а
экскурса́нтка, -и
экскурсио́нно-тури́стский
экскурсио́нный
экску́рсия, -и
экскурсово́д, -а
экскурсово́дческий
эксли́брис, -а
экс-мини́стр, -а
экспанси́вность, -и
экспанси́вный
экспансиони́зм, -а
экспансиони́стский
экспа́нсия, -и
экспатриа́нт, -а
экспатриа́нтка, -и
экспатриа́ция, -и
экспатрии́рованный
экспатрии́ровать(ся), -рую(сь), -рует(ся)
экспеди́рование, -я
экспеди́рованный
экспеди́ровать(ся), -рую, -рует(ся)
экспеди́тор, -а
экспеди́торский
экспедицио́нно-тра́нспортный
экспедицио́нный
экспеди́ция, -и
экспериме́нт, -а

ЭКС

эксперимента́льно-иссле́довательский
эксперимента́льно-констру́кторский
эксперимента́льно-психологи́ческий
эксперимента́льно-физиологи́ческий
эксперимента́льный
эксперимента́тор, -а
эксперимента́торство, -а
эксперименти́рование, -я
эксперименти́ровать, -рую, -рует
экспе́рт, -а
эксперти́за, -ы
экспе́ртный
экспирато́рый
экспира́ция, -и
эксплагта́ция, -и
экспликва́ция, -и
эксплици́рованный
эксплици́ровать(ся), -рую, -рует(ся)
эксплози́вный
эксплуата́тор, -а
эксплуата́торский
эксплуатацио́нно-тра́нспортный
эксплуатацио́нный
эксплуата́ция, -и
эксплуати́рование, -я
эксплуати́рованный
эксплуати́ровать(ся), -рую, -рует(ся)
экспозе́, нескл., с.
экспози́метр, -а
экспозицио́нный
экспози́ция, -и
экспона́т, -а
экспона́тный
экспоне́нт, -а
экспоненциа́льный
экспони́рованный
экспони́ровать(ся), -рую, -рует(ся)
экспоно́метр, -а
экспонометри́ческий
э́кспорт, -а
экспортёр, -а
экспорти́рование, -я
экспорти́рованный
экспорти́ровать(ся), -рую, -рует(ся)
экспортно-и́мпортный
э́кспортный
экс-председа́тель, -я
экс-президе́нт, -а
экс-премье́р, -а
экспре́сс, -а
экспре́сс-ана́лиз, -а
экспре́сс-диагно́стика, -и
экспресси́вность, -и
экспресси́вный
экспре́сс-информа́ция, -и
экспрессиони́зм, -а
экспрессиони́ст, -а
экспрессионисти́ческий
экспрессиони́стский
экспре́ссия, -и
экспре́сс-лаборато́рия, -и
экспре́ссный
экспро́мт, -а
экспро́мтный
экспро́мтом, нареч.
экспроприа́тор, -а
экспроприа́ция, -и
экспроприи́рованный

ЭКС

экспроприи́ровать(ся), -рую, -рует(ся)
экс-рекордсме́н, -а
экссуда́т, -а
экссуда́ция, -и
экста́з, -а
экстати́ческий
экстати́чный
экстемпора́ле, нескл., с.
эксте́нзор, -а
экстенси́вный
эксте́рн, -а
экстерна́т, -а
эксте́рном, нареч.
экстероре́цептор, -а
экстероре́цепция, -и
экстерриториа́льность, -и
экстерриториа́льный
экстерье́р, -а
экстирпацио́нный
экстирпа́ция, -и
э́кстра, -ы и неизм.
экстравага́нтный
экстраваза́т, -а
экстраги́рование, -я
экстраги́рованный
экстраги́ровать(ся), -рую, -рует(ся)
экстради́ция, -и
экстразона́льный
э́кстра-класс, -а
экстра́кт, -а
экстракти́вный
экстра́ктовый
экстра́ктор, -а
экстракцио́нный
экстра́кция, -и
экстралингвисти́ческий
экстрамо́дный
экстраордина́рный
экстраполи́рование, -я
экстраполи́рованный
экстраполи́ровать(ся), -рую, -рует(ся)
экстраполя́ция, -и
экстраси́стола, -ы
экстрасистоли́я, -и
экстрема́льный
экстреми́зм, -а
экстреми́ст, -а
экстреми́стский
э́кстренность, -и
э́кстренный
эксфолиати́вный
эксфолиа́ция, -и
эксцентриа́да, -ы
эксцентри́зм, -а
эксце́нтрик, -а
эксце́нтрика, -и
эксце́нтриковый
эксцентрисите́т, -а
эксцентри́ческий
эксцентри́чность, -и
эксцентри́чный
эксце́сс, -а
эксцитати́вный
экс-чемпио́н, -а
экта́зия, -и
эктипографи́ческий
эктипогра́фия, -и
эктогене́з, -а

ЭКТ

эктодерма, -ы
эктодермальный
эктопаразит, -а
эктопический
эктопия, -и
эктоплазма, -ы
экуменизм, -а
экуменический
экю, *нескл., м.*
эламиты, -ов
эламский
эласмотерий, -я
эластик, -а
эластин, -а
эластический
эластичность, -и
эластичный
эластомер, -а
эластопласт, -а
элеат, -а
элеватор, -а
элеваторный
элевация, -и
элегантность, -и
элегантный
элегический
элегичный
элегия, -и
элективный
электрет, -а
электризация, -и
электризованный
электризовать(ся), -зую, -зует(ся)
электрик, -а (электротехник)
электрик, *неизм.* (цвет)
электрино, *нескл., с.*
электринный
электрификация, -и
электрифицированный
электрифицировать(ся), -рую, -рует(ся)
электрический
электричество, -а
электричка, -и
электро... — первая часть сложных слов, пишется всегда слитно
электроакустика, -и
электроакустический
электроанализ, -а
электроаппарат, -а
электроаппаратостроение, -я
электроаппаратура, -ы
электроарматура, -ы
электробатарея, -и
электробритва, -ы
электробур, -а
электробус, -а
электробытовой
электровакуумный
электровалентный
электровибратор, -а
электровоз, -а
электровоздухораспределитель, -я
электровозный
электровозостроение, -я
электровозостроительный
электровооружённость, -и
электровосстановление, -я
электрогазоочистка, -и

ЭЛЕ

электрогастрография, -и
электрогенератор, -а
электрогидравлический
электрод, -а
электродвигатель, -я
электродвижущий
электродетонатор, -а
электродиагностика, -и
электродинамика, -и
электродинамический
электродинамометр, -а
электродный
электродойльный
электробойка, -и
электродрель, -и
электродренаж, -а
электродуговой
электроёмкий
электроёмкость, -и
электрозавод, -а
электрозаводский и электрозаводской
электро- и газосварка, -и
электроизмерительный
электроизолирующий
электроизоляционный
электроимпульсный
электроинструмент, -а
электроинтегратор, -а
электроискровой
электрокамин, -а
электрокапиллярный
электрокар, -а
электрокардиограмма, -ы
электрокардиограф, -а
электрокардиографический
электрокардиография, -и
электрокинетический
электрокипятильник, -а
электроклассификация, -и
электрокоагуляция, -и
электроконтактный
электрокофемолка, -и
электрокран, -а
электрокраскораспылитель, -я
электролампа, -ы
электроламповый
электролебёдка, -и
электролечебный
электролечение, -я
электролиз, -а
электролизёр, -а
электролизный
электролиния, -и
электролит, -а
электролитический
электролитный
электролюминесцентный
электролюминесценция, -и
электромагистраль, -и
электромагнетизм, -а
электромагнит, -а
электромагнитный
электромашина, -ы
электромашинный
электромашиностроение, -я
электромашиностроительный
электромедицинский
электрометаллизация, -и
электрометаллургический

ЭЛЕ

электрометаллургия, -и
электрометр, -а
электрометрический
электрометрия, -и
электромеханик, -а
электромеханика, -и
электромеханический
электромиограмма, -ы
электромиография, -и
электромобиль, -я
электромолотилка, -и
электромолоток, -тка
электромолотьба, -ы
электромонтаж, -а
электромонтажный
электромонтёр, -а
электромотор, -а
электромузыкальный
электрон, -а
электронагревательный
электронаркоз, -а
электронасос, -а
электрон-вольт, -а, *р. мн.* -вольт
электроника, -и
электронно-вычислительный
электронно-измерительный
электронно-ионный
электронно-лучевой
электронно-микроскопический
электронно-оптический
электронно-счётный
электронно-ядерный
электронный
электронограмма, -ы
электронографический
электронография, -и
электрообмотка, -и
электрообогреватель, -я
электрооборудование, -я
электроодеяло, -а
электрооптика, -и
электрооптический
электроосветительный
электроосвещение, -я
электропаяльник, -а
электропередача, -и
электропечь, -и, *мн.* -и, -ей
электропила, -ы, *мн.* -пилы, -пил
электропитание, -я
электроплавильный
электроплавка, -и
электроплита, -ы, *мн.* -плиты, -плит
электроплитка, и
электропневматический
электроподстанция, -и
электроподъёмный
электропоезд, -а, *мн.* -а, -ов
электрополотенце, -а
электрополотёр, -а
электропредохранитель, -я
электроприбор, -а
электропривод, -а
электропровод, -а, *мн.* -а, -ов
электропроводка, -и
электропроводность, -и
электропроводный
электропроводящий
электропроигрыватель, -я
электропромышленность, -и

ЭЛЕ

электропрофили́рование, -я
электропылесо́с, -а
электроразве́дка, -и
электроразря́дный
электрораспредели́тельный
электрореакти́вный
электроре́зка, -и
электроретиногра́мма, -ы
электроретиногра́фия, -и
электроруба́нок, -нка
электросамова́р, -а
электросва́рка, -и
электросва́рочный
электросва́рщик, -а
электросва́рщица, -ы
электросверло́, -а́, *мн.* -свёрла, -свёрл
электросвети́льник, -а
электросветоводолече́ние, -я
электросе́ть, -и, *мн.* -се́ти, -е́й
электросилово́й
электроси́нтез, -а
электроско́п, -а
электроснабже́ние, -я
электросо́н, -сна́
электросталепла́вильный
электроста́ль, -и
электроста́нция, -и
электроста́тика, -и
электростати́ческий
электростри́жка, -и
электростри́кция, -и
электросуши́лка, -и
электросчётчик, -а
электротабло́, *нескл., с.*
электрота́ксис, -а
электроте́льфер, -а
электротерапевти́ческий
электротерапи́я, -и
электротерми́ческий
электротерми́я, -и
электроте́хник, -а
электроте́хника, -и
электротехни́ческий
электроти́пия, -и
электрото́к, -а
электрото́н, -а
электротра́спорт, -а
электротя́га, -и
электротя́говый
электроустано́вка, -и
электроутю́г, -а́
электрофизиологи́ческий
электрофизиоло́гия, -и
электрофи́льтр, -а
электрофо́р, -а
электрофоре́з, -а
электрохими́ческий
электрохи́мия, -и
электрохирурги́я, -и
электрохо́д, -а
электрочасы́, -о́в
электрошла́ковый
электрошо́к, -а
электроэнергети́ческий
электроэнерги́я, -и
электроэнцефалогра́мма, -ы
электроэнцефалогра́фия, -и
электроэрозио́нный
элеме́нт, -а

ЭЛЕ

элемента́рный
элементооргани́ческий
эле́ниум, -а
элеоли́т, -а
элеро́н, -а
элеро́нный
элеутероко́кк, -а
элефантиа́з, -а
эли́зия, -и
эликси́р, -а
элимина́ция, -и
элимини́рование, -я
элимини́рованный
элимини́ровать(ся), -рую, -рует(ся)
эли́та, -ы
эли́тный
э́ллин, -а
э́ллинг, -а
э́ллинговый
эллини́зм, -а
эллини́ст, -а
эллинисти́ческий
э́ллинка, -и
э́ллинский
э́ллипс, -а
э́ллипсис, -а
э́ллипсный
эллипсо́граф, -а
эллипсо́ид, -а
эллипсоида́льный
эллипсо́идный
эллипти́ческий
эллипти́чный
элоде́я, -и
элокве́нтный
элокве́нция, -и
элонга́ция, -и
эль, -я
эльдора́до, *нескл., с.*
эльза́сец, -сца
эльза́ска, -и
эльза́сский
эльзеви́р, -а
эльф, -а
элювиа́льный
элю́вий, -я
эляти́в, -а
эма́левый
эмалирова́ние, -я
эмалиро́ванный
эмалирова́ть(ся), -ру́ю, -ру́ет(ся)
эмалиро́вка, -и
эмалиро́вочный
эма́ль, -и
эмалье́рный
эмана́ция, -и
эмансипа́ция, -и
эмансипи́рованный
эмансипи́ровать(ся), -рую(сь), -рует(ся)
эмба́рго, *нескл., с.*
эмбле́ма, -ы
эмблемати́ческий
эмболи́ческий
эмболи́я, -и
эмбриогене́з, -а
эмбрио́лог, -а
эмбриологи́ческий
эмбриоло́гия, -и

ЭМБ

эмбрио́н, -а
эмбриона́льный
эмбриотоми́я, -и
эмерита́льный
эмериту́ра, -ы
эмигра́нт, -а
эмигра́нтка, -и
эмигра́нтский
эмигра́нтщина, -ы
эмиграцио́нный
эмигра́ция, -и
эмигри́ровать, -рую, -рует (выезжать)
эми́р, -а
эмира́т, -а
эмисса́р, -а
эмиссио́нный
эми́ссия, -и
эмите́нт, -а
эмити́рованный (*от* эмити́ровать)
эмити́ровать, -рую, -рует (производить эмиссию)
эми́ттер
эми́ттерный
э́ммер, -а
эмоциона́льно окра́шенный
эмоциона́льно-оце́ночный
эмоциона́льность, -и
эмоциона́льный
эмо́ция, -и
эмпие́ма, -ы
эмпире́й, -я
эмпири́зм, -а
эмпи́рик, -а
эмпи́рика, -и
эмпириокри́тик, -а
эмпириокритици́зм, -а
эмпириомони́зм, -а
эмпириосимволи́зм, -а
эмпири́ческий
эмпири́чный
эмпири́я, -и
эмтээ́совец, -вца
э́му, *нескл., м.*
эмульга́тор, -а
эмульсио́нный
эму́льсия, -и
эмульсо́ид, -а
эмфа́за, -ы
эмфати́ческий
эмфизе́ма, -ы
эмфиземато́зный
энанте́ма, -ы
энантиотропи́зм, -а
энантиотро́пный
энгармони́зм, -а
энгармони́ческий
эндартерии́т, -а
энде́мик, -а
эндеми́ческий
эндеми́чный
эндеми́я, -и
эндога́мия, -и
эндога́мный
эндоге́нный
эндоде́рма, -ы
эндока́рд, -а
эндокарди́т, -а
эндока́рпий, -я
эндокинематогра́фия, -и

ЭНД

эндокри́нный
эндокрино́лог, -а
эндокринологи́ческий
эндокриноло́гия, -и
эндоме́трий, -я
эндометри́т, -а
эндопарази́т, -а
эндопла́зма, -ы
эндоско́п, -а
эндоскопи́ческий
эндоскопи́я, -и
эндо́смос, -а
эндоспе́рм, -а
эндоспо́рий, -я
эндоте́лий, -я
эндотерми́ческий
эндотокси́н, -а
эндотро́фный
эндоферме́нт, -а
эндофотогра́фия, -и
э́ндшпиль, -я
энеоли́т, -а
энергети́зм, -а
энерге́тик, -а
энерге́тика, -и
энергети́ческий
энерги́ческий
энерги́чный
эне́ргия, -и
энерго... — первая часть сложных слов, пишется всегда слитно
энергобло́к, -а
энерговооружённость, -и
энергоёмкий
энергоёмкость, -и
энергомашинострое́ние, -я
энергооборудование, -я
энергопо́езд, -а, *мн.* -а́, -о́в
энергосе́ть, -и, *мн.* -се́ти, -сете́й
энергосилово́й
энергосисте́ма, -ы
энергоснабже́ние, -я
энергострои́тельный
энергоустано́вка, -и
энергохозя́йство, -а
энзи́м, -а
энзоо́тия, -и
энигмати́ческий
энигмати́чный
энка́устика, -и
энкаусти́ческий
энкли́тика, -и
энклити́ческий
э́нный
эноте́ра, -ы
э́нский
энта́зис, -а
энтери́т, -а
энтероко́кк, -а
энтероколи́т, -а
энтеропто́з, -а
энтоде́рма, -ы
энтомо́лог, -а
энтомологи́ческий
энтомоло́гия, -и
энтомофа́г, -а
энтомофили́я, -и
энтомофи́льный
энтропи́я, -и
энтузиа́зм, -а

ЭНТ

энтузиа́ст, -а
энтузиа́стка, -и
энцефали́т, -а
энцефало́граф, -а
энцефалографи́ческий
энцефалогра́фия, -и
энцефаломиели́т, -а
энци́клика, -и
энциклопеди́зм, -а
энциклопеди́ст, -а
энциклопеди́ческий
энциклопеди́чный
энциклопе́дия, -и
эози́н, -а
эозинофи́л, -а
эозинофили́я, -и
эозо́йский
эоли́т, -а
э́оловый
эоце́н, -а
эпата́ж, -а
эпати́рованный
эпати́ровать, -ру́ю, -ру́ет
эпе́ндима, -ы
эпенте́за, -ы и эпенте́зис, -а
эпентети́ческий
эпигене́з, -а
эпигенети́ческий
эпиго́н, -а
эпиго́нский
эпиго́нство, -а
эпиго́нствовать, -твую, -твует
эпигра́мма, -ы
эпиграммати́ческий
эпи́граф, -а
эпигра́фика, -и
эпиграфи́ческий
эпидемио́лог, -а
эпидемиологи́ческий
эпидемиоло́гия, -и
эпидеми́ческий
эпиде́мия, -и
эпиде́рма, -ы
эпидерма́льный
эпиде́рмис, -а
эпидермофити́я, -и
эпидиаско́п, -а
эпизо́д, -а
эпизоди́ческий
эпизоди́чный
эпизооти́ческий
эпизоо́тия, -и
эпизоотоло́гия
э́пика, -и
эпика́рд, -а
эпикоти́ль, -я
эпикри́з, -а
эпикуре́ец, -е́йца
эпикуре́йзм, -а
эпикуре́йский
эпикуре́йство, -а
эпиле́псия, -и
эпиле́птик, -а
эпилепти́ческий
эпило́г, -а
эпиля́ция, -и
эписиллоги́зм, -а
эписклери́т, -а
епи́скоп, -а (прибор)
эписо́ма, -ы

ЭПИ

эпи́стиль, -я
эпи́стола, -ы
эписто́лия, -и
эпистоля́рный
эпистрофа́, -ы́
эпитала́ма, -ы
эпита́фия, -и
эпителиа́льный
эпите́лий, -я
эпителио́ма, -ы
эпи́тет, -а
эпитрохо́ида, -ы
эпифено́мен, -а
эпифеноменали́зм, -а
эпифи́з, -а
эпифи́т, -а
эпи́фора, -ы
эпице́нтр, -а
эпици́кл, -а
эпицикло́ида, -ы
эпи́ческий
эпо́д, -а
эпокси́дный
эполе́ты, -ов и -ле́т, *ед.* эполе́т, -а и эполе́та, -ы
эпо́нж, -а
эпо́нжевый
эпони́м, -а
эпопе́я, -и
э́пос, -а
эпо́ха, -и
эпоха́льный
эпули́с, -а
эпю́р, -а
эпю́рный
э́ра, -ы
э́рбиевый
э́рбий, -я
эрг, -а, *р. мн.* -ов
эргастопла́зма, -ы
эрго́граф, -а
эрго́метр, -а
эргоно́мика, -и
эрготи́зм, -а
эрготи́н, -а
эрготокси́н, -а
эрдельтерье́р, -а
э́ре, *нескл., с.*
эреги́ровать, -ру́ет
эре́ктор, -а
эре́кция, -и
эре́мурус, -а
эрети́зм, -а
эрза́ц, -а
эрза́ц-проду́кт, -а
эрза́ц-това́ры, -ов
э́рзя
эрзя́нин, -а, *мн.* -я́не, -я́н
эрзя́нка, -и
эрзя́нский
эри́стика, -и
эрите́ма, -ы
эритри́т, -а
эритродерми́я, -и
эритромици́н, -а
эритроци́т, -а
э́ркер, -а
э́рлифт, -а
эроди́рованный
эроди́ровать(ся), -ру́ю, -ру́ет(ся)

ЭРО

эрозио́нный
эро́зия, -и
эроти́зм, -а
эро́тика, -и
эроти́ческий
эроти́чный
эротома́н, -а
эротома́ния, -и
эротома́нка, -и
эрра́ти́ческий (геол.)
эрсте́д, -а, р. мн. -ов
эруди́рованность, -и
эруди́рованный; кр. ф. -ан, -анна
эруди́т, -а
эруди́ция, -и
эрцге́рцог, -а
эрцгерцоги́ня, -и, р. мн. -и́нь
эсде́к, -а
эсде́ковский
эсе́р, -а
эсе́рка, -и
эсе́ровский
эсе́ровщина, -ы
эсе́ро-меньшеви́стский
эска́дра, -ы
эска́дренный
эскадри́лья, -и, р. мн. -лий
эскадро́н, -а
эскадро́нный
эскала́да, -ы
эскала́тор, -а
эскала́торный
эскала́ция, -и
эскало́п, -а
эскамота́ж, -а
эскамоти́рованный
эскамоти́ровать(ся), -рую, -рует-(ся)
эскапа́да, -ы
эска́рп, -а
эскарпи́ровать, -рую, -рует
эсква́йр, -а
эски́з, -а
эски́зный
эскимо́, нескл., с.
эскимо́с, -а, р. мн. -ов
эскимо́ска, -и
эскимо́сский
эско́рт, -а
эскорти́рованный
эскорти́ровать(ся), -рую, -рует(ся)
эско́ртный
эску́до, нескл., м.
эскула́п, -а
эсми́нец, -нца
эспа́да, -ы, м.
эспадро́н, -а
эспадрони́ст, -а
эспадро́нный
эспа́ндер, -а
эспаньо́лка, -и
эспа́рто, нескл., с.
эспарце́т, -а
эсперанти́ст, -а
эспера́нто, нескл., с.
эспера́нтский
эсплана́да, -ы
эссе́, нескл., с.
эссеи́ст, -а
эссе́нция, -и

ЭСТ

эст, -а, р. мн. -ов
эстака́да, -ы (мост)
эстака́дный
эста́мп, -а
эста́мпный
эстафе́та, -ы
эстафе́тный
эстезиологи́ческий
эстезиоло́гия, -и
эстезио́метр, -а
эсте́т, -а
эстети́зм, -а
эсте́тик, -а
эсте́тика, -и
эстети́ческий
эстети́чный
эсте́тский
эсте́тство, -а
эсте́тствовать, -твую, -твует
эстока́да, -ы (в фехтовании)
эсто́мп, -а
эсто́нец, -нца
эсто́нка, -и
эсто́нский
эстраго́н, -а
эстраго́нный
эстра́да, -ы
эстра́дный
эстуа́рий, -я
эсхатологи́ческий
эсхатоло́гия, -и
эсэ́совец, -вца
э́та, э́той
эта́ж, -а́
этаже́рка, -и
эта́жность, -и
этазо́л, -а
э́так
э́такий
этало́н, -а
эталони́ровать(ся), -рую, -рует(ся)
этало́нный
эта́н, -а
эта́п, -а
эта́пный
этерифика́ция, -и
э́тика, -и
этике́т, -а
этикета́ж, -а
этике́тка, -и
этике́тный
этике́тчик, -а
этике́тчица, -ы
э́тико-психологи́ческий
эти́л, -а
этилацета́т, -а
этиле́н, -а
этиленглико́ль, -я
этиле́новый
этиленокси́д, -а
эти́ловый
этилцеллюло́за, -ы
этимо́лог, -а
этимологиза́ция, -и
этимологизи́рованный
этимологизи́ровать(ся), -рую, -рует(ся)
этимологи́ческий
этимоло́гия, -и
этимо́н, -а

ЭТИ

этиоли́рование, -я
этиоли́рованный
этиологи́ческий
этиоло́гия, -и
этиоля́ция, -и
эти́ческий
эти́чный
этишке́т, -а
этни́ческий
этнобота́ника, -и
этнобота́ни́ческий
этногене́з, -а
этно́граф, -а
этнографи́ческий
этногра́фия, -и
этнолингви́стика, -и
этноло́гия, -и
этно́ним, -а
этнони́мика, -и
этнопсихоло́гия, -и
э́то, э́того
э́тот, э́того
этру́ски, -ов
этру́сский
этю́д, -а
этю́дник, -а
этю́дный
эуфилли́н, -а
э́фа, -ы
эфе́бия, -и
эфе́дра, -ы
эфедри́н, -а
эфеме́р, -а
эфемери́да, -ы
эфемери́дный
эфеме́рный
эфемеро́ид, -а
эфемеро́идный
эфе́нди, нескл., м.
эфе́с, -а
эфио́п, -а
эфио́пка, -и
эфио́пский
эфи́р, -а
эфирнома́сличный
эфи́рный
эфирома́сличный
эфироно́с, -а
эфироно́сный
эфирсульфона́т, -а
эфицилли́н, -а
эфо́р, -а
эфора́т, -а
эффе́кт, -а
эффекти́вность, -и
эффекти́вный
эффе́ктность, -и
эффе́ктный
эффере́нтный
эффузи́вный
эффу́зия, -и
э-хе-хе́, неизм.
эхи́н, -а
эхина́цея, -и
эхинока́ктус, -а
эхиноко́кк, -а
эхиноко́кковый
эхинококко́з, -а
эхино́пс, -а
эхинопсило́н, -а

ЭХМ

эхма́, неизм.
э́хо, -а
э́хо-и́мпульс, -а
э́хо-ка́мера, -ы
эхоло́т, -а
э́хо-резона́тор, -а
э́хо-сигна́л, -а
эшафо́т, -а
эшело́н, -а
эшелони́рование, -я
эшелони́рованный
эшелони́ровать(ся), -рую, -рует(ся)
эшело́нный
эякуля́ция, -и

Ю

юа́нь, -я
юбиле́й, -я
юбиле́йный
юбиля́р, -а
юбиля́рша, -и
ю́бка, -и
ю́бочка, -и
ю́бочник, -а
ю́бочный
юбчо́нка, -и
ювели́р, -а
ювели́рно-часово́й
ювели́рный
юг, ю́га
ю́го-восто́к, -а
ю́го-восто́чный
ю́го-за́пад, -а
ю́го-за́падный
юго́рский
югосла́в, -а
югосла́вка, -и
югосла́вский
ю́го-ю́го-восто́чный
ю́го-ю́го-за́падный
юдо́ль, -и
юдофи́л, -а
юдофи́льский
юдофи́льство, -а
юдофо́б, -а
юдофо́бский
юдофо́бство, -а
южа́нин, -а, мн. южа́не, южа́н
южа́нка, -и
южноавстрали́йский, но: Южно-Австрали́йская котлови́на
южноамерика́нец, -нца
южноамерика́нский, но: Южно-Америка́нская платфо́рма
южноатланти́ческий, но: Южно-Атланти́ческий хребе́т
южноафрика́нский, но: Южно-Африка́нская Респу́блика
южнобере́жный
южновьетна́мский
южнокавка́зский, но: Южно-Кавка́зское наго́рье
южнокита́йский, но: Южно-Кита́йское мо́ре
южнокоре́йский
южнору́сский
южносахали́нский, но: Южно-Сахали́нская желе́зная доро́га

ЮЖН

южнофранцу́зский, но: Южно-Францу́зские Альпы
ю́жный
юз, -а (аппарат)
юзи́ст, -а
юзи́стка, -и
ю́зом, нареч.
юкаги́р, -а, р. мн. -ов
юкаги́рка, -и
юкаги́рский
ю́кка, -и
ю́кола, -ы
юла́, -ы́
юлиа́нский
юли́ть, юлю́, юли́т
ю́мор, -а
юмо́реска, -и
юмори́ст, -а
юмори́стика, -и
юмористи́ческий
юмористи́чный
юмори́стка, -и
юна́к, -а
юна́цкий
ю́нга, -и, м.
юнгштурмо́вка, -и
юне́ть, -е́ю, -е́ет
юне́ц, юнца́
юнио́р, -а
юнио́рка, -и
ю́нкер, -а, мн. -ы, -ов (помещики) и -а́, -о́в (воен.)
ю́нкерский
ю́нкерство, -а
юнкерьё, -я́
юнко́р, -а
юнко́ровский
юнна́т, -а
юнна́товский
юнна́тский
ю́ность, -и
ю́ноша, -и, м.
ю́ношеский
ю́ношество, -а
ю́ный; кр. ф. юн, юна́, ю́но
юньна́ньский (от Юньна́нь)
юпи́тер, -а, мн. -ы, -ов (прожектор)
юр, -а: на (са́мом) юру́
ю́ра, -ы (геол.)
юриди́ческий
юрисди́кция, -и
юриско́нсульт, -а
юриско́нсультский
юриско́нсультство, -а
юриспруде́нция, -и
юри́ст, -а
ю́ркий; кр. ф. ю́рок, юрка́, ю́рко
юркну́ть, -ну́, -нёт
ю́ркость, -и
юро́дивый, -ого
юро́дство, -а
юро́дствовать, -твую, -твует
юро́к, юрка́
ю́рский
ю́рта, -ы
юс, -а (буква)
ю́совый
юсти́рный
юстирова́льный
юстирова́ние, -я

ЮСТ

юстиро́ванный
юстирова́ть(ся), -ру́ю, -ру́ет(ся)
юстиро́вка, -и
юсти́ция, -и
юсти́ц-колле́гия, -и
ют, -а
юти́ться, ючу́сь, юти́тся
ю́ферс, -а
ю́фтевый
юфть, -и
юфтяно́й
ю́шка, -и

Я

я, меня́, мне, мной (мно́ю), обо мне́
я́беда, -ы, м. и ж.
я́бедник, -а
я́бедница, -ы
я́бедничать, -аю, -ает
я́беднический
я́бедничество, -а
я́блоко, -а
я́блоневый
я́блонный
я́блонька, -и
я́блоня, -и, р. мн. -онь
я́блочко, -а
я́блочный
ява́нец, -нца
ява́нка, -и
ява́нский
яви́ть(ся), явлю́(сь), я́вит(ся)
я́вка, -и
явле́ние, -я
я́вленный (от яви́ть)
явлённый (явлённая ико́на)
явля́ть(ся), -я́ю(сь), -я́ет(ся)
явнобра́чный
явнозерни́стый
явнокристалли́ческий
явнопо́люсный
я́вный
я́вор, -а
я́воровый
я́ворчатый
я́вочный
я́вственный; кр. ф. -твен, -твенна
я́вствовать, -твует
явь, -и
яга́, -и́
ягдта́ш, -а
я́гель, -я
ягне́ние, -я
ягнёнок, -нка, мн. ягня́та, -я́т
ягнёночек, -чка
ягни́ться, -и́тся
ягно́бский
ягно́бцы, -ев
ягня́тки, -ток
ягня́тник, -а
ягни́чий, -ья, -ье
я́года, -ы
я́годица, -ы
я́годичный
я́годка, -и
я́годковые, -ых
я́годник, -а
я́годный

ягуа́р, -а
ягуарёнок, -нка, мн. -ря́та, -ря́т
ягуа́ровый
яд, -а и -у
я́дерно-акти́вный
я́дерно-реакти́вный
я́дерно-резона́нсный
я́дерно-энергети́ческий
я́дерный
ядови́тик, -а
ядови́то-зелёный
ядови́тый
ядозу́б, -а
ядоно́сный
ядохимика́т, -а
ядрене́ть, -е́ю, -е́ет
ядрёный
я́дрица, -ы
ядри́ще, -а
ядро́, -а́, мн. я́дра, я́дер
ядро́вый
ядрореа́кторный
я́дрышко, -а
я́зва, -ы
я́звенник, -а
я́звенный
я́звина, -ы
я́звинка, -и
язви́тельный
язви́ть, язвлю́, язви́т
я́звочка, -и
язёвый
язы́к, -а́
языка́стый
языка́тый
языкове́д, -а
языкове́дение, -я
языкове́дный
языкове́дческий
языково́й (от язы́к — речь)
языко́вый (от язы́к — орган)
языкоглото́чный
языкозна́ние, -я
языкотво́рческий
языкотво́рчество, -а
язы́ческий
язы́чество, -а
язычко́вый
язы́чник, -а
язы́чница, -ы
язы́чно-нёбный
язы́чный
язычо́к, -чка́
язь, язя́
яи́цкий
яи́чко, -а
яи́чник, -а
яи́чниковый
яи́чница, -ы
яи́чный
яйла́, -ы́
яйцеви́дный
яйцево́д, -а
яйцево́й
яйцее́д, -а
яйцезаготови́тельный
яйцезагото́вки, -вок
яйцекла́д, -а
яйцекла́дка, -и
яйцекладу́щий

яйцекле́тка, -и
яйцекле́точный
яйце-мясно́й
яйцено́ский
яйцено́скость, -и
яйцеобра́зный
яйцеобразова́ние, -я
яйцеро́дный
яйцерожде́ние, -я
яйцо́, -а́, мн. я́йца, я́иц, я́йцам
як, -а
я́канье, -я
я́кать, я́каю, я́кает
якоби́нец, -нца
якоби́нский
якоби́нство, -а
я́кобы
я́корный
я́корь, -я, мн. -я́, -е́й
яку́т, -а и -а́, мн. -ы, -ов и -ы́, -о́в
яку́тка, -и
яку́тский
якша́ться, -а́юсь, -а́ется
ял, -а
я́лик, -а
я́личный
я́ловеть, -еет
ялови́ца, -ы
я́ловичный
я́ловка, -и
я́ловый
я́лтинец, -нца
я́лтинский (от Я́лта)
ям, -а
я́ма, -ы
яма́йский
ямб, -а
ямби́ческий
ямбохоре́й, -я
я́мина, -ы
я́мистый
я́мища, -и
я́мка, -и
ямкоголо́вые, -ых
я́мочка, -и
ямско́й
ямщи́к, -а́
ямщи́на, -ы
ямщи́цкий
ямщи́чий, -ья, -ье
янва́рский
янва́рь, -я́
я́нки, нескл., м.
янсени́зм, -а
янсени́ст, -а
янсени́стский
янта́рный
янта́рь, -я́
яныча́р, -а, р. мн. яныча́р (при собир. знач.) и яныча́ров (при обозначении отдельных лиц)
яныча́рский
япо́нец, -нца
япони́ст, -а
япони́стика, -и
япо́нка, -и
японове́д, -а
япо́но-кита́йский
япо́но-сове́тский
япо́нский

япо́нско-кита́йский
япо́нско-ру́сский
яр, -а, предл. в яру́
яра́нга, -и
ярд, -а, р. мн. -ов
яре́мный
яри́ть(ся), ярю́(сь), яри́т(ся)
я́рица, -ы
я́рка, -и
я́ркий; кр. ф. я́рок, ярка́, я́рко
я́рко-бе́лый
я́рко вы́раженный
я́рко-голубо́й
я́рко-жёлтый
я́рко-зелёный
я́рко-кра́сный
яркоме́р, -а
я́рко-ора́нжевый
я́рко-си́ний
я́ркость, -и
ярлы́к, -а́
ярлычо́к, -чка́
я́рмарка, -и
я́рмарочный
ярмо́, -а́, мн. я́рма, ярм
яровиза́ция, -и
яровизи́рованный
яровизи́ровать(ся), -рую, -рует(ся)
ярово́й
яро́зит, -а
я́ростный
я́рость, -и
я́рочка, -и
яруно́к, -нка́
я́рус, -а, мн. -ы, -ов
я́русный
яру́тка, -и
ярча́йший
я́рче, сравн. ст. (от я́ркий, я́рко)
ярыга, -и, м.
ярыжка, -и, м.
ярыжный
ярый
ярь, -и
ярь-медя́нка, яри-медя́нки
яса́к, -а́
яса́чный
я́сельничий, -его
я́сельный
я́сеневый
ясене́ц, -нца́
я́сень, -я, мн. -и, -ей
я́сколка, -и
я́сли, -ей
я́сли-сад, я́слей-са́да
ясме́нник, -а
ясне́ть, -е́ю, -е́ет
яснёхонький; кр. ф. -нек, -нька
ясни́ться, -ится
ясновельмо́жный
яснови́дение, -я
яснови́дец, -дца
яснови́дица, -ы
яснови́дящая, -ей
яснови́дящий, -его
ясногла́зый
яснооки́й
я́сность, -и
ясно́тка, -и
я́сный; кр. ф. я́сен, ясна́, я́сно

ЯСО

я́сочка, -и
я́ство, -а
я́стреб, -а, *мн.* -а́, -о́в и -ы, -ов
ястребёнок, -нка, *мн.* -бя́та, -бя́т
ястреби́нка, -и
ястреби́ный
ястребо́к, -бка́
ясты́к, -а
IIасты́чный
ясы́рь, -я́
ятага́н, -а
ятвя́ги, -ов
ятвя́жский
ято́вь, -и
ято́вье, -я
ятрофи́зика, -и
ятрохи́мия, -и
ятры́шник, -а

ЯТР

ятры́шниковые, -ых
ять, -я
я́хонт, -а
я́хонтовый
я́хта, -ы
я́хтенный
яхт-клу́б, -а
яхтклу́бовец, -вца
яхт-клу́бский
я́хтный
яхтсме́н, -а
яче́ечный
яче́исто-ле́нточный
яче́истый
яче́йка, -и
яче́йковый
я́чество, -а
ячея́, -и́

ЯЧИ

я́чий, я́чья, я́чье (*от* як)
ячме́нный
ячме́нь, -я́
я́чневик, -а
я́чневый
я́чный
я́шма, -ы
я́щер, -а
ящерёнок, -нка, *мн.* -ря́та, -ря́т
я́щерица, -ы
я́щеричный
я́щерный
я́щик, -а
я́щичек, -чка
я́щичный
я́щур, -а
я́щурка, -и
я́щурный

СПИСОК ЛИЧНЫХ ИМЕН*

Мужские имена

Абаку́м (Абаку́мович, Абаку́мовна)
Абра́м (Абра́мович, Абра́мовна)
Абро́сим (Абро́симович, Абро́симовна)
Авваку́м (Авваку́мович, Авваку́мовна)
А́вгуст (А́вгустович, А́вгустовна)
Авде́й (Авде́евич, Авде́евна)
А́вдий (А́вдиевич, А́вдиевна)
Авени́р (Авени́рович, Авени́ровна)
Аве́рий (Аве́риевич, Аве́риевна)
Аве́ркий (Аве́ркиевич, Аве́ркиевна)
Аверья́н (Аверья́нович, Аверья́новна)
Авксе́нтий (Авксе́нтиевич, Авксе́нтиевна и Авксе́нтьевич, Авксе́нтьевна)
Авра́м (Авра́мович, Авра́мовна)
Ага́п (Ага́пович, Ага́повна)
Ага́пий (Ага́пиевич, Ага́пиевна и Ага́пьевич, Ага́пьевна)
Агафо́н (Агафо́нович, Агафо́новна)
Агге́й (Агге́евич, Агге́евна)
Ада́м (Ада́мович, Ада́мовна)
Адриа́н (Адриа́нович, Адриа́новна)
Аза́р (Аза́рович, Аза́ровна)
Аза́рий (Аза́риевич, Аза́риевна и Аза́рьевич, Аза́рьевна)
Аки́м (Аки́мович, Аки́мовна)
Аки́нф (Аки́нфович, Аки́нфовна)
Аки́нфий (Аки́нфиевич, Аки́нфиевна и Аки́нфьевич, Аки́нфьевна)
Аксён (Аксёнович, Аксёновна)
Аксе́нтий (Аксе́нтиевич, Аксе́нтиевна и Аксе́нтьевич, Аксе́нтьевна)
Алекса́ндр (Алекса́ндрович, Алекса́ндровна)
Алексе́й (Алексе́евич, Алексе́евна)
Альбе́рт (Альбе́ртович, Альбе́ртовна)
Альфре́д (Альфре́дович, Альфре́довна)
Амвро́сий (Амвро́сиевич, Амвро́сиевна и Амвро́сьевич, Амвро́сьевна)
Амо́с (Амо́сович, Амо́совна)
Ана́ний (Ана́ниевич, Ана́ниевна и Ана́ньевич, Ана́ньевна)
Анаста́сий (Анаста́сиевич, Анаста́сиевна и Анаста́сьевич, Анаста́сьевна)
Анато́лий (Анато́лиевич, Анато́лиевна и Анато́льевич, Анато́льевна)
Андре́й (Андре́евич, Андре́евна)
Андриа́н (Андриа́нович, Андриа́новна)
Андро́н (Андро́нович, Андро́новна)
Андро́ний (Андро́ниевич, Андро́ниевна и Андро́ньевич, Андро́ньевна)
Андро́ник (Андро́никович, Андро́никовна)
Аники́й (Аники́евич, Аники́евна)
Ани́кий (Ани́киевич, Ани́киевна)
Ани́сий (Ани́сиевич, Ани́сиевна и Ани́сьевич, Ани́сьевна)
Ани́сим (Ани́симович, Ани́симовна), **Они́сим**
Анти́п (Анти́пович, Анти́повна)
Анти́пий (Анти́пиевич, Анти́пиевна и Анти́пьевич, Анти́пьевна)
Анто́н (Анто́нович, Анто́новна)
Антони́н (Антони́нович, Антони́новна)
Антро́п (Антро́пович, Антро́повна)
Антро́пий (Антро́пиевич, Антро́пиевна и Антро́пьевич, Антро́пьевна)
Ану́фрий (Ану́фриевич, Ану́фриевна), **Ону́фрий**
Аполлина́рий (Аполлина́риевич, Аполлина́риевна и Аполлина́рьевич, Аполлина́рьевна)
Аполло́н (Аполло́нович, Аполло́новна)
Ардалио́н (Ардалио́нович, Ардалио́новна)
Ардальо́н (Ардальо́нович, Ардальо́новна)
Аре́ф (Аре́фович, Аре́фовна)
Аре́фий (Аре́фиевич, Аре́фиевна и Аре́фьевич, Аре́фьевна)
Ариста́рх (Ariста́рхович, Ariста́рховна)
Арка́дий (Арка́диевич, Арка́диевна и Арка́дьевич, Арка́дьевна)
Арно́льд (Арно́льдович, Арно́льдовна)
Аро́н (Аро́нович, Аро́новна)
Арсе́ний (Арсе́ниевич, Арсе́ниевна и Арсе́ньевич, Арсе́ньевна)
Арсе́нтий (Арсе́нтиевич, Арсе́нтиевна и Арсе́нтьевич, Арсе́нтьевна)
Артамо́н (Артамо́нович, Артамо́новна)
Артём (Артёмович, Артёмовна)
Арте́мий (Арте́миевич, Арте́миевна и Арте́мьевич, Арте́мьевна)
Арту́р (Арту́рович, Арту́ровна)
Архи́п (Архи́пович, Архи́повна)
Аско́льд (Аско́льдович, Аско́льдовна)
Афана́сий (Афана́сиевич, Афана́сиевна и Афана́сьевич, Афана́сьевна)
Афиноге́н (Афиноге́нович, Афиноге́новна)

Бенеди́кт (Бенеди́ктович, Бенеди́ктовна)
Богда́н (Богда́нович, Богда́новна)
Болесла́в (Болесла́вович, Болесла́вовна и Болесла́вич, Болесла́вна)
Бонифа́т (Бонифа́тович, Бонифа́товна)

---

* В список включены в основном русские имена, наиболее распространенные в быту и встречающиеся в художественной литературе или имеющие орфографические трудности. При мужских именах в скобках приводятся образуемые от них отчества.

Бонифа́тий (Бонифа́тиевич, Бонифа́тиевна и Бонифа́тьевич, Бонифа́тьевна)
Бори́с (Бори́сович, Бори́совна)

Вави́ла (Вави́лич, Вави́лична и Вави́лович, Вави́ловна)
Вади́м (Вади́мович, Вади́мовна)
Валенти́н (Валенти́нович, Валенти́новна)
Валериа́н (Валериа́нович, Валериа́новна)
Валерья́н (Валерья́нович, Валерья́новна)
Вале́рий (Вале́риевич, Вале́риевна и Вале́рьевич, Вале́рьевна)
Варла́м (Варла́мович, Варла́мовна)
Варла́мий (Варла́миевич, Варла́миевна и Варла́мьевич, Варла́мьевна)
Варсоно́ф (Варсоно́фович, Варсоно́фовна)
Варсоно́фий (Варсоно́фиевич, Варсоно́фиевна и Варсоно́фьевич, Варсоно́фьевна)
Варфоломе́й (Варфоломе́евич, Варфоломе́евна)
Васи́лий (Васи́льевич, Васи́льевна)
Велими́р (Велими́рович, Велими́ровна)
Венеди́кт (Венеди́ктович, Венеди́ктовна)
Веньями́н (Веньями́нович, Веньями́новна)
Вениами́н (Вениами́нович, Вениами́новна)
Венцесла́в (Венцесла́вович, Венцесла́вовна и Венцесла́вич, Венцесла́вна)
Вике́нтий (Вике́нтиевич, Вике́нтиевна и Вике́нтьевич, Вике́нтьевна)
Ви́ктор (Ви́кторович, Ви́кторовна)
Викто́рий (Викто́риевич, Викто́риевна)
Виктори́н (Виктори́нович, Виктори́новна)
Вику́л (Вику́лович, Вику́ловна)
Вику́ла (Вику́лич, Вику́лична)
Виле́н (Виле́нович, Виле́новна)
Вилени́н (Вилени́нович, Вилени́новна)
Вильге́льм (Вильге́льмович, Вильге́льмовна)
Виссарио́н (Виссарио́нович, Виссарио́новна)
Вита́лий (Вита́лиевич, Вита́лиевна и Вита́льевич, Вита́льевна)
Вито́льд (Вито́льдович, Вито́льдовна)
Владиле́н (Владиле́нович, Владиле́новна)
Влади́мир (Влади́мирович, Влади́мировна)
Владисла́в (Владисла́вович, Владисла́вовна и Владисла́вич, Владисла́вна)
Владле́н (Владле́нович, Владле́новна)
Влас (Вла́сович, Вла́совна)
Вла́сий (Вла́сиевич, Вла́сиевна и Вла́сьевич, Вла́сьевна)
Вонифа́т (Вонифа́тович, Вонифа́товна)
Вонифа́тий (Вонифа́тиевич, Вонифа́тиевна и Вонифа́тьевич, Вонифа́тьевна)
Все́волод (Все́володович, Все́володовна)
Вуко́л (Вуко́лович, Вуко́ловна)
Вячесла́в (Вячесла́вович, Вячесла́вовна и Вячесла́вич, Вячесла́вна)

Гаврии́л (Гаврии́лович, Гаврии́ловна)
Гаври́л, Гаври́ла (Гаври́лович, Гаври́ловна)
Галактио́н (Галактио́нович, Галактио́новна)
Ге́лий (Ге́лиевич, Ге́лиевна)
Генна́дий (Генна́диевич, Генна́диевна и Генна́дьевич, Генна́дьевна)
Ге́нрих (Ге́нрихович, Ге́нриховна)
Гео́ргий (Гео́ргиевич, Гео́ргиевна)
Гера́сим (Гера́симович, Гера́симовна)
Ге́рман (Ге́рманович, Ге́рмановна)
Гермоге́н (Гермоге́нович, Гермоге́новна)
Глеб (Гле́бович, Гле́бовна)
Горде́й (Горде́евич, Горде́евна)
Григо́рий (Григо́рьевич, Григо́рьевна)

Гу́рий (Гу́риевич, Гу́риевна и Гу́рьевич, Гу́рьевна)
Дави́д (Дави́дович, Дави́довна)
Давы́д (Давы́дович, Давы́довна)
Daнии́л (Дании́лович, Дании́ловна)
Дани́л, Дани́ла (Дани́лович, Дани́ловна)
Деме́нтий (Деме́нтиевич, Деме́нтиевна и Деме́нтьевич, Деме́нтьевна)
Деми́д (Деми́дович, Деми́довна)
Деми́д (Деми́дович, Деми́довна)
Демья́н (Демья́нович, Демья́новна)
Дени́сий (Дени́сиевич, Дени́сиевна и Дени́сьевич, Дени́сьевна)
Дими́трий (Дими́триевич, Дими́триевна)
Диоми́д (Диоми́дович, Диоми́довна)
Диони́сий (Диони́сиевич, Диони́сиевна)
Дми́трий (Дми́триевич, Дми́триевна)
Дона́т (Дона́тович, Дона́товна)
Доримедо́нт (Доримедо́нтович, Доримедо́нтовна)
Дормедо́нт (Дормедо́нтович, Дормедо́нтовна)
Дормидо́нт (Дормидо́нтович, Дормидо́нтовна)
Дорофе́й (Дорофе́евич, Дорофе́евна)

Евге́ний (Евге́ниевич, Евге́ниевна и Евге́ньевич, Евге́ньевна)
Евгра́ф (Евгра́фович, Евгра́фовна)
Евгра́фий (Евгра́фьевич, Евгра́фьевна)
Евдоки́м (Евдоки́мович, Евдоки́мовна)
Евла́мпий (Евла́мпиевич, Евла́мпиевна и Евла́пьевич, Евла́пьевна)
Евме́н (Евме́нович, Евме́новна)
Евме́ний (Евме́ниевич, Евме́ниевна и Евме́ньевич, Евме́ньевна)
Евсе́й (Евсе́евич, Евсе́евна)
Евста́фий (Евста́фиевич, Евста́фиевна и Евста́фьевич, Евста́фьевна)
Евста́хий (Евста́хиевич, Евста́хиевна и Евста́хьевич, Евста́хьевна)
Евстигне́й (Евстигне́евич, Евстигне́евна)
Евстра́т (Евстра́тович, Евстра́товна)
Евстра́тий (Евстра́тиевич, Евстра́тиевна и Евстра́тьевич, Евстра́тьевна)
Евти́хий (Евти́хиевич, Евти́хиевна и Евти́хьевич, Евти́хьевна)
Евфи́мий (Евфи́миевич, Евфи́миевна и Евфи́мьевич, Евфи́мьевна)
Его́р (Его́рович, Его́ровна)
Его́рий (Его́риевич, Его́риевна и Его́рьевич, Его́рьевна)
Елиза́р (Елиза́рович, Елиза́ровна)
Елисе́й (Елисе́евич, Елисе́евна)
Елистра́т (Елистра́тович, Елистра́товна)
Емелья́н (Емелья́нович, Емелья́новна)
Епифа́н (Епифа́нович, Епифа́новна)
Епифа́ний (Епифа́ниевич, Епифа́ниевна и Епифа́ньевич, Епифа́ньевна)
Ереме́й (Ереме́евич, Ереме́евна)
Ерми́л (Ерми́лович, Ерми́ловна)
Ерми́ла (Ерми́лич, Ерми́лична)
Ерми́лий (Ерми́льевич, Ерми́льевна)
Ермола́й (Ермола́евич, Ермола́евна)
Ерофе́й (Ерофе́евич, Ерофе́евна)
Ефи́м (Ефи́мович, Ефи́мовна)
Ефи́мий (Ефи́миевич, Ефи́миевна и Ефи́мьевич, Ефи́мьевна)
Ефре́м (Ефре́мович, Ефре́мовна)
Ефре́мий (Ефре́миевич, Ефре́миевна и Ефре́мьевич, Ефре́мьевна)

Заха́р (Заха́рович, Заха́ровна)

Захáрий (Захáриевич, Захáриевна и Захáрьевич, Захáрьевна)
Зенóн (Зенóнович, Зенóновна)
Зинóвий (Зинóвиевич, Зинóвиевна и Зинóвьевич, Зинóвьевна)
Зóсим (Зóсимович, Зóсимовна)
Зосимá (Зосимич, Зосимична)

Иакúм (Иакúмович, Иакúмовна)
Иакúнф (Иакúнфович, Иакúнфовна)
Ивáн (Ивáнович, Ивáновна)
Игнáт (Игнáтович, Игнáтовна)
Игнáтий (Игнáтиевич, Игнáтиевна и Игнáтьевич, Игнáтьевна)
Игорь (Игоревич, Игоревна)
Измаúл (Измаúлович, Измаúловна и Измáйлович, Измáйловна)
Изóсим (Изóсимович, Изóсимовна)
Изóт (Изóтович, Изóтовна)
Иларио́н (Иларио́нович, Иларио́новна)
Илиодóр (Илиодóрович, Илиодóровна)
Илья́ (Ильи́ч, *тв.* Ильичо́м, Ильи́нична)
Иннокéнтий (Иннокéнтиевич, Иннокéнтиевна и Иннокéнтьевич, Иннокéнтьевна)
Иоáнн (Иоáннович, Иоáнновна)
Иóна (Иóнич, Иóнична)
Иóсиф (Иóсифович, Иóсифовна)
Ипáт (Ипáтович, Ипáтовна)
Ипáтий (Ипáтиевич, Ипáтиевна и Ипáтьевич, Ипáтьевна)
Ипполи́т (Ипполи́тович, Ипполи́товна)
Исаáк (Исаáкович, Исаáковна)
Исаáкий (Исаáкиевич, Исаáкиевна)
Исáй (Исáевич, Исáевна)
Исáк (Исáкович, Исáковна)
Исáкий (Исáкиевич, Исáкиевна)
Иси́дор (Иси́дорович, Иси́доровна)
Иусти́н (Иусти́нович, Иусти́новна)

Казими́р (Казими́рович, Казими́ровна)
Калли́ник (Калли́никович, Калли́никовна)
Каллистрáт (Каллистрáтович, Каллистрáтовна)
Капитóн (Капитóнович, Капитóновна)
Карл (Кáрлович, Кáрловна)
Карп (Кáрпович, Кáрповна)
Касья́н (Касья́нович, Касья́новна)
Ким (Ки́мович, Ки́мовна)
Киприáн (Киприáнович, Киприáновна)
Кириáк (Кириáкович, Кириáковна), **Кирья́к** (Кирья́кович, Кирья́ковна)
Кири́лл (Кири́ллович, Кири́лловна)
Кирсáн (Кирсáнович, Кирсáновна)
Клáвдий (Клáвдиевич, Клáвдиевна)
Клим (Кли́мович, Кли́мовна)
Климéнт (Климéнтович, Климéнтовна)
Климéнтий (Климéнтиевич, Климéнтиевна и Климéнтьевич, Климéнтьевна)
Кондрáт (Кондрáтович, Кондрáтовна)
Кондрáтий (Кондрáтьевич, Кондрáтьевна)
Конóн (Конóнович, Конóновна)
Константи́н (Костанти́нович, Константи́новна)
Корнéй (Корнéевич, Корнéевна)
Корни́л (Корни́лович, Корни́ловна)
Корни́лий (Корни́лиевич, Корни́лиевна и Корни́льевич, Корни́льевна)
Ксенофóнт (Ксенофóнтович, Ксенофóнтовна)
Кузьмá (Кузьми́ч, Кузьми́нична)
Куприя́н (Куприя́нович, Куприя́новна)

Лавр (Лáврович, Лáвровна)
Лаврéнтий (Лаврéнтиевич, Лаврéнтиевна и Лаврéнтьевич, Лаврéнтьевна)
Лáзарь (Лáзаревич, Лáзаревна)
Лариóн (Лариóнович, Лариóновна)
Лев (Львóвич, Львóвна)
Леóн (Леóнович, Леóновна)
Леонáрд (Леонáрдович, Леонáрдовна)
Леони́д (Леони́дович, Леони́довна)
Леóнтий (Леóнтиевич, Леóнтиевна и Леóнтьевич, Леóнтьевна)
Леопóльд (Леопóльдович, Леопóльдовна)
Лóгвин (Лóгвинович, Лóгвиновна)
Лукá (Луки́ч, Луки́нична)
Лукья́н (Лукья́нович, Лукья́новна)

Маври́кий (Маври́киевич, Маври́киевна и Маври́кьевич, Маври́кьевна)
Май (Мáевич, Мáевна)
Макáр (Макáрович, Макáровна)
Макáрий (Макáриевич, Макáриевна и Макáрьевич, Макáрьевна)
Макси́м (Макси́мович, Макси́мовна)
Максимиáн (Максимиáнович, Максимиáновна)
Максимилиáн (Максимилиáнович, Максимилиáновна), **Максимилья́н** (Максимилья́нович, Максимилья́новна)
Мануи́л (Мануи́лович, Мануи́ловна)
Марк (Мáркович, Мáрковна)
Маркéл (Маркéлович, Маркéловна)
Марлéн (Марлéнович, Марлéновна)
Мартимья́н (Мартимья́нович, Мартимья́новна)
Марти́н (Марти́нович, Марти́новна)
Мартиниáн (Мартиниáнович, Мартиниáновна)
Марты́н (Марты́нович, Марты́новна)
Мартья́н (Мартья́нович, Мартья́новна)
Матвéй (Матвéевич, Матвéевна)
Мелéнтий (Мелéнтиевич, Мелéнтиевна и Мелéнтьевич, Мелéнтьевна)
Мелéтий (Мелéтиевич, Мелéтиевна и Мелéтьевич, Мелéтьевна)
Меркýл (Меркýлович, Меркýловна)
Меркýрий (Меркýриевич, Меркýриевна и Меркýрьевич, Меркýрьевна)
Мефóдий (Мефóдиевич, Мефóдиевна и Мефóдьевич, Мефóдьевна)
Ми́лий (Ми́лиевич, Ми́лиевна)
Ми́на (Ми́нич, Ми́нична)
Минáй (Минáевич, Минáевна)
Мирóн (Мирóнович, Мирóновна)
Митрофáн (Митрофáнович, Митрофáновна)
Митрофáний (Митрофáниевич, Митрофáниевна и Митрофáньевич, Митрофáньевна)
Михаи́л (Михаи́лович, Михаи́ловна и Михáйлович, Михáйловна)
Михéй (Михéевич, Михéевна)
Модéст (Модéстович, Модéстовна)
Моисéй (Моисéевич, Моисéевна)
Мокéй (Мокéевич, Мокéевна)
Мóкий (Мóкиевич, Мóкиевна)
Мстислáв (Мстислáвович, Мстислáвовна и Мстислáвич, Мстислáвна)

Назáр (Назáрович, Назáровна)
Назáрий (Назáриевич, Назáриевна и Назáрьевич, Назáрьевна)
Нарки́с (Нарки́сович, Нарки́совна)
Наýм (Наýмович, Наýмовна)

Не́стер (Не́сторович, Не́сторовна)
Не́стор (Не́сторович, Не́сторовна)
Нефёд (Нефёдович, Нефёдовна)
Ника́ндр (Ника́ндрович, Ника́ндровна)
Никано́р (Никано́рович, Никано́ровна)
Ники́та (Ники́тич, Ники́тична)
Ники́фор (Ники́форович, Ники́форовна)
Никоди́м (Никоди́мович, Никоди́мовна)
Никола́й (Никола́евич, Никола́евна)
Ни́кон (Ни́конович, Ни́коновна)
Нил (Ни́лович, Ни́ловна)
Нифо́нт (Ни́фонтович, Ни́фонтовна)

Оле́г (Оле́гович, Оле́говна)
Оли́мпий (Оли́мпиевич, Оли́мпиевна)
Они́сим (Они́симович, Они́симовна), **Ани́сим**
Ону́фрий (Ону́фриевич, Ону́фриевна), **Ану́фрий**
Оре́ст (Оре́стович, Оре́стовна)
О́сип (О́сипович, О́сиповна)
Оска́р (Оска́рович, Оска́ровна)
Оста́п (Оста́пович, Оста́повна)

Па́вел (Па́влович, Па́вловна)
Павли́н (Павли́нович, Павли́новна)
Палла́дий (Палла́диевич, Палла́диевна и Палла́дьевич, Палла́дьевна)
Памфи́л (Памфи́лович, Памфи́ловна)
Памфи́лий (Памфи́льевич, Памфи́льевна)
Панкра́т (Панкра́тович, Панкра́товна)
Панкра́тий (Панкра́тиевич, Панкра́тиевна и Панкра́тьевич, Панкра́тьевна)
Пантеле́й (Пантеле́евич, Пантеле́евна)
Пантелеймо́н (Пантелеймо́нович, Пантелеймо́новна)
Панфи́л (Панфи́лович, Панфи́ловна)
Парамо́н (Парамо́нович, Парамо́новна)
Парме́н (Парме́нович, Парме́новна), **Пармён** (Пармёнович, Пармёновна)
Парфён (Парфёнович, Парфёновна)
Парфе́ний (Парфе́ниевич, Парфе́ниевна и Парфе́ньевич, Парфе́ньевна)
Парфе́нтий (Парфе́нтьевич, Парфе́нтьевна)
Патрике́й (Патрике́евич, Патрике́евна)
Патри́кий (Патри́киевич, Патри́киевна)
Пафну́тий (Пафну́тиевич, Пафну́тиевна и Пафну́тьевич, Пафну́тьевна)
Пахо́м (Пахо́мович, Пахо́мовна)
Пахо́мий (Пахо́миевич, Пахо́миевна и Пахо́мьевич, Пахо́мьевна)
Пётр (Петро́вич, Петро́вна)
Пи́мен (Пи́менович, Пи́меновна)
Плато́н (Плато́нович, Плато́новна)
Полие́вкт (Полие́вктович, Полие́вктовна)
Полие́кт (Полие́ктович, Полие́ктовна)
Полика́рп (Полика́рпович, Полика́рповна)
Полика́рпий (Полика́рпиевич, Полика́рпиевна и Полика́рпьевич, Полика́рпьевна)
Порфи́р (Порфи́рович, Порфи́ровна)
Порфи́рий (Порфи́риевич, Порфи́риевна и Порфи́рьевич, Порфи́рьевна)
Пота́п (Пота́пович, Пота́повна)
Пров (Про́вич, Про́вна)
Прокл (Про́клович, Про́кловна)
Проко́п (Проко́пович, Проко́повна)
Проко́пий (Проко́пиевич, Проко́пиевна и Проко́пьевич, Проко́пьевна)
Проко́фий (Проко́фьевич, Проко́фьевна)
Прота́с (Прота́сович, Прота́совна)

Прота́сий (Прота́сиевич, Прота́сиевна и Прота́сьевич, Прота́сьевна)
Про́хор (Про́хорович, Про́хоровна)
Ра́дий (Ра́диевич, Ра́диевна)
Рафаи́л (Рафаи́лович, Рафаи́ловна)
Ро́берт (Ро́бертович, Ро́бертовна)
Родио́н (Родио́нович, Родио́новна)
Рома́н (Рома́нович, Рома́новна)
Ростисла́в (Ростисла́вович, Ростисла́вовна и Ростисла́вич, Ростисла́вна)
Рудо́льф (Рудо́льфович, Рудо́льфовна)
Рю́рик (Рю́рикович, Рю́риковна)

Са́вва (Са́ввич, Са́ввична)
Савва́тей (Савва́теевич, Савва́теевна)
Савва́тий (Савва́тиевич, Савва́тиевна и Савва́тьевич, Савва́тьевна)
Савёл (Савёлович, Савёловна)
Саве́лий (Саве́лиевич, Саве́лиевна и Саве́льевич, Саве́льевна)
Само́йла (Само́йлович, Само́йловна)
Самуи́л (Самуи́лович, Самуи́ловна)
Святосла́в (Святосла́вович, Святосла́вовна и Святосла́вич, Святосла́вна)
Севастья́н (Севастья́нович, Севастья́новна)
Северья́н (Северья́нович, Северья́новна)
Селива́н (Селива́нович, Селива́новна)
Селиве́рст (Селиве́рстович, Селиве́рстовна)
Селифа́н (Селифа́нович, Селифа́новна)
Семён (Семёнович, Семёновна)
Серафи́м (Серафи́мович, Серафи́мовна)
Серге́й (Серге́евич, Серге́евна)
Си́дор (Си́дорович, Си́доровна)
Сила́нтий (Сила́нтиевич, Сила́нтиевна и Сила́нтьевич, Сила́нтьевна)
Сильве́стр (Сильве́стрович, Сильве́стровна)
Си́мон (Си́монович, Си́моновна)
Созо́н (Созо́нович, Созо́новна)
Созо́нт (Созо́нтович, Созо́нтовна)
Созо́нтий (Созо́нтьевич, Созо́нтьевна)
Соломо́н (Соломо́нович, Соломо́новна)
Софо́н (Софо́нович, Софо́новна)
Софо́ний (Софо́ниевич, Софо́ниевна и Софо́ньевич, Софо́ньевна)
Софро́н (Софро́нович, Софро́новна)
Софро́ний (Софро́ниевич, Софро́ниевна и Софро́ньевич, Софро́ньевна)
Спиридо́н (Спиридо́нович, Спиридо́новна)
Спиридо́ний (Спиридо́ниевич, Спиридо́ниевна и Спиридо́ньевич, Спиридо́ньевна)
Станисла́в (Станисла́вович, Станисла́вовна и Станисла́вич, Станисла́вна)
Степа́н (Степа́нович, Степа́новна)
Сысо́й (Сысо́евич, Сысо́евна)

Тара́с (Тара́сович, Тара́совна)
Тере́нтий (Тере́нтиевич, Тере́нтиевна и Тере́нтьевич, Тере́нтьевна)
Тимофе́й (Тимофе́евич, Тимофе́евна)
Тиму́р Тиму́рович, Тиму́ровна)
Тит (Ти́тович, Ти́товна)
Ти́хон (Ти́хонович, Ти́хоновна)
Трифи́лий (Трифи́лиевич, Трифи́лиевна и Трифи́льевич, Трифи́льевна)
Три́фон (Три́фонович, Три́фоновна)
Трофи́м (Трофи́мович, Трофи́мовна)

Улья́н (Улья́нович, Улья́новна)

Усти́н (Усти́нович, Усти́новна)

Фаде́й (Фаде́евич, Фаде́евна)
Фёдор (Фёдорович, Фёдоровна)
Федо́с (Федо́сович, Федо́совна)
Федосе́й (Федосе́евич, Федосе́евна)
Федо́т (Федо́тович, Федо́товна)
Федо́тий (Федо́тиевич, Федо́тиевна и Федо́тьевич, Федо́тьевна)
Фе́ликс (Фе́ликсович, Фе́ликсовна)
Феокти́ст (Феокти́стович, Феокти́стовна)
Феофа́н (Феофа́нович, Феофа́новна)
Феофи́л (Феофи́лович, Феофи́ловна)
Феофила́кт (Феофила́ктович, Феофила́ктовна)
Ферапо́нт (Ферапо́нтович, Ферапо́нтовна)
Филаре́т (Филаре́тович, Филаре́товна)
Фила́т (Фила́тович, Фила́товна)
Филимо́н (Филимо́нович, Филимо́новна)
Фили́пий (Фили́пьевич, Фили́пьевна)
Фили́пп (Фили́ппович, Фили́пповна)
Фирс (Фи́рсович, Фи́рсовна)
Флего́нт (Флего́нтович, Флего́нтовна)
Фо́ка (Фо́кич, Фо́кична)
Фома́ (Фоми́ч, Фоми́нична)
Фо́тий (Фо́тиевич, Фо́тиевна и Фо́тьевич, Фо́тьевна)
Фри́дрих (Фри́дрихович, Фри́дриховна)

Фрол (Фро́лович, Фро́ловна)

Харито́н (Харито́нович, Харито́новна)
Харито́ний (Харито́ниевич, Харито́ниевна и Харито́ньевич, Харито́ньевна)
Харла́м (Харла́мович, Харла́мовна)
Харла́мп (Харла́мпович, Харла́мповна)
Харла́мпий (Харла́мпиевич, Харла́мпиевна и Харла́мпьевич, Харла́мпьевна)
Хриса́нф (Хриса́нфович, Хриса́нфовна)
Христофо́р (Христофо́рович, Христофо́ровна)

Эдуа́рд (Эдуа́рдович, Эдуа́рдовна)
Эми́лий (Эми́лиевич, Эми́лиевна и Эми́льевич, Эми́льевна)
Эммануи́л (Эммануи́лович, Эммануи́ловна)
Эрне́ст (Эрне́стович, Эрне́стовна)

Юлиа́н (Юлиа́нович, Юлиа́новна)
Ю́лий (Ю́лиевич, Ю́лиевна и Ю́льевич, Ю́льевна)
Ю́рий (Ю́рьевич, Ю́рьевна)

Яки́м (Яки́мович, Яки́мовна)
Я́ков (Я́ковлевич, Я́ковлевна)
Яросла́в (Яросла́вович, Яросла́вовна и Яросла́вич, Яросла́вна)

Женские имена

Августа
Авдотья
Агафья, Агафия
Аглаида
Аглая
Агнесса
Агния
Аграфена
Агриппина
Ада
Аделаида
Аделина
АделаидаАкилина
Аксинья
Акулина
Алевтина
Александра
Алина
Алиса
Алла
Альбина
Амалия
Анастасия
Анатолия
Ангелина
Андрона
Анжелика
Анисья, Анисия
Анна
Антонида
Антонина
Антония
Анфиса
Аполлинария
Апраксия
Ариадна
Арина
Афанасия

Беатриса
Белла
Бронислава

Валентина
Валерия
Варвара
Василиса
Васса
Вера
Вероника
Викентия

Викторина
Виктория
Вилена
Виленина
Вильгельмина
Виолетта
Владилена
Владлена

Галина
Генриетта
Глафира
Гликерия

Дарья
Дебора
Диана
Дина
Домна
Дора

Ева
Евгения
Евдокия
Евлампия
Евпраксия
Евфимия
Евфросиния
Екатерина
Елена
Елизавета
Ефимия, Ефимья
Ефросиния, Ефросинья

Жанна
Жозефина

Зара
Зарема
Зинаида
Зиновия
Злата
Зоя

Изабелла
Инесса
Инна
Ираида
Ирина
Исидора
Йя

Калерия
Камилла
Капитолина
Карина
Каролина
Кира
Клавдия
Клара
Клариса
Клементина
Клеопатра
Конкордия
Констанция
Ксения

Лариса
Ленина
Леокадия
Леонила
Лиана
Лидия
Лилия
Лия
Луиза
Лукерья
Любовь, *род.* -óви
Людмила

Мавра
Магда
Магдалина
Майя
Малания, Маланья
Мальвина
Манефа
Маргарита
Марианна, Марьяна
Мариетта
Марина
Мария, Марья
Марксина
Марлена
Марта
Мартина
Марфа
Марья, Мария
Марьяна, Марианна
Матильда
Матрёна
Мелания, Меланья

Мелити́на
Мили́ца
Миро́пия
Ми́рра
Мо́ника
Му́за

Наде́жда
На́на
Ната́лия, Ната́лья
Не́лли
Не́нила, Неони́ла
Ни́ка
Ни́на
Нине́ль
Нове́лла
Но́нна
Ноябри́на

Окса́на
Октябри́на
Олимпиа́да
О́льга

Па́вла
Павли́на
Пелаге́я
Поликсе́на
Поликсе́ния
Поли́на
Праско́вья
Пульхе́рия

Раи́са
Рахи́ль

Реве́кка
Ревми́ра
Реги́на
Рена́та
Ри́мма
Ро́за
Роза́лия
Руфи́на
Руфь

Саби́на
Саломе́я
Са́рра
Светла́на
Серафи́ма
Си́львия
Со́фья
Сте́лла
Степани́да
Стефа́ния
Суса́нна

Таи́сия, Таи́сья
Тама́ра
Татья́на
Тере́за

Ули́та
Улья́на
Усти́на, Усти́нья

Фаи́на
Февро́ния, Февро́нья
Федо́ра
Федо́сия, Федо́сья

Федо́тия, Федо́тья
Фёкла
Фелица́та
Фели́ция
Феодо́ра
Феодо́сия
Феодо́тия
Феокти́ста
Феофа́ния
Феофи́ла
Фети́ния, Фети́нья
Фоти́на
Фоти́ния, Фоти́нья

Хари́та
Харити́на
Христи́на

Цеци́лия

Эвели́на
Эди́т
Элеоно́ра
Э́лла
Эльви́ра
Эми́лия
Э́мма
Эсфи́рь

Юди́фь
Юлиа́на
Юлиа́ния
Ю́лия
Ю́ния
Юсти́на

Ядви́га

БОЛЬШОЙ ОРФОГРАФИЧЕСКИЙ СЛОВАРЬ РУССКОГО ЯЗЫКА

Справочное издание

ЛР № 065803 от 09.04.98
ЛР № 090156 от 19.02.98
Подписано в печать 17.03.99.
Формат 84×108/16. Бумага тип. Гарнитура Литературная.
Печать высокая. Усл. печ. л. 50,40.
Тираж 20 000 экз. Заказ № 2173.

ЗАО «Издательский Дом ОНИКС»
107066, Москва, ул. Доброслободская, 5а
Отдел реализации: тел. (095) 310-75-25, 255-51-02
**Фирменный магазин
«Издательского Дома ОНИКС»
«Маша и медведь»**
расположен по адресу: ул. Бауманская, д. 33/2, строение 8
(в двух шагах от выхода ст. метро «Бауманская»)

ЗАО «Альянс-В»
103012, Москва, Рыбный пер., 3

Отпечатано с готовых диапозитивов
в Государственном ордена Октябрьской Революции,
ордена Трудового Красного Знамени Московском
предприятии «Первая Образцовая типография»
Государственного комитета Российской Федерации
по печати. 113054, Москва, Валовая, 28

ISBN 5-249-00143-2